전정판

형사소송법

강 동 욱 저

전정판

형사소송법

전정판 머리말

「형사소송법」을 출간한지 벌써 2년 가까이 되었다. 이 책 초판의 머리말에서 적시한 것처럼, 이 책은 형사소송의 이념과 목적에 있어서 적법절차의 보장과 피의자·피고인의 인권보장을 강조하고, 당사자주의 소송구조에 기반하여 서술하였으며, 법학을 전공하는 대학생들이나 각종 국가시험을 준비하는 수험생들의 기본서로서 이용할 수 있도록 함과 동시에 전문법률가들을 위한 실무지침서로서 활용할 수 있도록 하는 것을 목표로 하였다.

하지만 이 책의 초판에서 충분한 설명이 되지 못한 부분과 일부 오류가 있는 부분이 발견되었다. 특히, 현정부에 들어오면서 검찰과 경찰의 수사권조정에 관한 내용이 일부 변경되는 등 형사소송절차 관련 법령들의 개정이 이루어졌고, 형사소송절차에 관하여 시대의 상황과 변화를 수용한 다수의 대법원판례가 도출되었다. 이에 이 책이 형사소송절차에 관한 기본서 또는 전문서로서 기능할 수 있도록 이들 사항을 신속하게 반영할 필요성이 있다고 판단하였다. 다만, 초판의 머리말에서 밝힌 바와 같이 이 책 서술의 기본태도와 방침을 유지하면서도, 많은 분야에 걸쳐 수정·보완을 하였기에 일부개정이 아닌 전정판으로 출간하게 되었다. 따라서 이 책에서는 초판의 내용을 기반으로 하되, 다음의 점에 유의하여 서술하였다.

첫째, 초판에서 설명이 미흡하거나 누락된 부분은 물론, 오류부분까지 대폭 수정·보완하는 한편, 다수의 문장을 정리하고 오·탈자를 교정함으로써 이 책의 완성도를 높이고자 하였다.

둘째, 최신 형사소송절차에 관한 이론의 반영과 더불어 초판 발행 이후의 「형사소송법」을 비롯한 형사소송절차 관련 법령 중 2024년 12월까지의 개정법령(2025년 시행되는 법령 포함)을 모두 반영하였다.

셋째, 형사소송법을 시험과목으로 하는 각종 시험 등에서 판례의 출제빈도가 여전히 높고, 법학전문대학원체제의 도입에 따라 대학 또는 대학원 교육에서도 실무지식이 강조되는 현실을 고려하여 초판에 기술된 판례를 보완·서술하는 한편, 초판발행 이후 2024년 12월까지의 주요한 대법원판례를 추가 기술하였다.

최근 우리 사회의 급격한 변혁에도 불구하고 형사소송절차 관련 법령이 이를 충분히 수용하지 못하고 있는 것은 주지의 사실이다. 따라서 각종 형사소송절차에 대하여 전문가의 다양한 의견이 주장되고 있고, 수많은 개정 법률안이 국회에 제출되고 있으며, 정부에서도 실무적으로 다수의 형사소송절차 관련 법령에 대한 개정 움직임이 있는 등 앞으로 형사소송절차에 있어서 상당한 변화가 예상되고 있다. 특히, 대법원이 과거와 달리 형사소송절차에 관하여 적극적인 태도로 판결을 하고 있는 것도 이러한 사정에 연유하고 있는 듯하다. 여전히 부족함을 느끼는 것도 사실이지만, 앞으로도 이 책의 서술에 있어서 형사소송절차 관련 이론의 발전이나 법령의 제·개정 및 판결의 태도를 신속하게 반영하여 서술함으로써 형사소송절차에 관한 기본서로서 충실하고자 한다. 많은 격려와 비판을 당부드리며, 완성된 형사소송법 기본서 및 전문서가 될 수 있도록 계속해서 노력할 것을 약속드리는 바이다.

끝으로 전정판 출판에 있어서 교정의 수고를 해 준 김천대학교 김봉수교수와 세경대학교 외래교수인 최형보박사, 그리고 강명주 법학석사에게 고마움을 전하며, 어려운 여건 속에서도 전정판의 발간을 허락해 주신 오래출판사 황인욱 대표님과 편집의 수고를 해 주신 편집부 직원들께도 심심한 사의를 표한다.

2025. 1.

목멱산 중턱에서

저 자 드림

머 리 말

형사소송법은 형사절차에 관한 법률로서, 국가의 형벌권발동의 근거가 되고 있다. 따라서 형사소송법은 국가 법질서유지와 시민의 안전보장에 있어서 매우 중요한 기능하고 있는 것은 주지의 사실이다. 다만, 형사소송법은 국가형벌권의 집행에 관한 내용으로 구성되어 있기 때문에 국가의 정치상황이 변화되면 그에 상응하여 개정이 될만큼 정치적 영향을 많이 받아왔다. 그럼에도 불구하고 우리나라 형사소송법의 이념이나 목적은 종래 실체적 진실발견에 중점을 두었던 것에서 피의자·피고인의 인권보장에 중점을 두면서 적법절차의 원칙을 강조하는 방향으로 발전되어 왔다. 따라서 형사소송법의 해석에 있어서는 무죄추정의 원칙에 근거하여 피고인·피의자의 인권보장에 중점을 둠으로써 무고한 자가 부당하게 처벌되지 않도록 하는 한편, 그 적용에 있어서도 국가형벌권이 오·남용되지 않도록 할 것이 요청되고 있다.

특히, 오늘날 형사절차에서 적법절차의 원칙이 강조되면서 형사절차의 실무에 있어서 관련 법령을 엄격하게 준수할 것이 요구되고 있다. 더구나 법조인양성과 관련하여 법학전문대학원 체제가 도입되면서 법학교육이 법이론 중심에서 실무중심으로 변화되고, 따라서 형사절차의 중요성은 더욱 강조되고 있는 사정에 있다. 따라서 형사소송법 교과서들도 이러한 변화에 즉응하기 위하여 형사절차와 관련된 이론적 논점에 대한 서술보다는 판례와 실무 중심의 서술로 바뀌고 있다. 하지만 형사사건의 다양성과 사회발전에 따른 범죄양상을 고려하면 이러한 형태의 법학교육은 형사절차에 관한 기본원리나 지식의 습득에 미흡할 수밖에 없고, 그로 인해 형사실무적용에 있어서도 형사소송법의 기능을 충실하게 수행하는 것을 어렵게 하고 있다. 따라서 형사소송법학에서도 현재의 지나친 판례중심, 실무위주의 교육은 법의 기본원리에 대한 이해를 바탕으로 충분한 이론적 지식의 습득을 통해 이루어질 것이 요청된다. 이에 이 책은 이러한 사정을 인식하면서 다음의 사항들을 중점적으로 고려하여 서술하였다.

첫째, 이 책은 범죄가 진화하고 있는 현실상황을 고려하여 형사실무의 편의를 고려하되, 기본적으로는 피의자·피고인의 인권보장에 중점을 주고, 실체적 진실발견보다는 적법절차의 원칙과 신속한 재판의 원칙을 강조하고, 우리나라 형사소송을 당사자주의 소송구조로 이해하는 입장에서 서술하였다.

둘째, 이 책은 대학 또는 대학원에서 강의교재로 활용할 수 있도록 하고, 독자들의 이해를 돕기 위하여 형사절차의 이념과 목적 및 기본적인 사항에 관한 설명을 우선하고, 그 다음에는 형사절차의 진행순서에 따라 구성하였다. 그 과정에서 법령의 내용을 충실히 기술한 후, 학설의 대립이 있는 부분은 학설들을 먼저 설명하고, 필자의 견해를 밝혀 두었으며, 그 다음에 판례를 소개함으로써 개별 논점에 관한 사고능력을 배양함과 동시에 이론과 판례의 태도를 쉽게 비교할 수 있도록 하였다.

셋째, 법학전문대학원 체제의 도입과 더불어 법학공부에 있어서 판례의 태도에 대한 지식과 사례해결능력이 강조되고 있는 현실을 고려하여 주요 대법원판례는 최근 판례(2022년)까지 상세하게 소개하는 한편, 관련법률들을 가급적 원문대로 인용하고, 실무적으로 중요한 부분은 해당 법률들의 시행령과 시행규칙의 내용도 기술하였다.

넷째, 이 책은 형사절차에 관한 지식습득을 목적으로 하므로 기본적인 형사절차를 중심으로 구성하되, 특별한 형사절차인 국민참여재판, 소년범 형사절차, 피해자보호제도 등에 대해서도 상세하게 서술하였다. 뿐만 아니라 과학의 발전에 따라 수사와 증거에 있어서 통신매체기록, 금융정보기록, 디지털 정보매체, 디엔에이자료 등 새로운 법과학증거에 대해서도 고찰하였다.

다섯째, 이 책은 형사소송법에 관한 기본서로서 기존에 필자가 공동저자로 참여한 '강동욱 외, 형사소송법강의, 오래'를 기초로 하여 현재 출판되어 있는 형사소송법에 관한 도서들을 참고해서 작성하였다. 다만, 편집상의 사정으로 개별 분야에서 각주를 통해 참고문헌을 구체적으로 인용표시하지 않고 종합적으로 참고문헌을 정리하여 기재하는 것으로 대신하였다. 교수님들의 양해를 부탁드리며, 지면으로나마 깊이 감사드린다.

여섯째, 이 책은 형사소송법 연구서가 아니라 대학 또는 대학원 교재로 사용하거나 각종 시험의 수험서로서 효율적으로 기능할 수 있도록 전체적으로 간략하고 명료하게 기술하고자 하였으며, 주요 법령이나 내용은 관련분야에서 반복적으로 기술하여 참고하게 함으로써 이해를 돕는 것은 물론, 학습시간을 절약할 수 있도록 하였다. 뿐만 아니라 각각의 논점에 대해서는 주요 학설과 판례를 가급적 상세하게 기술함으로써 학문적 욕구를 충족하는 것은 물론, 각종 시험에 충분히 대처할 수 있도록 하였다. 다만, 기본서로의 한계로 인해 이론적 검토와 판례분석을 충분히 하고 있지 못한 점은 독자들의 양해를 구하고자 한다.

한편, 이 책은 필자가 그동안 대학에서 강의를 해 오면서 정리한 자료를 기초로 하여 저술한 형사절차에 관한 기본서이자 전문서로서, 형사절차에 관한 지식을 필요로 하는 법학도뿐만 아니라 법조인을 비롯한 법률실무가, 그리고 일반인에게까지 도움이 되고자 하는 마음으로 출판한 결과물이지만 여전히 많은 부족함을 느끼는 것도 사실이다. 앞으로 많은 격려와 비판을 당부드리며, 더욱 충실한 법률도서가 되도록 계속해서 노력할 것을 약속드린다.

끝으로 이 책의 출판에 있어서 교정의 수고를 해 준 김천대학교 김봉수교수, 동국대학교 강사인 최형보 법학박사, 그리고 강명주 법학석사에게 고마움을 표한다. 아울러 어려운 여건 속에서도 이 책의 발간을 허락해 주신 오래 황인욱 대표님과 편집부 직원들에게도 감사드린다.

2023. 2.

목멱산 중턱에 자리한 연구실에서

저 자 드림

[참고문헌]

강구진, 형사소송법원론, 학연사, 1990
강동욱, 형사절차와 헌법소송(ii), 동국대학교 출판부, 2022
강동욱, 형사절차와 헌법소송, 동국대학교 출판부, 2011
강동욱, 형사증거법, 박영사, 2022
강동욱·황문규·이성기·최병호, 형사소송법강의(제5판), 2021
김신규, 형사소송법 강의, 박영사, 2019
김정한, 실무 형사소송법(개정70판), 준커뮤니케이션즈, 2024
김현수, 형사소송법강의, 제주대학교 출판부, 2019
박일환·김희옥 편, 주석 형사소송법 (I)-(IV), 한국사법행정학회, 2017
박찬걸, 형사소송법, 박영사, 2020
배종대·홍영기, 형사소송법(제3판), 홍문사, 2022
백형구, 형사소송법, 법원사, 2012
백형구·박일환·김희옥 편, 주석 형사소송법 (I)-(IV)(제4판), 한국사법행정학회, 2009
손동권·신이철, 새로운 형사소송법(제5판), 세창출판사, 2022
송광섭, 형사소송법(개정2판), 형설출판사, 2019
신동운, 간추린 신형사소송법(제16판), 법문사, 2024
신동운, 신형사소송법(제6판), 법문사, 2024
신양균·조기영, 형사소송법(제2판), 박영사, 2022
신현주, 형사소송법(신정 제2판), 박영사, 2002
이승호·이인영·심희기·김정환, 형사소송법강의(제2판), 박영사, 2020
이은모, 김정환, 형사소송법(제9판), 박영사, 2023
이재상·조균석·이창온, 형사소송법(제15판), 박영사, 2023
이주원, 형사소송법(개정6판), 박영사, 2024
이창현, 형사소송법(개정10판), 박영사, 2024
이창현, 사례 형사소송법, 박영사, 2024
임동규, 형사소송법(제18판), 법문사, 2024
정승환, 형사소송법, 박영사, 2018
정영석, 형사소송법, 법문사, 1997
정영석·이형국, 형사소송법, 법문사, 1884

정웅석 · 최창호 · 김한균, 신형사소송법, 박영사, 2023
차용석, 형사소송과 증거법, 한국사법행정학회, 1988
차용석, 형사소송법연구, 박영사, 1983
차용석 · 최용성, 형사소송법(제4판), 21세기사, 2013
최영승, 형사소송법 개론(제5판), 피앤씨미디어, 2023
형사판례연구회편, 형사판례연구 1-31, 박영사, 1993-2023

[법령명 약어]

가정폭력범죄의 처벌 등에 관한 특례법 – 가정폭력처벌법
검사와 사법경찰관의 상호협력과 일반적 수사준칙에 관한 규정 – 수사준칙규정
검찰사건사무규칙 – 검사규칙
경찰관 직무집행법 – 경직법
고위공직자범죄수사처 설치 및 운영에 관한 법률 – 공수처법
국가경찰과 자치경찰의 조직 및 운영에 관한 법률 – 경찰법
국민의 형사재판 참여에 관한 규칙 – 국민참여재판규칙
국민의 형사재판 참여에 관한 법률 – 국민참여재판법
금융실명거래 및 비밀보장에 관한 법률 – 금융실명법
대한민국헌법 – 헌법
디엔에이신원확인정보의 이용 및 보호에 관한 법률 – 디엔에이법
민사소송법 – 민소법
법원조직법 – 법조법
보호관찰 등에 관한 법률 – 보호관찰법
보호소년 등의 처우에 관한 법률 – 보호소년법
사법경찰관리의 직무를 수행할 자와 그 직무범위에 관한 법률 – 사법경찰직무법
성매매알선 등 행위의 처벌에 관한 법률 – 성매매처벌법
성폭력범죄의 처벌 등에 관한 특례법 – 성폭력처벌법
소송촉진 등에 관한 특례규칙 – 소송촉진규칙
소송촉진 등에 관한 특례법 – 소송촉진법
아동 · 청소년의 성보호에 관한 법률 – 청소년성보호법
아동학대범죄의 처벌 등에 관한 특례법 – 아동학대처벌법

전자장치 부착 등에 관한 법률 – 전자장치부착법
즉결심판에 관한 절차법 – 즉결심판법
치료감호 등에 관한 법률 – 치료감호법
특정강력범죄의 처벌에 관한 특례법 – 특정강력범죄법
특정범죄가중처벌 등에 관한 법률 – 특정범죄가중법
특정범죄신고자 등 보호법 – 특정신고자법
특정중대범죄 피의자 등 신상정보 공개에 관한 법률 – 중대범죄신상공개법
형사보상 및 명예회복에 관한 법률 – 형사보상법
형사소송규칙 – 형소규칙
형사소송법 – 형소법
형사소송비용 등에 관한 규칙 – 형사소송비용규칙
형사소송비용 등에 관한 법률 – 형사소송비용법
형의 실효 등에 관한 법률 – 형실효법
형의 집행 및 수용자의 처우에 관한 법률 – 형집행법

* 본문 중에서 조문만 표시한 것은 「형사소송법」 규정을 말함.

차 례

제1편 서 론

제1장 형사소송법의 기초

제1절 형사소송법의 의의와 성격

제2절 형사소송법의 적용범위

제2장 형사소송의 이념과 구조

제1절 형사소송의 이념과 목적

제2절 형사소송의 구조

제2편 소송주체와 소송행위

제1장 소송주체

제2절 법 원

제2절 검 사

제3절 피 고 인

제4절 변 호 인

제5절 보 조 인

제2장 소송행위와 소송절차

제1절 소송행위의 의의와 종류

제2절 소송행위의 일반적 요소

제3절 소송행위의 가치판단

제4절 소송조건

제5절 소송절차

제3편 수사와 공소제기

제1장 수사와 수사기관

제1절 수사의 의의와 구조

제2절 수사기관

제2장 수사의 단서와 수사의 조건

제1절 수사의 단서

제2절 수사의 조건

제3장 수사의 기본원칙과 임의수사

제1절 수사의 기본원칙

제2절 임의수사

제4장 강제처분

제1절 강제처분의 의의와 종류

제2절 대인적 강제처분

제3절 대물적 강제처분

제4절 수사상 판사에 의한 증거조사

제5장 수사의 종결과 공소제기

제1절 수사의 종결

제2절 공소의 제기

제3절 공소시효

제4절 재정신청

제4편 공판절차

제1장 공판절차의 개관

제1절 공판절차의 의의와 기본원칙

제2절 공판심리의 범위

제3절 공판준비절차

제4절 공판정의 심리

제5절 공판기일의 절차

제6절 증거조사

제7절 공판절차의 특칙

제2장 증 거

제1절 증거의 의의와 종류

제2절 증명의 기본원칙

제3절 위법수집증거배제법칙

제4절 자백배제법칙

제5절 자백의 보강법칙

제6절 전문법칙

제7절 당사자의 동의와 증거능력

제8절 탄핵증거

제9절 공판조서의 증명력

제3장 재 판

제1절 재판의 기초

제2절 종국재판

제3절 재판의 확정과 효력

제4절 소송비용

제5편 상소, 비상구제절차, 재판집행과 형사보상

제1장 상 소

제1절 상소통칙

제2절 항 소

제3절 상 고

제4절 항 고

제2장 비상구제절차

제1절 재 심

제2절 비상상고

제1절 재판의 집행

제2절 형사보상과 명예회복

제6편 특별절차와 피해자보호제도

제1장 특별절차

제1절 약식절차

제2절 즉결심판절차

제3절 국민참여재판

제2절 범죄피해자구조제도와 형사조정절차

형사소송법

제1편

서 론

제1장 형사소송법의 기초

제1절 형사소송법의 의의와 성격

Ⅰ. 형사소송법의 의의

형소법은 형법을 적용·실현하기 위한 절차, 즉 형사절차에 관하여 규정한 법률을 말하며, '형사절차법'이라고도 한다. '형사절차'란 범죄수사와 범인의 검거로부터 공소제기, 공판절차, 그리고 형의 선고와 집행에 이르는 일련의 과정을 말한다. 따라서 형사절차는 좁은 의미로는 검사의 공소제기 후부터 재판의 확정될 때까지의 절차인 공판절차를 의미하지만, 넓은 의미로는 공소제기 전 수사기관에 의한 수사절차와 재판확정 후의 형집행절차를 포함한다.

1. 형식적 의미의 형사소송법

형식적 의미의 형소법이란 1954년 9월 23일 제정(법률 제341호)된 후, 여러 차례의 개정을 거쳐 현재 시행 중에 있는「형사소송법」을 말한다.

2. 실질적 의미의 형사소송법

실질적 의미의 형소법이란 형사절차를 규제하는 법체계 전체를 말한다. 실질적 의미의 형소법에는 헌법, 형소법 이외의 법률, 대법원규칙이 있다.

(1) 헌 법

헌법에서는 형사절차에 관하여 많은 규정들을 두고 있다. 즉, (i) 제12조의 형사절차법정주의 내지 죄형법정주의(제1항), 고문의 금지·자기부죄거부특권

(제2항), 영장주의(제3항), 변호인의 조력을 받을 권리(제4항·제5항), 체포·구속적부심사청구권(제6항), 자백배제법칙과 자백의 보강법칙(제7항), (ii) 제13조 제1항의 일사부재리의 원칙, (iii) 제27조의 법관에 의한 재판을 받을 권리(제1항·제2항), 신속한 공개재판을 받을 권리(제3항), 피고인의 무죄추정(제4항), 형사피해자의 진술권(제5항), (iv) 제28조의 형사보상청구권, (v) 제44조의 국회의원의 불체포특권, (vi) 제84조의 대통령의 형사상 특권, (vii) 제101조부터 제108조의 법원의 조직과 권한, (viii) 제109조의 공개재판의 원칙, (ix) 제110조의 군사법원 등이다.

형소법의 적용에서는 헌법상 원리와 규정들이 실질적인 지도원리로서 작용한다. 따라서 형사절차는 국가에 의한 부당한 과형권(科刑權)의 행사로부터 일반국민과 더불어 피고인·피의자의 헌법상 보장된 자유와 권리를 보장하는 절차가 되어야 하며, 적법절차의 원칙이나 공정하고 신속한 재판의 요청 등 헌법상 원칙들이 준수되어야 한다. 이러한 의미에서 형사소송을 '헌법적 형사소송'이라고 하며, 형소법을 '응용된 헌법' 또는 '헌법의 구체화법'이라고 한다.

(2) 법 률

형사절차를 규정한 법률에는 형소법 외에 여러 법률들이 있다.

조직에 관한 법률로는 법조법, 「검찰청법」, 「변호사법」, 「각급 법원의 설치와 관할구역에 관한 법률」, 경찰법, 경직법, 「사법경찰관리의 직무를 수행할 자와 그 직무범위에 관한 법률」 등이 있다.

특별절차에 관한 법률로는 「소년법」, 「교통사고처리 특례법」, 즉결심판법, 「군사법원법」, 「조세범 처벌법」, 치료감호법, 보호관찰법 등이 있으며, 소송비용에 관한 법률로서 형사소송비용법 등이 있다.

기타 형사절차에 관한 법률로는 형사보상법, 형집행법, 「사면법」, 소송촉진법, 「범죄피해자 보호법」, 형실효법, 「국가보안법」, 「관세법」 등이 있다.

(3) 대법원규칙

헌법 제108조에 의하면 대법원은 법률에 저촉되지 아니하는 범위 내에서 소송에 관한 절차, 법원의 내부규율과 사무처리에 관한 규칙을 제정할 수 있다.따라서 위 규정에 근거하여 제정된 대법원규칙은 형소법의 법원이 된다. 다만, 대법원규칙의 내용은 피고인이나 피의자를 비롯한 소송관계인의 권리를 제한하는 것이거나 법률과 모순되어서는 아니 된다(법률우위설).

이에 해당하는 것으로는 형소규칙 외에 「법정 좌석에 관한 규칙」, 「법정 방청 및 촬영 등에 관한 규칙」, 「법정 등의 질서유지를 위한 재판에 관한 규칙」, 소송촉진규칙, 형사소송비용규칙, 「소년심판규칙」 등이 있다.[1)]

Ⅱ. 형사소송법의 성격

1. 형 사 법

형소법은 국가의 형벌에 관한 절차를 규율한다는 점에서 형사법이다. 민사법은 개인과 개인 간의 관계를 대상으로 하여 평균적 정의를 내용으로 하고, 당사자주의와 형식적 진실주의가 지배한다. 반면에 형사법은 국가와 개인 간의 분쟁을 다루고 인권이나 국가사회의 존립의 기초인 질서 등에 관하여 전체와 개인의 종적인 관계에서 처리하여야만 하며(배분적 정의), 실체적 진실을 지표로 하기 때문에 국가가 적극적으로 나서서 정의의 실현을 담보하여야 한다. 따라서 형소법은 실체적 진실주의를 그 목적으로 하고 있다.

한편, 형소법은 정치적 성격이 강하므로 국가적으로 정치적 변혁이 있는 경우에는 반드시 형소법의 개정이 이루어지고 있다. 이 점에서 형소법의 규정내용은 한 국가의 그 당시 법문화수준을 가늠하는 척도가 되기도 한다. 헌법에 형사절차에 관한 규정이 많은 것도 이러한 형소법의 성격을 단적으로 나타내는 징표라고 할 수 있다.

2. 절 차 법

형소법은 형법의 적용법으로 그 절차와 방법에 대하여 규율하고 있다는 점에서 형식법이고 절차법이다. 따라서 형소법은 형법과 같이 범죄혐의를 받은 개개인을 위해 국가권력을 제한하는 법규이며, 개인의 권리를 위한 마그나 카르타(Magna Charta)로서의 기능을 가지고 있다. 또한 형사소송의 기초가 되는 범죄혐

1) 사법부 내부의 복무지침이나 업무처리의 통일을 기하기 위하여 마련된 대법원예규나 수사절차나 집행절차에 관한 직무상의 준칙을 정한 대통령령(예, 수사준칙규정 등)과 법무부령(예, 검사규칙 등)은 직접적으로 소송관계인의 권리와 의무에 영향을 미치는 형사절차를 규율하는 효과가 없다는 점에서 형소법의 법원이 아니다(다수설, 91헌바42, 2007도4961, 2011두16735 등 참조).

의가 형법에 규정되어 있으며, 형사절차의 진행에 의하여 형법의 실현 여부가 좌우된다는 점에서 형소법과 형법은 서로 영향을 주면서 유기적으로 떨어질 수 없는 상호보완적인 관계에 있다. 이 점에서 형소법과 형법은 '칼자루와 칼날의 관계' 또는 '망원경과 두 개의 렌즈의 관계'로 비유되기도 한다.

그러나 형소법은 형법과 관계없이 진실을 밝혀 나가는 독자적인 원리와 규칙을 가지고 있으므로 형사절차의 형법에 대한 독자성이 인정되고 있다. 즉, 형법은 일반적으로 정적·고정적·윤리적 성격을 가짐에 반해, 형소법은 형법에 비해 합목적성이 강조되고, 동적·발전적·기술적 성격을 가진다.

3. 사 법 법

형소법은 형사사법절차에 관한 사법법(司法法)이다. 따라서 형소법은 합목적성이 강조되는 행정법과 달리 원칙적으로 법적 안정성이 강조된다. 다만, 형사절차는 동적·발전적 성격을 가진 것으로 절차의 발전단계에 따라 그 지향점을 달리한다. 즉, 수사절차나 형집행절차는 행정기관인 검사에 의해 수행된다는 점에서 상대적으로 합목적성이 강조된다. 또한 사건의 특성에 따라서 그 성격을 달리하기도 한다. 즉, 형사특별법위반사건의 경우에는 합목적성의 요청이 강하기 때문에 일반형사사건에 비해 기소유예율이 적으며, 입법취지에 맞추려는 해석이 강조되는 한편, 신속한 절차가 요구된다.

형사절차는 사법행정과도 밀접한 관련성을 가진다. 다만, 행정법은 개인을 국가에 동화시키기 위하여 적극적이고 능동적으로 절차를 규제한다. 그러나 형사절차에서는 형벌권을 행사하는 국가와 그것을 수인하는 범죄자가 기본적으로 대립관계에 서고, 이때 국가가 부당하게 개인의 기본적 인권을 침해할 우려가 있다. 따라서 형소법에서는 국가에 의한 개인의 인권침해방지라고 하는 소극적인 면으로부터 절차를 통제한다.

제2절 형사소송법의 적용범위

Ⅰ. 시간적 범위

형소법은 본법 시행 후에 행해지는 형사절차에 적용된다. 즉, 형소법은 사건에 대한 절차에 적용되므로 범죄 시(時)는 아니고 재판 시의 법률이 적용된다(신법우선주의). 따라서 형소법이 개정된 경우 개정법은 그 시행 전에 발생한 범죄에 대하여도 수사 중이거나 법원에 계속 중인 사건에 적용된다. 다만, 이때에도 개정법 시행 전에 종전의 규정에 따라 행한 행위의 효력에는 영향을 미치지 않는다(2007년 개정 형소법(법률 제8496호) 등 참조). 공소시효에 관한 규정을 개정한 경우에도 아직 공소시효가 완성되지 아니한 범죄에 대하여는 개정법을 적용한다(2015년 개정 형소법(법률 제8496호) 등 참조).[2)]

Ⅱ. 장소적 범위

형소법은 우리나라의 영역 내에서 행해지는 형사절차에 대하여 적용된다(속지주의). 다만, 우리나라 영역 내라고 하더라도 외국공관 등, 국제법상 또는 조약상 특권이 인정되는 구역에는 형소법이 적용되지 않는다. 북한지역은 우리나라 영토이지만 재판권이 미치지 않는 지역이다.

또한 대한민국영역 외라고 하더라도 우리나라 형사재판권이 미치는 지역에는 형소법이 적용된다. 이때 피고인·피의자의 국적이나 주거 또는 범죄지 여부는 묻지 않는다. 수사는 해당국의 승인을 받으면 외국에서도 수행할 수 있다.

---

2) 친고죄는 고소 여부에 따라 형벌권의 존·부가 결정되므로 친고죄가 법 개정에 의해 친고죄가 아니게 되더라도 친고죄로 취급하되, 친고죄가 아닌 것이 법 개정에 의해 친고죄로 된 때에는 피고인에 유리하므로 소급효를 인정하여 친고죄로 논하여야 한다.

Ⅲ. 인적 범위

형소법은 우리나라에 있는 모든 사람에게 적용된다. 다만, 다음의 예외가 인정된다.

1. 국내법상 예외

대통령은 내란 또는 외환의 죄를 범한 경우를 제외하고는 재직 중 형사상 소추를 받지 않는다(헌법 제84조). 다만, 재직 중이라도 범죄혐의가 있는 경우 수사대상은 될 수 있다(공수처법 제2조 제1호 가목 참조).

국회의원은 국회에서 직무상 행한 발언과 표결에 관하여 국회 외에서 책임을 지지 않는다(헌법 제45조).[3] 따라서 국회의원의 면책특권에 해당하는 사항에 대하여 공소가 제기된 때에는 '공소제기의 절차가 법률의 규정을 위반하여 무효일 때'(제327조 제2호)에 해당하므로 공소기각의 판결을 하여야 한다. 또한 국회의원은 현행범인인 경우를 제외하고는 회기 중 국회의 동의없이 체포 또는 구금되지 아니하며, 국회의원이 회기 전에 체포 또는 구금된 때에는 현행범인이 아닌 한 국회의 요구가 있으면 회기 중 석방된다(헌법 제44조).

2. 국제법상 예외

외국의 원수 또는 사절과 그 가족이나 수행원 및 외국공관의 공관장이나 직원 등 국제법상 또는 조약상 특권을 가지고 있는 자에 대해서는 우리나라 법원의 형사재판권이 미치지 않으므로 형소법이 적용되지 않는다. 따라서 이들에 대한 수사에서도 원칙적으로 강제처분이 허용되지 않으며, 설령 기소되더라도 법원은 재판

3) 면책특권의 대상이 되는 행위는 국회의 직무수행에 필수적인 국회의원의 국회 내에서의 직무상 발언과 표결이라는 의사표현행위 자체에만 국한되지 아니하고 이에 통상적으로 부수하여 행하여지는 행위까지 포함하며, 그와 같은 부수행위인지 여부는 구체적인 행위의 목적·장소·태양 등을 종합하여 개별적으로 판단하여야 한다(2009도14442). 국회의원이 직무상 질문이나 질의를 준비하기 위하여 국회 내에서 하는 정부·행정기관에 대한 자료제출의 요구하는 것(96도1742)이나 국회에서 발언할 내용이 담긴 위 보도자료를 사전에 배포한 행위(2009도14442) 등이 부수행위에 해당한다. 그러나 면책특권의 목적 및 취지 등에 비추어 볼 때, 발언 내용 자체에 의하더라도 직무와는 아무런 관련이 없음이 분명하거나, 명백히 허위임을 알면서도 허위의 사실을 적시하여 타인의 명예를 훼손하는 경우 등까지 면책특권의 대상이 되는 것은 아니다(2005다57752).

권이 없으므로 공소기각의 판결을 하여야 한다(제327조 제1호).

또한 대한민국과의 협정에 의하여 우리나라에 주둔하고 있는 외국군대에 대해서도 원칙적으로 형소법이 적용되지 않는다. 한미방위조약에 의한 미합중국군대의 지위에 관한 협정(Status of Forces Agreement: SOFA)[4] 제22조에 의하면 공무집행 중의 미군(군대의 구성원, 군속 및 그들의 가족)의 범죄에 대하여는 주한미군이 1차적 재판권을 가지며, 기타 범죄에 한하여 대한민국 당국이 재판권을 행사할 1차적 권리를 가진다. 다만, 미합중국 군대의 군속 중 통상적으로 대한민국에 거주하고 있는 자는 위 협정이 적용되는 군속의 개념에서 배제되므로, 그에 대하여는 우리나라 형사재판권 등에 관하여 위 협정에서 정한 조항이 적용될 여지가 없다(2005도798).

4) 정식명칭은 「대한민국과 아메리카합중국간의 상호 방위조약 제4조에 의한 시설과 구역 및 대한민국에서의 군대의 지위에 관한 협정」이다.

제2장 형사소송의 이념과 구조

제1절 형사소송의 이념과 목적

Ⅰ. 형사절차의 관찰방법

형소법은 실체면에서는 실체적 진실의 발견과 적정하고 신속한 형벌법령의 적용실현을 목적으로 하고, 절차면에서는 개인의 인권존중과 적법절차의 보장을 목적으로 한다. 양자는 '절차를 지킨다'는 측면에서는 논리적으로 같지만, 정책원리의 측면에서는 소송상 서로 다른 2개의 원칙으로 나타난다. 전자에서는 형사절차는 형벌권이 제대로 실현될 수 있도록 사건의 진상을 해명하기 위한 절차과정으로 이해한다. 따라서 실체적 진실발견이 가장 중요과제가 되고, 형소법은 그 목적달성을 위해 적합한 절차이어야 한다는 원칙으로 귀결된다. 이는 실체적 진실주의의 요청과 적극적인 처벌확보의 이념으로 나타난다. 반면에 후자에서는 형사절차의 순서·기준을 법으로 정하여 이를 준수할 것을 요구하고, 그것이 제대로 지켜지지 않는 한 처벌목적을 달성할 수 없더라도 어쩔 수 없는 것으로 받아들인다. 이는 절차법정주의 원칙으로 귀결되며, 절차 자체의 정의 내지 적정을 실현하기 위해 진실탐구 활동이 억제될 수도 있다고 하는 소극적인 처벌저지의 이념으로 나타난다.

형소법은 국민의 권리보장을 위해 국가의 권력을 제한한다는 점에 그 존재근거를 가진다. 따라서 '형사절차에서 인권보장의 철저화'라는 관점에서 본다면 형사절차에서는 헌법적 원리인 적법절차의 원칙이 우선하고, 형사소송의 목적인 실체적 진실주의는 헌법상 요청인 적법절차의 원칙과 신속한 재판의 원칙에 의해 제한된다.

<형사절차의 2가지 관찰방법>

의 의	형법의 실현(형법시행법)	형법의 제약(형법한정법)
사 상	실체법 우위	절차법 우위
기 능	범인처벌의 확보	무고한 자의 불처벌의 보장
절차모델	판결에로의 운반장치	판결에로의 장애물경주
지도이념	실체적 진실주의	적법절차주의

Ⅱ. 적법절차의 원칙

1. 의의와 연혁

(1) 의 의

적법절차의 원칙이란 헌법정신을 구현한 공정한 법정절차에 의하여 형벌권이 실현되어야 한다는 원칙을 말한다. 형사절차에서 적법절차의 원칙은 문명국가에서 요구되는 최소한의 기준으로서 헌법상 인권선언의 중요한 부분(제12조 이하)을 구성하는 것으로 이해되고 있으며, 그 중에서 총칙적 규정인 헌법 제12조를 원용하는 형태로서 '듀 프로세스(due process)의 보장' 또는 '헌법적 형사소송(론)'으로 불리기도 한다.

헌법 제12조 제1항에서는 "누구든지… 법률과 적법한 절차에 의하지 아니하고는 처벌…을 받지 않는다"고 규정하여 적법절차의 원칙을 명문화하고 있으며, 이는 일반조항으로 그 자체로서 형사절차에서 재판규범으로서 작용하고, 형사절차의 규제원리와 형사절차에 관한 입법의 지침이 된다.[5] 이 외에 헌법에서는 그 세부내용으로서 묵비권(제12조 제2항), 영장주의(동조 제3항), 변호인의 도움을 받을 권리(동조 제4항), 체포·구속의 절차와 통지(동조 제5항), 구속적부심사제도(동조 제6항), 신속한 공개재판을 받을 권리(제27조 제3항), 무죄추정권(동조 제4항), 형사보상청구권(제28조) 등을 규정하고 있다. 또한 형소법 제308조의2에서는 위법수집증거배제법칙을 명문화함으로써 형사절차에서 적법절차의 원칙을 준수할 것을 요구하

5) 헌법재판소는 헌법 제12조 제1항 후문은 적법절차의 원칙을 헌법원리로 수용하고 있다고 하면서, "이 적법절차의 원칙은 법률이 정한 형식적 절차와 실체적 내용이 모두 합리성과 정당성을 갖춘 적정한 것이어야 한다는 실질적 의미를 지니고 있는 것으로서 특히 형사소송절차와 관련시켜 적용함에 있어서는 형사소송절차의 전반을 기본권 보장의 측면에서 규율하여야 한다는 기본원리를 천명하고 있는 것으로 이해하여야 한다"(94헌바1)고 하였다.

고 있다.

(2) 연 혁

적법절차의 원칙은 영국의 대헌장(마그나 카르타, Magna Carta) 제39조[6]에서 유래된 것으로 미국의 연방헌법 수정 제5조[7](1791)와 제14조[8](1868)에 의해 발전되어 왔다. '적정'의 의미는 역사적으로 형성되어 온 것으로서 일반적으로 '근본적인 공정성'으로 정의된다. '근본적인 공정성'이란 문명사회에서 인정되고 있는 고상한 예의와 공정에 관한 규범을 의미한다.

오늘날 대륙법계국가에서도 적법절차의 원칙은 인간의 존엄과 가치의 인정 및 기본적 인권의 보장이라고 하는 자유주의·법치국가의 원리가 형사절차상 구현된 것으로서, 형사절차의 내용적인 확정의 요구와 피고인·피의자의 실질적인 권리보장을 의미하는 것으로 이해되고 있다. 따라서 적법절차의 원칙은 공정한 재판의 원칙(공평한 법원의 구성, 피고인의 방어권보장, 무기평등의 실현), 비례성의 원칙(과잉금지의 원칙) 및 피고인보호의 원칙(예, 피고인에세 각종 권리의 고지 등)을 그 내용으로 한다고 한다.

2. 이론적 배경

근대적 형사법사상에서는 형사소송의 처벌기능과 불처벌기능이 대립되는 경우에는 위법수집증거배제법칙에서와 같이 적법절차의 보장을 우선시킨다. 이 같

---

6) 대헌장 제29조: 자유인은 그 동료의 합법적 재판에 의하거나 국법에 의하지 않으면 체포·감금·압류·법외방치 또는 추방되거나 기타 방법으로 침해당하지 않는다. 짐도 그렇게 하지 않으며, 그렇게 하도록 시키지도 않는다.

7) 미국 연방헌법 수정 제5조: 누구라도 대배심의 고발이나 공소제기에 의하지 아니하고는 사형에 해당하는 죄나 중죄에 대하여 심문당해서는 아니 된다. 다만, 전쟁 시나 공공의 위험이 발생했을 때에 육·해군이나 민병대에 현실적으로 복무 중인 경우는 예외로 한다. 또한 어느 누구도 동일한 범죄에 대하여 생명이나 신체의 위험에 두 번 처해져서는 아니 되고, 어느 형사사건에서도 자신의 증인이 될 것을 강요받아서는 아니 되며, 적법절차에 의하지 아니하고 생명이나 자유 또는 재산이 박탈당해서는 아니 된다. 또한 사유재산권은 정당한 보상 없이는 공익목적을 위하여 수용되어서는 아니 된다.

8) 미국 연방헌법 수정 제14조 제1절: 미국에서 태어나거나, 귀화한 자 및 그 사법권에 속하게 된 사람 모두가 미국 시민이며 사는 주의 시민이다. 어떤 주도 미국 시민의 특권 또는 면책권한을 제한하는 법을 만들거나 강제해서는 아니 된다. 또한 어떤 주에도 법의 적정절차 없이 개인의 생명, 자유 또는 재산을 빼앗아서는 아니 되며, 그 사법권 범위에서 개인에 대한 법의 동등한 보호를 거부하지 못한다.

은 적법절차의 요청에서 유래하는 소추·처벌의 규제, 즉 의심스러운 때는 피고인의 이익으로의 원칙, 일사부재리의 원칙 등은 형사절차에서 새로운 것은 아니다. 이처럼 형사절차에서 절차적 보장이 강조되는 것은 헌법상 인권보장의 이념, 리얼리즘법학의 접근방법을 배경으로 한 절차우위의 사상, 당사자주의 소송제도의 추구 등에 따른 것이기도 하다.

3. 적법절차의 원칙과 실체적 진실주의의 관계

적법절차의 원칙에 따라 위법하게 수집한 증거를 배척하게 되면 사건의 진실발견과 모순되는 결과를 초래할 수도 있으므로 사회통념이나 상식과 배치되는 경우가 발생할 수 있다. 하지만 적법절차의 원칙을 강조하는 것이 실체적 진실주의를 반드시 부정하는 것은 아니다. 오히려 형사절차가 적법절차에 의해 진행될 경우에 최소한 무고한 자의 처벌을 막을 수 있다는 점에서 소극적 실체적 진실주의와 조화되기도 한다.

소송에서 실체적 진실의 추구는 당연한 요청이므로 적법절차의 요청도 실체적 진실발견과 조화되어야 한다. 다만, 형사절차에서 적법절차를 강조하는 것은 이것이 실체적 진실주의의 요청과 충돌하는 경우임에도 불구하고 쉽게 조화점을 찾을 수 없을 때에는 형법상 죄형법정주의의 인권보장기능, 즉 법이 없으면 처벌되지 않는다고 하는 소극면을 강조하는 것처럼 적법절차의 원칙을 우선하여야 한다는 것으로 이해하여야 한다.

Ⅲ. 실체적 진실주의

1. 의 의

실체적 진실주의란 소송의 실체에 관해 객관적 진실을 발견해서 사안의 진상을 명백히 하자는 주의를 말한다. 형소법은 종국적으로 '사안의 진상을 명백히 해서 형벌법령을 적정하고도 신속히 적용·실현하는 것'을 목적으로 한다. 따라서 형사소송은 국가형벌권을 실현하기 위하여 당사자의 주장이나 입증에 관계없이 실체진실을 규명하는 절차로 이해한다. 검사의 객관의무나 변호인의 진실의무도 실체적 진실주의의 요청에 따른 것이다. 실체적 진실의 발견은 형사소송의 목적이며 중요한 지도이념이 되므로 실체적 진실주의는 형사소송의 모든 단계, 즉 공판절차뿐만 아니라 수사절차에서도 적용된다.

실체적 진실주의는 대립당사자의 공격과 방어에 의하여 나타난 증거에 구속되어 상대적으로 비교우위에 있는 당사자에게 유리한 판단을 하는 형식적 진실주의(민사소송절차)와 구별된다.

2. 내 용

실체적 진실주의는 죄를 범한 자는 반드시 처벌되어야 한다는 적극적 실체적 진실주의와 죄 없는 자의 처벌은 절대로 피하여야 한다는 소극적 실체적 진실주의를 포함한다. 전자는 필벌주의에 입각한 것으로서 국가절대주의·국가우위사상에 근거하여 절차에 대한 실체의 우위를 인정하고, 범인의 발견과 처벌에 중점을 두므로 인권보장이나 공정한 절차의 보장은 후퇴하게 된다. 이는 직권주의를 의미하기도 한다. 후자는 '열 사람의 범인은 놓치는 한이 있더라도 한 사람의 죄 없는 사람을 벌하여서는 아니 된다(Better ten guilty escape than one innocent suffers)'고 하거나 '의심스러운 때는 피고인의 이익으로(in dubio pro reo)'라는 무죄추정의 원칙이 강조된다. 따라서 법관은 제출된 증거에 의해서 유죄의 확신이 없으면 무죄판결을 하여야 한다.

오늘날 형사소송에서는 소극적 실체적 진실주의가 강조되며, 형소법에서도 무죄추정의 원칙(제275조의2), 위법수집증거배제법칙(제308조의2), 자백배제법칙(제309조), 자백의 보강법칙(제310조), 전문법칙(제310조의2) 등을 통해 이를 적극적으로 구현하고 있다.[9] 소극적 실체적 진실주의는 적법절차의 요청이나 당사자주의 소송구조와도 조화된다. 당사자주의가 이해관계 있는 당사자의 공격과 방어에 의해 보다 많은 증거가 법원에 제출되어지고, 이를 근거로 법관이 제3자의 입장에서 공평하게 판결을 한다면 실체적 진실발견에도 유리할 것이기 때문이다.

---

9) 헌법재판소는 "형사재판의 증거법칙과 관련하여서는 소극적 진실주의가 헌법적으로 보장되어 있다"라고 하면서, "형사피고인으로서는 형사소송절차에서 단순한 처벌대상이 아니라 절차를 형성·유지하는 절차의 당사자로서의 지위를 향유하며 형사소송절차에서는 검사에 대하여 '무기대등의 원칙'이 보장되는 절차를 향유할 헌법적 권리를 가진다"(94헌바1)고 하였다.

3. 한 계

(1) 적법절차의 원칙과 신속한 재판의 원칙에 의한 한계

실체적 진실발견의 요청은 헌법적 형사소송의 요청에 따라 헌법에 근거를 둔 적법절차의 요청(헌법 제12조 제1항, 제3항)이나 시간적 제약인 신속한 재판의 요청(헌법 제27조 제3항)에 의해 제한된다.[10] 전자의 예로는 증언금지, 증인자격의 제한, 각종 증거능력의 제한(위법수집증거배제법칙(제308조의2), 자백법칙(제309조), 전문법칙(제310조의2 이하)) 등이 있다(후자의 예는 후술 '신속한 재판의 원칙' 참조).

(2) 내적 한계

사건이 발생하고 난 후에 절대적이고 객관적인 진실을 발견한다는 것은 인간의 능력으로는 한계가 있다. 따라서 소송이 추구하는 진실은 어디까지나 과거의 일정한 때와 장소에서의 사실이며, 당시에 존재하고 수집된 증거를 통해서 인간이 알 수 있는 사실에 지나지 않는다. 따라서 형사소송에서 실체적 진실이란 소송법규가 정한 궤도에 맞는 방법에 의해 밝혀진 진실을 말하며, '유죄판결의 기초가 되는 사실'이란 검사의 주장·입증에 대하여 피고인측이 부정하더라도 합리적인 의심이 들지 않는 고도의 개연성이 있는 사실이라고 법원이 결정한 것을 의미함에 지나지 않는다.

(3) 초소송법적 이익에 의한 한계

실체적 진실발견은 소송법적 이익에 우선하는 이익에 의해 제한받기도 한다. 군사상·공무상 또는 업무상 비밀에 속하는 장소 또는 물건에 대한 압수·수색의 제한(제110조-제112조), 공무상 또는 업무상 비밀에 속하는 사항과 근친자의 형사책임에 불이익한 사항에 대한 증언거부권의 인정(제147조-제149조) 등이 이에 해당한다.

---

10) 헌법재판소는 "형사소송에 관한 절차법에서 소극적 진실주의의 요구를 외면한 채 범인필벌의 요구만을 앞세워 합리성과 정당성을 갖추지 못한 방법이나 절차에 의한 증거수집과 증거조사를 허용하는 것은 적법절차의 원칙 및 공정한 재판을 받을 권리에 위배되는 것으로서 헌법상 용인될 수 없다"(94헌바1)고 하였다.

Ⅳ. 신속한 재판의 원칙

1. 의의와 필요성

(1) 의 의

신속한 재판의 원칙이란 공판절차는 신속하게 진행되어야 하며, 재판이 지연되어서는 아니 된다는 원칙을 말한다. '재판의 지연은 재판의 거부와 같다(Justice delayed, justice denied)'고 하는 법격언이나 프랜시스 베이컨(Francis Bacon)이 '사법은 신선할수록 향기가 높다'고 표현한 것은 이 원칙을 대변한 것이다. 헌법 제27조 제3항에서는 "모든 국민은 신속한 재판을 받을 권리를 가진다. 형사피고인은 상당한 이유가 없는 한 지체 없이 공개재판을 받을 권리를 가진다"고 규정함으로써 신속한 재판을 받을 권리를 형사피고인의 기본권으로 보장하고 있다.

> **<참고> 신속한 재판의 원칙과 소송촉진의 요청**
>
> 신속한 재판의 원칙은 헌법상 기본권에 속하는 것으로, 소송지연방지라고 하는 사법행정상 목적에 따라 법률에 의해 추구되는 소송촉진의 요청과는 구별된다. 소송촉진의 요청은 형사절차를 검사나 법원 등 국가기관의 과형을 위한 절차라는 관점하에 국민의 권리·의무의 신속한 실현과 분쟁처리의 촉진을 위한 것으로서 피고인의 이익·불이익 여부를 묻지 않는다. 그러나 법원은 소송으로 인한 부담경감과 소송촉진이라는 목적을 강조한 나머지 소송의 신속성에만 관심을 가져서는 아니 되며, 소송촉진의 요청과 피고인의 방어권보장이 충돌할 경우에는 당연히 후자를 우선하여야 한다.

(2) 연 혁

신속한 재판을 받을 권리는 영국의 마그나 카르타에서 처음 선언된 것으로, 미국 수정헌법 제6조에서는 '모든 형사사건에서 피고인은 신속한 재판을 받을 권리를 가진다'[11]고 규정하고 있으며, 클로퍼 사건(Kloper v. North Caroline)[12]에서 이

---

11) 미국 연방헌법 수정 제6조: 모든 형사절차에서 피고인은 죄를 범한 주와 특별구의 공평한 배심원단에 의한 신속하고 공개적인 재판을 받을 권리를 향유한다. 이때 특별구는 법에 의하여 미리 인정받아야 한다. 또한 피고인은 공소의 성질과 이유를 통보받을 권리, 자신에게 불리한 증인을 대면할 권리, 자신에게 유리한 증인을 확보할 강제절차를 보장받을 권리, 방어를 위하여 변호인의 조력을 받을 권리를 향유한다.

12) 386 U. S. 213(1967).

권리가 연방법원뿐만 아니라 주법원에도 적용되는 기본원리임을 확인한 후 모든 주 헌법에서 명문으로 규정하고 있다. 독일에서는 「인권보호를 위한 조약」(MRK) 제6조의 "누구나 적절한 기간 내에 공개재판을 받을 권리를 가진다"는 규정에 따라 신속한 재판의 원칙을 형사소송의 지도이념으로 하고 있다.

(3) 필 요 성

신속한 재판은 피고인의 입장에서는 재판 전의 부당한 장기구금을 방지하고, 재판에서 각종의 부담과 불이익에서 빨리 해방시켜 주며, 재판이 진행되는 동안 발생할 수 있는 일반인으로부터의 비난을 최소화하게 한다는 점에서 이익이 된다. 또한 피고인 또는 피의자의 방어권행사에서 증인의 기억상실, 관계인의 사망, 증거물의 상실 등 장애요인을 제거함으로써 형사절차의 공정성을 담보하게 한다.

그리고 신속한 재판은 형벌권의 조기실현을 통하여 형벌의 효과, 즉 사회복귀라는 특별예방과 일반예방의 목적달성을 최대화하는 한편, 형사절차에 소요되는 비용과 노력을 절감하게 함으로써 소송경제의 면에서도 유익하며, 유죄증거의 일실(逸失)이나 왜곡을 방지함으로써 실체적 진실발견에도 유용하다.

(4) 형사소송 이념과의 관계

신속한 재판의 요청은 적법절차와 조화되는 소극적 진실주의의 관점에서 보장되어야 한다. 다만, 형사절차에서는 피고인의 방어권이 가장 우선하므로 신속한 재판의 요청은 피고인의 방어권이 침해되지 않는 범위 내에서 조화롭게 실현되어야 한다.

그러나 신속한 재판의 원칙은 범인필벌주의를 의미하는 적극적 실체적 진실주의와는 모순되더라도 관철되어야 하므로 국가기관, 특히 법원이나 검찰에 원인이 있는 소송절차의 지연은 허용되지 않는다.

2. 제도적 구현내용

신속한 재판의 원칙은 공판절차를 포함하여 모든 형사절차에서 적용되는 원칙이므로 형소법에서는 형사절차 전반에 걸쳐 제도적으로 구현하고 있다. 그 내용은 다음과 같다.

<table>
<tr><th colspan="2">형사절차 단계</th><th>내 용</th></tr>
<tr><td colspan="2">수사와 공소제기</td><td>· 사법경찰관에게 수사종결권을 인정(제197조 제1항)
· 수사기관의 구속기간 제한(제202조, 제203조)
· 기소편의주의(제247조), 공소취소제도(제255조), 공소시효제도(제249조)</td></tr>
<tr><td rowspan="3">공판</td><td>공판 준비 절차</td><td>· 공소장부본의 송달(제266조)
· 공판준비절차(제266조의5 이하)
· 공판기일의 지정과 변경(제267조, 제270조),
· 공판기일의 증거조사와 증거제출(제273조, 제274조) 등</td></tr>
<tr><td>공판 절차</td><td>· 법원의 심판범위 한정, 궐석재판제도(제277조의2, 제458조 제2항), 집중심리제도(제267조의2)
· 공판기일의 지정(제267조)과 변경(제270조), 증거신청에 대한 결정(제295조), 불필요한 변론의 제한(제299조), 변론의 분리와 병합(제300조) 등, 재판장의 소송지휘권(제279조)
· 구속기간 제한(제92조)
· 판결선고기일(제318조의4)[13)]</td></tr>
<tr><td>기타</td><td>· 대표변호인제도(제32조의2)
· 소송지연목적을 이유로 한 법관기피신청의 기각(제20조 제1항)
· 변호인의 소송기록열람·복사권(제35조)</td></tr>
<tr><td colspan="2">상소심</td><td>· 상소기간(제358조, 제374조), 상소기록의 송부기간(제361조, 제377조), 상소이유서 또는 답변서제출기간(제361조의3, 제379조) 등 상소에 관한 기간 제한
· 상고심은 사후심으로, 항고심은 속심적 성격과 사후심적 성격 병존</td></tr>
<tr><td colspan="2">특별절차</td><td>· 간이공판절차(제286조의2)
· 약식절차(제448조 이하)
· 즉결심판절차(즉결심판법)</td></tr>
</table>

3. 침해의 구제

(1) 구제방안

재판의 지연에 의하여 피고인의 신속한 재판을 받을 권리가 침해된 경우에 대하여 형소법에서 아무런 규정을 두고 있지 않다. 이때에 미국에서는 공소기각에

13) 소송촉진법에서는 판결선고기간을 제한하여 제1심에서는 공소제기된 날로부터 6월 이내, 상소심에서는 기록의 송부를 받은 날로부터 4월 이내(제21조), 약식명령은 그 청구가 있은 날로부터 14일 이내(제22조)에 하도록 하고 있다.

의해(U. S. v. Strunk[14]), 일본에서는 면소판결에 의해(日最判 昭和 47.12.20.) 소송을 종결시키고 있다.

그러나 소송지연을 소송조건으로 이해하는 것은 소송조건의 불명확성을 초래하여 법적 안정성을 해칠 수 있다. 또한 형소법에서 공소제기된 범죄가 판결확정 없이 25년을 경과하면 공소시효가 완성된 것으로 보고 있는 점(제249조 제2항) 등을 고려하면 이 정도에 이르지 않은 재판지연을 이유로 형식재판에 의해 소송을 종결시킬 수는 없을 것이다. 따라서 현행법상 지나친 재판지연은 독일의 경우(BGHSt. 24, 239; BGHSt 27, 274)와 같이 양형상 고려할 수밖에 없다(다수설).

(2) 재판지연의 판단기준

재판의 지연이 피고인의 신속한 재판을 받을 권리를 침해하였는지 여부는 신속한 재판의 원리의 의의와 목적을 고려하여 심리의 방법과 사건의 성질 등을 참작하여 구체적으로 판단할 수밖에 없다. 그 판단자료로서는 지연기간, 지연이유, 지연에 대한 피고인의 요구 여부, 피고인의 이익침해의 여부 등을 들 수 있다.

제2절 형사소송의 구조

형사절차에서는 그 목적달성을 위해 소송주체들 사이의 기본적인 소송법률관계를 기초로 절차가 진행된다. 이러한 소송주체들 간의 관계에 대한 논의를 소송구조론이라고 한다. 형사절차는 규문주의로부터 탄핵주의로 발전하였으며, 탄핵주의는 다시 직권주의와 당사자주의로 분화되었다.

---

14) 467 F. 2d 969(1972).

<소송구조의 개관>

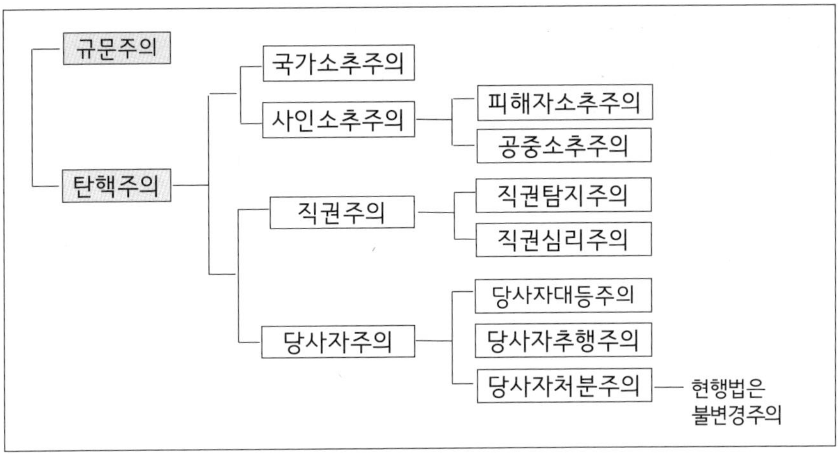

Ⅰ. 규문주의와 탄핵주의

1. 규문주의

규문주의란 법원이 스스로 절차를 개시하여 심리·재판하는 주의를 말한다. 따라서 규문주의에서는 법원이 소추기관이면서 심판기관이 되고, 피고인은 단지 조사·심리의 객체에 지나지 않는다. 이는 프랑크왕국시대의 카알 대제(Karl der Grosse, 742년~814년)의 규문절차를 시초로 한 근대 초기의 절대주의국가하의 형사절차구조이다.

규문주의에서는 법원에 소추와 심판이 독점되어 있으므로 법관에게 지나친 부담이 되며, 공평한 재판의 요청에도 반할 우려가 크다. 또한 규문주의하에서는 피고인을 단지 조사 또는 심리의 객체로 취급하게 되므로 피고인의 방어권이 충분히 보장되지 않는다.

2. 탄핵주의

(1) 의 의

탄핵주의는 재판기관과 소추기관을 분리하여 소추기관의 공소제기에 의하여 법원이 절차를 개시하는 주의를 말하며, 소송주의(소추주의)라고도 한다. 탄핵주의에서는 소추기관에 의해 소가 제기된 사건에 대해서만 법원이 심판할 수 있으며(불고불리의 원칙), 피고인이 소송의 주체로서 절차에 참여한다(변론주의).

탄핵주의는 프랑스혁명 후 나폴레옹의 「치죄법(治罪法, Code d'instruction criminelle)」을 시작으로 모든 대륙법계 국가에서 채택하고 있으며, 영·미에서는 일찍부터 이 제도를 취하고 있었다. 형소법이 채택하고 있는 소송구조이다.

(2) 유 형

탄핵주의는 소추권자가 누구인지에 따라 국가기관인 검사에 의한 국가소추주의와 사인(私人)에 의한 사인소추주의가 있으며, 후자에는 미국의 기소배심으로 대표되는 공중소추주의와 피해자 또는 그 친족에 의한 피해자소추주의가 있다. 제246조에서는 "공소는 검사가 제기하여 수행한다"라고 규정함으로써 국가소추주의를 택하고 있다.

또한 탄핵주의는 소송의 주도권이 누구에게 있는지에 따라 당사자주의와 직권주의로 나뉜다.

Ⅱ. 직권주의와 당사자주의

1. 직권주의

(1) 의의와 내용

직권주의란 형사절차가 국가형벌권의 실현을 목적으로 한다는 점에서 법원이 소송에서 주도적 지위를 갖는 구조를 말한다.

직권주의는 당사자의 주장이나 청구에 구애받지 않고 법원이 직권으로 증거를 수집·조사한다는 점에서 직권탐지주의와 소송물이 법원의 지배하에 놓이게 되므로 법원이 직권으로 사건을 심리한다는 점에서 직권심리주의를 그 내용으로 한다.

(2) 장·단점

직권주의는 법원이 소송을 주도하므로 실체적 진실발견에 효과적일 수 있고, 심리의 능률·신속을 도모할 수 있으며, 피고인의 보호와 형사절차의 공공성을 담보할 수 있다는 장점이 있다.

그러나 직권주의는 사건의 심리가 법원의 독단에 의해 진행되거나 피고인이 심리의 객체로 전락할 위험이 있으며, 법원에 과중한 업무부담을 줄 수 있다는 단점이 있다.

2. 당사자주의

(1) 의의와 내용

당사자주의란 검사와 피고인이 소송당사자로서 소송에서 주도적 지위를 가지고 서로 충분한 주장과 입증을 통해 공격·방어를 하게 하고, 이에 기초하여 법원이 공평한 제3자로서 공권적 판단을 내리는 소송구조를 말한다. 당사자주의는 검사와 피고인이 대등한 관계임을 전제로 한다는 점에서 당사자대등주의를 기초로 하며, 소송의 진행이 당사자 의해서 주도적으로 행하여진다는 점에서 당사자추행주의를 그 내용으로 한다.

한편, 영·미의 당사자주의에서는 유죄답변거래(plea bargaining)나 기소사실인부절차(arraignment)를 인정함으로써 당사자에게 소송물에 대하여 유효하게 처분할 수 있는 지위를 인정하는 당사자처분주의도 그 내용으로 한다. 하지만 형소법은 소송이 법원에 일단 계속된 이상 당사자의 처분권을 인정하지 않는 불변경주의를 취하고 있다. 다만, 당사자에 의한 공소취소(제255조) 또는 상소취하(제349조)는 인정되고 있다.

(2) 장·단점

당사자주의는 당사자에 의하여 공격과 방어가 충분히 행하여지게 되므로 실체적 진실발견에 유리하고, 법원으로 하여금 공평한 재판을 가능하게 하며, 피고인의 방어권과 인권보장에 유리하다는 장점이 있다.

그러나 당사자주의를 철저하게 관철하게 되면 심리의 능률과 신속을 달성할 수 없게 될 우려가 있고, 당사자의 열의와 능력 여하에 따라서 소송결과가 좌우될 수 있으며(소송의 스포츠화의 우려), 이때 법률지식과 소송수행능력이 부족한 피고인에게 불리하게 작용할 가능성이 있음은 물론, 실체적 진실이 왜곡될 위험이 있다(검찰사법화의 우려)는 단점이 있다. 특히, 당사자에게 처분권을 인정하게 되면 국가형벌권의 행사가 당사자 간의 타협이나 거래대상으로 전락하게 될 우려도 있게 된다.

3. 형사소송법의 소송구조

형소법의 소송구조에 대하여는 ① 직권주의 소송구조가 원칙이라고 하는 견해와 ② 당사자주의 소송구조가 원칙이라고 하는 견해가 있다. 전자의 입장에서는 형소법은 형사소송의 본질과 실체적 진실발견이라는 이념에 충실하여야 한다고 하면서, 인권보장은 당사자주의의 전유물이 아니라 헌법의 당연한 요청이며 법치국가원리의 적용에 불과하므로 직권주의에서도 경시되지 않는다고 한다. 이 입장은 형소법에서 외형적으로는 당사자주의 요소를 대폭 도입하고 있지만 실질적으로는 실체적 진실발견을 위하여 법원의 개입을 광범위하게 인정하고 있다는 점을 그 근거로 한다. 그러나 ③ 당사자주의 소송구조는 피고인을 소송의 주체로서 취급함에 그치지 않고 소송에서 주도적 지위를 인정함으로써 헌법에서 보장하고 있는 피고인의 권리가 충분히 실현될 수 있고, 당사자의 적극적인 공격과 방어에 의해 소송이 수행된다는 점에서 실체적 진실발견에도 유리하다. 더구나 형소법은 소송절차의 전반에 걸쳐 당사자주의 요소를 법제화하고 있으며, 형소법의 개정 시마다 이를 강화하고 있다. 따라서 형소법은 당사자주의 소송구조를 원칙으로 하고 있으며, 단지 무기의 열세에 있는 피고인의 권리와 이익을 옹호하기 위하여 보충적이고 규제적인 측면에서 직권주의요소를 일부 규정하고 있는 것으로 이해하여야 한다.

대법원(84도796)과 헌법재판소(92헌마44)[15]는 원칙적으로 형사소송의 구조를 당사자주의로 파악하고 있다. 형소법상 당사자주의 요소와 직권주의 요소는 다음의 표와 같다.

15) 헌법재판소는 "우리나라 형소법은 그 해석상 소송절차의 전반에 걸쳐 기본적으로 당사자주의 소송구조를 취하고 있는 것으로 이해"(92헌마44)하였으나, 근래에는 "현행 형소법은 직권주의 요소와 당사자주의 요소를 조화시킨 소송구조를 취하고 있다"(2010헌바128)고 하였다.

<table>
<tr><th>소송구조</th><th colspan="2">내 용</th></tr>
<tr><td rowspan="3">당사자주의 요소</td><td>공소제기</td><td>· 심판대상의 한정 및 특정(제254조 제4항)
· 공소장일본주의(규칙 제118조 제2항)
· 공소장변경제도(제298조) 등</td></tr>
<tr><td>공판준비절차</td><td>· 공판준비절차의 마련(제266조의2 · 제266조의16)
· 공소장부본의 송달(제266조),
제1회 공판기일의 유예기간(제269조)
· 피고인의 공판기일변경신청권(제270조) 등</td></tr>
<tr><td>공판절차</td><td>· 당사자의 출석 원칙(제275조, 제276조)
· 당사자의 모두진술(제285조, 제286조)
· 피고인의 진술거부권(제289조)
· 검사와 변호인 증거관계 등에 대한 진술(제287조)
· 당사자의 증거조사신청권(제294조)
· 당사자의 증거보전청구권(제184조),
증거조사참여권(제145조, 제163조, 제176조) 또는
이의신청권(제296조) 등
· 증인신문 시 교호신문(제161조의2)
· 전문법칙(제310조의2)
· 증거에 대한 당사자 동의(제318조)
· 당사자의 최종변론권(제302조, 제303조) 등</td></tr>
<tr><td colspan="2">직권주의 요소</td><td>· 재판장의 소송지휘권(제279조)
· 재판장 또는 합의부원의 피고인신문(제287조)
· 법원의 직권 증거조사(제295조)
· 재판장의 증인신문 및 증인신문순서의 변경 등(제161조의2 제2항 · 제3항)
· 법원의 공소장변경요구제도(제298조 제2항) 등</td></tr>
</table>

제2편

소송주체와 소송행위

제1장 소송주체

소송의 주체는 법원, 검사, 피고인이다. 법원은 재판권(심판권)의 주체, 검사는 공소권의 주체, 피고인은 방어권의 주체이다. 당사자주의 소송구조에서는 검사와 피고인을 합쳐 당사자라고 한다.[1)]

한편, 당사자의 보조자로 검사에게는 사법경찰관리가 있고, 피고인에게는 변호인과 보조인(제29조), 그리고 법정대리인(제26조), 법인의 대표자(제27조), 특별대리인(제28조) 등이 있다. 이들과 당사자를 합쳐 소송관계인이라고 한다. 이 외에 소송관여자로서 증인, 감정인, 고소인 또는 고발인 등이 있다.

제1절 법 원

Ⅰ. 법원의 의의와 구성

사법권이란 법률상의 쟁송에 관하여 심리·재판하는 권한과 이에 부수하는 권한을 말한다. 헌법상 사법권은 법관으로 구성된 법원에 속한다(헌법 제101조 제1항). 헌법에서는 "법관은 헌법과 법률에 의하여 그 양심에 따라 독립하여 심판하여야 한다"(제103조)고 규정함으로써 직무활동의 독립성을 보장하고 있다. 또한 헌법에서는 사법권의 독립을 보장하기 위하여 법관의 자격을 엄격히 제한하고 있으며, 법관의 신분을 강력히 보장하고 있다(제5장).

---

1) 직권주의에서는 '당사자' 개념을 부정하고, '소송주체'라고 한다.

<법원의 종류>

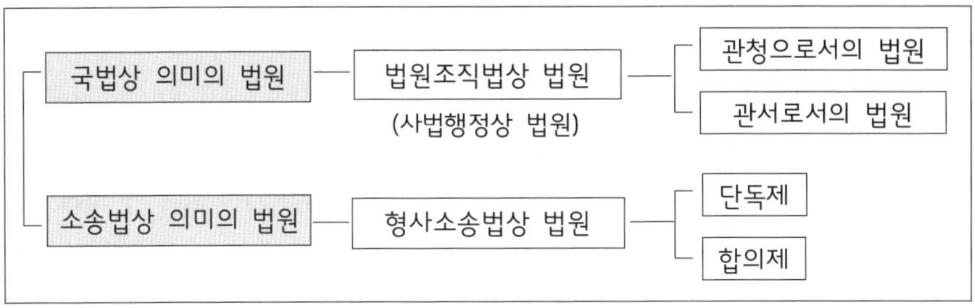

1. 국법상 의미의 법원

(1) 의 의

국법상 의미의 법원은 사법행정상 의미의 법원을 말하며, 법조법상 법원이 이에 해당한다. 이에는 사법행정에 관한 의사표시의 주체인 관청으로서의 법원과 그 자체로서는 아무런 권한이 없는 사법행정상 단위를 말하는 관서로서의 법원이 있다. 대법원장과 각급 법원장에게는 사법행정상 지휘·감독권을 인정한다. 관서로서의 법원은 구체적 재판을 위해 필요한 인적(법관과 전 직원을 포함한다)·물적 설비의 총체를 말하며, 관서로서의 법원의 청사를 법원이라고도 한다.

(2) 구 성

1) 보통법원

법원에는 대법원과 하급법원인 고등법원, 특허법원, 지방법원, 가정법원, 행정법원, 회생법원이 있다(헌법 제101조 제2항, 법[2] 제3조).

대법원은 최고법원으로서 서울특별시에 두며(법 제11조, 제12조), 대법원장과 대법관으로 구성된다(법 제4조, 제13조 제1항). 지방법원과 가정법원에는 그 사무의 일부를 처리하게 하기 위하여 그 관할구역 내에 지원과 가정지원, 시법원 또는 군법원(이하 '시·군법원'이라고 한다)[3] 및 등기소를 둘 수 있다. 다만, 지방법원과

---

2) 이 절에서 '법'은 법조법을 말한다.

3) 대법원장은 지방법원 또는 그 지원 소속판사 중에서 그 관할구역에 있는 시·군법원의 판사를 지명하여 시·군법원의 관할사건을 심판하게 한다(법 제33조 제1항). 시·군법원의 사물관할은 소액사건, 화해·독촉·조정사건, 즉결심판사건, 협의상 이혼확인사건이다(법 제34조 제1항). 시·군판사는 본·지원 단독급으로 1년 근무를 원칙으로 하고 있다.

가정법원의 지원은 2개를 합하여 1개의 지원으로 할 수 있다(법 제3조 이하 참조).

2) 특별법원

특별법원으로는 군사법원이 있다. 군사법원은 군사재판을 위하여 헌법에 의하여 인정된 법원이다(헌법 제110조). 군사법원은 (i)「군사법원법」 제2조 또는 제3조에 따라 군사법원이 재판권을 가지는 사건(제1호)과 (ii) 그 밖에 다른 법률에 따라 군사법원의 권한에 속하는 사건(제2호)을 제1심으로 심판한다(군사법원법 제11조). 다만, 군인 등(군형법 제1조 제1항부터 제3항까지에 규정된 사람)[4]이 성폭력처벌법 제2조의 성폭력범죄 및 동법 제15조의2의 죄, 청소년성보호법 제2조 제2호의 죄(제1호), 사망하거나 사망에 이른 경우 그 원인이 되는 범죄(제2호), 군인 등이 그 신분취득 전에 범한 범죄(제3호) 및 이들 범죄와 경합범관계에 있는 죄에 대해서는 전시·사변 또는 이에 준하는 국가비상사태 시가 아닌 한 군사법원이 아니라 일반법원이 재판권을 가진다(군사법원법 제2조 제2항).[5]

군사법원의 고등법원은 서울고등법원이며, 군사법원의 재판에 대한 항소사건, 항고사건 및 그 밖에 다른 법률에 따라 고등법원의 권한에 속하는 사건에 대하여 심판한다(군사법원법 제10조). 그리고 상고심은 대법원이다(동법 제9조).

(3) 법관의 자격과 임명 등

1) 자격

대법원장과 대법관은 20년 이상 (i) 판사·검사·변호사(제1호), (ii) 변호사의 자격이 있는 사람으로서 국가기관, 지방자치단체, 「공공기관의 운영에 관한

---

4)「군형법」 제1조(적용대상자) ① 이 법은 이 법에 규정된 죄를 범한 대한민국 군인에게 적용한다.

② 제1항에서 "군인"이란 현역에 복무하는 장교, 준사관, 부사관 및 병(兵)을 말한다. 다만, 전환복무(轉換服務) 중인 병은 제외한다.

③ 다음 각 호의 어느 하나에 해당하는 사람에 대하여는 군인에 준하여 이 법을 적용한다. 1. 군무원, 2. 군적(軍籍)을 가진 군(軍)의 학교의 학생·생도와 사관후보생·부사관후보생 및 「병역법」 제57조에 따른 군적을 가지는 재영(在營) 중인 학생, 3. 소집되어 복무하고 있는 예비역·보충역 및 전시근로역인 군인

5) 판례는 "특정 군사범죄를 범한 일반국민에게 군사법원에서 재판을 받아야 할 '신분'이 생겼더라도, 이는 군형법이 원칙적으로 군인에게 적용되는 것임에도 특정 군사범죄에 한하여 예외적으로 일반국민에게 군인에 준하는 신분을 인정하여 군형법을 적용한다는 의미일 뿐, 그 '신분' 취득 후에 범한 다른 모든 죄에 대해서까지 군사법원에서 재판을 받아야 한다고 새기는 것은 헌법 제27조 제2항의 정신에 배치된다"(2016초기318)고 하였다.

법률」 제4조에 따른 공공기관, 그 밖의 법인에서 법률에 관한 사무에 종사한 사람(제2호), (iii) 변호사의 자격이 있는 자로서 공인된 대학의 법률학 조교수 이상으로 재직한 사람(제3호)으로 45세 이상의 사람 중에서 임용한다(법 제42조 제1항).

사법연수원장, 고등법원장, 특허법원장, 법원행정처차장, 지방법원장, 가정법원장, 행정법원장, 회생법원장은 15년 이상 위의 각 호의 직에 있던 사람 중에서 보한다(법 제44조 제2항).

판사는 5년 이상 위의 각 호의 직에 있던 사람 중에서 임용한다. 이 경우 20년 이상 제1항 각 호의 직에 있던 사람 중에서 특정 재판사무만을 담당하는 판사를 임용할 수 있다(법 제42조 제2항). 위 각 호에 규정된 둘 이상의 직에 재직한 사람에 대해서는 그 연수를 합산한다(동조 제3항). 또한 판사의 임용에는 성별, 연령, 법조경력의 종류 및 기간, 전문분야 등 국민의 다양한 기대와 요청에 부응하기 위한 사항을 적극 반영하여야 한다(동조 제4항). 위의 각 호의 재직기간을 합산하여 10년 미만인 판사는 변론을 열어 판결하는 사건에 관하여는 단독으로 재판할 수 없으며, 합의부의 재판장이 될 수 없다(법 제42조의3 제1항, 제2항). 다만, 대법원장은 각급 법원에 위 기준을 충족하는 판사가 부족하여 재판업무 수행에 중대한 차질이 우려되는 등 불가피한 경우에는 기간을 정하여 그 소속 판사로 하여금 위 기준의 제한을 받지 아니하고 단독으로 재판할 것을 허가할 수 있다(동조 제3항).

2) 임명

대법원장은 국회의 동의를 받아 대통령이 임명한다. 대법관은 대법원장의 제청으로 국회의 동의를 받아 대통령이 임명한다. 판사는 인사위원회의 심의를 거치고 대법관회의의 동의를 받아 대법원장이 임명한다(헌법 제104조, 법 제41조).[6] 판사의 보직은 대법원장이 행한다(법 제44조).

---

6) 다음 각 호의 어느 하나에 해당하는 사람은 법관으로 임용할 수 없다(동법 제43조 제1항). 1. 다른 법령에 따라 공무원으로 임용하지 못하는 사람, 2. 금고 이상의 형을 선고받은 사람, 3. 탄핵으로 파면된 후 5년이 지나지 아니한 사람, 4. 대통령비서실 소속의 공무원으로서 퇴직 후 3년이 지나지 아니한 사람, 5. 「정당법」 제22조에 따른 정당의 당원 또는 당원의 신분을 상실한 날부터 3년이 경과되지 아니한 사람, 6. 「공직선거법」 제2조에 따른 선거에 후보자(예비후보자를 포함한다)로 등록한 날부터 5년이 경과되지 아니한 사람, 7. 「공직선거법」 제2조에 따른 대통령선거에서 후보자의 당선을 위하여 자문이나 고문의 역할을 한 날부터 3년이 경과되지 아니한 사람

3) 임기

대법원장과 대법관의 임기는 6년이며, 기타 법관의 임기는 10년이다. 대법원장을 제외한 대법관과 판사는 연임할 수 있다. 대법원장과 대법관의 정년은 70세이며, 판사의 정년은 65세로 한다(법 제45조).

4) 신분보장

법관은 탄핵 또는 금고 이상의 형에 의하지 아니하고는 파면되지 아니하며, 징계처분에 의하지 아니하고는 정직·감봉 또는 불리한 처분을 받지 않는다(헌법 제106조 제1항, 법 제46조). 다만, 법관이 중대한 신체상 또는 정신상의 장해로 인하여 직무를 수행할 수 없을 때에는 대법관인 경우에는 대법원장의 제청으로 대통령이, 판사인 경우에는 인사위원회의 심의를 거쳐 대법원장이 퇴직을 명할 수 있다(헌법 제106조 제2항, 법 제47조).

5) 금지사항

법관은 재직 중 (i) 국회 또는 지방의회의 의원이 되는 일(제1호), (ii) 행정부서의 공무원이 되는 일(제2호), (iii) 정치운동에 관여하는 일(제3호), (iv) 대법원장의 허가 없이 보수를 받는 직무에 종사하는 일(제4호), (v) 금전상의 이익을 목적으로 하는 업무에 종사하는 일(제5호)[7], (vi) 대법원장의 허가를 받지 아니하고 보수의 유·무에 상관없이 국가기관 외의 법인·단체 등의 고문·임원·직원 등의 직위에 취임하는 일(제6호), (vii) 그 밖에 대법원규칙으로 정하는 일(제7호)일을 할 수 없다(법 제49조).[8]

하지만 대법원장은 다른 국가기관으로부터 법관의 파견근무 요청을 받은 경우에 업무의 성질상 법관을 파견하는 것이 타당하다고 인정되고 해당 법관이

---

7) '금전상의 이익을 목적으로 하는 업무'는 1. 상업·공업·금융업 기타 영리적인 업무를 경영하는 일, 2. 상업·공업·금융업 기타 영리를 목적으로 하는 사기업체의 이사·감사·업무를 집행하는 무한책임사원·발기인등 임원이 되거나 지배인 기타 사용인이 되는 일, 3. 그 직무와 관련이 있는 타인의 기업에 투자하는 일, 4. 기타 계속적으로 재산상의 이득을 목적으로 하는 업무에 종사하는 일에 해당하는 경우를 말한다(법관이관여할수없는직무등에관한규칙 제2조).

8) 법관이 법조법 제49조 제4호 및 제6호의 규정에 의하여 관여할 수 있는 직무에 종사하거나 직위에 취임하고자 할 경우에는 사전에 대법원장의 허가를 받아야 한다. 이 허가를 받고자 하는 법관은 소속기관의 장을 경유하여 대법원장에게 그 신청을 하여야 한다(법관이관여할수없는직무등에관한규칙 제3조). 법관이 다른 국가기관으로부터 법조법 제50조에 규정된 파견근무 이외의 방식에 의한 관여의 요청이 있을 경우에도 마찬가지이다(동규칙 제4조).

파견근무에 동의하는 경우에는 그 기간을 정하여 이를 허가할 수 있다(법 제50조). 그러나 법관은 대통령비서실에 파견되거나 대통령비서실의 직위를 겸임할 수 없으며, 법관으로서 퇴직 후 2년이 지나지 아니한 사람은 대통령비서실의 직위에 임용될 수 없다(법 제50조의2).

2. 소송법상 의미의 법원

소송법상 의미의 법원이란 개개의 소송사건에 대하여 구체적으로 재판권을 행사하는 법원을 말한다. 형소법상 법원이 이에 해당한다. 소송법상 의미의 법원이 구체적인 사건에 대하여 심리와 재판을 할 수 있는 권한을 심판권이라고 한다.

(1) 단독제와 합의제

소송법상 의미의 법원은 그 구성방법에 따라 단독제와 합의제로 나뉜다. 단독제는 1인의 법관으로 구성되는 법원으로서, 소송절차의 신속한 진행이 가능하지만 사건의 심리가 신중·공정하지 못할 우려가 있다. 합의제는 2인 이상의 법관으로 구성되는 법원으로서, 사건의 심리는 신중·공정하게 할 수 있지만 소송절차가 지연될 우려가 있다.

형소법상 제1심은 단독제를 원칙으로 하고 예외적으로 합의제에 의한다. 상소심은 합의제에 의한다. 따라서 고등법원과 지방법원 및 그 지원에서 합의심판을 하여야 하는 경우에는 3명으로 구성된 합의부에서 심판한다(법 제7조 제3항·제5항). 다만, 대법원의 경우에는 (i) 명령 또는 규칙이 헌법 또는 법률에 위반된다고 인정하는 경우(제1호, 제2호), (ii) 종전에 대법원에서 판시한 헌법·법률·명령 또는 규칙의 해석 적용에 관한 의견을 변경할 필요가 있다고 인정하는 경우(제3호), (iii) 부(部)에서 재판하는 것이 적당하지 아니하다고 인정하는 경우(제4호)에는 대법관 전원의 2/3 이상의 합의체에서 심판권을 행사하며, 대법원장이 재판장이 된다. 이 외에는 대법관 3명 이상으로 구성된 부에서 먼저 사건을 심리하여 의견이 일치한 때에는 부에서 재판할 수 있다(법 제7조 제1항).

(2) 재판장·수명법관·수탁판사·수임판사

1) 재 판 장

합의체 구성원 중의 1인이 재판장이 된다. 재판장 이외의 합의체 구성법관은 합의부원(배석판사)이라고 한다. 재판장은 소송절차의 진행권만 가지고, 피고사건의 심리·재판에서는 배석판사와 동등한 권한을 가진다.

재판장은 합의체의 기관으로서 공판기일지정권(제267조), 소송지휘권(제279조), 법정경찰권(제281조 제2항, 법 제58조) 등의 권한이 있으며, 독립하여서는 급속을 요하는 경우 피고인을 소환·구속할 수 있는 권한(제80조)이 있다.

2) 수명법관

수명법관이란 합의체의 법원이 그 구성원인 법관에게 특정한 소송행위를 명하였을 때에 그 명을 받은 법관을 말한다(제37조 제4항, 제136조 제1항 참조). 합의체 법원은 합의부원에게 결정이나 명령을 할 때 필요한 사실조사(제37조 제4항), 급속을 요하는 경우 구속영장의 집행지휘(제81조 제1항), 압수·수색 또는 검증(제136조, 제145조), 공판정 외의 증인신문(제167조) 등을 명할 수 있다.

3) 수탁판사

수탁판사란 하나의 법원이 다른 법원의 법관에게 일정한 소송행위를 하도록 촉탁한 경우에 그 촉탁을 받은 법관을 말한다. 수소법원은 결정이나 명령을 할 때 필요한 사실조사(제37조 제4항), 급속을 요하는 경우 구속영장의 집행지휘(제81조 제1항), 압수·수색 또는 검증(제136조, 제145조), 공판정 외의 증인신문(제167조)을 다른 지방법원의 판사에게 촉탁할 수 있다.

촉탁을 받은 법관은 일정한 경우에 다른 법원의 판사에게 전촉할 수 있는데(제77조 제2항, 제136조 제2항, 제167조 제2항), 이때 전촉을 받은 판사도 수탁판사이다.

4) 수임판사

수임판사란 수소법원과 독립하여 소송법상 권한을 행사할 수 있는 법관을 말한다. 수사기관의 청구에 의한 영장발부판사(제201조), 수사상 증거보전절차(제184조)나 증인신문청구(제221조의2)를 담당하는 판사 등이 이에 해당한다.

Ⅱ. 법원의 관할

1. 의 의

관할이란 각 법원에 대한 재판권의 분배, 즉 특정법원이 특정사건을 재판할 수 있는 권한을 말한다(법 제7조). 관할은 각 법원에 대한 재판권의 분배, 즉 특정법원이 특정사건을 재판할 수 있는 권한을 말하며, '심판권'으로 표현되기도 한다 (법 제7조).

관할은 특정사건에 대하여 특정법원이 재판권을 행사할 수 있는 구체적 한계를 정하는 소송법상 개념으로, 일반적·추상적 권한인 사법권을 의미하는 국법상의 개념인 재판권과 구분된다. 재판권이 없으면 공소기각의 판결을 하여야 하고(제327조 제1호), 관할권이 없으면 관할위반의 판결을 하여야 한다(제319조). 또한 관할은 법원 간의 재판권의 분배를 의미한다는 점에서, 법원 내부의 사법행정사무로서 법원장이 법원 내의 특정재판부에 피고사건의 처리를 할당하는 사무분배(사건배당)와 구별된다.

2. 기 준

관할은 심리의 편의와 사건의 능률적 처리라고 하는 절차의 기술적 요구와 피고인의 출석과 방어의 편의라는 방어이익을 고려하여 결정하여야 한다. 현행법에서는 법원에 의한 자의적인 사건처리를 방지하고, 피의자에게 예측가능성을 제공하기 위하여 관할은 법률에 규정된 일반적·추상적 기준에 의하여 획일적으로 규정하도록 하고 있다(관할획일주의, 2015도1803 참조). 다만, 구체적 사건에 있어서는 관할획일주의에 따를 경우 관할의 결정기준에 반할 수 있으므로 예외적으로 관할의 변경을 인정하되, 법원의 재판에 의하도록 함으로써 헌법상 보장된 재판을 받을 권리가 침해되지 않도록 하고 있다.

3. 종 류

관할은 피고사건의 심판에 관한 사건관할과 특정절차의 심판에 관한 직무관할로 나뉜다. 재심(제423조), 비상상고(제441조), 재정신청사건(제260조), 체포·구속적부심청구사건(제214조의2) 등이 후자에 해당한다.

관할은 일반적으로 사건관할을 의미한다. 사건관할은 다시 법률의 규정에 의해 직접 정해지는 법정관할과 법원의 재판에 의해 결정되는 재정관할로 구분된다. 법정관할은 고유관할과 관련사건의 관할이 있으며, 고유관할은 사물관할, 토지관할, 심급관할로 구분된다. 또한 재정관할에는 관할의 지정과 관할의 이전이 있다.

<관할의 종류>

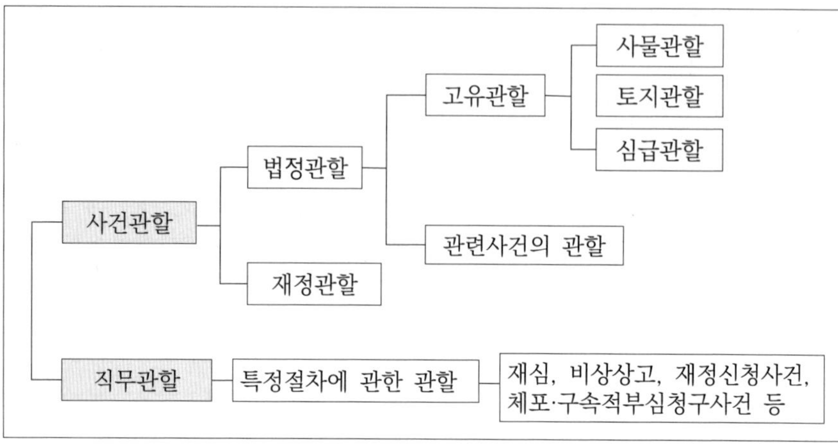

(1) 법정관할

법정관할이란 법률의 규정에 의해 직접 정해지는 관할을 말한다.

1) 고유관할

(가) 사물관할

사물관할이란 사건의 경·중 또는 성질에 의한 제1심 관할의 분배를 말한다. 사물관할은 제1심법원의 관할분배라는 점에서 심급관할과 구별된다. 법조법에서는 사물관할을 정함에 있어서 범죄를 기준으로 하는 범죄주의와 형벌을 기준으로 하는 형벌주의를 병용하고 있다.

제1심 사물관할은 원칙적으로 단독판사에 속한다(법 제7조 제4항). 다만, 20만원 이하의 벌금·구류 또는 과료에 처할 범죄사건(즉결심판사건)에 대하여는 시·군법원 단독판사가 담당한다(법 제34조 제1항). 이에 대한 불복은 그 지역을 관할하는 지방법원 또는 그 지원이 관할한다(동조 제2항).

그러나 다음의 사건은 지방법원과 그 지원의 합의부에서 관할한다. 즉, (i) 합의부에서 심판할 것으로 합의부가 결정한 사건(제1호), (ii) 사형·무기 또는 단기 1년 이상의 징역 또는 금고에 해당하는 사건(3호)[9][10] 및 이들 사건과 동시

9) 다만, (i) 「형법」 제258조의2, 제331조, 제332조(제331조의 상습범으로 한정한다)와 그 각 미수죄, 제350조의2와 그 미수죄에 해당하는 사건(가목), (ii) 폭력행위처벌법 제2조 제1항·제3항, 제3조 제1항, 제6조(제2조 제1항·제3항, 제3조 제1항의 미수죄로 한정한다) 및 제9조에 해

에 심판할 공범사건(제4호), (iii) 지방법원 판사에 대한 제척 · 기피사건(제5호), (iv) 다른 법률에 따라 지방법원 합의부의 권한에 속하는 사건(제6호)이다(법 제32조 제1항).

(나) 토지관할

가) 의 의

토지관할은 동등한 법원 상호간에서 사건의 토지(지역적)관계에 의한 관할의 분배를 말하며, '재판적'(裁判籍)이라고도 한다.

법원의 관할구역은 토지관할을 정하는 기준이 된다.[11] 지방법원과 지방법원지원 사이의 관할의 분배도 토지관할에 해당한다. 따라서 지방법원본원에 제1심 토지관할이 인정된다고 볼 특별한 사정이 없는 한 지방법원지원에 제1심 토지관할이 인정된다는 사정만으로 당연히 지방법원본원에도 제1심 토지관할이 인정된다고 볼 수 없다(2015도1803).

토지관할과 심급의 관계에 대하여는 ① 상소심의 토지관할은 원심법원에 의해 결정된다는 이유로 제1심법원의 관할문제로 보는 견해가 있다. 그러나 ② 관련사건의 병합심리와 같이 항소심법원 상호간에도 토지관할 유·무를 논할 실익이 있으므로(규칙 제4조의2 제1항 제2문) 토지관할은 제1심법원뿐만 아니라 상소심에서도 인정되어야 한다(다수설).

나) 표 준

토지관할의 표준은 범죄지, 피고인의 주소·거소 또는 현재지이다(제4조 제1항). 따라서 하나의 피고사건에 대하여 수개의 법원이 토지관할권을 가질

당하는 사건(나목), (iii) 「병역법」 위반사건(다목), (iv) 특정범죄가중법 제5조의3 제1항, 제5조의4 제1항·제4항·제5항(제1항·제4항에 해당하는 죄로 한정한다) 및 제5조의11에 해당하는 사건(라목), (v) 「보건범죄 단속에 관한 특별조치법」 제5조에 해당하는 사건(마목), (vi) 「부정수표 단속법」 제5조에 해당하는 사건(바목), (vii) 「도로교통법」 제148조의2 제1항과 제2항 제1호에 해당하는 사건(사목), (v) 「중대재해 처벌 등에 관한 법률」 제6조 제1항 · 제3항 및 제10조 제1항에 해당하는 사건(아목)은 제외한다.

10) 법정형이 단기 1년 이상인 경우에는 벌금형이 병과되는 경우나 선택형으로 된 경우에도 합의부의 관할이 된다. 반면, 법정형이 10년 이하의 징역인 경우에는 단독판사의 관할이 된다.

11) 토지관할과 「각급 법원의 설치와 관할구역에 관한 법률」에서 규정한 관할구역(법 제4조)의 관계에 대하여는 ① 법원의 관할구역은 토지관할을 정하는 기준이 된다는 점에서 양자는 동일하다고 하는 견해가 있다. 그러나 ② 관할구역은 피고사건뿐만 아니라 사법행정권의 지역적 행사범위로서 국법상 개념이고, 토지관할은 피고사건에 관한 재판권의 지역적 행사범위, 즉 소송법상 개념이라는 점에서 구별된다.

수 있다.[12)] 주소와 거소, 현재지는 공소제기 시를 기준으로 판단한다.

'범죄지'는 범죄구성요건에 해당하는 사실의 전부 또는 일부가 발생한 장소이다. 범죄지에는 실행행위지와 결과발생지 외에 중간지도 포함하며, 예비·음모를 처벌하는 경우에는 예비지와 음모지도 포함된다. 부작위범의 경우에는 부작위지, 작위의무지 및 결과발생지가 범죄지가 된다. 공동정범의 경우에는 범죄사실의 전부 또는 일부가 발생한 장소가 모든 공동정범에 대한 범죄지가 되며, 공모공동정범의 경우에는 공모지도 범죄지가 된다. 간접정범의 경우에는 이용자의 이용행위지뿐만 아니라 피이용자의 실행행위지와 결과발생지가 범죄지가 된다. 교사범과 방조범의 경우에는 교사지 또는 방조지와 정범의 실행행위지 및 결과발생지가 범죄지가 된다.

'주소'는 생활의 근거가 되는 곳이고, '거소'는 사람이 계속적으로 거주하는 곳이다. 이는 「민법」에 의해 결정한다(민법 제18조, 제19조). '현재지'는 임의 또는 적법한 강제에 의하여 피고인이 현재하는 장소를 말하며, 불법적으로 연행된 장소는 이에 포함되지 않는다(2011도12927).

한편, 국외에 있는 대한민국 선박 내에서 범한 죄에 대하여는 선적지 또는 범죄 후의 선착지를 토지관할로 한다(제4조 제2항). 국외에 있는 항공기 내에서 범한 죄에 대하여도 같다(동조 제3항).

(다) 심급관할

상소관계에서의 관할을 의미한다.

가) 항소사건

지방법원 또는 지방법원지원의 단독판사의 제1심판결에 대한 항소사건은 지방법원본원 합의부에서 관할한다(법 제32조 제2항). 지방법원과 그 지원의 합의부의 제1심판결에 대한 항소사건은 고등법원에서 관할한다(법 제28조 제1호). 다만, 춘천지방법원 강릉지원 합의부는 지방법원 단독판사의 제1심판결에 대한 항소사건을 제2심으로 심판한다(법 제32조 제2항).

나) 상고사건

제2심판결에 대한 상고사건(법 제14조 제1호)과 제1심판결에 대한 비약적 상고사건은 대법원에서 관할한다(제372조).

---

12) 공수처법에 따라 공수처검사가 공소를 제기하는 고위공직자범죄 등 사건의 제1심재판은 서울중앙지방법원의 관할로 한다. 다만, 범죄지, 증거의 소재지, 피고인의 특별한 사정 등을 고려하여 공수처검사는 형소법에 따른 관할법원에 공소를 제기할 수 있다(공수처법 제31조).

다) 항고사건

지방법원 또는 지방법원지원 단독판사의 제1심결정·명령에 대한 항고사건은 지방법원본원 합의부에서 관할한다(법 제32조 제2항). 지방법원 합의부의 제1심결정·명령에 대한 항고사건은 고등법원에서 관할한다(법 제28조 제2호). 다만, 춘천지방법원 강릉지원 합의부는 지방법원 단독판사의 제1심결정·명령에 대한 항고사건을 제2심으로 심판한다(법 제32조 제2항).

고등법원의 결정·명령과 지방법원본원 합의부의 제2심결정·명령에 대한 항고사건은 대법원에서 관할한다(법 제14조 제2호).

2) 관련사건의 관할

(가) 관련사건의 의의

관련사건이란 수개의 사건이 서로 주관적·객관적으로 관련되어 있는 경우를 말한다. 주관적 관련이란 1인이 범한 수죄로 인적 관련을 말하며, 객관적 관련이란 수인이 공동으로 범한 1죄로 물적 관련을 말한다. 양자의 결합도 가능하다.

형소법상 관련사건으로 인정되는 경우는 다음과 같다(제11조). 즉, (ⅰ) 1인이 범한 수죄이다(제1호). 소송법상 수죄이어야 하므로 실체적 경합범을 의미하고, 상상적 경합범은 제외된다. 다만, 1인이 범한 수죄라도 개개 범죄가 일반법원과 군사법원 관할로 다른 경우에는 관련사건의 관할이 인정되지 않는다(2016초기318). (ⅱ) 수인이 공동으로 범한 죄이다(제2호). 공동정범, 교사범, 방조범, 간접정범 등 형법총칙상 규정된 경우뿐만 아니라 합동범, 필요적 공범 등 형법각칙에 규정된 경우도 포함된다(78도2225). (ⅲ) 수인이 동시에 동일한 장소에서 범한 죄이다(제3호). 동시범의 경우를 말한다. (ⅳ) 범인은닉죄·증거인멸죄·위증죄·허위감정통역죄 또는 장물에 관한 죄와 그 본범의 죄(제4호)이다.

(나) 관련사건의 병합관할

관련사건에 대하여는 병합관할이 인정된다. 즉, 1개의 사건에 관할권이 있는 법원은 관련사건에 대하여도 관할권을 가진다. 관련사건의 관할은 사물관할과 토지관할에 대하여 인정된다. 고유의 관할사건에 대하여 무죄·면소 또는 공소기각의 재판이 선고된 때에도 이미 발생한 관련사건의 관할은 소멸되지 않는다.

가) 사물관할의 병합

사물관할을 달리하는 수개의 사건이 관련된 때에는 법원 합의부가 병합관할한다. 다만, 결정으로 관할권 있는 법원 단독판사에게 이송할 수 있다(제9조).

사물관할의 병합관할은 심급의 이익을 해치지 않는 한 항소심에서도 인정되므로 고등법원과 지방법원본원 합의부에 사건이 관련된 때에는 고등법원이 병합관할한다(다수설).

나) 토지관할의 병합

토지관할을 달리하는 수개의 사건이 관련된 때에는 1개의 사건에 관하여 관할권이 있는 법원은 다른 사건까지 관할할 수 있다(제5조). 다만, 동일한 사물관할을 가진 법원 사이에 한정된다.

관련사건의 토지관할은 고유관할사건 및 그 관련사건이 반드시 병합기소되거나 병합되어 심리될 것을 전제요건으로 하는 것은 아니다. 따라서 고유관할사건 계속 중 고유관할법원에 관련사건이 계속된 이상 그 후 양 사건이 병합되어 심리되지 아니한 채 고유사건에 대한 심리가 먼저 종결되었다 하더라도 관련사건에 대한 관할권은 여전히 유지된다(2006도8568). 토지관할의 병합은 항소심에서도 준용된다(다수설).

(다) 관련사건의 심리

관련사건에 대하여는 심리의 병합과 분리가 인정된다.

가) 심리의 병합

심리의 병합은 현실적으로 소송계속이 경합한 경우를 전제로 한다.

(a) 사물관할 사물관할을 달리하는 수개의 관련사건이 각각 법원 합의부와 단독판사에게 계속된 때에는 합의부는 결정으로 단독판사에 속한 사건을 병합하여 심리할 수 있다(제10조). 토지관할을 달리하는 경우에도 마찬가지이다(규칙 제4조 제1항). 지방법원본원 합의부의 재판장은 그 부에서 심리 중인 항소사건과 관련된 사건이 고등법원에 계속된 사실을 알게 된 때에는 즉시 고등법원의 재판장에게 그 사실을 통지하여야 한다(동조 제2항). 고등법원이 병합심리결정을 한 때에는 즉시 그 결정등본을 지방법원본원 합의부에 송부하여야 하고, 지방법원본원 합의부는 그 결정등본을 송부받은 날로부터 5일 이내에 소송기록과 증거물을 고등법원에 송부하여야 한다(동조 제3항). 이때 단독판사가 별도로 이송결정을 할 필요는 없다.

관련사건의 심리병합은 항소심에서도 인정되므로, 수개의 관련 항소사건이 고등법원과 지방법원본원 합의부에 계속된 때에 고등법원은 결정으로 후자에 계속한 사건을 병합심리할 수 있다. 수개의 사건이 토지관할을 달리하는 경우에도 같다(규칙 제4조의2 제1항). 항소심에서의 병합심리절차는 제1심의 경우와 같다(동조 제2항, 제3항).

(b) 토지관할 토지관할이 다른 여러 개의 관련사건이 각각 다른 법원에 계속된 때에는 공통되는 바로 위의 상급법원은 검사 또는 피고인의 신청에 의하여 결정으로 1개의 법원으로 하여금 병합심리하게 할 수 있다(제6조). '각각 다른 법원'이란 사물관할은 같지만 토지관할이 다른 동종·동등의 법원을 말한다(90초56). '공통되는 바로 위의 상급법원'은 관할구역에 따른 상급법원으로서 「각급법원의 설치와 관할구역에 관한 법률」에 의하여 정하여진다(2006초기335).

토지관할의 병합심리는 당사자의 신청을 요한다는 점에서 법원의 직권에 의한 사물관할의 경우와 구별된다. 신청을 받은 법원이 신청을 이유 있다고 인정한 때에는 관련사건을 병합심리할 법원을 지정하여 그 법원으로 하여금 병합심리하게 하는 취지의 결정을, 이유 없다고 인정한 때에는 신청을 기각하는 취지의 결정을 하고, 그 결정등본을 신청인과 그 상대방에게 송달하고 사건계속법원에 송부하여야 한다(규칙 제3조 제1항). 결정에 의하여 병합심리하게 된 법원 이외의 법원은 그 결정등본을 송부받은 날로부터 7일 이내에 소송기록과 증거물을 병합심리하게 된 법원에 송부하여야 한다(동조 제2항). 병합심리의 신청이 제기된 경우 급속을 요하는 경우를 제외하고는 결정이 있을 때까지 소송절차를 정지하여야 한다(규칙 제7조).

나) 심리의 분리

사물관할을 달리하는 관련사건을 병합심리 중인 합의부는 결정으로 관할권 있는 법원단독판사에게 이송할 수 있다(제9조 단서). 이때 분리되어 이송되는 사건은 단독판사의 관할에 속하는 사건이어야 한다.

토지관할을 달리하는 수개의 관련사건이 동일법원에 계속된 경우에 병합심리의 필요가 없는 때에는 법원은 결정으로 이를 분리하여 관할권 있는 다른 법원에 이송할 수 있다(제7조).

(2) 재정관할

재정관할은 법원의 재판에 의해 정하여지는 관할을 의미한다. 이는 법정관할이 없는 경우나 법정관할은 있으나 구체적 사정에 따라 관할을 창설·변경하는 제도로서 관할의 지정과 이전이 있다. 이때 법원의 결정에 대하여는 불복이 인정되지 않는다.

1) 관할의 지정

관할의 지정이란 관할법원이 명확하지 않거나 또는 관할법원이 없는 경우에 제1심법원에 공통되는 바로 위의 상급법원이 사건을 심판할 법원을 지정하는 것을 말한다(제14조).

(가) 사 유

관할의 지정은 (i) 법원의 관할이 명확하지 아니한 때(제1호) 또는 (ii) 관할위반을 선고한 재판이 확정된 사건에 관하여 다른 관할법원이 없는 때(제2호)에 인정된다(제14조). 관할위반 재판의 당부 여부는 불문한다.

'법원의 관할이 명확하지 아니한 때'란 관할구역의 근거가 되는 행정구역 자체가 불명확한 경우뿐만 아니라 범죄사실이나 범죄지가 불명확하여 관할이 명확하지 않은 경우도 포함된다.[13] 이에는 2개 이상의 법원이 관할권을 가진 경우인 적극적 경합과 서로 관할권이 없다고 판단하는 소극적 경합이 있다.

(나) 절 차

관할의 지정은 검사가 관계있는 제1심법원에 공통되는 바로 위의 상급법원에 신청하여야 한다(제14조). 신청시기는 공소제기 전·후를 불문한다. 이때 검사는 사유를 기재한 신청서를 바로 위의 상급법원에 제출하여야 하며(제16조 제1항), 공소를 제기한 후에 관할의 지정을 신청한 때에는 즉시 공소를 접수한 법원에 통지하여야 한다(동조 제2항). 관할의 지정이 신청되면 급속을 요하는 경우를 제외하고는 결정이 있을 때까지 소송절차를 정지하여야 한다(규칙 제7조).

검사가 관할지정의 신청서를 제출할 때에는 피고인 또는 피의자의 수에 상응한 부본을 첨부하여야 한다(규칙 제5조 제1항). 이 신청서를 제출받은 법원은 지체 없이 검사의 신청서 부본을 피고인 또는 피의자에게 송달하여야 한다(동조 제2항). 피고인 또는 피의자는 이 신청서 부본을 송부받은 날로부터 3일 이내에 의견서를 신청서를 제출받은 법원에 제출할 수 있다(동조 제3항).

2) 관할의 이전

관할의 이전이란 어느 사건의 관할법원이 재판권을 행사할 수 없거나 재

---

13) 다수설은 범죄사실이나 범죄지가 불명확하여 관할이 명확하지 않은 때에는 범죄사실의 실체가 불명확한 경우이므로 관할위반이 아니라 공소사실의 불특정에 해당하고, 따라서 '공소제기의 절차가 법률의 규정을 위반하여 무효일 때'(제327조 제2호)에 해당하므로 공소기각의 판결을 하여야 한다고 한다.

판권을 행사하기에 적당하지 않은 경우에 그 사건을 관할권이 없는 다른 법원에 옮기는 것을 말한다. 관할의 이전은 토지관할에서만 인정되며, 제1심뿐만 아니라 항소심에서도 가능하다.

(가) 사 유

관할의 이전은 (i) 관할법원이 법률상의 이유 또는 특별한 사정으로 인하여 재판권을 행사할 수 없는 때(제1호) 또는 (ii) 범죄의 성질, 지방의 민심, 소송의 상황 기타 사정으로 재판의 공평유지에 적당하지 않은 때(제2호)에 인정된다(제15조).

'법률상의 이유'란 법관의 제척·기피·회피로 인해 소송법상 의미의 법원을 구성할 수 없을 때를 말하며, '특별한 사정'이란 천재지변 또는 법관의 질병·사망 등으로 인하여 장기간 재판을 할 수 없는 경우를 말한다. '재판의 공평유지에 적당하지 않은 때'란 피고인에 대한 그 지방 주민의 증오나 동정으로 인해 법원의 재판을 중대한 영향을 미칠 수 있는 사정이 있는 등 객관적 사정이 있는 경우를 말한다. 따라서 담당법관에 대하여 기피신청한 점과 위증을 한 증인이 다른 법원 관할 내의 검찰청에서 조사를 받고 있다거나(82초50), 법원이 검사의 공소장변경을 허용하였다는 사정(84초45, 84노417)만으로는 이에 해당하지 않는다.

(나) 절 차

관할의 이전은 검사 또는 피고인이 바로 위의 상급법원에 신청하여야 한다(제15조). 검사는 공소제기 전·후를 불문하고 신청할 수 있지만, 피고인은 공소제기 후에만 신청할 수 있다. 이 신청은 검사에게는 의무이지만, 피고인에게는 권리로서 인정된다.

검사 또는 피고인이 관할의 이전을 신청함에는 그 사유를 기재한 신청서를 바로 위의 상급법원에 제출하여야 하며, 공소를 제기한 후에 신청하는 때에는 즉시 공소를 접수한 법원에 통지하여야 한다(제16조). 관할의 이전이 신청되면 급속을 요하는 경우를 제외하고는 결정이 있을 때까지 소송절차를 정지하여야 한다(규칙 제7조). 검사가 관할이전의 신청서를 제출할 때에는 피고인 또는 피의자의 수에 상응한 부본을, 피고인이 관할이전의 신청서를 제출할 때에는 부본 1통을 각 첨부하여야 한다(규칙 제5조 제1항). 이 신청서를 제출받은 법원은 지체 없이 검사의 신청서 부본을 피고인 또는 피의자에게 송달하여야 하고, 피고인의 신청서 부본을 검사에게 송달함과 함께 공소를 접수한 법원에 그 취지를 통지하여야 한다(동조 제2항). 검사, 피고인 또는 피의자는 신청서 부본을 송부받은 날로부터 3일 이내에 의견서를 신청서를 제출받은 법원에 제출할 수 있다(동조 제3항).

3) 법원의 결정과 그 처리절차

관할의 지정 또는 이전의 신청을 받은 바로 위의 상급법원은 신청이 이유 있다고 인정하면 관할법원을 지정 또는 이전하는 결정을 하고, 그렇지 않을 경우에는 기각결정을 한다.

공소제기 전의 사건에 관하여 관할지정 또는 관할이전의 결정을 한 경우 결정을 한 법원은 결정등본을 검사와 피의자에게 각 송부하여야 하며, 검사가 그 사건에 관하여 공소를 제기할 때에는 공소장에 그 결정등본을 첨부하여야 한다(규칙 제6조 제1항). 공소가 제기된 사건에 대하여 관할의 지정 또는 이전이 있는 때에는 당연히 이송의 효과가 일어난다. 따라서 공소가 제기된 사건에 관하여 관할지정 또는 관할이전의 결정을 한 경우 결정을 한 법원은 결정등본을 검사와 피고인 및 사건계속법원에 각 송부하여야 한다(동조 제2항). 이때 사건계속법원은 지체없이 소송기록과 증거물을 결정등본과 함께 그 지정 또는 이전된 법원에 송부하여야 한다. 다만, 사건계속법원이 관할법원으로 지정된 경우에는 그러하지 아니하다(동조 제3항).

4. 관할의 경합

관할의 경합이란 동일사건에 대하여 2개 이상의 법원이 관할권을 가지는 경우를 말한다.

(1) 원 칙

1) 사물관할의 경합

동일사건이 사물관할을 달리하는 수개의 법원에 계속된 때에는 법원합의부가 심판한다(제12조, 합의부우선의 원칙). 동일사건이 항소법원과 제1심법원에 계속된 경우에도 이를 준용하여 항소법원에서 심판하여야 한다(다수설).

2) 토지관할의 경합

동일사건이 사물관할은 같지만 토지관할이 다른 여러 개의 법원에 계속된 때에는 먼저 공소를 받은 법원이 심판한다(선착수우선의 원칙). 다만, 각 법원에 공통되는 바로 위의 상급법원은 검사 또는 피고인의 신청에 의하여 결정으로 뒤에 공소를 받은 법원으로 하여금 심판하게 할 수 있다(제13조). 만일 동일사건이 같은 법원에 계속된 때에는 이중기소가 되므로 뒤에 공소제기된 사건은 공소기각의 판결을 하여야 한다(제327조 제3호).

(2) 경합의 효과

관할의 경합으로 심판하지 않게 된 법원은 '제12조 또는 제13조의 규정에 의하여 재판할 수 없는 때'에 해당하므로 공소기각의 결정을 하여야 한다(제328조 제1항 제3호).

그러나 뒤에 공소제기된 사건이 먼저 확정된 때에는 먼저 공소제기된 사건은 면소판결을 하여야 한다(제326조 제1호). 만약 동일사건이 수개의 법원에서 확정판결을 받게 되면 뒤에 확정된 판결은 당연무효가 된다.

5. 관할권부존재의 효과

(1) 관할권의 직권조사

관할권은 소송조건이므로 법원이 직권으로 조사하여야 한다(제1조). 토지관할은 공소제기 시에 관할권이 있으면 되지만, 사물관할은 공소제기 시부터 재판이 종결할 때까지 전 심리과정에서 관할권이 존재하여야 한다(통설).

(2) 관할위반의 판결

피고사건이 법원의 관할에 속하지 아니한 때에는 판결로써 관할위반의 선고를 하여야 한다(제319조 본문). 관할을 위반하여 선고한 판결은 항소이유(제361조의5 제3호) 또는 상고이유(제383조 제1호)가 된다. 다만, 관할위반의 판결을 하더라도 절차를 조성하는 소송행위는 그 효력에 영향이 없다(제2조). 따라서 관할권이 없는 법원에 대한 공소제기도 공소시효를 정지하는 효력이 있으며(제253조), 관할위반을 선고한 법원이 행한 증거조사결과 작성한 증인신문조서 등의 증거능력은 관할법원에 다시 공소제기된 경우에 그대로 인정된다.

그러나 토지관할을 위반한 경우에는 피고인의 신청이 없으면 관할위반의 선고를 하지 못하며(제320조 제1항), 그 신청은 피고사건에 대한 진술 전에 행하여야 한다(동조 제2항). 피고인이 토지관할에 대한 이의제기 없이 피고사건에 대하여 진술하게 되면 관할위반의 하자는 치유된다.

(3) 관할인정 및 관할위반의 판결에 대한 상소

항소심에서 관할위반의 판결이 법률에 위반됨을 이유로 원심판결을 파기하는 경우에는 판결로써 사건을 원심법원에 환송하여야 하며(제366조), 관할인정이 법률에 위반됨을 이유로 원심판결을 파기하는 경우에는 판결로써 사건을 관할법원에 이송하여야 한다. 후자의 경우 항소법원이 그 사건에 대하여 제1심 관할권이 있는 경우에는 제1심으로 심판하여야 한다(제367조). 상고심에서도 마찬가지이다.

6. 관할구역 외에서의 집무

법원 또는 법관은 원칙적으로 관할구역 내에서 소송행위를 할 수 있다. 그러나 법원 또는 법관은 사실발견을 위하여 필요하거나 긴급을 요하는 때에는 관할구역 외에서 직무를 행하거나 사실조사에 필요한 처분을 할 수 있다(제3조).

7. 사건의 이송

사건의 이송이란 수소법원이 계속 중인 사건을 다른 법원이 심판하도록 소송계속을 이전하는 것을 말한다. 사건의 이송은 관할이 경합하는 경우는 물론, 관할의 병합이나 분리의 경우에 주로 이루어진다.

사건의 이송은 결정형식으로 이루어지는 종국재판의 일종이다. 법원이 사건이송결정을 한 때에는 해당 사건에 관한 소송기록과 증거물을 이송하는 법원에 송부하여야 한다.

(1) 사건의 직권이송

1) 현재지 관할에 대한 이송

피고인이 관할구역 내에 현재하지 아니하는 경우에 특별한 사정이 있으면 결정으로 사건을 피고인의 현재지를 관할하는 동급법원에 이송할 수 있다(제8조 제1항). 이송 여부의 결정은 법원의 재량이다(78도2225). 이때의 사건이송은 관할법원 상호간에 소송계속을 이전하는 것이라는 점에서 관할권이 없는 법원에 소송계속을 이전하는 관할의 이전과는 구별된다.

사건이송이 확정된 때에는 이송을 받은 법원에 소송계속이 이전된다. 이송을 받은 법원이 재이송할 수 있는지에 대하여는 ① 이송한 법원에 역송하는 것은 허용되지 않지만 다른 법원에 이송하는 것은 허용된다는 견해가 있다. 그러나

② 특별한 사정변경이 없으면 재이송은 허용되지 않는다(다수설).

2) 합의부에 대한 이송

단독판사의 관할사건이 공소장변경에 의하여 합의부 관할사건으로 변경된 경우에 법원은 결정으로 관할권 있는 법원에 이송한다(제8조 제2항). 항소심에서의 공소장변경에 의하여 관할권이 변경된 경우에 대하여는 ① 피고인의 심급의 이익을 현저히 침해할 우려가 있으므로 관할위반의 재판을 하고 검사로 하여금 새로이 공소제기하게 하여야 한다는 견해가 있다. 그러나 ② 법원은 관할권이 있는 고등법원에 이송하면 된다. 판례는 단독판사 관할 피고사건의 항소사건이 지방법원 합의부나 지방법원지원 합의부에 계속 중일 때 그 변론종결 시까지 청구된 치료감호사건의 관할법원은 고등법원이고, 피고사건의 관할법원도 치료감호사건의 관할을 따라 고등법원이 되므로 치료감호사건이 지방법원이나 지방법원지원에 청구되어 피고사건 항소심을 담당하는 합의부에 배당된 경우 그 합의부는 치료감호사건과 피고사건을 모두 고등법원에 이송하여야 한다고 한다(2009도6946).

한편, 합의부 관할사건이 공소장변경에 의하여 단독판사 관할사건으로 변경된 경우에 대하여는 ① 특별한 규정이 없으므로 합의부에서 심판할 것으로 합의부가 결정하지 않는 한 관할위반의 판결을 선고하여야 한다는 견해가 있다. 그러나 ② 이때에는 사실상 피고인의 이익에 대한 침해가 없으므로 소송경제를 위하여 합의부에서 계속해서 사건의 실체에 대하여 심판하여야 한다. 판례는 제1심에서 합의부 관할사건에 관하여 단독판사 관할사건으로 죄명, 적용법조를 변경하는 공소장변경허가신청서가 제출되자, 합의부가 공소장변경을 허가하는 결정을 하지 않은 채 착오배당을 이유로 사건을 단독판사에게 재배당한 사안에서, 제8조 제2항에서 단독판사의 관할사건이 공소장변경에 의하여 합의부 관할사건으로 변경된 경우 합의부로 이송하도록 규정하고 있을 뿐 그 반대의 경우에 관하여는 규정하고 있지 아니하며, 「법관 등의 사무분담 및 사건배당에 관한 예규」에서도 이러한 경우를 재배당사유로 규정하고 있지 아니하므로, 사건을 배당받은 합의부는 공소장변경허가결정을 하였는지에 관계없이 사건의 실체에 들어가 심판하였어야 하고 사건을 단독판사에게 재배당할 수 없다고 한다(2013도1658).

(2) 사건의 군사법원이송

법원은 공소가 제기된 사건에 대하여 군사법원이 재판권을 가지게 되었거나 재판권을 가졌음이 판명된 때에는 결정으로 사건을 재판권 있는 같은 심급의 군사법원에 이송한다(제16조의2 본문).

일반법원의 군사법원이송은 관할의 문제가 아니라 재판권에 관한 문제이다(70도117). 따라서 일반법원은 피고인이 군인이라는 사실이 인정되면 공소기각의 판결을 하여야 하지만 소송경제를 위하여 군사법원에 이송하도록 하고 있다(82도1072). '공소가 제기된 사건에 대하여 군사법원이 재판권을 가지게 된 때'란 공소제기 후 피고인이 군에 입대하는 등의 이유로 군사법원이 피고인에 대한 재판권을 가지게 된 경우를 말한다. '공소제기된 사건에 관하여 군사법원이 재판권을 가졌음이 판명된 때'란 공소제기 당시에 이미 군사법원이 재판권을 가지고 있던 경우를 말한다(82도1072). 군사법원에 이송한 경우에 이송 전에 행한 소송행위는 이송 후에도 그 효력에 영향이 없다(제16조의2 단서).

역으로 군사법원은 공소가 제기된 사건에 대하여 군사법원이 재판권을 가지지 아니하게 되었거나 재판권을 가지지 아니하였음이 밝혀진 경우에는 결정으로 사건을 재판권이 있는 같은 심급의 법원으로 이송하되, 고등군사법원에 계속된 사건 중 단독판사가 심판할 사건에 대한 항소사건은 지방법원 항소부로 이송한다.[14] 이때 이송 전에 한 소송행위는 이송 후에도 그 효력에 영향이 없다(군사법원법 제2조 제3항).

(3) 소년형사사건 등의 보호사건 송치

법원은 소년에 대한 피고사건을 심리한 결과 보호처분에 해당할 사유가 있다고 인정하면 결정으로써 사건을 관할소년부(가정법원 소년부 또는 지방법원 소년부)에 송치하여야 한다(소년법 제50조). 소년부는 형사법원으로부터 송치받은 사건을 조사 또는 심리한 결과 사건의 본인이 19세 이상인 것으로 밝혀지면 결정으로써 송치한 법원에 사건을 다시 이송하여야 한다(동법 제51조).

이 외에도 법원은 피고사건을 심리한 결과 보호처분을 하는 것이 적절하다고 인정되는 경우에는 결정으로 관할법원에 가정폭력처벌법에 따른 가정보호사건 송치(제12조), 아동학대처벌법에 따른 아동보호사건 송치(제29조), 성매매처벌법에 따른 보호사건 송치(제12조 제2항) 등을 할 수 있다. 이때 보호사건을 송치받은 법원은 사건이 그 관할에 속하지 아니하거나 적정한 조사·심리를 위하여 필요하다고

---

14) 이에 대하여 군사법원의 소송행위가 일반법원의 절차에서 그 효력이 인정되면 헌법상 일반국민의 재판을 받을 권리(헌법 제27조 제2항)를 침해하게 되므로 공소기각의 판결을 하고, 재판권 있는 일반법원에 새로 공소제기하게 하여야 한다는 주장이 있다.

인정하는 경우에는 결정으로 그 사건을 즉시 다른 관할법원에 이송하여야 한다(가정폭력처벌법 제15조 제1항, 아동학대처벌법 제32조 제1항, 성매매처벌법 제17조).

Ⅲ. 제척·기피·회피

제척·기피·회피제도는 공평한 법원의 구성을 위한 제도로서 구체적 사건에서 불공평한 재판을 할 우려가 있는 법관을 법원의 구성에서 배제하고자 하는 것이다.

1. 제 척

(1) 의 의

제척이란 구체적 사건의 심판에 있어서 법원이 불공정한 재판을 할 우려가 있는 경우를 법률에서 유형적으로 규정하고, 이에 해당하면 직무집행에서 당연히 배제하는 제도를 말한다.

제척의 효과는 법률의 규정에 의해 당연히 발생하는 반면, 기피는 당사자의 신청에 의하고, 회피는 법관 스스로 직무집행에서 탈퇴한다는 점에서 서로 구별된다.

(2) 사 유

제17조에서는 제척사유에 대하여 제한적으로 열거하고 있다.

1) 법관이 피해자인 때(제1호)

법관이 직접 피해자일 것을 요한다. 피해자에는 보호법익의 주체 외에 행위의 객체가 된 경우도 포함되며, 피해범죄는 개인적·사회적·국가적 법익에 대한 죄를 모두 포함한다.

2) 법관이 피고인 또는 피해자의 친족 또는 친족관계에 있었던 자인 때(제2호) 또는 법관이 피고인 또는 피해자의 법정대리인 또는 후견감독인인 때(제3호)

친족 등의 개념은 「민법」에 의하여 결정된다. 따라서 사실혼관계에 있는 경우는 이에 해당하지 않는다(2010도13583). 법관이 피고인인 때에도 당연히 제척사유가 된다.

3) 법관이 사건에 관하여 증인, 감정인, 피해자의 대리인으로 된 때(제4호)

'사건'은 해당 형사사건을 말하며, 피고사건뿐만 아니라 피의사건을 포함한다. 따라서 증거보전절차(제184조) 또는 증인신문청구(제221조의2)에서의 증인·감정인이 된 때도 포함된다. '증인·감정인으로 된 때'란 증인 또는 감정인으로서 증언 또는 감정한 때를 말하므로, 단순히 증인으로 신청되거나 감정인으로 채택되어 소환된 것에 지나지 않거나 수사기관에서 참고인으로 조사받거나 감정인으로 위촉된 때에는 이에 포함되지 않는다(통설).

'피해자의 대리인이 된 때'란 법관이 고소대리인 또는 재정신청의 대리인이 된 때를 말한다.

4) 법관이 사건에 관하여 피고인의 대리인, 변호인, 보조인으로 된 때(제5호)

'대리인'은 법인의 대표자를 포함하며(제27조), '변호인'은 사선변호인, 국선변호인, 특별변호인(제31조 단서)을 포함한다.

5) 법관이 사건에 관하여 검사 또는 사법경찰관의 직무를 행한 때(제6호)

이는 법관이 임용되기 전에 검사 또는 사법경찰관으로 수사를 하거나 또는 공소를 제기·유지한 경우를 말한다. 다만, 선거관리위원장으로서 공직선거법위반혐의사실에 대하여 수사기관에 수사의뢰를 한 법관이 해당 형사피고사건의 재판을 하는 경우는 이에 해당하지 않는다(99도155).

6) 법관이 사건에 관하여 전심재판 또는 그 기초되는 조사·심리에 관여한 때(제7호)

이는 공소장일본주의 요청에 따라 해당 사건에 관해 법관이 선입견을 가질 위험이 있는 것을 고려한 것이다.

(가) 전심재판에 관여한 때

'전심'이란 상소에 의해 불복이 신청된 재판으로서, 제2심에 대하여 제1심, 제3심에 대하여 제1심과 제2심을 말한다. '재판'이란 종국재판을 말하며, 판결·결정을 불문한다. 따라서 본호의 적용대상이 되는 것은 해당 사건과 전심재판 사이에 상소제기에 의한 소송계속의 이전이 발생하는 경우이다. 따라서 파기환송 전의 원심에 관여한 법관이 파기환송 후의 재판에 관여한 경우(78도3204), 재심청구의 대상인 확정판결에 관여한 법관이 재심청구사건에 관여한 경우(82모11), 상고심판결을 한 법관이 제400조에 의한 판결정정신청사건을 처리한 경우(66초67),

구속영장을 발부한 법관이 피고사건을 심판하는 경우(89도612)는 이에 해당하지 않는다. 또한 '전심'은 해당 사건의 전심에 제한되므로 같은 피고인의 다른 사건은 물론, 분리심리된 다른 공범자에 대한 사건에 관여한 것은 전심재판에 관여한 것이 아니다(다수설).

전심재판에 '관여한 때'란 전심재판의 실체형성과 재판의 내부적 성립에 실질적으로 관여한 때를 말한다. 따라서 전심재판에서 유죄의 증거로 사용된 증거를 조사한 법관(99도3534)은 이에 해당하지만, 유죄의 증거로 재판의 선고에만 관여한 때나 공판기일을 연기하는 재판에만 관여한 때(4286형상141), 공판에 관여한 바는 있어도 판결선고 전에 경질된 때(85도281)에는 이에 해당하지 않는다.

한편, 약식절차에 관여한 법관이 정식재판을 담당하는 것이 '전심재판에 관여한 때'에 해당되는지에 대하여는 ① 약식명령의 경우에도 사건에 대하여 실질적으로 심리한 것이므로 사건에 대하여 예단을 가질 수 있다는 점에서 이를 긍정하는 견해가 있다. 그러나 ② 약식명령과 정식재판은 심급을 같이 하기 때문에 정식재판은 약식명령의 전심이라고 할 수 없고, 약식명령은 정식재판에 의해 독자적인 의미를 상실하며, 정식재판은 별개의 독립된 새로운 소송계속을 발생시킨다는 점에서 이에 해당되지 않는다(다수설). 판례는 약식재판은 정식재판과 심급을 같이 하며, 정식재판은 약식절차와는 다른 새로운 소송계속을 발생시키는 것이므로 약식명령을 한 판사가 정식재판을 담당한 경우에도 제척사유에 해당하지 않는다고 한다(2002도944). 다만, 제척제도의 취지를 고려하면 약식명령을 한 판사는 기피대상은 될 수 있을 것이다. 그러나 판례는 약식명령을 한 판사가 그 정식재판의 항소심에 관여한 경우에는 심급을 달리하는 것이므로 제척사유에 해당한다고 한다(다수설, 2011도17). 이는 즉결심판을 한 판사의 경우에도 마찬가지이다(대법원 즉결사건의 처리에 관한 예규 제2조).

(나) 전심재판의 기초되는 조사·심리에 관여한 때

'법관이 사건에 관하여 그 기초되는 조사에 관여한 때'란 전심재판의 내용형성에 사용될 자료의 수집 · 조사에 관여하여 그 결과가 전심재판의 사실인정 자료로 쓰여진 경우를 말한다(99도155). 법관이 수탁판사로서 증거조사를 한 경우, 공소제기 후의 증거보전절차(제184조) 또는 증인신문청구(제221조의2)에 관여한 판사, 전심재판에서 피고인에 대한 유죄의 증거로 사용된 증거를 조사한 판사(99도3534), 재정신청절차에서 공소제기결정을 한 판사(제262조) 등이 이에 해당한다. 하지만 구속영장을 발부한 법관(89도612), 압수 · 수색영장을 발부한 법관, 구속적부심이나 보석허가결정에 관여한 법관, 재판장에 대한 기피신청사건의 심리와 기각결정에 참여한 합의부원인 법관(2007도10121) 등은 전심재판의 실체형성에 관여한 것이 아니므로 이에 해당하지 않는다.

한편, 제척원인은 피고인에 한정되므로 판례는 공소제기 전의 피의사건에서 증거보전절차(제184조) 또는 증인신문청구(제221조의2)를 담당한 판사가 제1심재판에 관여한 경우는 '사건에 관하여 그 기초되는 조사에 관여한 때'에 해당하지 않는다고 한다(71도974). 그러나 이때 판사에게는 법원 또는 재판장과 동일한 권한이 인정되며, 사건에 대한 실체심리를 하였으므로 해당 사건에 대한 예단을 갖고 있다는 점에서 이에 해당한다고 하여야 한다(다수설). 입법의 보완이 요구된다.

7) 법관이 사건에 관하여 피고인의 변호인이거나 피고인·피해자의 대리인인 법무법인, 법무법인(유한), 법무조합, 법률사무소, 「외국법자문사법」 제2조 제9호에 따른 합작법무법인에서 퇴직한 날부터 2년이 지나지 아니한 때(제8호)

이는 법조일원화에 따라 법무법인 등의 변호사 경력자가 법관으로 임용되면서 법관으로 임용되기 전에 소속되어 있던 법무법인 등과의 관계에서 공정한 재판을 할 수 있는지에 관한 '후관 예우' 논란을 고려한 것이다.

8) 법관이 피고인인 법인·기관·단체에서 임원 또는 직원으로 퇴직한 날부터 2년이 지나지 아니한 때(제9호)

이는 법무법인 등에 근무한 적이 있는 변호사 경력자가 법관으로 임용되면서 법관으로 임용되기 전에 소속되어 있던 기업 등과의 관계에서 공정한 재판을 할 수 있는지에 관한 '후관 예우' 논란을 고려한 것이다.

(3) 적용대상

제척은 피고사건을 심판하는 수소법원의 법관(약식명령이나 즉결심판을 하는 판사 포함)뿐만 아니라 공소제기 후의 증거보전절차(제184조) 또는 증인신문청구(제221조의2)를 담당하는 판사에게도 적용된다. 그러나 제척은 피고사건에서 적용되므로 공소제기 전의 피의사건의 심판을 담당하는 판사에게는 적용되지 않는다.

(4) 효 과

제척사유가 있는 경우에는 법률에 의하여 당연히 직무집행에서 배제되고, 배제되는 직무범위는 법관으로서의 모든 소송행위에 미치며, 기일지정도 할 수 없다. 따라서 제척사유 있는 법관은 스스로 회피하여야 하며(제24조 제1항), 기피신청의 대상이 된다(제18조 제1항).

제척사유 있는 법관이 재판에 관여한 때에는 절대적 항소이유(제361조의5 제7호) 또는 상대적 상고이유(제383조 제1호)가 된다.

2. 기 피

(1) 의 의

법관이 제척사유가 있음에도 불구하고 재판에 관여하거나 기타 불공평한 재판을 할 염려가 있는 때에 당사자의 신청에 의하여 그 법관을 직무집행에서 탈퇴하게 하는 제도이다. 따라서 이미 그 사건의 직무집행에서 배제되어 있는 법관에 대한 기피신청은 허용되지 않는다(86모48).

기피는 피고인의 방어권을 보장하기 위한 것으로, 그 사유가 비유형적·비제한적이며, 당사자의 신청이 있는 경우에 법원의 결정에 의하여 그 효과가 발생한다는 점에서 제척과 구별된다. 따라서 기피는 제척을 보충하는 제도라고 할 수 있다. 또한 기피는 검사 또는 피고인의 신청을 기초로 하는 점에서 법관 본인의 의사에 의한 회피와 구별된다.

(2) 원 인

기피원인은 (ⅰ) 법관이 제척사유(제17조)에 해당되는 때(제1호) 또는 (ⅱ) 법관이 불공평한 재판을 할 염려가 있는 때(제2호)이다(제18조 제1항).

1) 법관이 제척사유에 해당하는 때

제척의 효과는 법률규정에 의하여 당연히 발생하므로 제척사유의 존·부에 대하여는 법원이 직권으로 심리하여야 한다. 그럼에도 불구하고 이를 기피원인으로 규정한 것은 제척사유의 존·부가 불분명하거나 제척사유가 있다고 하는 당사자의 신청이 있는 경우에 법원에 이를 심리·판단하도록 강제한다는 점에서 그 의의가 있다.

2) 법관이 불공평한 재판을 할 염려가 있을 때

'법관이 불공평한 재판을 할 염려가 있는 때'란 통상인의 판단으로서 법관과 사건의 관계상 불공평한 재판을 할 것이라는 의혹을 갖는 것이 합리적이라고 인정할 만한 객관적인 사정이 있는 때를 말한다(2001모2). 법관이 피고인 또는 피해자와 친구 또는 적대관계에 있을 때, 법관이 증명되지 않은 사실을 언론을 통하여 발표한 경우, 법관이 심리 중에 유죄를 예단한 말을 한 경우(74모68), 피고인에게 매우 모욕적인 말을 한 경우, 법관이 피고인의 진술을 강요한 경우 등이 이에 해당한다.

그러나 당사자가 불공평한 재판이 될지도 모른다고 추측할 만한 주관적인 사정이 있는 것만으로는 이에 해당하지 않는다. 따라서 법관의 종교, 세계관, 정치적 신념 및 성은 물론, 법관과 피고인의 긴장관계가 피고인의 행위로 인한 때이거나 법관과 변호인의 친소관계는 기피사유가 되지 않는다. 또한 공판기일에 어김없이 출석할 것을 촉구한 것(68모57), 소송이전신청에 대한 가부 판단 없이 소송을 진행한 것(82마637), 당사자의 증거신청을 채택하지 않았다거나 이미 한 증거결정을 취소한 것 또는 재판장이 증인신문을 제지한 것(95모10), 피고인의 소송기록열람신청에 대하여 국선변호인을 통하여 소송기록의 열람 및 등사신청을 하도록 한 것(95모93), 검사의 공소장변경허가신청에 대하여 불허가결정을 한 것(2001모2)만으로는 기피사유가 되지 않는다.

(3) 절 차

1) 신청권자

기피신청을 할 수 있는 자는 검사와 피고인이다(제18조 제1항). 변호인도 피고인의 명시한 의사에 반하지 않는 한 기피신청을 할 수 있다(동조 제2항). 변호인의 기피신청권은 대리권이므로 피고인이 기피신청권을 포기하면 소멸한다.

한편, 재정신청사건에서 피의자가 법관에 대하여 기피신청을 할 수 있는지에 대하여는 ① 재정결정도 재판의 일종이므로 제18조를 유추적용하여야 한다는 견해가 있다. 그러나 ② 형식적으로 보면 기피신청의 청구권자는 피의자가 아닌 피고인이고, 재정신청사건은 해당 사건에 대한 실체재판이 아니므로 피의자는 기피신청을 할 수 없다. 입법의 보완이 요구된다.[15]

---

15) 공소제기 전 증거보전절차나 증인신문청구에 관여한 법관에게도 제척·기피제도가 적용되어야 한다는 다수설에서는 피의자에게도 기피신청권을 인정하여야 한다고 한다.

2) 기피대상

기피대상은 법관이다. 합의부 자체에 대한 기피신청은 허용되지 않지만, 합의부 법관 전원에 대한 기피신청은 가능하다. 다만, 기피당한 판사를 제외하고는 합의부를 구성할 수 없는 수의 대법관을 동시에 기피신청하는 것은 허용되지 않는다.

3) 신청방법

기피신청은 서면 또는 공판정에서 구술로 할 수 있다(규칙 제176조 제1항). 합의법원의 법관에 대한 기피는 그 법관의 소속법원에, 수명법관·수탁판사 또는 단독판사에 대한 기피는 해당 법관에게 신청하여야 한다(제19조 제1항).

기피신청 시에는 기피의 원인되는 사실을 구체적으로 명시하여야 하며(규칙 제9조 제1항), 기피사유는 3일 이내에 자료를 첨부하여 서면으로 소명하여야 한다(제19조 제2항). '소명'이란 기피신청인의 주장이 진실이라고 추정할 수 있는 자료를 말한다. 기피신청서에 기재된 기피사유만으로는 소명자료가 될 수 없다(87모10).

4) 신청시기

기피의 신청시기에 대하여는 ① 법문상 신청시기에 대하여 제한이 없으므로 판결(선고) 시까지 하면 된다는 견해가 있다. 그러나 ② 기피신청의 남용을 방지하고, 이미 변론이 종결되어 판결선고만 남은 경우에는 담당 재판부를 사건심리에서 배제하려는 목적의 소멸로 다툴 실익이 상실되어 부적법하므로 변론종결 시까지만 허용된다. 판례는 피고인이 변론 종결 뒤 재판부에 대한 기피신청을 하였지만, 원심이 소송진행을 정지하지 아니하고 판결을 선고한 것은 정당하다고 한다(2002도4893).

(4) 기피신청의 재판

1) 신청이 부적법한 경우

(가) 간이기각결정

기피신청이 소송지연을 목적으로 함이 명백하거나 제19조의 규정에 위배된 때에는 신청을 받은 법원 또는 법관은 결정으로 이를 기각한다(제20조 제1항). '소송지연의 목적'은 기피신청인이 제출한 소명방법만에 의하여 판단할 것은 아니고, 해당 법원에 현저한 사실이거나 해당 사건기록에 나타나 있는 제반사정들, 즉 사안의 성질, 심리의 경과 및 변호인의 소송준비 등 객관적 사정을 종합하여 판단하여야 한다(2001모2). 법원의 심리방법이나 태도를 이유로 하거나 시기에 늦은 신청, 이유 없음이 명백한 신청 등이 이에 해당한다. '제19조의 규정에 위배된 때'란 기피의 원인되는 사실을 구체적으로 명시하지 않은 경우, 3일 이내에 기피사유를 서면으로 소명하지 않은 경우, 관할을 위반하여 기피신청을 한 경우 등이 이에 해당한다.

이 외에 신청권자가 아닌 자가 신청한 경우, 이미 직무집행에서 배제되어 있는 법관에 대하여 기피신청을 한 경우(86모48), 기피신청사건에 대하여 이미 판결이 선고된 경우(94모77)와 같이 형식적 소송요건을 결여한 경우도 간이기각결정사유에 해당한다.

(나) 기각결정에 대한 불복

합의부, 수탁판사, 단독판사의 간이기각결정에 대하여는 즉시항고를 할 수 있다(제23조 제1항 참조). 이 즉시항고는 재판의 집행을 정지하는 효력이 없다(동조 제2항). 재판장 또는 수명법관의 간이기각결정에 대하여는 그 법관소속의 법원에 준항고를 할 수 있다(제416조 제1항 제1호). 이 즉시항고와 준항고를 기각하는 결정에 대하여는 재항고를 할 수 있다(제416조, 제419조).

2) 신청이 적법한 경우

(가) 의견서 제출 등

기피신청이 적법한 경우 기피당한 법관은 지체 없이 기피신청에 대한 의견서를 제출하여야 한다(제20조 제2항). 기피당한 법관이 기피신청을 이유 있다고 인정하는 때에는 그 결정이 있은 것으로 간주되어(동조 제3항) 사건은 종결된다.

(나) 소송절차의 정지

신청이 적법한 경우는 간이기각결정의 경우를 제외하고는 소송진행을 정지하여야 한다(제22조 본문). 기피신청에 의하여 소송절차를 정지한 경우 이 기간은 구속기간에 산입되지 않지만(제92조), 판결선고 전의 구금일수에는 산입된다(2005도4758). 이때 정지되는 소송진행의 범위에 대하여는 ① 본안에 대한 소송절차뿐만 아니라 모든 소송절차가 정지된다고 하는 견해가 있다. 그러나 ② 실체재판에 도달할 것을 직접 목적으로 하는 본안에 대한 소송진행만 정지된다. 판례는 기피신청을 받은 법관이 본안의 소송절차를 정지하지 않은 채 그대로 소송을 진행하여서 한 소송행위는 그 효력이 없고, 이는 그 후 그 기피신청에 대한 기각결정이 확정되었다고 하더라도 마찬가지라고 한다(2012도8544). 따라서 구속기간의 갱신

(86모57)이나 판결의 선고(2002도4893)는 정지대상에서 제외된다.

이때 급속을 요하는 경우는 소송진행이 정지되지 않는다(제22조 단서). '급속을 요하는 경우'란 멸실의 우려가 있는 증거를 조사하여야 하는 경우, 구속기간의 만료가 임박한 경우(90도646), 임종이 임박한 증인을 신문하여야 할 경우 등이 이에 해당한다.

(다) 기피신청에 대한 재판

기피신청의 재판은 기피당한 법관의 소속법원 합의부에서 결정으로 하여야 한다(제21조 제1항). 기피당한 법관은 이에 관여하지 못한다(동조 제2항). 기피당한 판사의 소속법원이 합의부를 구성하지 못할 때에는 바로 위의 상급법원이 재판한다(동조 제3항).

기피신청기각결정에 대하여는 즉시항고가 가능하며(제23조 제1항), 이 때에는 집행정지의 효력이 인정된다(제410조). 그러나 기피신청이 이유 있다고 인정한 결정(제21조 제1항)에 대하여는 항고할 수 없다(제403조).

(5) 효 과

기피당한 법관이 기피신청을 이유 있다고 인정하거나 기피신청이 이유 있다는 결정이 있는 때에는 그 법관은 해당 사건의 직무집행에서 탈퇴한다. 그 법관이 심판에 관여한 때에는 '법률상 그 재판에 관여하지 못할 판사가 그 사건의 판결에 관여한 때'(제361조의5 제7호)에 해당하여 절대적 항소이유가 되며, '판결에 영향을 미친 법률위반'(제383조 제1호)으로 상대적 상고이유가 된다.

탈퇴의 효력발생시기에 대하여는 ① 이미 행한 소송행위에는 영향이 없으므로 소급적용하는 것은 무의미하고, 그 원인을 그 원인을 정확히 구분할 수 없다는 점에서 결정 시라고 하는 견해가 있다. 그러나 ② 탈퇴의 사유에 따라 제척의 원인으로 인한 때에는 원인발생 시에, 불공평한 재판을 할 우려로 인한 때에는 결정 시에 탈퇴의 효력이 발생한다(다수설).

3. 회 피

회피란 법관이 스스로 기피의 원인이 있다고 판단한 때에 자발적으로 직무집행에서 탈퇴하는 제도를 말한다. 법관의 회피신청은 직무상 의무이다(제24조 제1항).[16]

---

16) 법관이 기피사유가 있다고 인정하는 때에는 실무에서는 통상 사건의 재배당이나 직무

회피의 신청은 소속법원에 서면으로 하여야 하며(동조 제2항), 신청시기에는 제한이 없다. 이 신청에 대한 결정에는 기피에 관한 규정이 준용되지만(동조 제3항), 항고는 허용되지 않는다. 기피원인이 있음에도 불구하고 법관이 회피신청을 하지 않더라도 상소이유가 되는 것은 아니다.

4. 법원사무관 등에 대한 제척·기피·회피

법관의 제척·기피·회피에 관한 규정은 법원서기관·법원사무관·법원주사 또는 법원주사보와 통역인에게 준용된다(제25조 제1항). 다만, 이들의 직무성격상 전심관여로 인한 제척사유(제17조 제7호)는 적용되지 않는다.

법원사무관 등과 통역인에 대한 기피신청의 재판은 그 소속법원의 결정으로 한다. 다만, 기피신청이 소송지연을 목적으로 함이 명백하거나 제19조의 규정에 위배된 때를 이유로 한 기피신청기각의 결정(간이기각결정)은 기피당한 자의 소속법관이 한다(제25조 제2항). 이 간이기각결정은 법원으로서 한 결정이므로 이에 대한 불복은 준항고(제416조 제1항 제1호)가 아니라 즉시항고(제23조)가 된다(84모24).

5. 전문심리위원에 대한 제척과 기피

법관의 제척 및 기피에 관한 규정은 전문심리위원에게 준용한다(제279조의5 제1항). 제척 또는 기피 신청이 있는 전문심리위원은 그 신청에 관한 결정이 확정될 때까지 그 신청이 있는 사건의 소송절차에 참여할 수 없다. 이때 전문심리위원은 해당 제척 또는 기피 신청에 대하여 의견을 진술할 수 있다(동조 제2항).

대리발령(법조법 제6조)에 의하여 해결하고 있다.

제2절 검 사

Ⅰ. 검사와 검찰제도

1. 검사의 의의

검사란 검찰권을 행사하는 국가기관을 말한다. 즉, 「검찰청법」에 따르면 검사는 공익의 대표자로서 (i) 범죄수사, 공소제기 및 그 유지에 필요한 사항(제1호), (ii) 범죄수사에 관한 특별사법경찰관리 지휘·감독(제2호), (iii) 법원에 대한 법령의 정당한 적용 청구(제3호), (iv) 재판 집행 지휘·감독(제4호), (v) 국가를 당사자 또는 참가인으로 하는 소송과 행정소송 수행 또는 그 수행에 관한 지휘·감독(제5호), (vi) 다른 법령에 따라 그 권한에 속하는 사항(제6호)을 직무와 권한으로 삼는 국가기관이다(법[17] 제4조 제1항). 따라서 검사는 수사절차에서 공판절차와 형집행절차에 이르는 형사절차 전반에 걸쳐 검찰권을 행사한다.

2. 검찰제도의 연혁과 기능

검찰제도는 대륙법계의 국가소추주의에 따른 역사적 산물로서, 14세기 프랑스의 왕의 대관(procureur du roi)이 1808년 「치죄법」(개혁된 형소법)에 의하여 공화국의 대관으로 부활하면서 형사절차의 소추관이 된 것에 그 기원을 두고 있다. 즉, 소송절차가 규문절차에서 탄핵절차로 바뀌면서 검사에게 수사와 공소제기의 권한을 부여하고, 법원은 공평한 심판자로서 재판할 수 있도록 제도적으로 보장하기 위한 것이었다. 이처럼 검사는 국가권력으로부터 국민의 자유를 보장하기 위한 제도로 등장한 것으로서, '법치국가원리의 대변인', 또는 '현대 법치국가의 기초'로 지칭되기도 한다. 오늘날 영·미법계의 국가에서도 검찰제도를 도입하고 있다.

17) 이 절에서 '법'은 「검찰청법」을 말한다.

3. 검사의 성격

(1) 준사법기관

검사의 법적 성격에 대하여는 ① 검사는 검찰사무의 집행을 통하여 독자적으로 법 그 자체를 실현하고 구체화하는 사법기관이라는 견해, ② 검사는 조직상으로는 행정기관으로서 합목적성의 원리가 지배하고, 행위면에서는 수사와 공소제기, 공소유지 및 형집행 등 형사사법을 실현하는 사법기관으로서 합법성의 원칙에 구속되며, 경찰, 법원, 변호인과 함께 형사사법체계를 구성하는 것으로 파악하는 견해(병유설)가 있다. 그러나 ③ 검사는 심판기관은 아니지만 국가기관으로서 형사절차에서 정당한 법령적용의 청구 등의 요청에 따라 사법기관에 준하는 기능과 역할이 주어져 있다는 점에서 준사법기관이다(준사법기관설). 헌법재판소는 검사의 준사법적 지위를 인정하고 있다(93헌바45). 따라서 검사는 그 직무를 수행할 때 국민 전체에 대한 봉사자로서 헌법과 법률에 따라 국민의 인권을 보호하고 적법절차를 준수하며, 정치적 중립을 지켜야 하고, 주어진 권한을 남용하여서는 아니 된다(법 제4조 제2항).

(2) 단독제의 관청

검사는 검찰사무를 처리하는 단독제의 관청이다. 따라서 검사는 각자가 독자적인 권한을 가지고 자신의 이름으로 의사를 결정하고 처리하며, 검찰권행사에서는 1인제를 채택하고 있다. '검찰사무'란 검사의 직무로 정해져 있는 사무를 말한다(법 제4조 제1항 참조).

4. 구 성

(1) 검 사

검사의 직급은 검찰총장과 검사로 구분한다(법 제6조).

1) 자 격

검찰총장은 15년 이상 (i) 판사, 검사 또는 변호사(제1호), (ii) 변호사 자격이 있는 사람으로서 국가기관, 지방자치단체, 국·공영기업체, 「공공기관의 운영에 관한 법률」 제4조에 따른 공공기관 또는 그 밖의 법인에서 법률에 관한 사무에 종사한 사람(제2호), (iii) 변호사 자격이 있는 사람으로서 대학의 법률학 조교수 이상으로 재직하였던 사람(제3호) 중에서 임명한다(법 제27조).

고등검찰청 검사장, 대검찰청 차장검사 등 대통령령으로 정하는 대검찰청 검사급 이상 검사는 10년 이상 위의 각 호의 직위에 재직하였던 사람 중에서 임용한다(법 제28조). 감찰담당 대검찰청 검사는 10년 이상 위의 각 호의 직위에 재직하였던 사람 중에서 임용한다(법 제28조의2 제2항). 또한 이들을 제외한 고등검찰청 검사, 지방검찰청과 지청의 차장검사·부장검사 및 지청장은 7년 이상 위의 각 호의 직위에 재직하였던 사람 중에서 임용한다(법 제30조).

검사는 사법시험에 합격하여 사법연수원 과정을 마친 사람 또는 변호사 자격이 있는 사람 중에서 임용한다(법 제29조). 그러나 (ⅰ) 「국가공무원법」 제33조 각 호의 어느 하나에 해당하는 사람(제1호), (ⅱ) 금고 이상의 형을 선고받은 사람(제2호), (ⅲ) 탄핵결정에 의하여 파면된 후 5년이 지나지 아니한 사람(제3호), (ⅳ) 대통령비서실 소속의 공무원으로서 퇴직 후 2년이 지나지 아니한 사람(제4호)은 검사로 임용될 수 없다(법 제33조).

2) 임명과 보직

검사의 임명과 보직은 법무부장관의 제청으로 대통령이 한다. 이때 법무부장관은 검찰총장의 의견을 들어 검사의 보직을 제청한다(법 제34조 제1항). 대통령이 법무부장관의 제청으로 검찰총장을 임명할 때에는 국회의 인사청문을 거쳐야 한다(동조 제2항).

3) 임 기

검찰총장의 임기는 2년으로 하며, 중임할 수 없다(법 제12조 제3항). 감찰담당 대검찰청 검사의 임기는 2년으로 하며, 연임할 수 있다(법 제28조의2 제5항). 검찰총장을 제외한 모든 검사는 임명된 해로부터 7년이 되는 해마다 법무부에 설치된 검사적격심사위원회에 의한 적격심사를 받아야 한다(법 제39조 제1항). 검찰총장의 정년은 65세, 검찰총장 외의 검사의 정년은 63세로 한다(법 제41조).

4) 신분보장

검사에 대하여는 법관에 준하는 신분보장을 하고 있다. 검사는 탄핵이나 금고 이상의 형을 선고받은 경우를 제외하고는 파면되지 아니하며, 징계처분이나 적격심사에 의하지 아니하고는 해임·면직·정직·감봉·견책 또는 퇴직의 처분을 받지 않는다(법 제37조). 다만, 검사가 중대한 심신상의 장애로 인하여 직무를 수행할 수 없을 때 대통령은 법무부장관의 제청에 의하여 그 검사에게 퇴직을 명할 수 있다(법 제39조의2).

그러나 전보의 방법으로 임용된 감찰담당 대검찰청 검사는「검사징계법」제2조 각 호의 징계사유[18] 중 어느 하나에 해당하는 경우 또는 직무수행 능력이 현저히 떨어지는 경우를 제외하고는 본인의 의사에 반하여 다른 직위로 전보되지 않는다(법 제28조의3 제1항).

5) 금지행위

검사는 재직 중 (ⅰ) 국회 또는 지방의회의 의원이 되는 일(제1호), (ⅱ) 정치운동에 관여하는 일(제2호), (ⅲ) 금전상의 이익을 목적으로 하는 업무에 종사하는 일(제3호), (ⅳ) 법무부장관의 허가 없이 보수를 받는 직무에 종사하는 일(제4호)을 할 수 없다(법 제43조). 다만, 법무부와 그 소속기관의 직원으로서 검사로 임명될 자격이 있는 사람은 검사를 겸임할 수 있다(법 제44조). 그러나 검사는 대통령실에 파견되거나 대통령실의 직위를 겸임할 수는 없으며, 검사로서 퇴직 후 1년이 지나지 아니한 사람은 대통령비서실의 직위에 임용될 수 없다(법 제44조의2).

<참고> 특별검사제

특별검사제는 고위 공직자의 비리 또는 위법 혐의가 발견되었을 때 정규검사가 아닌 독립된 변호사로 하여금 담당하게 하는 제도이다. 특별검사제는 본래 미국에서 유래한 것으로서, 우리나라에서는 2012년까지 8번의 특검법이 공포되었으며(국회 통과된 특검법은 9회), 9명의 특별검사가 임명되었다. 2014년에 제정·시행된「특별검사의 임명 등에 관한 법률」에 따르면 특별검사의 수사대상은 (ⅰ) 국회가 정치적 중립성과 공정성 등을 이유로 특별검사의 수사가 필요하다고 본회의에서 의결한 사건(제1호)과 (ⅱ) 법무부장관이 이해관계 충돌이나 공정성 등을 이유로 특별검사의 수사가 필요하다고 판단한 사건(제2호)이다(법 제2조 제1항). 특별검사의 수사가 결정된 경우 대통령은 7인으로 구성된 특별검사후보추천위원회가 판사·검사·변호사 중에서 추천한 2명의 후보자 중 1인을 특별검사로 임명한다(법 제2조, 제3조). 그러나 국회에서 여당과 야당의 이해관계 충돌로 인해 상설특검법에 의한 상설특검은 2021년 세월호참사 진상규명을 위한 특검이 유일하는 등, 거의 활용되지 못하고, 사건별로 개별법률을 만들어 특검을 실시하고 있다. 일반특검은 1999년 조폐공

18)「검사징계법」제2조(징계 사유) 검사가 다음 각 호의 어느 하나에 해당하면 그 검사를 징계한다. 1.「검찰청법」제43조를 위반하였을 때, 2. 직무상의 의무를 위반하거나 직무를 게을리하였을 때, 3. 직무 관련 여부에 상관없이 검사로서의 체면이나 위신을 손상하는 행위를 하였을 때.

사 파업 유도 및 옷 로비 의혹 사건에 관한 특검을 시작으로 2018년 드루킹 댓글 조작사건 2022년 공군 성폭력 피해자 사망사건 특검까지 2024년까지 모두 13건의 특검이 개별특검법에에 따라 진행되었다.

(2) 검 찰 청

검찰청은 단독제의 관청인 검사의 사무를 통할하는 기관으로서(법 제2조 제1항) 관서에 불과하다. 검찰청은 대검찰청, 고등검찰청, 지방검찰청으로 하며(법 제2조 제2항), 대검찰청은 대법원에, 고등검찰청은 고등법원에, 지방검찰청은 지방법원과 가정법원에 대응하여 각각 설치한다(법 제3조 제1항). 지방법원지원 설치지역에는 이에 대응하여 지방검찰청지청을 둘 수 있다(동조 제2항).

1) 대검찰청

대검찰청에는 검찰총장, 차장검사, 대검찰청 검사 및 검찰연구관을 둔다(법 제12조-제16조).

검찰총장은 대검찰청의 사무를 맡아 처리하고 검찰사무를 총괄하며 검찰청의 공무원을 지휘·감독한다(법 제12조 제2항). 차장검사는 검찰총장을 보좌하며, 검찰총장이 부득이한 사유로 직무를 수행할 수 없을 때에는 그 직무를 대리한다(법 제13조 제2항). 검찰연구관은 검사로 보하며, 고등검찰청이나 지방검찰청의 검사를 겸임할 수 있다(법 제14조 제2항). 검찰연구관은 검찰총장을 보좌하고 검찰사무에 관한 기획·조사 및 연구에 종사한다(동조 제3항).

2) 고등검찰청

고등검찰청에는 검사장, 차장검사, 부장검사 및 검사를 둔다(법 제17조-제20조).

고등검찰청 검사장은 그 검찰청의 사무를 맡아 처리하고 소속공무원을 지휘·감독한다(법 제17조 제2항). 차장검사는 소속검사장을 보좌하며, 소속검사장이 부득이한 사유로 직무를 수행할 수 없을 때에는 그 직무를 대리한다(법 제18조 제2항). 부장검사는 상사의 명을 받아 그 부의 사무를 처리한다(법 제18조의2 제3항). 법무부장관은 고등검찰청의 검사로 하여금 그 관할구역의 지방검찰청 소재지에서 사무를 처리하게 할 수 있다(법 제19조 제2항).

3) 지방검찰청 및 지청

지방검찰청에는 검사장, 차장검사, 부장검사 및 검사를 둔다(법 제21조, 제23조-제25조). 지방검찰청 검사장은 그 검찰청의 사무를 맡아 처리하고 소속 공무원을 지휘·감독한다(법 제21조 제2항). 차장검사는 소속검사장을 보좌하며, 소속 검사장이 부득이한 사유로 직무를 수행할 수 없을 때에는 그 직무를 대리한다(법 제23조 제2항). 부장검사는 상사의 명을 받아 그 부의 사무를 처리한다(법 제24조 제3항).[19)]

지청에는 지청장, 차장검사, 부장검사 및 검사를 둔다(법 제22조 - 제25조).

5. 고위공직자범죄수사처

(1) 설치목적

고위공직자범죄수사처(이하 '공수처'라 한다)는 공수처법(법률 제16863호)에 근거한 것으로서, 고위공직자 및 그 가족이 범한 직권남용, 수뢰, 허위공문서 작성 및 정치자금 부정수수 등의 특정범죄를 척결하고, 공직사회의 특혜와 비리를 근절하기 위한 것이다.

'고위공직자'란 다음 중 어느 하나의 직(職)에 재직 중인 사람 또는 그 직에서 퇴직한 사람을 말한다. 다만, 장성급 장교는 현역을 면한 이후도 포함된다. 즉, (i) 대통령(제1호), (ii) 국회의장 및 국회의원(제2호), (iii) 대법원장 및 대법관(제3호), (iv) 헌법재판소장 및 헌법재판관(제4호), (v) 국무총리와 국무총리비서실 소속의 정무직공무원(제5호), (vi) 중앙선거관리위원회의 정무직공무원(제6호), (vii) 「공공감사에 관한 법률」 제2조 제2호에 따른 중앙행정기관의 정무직공무원(제7호), (viii) 대통령비서실·국가안보실·대통령경호처·국가정보원 소속의 3급 이상 공무원(제8호), (ix) 국회사무처, 국회도서관, 국회예산정책처, 국회입법조사처의 정무직공무원(제9호), (x) 대법원장비서실, 사법정책연구원, 법원공무원교육원, 헌법재판소사무처의 정무직공무원(제10호), (xi) 검찰총장(제11호), (xii) 특별시장·광역시장·특별자치시장·도지사·특별자치도지사 및 교육감(제12호), (xiii) 판사 및 검사(제13호), (xiv) 경무관 이상 경찰공무원(제14호), (xv) 장성급 장교(제15호), (xvi) 금융감독원 원

---

19) 「검찰청법」 제24조 ③ 검찰총장은 제4조 제1항 제1호 가목의 범죄에 대한 수사를 개시할 수 있는 부의 직제 및 해당 부에 근무하고 있는 소속검사와 공무원, 파견내역 등의 현황을 분기별로 국회에 보고하여야 한다.

장 · 부원장 · 감사(제16호), (xvii) 감사원 · 국세청 · 공정거래위원회 · 금융위원회 소속의 3급 이상 공무원(제17호)이다(법 제2조 제1호). '가족'이란 배우자, 직계존 · 비속을 말한다. 다만, 대통령의 경우에는 배우자와 4촌 이내의 친족을 말한다(법 제2조 제2호)

(2) 구 성

공수처에는 처장 1명과 차장 1명을 두고, 각각 특정직공무원으로 보하며(법 제4조 제1항), 공수처에는 공수처검사와 공수처수사관 및 그 밖에 필요한 직원을 둔다(동조 제2항).

공수처장은 15년 이상 (i) 판사, 검사 또는 변호사(제1호), (ii) 변호사 자격이 있는 사람으로서 국가기관, 지방자치단체, 「공공기관의 운영에 관한 법률」 제4조에 따른 공공기관 또는 그 밖의 법인에서 법률에 관한 사무에 종사한 사람(제2호), (iii) 변호사 자격이 있는 사람으로서 대학의 법률학 조교수 이상으로 재직하였던 사람(제3호) 중에서 공수처장후보추천위원회가 2명을 추천하고, 대통령이 그 중 1명을 지명한 후 인사청문회를 거쳐 임명하며(법 제5조 제1항), 임기는 3년으로 하고 중임할 수 없으며, 정년은 65세로 한다(동조 제1항). 공수처장은 공수처검사의 직을 겸한다(법 제17조 제5항).

공수처차장은 10년 이상 위의 각 호의 직에 재직하였던 사람 중에서 공수처장의 제청으로 대통령이 임명하며(법 제7조 제1항), 임기는 3년으로 하고 중임할 수 없으며, 정년은 63세로 한다(동조 제3항).

공수처검사는 7년 이상 변호사의 자격이 있는 사람 중에서 인사위원회의 추천을 거쳐 대통령이 임명한다(법 제8조 제1항). 공수처검사는 특정직공무원으로 보하고, 처장과 차장을 포함하여 25명 이내로 하며, 검사의 직에 있었던 사람은 공수처검사 정원의 2분의 1을 넘을 수 없다(동조 제1항 후단, 제2항). 공수처검사의 임기는 3년으로 하고, 3회에 한정하여 연임할 수 있으며, 정년은 63세로 한다(동조 제3항). 공수처검사는 직무를 수행함에 있어서 「검찰청법」 제4조에 따른 검사의 직무 및 「군사법원법」 제37조에 따른 군검사의 직무를 수행할 수 있다(동조 제4항).

그러나 (i) 대한민국 국민이 아닌 사람(제1호), (ii) 「국가공무원법」 제33조 각 호의 어느 하나에 해당하는 사람(제2호),[20] (iii) 금고 이상의 형을 선고받은 사

---

20) 「국가공무원법」 제33조(결격사유) 다음 각 호의 어느 하나에 해당하는 자는 공무원으로 임용될 수 없다. 1. 피성년후견인, 2. 파산선고를 받고 복권되지 아니한 자, 3. 금고 이상의 실형을 선고받고 그 집행이 종료되거나 집행을 받지 아니하기로 확정된 후 5년이 지나지 아니

람(제3호), (iv) 탄핵결정에 의하여 파면된 후 5년이 지나지 아니한 사람(제4호), (v) 대통령비서실 소속의 공무원으로서 퇴직 후 2년이 지나지 아니 한 사람(제5호)은 공수처장, 공수처차장, 공수처검사, 공수처수사관으로 임명될 수 없다(법 제13조 제1항). 또한 검사의 경우 퇴직 후 3년이 지나지 아니하면 공수처장이 될 수 없고, 퇴직 후 1년이 지나지 아니하면 공수처차장이 될 수 없다(동조 제2항).

(3) 직무의 독립성

공수처는 그 권한에 속하는 직무를 독립하여 수행하며(법 제3조 제2항), 대통령, 대통령비서실의 공무원은 공수처의 사무에 관하여 업무보고나 자료제출 요구, 지시, 의견제시, 협의, 그 밖에 직무수행에 관여하는 일체의 행위를 하여서는 아니 된다(동조 제3항). 또한 공수처 소속공무원은 정치적 중립을 지켜야 하며, 그 직무를 수행함에 있어 외부로부터 어떠한 지시나 간섭을 받지 않는다(법 제22조).

(4) 신분보장

공수처장, 공수처차장, 공수처검사는 탄핵이나 금고 이상의 형을 선고받은 경우를 제외하고는 파면되지 아니하며, 징계처분에 의하지 아니하고는 해임·면직·정직·감봉·견책 또는 퇴직의 처분을 받지 않는다(법 제14조). 공수처검사의 징계사유는 (i) 재직 중 정치운동에 관여하는 일(가목), 금전상의 이익을 목적으로 하는 업무에 종사하는 일(나목), 처장의 허가 없이 보수를 받는 직무에 종사하는 일(다목)을 한 때(제1호), (ii) 직무상의 의무를 위반하거나 직무를 게을리하였을 때(제2호), (iii) 직무 관련 여부에 상관없이 공수처검사로서의 체면이나 위신을 손상하는 행위를 하였을 때(제3호)이다(법 제32조).

한 자, 4. 금고 이상의 형을 선고받고 그 집행유예기간이 끝난 날부터 2년이 지나지 아니한 자, 5. 금고 이상의 형의 선고유예를 받은 경우에 그 선고유예기간 중에 있는 자, 6. 법원의 판결 또는 다른 법률에 따라 자격이 상실되거나 정지된 자, 6의2. 공무원으로 재직기간 중 직무와 관련하여 「형법」 제355조 및 제356조에 규정된 죄를 범한 자로서 300만원 이상의 벌금형을 선고받고 그 형이 확정된 후 2년이 지나지 아니한 자, 6의3. 성폭력처벌법 제2조에 규정된 죄를 범한 사람으로서 100만원 이상의 벌금형을 선고받고 그 형이 확정된 후 3년이 지나지 아니한 사람, 6의4. 미성년자에 대한 다음 각 목의 어느 하나에 해당하는 죄를 저질러 파면·해임되거나 형 또는 치료감호를 선고받아 그 형 또는 치료감호가 확정된 사람(집행유예를 선고받은 후 그 집행유예기간이 경과한 사람을 포함한다) 가. 성폭력처벌법 제2조에 따른 성폭력범죄, 나. 청소년성보호법 제2조 제2호에 따른 아동·청소년대상 성범죄(2020헌마1181 참조), 7. 징계로 파면처분을 받은 때부터 5년이 지나지 아니한 자, 8. 징계로 해임처분을 받은 때부터 3년이 지나지 아니한 자.

(5) 업무범위

공수처는 (i) 고위공직자범죄와 관련범죄에 관한 수사(제1호)와 (ii) 대법원장 및 대법관, 검찰총장, 판사 및 검사, 경무관 이상 경찰공무원에 해당하는 고위공직자로 재직 중에 본인 또는 본인의 가족이 범한 고위공직자범죄 및 관련범죄의 공소제기와 그 유지(제2호)를 담당한다(법 제3조 제1항).

<참고> 공직자범죄와 관련범죄

*** 공직자범죄**

고위공직자로 재직 중에 본인 또는 본인의 가족이 범한 다음의 어느 하나에 해당하는 죄를 말한다. 다만, 가족의 경우에는 고위공직자의 직무와 관련하여 범한 죄에 한정한다(법 제2조 제3호).

가. 「형법」 제122조부터 제133조까지의 죄(다른 법률에 따라 가중처벌되는 경우를 포함한다)
나. 직무와 관련되는 「형법」 제141조, 제225조, 제227조, 제227조의2, 제229조(제225조, 제227조 및 제227조의2의 행사죄에 한정한다), 제355조부터 제357조까지 및 제359조의 죄(다른 법률에 따라 가중처벌되는 경우를 포힘힌다)
다. 특정범죄가중법 제3조의 죄
라. 「변호사법」 제111조의 죄
마. 「정치자금법」 제45조의 죄
바. 「국가정보원법」 제21조 및 제22조의 죄
사. 「국회에서의 증언·감정 등에 관한 법률」 제14조 제1항의 죄
아. 가목부터 마목까지의 죄에 해당하는 범죄행위로 인한 「범죄수익은닉의 규제 및 처벌 등에 관한 법률」 제2조 제4호의 범죄수익 등과 관련된 같은 법 제3조 및 제4조의 죄

*** 관련범죄**

다음의 어느 하나에 해당하는 죄를 말한다(법 제2조 제4호).

가. 고위공직자와 「형법」 제30조부터 제32조까지의 관계에 있는 자가 범한 제3호 각 목의 어느 하나에 해당하는 죄
나. 고위공직자를 상대로 한 자의 「형법」 제133조, 제357조 제2항의 죄
다. 고위공직자범죄와 관련된 「형법」 제151조 제1항, 제152조, 제154조부터 제156조까지의 죄 및 「국회에서의 증언·감정 등에 관한 법률」 제14조 제1항의 죄
라. 고위공직자범죄수사과정에서 인지한 그 고위공직자범죄와 직접 관련성이 있는 죄로서 해당 고위공직자가 범한 죄

Ⅱ. 검사의 조직과 구조

검사는 준사법기관으로서 행정기관이면서도 독립성이 요청되는 반면에, 기소독점주의와 기소편의주의에 따른 자의와 독선을 방지하기 위하여 조직면에서 검사동일체의 원칙과 법무부장관의 지휘·감독권을 인정하고 있다.

1. 검사동일체의 원칙

(1) 의 의

검사동일체의 원칙은 모든 검사는 검찰총장을 정점으로 하여 피라미드형의 계층적 조직체를 형성하고 일체불가분의 유기적 통일체로서 활동한다는 것을 의미한다. 이는 통일된 형사정책을 수립함은 물론, 검찰권행사가 전국에 걸쳐 균형적으로 작용하게 함으로써 검찰권행사의 공정을 도모하고(균등한 검찰권의 행사), 전국적으로 통일된 수사망을 통해 지능화·광역화·기동화하는 현대사회의 범죄양상에 효과적으로 대처하기 위한 것이다(전국적 수사망의 확보). 또한 이 원칙은 검사의 결정에 대하여 현실적으로 통제수단이 없는 점을 보완하는 기능도 한다.

(2) 내 용

1) 검찰사무에 대한 지휘·감독

검사는 검찰사무에 관하여 소속상급자의 지휘·감독에 따라야 한다(법 제7조 제1항). 이러한 관계는 검찰사무뿐만 아니라 검찰행정사무에 대하여도 적용된다. 그러나 검사가 구체적 사건과 관련된 상사의 지휘·감독의 적법성 또는 정당성 여부에 대하여 이견이 있을 때에는 이의를 제기할 수 있다(동조 제2항).[21] 다만, 검사의 상명하복관계는 내부적 효력을 가짐에 불과하다. 검찰에서 상급자의 지휘·감독은 「기소유예에 관한 처리지침」 등과 같이 대부분 일반적인 업무지침의 형태로 행하여진다.

---

21) 공수처검사는 공수처장의 지휘·감독에 따르며, 공수처수사관을 지휘·감독하고(공수처법 제20조 제2항), 공수처검사는 구체적 사건과 관련된 공수처장의 지휘·감독의 적법성 또는 정당성에 대하여 이견이 있을 때에는 이의를 제기할 수 있다(동조 제3항).

2) 직무승계와 직무이전의 권한 등

검찰총장, 각급 검찰청의 검사장 및 지청장은 소속검사로 하여금 그 권한에 속하는 직무의 일부를 처리하게 할 수 있다(직무의 위임, 법 제7조의2 제1항). 이를 직무승계권이라고 한다. 또한 검찰총장, 각급 검찰청의 검사장 및 지청장은 소속검사의 직무를 자신이 처리하거나 다른 검사로 하여금 처리하게 할 수 있다(동조 제2항). 이를 직무이전권이라고 한다.[22][23] 다만, 직무승계권과 직무이전권은 검찰총장과 각급검찰청의 검사장 및 지청장에게만 인정되고, 최종적으로는 검찰총장에게 귀속되며, 법무부장관에게는 인정되지 않는다.

3) 직무대리권

각급 검찰청의 차장검사는 소속장을 보좌하며, 소속장이 부득이한 사유로 직무를 수행할 수 없을 때에는 특별한 수권없이 그 직무를 대리한다(법 제13조 제2항, 제18조 제2항, 제23조 제2항).[24] 이를 차장검사의 직무대리권이라고 한다. 직무대리가 허용되는 사무는 검찰사무뿐만 아니라 검찰행정사무도 포함한다.

<참고> 검사의 직무대리

검찰총장은 필요하다고 인정하면 검찰수사서기관, 검찰사무관, 수사사무관 또는 마약수사사무관으로 하여금 지방검찰청 또는 지청 검사의 직무를 대리하게 할 수 있다. 다만, 이때 검사의 직무를 대리하는 사람은 법조법에 따른 합의부의 심판사건은 처리하지 못한다(검찰청법 제32조).

---

22) 공수처장은 공수처검사로 하여금 그 권한에 속하는 직무의 일부를 처리하게 할 수 있으며(공수처법 제19조 제1항), 공수처검사의 직무를 자신이 처리하거나 다른 공수처검사로 하여금 처리하게 할 수 있다(동조 제2항).

23) 판례는 직무승계권의 직무에는 직무이전에 관한 직무도 포함되므로, 검찰청의 장은 소속검사에게 검사직무의 이전에 관한 직무를 위임할 수 있다고 하면서도, "검사가 구체적 사건과 관련된 상급자의 지휘·감독의 적법성 또는 정당성에 대하여 이의한 상황에서 검찰청의 장이 아닌 상급자가 이의를 제기한 사건에 관한 검사의 직무를 다른 검사에게 이전하기 위해서는 검사직무의 이전에 관한 검찰청의 장의 구체적·개별적인 위임이나 그러한 상황에서의 검사직무의 이전을 구체적이고 명확하게 정한 위임규정 등이 필요하다고 보아야 한다"(2014두45734)고 하였다.

24) 공수처차장은 공수처장을 보좌하며, 공수처장이 부득이한 사유로 그 직무를 수행할 수 없는 때에는 그 직무를 대행하며(공수처법 제18조 제1항), 공수처검사의 직을 겸한다(동조 제2항).

(3) 효 과

1) 검사교체의 효과

검사가 검찰사무의 취급 도중에 전보·퇴관 등의 사유로 교체되더라도 검사동일체의 원칙에 의하여 소송법상의 효과에는 아무런 영향을 미치지 않는다. 따라서 수사절차나 공판절차 중 검사가 교체되더라도 그 절차를 갱신할 필요가 없다.

2) 검사에 대한 제척 ·기피 ·회피

검사에게 제척·기피를 인정할 것인지에 대하여는 ① 검사는 객관의무를 가지고 있을 뿐만 아니라 현실적인 피고인의 이익보호와 신뢰받는 검찰권의 확립 및 국가형벌권의 적정한 실현을 위하여 이를 인정하여야 한다는 견해가 있다. 그러나 ② 이에 대한 명문의 규정이 없을 뿐만 아니라 검사는 법관의 경우와 달리 검사동일체의 원칙으로 인해 특정검사를 직무집행에서 배제하더라도 아무런 의미가 없고, 검사에게 당사자지위를 인정하고 있으므로 검사의 제척·기피는 허용되지 않는다(다수설). 판례도 “범죄의 피해자인 검사가 그 사건의 수사에 관여하거나, 압수·수색영장의 집행에 참여한 검사가 다시 수사에 관여하였다는 이유만으로 바로 그 수사가 위법하다거나 그에 따른 참고인이나 피의자의 진술에 임의성이 없다고 볼 수는 없다”고 한다(2011도12918).

그러나 검사 및 검찰청 직원은 (ⅰ) 피의자나 피해자인 경우(제1호), (ⅱ) 피의자나 피해자의 친족 또는 이에 준하는 관계가 있거나 이와 같은 관계가 있었던 사람인 경우(제2호), (ⅲ) 피의자나 피해자의 법정대리인이나 후견감독인 또는 이에 준하는 관계가 있거나 이와 같은 관계가 있었던 사람인 경우(제3호), (ⅳ) 그 밖에 수사 또는 공소유지의 공정성을 의심받을 염려가 있는 객관적·구체적 사유가 있는 경우(제4호)에는 소속검찰청의 장의 허가를 받아 그 수사 및 공소유지 업무를 회피하여야 한다(검사규칙 제30조).[25]

---

25) 수사준칙규정 제11조(회피) 검사 또는 사법경찰관리는 피의자나 사건관계인과 친족관계 또는 이에 준하는 관계가 있거나 그 밖에 수사의 공정성을 의심 받을 염려가 있는 사건에 대해서는 소속기관의 장의 허가를 받아 그 수사를 회피하여야 한다.

또한 경찰청 「범죄수사규칙」에 따르면 경찰관은 수사직무(조사 등 직접적인 수사 및 수사지휘를 포함한다)의 집행에서 제척(제8조)·기피(제9조-제12조), 회피(제12조)를 인정하고 있다. 제척사유는 (ⅰ) 경찰관 본인이 피해자인 때(제1호), (ⅱ) 경찰관 본인이 피의자 또는 피해자의 친족이거나 친족이었던 사람인 때(제2호), (ⅲ) 경찰관 본인이 피의자 또는 피해자의 법정대리인이거나 후견감독인인 때(제3호)이다(제8조). 또한 피의자, 피해자, 변호인은 (ⅰ) 경찰관이 제척사유(제8조)에 해

2. 법무부장관의 지휘·감독

검사는 법무부에 소속된 공무원이므로 법무부장관은 검사에 대하여 지휘·감독권을 가진다(외적 지휘감독권). 그러나 법무부장관은 검찰사무의 최고감독자로서 일반적으로 검사를 지휘·감독하고, 구체적 사건에 대하여는 검찰총장만을 지휘·감독할 수 있다(동법 제8조). 이는 검찰사무에서 법무부장관의 정치적 영향과 간섭을 배제하고 검사의 독립성을 보장하기 위한 것이다. 입법론으로 검찰권의 공정한 행사를 위해서는 구체적 사건에 대한 법무부장관의 지휘·감독권을 배제하여야 한다.

Ⅲ. 검사의 소송법상 지위

1. 수사기관으로서의 지위

검사는 수사기관으로서 수사권, 수사지휘권 및 수사종결권을 가진다.

(1) 수 사 권

검사는 범죄혐의가 있다고 사료하는 때에는 범인, 범죄사실과 증거를 수사를 한다(제196조 제1항). 검사는 피의자신문(제200조), 참고인신문(제221조) 등 임의수사는 물론이고, 체포(제200조의2)와 구속(제201조), 압수·수색·검증(제215조 내지 제218조) 등의 강제수사를 할 수 있다. 구속영장청구 등 영장청구(제201조 등, 헌법 제12조 제3항), 증거보전청구권(제184조)과 증인신문청구권(제221조의2)은 검사에게만 인정된다.

검사가 수사를 개시할 수 있는 범죄는 (ⅰ) 부패범죄, 경제범죄 등 대통령령으로 정하는 중요 범죄(제1호), (ⅱ) 경찰공무원(다른 법률에 따라 사법경찰관리의 직무를 행하는 자를 포함한다) 및 공수처 소속공무원(공수처법에 따른 파견공무원을 포함한다)이 범한 범죄(제2호), (ⅲ) 위의 범죄 및 사법경찰관이 송치한 범죄와 관련하여 인지한 각 해당 범죄와 직접 관련성이 있는 범죄(제3호)이다(검찰청법 제4조 제1항).

당되는 때(제1호) 또는 (ⅱ) 경찰관이 불공정한 수사를 하였거나 그러한 염려가 있다고 볼만한 객관적·구체적 사정이 있는 때(제2호)에 기피신청을 할 수 있다(제9조). 소속경찰관서장이 수사준칙 규정 제11조에 따른 회피 신청을 허가한 때에는 회피신청서를 제출받은 날로부터 3일 이내에 사건 담당 경찰관을 재지정하여야 한다(제12조).

<참고> 부패범죄, 경제범죄 등 대통령령으로 정하는 중요 범죄(검사의 수사개시 범죄 범위에 관한 규정 제2조)

*** 부패범죄**

(i) 사무의 공정을 해치는 불법 또는 부당한 방법으로 자기 또는 제3자의 이익이나 손해를 도모하는 범죄(가목), (ii) 직무와 관련하여 그 지위 또는 권한을 남용하는 범죄(나목), (iii) 범죄의 은폐나 그 수익의 은닉에 관련된 범죄(다목)로서 다음 각 호의 범죄를 말한다(제1호).

1. 「부패재산의 몰수 및 회복에 관한 특례법」 제2조 제1호의 부패범죄에 해당하는 죄
2. 「부패방지 및 국민권익위원회의 설치와 운영에 관한 법률」 제2조 제4호의 부패행위 관련 부패범죄: 다음 각 목의 죄
   가. 「형법」 제122조, 제123조, 제127조, 제141조, 제227조 및 제229조(제227조의 죄에 의하여 만들어진 문서 또는 도화를 행사한 경우로 한정한다)에 해당하는 죄
   나. 「국가정보원법」 제22조에 해당하는 죄
   다. 「대통령기록물 관리에 관한 법률」 제30조에 해당하는 죄
   라. 전자장치부착법 제36조 제1항에 해당하는 죄
   마. 형실효법 제9조 제2항 및 제10조 제1항에 해당하는 죄
3. 부패방지 및 공직윤리 관련 부패범죄: 다음 각 목의 죄
   가. 「공익신고자 보호법」 제30조에 해당하는 죄
   나. 「공직자윤리법」 제24조, 제24조의2, 제25조부터 제28조까지, 제28조의2 및 제29조에 해당하는 죄
   다. 「공직자의 이해충돌 방지법」 제27조 제2항 제2호, 같은 조 제3항 및 제4항에 해당하는 죄
   라. 「부정청탁 및 금품등 수수의 금지에 관한 법률」 제22조 제1항부터 제3항까지에 해당하는 죄
   마. 「부패방지 및 국민권익위원회의 설치와 운영에 관한 법률」 제87조, 제88조, 제88조의2, 제89조, 제90조에 해당하는 죄
   바. 특정범죄법 제17조에 해당하는 죄
   사. 법률 제18191호 「공직자의 이해충돌 방지법」 부칙 제8조에 따라 적용되는 종전의 「부패방지 및 국민권익위원회의 설치와 운영에 관한 법률」(법률 제18191호 공직자의 이해충돌 방지법 부칙 제7조에 따라 개정되기 전의 것을 말한다) 제86조에 해당하는 죄
4. 정치자금 및 공직선거 관련 부패범죄: 다음 각 목의 죄
   가. 「공직선거법」 제255조 제1항 제10호(제86조 제1항 제1호부터 제3호까지를 위반한 경우로 한정한다), 같은 조 제3항 제2호, 같은 조 제5항 및 제257조에 해당하는 죄
   나. 「정당법」 제50조에 해당하는 죄
   다. 「정치자금법」 제46조부터 제49조까지에 해당하는 죄

5. 불법 금품 수수 관련 부패범죄: 다음 각 목의 죄
   가. 「국제상거래에 있어서 외국공무원에 대한 뇌물방지법」 제3조 제2항에 해당하는 죄
   나. 「병역법」 제92조 제3항 및 제4항에 해당하는 죄
   다. 「약사법」 제94조 제1항 제5호의4에 해당하는 죄
   라. 「의료법」 제88조 제2호 및 제89조 제3호에 해당하는 죄
6. 보조금·학교회계 관련 부패범죄: 다음 각 목의 죄
   가. 「고용보험법」 제116조 제1항 및 같은 조 제2항 제2호에 해당하는 죄
   나. 「보조금 관리에 관한 법률」 제40조 제1호 및 제41조에 해당하는 죄
   다. 「사립학교법」 제73조 및 제73조의2에 해당하는 죄
   라. 「지방자치단체 보조금 관리에 관한 법률」 제37조 및 제38조에 해당하는 죄
7. 범죄수익·자금세탁 관련 부패범죄: 다음 각 목의 죄
   가. 「범죄수익은닉의 규제 및 처벌 등에 관한 법률」 제3조 및 제4조에 해당하는 죄
   나. 특정경제범죄법 제4조에 해당하는 죄
8. 제1호부터 제7호까지의 범죄에 대하여 해당 법률 또는 다른 법률에서 가중하여 처벌하거나 준용 또는 신분을 의제하여 처벌하는 범죄

※ 제1호부터 제8호까지의 범죄에는 미수범으로 처벌하거나 그 위반행위에 대하여 양벌규정으로 처벌하는 경우를 포함한다.

*** 경제범죄**

생산·분배·소비·고용·금융·부동산·유통·수출입 등 경제의 각 분야에서 경제질서를 해치는 불법 또는 부당한 방법으로 자기 또는 제3자의 경제적 이익이나 손해를 도모하는 범죄로서 다음 각 호의 범죄를 말한다(제2호).

1. 「형법」상 경제범죄: 「형법」 제2편 제23장 도박과 복표에 관한 죄(제247조 및 제248조로 한정한다), 같은 편 제34장 신용, 업무와 경매에 관한 죄(제313조부터 제315조까지), 같은 편 제37장 권리행사를 방해하는 죄(제323조, 제324조 및 제327조로 한정한다), 같은 편 제39장 사기와 공갈의 죄(제347조, 제347조의2, 제348조, 제348조의2, 제349조, 제350조 및 제350조의2로 한정한다) 및 같은 편 제40장 횡령과 배임의 죄(제355조부터 제357조까지로 한정한다)에 해당하는 죄
2. 기업 관련 경제범죄: 다음 각 목의 죄
   가. 「공인회계사법」 제53조 및 제54조에 해당하는 죄
   나. 「상법」 제622조부터 제624조까지, 제624조의2, 제625조, 제625조의2, 제626조부터 제629조까지 및 제634조에 해당하는 죄
   다. 「주식회사 등의 외부감사에 관한 법률」 제39조 및 제41조부터 제44조까지에 해당하는 죄
3. 조세 관련 경제범죄: 다음 각 목의 죄
   가. 「관세법」 제268조의2, 제269조, 제270조, 제270조의2, 제271조, 제274조, 제275조의2부터 제275조의4까지 및 제276조에 해당하는 죄
   나. 「조세범 처벌법」 제3조, 제4조, 제4조의2 및 제5조부터 제16조까지에 해당하는 죄

다. 「지방세기본법」 제102조부터 제107조까지 및 제133조에 해당하는 죄
라. 법률 제16099호 국제조세조정에 관한 법률 일부개정법률 부칙 제4조에 따라 적용되는 종전의 「국제조세조정에 관한 법률」(법률 제16099호 국제조세조정에 관한 법률 일부개정법률로 개정되기 전의 것을 말한다) 제31조의2 제1항 및 제34조의2 제1항에 해당하는 죄

4. 금융 관련 경제범죄: 다음 각 목의 죄
가. 금융업 관련 경제범죄
1) 「금융지주회사법」 제70조에 해당하는 죄
2) 「농업협동조합법」 제170조 및 제171조에 해당하는 죄
3) 「보험업법」 제197조부터 제200조까지, 제202조 및 제204조에 해당하는 죄
4) 「새마을금고법」 제85조 제1항 및 제2항에 해당하는 죄
5) 「신용정보의 이용 및 보호에 관한 법률」 제50조에 해당하는 죄
6) 「신용협동조합법」 제99조(같은 조 제3항은 같은 법 제3조 제2항을 위반한 경우로 한정한다)에 해당하는 죄
7) 「외국환거래법」 제27조, 제27조의2, 제28조 및 제29조에 해당하는 죄
8) 「자본시장과 금융투자업에 관한 법률」 제443조부터 제446조까지에 해당하는 죄
9) 「전자금융거래법」 제49조에 해당하는 죄
10) 「협동조합 기본법」 제117조 제1항 및 제2항에 해당하는 죄
11) 「가상자산 이용자 보호 등에 관한 법률」 제19조에 해당하는 죄
나. 금융거래 관련 경제죄
1) 금융실명법 제6조에 해당하는 죄
2) 「대부업 등의 등록 및 금융이용자 보호에 관한 법률」 제19조에 해당하는 죄
3) 「보험사기방지 특별법」 제8조 및 제14조에 해당하는 죄
4) 「유사수신행위의 규제에 관한 법률」 제6조에 해당하는 죄
5) 「전기통신금융사기 피해 방지 및 피해금 환급에 관한 특별법」 제15조의2 및 제16조에 해당하는 죄
6) 「채무자 회생 및 파산에 관한 법률」 제643조, 제644조, 제644조의2, 제647조부터 제654조까지, 제657조 및 제658조에 해당하는 죄
7) 특정경제범죄법 제14조 제6항에 해당하는 죄
8) 「개인금융채권의 관리 및 개인금융채무자의 보호에 관한 법률」 제48조에 해당하는 죄

5. 공정거래 관련 경제범죄: 다음 각 목의 죄
가. 「가맹사업거래의 공정화에 관한 법률」 제41조에 해당하는 죄
나. 「농수산물 유통 및 가격안정에 관한 법률」 제86조 및 제88조에 해당하는 죄
다. 「대규모유통업에서의 거래 공정화에 관한 법률」 제39조에 해당하는 죄
라. 「대리점거래의 공정화에 관한 법률」 제30조에 해당하는 죄
마. 「대외무역법」 제53조, 제53조의2 및 제54조에 해당하는 죄
바. 「독점규제 및 공정거래에 관한 법률」 제124조부터 제127조까지에 해당하는 죄

사. 「물가안정에 관한 법률」 제25조부터 제28조까지에 해당하는 죄
아. 「방문판매 등에 관한 법률」 제58조부터 제64조까지에 해당하는 죄
자. 「표시·광고의 공정화에 관한 법률」 제17조 및 제18조에 해당하는 죄
차. 「하도급거래 공정화에 관한 법률」 제29조 및 제30조에 해당하는 죄

6. 기술 및 자원 보호 관련 경제범죄: 다음 각 목의 죄
가. 「국가첨단전략산업 경쟁력 강화 및 보호에 관한 특별조치법」 제50조에 해당하는 죄
나. 「기술의 이전 및 사업화 촉진에 관한 법률」 제41조에 해당하는 죄
다. 「농업생명자원의 보존·관리 및 이용에 관한 법률」 제31조에 해당하는 죄
라. 「반도체집적회로의 배치설계에 관한 법률」 제45조부터 제48조까지에 해당하는 죄
마. 「방위산업기술 보호법」 제21조 및 제22조에 해당하는 죄
바. 「부정경쟁방지 및 영업비밀보호에 관한 법률」 제18조 및 제18조의2부터 제18조의4까지에 해당하는 죄
사. 「산업기술의 유출방지 및 보호에 관한 법률」 제36조, 제36조의2 및 제37조에 해당하는 죄
아. 「생명연구자원의 확보·관리 및 활용에 관한 법률」 제24조 및 제25조에 해당하는 죄
자. 「해양수산생명자원의 확보·관리 및 이용 등에 관한 법률」 제40조부터 제42조까지에 해당하는 죄

7. 지식재산권 관련 경제범죄: 다음 각 목의 죄
가. 「디자인보호법」 제220조부터 제225조까지에 해당하는 죄
나. 「상표법」 제230조부터 제234조까지에 해당하는 죄
다. 「저작권법」 제136조부터 제138조까지에 해당하는 죄
라. 「특허법」 제225조, 제226조, 제227조부터 제229조까지 및 제229조의2에 해당하는 죄

8. 개인정보·정보통신 관련 경제범죄: 다음 각 목의 죄
가. 「개인정보 보호법」 제70조에 해당하는 죄
나. 「정보통신망 이용촉진 및 정보보호 등에 관한 법률」 제70조의2, 제71조, 제72조 제1항 제1호의2·제2호의2·제3호·제4호, 제73조 제2호부터 제4호까지 및 제74조(같은 조 제1항 제3호는 제외한다)에 해당하는 죄

9. 부동산·건설 관련 경제범죄: 다음 각 목의 죄
가. 「개발제한구역의 지정 및 관리에 관한 특별조치법」 제31조 및 제32조에 해당하는 죄
나. 「건설산업기본법」 제95조의2, 제96조 및 제97조에 해당하는 죄
다. 「공공주택 특별법」 제57조, 제57조의2부터 제57조의4까지 및 제58조에 해당하는 죄
라. 「공익사업을 위한 토지 등의 취득 및 보상에 관한 법률」 제93조, 제93조의2, 제95조, 제95조의2, 제96조 및 제97조에 해당하는 죄
마. 「국토의 계획 및 이용에 관한 법률」 제140조, 제140조의2, 제141조 및

제142조에 해당하는 죄
바. 「농지법」 제57조부터 제61조까지에 해당하는 죄
사. 「도시 및 주거환경정비법」 제135조부터 제138조까지에 해당하는 죄
아. 「도시개발법」 제79조의2 및 제80조부터 제82조까지에 해당하는 죄
자. 「부동산 실권리자명의 등기에 관한 법률」 제7조 및 제10조에 해당하는 죄
차. 「부동산등기 특별조치법」 제8조 및 제9조에 해당하는 죄

10. 보건·마약 관련 경제범죄: 다음 각 목의 죄
가. 「마약류 관리에 관한 법률」 제58조, 제58조의2, 제59조부터 제64조까지에 해당하는 죄(마약류를 단순 소지·소유·사용·운반·관리·투약·보관한 범죄는 제외한다)
나. 「마약류 불법거래 방지에 관한 특례법」 제6조부터 제11조까지에 해당하는 죄
다. 「보건범죄 단속에 관한 특별조치법」 제2조, 제3조, 제3조의2, 제4조 및 제5조에 해당하는 죄
라. 「의료법」 제87조, 제87조의2 제2항, 제88조, 제88조의2, 제89조 및 제90조에 해당하는 죄

11. 경제범죄 관련 조직범죄: 「형법」 제114조(이 표 제1호부터 제10호까지, 제12호 및 제13호의 범죄를 목적으로 하는 경우로 한정한다)에 해당하는 죄

12. 사행행위 관련 경제범죄: 다음 각 목의 죄
가. 「게임산업진흥에 관한 법률」 제44조부터 제46조까지에 해당하는 죄
나. 「경륜·경정법」 제26조, 제27조 및 제34조에 해당하는 죄
다. 「국민체육진흥법」 제47조부터 제49조까지 및 제49조의2에 해당하는 죄
라. 「사행행위 등 규제 및 처벌 특례법」 제30조에 해당하는 죄
마. 「한국마사회법」 제50조, 제51조 및 제53조에 해당하는 죄

13. 제1호부터 제12호까지의 범죄에 대하여 해당 법률 또는 다른 법률에서 가중하여 처벌하거나 준용 또는 신분을 의제하여 처벌하는 범죄

※ 제1호부터 제13호까지의 범죄에는 미수범으로 처벌하거나 그 위반행위에 대하여 양벌규정으로 처벌하는 경우를 포함한다.

*** 사법질서 저해 범죄**

(ⅰ) 무고·도주·범인은닉·증거인멸·위증·허위감정통역·보복범죄 및 배심원의 직무에 관한 죄 등 국가의 사법질서를 저해하는 범죄로서 다음 각 호의 죄(가목)와 (ⅱ) 개별 법률에서 국가기관으로 하여금 검사에게 고발하도록 하거나 수사를 의뢰하도록 규정된 범죄를 말한다(제3호).

1. 국민참여재판법 제56조부터 제59조까지에 해당하는 죄
2. 특정범죄가중법 제5조의9에 해당하는 죄
3. 「형법」 제2편 제9장 도주와 범인은닉의 죄(제145조부터 제151조까지), 같은 편 제10장 위증과 증거인멸의 죄(제152조, 제154조 및 제155조로 한정한다) 및 같은 편 제11장 무고의 죄(제156조로 한정한다)에 해당하는 죄
4. 제1호부터 제3호까지의 범죄에 대하여 해당 법률 또는 다른 법률에서 가중하여 처벌하거나 준용하여 처벌하는 범죄

또한 검사는 시정조치요구 불이행(제197조의3 제6항), 적법절차에 따르지 않은 체포·구속(제198조의2 제2항), 고소인의 이의신청(제245조의7 제2항)에 따라 사건을 사법경찰관으로부터 송치받은 사건에 관하여는 해당 사건과 동일성을 해치지 아니하는 범위 내에서 수사할 수 있다(제196조 제2항).

한편, 검사는 사법경찰관과 동일한 범죄사실을 수사하게 된 때에는 사법경찰관에게 사건을 송치할 것을 요구할 수 있다(제197조의4 제1항). 이 요구를 받은 사법경찰관은 지체 없이 검사에게 사건을 송치하여야 한다. 다만, 검사가 영장을 청구하기 전에 동일한 범죄사실에 관하여 사법경찰관이 영장을 신청한 경우에는 해당 영장에 기재된 범죄사실을 계속 수사할 수 있다(동조 제2항).

<참고> 공수처법상 수사의 특칙

1. 수사의 개시·진행

공수처검사는 고위공직자범죄의 혐의가 있다고 사료하는 때에는 범인, 범죄사실과 증거를 수사하여야 한다(법 제23조). 공수처검사는 공수처법 제3조 제1항 제2호에서 정하는 사건을 제외한 고위공직자범죄 등에 관한 수사를 한 때에는 관계서류와 증거물을 지체 없이 서울중앙지방검찰청 소속검사에게 송부하여야 한다(법 제26조 제1항). 이때 관계서류와 증거물을 송부받아 사건을 처리하는 검사는 공수처장에게 해당 사건의 공소제기 여부를 신속하게 통보하여야 한다(동조 제2항)

2. 다른 수사기관과의 관계

공수처의 범죄수사와 중복되는 다른 수사기관의 범죄수사에 대하여 공수처장이 수사의 진행정도 및 공정성 논란 등에 비추어 공수처에서 수사하는 것이 적절하다고 판단하여 이첩을 요청하는 경우 해당 수사기관은 이에 응하여야 한다(법 제24조 제1항). 다른 수사기관이 범죄를 수사하는 과정에서 고위공직자범죄 등을 인지한 경우 그 사실을 즉시 공수처에 통보하여야 한다(동조 제2항). 이때 고위공직자범죄 등 사실의 통보를 받은 공수처장은 통보를 한 다른 수사기관의 장에게 공수처규칙으로 정한 기간과 방법으로 수사개시 여부를 회신하여야 한다(동조 제4항). 그러나 공수처장은 피의자, 피해자, 사건의 내용과 규모 등에 비추어 다른 수사기관이 고위공직자범죄 등을 수사하는 것이 적절하다고 판단될 때에는 해당 수사기관에 사건을 이첩할 수 있다(동조 제3항).

3. 공수처검사 및 검사 범죄에 대한 수사

공수처장은 공수처검사의 범죄혐의를 발견한 경우에 관련 자료와 함께 이를 대검찰청에 통보하여야 한다(법 제25조 제1항). 공수처 외의 다른 수사기관이 검사의 고위공직자범죄혐의를 발견한 경우 그 수사기관의 장은 사건을 공수처에 이첩하여야 한다(동조 제2항).

4. 관련인지 사건의 이첩
공수처장은 고위공직자범죄에 대하여 불기소결정을 하는 때에는 해당 범죄의 수사과정에서 알게 된 관련범죄 사건을 대검찰청에 이첩하여야 한다(법 제27조).

(2) 수사지휘권

검사는 검찰청 직원 및 특별사법경찰관리의 수사를 지휘할 권한을 가진다(제245조의9 제2항, 제245조의10 제2항, 제4항).

그러나 검사는 일반 형사사건의 수사에서 일반사법경찰관리에 대한 직접적인 수사지휘권은 없다. 다만, 검사와 사법경찰관리는 수사, 공소제기 및 공수유지에 관하여 서로 협력하여야 한다(제195조 제1항).[26] 하지만 검사는 사법경찰관의 수사에 대하여 보완수사요구권(제197조의2)과 시정조치요구권(제197의3)이 있으며, 수사가 경합할 경우에 사건송치요구권(제197의4) 등이 있다. 이 외에 사법경찰관의 불법·부당한 수사와 피의자에 대한 인권침해를 방지하기 위한 제도로서 지방검찰청 검사장의 사법경찰관리에 대한 체임요구권(검찰청법 제54조)과 지방검찰청 검사장과 지청장에 의한 체포·구속장소감찰권(제198조의2) 및 「형법」상 인권옹호직무방해죄(제139조) 등이 있다.

(3) 수사종결권

검사의 직접 수사대상인 피의사건의 수사와 특별사법경찰관의 수사에 대한 종결권은 검사에게 있다. 따라서 특별사법경찰관이 범죄를 수사한 때에는 지체 없이 검사에게 사건을 송치하고, 관계서류와 증거물을 송부하여야 한다(제245조의10 제5항). 또한 검사(서울지방검찰청 소속검사)는 공수처법에 따라 공수처검사가 송치한 고위공직자 등이 범한 사건에 대하여도 공소제기 여부를 결정하여야 한다(공수처법 제26조 제2항).[27] 따라서 공수처검사는 고위공직자범죄 등에 관한 수사를 한 때에는 관계서류와 증거물을 지체 없이 서울중앙지방검찰청 소속검사에게 송부하여야 한다(동조 제1항).

한편, 일반 형사사건의 경우에는 수사종결권이 사법경찰관에게 있다(제245조의5).

---

26) 구체적인 사항은 수사준칙규정 참조.

27) 대법원장 및 대법관, 검찰총장, 판사 및 검사, 경무관 이상 경찰공무원에 해당하는 고위공직자로 재직 중에 본인 또는 본인의 가족이 범한 고위공직자범죄 및 관련범죄는 공수처검사에게 공소제기 및 공소유지의 권한이 있다.

하지만 검사는 송치사건의 공소제기 여부 및 공소유지에 필요한 경우에 사법경찰관에게 보완수사를 요구할 수 있으며(제197조의2 제1항), 사법경찰관이 불송치결정을 한 경우(제245조의5 제2호)에 재수사를 요청할 수 있다(제245조의8 제1항).

2. 공소권의 주체로서의 지위

검사는 공소를 제기·수행하는 권한을 가진다.

(1) 공소제기의 독점자

형소법은 기소독점주의를 채택하여 검사에게만 공소제기권을 인정하고 있다(제246조).[28] 그러나 검사는 자신이 수사개시한 범죄에 대하여는 공소를 제기할 수 없다. 다만, 사법경찰관이 송치한 범죄에 대하여는 그러하지 아니하다(검찰청법 제4조 제2항).

또한 검사는 공소제기에 있어서 재량권이 있으며(기소편의주의, 제247조), 공소제기 후에도 제1심판결선고 전까지는 공소를 취소할 수 있다(기소변경주의, 제255조).

(2) 공소수행의 담당자

1) 당사자로서의 지위

검사는 피고인과는 대립하는 당사자로서 공판절차에서 공소사실을 입증하고 공소를 유지하는 공소수행의 담당자이다. 따라서 검사는 공판정출석권(제267조 제3항, 제278조), 증거조사참여권과 증인신문권(제161조의2, 제145조, 제176조), 증거조사에 대한 의견진술권(제302조) 및 이의신청권(제296조) 등이 있으며, 논고를 통해 법령의 정당한 적용을 청구할 권한이 있다(제302조).

2) 참여권의 주체

검사는 공소권의 주체로서 형사절차의 형성과 실체형성에 대한 능동적 참여자로서의 지위를 가진다. 즉, 법원의 구성과 관할에 관하여 관할이전신청권(제15조), 관련사건 병합심리신청권(제6조, 제13조), 기피신청권(제18조) 등이 있다. 또한 소송절차의 진행에 관하여 변론의 분리·병합·재개신청권(제300조, 제305조), 공판기일변경신청권(제270조)이 있고, 법령의 적정한 적용과 통일을 위한 비상상고권

28) 예외적으로 즉결심판은 관할경찰서장 또는 관할해양경찰서장이 관할법원에 이를 청구한다(즉결심판법 제3조).

(제441조) 등이 있다.[29)]

3) 검사의 객관의무

검사는 공익의 대표자이므로 형사절차 전반에 걸쳐 피고인의 정당한 이익을 옹호하여야 할 의무를 지닌다. 이를 검사의 객관의무라고 한다.[30)] 따라서 검사는 피고인에게 이익 되는 사실도 조사·제출하고(제242조), 검사가 수사 및 공판과정에서 피고인에게 유리한 증거를 발견하였다면 이를 법원에 제출하여야 한다(2011다48452).[31)] 또한 검사는 피고인의 이익을 위하여 상소와 재심청구(제424조) 또는 비상상고(제441조)를 할 수 있다.[32)]

한편, 검사는 그 직무를 수행할 때 국민 전체에 대한 봉사자로서 헌법과 법률에 따라 국민의 인권을 보호하고 적법절차를 준수하며, 정치적 중립을 지켜야 하고 주어진 권한을 남용하여서는 아니 된다(검찰청법 제4조 제3항).

<검사의 의무>

검사는 객관의무 외에 재판장의 소송지휘권이나 법정경찰권에 복종할 의무를 진다. 다만, 검사가 공판기일의 통지를 2회이상 받고 출석하지 아니한 때에는 출석 없이 개정할 수 있기 때문(제278조)에 공판기일 출석과 재정은 국법상 의무이지 소송법상 의무는 아니다. 이 외에도 검사는 준사법기관으로서 인권옹호에 관한 직무를 담당한다(인권옹호의무).

---

29) 이 외에 검사는 피해자를 위한 것으로 친고죄에서 고소권자 지정권(제228조)이 있다.

30) 이 용어는 독일 형소법에서 검사의 당사자지위를 부정하는 근거로 사용되었던 개념이지만, 검사와 피고인·피의자의 실질적 대등성을 담보함으로써 당사자주의를 실현하는 데 기여한다는 점에서 당사자주의하에서도 인정된다.

31) 판례는 "'피해자의 질에서 채취한 시료에서 원고의 유전자 등이 검출되지 않았다'는 취지의 국립과학수사연구원의 유전자감정서는 형사피고사건에 대한 원고의 자백이나 부인, 소송수행 방향의 결정 또는 방어권행사에 결정적 영향을 미치는 자료로 볼 수 있는데, 검사가 원고에 대한 공소제기 당시 위 유전자감정서를 증거목록에서 누락하였다가 원고 측 증거신청으로 법원에 그 존재와 내용이 드러난 이후에야 증거로 제출한 것은 검사가 직무를 집행하면서 과실로 증거제출의무를 위반한 것에 해당하므로, 피고는 원고에게 이로 인한 손해를 배상하여야 한다"(2021다295165)고 하였다.

32) 검사를 사법기관으로 보는 입장에서는 검사의 객관의무를 검사의 소극적 소송주체로서의 지위라고 하며, 검사는 대립당사자가 아니라고 한다. 또한 적극적 당사자주의를 주장하는 입장에서는 검사의 객관의무를 부정한다. 즉, 검사의 객관의무를 강조하게 되면 검사의 우월성이 강조되어 피고인의 활동을 위축시키게 되므로 공정하게 직무를 수행하여야 할 일반공직자의 의무 이상으로 의미를 부여할 필요가 없다는 것이다.

3. 재판의 집행기관으로서의 지위

재판의 집행은 검사가 지휘한다(제460조, 검사주의). '재판의 집행'이란 유죄판결의 집행뿐만 아니라 영장 등과 같은 강제처분의 집행을 포함한다. 다만, 구속영장의 집행이나 압수·수색영장의 집행은 예외적으로 재판장, 수명법관 또는 수탁판사가 재판집행을 지휘할 수 있다(제81조, 제115조).

한편, 검사는 사형 또는 자유형의 집행을 위하여 형집행장을 발부하여 구인할 수 있으며(제473조), 검사가 발부한 형집행장은 구속영장과 같은 효력이 있다.

제3절 피 고 인

Ⅰ. 피고인의 의의와 특정

1. 의 의

피고인이란 검사에 의해 형사책임을 져야 할 자로서 공소가 제기된 자 또는 공소가 제기된 것으로 취급되어 있는 자를 말한다. 피고인은 공소가 제기된 자이면 충분하고 진범인가의 여부나 당사자능력과 소송능력의 유·무는 물론, 공소제기의 유효 여부도 문제되지 않는다. 피고인은 공소제기된 자라는 점에서 수사기관의 수사대상인 피의자 또는 유죄판결이 확정된 수형자와 구별된다.

<형사절차의 진행에 따른 대상자의 명칭>

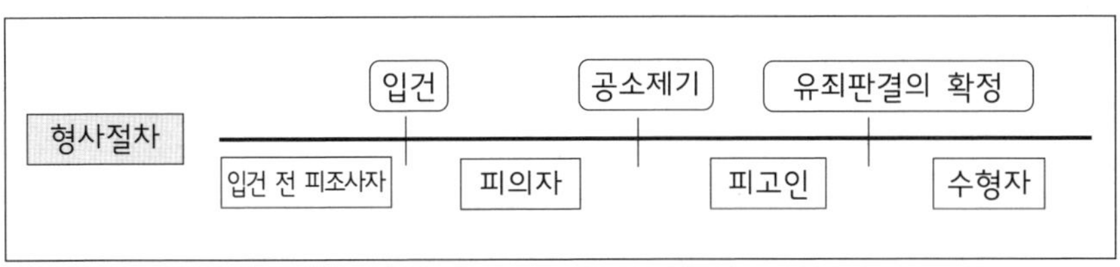

수인의 피고인이 동일한 소송절차에서 공동으로 심판받는 경우에는 이를 공동피고인이라고 하고, 공동피고인의 한사람에 대하여 다른 피고인을 상피고인

(相被告人)이라고 한다. 공동피고인은 반드시 공범자임을 요하지 않는다.

2. 피고인의 특정

(1) 특정기준

공소장에는 피고인의 성명 기타 피고인을 특정할 수 있는 사항을 기재하여야 한다(제254조 제3항 제1호). 따라서 통상은 공소장에 기재되어 있는 자가 피고인이 된다.

다만, 성명모용의 경우와 위장출석의 경우에 누가 피고인이 되는지에 대하여는 ① 검사의 의사를 기준으로 하는 견해(의사설), ② 공소장에 피고인으로 표시된 자를 기준으로 하는 견해(표시설), ③ 실제로 피고인으로 행위하거나 피고인으로 취급된 자를 기준으로 하는 견해(행위설)가 있다. 그러나 이들 기준을 결합한 절충적 견해가 지배적이다. 이에는 ④ 표시설과 행위설을 결합하는 견해, ⑤ 의사설을 원칙으로 하면서 행위설과 표시설을 보충적으로 고려하여야 한다는 견해가 있다. 그러나 ⑥ 표시설을 중심으로 하되 행위설과 의사설을 함께 고려하여야 한다(다수설)(후 2자를 '실질적 표시설'이라고 한다). 즉, 공소제기는 검사가 법원에 대하여 일정한 피고인과 범죄사실에 대하여 심판을 구하는 소송행위이고, "공소는 검사가 피고인으로 지정한 이외의 다른 사람에게 그 효력이 미치지 않는다"고 규정한 제284조 제1항에 근거할 때 절차의 형식적 확실성을 유지하기 위해서는 피고인은 원칙적으로 공소장에 기재된 사실을 기준으로 하여야 한다. 다만, 검사의 의사를 기준으로 진정피고인이 아니더라도 법원에 의해 피고인으로 취급되거나 또는 본인 스스로 피고인으로 행동하는 자에 대하여도 사실상 소송계속이 발생하고 공소제기효과가 가상적으로 미치므로 피고인으로 취급하여야 한다. 그렇게 하여야만 법원이 이들을 형식재판을 통해 공판절차로부터 배제할 수 있기 때문이다.

(2) 성명모용의 경우

성명모용이란 甲이 乙의 성명을 모용하여 乙의 이름으로 공소가 제기된 경우를 말한다. 이때 공소제기의 효력이 누구에게 미치는지에 대하여는 ① 공소장송달의 시점에서는 乙만 피고인이지만 공판기일에서 甲이 성명을 모용한 것이 밝혀지면 甲만 피고인이 된다는 견해가 있다. 그러나 ② 실질적 표시설에 따르면 甲만 피고인이 된다. 판례는 "공소는 검사가 피고인으로 지정한 이외의 다른 사람에게 그 효력이 미치지 아니하는 것이므로 공소제기의 효력은 검사가 피고인으로 지정한 자에 대하여만 미치는 것이고, 따라서 피의자가 다른 사람의 성명을 모용한 탓으로 공소장에 피모용자가 피고인으로 표시되었다 하더라도 이는 당사자의 표시상의 착오일 뿐이고, 검사는 모용자에 대하여 공소를 제기한 것이므로 모용자가 피고인이 되고 피모용자에게 공소의 효력이 미친다고는 할 수 없다"(97도2215)고 한다. 약식명령의 경우(81도182)나 「경범죄 처벌법」에 따른 경찰서장의 통고처분의 경우(2023도751)에도 마찬가지이다. 소송절차의 단계에 따른 처리절차는 다음과 같다.

1) 공소제기단계에서 밝혀진 경우

검사는 공소제기 후 모용사실이 밝혀지면 공소장정정절차에 의해 피고인의 표시를 정정하면 되고, 공소장변경의 절차를 밟거나 법원의 허가를 요하지 않는다. 이때 검사가 공소장의 피고인 표시를 정정하지 아니한 경우에는 공소제기의 방식이 제254조(피고인 특정)에 위반한 것으로서 무효가 되고, 따라서 법원은 공소기각의 판결을 하여야 한다(92도2554).

2) 실체재판에서 밝혀진 경우

乙이 공판정에 출석하여 실체재판을 받거나, 약식명령에 대하여 정식재판을 청구한 때에는 乙이 피고인으로서 행동한 것이므로 형식적 피고인이 되고, 따라서 乙에 대한 공소는 '공소제기의 절차가 법률의 규정을 위반하여 무효일 때'(제327조 제2호)에 해당하므로 공소기각의 판결을 하여야 한다(92도490). 다만, 약식명령의 경우에는 검사가 공소장에 기재된 피고인 표시를 甲으로 정정하고 법원은 이에 따라 약식명령의 피고인 표시를 정정하여 본래의 약식명령과 함께 이 경정결정을 모용자인 甲에게 송달하면 효력이 발생한다(97도2215).

3) 확정판결 후에 밝혀진 경우

乙이 공판정에 출석하여 유죄판결이 확정된 경우에도 판결의 효력은 乙에게 미치지 않는다. 따라서 확정된 판결에 의해 乙의 이름이 수형인명부에 기재된 경우의 조치에 대하여는 ① 비상상고에 의하여 피고사건에 대하여 다시 판결하여야 한다는 견해(비상상고설)가 있다. 그러나 ② 피모용자인 乙에게는 잘못이 없으므로 乙이 전과말소신청을 하면 검사가 수형인명부와 수형인명표의 전과기록을 말소하여야 한다(전과말소설, 다수설).

(3) 위장출석의 경우

위장출석이란 공소장에는 甲이 피고인으로 기재되었지만 乙이 출석하여 재판을 받는 경우를 말한다. 이때 甲은 실질적 피고인(진정피고인), 乙은 형식적 피고인(부진정피고인)이 되지만 공소제기의 효력은 甲에 대해서만 발생한다. 다만, 乙을 배제시키는 방법은 소송절차의 단계에 따라 다르다.

1) 인정신문과 사실심리단계에서 밝혀진 경우

인정신문의 단계에서 밝혀지면 乙을 퇴정시키고 甲을 소환하여 절차를 진행시키면 된다. 그러나 사실심리에 들어간 후에 밝혀지면 乙에 대하여는 '공소제기의 절차가 법률의 규정을 위반하여 무효일 때'(제327조 제2호)를 이유로 공소기각의 판결을 하고, 甲에 대하여는 공소제기 후의 절차를 진행하면 된다.

乙에게 판결이 선고된 때에는 항소 또는 상고이유가 되며, 상소심에서 위장출석이 밝혀지면 공소제기 후의 제1심절차를 다시 진행하여야 한다.

2) 확정판결 후에 밝혀진 경우

乙에 대한 판결확정 후에 그 사실이 밝혀진 경우의 조치에 대하여는 ① 형식적 소송조건의 흠결을 간과한 위법을 이유로 비상상고에 의해 판결을 시정하여야 한다는 견해(비상상고설)가 있다. 그러나 ② 이는 유죄선고를 받은 자에 대하여 무죄를 인정할 명백한 증거가 새로 발견된 때(제420조 제5호)에 해당하므로 재심절차에 의해 시정하여야 한다(재심설, 다수설). 이때 甲에 대한 절차는 제1심부터 진행하여야 한다.

Ⅱ. 피고인의 소송법상 지위

피고인은 소송법상 당사자로서의 지위, 증거방법으로서의 지위, 절차대상으로서의 지위를 가진다.[33)]

---

33) 직권주의 입장에서는 피고인은 '소송주체'로서 (ⅰ) 피고인 자신의 방어를 위한 권리향유의 주체인 적극적 지위와 (ⅱ) 형사절차의 진행에 따른 부담을 감당하여야 할 의무주체인 소극적 지위로 구분한다.

1. 당사자로서의 지위

피고인은 소송주체로서 검사에 대립하여 당사자로서의 지위를 가진다(방어권의 주체). 다만, 피고인은 검사의 공격에 대하여 자기를 방어하는 수동적 당사자이므로 방어권의 주체라고 한다.

(1) 방 어 권

피고인은 자기의 정당한 이익을 방어할 수 있는 권리를 가진다. 형소법상 보장된 방어권의 내용은 다음과 같다.

구 분	내 용
방어준비를 위한 권리	· 공소사실의 특정(제254조) · 공소장변경제도(제298조) · 제1회 공판기일의 유예기간(제269조) · 서류·증거물의 열람·복사권(제35조) · 공판조서의 열람·등사 및 낭독청구권(제55조) · 공판정심리의 전부 또는 일부에 대한 속기·녹음·영상녹화청구권(제56조의2) · 공소장부본을 송달받을 권리(제266조) · 증거개시청구권(제266조의3 이하) · 공판기일변경신청권(제270조) · 공소장변경사유를 고지받을 권리(제298조 제3항) · 증거된 서류의 낭독청구권(제292조 제1항) 등
진술권과 진술거부권	· 자기에게 이익되는 사실을 진술할 권리(제286조) · 진술거부권(제283조의2) · 최후진술권(제303조)
증거조사에서 방어권행사	· 증인신문권(제161조의2), 의견진술권(제293조),증거신청권(제294조) 및 이의신청권(제296조) 등 · 제1회 공판기일 전 증거보전청구권 인정(제184조).
방어능력의 보충	· 헌법상 변호인의 조력을 받을 권리(헌법 제12조 제4항) · 변호인선임권(제30조)과 변호인의뢰권(제90조) 및 접견교통권(제34조, 제89조) · 국선변호인제도(제33조)와 필요적 변호제도(제282조, 제283조) 등

(2) 소송절차참여권

피고인은 소송절차 전반에 걸쳐 소송절차를 형성할 권리를 가진다. 이 권리는 피고인의 방어권행사를 위해 전제되는 권리이다. 형소법상 보장된 권리의 내용은 다음과 같다.

구 분	내 용
법원구성에 관여할 수 있는 권리	· 기피신청권(제18조) · 관련사건에 대한 병합심리청구권(제6조) · 관할이전신청권(제15조) 및 관할위반신청권(제320조) · 변론의 분리·병합·재개신청권(제300조, 제305조) 등
공판절차의 진행에 관여할 권리	· 공판정 출석권(제276조) · 소송지휘에 관한 재판장의 처분에 대한 이의신청권(제304조) · 변론재개신청권(제305조) · 공소장변경 시 공판절차정지신청권(제298조 제4항) · 상소의 제기와 포기·취하권(제338조, 제349조) 및 상소권회복청구권(제345조) · 약식명령에 대한 정식재판청구권(제453조)과 청구의 취하·포기권(제454조) · 불이익변경금지의 원칙(제368조, 제399조) 등
증거조사 및 강제처분 절차에의 참여권	· 증인신문과 검증·감정 등에의 참여권(제145조, 제163조, 제176조, 제183조) · 공판준비절차에서의 증거조사(제273조), 증거보전절차에서의 증거조사(제184조) 및 검사의 청구에 의한 증인신문(제221조의2 제5항)에의 참여권 · 압수·수색영장의 집행에의 참여권(제121조) 등

2. 증거방법으로서의 지위

피고인은 범죄의 직접적 체험자라는 점에서 증거방법으로서의 지위를 가진다. 즉, 피고인은 공소사실의 직접적 체험자이므로 임의의 진술에 대하여는 증거능력을 인정할 수 있다(예, 피고인신문제도(제287조)). 피고인의 증거방법으로서의 지위는 당사자로서의 지위에 영향을 주지 않는 범위 내에서 인정되는 보조적 지위이므로 양자는 서로 모순되는 것은 아니며, 증거방법으로서의 지위를 인정한다고 하여 피고인을 조사객체로 취급하는 것은 아니고, 따라서 증거조사에 있어서 피고인의 인격이 침해되어서는 아니 된다.

(1) 인적 증거방법

피고인은 공소사실의 직접적 체험자이므로 임의의 진술에 대하여는 증거능력을 인정할 수 있다. 이에 따라 피고인신문제도(제287조)가 인정되고 있다. 다만, 영·미의 경우와 달리 피고인은 증인적격이 인정되지 않는다. 피고인의 증인적격을 인정하여 진술의무를 강제하는 것은 그의 진술거부권을 무의미하게 하여 당사자 지위를 침해하는 것이기 때문이다.

한편, 피고인이 신문의 객체가 되는 것을 막기 위하여 헌법상 무죄추정의 원칙(헌법 제27조 제4항)과 고문의 금지 및 자기부죄거부특권(헌법 제12조 제2항)이 인정되며, 이를 실현하기 위해 공판정에서는 피고인의 신체를 구속하지 못하게 하는 한편(제280조), 피고인에게 진술거부권을 인정하고 있다(제283조의2).

(2) 물적 증거방법

피고인의 신체나 정신상태는 검증의 대상이 된다(제139조). 또한 증인신문에서 대질의 대상(제162조 제3항)이 되거나 신체감정의 상대방이 될 수 있다(제172조 제3항).

3. 절차대상으로서의 지위

피고인은 소환·체포·구속·압수·수색 등의 강제처분의 객체가 된다. 따라서 피고인은 적법한 소환이나 구속에 응하여야 하며(제68조, 제69조), 신체 또는 물건에 대한 압수·수색을 거부할 수 없다. 다만, 피고인의 신체를 검사할 경우 건강과 명예를 해하지 않도록 주의할 것을 요구하고(제141조 제1항), 여자피고인의 신체를 검사하는 경우에는 의사나 성년의 여자를 참여하도록 하고 있다(동조 제3항).[34]

Ⅲ. 당사자능력과 소송능력

1. 당사자능력

(1) 의 의

당사자능력은 소송법상 당사자가 될 수 있는 일반적·추상적 능력을 의미한다. 검사는 일정한 자격이 있는 자로 제한하고 있으므로, 당사자능력은 결국 피고인이 될 수 있는 능력을 의미한다.

당사자능력은 일반적·추상적으로 당사자가 될 수 있는 능력을 의미한다는 점

---

34) 피고인이 법정질서에 복종하여야 할 의무, 즉 소송지휘권(제279조), 법정경찰권(법조법 제58조)에 복종하여야 할 의무나 재정의무(在廷義務)가 절차대상으로서의 지위에 포함되는지에 대하여는 ① 이를 긍정하는 견해가 있다. 그러나 ② 법정질서에 복종하여야 할 의무는 피고인뿐만 아니라 검사나 방청인 등 법정에 재정한 모든 사람에게 인정되는 것이므로 반드시 피고인의 지위에 해당하는 것은 아니다(통설).

에서, 구체적 특정사건에서 당사자가 될 수 있는 자격을 의미하는 당사자적격[35]과 구별된다. 또한 당사자능력은 소송법상 능력으로 이것이 결여된 때에는 공소기각의 사유가 된다는 점에서, 형법상 범죄성립요소로서 그 능력이 결여된 때에는 무죄판결을 하여야 하는 책임능력과 구별된다.

(2) 당사자능력이 있는 자

형사소추는 형벌을 부과하기 위한 것이므로 일반적으로 형벌을 받을 가능성이 있는 자에게는 당사자능력이 인정된다.

1) 자 연 인

자연인은 연령이나 책임능력을 불문하고 언제나 당사자능력이 인정된다. 책임무능력자도 특별법(예, 담배사업법 제31조)에 의하여 처벌될 가능성이 있기 때문이다. 그러나 태아나 사자(死者)는 당사자능력이 인정되지 않는다. 다만, 재심절차에서는 피고인의 사망이 영향을 미치지 않는다(제424조 제4호, 제438조 제2항 제1호).

2) 법 인

법인에 대한 처벌규정이 있는 경우에는 법인에게 당사자능력이 인정된다.

한편, 법인의 처벌규정이 없는 경우에도 당사자능력을 인정할 것인지에 대하여는 ① 법인의 당사자능력은 인정하되 법인의 처벌문제는 구체적 사건을 전제로 논하여지므로 당사자적격의 문제로 보는 견해, ② 형사처벌을 받을 가능성이 있고, 당사자능력은 일반적·추상적 능력을 의미한다는 점에서 이를 긍정하는 견해(다수설)가 있다. 그러나 ③ 형법상 법인의 범죄능력이 부인되고, 법인을 처벌하는 규정이 없음에도 불구하고 법인의 당사자능력을 인정하는 것은 논리모순이며, 무용한 소송절차를 방지할 필요가 있으므로 법인의 처벌규정이 없는 경우에는 법인의 당사자능력을 부정하여야 한다.[36]

---

35) 당사자적격을 논할 실익이 있는지에 대하여는 ① 당사자적격의 개념은 개별적 사건을 전제로 하지만 우리나라 법에 있어서 구체적인 사건을 전제로 피고인의 범위를 제한하는 규정이 없을 뿐만 아니라 실체법상 문제로서 당사자적격이 없는 경우에는 무죄판결을 선고할 경우에 해당한다는 것을 이유로 소송법상 문제삼을 필요가 없다는 견해가 있다. 그러나 ② 공소장에 명백히 당사자적격이 없는 자가 기재되어 있는 경우에는 형식재판에 의해 소송을 종결시킬 수 있다는 점에서 당사자적격은 소송법상 의미가 있다.

36) 법인격 없는 사단이나 재단도 마찬가지로 취급하여야 하지만 현행법상 이들을 처벌하는 형벌법규가 거의 없으므로 논의의 실익이 없다.

(3) 소 멸

피고인이 사망하거나 피고인인 법인이 존속하지 않게 된 때에는 당사자능력도 소멸한다. 이때 법원은 공소기각의 결정을 하여야 한다(제328조 제1항 제2호). 다만, 법인이 합병에 의해 해산하는 경우에는 합병 시에 법인이 소멸한다. 법인이 청산법인으로 존속하는 경우에 당사자능력이 인정되는지에 대하여는 ① 피고사건의 계속과 청산은 관계가 없으므로 법인의 해산과 동시에 당사자능력이 소멸된다는 견해가 있다. 그러나 ②「민법」상 청산법인을 인정한 취지나 법률관계의 명확성을 도모하기 위해서는 청산의 실질적 종료를 요망하므로 소송이 계속되고 있는 한 청산사무는 종료하지 않고, 따라서 당사자능력은 상실되지 않는다(통설, 84도693).

(4) 흠결의 효과

당사자능력은 소송조건이므로 법원은 직권으로 이를 조사하여야 한다. 공소제기 후에 피고인이 당사자능력을 상실한 때에는 공소기각의 결정을 하여야 한다(제328조 제1항 제2호).

한편, 피고인에게 공소제기 시부터 당사자능력이 없을 때의 조치에 대하여는 ① 제327조 제2호는 공소제기의 유효조건에 관한 일반조항으로서 법률이 특별히 소송조건을 명시하지 않은 경우를 대비한 규정이며, 당사자능력이 사후에 소멸된 경우는 공소기각의 결정을 하면서 처음부터 당사자능력이 없는 경우에 공소기각의 판결을 요한다는 것은 모순이므로 이때에도 제328조 제1항 제2호를 준용하여 공소기각의 결정하여야 한다는 견해(다수설)가 있다. 그러나 ② 법해석을 통해 입법적 불비를 해결하려는 것은 형식적 확실성이 요청되는 형사절차의 본질에 반한다는 점에서 이는 '공소제기의 절차가 법률의 규정을 위반하여 무효일 때'에 해당하므로 제327조 제2호에 의하여 공소기각의 판결을 하여야 한다. 입법의 보완이 요구된다.

2. 소송능력

(1) 의 의

소송능력은 피고인이 소송당사자로서 유효하게 소송행위를 할 수 있는 능력을 의미한다. 즉, 소송능력은 피고인이 자기의 소송상 지위와 이해(利害)관계를 이해하고 이에 따라 방어행위를 할 수 있는 의사능력을 의미한다.「민법」상 행위능력이 없는 자라도 소송능력이 있을 수 있다. 피해자 등 제3자가 소송행위를 하는 경우에도 소송능력이 요구된다(2009도6058). 다만, 검사는 법률에 의하여 그 자격과 지위가 인정되므로 소송능력이 문제되지 않는다.

소송능력은 소송행위 시에 요구된다는 점에서 사물을 변별하고 이에 따라 행위할 능력으로서 범죄행위 시에 그 존·부가 문제되는 책임능력과 구별된다. 또한 소송능력은 소송행위를 유효하게 할 수 있는 구체적 능력이라는 점에서 일반적·추상적 자격을 의미하는 당사자능력과 구별된다. 소송능력이 없을 때에는 공판절차를 정지하여야 하지만(제306조 제1항), 당사자능력이 없을 때에는 공소기각의 재판을 하여야 한다. 그리고 소송능력은 모든 소송행위의 유효요건으로 심급을 불문하고 유지되어야 한다는 점에서 법원에 대하여 사실적·법률적으로 적절한 공격·방어를 행할 수 있는 능력인 변론능력과도 구별된다.

(2) 흠결의 효과

1) 소송행위의 무효

소송능력은 소송행위의 유효요건이므로 소송능력이 없는 자연인이 한 소송행위는 무효이다. 그러나 소송능력은 소송조건이 아니므로 소송능력 없는 자에 대한 공소제기가 무효로 되는 것은 아니다.

한편, 피고인에게 의사능력이 없는 경우에 송달이 유효한지에 대하여는 ① 피고인의 법정대리인 또는 특별대리인에게 송달하여야 유효하다는 견해가 있다. 그러나 ② 공소장부본의 송달은 공소사실과 적용법조를 통지하는 것에 지나지 않으므로 공소장부본의 송달 시에 피고인에게 소송능력 없음이 판명된 경우가 아니라면 피고인에 대한 송달 자체가 무효로 되는 것은 아니다.

2) 공판절차의 정지

피고인이 사물을 변별하거나 의사를 결정할 능력이 없는 상태에 있는 때에는 법원은 검사와 변호인의 의견을 들어서 결정으로 그 상태가 계속하는 기간 공판절차를 정지하여야 한다(제306조 제1항).[37] 다만, 피고사건에 대하여 무죄·면소·형의 면제·공소기각의 재판을 할 것이 명백한 때에는 피고인에게 소송능력이 없는 경우에도 피고인의 출정 없이 재판할 수 있다(동조 제4항).

---

37) 회복가능성이 없는 피고인의 소송무능력의 경우에는 소송장애사유가 발생한 것으로 보고 제327조 제2호를 준용하여 공소기각의 판결을 하여야 한다는 견해가 있다.

3) 소송행위의 대리

「형법」 제9조부터 제11조까지의 적용을 받지 않는 범죄사건에 관하여 피고인 또는 피의자가 의사능력이 없을 때에는 그 법정대리인이 소송행위를 대리한다(제26조). 피고인 또는 피의자가 법인인 때에는 그 대표자가 소송행위를 대표한다(제27조 제1항). 수인이 공동하여 법인을 대표하는 경우에도 소송행위에 관하여는 각자가 대표한다(동조 제2항). 따라서 의사무능력자나 법인의 경우에 피고인을 대리 또는 대표할 자가 없는 때에는 직권 또는 검사의 청구에 의하여, 피의자를 대리 또는 대표할 자가 없는 경우에는 검사 또는 이해관계인의 청구에 의하여 법원은 특별대리인을 선임하여야 한다(제28조 제1항). 특별대리인은 피고인 또는 피의자를 대리 또는 대표하여 소송행위를 할 자가 있을 때까지만 그 임무를 행한다(동조 제2항).

대리의 범위에 대하여는 ① 대리를 대표와 같은 뜻으로 해석하여 피고인을 대신하여 피고인에게 불이익한 진술도 할 수 있다는 견해가 있다. 그러나 ② 법정대리인 또는 특별대리인은 피고인의 소송행위만을 대리하는데 그친다(통설).

Ⅳ. 무죄추정의 원칙

1. 의 의

무죄추정의 원칙이란 유죄판결이 확정될 때까지는 형사소송절차의 전(全) 과정에서 피고인을 죄 없는 사람으로 취급하여야 한다는 원칙을 말한다. 이는 계몽주의의 산물로서, 1789년 프랑스혁명 이후의 「인간과 시민의 권리선언」 제9조에서 "누구든지 범죄인으로 선고되기 까지는 무죄로 추정된다"고 규정한 것에서 유래한다. 헌법 제27조 제4항에서는 "형사피고인은 유죄의 판결이 확정될 때까지는 무죄로 추정한다"고 규정하고 있으며, 형소법(제275조의2)에서 이를 확인하고 있다.

2. 적용범위

무죄추정의 원칙은 수사절차에서 공판절차에 이르기까지의 형사절차의 전 과정을 지배하는 지도원리로서 유죄확정판결 시까지 적용되는 원리이다(2009헌바8). 따라서 현행법상 무죄추정의 원칙은 피고인에 대하여 적용되는 것으로 규정되어 있지만 피고인뿐만 아니라 피의자에게도 적용된다(91헌마111, 2016도21231). '유죄판결'이란 형선고의 판결뿐만 아니라 형면제의 판결, 선고유예의 판결 및 집행유예의 판결을 포함한다. 또한 약식명령(제457조)이나 즉결심판(즉결심판법 제16조)도 확정되면 유죄판결에 포함된다. 유죄판결의 '확정'은 상고기각 등, 대법원의 판결선고(제380조-제382조, 제396조), 상소기간의 경과(제358조, 제374조), 상소포기와 취하(제349조) 등에 의하여 발생한다.

한편, 재심절차에서도 무죄추정의 원칙이 적용되는지에 대하여는 ① 이미 유죄판결이 확정된 경우이므로 재심청구가 있더라도 무죄추정의 원칙이 적용되지 않는다는 견해(다수설)가 있다. 그러나 ② 재심청구가 받아들여져서 재심개시결정(제435조 제1항)이 나면 종전의 확정판결 자체가 무효로 되고 새로운 재판이 개시되는 것이어서 재심청구자는 피고인의 지위를 갖게 되므로 재심절차에서도 무죄추정의 원칙이 적용된다.

3. 제도적 구현내용

무죄추정의 원칙에 따라 피고인이 기소되더라도 유죄의 판결이 확정될 때까지는 범인으로 예단하거나 불이익한 처분을 해서는 아니 된다. 피의자의 경우에도 마찬가지이다.

(1) 수사단계

수사에서는 무죄추정의 원칙에 따라 임의수사를 원칙으로 한다. 따라서 불구속수사를 원칙으로 하며(제198조 제1항), 강제처분도 수사비례의 원칙에 의해 필요성과 상당성이 있는 경우에 한해 최후수단으로서 행하여질 것을 요구한다(제199조 제1항).[38] 또한 변호인의 접견교통권의 충분한 보장(제34조) 등을 통해 구속된 피고인 또는 피의자의 권리가 부당하게 침해되지 않도록 하고 있다.

(2) 입증단계

범죄사실뿐만 아니라 형의 가중사유나 감면사유의 부존재에 대한 입증책임은 검사에게 있다(2013도10316). 또한 증명에서는 '의심스러운 때에는 피고인의 이익으로'라고 하는 원칙에 의해 합리적 의심 없을 정도의 증명이 이루어지지 않는 한

---

38) 헌법 제12조 ② 모든 국민은 고문을 받지 아니하며, 형사상 자기에게 불리한 진술을 강요당하지 않는다.

피고인을 유죄로 할 수 없다(제307조 제2항).[39)]

(3) 공소제기 및 공판단계

공소제기 시에는 공소장일본주의를 택하여 예단을 배제하도록 요구하고 있다(규칙 제118조 제2항).[40)]

공판단계에서는 피고인에게 공판정출석권(제276조), 진술거부권(제283조의2), 신속한 재판을 받을 권리(헌법 제27조 제3항) 및 반대신문권을 보장하고, 공판정에서의 신체구속을 금지한다(제280조). 또한 변론주의와 직접구두주의(제275조의3), 공개주의(헌법 제27조 제3항, 제109조, 법조법 제57조), 불고불리의 원칙(제254조, 제298조) 등을 통해 공판중심주의를 강화하는 한편, 자백법칙(제309조), 자백의 보강법칙(제310조), 전문법칙(제310조의2 이하) 등 각종 증거법칙을 채택함으로써 공정한 재판이 이루어지도록 하고 있다.[41)] 그리고 피고인을 신문함에 있어서는 진술을 강요하거나 답변을 유도하거나 위압적 · 모욕적인 신문을 사용하지 못하도록 하고 있다(규칙 제140조의2).

Ⅴ. 진술거부권

1. 의 의

(1) 의 의

진술거부권이란 피고인 또는 피의자가 공판절차 또는 수사절차에서 법원 또는 수사기관의 신문에 대하여 진술을 거부할 수 있는 권리를 말한다. 이는 17세기

---

39) 판례는 "피고인은 무죄로 추정된다는 것이 헌법상 원칙이고, 그 추정의 번복은 직접증거가 존재할 경우에 버금가는 정도가 되어야 한다"(2017도1549)고 하였다. 따라서 "형사재판에서 유죄의 인정은 법관으로 하여금 합리적인 의심을 할 여지가 없을 정도로 공소사실이 진실한 것이라는 확신을 가지게 하는 증명력을 가진 증거에 의하여야 한다. 검사가 이러한 확신을 가지게 할 만큼 충분히 증명하지 못한 경우에는 설령 유죄의 의심이 든다고 하더라도 피고인의 이익으로 판단하여야 한다"(2017도11582)고 하였다.

40) 판례는 공무원이 "기소되기만 하면 직위해제를 한다는 것은 범죄의 혐의만 있을 뿐 아직 그 유·무죄가 가려지지 아니한 상태에서 유죄로 추정하고 이를 전제로 불이익한 처분을 과하는 것과 마찬가지이므로 이는 무죄추정의 원칙에 반한다"(93헌가3,7(병합))고 하였다.

41) 미결수용자는 무죄의 추정을 받으며 그에 합당한 처우를 받는다(형집행법 제79조). 따라서 수사 및 재판단계에서 유죄가 확정되지 아니한 미결수용자에게 재소자용 의류를 입게 하는 것은 무죄추정의 원칙에 반한다(97헌마137, 98헌마5(병합)).

말의 영국의 사법절차에 기원을 둔 것으로서, 미국 연방헌법 수정 제5조에서 "누구든지 형사사건에서 자기의 증인이 되는 것을 강요받지 않는다"고 규정한 것에서 유래한 것이다. 헌법 제12조 제2항에서는 "모든 국민은 고문을 받지 아니하며, 형사상 자기에게 불리한 진술을 강요당하지 않는다"고 하여 진술거부권을 헌법상 기본권으로 규정하고 있으며(2013도5441), 형소법(제283조의2)에서 이를 구체화하고 있다.

진술거부권은 피고인 또는 피의자의 인권보장과 당사자주의하에서 무기대등의 원칙을 실현하기 위하여 인정된 것이다. 또한 진술거부는 실체적 진실발견에 장애가 될 수도 있지만 수사기관의 부당한 공격에 대하여 항변하거나 변호인의 변호를 받을 권리를 보장받기 위한 것일 수도 있다는 점에서 실체적 진실발견에도 유익하다.

(2) 진술거부권과 자백배제법칙의 관계

미국법상 진술거부권과 자백배제법칙은 피고인 또는 피의자의 인권보장의 요청에 따른 것으로 피고인 또는 피의자의 진술의 임의성 담보를 그 내용으로 하고 있다는 점에서 양자는 공통적인 요소를 가지고 있다. 따라서 양자의 구별이 문제된다.

1) 구별필요설

구별필요설은 미국법상 진술거부권은 연방헌법상의 기본권으로서 보장되고 있지만, 자백배제법칙은 미국 판례법상 증거법칙으로 인정되고 있다는 점에서 양자를 구별하는 견해이다. 이 견해에서는 헌법소원의 제기에서는 침해된 기본권을 적시하여야 하므로 양자의 구별실익이 있다고 한다.

양자는 구체적으로 다음의 점에서 구별된다고 한다. 즉, (i) 연혁적으로 진술거부권은 17세기에 확립된 원칙이지만, 자백의 임의성법칙은 18세기 보통법에서 유래하는 원칙이다. (ii) 진술거부권은 피고인 또는 피의자가 신문의 객체로 전락하지 않고 독자적인 기본권 향유의 주체로서 자유롭게 자신의 의사내용을 결정하며, 이를 표시할 수 있는 권리를 나타내는 것으로서 진술의 내용을 문제삼지 않지만, 자백배제법칙은 허위자백의 방지나 위법수사의 객관적 통제를 목적으로 하는 증거법칙이다. (iii) 진술거부권은 피고인 또는 피의자에게 진술의무를 가하여 진술을 강요하는 것을 금지하는 것이지만, 자백배제법칙은 폭행·협박·기망 등의 사실상 불법행위에 의한 자백강요를 금지하는 것이다. (iv) 진술거부권은 공판정출석 피고인을 대상으로 발전되어 온 것이지만, 자백배제법칙은 피고인·피의자를 포함한 모든 사람을 대상으로 한다.

2) 구별불요설

구별불요설은 진술거부권과 자백배제법칙은 역사적 기원을 달리하지만, 자백배제법칙은 보통법상 허위배제의 목적에서 오늘날 자백획득과정의 적정절차를 실현하는 원칙으로 발전함으로써 위법수집증거를 배제하는 원칙이 되었고, 따라서 적정절차의 보장의 실현으로서의 자기부죄거부특권과 성질을 같이하게 되었기 때문에 양자를 구별할 필요가 없다고 하는 견해이다(다수설). 특히, 1966년 미란다(Miranda)사건 이후 진술거부권을 침해하여 얻은 증거는 위법수집증거로서 공판정에서 증거로 사용할 수 없게 됨에 따라 진술거부권의 보장은 증거법칙의 내용으로 되었다고 한다. 더구나 현행법상 진술거부권과 자백배제법칙은 피고인뿐만 아니라 피의자의 권리로 인정되고 있으며, 진술거부권의 침해가 자백배제법칙에 관한 제309조의 '기타의 방법'에 해당하고, 진술거부권이 금지하는 강요도 사실상의 강요를 포함하므로 양자를 구별할 필요가 없다는 것이다.

3) 검 토

자백배제법칙과 진술거부권은 역사적 기원을 달리하지만, 오늘날에 이르러 양자 모두 헌법상 보장된 피고인 또는 피의자의 인권보장과 적정절차의 보장을 위한 원칙이면서, 증거법칙으로 발전되었다는 점에서 성질상 유사점을 가지고 있다. 그러나 진술거부권과 자백배제법칙에 따른 자백의 강요금지는 그 구체적 내용과 실천적 방법에서 다르므로 양자를 구별하는 것이 피고인 또는 피의자의 보호에 보다 적절하다. 이는 헌법 및 형소법에서 자백배제법칙과는 별도로 진술거부권에 관한 규정을 따로 두고 있는 입법태도와도 조화된다.

<진술거부권과 자백배제법칙의 비교>

진술거부권	자백배제법칙
미 연방헌법상 기본권으로서의 보장	미국 판례법상 증거법칙으로서 인정됨
17세기에 확립된 원칙	18세기 보통법에서 유래
진술내용은 묻지 않음	허위배제를 목적으로 하는 증거법칙
진술강요금지	폭행, 협박 등의 사실상의 불법행위에 의한 자백강요금지
공판정출석 피고인을 대상으로 함	제한 없음

2. 내 용

(1) 주 체

헌법 제12조 제2항에서는 '모든 국민'에게 진술거부권을 보장하고 있으므로 그 주체에는 제한이 없다. 따라서 피고인, 피의자뿐만 아니라 아직 피의자로 되지 않았거나 참고인의 지위에 있는 자에게도 진술거부권이 보장된다. 외국인의 경우도 마찬가지이다.

또한 의사무능력자인 피고인 또는 피의자의 대리인(제26조, 제28조)이나 법인의 대표자(제27조)나 특별대리인(제28조)도 진술거부권의 주체가 될 수 있다.

(2) 적용범위

진술거부권은 형벌 기타 제재에 의한 진술강요의 금지를 그 내용으로 한다.[42] 법률로서 진술을 강요할 수도 없다.

1) 진술거부의 대상

(가) 진 술

거부의 대상은 진술에 한한다. 진술이란 언어를 통해 생각이나 지식, 경험사실을 정신작용의 일환인 언어를 통하여 표출하는 것을 의미한다(96헌가11). 따라서 지문과 족형의 채취, 신체의 측정, 사진촬영이나 신체검사에 대하여는 진술거부권이 인정되지 않는다. 「도로교통법」상 음주측정도 호흡측정기에 입을 대고 호흡을 불어 넣음으로써 신체의 물리적, 사실적 상태를 그대로 드러내는 행위에 불과하므로 진술에 해당하지 않는다고 한다(96헌가11).

진술인 이상 구두에 의하든 서면에 의하든 불문한다.

(나) 문제영역

가) 성문조사

동일성 판단을 위한 성문(聲紋)조사에 있어서 진술거부권이 인정되는지에 대하여는 ① 일종의 검증에 해당하는 것으로서 진술내용 자체가 문제가 되지 않으므로 진술거부권이 인정되지 않는다는 견해가 있다. 그러나 ② 성문조사에서는 일정한 의사내용을 구술로써 표현하는 행위가 필수적으로 요구되므로 그 결과가

---

42) 진술거부권은 형사절차뿐만 아니라 행정절차나 국회에서의 조사절차 등에서도 그 진술이 자기에게 형사상 불리한 경우에는 모두 보장된다(98헌가118 참조).

피고인의 유죄입증의 자료가 되는 경우에는 진술거부권의 적용대상이 된다.

나) 거짓말탐지기 검사

거짓말탐지기 검사에 있어서 진술거부권이 인정되는지에 대하여는 ① 거짓말탐지기 검사는 신체의 생리적 변화를 검증하는 것이고, 검사결과는 진술증거가 아니므로 진술거부권이 인정되지 않는다는 견해가 있다. 그러나 ② 검사시의 생리적 변화가 독립하여 증거가 되는 것은 아니지만 질문과의 대응관계에서는 의미가 부여될 수 있으므로 진술거부권의 적용대상이 된다.

<참고> 수사기관의 거짓말탐지기 검사와 진술거부권의 고지

수사기관에서 거짓말탐지기 검사를 허용하는 경우에 피검사자에게 진술거부권을 고지하여야 하는지에 대하여는 ① 거짓말탐지기 검사가 피검사자의 동의를 전제로 하므로 진술거부권의 고지를 요하지 않는다는 견해가 있다. 그러나 ② 진술거부권은 헌법상 보장된 피의자의 권리일 뿐만 아니라 거짓말탐지기 검사가 피검사자의 동의를 전제로 하는 경우에도 피검사자가 진술을 거부하거나 검사의 중단을 요청할 수도 있으므로 거짓말탐지기 검사의 경우에도 진술거부권의 고지는 요구된다.

다) 마취분석

마취분석은 마취상태를 통해 직접 진술을 얻어내는 것이므로 진술거부권에 대한 침해일 뿐만 아니라 인격해체를 초래하는 것이어서 부당한 수사방법이므로 일체 금지된다.

2) 진술거부의 상대방과 방법

수사기관은 물론 법원에 대하여도 진술할 의무가 없다. 또한 개개의 신문에 대하여 진술을 거부할 수도 있고, 신문 전체에 대하여 시종일관 침묵할 수도 있다(제283조의2 제1항).

3) 진술의 범위

(가) 진술내용

거부대상이 되는 진술은 형사책임에 관한 한 범죄사실 또는 간접사실뿐만 아니라 범죄사실의 단서가 되는 사실도 포함한다. 형사상 자기에게 불리한 진술에 한정되지 않고, 유리한 진술도 거부할 수 있다. 이는 피고인의 당사자지위에 근거한 것으로서, 자기 또는 자기와 일정한 관계에 있는 자에게 불리한 증언에 대해서만 인정되는 증인의 증언거부권과 구별된다.

(나) 인정신문

인정신문이 진술거부권의 대상이 되는지에 대하여는 ① 인정신문은 불이익한 진술이 아니라는 이유로 부정하는 견해(소극설), ② 성명이나 직업 등의 진술에 의하여 범인임이 확인되거나 증거수집의 계기를 만들어 주는 경우에 한하여 인정된다는 견해(절충설), ③ 공판기일에 재판장이 하는 인정신문에는 진술거부권이 인정되지만, 변호인선임계의 제출이나 국선변호인의 선임신청 등과 같은 소송행위에서의 인정신문에는 절차의 명확성과 집행의 원활성 요청에 의해 진술거부권이 부정된다[43]는 견해(이분설)가 있다. 그러나 ④ 진술거부권과 진술거부권의 고지는 다르고, 인정신문에 의하여 범인임이 확인되거나 증거수집의 계기를 만들어 주는 경우의 판단에 대한 객관적 기준이 없으며, 인정신문에서 진술강요를 허용하는 것은 진술거부권을 인정하는 취지에 반하는 것이므로 인정신문도 진술거부권의 대상이 된다(적극설, 다수설). 형소법에서 수사기관이 신문을 하기 전에 진술거부권 등을 고지하도록 하고 있고(제244조의3), 재판장이 진술거부권의 고지(제283조의2) 후에 인정신문(제284조)을 하도록 하고 있는 것도 이를 뒷받침하고 있다.

(3) 진술거부권의 고지

1) 고지의무

법원은 공판절차에서 인정신문을 하기 전에 피고인에게 진술거부권을 고지하여야 한다(제283조의2 제2항, 규칙 제127조). 공판준비절차에서도 재판장이 출석한 피고인에게 진술을 거부할 수 있는 권리가 있음을 알려주어야 한다(제266조의8 제6항). 검사 또는 사법경찰관도 피의자를 신문하기 전에 일체의 진술을 하지 아니하거나 개개의 질문에 대하여 진술을 하지 아니할 수 있다는 것을 알려주어야 한다(제244조의3 제1항 제1호).[44]

---

43) 후자의 경우에도 그 기재로 인해 범인임이 확인되거나 증거수집의 계기를 만들어 주는 경우에는 진술거부권이 인정된다고 한다.

44) 판례는 "진술거부권이 보장되는 절차에서 진술거부권을 고지받을 권리가 헌법 제12조 제2항에 의하여 바로 도출된다고 할 수는 없고, 이를 인정하기 위해서는 입법적 뒷받침이 필요하다"(2013도5441)고 하였다.

2) 고지방법

진술거부권의 고지는 명시적으로 하여야 한다. 피고인의 경우에 법원은 사실심리 전에 1회의 고지로 충분하지만, 공판절차를 갱신하는 경우에는 다시 고지하여야 한다(규칙 제144조 제1항 제1호). 피의자의 경우에 동일한 수사기관이 행하는 일련의 수사과정에서는 1회의 고지로 충분하지만, 신문이 상당한 기간 동안 중단되었다가 다시 개시되거나 조사자가 경질된 때에는 다시 고지하여야 한다. 피의자가 자수한 경우에도 마찬가지이다.

진술거부권의 고지 유·무에 대한 다툼이 있는 경우에 그 증명은 피의자의 경우는 수사기관이, 피고인의 경우는 법원이 한다. 다만, 공판기일에서의 진술거부권 고지 유·무는 소송절차에 관한 사항이므로 공판조서에 의하여 증명한다(제56조).

3) 불고지의 효과

진술거부권의 불고지는 진술거부권에 대한 침해가 된다. 진술거부권을 고지하지 않고 얻은 증거의 증거능력이 부정되는 근거에 대하여는 ① 진술거부권을 고지하지 않고 얻은 증거는 진술거부권의 불고지로 인해 진술의 자유를 보장하기 위한 전제를 충족하지 못하였고, 자백배제법칙의 이론적 근거가 위법배제에 있다는 점을 근거로 자백의 임의성에 의심이 있는 경우(제309조의 '기타의 방법'에 해당한다고 함)라고 하는 견해가 있다. 그러나 ② 헌법상 기본권인 진술거부권의 철저한 보장이라는 측면에서 보면 진술거부권을 침해하여 얻은 증거는 위법수집증거이므로 증거능력이 부정된다. 판례는 "형소법이 보장하는 피의자의 진술거부권은 헌법이 보장하는 형사상 자기에 불리한 진술을 강요당하지 않는 자기부죄거부의 권리에 터 잡은 것이므로 수사기관이 피의자를 신문함에 있어서 피의자에게 미리 진술거부권을 고지하지 않은 때에는 그 피의자의 진술은 위법하게 수집된 증거로서 진술의 임의성이 인정되는 경우라도 증거능력이 부인되어야 한다"(2010도8294)고 한다.

(4) 진술거부권의 포기

1) 포기의 인정 여부

진술거부권의 포기를 인정할 것인지에 대하여는 ① 진술거부권의 행사는 피고인·피의자의 자유이고, 제244조의3 제1항 제3호가 진술거부권을 포기할 수 있다는 내용을 규정하고 있으므로 이를 긍정하는 견해가 있다. 그러나 ② 진술거부권은 헌법상 기본권으로서 진술거부권을 행사하지 않고 진술한 경우에도 각각의 신문에 대하여 언제든지 진술을 거부할 수 있으므로 진술거부권의 포기는 인정되지 않는다(다수설). 따라서 진술거부권을 행사하지 않고 진술하더라도 이는 진술거부권의 포기가 아니라 단지 그 권리의 불행사를 의미함에 그친다.

2) 문제영역

(가) 피고인의 증인적격

현행법상 피고인은 당사자이고, 피고인의 증인적격을 인정하게 될 경우 피고인의 진술거부권은 무의미하게 된다는 점에서 피고인의 증인적격은 부정된다(통설). 현행법상 피고인신문을 인정하고 있다는 점에서 피고인에 대한 증인신문의 필요성도 크지 않다.

(나) 형사면책과 진술거부권

피고인에게 형사면책을 보장하고 진술을 강제할 수 있는지가 문제된다. 이는 주로 공범자인 공동피고인에 대하여 형사면책을 조건으로 다른 공동피고인인 공범자에 대한 증언을 강요할 수 있는지라고 하는 공동피고인의 증인적격의 문제로 논의되고 있다. 그러나 공범자가 자신이 면책되기 위하여 다른 무고한 사람을 공범자로 만들 위험이 있고, 현행법은 기소사실인부절차(arraignment)를 인정하지 않고 있으므로 공범자인 공동피고인의 증인적격은 부정하여야 한다(다수설).

(다) 법률상 기록·보고의무

행정상의 단속목적을 위하여 각종 행정법규가 일정한 기록·보고·신고·등록의 의무를 규정하고 있다. 그러나 이들 기록·보고·신고·등록사실은 행정상 단속목적을 달성하기 위한 것이므로 진술거부권과 관계없다.[45)]

「도로교통법」상 운전자의 교통사고신고의무(도로교통법 제54조 제2항, 제154조 제4호)가 진술거부권의 침해에 해당하는지에 대하여는 ① 피해자의 구호 및 교통질서의 회복을 위한 조치가 필요한 범위 내에서 교통사고의 객관적 내용만을 신고하도록 한 것이고, 형사책임과 관련되는 사항에는 적용되지 아니하는 것으로 해석하는 한 헌법에 위반되지 않는다고 하는 견해가 있다. 그러나 ② 교통사고의 객관적 내용 자체가 형사책임과 관련되는 경우가 많고, 운전자의 신고내용을

---

45) 미국에서는 장부·기록의무가 법률에 규정된 때에는 업무종사의 사실에 의하여 진술거부권을 포기하였고, 형사소추의 위험이 없으므로 진술거부권의 침해가 될 수 없다고 한다.

토대로 수사가 진행될 수 있으므로 진술거부권의 침해에 해당한다.

헌법재판소는 교통사고를 일으킨 운전자에게 신고의무를 부담시키고 있는 「도로교통법」 제54조 제2항(구 제50조 제2항), 제154조 제4호(구 제111조 제4호)의 규정은 피해자의 구호 및 교통질서의 회복을 위한 조치가 필요한 범위 내에서 교통사고의 객관적 내용만을 신고하도록 한 것으로 해석하고, 형사책임과 관련되는 사항에는 적용되지 아니하는 것으로 해석하는 한 헌법에 위반되지 아니한다고 한다(89헌가118). 그러나 판례는 "도로교통법상 신고의무규정의 입법취지와 헌법상 보장된 진술거부권 및 평등원칙에 비추어 볼 때, 교통사고를 낸 차의 운전자 등의 신고의무는 사고의 규모나 당시의 구체적인 상황에 따라 피해자의 구호 및 교통질서의 회복을 위하여 당사자의 개인적인 조치를 넘어 경찰관의 조직적 조치가 필요하다고 인정되는 경우에만 있는 것이라고 해석하여야 한다"(2013도15500)고 함으로써 신고대상을 제한적으로 해석하고 있다.

3. 진술거부권 행사의 효과

(1) 증거능력의 배제

진술거부권을 행사하였다는 이유로 형벌 기타 제재를 가할 수 없다. 또한 진술거부권을 침해하고 얻은 자백(2010도1755)은 물론, 진술거부권을 고지하지 않고 얻어진 진술을 기초로 하여 얻은 증거(2010도2094)는 위법수집증거로서 증거능력이 배제된다.

(2) 불이익추정의 금지

진술거부권의 행사를 피고인에게 불이익한 간접증거로 하거나 또는 이를 근거로 유죄를 추정하는 것은 허용되지 않는다(자유심증주의의 예외).

진술거부권의 행사를 양형에서 불리하게 고려할 수 있는지에 대하여는 ① 범인의 개전이나 해오는 양형에서 고려할 사항(형법 제51조 제4호)이라는 점에서 이를 긍정하는 견해(다수설)가 있다. 그러나 ② 피고인에게는 법원에 대한 진술의무가 없으므로 진술거부 자체를 양형사유로 고려해서는 아니 된다. 판례는 "모든 국민은 형사상 자기에게 불리한 진술을 강요당하지 아니할 권리가 보장되어 있으므로(헌법 제12조 제2항), 형사소송절차에서 피고인은 방어권에 기하여 범죄사실에 대하여 진술을 거부하거나 거짓 진술을 할 수 있고, 이 경우 범죄사실을 단순히 부인하고 있는 것이 죄를 반성하거나 후회하고 있지 않다는 인격적 비난요소로 보아 가중적 양형의 조건으로 삼는 것은 결과적으로 피고인에게 자백을 강요하는 것이 되어 허용될 수 없다고 할 것이나, 그러한 태도나 행위가 피고인에게 보장된 방어권 행사의 범위를 넘어 객관적이고 명백한 증거가 있음에도 진실의 발견을 적극적으로 숨기거나 법원을 오도하려는 시도에 기인한 경우에는 가중적 양형의 조건으로 참작될 수 있다"(2001도192)고 한다.

한편, 진술거부권의 행사를 구속사유 또는 필요적 보석의 제외사유로서의 '증거인멸의 염려'(제70조 제1항 제2호, 제95조 제3호)를 판단하는 자료로 할 수 있는지에 대하여는 ① 진술거부의 사실과 증거인멸의 염려가 있는지에 대한 판단은 별개의 문제이므로 이를 긍정하는 견해, ② 수사기관이나 법원이 구속 등의 가능성을 언급하면서 사실상 진술을 강요한 경우에는 진술거부권의 침해가 되지만, 그렇지 않은 경우에는 진술거부권 행사를 통해 거부한 진술의 내용과 진술거부권을 행사한 경위 등을 종합하여 증거인멸의 염려를 독자적으로 결정하여야 한다는 견해가 있다. 그러나 ③ 진술거부 여부를 구속이나 보석의 인정 여부의 사유로 인정하게 되면 사실상 진술을 강요하는 것이 되므로 이는 허용되지 않는다(다수설).

제4절 변 호 인

Ⅰ. 변호인제도의 의의

1. 제도의 취지

변호인제도는 피고인·피의자의 방어권을 보충하여 무기평등의 원칙을 실현함으로써 공정한 재판을 실현하고자 마련된 제도이다. 변호인제도는 역사적으로 피고인·피의자의 인권보호를 위해 필수적인 제도로서 발달되어 왔다는 점에서 형소법의 역사는 변호권확대의 역사라고 할 수 있다.

변호인제도는 당사자주의에서 그 의의가 크지만, 직권주의에서도 피고인에게 소송주체성을 인정하면서 실체진실을 발견하여야 한다는 공정한 재판의 이념을 실현하는 기능을 가진 것으로 평가되고 있다.

2. 변호권의 지위

변호활동에는 검사나 법원이 피고인·피의자에게 유리한 사항을 조사하여 이들의 방어활동에 조력하는 것을 의미하는 실질적 변호와 변호인에 의한 형식적 변호가 있다. 변호권의 보장에서의 변호는 후자를 의미한다. 헌법 제12조 제4항에서는 "누구든지 체포 또는 구속을 당한 때에는 즉시 변호인의 조력을 받을 권리를 가진다"고 규정함으로써 체포·구속된 피고인·피의자의 변호인의 도움을 받을 권리를 국민의 기본권으로서 보장하고 있으며, 형소법은 이를 구현하고 있다. 오늘날에는 변호인의 조력할 권리도 헌법상 기본권으로서 인정되고 있다(2000헌마474). 이때 '변호인의 조력을 받을 권리'는 '변호인의 충분한 조력을 받을 권리'를 의미한다(91헌마111). 따라서 피고인에게 국선변호인의 조력을 받을 권리를 보장하여야 할 국가의 의무에는 피고인이 국선변호인의 실질적 조력을 받을 수 있도록 할 의무가 포함된다(2015도9951).

<참고> 영·미에서의 변호권 발달과정

영국에서는 17세기중엽 가난한 피고인에게 변호권을 보장하는 것이 관례였으며, 1695년 「반역법(The Treason Act)」에서는 반역사건에 대하여 변호권을 보장하였다. 그리고 1836년에는 「중죄재판법(Trials for Felony Act)」에서 모든 중죄인에게 변호권을 보장하였다.

한편, 미국에서는 1932년 포웰사건(Powell v. Alabama)[46]에서 연방사건에 한해 사형사건에 대하여 변호권을 인정하였으며, 1942년 베트사건(Betts v. Brady)[47]에서 피고인의 공평한 심판절차에서 오는 이익이 국가이익보다 우선하는 경우에 한해 변호권을 인정하였다. 그리고 1963년 기드온사건(Gideon v. Wainwright)[48]에서 수정헌법 제6조에 의한 가난한 피고인에 대한 변호권보장이 헌법 수정 제14조의 내용이라고 판시함으로써 주(州)의 중죄사건에 대한 변호권보장이 일반화되었다. 이후 1967년 웨이드사건(U. S. v. Wade)[49]에서 기소 전의 절차라도 '중대한 국면'으로 인정되면 변호권보장은 필수적이라고 하였다. 그리고 1972년 아거싱어사건(Argersinger

46) 287 U. S. 45
47) 316 U. S. 455
48) 372 U. S. 335
49) 388 U.S. 218

v. Hamlin)[50]에서는 경죄사건에서는 적어도 실형을 받는 경우에 한하여 변호인선정이 필수적이라고 하였다.나아가 1970년 맥만사건(McMann v. Richardson)[51]에서는 연방사건에 대하여 변호인의 유력한 조력권의 보장이 요구됨으로써 변호권보장이 강화되었다. 또한 1980년 커일러사건(Cuyler v. Sullivan)[52]에서 사선변호인의 경우에도 변호의 부적격성을 다툴 수 있다고 인정하였고, 1984년 스트릭런드사건(Strickland v. Washington)[53]에서는 부적격성 항변을 '실체적 부적격성'의 문제로 취급하였다. 즉, 변호사의 도움을 받지 못했다고 주장하는 자는 변호사가 합리적으로 자격있는 변호사라고 할 수 없을 정도로 그 임무수행에 하자가 있었고, 그 하자가 없었다면 재판결과가 달라졌을 것이라고 하는 합리적 가능성(reasonable probability)이 있을 정도로 변호사의 임무수행이 피고인에게 불이익을 주었다는 것을 입증하여야 한다고 하였다.

Ⅱ. 변호인의 선임

변호인은 선임방법에 따라 사선변호인과 국선변호인으로 나뉜다.

1. 사선변호인

사선변호인이란 피고인·피의자 또는 그와 일정한 관계가 있는 사인이 선임한 변호인을 말한다.

(1) 선 임

1) 선임권자

피고인 또는 피의자는 언제든지 변호인을 선임할 수 있다(제30조 제1항, 고유의 선임권자).

또한 피고인 또는 피의자의 법정대리인, 배우자, 직계친족, 형제자매는 독립하여 변호인을 선임할 수 있다(동조 제2항, 선임대리권자). '배우자'는 법률상의 배우자를 의미한다(다수설). 선임대리권자의 변호인선임권은 독립대리권으로서 본인의 명시 또는 묵시의 의사에 반하여 선임할 수 있다. 이때 본인은 선임대리권자가

50) 407 U. S. 25
51) 397 U.S. 759
52) 446 U. S. 335
53) 466 U. S. 668

선임한 변호인을 해임할 수 있으나, 선임대리권자는 본인의 의사에 반하여 변호인을 해임할 수 없다. 피고인 또는 피의자를 대리하여 변호인을 선임할 수 있는 자는 선임대리권자에 한하며, 피고인 또는 피의자로부터 변호인선임권을 위임받은 자가 피고인 또는 피의자를 대리하여 변호인을 선임할 수는 없다(94모25).[54]

2) 변호인선임에 대한 고지와 변호인의뢰권의 보장

피고인 또는 피의자를 구속한 때에 변호인이 없는 경우에는 피고인 또는 피의자에게 또는 변호인선임권자 중 피고인 또는 피의자가 지정한 자에게 변호인을 선임할 수 있음을 고지하여야 한다(제87조, 제88조, 제209조). 선임대리권자에 대한 통지는 지체 없이 서면으로 하여야 한다(제87조 제2항).

또한 구속된 피고인 또는 피의자는 법원, 교도소장 또는 구치소장 또는 그 대리자에게 변호사를 지정하여 변호인의 선임을 의뢰할 수 있다. 이때 의뢰를 받은 법원, 교도소장 또는 구치소장 또는 그 대리자는 급속히 피고인이 지명한 변호사에게 그 취지를 통지하여야 한다(제90조, 제209조).

(2) 변 호 인

1) 자 격

변호인은 변호사 중에서 선임하여야 한다. 다만, 법원은 특별한 사정이 있으면 변호사 아닌 자를 변호인으로 선임함을 허가할 수 있다(제31조). 이를 특별변호인이라고 한다. 그러나 상고심인 대법원은 법률심이므로 변호사 아닌 자를 변호인으로 선임하지 못한다(제386조). '변호사'란 사법시험에 합격하여 사법연수원의 과정을 마친 자, 판사나 검사의 자격이 있는 자 또는 변호사시험에 합격한 자를 말한다(변호사법 제4조).

2) 인원과 대표변호인

선임할 수 있는 변호인의 수에는 제한이 없다. 다만, 수인의 변호인이 있는 경우에는 재판장은 피고인·피의자 또는 변호인의 신청 또는 직권에 의하여 대표변호인을 지정할 수 있고, 그 지정을 철회 또는 변경할 수 있다(제32조의2 제1항·제2항). 이때 대표변호인의 수는 3인을 초과할 수 없다(동조 제3항). 대표변호인에 대

---

54) 따라서 피고인이 법인인 경우에는 제27조 제1항 소정의 대표자가 피고인인 당해 법인을 대표하여 피고인을 위한 변호인을 선임하여야 하며, 대표자가 제3자에게 변호인 선임을 위임하여 제3자로 하여금 변호인을 선임하도록 할 수는 없다(94모25).

한 통지 또는 서류에의 송달은 변호인 전원에 대하여 효력이 있다(동조 제4항).

이는 피의자에게 수인의 변호인이 있는 때에 검사가 대표변호인을 지정하는 경우에 준용된다(동조 제5항). 검사에 의한 대표변호인의 지정은 기소 후에도 그 효력이 있다(규칙 제13조의4).

3) 선임방식

변호인의 선임은 심급마다 변호인과 선임자가 연명·날인한 서면으로 제출하여야 한다(제32조 제1항). 변호인선임서는 공소제기 전에는 검사 또는 사법경찰관에게, 공소제기 후에는 그 법원에 제출하여야 한다. 선임대리권자가 변호인을 선임하는 때에는 그 자와 피고인 또는 피의자와의 신분관계를 소명하는 서면을 첨부하여 제출하여야 한다(규칙 제12조).

변호인선임은 소송행위이므로 조건부선임이 인정되지 않으며, 선임계약이 무효 또는 취소되더라도 변호인선임의 효력에는 영향이 없다. 그러나 한사람의 변호인이 동일한 범죄의 다수 피고인들을 동시에 변호하는 것은 피고인들 간의 이해가 상반되는가 여부를 불문하고 허용되지 않아야 한다.

4) 선임효과

변호인은 선임에 의하여 변호인으로서의 권리·의무가 발생한다. 따라서 변호인선임서가 제출되지 않은 상태에서 변호인이 항소이유서 또는 상고이유서를 제출하거나(2017모1377), 약식명령에 대한 정식재판을 청구하는 것(2003모429)은 적법·유효하지 않다.

(가) 심급과의 관계

변호인선임은 해당 심급에 한하여 효력을 미친다. 따라서 선임은 심급마다 하여야 한다(제32조 제1항). '심급'이란 상소에 의하여 이심의 효력이 발생할 때까지를 말한다. 이는 종국판결이 확정되거나 상소의 제기에 의하여 이심(移審)의 효과가 발생하기 전까지는 소송계속은 원심에 있다고 할 것이고, 종국판결 시부터 이심의 효력이 발생할 때까지 변호인이 없는 공백기간이 생기는 것을 방지하기 위한 것 등을 그 이유로 한다.

공소제기 전의 선임은 제1심에도 효력이 있으며(제32조 제2항), 파기환송 전 또는 이송 전의 원심에서의 변호인선임은 파기환송 또는 이송 후에도 선임의 효력이 인정된다(규칙 제158조).

(나) 사건과의 관계

변호인선임은 사건을 단위로 하므로, 그 효력은 공소사실의 단일성·동일성이 인정되는 사건의 전부에 효력이 미친다. 공소장변경에 의하여 공소사실이 변경된 경우에도 선임의 효력에는 영향이 없다. 사건의 일부나 체포·구속적부심사 등 사건의 일부 절차에 한정해서 변호인선임이 가능한지에 대하여는 ① 절차의 명확성을 해치는 소송행위이므로 허용되지 않는다는 견해가 있다. 그러나 ② 사건이 가분(可分)이고, 그 부분에 대한 선임이 합리적이라고 인정되는 경우에는 일부에 대한 변호인선임도 가능하다(다수설).

한편, 하나의 사건에 관한 변호인선임의 효력은 피고인 또는 변호인의 다른 의사표시가 없으면 동일법원의 동일피고인에 대하여 병합된 다른 사건에 관하여도 미친다. 다만, 피고인 또는 변호인이 이와 다른 의사표시를 한 때에는 그러하지 아니하다(규칙 제13조).

2. 국선변호인

(1) 의 의

국선변호인이란 법원에 의해 선정된 변호인을 말한다. 국선변호인제도는 피고인의 변호권을 실질적으로 보장하고 헌법상 평등원칙 및 사회국가의 이념실현을 위해 마련된 제도이다. 헌법 제12조 단서에서는 "형사피고인이 스스로 변호인을 구할 수 없을 때에는 국가가 변호인을 붙인다"고 규정하여 국선변호인의 조력을 받을 권리를 기본권으로서 보장하고 있으며, 형소법에서는 이를 구체화하고 있다.[55] 다만, 국선변호인제도는 사선변호인제도를 보충하는 제도이다. 따라서 사선변호인이 있는 경우에 별도의 국선변호인의 선정은 인정되지 않으며, 법원이 국선변호인을 선정한 후에 피고인 또는 피의자가 사선변호인을 선임한 때에는 법원 또는 지방법원 판사는 국선변호인 선정을 취소하여야 한다(규칙 제18조 제1항 제1호).

국선변호인은 법원의 직권에 의해 선정되는 변호인과 피고인 등의 청구에 의하여 선정되는 변호인이 있다. 후자를 '청구국선'이라고 한다.

---

55) 국선변호인제도는 구속전 피의자심문, 체포·구속적부심사의 경우를 제외하고는 공판절차에서 피고인의 지위에 있는 자에게만 인정되고 집행유예의 취소청구사건의 심리절차에서는 인정되지 않는다(2018모3621).

(2) 선 정

1) 성 격

국선변호인 선정의 법적 성격에 대하여는 ① 피선임변호인의 승낙을 요건으로 재판장이 행하는 일방적 의사표시에 의하여 선임의 효과가 발생한다고 하는 견해(공법상 일방행위설), ② 선정의 효과가 발생하기 위해서는 변호인의 승낙이 있어야 하며, 변호인의 일방적 의사표시에 의하여 국선변호인을 사임할 수 있으므로 재판장과 국선변호인 사이의 피고인 또는 피의자를 위한 공법상 계약이라고 하는 견해가 있다. 그러나 ③ 국선변호인제도의 효율성 제고 및 절차의 명확성 요청에 따르면 국선변호인의 선정은 재판장 또는 법원이 소송법에 의하여 행하는 단독의 공권적인 의사표시인 명령이다(다수설). 따라서 국선변호인 선정 시에 변호인의 동의를 요하지 않으며, 선정된 변호인은 재판장의 해임명령(선정의 취소) 없이는 사임할 수 없다(규칙 제20조). 다만, 변호인의 충분한 조력을 받을 권리의 보장이라는 측면에서 보면 선정 시에 변호인의 의사를 고려하여 반영할 필요가 있다. 입법의 보완이 요구된다.

<국선변호인 선정의 성격에 대한 견해의 비교>

학 설 사 유	재판설	공법상 일방행위설	공법상 계약설
선정 시 변호인의 동의 유 · 무	무	유	유
사임 시 법원의 허가 유 · 무	유	유	무

2) 자격과 인원

(가) 자 격

법원의 관할구역 안에 사무소를 둔 변호사 또는 그 관할구역 안에서 근무하는 「공익법무관에 관한 법률」에 의한 공익법무관(법무부와 그 소속기관 및 각급 검찰청에서 근무하는 공익법무관을 제외한다) 중에서 이를 선정한다(규칙 제14조 제1항).

만약 이들이 없거나 부득이한 때에는 인접한 법원의 관할구역에 사무소를 둔 변호사 또는 그 관할구역 안에서 근무하는 공익법무관 중에서 선정할 수 있다(동조 제2항). 이들조차도 없거나 부득이한 때에는 법원의 관할구역 안에서 거주하는 변호사 아닌 자 중에서 이를 선정할 수 있다(동조 제3항).

한편, 법원은 기간을 정하여 법원의 관할구역 안에 사무소를 둔 변호사(그 관할구역 안에 사무소를 둘 예정인 변호사를 포함한다) 중에서 국선변호를 전담하는 변호사를 지정할 수 있다(국선전담변호사, 규칙 제15조의2). 또한 지방법원 또는 지원은 국선변호를 담당할 것으로 예정한 변호사, 공익법무관 등을 일괄 등재한 국선변호인 예정자명부(이하 '명부'라 한다)를 작성할 수 있다. 이때 국선변호 업무의 내용 및 국선변호 예정일자를 미리 지정할 수 있다(규칙 제16조의2 제1항).

(나) 인 원

국선변호인의 수는 피고인 또는 피의자마다 1인을 선정한다. 다만, 사건의 특수성에 비추어 필요하다고 인정할 때에는 수인의 국선변호인을 선정할 수 있다(규칙 제15조 제1항). 수인의 피고인 또는 피의자 간에 이해가 상반되지 아니할 때에는 이들을 위하여 동일한 국선변호인을 선정할 수 있다(동조 제2항).

<참고> 공동변호인제도

공동변호인제도란 한 사람의 변호인이 수인의 피고인을 동시에 변호하는 것을 말한다. 공동변호인제도는 때에 따라서는 한 피고인에게 유리한 변호가 다른 피고인에게 불리한 이익충돌상황이 발생할 수 있다는 점에서 독일 형소법 제146조에서는 "1인의 변호인은 동일한 범죄의 다수 피고인들을 동시에 변호할 수 없다. 1인의 변호인은 하나의 형사절차에서 각기 다른 범죄의 다수 피고인들을 동시에 변호할 수 없다"고 규정하고 있다. 우리나라에서는 이에 대한 직접적인 규정은 없지만 국선변호인의 경우에는 예외적으로 공동변호인제도를 인정하고 있다(규칙 제15조 제2항).

그러나 변호권의 충분한 보장을 위해서는 동일한 사건의 경우에는 수인의 피고인들 간에 이해가 상반되는가를 불문하고 공동변호인제도를 인정하지 않아야 한다. 판례는 "이해가 상반된 피고인들 중 어느 피고인이 법무법인을 변호인으로 선임하고, 법무법인이 담당변호사를 지정하였을 때, 법원이 담당변호사 중 1인 또는 수인을 다른 피고인을 위한 국선변호인으로 선정한다면, 국선변호인으로 선정된 변호사는 이해가 상반된 피고인들 모두에게 유리한 변론을 하기 어렵다. 결국 이로 인하여 다른 피고인은 국선변호인의 실질적 조력을 받을 수 없게 되고, 따라서 국선변호인 선정은 국선변호인의 조력을 받을 피고인의 권리를 침해하는 것이다"라고 한다(2015도9951). 이때 공동피고인들 사이의 이해상반 여부의 판단은 모든 사정을 종합적으로 판단하여야 하는 것은 아니지만, 적어도 공동피고인들에 대하여 형을 정할 경우에 영향을 미친다고 보이는 구체적 사정을 종합하여 실질적으로 판단하여야 한다고 한다(2014도13797).

3) 사 유

(가) 형사소송법 제33조에 의한 경우

법원은 다음의 경우에는 직권으로 변호인을 선정하여야 한다. 즉, (i) 피고인이 구속된 때(제1호), (ii) 피고인이 미성년자인 때(제2호), (iii) 피고인이 70세 이상인 때(제3호), (iv) 피고인이 듣거나 말하는 데 모두 장애가 있는 사람인 때(제4호), (v) 피고인이 심신장애가 있는 것으로 의심되는 때(제5호), (vi) 피고인이 사형, 무기 또는 단기 3년 이상의 징역이나 금고에 해당하는 사건으로 기소된 때로서 변호인이 없는 때(제6호)이다(제33조 제1항).

'구속된 때'란 피고인이 해당 형사사건에서 구속되어 재판을 받고 있는 경우에 한정되지 않고, 피고인이 별건으로 구속영장이 발부되어 집행되거나 다른 형사사건에서 유죄판결이 확정되어 그 판결의 집행으로 구금상태에 있는 경우를 포괄한다(2021도6357). '심신장애가 있는 것으로 의심되는 때'란 진단서나 정신감정 등 객관적인 자료에 의하여 피고인의 심신장애 상태를 확신할 수 있거나 그러한 상태로 추단할 수 있는 근거가 있는 경우는 물론, 범행의 경위, 범행의 내용과 방법, 범행 전·후 과정에서 보인 행동 등과 아울러 피고인의 연령·지능·교육 정도 등 소송기록과 소명자료에 드러난 제반사정에 비추어 피고인의 의식상태나 사물에 대한 변별능력, 행위통제능력이 결여되거나 저하된 상태로 의심되어 피고인이 공판심리단계에서 효과적으로 방어권을 행사하지 못할 우려가 있다고 인정되는 경우를 포함한다(2019도8531). '단기 3년 이상'의 의미에 대하여 실무에서는 법정최저형이 3년 이상의 자유형인 경우와 법정최저형은 3년 이하이지만 사형, 무기징역·금고가 함께 규정된 경우로 제한하고 있다. 그러나 국선변호인제도의 취지를 고려할 때 법정최고형이 3년 이상인 경우는 실제로 3년 이상의 형의 선고가 가능하므로 이를 포함하여야 한다.

또한 법원은 피고인이 빈곤이나 그 밖의 사유로 변호인을 선임할 수 없는 경우에 피고인이 청구하면 변호인을 선정하여야 한다(동조 제2항). 이외에도 법원은 피고인의 나이·지능 및 교육 정도 등을 참작하여 권리보호를 위하여 필요하다고 인정하면 피고인의 명시적 의사에 반하지 아니하는 범위에서 변호인을 선정하여야 한다(동조 제3항, 2024도4202).[56]

---

56) 판례는 시각장애인 또는 청각장애인 피고인의 경우 피고인의 나이·지능·교육 정도를 비롯한 시각장애 또는 청각장애의 정도 등을 확인한 다음 권리보호를 위하여 필요하다고 인정

(나) 필요적 변호사건

제33조 제1항 각 호의 어느 하나에 해당하는 사건 및 동조 제2항·제3항의 규정에 따라 변호인이 선정된 사건에 관하여는 변호인 없이 개정하지 못하며(제282조), 따라서 이때 변호인이 출석하지 아니한 때에는 법원은 직권으로 변호인을 선정하여야 한다(제283조).

또한 치료감호대상자에 대한 치료감호청구사건(치료감호법 제15조 제2항), 전자장치 부착명령청구사건(전자장치부착법 제5조), 성충동 약물치료명령청구사건(성폭력범죄자의 성충동 약물치료에 관한 법률 제12조)에 관하여 변호인이 없는 때에는 법원은 직권으로 변호인을 선정하여야 한다. 군사재판의 경우도 마찬가지이다(군사법원법 제62조 제1항).[57] 이 외에 범죄신고자법에 해당하는 범죄의 증인신문에서 검사, 범죄신고자 등 또는 그 법정대리인의 신청에 따라 피고인이나 방청인을 퇴정시키거나 공개법정 외의 장소에서 증인신문 등을 하는 경우에 변호인이 없을 때에는 국선변호인을 선임하여야 한다(법 제11조 제6항).

(다) 구속 전 피의자심문

구속 전 피의자심문에서 심문할 피의자에게 변호인이 없는 때에는 지방법원 판사는 직권으로 변호인을 선정하여야 한다. 이때 변호인의 선정은 피의

하면 시각장애인인 피고인의 명시적 의사에 반하지 아니하는 범위에서 국선변호인을 선정하여 방어권을 보장해 줄 필요가 있다(2010도4629)고 하는 한편, "공소제기된 범죄의 내용과 보호법익, 피고인의 직업이나 경제력, 범죄전력, 예상되는 주형과 부수처분의 종류, 약물중독 등으로 인한 심신미약정도, 마약투약으로 수사받던 피고인이 중요한 수사협조를 하여 특별감경 양형요소로 반영될 개연성이 높은 경우 등 피고인에게 유리한 양형요소를 주장할 필요성이 있다면 피고인의 권리보호를 위하여서는 피고인의 명시적 의사에 반하지 아니하는 범위에서 국선변호인을 선정하여 방어권을 보장해 줄 필요가 있다"(2024도4202)고 하였다. 또한 항소심에서의 국선변호인 선정과 관련하여 대법원은, 제1심에서 피고인의 청구 또는 직권으로 국선변호인이 선정되어 공판이 진행된 경우 항소법원은 특별한 사정변경이 없는 한 국선변호인을 선정하는 것이 바람직하고(2013도351), 나아가 "항소심에서 양형이 피고인에게 불리하게 변경되는 경우뿐 아니라, 제1심법원이 피고인에 대하여 무죄를 선고하였으나 검사가 항소한 사안에서 항소법원이 변호인이 선임되지 않은 피고인에 대하여 검사의 항소를 받아들여 유죄를 선고하는 경우에는 공판심리단계에서부터 국선변호인의 선정을 더욱 적극적으로 고려하여야 한다. 그리하여 국선변호인이 피고인을 위하여 유죄증명을 위한 검사의 주장과 증거제출에 대응하는 데에서 나아가, 제1심의 무죄판결에서는 판단된 바 없는 양형에 관한 주장과 그에 관한 자료를 제출하도록 함으로써 피고인의 권리를 보호할 필요성은 충분하다"(2024도4202)고 하였다.

57) 이때 선정하는 변호인은 변호사나 변호사 자격이 있는 장교 또는 군법무관시보로서 해당 사건에 관여하지 아니한 사람 중에서 선정하여야 한다. 다만, 보통군사법원은 변호사 또는 변호사 자격이 있는 장교를 변호인으로 선정하기 어려울 때에는 법에 관한 소양이 있는 장교를 변호인으로 선정할 수 있다(군사법원법 제62조 제2항).

자에 대한 구속영장청구가 기각되어 효력이 소멸한 경우를 제외하고는 제1심까지 효력이 있다(제201조의2 제8항). 다만, 법원은 변호인의 사정이나 그 밖의 사유로 변호인선정결정이 취소되어 변호인이 없게 된 때에는 직권으로 변호인을 다시 선정할 수 있다(동조 제9항).

(라) 체포·구속적부심사

구속된 피의자가 체포·구속적부심사에서 체포 또는 구속된 피의자에게 변호인이 없는 때에는 제33조의 규정을 준용한다(제214조의2 제10항).

(마) 공판준비기일의 절차

법원은 공판준비기일이 지정된 사건에 관하여 변호인이 없는 때에는 직권으로 변호인을 선정하여야 한다(제266조의8 제4항).

(바) 국민참여재판

국민참여재판법에 따른 국민참여재판에 관하여 변호인이 없는 때에는 법원은 직권으로 변호인을 선정하여야 한다(법 제7조).

(사) 재심사건

재심개시의 결정이 확정된 사건에 관하여 사망자 또는 회복할 수 없는 심신장애자를 위하여 재심청구가 있거나 유죄의 선고를 받은 자가 재심의 판결 전에 사망하거나 회복할 수 없는 심신장애자로 된 때에는 변호인이 출정하지 아니하면 개정하지 못한다(제438조 제3항). 따라서 이때 재심을 청구한 자가 변호인을 선임하지 아니한 때에는 재판장은 직권으로 변호인을 선임하여야 한다(동조 제4항).

<참고> 피해자변호사제도

성폭력처벌법에서는 성폭력범죄의 피해자 및 그 법정대리인이 형사절차상 입을 수 있는 피해를 방어하고 법률적 조력을 보장하기 위하여 변호사를 선임할 수 있도록 하고 있다(제27조 제1항). 이때 피해자에게 변호사가 없는 경우 검사는 국선변호사를 선정하여 형사절차에서 피해자의 권익을 보호할 수 있다. 다만, 19세 미만인 피해자나 신체적인 또는 정신적인 장애로 사물을 변별하거나 의사를 결정할 능력이 미약한 피해자에게 변호사가 없는 경우에는 국선변호사를 선정하여야 한다(동조 제6항). 그리고 청소년성보호법상 아동·청소년대상 성범죄(제30조), 아동학대처벌법상 아동학대범죄(제16조), 「장애인복지법」상 장애인학대사건(제59조의15), 「인신매매 등 방지 및 피해자보호 등에 관한 법률」상 인신매매 등 범죄(제16조)의 경우에 이를 준용하고 있다. 이외에 스토킹처벌법상 스토킹범죄(제17조의4)의 피해자에 대하여도 피해자변호사제도를 인정하고 있다.

4) 절 차

(가) 선정을 위한 고지

가) 공소제기 전의 경우

구속 전 피의자심문에서 심문할 피의자에게 변호인이 없거나 체포 또는 구속의 적부심사가 청구된 피의자에게 변호인이 없는 때에는 법원 또는 지방법원 판사는 지체 없이 국선변호인을 선정하고, 피의자와 변호인에게 그 뜻을 고지하여야 한다(규칙 제16조 제1항). 이때 국선변호인에게 피의사실의 요지 및 피의자의 연락처 등을 함께 고지할 수 있다(동조 제2항). 이 고지는 서면 이외에 구술·전화·모사전송·전자우편·휴대전화 문자전송 그 밖에 적당한 방법으로 할 수 있다(동조 제3항). 구속영장이 청구된 후 또는 체포·구속의 적부심사를 청구한 후에 변호인이 없게 된 때에도 마찬가지이다(동조 제4항).

나) 공소제기의 경우

재판장은 공소제기가 있는 때에는 변호인 없는 피고인에게 다음 각 호의 취지를 고지한다. 즉, (i) 제33조 제1항 제1호부터 제6호까지의 어느 하나에 해당하는 때에는 변호인 없이 개정할 수 없는 취지와 피고인 스스로 변호인을 선임하지 아니할 경우에는 법원이 국선변호인을 선정하게 된다는 취지(제1호), (ii) 제33조 제2항에 해당하는 때에는 법원에 대하여 국선변호인의 선정을 청구할 수 있다는 취지(제2호), (iii) 제33조 제3항에 해당하는 때에는 법원에 대하여 국선변호인의 선정을 희망하지 않는다는 의사를 표시할 수 있다는 취지(제3호)이다(규칙 제17조 제1항). 이 고지는 서면으로 하여야 한다(동조 제2항).

법원은 이 고지를 받은 피고인이 변호인을 선임하지 아니한 때 및 제33조 제2항의 규정에 의하여 국선변호인선정청구가 있거나 동조 제3항에 의하여 국선변호인을 선정하여야 할 때에는 지체 없이 국선변호인을 선정하고, 피고인 및 변호인에게 그 뜻을 고지하여야 한다(동조 제3항). 공소제기가 있은 후 변호인이 없게 된 때에도 마찬가지이다(동조 제4항).

(나) 선정방법

국선변호인의 선정은 법원의 선정결정에 의한다. 변호인 선임을 고지받은 피고인·피의자가 상당한 기간 내에 변호인을 선임하지 않으면 법원은 지체 없이 국선변호인을 선정하여야 한다.[58] 다만, 청구국선(제33조 제2항)의 경우에는

58) 판례는 피고인에 대하여 제1심법원이 집행유예를 선고하였으나 검사만이 양형부당을

피고인 또는 변호인선임의 대리권자의 청구가 있어야 한다. 국선변호인 선정을 청구하는 경우 소명자료를 제출하여야 한다. 다만, 기록에 의하여 그 사유가 소명되었다고 인정될 때에는 그러하지 아니하다(규칙 제17조의2, 2017도18706).

피고인의 국선변호인선정청구가 있는 경우에 법원이 아무런 결정을 하지 않은 채 변호인 없이 공판절차를 계속 진행하여 심리를 마친 것은 위법이다(2006도3213). 제1심에서 피고인의 청구 또는 직권으로 국선변호인이 선정되어 공판이 진행된 경우에는 항소법원은 특별한 사정변경이 없는 한 국선변호인을 선정함이 바람직하다(대법원 국선변호에 관한 예규 제6조-제8조 참조, 2013도351).

한편, 국선변호인을 선정할 사건에서 이미 선임된 변호인 또는 선정된 국선변호인이 출석하지 아니하거나 퇴정한 경우에 부득이 한 때에는 피고인 또는 피의자의 의견을 들어 재정 중인 변호사 등, 국선변호인의 자격을 가진 자를 국선변호인으로 선정할 수 있다(규칙 제19조 제1항). 또한 구속피고인의 국선변호인선정청구에 대한 국선변호인선정결정 후에 국선변호인의 사임허가신청을 받아들여 사임허가와 선정취소결정을 한 경우, 피고인이 국선변호인선정청구나 그 조력을 받을 권리를 남용하는 등의 특별한 사정이 없는 한 지체 없이 새로운 국선변호인을 선정하여야 한다(2006도3213).

(3) 선정의 취소와 사임

1) 취 소

법원 또는 지방법원 판사는 (i) 피고인 또는 피해자에게 변호인이 선임된 때(제1호), (ii) 국선변호인이 국선변호인의 자격을 상실한 때(제2호), (iii) 법원 또는 지방법원 판사가 국선변호인의 사임을 허가한 때(제3호)에는 국선변호인의 선정을 취소하여야 한다(규칙 제18조 제1항).

법원 또는 지방법원 판사는 (i) 국선변호인이 그 직무를 성실하게 수행하지 아니하는 때(제1호), (ii) 피고인 또는 피의자의 국선변호인 변경신청이 상당하다고 인정하는 때(제2호), (iii) 그 밖에 국선변호인의 선정결정을 취소할 상당한

이유로 항소한 사안에서, "항소심이 변호인이 선임되지 않은 피고인에 대하여 검사의 양형부당 항소를 받아들여 형을 선고하는 경우에는 판결선고 후 피고인을 법정구속한 뒤에 비로소 국선변호인을 선정하는 것보다는, 피고인의 권리보호를 위해 판결선고 전 공판심리단계에서부터 제33조 제3항에 따라 피고인의 명시적 의사에 반하지 아니하는 범위 안에서 국선변호인을 선정해 주는 것이 바람직하다"(2016도7622)고 하였다.

이유가 있는 때(제3호)에는 국선변호인의 선정을 취소할 수 있다(동조 제2항).

법원이 국선변호인의 선정을 취소한 때에는 지체 없이 그 뜻을 해당되는 국선변호인과 피고인 또는 피의자에게 통지하여야 한다(동조 제3항).[59]

2) 사 임

국선변호인은 (i) 질병 또는 장기여행으로 인하여 국선변호인의 직무를 수행하기 곤란할 때(제1호), (ii) 피고인 또는 피의자로부터 폭행, 협박 또는 모욕을 당하여 신뢰관계를 지속할 수 없을 때(제2호), (iii) 피고인 또는 피의자로부터 부정한 행위를 할 것을 종용받았을 때(제3호), (iv) 그 밖에 국선변호인으로서의 직무를 수행하는 것이 어렵다고 인정할 만한 상당한 사유가 있을 때(제4호)에는 사임할 수 있다(규칙 제20조).

법원 또는 지방법원 판사가 국선변호인의 사임을 허가한 때에는 국선변호인의 선정을 취소하여야 한다(규칙 제18조 제1항 제3호).

(4) 보 수

국선변호인은 일당·여비·숙박료 및 보수를 청구할 수 있다(형사소송비용법 제2조 제3호). 국선변호인에게 지급할 일당, 여비 및 숙박료와 보수의 기준 및 금액은 대법원규칙(형사소송비용규칙 제6조)으로 정하는 범위에서 법원이 정한다(형사소송비용법 제8조). 다만, 국선변호인에게 지급하는 일당, 여비 및 숙박료는 국선변호인이 기일에 출석하거나 조사 또는 처분에 참여한 경우에만 지급한다(동법 제10조 후문). 그러나 공익법무관, 변호사자격이 있는 장교, 군법무관시보인 국선변호인에 대하여는 보수를 지급하지 않는다. 다만, 피고인 또는 피의자의 접견을 위한 비용 기타 재판장이 인정하는 실비를 변상할 수 있다(형사소송비용규칙 제6조 제3항).

Ⅲ. 변호인의 소송법상 지위

1. 변호인의 성격

변호인은 공공성을 지닌 법률전문가로서 피고인 또는 피의자로부터 독립하여

---

59) 법원은 국선변호인이 그 임무를 해태하여 국선변호인으로서의 불성실한 사적이 현저하다고 인정할 때에는 그 사유를 대한변호사협회장 또는 소속지방변호사회장에게 통고할 수 있다(규칙 제21조).

국가형사사법기관에의 협조의무로부터 자유롭게 그 직무를 행한다(변호사법 제2조). 따라서 변호인은 피고인·피의자의 방어권행사를 도와주기 위한 보호자적 지위와 실체적 진실발견을 지향하는 형사절차의 적정한 진행에 협력하여야 할 공익적 지위를 가진다(통설).[60] 다만, 보호자로서의 지위와 공익적 지위가 충돌할 경우에는 보호자로서의 지위를 기본으로 하고, 공익적 지위는 그 한계로서 이해하여야 한다.

<변호인의 지위에 따른 차이>

	보호자로서의 지위	공익적 지위
변호의 개념	무죄석방 또는 가벼운 처벌이라는 피고인·피의자 개인의 이익을 실현함	범죄사실을 올바르게 인정하도록 함(형사사법의 적정실현)
행동원칙	변호인은 피고인·피의자에 의해 언제든지 해임될 수 있고, 그의 지시에 구속된다(계약원칙)	형사사법이 형성한 규범들의 총체에 구속된다(정의원칙)
기본의무	보호의무, 침묵의무(비밀유지의무)	진실의무(진실왜곡과 조작금지)

2. 보호자로서의 지위

(1) 보호기능

변호인은 피고인 또는 피의자에게 부족한 법률지식을 제고할 뿐만 아니라 피고인과의 접견을 통하여 심리적 불안과 열등감을 해소하여 주는 보호기능을 행사한다. 따라서 변호인은 피고인에게 유리한 증거를 수집·제출하고 유리한 사실을 주장하여야 하며, 피고인에게 불리하게 활동하여서는 아니 될 뿐만 아니라 소송의 적법성이 보장되도록 감시하는 역할을 다하여야 한다. 이러한 의미에서 변호인은 피고인에 대한 법률의 봉사자임과 동시에 사회적 봉사자라고도 한다.

(2) 정당한 이익의 보호

변호인은 피고인의 독립된 보조자로서 피고인의 의사에 종속되지 않고 독립

60) 변호인의 성격에 대하여 법원, 검사와 함께 형사절차에서 실체적 진실발견의 임무를 수행하는 사법기관이라고 하는 견해가 있다. 다만, 이 견해에서는 변호인의 사법기관성은 변호인에게 피고인·피의자의 적극적 대화참여기회를 형식적·실질적으로 도울 수 있는 법적 지위가 보장됨을 의미한다고 한다. 이는 통설이 말하는 보호자적 지위와 공익적 지위를 포함하는 개념으로 이해된다는 점에서 통설과 사실상 차이가 없다.

하여 자기의 판단에 따라 정당한 이익만을 보호하여야 한다(제36조). 이에 변호인은 피고인의 소송행위에 대하여 포괄적 대리권을 가지는 것 외에 독립대리권과 고유권을 가진다. 따라서 변호인은 피고인의 정당한 이익을 보호하기 위하여 필요하다고 판단하는 때에는 피고인의 의사에 반하여 주장이나 입증활동을 할 수 있다. 이 점에서 민사소송의 경우와 구별된다.

(3) 신뢰관계의 유지

변호인이 피고인의 보호자로서 보호기능을 다하기 위해서는 피고인과 변호인 사이의 신뢰관계가 전제되어야 한다. 따라서 변호인에게는 비밀유지의무(침묵의무)가 있다(변호사법 제26조). 이는 피고인이 변호인에게 자백한 경우도 증거불충분 등의 이유로 무죄석방될 수 있는 법석 이익이 있다는 점에서 보호의무의 연장선상에서 인정된다.[61]

변호사 또는 변호사의 직에 있었던 자가 업무처리 중에 지득한 타인의 비밀을 누설한 때에는 「변호사법」에 의한 징계대상이 됨(제91조 제2항 제1호)은 물론, 「형법」상 업무상 비밀누설죄(제317조)가 성립한다. 또한 이들 변호사의 증언은 절차법에는 위반되지 않더라도 실체형법위반의 위법수집증거로서 그 증거능력이 배제된다.

3. 공익적 지위

(1) 진실의무

형사소송의 일익을 담당하는 법조기관인 변호인은 형사소송의 이념을 존중하여야 한다. 따라서 변호인은 진실과 정의의 요청에 구속된다. 「변호사법」 제1조 제1항에서는 “변호사는 기본적 인권을 옹호하고 사회정의를 실현함을 사명으로 한다”고 규정하고 있으며, 제24조 제2항에서는 “변호사는 그 직무를 수행할 때에 진실을 은폐하거나 허위의 진술을 하여서는 아니 된다”고 규정하고 있다.

변호인의 진실의무는 단지 피고인에 대한 보호기능을 행사함에 있어서 소극적으로 진실에 구속되어야 한다는 것(소극적 실체적 진실발견)을 의미한다. 따라서 변

---

61) 변호인의 비밀유지의무를 변호인의 사법기관지위에서 나오는 것으로 이해하는 견해도 있다. 즉, 형사절차에 휘말려드는 개인의 비밀을 지켜주는 것은 형사사법이 범죄투쟁을 전개하는 경우에 지켜야 할 행동한계(비례의 원칙)의 하나이기 때문이라고 한다.

호인은 그 직무를 수행함에 있어서 법률상 허용되지 않는 수단이나 국가의 법질서에 반하는 변호활동을 할 수는 없다. 다만, 변호인의 진실의무는 피고인·피의자의 정당한 법적 이익을 보호하는 한도에서만 인정되므로 변호인이 피고인에게 불리한 증거를 제출하거나 불리한 주장을 하는 것은 허용되지 않는다.

(2) 변호활동과 그 한계

1) 법적 조언

변호인이 피고인에게 소송법상의 권리를 알려주고 실체법적·소송법적 지식에 대하여 조언하는 것은 물론, 증언내용이나 증거와 같은 사실 또는 이에 대한 판단을 가르쳐 주는 것은 언제나 허용된다. 그러나 피고인 또는 피의자가 진실에 반하는 주장을 하는 것을 알면서 이에 적극 동참하여 동일한 법적 주장을 하거나 피고인이 주장하고 있음을 기초로 무죄변론하는 것은 금지된다.

2) 피고인의 행위에 대한 지시

피고인에게 소송법상 권리를 행사하도록 권하는 것은 당연히 허용되므로 진술거부권의 행사를 권고하더라도 진실의무에 반하지 않는다(다수설, 2006모656). 그러나 허위진술이나 부인, 임의의 자백의 철회 또는 진실에 반하는 사실의 주장 등을 지시하거나 도망을 권유하는 것은 금지된다(2012도6027).

3) 증거수집

변호인이 피고인·피의자에게 유리한 증거를 수집하는 것은 당연한 의무이다. 따라서 변호인이 증인을 법정 이외의 장소에서 사전에 신문하는 것도 허용된다.

그러나 증인에게 위증을 교사하거나 증거인멸을 지시하는 것은 금지된다. 다만, 증인에게 증언거부권의 행사를 권고하는 것은 허용되며, 변호인이 피고인의 진술내용을 다른 공동피고인의 변호인에게 전달하거나 고소인이나 피해자를 만나 합의 또는 고소취소를 시도하는 것도 허용된다.

4) 무죄변론

변호인은 피고인 또는 피의자가 유죄임을 알게 된 때에도 검사나 법원에 고지할 의무가 없으며, 이때에도 입증의 미비 등을 이유로 무죄변론을 할 수 있다. 또한 피고인이 무죄라고 확신하는 경우에는 피고인의 의사 여부에 관계없이 무죄의 주장과 입증에 노력하여야 하며, 피고인이 자백한 경우에도 그 자백이 사실이 아니라고 믿은 때에는 피고인을 위하여 무죄변론을 하여야 한다.

5) 상 소

피고인이 유죄라고 인정되는 경우에도 소송기록이 사실과 달리 잘못 기재되어 있는 경우에는 변호인이 이를 이유로 상소할 수 있다.

Ⅳ. 변호인의 권한

변호인은 피고인 또는 피의자의 소송행위를 대리하는 대리권과 변호인에게 인정되는 고유권이 있다. 이 권한은 사선변호인과 국선변호인, 변호사인 변호인과 특별변호인 사이에 차이가 없다.

1. 대 리 권

변호인은 성격상 대리가 허용되는 피고인 또는 피의자의 모든 소송행위에 대하여 포괄적 대리권을 가진다. 다만, 피고인·피의자가 증거방법으로서 하는 행위는 대리가 허용되지 않는다.

한편, 제36조에서는 "변호인은 독립하여 소송행위를 할 수 있다. 다만, 법률에 다른 규정이 있는 때에는 예외로 한다"고 규정하고 있다. 동조의 의미에 관하여는 ① 제36조가 '독립하여'라고 규정하고 있고, 변호인의 지위약화를 방지하여야 한다는 점을 고려할 때 형소법상 변호인의 법적 권리로 인정된 것은 모두 고유권이라고 하는 견해(고유권설)가 있다. 그러나 ② 제36조 단서가 법률에 다른 규정이 있는 경우를 예정하고 있고, 고유권과 독립대리권은 그 효력에 있어서 차이가 있으며, 소송행위영역에 따라서는 변호인의 전문적 판단이 요구되면서도 본인의 의사내용 또한 중요한 영역이 있다는 점 등을 고려하여 고유권 외에 독립대리권을 인정한 것이다(다수설). 독립대리권의 경우에는 피고인·피의자가 권리를 상실하면 변호인의 권리도 상실하게 되므로 법률관계를 명확히 하고 절차의 확실성을 유지하는데 도움이 된다.

(1) 종속대리권

종속대리권이란 본인의 의사에 종속하는 대리권을 말한다. 토지관할의 병합신청(제6조), 관할이전의 신청(제15조), 토지관할위반의 신청(제320조), 상소취하(제351조), 약식명령에 대한 정식재판의 취하(제458조, 제351조) 등이 있다.

(2) 독립대리권

본인의 명시한 의사에 반하여 행사할 수 있는 권리로는 체포 · 구속적부심사청구(제214조의2 제1항), 구속취소청구(제93조), 보석청구(제94조), 증거보전청구(제184조), 공판기일변경신청(제270조 제1항), 증거조사에 대한 이의신청(제296조), 공소장변경시 공판절차정지청구(제298조 제4항), 변론의 분리 · 병합 · 재개신청(제300조, 제305조), 재판장의 처분에 대한 이의신청(제304조) 등이 있다.

또한 본인의 명시의 의사에 반할 수는 없으나 묵시의 의사에 반하여 행사할 수 있는 권리로는 기피신청(제18조 제2항), 증거동의(제318조, 2013도3), 상소제기(제341조), 약식명령에 대한 정식재판의 청구(제458조, 제351조) 등이 있다.[62]

2. 고 유 권

고유권이란 변호인의 권리로 특별히 규정된 것 중에서 성질상 대리권이라고 볼 수 없는 것을 말한다. 변호인의 전문적 판단이 피고인 · 피의자의 권리행사에 유리하거나 또는 그들의 의사와 별개의 독자성을 인정하는 것이 피고인 · 피의자에게 유리한 경우에 인정된다.

(1) 종 류

1) 협의의 고유권

협의의 고유권으로는 신체구속된 피고인 또는 피의자와의 접견교통권(제34조), 피의자신문참여권(제243조의2), 피고인신문권(제296조의2), 상고심에서의 변론권(제387조) 등이 있다.

---

62) 이 외에 수사기관작성 피의자신문조서의 내용인정(제312조 제3항)을 독립대리권으로 인정하기도 하며, 기피신청과 상소제기는 물론, 증거동의(제318조)와 약식명령에 대한 정식재판의 청구(제458조, 제351조)를 종속대리권으로 보는 견해도 있다.

2) 피고인·피의자와 중복하여 가지고 있는 권리

피고인 또는 피의자와 중복하여 가지고 있는 권리로는 소송관계서류 및 증거물의 열람·복사(제35조 제1항), 공판정심리의 전부 또는 일부에 대한 속기·녹음·영상녹화청구(제56조의2), 압수·수색 및 검증영장의 집행에의 참여(제121조, 제145조),[63] 증인신문(제161조의2), 증인신문에의 참여(제163조, 제221조의2 제5항), 감정에의 참여(제176조), 증거보전에 관한 서류와 증거물의 열람·등사(제185조), 피의자신문 시 변호인참여신청(제243조의2 제1항), 공소제기 후 검사가 보관하고 있는 서류 등의 열람·등사 또는 서면의 신청(제266조의3 제1항), 공판기일출석(제275조), 증거서류에 대한 낭독청구(제292조 제1항), 증거제출 및 증인신문신청(제294조 제1항, 제274조),[64] 최종의견진술(제303조) 등이 있다.

(2) 주요내용

1) 접견교통권

변호인 또는 변호인이 되려고 하는 자는 신체가 구속된 피고인 또는 피의자와 접견하고 서류 또는 물건을 수수할 수 있으며 의사로 하여금 진료하게 할 수 있다(제34조). 변호인의 접견교통권은 감시받지 않는 자유로운 접견교통을 내용으로 한다. 변호인이 피고인·피의자의 이익을 보호하고 방어활동을 협의하기 위하여 접견교통권이 필수적이라는 점에서 피고인·피의자를 조력할 변호인의 권리 중 가장 본질적이고 중요한 권리로서 평가되고 있다(후술 참조).

2) 피의자신문참여권

검사 또는 사법경찰관은 피의자 또는 그 변호인·법정대리인·배우자·직계친족·형제자매의 신청에 따라 변호인을 피의자와 접견하게 하거나 정당한 사유가 없는 한 피의자에 대한 신문에 참여하게 하여야 한다(제243조의2 제1항)(후술 참조).

---

63) 판례는 "제219조, 제121조가 규정한 변호인의 참여권은 피압수자의 보호를 위하여 변호인에게 주어진 고유권이다. 따라서 설령 피압수자가 수사기관에 압수·수색영장의 집행에 참여하지 않는다는 의사를 명시하였다고 하더라도, 특별한 사정이 없는 한 그 변호인에게는 제219조, 제122조에 따라 미리 집행의 일시와 장소를 통지하는 등으로 압수·수색영장의 집행에 참여할 기회를 별도로 보장하여야 한다"(2020도10729)고 하였다.

64) 변호인의 증거제출, 증인신문신청을 독립대리권으로 보는 견해가 있다.

3) 서류 등의 열람·복사 및 등사권

변호인의 서류 등의 열람·복사 및 등사권은 변호인의 조력을 받을 권리의 중요한 내용이자 구성요소이며, 이를 실현하는 구체적인 수단으로서 평가되고 있다. 이는 피고인·피의자를 위한 방어전략의 수집 외에 공판절차의 신속하고 원활한 진행도모 및 피고인에 대한 검사로부터의 기습적인 공격방지 등의 기능을 수행하는 것으로서 공정한 재판의 이념을 실현하는 것이기도 하다.

(가) 법원이 보관하고 있는 서류 등의 열람·복사

변호인은 소송계속 중의 관계서류 또는 증거물을 열람하거나 복사할 수 있다(제35조 제1항).[65] '서류 또는 증거물'의 범위에 대하여는 ① 검사가 공소제기 후 법원에 증거로 제출하지 아니한 서류와 증거물도 포함된다는 견해가 있다. 그러나 ② 형소법에서는 증거개시제도를 도입하여 공소제기 후 검사가 보관하고 있는 서류 또는 증거물에 대한 열람·복사권을 인정(제266조의3 이하)하고 있으므로 이때 서류 또는 증거물은 검사가 법원에 제출하였거나 법원이 작성·수집한 서류 또는 증거물을 의미한다.

법원이 보관하고 있는 서류 등에 대한 열람·복사권은 제한받지 않는다. 다만, 재판장은 피해자, 증인 등 사건관계인의 생명 또는 신체의 안전을 현저히 해칠 우려가 있는 경우에는 위의 열람·복사에 앞서 사건관계인의 성명 등 개인정보가 공개되지 아니하도록 보호조치를 할 수 있다(동조 제3항).

(나) 공소제기 후 검사가 보관하고 있는 서류 등의 열람·등사

변호인은 검사에게 공소제기된 사건에 관한 서류 또는 물건의 목록과 공소사실의 인정 또는 양형에 영향을 미칠 수 있는 서류 등, 즉 (i) 검사가 증거로 신청할 서류 등(제1호), (ii) 검사가 증인으로 신청할 사람의 성명·사건과의 관계 등을 기재한 서면 또는 그 사람이 공판기일 전에 행한 진술을 기재한 서류 등(제2호), (iii) 위의 제1호 또는 제2호의 서면 또는 서류 등의 증명력과 관련된 서류 등(제3호), (iv) 피고인 또는 변호인이 행한 법률상·사실상 주장과 관련된 서류 등(관련 형사재판확정기록, 불기소처분기록 등을 포함한다)(제4호)의 열람·등사 또는 서면의 교부를 신청할 수 있다(제266조의3 제1항). 또한 변호인은 검사가 서류 등의 열람·등

---

65) 피고인의 법정대리인, 특별대리인, 보조인 또는 피고인의 배우자·직계친족·형제자매로서 피고인의 위임장 및 신분관계를 증명하는 문서를 제출한 자도 소송계속 중의 관계서류 또는 증거물을 열람하거나 복사할 수 있다(제35조 제2항).

사 또는 서면의 교부를 거부하거나 그 범위를 제한한 때에는 법원에 그 서류 등의 열람·등사 또는 서면의 교부를 허용하도록 할 것을 신청할 수 있다(제266조의4 제1항).

법원의 열람·등사 허용 결정에도 불구하고 검사가 이를 신속하게 이행하지 아니하는 경우에는 해당 증인 및 서류 등을 증거로 신청할 수 없는 불이익을 받는 것(동조 제5항)에 그치는 것이 아니라, 그러한 검사의 거부행위는 피고인의 열람·등사권을 침해하고, 나아가 피고인의 신속·공정한 재판을 받을 권리 및 변호인의 조력을 받을 권리까지 침해하는 것이 된다(2009헌마257).

(다) 공소제기 전 수사기관이 보관하고 있는 서류 등의 열람·등사

공소제기 전 수사기관이 보관하고 있는 서류나 증거물 등에 대한 변호인의 열람·등사권은 인정되지 않는다. 다만, 구속적부심에서는 피의자의 변호인에게 수사기록 중 고소장과 피의자신문조서의 내용을 알 권리 및 그 서류들을 열람·등사할 권리가 인정된다(2000헌마474). 따라서 구속적부심에서 피의자심문에 참여할 변호인은 지방법원 판사에게 제출된 구속영장청구서 및 그에 첨부된 고소·고발장, 피의자의 진술을 기재한 서류와 피의자가 제출한 서류를 열람할 수 있다(규칙 제96조의21 제1항). 이때 지방법원 판사는 열람에 관하여 그 일시, 장소를 지정할 수 있다(동조 제3항).

그러나 검사는 증거인멸 또는 피의자나 공범관계에 있는 자가 도망할 염려가 있는 등 수사에 방해가 될 염려가 있는 때에는 지방법원 판사에게 위의 서류(구속영장청구서는 제외한다)의 열람제한에 관한 의견을 제출할 수 있고, 지방법원 판사는 검사의 의견이 상당하다고 인정하는 때에는 그 전부 또는 일부의 열람을 제한할 수 있다(동조 제2항). 입법론으로 피의자의 방어권보장을 위하여 공소제기 전의 수사기관의 수사서류도 수사에 방해되지 않는 범위 내에서 열람·등사를 허용할 필요가 있다.

제5절 보조인

보조인이란 일정한 신분관계에 기한 정의(情誼)에 의하여 피고인 또는 피의자의 이익을 보호하는 보조자를 말한다. 보조인제도는 피고인·피의자와 개인적 정

의와 신뢰관계에 있는 사람으로 하여금 조력하게 함으로써 이들의 심리적 불안을 해소하고, 방어권행사를 용이하게 해 줄 수 있는 것으로서 변호인제도를 보충하는 제도이다.

보조인이 될 수 있는 자는 피고인 또는 피의자의 법정대리인, 배우자, 직계친족, 형제자매이다(제29조 제1항). 보조인이 될 수 있는 자가 없거나 장애 등의 사유로 보조인으로서 역할을 할 수 없는 경우에는 피고인 또는 피의자와 신뢰관계 있는 자가 보조인이 될 수 있다(동조 제2항).

보조인은 독립하여 피고인 또는 피의자의 명시한 의사에 반하지 아니하는 소송행위를 할 수 있다. 다만, 법률에 다른 규정이 있는 때에는 예외로 한다(동조 제4항). 보조인은 제한적으로 독립대리권을 가지는 데 지나지 않는다.

보조인이 되고자 하는 자는 심급별로 그 취지를 신고하여야 한다(동조 제3항). 이 점에서 법원의 허가를 얻어 변호인의 지위를 얻는 특별변호인과는 구별된다(제31조 단서). 보조인의 신고는 서면 또는 구술로 할 수 있으며, 보조인이 되고자 하는 자와 피고인 또는 피의자 사이의 신분관계를 소명하는 서면을 첨부하여 하여야 한다(규칙 제11조 제1항). 공소제기 전의 보조인 신고는 제1심에도 그 효력이 있다(동조 제2항).

*** 형사절차에 있어서 피해자의 지위**

1. 의 의

피해자란 범죄로 인하여 법익이 침해된 자 또는 위협된 자를 말하며, 보호법익의 주체에 한하지 않고 행위객체인 경우도 포함한다. 형사절차에서는 피해자의 중요성을 인식하여 여러 가지 지위를 인정하고 있다.

2. 수사절차상 지위

(i) 수사사건 심의신청 - 피해자는 경찰 입건 전 조사·수사 절차 또는 결과의 적정성·적법성이 현저히 침해되었다고 판단하는 경우 경찰관서에 심의를 신청할 수 있다(경찰 수사사건 심의 등에 관한 규칙 제2조 제1항).

(ii) 고소권과 고소취소권 - 범죄로 인한 피해자는 고소할 수 있으며(제223조), 이 고소는 제1심 판결선고 전까지 취소할 수 있다(제232조 제1항).

(iii) 신변보호조치의 신청 - 피해자는 검사 또는 사법경찰관에게 피의자의 범죄수법, 범행 동기, 피해자와의 관계, 언동 및 그 밖의 상황으로 보아 피해자가 피의자 또는 그 밖의 사람으로부터 생명·신체에 위해를 입거나 입을 염려가 있다고 인정되는 경우에는 신변보호에 필요한 조치를 신청할 수 있다(수사준칙규정 제15조[66] 참조).

(ⅳ) 불송치 취지와 이유의 통지 - 사법경찰관은 불송치(제245조의5 제2호)의 경우에는 그 송부한 날부터 7일 이내에 서면으로 피해자에게 사건을 검사에게 송치하지 아니하는 취지와 그 이유를 통지하여야 한다(제245조의6).

(ⅴ) 압수물의 대가보관 통지 - 검사가 압수물에 대하여 대가보관처분을 하고자 하는 경우에는 피해자에게 미리 통지하여야 한다(제219조, 제135조).

(ⅵ) 압수장물의 피해자환부 - 수사기관은 압수한 장물이 피해자에게 환부할 이유가 명백한 때에는 피의사건의 종결 전이라도 결정으로 피해자에게 환부할 수 있다(제219조, 제134조).

(ⅶ) 불기소처분에 대한 불복 - 피해자는 검사의 불기소처분에 대한 불복수단으로서 검찰항고권(검찰청법 제10조), 재정신청권(제260조 이하) 및 헌법소원심판청구권(헌법재판소법 제68조 참조)이 있다.

3. 공소제기절차상 지위

피해자가 친고죄에 대하여 고소를 하지 않거나 고소를 취소한 경우 또는 반의사불벌죄에 대하여 처벌을 희망하지 않는 의사표시가 있거나 처벌을 희망하는 의사표시가 철회된 경우에 검사는 공소제기를 할 수 없다(검사규칙 제115조 제3항 제4호 차목, 카목).

4. 공판절차상 지위

(ⅰ) 피해자진술권 - 피해자는 당해사건의 형사절차에서 진술할 수 있는 권리를 가진다(헌법 제27조 제5항). 피해자의 신청이 있는 경우 법원은 피해자를 증인으로 신문할 수 있다(제294조의2).

(ⅱ) 소송기록의 열람·등사의 신청 - 소송계속 중인 사건의 피해자는 소송기록의 열람 또는 등사를 재판장에게 신청할 수 있다(제294조의4).

(ⅲ) 고소의 취소 및 처벌불원의 의사표시 - 피해자가 공소제기 후 제1심판결 선고 전까지 친고죄에 대하여 고소를 취소하거나 반의사불벌죄에 대하여 처벌불원의사를 표시한 경우에는 법원은 공소기각의 판결을 하여야 한다(제327조 제5호, 제6호).

(ⅳ) 압수장물의 피해자환부와 처분의 통지 - 압수를 계속할 필요가 없다고 인정되는 압수물은 피고사건 종결 전이라도 결정으로 환부하여야 하고 증거에 공할 압수물은 소유자, 소지자, 보관자 또는 제출인의 청구에 의하여 가환부할 수 있으며, 증거에만 공할 목적으로 압수한 물건으로서 그 소유자 또는 소지자가 계속 사용하여야 할 물건은 사진촬영 기타 원형보존의 조치를 취하고 신속히 가환부하여야 한다(제133조). 특히, 압수한 장물은 피해자에게 환부할 이유가 명백한 때에는 피고사건의 종결전이라도 피해자에게 환부할 수 있다(제134조). 이때 법원이 압수물처분에 관한 결정을 함에 있어서는 피해자에게 미리 통지하여야 한다(제135조).

한편, 법원은 압수한 장물로서 피해자에게 환부할 이유가 명백한 것은 판결로써 피해자에게 환부하는 선고를 하여야 한다(제333조).

(ⅴ) 배상명령신청 - 상해죄·중상해죄·상해치사와 폭행치사상 및 과실사상의

죄, 절도와 강도의 죄, 사기와 공갈의 죄, 횡령과 배임의 죄, 손괴의 죄에 있어서 피해자는 피고사건의 범죄행위로 인하여 발생한 직접적인 물적 피해 및 치료비손해에 대한 배상명령을 법원에 청구할 수 있다(소송촉진법 제25조 이하). 피해자가 소송촉진법에 의거해 배상명령을 한 경우에는 공판정출석권이 인정되고(법 제29조), 필요한 경우에는 공판절차를 현저히 지연시키지 않는 범위 내에서 재판장의 허가를 얻어 소송기록을 열람할 수 있고, 공판기일에 피고인 또는 증인을 신문할 수 있으며, 기타 필요한 증거를 제출할 수 있다(법 제30조 제1항). 다만, 위의 허가를 하지 아니한 재판에 대한 불복은 인정되지 않는다(동조 제2항).

(vi) 재판서 등의 등본 또는 초본 교부청구 - 피해자는 그 비용을 납입하고 재판서 또는 재판을 기재한 조서의 등본 또는 초본의 교부를 청구할 수 있다(제45조). 고소를 제기하지 아니한 피해자에게도 인정된다.

(vii) 소송비용의 부담 - 피해자가 고소를 한 사건에 대하여 피고인이 무죄 또는 면소의 판결을 받은 경우에 피해자에게 고의 또는 중대한 과실이 있는 때에는 소송비용의 전부 또는 일부를 부담하게 할 수 있다(제188조).

(viii) 사건의 진행경과에 대한 사실통지의 신청 - 검사는 피해자의 신청이 있는 때에는 해당 사건의 공소제기 여부, 공판의 일시·장소, 재판결과, 피의자·피고인의 구속·석방 등 구금에 관한 사실 등을 신속하게 통지하여야 한다(제2592조의2).[66)]

(ix) 유죄판결에 대한 판결공시의 청구 - 법원은 피해자의 이익을 위하여 필요하다고 인정할 때에는 피해자의 청구가 있는 경우에 한하여 피고인의 부담으로 판결공시의 취지를 선고할 수 있다(형법 제58조의2).[67)]

---

66) 검사 또는 사법경찰관은 피해자의 명예와 사생활의 평온을 보호하기 위해 「범죄피해자 보호법」 등 피해자 보호 관련 법령의 규정을 준수하여야 하며, 피의자의 범죄수법, 범행동기, 피해자와의 관계, 언동 및 그 밖의 상황으로 보아 피해자가 피의자 또는 그 밖의 사람으로부터 생명·신체에 위해를 입거나 입을 염려가 있다고 인정되는 경우에는 직권 또는 피해자의 신청에 따라 신변보호에 필요한 조치를 강구하여야 한다(수사준칙규정 제15조).

67) 이 외에도 범죄피해자에게는 범죄피해구조청구권(헌법 제30조, 범죄피해자 보호법 제16조)이 보장되어 있으며, 성폭력범죄, 아동학대범죄 및 장애인학대사건 피해자의 법률부조를 위한 피해자변호사제도가 마련되어 있다(성폭력처벌법 제27조 등).

제2장 소송행위와 소송절차

제1절 소송행위의 의의와 종류

Ⅰ. 소송행위의 의의와 특성

1. 의 의

소송행위란 소송절차를 조성하는 행위로서 직접 소송법상의 효과가 인정되는 것을 말한다. 소송행위는 협의로는 공판절차를 조성하는 행위를 말하며, 광의로는 공판절차를 조성하는 행위 외에 수사절차와 형집행절차를 조성하는 행위를 포함한다.

소송절차는 소송주체의 연속된 소송행위에 의해 발전해 가는 과정이다. 따라서 소송에 관계있는 행위라도 법관의 임면, 사법사무의 분배 등과 같이 소송절차 지체를 조성하는 행위가 아닌 행위나 정리(廷吏)의 법정정리나 개정준비행위 등과 같이 사실상 소송진행에 기여하더라도 소송법적 효과가 인정되지 않는 행위는 소송행위가 아니다. 그러나 자수, 자백 등은 소송법상 효과가 인정됨과 동시에 실체법상의 효과가 인정되는 이중기능적 소송행위이다.

2. 특 성

소송행위는 판결과 집행이라는 소송목적을 달성하기 위하여 이루어지는 일련의 연쇄적인 소송절차를 구성하는 개개의 행위이다. 따라서 소송행위는 법적 안정성을 위하여 형식적 확실성이 요구되므로 법률행위적 소송행위는 의사표시와 진의(眞意)가 다르더라도 원칙적으로 무효가 되는 것은 아니다(절차유지의 원칙).

Ⅱ. 소송행위의 종류

1. 주체에 의한 분류[68)]

(1) 법원의 소송행위

법원에 의한 소송행위란 법원이 하는 소송행위를 말한다. 피고사건에 대한 심리와 재판, 법원에 의한 강제처분과 증거조사 등이 이에 해당한다. 이 외에 재판장, 수명법관 또는 수탁판사의 소송행위는 물론, 법원사무관 등[69)]의 조서작성행위 등도 법원의 소송행위에 준하여 취급된다.

(2) 당사자의 소송행위

당사자의 소송행위란 검사와 피고인의 소송행위를 말한다. 피고인의 변호인, 대리인, 보조인의 소송행위도 당사자의 소송행위에 준한다. 이에는 신청 또는 청구, 입증, 진술 등이 있다.

'신청' 또는 '청구'란 법원에 대하여 일정한 재판을 구하는 소송행위를 말한다. 관할이전의 신청(제15조), 기피신청(제18조), 보석청구(제94조), 공소제기(제246조), 증거신청(제294조), 증거조사에 대한 이의신청(제296조), 상소제기(제338조) 등이 이에 해당한다. 당사자의 신청 또는 청구가 법에 의해 당사자의 권리로 인정된 때에는 법원은 이에 대하여 재판을 하여야 한다.

'입증'이란 증명에 관한 소송행위를 말한다. 증거제출(제294조 제1항), 증거조사(제290조 이하), 증인신문(제161조의2), 감정인신문(제177조) 등이 이에 해당한다.

'진술'이란 법원에 대하여 사실을 보고하거나 사실상·법률상의 견해를 제시하는 소송행위를 말한다. 이는 사실과 법률에 대한 의견을 말하는 주장과 법원의 심증형성에 영향을 미치는 사실을 말하는 협의의 진술을 포함한다. 검사의 논고와 구형, 변호인의 변론 등은 전자에 해당하고, 피고인진술 등은 후자에 해당한다.

---

68) 소송행위의 구분에는 ① 소송행위의 주체에 따라 법원의 소송행위, 수사기관의 소송행위 및 집행기관의 소송행위로 세분하는 견해와 ② 형사절차의 단계에 따라 수사절차상 소송행위, 공판절차상 소송행위, 비상구제절차상 소송행위, 재판의 집행절차상 소송행위, 기타 절차상 소송행위로 구분하는 견해가 있다.

69) '법원사무관 등'이라고 함은 법원서기관, 법원사무관, 법원주사, 법원주사보를 말한다(규칙 제28조 참조).

(3) 제3자의 소송행위

제3자의 소송행위란 법원과 당사자 이외의 자가 행하는 소송행위를 말한다. 고소와 그 취소(제223조, 제232조), 고발(제234조), 참고인진술(제245조), 증인의 증언(제146조 이하), 감정인의 감정(제169조 이하), 피고인 아닌 자의 압수물에 대한 환부·가환부의 청구(제133조 이하) 등이 이에 해당한다.

2. 기능에 의한 분류

(1) 효과요구 소송행위

효과요구 소송행위란 행위자의 행위만으로는 소송법적 효과가 나타나지 않고 법원의 재판을 통하여 비로소 법적 효과가 나타나는 소송행위를 말하며, 취효적(取效的) 소송행위라고도 한다. 기피신청(제18조), 공소제기(제246조), 증거신청(제294조), 증거조사에 대한 이의신청(제296조), 변론의 분리·병합신청(제300조), 변론재개신청(제305조), 관할위반의 신청(제320조 제1항) 등이 이에 해당한다.

효과요구 소송행위는 행위자의 의사내용을 중심으로 법효과의 발생 여부를 판단한다.

(2) 효과부여 소송행위

효과부여 소송행위란 소송행위에 내재되어 있는 행위자의 의사표시에 의하여 소송법적 효과가 나타나는 소송행위를 말하며, 여효적(與效的) 소송행위라고도 한다. 고소취소(제232조), 상소의 포기나 취하(제349조), 약식명령에 대한 정식재판청구의 취하(제454조) 등이 이에 해당한다.

효과부여 소송행위는 행위의 형식요건이 갖추어져 있지 않으면 '부적법각하'의 판단을 내리고, 형식요건이 충족되면 다시 실질요건을 심사하여 그 요건이 갖추어져 있지 않으면 '이유 없으므로 기각한다'는 판단을 내린다.

3. 성질에 의한 분류

(1) 법률행위적 소송행위

법률행위적 소송행위란 일정한 소송법적 효과를 목적으로 하는 의사표시를 요소로 하고, 그에 상응하여 소송법에서 정한 법률효과가 발생하는 소송행위를 말한다. 기피신청(제18조), 재판의 선고(제37조), 보석청구(제94조), 고소(제223조), 공소제기(제246조, 2003도2735), 상소제기(제338조), 상소권회복청구(제345조) 등이 이에 해당한다.

(2) 사실행위적 소송행위

사실행위적 소송행위란 행위주체의 의사와 관계없이 행위 자체에 일정한 소송법적 효과가 발생하는 소송행위를 말한다. 이에는 의사를 내용으로 하는 소송행위이지만 그에 상응하는 소송법적 효과가 인정되지 않는 표시행위와 순수한 사실행위가 있다.[70] 변호인의 변론, 증인의 증언(제164조 이하), 감정인의 감정(제169조 이하), 검사의 논고와 구형(제302조), 피고인의 최후진술(제303조) 등은 전자에 해당하고, 체포영장이나 구속영장 또는 압수·수색영장의 집행(제81조, 제200조의2, 제115조 등), 피고인의 퇴정(제281조) 등은 후자에 해당한다.

4. 목적에 의한 분류

(1) 실체형성행위

실체형성행위란 실체면의 형성에 직접적인 역할을 하는 소송행위, 즉 피고사건에 대한 법관의 심증형성에 직접적인 역할을 담당하는 소송행위를 말한다. 법원의 검증(제139조 이하), 증인의 증언(제146조 이하), 증거조사(제290조 이하), 피고인신문 시의 진술(제296조의2), 검사의 의견진술(제302조), 변호인의 변론과 피고인의 최후진술(제3030조) 등이 이에 해당한다. 실체형성행위는 사정변경에 따른 소송행위의 추완이나 취소가 인정된다.

(2) 절차형성행위

절차형성행위란 절차의 형식적 발전과 그 발전을 추구하는 절차면의 형성에 역할을 담당하는 행위를 말한다. 공소제기(제246조), 공판기일의 지정(제267조 제1항), 소송관계인의 소환(제267조 제2항), 증거신청(제294조), 상소제기(제338조) 등이 이에 해당한다.[71] 절차형성행위는 취소가 불가능하다.

---

70) 영장집행은 사실행위이지만 영장발부는 법률행위적 소송행위이므로 구속은 사실행위와 법률행위가 복합된 소송행위이다.

71) 재판은 실체에 대한 법원의 판단이지 실체형성행위는 아니다. 다만, 유·무죄의 실체판

제2절 소송행위의 일반적 요소

형사절차가 동적·발전적 과정이므로 형사절차를 형성하는 소송행위도 동적·발전적 성격을 가지게 되며, 이로 인해 소송행위에는 형식적 확실성이 요구되므로 정형(定型)에 합치할 것이 요구된다. 소송행위의 정형은 개개의 소송행위에 따라 다르다. 소송행위의 일반적인 요소로는 주체, 내용, 방식, 일시 및 장소 등이 있다.

Ⅰ. 소송행위의 주체

1. 소송행위적격

소송행위적격이란 소송행위의 주체가 그의 이름으로 소송행위를 할 수 있는 자격을 말하며, 일반소송행위적격과 특별소송행위적격으로 나뉜다.

(1) 일반소송행위적격

일반소송행위적격이란 소송행위 일반에 요구되는 행위적격을 말한다. 소송행위의 주체가 되기 위해서는 소송능력뿐만 아니라 소송행위능력이 있어야 한다. 소송행위능력이란 소송을 수행하면서 자신의 이익과 권리를 방어할 수 있는 사실상 능력을 말하며, 변론능력이라고도 한다. 소송행위를 대리할 경우에는 대리권이 있어야 한다.

(2) 특별소송행위적격

특별소송행위적격이란 개개의 소송행위에 대하여 요구되는 행위적격을 말한다. 행위적격이 소송행위의 개념요소로 되어 있는 때에는 행위적격 없는 자의 소송행위는 소송행위로서 성립하지 않는다. 법관이 아닌 자가 한 소송행위나 검사가 아닌 자의 공소제기 등이 이에 해당한다. 그러나 소송행위가 일정한 자의 권한으로 규정되어 있는 경우에는 권한 없는 자의 소송행위도 일단 소송행위가 성립하되, 무효가 된다. 고소권자가 아닌 자의 고소, 상소권자 아닌 자의 상소 등이 이에 해당한다.

결을 절차형성행위라고 하는 견해도 있다.

2. 소송행위의 대리

소송행위의 대리란 제3자가 본인을 위하여 소송행위를 하고, 그 효과가 본인에게 직접 미치는 것을 말한다. 소송행위는 사실행위인가 법률행위인가를 불문하고 행위적격자의 대리가 허용된다. 다만, 법원과 검사의 소송행위는 대리를 인정할 여지가 없으므로 소송행위의 대리는 피고인·피의자와 제3자의 소송행위에 대해서만 인정된다.

(1) 대리의 허용범위

1) 명문의 규정이 있는 경우

형소법상 명문으로 포괄적 대리를 인정하는 경우로는 의사무능력자의 법정대리인에 의한 소송행위의 대리(제26조), 법인의 대표자에 의한 소송행위의 대리(제27조), 의사무능력자 또는 법인의 특별대리인에 의한 소송행위의 대리(제28조), 변호인 또는 보조인에 의한 소송행위의 대리(제36조, 제29조),[72] 경미사건 등에서의 피고인의 대리인에 의한 소송행위의 대리(제277조) 등이 있다.

또한 개개의 소송행위에 대한 대리를 인정하는 경우로는 변호인선임의 대리(제30조), 체포·구속적부심사청구의 대리(제214조의2), 고소 또는 그 취소의 대리(제236조), 재정신청의 대리(제264조), 상소의 대리(제340조, 제341조) 등이 있다.

2) 명문의 규정이 없는 경우

형소법상 소송행위의 대리를 허용하는 명문규정이 없는 경우에 대리가 허용되는지에 대하여는 ① 형소법상 대리가 허용되는 경우를 명문으로 규정하고 있는 취지와 명문의 규정이 없음에도 소송행위의 대리를 인정할 경우 형식적 확실성을 해칠 우려가 있고, 소송행위는 원칙적으로 일신전속적 성질을 가지고 있으므로 대리에 친하지 않으며, 본인이 아닌 대리인이 소송행위를 함에 따라 실체적 진실발견에 지장을 초래할 수 있다는 점에서 이를 부정하는 견해가 있다. 그러나 ② 명문의 규정이 없기 때문에 언제나 대리가 허용되지 않는다는 것은 타당하지 않고, 대리인의 권한이 확실할 경우에는 형식적 확실성을 해칠 가능성이 없으며, 소송행위가 모두 일신전속적 성질을 가지는 것도 아닐 뿐만 아니라 절차형성행위에

---

72) 공판기일에 피고인의 출석(제276조)과 피고인의 진술(제286조, 제296조의2, 제303조) 등은 그 성격상 변호인에 의한 대리가 인정되지 않는다.

대해서 대리를 허용하더라도 실체적 진실발견에 지장을 초래하지 않고, 대리를 허용하는 것이 피고인 등 본인에게 이익이 될 수 있으므로 명문의 규정이 없는 경우에도 대리를 허용하여야 한다(다수설). 다만, 법원이 필요하다고 인정하는 경우 또는 대리에 의하더라도 실체적 진실발견에 지장이 없다고 인정되는 경우에는 명문의 규정이 없더라도 피고인 등의 이익을 위하여 대리를 인정하는 입법의 보완이 요구된다.

판례는 "음주운전과 관련한 도로교통법위반죄의 범죄수사를 위하여 미성년자인 피의자의 혈액채취가 필요한 경우에도 피의자에게 의사능력이 있다면 피의자 본인만이 혈액채취에 관한 유효한 동의를 할 수 있고, 피의자에게 의사능력이 없는 경우에도 명문의 규정이 없는 이상 법정대리인이 피의자를 대리하여 동의할 수는 없다"(2013도1228)고 한다.

(2) 대리권의 행사

소송행위에서 대리권의 행사는 본인의 의사에 따라야 한다(대리의 종속성). 다만, 본인의 명시 또는 묵시의 의사에 반하여 대리권을 행사할 수 있는 경우도 있다. 법정대리인 등의 변호인선임권(제30조 제2항), 상소권행사(제340조, 제341조) 등이 이에 해당한다. 다만, 변호인에게는 독립대리권이 인정된다(제36조).

그러나 대리권이 없는 자가 행한 소송행위는 무효이다. 대리권이 있는 경우라도 본인의 의사에 따를 것을 요하는 경우에 본인의 의사에 반하여 소송행위를 하면 무효가 된다. 다만, 이 경우에도 본인의 추인이 있으면 절차의 확실성을 해하지 않는 한 무효가 치유될 수 있다.

Ⅱ. 소송행위의 내용

1. 형식적 확실성

소송행위에는 형식적 확실성이 요청되므로 표시내용이 소송행위 자체에 의하여 명확히 나타나야 한다. 다만, 다른 서면의 기재내용을 인용하는 것도 형식적 확실성을 해하지 않는 범위 내에서는 허용된다. 따라서 상소심의 재판서에서 원심판결에 기재된 사실과 증거를 인용하는 것(제369조, 제399조)과 조서에 서면, 사진 기타 법원이 적당하다고 인정한 것을 소송기록에 첨부하여 인용하는 것(규칙 제29조)

은 가능하다. 동시에 제출된 다른 서면을 인용하는 것도 허용된다.

2. 소송행위의 부관

소송행위의 부관이란 조건이나 기한 등으로 소송행위의 효과발생 또는 소멸에 관해 이를 한정하기 위해 소송행위에 부가되는 제한을 말한다.

소송행위의 부관이 허용되는지에 대하여는 ① 소송절차의 명확성과 안정성 및 소송관계인의 이익보호를 위하여 법령에 명문의 규정이 없는 한 소송행위에 조건이나 기한을 붙이는 것은 허용되지 않는다는 견해가 있다. 그러나 ② 소송행위는 형식적 확실성, 법적 안정성, 신속성의 요청으로 인해 원칙적으로 조건부·기한부 소송행위는 허용되지 않지만, 공소사실 또는 적용법조의 예비적·택일적 기재와 같이 법령에 의해 허용되는 경우나 조건부 또는 택일적 증거신청과 같이 형식적 확실성을 해치지 않고 피고인의 이익에 중대한 영향을 미치지 않는 경우에는 부관이 허용된다(다수설).

Ⅲ. 소송행위의 방식

소송행위의 방식은 소송의 법적 안정성과 형식적 확실성의 확보 및 피고인의 이익보호를 위하여 형소법에서 개별적으로 규정하고 있다. 다만, 법정에서는 국어를 사용하여야 하며, 소송관계인이 국어에 통하지 못한 때에는 통역을 사용하여야 한다(법조법 제62조).

1. 구두주의

구두주의는 소송행위를 직접 말로 표현하는 방식으로 행하는 것으로서, 구술주의라고도 한다. 구두주의는 표시내용이 명확하며, 진술자의 태도 등을 통하여 표시내용이 신속하고 중간에 의사표시의 왜곡 없이 상대방에게 전달되는 장점이 있다.

제275조의3에서는 "공판정에서의 변론은 구두로 하여야 한다"고 규정하여 공판정에서의 소송행위는 원칙적으로 구두주의로 하도록 하고 있다. 따라서 검사의 모두진술(제285조), 피고인의 모두진술(제286조), 증인신문(제161조의2), 피고인신

문(제296조의2), 검사의 의견진술(제302조), 변호인의 최종변론과 피고인의 최후진술(제303조) 등과 같은 실체형성행위는 원칙적으로 구두로 하여야 한다. 또한 인정신문(제284조), 진술거부권의 고지(제283조의2 제2항), 불필요한 변론 등의 제한(제299조), 퇴정명령(제281조) 등 법원의 소송지휘와 판결의 선고(제324조) 등도 구두로 하여야 한다. 공판정에서 내려지는 결정·명령도 마찬가지이다. 다만, 공판정에서의 실체형성행위도 조서에 기재하여 법관의 기억을 돕는 자료로 활용하는 것은 허용되며, 공판정 외에서 증거조사나 증인신문 등을 행한 후에 서면에 기재하여 심리자료로 활용하는 등, 서면주의로 보충하고 있다.

2. 서면주의

서면주의는 소송행위를 서면에 의하여 행하도록 하는 것으로서, 소송행위를 내용적·절차적으로 명확하게 하는 장점이 있다.

절차형싱행위는 원칙적으로 서면에 의하여야 하며, 이때 표의자와 표시내용이 서면에 확실하게 표현되어야 한다. 따라서 관할의 지정 및 관할의 이전신청(제16조), 변호인선임의 신고(제32조 제1항), 공소제기(제254조), 불기소처분통지 및 이유통지(제258조), 재정신청(제260조), 상소제기(제343조 제1항), 판결정정신청(제400조 제3항), 준항고의 제기(제418조), 비상상고(제442조), 약식명령청구(제449조)와 정식재판의 청구(제453조 제2항), 영장청구(규칙 제93조)와 영장발부(제75조, 제114조 등), 증거보전청구(규칙 제92조), 공소장변경허가신청(규칙 제142조 제1항), 재심청구(규칙 제166조) 등은 서면으로 하여야 한다.

3. 병행주의

소송행위 중에는 서면 또는 구두 중 어느 방식에 의해서도 가능한 경우가 있다. 고소·고발 및 그 취소(제237조 제1항, 제239조), 공소취소(제255조), 상소포기 또는 취하(제352조), 약식명령 또는 즉결심판에 대한 정식재판청구의 취하 또는 포기(제458조, 제352조, 즉결심판법 제14조 제4항) 등이 이에 해당한다.

이 외에 법원 또는 판사에 대한 신청 기타 진술은 형소법 및 형소규칙에 다른 규정이 없으면 서면 또는 구술로 할 수 있다(규칙 제176조 제1항). 따라서 기피신청(제18조), 국선변호인선정의 청구(제33조 제2항), 증거신청(제294조)과 증거조사에 대한 이의신청(제296조), 재판장의 처분에 대한 이의신청(제304조), 변론의 분리·병합신청(제300조) 등은 구두 또는 서면으로 할 수 있다. 구술로 행한 법원 또는 판사에 대한 신청 기타 진술은 법원사무관 등의 면전에서 하여야 하고, 이때 법원사무관 등은 조서를 작성하고 기명날인하여야 한다(동조 제2항·제3항).

4. 방식위반의 효과

소송행위의 방식에 관한 규정이 효력규정인 경우에는 이에 위반한 소송행위는 무효가 된다. 따라서 구두에 의한 공소제기나 서면에 의한 판결선고는 무효가 된다.

Ⅳ. 소송행위의 일시와 장소

1. 일 시

소송행위가 유효하게 성립하기 위해서는 원칙적으로 일정한 기일이나 기간 내에 행해질 것이 요구된다.

(1) 기 일

기일(期日)이란 법관, 당사자 기타 소송관계인이 일정한 장소에서 모여서 소송행위를 하도록 정해진 때를 말한다. 공판기일(제267조), 공판준비기일(제266조의7), 증인신문기일, 검증기일, 판결선고기일(제318조의4) 등이 이에 해당한다.

기일은 일(日) 및 시(時)로써 지정된다. 기일은 지정된 시각에 개시되는 것이 원칙이지만 종기에는 제한이 없다.

(2) 기 간

기간(期間)이란 일정한 기준시점에서 다른 기준시점까지의 계속된 시간적 간격을 말한다.

1) 기간의 종류

(가) 행위기간과 불행위기간

행위기간이란 일정한 기간 내에만 적법하게 소송행위를 할 수 있는 기간을 말한다. 고소기간(제230조), 상소제기기간(제358조, 제374조) 등이 이에 해당한다.

불행위기간이란 일정한 기간 내에는 소송행위를 할 수 없는 기간을 말한다. 제1회 공판기일의 유예기간(제269조), 제1회 공판기일소환장의 송달시기(규칙 제123조) 등이 이에 해당한다.

(나) 법정기간과 재정기간

법정기간이란 기간이 법률에 의해 정해져 있는 기간을 말한다. 구속기간(제92조), 상소제기기간(제358조, 제374조) 등이 이에 해당한다.

재정기간이란 재판에 의해 정하여지는 기간을 말한다. 감정유치기간(제172조 제3항), 구속기간의 연장(제205조) 등이 이에 해당한다.

(다) 불변기간과 훈시기간

불변기간이란 기간경과 후에 행하는 행위는 무효가 되는 경우로서 연장이 허용되지 않는 기간을 말하며, 효력기간이라고도 한다. 주로 법원 이외의 소송관계인이 행하는 소송행위로서 친고죄의 고소기간(제230조), 재정신청기간(제260조 제3항), 상소제기기간(제358조, 제374조), 상소이유서제출기간(제361조의3 제1항, 제379조 제1항), 즉시항고제기기간(제405조) 등이 이에 해당한다.

훈시기간이란 기간경과 후에 소송행위를 하더라도 그 효력에 영향이 없는 기간을 말한다. 주로 국가기관의 소송행위로서 고소·고발사건의 처리기간(제257조), 재정결정기간(제262조, 90모58), 판결선고기간(제318조의4 제1항, 제3항), 상소사건에서 소송기록과 증거물의 송부기간(제361조, 제377조), 사형집행명령의 시기(제465조), 보석 등의 결정기간(규칙 제55조) 등이 이에 해당한다.

2) 기간의 계산

시(時)로 계산하는 것은 즉시부터 기산하고, 일·월 또는 연(年)으로써 계산하는 것은 초일을 산입하지 않는다(초일불산입의 원칙). 다만, 시효와 구속기간의 초일은 시간을 계산하지 아니하고 1일로 산정한다(제66조 제1항). 연 또는 월로 정한 기간은 연 또는 월 단위로 계산한다(동조 제2항).

기간의 말일이 공휴일 또는 토요일이면 그날은 기간에 산입하지 않는다. 다만, 시효와 구속의 기간에 관하여는 예외로 한다(동조 제3항).[73]

---

73) 이때 기간의 말일이 공휴일인지 여부는 '공휴일'에 관하여 규정하고 있는 「관공서의 공휴일에 관한 규정」 제2조 각호에 해당하는지에 따라 결정되고, 동조 제11호가 정한 '기타 정부에서 수시 지정하는 날'인 임시공휴일 역시 공휴일에 해당한다(2020모3694).

3) 법정기간의 연장

법정기간은 소송행위를 할 자의 주거 또는 사무소의 소재지와 법원 또는 경찰청 소재지와의 거리 및 교통통신의 불편정도에 따라 대법원규칙으로 이를 연장할 수 있다(제67조). 즉, 소송행위를 할 자가 국내에 있는 경우는 주거 또는 사무소의 소재지와 법원 또는 검찰청, 공수처 소재지와의 거리에 따라 해로는 100킬로미터, 육로는 200킬로미터마다 각 1일을 부가한다. 그 거리의 전부 또는 잔여가 기준에 미달할지라도 50킬로미터 이상이면 1일을 부가한다. 다만, 법원은 홍수, 천재지변 등 불가피한 사정이 있거나 교통통신의 불편정도를 고려하여 법정기간을 연장함이 상당하다고 인정하는 때에는 이를 연장할 수 있다(규칙 제44 제1항). 또한 소송행위를 할 자가 외국에 있는 경우에는 아시아 주 및 오세아니아 주는 15일, 북아메리카 주 및 유럽 주는 20일, 중남아리카 주 및 아프리카 주는 30일의 기간을 부가한다(동조 제2항).

법정기간의 연장은 상소제기기간(76모58), 상소이유서제출기간(85모47), 즉시항고제기기간(82모52) 등 행위기간을 대상으로 한다.

2. 장 소

공판은 법정에서 행한다(제275조 제1항, 법조법 제56조 제1항). 다만, 법원장은 필요에 따라 법원 이외의 장소에서 개정하게 할 수 있다(법조법 제56조 제2항).

기타의 소송행위는 별도로 적당한 장소에서 할 수 있다. 피고인의 지정장소에의 동행(제79조), 검증(제139조), 법정 외에서의 증인신문과 감정(제165조, 제172조 제1항) 등이 이에 해당한다.

Ⅴ. 소송서류와 송달

1. 소송서류

(1) 의 의

소송서류란 특정한 소송에 관하여 작성된 일체의 서류를 말한다. 법원에서 작성된 서류뿐만 아니라 법원에 제출된 서류를 포함한다. 압수된 서류는 증거물이고 소송서류는 아니다. 법원이 소송서류를 소송절차의 진행순서에 따라 편철한 것을 소송기록이라고 한다.

소송에 관한 서류는 공판의 개정 전에는 공익상 필요 기타 상당한 이유가 없으면 공개하지 못한다(제47조, 소송서류비공개의 원칙). '공판의 개정 전'이란 제1회 공판기일 전에 한하지 않는다. 따라서 제2회 공판기일의 공판개정 전에도 전(前)공판기일에 공개하지 않았던 서류 또는 그 후 작성된 서류는 공개하지 못한다.

(2) 종 류

1) 의사표시적 문서와 보고적 문서

의사표시적 문서란 일정한 소송법적 효과를 지향하는 의사표시를 내용으로 하는 문서를 말한다. 공소장, 고소장, 고발장, 상소장, 변호사선임계 등이 이에 해당한다. 의사표시적 문서는 소송행위자의 일방적 의사표시를 기재한 것이므로 원칙적으로 증거능력이 인정되지 않지만 공소장이나 고발장의 내용 중에 범죄사실에 관한 부분을 증거로 하는 경우에는 피고인이 아닌 자가 작성한 진술서(제313조 제1항, 제2항)로서 증거능력이 인정될 수 있다(2012도2937).

보고적 문서란 일정한 사실의 보고를 내용으로 하는 서류를 말한다. 공판조서, 검증조서, 각종 신문조서 등이 이에 해당한다. 보고적 문서는 당연히 증거능력이 인정되거나 일정한 요건을 충족하면 증거능력이 인정된다.

2) 공무원의 서류와 비공무원의 서류

공무원의 서류란 공무원이 작성한 서류를 말한다. 공무원의 서류는 법률에 다른 규정이 없으면 작성연월일과 소속공무소를 기재하고 기명날인 또는 서명[74] 하여야 하며(제57조 제1항), 서류에는 간인하거나 이에 준하는 조치를 하여야 한다(동조 제2항). 공무원이 서류를 작성함에는 문자를 변개하지 못하며, 삽입, 삭제 또는 난외기재를 할 때에는 이 기재한 곳에 날인하고 그 자수(字數)를 기재하여야 한다. 다만, 삭제한 부분은 해득할 수 있도록 자체를 존치하여야 한다(제58조).

비공무원의 서류란 공무원이 아닌 자가 작성한 서류를 말한다. 이 서류에는 연월일을 기재하고 기명날인 또는 서명하여야 한다. 인장이 없으면 지장으로 한다(제59조). 공무원이 아닌 자가 서명날인을 하여야 할 경우에 서명을 할 수 없으면 타인이 대서한다. 이때에는 대서한 자가 그 사유를 기재하고 기명날인 또는 서

74) 서명이란 자필로 성명을 기재하는 것을 말하며, 기명이란 인쇄·타자 등 방식에 제한 없이 성명을 기재하는 것을 말한다.

명하여야 한다(규칙 제41조).

(3) 조 서

1) 의 의

조서란 보고적 문서 중 소송절차의 진행경과와 내용을 인증하기 위하여 소송법상 기관이 작성한 공권적 문서를 말한다.

조서는 수사기관이 작성한 조서와 법원이 작성한 조서가 있다. 수사기관에서 작성한 조서로는 피의자신문조서, 진술조서, 압수·수색조서, 검증조서, 실황조사서 등이 있다. 법원이 작성한 조서로는 공판기일의 소송절차에 진행경과와 내용을 기재한 공판조서와 공판 외의 절차에 관한 조서가 있다. 후자에는 공판정 외에서 피고인, 증인, 감정인, 통역인 또는 번역인에 대한 신문결과를 기재한 각종 신문조서, 공판정 외에서의 검증 또는 압수·수색 결과를 기재한 조서, 결정·명령을 위한 사실조사로서 심문을 한 경우에 그 결과를 기재한 심문조서 등이 있다.

2) 작성방법과 기재요건

(가) 작성방법

피고인, 피의자, 증인, 감정인, 통역인 또는 번역인을 신문하는 때에는 신문에 참여한 법원사무관 등이 조서를 작성하여야 한다(제48조 제1항). 이 조서에는 (i) 이들의 진술(제1호)과 (ii) 증인, 감정인, 통역인 또는 번역인이 선서를 하지 아니한 때에는 그 사유(제2호)를 기재하여야 한다(동조 제2항). 조서작성 후에는 조서를 진술자에게 읽어 주거나 열람하게 하여 기재내용이 정확한지를 물어야 한다(동조 제3항). 진술자가 조서에 대하여 추가, 삭제 또는 변경의 청구를 한 그 진술내용을 조서에 기재하여야 한다(동조 제4항). 신문에 참여한 검사, 피고인, 피의자 또는 변호인이 조서기재내용의 정확성에 대하여 이의를 진술한 때에는 그 진술의 요지를 조서에 기재하여야 한다(동조 제5항). 이때 재판장이나 신문한 법관은 그 진술에 대한 의견을 기재하게 할 수 있다(동조 제6항).

이들 조서에는 진술자로 하여금 간인한 후 서명날인하게 하여야 한다. 다만, 진술자가 서명날인을 거부한 때에는 그 사유를 기재하여야 한다(동조 제7항). 조서에는 서면, 사진, 속기록, 녹음물, 영상녹화물, 녹취서 등 법원이 적당하다고 인정한 것을 인용하고 소송기록에 첨부하거나 전자적 형태로 보관하여 조서의 일부로 할 수 있다(규칙 제29조).

또한 검증, 압수·수색에 관하여도 조서를 작성하여야 한다(제49조 제1항). 검증조서에는 검증목적물의 현상을 명확하게 하기 위하여 도화나 사진을 첨부할 수 있다(동조 제2항). 압수조서에는 품종, 외형상의 특징과 수량을 기재하여야 한다(동조 제3항).

(나) 기재요건

조서에는 조사 또는 처분의 연월일시와 장소를 기재하고 그 조사 또는 처분을 행한 자와 참여한 법원사무관 등이 기명날인 또는 서명하여야 한다. 다만, 공판기일 외에 법원이 조사 또는 처분을 행한 때에는 재판장 또는 법관과 참여한 법원사무관 등이 기명날인 또는 서명하여야 한다(제50조). 법관의 조서에 대해서는 원칙적으로 증거능력을 인정(제311조)하는데 반해, 법관 이외의 기관이 작성한 조서는 엄격한 요건을 충족한 경우에만 예외적으로 증거능력을 인정한다(제312조 이하).

3) 공판조서

공판조서란 공판기일의 소송절차가 법정의 방식에 따라 적법하게 행하여졌는지 여부를 인증하기 위하여 법원사무관 등이 공판기일의 소송절차에 관해 작성한 조서를 말한다. 공판기일의 소송절차에 관하여는 참여한 법원사무관 등이 공판조서를 작성하여야 한다(제51조 제1항).

공판조서는 공판절차를 기재한 기본조서, 공판정에서 행한 증인, 감정인 통역인 또는 번역인에 대한 신문조서, 증거목록 등으로 구성된다.

(가) 기재사항

공판조서에는 (i) 공판을 행한 일시와 법원(제1호), (ii) 법관, 검사, 법원사무관 등의 관직, 성명(제2호), (iii) 피고인, 대리인, 대표자, 변호인, 보조인과 통역인의 성명(제3호), (iv) 피고인의 출석 여부(제4호), (v) 공개의 여부와 공개를 금한 때에는 그 이유(제5호), (vi) 공소사실의 진술 또는 그를 변경하는 서면의 낭독(제6호), (vii) 피고인에게 그 권리를 보호함에 필요한 진술의 기회를 준 사실과 그 진술한 사실(제7호), (viii) 피고인, 피의자, 증인, 감정인, 통역인 또는 번역인의 진술과 증인, 감정인, 통역인 또는 번역인이 선서를 하지 아니한 때에는 그 사유(제8호), (ix) 증거조사를 한 때에는 증거될 서류, 증거물과 증거조사의 방법(제9호), (x) 공판정에서 행한 검증 또는 압수(제10호), (xi) 변론의 요지(제11호), (xii) 재판장이 기재를 명한 사항 또는 소송관계인의 청구에 의하여 기재를 허가한 사항(제12호), (xiii) 피고인 또는 변호인에게 최종진술할 기회를 준 사실과 그 진술한 사실(제13호), (xiv) 판결 기타의 재판을 선고 또는 고지한 사실(제14호) 기타 모든 소송절차를 기재하여야 한다(제51조 제2항).

(나) 특 칙

공판조서는 진술자의 청구가 있는 때에만 그 진술에 관한 부분을 읽어주고, 증감변경의 청구가 있는 때에는 그 진술을 기재하여야 한다. 따라서 공판조서에는 진술자의 간인·서명날인 등 조서작성의 정확성을 담보하기 위한 절차(제48조 제3항-제7항)가 적용되지 않는다. 이 특례는 공판기일 이외의 증인신문조서에도 적용된다(제52조 본문). 다만, 진술자의 청구가 있는 때에는 그 진술에 관한 부분을 읽어주고 증감변경의 청구가 있는 때에는 그 진술을 기재하여야 한다(동조 단서).

(다) 작성방식

공판조서에는 재판장과 참여한 법원사무관 등이 기명날인 또는 서명하여야 한다(제53조 제1항). 재판장이 기명날인 또는 서명할 수 없는 때에는 다른 법관이 그 사유를 부기하고 기명날인 또는 서명하여야 하며, 법관전원이 기명날인 또는 서명할 수 없는 때에는 참여한 법원사무관 등이 그 사유를 부기하고 기명날인 또는 서명하여야 한다(동조 제2항). 법원사무관 등이 기명날인 또는 서명할 수 없는 때에는 재판장 또는 다른 법관이 그 사유를 부기하고 기명날인 또는 서명하여야 한다(동조 제3항). 다만, 해당 공판기일에 열석하지 아니한 판사가 재판장으로서 서명날인한 공판조서는 무효이다(82도2940).

(라) 정리 등

공판조서는 각 공판기일 후 신속히 정리하여야 한다(제54조 제1항). 다음 회의 공판기일에서는 전회의 공판심리에 관한 주요사항의 요지를 조서에 의하여 고지하여야 한다. 다만, 다음 회의 공판기일까지 전회의 공판조서가 정리되지 아니한 때에는 조서에 의하지 아니하고 고지할 수 있다(동조 제2항).

검사, 피고인 또는 변호인은 공판조서의 기재에 대하여 변경을 청구하거나 이의를 제기할 수 있으며(동조 제3항), 이 청구나 이의가 있는 때에는 그 취지와 이에 대한 재판장의 의견을 기재한 조서를 해당 공판조서에 첨부하여야 한다(동조 제4항).

(마) 피고인의 열람·등사

피고인은 공판조서의 열람 또는 등사를 청구할 수 있다(제55조 제1항). 피고인이 공판조서를 읽지 못하는 때에는 공판조서의 낭독을 청구할 수 있다(동조

제2항). 낭독은 재판장의 명에 의하여 법원사무관 등이 낭독하거나 녹음물 또는 영상녹화물을 재생한다(규칙 제30조).

피고인의 공판조서 열람·등사 또는 낭독의 청구에 응하지 아니한 때에는 그 공판조서는 유죄의 증거로 할 수 없으며(제55조 제3항), 공판조서에 기재된 피고인이나 증인의 진술도 증거능력이 부정된다(2011도15869). 다만, 판례는 "피고인이 차회 공판기일 전 등 원하는 시기에 공판조서를 열람·등사하지 못하였다 하더라도 그 변론종결 이전에 이를 열람·등사한 경우에는 그 열람·등사가 늦어짐으로 인하여 피고인의 방어권행사에 지장이 있었다는 등의 특별한 사정이 없는 한 제55조 제1항 소정의 피고인의 공판조서의 열람·등사청구권이 침해되었다고 볼 수 없어, 그 공판조서를 유죄의 증거로 할 수 있다"(2007도3906)고 한다.

(바) 공판조서의 증명력

공판기일의 소송절차로서 공판조서에 기재된 것은 그 조서만으로써 증명한다(제56조). 다만, 법에 규정한 작성방법에 위반한 조서는 무효이다(70도1312). 그러나 서류작성의 진정이 명백한 때에는 소송경제의 요청에 의해 효력이 인정되는 경우도 있다.

4) 공판정에서의 속기·녹음 및 영상녹화

(가) 신 청

법원은 검사, 피고인 또는 변호인의 신청이 있는 때에는 특별한 사정이 없는 한 공판정에서의 심리의 전부 또는 일부를 속기사로 하여금 속기하게 하거나 녹음장치 또는 영상녹화장치를 사용하여 녹음 또는 영상녹화(녹음이 포함된 것을 말한다. 이하 같다)하여야 하며, 필요하다고 인정하는 때에는 직권으로 이를 명할 수 있다(제56조의2 제1항). 다만, 국민참여재판의 경우에는 법원은 특별한 사정이 없는 한 공판정에서의 심리를 속기사로 하여금 속기하게 하거나 녹음장치 또는 영상녹화장치를 사용하여 녹음 또는 영상녹화하여야 한다(국민참여재판법 제40조 제1항).

속기, 녹음 또는 영상녹화의 신청은 공판기일·공판준비기일을 열기 전까지 하여야 한다(규칙 제30조의2 제1항). 재판장은 피고인, 변호인 또는 검사의 신청이 있음에도 불구하고 특별한 사정이 있는 때에는 속기, 녹음 또는 영상녹화를 하지 아니하거나 신청하는 것과 다른 방법으로 속기, 녹음 또는 영상녹화를 할 수 있다. 다만, 이때 재판장은 공판기일에 그 취지를 고지하여야 한다(동조 제2항).

(나) 속기록 등의 조서에의 인용 등

속기를 하게 한 경우에 재판장은 법원사무관 등으로 하여금 속기록의 전부 또는 일부를 조서에 인용하고 소송기록에 첨부하여 조서의 일부로 하게 할 수 있으며(규칙 제33조), 제48조 제3항[75] 또는 제52조 단서[76]에 따른 절차의 이행은 법원사무관 등 또는 법원에 소속되어 있거나 법원이 선정한 속기능력소지자로 하여금 속기록의 내용을 읽어주게 하거나 진술자에게 속기록을 열람하도록 하는 방법에 의한다(규칙 제34조). 또한 재판장이 법원사무관 등 또는 속기사 등에게 녹음 또는 영상녹화된 내용의 전부 또는 일부를 녹취하게 한 경우에는 그 녹취서의 전부 또는 일부를 조서에 인용하고 소송기록에 첨부하여 조서의 일부로 하게 할 수 있다(규칙 제38조).

법원은 속기록·녹음물 또는 영상녹화물을 공판조서와 별도로 보관하여야 한다(제56조의2 제2항). 속기록, 녹음물, 영상녹화물 또는 녹취서는 전자적 형태로 이를 보관할 수 있으며, 재판이 확정되면 폐기한다. 다만, 속기록, 녹음물, 영상녹화물 또는 녹취서가 조서의 일부가 된 경우에는 그러하지 아니하다(규칙 제39조).

(다) 사본의 청구 등

검사, 피고인 또는 변호인은 비용을 부담하고 속기록·녹음물 또는 영상녹화물의 사본을 청구할 수 있다(제56조의2 제3항). 다만, 재판장은 피해자 또는 그 밖의 소송관계인의 사생활에 관한 비밀 보호 또는 신변에 대한 위해 방지 등을 위하여 특히 필요하다고 인정하는 경우에는 속기록, 녹음물 또는 영상녹화물의 사본의 교부를 불허하거나 그 범위를 제한할 수 있다(규칙 제38조의2 제1항). 또한 위의 속기록, 녹음물 또는 영상녹화물의 사본을 교부받은 사람은 그 사본을 해당 사건 또는 관련 소송의 수행과 관계없는 용도로 사용하여서는 아니 된다(동조 제2항).

---

75) 제48조(조서의 작성 방법) ③ 조서는 진술자에게 읽어 주거나 열람하게 하여 기재내용이 정확한지를 물어야 한다.

76) 제52조(공판조서작성상의 특례) 공판조서 및 공판기일외의 증인신문조서에는 제48조 제3항 내지 제7항의 규정에 의하지 않는다. 다만, 진술자의 청구가 있는 때에는 그 진술에 관한 부분을 읽어주고 증감변경의 청구가 있는 때에는 그 진술을 기재하여야 한다.

(4) 확정사건의 소송기록에 대한 열람·등사

1) 재판확정기록의 열람·등사

(가) 신청권자와 그 범위

누구든지 권리구제·학술연구 또는 공익적 목적으로 재판이 확정된 사건의 소송기록을 보관하고 있는 검찰청에 그 소송기록의 열람 또는 등사를 신청할 수 있다(제59조의2 제1항). '재판이 확정된 사건의 소송기록'이란 특정 형사사건에 관하여 법원이 작성하거나 검사, 피고인 등 소송관계인이 작성하여 법원에 제출한 서류들로서 재판확정 후 담당 기관이 소정의 방식에 따라 보관하고 있는 서면의 총체라 할 수 있고, 위와 같은 방식과 절차에 따라 보관되고 있는 이상 해당 형사사건에서 증거로 채택되지 아니하였거나 그 범죄사실과 직접 관련되지 아니한 서류라고 하여 재판확정기록에 포함되지 않는다고 볼 것은 아니다(2021모3175).

그러나 검사는 (i) 심리가 비공개로 진행된 경우(제1호), (ii) 소송기록의 공개로 인하여 국가의 안전보장, 선량한 풍속, 공공의 질서유지 또는 공공복리를 현저히 해할 우려가 있는 경우(제2호), (iii) 소송기록의 공개로 인하여 사건관계인의 명예나 사생활의 비밀 또는 생명·신체의 안전이나 생활의 평온을 현저히 해할 우려가 있는 경우(제3호),[77] (iv) 소송기록의 공개로 인하여 공범관계에 있는

77) 이에 해당하는지 여부는 신청인과 사건관계인의 관계, 형사재판확정 사건 범죄의 보호법익, 범죄사실의 구체적 내용, 피해 양상과 그 정도, 범행 전후의 정황, 확정된 재판 결과 및 내용과 이에 대한 사건관계인의 관련 정도, 재판확정 후 피고인 등 소송관계인의 태도, 열람·등사 신청의 실질적 동기나 목적, 열람·등사를 구하는 소송기록에 포함된 각 문서와 증거들, 사진 등(이하 '소송서류 등'이라 한다)이 생성·작성·제출된 경위와 그 주체 및 구체적 내용과 형식(진술증거인 경우 그 진술의 주체와 구체적 내용), 열람·등사 허용시 소송기록의 제3자 제공이나 소송기록의 내용에 대한 유출·누설 등 위험정도, 기록공개 여부에 대한 사건관계인의 구체적 의사 등 여러 사정을 종합적으로 고려하여 신청인의 알권리 및 재판공개의 원칙이 물러서야 할 만큼 사건관계인의 명예나 사생활의 비밀 또는 생명·신체의 안전이나 생활의 평온을 현저히 침해할 가능성이나 위험이 있는지를 기준으로 사회통념에 따라 객관적으로 판단하여야 한다. 이때 재판기록의 공개가능성은 재판의 공개와 필연적으로 연결되는 것이 아니고 시간의 흐름에 따라 그에 대한 법익평가가 달라질 수 있으므로 단순히 피해자 등 사건관계인의 진술조서 등이 공개된 법정에서 증거로 제출되어 조사가 이루어졌다거나 피고인이 재판과정에서 그 서류 등을 열람·등사할 수 있었다는 등의 단편적 사정에 터 잡아 형사재판이 확정된 이후의 시점에 그 소송서류 등의 공개로 인해 사건관계인의 사생할의 비밀 등이 침해될 우려가 없다고 섣불리 단정하여서는 아니 된다. 특히, 형사재판확정 사건의 범죄가 개인의 인격권, 사생활의 비밀, 생명신체의 안전, 생활의 평온 그 자체를 보호법익으로 하거나 이와 밀접한 관련이 있는 성폭력범죄, 스토킹범죄, 보복범죄 등인 경우에는 관련 법령에서 피해자 등 사건관계인의 사생활이나 신변보호를

자 등의 증거인멸 또는 도주를 용이하게 하거나 관련 사건의 재판에 중대한 영향을 초래할 우려가 있는 경우(제4호), (v) 소송기록의 공개로 인하여 피고인의 개선이나 갱생에 현저한 지장을 초래할 우려가 있는 경우(제5호), (vi) 소송기록의 공개로 인하여 사건관계인의 영업비밀(부정경쟁방지 및 영업비밀보호에 관한 법률 제2조 제2호의 영업비밀을 말한다)이 현저하게 침해될 우려가 있는 경우(제6호), (vii) 소송기록의 공개에 대하여 해당 소송관계인이 동의하지 아니하는 경우(제7호)에는 소송기록의 전부 또는 일부의 열람 또는 등사를 제한할 수 있다. 다만, 소송관계인이나 이해관계 있는 제3자가 열람 또는 등사에 관하여 정당한 사유가 있다고 인정되는 경우[78]에는 그러하지 아니하다(동조 제2항).

검사가 소송기록의 열람 또는 등사를 제한하는 경우에는 신청인에게 그 사유를 명시하여 통지하여야 한다(동조 제3항). 그러나 검사는 소송기록의 보존을 위하여 필요하다고 인정하는 경우에는 그 소송기록의 등본을 열람 또는 등사하게 할 수 있다. 다만, 원본의 열람 또는 등사가 필요한 경우에는 그러하지 아니하다(동조 제4항).

(나) 주의사항

소송기록을 열람 또는 등사한 자는 열람 또는 등사에 의하여 알게 된 사항을 이용하여 공공의 질서 또는 선량한 풍속을 해하거나 피고인의 개선 및 갱생을 방해하거나 사건관계인의 명예 또는 생활의 평온을 해하는 행위를 하여서는 아니 된다(제59조의2 제5항).

(다) 열람·등사의 제한에 대한 불복

소송기록의 열람 또는 등사를 신청한 자는 열람 또는 등사에 관한 검사의 처분에 불복하는 경우에는 해당 기록을 보관하고 있는 검찰청에 대응한 법원에 그 처분의 취소 또는 변경을 신청할 수 있다(제59조의2 제6항). 불복신청은 서면

강하게 요청하고 있는 취지나 피해자 등 사건관계인이 범죄피해나 수사·재판 상황에서 조속히 벗어나 일상을 회복하고 형사재판 확정에 따른 법적 안정성을 누릴 이익 등이 손상되지 않도록 각별히 유의할 필요가 있다(2024모2182).

78) 열람 또는 등사에 관하여 정당한 사유가 있다고 인정되는 경우'란 재판확정기록의 열람 또는 등사로 인하여 국가·사회 및 사건관계인 등에게 초래될 불이익보다 이로 인하여 소송관계인이나 이해관계 있는 제3자가 얻게 될 이익이 우월한 경우를 뜻하고, 구체적 사안이 이에 해당하는지 여부는 형사재판절차와 그 소송기록의 특수성을 고려하여 신청인의 열람 또는 등사의 목적과 필요성, 그로 인하여 생길 수 있는 사건관계인의 피해의 내용과 정도 등 제반사정을 종합적으로 비교·교량하여 신중하게 판단하여야 한다(2024모2182).

으로 관할법원에 하여야 하며, 준항고에 관한 규정(제418조 및 제419조)이 준용된다(동조 제7항).[79) 80)]

2) 확정판결서 등의 열람·복사

(가) 신청권자와 그 범위

누구든지 판결이 확정된 사건의 판결서 또는 그 등본, 증거목록 또는 그 등본, 그 밖에 검사나 피고인 또는 변호인이 법원에 제출한 서류·물건의 명칭·목록 또는 이에 해당하는 정보(이하 '판결서 등'이라 한다)를 보관하는 법원에서 해당 판결서 등을 열람 및 복사(인터넷, 그 밖의 전산정보처리시스템을 통한 전자적 방법을 포함한다)할 수 있다. 다만, (ⅰ) 심리가 비공개로 진행된 경우(제1호), (ⅱ)「소년법」 제2조에 따른 소년에 관한 사건인 경우(제2호), (ⅲ) 공범관계에 있는 자 등의 증거인멸 또는 도주를 용이하게 하거나 관련사건의 재판에 중대한 영향을 초래할 우려가 있는 경우(제3호), (ⅳ) 국가의 안전보장을 현저히 해할 우려가 명백하게 있는 경우(제4호), (ⅴ) 소송기록의 공개로 인하여 사건관계인의 명예나 사생활의 비밀 또는 생명·신체의 안전이나 생활의 평온을 현저히 해할 우려가 있는 경우이거나 소송기록의 공개로 인하여 사건관계인의 영업비밀(부정경쟁방지 및 영업비밀보호에 관한 법률 제2조 제2호의 영업비밀을 말한다)이 현저하게 침해될 우려가 있는 경우(다만, 소송관계인의 신청이 있는 경우에 한정한다)(제5호)에는 판결서 등의 열람 및 복사를 제한할 수 있다(제59조의3 제1항).

그러나 열람 및 복사에 관하여 정당한 사유가 있는 소송관계인이나 이해관계 있는 제3자는 판결서 등의 열람 및 복사의 제한사유에 해당하는 경우에도 법원의 법원사무관 등이나 그 밖의 법원공무원에게 판결서 등의 열람 및 복사

---

79) 준항고를 준용하는 불복절차에서 법원은 의견제출 기회 부여, 석명, 심문 등을 통해 신청인 및 검사 양측에 공개제한사유가 있는지 여부와 공개제한사유가 있더라도 그 예외에 해당하는 정당한 사유가 있는지 여부를 구체적으로 소명하게 하거나 검사로부터 해당 소송기록을 제출받아 그 내용을 확인하는 등의 방법으로 소송기록의 열람·등사 제한사유 존부 내지 제한예외 해당 여부에 관한 판단에 필요한 제반사정들을 소송서류 등별로 충실하게 심리한 다음, 이를 바탕으로 해당 소송기록의 열람 또는 등사를 거부하거나 제한한 검사의 처분의 위법 여부 및 당부를 판단하여야 하고, 공개가 일부 허용될 필요가 있다고 보더라도 각 소송서류 등 가운데 공개가 가능한 부분과 공개를 제한할 부분이 혼합되어 있는 경우에는 그 분리 가능 여부에 따라 공개범위 등을 정하여야 하며, 열람 또는 등사 중 합리적이고 적정한 공개방법 등을 고려하여 그 처분의 취소 여부와 취소범위를 결정하여야 한다(2024모2182).

80) 형사재판확정기록이 아닌 불기소처분으로 종결된 기록에 관해서는 정보공개법에 따른 정보공개청구가 허용되고 그 거부나 제한 등에 대한 불복은 항고소송절차에 의한다(2021모3175).

를 신청할 수 있다. 이때 법원사무관 등이나 그 밖의 법원공무원의 열람 및 복사에 관한 처분에 불복하는 경우에는 해당 법원에 처분의 취소 또는 변경을 신청할 수 있다(동조 제4항). 불복신청은 서면으로 관할법원에 하여야 하며, 준항고에 관한 규정(제417조 및 제418조)이 준용된다(동조 제5항).

(나) 보호조치 등

법원사무관 등이나 그 밖의 법원공무원은 열람 및 복사에 앞서 판결서 등에 기재된 성명 등 개인정보가 공개되지 아니하도록 대법원규칙(형사 판결서 등의 열람 및 복사에 관한 규칙)으로 정하는 보호조치를 하여야 한다(제59조의3 제2항). 이때 개인정보 보호조치를 한 법원사무관 등이나 그 밖의 법원공무원은 고의 또는 중대한 과실로 인한 것이 아니면 열람 및 복사와 관련하여 민사상·형사상 책임을 지지 않는다(동조 제3항).[81]

2. 소송서류의 송달

(1) 의 의

송달이란 당사자 기타 소송관계인에 대하여 법률에 정한 방식에 의하여 소송서류의 내용을 알리게 하는 법원 또는 법관의 소송행위를 말한다. 송달에는 일정한 법률상 효과가 발생한다. 서류의 송달에 관하여 법률에 다른 규정이 없는 때에는 민소법을 준용한다(제65조).

송달은 법률이 정한 방식에 따른 요식행위인 점에서 특정한 방식이 정해져 있지 않은 통지[82]와 구별되고, 특정인을 대상으로 한다는 점에서 불특정인을 대상으로 하는 공시(公示) 또는 공고와 구별된다.

(2) 대 상

1) 본인송달의 원칙

송달은 특별한 규정이 없으면 송달받을 피고인, 증인 등과 같이 본인에

81) 판결서 등의 열람 및 복사의 방법과 절차, 개인정보 보호조치의 방법과 절차, 그 밖에 필요한 사항은 「형사 판결서 등의 열람 및 복사에 관한 규칙」 참조.

82) 통지는 법령에 다른 정함이 있다는 등의 특별한 사정이 없는 한 서면 이외에 구술·전화·모사전송·전자우편·휴대전화 문자전송 그 밖에 적당한 방법으로도 할 수 있고, 통지의 대상자에게 도달됨으로써 효력이 발생한다(2017모1680).

게 서류의 등본 또는 부본을 교부하여야 한다(민소법 제178조 제1항). 이를 본인송달의 원칙이라고 한다. 따라서 재판장은 피고인에 대한 인정신문을 마친 뒤 피고인에 대하여 그 주소의 변동이 있을 때에는 이를 법원에 보고할 것을 명하고, 피고인의 소재가 확인되지 않는 때에는 그 진술 없이 재판할 경우가 있음을 경고하여야 한다(소송촉진규칙 제18조 제1항).

소송무능력자에게 할 송달은 그의 법정대리인에게 한다(민소법 제179조). 또한 여러 사람이 공동으로 대리권을 행사하는 경우의 송달은 그 가운데 한 사람에게 하면 된다(동법 제180조).

2) 송달영수인

피고인, 대리인, 대표자, 변호인 또는 보조인이 법원 소재지에 서류의 송달을 받을 수 있는 주거 또는 사무소를 두지 아니한 때에는 법원 소재지에 주거 또는 사무소가 있는 자를 송달영수인으로 선임하여 연명한 서면으로 신고하여야 한다(제60조 제1항). 송달영수인은 송달에 관하여 본인으로 간주하고 그 주거 또는 사무소는 본인의 주거 또는 사무소로 간주한다(동조 제2항). 송달영수인의 선임은 같은 지역에 있는 각 심급법원에 대하여 효력이 있다(동조 제3항). '법원소재지'는 해당 법원이 위치한 특별시, 광역시, 시 또는 군(다만, 광역시 내의 군은 제외)으로 한다(규칙 제42조).[83)]

그러나 이는 신체구속을 당한 자에게는 적용되지 않는다(제60조 제4항). '신체구속을 당한 자'란 해당 사건에서 신체를 구속당한 자를 말하며, 다른 사건으로 신체구속을 당한 자는 포함되지 않는다(76모69).

3) 구속된 피고인 등

교도소·구치소 또는 국가경찰관서의 유치장에 체포·구속 또는 유치된 사람에게 할 송달은 교도소·구치소 또는 국가경찰관서의 장에게 한다(민소법 제182조). 이때 서류가 구속된 자에게 전달되었는지는 불문한다(94도2687). 따라서 교도소·구치소 또는 국가경찰관서의 유치장에 수감된 사람에게 할 송달을 교도소·구치소 또는 국가경찰관서의 장에게 하지 아니하고 수감되기 전의 종전 주·거소에 하였다면 부적법하여 무효이고, 법원이 피고인의 수감사실을 모른 채 종전 주·거소

83) 송달영수인의 신고가 있으면 송달은 신고된 장소와 영수인에게 하여야 하고, 송달영수인이 송달받은 때에 송달의 효력이 발생하나, 송달영수인 신고의 효력은 그 심급에만 미치므로, 상소 또는 이송을 받은 법원의 소송절차에서는 그 신고의 효력이 없다(2017다520640).

에 송달하였다고 하여도 마찬가지로 송달의 효력은 발생하지 않는다(2017모2162). 그러나 송달받을 사람을 구치소의 장이 아닌 항고인인 재감자로 하였고 구치소 서무계원이 이를 수령한 경우에 그 통지가 재감자에게 도달하였다는 등의 사정을 발견할 수 없다면 그 송달은 부적법하여 무효이다(2017모1680).[84] 다만, 송달명의인이 체포 또는 구속된 날 소송기록접수통지서 등의 송달서류가 송달명의인의 종전 주·거소에 송달되었다면 송달의 효력 발생 여부는 체포 또는 구속된 시각과 송달된 시각의 선후에 의하여 결정하되, 선후관계가 명백하지 않다면 송달의 효력은 발생하지 않는 것으로 보아야 한다(2017모2162).

4) 검사 등

검사에 대한 송달은 서류를 소속검찰청에 송부하여야 한다(제62조). 또한 군사용의 청사 또는 선박에 속하여 있는 사람에게 할 송달은 그 청사 또는 선박의 장에게 한다(민소법 제181조).

(3) 방 식

1) 교부송달의 원칙

송달은 특별한 규정이 없으면 송달을 받을 자에게 서류를 교부하는 교부송달의 방식에 의한다(민소법 제178조 제1항). 송달은 받을 사람의 주소·거소·영업소 또는 사무소(이하 '주소 등'이라 한다)에서 한다. 다만, 법정대리인에게 할 송달은 본인의 영업소나 사무소에서도 할 수 있다(동법 제183조 제1항).

2) 보충송달과 유치송달

근무장소 외의 송달할 장소에서 송달받을 사람을 만나지 못한 때에는 그 사무원, 피용자(被用者) 또는 동거인으로서 사리를 분별할 지능이 있는 사람에게 서류를 교부할 수 있다(민소법 제186조 제1항). '근무장소'란 고용·위임 그 밖에 법률상 행위로 취업하고 있는 다른 사람의 주소 등을 말한다(동법 제183조 제1항). '사리를 분별할 지능'이란 사법제도 일반이나 소송행위의 효력까지 이해할 수 있는 능력을 의미하는 것은 아니지만 적어도 송달의 취지를 이해하고 그가 영수한 서류를 송달

---

84) 마찬가지로 판례는 제1심법원이 재심청구기각결정을 재항고인에게 송달한 후 다시 구치소장에게 송달한 사안에서, 위 결정을 구치소장이 아닌 재항고인에게 송달한 것은 부적법하여 무효이고 송달받을 사람을 구치소장으로 하여 다시 송달한 때 비로소 그 송달의 효력이 발생하는 것이라고 하였다(2008모630).

받을 사람에게 교부하는 것을 기대할 수 있는 정도의 능력을 말한다(2012재다370). 또한 근무장소에서 송달받을 사람을 만나지 못한 때에는 고용·위임 그 밖에 법률상 행위로 취업하고 있는 다른 사람 또는 그 법정대리인이나 피용자 그 밖의 종업원으로서 사리를 분별할 지능이 있는 사람이 서류의 수령을 거부하지 아니하면 그에게 서류를 교부할 수 있다(동조 제2항). 이를 보충송달 또는 대리인송달이라고 한다. 이때 송달받을 사람의 동거가족에게 서류가 교부되고 그 동거가족이 사리를 변식할 지능이 있는 이상 송달받을 사람이 그 서류의 내용을 알지 못한 경우에도 송달의 효력이 있다(99모225).

또한 서류를 송달받을 사람 또는 그 사무원, 피용자(被用者) 또는 동거인이 정당한 사유 없이 송달받기를 거부하는 때에는 송달할 장소에 서류를 놓아둘 수 있다(동조 제3항). 이를 유치송달이라고 한다.

3) 우편송달

주거, 사무소 또는 송달영수인의 선임을 신고하여야 할 자가 그 신고를 하지 아니하는 때에는 법원사무관 등은 서류를 우체에 부치거나 기타 적당한 방법에 의하여 송달할 수 있다(제61조 제1항). 이를 우편송달이라고 한다. 서류를 우체에 부친 경우에는 도달된 때에 송달된 것으로 간주한다(도달주의, 동조 제2항). 민소법에서는 발송주의를 취하고 있는 반면(민소법 제189조), 형소법에서는 도달주의를 취하고 있다.

<소송서류의 효력발생시기>

형사소송절차에서 법원에 제출하는 서류는 법원에 도달하여야 제출의 효과가 발생하며, 각종 서류의 제출에 관하여 법정기간의 준수 여부를 판단할 때에도 당연히 해당 서류가 법원에 도달한 시점을 기준으로 하여야 한다.

그러나 재소자인 피고인에 대하여 형소법에서 특칙을 두고 있는 경우에는 교도소장이나 구치소장 또는 그 직무를 대리하는 사람에게 서류를 제출하거나 관련 신청을 한 때에 도달한 것으로 간주한다(2013모2347). 상소장의 제출(제344조 제1항), 상소권회복의 청구 또는 상소의 포기나 취하(제355조), 항소이유서 및 상고이유서의 제출(제361조의3 제1항, 제379조 제1항), 재심청구와 취하(제430조), 소송비용의 집행면제신청, 재판의 해석에 대한 의의(疑義)신청 및 재판의 집행에 대한 이의신청과 그 취하(제490조 제2항) 등의 경우가 이에 해당한다.

4) 공시송달

공시송달이란 법원서기관 또는 서기가 송달할 서류를 보관하고 그 사유를 법원게시판에 공시하는 방법으로 하는 송달을 말한다. 공시송달은 피고인의 주거, 사무소와 현재지를 알 수 없는 때 또는 피고인이 재판권이 미치지 아니하는 장소에 있는 경우에 다른 방법으로 송달할 수 없는 때에 할 수 있다(제63조).

공시송달은 법원이 명하는 때에 한하여 할 수 있다(제64조 제1항). 즉, 피고인에 대한 송달불능보고서가 접수[85]된 때로부터 6월이 경과하도록 그 소재를 확인하기 위하여 소재조사촉탁, 구인장의 발부 기타 필요한 조치를 취하였음에도 불구하고 피고인의 소재가 확인되지 아니한 때에는 그 후 피고인에 대한 송달은 공시송달의 방법에 의한다(소송촉진규칙 제19조).[86] 이때 피고인이 공판기일의 소환을 2회 이상 받고도 출석하지 아니한 때에는 피고인의 진술 없이 재판할 수 있다. 다만, 사형, 무기 또는 장기 10년이 넘는 징역이나 금고에 해당하는 사건의 경우에는 그러하지 아니하다(소송촉진법 제23조).

법원은 공시송달사유가 있다고 인정하는 때에는 직권으로 결정에 의하여 공시송달을 명한다(규칙 제43조). 이때 법원서기관 또는 서기는 송달할 서류를 보관하고 그 사유를 법원게시장에 공시하여야 하며(제64조 제2항), 경우에 따라서 법원은 그 사유를 관보나 신문지상에 공고할 것을 명할 수 있다(동조 제3항). 최초의 공시송달은 공시를 한 날로부터 2주일이 경과하면 그 효력이 생긴다. 다만, 2회 이후의 공시송달은 5일을 경과하면 그 효력이 생긴다(동조 제4항).

---

85) 판례는 "피고인 주소지에 피고인이 거주하지 아니한다는 이유로 구속영장이 여러 차례에 걸쳐 집행불능되어 반환된 바 있었다고 하더라도 이를 소송촉진법이 정한 '송달불능보고서의 접수'로 볼 수는 없다. 반면에 소재탐지불능보고서의 경우는 경찰관이 직접 송달주소를 방문하여 거주자나 인근주민 등에 대한 탐문 등의 방법으로 피고인의 소재 여부를 확인하므로 송달불능보고서보다 더 정확하게 피고인의 소재 여부를 확인할 수 있기 때문에 송달불능보고서와 동일한 기능을 한다고 볼 수 있으므로 소재탐지불능보고서의 접수는 소송촉진법이 정한 '송달불능보고서의 접수'로 볼 수 있다"(2014모1557)고 하였다.

86) 판례는 피고인에 대한 소송기록접수통지서, 항소이유서 등의 송달이 폐문부재로 송달불능된 사안에서, "집행관 송달이나 소재조사촉탁 등의 절차를 거치지 아니한 채 송달불능과 통화불능의 사유만으로 피고인의 주거를 알 수 없다고 단정하여 곧바로 공판기일소환장 등 소송서류를 공시송달하고 피고인의 진술 없이 판결을 한 원심의 조치가 제63조 제1항, 제365조에 위배된다"(2014도16822)고 하였다.

제3절 소송행위의 가치판단

소송행위의 가치판단은 소송행위에 하자가 있는 경우에 그 소송행위를 어떻게 평가하고 소송법적 효과를 인정할 수 있는지에 관한 문제이다. 다만, 소송행위의 가치판단에서는 목적과 관련된 소송절차의 형식이 문제되며, 소송행위의 정형성과 안정성, 형식적 확실성, 신속성 및 소송당사자의 구체적 이익의 상태 등을 고려할 것이 요청된다. 소송행위의 가치판단의 기준으로는 (ⅰ) 성립·불성립, (ⅱ) 유효·무효, (ⅲ) 적법·부적법, (ⅳ) 이유유·이유무의 4가지가 있다.

<소송절차의 가치판단 단계>

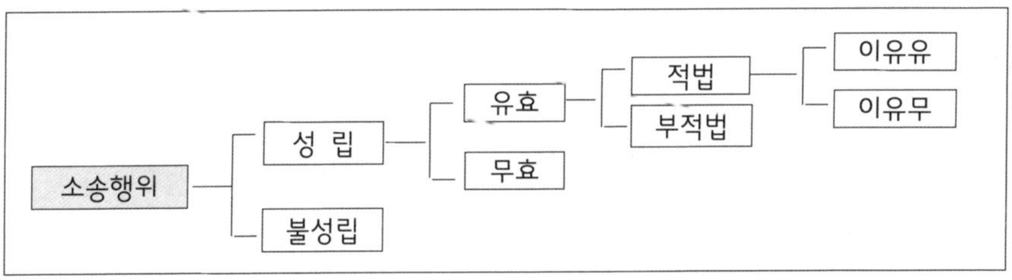

Ⅰ. 소송행위의 성립·불성립

1. 의 의

소송행위의 성립 여부란 소송행위로서 외관을 갖추었는지, 즉 소송행위에 요구되는 소송법상의 정형을 충족하기 위한 본질적 구성요소(요건)를 구비하였는지에 대한 가치판단을 말한다. 따라서 검찰청 직원이 공소를 제기하거나 법원 서기관이 판결을 선고하는 경우 또는 정리가 공판기일을 지정하는 경우에는 소송행위가 성립하지 않는다.[87)]

87) 판례는 "법원이 경찰서장의 즉결심판 청구를 기각하여 경찰서장이 사건을 관할 지방검찰청으로 송치하였으나 검사가 이를 즉결심판에 대한 피고인의 정식재판청구가 있은 사건으로 오인하여 그 사건기록을 법원에 송부한 경우, 공소제기의 본질적 요소라고 할 수 있는 검사에 의한 공소장의 제출이 없는 이상 기록을 법원에 송부한 사실만으로 공소제기가 성립되었다고 볼 수 없다"(2003도2735)고 하였다.

2. 효 력

소송행위의 성립·불성립은 소송행위 자체의 형식 및 절차의 흠결 여부에 대한 일반적·추상적 판단이다. 따라서 소송행위가 불성립하면 객관적으로 소송행위가 존재하지 않는 것이므로 이를 무시하거나 방치할 수 있으며, 하자의 치유가 문제되지 않는다. 다만, 추후 해당 소송행위가 적법하게 이루어진 경우에는 그 때부터 위 소송행위가 성립된 것으로 볼 수 있다(2003도2735). 그러나 일단 소송행위가 성립하면 무효라도 방치할 수 없고, 절차형성행위, 특히 신청에 대하여는 판단을 요하며, 소송행위의 성립 자체를 이유로 일정한 법률효과가 발생한다.

Ⅱ. 소송행위의 유효·무효

1. 의 의

소송행위의 유효·무효란 일단 성립한 소송행위에 대하여 소송법상 정해진 효력을 인정할 것인지에 대한 가치판단을 말한다. 소송행위의 유효·무효는 소송행위 외관의 존재를 전제로 하여 그 내용의 흠결 여부에 대한 구체적·개별적 판단이라는 점에서 행위 자체에 대한 일반적·추상적 판단인 소송행위의 성립·불성립과 구별된다.

소송행위의 유효성은 그 뒤에 연쇄될 소송행위의 적법성·부적법성의 조건으로 작용한다. 다만, 무효인 소송행위는 본래적 효력은 인정되지 않더라도 일정한 법적 효과가 발생한다. 즉, 무효인 공소제기에 대하여도 공소시효정지의 효력은 발생하고(제253조), 법원은 공소기각의 판결을 하여야 한다(제327조). 또한 판결이 무효라도 형식적 확정력이 인정된다(2015모2229).

2. 무효의 종류

무효의 종류에는 (i) 기재사항을 전혀 기재하지 않은 공소제기, 동일사건에 대한 이중판결, 상소취하 후의 상소심판결 등과 같이 소송관계인의 이익도 해치지 않고, 절차의 형식적 확실성도 해칠 염려가 없는 경우에 인정되는 당연무효인 경우, (ii) 일정한 소송행위에 대하여는 그것에 본래적 효력이 발생하지 아니하였다는 취지의 판단(기각, 각하의 재판)을 법원이 표시할 때 최종적으로 무효가 확정되는 경우, (iii) 판결과 같이 당사자의 신청을 기다려 비로소 무효가 되는 경우가 있다.

3. 무효의 원인

(1) 행위주체

1) 행위적격이 없는 자의 소송행위

소송행위의 주체에게 소송행위적격이 없는 경우에는 소송행위는 무효로 된다. 고소권자 아닌 자의 고소, 상소권이 없는 자의 상소, 대리권이 없는 자가 한 소송행위 등이 이에 해당한다. 다만, 행위적격이 개념요소로 되어 있는 경우는 불성립에 해당한다.

소송능력이 없는 피고인의 진술, 증인선서무능력자의 증언 등 소송능력이 없는 자의 소송행위의 효력에 대하여는 ① 소송주체의 이익보호와 실체적 진실발견에 반하게 될 우려를 고려할 때 실체형성행위와 절차형성행위 모두 무효라는 견해가 있다. 그러나 ② 이 경우 절차형성행위는 무효가 되지만 자신의 경험을 진술할 수 있는 정신적 능력을 의미하는 증언능력이나 피고인의 진술능력은 의사능력 내지 소송능력이 없는 경우에도 인정될 수 있으므로 실체형성행위가 무효로 되는 것은 아니다(다수설). 판례는 사건 당시 만 4세 미만(2005도9561) 또는 5세 미만(2001도2891)의 아이에 대하여 증언능력을 긍정한 사례가 있다.

2) 하자있는 의사표시에 따른 소송행위

행위주체가 사기, 강박, 착오 등 의사표시의 하자에 의하여 소송행위를 한 경우에 무효로 되는지가 문제된다. 실체형성행위인 경우에는 의사가 아니라 실체에 합치하는지가 문제되므로 착오 등이 무효원인이 될 수 없다.

그러나 착오에 의한 절차형성행위의 효력에 대하여는 ① 피고인의 이익과 정의를 고려할 때 착오 등에 의한 소송행위는 원칙적으로 무효이지만 그 착오 등이 피고인의 귀책사유로 인한 것인 때에 한해 유효하다는 견해가 있다. 그러나 ② 소송행위는 형식적 확실성이 요구되므로 사법(私法)상 의사(意思)의 하자에 관한 규정이 적용될 수 없기 때문에 착오에 의한 절차형성행위는 원칙적으로 무효는 아니다. 하지만 그것이 법원 또는 수사기관의 기망이나 강박에 의해 이루어진 경우 등 적정절차의 원칙에 반하는 경우에는 무효가 된다(다수설). 판례는 절차형성적 소송행위가 착오로 인하여 무효로 되기 위해서는 (i) 통상인의 판단을 기준으로 하여 만일 착오가 없었다면 그러한 소송행위를 하지 않았으리라고 인정되는 중요한 점(동기를 포함)에 관하여 착오가 있고, (ii) 착오가 행위자 또는 대리인이 책임질 수 없는 사유로 인하여 발생하였으며, (iii) 그 행위를 유효로 하는 것이 현저히 정의에 반하는 것으로 인정되어야 한다고 한다(92모1).

(2) 행위내용

법정형을 넘는 형을 선고한 유죄판결, 허무인에 대한 공소제기, 존재하지 않는 재판에 대한 상소 등 소송행위 내용이 법률상 또는 사실상 불능의 경우에는 무효가 된다. 또한 적법한 공소제기가 있었던 사건에 대한 이중기소, 석방된 피의자에 대한 재차의 구속영장의 신청 등과 같이 이익이 없는 소송행위나 공소사실을 특정하지 않은 경우와 같이 내용이 불분명하거나 불확정한 소송행위도 무효가 된다.

한편, 조건이 허용되지 않음에도 조건부 소송행위를 한 경우에는 그 조건이 해당 소송행위의 본질적 부분을 이루면 무효가 된다.

(3) 행위방식

소송행위 자체의 방식위반 또는 소송행위와 관련된 사전절차 위반의 경우에는 방식을 요구하는 목적과 필요성의 정도를 고려하여 판단하여야 한다. 따라서 구두에 의한 공소제기나 재판서에 의하지 않은 재판 등과 같이 효력규정이 요구하는 방식이나 사전절차를 위반한 소송행위는 무효가 된다.

판례는 필요적 변호사건에서 변호인이 없이 이루어진 공판절차(2008도2621)나 국민참여재판 대상사건에서 피고인이 국민참여재판을 신청하였음에도 법원이 이에 대한 배제결정도 하지 않은 상태에서 통상의 공판절차로 진행한 재판(2011도7106)은 중대한 절차적 권리를 침해한 것으로서 위법하다고 한다. 다만, 필요적 변호사건에서 변호인 없이 개정하여 심리를 진행하고 판결한 것은 소송절차의 법령위반에 해당하지만 피고인의 이익을 위하여 만들어진 필요적 변호의 규정 때문에 피고인에게 불리한 결과를 가져오게 할 수는 없으므로 그와 같은 법령위반은 무죄판결에 영향을 미친 것으로는 되지 않는다고 한다(2002도5748).

4. 무효의 치유

무효의 치유는 행위 당시에 무효인 소송행위가 후에 사정변경을 이유로 유효하게 될 수 있는지의 문제이다.

(1) 소송행위의 추완

소송행위의 추완이란 법정기간이 경과한 후에 이루어진 소송행위에 대하여 그 기간 내에 행하여진 소송행위와 같은 효력을 인정하는 제도를 말한다.

1) 단순추완

단순추완이란 법정기간이 경과한 후의 추완행위에 의해 법정기간 내에 행한 하자가 있는 소송행위가 유효하게 되는 경우를 말한다.

법규정에 의하여 단순추완이 인정되는 경우로는 상소기간 만료 후의 상소권회복(제345조), 약식명령에 대한 정식재판청구권의 회복(제458조)이 있다. 또한 피고인의 이익을 존중하는 영역에서는 본인의 명시 또는 묵시의 추인이 있으면 절차의 확실성을 해치지 않는 한도 내에서 무효의 치유가 인정된다. 변호인의 상소신청·재정신청·약식명령에 대한 정식재판의 청구 등이 이에 해당한다.

한편, 형소법상 명문의 규정이 없는 경우에 단순추완을 인정할 것인지에 대하여는 ① 형사절차의 동적·발전적 성격과 다른 소송관계인의 이익보호를 고려하여 추완이 허용되지 않는다는 견해가 있다. 그러나 ② 피고인에게 귀책사유가 없는 한 절차의 형식적 확실성과 법적 안정성을 해하지 않는 범위 내에서 추완을 인정하여야 한다(다수설). 따라서 상소권회복에 관한 규정을 소송비용집행면제의 신청(제487조)에 준용하더라도 무방하다.

2) 보정적 추완

보정적 추완이란 새로운 소송행위에 의하여 무효인 다른 소송행위의 효력이 보정되는 경우이다.

(가) 변호인선임의 추완

변호인선임신고 이전에 변호인으로서 한 소송행위가 변호인선임신고에 의하여 유효하게 되는지에 대하여는 ① 피고인의 이익을 보호하기 위하여 변호인선임신고에 의한 보정적 추완을 인정하는 견해, ② 소송의 동적·발전적 성격을 고려하여 추완을 부정하는 견해가 있다. 그러나 ③ 피고인(또는 피의자)의 변호인조력을 받을 권리가 헌법상 기본권이고, 변호인선임신고서제출기간의 경과는 사소한 절차적 하자에 불과할 뿐만 아니라 소송의 진행 및 실체진실발견에 지장을 초래하는 것도 미미하므로 피고인의 방어권 및 변호인의 변론권보장을 위하여 재판개시 전에 변호인선임서를 제출하면 보정적 추완을 인정하여야 한다(다수설).

판례는 "변호인선임서를 제출하지 아니한 채 상고이유서만을 제출하고 상고이유서제출기간이 경과한 후에 변호인선임서를 제출하였다면 그 상고이유서는 적법·유효한 상고이유서가 될 수 없다. 이는 그 변호인이 원심 변호인으로서 원심법원에 상고장을 제출하였더라도 마찬가지이다"(2013도9605)라고 하여 추완을 인정하지 않는다.

(나) 공소사실의 추완

검사가 공소제기를 함에 있어서 공소사실의 기재는 범죄의 시일, 장소와 방법을 명시하여 사실을 특정할 수 있도록 하여야 하고(제254조 제4항), 공소사실이 특정되지 않은 경우에는 '공소제기의 절차가 법률의 규정을 위반하여 무효일 때'(제327조 제2호)에 해당하므로 공소기각의 판결을 하여야 한다.

그러나 공소장제출 시에 공소사실을 특정하지 않은 경우에 추완을 인정할 것인지에 대하여는 ① 공소장변경에 의하여 추완하면 피고인의 방어권보장에 지장이 없다는 점에서 보정을 인정하는 견해가 있다. 그러나 ② 성명모용이나 범행의 일시·장소 등에 사소한 오기가 있는 경우 등 공소제기 시에 공소사실이 어느 정도 특정되어 있고, 피고인의 방어권보장에 특별한 영향이 없는 경우에는 석명에 의하여 보정이 허용되지만, 그렇지 않은 경우에는 공소사실이 특정되지 않은 경우로서 '공소제기의 절차가 법률의 규정을 위반하여 무효일 때'(제327조 제2호)에 해당하므로 공소기각의 판결을 하여야 한다(다수설). 판례는 공소장의 기재가 불분명한 경우에는 법원은 규칙 제141조에 따라 검사에게 석명을 한 다음, 그래도 검사가 이를 명확하게 하지 않은 때에야 공소사실의 불특정을 이유로 공소를 기각하여야 한다고 하면서도(2021도13108), 그 정도가 심하여 공소사실이 특정되었다고 볼 수 없는 경우에는 석명 없이 공소기각을 할 수 있다고 한다(2004도2390).

(다) 고소의 추완

친고죄에서 공소제기 후에 비로소 고소가 있는 경우에 고소의 추완에 의해 공소가 적법하게 될 수 있는지에 대하여는 ① 친고죄임이 심리의 진행에 따라 판명되는 경우도 있으므로 공소제기 시에 고소의 존재를 절대적으로 필요하다는 것은 불합리하며, 추완을 인정하지 않게 되면 일단 공소기각을 하고 다시 공소제기하여 심리를 진행하여야 하므로 소송경제와 절차유지의 원칙에 반한다는 점에서 추완을 인정하는 견해, ② 공소제기 시에 공소사실이 친고죄임에도 불구하고 고소가 없는 경우에는 고소의 추완을 인정할 수 없으나, 비친고죄로 공소제기된 사건이 심리결과 친고죄로 판명되거나 친고죄가 추가된 때에는 검사의 잘못이 아니므로 고소의 추완을 인정하여야 한다는 견해가 있다. 그러나 ③ 친고죄에서 고소는 공소제기의 유효·적법요건일 뿐만 아니라 유지·존속을 위한 조건이고, 공소제기의 적법조건을 구비하지 못한 경우에 피고인을 조기에 그 소송에서 해방시키는 것은 소송경제보다 중요한 이익이므로 추완을 인정하지 않고 공소기각의 판결을 하여야 한다(다수설). 판례는 공소제기 전에 수사기관에 대하여 처벌의사를 표시한 바 없는 친고죄에 대하여 제1심재판 중 처벌의사를 추가하더라도 이는 공소제기 후의 고소추완에 해당하여 허용되지 아니하는 것이므로 처음부터 적법한 고소가 없어 이에 대한 공소를 기각하여야 한다고 한다(2005도8976). 필요적 고발사건의 경우에도 마찬가지이다(70도942). 그러나 공소제기 전에 고소나 고발의 추완이 이루어진 경우에는 공소제기가 유효하다(94도3373).

한편, 친고죄에 대하여 고소가 없거나 고소취소가 되었는데도 친고죄로 공소를 제기한 이후에 공소사실과 동일성이 인정되는 비친고죄로 공소장이 변경된 경우에는 그 공소제기의 하자가 지유된다고 할 것이므로 법원은 변경된 공소사실에 대하여 실체재판을 하여야 한다. 반의사불벌죄의 경우도 마찬가지이다(2011도2233).

(2) 소송발전에 따른 하자의 치유

이미 발생된 하자를 제거하지 않더라도 그것을 무의미하게 할 정도로 소송절차가 발전한 단계에 있으면 절차유지의 원칙에 의하여 무효의 치유가 인정되는 경우가 있다. 즉, 토지관할에 대한 관할위반의 신청은 피고사건에 대한 진술 후에는 할 수 없다(제320조 제2항). 또한 심리절차에 하자가 있더라도 판결이 확정되면 재심이나 비상상고 등 비상구제절차에 의하지 않고는 다툴 수 없다.

그리고 당사자가 상당한 기간 내에 이의를 제기하지 아니한 때에는 책문권의 포기로 인하여 무효가 치유되는 경우가 있다. 공소장부본송달의 하자(2003도2735), 공판기일지정의 하자(66도1751), 제1회 공판기일유예기간의 하자(69도1218), 항소이유서부본의 불송달, 잘못된 항소이유서의 제출(97모101), 공소장일본주의의 위반(2009도7436), 증인신문의 피고인에의 불통지(73도1967), 반대신문권을 보장하지 않은 증인신문 등이 이에 해당한다.

5. 취소와 철회

(1) 취 소

소송행위의 취소란 소송행위의 하자를 이유로 소송행위의 효력을 소급하여 소멸시키는 것을 말한다.

소송행위의 취소가 허용되는지에 대하여는 ① 실체형성행위는 실체적 진실발견의 요청에 의해 소급적인 취소가 인정되지만 절차형성행위는 절차유지의 원칙에 의해 부정된다고 하는 견해[88]가 있다. 그러나 ② 실체형성행위와 절차형성행위의 구별도 명확하지 않고, 소송행위의 취소를 허용할 경우 소급효로 인해 절차의 혼란을 초래하게 된다는 점에서 취소가 허용되지 않으며, 명문으로 취소를 인정하는 경우에도 이는 철회에 해당한다(다수설). 판례는 증거동의의 의사표시는 증거조사가 완료되기 전까지 취소 또는 철회할 수 있으며, 일단 증거조사가 완료된 뒤에는 취소 또는 철회가 인정되지 아니하고, 따라서 증거동의를 취소 또는 철회하더라도 취소 또는 철회 전에 이미 취득한 증거능력은 상실되지 않는다고 한다(2015도3467).

(2) 철 회

소송행위의 철회란 소송행위의 효력을 장래에 향하여 소멸시키는 것을 말한다. 형소법상 철회를 인정한 경우로는 고소취소(제232조), 공소취소(제255조), 재정신청취소(제264조), 상소취하(제349조), 재심청구의 취하(제429조), 정식재판청구의 취하(제454조), 재판의 집행에 관한 불복신청의 취하(제490조) 등이 있다. 이때 '취소'는 '철회'로 이해하여야 한다.

형소법상 규정이 없는 경우에도 철회는 소급효가 인정되지 않으므로 소송의 동적·발전적 성격에 반하지 않는다는 점에서 절차의 안정을 해하지 않는 한 절차형성행위는 철회가 인정된다. 따라서 기피신청(제18조), 보석청구(제94조), 증거보전신청(제184조), 체포·구속적부심사신청(제214조의2), 증거신청(제294조), 변론의 분리·병합신청(제300조), 변론재개신청(제305조) 등은 그 신청이나 청구에 대한 재판이 있을 때까지 철회할 수 있다. 증거동의도 증거조사가 완료되지 전까지는 철회가 가능하다(2015도3467).

88) 이 견해에서는 절차형성과 실체형성 두 측면 모두에 기여하는 증거동의(제318조)의 취소나 증거신청(제294조)의 취소는 원칙적으로 허용된다고 한다.

Ⅲ. 소송행위의 적법·부적법

1. 의 의

소송행위의 적법 여부란 소송행위가 법률의 규정이 합치하는지에 대한 가치판단을 말한다. 즉, 법률의 규정에 합치하면 적법이고, 불합치하면 부적법(각하)한 것이 된다. 적법·부적법 판단과 유효·무효 판단은 소송행위의 성립을 전제로 하지만, 전자는 소송행위의 전제조건과 방식에 관한 사전판단임에 대하여, 후자는 소송행위가 추구하는 본래적 효과를 인정할 것인지에 대한 사후판단을 의미한다.

2. 적법성의 요건

소송행위가 적법하려면 효력규정과 훈시규정의 조건을 모두 갖추어야 한다. 디만, 효력규정에 위반한 경우는 부직법·무효이지만, 훈시규정에 위반한 경우에는 부적법하지만 무효는 아니다.

한편, 형소법에서는 하자가 경미함을 이유로 부적법행위를 유효한 것으로 규정한 경우도 있다. 관할권 없는 법원이 행한 소송행위(제2조), 재판권 없는 법원의 소송행위(제16조의2) 등이 이에 해당한다.

Ⅳ. 소송행위의 이유유·이유무

1. 의 의

소송행위의 이유의 유·무란 법률행위적 소송행위에 관하여 그 성립과 적법성을 전제로 그 소송행위의 실질적 내용이 사실적·법률적·논리적으로 이유를 갖추었느냐에 대한 가치판단을 말한다. 즉, 소송행위의 실질적 내용이 타당성이 있는 경우에는 '이유 있음'을 인정하여 소송행위의 주체가 원하는 소송법적 효과를 발생시키는 재판을 하게 되며, 타당성이 없는 경우에는 '이유 없으므로 기각'이라는 재판을 하게 된다.

2. 판단대상

소송행위의 이유의 유·무 판단은 법률행위적 소송행위 가운데 당사자의 신청 또는 청구와 같이 법원의 재판을 구하는 효과요구 소송행위(취효적 소송행위)에 대하여 적법한 것으로 판단한 경우에 한해 행해진다. 피고인의 법관에 대한 기피신청(제18조), 검사의 공소제기(제246조), 피고인의 상소제기(제338조) 등이 이에 해당한다.

그러나 재판은 효과부여 소송행위일 뿐만 아니라 상소심의 경우에도 원심 자체에 대한 가치판단이 아니라 법원 이외의 소송주체가 제기한 상소의 이유의 유·무를 판단하는 것이므로 소송행위의 이유의 유·무가 문제되지 않는다(다수설).

제4절 소송조건

Ⅰ. 소송조건의 의의와 종류

1. 의 의

소송조건이란 사건의 실체에 대하여 심판할 수 있는 실체심판의 조건, 즉 형벌권의 존·부를 심판하는 데 구비되어야 할 전체로서의 소송에 공통된 조건을 말한다. 따라서 소송조건은 공소제기의 유효조건일 뿐만 아니라 소송의 존속과 발전을 위한 조건이다. 이러한 의미에서 소송조건을 전체로서의 소송의 허용조건이라고 한다.

소송조건은 실체심판의 전제조건으로서 이를 결하면 형식재판에 의해 소송을 종결시켜야 한다는 점에서 실체법상 형벌권발생조건으로서 이를 결한 경우에는 무죄판결 또는 형면제 등의 실체판결을 하여야 하는 처벌조건과 구별된다. 또한 소송조건은 수소법원의 입장에서 파악되는 조건으로 소송의 전 과정에서 그 구비가 요구된다는 점에서 변호인 선임이나 체포·구속과 같은 개별적인 소송행위가 특정한 소송법적 효과를 발생시키기 위해 갖추어야 하는 소송행위의 유효요건과 구별된다. 그리고 소송조건은 소송의 존속을 배제시키는 조건으로 그것이 흠결된 경우에는 절차가 종결된다는 점에서 소송계속 중 공소장변경(제298조 제4항)이나 피고인의 심신상실의 경우(제306조 제1항)에 공판절차를 일시적으로 정지함에 지나지 않는 공판절차정지조건과도 구별된다.

2. 종 류

(1) 일반적 소송조건과 특별소송조건

일반적 소송조건이란 일반사건에 공통으로 필요로 하는 소송조건을 말한다. 법원의 재판권(제327조 제1호) 또는 관할권(제319조) 등이 이에 해당한다.

특별소송조건이란 특수한 사건에 대해서만 필요한 소송조건을 말한다. 친고죄에서의 고소(제327조 제5호), 반의사불벌죄에서의 처벌불원의사표시의 부존재(제327조 제6호) 등이 이에 해당한다.

(2) 절대적 소송조건과 상대적 소송조건

절대적 소송조건이란 법원이 공익을 위하여 필요하다고 인정하여 직권으로 조사하여야 하는 소송조건을 말한다. 대부분의 소송조건이 이에 해당한다.

상대적 소송조건이란 당사자의 이익을 위하여 정해진 조건으로서 당사자의 신청을 기다려서 법원이 조사하는 소송조건을 말한다. 토지관할(제320조 제1항)이 이에 해당한다.

(3) 적극적 소송조건과 소극적 소송조건

적극적 소송조건이란 일정한 사실의 존재가 소송조건이 되는 것을 말한다. 재판권(제327조 제1호)과 관할권(제319조) 등이 이에 해당한다.

소극적 소송조건이란 일정한 사실의 부존재가 소송조건이 되는 것을 말한다. 동일사건에 대하여 확정판결이 없을 것(제326조 제1호), 공소가 제기된 사건에 대하여 다시 공소가 제기되었을 때(제327조 제3호) 등이 이에 해당한다.

(4) 형식적 소송조건과 실체적 소송조건

형식적 소송조건이란 절차면에 관한 사유를 소송조건으로 하는 것을 말한다. 공소기각의 재판(제327조, 제328조) 또는 관할위반의 판결(제319조)의 사유 등이 이에 해당한다.

실체적 소송조건이란 실체면에 관한 사유를 소송조건으로 하는 것을 말한다.

면소판결의 사유(제326조) 등이 이에 해당한다.[91]

형식적 소송조건을 결여하여 재판을 종결한 경우에도 후에 소송조건을 갖추게 되면 동일한 범죄사실에 대하여 다시 공소제기를 할 수 있지만, 실체적 소송조건을 결여하여 재판을 종결한 경우에는 일사부재리의 효력으로 인해 동일한 범죄사실에 대하여 다시 공소제기를 할 수 없다.

Ⅱ. 소송조건의 조사

1. 직권조사의 원칙

소송조건은 상대적 소송조건의 경우를 제외하고는 원칙적으로 법원이 직권으로 조사하여야 한다(2013도7987).[90] 다만, 상대적 소송조건인 토지관할의 경우에는 피고인의 신청이 있을 때에만 법원이 조사할 수 있다(제320조 제11항).

소송조건은 제1심뿐만 아니라 상소심에서도 존재하여야 하므로 상소인이 상소이유서에서 소송조건의 흠결을 다투지 않아도 상소법원은 직권으로 조사하여야 한다. 따라서 반의사불벌죄에서 처벌을 희망하지 않는 의사표시의 부존재는 소극적 소송조건으로서 직권조사사항에 해당하므로 당사자가 항소이유로 주장하지 않았더라도 항소심은 이를 직권으로 조사·판단하여야 한다(2021도10010).

2. 소송조건의 판단기준

소송조건은 공소제기의 유효요건이므로 원칙적으로 공소제기 시의 공소사실을 기준으로 판단한다. 다만, 소송조건은 소송절차의 존속과 발전을 위한 요건도 되므로 절차의 모든 단계에서 소송조건의 유·무를 판단하여야 하므로 각 판단시점에서 밝혀진 피고사건을 기준으로 한다. 따라서 공소장변경 시에는 변경된 공소사실을 기준으로 판단하여야 한다.[91] 다만, 토지관할은 공소제기 시에 존재하면

89) 이 외에 수사절차단계에서 검토하여야 하는 소송조건(예, 절대적인 형사미성년자, 회기 중 국회의원의 면책특권, 국제법상의 외교관계면제권, 변론무능력자, 공소시효, 친고죄의 고소, 반의사불벌죄의 처벌희망의사표시 등)과 공판절차단계에 와서 검토해도 무방한 소송조건(예, 공소제기의 유효요건, 소송계속, 기판력발생 여부 등)으로 구분하는 견해도 있다.

90) 수사절차에서는 수사기관이 소송조건의 존·부를 직권으로 조사하여야 한다.

91) 형소법은 단독판사의 관할사건이 공소장변경에 의하여 합의부 관할사건으로 변경된

충분하고, 따라서 토지관할위반의 신청도 피고사건에 대한 진술 전에 하여야 하므로(제320조 제2항) 법원은 피고사건에 대한 피고인의 진술 후에는 토지관할의 존·부를 조사·판단할 수 없게 된다.

한편, 공소시효는 공소제기에 의하여 그 진행이 정지되므로(제253조 제1항) 공소시효완성 여부의 판단은 공소제기 시점의 범죄사실을 기준으로 한다(91도3150).

3. 증명의 정도

소송조건은 소송법적 사실에 해당하므로 자유로운 증명으로 충분하다(통설). 따라서 법원은 소송조건의 존·부를 판단하기 위하여 증거능력이 있는 증거에 의한 정식의 증거조사절차에 의할 필요가 없다. 만일 소송조건의 충족 여부가 입증되지 아니하면 '의심스러운 때에는 피고인의 이익으로'의 원칙에 따라 소송절차를 종료하여야 한다. 소송조건에 대한 입증책임은 검사에게 있다.

Ⅲ. 소송조건의 결여의 효과

1. 형식재판에 의한 소송의 종결

소송조건이 구비되지 않은 때에는 형식재판에 의하여 소송을 종결시켜야 한다. 형식적 소송조건을 결여한 때에는 공소기각의 결정(제328조), 공소기각의 판결(제327조), 관할위반의 판결(제319조)을 하여야 하며, 실질적 소송조건을 결여한 때에는 면소판결(제326조)을 선고하여야 한다.

그러나 소송조건은 실체재판의 조건이므로 소송조건을 결여한 사건에 대하여는 무죄판결을 선고할 수 없으며(2013도10958), 피고인이 형식재판에 대하여 무죄를 주장하며 상소하는 것도 허용되지 않는다(87도941).

2. 소송조건의 결여가 경합하는 경우

형식적 소송조건과 실체적 소송조건의 결여가 경합하는 경우에는 형식적 소송조건을 이유로 재판하여야 한다. 또한 수개의 형식적 소송조건의 결여가 경합하

경우에 법원은 관할위반의 판결을 할 것이 아니라 결정으로 관할권이 있는 법원에 이송하도록 하고 있다(제8조의2).

면 하자의 정도가 중한 것을 기준으로 재판하여야 한다. 즉, 관할위반과 공소기각의 사유의 결여가 경합하면 공소기각의 재판을 하여야 하며, 공소기각의 판결과 공소기각의 결정사유의 결여가 경합하면 공소기각의 결정을 하여야 한다. 같은 종류의 소송조건이 결여된 때에는 하자의 정도와 난이도에 따라서 결정하여야 한다.

Ⅳ. 소송조건의 추완

공소제기 시에는 소송조건이 구비되지 않았지만 소송계속 중에 보완된 경우에 공소제기의 하자가 치유되는지의 문제가 있다. 소송조건은 소송이 성립·유지·존속되기 위한 기본조건이므로 추완이 인정되지 않는다(전술 친고죄의 고소의 추완 참조).

제5절 소송절차

Ⅰ. 소송절차본질론

1. 의 의

소송절차본질론이란 확정판결을 위하여 소송주체인 법원·검사·피고인의 연속된 소송행위에 의해 발전하는 형사절차의 전과정을 통일적으로 설명하는 이론을 말하며, 소송절차의 기본이론이라고도 한다.

2. 이 론

소송절차의 본질에 대하여는 ① 소송주체들 간의 법률관계, 즉 법원은 심판할 권리·의무가 있고, 당사자는 심판을 구하거나 심판을 받을 권리·의무가 있다고 하는 견해(법률관계설), ② 소송은 기판력을 정점으로 하는 부동적인 법률상태라고 하는 견해(법률상태설), ③ 형사소송 과정을 3분하여, 실체형성과정은 실체법률관계의 형성과정으로, 소송추행과정은 소송당사자가 권리를 추구하는 과정으로, 절차과정은 그 이익추행을 현실로 행하는 법적 형식으로 파악하는 견해(3면설) 등이 있다. 그러나 ④ 형사소송의 성격이나 소송개념에 대한 통일적인 이해를 고려할 때 전체로서의 소송은 실체면과 절차면으로 구분된다. 다만, 실체면은 실체법이 소송을 통하여 실현되는 과정이라는 점에서 법률상태인 반면, 절차면은 소송행위의 연속으로 소송행위의 효력에 의하여 진전하고, 이러한 소송행위의 효력은 소송주체에 대하여 일정한 권리·의무관계를 발생시키므로 고정적인 법률관계이다(이면설, 다수설).

Ⅱ. 소송절차의 실체면과 절차면

1. 실 체 면

소송의 실체면이란 구체적 사건에서 실체적인 법률관계가 형성·확정되어가는 과정을 말한다. 형벌권의 존·부와 범위에 대한 판단은 소송주체들의 소송활동을 통하여 이루어진다. 즉, 수사단계에서는 수사기관의 주관적 혐의가 각종 증거들에 의해 객관적 혐의로 발전하게 되고, 유죄의 확신을 가지게 되면 검사에 의해 공소가 제기된다. 공소가 제기되면 심판대상이 확정되고, 공판정에서는 양 당사자의 주장과 입증을 통하여 그 당부가 판단되며, 법관의 심증 여하에 따라 유죄판결 또는 무죄판결이 선고된다. 따라서 실체면은 재판에 의해 확정될 때까지 부동적(浮動的)인 성격을 가진다.

2. 절 차 면

소송의 절차면이란 소송에서 실체형성부분을 제외한 나머지 절차적 측면을 말한다. 절차면은 직·간접으로 실체면의 발전을 목적으로 한 소송행위의 연속으로서, 실체면이 내용이나 목적의 의미를 가진다면 절차면은 형식이나 수단의 의미를 가진다.

절차면은 연속되는 다수의 소송행위들로 구성되며, 소송행위는 앞의 행위를 기초로 해서 이루어지므로 형사절차의 명확성과 소송경제를 도모하기 위하여 절차유지의 원칙이 강조된다.

3. 실체면과 절차면의 상호관계

소송행위의 실체면과 절차면은 서로 밀접한 관련을 가지고 영향을 주고 있다. 하지만 절차면에 속하는 소송행위가 행위 당시의 실체형성에 근거하여 행하여졌다면 그 후 실체형성이 변경되었다고 하더라도 그 절차를 번복해서는 아니 된다는 원칙(절차유지의 원칙)으로 인해 실체면이 절차면에 미치는 영향은 제한적이다.

실체면이 절차면에 영향을 주는 것으로는 (i) 범죄의 경·중에 의한 것으로서 사물관할의 표준(법조법 제32조), 긴급체포의 요건(제200조의3), 긴급압수·수색의 허용여부(제217조), 공소시효의 완성 여부(제249조), 필요적 변호의 요부(제282조), 피고인 출석의 요부(제277조) 등이 있으며, (ii) 범죄의 성질에 의한 것으로서 친고죄나 반의사불벌죄에서 고소나 고소취소 또는 처벌불원의사표시의 요부(제227조 제232조 등) 등이 있다.

한편, 절차면이 적법절차와 인권보장의 요청에 의하여 실체면에 영향을 주는 것으로는 위법수집증거배제법칙(제308조의2), 자백배제법칙(제309조), 자백의 보강법칙(제310조), 전문법칙(제310조의2 이하), 증거동의(제318조) 등이 있다.

Ⅲ. 소송절차이분론

소송절차이분론이란 소송절차를 범죄사실의 인정절차와 양형절차로 분리하자고 하는 이론을 말한다. 이를 공판절차이분론이라고도 한다. 소송절차이분제도는 배심제를 택하고 있는 영·미의 형사소송에서 배심원에 의한 유죄평결과 법원에 의한 형의 선고절차가 분리되어 있는 것에서 유래한 제도이지만, 독일, 일본을 비롯하여 우리나라에서도 그 도입이 주장되고 있다.

1. 적 극 설

적극설은 절차이분제도의 도입을 주장하는 견해이다. 그 근거는 다음과 같다. (i) 현행 절차에서는 범죄사실의 인정에 앞서 피고인의 인격을 심리하게 되고, 따라서 법관이 편견과 예단을 가지게 될 우려가 있다(사실인정절차의 순수화). (ii) 양형절차를 분리하게 될 경우 판결 전 조사제도 등에 의해 형벌의 개별화와 특별예방적 기능에 충실할 수 있다(양형의 합리화). (iii) 절차를 분리할 경우 변호인은 사실인정절차에서는 피고인의 무죄만을 변론하고, 양형단계에서는 유리한 형을 선고받을 수 있도록 변론함으로써 변호권을 충분히 보장받을 수 있다(변호권의 충분한 보장). (ⅳ) 사실인정절차에서 유죄로 판단된 피고인만을 대상으로 하여 양형절차를 비공개로 진행한다면 피고인에 대한 불필요한 사생활침해를 방지할 수 있다(피고인의 인격권보호). (ⅴ) 무죄를 선고할 경우에는 피고인에 대한 인격조사를 필요하지 않는다는 점에서 소송경제에도 도움이 된다.

2. 소 극 설

소극설은 절차이분제도의 도입을 반대하는 견해이다. 그 근거는 다음과 같다. (ⅰ) 소송절차를 분리할 경우 심리기간이 길어지게 되어 소송시연을 초래하게 된다(소송의 지연). (ⅱ) 책임은 행위자의 인격을 떠나서 판단할 수 없고, 일반적인 범죄요소도 양면을 가지고 있으므로 범죄사실과 양형사실의 구분이 사실상 불가능하다. 특히, 상습범의 경우에 피고인의 인격조사는 유·무죄의 판단단계에서 논할 수밖에 없으므로 상습범규정이 많은 우리나라 현실에서는 적합하지 않다(범죄사실과 양형사실 구별의 어려움). (ⅲ) 형사재판에 있어서 국민참여재판의 경우를 제외하고는 사실심리절차에 있어서 사인(私人)의 참여가 제도화되어 있지 않은 우리나라의 현실에서 이 제도를 채택하는 것은 타당하지 않다(현행 재판제도와의 부조화).

3. 검 토

절차이분제도는 사실인정절차와 양형절차를 분리함으로써 피고인의 인권보호에 유리하고, 방어권의 보장에 충실한 측면이 있다. 또한 절차이분제도에 따르게 되면 무죄판결의 경우에는 공판절차가 단축되고, 유죄판결의 경우도 양형절차의 기간을 제한하거나 사실인정과정에서 조사관에게 사전에 조사를 개시하게 하는 방법 등에 의하여 재판의 지연을 방지할 수도 있다. 더구나 1995년 형소법 개정에 의하여 간이공판절차가 모든 형사사건에 적용되며, 2005년부터 중죄사건을 대상으로 하여 국민의 형사재판참여가 인정되고 있다. 따라서 장래에는 절차이분제도의 도입도 고려해 볼 여지가 있지만, 전문 직업법관제를 채택하고 있는 우리나라의 사법현실에서 실무상의 어려움이나 소송경제적인 관점에서 보면 그 도입이 시급한 것은 아니므로 충분한 검토가 요구된다.

제3편

수사와 공소제기

제1장 수사와 수사기관

제2장 수사의 단서와 수사의 조건

제3장 수사의 원칙과 임의수사

제4장 강제처분

제5장 수사의 종결과 공소제기

제 1 장 수사와 수사기관

제1절 수사의 의의와 구조

Ⅰ. 수사의 의의

1. 의 의

수사란 범죄의 혐의유·무를 명백히 하여 공소를 제기·유지할 것인지의 여부를 결정하기 위하여 범인을 발견·확보하고 증거를 수집·보전하는 수사기관의 활동을 말한다(98도3329).[1] 수사는 수사기관이 범죄혐의가 있다고 인식하는 때에 비로소 개시된다(제196조, 제197조 참조). 따라서 수사기관에 의한 조사가 아니면 수사에 해당하지 않으며, 범죄혐의가 있다는 인식이 없는 상태에서 행하여지는 수사기관의 활동은 수사라고 할 수 없다.

수사는 범죄혐의를 전제로 한다는 점에서, 수사기관이 아직 범죄혐의가 있다는 판단에 이르기 전에 수사에 필요한 범죄혐의가 있는지 여부를 확인하기 위한 조사활동인 입건 전 조사와 구별된다. 수사의 개시에 앞서 이루어지는 조사활동과 이에 기초한 범죄의 혐의가 있는지 여부에 관한 판단은 수사기관이 제반 상황에 대응하여 자신에게 부여된 권한을 적절하게 행사할 수 있도록 합리적인 재량에 위임되어 있는 행위이다(2004다14932).[2]

---

1) 수사의 개념을 공소의 제기·유지를 위한 준비활동으로 이해하는 견해가 있다. 그러나 이 견해는 각종 조사활동의 결과 불기소처분으로 종결되거나 공소취소의 경우에는 이 조사활동들은 수사에 포함시킬 수 없는 문제점이 있다.

2) 형소법에서는 입건 전 조사에 관한 직접적 규정이 없지만 검사는 제196조에 의하여, 사법경찰관은 제197조에 의하여 수사개시권이 있으므로 그 전제로서 입건 전 조사가 허용되는 것으로 해석할 수 있다. 수사준칙 제16조 제3항에서는 검사와 사법경찰관의 입건 전 조사권을 인

2. 수사와 입건 전 조사의 구별

일반 형사사건과 달리 마약범죄, 조직범죄, 뇌물범죄 등 범죄발견이 어려운 범죄의 경우에는 대부분 입건 전 조사단계를 거쳐 범죄혐의의 유·무를 밝히게 된다. 즉, 수사기관은 입건 전 조사를 통해 범죄혐의 유·무에 대한 판단, 즉 수사를 개시할 것인지 또는 조사활동을 종결할 것인지의 판단을 하게 된다.

수사와 입건 전 조사의 구별기준에 대하여는 ① 수사상 형식적인 절차인 입건 여부를 기준으로 구별하는 견해(형식설)가 있다. 그러나 ② 피조사자의 인권 및 방어권의 보장이라는 측면에서 보면 형식적 절차인 입건 여부와는 관계없이 사실상 수사활동이 행하여졌느냐 여부에 따라 수사와 입건 전 조사를 구별하여야 한다(실질설, 다수설). 판례는 "피의자의 지위는 수사기관이 범죄인지서를 작성하는 등 형식적인 사건수리 절차를 밟기 전이라도 조사대상자에 대하여 범죄의 혐의가 있다고 보아 실질적으로 수사를 개시하는 행위를 한 때에 인정된다"(2016다266736)고 하여 실질설을 취하고 있다. 수사준칙규정에서도 입건 이전, 즉 수사가 개시되기 전에도 수사기관이 (ⅰ) 피혐의자의 수사기관 출석조사(제1호), (ⅱ) 피의자신문조서의 작성(제2호), (ⅲ) 긴급체포(제3호), (ⅳ) 체포·구속영장의 청구 또는 신청(제4호), (ⅴ) 사람의 신체, 주거, 관리하는 건조물, 자동차, 선박, 항공기 또는 점유하는 방실에 대한 압수·수색 또는 검증영장(부검을 위한 검증영장은 제외한다)의 청구 또는 신청(제5호)의 행위에 착수한 때에는 수사개시로 보아 즉시 입건할 것을 강제하고 있다(수사준칙규정 제16조 제1항).[3)]

한편, 입건 전 조사단계에서는 피조사자에게 헌법 및 형소법에서 피의자에게 보장하고 있는 권리가 인정되지 않는다. 따라서 피조사자에게는 증거보전청구권(제184조)이 인정되지 않으며(79도792), 입건 전 조사종결처리된 사건에 대해서도 불복수단으로서 재정신청이 인정되지 않는다(91모68). 하지만 입건 전 조사에서도 헌법상 적법절차의 원칙은 적용된다. 따라서 수사준칙규정에서는 사법경찰관뿐만 아니라 검사의 입건 전 조사활동도 통제의 대상으로 하는 등, 수사기관의 입건 전 조사에 대한 규제를 강화하고 있다. 즉, 검사 또는 사법경찰관은 입건 전에 범죄를

정하고 있다. 한편, 검사규칙 제224조 제1항에서는 "검사는 범죄에 관한 신문 등 출판물의 기사, 익명의 신고 또는 풍설, 첩보의 입수 등으로 범죄의 존재 여부를 확인할 필요가 있는 경우에는 내사사건으로 수리한다"고 규정하고 있다.

3) 대검찰청은 지침을 통해 이러한 수사행위를 한 검사는 직접 수사를 개시한 것으로 보고, 해당 검사는 공소제기를 할 수 없도록 하였다.

의심할 만한 정황이 있어 수사개시 여부를 결정하기 위한 사실관계의 확인 등 필요한 조사를 할 때에는 적법절차를 준수하고 사건관계인의 인권을 존중하며, 조사가 부당하게 장기화되지 않도록 신속하게 진행하여야 한다(수사준칙규정 제16조 제3항).[4] 만약 이러한 조사결과 입건하지 않는 결정을 한 때에는 피해자에 대한 보복범죄나 2차 피해가 우려되는 경우 등을 제외하고는 피혐의자 및 사건관계인에게 통지하여야 한다(동조 제4항). 이때 통지를 받은 피혐의자 및 사건관계인 또는 그 변호인은 조사와 관련한 서류 등에 대하여 열람·복사를 신청할 수 있다(동조 제6항).

Ⅱ. 수사의 구조

수사구조론이란 수사과정을 전체로서의 형사절차에 어떻게 위치시키고, 수사절차에 관여하는 활동주체들 간의 관계를 어떻게 정립할 것인지에 대하여 규명하는 이론을 말한다.

1. 규문적 수사관

규문적 수사관은 수사절차를 수사기관과 피의자의 2면관계로 파악하여 수사기관이 피의자를 조사하는 절차과정으로 이해하는 견해이다. 이 견해에서는 수사기관에 수사의 주도권을 인정함과 동시에 수사기관의 고유한 권능으로서 강제처분권을 인정하며, 따라서 법원의 영장은 수사기관의 권한남용을 억제하는 허가장으로 이해한다. 이때 피의자는 수사의 객체에 불과하므로 조사를 위한 수사기관의 요구에 대하여 출석·체류의무가 있으며, 수사기관의 취조에 대하여 수인의무가 있다.

---

4) 경찰청 훈령인 「경찰수사규칙」 제19조 제1항에서는 "사법경찰관은 수사준칙 제16조 제3항에 따른 입건 전에 범죄를 의심할 만한 정황이 있어 수사 개시 여부를 결정하기 위한 사실관계의 확인 등 필요한 조사에 착수하기 위해서는 그 사건을 수리하고, 해당 사법경찰관이 소속된 경찰관서의 수사 부서의 장의 지휘를 받아야 한다"고 규정하고, 그 처리방법과 절차에 대하여 동조 제2항 및 동조 제3항에 따른 경찰청 훈령 「입건 전 조사 사건 처리에 관한 규칙」 등에서 상세하게 규정하고 있다.

2. 탄핵적 수사관

탄핵적 수사관은 수사를 수사기관의 단독으로 행하는 공판준비활동으로 인정하는 견해로서, 법원, 검사, 피의자의 3면관계로 파악하면서 수사기관과 피의자를 대등한 당사자로 보고 법원에 강제처분권을 인정한다. 따라서 수사에서 피의자도 공판준비와 방어활동을 하는 것이 인정되고, 피의자에게는 수사기관에의 출석·체류의무와 수사기관의 신문에 대한 수인의무가 없으며, 강제처분은 장래의 재판을 위해 법원이 행하는 것이므로 법원의 영장은 명령장으로 이해한다.

3. 소송적 수사관

소송적 수사관은 기소·불기소의 결정이라고 하는 독자적인 목적을 가진 공판과는 별개의 절차로 이해하는 견해이다. 이 견해는 수사절차의 독자성을 강조하는 것으로서, 판단자인 검사를 정점으로 하여 사법경찰관과 피의자가 서로 대립하는 당사자로 이해하면서 피의자를 수사의 주체로 인정한다.

<수사구조론과 수사관여자의 관계>

규문적 수사관	탄핵적 수사관	소송적 수사관
수사기관 ↓ 피의자	법원 ↓ 수사기관 ↔ 피의자	검사 ↓ 사법경찰관 ↔ 피의자

4. 검 토

규문적 수사관은 피의자를 수사의 객체로 취급하고 있어서 피의자의 인권보장에 소홀하고, 수사기관에 강제처분권을 인정하게 됨에 따라 무죄추정의 원칙에 반할 뿐만 아니라 검사의 객관의무의 요청에 반하게 된다. 소송적 수사관은 검사가 직접 수사하는 경우에는 검사를 판단자로 하는 3면관계로 수사구조를 이해하기 어렵고, 피의자를 수사의 주체로 인정하는 것도 부당하며, 형소법상 검사와 사법경찰관이 수사에 있어서 협력하도록 규정하고 있는 것(제195조 제1항)과 맞지 않는다는 점에서 문제가 있다. 공판중심주의에 따르면 수사는 공판준비활동에 지나지 않으므로 적법절차와 당사자주의의 요청에 따라 수사상 강제처분을 엄격하게 규제함으로써 피의자의 인권과 방어권을 충분히 보장할 필요가 있다. 따라서 탄핵적 수사관이 타당하다.[5] 다만, 형소법에서 일반형사사건에 대해서는 사법경찰관에게 수사의 개시·진행 및 종결권을 인정하고, 검사에게는 이에 대한 지휘·감독권만을 인정하고 있는 점을 고려하면 일면 소송적 수사관의 성격도 가지고 있다고 할 수 있다.

<참고> 피의자의 지위와 권리

1. 피의자의 의의

피의자란 수사기관에 의하여 범죄의 혐의를 받고 수사의 대상으로 되어 있는 자를 말한다. 피의자는 공소제기 이전의 개념으로서 공소제기 이후의 피고인과 구별되며, 수사개시 이후의 개념이라는 점에서 수사개시 이전의 개념인 입건 전 피조사자와 구별된다. 피의자에게는 방어권보장을 위해 각종 소송법상 권리가 인정되지만, 입건 전 피조사자에게는 일반시민에 대한 기본권보장의 한도 내에서 그 권리를 보호받는다.

2. 피의자의 시기와 종기

(1) 시 기

원칙적으로 수사기관이 범죄혐의를 인정하여 수사를 개시한 때(수사기관이 형식적인 입건절차를 밟지 않았다고 하더라도 수사기관의 주관적 혐의가 객관적으로 외부에 표시된 때)에 피의자가 된다. 즉, (i) 수사기관이 적극적으로 범죄를 인지한 경우에는 인지한 때이며(범죄인지서를 작성한 때), (ii) 현행범인을 발견하거나 인도받은 경우는 발견한 때 또는 인도한 때이고, (iii) 고소·고발사건인 경우에는 수사기관에 고소·고발이 접수된 때이다(구두 시에는 조서가 작성된 때이다). 또한 (iv) 범인이 수사기관에 자수한 경우에는 자수한 때이다.

(2) 종 기

(i) 피의자는 유죄의 혐의가 인정되어 검사가 공소를 제기하거나 경찰서장이 즉결심판을 청구하면 피고인으로 그 지위가 변경된다. 또한 (ii) 불기소처분이 확정되더라도 그 지위를 벗어나게 된다. 다만, 검사의 불기소처분에 대하여 검찰항고·재정신청·헌법소원이 제기된 경우에는 그 절차가 종결할 때까지 피의자의 지위는 소멸하지 않는다.

---

5) 임의수사의 경우에는 수사기관과 피의자만 관여하므로 규문적 수사관이 타당하고, 강제수사의 경우에는 영장주의의 원칙에 따라 법원이 개입하므로 탄핵적 수사관이 타당하다는 견해(이원설)가 있다. 그러나 이 견해에 따르면 임의수사와 강제수사가 병행되는 경우에는 양자를 구분하여 처리하는 것이 어렵고, 임의수사의 경우에도 피의자를 조사의 객체로 인정하는 것은 현행법 체계와 맞지 않는다는 점에서 타당하지 않다.

3. 피의자의 소송법상 지위

규문적 소송구조에서는 단지 수사의 대상으로서 수사의 객체에 불과하지만, 탄핵적 소송구조하에서는 수사의 주체로서(특히, 방어권의 주체) 피의자의 지위가 강화된다.

(1) 수사기관의 수사대상으로서의 지위

검사 또는 사법경찰관은 수사에 필요한 때에는 피의자의 출석을 요구하여 진술을 들을 수 있다(제200조 제1항). 다만, 피의자는 수사의 객체는 아니므로 수사기관의 출석요구를 거부할 수 있고, 신문에 대하여 수인의무는 없으며, 언제든지 퇴거할 수 있다.

(2) 준당사적 지위

형소법에서는 적법절차의 이념을 보장하기 위하여 피의자에게 여러 가지 권리를 인정한다.

1) 일반피의자의 권리 - 고문을 받지 아니할 권리(헌법 제12조 제2항), 피의자신문 시의 진술거부권(헌법 제12조 제2항 후단, 형소법 제200조 제2항), 변호인의 조력을 받을 권리(헌법 제12조 제4항, 형소법 제30조 제1항), 신속한 재판을 받을 권리(헌법 제27조 제3항), 변호인선임권(제30조 제1항), 무죄추정의 권리(헌법 제27조 제4항, 형소법 제275조의2), 피의자신문조서 열람·증감·변경청구권(제244조 제2항), 압수·수색·검증에의 참여권(제219조, 제121조), 증거보전청구권(제184조) 등이 있다.

2) 체포·구속된 피의자의 권리 - 체포·구속이유 및 변호인선임권을 고지받을 권리(헌법 제12조 제5항 전단, 형소법 제209조, 제213의2, 제72조), 체포·구속된 피의자의 가족 등에 대한 통지권(헌법 제12조 제5항 제2문, 형소법 제209조, 제213조의2, 제87조), 변호인선임의뢰권(제209조, 제213조의2, 제90조), 변호인 또는 비변호인과의 접견교통권(제209조, 제213조의2, 제89조, 제91조), 체포·구속 시 피의사실 등을 고지받을 권리(제209조, 제200조의5), 체포·구속적부심사청구권(제214조의2), 구속취소청구권(제209조, 제93조), 체포영장 또는 구속영장 피청구 시 유리한 자료제출권(규칙 제96조), 체포·구속영장등본 교부청구권(규칙 제101조) 등이 있다.

제2절 수사기관

Ⅰ. 수사기관의 의의와 종류 및 관할

1. 의의와 종류

수사기관이란 법률상 범죄수사를 할 수 있는 권한을 부여받은 국가기관을 말한다. 현행법상 수사기관에는 검사(공수처검사 포함)와 사법경찰관리(공수처수사관 포함)가 있다.[6] 사법경찰관리에는 일반사법경찰관리와 특별사법경찰관리가 있다.[7] 수사기관은 범죄의 혐의가 있다고 사료하는 때에는 범인, 범죄사실과 증거를 수사할 수 있다(제196조, 제197조).

2. 관할구역

검사는 법령에 특별한 규정이 있는 경우를 제외하고는 소속검찰청의 관할구역에서 직무를 수행한다. 다만, 수사에 필요할 때에는 관할구역이 아닌 곳에서 직무를 수행할 수 있다(검찰청법 제5조). 각급 검찰청과 지청의 관할구역은 각급 법원과 지방법원지원의 관할구역에 따른다(동조 제3조 제4항). 관할은 소송조건이므로 검사는 사건이 그 소속검찰청에 대응한 법원의 관할에 속하지 아니한 때에는 사건을 서류와 증거물과 함께 관할법원에 대응한 검찰청검사에게 송치하여야 한다(제256조). 또한 검사는 사건이 군사법원의 재판권에 속하는 때에는 사건을 서류와 증거물과 함께 재판권을 가진 관할 군검찰부 군검사에게 송치하여야 한다. 이때에 송치 전에 행한 소송행위는 송치 후에도 그 효력에 영향이 없다(제256조의2).

사법경찰관리도 각 소속관서의 관할구역 내에서 직무를 행한다. 다만, 관할구역 내의 사건과 관련성이 있는 사실을 발견하기 위하여 필요한 경우에는 관할구역 외에서도 직무를 행할 수 있다. 다만, 사법경찰관리가 관할구역 외에서 수사를 하거나 관할구역 외의 사법경찰관리의 촉탁을 받아 수사를 하는 경우에는 관할 지방

---

6) 공수처법에 규정한 것 이외에 공수처검사와 공수처수사관의 공수처법에 따른 직무와 권한 등에 관하여는 공수처법의 규정에 반하지 아니하는 한 「검찰청법」(다만, 제4조 제1항 제2호, 제4호, 제5호는 제외한다), 형소법을 준용한다(법 제47조).

7) 검사에 대해서는 이미 살펴보았으므로 이하에서는 사법경찰관리를 중심으로 설명한다.

검찰청 검사장 또는 지청장에게 보고하여야 한다. 다만, 긴급체포(제200조의3), 현행범인의 체포(제212조, 제214조), 영장에 의하지 아니한 강제처분(제216조, 제217조)의 수사를 하는 경우에 긴급을 요할 때에는 사후에 보고할 수 있다(제210조, 특별사법경찰관리에 대한 검사의 수사지휘 및 특별사법경찰관리의 수사준칙에 관한 규칙 제6조).

Ⅱ. 사법경찰관리

1. 일반사법경찰관리

사법경찰관은 범죄의 혐의가 있다고 사료하는 때에는 범인, 범죄사실과 증거를 수사한다.

(1) 경찰청 소속

경찰청 소속 사법경찰관에는 경무관, 총경, 경정, 경감, 경위가 있다(제197조 제1항). 사법경찰리는 사법경찰관의 수사의 보조를 하여야 한다. 사법경찰리에는 경사, 경장, 순경이 있다(동조 제2항). 수사업무의 효율성을 위해 상사의 명령에 따라 피의자신문을 행하거나 피의자신문조서 등을 작성하는 사법경찰리를 사법경찰관사무취급이라고 한다. 해양경찰은 수사에 관하여 형소법이 적용되므로 일반사법경찰관리에 해당한다(해양경찰법 제15조의2 제1항 참조).

한편, 경찰청에는 경찰의 수사사무를 총괄하는 '국가수사본부'를 두고, 국가수사본부장[8]에게 형소법에 따른 경찰의 수사에 관하여 각 시·도경찰청장과 경찰서장 및 수사부서 소속공무원에 대한 지휘·감독권을 부여하고 있다(경찰법 제16조 제1항, 제2항). 다만, 자치경찰제의 도입에 따라 국가경찰과 자치경찰의 수사사무의 범위는 구분되어 있다(동법 제4조 제1항).[9]

---

8) 국가수사본부장은 치안정감으로 보하고, 임기는 2년으로 하며 중임할 수 없다. 다만, 국가수사본부장이 직무를 집행하면서 헌법이나 법률을 위배하였을 때에는 국회는 탄핵소추를 의결할 수 있다(경찰법 제16조).

9) 국가경찰의 사무는 자치경찰의 사무를 제외한 경찰법 제3조에서 정한 경찰의 임무(범죄의 예방·진압 및 수사, 범죄피해자 보호 등)를 수행하기 위한 사무이며(경찰법 제4조 제1항 제1호), 자치경찰의 수사사무는 (i) 학교폭력 등 소년범죄(제1호), (ii) 가정폭력, 아동학대 범죄(제2호), (iii) 교통사고 및 교통 관련 범죄(제3호), (iv) 「형법」 제245조에 따른 공연음란 및 성폭력처벌법 제12조에 따른 성적 목적을 위한 다중이용장소 침입행위에 관한 범죄(제4호), (v) 경범죄 및 기

<참고> 경찰청장의 수사지휘·감독

경찰청장은 경찰의 수사에 관한 사무의 경우에는 개별사건의 수사에 대하여 구체적으로 지휘·감독할 수 없다. 다만, 국민의 생명·신체·재산 또는 공공의 안전 등에 중대한 위험을 초래하는 긴급하고 중요한 사건의 수사에 있어서 경찰의 자원을 대규모로 동원하는 등 통합적으로 현장 대응할 필요가 있다고 판단할 만한 상당한 이유가 있는 때에는 국가수사본부장을 통하여 개별사건의 수사에 대하여 구체적으로 지휘·감독할 수 있다(경찰법 제14조 제6항). 경찰청장이 개별사건의 수사에 대한 구체적 지휘·감독을 개시한 때에는 이를 국가경찰위원회에 보고하여야 한다(동조 제7항). 또한 경찰청장은 그 사유가 해소된 경우에는 개별 사건의 수사에 대한 구체적 지휘·감독을 중단하여야 하며(동조 제8항), 국가수사본부장이 그 사유가 해소되었다고 판단하여 개별사건의 수사에 대한 구체적 지휘·감독의 중단을 건의하는 경우 특별한 이유가 없으면 이를 승인하여야 한다(동조 제9항).

'긴급하고 중요한 사건'은 (ⅰ) 전시·사변 또는 이에 준하는 국가 비상사태가 발생하거나 발생이 임박하여 전국적인 치안유지가 필요한 사건(제1호), (ⅱ) 재난, 테러 등이 발생하여 공공의 안전에 대한 급박한 위해(危害)나 범죄로 인한 피해의 급속한 확산을 방지하기 위해 신속한 조치가 필요한 사건(제2호), (ⅲ) 국가중요시설의 파괴·기능마비, 대규모집단의 폭행·협박·손괴·방화 등에 대하여 경찰의 자원을 대규모로 동원할 필요가 있는 사건(제3호), (ⅳ) 전국 또는 일부 지역에서 연쇄적·동시다발적으로 발생하거나 광역화된 범죄에 대하여 경찰력의 집중적인 배치, 경찰 각 기능의 종합적 대응 또는 국가기관·지방자치단체·공공기관과의 공조가 필요한 사건(제4호) 및 (ⅴ) 이와 직접적인 관련이 있는 사건(제5호)으로 한다(국가경찰과 자치경찰의 조직 및 운영에 관한 법률 제14조 제10항에 따른 긴급하고 중요한 사건의 범위 등에 관한 규정 제2조 제1항). 경찰청장은 국가수사본부장에게 개별사건의 수사에 대한 구체적 지휘를 하는 경우에는 서면으로 지휘하여야 하며, 서면지휘가 불가능하거나 현저히 곤란한 경우에는 구두나 전화 등 서면 외의 방식으로 지휘할 수 있다. 이 경우 사후에 신속하게 서면으로 지휘내용을 송부하여야 한다(동규정 제3조).

(2) 검찰청 소속

검찰청 직원은 사법경찰관리의 직무를 수행할 수 있다(제245조의9).

먼저, 검찰수사서기관, 수사사무관 및 마약수사사무관은 검사를 보좌하며 사법경찰관으로서 검사의 지휘를 받아 범죄수사를 하며(검찰청법 제46조 제2항), 검찰서기, 마약수사서기, 검찰서기보 및 마약수사서기보는 검찰수사서기관, 검찰사무관, 수사사무관, 마약수사사무관, 검찰주사, 마약수사주사, 검찰주사보 또는 마약

초질서 관련 범죄(제5호), (ⅵ) 가출인 및 「실종아동 등의 보호 및 지원에 관한 법률」 제2조 제2호에 따른 실종아동 등 관련 수색 및 범죄(제6호)이다(동항 제2호 라목).

수사주사보를 보좌한다(동조 제3항).

또한 검찰청 직원 중 검찰주사, 마약수사주사, 검찰주사보, 마약수사주사보(이상은 '사법경찰관'의 직무), 검찰서기, 마약수사서기, 검찰서기보 또는 마약수사서기보(이상은 '사법경찰리'의 직무)로서 검찰총장 또는 각급 검찰청 검사장의 지명을 받은 사람은 소속 검찰청 또는 지청에서 접수한 사건에 관하여 사법경찰관리의 직무를 수행한다(검찰청법 제47조 제1항). 이외에 별정직공무원으로서 검찰총장 또는 각급 검찰청 검사장의 지명을 받은 공무원으로서 5급 상당부터 7급 상당까지의 공무원은 사법경찰관의 직무를, 8급 상당 및 9급 상당 공무원은 사법경찰리의 직무를 수행한다(동조 제2항). 사법경찰관의 직무를 행하는 검찰청 직원은 검사의 지휘를 받아 수사하여야 하며(제245조의9 제2항), 사법경찰리의 직무를 행하는 검찰청 직원은 검사 또는 사법경찰관의 직무를 행하는 검찰청 직원의 수사를 보조하여야 한다(동조 제3항).

한편, 공수처수사관[10]은 고위공직자범죄 등에 대한 수사에 관하여 공수처검사의 지휘·감독을 받아 사법경찰관의 직무를 수행한다(공수처법 제21조).

2. 특별사법경찰관리

특별사법경찰관리에는 삼림·해사·전매·세무·군수사기관과 기타 특별한 사항에 관하여 사법경찰관리의 직무를 행하는 자가 있다(제245조의10 제1항). 교도소·소년교도소·구치소 또는 그 지소(支所)의 장(사법경찰직무법 제3조 제1항), 산림보호에 종사하는 공무원(동법 제4조), 「관세법」상 세무공무원 등 검사장의 지명에 의하여 사법경찰관리의 직무를 수행하는 자(동법 제5조), 「근로기준법」에 따른 근로감독관(동법 제6조의2), 선장과 해원 및 기장과 승무원(동법 제7조), 국립공원공단 임직원(동법 제7조의2), 금융감독원 직원(동법 제7조의3), 군사법경찰관리(동법 제9조), 자치경찰공무원(제10조) 등이 이에 해당한다.

특별사법경찰관리는 특수한 분야의 수사를 담당한다는 점에서 모든 분야의

---

10) 공수처수사관은 (i) 변호사 자격을 보유한 사람(제1호), (ii) 7급 이상 공무원으로서 조사, 수사업무에 종사하였던 사람(제2호), (iii) 공수처규칙으로 정하는 조사업무의 실무를 5년 이상 수행한 경력이 있는 사람(제3호) 중에서 공수처장이 임명한다(공수처법 제10조 제1항). 공수처수사관은 일반직공무원으로 보하고, 40명 이내로 한다. 다만, 검찰청으로부터 검찰수사관을 파견받은 경우에는 이를 공수처수사관의 정원에 포함한다(동조 제2항). 공수처수사관의 임기는 6년으로 하고, 연임할 수 있으며, 정년은 60세로 한다(동조 제3항).

범죄수사를 할 수 있는 일반사법경찰관리와 구별된다. 특별사법경찰관리의 직무범위와 수사관할은 사법경찰직무법에서 정하고 있다(법 제6조). 다만, 일반사법경찰관리는 특별사법경찰관리의 직무범위에 속하는 범죄에 대하여도 수사할 수 있다.[11)]

한편, 특별사법경찰관은 수사개시·진행권은 있지만 수사종결권은 인정되지 않는다. 즉, 특별사법경찰관은 범죄의 혐의가 있다고 인식하는 때에는 범인, 범죄사실과 증거에 관하여 수사를 개시·진행하여야 하지만(제245조의10 제3항), 모든 수사에 관하여 검사의 지휘를 받아야 하며(동조 제2항), 검사의 지휘가 있는 때에는 이에 따라야 한다(동조 제4항).[12)] 따라서 범죄를 수사한 때에는 지체 없이 검사에게 사건을 송치하고, 관계서류와 증거물을 송부하여야 한다(동조 제5항).[13)]

Ⅲ. 수사상 검사와 사법경찰관리의 관계

1. 검찰과 경찰의 상호협력 관계

(1) 내 용

형소법은 경찰에 대한 검사의 수사지휘권을 폐지하는 한편, 검사와 사법경찰관의 관계를 상호협력관계로 설정하고 있다(제195조). 따라서 검사와 사법경찰관은 수사, 공소제기 및 공소유지에 관하여 서로 협력하여야 한다(수사준칙규정 제6조 제1항).

또한 검사와 사법경찰관은 수사와 공소제기 및 공소유지를 위해 필요한 경우

---

11) 판례는 “구 출입국관리법(2010. 5. 14. 법률 제10282호로 개정되기 전의 것) 제101조는 제1항에서 출입국관리사무소장 등의 전속적 고발권을 규정함과 아울러, 제2항에서 일반사법경찰관리가 출입국사범을 입건한 때에는 지체 없이 사무소장 등에게 인계하도록 규정하고 있고, 이는 그 규정의 취지에 비추어 제1항에서 정한 사무소장 등의 전속적 고발권 행사의 편의 등을 위한 것이라고 봄이 상당하므로 일반사법경찰관리와의 관계에서 존중되어야 할 것이지만, 이를 출입국관리공무원의 수사 전담권에 관한 규정이라고까지 볼 수는 없는 이상 이를 위반한 일반사법경찰관리의 수사가 소급하여 위법하게 되는 것은 아니다”(2008도7724)라고 하였다.

12) 특별사법경찰관리에 대한 검사의 지휘에 관하여 구체적인 사항은 「특별사법경찰관리에 대한 검사의 수사지휘 및 특별사법경찰관리의 수사준칙에 관한 규칙」 참조.

13) 따라서 특별사법경찰관리 및 검찰청 직원에 대하여는 일반사법경찰관에 대한 검사의 보완수사요구(제197조의2), 검사의 시정조치요구 등(제197조의3), 수사의 경합(제197조의4), 사법경찰관이 신청한 영장의 청구 여부에 대한 심의(제221조의5), 사법경찰관 등의 사건송치 등(제245조의5), 고소인 등에 대한 송부통지(제246조의6), 고소인 등의 이의신청(제245조의7), 검사의 재수사요청 등(제248조의8)에 관한 규정은 적용되지 않는다(제245조의9 제4항).

수사·기소·재판 관련 자료를 서로 요청할 수 있고(동조 제2항), 검사와 사법경찰관의 협의는 신속히 이루어져야 하며, 협의의 지연 등으로 수사 또는 관련 절차가 지연되어서는 안 된다(동조 제3항). 특히, 검사와 사법경찰관은 (i) 공소시효가 임박한 사건(제1호), (ii) 내란, 외환, 대공(對共), 선거(정당 및 정치자금 관련 범죄를 포함한다), 노동, 집단행동, 테러, 대형참사 또는 연쇄살인 관련 사건(제2호), (iii) 범죄를 목적으로 하는 단체 또는 집단의 조직·구성·가입·활동 등과 관련된 사건(제3호), (iv) 주한 미합중국 군대의 구성원·외국인군무원 및 그 가족이나 초청계약자의 범죄 관련사건(제4호), (v) 그 밖에 많은 피해자가 발생하거나 국가적·사회적 피해가 큰 중요한 사건 중 하나에 해당하는 사건(제5호)(이하 '중요사건'이라 한다)의 경우에는 송치 전에 수사할 사항, 증거수집의 대상, 법령의 적용, 범죄수익 환수를 위한 조치 등에 관하여 상호 의견을 제시·교환할 것을 요청할 수 있다. 이 경우 검사와 사법경찰관은 특별한 사정이 없으면 상대방의 요청에 응해야 한다(동규정 제7조 제1항). 다만, 검사와 사법경찰관은 (i) 「공직선거법」 제268조(제1호), (ii) 「공공단체등 위탁선거에 관한 법률」 제71조(제2호), (iii) 「농업협동조합법」 제172조 제4항(제3호), (iv) 「수산업협동조합법」 제178조 제5항(제4호), (v) 「산림조합법」 제132조 제4항(제5호), (vi) 「소비자생활협동조합법」 제86조 제4항(제6호), (vii) 「엽업조합법」 제59조 제4항(제7호), (viii) 「엽연초생산협동조합법」 제42조 제5항(제8호), (ix) 「중소기업협동조합법」 제137조 제3항(제9호), (x) 「새마을금고법」 제85조 제6항(제10호), (xi) 「교육공무원법」 제62조 제5항(제11호) 중 어느 하나에 따른 공소시효가 적용되는 사건에 대해서는 공소시효 만료일 3개월 전까지 제1항 각 호 외의 부분 전단에 규정된 사항 등에 관하여 상호 의견을 제시·교환해야 한다. 다만, 공소시효 만료일 전 3개월 이내에 수사를 개시한 때에는 지체 없이 상호 의견을 제시·교환해야 한다(동조 제2항).

그리고 검사와 사법경찰관은 수사와 사건의 송치, 송부 등에 관한 이견의 조정이나 협력 등이 필요한 경우 서로 협의를 요청할 수 있다. 이 경우 특별한 사정이 없으면 상대방의 협의 요청에 응해야 한다(동규정 제8조 제1항). 이 협의에도 불구하고 이견이 해소되지 않는 경우로서 (i) 중요사건에 관하여 상호 의견을 제시·교환하는 것에 대해 이견이 있거나 제시·교환한 의견의 내용에 대해 이견이 있는 경우(제1호), (ii) 제197조의2(보완수사요구) 제2항 및 제3항에 따른 정당한 이유의 유무에 대해 이견이 있는 경우(제2호), (iii) 제197조의4(수사의 경합) 제2항 단서에 따라 사법경찰관이 계속 수사할 수 있는지 여부나 사법경찰관이 계속 수사할 수 있는 경우 수사를 계속할 주체 또는 사건의 이송 여부 등에 대해 이견이 있는 경우(제3호), (ⅳ) 재수사(제245조의8 제2항)의 결과에 대해 이견이 있는 경우(제4호) 중 어느 하나에 해당하는 경우에는 해당 검사가 소속된 검찰청의 장과 해당 사법경찰관이 소속된 경찰관서(지방해양경찰관서를 포함한다)의 장의 협의에 따른다(동조 제2항). 이 외에도 소재불명인 피의자 또는 참고인의 소재수사에 관하여 협력하여야 한다(동규정 제55조[14]).

(2) 수사기관협의회

대검찰청과 경찰청(해양경찰청 포함) 간에 수사에 관한 제도개선방안 등을 논의하고, 수사기관 간 협조가 필요한 사항에 대해 서로 의견을 협의·조정하기 위해 수사기관협의회를 두도록 하고 있다(수사준칙규정 제9조 제1항). 수사기관협의회는 반기마다 정기적으로 개최하되, 대검찰청과 경찰청 및 해양경찰청 중 어느 한기관이 요청하면 수시로 개최할 수 있다(동조 제3항).

수사기관협의회는 (ⅰ) 국민의 인권보호, 수사의 신속성·효율성 등을 위한 제도개선 및 정책제안(제1호), (ⅱ) 국가적 재난상항 등 관련기관 간 긴밀한 협조가 필요한 업무를 공동으로 수행하기 위해 필요한 사항(제2호), (ⅲ) 그 밖에 어느 한 기관이 수사기관협의회의 협의 또는 조정이 필요하다고 요구한 사항(제3호)에 대해 협의·조정한다(동조 제2항).[15] 이때 각 기관은 수사기관협의회에서 협의·조정된 사항의 세부 추진계획을 수립·시행하여야 한다(동조 제4항).

2. 경찰의 독자적 수사권 인정과 검찰의 직접 수사권 제한

경찰은 수사에서 검사의 지휘를 받지 아니하고 범죄혐의가 있다고 사료되면 수사를 개시·진행하고(제197조), 범죄혐의가 인정되면 검사에게 송치하고, 그렇지

---

14) 수사준칙규정 제55조(소재수사에 관한 협력 등) ① 검사와 사법경찰관은 소재불명인 피의자나 참고인을 발견한 때에는 해당 사실을 통보하는 등 서로 협력하여야 한다.

② 검사는 법 제245조의5 제1호 또는 법 제245조의7 제2항에 따라 송치된 사건의 피의자나 참고인의 소재 확인이 필요하다고 판단하는 경우 피의자나 참고인의 주소지 또는 거소지 등을 관할하는 경찰관서의 사법경찰관에게 소재수사를 요청할 수 있다. 이 경우 요청을 받은 사법경찰관은 이에 협력하여야 한다.

15) 이 외에 수사기관협의회의 운영 등에 필요한 사항은 수사기관협의회에서 정한다(수사준칙규정 제9조 제5항). 기타 자세한 절차는 「경찰수사규칙」 제3조 이하 참조.

않으면 불송치한다(제245조의5).[16] 경찰청에서는 전문수사역량을 강화하기 위하여 수사경과제도(2005년 도입) 외에 전문수사관 인증제도를 실시하는 한편, 책임수사관 제도를 시행하고 있다.

한편, 검사는 직접 수사할 수 있는 범죄가 제한되어 있고(검찰청법 제4조 제1항), 고위공직자에 대한 수사권과 기소권 일부는 공수처의 권한으로 되어 있다.[17]

<참고> 경찰의 전문수사역량 강화제도

1. 수사경과제

정부는 2004년「경찰공무원 임용령」을 개정하여 경찰의 경과를 일반경과, 수사경과, 보안경과, 특수경과의 4가지로 분류하고, 2005년부터 수사경과는 범죄수사에 관한 직무를 전담하여 수행하도록 하였다. 즉, 수사경과제는 수사경찰관들에게 경과를 부여해 수사부서에서만 평생 근무할 수 있도록 하는 평생수사를 지향하는 것으로, 이를 통해 수사경찰의 전문성과 범죄대응역량을 강화시켜 국민만족도를 제고하는 것을 목적으로 한다.

2. 전문수사관 인증제

수사경과를 취득한 경찰관 중 해당 분야 근무경력, 분야별 근무실적, 경찰수사연수원 전문교육과정수료, 학술대회·기고 등 마일리지 충족 등을 종합적으로 고려하여 전문수사관으로 인증한다. 2022년 현재 83개 죄종 분야, 7개 기법 분야, 13개 증거분석 분야로 총 103개의 전문수사관 분야를 인증하고 있다. 전문수사관 인증자에 대해서는 수사경과 갱신 혜택, 수사관 자격관리 제도의 전임수사관 선발 시 우대, 수사부서 팀장보직 발령 시 우대 등 다양한 인사상 혜택을 부여하여 관련분야 전문역량을 높일 수 있도록 설계하였다.[18]

---

16)「국가정보원법」의 개정에 따라 국가정보원의 직무범위를 국외 및 북한에 관한 정보, 방첩, 대테러, 국제범죄조직에 관한 정보, 사이버안보 및 위성자산 정보 등의 수집·작성·배포, 보안업무, 직무수행 관련 대응조치, 사이버 공격 및 위협에 대한 예방 및 대응, 정보 및 보안업무의 기획·조정 등으로 명확히 제한하고(제4조) 국내 대공수사권이 폐지되었다. 이에 경찰은 안보범죄에 대한 수사까지 전담하게 되면서, '안보수사처'를 신설하였다.

17) 검사는「검찰청법」제4조 제1항 제1호 각 목에 해당되지 않는 범죄에 대한 고소·고발·진정 등이 접수된 때에는 사건을 검찰청 외의 수사기관에 이송해야 한다(수사준칙규정 제18조 제1항). 또한 검사는 (i) 법 제197조의4 제2항 단서에 따라 사법경찰관이 범죄사실을 계속 수사할 수 있게 된 때 또는 (ii) 그 밖에 다른 수사기관에서 수사하는 것이 적절하다고 판단되는 때에는 사건을 검찰청 외의 수사기관에 이송할 수 있다(동조 제2항). 사건을 이송하는 경우에는 관계서류와 증거물을 해당 수사기관에 함께 송부해야 한다(동조 제3항). 다만, 검사는 (ii)에 따른 이송을 하는 경우에는 특별한 사정이 없으면 사건을 수리한 날부터 1개월 이내에 이송해야 한다(동조 제4항).

18) 검찰에서는「공인전문수사관 인증 등 수사관전문화에 관한 지침」을 마련하여 지능화·다양화되고 있는 범죄에 효율적으로 대처할 수 있도록 수사관들의 전문역량을 강화·지원하고 있다.

> **3. 수사관 자격관리제도**
>
> 경찰청은 2020년부터 수사관들의 역량향상을 유도하기 위해 4단계의 자격관리체계를 정립하고, 그 자격에 맞추어 수준별 사건배당 및 희망부서 배치 시 우대하고 있다. 그 내용을 보면 ① 예비수사관 (수사부서 전입 전, 수사경과 부여) → ② 일반 수사관 (일반사건 수사, 전입 후 수습기관 운영) → ③ 전임수사관 (수사경력 7년 이상, 심사, 중요사건 수사주도 및 지방청 직접수사부서 보임자격 부여) → ④ 책임수사관 (수사경력 10년 이상, 시험·심사, 중대사건 주수사책임관, 수사 과·팀장 및 영장·수사심사관 보임자격)이다.

3. 경찰수사에 대한 검사의 지휘와 관리

(1) 영장청구권 및 수사지휘

헌법에서는 수사기관이 사람을 체포·구속하거나 압수·수색을 할 때에는 적법한 절차에 따라 '검사의 신청'에 의하여 법관이 발부한 영장을 제시하여야 한다고 규정하고 있다(제12조 제3항). 이에 형소법에서도 사법경찰관의 체포영장(제200조의2 제1항), 구속영장(제201조 제1항), 압수·수색영장이나 검증영장의 청구(제209조)에서는 사법경찰관의 신청에 의하여 검사가 판사에게 영장을 청구하도록 하고 있다. 다만, 형소법에서는 검사가 사법경찰관이 신청한 영장을 정당한 이유 없이 판사에게 청구하지 아니한 경우 사법경찰관은 그 검사 소속의 지방검찰청 소재지를 관할하는 고등검찰청에 영장청구 여부에 대한 심의를 신청할 수 있도록 하고 있다(제221조의5 제1항). 이에 관한 사항의 심의를 위하여 각 고등검찰청에 영장심의위원회를 둔다(동조 제2항).[19] 사법경찰관은 영장심의위원회에 출석하여 의견을 개진할 수 있다(동조 제4항). 또한 심의신청을 한 사법경찰관과 담당검사는 물론 피의자 또는 변호인은 영장심의위원회에 의견서를 제출할 수 있다(영장심의위원회 규칙 제17-제19조). 영장심의위원회의 심의결과는 구속력이 인정되지 않고 권고적 효력이 있음에 지나지 않는다. 다만, 담당검사와 사법경찰관은 영장심의위원회의 심의결과를 존중하여야 한다(동규칙 제25조).

이 외에도 사법경찰관리에 의한 체포·구속영장집행(제81조, 제209조) 및 압수물의 환부·가환부(제218조의2), 압수물의 보관과 폐기(제130조), 압수물의 대가보관

---

19) 심의위원회는 위원장 1명을 포함한 10명 이내의 외부위원으로 구성하고, 위원은 각 고등검찰청 검사장이 위촉한다(제221조의5 제3항). 자세한 것은 법무부 「영장심의위원회 규칙」 참조.

(제132조), 압수장물의 피해자환부(제134조)에 따른 처분 등을 함에는 검사의 지휘를 받아야 한다(제219조 단서).

(2) 보완수사요구

검사는 (i) 송치사건의 공소제기 여부 결정 또는 공소의 유지에 관하여 필요한 경우(제1호) 또는 (ii) 사법경찰관이 신청한 영장의 청구 여부 결정에 관하여 필요한 경우(제2호)에는 사법경찰관에게 보완수사를 요구할 수 있다(제197조의2 제1항). 사법경찰관은 이 요구가 있는 때에는 정당한 이유가 없는 한 지체 없이 이를 이행하고, 그 결과를 검사에게 통보하여야 한다(동조 제2항). 사법경찰관은 보완수사를 이행한 결과 사건송치(제245조의5 제1호)에 해당하지 않는다고 판단한 경우에는 사건을 불송치하거나 수사중지할 수 있다(수사준칙규정 제60조 제5항).

(3) 시정조치요구

검사는 사법경찰관리의 수사과정에서 법령위반, 인권침해 또는 현저한 수사권남용이 의심되는 사실의 신고가 있거나 그러한 사실을 인식하게 된 경우에는 사법경찰관에게 사건기록등본의 송부를 요구할 수 있다(제197조의3 제1항). 검사는 사법경찰관에게 사건기록등본의 송부를 요구할 때에는 그 내용과 이유를 구체적으로 적은 서면으로 하여야 한다(수사준칙규정 제45조 제1항).

이 송부 요구를 받은 사법경찰관은 지체 없이 검사에게 사건기록등본을 송부하여야 하며(제197조의3 제2항), 이때 송부를 받은 검사는 필요하다고 인정되는 경우에는 사법경찰관에게 시정조치를 요구할 수 있다(동조 제3항). 즉, 사법경찰관은 시정조치요구를 받은 날부터 7일 이내에 사건기록등본을 검사에게 송부하여야 하며(수사준칙규정 제45조 제2항), 검사는 사건기록등본을 송부받은 날부터 30일(사안의 경·중 등을 고려하여 10일의 범위에서 한 차례 연장할 수 있다) 이내에 시정조치요구 여부를 결정하여 사법경찰관에게 통보하여야 한다. 이때 시정조치요구의 통보는 그 내용과 이유를 구체적으로 적은 서면으로 하여야 한다(동조 제3항).

사법경찰관은 검사의 시정조치요구가 있는 때에는 정당한 이유가 없으면 지체 없이 이를 이행하고, 그 결과를 검사에게 통보하여야 한다(제197조의3 제4항). 이때 사법경찰관은 그 이행결과를 서면에 구체적으로 적어 검사에게 통보하여야 한다(수사준칙규정 제45조 제4항). 이 통보를 받은 검사는 시정조치요구가 정당한 이유 없이 이행되지 않았다고 인정되는 경우에는 사법경찰관에게 사건을 송치할 것을 요구할 수 있으며(제197조의3 제5항), 이 경우에는 그 내용과 이유를 구체적으로 적은 서면으로 하여야 한다(수사준칙규정 제45조 제5항). 이때 송치요구를 받은 사법경찰관은 검사에게 사건을 송치하여야 한다(제197조의3 제6항). 즉, 사법경찰관은 서면으로 사건송치를 요구받은 날부터 7일 이내에 사건을 검사에게 송치하여야 한다. 이때 관계서류와 증거물을 함께 송부하여야 한다(수사준칙규정 제45조 제6항). 다만, 검사는 공소시효만료일의 임박 등 특별한 사유가 있을 때에는 서면에 그 사유를 명시하고 별도의 송치기한을 정하여 사법경찰관에게 통지할 수 있다. 이때 사법경찰관은 정당한 이유가 있는 경우를 제외하고는 통지받은 송치기한까지 사건을 검사에게 송치하여야 한다(동조 제7항).

이를 위해 사법경찰관은 피의자를 신문하기 전에 수사과정에서 법령위반, 인권침해 또는 현저한 수사권남용이 있는 경우 검사에게 구제를 신청할 수 있음을 피의자에게 알려주어야 한다(제197조의3 제8항). 사법경찰관은 검사에게 구제를 신청할 수 있음을 피의자에게 알려준 경우에는 피의자로부터 고지확인서를 받아 사건기록에 편철한다. 다만, 피의자가 고지확인서에 기명날인 또는 서명하는 것을 거부하는 경우에는 사법경찰관이 고지확인서 끝부분에 그 사유를 적고 기명날인 또는 서명하여야 한다(수사준칙규정 제47조).

한편, 사법경찰관리의 수사과정에서 법령위반, 인권침해 또는 현저한 수사권남용이 있었던 때에는 검찰총장 또는 각급 검찰청 검사장은 권한 있는 사람에게 해당 사법경찰관리의 징계를 요구할 수 있고, 그 징계절차는 「공무원 징계령」 또는 「경찰공무원 징계령」에 따른다(제197조의3 제7항). 이때 검찰총장 또는 각급 검찰청 검사장은 사법경찰관리의 징계를 요구할 때에는 서면에 그 사유를 구체적으로 적고 이를 증명할 수 있는 관계 자료를 첨부하여 해당 사법경찰관리가 소속된 경찰관서의 장에게 통보하여야 하며(수사준칙규정 제46조 제1항), 경찰관서장은 이 징계요구에 대한 처리 결과와 그 이유를 징계를 요구한 검찰총장 또는 각급 검찰청 검사장에게 통보하여야 한다(동조 제2항).

(4) 수사의 경합 시 사건송치요구

검사는 사법경찰관과 동일한 범죄사실을 수사하게 된 때에는 사법경찰관에게 사건을 송치할 것을 요구할 수 있다(제197조의4 제1항). 검사는 사법경찰관에게 사건송치를 요구할 때에는 그 내용과 이유를 구체적으로 적은 서면으로 하여야 한다(수사준칙규정 제49조 제1항). 이 요구를 받은 사법경찰관은 지체 없이 검사에게 사건을 송치하여야 한다(제197조의4 제2항). 이때 사법경찰관은 이 요구를 받은 날부터 7일 이내에 사건을 검사에게 송치하여야 하며, 관계서류와 증거물을 함께 송부하여야 한다(수사준칙규정 제49조 제2항).

그러나 검사가 영장을 청구하기 전에 동일한 범죄사실에 관하여 사법경찰관이 영장을 신청한 경우에는 사법경찰관은 해당 영장에 기재된 범죄사실을 계속 수사할 수 있다(제197조의2 제2항). 검사와 사법경찰관은 수사의 경합과 관련하여 동일한 범죄사실 여부나 영장(통신비밀보호법 제6조 및 제8조에 따른 통신제한조치허가서 및 같은 법 제13조에 따른 통신사실확인자료제공 요청 허가서를 포함한다)청구·신청의 시간적 선·후관계 등을 판단하기 위해 필요한 경우에는 그 필요한 범위에서 사건기록의 상호 열람을 요청할 수 있다(수사준칙규정 제48조 제1항). 영장청구·신청의 시간적 선·후관계는 검사의 영장청구서와 사법경찰관의 영장신청서가 각각 법원과 검찰청에 접수된 시점을 기준으로 판단한다(동조 제2항). 이때 검사는 사법경찰관의 영장신청서의 접수를 거부하거나 지연해서는 안 된다(동조 제3항). 또한 검사는 수사의 경합에 따라 사법경찰관이 범죄사실을 계속 수사할 수 있게 된 경우(제197조의4 제2항 단서)에는 정당한 사유가 있는 경우를 제외하고는 그와 동일한 범죄사실에 대한 사건을 이송하는 등 중복수사를 피하기 위해 노력하여야 한다(수사준칙규정 제50조).

(5) 경찰의 불송치결정에 대한 재수사요청

검사는 사법경찰관이 수사 후 사건을 불송치하는 경우(제245조의5 제2호)에 사법경찰관이 사건을 송치하지 아니한 것이 위법 또는 부당한 때에는 그 이유를 문서로 명시하여 사법경찰관에게 재수사를 요청할 수 있다(제245조의8 제1항).

사법경찰관은 검사의 재수사요청이 있는 때에는 사건을 재수사하여야 한다(제245조의8 제2항).

(6) 사법경찰관리의 체임요구 및 체포·구속장소의 감찰

경찰서장이 아닌 경정 이하의 사법경찰관리가 직무집행과 관련하여 부당한 행위를 하는 경우 지방검찰청 검사장은 해당 사건의 수사중지를 명하고, 임용권자에게 그 사법경찰관리의 교체임용을 요구할 수 있다(검찰청법 제54조 제1항). 이때 요구를 받은 임용권자는 정당한 사유가 없으면 교체임용을 하여야 한다(동조 제2항).[20]

---

20) 폭력행위처벌법 제10조(사법경찰관리의 행정적 책임) ① 관할 지방검찰청 검사장은 제2조부터 제6조까지의 범죄가 발생하였는데도 그 사실을 자신에게 보고하지 아니하거나 수사를 게

또한 지방검찰청 검사장 또는 지청장은 불법체포·구속의 유·무를 조사하기 위하여 검사로 하여금 매월 1회 이상 관하수사관서의 피의자의 체포·구속장소를 감찰하게 하여야 한다. 감찰하는 검사는 체포 또는 구속된 자를 심문하고 관련서류를 조사하여야 한다(제198조의2 제1항). 이때 검사는 적법한 절차에 의하지 아니하고 체포 또는 구속된 것이라고 의심할 만한 상당한 이유가 있는 경우에는 즉시 체포 또는 구속된 자를 석방하거나 사건을 검찰에 송치할 것을 명하여야 한다(동조 제2항).

(7) 인권옹호방해죄에 의한 처벌

경찰의 직무를 행하는 자 또는 이를 보조하는 자가 인권옹호에 관한 검사의 직무집행을 방해하거나 그 명령을 준수하지 아니한 때에는 5년 이하의 징역 또는 10년 이하의 자격정지에 처한다(형법 제139조).

'인권'이란 범죄수사과정에서 사법경찰관리에 의해 침해되기 쉬운 인권으로서 주로 헌법 제12조에 의한 신체의 자유 등을 그 내용으로 한다(2008도11999). 따라서 '검사의 직무'는 수사상 각종 강제처분에 대한 영장의 집행지휘(제81조, 제115조, 제209조), 불법구속 여부를 조사하기 위한 구속장소감찰(제198조의2) 등을 말한다. 방해의 방법에는 제한이 없다. '검사의 명령'은 사법경찰관리에 의해 침해될 수 있는 인권옹호에 관한 검사의 제반명령 중 '그에 위반할 경우 사법경찰관리를 형사처벌까지 함으로써 준수되도록 하여야 할 정도로 인권옹호를 위해 꼭 필요한 검사의 명령'으로서 법적 근거를 가진 적법한 명령이어야 한다(2006헌바69).

<참고> 경찰의 자율적 수사 통제

경찰청은 2021년부터 '경찰 수사 3중 심사체계'를 본격 운영하고 있다. 수사심사관이 사건종결 전 수사과정을 심사하고, 책임수사지도관이 수사종결 후 결과의 적절성 등을 점검한다. 마지막으로 외부위원이 포함된 수사심의위원회가 종결사건결과를 최종적으로 심의한다.

1. 경찰수사심의위원회 설치

국가수사본부와 시·도 경찰청에 경찰수사심의위원회를 둔다(경찰 수사사건

을리하거나 수사능력 부족 또는 그 밖의 이유로 사법경찰관리로서 부적당하다고 인정하는 사람에 대해서는 그 임명권자에게 징계, 해임 또는 교체임용을 요구할 수 있다.

② 제1항의 요구를 받은 임명권자는 2주일 이내에 해당 사법경찰관리에 대하여 행정처분을 한 후 그 사실을 관할 지방검찰청 검사장에게 통보하여야 한다.

심의 등에 관한 규칙 제10조 이하, 제20조 이하). 위원회의 심의대상은 (i) 동규칙 제2조 제1항에 따라 수사심의를 신청한 사건에 관한 사항(제1호), (ii) 경찰청 「범죄수사규칙」 제30조(경찰서 내 이의제기) 제5항, 제31조(상급경찰관서장에 대한 이의제기) 제2항에 따른 이의제기사건에 관한 사항(제2호), (iii) 동규칙 제8조 제1항에 따라 보고받은 점검결과 중 위원장이 심의가 필요하다고 인정하는 사항(제3호), (iv) 그 밖에 경찰청장 또는 국가수사본부장, 위원장이 심의가 필요하다고 부의하는 사항(제4호)이다(동규칙 제10조 제2항[21], 제21조).

2. 수사심의

사건관계인(고소인, 기관고발인, 피해자, 피조사자, 피진정인 및 그들의 대리인을 말한다)은 경찰 입건 전 조사·수사 절차 또는 결과의 적정성·적법성이 현저히 침해되었다고 판단하는 경우 경찰관서에 심의를 신청(이하 '수사심의신청'이라 한다)할 수 있다(동규칙 제2조 제1항). 사건관계인은 수사심의신청을 할 때 수사심의신청서를 작성하여 담당수사관이 소속된 경찰관서 또는 시·도경찰청에 이를 제출한다(동조 제2항). 수사심의신청을 접수한 경찰관서는 신청자와 충분한 상담을 실시하여야 하며, 당해 수사심의신청이 (i) 동일한 수사심의신청이 이미 접수되어 진행 중이거나 종료된 경우(제1호), (ii) 구체적 사실이 직시되어 있지 않거나 내용이 불분명한 경우(제2호), (iii) 근거 없는 주장이거나, 사실관계 또는 법령을 오인한 결과로 인한 것인 경우(제3호), (iv) 수사를 방해하거나 지연시킬 목적이 명백한 경우(제4호)에는 이를 수리하지 않고 반려할 수 있다(동조 제3항).

수사심의신청사건의 조사에 관한 주관부서는 시·도 경찰청 수사관의 수사에 대한 신청은 시·도경찰청 소속의 수사심의계, 경찰청 소속수사관의 수사에 대한 신청은 경찰청 국가수사본부 수사심사정책담당관으로 한다(동규칙 제3조 제1항, 제4조).

3. 수사점검

수사심의계는 시·도경찰청 또는 그 소속경찰관서에서 불송치결정한 수사의 적정성·적법성에 대해 매 분기마다 점검하고(동규칙 제7조 제1항), 특별한 필요성이 인정되는 입건 전 조사·수사를 대상으로 수시점검을 할 수 있다(동조 제2항). 수사심의계는 점검을 한 후, 수사점검결과서를 작성하여 경찰수사심의위원회에 보고하여야 하며(동규칙 제8조 제1항), 수사점검을 하는 과정에서 보완수사, 재수사 등이 필요하다고 판단하는 경우에는 해당 사건의 수사관에게 필요한 조치를 하도록 지시할 수 있다. 이때 해당 사건의 수사관은 정당한 이유가 없는 한 이를 이행하여야 한다(동조 제2항). 경찰청 수사부서에 대한 수사점검은 경찰청 수사심사정책담당관이 담당한다(동규칙 제9조, 동규칙 제7조와 제8조를 준용함).[22]

---

21) 이 외에 국가수사본부 경찰수사심의위원회는 (v) 주요 수사정책 등에 관한 자문 및 권고, (vi) 특별수사본부장 심사 추천을 심의대상으로 한다.

22) 경찰청에서는 2019년 8월부터 6개 경찰서를 시작으로 경찰서장 직속기구로 평균수사경력 20년의 수사전문가로 구성된 수사심사관제도(2022년 7월말 기준으로 710명)를 운영하고

Ⅳ. 전문수사자문위원

1. 도입취지

검사는 공소제기 여부와 관련된 사실관계를 분명하게 하기 위하여 필요한 경우에는 직권이나 피의자 또는 변호인의 신청에 의하여 전문수사자문위원을 지정하여 수사절차에 참여하게 하고 자문을 들을 수 있다(제245조의2).

2. 수사참여

(1) 지정과 취소

전문수사자문위원을 수사절차에 참여시키는 경우 검사는 각 사건마다 1인 이상의 전문수사자문위원을 지정한다(제245조의3 제1항). 검사의 전문수사자문위원 지정에 대하여 피의자 또는 변호인은 관할 고등검찰청 검사장에게 이의를 제기할 수 있다(동조 제3항). 이를 위해 검사로 하여금 자문위원 지정사실을 피의자 또는 변호인에게 구두 또는 서면으로 통지하도록 하고 있다(전문수사자문위원 운영규칙 제3조 제3항).

한편, 검사는 상당하다고 인정하는 때에는 전문수사자문위원의 지정을 취소할 수 있다(제245조의3 제2항). 즉, 전문수사자문위원의 결격사유(동규칙 제4조[23])가 있거나 직무상 알게 된 비밀을 누설한 경우[24]에는 그 지정을 취소하여야 한다(동규칙 제5조 제1항). 또한 전문수사자문위원이 (i) 심신상의 장애로 직무집행을 할 수 없다고 인정될 때(제1호), (ii) 정당한 이유 없이 검사의 수사절차 참여 요청에 2회 이

있으며, 이들로 하여금 경찰서 전체의 사건 수사과정·결과가 타당한지 여부를 심사·지도하는 역할을 담당하게 하고 있다.

23) 「전문수사자문위원 운영규칙」 제4조(결격사유) 다음 각 호의 어느 하나에 해당하는 사람은 전문수사자문위원이 될 수 없다. 1. 피성년후견인 또는 피한정후견인, 2. 파산선고를 받고 복권되지 아니한 사람, 3. 금고 이상의 형을 받고 그 집행이 끝나거나 집행을 받지 아니하기로 확정된 후 5년이 지나지 아니한 사람, 4. 금고 이상의 형을 받고 그 집행유예의 기간이 끝나는 날부터 2년이 지나지 아니한 사람, 5. 금고 이상의 형의 선고유예를 받고 그 선고유예기간 중에 있는 사람, 6. 판결 또는 다른 법률에 따라 자격이 상실되거나 정지된 사람, 7. 공무원으로서 파면의 징계처분을 받은 때부터 5년이 지나지 아니한 사람, 8. 공무원으로서 해임의 징계처분을 받은 때부터 3년이 지나지 아니한 사람.

24) 전문수사자문위원 또는 전문수사자문위원이었던 자가 그 직무수행 중에 알게 된 다른 사람의 비밀을 누설한 때에는 2년 이하의 징역이나 금고 또는 1천만원 이하의 벌금에 처한다(제245조의4, 제279조의7).

상 응하지 아니할 때(제2호), (iii) 직무상 의무 위반 행위나 그 밖에 전문수사자문위원으로서 부적절한 행위를 하였을 때(제3호), (iv) 불공정한 의견을 진술할 염려가 있거나 그 밖에 공정한 직무집행이 어렵다고 인정되는 상당한 이유가 있을 때(제4호)에는 지정을 취소할 수 있다(동조 제2항).

전문수사자문위원의 지정취소는 구두 또는 지정취소결정서로 하며, 검사는 전문수사자문위원 지정취소사실을 피의자 또는 변호인에게 구두 또는 통지서로 알려야 한다(동조 제3항).

(2) 의견진술

전문수사자문위원은 전문적인 지식에 의한 설명 또는 의견을 기재한 서면을 제출하거나 전문적인 지식에 의하여 설명이나 의견을 진술할 수 있다(제245조의2 제2항). 이때 검사는 전문수사자문위원이 제출한 서면이나 전문수사자문위원의 설명 또는 의견의 진술에 관하여 피의자 또는 변호인에게 구술 또는 서면에 의한 의견진술의 기회를 주어야 한다(동조 제3항).

제2장 수사의 단서와 수사의 조건

제1절 수사의 단서

수사의 단서란 수사개시의 원인을 말하며, 수사기관의 체험에 의한 것과 수사기관 이외의 타인의 체험에 의한 경우가 있다. 전자에 해당하는 것으로는 수사기관에 의한 현행범인의 체포, 변사자검시, 경직법상 불심검문, 여죄수사 및 신문이나 인터넷 등의 기사, 소문 등을 들 수 있다. 후자에 해당하는 것으로는 고소, 고발, 자수, 진정 및 범죄신고 등이 있다.

고소, 고발 및 자수가 있는 때에는 즉시 수사가 개시되지만, 그 이외의 경우에는 수사기관이 수사단서를 근거로 입건 전 조사단계를 거쳐 구체적 범죄혐의를 인지한 경우에 비로소 수사가 개시된다.

Ⅰ. 변사자의 검시

1. 의 의

변사자의 검시란 사람의 사망이 범죄로 인한 것인지를 판단하기 위하여 수사기관이 변사자의 상황을 조사하는 것을 말한다. '변사자'의 의미에 대하여는 ① 자연사 또는 통상의 병사(病死)로 인하지 않은 사체(死體)를 말한다는 견해가 있다. 그러나 ② 변사자란 자연사 또는 통상의 병사가 아니라 범죄로 인한 사망으로 의심이 되는 사체를 말한다.

변사자검시는 수사의 단서로서 영장을 요하지 않는다는 점에서 수사상 처분인 영장에 의한 검증과 구별된다. 그러나 검시결과 범죄의 혐의를 인정하고, 긴급을 요할 때에는 영장 없이 검증할 수 있다(제222조 제2항).[24] 이때에는 사후에 지체 없이 영장을 받아야만 그 검증조서를 유죄의 증거로 할 수 있다(88도1399).

2. 절 차

검사는 변사자 또는 변사의 의심이 있는 사체가 있는 때에는 검시를 하여야 하며(제222조 제1항), 사법경찰관은 검사의 명을 받아 검시를 한다(동조 제3항). 사법경찰관은 변사자 또는 변사한 것으로 의심되는 사체가 있으면 변사사건 발생사실을 검사에게 통보하여야 한다(수사준칙규정 제17조 제1항). 수사기관이 검시한 결과 범죄혐의가 있다고 판단된 경우에는 수사가 개시된다.

검사와 사법경찰관이 각각 검시를 했을 경우에는 검시조서를, 검시로 범죄혐의를 인정하여 검증을 했을 경우에는 검증조서를 작성하여 상내방에게 송부하여야 하며(동조 제2항, 제3항), 검사와 사법경찰관은 변사자의 검시를 한 사건에 대하여 사건 종결 전에 수사할 사항 등에 관하여 상호 의견을 제시·교환하여야 한다(동조 제4항).

한편, 변사자의 검시를 위해 타인의 주거에 들어가는 것은 강제처분에 해당하므로 긴급검증(제216조 제3항)에 해당하는 경우를 제외하고는 주거권자의 동의가 없으면 법원의 영장을 요한다.

Ⅱ. 불심검문

1. 의의와 성격

(1) 의 의

불심검문이란 경찰관이 행동이 수상한 사람을 발견한 때에 이를 정지시켜 질문하는 행위를 말하며, 직무질문이라고도 한다. 경직법 제3조 제1항에서는 경찰관은 (i) 수상한 행동이나 그 밖의 주위 사정을 합리적으로 판단하여 볼 때 어떠한 죄를 범하였거나 범하려 하고 있다고 의심할 만한 상당한 이유가 있는 사람 또는 (ii) 이미 행하여진 범죄나 행하여지려고 하는 범죄행위에 관한 사실을 안다고 인정되는 사람을 정지시켜 질문할 수 있다고 규정하고 있다.

---

25) 통상적으로 사체의 해부(부검)는 긴급검증의 대상이 되지 않고, 법관에 의한 사전영장을 요한다(제219조, 제140조 참조).

(2) 성 격

불심검문의 법적 성격에 대하여는 ① 수사의 단서에 불과하다는 점에서 행정경찰작용으로 보는 견해, ② 불심검문은 범죄혐의를 전제로 하는 것으로 수사의 한 형태이므로 사법경찰작용으로 보는 견해, ③ 불심검문은 장래 발생이 예상되는 범죄에 대한 정보수집뿐만 아니라 범죄수사에도 활용된다는 점에서 행정목적달성과 사법목적달성을 모두 가지고 있으므로 행정경찰작용과 사법경찰작용의 성격을 병유하고 있다는 견해(다수설), ④ 범죄를 범하려고 하고 있다고 의심할 만한 상당한 이유가 있는 자와 행하여지려고 하는 범죄행위에 관한 사실을 안다고 인정되는 자에 대한 불심검문은 행정경찰작용이지만, 어떠한 죄를 범하였거나 이미 행하여진 범죄에 관한 사실을 안다고 인정되는 자에 대한 불심검문은 사법경찰작용이라고 하는 견해(이원설)가 있다. 그러나 ⑤ 불심검문은 수사의 단서로서 구체적인 범죄혐의를 전제로 하는 것은 아니라는 점에서 수사활동이 아니라 행정경찰작용이다. 다만, 불심검문은 범인발견과 증거수집을 위해 이용되고 있고, 불심검문에 의해 수사가 개시되는 등 수사와 관련된 처분이므로 불심검문에 있어서는 피검문자의 부당한 인권침해를 방지하기 위하여 사법적 보장이 요구되고, 따라서 사법작용에 준하여 취급하여야 한다(준사법경찰작용설).

판례는 불심검문을 행정경찰목적의 경찰활동으로 이해한다(2020도398).

2. 방 법

불심검문은 정지와 질문, 소지품검사 및 질문을 위한 동행요구 등의 방법으로 행하여진다.

(1) 정지와 질문

1) 정 지

(가) 대 상

정지란 질문을 위한 수단으로서 '행동이 수상한 자' 등을 불러 세우는 것은 말한다. '행동이 수상한 자'의 판단은 주로 당시의 거동의 외관, 즉 구체적인 행위에서 나타난 객관적인 사실에 기초하여 형성된 합리적인 혐의에 근거하여야 한다. 이때 불심검문 당시의 구체적 상황 이외에 사전에 얻은 정보나 전문적 지식 등도 고려하여 검문대상자인지를 객관적·합리적인 기준에 따라 판단하여야 한다.

하지만 반드시 검문대상자에게 형소법상 체포나 구속에 이를 정도의 혐의가 있을 것은 요하지 않는다(2011도13999). 검문대상자가 피의자임이 명백한 경우는 수사의 대상이므로 불심검문이 아니라 수사를 개시하여야 한다. 이때 판단대상이 되는 '어떠한 죄'는 실질적 형법에 위반한 범죄로서 위법한 행위이면 충분하고, 혐의사실 내지 죄명이 특정될 것을 요하지 않는다. 다만, 경범죄는 포함되지 않는다.

행동이 수상한 자 이외의 제3자에 대한 불심검문은 범죄예방이나 수사단서를 얻기 위해 필요한 경우에 인정되는 것이므로 수상한 거동의 유·무가 문제되지 않는다. 다만, 제3자의 경우는 범죄에 대하여 알고 있다는 것이 구체적 사실을 통해 명확하게 인정되고, 그 필요성이 극히 높은 경우로서 상대방의 동의가 있는 때에만 정지시킬 수 있다.

(나) '정지시켜'의 의미

'정지시켜'의 의미와 관련하여 경찰관의 정지요구에 피검문자가 응하지 않을 경우 정지시키기 위하여 실력행사를 할 수 있는지에 대하여는 ① 정지는 행정상 즉시강제에 해당하므로 실력행사가 가능하다고 하는 견해, ② 정지는 사법경찰작용에 해당하므로 임의수단에 의하여야 하고, 일체 실력행사는 허용되지 않는다는 견해(임의처분설), ③ 원칙적으로 실력행사는 허용되지 않지만 살인이나 강도 등 중범죄를 범한 것으로 의심되는 경우에는 강제에 이르지 않는 정도의 유형력행사가 허용된다는 견해가 있다. 그러나 ④ 경직법에서는 정지에 대하여 신체구속이어서는 아니 된다(법 제3조 제7항)는 것을 명시하고 있으므로 정지에 있어서 실력행사는 허용되지 않는다. 다만, 검문현장의 상황이나 불심검문의 실효성을 고려할 때 피검문자가 경찰관의 정지요청에 응하지 않는 경우에도 임의성을 손상시키지 않는 범위 내에서 언어에 의한 요구나 설득은 허용된다(규범적 임의처분설).

판례는 자전거를 타고 오는 사람에게 정지를 요구하며 앞을 막고 검문에 응하라고 요구하는 것은 허용된다고 한다(2010도620). 그러나 경찰관이 설득을 함에 있어서 피검문자의 앞을 가로막고 진행을 방해한 것은 허용범위를 벗어난 유형력행사에 해당한다.

2) 질 문

(가) 절 차

질문은 행동이 수상한 자에게 행선지나 용건, 성명, 주소, 나이 등을 물어 정지를 요구한 목적을 달성하는 조사방법이다. 질문을 할 경우 경찰관은 자신의 신분을 표시하는 증표를 제시하면서 소속과 성명을 밝히고, 질문의 목적 및 이유를 설명하여야 한다(동조 제4항). 판례는 "불심검문을 하게 된 경위, 불심검문 당시의 현장상황과 검문을 하는 경찰관들의 복장, 피검문자가 공무원증 제시나 신분확인을 요구하였는지 여부 등을 종합적으로 고려하여, 검문하는 사람이 경찰관이고 검문하는 이유가 범죄행위에 관한 것임을 피검문자가 충분히 알고 있었다고 보이는 경우에는 신분증을 제시하지 않았다고 하여 그 불심검문이 위법한 공무집행이라고 할 수 없다"(2014도7976)고 한다.

고지정도는 구체적 상황에 따라 다르겠지만 적어도 상대방이 무엇에 관하여 질문받고 있는지를 명백히 알 수 있는 정도이어야 한다. 이때 묵비권의 고지를 요하는지에 대하여는 ① 불심검문은 행정경찰작용이므로 불필요하다는 견해, ② 적어도 이미 범죄가 발생한 범죄의 발견과 해명을 목적으로 하는 경우에는 묵비권고지가 필요하다는 견해가 있다. 그러나 ③ 피검문자는 넓은 의미에서 피의자에 속하며, 묵비권은 헌법상 보장된 기본권으로 일체의 진술거부를 가능하게 한다는 점에서 질문에 앞서 묵비권의 고지를 요한다.

(나) 방 법

질문의 내용은 원칙적으로 경찰관의 불심을 해소하기 위한 일반적인 사항에 그쳐야 하며, 임의수단에 의하여야 한다. 질문은 주로 구두에 의해서 행하되, 정중한 말을 사용하여야 하며, 특단의 사정이 없는 한 애초에 고지한 목적에 국한되어야 한다. 질문시간은 불심검문의 목적이나 성질 및 신원확인 등에 필요한 경찰장비의 과학화 등을 고려하면 20분을 넘지 않아야 한다.

이때 질문을 받은 사람은 형사소송에 관한 법률에 의하지 아니하고는 신체를 구속당하지 아니하며, 자신의 의사에 반하여 답변을 강요당하지 않는다(동조 제7항). 피검문자는 답변의무가 없다.

(2) 소지품검사

1) 대 상

소지품검사는 자기 또는 타인의 생명·신체를 지키기 위한 일종의 긴급행위 내지 정당행위로서 헌법상 적법절차의 범위 내에서 허용되는 영장주의의 예외영역이다. 경찰관은 행동이 수상한 자에 대하여 질문을 할 때에 그 사람이 흉기를 가지고 있는지를 조사할 수 있다(동조 제3항). '흉기'는 성질상 흉기를 말하며, 용법상 흉기는 그것을 휴대하는 것이 주위상황 등, 제반사정을 고려해 볼 때 일반적으로 현저하게 불합리하다고 생각되는 경우에 한정된다.

불심검문 시에 흉기 이외의 소지품, 즉 금제품이나 증거물 등에 대한 조사가 가능한지에 대하여는 ① 불심검문의 안전을 확보하거나 질문의 실효성을 유지하기 위해 필요한 한도 내에서 경직법 제3조 제1항에 근거하여 이를 긍정하는 견해가 있다. 그러나 ② 경직법상 소지품검사의 대상은 '흉기'에 한정되어 있고, 흉기 이외의 소지품에 대한 검사를 허용할 경우 소지품검사가 영장주의를 잠탈하여 압수·수색을 위한 수단으로 악용될 우려가 있다는 점에서 흉기 이외의 소지품 검사는 허용되지 않는다(다수설).

2) 범 위

소지품검사의 범위와 관련하여 (ⅰ) 소지품을 외부에서 관찰하거나, (ⅱ) 피검문자에게 소지품의 내용을 질문하거나 임의제시를 요구하는 것 또는 (ⅲ) 피검문자의 의복이나 휴대품의 외부를 손으로 만져서 확인하는 것(외표검사)은 상대방의 동의가 없더라도 허용된다.[26] 그러나 (ⅳ) 외관상 흉기 등 위험한 물건을 소지한 것이 명백한 경우가 아닌 한 피검문자의 의사에 반하여 주머니에 손을 넣거나 소지한 가방 등을 열어 보는 것은 허용되지 않는다. 다만, (ⅰ) 흉기소지의 고도의 개연성을 신체외부의 수검에서 확인하거나 신뢰할 수 있는 정확한 정보에 의하여 그 소재가 명확하게 되고, (ⅱ) 위험이 절박하여 질문자나 상대방을 포함한 타인의 생명·신체의 안전을 보호하기 위하여 소지품검사의 필요성이 객관적으로 인정되며, (ⅲ) 중대한 범죄에 대하여 상당한 혐의사유가 있고, 또한 소지품이 그 범죄와 밀접한 관계가 있다는 것에 대하여 합리적 이유가 있을 때에는 소지품검사에 수반하여 최소한의 실력행사가 허용된다.

3) 한 계

소지품검사를 함에 있어서는 질문이 선행되어야 하며, 소지품검사는 질문에 부수하여 인정되는 것이므로 질문 시의 절차적 보장장치가 당연히 준수되어야 한다. 만일 경찰관이 소지품검사의 결과 흉기를 발견한 경우에는 피검문자에게 범죄의사가 인정되면 즉시 수사로 전환하여 형소법상 긴급체포의 요건을 충족하는 경우에는 피검문자를 긴급체포함과 동시에 흉기를 압수하고, 압수한 흉기를 계속 압

---

26) 미국에서는 이를 Stop & Frisk라고 한다. 미국에서는 강도의 의심이 있는 자를 검문하면서 권총 등을 발견하기 위하여 의복의 외부를 가볍게 두드리면서 만지는 것은 허용된다 (Terry v. Ohio, 392 U. S. 1(1968)).

수할 필요가 있는 경우에는 사후 압수·수색영장을 청구하여야 한다(제217조 제2항).

(3) 임의동행

1) 의 의

경찰관은 행동이 수상한 자 등 사람을 정지시킨 장소에서 질문을 하는 것이 그 사람에게 불리하거나 교통에 방해가 된다고 인정될 때에는 질문을 하기 위하여 가까운 경찰서·지구대·파출소 또는 출장소(지방해양경찰관서를 포함하며, 이하 '경찰관서'라 한다)로 동행할 것을 요구할 수 있다. 이때 동행을 요구받은 사람은 그 요구를 거절할 수 있다(동조 제2항). 이를 경직법상 임의동행 또는 동행요구라고 한다. 동행은 임의적이어야 하며, 상대방의 승낙이 있었다고 하더라도 강제력이나 심리적 압박이 현저한 객관적 상황이 있었다고 인정되는 때에는 강제연행으로서 임의동행의 한계를 일탈한 것으로 된다.

<참고> 수사상 임의동행과 구별

경직법상 임의동행은 행동이 수상한 자를 대상으로 하는 것으로서 (i) 그 법적 성격이 수사처분이 아니고 행정경찰작용이라는 점, (ii) 그 법적 근거가 형소법이 아니고 경직법이라는 점, (iii) 그 권한이 사법경찰관리뿐만 아니라 행정경찰관리에게도 인정된다는 점, (iv) 그 목적이 피의자신문이 아니고 불심검문이라는 점 등에서 수사수단으로서의 임의동행과는 구별된다. 따라서 어떤 범죄의 혐의라고 하는 단계에서의 임의동행은 어디까지나 행정목적을 위한 임의동행이고, 불심검문의 결과 피검문자가 특정범죄를 범했다고 의심되는 단계에 이르러서야 비로소 피의자로 되고 그때부터는 형소법상 임의동행이 된다. 다만, 수사수단으로서 임의동행은 그 요건도 정해져 있지 않고, 긴급성도 존재하지 않으며, 상대방의 임의승낙이 권한행사의 근거를 이루고, 임의승낙을 얻지 않고도 신병확보의 필요성이 있으면 긴급체포 등의 강제수단에 호소할 수 있는 여지가 있다는 점 등을 고려하면 경직법상 임의동행에 비해 임의성의 정도가 강하게 요구된다.

2) 절 차

동행을 요구할 경우 경찰관은 자신의 신분을 표시하는 증표를 제시하면서 소속과 성명을 밝히고, 그 목적과 이유를 설명하여야 하며, 동행장소를 밝혀야 한다(동조 제4항). 경찰관은 동행한 사람을 6시간을 초과하여 경찰관서에 머물게 할 수 없다(동조 제6항). 동행을 요구받은 사람은 형사소송에 관한 법률에 따르지 아니

하고는 신체를 구속당하지 아니하며 그 의사에 반하여 답변을 강요당하지 않는다(동조 제7항).[27)]

또한 경찰관은 동행한 사람의 가족 또는 친지 등에게 동행한 경찰관의 신분, 동행장소, 동행목적과 이유를 알리거나 본인으로 하여금 즉시 연락할 수 있는 기회를 주어야 하고, 변호인의 도움을 받을 권리가 있음을 알려야 한다(동조 제5항). 이 외에 헌법상 적법절차의 요청에 따라 동행을 거부할 자유와 동행 후 퇴거할 자유도 알려야 한다. 한편, 경찰관이 임의동행을 한 때에는 소속경찰관서의 장에게 이를 보고하여야 한다(동법 시행령 제7조).

3. 자동차검문

(1) 의 의

자동차검문이란 주행 중인 자동차의 정지를 요구하거나 또는 자동차를 정지시켜 그 자동차의 상황(차체의 상황, 승차 및 적재상태 등을 말한다)을 살펴봄과 동시에 단속 또는 수사상 필요한 사항에 관하여 운전자나 동승자에게 질문함으로써 자동차주행에 수반하는 위험의 방지 및 교통위반을 포함한 범죄의 예방과 적발을 꾀하려는 것을 말한다. 이때의 자동차검문은 일제검문을 말하며, 불심검문의 요건을 확인하기 위한 질문을 위해 행하여지는 활동으로서 불심검문의 전(前)단계적인 조치로서의 성질을 가진다.

(2) 유형과 법적 근거

자동차검문은 그 목적에 따라 경계검문, 교통검문, 긴급수배검문으로 나뉜다.

1) 경계검문

경계검문이란 불특정한 일반범죄의 예방과 검거를 목적으로 하는 검문을 말한다.

---

27) 판례는 “임의동행은 상대방의 동의 또는 승낙을 그 요건으로 하는 것이므로 경찰관으로부터 임의동행 요구를 받은 경우 상대방은 이를 거절할 수 있을 뿐만 아니라 임의동행 후 언제든지 경찰관서에서 퇴거할 자유가 있다 할 것이고, 경직법 제3조 제6항이 임의동행한 경우 ‘당해인을 6시간을 초과하여 경찰관서에 머물게 할 수 없다’고 규정하고 있다고 하여 그 규정이 임의동행한 자를 6시간 동안 경찰관서에 구금하는 것을 허용하는 것은 아니다”(97도1240)라고 하였다.

경계검문의 법적 근거에 대하여는 ① 경직법 제2조의 경찰관의 권한에 관한 일반수권규정이라는 견해, ② 경직법 제3조 제1항이라는 견해(다수설)가 있다. 그러나 ③ 일반수권조항이 개별 구체적인 경찰활동의 법적 근거가 될 수는 없으며, 경계검문의 경우는 경직법 제3조의 요건도 갖추고 있지 않다. 다만, 경계검문은 자동차강도가 다발하고 있는 상황 등, 일정지역에서 자동차를 이용하는 범죄가 발생할 개연성이 높은 경우에 그 지역에 한해서 실시하여야 할 고도의 필요성이 인정되기 때문에 개별수권조항 없이 행하여지고 있는 경찰활동이다. 따라서 이때 필요성이나 긴급성의 판단은 상급경찰관 등의 지시나 지침에 엄격히 구속되고, 일선경찰관의 재량을 가능한 한 배제해서 객관성과 합리성이 보장된 범위 내에서 검문을 할 것이 요구된다.

2) 교통검문

교통검문이란 도로교통의 안전 확보를 목적으로 무면허운전, 음주운전 등 도로교통법위반사범의 단속을 위한 검문을 말한다.

교통검문의 법적 근거에 대하여는 ① 경직법 제2조의 경찰관의 권한에 관한 일반수권규정이라는 견해, ② 경직법 제3조 제1항이라는 견해, ③ 경찰비례의 원칙에 따라 위험방지목적이라고 하는 이익형량의 관점에서 허용된다는 견해가 있다.[28] 그러나 ④ 교통검문 또한 법적 근거가 명확하지 않지만 도로교통법위반의 개연성이 극히 높은 경우로서 해당 교통법규위반이 교통안전에 미칠 위험성, 그 단속의 필요성 및 해당 자동차검문의 효과를 고려하여 개인의 프라이버시와 안전에의 간섭도 어쩔 수 없다고 판단되는 경우에 개별수권조항 없이 행하여지고 있는 경찰활동이다. 따라서 교통검문은 구체적인 검문목적에 기초한 것으로서 개개 경찰관의 자의가 아니라 경찰청의 일반적 기준에 따라야 하며, 주취운전이나 무면허운전 등 교통위반이 다발하는 지역에서 구체적인 도로교통법위반행위를 단속함에 효과적인 시간과 장소에서 행하여져야 한다.[29]

---

28) 교통검문은 「도로교통법」 제47조(위험방지를 위한 조치)에서 찾기도 한다.

29) 헌법재판소는 "도로를 차단하고 불특정 다수인을 상대로 실시하는 일제단속식 음주단속은 그 자체로는 「도로교통법」 제41조 제2항 전단에 근거를 둔 적법한 경찰작용이다"라고 하면서도, "그 경우에도 과잉금지원칙은 준수되어야 하므로, 음주단속의 필요성이 큰, 즉 음주운전이 빈발할 것으로 예상되는 시간과 장소를 선정하여야 할 것이고, 운전자 등 관련국민의 불편이 극심한 단속은 가급적 자제하여야 하며, 전방지점에서의 사전예고나 단시간내의 신속한 실시 등과 같은 방법상의 한계도 지켜야 할 것이다"(2002헌마293)라고 하였다.

3) 긴급수배검문

긴급수배검문이란 특정범죄가 발생한 때에 범인검거와 수사정보의 수집을 목적으로 하는 검문을 말한다.

긴급수배검문의 법적 근거에 대하여는 ① 경직법 제2조의 경찰관의 권한에 관한 일반수권규정이라는 견해, ② 경직법 제3조 제1항이라는 견해, ③ 임의수사에 해당하므로 형소법상 임의수사에 관한 규정(제199조 1항, 제200조, 제241조, 제242조 등)이라는 견해가 있다. 그러나 ④ 긴급수배검문은 법적 근거가 명확하지 않지만 살인, 유괴, 강도 등의 중대사건의 발생이라고 하는 긴급사태의 존재와 해당 검문의 합리적 필요성이 인정되는 경우에 개별수권조항 없이 행하여지고 있는 경찰활동이다. 따라서 긴급수배검문이 정당화되기 위해서는 (i) 해당 검문지점이 범죄발생지점과 지리적 연관이 있고, 검문이 범죄발생시간과의 관계에서 합리적인 시간대일 것, (ii) 그 검문지점을 범인이 통과하고 체포의 가능성이 있다고 합리적으로 판단될 것, (iii) 범인을 조기에 체포하지 않으면 새로운 법익이 침해될 고도의 개연성이 있을 것 등이 요구된다.

(3) 자동차검문의 한계

자동차검문은 경직법상 불심검문을 위한 불심검문에 지나지 않는 것으로 각각 개별적인 수권조항이 없지만 현실적인 필요성에 따라 실무상 행하여지고 있는 경찰활동이다. 따라서 자동차검문은 그 목적에 따라 대상을 제한하는 한편, 임의수단에 의하여야 하고, 자동차이용자의 자유를 부당하게 제약하지 않는 방법으로 행하여야 하며, 범죄의 예방과 검거를 위하여 필요한 최소한도에 그쳐야 한다.[30) 따라서 자동차 정차 후에 운전자 또는 동승자에 대한 질문, 차체 등의 외관상의 입회나 검사, 운전면허증의 제시요구 등은 일반적으로 인정되지만, 트렁크 내부 등 눈에 보이지 않는 곳에 대한 검사는 상대방의 동의가 있는 경우에 한하여 인정된다.

자동차검문은 구체적인 혐의 없이 불특정 다수인을 대상으로 행하여지기 때문에 그로 인한 피해를 최소화할 필요가 있으므로 검문형태에 따라 직접적인 법적 근거를 마련하고, 그 요건과 한계를 명확하게 규정할 필요가 있다.

---

30) 자동차검문은 법적 근거가 없다는 점에서 허용되지 않는다는 견해도 있다.

Ⅲ. 고 소

1. 의 의

고소란 범죄의 피해자 또는 그와 일정한 관계에 있는 고소권자가 수사기관에 범죄사실을 신고함으로써 범인의 처벌을 구하는 의사표시를 말한다(2007도4977). 일반범죄에서 고소는 수사의 단서에 불과하지만 친고죄[31]에서 고소는 소송조건이 된다.

(1) 수사기관에 대한 신고

고소는 수사기관에 대한 신고의 의사표시이다. 따라서 수사기관이 아닌 법원 등에게 진정서를 제출하거나 법정에서 증인이 증언하면서 피고인의 처벌을 바란다는 취지의 진술을 하더라도 고소가 되지 않는다(84도790).

(2) 범죄사실의 신고

고소는 범죄사실을 신고하는 것이므로 범죄사실이 특정되어야 한다. 다만, 특정의 정도는 고소인의 주관적인 의사를 기준으로 하므로 고소인의 의사가 구체적으로 어떤 범죄사실을 지정하여 범인의 처벌을 구하고 있는 것인지 확정할 수 있으면 되고, 범인, 범행의 일시·장소·방법이나 죄명을 상세하게 적시할 것은 요하지 않으며, 범인을 구체적으로 특정하여야 하는 것은 아니다(2002도446).[32] 범인의 성명이 불명이거나 또는 오기가 있었다거나 범행의 일시·장소·방법 등이 명확하지 않거나 틀리는 것이 있다고 하더라도 그 효력에는 아무 영향이 없다(84도1704).[33] 그러나 피해자가 경찰청 인터넷 홈페이지에 '피고인을 철저히 조사해 달

---

31) 친고죄란 피해자 등 고소권자의 고소가 있어야만 검사가 공소를 제기할 수 있는 범죄를 말한다. 친고죄에는 친족상도례의 경우(형법 제328조 제2항)와 같이 범인과 피해자 사이에 일정한 신분관계를 요하는 상대적 친고죄와 이러한 제한이 없이 모든 사람에게 적용되는 절대적 친고죄가 있다. 「형법」상 절대적 친고죄로는 사자에 대한 명예훼손죄(제308조), 모욕죄(제311조), 비밀침해죄(제316조), 업무상 비밀누설죄(제317조) 등이 있다.

32) 사법경찰관리는 고소장 또는 고발장의 명칭으로 제출된 서류가 (ⅰ) 고소인 또는 고발인의 진술이나 고소장 또는 고발장에 따른 내용이 불분명하거나 구체적 사실이 적시되어 있지 않은 경우나 (ⅱ) 피고소인 또는 피고발인에 대한 처벌을 희망하는 의사표시가 없거나 처벌을 희망하는 의사표시가 취소된 경우에는 이를 진정(陳情)으로 처리할 수 있다(경찰수사규칙 제21조 제1항).

33) 판례는 "고소인이 시기와 종기를 정하여 고소기간을 특정하고 있는 이상 그 기간 중의

라'는 취지의 민원을 접수하는 형태로 피고인에 대한 조사를 촉구하는 의사표시를 한 것은 적법한 고소가 되지 않는다(2010도9524).[34)]

「형법」상 친족상도례(제328조 제2항, 제365조 제1항)의 경우와 같이 범인과 피해자 사이에 일정한 신분관계가 있는 경우에 한하여 친고죄가 성립하는 상대적 친고죄의 경우에는 자신과 범인간의 신분관계를 적시하여야 한다.

(3) 범인의 처벌을 구하는 의사표시

고소는 범인의 처벌을 구하는 의사표시이다. 따라서 도난신고 등 범죄의 피해자가 수사기관에 단순히 피해사실을 신고하기 위하여 신고민원을 접수한 것만으로는 적법한 고소라고 할 수 없다(2007도4977).

<참고> 검사의 사건수리

검사가 고소·고발 또는 자수를 받은 경우(다만, 검사규칙 제224조 제3항에 따라 진정사건으로 수리하는 경우는 제외한다)(제2호) 또는 검사가 진정인·탄원인 등 민원인이 제출하는 서류를 고소·고발의 요건을 갖추었다고 판단하여 고소·고발사건으로 수리하는 경우(제3호)에는 사건으로 수리하여야 한다(검사규칙 제3조).

다만, 검사는 고소·고발사건으로 제출된 서류가 (i) 고소인 또는 고발인의 진술이나 고소장 또는 고발장의 내용이 불분명하거나 구체적 사실이 적시되어 있지 않은 경우(제1호), (ii) 피고소인 또는 피고발인에 대한 처벌을 희망하는 의사표시가 없거나 처벌을 희망하는 의사표시가 취소된 경우(제2호), (iii) 고소·고발이 본인의 진의에 의한 것인지 여부가 확인되지 않는 경우(제3호), (vi) 동일한 사실에 관하여 이중으로 고소·고발이 있는 경우에 해당하는 경우(제4호)에는 이를 진정사건으로 수리할 수 있다(검사규칙 제224조 제3항).

어떤 범죄행위에 대하여 특히 처벌을 원치 않는다고 볼 만한 특별한 사정이 없는 한 그 기간 중의 모든 범죄행위에 대하여 처벌을 희망하는 의사를 표시한 것으로 보아야 하고, 또 그 정도로써 특정도 되었다고 봄이 상당하다"(99도4123)고 하였다.

34) 판례는 "고소인이 사건 당일 범죄사실을 신고하면서 현장에 출동한 경찰관에게 고소장을 교부하였다고 하더라도, 경찰서에 도착하여 최종적으로 고소장을 접수시키지 아니하기로 결심하고 고소장을 반환받은 것이라면, 고소장이 수사기관에 적법하게 수리되어 고소의 효력이 발생되었다고 할 수 없다"고 하고, 따라서 고소인이 당시 피고인들에 대하여 처벌 불원의 의사를 표시하였다고 하더라도, 애초 적법한 고소가 없었던 이상, 그로부터 3개월이 지나 제기된 후 고소를 하더라도 이는 재고소의 금지를 규정한 제232조 제2항에 위반된다고 볼 수 없다고 하였다(2007도4977).

<참고> 경찰의 사건수리

경찰관은 고소·고발은 관할 여부를 불문하고 접수하여야 한다. 다만, 관할권(경찰청 범죄수사규칙 제7조[35])이 없어 계속 수사가 어려운 경우에는 「경찰수사규칙」 제96조에 따라 책임수사가 가능한 관서로 이송하여야 한다(범죄수사규칙 제49조). 다만, 경찰관은 접수한 고소·고발이 (i) 고소·고발 사실이 범죄를 구성하지 않을 경우(제1호), (ii) 공소시효가 완성된 사건인 경우(제2호), (iii) 동일한 사안에 대하여 이미 법원의 판결이나 수사기관의 결정(경찰의 불송치결정 또는 검사의 불기소결정)이 있었던 사실을 발견한 경우에 새로운 증거 등이 없어 다시 수사하여도 동일하게 결정될 것이 명백하다고 판단되는 경우(제3호), (iv) 피의자가 사망하였거나 피의자인 법인이 존속하지 않게 되었음에도 고소·고발된 사건인 경우(제4호), (v) 반의사불벌죄의 경우, 처벌을 희망하지 않는 의사표시가 있거나 처벌을 희망하는 의사가 철회되었음에도 고소·고발된 사건인 경우(제5호), (vi) 제223조 및 제225조에 따라 고소권한이 없는 사람이 고소한 사건인 경우(다만, 고발로 수리할 수 있는 사건은 제외한다)(제6호), (vii) 제224조, 제232조, 제235조에 의한 고소제한규정에 위반하여 고소·고발된 사건인 경우(제232조는 친고죄 및 반의사불벌죄에 한한다)(제7호)에는 고소인 또는 고발인의 동의를 받아 이를 수리하지 않고 반려할 수 있다(동규칙 제50조).[36]

2. 고소권자

(1) 범죄피해자

범죄로 인한 피해자는 고소할 수 있다(제223조). 고소권이 인정되는 범죄피해자는 침해된 법익의 직접적 귀속주체인 경우는 물론, 행위객체인 경우도 포함한다(90헌마106 참조). 이에는 자연인뿐만 아니라 법인과 법인격 없는 사단 또는 재단도 포함된다. 법인 또는 단체가 피해자가 된 경우에는 그 대표자가 고소권을 행사할 수 있다.

---

35) 경찰청 「범죄수사규칙」 제7조(사건의 관할) ① 사건의 수사는 범죄지, 피의자의 주소·거소 또는 현재지를 관할하는 경찰관서가 담당한다.

② 사건관할을 달리하는 수개의 사건이 관련된 때에는 1개의 사건에 관하여 관할이 있는 경찰관서는 다른 사건까지 병합하여 수사를 할 수 있다.

③ 그 밖에 관할에 대한 세부 사항은 「사건의 관할 및 관할사건수사에 관한 규칙」에 따른다.

36) 헌법재판소는 "청구인의 고소장을 피청구인이 진정사건으로 수리하였으나, 피청구인이 고소사건으로 수리하여 처리하였다고 하더라도 공소를 제기할 사건으로 보이지 아니하므로 피청구인의 위 진정종결처분으로 인하여 청구인의 재판절차진술권과 평등권이 침해되었다고 볼 수는 없다"(2003헌마149)고 하였다.

고소권은 일신전속적 권리이므로 상속·양도가 허용되지 않지만, 저작권이나 특허권의 경우에는 그 권리의 이전에 따라 고소권도 같이 이전된다(94도2196). 다만, 고소를 함에는 고소능력이 있어야 한다. 고소능력은 피해를 받은 사실을 이해하고 고소에 따른 사회생활상 이해관계를 알아차릴 수 있는 사실상의 의사능력으로 충분하므로 「민법」상 행위능력이 없는 자라도 고소능력이 인정될 수 있다(2011도4451).

(2) 피해자의 법정대리인

피해자의 법정대리인은 독립하여 고소할 수 있다(제225조 제1항). '법정대리인'이란 친권자나 후견인과 같이 일반적으로 무능력자의 행위를 대리할 수 있는 자를 말한다. 따라서 재산관리인·파산관재인·법인의 대표자(이설 있음)는 포함되지 않는다.[37] 이때 법정대리인은 고소할 때 그 지위에 있으면 되므로 범죄 시나 고소 후에 그 지위가 없더라도 고소의 효력에는 영향이 없다.

'독립하여 고소할 수 있다'는 의미에 대하여는 ① 피해자의 고소권은 일신전속권이라는 이유로 독립대리권이라고 하는 견해가 있다. 이에 따르면 고소권은 원래 일신전속적인 것이므로 피해자의 고소권이 소멸하면 법정대리인의 고소권도 소멸되며, 피해자 본인은 법정대리인이 한 고소를 취소할 수 있다. 그러나 ② 무능력자인 피해자는 유효한 소송행위를 할 수 없기 때문에 법정대리인을 고소권자로 인정하여 무능력자를 보호하고자 하는 제225조의 입법취지를 고려하면 법정대리인의 고소권은 고유권에 속한다(다수설). 판례는 "제225조 제1항이 규정한 법정대리인의 고소권은 무능력자의 보호를 위하여 법정대리인에게 주어진 고유권이므로 법정대리인은 피해자의 고소권 소멸 여부에 관계없이 고소할 수 있고, 이러한 고소권은 피해자의 명시한 의사에 반하여도 행사할 수 있다"(99도3784)고 한다. 따라서 법정대리인의 고소권은 무능력자의 보호를 위하여 법정대리인에게 특별히 부여된 권리로서, 법정대리인은 피해자의 고소권 소멸 여부에 관계없이 고소권을 행사할 수 있고, 피해자 본인은 법정대리인이 한 고소를 취소할 수 없으며, 친고죄의 고소기간도 법정대리인 자신이 범인을 알게 된 날로부터 진행한다.

---

37) 판례는 "법원이 선임한 부재자 재산관리인이 그 관리대상인 부재자의 재산에 대한 범죄행위에 관하여 법원으로부터 고소권 행사에 관한 허가를 얻은 경우 제225조 제1항에서 정한 법정대리인으로서 적법한 고소권자에 해당한다"(2021도2488)고 하였다.

(3) 피해자의 친족 등

피해자가 사망한 때에는 그 배우자, 직계친족 또는 형제자매가 고소할 수 있다. 다만, 피해자의 명시한 의사에 반하여 고소하지 못한다(제225조 제2항). 이때 친족 등의 고소권의 법적 성격에 대하여는 ① 피해자가 사망하여 피해자의 고소권이 소멸되었음에도 불구하고 고소권을 인정한다는 점에서 고유권이라고 하는 견해(다수설)가 있다. 그러나 ② 피해자의 명시한 의사에 반하여 고소권을 행사할 수 없다는 법문을 고려하면 친족 등의 고소권은 독립대리권이다(4288형상109 참조).

또한 피해자의 법정대리인이 피의자이거나 법정대리인의 친족이 피의자인 때에는 피해자의 친족은 독립하여 고소할 수 있다(제226조). 피해자의 생모가 미성년자인 피해자의 법정대리인을 고소하는 경우가 이에 해당한다(86도1982). 이때의 고소권은 고유권이다(다수설). 사자(死者)의 명예를 훼손한 범죄에 대하여는 그 친족 또는 자손이 고소할 수 있다(제227조).

(4) 지정고소권자

친고죄에 대하여 고소할 자가 없는 경우에는 이해관계인의 신청이 있으면 검사는 10일 이내에 고소할 수 있는 자를 지정하여야 한다(제228조). 고소할 자가 없는 사유는 법률상 이유이든 사실상 이유이든 묻지 않는다. 그러나 지정고소권자는 피해자의 명시적인 의사에 반하여 고소할 수 없기 때문에(제225조 제2항 단서) 원래의 고소권자가 생전에 고소권을 상실하거나 고소하지 아니할 의사를 명시하고 사망한 경우는 허용되지 않는다. '이해관계인'이란 법률상 또는 사실상 이해관계를 가진 자를 말한다.

검사의 지정을 받은 고소인이 고소를 하는 경우에는 지명받은 사실을 소명하는 서면을 제출하여야 한다(규칙 제116조 제2항).

3. 방 법

(1) 방 식

고소는 서면 또는 구술로 검사 또는 사법경찰관에게 하여야 한다. 검사 또는 사법경찰관이 구술에 의한 고소를 받은 때에는 조서를 작성하여야 한다. 고소인 조서는 반드시 독립된 조서일 필요는 없다. 따라서 고소권자가 수사기관으로부터 피해자 또는 참고인으로서 신문받으면서 범인의 처벌을 요구하는 의사표시가 포함되어 있는 진술을 하고, 그 의사표시가 조서에 기재되면 충분하다(2011도4451). 전화 또는 전보에 의한 고소는 별도의 조사가 작성되지 않는 한 고소의 효력이 없다. 법정대리인 등 피해자와 일정한 신분관계 있는 자가 고소권을 행사하는 경우에는 피해자와의 신분관계를 소명하는 서면을 제출하여야 한다(규칙 제116조 제1항).

고소에 조건을 붙일 수 있는지에 대하여는 ① 절차의 명확성이 요청되고, 국가형벌권의 행사가 지나치게 개인의 의사에 좌우되어서는 아니 된다는 점에서 부정하는 견해가 있다. 그러나 ② 형사절차의 확실성을 해치지 않고 소송의 진행에 지장을 주지 않는 범위 내에서는 조건부고소가 허용된다(다수설).

(2) 대 리

고소는 대리인으로 하여금 하게 할 수 있다(제236조). 대리인에 의한 고소의 경우 대리인이 정당한 고소권자에 의하여 수여되었음이 실질적으로 증명되면 충분하고, 그 방식에 특별한 제한은 없으므로, 고소를 할 때 반드시 위임장을 제출한다거나 '대리'라는 표시를 하여야 하는 것은 아니다. 이때 고소기간은 대리고소인이 아니라 정당한 고소권자를 기준으로 고소권자가 범인을 알게 된 날부터 기산한다(2001도3081).

고소대리의 법적 성격에 대하여는 ① 형소법이 명문으로 고소대리를 허용하고 있으므로 처벌희망의사표시의 전달을 대리하는 표시대리뿐만 아니라 처벌희망의사표시의 결정 자체를 대리하는 의사대리를 포함한다는 견해(의사대리설), ② 친고죄의 경우에는 표시대리만 허용되고, 비친고죄의 경우에는 의사대리가 허용된다는 견해(이원설)가 있다. 그러나 ③ 형소법에서 고소권자를 제한하고 있고, 고소에서는 고소권자의 의사가 존중되어야 하므로 고소의 대리는 표시대리에 한정된다(표시대리설, 다수설, 2010도11550).

(3) 고소기간

일반범죄는 고소기간에 제한이 없으며, 따라서 해당 범죄의 공소시효가 완성될 때까지 언제든지 고소할 수 있다. 다만, 친고죄는 원칙적으로 범인을 안 날로부터 6월을 경과하면 고소하지 못한다(제230조 제1항). '범인을 알게 된다'는 것은 통상인의 입장에서 보아 고소권자가 고소를 할 수 있을 정도로 범죄사실과 범인을 아는 것을 의미한다. 그러나 범인의 주소, 성명, 기타 인적 사항까지 알아야 할 것을 요하는 것은 아니다(2001도3106). '범인'은 정범뿐만 아니라 교사범과 종범을 포함한다. 수인의 공범이 있는 경우에는 공범 중 1인을 알면 충분하다. 상대적 친고죄에서는 신분관계 있는 범인을 알아야 한다. '범죄사실을 안다'는 것은 고소권자가 친고죄에 해당하는 범죄의 피해가 있었다는 사실관계에 관하여 확정적인 인식이 있음을 말한다(2018도1818). '범인을 알게 된 날'은 범죄행위가 종료된 후에 범인을 알게 된 날을 의미하므로 범죄가 아직 종료되지 않은 경우에는 고소기간이 진행되지 않는다. 포괄일죄의 경우에는 최후의 범죄행위가 종료한 때에 전체 범죄행위가 종료한 것으로 된다(2004도5014).

그러나 고소할 수 없는 불가항력적인 사유가 있는 때에는 그 사유가 없어진 날로부터 고소기간이 진행된다(제230조 제1항 단서).[38] 범행 당시에는 고소능력이 없다가 후에 고소능력이 생긴 때에는 고소기간의 기산점은 고소능력이 생긴 때이다(2007도4962). 고소할 수 있는 자가 수인인 경우에 1인의 기간의 해태는 타인의 고소에 영향을 미치지 않는다(제231조). '고소할 수 있는 자가 수인인 경우'란 고유의 고소권자(피해자)가 수인인 경우를 말한다.

(4) 제 한

자기 또는 배우자의 직계존속은 고소할 수 없다(제224조). 그러나 성폭력처벌법(제18조), 가정폭력처벌법(제6조 제2항) 및 아동학대처벌법(제10조의4 제2항)에서는 제224조의 적용을 배제하고 각각의 법을 위반한 범죄의 피해자에게 자기 또는 배우자의 직계존속에 대한 고소를 허용한다.

4. 고소불가분의 원칙

고소불가분의 원칙은 친고죄의 고소 또는 고소취소의 효력이 미치는 범위에 관한 원칙으로, 객관적 불가분의 원칙과 주관적 불가분의 원칙이 있다. 이는 친고죄에서 고소권자의 고소에 의하여 형사사법의 공평성과 객관성이 훼손되는 것을 방지하기 위한 제도이다.

---

38) 판례는 "자기의 피용자인 부녀를 간음하면서 불응하는 경우 해고할 것을 위협하였다 하더라도 이는 업무상 위력에 의한 간음죄의 구성요건일 뿐 그 경우 해고될 것이 두려워 고소를 하지 않은 것이 고소할 수 없는 불가항력적 사유에 해당한다고 할 수 없다"(85도1273)고 하였다.

(1) 객관적 불가분의 원칙

1) 의 의

객관적 불가분의 원칙이란 친고죄에서 범죄사실의 일부분에 대한 고소나 고소의 취소는 그 범죄사실 전부에 대하여 효력이 미친다는 원칙을 말한다. 객관적 고소불가분의 원칙은 하나의 범죄사실에 대해서만 미치므로 범죄사실의 단일성이 기준이 된다.

2) 적용범위

(가) 단순일죄

단순일죄의 경우에는 일부사실에 대한 고소가 있더라도 그 효력은 전부에 대하여 미친다. 즉, 하나의 기회에 행한 수개의 비밀침해행위의 일부에 대하여 고소하더라도 고소의 효력은 전체행위에 미친다.

(나) 과형상 일죄

(ⅰ) 과형상 일죄인 상상적 경합의 경우에 과형상 일죄의 구성부분들이 모두 친고죄이고, 피해자가 같은 경우에는 객관적 불가분의 원칙이 적용된다. 즉, 하나의 행위로 1인에 대하여 모욕죄와 업무상 비밀누설죄를 범한 경우에 피해자가 업무상 비밀누설죄에 대하여 고소하면 그 고소의 효력은 모욕죄에도 미친다. 다만, (ⅱ) 과형상 일죄의 각 부분이 모두 친고죄이지만 피해자가 서로 다른 경우에는 1인의 피해자가 한 고소는 다른 피해자의 고소에 영향을 미치지 아니한다. 즉, 하나의 문서로 수인을 모욕한 경우에 그 중 1인의 고소는 다른 사람의 모욕죄에 미치지 아니한다.

그러나 (ⅲ) 과형상 일죄의 일부분만이 친고죄인 경우에 비친고죄에 대한 고소의 효력은 친고죄에 대하여 미치지 아니한다. 즉, 의사가 환자의 치료사실을 공연히 밝힘으로써 업무상 비밀누설죄와 명예훼손죄를 범한 경우에 명예훼손죄에 대한 고소는 친고죄인 업무상 비밀누설죄에 대하여는 미치지 아니한다. 마찬가지로 친고죄에 대한 고소의 취소는 비친고죄에 대하여 효력이 없다.

(다) 수 죄

객관적 불가분의 원칙은 한 개의 범죄사실을 전제로 하므로 과형상 수죄인 실체적 경합범에 대하여는 적용되지 아니한다. 따라서 수개의 모욕행위로 인해 실체적 경합범이 성립한 경우에 그 중 일부의 모욕행위에 대한 고소의 효력은 다른 모욕행위에 대하여는 미치지 아니한다.

(2) 주관적 불가분의 원칙

1) 의 의

제233조에서는 "친고죄의 공범 중 그 1인 또는 수인에 대한 고소 또는 그 취소는 다른 공범자에 대하여도 효력이 있다"고 규정하고 있다. 이를 고소의 주관적 불가분의 원칙이라고 한다. '공범'에는 총칙상의 임의적 공범뿐만 아니라 필요적 공범도 포함된다(85도1940).

반의사불벌죄[39]에 대하여 주관적 불가분의 원칙이 적용되는지에 대하여는 ① 반의사불벌죄도 친고죄와 그 성격이 유사하다는 점에서 입법의 불비를 이유로 이를 긍정하는 견해가 있다. 그러나 ② 반의사불벌죄에 대하여는 명문의 규정이 없고, 반의사불벌죄는 친고죄보다 법익침해가 더 중하기 때문에 범인을 특정하여 처벌을 원하지 않는 의사표시를 하게 하는 것이 적절하므로 주관적 불가분의 원칙은 적용되지 않는다(다수설). 판례는 제232조 제3항에서 반의사불벌죄에 고소취소와 재고소금지에 관한 제232조 제1항, 제2항의 규정을 준용하는 규정을 두면서도, 제233조에서 고소와 고소취소의 불가분에 관한 규정을 함에 있어서 반의사불벌죄에 이를 준용하는 규정을 두지 아니한 것은 처벌을 희망하지 아니하는 의사표시나 처벌을 희망하는 의사표시의 철회에 관하여 친고죄와는 달리 공범자 간에 불가분의 원칙을 적용하지 아니하고자 함에 있는 것이지 입법의 불비는 아니라고 한다(93도1689). 고발의 경우도 마찬가지이다(2008도4762).

2) 효력범위

(가) 절대적 친고죄

절대적 친고죄의 경우는 언제나 주관적 불가분의 원칙이 적용된다. 따라서 2인이 공동으로 모욕죄를 범한 경우에 피해자가 공범 1인에 대해서만 고소하더라도 그 효력은 다른 공범자에게 미친다.

(나) 상대적 친고죄

상대적 친고죄의 경우에는 신분관계 있는 자만을 기준으로 고소의 효력이 결정된다. 따라서 비신분자에 대한 고소는 신분관계 있는 자에게는 효력이

---

39) 반의사불벌죄란 피해자가 처벌을 희망하지 않는다는 명시적인 의사를 표시하면 처벌할 수 없는 범죄를 말한다. 「형법」상 반의사불벌죄로는 외국원수·외국사절에 대한 폭행죄(제107조, 제108조), 외국의 국기·국장모독죄(제109조), 과실상해죄(제266조), 폭행·존속폭행죄(제260조), 협박·존속협박죄(제283조), 명예훼손죄(제307조), 출판물에 의한 명예훼손죄(제309조) 등이 있다.

미치지 아니한다. 마찬가지로 신분관계 있는 자에 대한 고소취소는 신분관계 없는 자에 대하여 효력이 발생하지 아니한다.

5. 취 소

고소의 취소란 범인의 처벌을 구하는 의사를 철회하는 수사기관 또는 법원에 대한 고소권자의 의사표시를 말한다(2009도6779). 반의사불벌죄에서 처벌을 원하는 의사표시를 철회한 경우에는 친고죄의 고소취소에 관한 규정(제232조 제1항, 제2항)을 준용한다(동조 제3항, 2019도10678).

(1) 취소권자

고소를 취소할 수 있는 자는 원칙적으로 고소를 한 자이다. 다만, 고소권자는 대리인으로 하여금 고소를 취소하게 할 수 있다(제236조).[40] 그러나 고소대리권자는 고소권자로부터 고소취소의 권한을 수여받지 않는 한 고유의 고소권자가 제기한 고소를 취소할 수 없다. 다만, 대리로 고소한 자의 고소는 고유의 고소권자가 이를 취소할 수 있다.

피해자인 미성년자도 의사능력이 있는 이상 법정대리인의 동의가 없더라도 단독으로 고소를 취소할 수 있다(2010도5610). 다만, 법정대리인은 미성년자인 피해자 본인이 행한 고소를 취소할 수 없다(2011도4451). 또한 피해자의 아버지가 피해자 사망후에 피해자를 대신하여 그 피해자가 이미하였던 고소를 취소하는 것은 허용되지 않는다(69도376).[41]

(2) 시 기

고소는 제1심판결선고 전까지 취소할 수 있다(제232조 제1항). 이때의 고소는

---

40) 반의사불벌죄의 피해자는 피의자나 피고인 및 그들의 변호인에게 자신을 대리하여 수사기관이나 법원에 자신의 처벌불원의사를 표시할 수 있는 권한을 수여할 수 있다(2017도8989).

41) 판례는 "피해자가 의식을 회복하지 못하고 있는 이상 피해자에게 반의사불벌죄에서 처벌희망 여부에 관한 의사표시를 할 수 있는 소송능력이 있다고 할 수 없고, 피해자의 아버지가 피해자를 대리하여 피고인에 대한 처벌을 희망하지 않는다는 의사를 표시하는 것 역시 허용되지 아니할 뿐만 아니라 피해자가 성년인 이상 의사능력이 없다는 것만으로 피해자의 아버지가 당연히 법정대리인이 된다고 볼 수도 없으므로, 피해자의 아버지가 피고인에 대한 처벌을 희망하지 않는다는 의사를 표시하였더라도 그것이 반의사불벌죄에서의 처벌희망 여부에 관한 피해자의 의사표시로서 소송법적으로 효력이 발생할 수는 없다"(2012도568)고 하였다.

친고죄의 고소를 말한다. 반의사불벌죄의 경우도 제1심판결선고 후에 한 처벌을 희망하는 의사표시를 철회하더라도 효력이 없다(85도2518). 상소심에서 제1심의 공소기각의 판결을 파기하고 환송하였다면 종전의 제1심판결은 이미 파기되어 효력을 상실하였으므로 환송 후의 제1심판결선고 전에는 고소취소의 제한사유가 되는 제1심판결선고가 없는 경우에 해당하므로 환송 후의 제1심판결선고 전까지 취소할 수 있다(2009도9112).

제1심판결이 선고된 후 항소심에서 공소장변경이나 축소사실의 인정에 의하여 통상의 범죄가 친고죄로 된 경우에 고소취소가 가능한지에 대하여는 ① 실질적으로 항소심이 제1심이므로 고소취소가 가능하다는 견해가 있다. 그러나 ② 이미 제1심판결이 선고된 후이므로 항소심에서 고소인이 고소취소를 하더라도 이는 친고죄에 대한 고소취소로서의 효력이 인정되지 않는다(96도1922).

그러나 친고죄의 공범 중 그 일부에 대하여 제1심판결이 선고된 후에는 제1심판결선고 전의 다른 공범자에 대하여는 그 고소를 취소할 수 없고, 고소의 취소가 있더라도 효력을 발생하지 않는다(통설, 85도1940). 이러한 법리는 필요적 공범과 임의적 공범에 모두 적용된다.

(3) 방 법

고소취소의 방법은 고소의 경우와 마찬가지로 서면 또는 구술로써 검사 또는 사법경찰관에게 하여야 하며, 사법경찰관이 고소 또는 고발의 취소를 받은 때에는 신속히 조사하여 관계서류와 증거물을 검사에게 송부하여야 한다(제239조, 제237조, 제238조). 구술에 의한 고소취소의 경우에는 조서를 작성하여야 한다(제239조, 제237조 제2항). 고소의 취소에도 대리가 허용된다(제236조, 2017도8989). 그러나 공소제기 후에는 고소사건의 수소법원에 대하여 고소취소가 이루어져야 한다. 따라서 범인과 피해자 사이에 합의서를 작성하였거나(2011도17264) 형사고소를 취소하기로 하는 조항이 포함된 내용의 임의조정이 성립된 사정만으로 고소인이 고소취소의 의사표시를 한 것으로 보기는 어렵다(2008도2493).

이때 고소취소의 의사표시는 피해자의 진실한 의사가 명백하고 믿을 수 있는 방법으로 표현되어야 한다(2001도1809).[42] 따라서 법대로 처벌하되 관대한 처분을

42) 반의사불벌죄에 있어서도 피해자가 처벌을 희망하지 아니하는 의사표시를 하였다거나 처벌을 희망하는 의사표시의 철회를 하였다고 인정하기 위해서는 피해자의 진실한 의사가 명백하고 믿을 수 있는 방법으로 표현되어야 한다(2017도8989).

바란다는 취지의 진술을 한 것은 고소취소로 보기 어렵다(80도2210). 또한 고소인과 피고소인 상호간에 원만히 합의하였다는 합의서를 제출한 후에 고소인이 법정에서 고소취소의 의사가 없다고 진술하였다면 이 합의서제출만으로는 고소취소로 볼 수 없다(80도1448). 다만, 합의서제출과 함께 피고인에게 중형을 내리기보다는 법의 온정을 베풀어 사회에 봉사할 수 있도록 관대한 처분을 바란다는 취지의 탄원서가 제출되었다면 고소취소로 볼 수 있다(81도1171).

(4) 효 과

고소를 취소한 자는 다시 고소할 수 없다(제232조 제2항). 반의사불벌죄의 경우도 처벌불원의사표시 후 다시 처벌을 원하는 의사표시를 할 수 없다(동조 제3항, 2007도3405).[43]

친고죄의 경우 고소권자가 고소를 취소하면 소송조건이 결여되므로 수사기관은 불기소처분, 법원은 '공소제기의 절차가 법률의 규정을 위반하여 무효일 때'(제327조 제2호)를 이유로 공소기각의 판결을 하여야 한다. 반의사불벌죄에 대하여 피해자가 처벌을 원하지 아니하는 의사표시를 하거나 처벌을 원하는 의사표시를 철회하였을 때에도 수사기관은 불기소처분, 법원은 공소기각의 판결(동조 제6호)을 하여야 한다. 다만, 친고죄나 반의사불벌죄로 공소제기되었으나 공소제기 후에 공소장변경에 의하여 일반범죄로 변경된 경우에는 고소가 취소되거나 처벌불원의사표시가 있더라도 법원은 공소기각의 판결을 선고할 수 없고, 변경된 공소사실에 대하여 실체재판을 하여야 한다(2011도2233).

한편, 친고죄의 고소취소의 경우에는 고소불가분의 원칙이 적용된다. 따라서 하나의 범죄사실의 일부에 대한 고소의 취소는 범죄사실의 전부에 대하여 효력이 미치며, 친고죄의 공범 중 그 1인 또는 수인에 대한 고소취소는 다른 공범자에 대하여도 효력이 있다(제233조).

6. 포 기

고소의 포기란 고소권자가 친고죄의 고소기간 내에 장차 고소권을 행사하지 않겠다는 의사표시를 하거나 또는 반의사불벌죄에서 피해자가 처음부터 처벌을

43) 따라서 피고인에게 반의사불벌죄에 대한 합의서를 작성·교부하여 적법하게 수사기관에 제출었다면 그 후에 피고인의 합의서의 내용을 이행하지 않은 경우에도 처벌불원의사를 철회할 수는 없다(2001도4283).

구하지 않겠다는 의사표시를 하는 것을 말한다.

고소의 포기를 인정할 것인지에 대하여는 ① 고소포기를 인정하더라도 아무런 문제가 없으며 고소포기를 인정할 경우 수사를 조기에 종결시킬 수 있다는 실익이 있다는 이유로 이를 인정하는 견해, ② 수사기관에 대하여 서면 또는 구술로 명확한 의사표시가 있는 경우에 한해 허용할 수 있다는 견해(다수설)가 있다. 그러나 ③ 고소포기에 관한 명문의 규정이 없고, 고소권은 주관적 공권으로 고소포기를 허용할 경우 고소권을 소멸시키기 위한 폐단이 초래될 수 있으므로 고소포기는 인정되지 않는다. 판례는 "피해자가 고소장을 제출하여 처벌을 희망하는 의사를 분명히 표시한 후 고소를 취소한 바 없다면 비록 고소 전에 피해자가 처벌을 원치 않았다 하더라도 그 후에 한 피해자의 고소는 유효하다"(2007도4977)고 한다.

Ⅳ. 고 발

1. 의 의

(1) 의의와 효력

고발이란 고소권자 및 범인 이외의 제3자가 수사기관에 대하여 범죄사실을 신고하여 범인의 처벌을 구하는 의사표시를 말한다. 고발은 고소와 마찬가지로 범인의 처벌을 희망하는 의사표시라는 점에서는 같지만, 그 주체가 고소권자에 한하지 않는다는 점에서 고소와 구별된다. 또한 고발은 범인 본인의 의사표시가 아니라는 점에서 자수와 구별된다.

고발은 범죄사실을 수사기관에 고하여 그 소추를 촉구하는 것으로서 범인을 지적할 필요가 없으므로 고발에서 지정한 범인이 진범인이 아니더라도 고발의 효력에는 영향이 없고, 고발의 효력은 진범인에게 미친다(94도458). 또한 고발은 범죄사실에 대한 소추를 요구하는 의사표시로서 그 효력은 고발장에 기재된 범죄사실과 동일성이 인정되는 사실 모두에 미친다(2018도10973).

(2) 법적 성격

고발은 원칙적으로 수사의 단서에 불과하다. 다만, 「관세법」(제284조 제1항), 「조세범 처벌법」(제21조), 「독점규제 및 공정거래에 관한 법률」(제129조 제1항),[44] 「출

44) 다만, 동법 위반의 경우에 검찰총장은 물론, 감사원장, 중소벤처기업부장관, 조달청장

입국관리법」(제101조 제1항), 「국회에서의 증언·감정 등에 관한 법률」(제15조) 등을 위반한 경우에는 권한 있는 공무원의 고발이 있어야 처벌할 수 있다. 이를 전속적 고발권이라고 한다. 이때 고발은 수사의 단서이면서 소송조건이 된다.

2. 방 법

(1) 고발권자

누구든지 범죄가 있다고 사료하는 때에는 고발할 수 있다(제234조 제1항). 공무원은 그 직무를 행함에 있어 범죄가 있다고 사료하는 때에는 고발하여야 한다(동조 제2항). '직무를 행함에 있어서'란 범죄의 발견이 직무내용에 포함되는 경우를 말한다. 그러나 자기 또는 배우자의 직계존속은 고발하지 못한다(제235조, 제224조).

(2) 방식과 절차

고발의 방식이나 처리절차는 고소의 경우에 준한다(제239조, 제237조, 제238조, 제257조).[45] 다만, 고발기간에는 제한이 없다. 대리고발이 허용되는지에 대하여는 ① 표시대리에 한하여 허용하자는 견해가 있다. 그러나 ② 고발은 누구나 할 수 있으므로 대리를 인정할 필요가 없다(다수설, 88도1533).

고발의 경우에는 원칙적으로 고소불가분의 원칙이 적용될 여지가 없다. 다만, 전속적 고발사건의 경우에는 객관적 고소불가분의 원칙은 적용되는 반면(2018도10973), 주관적 고소불가분의 원칙은 적용되지 않는다. 양벌규정의 경우도 마찬가지이다(2008도5757).[46]

은 공정거래위원회에 고발을 요청할 수 있고, 이때 공정거래위원회는 고발을 하여야 한다(제129조 제3항-제5항).

45) 판례는 "조세범 처벌법에 의한 고발은 고발장에 범칙사실의 기재가 없거나 특정이 되지 아니할 때에는 부적법하나, 반드시 공소장기재요건과 동일한 범죄의 일시·장소를 표시하여 사건의 동일성을 특정할 수 있을 정도로 표시하여야 하는 것은 아니고, 「조세범 처벌법」이 정하는 어떠한 태양의 범죄인지를 판명할 수 있을 정도의 사실을 일응 확정할 수 있을 정도로 표시하면 족하고, 고발사실의 특정은 고발장에 기재된 범칙사실과 세무공무원의 보충진술 기타 고발장과 함께 제출된 서류 등을 종합하여 판단하여야 한다"(2018도10973)고 하였다.

46) 판례는 "고발의 주관적 불가분 원칙의 적용 여부에 관하여는 아무런 명시적 규정을 두지 않고 있고, 친고죄에 관한 고소의 주관적 불가분의 원칙을 규정한 제233조도 공정거래법 제71조 제1항의 고발에 준용된다고 볼 아무런 명문의 근거가 없으며, 죄형법정주의의 원칙에 비추어 그 유추적용을 통하여 공정거래위원회의 고발이 없는 위반행위자에 대해서까지 형사처벌의 범위를 확장하는 것도 허용될 수 없으므로, 위반행위자 중 일부에 대하여 공정거래위원회의 고발이 있

한편, 고발은 수사의 단서에 불과하므로 고발자가 고발을 취소하더라도 소송법상 아무런 영향을 미치지 않는다. 다만, 전속적 고발권의 경우에는 고발의 취소가 인정되며, 그 취소는 특별한 규정[47)]이 없는 한 친고죄의 고소에 준하여 제1심판결선고 전까지 하여야 한다. 그러나 전속적 고발권은 공익을 위한 것이므로 권한 있는 공무원이 고발을 취소한 후에 다시 고발하는 것도 허용된다.

V. 자 수

자수란 범인이 스스로 수사기관에 자신의 범죄사실을 신고하는 것을 말한다. 자수는 범인이 피해자에게 자신의 범죄사실을 알려서 용서를 구하는 자복이나 수사기관의 조사과정에서 범죄사실을 진술하는 자백과는 구별된다(2011도12041). 자수는 수사의 단서이자 형의 임의적 감면사유(형법 제52조 제1항)이다.

자수의 방식과 이에 대한 사법경찰관의 조치는 고소의 경우에 준한다(제240조). 다만, 자수의 대리는 원칙적으로 인정되지 않지만 범인이 부상이나 질병으로 인해 직접 수사기관에 신고하기 어려운 경우에는 예외적으로 인정된다(다수설).

범죄사실의 일부에 대해서만 자수한 경우에는 그 부분 범죄사실에 대해서만 자수의 효력이 인정된다(94도2130). 또한 범죄사실이 전혀 알려져 있지 않은 경우뿐만 아니라 지명수배된 후의 자진출두 등, 체포 전에만 신고하면 자수에 해당한다(96도1167). 그러나 수사기관에 자발적으로 출석하였더라도 범행사실을 부인하는 경우에는 자수가 성립하지 않는다(2003도3133). 하지만, 일단 자수가 성립한 이상 자수의 효력은 확정적으로 발생하고, 그 후에 범인이 번복하여 수사기관이나 법정에서 범행을 부인하더라도 자수의 효력이 소멸하는 것은 아니다(99도1695).

다고 하여 나머지 위반행위자에 대하여도 위 고발의 효력이 미친다고 볼 수 없고, 나아가 공정거래법 제70조의 양벌규정에 따라 처벌되는 법인이나 개인에 대한 고발의 효력이 그 대표자나 대리인, 사용인 등으로서 행위자인 사람에게까지 미친다고 볼 수도 없다”(2008도5757)고 하였다.

47) 「독점규제 및 공정거래에 관한 법률」 제129조(고발) ⑥ 공정거래위원회는 공소가 제기된 후에는 고발을 취소할 수 없다.

제2절 수사의 조건

<수사절차의 개관>

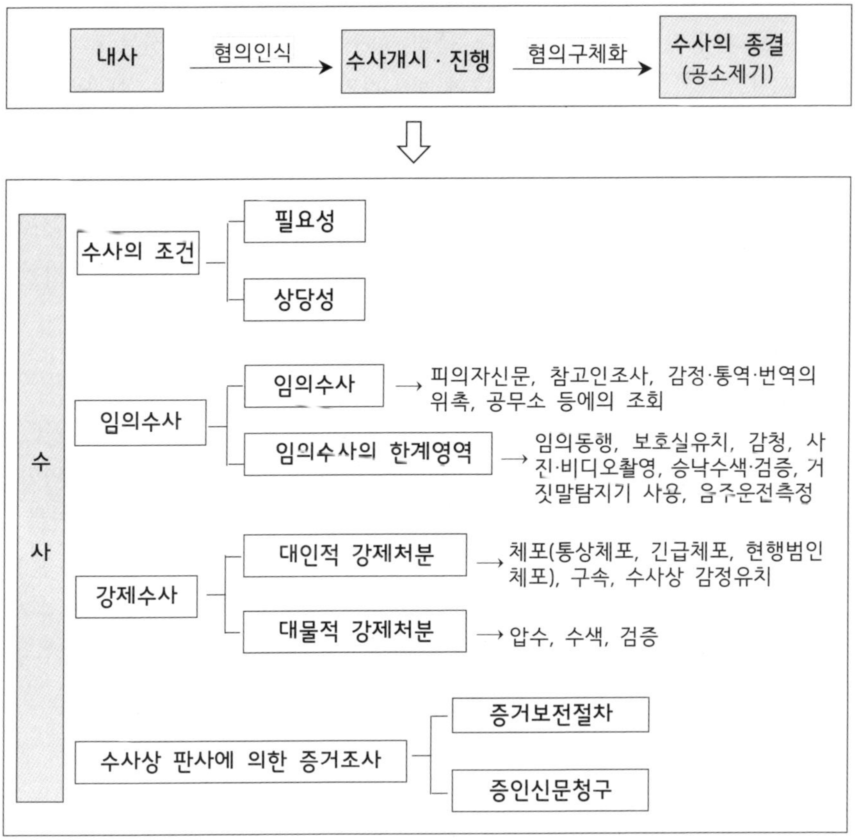

수사의 조건이란 수사를 개시·진행하기 위해 필요한 일정한 전제조건을 말한다. 수사의 조건은 공판절차의 개시·진행을 위한 소송조건과 구별된다.

수사의 조건은 수사기관의 무제한적인 재량권행사로부터 피의자의 법적 지위를 확보하기 위한 것으로 수사의 필요성과 수사의 상당성이 있다.

Ⅰ. 수사의 필요성

수사는 임의수사이든 강제수사이든 수사의 목적을 달성하기 위하여 필요한 때에만 할 수 있다(제199조 제1항). '필요한 조사'란 수사의 목적달성을 위하여 필요한 경우로 한정되는 조사를 말한다. 특히, 형소법에서는 피의자신문(제200조), 피의자체포(제200조의2 제2항, 제200조의3 제1항), 피의자구속(제201조 제2항), 압수·수색·검증(제215조), 참고인조사와 감정·통역·번역의 위촉(제221조) 등에 있어서 필요성을 그 요건으로 하고 있다.

수사의 필요성이 인정되기 위해서는 수사기관의 범죄혐의의 인지와 소송조건의 구비가 요구된다. 그 판단은 합리적인 평균인을 기준으로 하여 수사기관의 경험과 전문지식에 따른다.

1. 범죄혐의의 인지

수사기관은 범죄의 혐의가 있다고 사료하는 때에는 수사를 개시하여야 한다(제196조 제1항, 제197조 제2항). '범죄의 혐의'란 충분한 구체적 사실에 근거를 둔 수사기관의 주관적 혐의를 말한다. 다만, 범죄혐의의 정도는 형사절차의 진행단계에 따라 다르다. 즉, 입건 전 조사단계에서는 추상적 혐의로 충분하지만 수사단계에서는 구체적 혐의를 필요로 하며, 강제수사를 위해서는 상당한 혐의가 있어야 한다.

2. 소송조건의 존재

수사는 범죄혐의의 유·무를 확인하여 공소제기·유지를 위한 것이므로 소송조건이 결여되어 애초부터 공소제기의 가능성이 없으면 수사의 필요성이 인정되지 않는다.

한편, 친고죄의 경우에 고소가 없더라도 수사기관이 수사를 개시할 수 있는지에 대하여는 ① 수사기관은 국가형벌권을 실현하기 위하여 존재하므로 고소가 없어도 수사가 전면적으로 허용된다는 견해(전면허용설), ② 친고죄의 취지를 고려하면 고소가 없으면 강제수사는 물론 임의수사도 할 수 없다는 견해(전면부정설)가 있다. 그러나 ③ 친고죄의 경우에 고소는 공소제기요건이므로 고소가 없더라도 강제수사는 물론 임의수사를 할 수 있지만 고소기간이 경과하거나 피해자가 고소를 하지 않겠다는 의사표시를 하는 등, 고소의 가능성이 없는 때에는 피해자 등의 의사를 존중하여야 할 것이므로 수사가 허용되지 않는다(제한적 허용설, 다수설). 판례는 "법률에 의하여 고소나 고발이 있어야 논할 수 있는 죄에 있어서 고소 또는 고발은 이른바 소추조건에 불과하고 당해 범죄의 성립요건이나 수사의 조건은 아니므로, 위와 같은 범죄에 관하여 고소나 고발이 있기 전에 수사를 하였더라도, 그 수사가 장차 고소나 고발의 가능성이 없는 상태하에서 행해졌다는 등의 특단의 사정이 없는 한, 고소나 고발이 있기 전에 수사를 하였다는 이유만으로 그 수사가 위법하게 되는 것은 아니다"(2008도7724)라고 한다. 따라서 고소의 가능성이 있는 경우에는 임의수사는 물론, 강제수사도 가능하다고 한다(94도3373 참조). 하지만 고소권자가 고소의 의사를 명백히 하지 않은 때에는 강제수사가 허용되지 않는다. 반의사불벌죄와 전속고발권의 경우도 마찬가지이다.

Ⅱ. 수사의 상당성

수사의 필요성이 인정되는 경우에도 수사의 방법이 사회통념상 상당한 것이어야 한다. 수사의 상당성이 인정되기 위해서는 수사비례의 원칙과 수사의 신의칙을 준수할 것이 요구된다.

1. 수사비례의 원칙

수사비례의 원칙은 헌법상 요청에 따른 것으로, 수사는 필요하다고 하더라도 그 목적달성을 위하여 필요한 최소한도에 그쳐야 하며, 수사로 인해 침해되는 법익보다 수사활동을 통하여 달성하려는 공익이 균형을 이루어야 한다는 원칙을 말한다.

수사비례의 원칙은 강제수사뿐만 아니라 임의수사에서도 적용되며, 이는 (i) 적합성의 원칙, (ii) 필요성의 원칙(겸억성, 보충성의 원칙, 필요최소성의 원리), (iii) 균형성의 원칙을 그 내용으로 한다. 따라서 수사상 강제처분은 형소법에 특별한 규정이 있는 경우에 한하며, 필요한 최소한도의 범위 안에서만 하여야 한다(제199조 단서). 또한 수사기관은 수사 중인 사건의 범죄 혐의를 밝히기 위한 목적으로 합리적인 근거 없이 별개의 사건을 부당하게 수사하여서는 아니 되고, 다른 사건의 수사를 통하여 확보된 증거 또는 자료를 내세워 관련 없는 사건에 대한 자백이나 진술을 강요하여서도 아니 된다(제198조 제4항).

2. 수사의 신의칙

(1) 의 의

수사의 신의칙은 적법절차의 요청에 따른 것으로, 수사기관은 사실관계를 분명히 하기 위하여 강제처분을 포함하여 원칙적으로 수사상 필요한 한도 내에서 상당하다고 판단되는 어떠한 형태의 조사활동도 가능하지만, 신의에 따라 성실히 하여야 한다는 원칙을 말한다. 이를 사술(詐術)금지의 원칙이라고 한다. 수사의 신의칙과 관련해서는 특히, 함정수사의 허용성 여부가 문제된다.

(2) 함정수사

1) 의 의

함정수사란 수사기관 또는 수사기관의 정보원이 일반시민에게 범죄를 교사하는 등 범죄기회를 제공하고 이를 이용하여 일반시민이 범죄를 범할 때 체포하는 수사방법을 말한다. 함정수사는 통상적으로 범행이 조직적이고 은밀하게 행하여지기 때문에 범인의 검거가 어려운 마약류범죄, 밀수범죄, 조직범죄 및 뇌물범죄의 수사에 주로 이용되고 있지만, 국가기관이 국민을 함정에 빠뜨려 범죄를 범하게 하고 이를 처벌한다는 점에서 수사의 신의칙에 반하는 것은 아닌지가 문제된다.

2) 유 형

함정수사에는 일반적으로 기회제공형 함정수사와 범의유발형 함정수사가 있다. 기회제공형 함정수사란 이미 범죄의사를 가지고 있는 사람에게 범죄의 기회만을 제공한 경우를 말한다. 반면, 범의유발형 함정수사란 원래 범죄의사가 전혀 없는 사람에게 수사기관이 함정을 파놓음으로써 새로운 범죄의사를 유발하여 범죄를 행하도록 하는 경우를 말한다.

3) 허용범위

함정수사가 허용되는지에 대하여는 ① 대상자인 피유인자의 주관 내지 내심의 의사를 기준으로 하여 기회제공형은 적법하고, 범의유발형은 위법이라고 하는 견해, ② 유인자의 행위가 객관적으로 통상의 일반인도 범죄를 저지르게 할 정도의 설득 내지 유혹의 방법을 사용한 경우에는 위법하다는 견해, ③ 주관적 기준과 객관적 기준을 종합적으로 고려하여 판단하여야 하며, 따라서 범의유발형의 경우는 원칙적으로 위법하지만 범죄의 태양, 함정수사의 필요성, 법익의 성질, 남용의 위험성 등을 종합하여 함정수사의 한계를 정하여야 한다는 견해(다수설) 등이 있다. 그러나 ④ 함정수사는 수사의 신의칙에 반하는 수사방법이므로 범죄의 특성 등을 고려하여 수사상 필요부득이한 경우에 한하여 예외적으로 허용하여야 한다. 따라서 범의유발형 함정수사는 허용되지 않고, 기회제공형 함정수사도 뇌물범죄, 마약범죄, 조직범죄, 성관련 범죄(디지털성범죄 포함) 등 특수한 범죄유형에 한하여 예외적으로 허용하여야 한다.[48)]

판례는 기본적으로 기회제공형 함정수사는 수사의 필요성을 이유로 수사의 상당성을 인정하는 반면(2007도1903), 범의유발형 함정수사는 수사의 상당성을 결여한 것으로서 위법한 수사로 취급한다(2008도7362). 다만, 범의유발형이라고 하더라도 구체적인 사건에서 위법한 함정수사에 해당하는지 여부는 해당 범죄의 종류와 성질, 유인자의 지위와 역할, 유인의 경위와 방법, 유인에 따른 피유인자의 반응, 피유인자의 처벌 전력 및 유인행위 자체의 위법성 등을 종합하여 판단한다(2006도2339). 따라서 수사기관과 직접 관련이 있는 유인자가 피유인자와의 개인적인 친밀관계를 이용하여 피유인자의 동정심이나 감정에 호소하거나, 금전적·심리적 압박이나 위협 등을 가하거나, 거절하기 힘든 유혹을 하거나 또는 범행방법을 구체적으로 제시하고 범행에 사용될 금전까지 제공하는 등으로 과도하게 개입함으로써 피유인자로 하여금 범의를 일으키게 하는 것은 위법한 함정수사에 해당하여 허용되지 않지만, 유인자가 수사기관과 직접적인 관련을 맺지 아니한 상태에서 피유인자를 상대로 단순히 수차례 반복적으로 범행을 부탁하였을 뿐 수사기관이 사술이나 계략 등을 사용하였다고 볼 수 없는 경우는, 설령 그로 인하여 피유인자의 범의가 유발되었다 하더라도 위법한 함정수사에 해당하지 않는다고 한다(2019도15987).[49)]

48) 미국 연방대법원은 기회제공형의 경우와 달리 범의유발형인 경우에는 피유발자가 형사책임을 면하는 것으로 하고 있다(Sherman-Sorrels Rule). 독일 판례에서는 함정수사에 대하여 법치국가적 원칙에 위배된다는 이유로 소송장애사유로 보는 것이 종전의 입장이었지만(BGH NStZ 83, 80), 1980년대 중반에 들어 형법에서 보호하여야 할 법익은 그 자체로 보호되어야지 함정수사관의 개인적 활동에 따라 좌우될 성질이 아니라는 점에서 함정수사는 형벌감경사유가 되는데 불과하다는 입장을 취하고 있다(BGHSt 33, 356).

49) 판례는 "甲이 수사기관에 체포된 동거남의 석방을 위한 공적을 쌓기 위하여 乙에게 필로폰 밀수입에 관한 정보제공을 부탁하면서 대가의 지급을 약속하고, 이에 乙이 丙에게, 丙은 丁에게 순차 필로폰 밀수입을 권유하여, 이를 승낙하고 필로폰을 받으러 나온 丁을 체포한 사안에

<참고> 청소년성보호법상 신분위장수사와 비공개수사

1. 신분비공개 및 신분위장수사의 대상

사법경찰관리는 (i) 동법 제11조 및 제15조의2의 죄(제1호) 또는 (ii) 아동·청소년에 대한 성폭력처벌법 제14조 제2항 및 제3항의 죄(제2호)에 해당하는 범죄(이하 '디지털 성범죄'라 한다)에 대하여 신분을 비공개하고 범죄현장(정보통신망을 포함한다) 또는 범인으로 추정되는 자들에게 접근하여 범죄행위의 증거 및 자료 등을 수집(이하 '신분비공개수사'라 한다)할 수 있다(제25조의2 제1항).

또한 사법경찰관리는 디지털 성범죄를 계획 또는 실행하고 있거나 실행하였다고 의심할 만한 충분한 이유가 있고, 다른 방법으로는 그 범죄의 실행을 저지하거나 범인의 체포 또는 증거의 수집이 어려운 경우에 한정하여 수사목적을 달성하기 위하여 부득이한 때에는 (i) 신분을 위장하기 위한 문서, 도화 및 전자기록 등의 작성, 변경 또는 행사(제1호), (ii) 위장신분을 사용한 계약·거래(제2호), (iii) 아동·청소년성착취물 또는 성폭력처벌법 제14조 제2항의 촬영물 또는 복제물(복제물의 복제물을 포함한다)의 소지, 판매 또는 광고(제3호)의 행위(이하 '신분위장수사'라 한다)를 할 수 있다(동조 제2항).

2. 수사방법

사법경찰관리가 신분비공개수사를 진행하고자 할 때에는 사전에 상급 경찰관서 수사부서의 장의 승인을 받아야 한다. 이때 그 수사기간은 3개월을 초과할 수 없다(제25조의3 제1항).

또한 사법경찰관리는 신분위장수사를 하려는 경우에는 검사에게 신분위장수사에 대한 허가를 신청하고, 검사는 법원에 그 허가를 청구한다(동조 제3항). 이 신청은 필요한 신분위장수사의 종류·목적·대상·범위·기간·장소·방법 및 해당 신분위장수사가 제25조의2 제2항의 요건을 충족하는 사유 등의 신청사유를 기재한 서면으로 하여야 하며, 신청사유에 대한 소명자료를 첨부하여야 한다(동조 제4항). 이때 법원은 신청이 이유 있다고 인정하는 경우에는 신분위장수사를 허가하고, 이를 증명하는 서류(이하 '허가서'라 한다)를 신청인에게 발부한다(동조 제5항). 이 허가서에는 신분위장수사의 종류·목적·대상·범위·기간·장소·방법 등을 특정하여 기재하여야 한다(동조 제6항). 다만, 신분위장수사의 기간은 3개월을 초과할 수 없으며, 그 수사기간 중 수사의 목적이 달성되었을 경우에는 즉시 종료하여야 한다(동조 제7항). 그러나 제25조의2 제2항의 요건이 존속하여 그 수사기간을 연장할 필요가 있는 경우에는 사법경찰관리는 소명자료를 첨부하여 3개월의 범위에서 수사기간의 연장을 검사에게 신청하고, 검사는 법원에 그 연장을 청구한다. 이때 신분위장수사의 총 기간은 1년을 초과할 수 없다(동조 제8항). 하지만 사법경찰관리는 디지털 성범죄에 대하여 위의 절차를 거칠 수 없는 긴급을 요하는 때에는 상급 경찰관서 수사부서의 장의 승인 없이 신분비공개수사를 할 수 있다(제25조의4 제1항). 이때 사법경찰관리는 신분비공개수사 개시 후 지체 없

서, 乙, 丙 등이 각자의 사적인 동기에 기하여 수사기관과 직접적인 관련이 없이 독자적으로 丁을 유인한 것으로서 위법한 함정수사에 해당하지 않는다"(2007도7680)고 하였다.

이 상급 경찰관서 수사부서의 장에게 보고하여야 하고, 사법경찰관리는 48시간 이내 상급 경찰관서 수사부서의 장의 승인을 받지 못한 때에는 즉시 신분비공개수사를 중지하여야 한다(동조 제2항). 다만, 이 경우 수사기간은 3개월을 초과할 수 없다(동조 제3항).

3. 증거사용의 제한

사법경찰관리가 신분비공개수사 또는 신분위장수사에 따라 수집한 증거 및 자료 등은 (ⅰ) 신분비공개수사 또는 신분위장수사의 목적이 된 디지털 성범죄나 이와 관련되는 범죄를 수사·소추하거나 그 범죄를 예방하기 위하여 사용하는 경우(제1호), (ⅱ) 신분비공개수사 또는 신분위장수사의 목적이 된 디지털성범죄나 이와 관련되는 범죄로 인한 징계절차에 사용하는 경우(제2호), (ⅲ) 증거 및 자료 수집의 대상자가 제기하는 손해배상청구소송에서 사용하는 경우(제3호), (ⅳ) 그 밖에 다른 법률의 규정에 의하여 사용하는 경우(제4호)에 한하여 사용할 수 있다(제25조의5).

4. 통제 및 관리

국가수사본부장은 신분비공개수사가 종료된 즉시 대통령령으로 정하는 바에 따라 국가경찰위원회에 수사 관련 자료를 보고하여야 하며, 대통령령으로 정하는 바에 따라 국회 소관 상임위원회에 신분비공개수사 관련 자료를 반기별로 보고하여야 한다(제25조의6).

또한 신분비공개수사 또는 신분위장수사에 대한 승인·집행·보고 및 각종 서류작성 등에 관여한 공무원 또는 그 직에 있었던 자는 직무상 알게 된 신분비공개수사 또는 신분위장수사에 관한 사항을 외부에 공개하거나 누설하여서는 아니 된다(제25조의7).

이 외에 상급 경찰관서 수사부서의 장은 신분비공개수사 또는 신분위장수사를 승인하거나 보고받은 경우 사법경찰관리에게 수사에 필요한 인적·물적 지원을 하고, 전문지식과 피해자 보호를 위한 수사방법 및 수사절차 등에 관한 교육을 실시하여야 한다(제25조의9).

5. 특 칙

사법경찰관리가 신분비공개수사 또는 신분위장수사 중 부득이한 사유로 위법행위를 한 경우 그 행위에 고의나 중대한 과실이 없는 경우에는 벌하지 않는다(제25조의8 제1항). 또한 위의 위법행위가 「국가공무원법」 제78조 제1항에 따른 징계사유에 해당하더라도 그 행위에 고의나 중대한 과실이 없는 경우에는 징계 요구 또는 문책 요구 등 책임을 묻지 않는다(동조 제2항). 그리고 신분비공개수사 또는 신분위장수사 행위로 타인에게 손해가 발생한 경우라도 사법경찰관리는 그 행위에 고의나 중대한 과실이 없는 경우에는 그 손해에 대한 책임을 지지 않는다(동조 제3항).

4) 위법한 함정수사의 소송법적 효과

위법한 함정수사에 의해 수집된 증거는 위법하게 수집된 증거이므로 증거능력이 인정되지 않는다. 다만, 함정수사에 의해 공소가 제기된 경우에 법원은 어떤 재판을 하여야 하는지 대하여는 ① 국가기관이 사술 또는 계략을 사용하여 스스로 염결성을 해쳤으며 일반인이 수사기관이 제공한 범죄동기와 기회를 뿌리칠 수 없었다는 점을 이유로 국가는 처벌할 자격이 없으므로 형벌권이 소멸되었다거나 또는 위법수집증거배제법칙에 따라 유죄를 인정할 증거가 없으므로 무죄판결을 선고하여야 한다는 견해(무죄판결설), ② 범의유발형 함정수사가 위법할지라도 범의를 유발당한 자가 자유로운 의사로 범죄를 실행한 이상 함정에 걸렸다는 것만으로 위법성이나 책임이 조각되는 것은 아니므로 처벌이 가능하다는 견해(유죄판결설)가 있다. 그러나 ③ 함정수사에 의한 공소제기는 적법절차에 위배되는 중대한 위법을 수반하는 수사방법에 기초한 것이어서 '공소제기의 절차가 법률의 규정에 위배하여 무효일 때'(제327조 제2호)에 해당하므로 공소기각의 판결을 하여야 한다(공소기각설, 다수설). 함정수사는 적법절차에 위배된 위법수사이므로 그에 속은 피고인을 처벌한다는 것은 납득하기 어렵고, 개인이 자유로운 의사로 범죄행위를 실행했음에도 함정에 걸렸다는 이유로 범죄성립이 조각된다고 할 수도 없으며, 누가 교사했는지에 따라 유·무죄의 결론을 다르게 취급할 이유도 없다. 판례는 "본래 범의를 가지지 아니한 사람에 대하여 수사기관이 사술이나 계략 등을 써서 범의를 유발하게 하여 범죄인을 검거하는 함정수사는 위법하고, 이러한 함정수사에 기한 공소제기는 그 절차가 법률의 규정에 위반하여 무효인 때에 해당한다"(2017도16810)고 한다.

제3장 수사의 원칙과 임의수사

제1절 수사의 원칙

Ⅰ. 수사의 기본원칙

검사 또는 사법경찰관은 범죄의 혐의가 있다고 사료하는 때에는 범인, 범죄사실과 증거를 수사한다(제196조 제1항, 제197조 제1항). 이를 직권수사의 원칙 또는 수사강제주의라고 한다.

1. 원 칙

수사에 있어서는 다음의 기본원칙을 준수하여야 한다(수사준칙규정 제3조). 즉, (ⅰ) 검사와 사법경찰관은 모든 수사과정에서 헌법과 법률에 따라 보장되는 피의자와 그 밖의 피해자·참고인 등(이하 '사건관계인'이라 한다)의 권리를 보호하고, 적법한 절차에 따라야 한다(제1항). (ⅱ) 검사와 사법경찰관은 예단이나 편견 없이 신속하게 수사하여야 하고, 주어진 권한을 자의적으로 행사하거나 남용해서는 안 된다(제2항).[50] (ⅲ) 검사와 사법경찰관은 수사를 할 때 ⅰ) 물적 증거를 기본으로 하여 객관적이고 신빙성 있는 증거를 발견하고 수집하기 위해 노력할 것(제1호), ⅱ) 과학수사 기법과 관련 지식·기술 및 자료를 충분히 활용하여 합리적으로 수사할 것(제2호), ⅲ) 수사과정에서 선입견을 갖지 말고, 근거 없는 추측을 배제하며, 사건관계인의 진술을 과신하지 않도록 주의할 것(제3호) 등의 사항에 유의하여 실체적 진실을 발견하여야 한다(제3항). (ⅳ) 검사와 사법경찰관은 다른 사건의 수사를 통해

50) 검사 또는 사법경찰관은 수사 중인 사건의 범죄혐의를 밝히기 위한 목적으로 관련 없는 사건의 수사를 개시하거나 수사기간을 부당하게 연장해서는 안된다(수사준칙규정 제16조 제2항).

확보된 증거 또는 자료를 내세워 관련이 없는 사건에 대한 자백이나 진술을 강요해서는 안 된다(제4항).

2. 불이익금지

검사와 사법경찰관은 피의자나 사건관계인이 인권침해 신고나 그 밖에 인권구제를 위한 신고, 진정, 고소, 고발 등의 행위를 하였다는 이유로 부당한 대우를 하거나 불이익을 주어서는 안 된다(동규정 제4조).

3. 형사사건의 공개금지

검사와 사법경찰관은 공소제기 전의 형사사건에 관한 내용을 공개해서는 안 된다(동규정 제5조 제1항). 다만, 법무부장관, 경찰청장 또는 해양경찰청장은 무죄추정의 원칙과 국민의 알권리 등을 종합적으로 고려하여 형사사건 공개에 관한 준칙을 정할 수 있다(동조 제3항).

또한 검사와 사법경찰관은 수사의 전(全) 과정에서 피의자와 사건관계인의 사생활의 비밀을 보호하고 그들의 명예나 신용이 훼손되지 않도록 노력하여야 한다(동조 제2항).

Ⅱ. 임의수사의 원칙

1. 의 의

제199조 제1항에서는 “수사기관은 수사에 관하여 그 목적을 달성하기 위하여 필요한 조사를 할 수 있다. 다만, 강제처분은 이 법률에 특별한 규정이 있는 경우에 한하며, 필요한 최소한도의 범위 안에서만 하여야 한다”고 규정하고 있다(수사준칙규정 제10조 제1항 전단 참조). 따라서 수사는 원칙적으로 임의수사에 의하고, 강제수사는 법률에 규정된 경우에 한하여 허용된다(강제처분법정주의). 이를 임의수사의 원칙이라고 한다. 이는 제198조 제1항에서 “피의자에 대한 수사는 불구속상태에서 함을 원칙으로 한다”고 규정한 것과도 일치한다. 다만, 수사는 그 성질상 개인의 기본적 인권을 침해할 가능성이 있으므로 임의수사라고 하더라도 무제한적으로 허용되는 것은 아니고, 그 목적을 달성하기 위하여 필요한 경우로 제한된

다. 따라서 수사를 함에 있어서는 수사대상자의 권익침해의 정도가 더 적은 절차와 방법을 선택하여야 한다(동규정 제10조 제1항 후단).

한편, 제198조 제2항에서는 "검사·사법경찰관리와 그 밖에 직무상 수사에 관계있는 자는 피의자 또는 다른 사람의 인권을 존중하고 수사과정에서 취득한 비밀을 엄수하며 수사에 방해되는 일이 없도록 하여야 한다"는 주의규정을 두고 있다. '직무상 수사에 관계있는 자'란 법관, 변호인, 감정인, 통역인 등을 말한다.

2. 임의수사의 판단기준

강제수사는 그 유형과 요건이 법정되어 있는 반면, 임의수사는 원칙적으로 법정된 유형이나 전형성을 띠고 있지 않으므로 개별적으로 그 수사방법이 헌법의 이념에 따른 적법절차의 요청에 부합하는지라고 하는 실질적 판단에 의하여 그 합법성 여부가 문제된다.

임의수사의 합법성판단의 일반적 기준은 다음과 같다. 즉, (i) 그 처분의 필요성의 존·부 및 그 방법과 정도의 상당성·합리성이 고려되어야 한다. '수사의 필요성'은 수사조건의 존재를 전제로 한다. (ii) 상대방의 승낙이 있어야 한다. 다만, 요구·승낙의 과정에 사실상 강제나 자유의 제약이 수반된 경우에는 임의수사라고 할 수 없으므로 승낙이 유효하기 위해서는 법익포기의 대상이 된 권리나 이익이 개인적인 것이고, 성질상 임의의 동의가 예상될 수 있는 것이어야 하며, 동의자가 권리·이익의 의미내용과 그 포기의 효과를 잘 알고 난 뒤에 자의로 그것을 포기하였다고 인정되어야 한다. 동의의 임의성에 대한 입증책임은 검사에게 있다.

3. 임의수사의 한계

(1) 심야조사의 제한

검사 또는 사법경찰관은 조사, 신문, 면담 등 그 명칭을 불문하고 피의자나 사건관계인에 대하여 오후 9시부터 오전 6시까지 사이에 조사(이하 '심야조사'라 한다)를 해서는 안 된다. 다만, 이미 작성된 조서의 열람을 위한 절차는 자정 이전까지 진행할 수 있다(수사준칙규정 제21조 제1항).

그러나 (i) 피의자를 체포한 후 48시간 이내에 구속영장의 청구 또는 신청 여부를 판단하기 위해 불가피한 경우(제1호), (ii) 공소시효가 임박한 경우(제2호),

(iii) 피의자나 사건관계인이 출국, 입원, 원거리 거주, 직업상 사유 등 재출석이 곤란한 구체적인 사유를 들어 심야조사를 요청한 경우(변호인이 심야조사에 동의하지 않는다는 의사를 명시한 경우는 제외한다)로서 해당 요청에 상당한 이유가 있다고 인정되는 경우(제3호), (iv) 그 밖에 사건의 성질 등을 고려할 때 심야조사가 불가피하다고 판단되는 경우 등 법무부장관, 경찰청장 또는 해양경찰청장이 정하는 경우로서 검사 또는 사법경찰관의 소속기관의 장이 지정하는 인권보호책임자의 허가 등을 받은 경우(제4호)에는 심야조사를 할 수 있다. 이때 심야조사의 사유를 조서에 명확하게 적어야 한다(동조 제2항).

(2) 장시간조사의 제한

검사 또는 사법경찰관은 조사, 신문, 면담 등 그 명칭을 불문하고 피의자나 사건관계인을 조사하는 경우에는 대기시간, 휴식시간, 식사시간 등 모든 시간을 합산한 조사시간(이하 '총조사시간'이라고 한다)이 12시간을 초과하지 않도록 하여야 한다. 다만, (i) 피의자나 사건관계인의 서면 요청에 따라 조서를 열람하는 경우(제1호) 또는 (ii) 심야조사가 허용되는 경우(수사준칙규정 제21조 제2항)(제2호)에는 예외로 한다(동규정 제22조 제1항).

또한 검사 또는 사법경찰관은 특별한 사정이 없으면 총 조사시간 중 식사시간, 휴식시간 및 조서의 열람시간 등을 제외한 실제 조사시간이 8시간을 초과하지 않도록 하여야 하며(동조 제2항), 피의자나 사건관계인에 대한 조사를 마친 때부터 8시간이 지나기 전에는 다시 조사할 수 없다. 다만, 심야조사가 허용되는 경우에는 예외로 한다(동조 제3항).

(3) 휴식시간의 부여

검사 또는 사법경찰관은 조사에 상당한 시간이 소요되는 경우에는 특별한 사정이 없으면 피의자 또는 사건관계인에게 조사 도중에 최소한 2시간마다 10분 이상의 휴식시간을 주어야 한다(동규정 제23조 제1항).

또한 검사 또는 사법경찰관은 조사 도중 피의자, 사건관계인 또는 그 변호인으로부터 휴식시간의 부여를 요청받았을 때에는 그때까지 조사에 소요된 시간, 피의자 또는 사건관계인의 건강상태 등을 고려해 적정하다고 판단될 경우 휴식시간을 주어야 하며(동조 제2항), 조사 중인 피의자 또는 사건관계인의 건강상태에 이상징후가 발견되면 의사의 진료를 받게 하거나 휴식하게 하는 등 필요한 조치를 하여야 한다(동조 제3항).

<참고> 피의자의 신상정보공개

1. 신상정보공개

검사와 사법경찰관은 (i) 범행수단이 잔인하고 중대한 피해가 발생하였을 것(제2조 제3호부터 제6호까지의 죄[51]에 한정한다)(제1호), (ii) 피의자가 그 죄를 범하였다고 믿을 만한 충분한 증거가 있을 것(제2호), (iii) 국민의 알권리 보장, 피의자의 재범방지 및 범죄예방 등 오로지 공공의 이익을 위하여 필요할 것(제3호)의 요건을 모두 갖춘 특정중대범죄사건의 피의자의 얼굴, 성명 및 나이(이하 '신상정보'라 한다)를 공개할 수 있다. 다만, 피의자가 미성년자인 경우에는 공개하지 아니한다(중대범죄신상공개법 제4조 제1항).

검사와 사법경찰관은 신상정보공개를 결정할 때에는 범죄의 중대성, 범행 후 정황, 피해자 보호 필요성, 피해자(피해자가 사망한 경우 피해자의 유족을 포함한다)의 의사 등을 종합적으로 고려하여야 하며(동조 제2항), 신상정보를 공개할 때에는 피의자의 인권을 고려하여 신중하게 결정하고 이를 남용하여서는 아니 된다(동조 제3항).

공개하는 피의자의 얼굴은 특별한 사정이 없으면 공개 결정일 전후 30일 이내의 모습으로 한다. 이 경우 검사와 사법경찰관은 다른 법령에 따라 적법하게 수집·보관하고 있는 사진, 영상물 등이 있는 때에는 이를 활용하여 공개할 수 있으며(동조 제4항), 피의자의 얼굴을 공개하기 위하여 필요한 경우 피의자를 식별할 수 있도록 피의자의 얼굴을 촬영할 수 있다. 이 경우 피의자는 이에 따라야 한다(동조 제5항).

한편, 검사와 사법경찰관은 피의자의 신상정보공개를 결정하기 전에 피의자에게 의견을 진술할 기회를 주어야 한다. 다만, 신상정보공개심의위원회에서 피의자의 의견을 청취한 경우에는 이를 생략할 수 있다(동조 제6항). 또한 검사와 사법경찰관은 피의자에게 신상정보공개를 통지한 날부터 5일 이상의 유예기간을 두고 신상정보를 공개하여야 한다. 다만, 피의자가 신상정보공개 결정에 대하여 서면으로 이의 없음을 표시한 때에는 유예기간을 두지 아니할 수 있다(동조 제7항). 검사와 사법경찰관은 정보통신망을 이용하여 그 신상정보를 30일간 공개한다. 기타 신상정보의 공개 등에 관한 절차와 방법 등 그 밖에 필요한 사항은 대통령령으로 정한다(동조 제8항).

2. 피의자에 대한 보상

피의자로서 중대범죄신상공개법에 따라 신상정보가 공개된 자 중 검사로부터 불기소처분을 받거나 사법경찰관으로부터 불송치결정을 받은 자는 형사보상법에 따

51) 3. 「형법」 제2편 제1장 내란의 죄 및 같은 편 제2장 외환의 죄, 「형법」 제114조(범죄단체 등의 조직)의 죄, 「형법」 제119조(폭발물 사용)의 죄, 4. 「형법」 제164조(현주건조물 등 방화)제2항의 죄, 5. 「형법」 제2편 제25장 상해와 폭행의 죄 중 제258조(중상해, 존속중상해), 제258조의2(특수상해), 제259조(상해치사) 및 제262조(폭행치사상)의 죄. 다만, 제262조(폭행치사상)의 죄의 경우 중상해 또는 사망에 이른 경우에 한정한다. 6. 특정강력범죄법 제2조의 특정강력범죄, 7. 성폭력처벌법 제2조의 성폭력범죄, 8. 청소년성보호법 제2조 제2호의 아동·청소년대상 성범죄. 다만, 동법 제13조, 제14조 제3항, 제15조 제2항·제3항 및 제15조의2의 죄는 제외한다(동법 제2조).

> 른 형사보상과 별도로 국가에 대하여 신상정보의 공개에 따른 보상을 청구할 수 있다. 다만, 신상정보가 공개된 이후 불기소처분 또는 불송치결정의 사유가 있는 경우와 해당 불기소처분 또는 불송치결정이 종국적인 것이 아니거나 제247조에 따른 것일 경우에는 그러하지 아니하다(동법 제6조 제1항). 다만, (i) 본인이 수사 또는 재판을 그르칠 목적으로 거짓 자백을 하거나 다른 유죄의 증거를 만듦으로써 신상정보가 공개된 것으로 인정되는 경우(제1호) 또는 보상을 하는 것이 선량한 풍속이나 그 밖에 사회질서에 위배된다고 인정할 특별한 사정이 있는 경우(제2호)에는 위의 보상의 전부 또는 일부를 지급하지 아니할 수 있다(동조 제2항). 보상을 할 때에는 1천만원 이내에서 모든 사정을 고려하여 타당하다고 인정하는 금액을 보상한다. 이 경우 신상공개로 인하여 발생한 재산상의 손실액이 증명되었을 때에는 그 손실액도 보상한다(동조 제3항). 보상에 관하여는 이 법에 특별한 규정이 있는 경우를 제외하고는 그 성질에 반하지 아니하는 범위에서 형사보상법을 준용한다(동조 제4항).

Ⅲ. 강제수사의 제한

1. 강제처분법정주의

수사에 있어서 강제처분은 법률에 특별한 규정이 없으면 하지 못한다(제199조 제1항). 이를 강제처분법정주의라고 한다. 따라서 강제처분의 종류와 요건 및 절차는 법률에 규정되어 있을 것을 요하며, 강제처분은 법률이 규정하고 있는 유형의 강제처분에 한하여 법률이 정한 요건을 충족하는 경우에 법이 정한 절차에 따라 행하여야 한다. 다만, 과학기술의 발달에 따라 형소법이 예상하지 못했던 새로운 강제처분이 출현하고 있는 것을 고려하면 형소법상 규정하지 아니한 수사방법에 대해서는 탄력적인 해석이 요구된다.

2. 영장주의

(1) 의 의

영장주의란 법원 또는 법관이 발부한 적법한 영장에 의하지 않으면 법원 또는 수사기관이 형사절차상 강제처분을 할 수 없다는 원칙을 말한다. 영장주의는 강제처분을 할 당시에 영장이 발부되어 있을 것을 요한다는 의미이며, 따라서 영장은 원칙적으로 사전영장을 의미한다. 영장주의는 강제처분을 집행하는 기관의 권한남용을 방지하고 집행절차의 적정을 도모함으로써 시민의 자유와 재산의 보장을 실현하기 위한 것이다.

영장의 법적 성격에 대하여는 ① 피고인에 대한 영장은 명령장이지만, 수사의 주체는 수사기관이므로 피의자에 대한 영장은 허가장이라는 견해가 있다. 그러나 ② 헌법 제12조 제3항의 영장주의에 따르면 수사절차상 강제처분권의 주체는 법원이며(수사주체와 구속주체는 구별되어야 한다), 사후영장도 법원의 판단에 따른 것이므로 명령장이다. 다만, 수사단계에서의 영장집행 여부는 검사에게 재량권이 있다.

(2) 원칙과 예외

강제처분을 함에 있어서는 사전영장을 원칙으로 한다. 따라서 수사기관이 피의자를 체포(제200조의2)·구속(제201조)하거나 압수·수색·검증(제215조)을 함에는 검사의 청구에 의하여 법원이 발부한 영장이 있어야 한다.

그러나 형소법에서는 영장주의의 예외를 인정하고 있다. 즉, 긴급체포(제200조의3, 제200조의4), 현행범인체포(제212조)의 경우는 물론, 체포·구속목적의 수색(제216조 제1항 제1호), 체포현장에서의 압수·수색·검증(동항 제2호), 범죄장소에서의 압수·수색·검증(동조 제3항), 긴급체포 시의 압수·수색·검증(제217조 제1항), 임의제출물 및 유류물의 압수(제218조) 및 변사자의 검증(제222조 제2항)의 경우에는 영장주의의 예외를 인정하고 있다. 다만, 범죄장소에서의 압수·수색·검증과 긴급체포 시의 압수·수색·검증 및 변사자의 검증의 경우에는 사후영장을 요한다(제216조 제3항 후문, 제217조 제2항).

(3) 위반의 효과

영장주의에 위반한 강제처분은 위법·무효이며, 따라서 불복절차에 의하여 효력을 중지시킬 수 있다. 즉, 대인적 강제처분에 대해서는 체포·구속적부심사(제214조의2) 또는 준항고(제416조)가 가능하며, 영장주의에 위반한 구속 중에 수집한 증거나 압수물 또는 검증조서는 위법수집증거로서 증거능력이 부정된다.

3. 강제수사의 한계

강제처분은 필요한 최소한도의 범위 안에서만 하되, 수사대상자의 권익침해의 정도가 더 적은 절차와 방법을 선택해야 한다(수사준칙규정 제10조 제1항). 따라서 불구속수사를 원칙으로 하되, 부득이 피의자를 구속하는 경우에도 기대되는 형벌의 범위를 넘어서는 아니 된다. 또한 대물적 강제처분도 임의수사에 의해서는 형사소송의 목적을 달성할 수 없는 경우에 최후수단으로만 인정된다.

Ⅳ. 임의수사와 강제수사의 구별기준

수사의 방법에는 임의수사와 강제수사가 있다. 강제수사는 피의자 등의 법익을 침해하므로 영장주의에 따라 법관에 의한 사전억제가 가하여지는 반면, 임의수사는 피의자 등 수사대상의 실질적인 법익침해를 수반하지 않으므로 영장을 요하지 않으며, 따라서 수사기관의 자유재량의 범위가 넓다. 다만, 임의수사나 강제수사 모두 그 상당성에 대하여 법관이 사후적으로 판단을 가한다는 점에서는 차이가 없다.

임의수사와 강제수사의 구별기준에 대하여는 ① 강제수사는 직접강제 또는 제재를 예고하는 간접강제만으로 이해하고, 강제에 의하지 않고 피의자 등의 의사에 반하지 않는 경우를 임의수사라고 하는 견해(의사설), ② 강제수사는 직접·간접으로 물리적 강제력을 행사하는 경우뿐만 아니라 상대방에게 의무를 부담하게 하는 경우를 포함하고, 상대방의 임의의 협력에 의하여 행하는 경우를 임의수사라고 하는 견해(형식설), ③ 헌법상 적법절차의 요청을 고려하여 수사기관의 처분이 법공동체가 공유하고 있는 최저한도의 기본적 인권을 침해할 우려가 있으면 강제수사이고, 그와 같은 최저한도의 요구범위에 들지 않으면 임의수사라고 하는 견해(적법절차기준설), ④ 수사활동에 의한 기본권침해의 유·무를 기준으로 구별하려는 견해(기본권기준설)가 있다. 그러나 ⑤ 과학기술의 발달에 따라 등장한 새로운 수사방법을 고려할 때 상대방의 의사에 반하여 실질적으로 프라이버시 등 법익을 침해하는 처분에 의한 수사는 강제수사이고, 상대방의 법익침해를 수반하지 않는 수사는 임의수사이다(실질설). 따라서 도청이나 사진촬영 등은 강제수사에 해당하지만, 수사상 통상적으로 행해지는 잠복, 미행, 내탐, 탐문 등은 강제수사는 아니다. 다만, 현실적으로 임의수사와 강제수사의 중간영역이 존재할 수 있으므로 강제수사인지 여부는 일률적으로 판단할 것이 아니라 수사의 필요성과 긴급성, 범죄혐의의 중대성, 수사방법의 상당성 그리고 법익침해의 강도 등을 종합적으로 고려하여 개별적으로 판단하여야 한다.

제2절 임의수사

Ⅰ. 임의수사의 유형

1. 피의자신문

(1) 의의와 성격

피의자신문이란 수사기관이 피의자를 신문하여 진술을 듣는 것을 말한다. 검사 또는 사법경찰관 등은 수사에 필요한 경우 피의자의 출석을 요구하여 진술을 들을 수 있다(제200조). 그러나 피의자는 수사기관의 출석요구에 응할 의무가 없으며, 출석한 경우에도 언제든지 퇴거할 수 있다는 점에서 피의자신문은 임의수사이다. 다만, 피의자의 출석불응은 체포영장(제200조의2)에 의한 체포의 이유가 될 수 있으므로 사실상 출석의무가 강제되어 있는 측면이 강하다. 하지만 진술거부권이 보장되어 있는 피의자에 대하여 진술을 강제할 수는 없고, 임의의 진술을 들을 수밖에 없다는 점에서 임의수사이다(2013모160). 따라서 피의자 등이 수사기관에 대하여 허위사실을 진술하거나 피의사실 인정에 필요한 증거를 감추고 허위의 증거를 제출하였다는 것만으로는 「형법」상 위계에 의한 공무집행방해죄(제137조)가 성립하지 않는다(2018도18646).

피의자신문은 수사기관에게는 피의자의 자백과 같은 증거를 획득하여 진실을 밝힐 수 있는 기회가 되지만, 피의자에게는 자기에게 유리한 사실이나 진술할 수 있으므로 수사기관의 혐의로부터 벗어날 수 있는 기회가 되기도 한다.

(2) 절 차

1) 주 체

피의자신문의 주체는 검사 또는 사법경찰관이다. 다만, 검사의 피의자신문에는 검찰청 수사관 또는 서기관이나 서기가 참여하여야 한다. 사법경찰관의 피의자신문에는 사법경찰관 또는 사법경찰리가 참여하여야 한다(제243조). 이는 조서기재의 정확성과 신문절차의 적법성을 보장하기 위한 것이다. 다만, 실무에서는 사법경찰리를 '사법경찰관사무취급'으로 하여 피의자신문조서작성의 주체로 하고 있다. 판례는 사법경찰관사무취급이 작성한 피의자신문조서도 제312조 제3항에 의하여 증거능력을 인정한다(82도1080).

2) 출석요구

수사기관은 피의자신문을 위해 피의자의 출석을 요구할 수 있다(제200조). 출석요구는 서면을 원칙으로 하되, 전화·팩스 등의 방법으로도 가능하다. 출석을 요구하는 장소는 수사관서에 국한되지 않고 제3의 장소도 가능하며, 필요한 경우 수사기관이 피의자를 직접 방문하여 신문할 수도 있다.

한편, 체포·구속된 피의자에게 수사기관에의 출석의무 및 조사수인의무가 있는지에 대하여는 ① 체포·구속은 강제처분이므로 그 자체에 강제적인 출석과 체류의무가 있고, 현실적으로 체포·구속 중인 피의자의 신문의 필요성과 중요성이 있으며, 진술거부권이 보장되므로 출석과 체류를 강제하더라도 진술의 강제로 볼 수 없다는 이유로 이를 인정하는 견해(다수설)가 있다. 그러나 ② 피의자의 체포·구속은 피의자신문을 위한 것이 아니고, 체포·구속 중인 피의자에게 출석 및 체류의무를 인정하면 사실상 피의자에게 진술을 강요하는 결과가 되며, 피의자의 진술거부권에는 조사 자체를 거부할 수 있는 권리가 포함되어 있다고 할 것이므로 체포·구속된 피의자라고 하더라도 출석의무 및 조사수인의무는 인정되지 않는다. 판례는 "구속영장발부에 의하여 적법하게 구금된 피의자가 피의자신문을 위한 출석요구에 응하지 아니하면서 수사기관 조사실에 출석을 거부한다면 수사기관은 그 구속영장의 효력에 의하여 피의자를 조사실로 구인할 수 있다고 보아야 한다. 다만, 이러한 경우에도 그 피의자신문절차는 어디까지나 제199조 제1항 본문, 제200조의 규정에 따른 임의수사의 한 방법으로 진행되어야 하므로, 피의자는 헌법 제12조 제2항과 제244조의3에 따라 일체의 진술을 하지 아니하거나 개개의 질문에 대하여 진술을 거부할 수 있고, 수사기관은 피의자를 신문하기 전에 그와 같은 권리를 알려주어야 한다"(2013모160)고 한다.

3) 진술거부권 및 변호인의 조력을 받을 권리의 고지

헌법상 모든 국민은 형사상 자기에게 불리한 진술을 강요당하지 않을 권리를 가지고 있다(제12조 제2항). 따라서 검사 또는 사법경찰관이 피의자를 신문하기 전에 다음 각 호의 사항을 알려주어야 한다(제244조의3 제1항). 즉, (i) 일체의 진술을 하지 아니하거나 개개의 질문에 대하여 진술을 하지 아니할 수 있다는 것(제1호), (ii) 진술을 하지 아니하더라도 불이익을 받지 않는다는 것(제2호), (iii) 진술을 거부할 권리를 포기하고 행한 진술은 법정에서 유죄의 증거로 사용될 수 있다는 것

(제3호), (iv) 신문을 받을 때에는 변호인을 참여하게 하는 등 변호인의 조력을 받을 수 있다는 것(제4호)이다.

진술거부권의 고지는 피의사실에 대한 질문에 앞서 이루어지는 피의자의 성명 등을 묻는 인정신문 전에 하여야 한다. 다만, 신문 시마다 진술거부권을 고지할 필요는 없다. 이때 피의자가 거부할 수 있는 진술내용에는 제한이 없다. 조사대상자의 진술내용이 단순히 제3자의 범죄에 관한 경우가 아니라 자신과 제3자에게 공동으로 관련된 범죄에 관한 것이거나 제3자의 피의사실뿐만 아니라 자신의 피의사실에 관한 것이기도 하여 실질이 피의자신문의 성격을 가지는 경우에 수사기관은 진술을 듣기 전에 미리 진술거부권을 고지하여야 한다(2014도5939). 진술거부권 등을 고지하지 않고 작성된 피의자신문조서는 증거능력이 인정되지 않는다(92도682).

검사 또는 사법경찰관은 진술거부권을 고지한 후에는 피의자가 진술을 거부할 권리와 변호인의 조력을 받을 권리를 행사할 것인지의 여부를 질문하고, 이에 대한 피의자의 답변을 조서에 기재하여야 한다(동조 제2항).

4) 신문사항

검사 또는 사법경찰관이 피의자를 신문함에는 먼저 그 성명, 연령, 등록기준지, 주거와 직업을 물어 피의자임에 틀림없음을 확인하여야 한다(제241조). 이를 인정신문(人定訊問)이라고 한다. 인정신문에 대하여도 진술을 거부할 수 있다.

피의자신문에서 검사 또는 사법경찰관은 피의자에 대하여 범죄사실과 정상에 관한 필요사항을 신문하여야 하며, 그 이익되는 사실을 진술할 기회를 주어야 한다(제242조). 신문은 일문일답식(一問一答式)으로 진행하며, 검사 또는 사법경찰관이 사실을 발견함에 필요한 때에는 피의자와 다른 피의자 또는 피의자 아닌 자와 대질하게 할 수 있다(제245조).

5) 수사과정의 기록과 피의자신문조서의 작성 등

피의자의 진술은 조서에 기재하여야 한다(제244조 제1항). 피의자신문의 주체는 검사 또는 사법경찰관이지만, 참여 검찰청수사관, 서기관, 서기 또는 사법경찰관리가 피의자신문조서를 작성한다(제48조 제1항). 또한 검사 또는 사법경찰관은 피의자가 조사장소에 도착한 시각, 조사를 시작하고 마친 시각, 그 밖에 조사과정의 진행경과를 확인하기 위하여 필요한 사항을 피의자신문조서에 기록하거나 별도의 서면에 기록한 후 수사기록에 편철하여야 한다(제244조의4 제1항, 수사준칙규정

제26조 참조).

피의자신문조서나 수사과정을 기록한 서면은 피의자에게 열람하게 하거나 읽어 들려주어야 하며, 진술한대로 기재되지 아니하였거나 사실과 다른 부분의 유·무를 물어 피의자가 증감 또는 변경의 청구 등 이의를 제기하거나 의견을 진술한 때에는 이를 조서에 추가로 기재하여야 한다. 이때 피의자가 이의를 제기하였던 부분은 읽을 수 있도록 남겨두어야 한다(제244조 제2항, 제244조의4 제2항). 피의자가 조서나 기록한 서면에 대하여 이의나 의견이 없음을 진술한 때에는 피의자로 하여금 그 취지를 자필로 기재하게 하고 조서나 기록에 간인 한 후 기명날인 또는 서명하게 한다(제244조 제3항, 제244조의4 제2항).[52] 다만, 진술자가 서명날인을 거부하면 그 사유를 기재하여야 한다(제48조 제7항 단서). 피의자신문조서에 기재된 진술은 공판절차에서 피고인이나 변호인이 내용의 진정을 인정한 때에 한해 증거능력이 인정된다(제312조 제1항, 제3항).

(3) 변호인참여권

1) 내 용

검사 또는 사법경찰관은 피의자 또는 그 변호인·법정대리인·배우자·직계친족·형제자매의 신청에 따라 변호인을 피의자와 접견하게 하거나 정당한 사유가 없는 한 피의자에 대한 신문에 참여하게 하여야 한다(제243조의2 제1항). '정당한 사유'란 변호인이 피의자신문을 방해하거나 수사기밀을 누설할 염려가 있음이 객관적으로 명백한 경우 등을 말한다. 신문에 참여한 변호인이 신문을 부당하게 제지 또는 중단시키거나 피의자의 특정한 답변을 유도하거나 진술을 번복하게 하는 행위, 신문내용을 촬영·녹음하는 행위 등이 이에 해당한다.[53] 따라서 수사기관이 피의자신문을 하면서 정당한 사유가 없는데도 변호인에 대하여 피의자로부터 떨어진 곳으로 옮겨 앉으라고 지시를 한 다음, 이러한 지시에 따르지 않았음을 이유로 변호인의 피의자신문참여권을 제한하는 것은 허용될 수 없다(2008모793). '참여

---

52) 피의자신문에서 수사과정의 기록에 관한 내용은 피의자가 아닌 자를 조사하는 경우에 준용한다(제244조의4 제3항).

53) 사법경찰관리는 변호인의 참여로 증거를 인멸·은닉·조작할 위험이 구체적으로 드러나거나, 신문방해, 수사기밀누설 등 수사에 현저한 지장을 초래하는 경우에는 피의자신문 중이라도 변호인의 참여를 제한할 수 있다. 이때 피의자와 변호인에게 변호인의 참여를 제한하는 처분에 대하여 제417조에 따른 준항고를 제기할 수 있다는 사실을 고지하여야 한다(경찰수사규칙 제13조 제1항).

하게 하여야 한다'는 참여를 허용하여야 한다는 것이지 참여 없이 신문이 불가능하다는 의미는 아니다. 따라서 변호인이 없는 경우 국선변호인을 선정하여야 하는 것은 아니며, 참여를 신청한 변호인이 신문장소에 출석하지 아니하거나 출석을 거부할 때에는 변호인의 참여 없이 신문할 수 있다.

신문에 참여하고자 하는 변호인이 2인 이상인 때에는 피의자가 신문에 참여할 변호인 1인을 지정한다. 지정이 없는 경우에는 검사 또는 사법경찰관이 이를 지정할 수 있다(동조 제2항).

2) 변호인참여의 방법과 범위 및 절차

검사 또는 사법경찰관은 피의자신문에 참여한 변호인이 피의자의 옆자리 등 실질적인 조력을 할 수 있는 위치에 앉도록 하여야 하고, 정당한 사유가 없으면 피의자에 대한 법적인 조언·상담을 보장하여야 하며, 법적인 조언·상담을 위한 변호인의 메모를 허용하여야 한다(수사준칙규정 제13조 제1항). 또한 검사 또는 사법경찰관은 피의자에 대한 신문이 아닌 단순 면담 등이라는 이유로 변호인의 참여·조력을 제한해서는 안 된다(동조 제2항).[54]

신문에 참여한 변호인은 신문 후 조서를 열람하고 의견을 진술할 수 있다. 이 경우 변호인은 별도의 서면으로 의견을 제출할 수 있으며, 검사 또는 사법경찰관은 해당 서면을 사건기록에 편철한다(제243조의2 제3항 본문, 수사준칙규정 제14조 제1항). 다만, 신문 중이라도 부당한 신문방법에 대하여 이의를 제기할 수 있고, 검사 또는 사법경찰관의 승인을 얻어 의견을 진술할 수 있다. 이 경우 검사 또는 사법경찰관은 정당한 사유가 있는 경우를 제외하고는 변호인의 의견진술 요청을 승인하여야 한다(제243조의2 제3항 단서, 수사준칙규정 제14조 제2항). 피의자신문에 참여한 변호인은 부당한 신문방법에 대해서는 검사 또는 사법경찰관의 승인 없이 이의를 제기할 수 있다(수사준칙규정 제14조 제3항).

검사 또는 사법경찰관은 변호인의 의견진술 또는 이의제기가 있는 경우 해당 내용을 조서에 적어야 한다(동조 제4항). 변호인의 의견이 기재된 피의자신문조서는 변호인에게 열람하게 한 후 변호인으로 하여금 그 조서에 기명날인 또는 서명하게 하여야 한다(제243조의2 제4항). 또한 검사 또는 사법경찰관은 변호인의 신문참여 및 그 제한에 관한 사항을 피의자신문조서에 기재하여야 한다(동조 제5항).

---

54) 수사준칙규정 제13조 제1항과 제2항은 검사 또는 사법경찰관의 사건관계인에 대한 조사·면담 등의 경우에도 적용한다(동조 제3항).

3) 침해에 대한 불복

검사나 사법경찰관이 피의자신문 시 변호인의 참여를 제한 또는 거부하거나 참여한 변호인이 신문 도중 허용되지 않는 행위를 하였다는 이유로 퇴거처분을 한 경우에 피의자는 준항고를 통해 불복할 수 있다(제417조). 변호인의 피의자신문참여권을 침해한 피의자신문조서는 위법수집증거로서 증거능력이 부정된다.

(4) 진술의 영상녹화

피의자신문 시에 피의자의 진술은 영상녹화할 수 있다(제244조의2 제1항). 이는 수사과정의 투명성을 확보하기 위한 것이다.[55] 다만, 영상녹화 시에는 피의자에게 영상녹화사실을 미리 알려주어야 하며,[56] 조사의 개시부터 종료까지의 전과정 및 객관적 정황을 영상녹화하여야 한다(제244조의2 제1항). 이는 영상녹화에 대한 수사기관에 의한 자의적 개입을 차단하여 영상녹화의 신용성을 보장하기 위한 것이다. '조사의 개시부터 종료까지의 전과정'이란 조사가 개시된 시점부터 조사가 종료되어 피의자가 조서에 기명날인 또는 서명을 마치는 시점까지를 말한다(규칙 제134조의2 제3항). 영상녹화물은 조사가 행해지는 동안 조사실 전체를 확인할 수 있도록 녹화된 것으로 진술자의 얼굴을 식별할 수 있는 것이어야 하며(동조 제4항), 영상녹화물의 재생화면에는 녹화 당시의 날짜와 시간이 실시간으로 표시되어야 한다(동조 제5항).

영상녹화가 완료된 때에는 피의자 또는 변호인 앞에서 지체 없이 그 원본을 봉인하고 피의자로 하여금 기명날인 또는 서명하게 하여야 한다(제244조의2 제2항). 이때 피의자 또는 변호인의 요구가 있는 때에는 영상녹화물을 재생하여 시청하게 하여야 하며, 그 내용에 대하여 이의를 진술하는 때에는 그 취지를 기재한 서면을 첨부하여야 한다(동조 제3항).[57]

---

55) 경찰에서는 영상녹화대상인 체포·구속된 피의자, 살인, 성폭력, 증수뢰, 선거범죄, 강도, 마약, 피해액 5억원이상 사기·횡령·배임 등 중요범죄 피의자가 영상녹화를 요청한 경우 등에 해당하여 실제로 영상녹화를 실시한 사건 외에도 모든 사건에 대하여 조사대상자가 동의한 경우에는 진술녹음을 하고 있다.

56) 판례는 "중앙선거관리위원회 위원·직원이 관계인에게 진술이 녹음된다는 사실을 미리 알려 주지 아니한 채 진술을 녹음하였다면, 그와 같은 조사절차에 의하여 수집한 녹음파일 내지 그에 터 잡아 작성된 녹취록은 제308조의2에서 정하는 '적법한 절차에 따르지 아니하고 수집한 증거'에 해당하여 원칙적으로 유죄의 증거로 쓸 수 없다"(2011도3509)고 하였다.

57) 검사는 영상녹화를 실시한 경우 영상녹화용 컴퓨터에 저장된 영상녹화파일을 이용하

이 영상녹화물은 독립적인 증거능력은 인정되지 않지만 참고인 진술조서의 실질적 진정성립을 증명하기 위한 방법(제312조 제4항) 또는 피의자가 기억이 명백하지 않은 사항에 관한 기억환기를 위한 자료로 활용된다(제318조의2 제2항).

(5) 신뢰관계 있는 자의 동석

장애인, 아동, 여성, 외국인 등 사회적 약자가 피의자 신문을 받게 되는 경우 의사전달이 불완전하거나 심리적 불안정 등으로 자신의 권리를 충분히 행사하지 못할 가능성이 있다. 이에 제244조의5에서는 검사 또는 사법경찰관이 피의자를 신문하는 경우 (i) 피의자가 신체적 또는 정신적 장애로 사물을 변별하거나 의사를 결정·전달할 능력이 미약한 때(제1호) 또는 (ii) 피의자의 연령·성별·국적 등의 사정을 고려하여 그 심리적 안정의 도모와 원활한 의사소통을 위하여 필요한 경우에 해당하는 때(제2호)에는 직권 또는 피의자·법정대리인의 신청에 따라 피의자와 신뢰관계에 있는 자를 동석하게 할 수 있도록 하고 있다. '신뢰관계에 있는 자'란 피의자의 직계친족, 형제자매, 배우자, 가족, 동거인, 보호·교육시설의 보호·교육담당자 등 피의자의 심리적 안정과 원활한 의사소통에 도움을 줄 수 있는 사람으로 한다(수사준칙규정 제24조 제1항). 피의자가 신뢰관계에 있는 자의 동석을 신청한 경우 검사 또는 사법경찰관은 그 관계를 적은 동석신청서를 제출받거나 조서 또는 수사보고서에 그 관계를 적어야 한다(동조 제2항).

그러나 신뢰관계 있는 자의 동석을 허락하는 경우에도 동석한 사람으로 하여금 피의자를 대신하여 진술하도록 하여서는 안 된다. 만약 동석한 사람이 피의자를 대신하여 진술한 부분이 조서에 기재되어 있다면 그 부분은 피의자의 진술을 기재한 것이 아니라 동석한 사람의 진술을 기재한 조서에 해당한다(2009도1322).

여 영상녹화물(CD, DVD 등) 1개를 제작하고, 피조사자의 기명날인 또는 서명을 받아 피조사자 또는 변호인의 면전에서 봉인하여 수사기록에 편철한다(검사규칙 제46조 제1항). 다만, 검사는 영상녹화물을 제작한 후 영상녹화용 컴퓨터에 저장되어 있는 영상녹화파일을 데이터베이스 서버에 전송하여 보관할 수 있다(동조 제2항).

2. 참고인조사

(1) 의 의

검사 또는 사법경찰관은 수사에 필요한 때에는 피의자 아닌 자의 출석을 요구하여 진술을 들을 수 있다(제221조 제1항). 이를 참고인조사라고 한다. 참고인조사는 임의수사에 해당하므로 참고인은 수사기관에 대하여 출석의무나 진술의무가 없으며, 조사장소로부터 언제든지 퇴거할 수 있다.

참고인과 증인은 피의자 아닌 제3자라는 점에서 동일하다. 그러나 참고인은 자신의 체험사실을 수사기관에 대하여 진술함에 반해, 증인은 법원이나 법관에 대하여 진술한다는 점에서 차이가 있다. 따라서 참고인은 출석요구에 불응해도 증인과 달리 강제로 소환당하거나 신문당하지 않으며, 소환을 거부하더라도 과태료부과(제151조)나 구인(제152조)의 제재가 가하여지지 않는다.[58] 다만, 국가보안법위반사건에서는 참고인이 검사 또는 사법경찰관으로부터 출석요구를 받고 정당한 이유 없이 2회 이상 출석요구에 불응한 때에는 관할법원판사의 구속영장을 발부받아 구인할 수 있다(국가보안법 제18조).

(2) 절 차

참고인조사의 방법과 조서작성은 피의자신문에 관한 규정이 준용되며(제48조 참조), 참고인의 진술을 기재한 조서(진술서 포함)는 일정한 조건하에 증거능력이 인정된다(제312조, 제313조). 다만, 참고인조사의 경우에는 수사기관의 단독조사도 가능하며, 진술거부권을 고지할 필요가 없지만(2011도8125), 고문의 금지와 진술거부권의 보장(헌법 제12조 제2항)은 인정된다.

그러나 수사기관이 공범의 혐의를 받고 있는 사람에 대하여 수사를 개시할 수 있는 상태임에도 불구하고 진술거부권고지를 잠탈할 의도로 피의자신문이 아닌 참고인조사의 형식을 취하는 것은 허용되지 않는다(2011도8125).

58) 범죄수사에 없어서는 안 될 사실을 알고 있는 자가 출석 또는 진술을 거부하면 검사는 제1회 공판기일 전에 한하여 판사에게 그에 대한 증인신문을 청구할 수 있다(제221조의2 제1항).

<참고> 성폭력범죄피해자 전담조사제

검찰총장은 각 지방검찰청 검사장으로 하여금 성폭력범죄 전담검사를 지정하도록 하여 특별한 사정이 없으면 이들로 하여금 피해자를 조사하게 하여야 한다(성폭력처벌법 제26조 제1항). 또한 경찰청장은 각 경찰서장으로 하여금 성폭력범죄 전담사법경찰관을 지정하도록 하여 특별한 사정이 없으면 이들로 하여금 피해자를 조사하게 하여야 한다(동조 제2항). 국가는 위의 검사 및 사법경찰관에게 성폭력범죄의 수사에 필요한 전문지식과 피해자보호를 위한 수사방법 및 수사절차, 아동심리 및 아동·장애인 조사 면담기법 등에 관한 교육을 실시하여야 한다(동조 제3항). 그리고 성폭력범죄를 전담하여 조사하는 검사 및 사법경찰관은 19세 미만인 피해자나 신체적인 또는 정신적인 장애로 사물을 변별하거나 의사를 결정할 능력이 미약한 피해자를 조사할 때에는 피해자의 나이, 인지적 발달단계, 심리상태, 장애정도 등을 종합적으로 고려하여야 한다(동조 제4항).

한편, 수사기관은 성폭력범죄를 당한 피해자의 나이, 심리상태 또는 후유장애의 유·무 등을 신중하게 고려하여 조사 및 심리 과정에서 피해자의 인격이나 명예가 손상되거나 사적인 비밀이 침해되지 아니하도록 주의하여야 한다(동법 제29조 제1항). 또한 수사기관은 성폭력범죄의 피해자를 조사하거나 심리·재판할 때 피해자가 편안한 상태에서 진술할 수 있는 환경을 조성하여야 하며, 조사 및 심리 횟수는 필요한 범위에서 최소한으로 하여야 한다(동조 제2항). 그리고 수사기관은 조사 및 심리·재판 과정에서 19세 미만인 피해자나 신체적인 또는 정신적인 장애로 사물을 변별하거나 의사를 결정할 능력이 미약한 피해자의 최상의 이익을 고려하여 다음 각 호에 따른 보호조치를 하도록 노력하여야 한다. 1. 19세 미만 피해자 등의 진술을 듣는 절차가 타당한 이유 없이 지연되지 아니하도록 할 것, 2. 19세 미만 피해자 등의 진술을 위하여 아동 등에게 친화적으로 설계된 장소에서 피해자 조사 및 증인신문을 할 것, 3. 19세 미만 피해자 등이 피의자 또는 피고인과 접촉하거나 마주치지 아니하도록 할 것, 4. 19세 미만 피해자 등에게 조사 및 심리·재판 과정에 대하여 명확하고 충분히 설명할 것, 5. 그 밖에 조사 및 심리·재판 과정에서 19세 미만 피해자 등의 보호 및 지원 등을 위하여 필요한 조치를 할 것(동조 제3항).[59]

(3) 신뢰관계 있는 자의 동석

검사 또는 사법경찰관은 범죄로 인한 피해자를 증인으로 신문하는 경우 증인의 연령, 심신의 상태, 그 밖의 사정을 고려하여 증인이 현저하게 불안 또는 긴장

59) 이외에 성폭력처벌법에서는 지방법원장 또는 고등법원장으로 하여금 특별한 사정이 없으면 성폭력범죄 전담재판부를 지정하여 성폭력범죄에 대하여 재판하게 하여야 한다(제28조)고 규정하는 한편, 수사절차에서의 피해자에 대한 배려를 재판절차에서도 하도록 규정하고 있다.

을 느낄 우려가 있다고 인정하는 때에는 직권 또는 피해자·법정대리인·검사의 신청에 따라 피해자와 신뢰관계에 있는 자를 동석하게 할 수 있다(제221조 제3항, 제163조의2 제1항). 또한 검사 또는 사법경찰관은 범죄로 인한 피해자가 13세 미만이거나 신체적 또는 정신적 장애로 사물을 변별하거나 의사를 결정할 능력이 미약한 경우에 재판에 지장을 초래할 우려가 있는 등 부득이한 경우가 아닌 한 피해자와 신뢰관계에 있는 자를 동석하게 하여야 한다(제221조 제3항, 제163조의2 제2항). '신뢰관계에 있는 자'는 피해자의 직계친족, 형제자매, 배우자, 가족, 동거인, 보호·교육시설의 보호·교육담당자 등 피해자의 심리적 안정과 원활한 의사소통에 도움을 줄 수 있는 사람으로 한다(검사규칙 제37조 제1항, 수사준칙규정 제24조 제1항).

피해자가 신뢰관계에 있는 자의 동석을 신청한 경우 검사 또는 사법경찰관은 그 관계를 적은 동석신청서를 제출받거나 조서 또는 수사보고서에 그 관계를 적어야 한다(수사준칙규정 제24조 제2항). 이때 동석한 자는 법원·소송관계인의 신문 또는 증인의 진술을 방해하거나 그 진술의 내용에 부당한 영향을 미칠 수 있는 행위를 하여서는 아니 된다(제221조 제3항, 제163조의2 제3항).

<참고> 성폭력범죄피해자에 대한 수사상 진술조력인제도

검사 또는 사법경찰관은 성폭력범죄의 피해자가 19세 미만이거나 신체적인 또는 정신적인 장애로 사물을 변별하거나 의사를 결정할 능력이 미약한 자인 경우 형사사법절차에서의 조력과 원활한 조사를 위하여 직권이나 피해자, 그 법정대리인 또는 변호사의 신청에 따라 진술조력인으로 하여금 조사과정에 참여하여 의사소통을 중개하거나 보조하게 할 수 있다. 다만, 피해자 또는 그 법정대리인이 이를 원하지 아니하는 의사를 표시한 경우에는 그러하지 아니하다(성폭력처벌법 제36조 제1항). 검사 또는 사법경찰관은 위의 피해자를 조사하기 전에 피해자, 법정대리인 또는 변호사에게 진술조력인에 의한 의사소통 중개나 보조를 신청할 수 있음을 고지하여야 한다(동조 제2항).

진술조력인은 조사 전에 피해자를 면담하여 진술조력인 조력 필요성에 관하여 평가한 의견을 수사기관에 제출할 수 있으며(동조 제3항), 조사과정에 참여한 진술조력인은 피해자의 의사소통이나 표현 능력, 특성 등에 관한 의견을 수사기관이나 법원에 제출할 수 있다(동조 제4항). 이 규정들은 검증에 관하여 준용한다(동조 제5항). 또한 이 규정은 아동학대범죄의 경우에도 준용된다(아동학대처벌법 제17조 제1항).

(4) 진술의 영상녹화

검사 또는 사법경찰관은 피의자가 아닌 자의 출석을 요구하여 진술을 듣는 경우에 그의 동의를 받아 영상녹화할 수 있다(제221조 제1항 후문). 따라서 검사는 영상녹화물의 조사를 신청하는 때에는 피의자가 아닌 자가 영상녹화에 동의하였다는 취지로 기재하고 기명날인 또는 서명한 서면을 첨부하여야 한다(규칙 제134조의3 제2항). 영상녹화의 절차에 대하여 명문의 규정은 없지만 피의자진술의 영상녹화에 관한 규정을 준용하면 될 것이다.

<참고> 성폭력범죄피해자 진술 영상녹화 및 보존 등

검찰총장은 각 검사 또는 사법경찰관은 19세 미만인 피해자나 신체적인 또는 정신적인 장애로 사물을 변별하거나 의사를 결정할 능력이 미약한 피해자의 진술 내용과 조사 과정을 영상녹화장치로 녹화(녹음이 포함된 것을 말하며, 이하 '영상녹화'라 한다)하고, 그 영상녹화물을 보존하여야 한다(성폭력처벌법 제30조 제1항). 검사 또는 사법경찰관은 19세 미만 피해자 등을 조사하기 전에 (i) 조사과정이 영상녹화된다는 사실(제1호)과 (ii) 영상녹화된 영상녹화물이 증거로 사용될 수 있다는 사실(제2호)을 피해자의 나이, 인지적 발달 단계, 심리상태, 장애정도 등을 고려한 적절한 방식으로 피해자에게 설명하여야 한다(동조 제2항). 다만, 19세 미만 피해자 등 또는 그 법정대리인(법정대리인이 가해자이거나 가해자의 배우자인 경우는 제외한다)이 이를 원하지 아니하는 의사를 표시하는 경우에는 영상녹화를 하여서는 아니 된다(동조 제3항).

검사 또는 사법경찰관은 제1항에 따른 영상녹화를 마쳤을 때에는 지체 없이 피해자 또는 변호사 앞에서 봉인하고 피해자로 하여금 기명날인 또는 서명하게 하여야 한다(동조 제4항). 또한 검사 또는 사법경찰관은 영상녹화과정의 진행경과를 조서(별도의 서면을 포함한다. 이하 같다)에 기록한 후 수사기록에 편철하여야 한다(동조 제5항). 영상녹화과정의 진행경과를 기록할 때에는 (i) 피해자가 영상녹화 장소에 도착한 시각(제1호), (ii) 영상녹화를 시작하고 마친 시각(제2호), (iii) 그 밖에 영상녹화 과정의 진행경과를 확인하기 위하여 필요한 사항(제3호)을 구체적으로 적어야 한다(동조 제6항). 그리고 검사 또는 사법경찰관은 19세 미만 피해자 등이나 그 법정대리인이 신청하는 경우에는 영상녹화 과정에서 작성한 조서의 사본 또는 영상녹화물에 녹음된 내용을 옮겨 적은 녹취서의 사본을 신청인에게 발급하거나 영상녹화물을 재생하여 시청하게 하여야 한다(동조 제7항). 누구든지 위의 영상녹화한 영상녹화물을 수사 및 재판의 용도 외에 다른 목적으로 사용하여서는 아니 된다(동조 제8항). 기타 영상녹화의 방법에 관하여는 형소법 제244조의2 제1항 후단을 준용한다(동조 제9항).

(5) 범인식별절차

참고인조사에는 참고인의 진술을 듣는 것뿐만 아니라 참고인을 범인식별절차에 참여시키는 것을 포함한다.

1) 종 류

수사기관이 목격자에게 범인을 식별하게 하는 절차는 크게 (i) 용의자 1명을 직접 목격자에게 보여주거나 사진 1장을 보여주는 단독면접(show-up)과 (ii) 용의자를 포함한 다수의 사람이나 사진을 목격자에게 보여주고 범인을 골라내게 하는 복수면접이 있다.

단독면접은 목격자에게 용의자가 범인이라는 강한 암시를 주어 편견과 착오를 일으키는 주요 원인이 되므로 주로 복수면접으로 진행된다. 복수면접의 방법으로는 라인 업(line-up), 비디오식별(video identification), 사진제시(photo spread) 등이 있다. 라인 업은 '줄 세우기'라고도 불리는데, 보통 용의자 1인과 용의자를 닮은 5~8명 이상의 들러리를 동시 또는 순차적으로 목격자에게 제시하여 범인을 지목하게 하는 것을 말한다. 라인 업은 목격자 범인식별진술의 오류를 줄일 수 있는 가장 적정한 절차로 알려져 있다.

2) 라인 업의 방법

(가) 상대적 판단과 절대적 판단

라인 업을 운영함에 있어서 식별의 오류의 주요 원인으로 지목되는 것이 목격자의 상대적 판단이다. 목격자는 라인 업에 있는 사람 중에 자신이 기억하는 범인과 가장 닮은 사람을 지목하려는 경향이 있으므로 진범이 없을 경우에도 자신의 기억 속에 있는 범인과 가장 비슷한 사람을 고르게 된다. 따라서 목격자는 자신의 기억 속에 있는 범인과 인상착의가 동일한 사람이 있는지를 따져 일치하는 경우에만 지목하고, 일치하지 않으면 지목하지 않는 절대적 판단을 하여야 한다. 이때 수사기관은 목격자가 절대적 판단을 할 수 있도록 라인 업 중에 용의자가 있을 수도 있고 없을 수도 있다는 사실을 반드시 목격자에게 고지하여야 한다.

(나) 목격자별 실시

라인 업을 운영하더라도 여러 명의 목격자가 함께 범인식별을 할 경우에는 한 목격자가 범인을 지목하면 다른 목격자들도 무의식적인 압력에 의해 이미 지목된 용의자를 지목하게 될 위험성이 높아진다. 즉, 집단압력으로 인해 원래의 범인에 대한 이미지를 식별과정에서 지목된 용의자로 대체하는 경향을 보이게 된다. 따라서 이를 예방하기 위해서는 다수의 목격자들을 분리하여 목격자별로 라인 업을 거치게 하여야 한다.

(다) 이중맹검법

목격자식별절차를 진행하는 수사요원이 누가 용의자인지 알게 되는 경우 목격자에게 고의 또는 무의식적인 암시를 주어 잘못된 범인식별이 이루어질 수 있다. 따라서 목격자식별절차를 진행하는 수사요원은 용의자가 누구인지 몰라야 하므로 수사담당자가 아닌 제3자이어야 한다(double-blind test).

3) 구체적 사례

수사기관이 범죄수사에 있어서 유죄의 증거만 찾으려고 하는 터널비전(tunnel vision)과 수집된 증거를 유죄의 증거로만 해석하려는 편향확증(confirmation bias)의 효과로 인해 목격자에게 고의 또는 무의식적인 암시를 부여하여 목격자들이 잘못된 범안을 지목하는 사례가 많았다.

판례는 목격지 범인식별절차에서 목격자의 진술에 대해서는 엄격한 요건하에 그 증거능력을 인정하고 있다. 즉, "범인식별절차에 있어 목격자의 진술의 신빙성을 높게 평가할 수 있게 하려면, 범인의 인상착의 등에 관한 목격자의 진술 내지 묘사를 사전에 상세히 기록화한 다음, 용의자를 포함하여 그와 인상착의가 비슷한 여러 사람을 동시에 목격자와 대면시켜 범인을 지목하도록 하여야 하고, 용의자와 목격자 및 비교대상자들이 상호 사전에 접촉하지 못하도록 하여야 하며, 사후에 증거가치를 평가할 수 있도록 대질 과정과 결과를 문자와 사진 등으로 서면화하는 등의 조치를 취하여야 할 것이고, 사진제시에 의한 범인식별절차에 있어서도 기본적으로 이러한 원칙에 따라야 한다"(2008도12111)고 한다.

(가) 용의자와의 일대일 대면

판례는 성폭력피해를 입은 피해자들이 사건발생으로부터 3~5개월이 지난 후 피해자 1명이 범인식별을 하는 과정에서 먼저 피고인의 사진을 보여주고 다른 비교대상자 없이 피고인을 직접 대면하게 하여 범인 여부를 확인하게 한 뒤, 다른 피해자에게는 "범인이 검거되었으니 경찰서에 출석하라"고 한 후 사진만을 보여준 뒤 또 다시 일대일 대면하게 한 사안에서, 범인식별절차에 있어서 신빙성을 높이기 위하여 준수하여야 할 절차를 충족하지 못하였다는 이유로 목격자진술의 증명력을 부정한다(2007도1950). 다만, 일대일 대면에 의한 범인식별절차에서의 피해자의 진술 외에도 그 용의자를 범인으로 의심할 만한 다른 정황이 존재한

다든가 하는 등의 부가적인 사정이 있는 경우에는 그와 달리 평가할 수 있다고 한다(2015도5381).

그러나 범죄발생 직후 목격자의 기억이 생생하게 살아있는 상황에서 현장이나 그 부근에서 범인식별절차를 실시하는 경우에는 목격자에 의한 생생하고 정확한 식별의 가능성이 열려 있고, 범죄의 신속한 해결을 위한 즉각적인 대면의 필요성도 인정할 수 있으므로, 용의자와 목격자의 일대일 대면도 허용된다고 한다(2008도12111). 따라서 피해자가 경찰관과 함께 범행현장에서 범인을 추적하다 골목길에서 범인을 놓친 직후 골목길에 면한 집을 탐문하여 용의자를 확정한 경우, 그 현장에서 용의자와 피해자의 일대일 대면이 허용된다.

(나) 목격자들을 분리하지 않은 상태에서의 일대일 대면

판례는 형사가 성폭력피해를 당한 피해자 2명을 사건발생일로부터 약 8개월이 지난 시점에 피해자들로부터 범인에 대한 자세한 묘사를 받음이 없이 피해자 2명이 함께 있는 자리에서 5명의 사진을 보여주었는데, 그 중 목격자들의 진술에 부합하는 짧은 스포츠형의 머리를 가진 사람은 용의자뿐이었고, 피해자 1이 먼저 범인임을 지목하자 피해자 2도 함께 범인임을 지목하였으며, 이후 일대일 대면에서도 목격자 2명이 함께 편면경 밖에서 범인을 식별하게 한 사안에서, 인상착의가 비슷한 여러 사람을 놓고 범인을 지목하게 하여야 한다는 요건을 충족하지 못하였던 사실과 먼저 행한 지목에 따른 암시가 있었을 가능성도 있는 사실 등을 이유로 목격자의 범인식별 진술의 신용성을 부정한다(2004도7363).

(다) 부적절한 라인 업

판례는 강간피해자가 수사기관이 제시한 47명의 사진 속에서 피고인을 범인으로 지목하자 이어진 범인식별절차에서 수사기관이 피해자에게 피고인 한 사람만을 촬영한 동영상을 보여주거나 피고인 한 사람만을 직접 보여주어 피해자로부터 '범인이 맞다'는 진술을 받고, 다시 피고인을 포함한 3명을 동시에 피해자에게 대면시켜 피고인이 범인이라는 확인을 받은 사안에서, 피해자의 진술은 범인식별절차에서 목격자진술의 신빙성을 높이기 위하여 준수하여야 할 절차를 지키지 않은 상태에서 얻어진 것으로서 범인의 인상착의에 관한 피해자의 최초 진술과 피고인의 그것이 불일치하는 점이 많아 신빙성이 낮다고 한다(2007도5201).

<참고> 통제배달

통제배달이란 수사기관이 적발한 마약류 등 금제품을 충분한 감시하에 배송함으로써 거래자를 밝혀 검거하는 수사기법을 말한다(마약류 불법거래 방지에 관한 특례법 제3조, 제4조 참조). 통제배달은 임의수사의 하나의 방법이며, 이에는 물품을 원상태로 그대로 두는 통상적인(live) 통제배달과 무해한 물품으로 바꿔치기하는 클린(clean) 통제배달이 있다.

3. 감정·통역·번역의 위촉

검사 또는 사법경찰관은 수사에 필요한 때에는 감정·통역 또는 번역을 위촉할 수 있다(제221조 제2항). 감정·통역 또는 번역업무는 대체성을 가지고 있으므로 수사기관의 위촉을 받은 자는 위촉의 수락 여부, 출석 및 퇴거 여부는 위촉을 받은 자의 자유이며, 따라서 이 위촉은 임의수사에 해당한다.

(1) 감 정

1) 의 의

감정이란 특별한 지식이나 경험을 가진 자가 그의 지식이나 경험에 의해 알 수 있는 법칙 또는 그 법칙을 적용하여 얻은 판단을 보고하는 것을 말한다. 수사상 감정은 (i) 선서의무가 없고, (ii) 허위감정을 하여도 「형법」상 허위감정죄(제154조)에 해당하지 않으며, (iii) 그 절차에서 소송관계인에 의한 반대신문의 기회도 부여되어 있지 않다는 점에서 증거조사로서의 감정과 구별된다. 수사기관에 의해 감정을 위촉받은 자는 감정수탁자라고 하며, 법원으로부터 감정의 명을 받은 감정인과 구별된다.

2) 절 차

감정의 위촉을 받은 자는 감정에 관하여 필요한 때에는 판사의 허가를 얻어 타인의 주거, 간수자 있는 가옥, 건조물, 항공기, 선차 내에 들어 갈 수 있고 신체의 검사, 사체의 해부, 분묘발굴, 물건의 파괴를 할 수 있다(제221조의4 제1항, 제173조 제1항).[60] 이 허가의 청구는 검사가 하여야 하며(제221조의4 제2항), 판사는 이 청구가 상당하다고 인정할 때에는 허가장을 발부하여야 한다(동조 제3항). 허가

60) 감정에 필요한 처분을 함에 있어서는 제141조 및 제143조의 규정이 준용된다.

장에는 피의자의 성명, 죄명, 들어갈 장소, 검사할 신체, 해부할 사체, 발굴할 분묘, 파괴할 물건, 감정수탁자의 성명과 유효기간 및 감정수탁자의 직업, 유효기간을 경과하면 허가된 처분에 착수하지 못하며 허가장을 반환하여야 한다는 취지 및 발부년월일을 기재하고 판사가 서명날인하여야 하며(동조 제4항, 제173조 제2항, 규칙 제115조, 규칙 제89조 제1항), 법원이 감정에 필요한 처분의 허가에 관하여 조건을 붙인 경우에는 허가장에 이를 기재하여야 한다(규칙 제115조, 제89조 제2항). 감정수탁자는 이 처분을 받는 자에게 허가장을 제시하여야 한다(제221조의4 제4항, 제173조 제3항).

한편, 검사가 감정을 위촉하는 경우에 유치처분이 필요할 때에는 판사에게 이를 청구하여야 하며(제221조의3 제1항), 판사는 이 청구가 상당하다고 인정할 때에는 감정유치장을 발부하여 유치처분을 하여야 한다(동조 제2항, 제172조 제4항). 다만, 감정유치는 피의자의 신체의 자유를 제한하는 강제처분이므로 구속에 관한 규정이 준용된다(제221조의3 제2항, 제172조 및 제172조의2).

감정의 위촉을 받은 자가 감정의 경과와 결과를 기재한 감정서는 일정한 조건하에 증거능력이 인정된다(제313조 제3항). 또한 수사기관은 감정서의 기재내용을 명백히 하기 위하여 감정수탁자를 참고인으로 조사할 수 있으며, 이때 조서를 작성하여야 한다.

(2) 통역과 번역

검사 또는 사법경찰관은 수사에 필요한 때에는 통역 또는 번역을 위촉할 수 있다(제221조 제2항). 통역의 경우에는 통역인진술조서를 작성하여야 하며, 통역인은 피의자신문조서 또는 참고인진술조서에 진술자와 공동으로 서명하여야 한다.

수사상 통역이나 번역은 수사상 감정에 준하여 취급하므로 통역 내용을 기재한 서면이나 번역서는 감정서와 같이 일정한 조건하에 증거능력이 인정된다(제313조 제3항).

4. 공무소 등에 대한 조회

수사에 관해 공무소 기타 공사단체에 조회하여 필요한 사항의 보고를 요구할 수 있다(제199조 제2항). 전과조회, 신원조회 등이 이에 해당한다. 사실조회의 법적 성격에 대하여는 ① 수사기관으로부터 조회를 요구받은 상대방은 보고할 의무가 있으므로 강제수사로 보는 견해가 있다. 그러나 ② 상대방에게 보고의무를 강제할 방법이 없으며, 조회를 위해 영장을 요하는 것도 아니므로 사실조회는 임의수사이다(다수설).

사실조회의 내용은 제한이 없다. 다만, 특별법에 의해 제한되는 경우가 있다. 즉, 「통신비밀보호법」에 따르면 검사 또는 사법경찰관은 수사를 위하여 필요한 경우 「전기통신사업법」에 의한 전기통신사업자에게 통신사실확인자료의 열람이나 제출을 요청할 수 있지만(법 제13조 제1항), (i) 동법 제2조 제11호 바목·사목[61] 중 실시간 추적자료(제1호) 또는 (ii) 특정한 기지국에 대한 통신사실확인자료(제2호)가 필요한 경우에는 다른 방법으로는 범죄의 실행을 저지하기 어렵거나 범인의 발견·확보 또는 증거의 수집·보전이 어려운 경우에만 전기통신사업자에게 해당 자료의 열람이나 제출을 요청할 수 있다(동조 제2항). 또한 통신사실확인자료제공을 요청하는 경우에는 요청사유, 해당 가입자와의 연관성 및 필요한 자료의 범위를 기록한 서면으로 관할 지방법원(군사법원을 포함한다) 또는 지원의 허가를 받아야 한다. 다만, 관할 지방법원 또는 지원의 허가를 받을 수 없는 긴급한 사유가 있는 때에는 통신사실확인자료제공을 요청한 후 지체 없이 그 허가를 받아 전기통신사업자에게 송부하여야 한다(동조 제3항). 금융실명법에 따르면 수사기관은 명의인의 서면상 요구나 동의, 법원의 제출명령 또는 법관이 발부한 영장 등이 없으면 금융기관에 금융거래의 내용에 대한 정보 또는 자료의 제공 등을 요구할 수 없다(법 제4조 제1항).

Ⅱ. 임의수사와 강제수사의 한계영역

임의수사와 강제수사를 구별이 명확하지 않으므로 수사의 성격상 그 경계선상에 존재하는 영역도 있으며, 오늘날 과학기술의 발달 등으로 새로운 수사방법이 등장하면서 임의수사와 강제수사의 한계영역은 늘어나고 있다.

---

61) 「통신비밀보호법」 제2조 제11호 바. 정보통신망에 접속된 정보통신기기의 위치를 확인할 수 있는 발신기지국의 위치추적자료, 사. 컴퓨터통신 또는 인터넷의 사용자가 정보통신망에 접속하기 위하여 사용하는 정보통신기기의 위치를 확인할 수 있는 접속지의 추적자료

1. 임의동행

(1) 의 의

임의동행이란 수사기관이 피의자의 동의를 얻어 피의자를 수사기관 등에 동행하는 것을 말한다. 수사준칙규정 제20조에서는 “검사 또는 사법경찰관은 임의동행을 요구하는 경우 상대방에게 동행을 거부할 수 있다는 것과 동행하는 경우에도 언제든지 자유롭게 동행과정에서 이탈하거나 동행장소에서 퇴거할 수 있다는 것을 알려야 한다”고 규정하고 있다.

수사상 임의동행은 피의자신문을 위한 출석확보를 위하여 임의수사의 일종(제199조 제1항)으로 실무상 행하여지고 있는 처분으로서, 경직법상 임의동행(제3조 제4항)과 구별되며, 수사공무원과 피의자가 동행한다는 점에서 출석요구서의 송달에 의한 자진출석과 구별된다. 다만, 실무상 수사기관이 당사자의 진정한 동의가 없는데도 수사상 임의동행을 빙자하여 강제연행하는 경우가 적지 않다는 점에서 그 적법성이 문제된다.

> **<참고> 주민등록법상 임의동행**
>
> 사법경찰관리가 범인을 체포하는 등 그 직무를 수행할 때에 17세 이상인 주민의 신원이나 거주관계를 확인할 필요가 있으면 주민등록증의 제시를 요구할 수 있다. 이때 사법경찰관리는 주민등록증을 제시하지 아니하는 자로서 신원을 증명하는 증표나 그 밖의 방법에 따라 신원이나 거주관계가 확인되지 아니하는 자에게는 범죄의 혐의가 있다고 인정되는 상당한 이유가 있을 때에 한정하여 인근 관계 관서에서 신원이나 거주관계를 밝힐 것을 요구할 수 있다(법 제26조 제1항). 다만, 사법경찰관리는 신원 등을 확인할 때 친절과 예의를 지켜야 하며, 정복근무 중인 경우 외에는 미리 신원을 표시하는 증표를 지니고 이를 관계인에게 내보여야 한다(동조 제2항).
>
> 이때 동행요구는 임의적인 것으로, ‘범죄의 혐의가 있다고 인정되는 상당한 이유가 있을 때’에 인정되므로 수사상 임의동행에 속한다.

(2) 법적 성격과 적법성 판단기준

임의동행의 법적 성격에 대하여는 ① 수사상 임의동행은 그 법적 근거가 없으므로 위법일뿐만 아니라 피의자의 신체의 자유에 대한 침해를 내용으로 하는 것으로 사실상 강제수사의 일종으로 보는 견해가 있다. 그러나 ② 형소법상 수사기관의 피의자출석요구의 방식에는 제한이 없으므로(제200조), 임의동행이 임의수사의 합법성요건을 구비한 경우에는 임의수사에 해당한다(다수설, 2005도6810). 판례는 임의동행을 인정하되, "임의동행에 있어서 임의성의 판단은 동행의 시간과 장소, 동행의 방법과 동행거부의사의 유·무, 동행 이후의 조사방법과 퇴거의사의 유·무 등 여러 사정을 종합하여 객관적인 상황을 기준으로 하여야 한다"(93다35155)고 한다. 즉, 수사관이 동행에 앞서 피의자에게 동행을 거부할 수 있음을 알려 주었거나 동행한 피의자가 언제든지 자유로이 동행과정에서 이탈 또는 동행장소로부터 퇴거할 수 있었음이 인정되는 등, 오로지 피의자의 자발적인 의사에 의하여 수사관서 등에의 동행이 이루어졌음이 객관적인 사정에 의하여 명백하게 입증된 경우에 한하여 임의동행은 임의수사로서 그 적법성이 인정된다(2012도8890).[62] 따라서 임의동행을 위한 실력행사는 허용되지 않고, 설득을 위한 범위 내에서 최소한의 유형력행사만 허용된다(2015도2798).[63]

그러나 임의동행이 임의수사의 합법성요건을 구비하지 못한 경우에는 강제연행이 되고, 따라서 이는 영장주의에 벗어난 위법수사가 되므로 그 증거는 위법수집증거로서 그 증거능력이 배제되며, 해당 경찰관에게는 「형법」상 불법체포·감금죄(제124조)가 성립한다.

2. 보호실 유치

보호실유치란 상대방의 의사와 관계없이 수사기관에서 강제로 유치하는 강제유치와 상대방의 승낙을 받아 수사기관에 유치하는 승낙유치가 있다.

경찰관은 수상한 행동이나 그 밖의 주위사정을 합리적으로 판단해 볼 때 (i) 정

62) 판례는 "제200조 제1항에 의하여 검사 또는 사법경찰관이 피의자에 대하여 임의적 출석을 요구할 수는 있겠으나, 그 경우에도 수사관이 단순히 출석을 요구함에 그치지 않고 일정 장소로의 동행을 요구하여 실행한다면 위에서 본 법리가 적용되어야 하고, 한편 행정경찰 목적의 경찰활동으로 행하여지는 경직법 제3조 제2항 소정의 질문을 위한 동행요구도 형소법의 규율을 받는 수사로 이어지는 경우에는 역시 위에서 본 법리가 적용되어야 한다"(2005도6810)고 하였다.

63) 판례는 "피고인이 경찰관으로부터 음주측정을 위해 경찰서에 동행할 것을 요구받고 자발적인 의사에 의해 순찰차에 탑승하였고, 경찰서로 이동하던 중 하차를 요구한 바 있으나 그 직후 경찰관으로부터 수사과정에 관한 설명을 듣고 경찰서에 빨리 가자고 요구하였으므로, 피고인에 대한 임의동행은 피고인의 자발적인 의사에 의하여 이루어졌고, 그 후에 이루어진 음주측정결과는 증거능력이 있다"(2015도2798)고 하였다.

신착란을 일으키거나 술에 취하여 자신 또는 다른 사람의 생명·신체·재산에 위해를 끼칠 우려가 있는 사람(제1호), (ii) 자살을 시도하는 사람(제2호), (iii) 미아, 병자, 부상자 등으로서 적당한 보호자가 없으며 응급구호가 필요하다고 인정되는 사람(다만, 본인이 구호를 거절하는 경우는 제외한다)(제3호)에 해당하는 것이 명백하고 응급구호가 필요하다고 믿을 만한 상당한 이유가 있는 사람을 발견하였을 때에는 보건의료기관이나 공공구호기관에 긴급구호를 요청하거나 경찰관서에 보호하는 등 적절한 조치를 할 수 있다(경직법 제4조 제1항). 이때 경찰서에서 보호하는 기간은 24시간을 초과할 수 없다(동조 제7항). 그러나 보호조치요건이 갖추어지지 않았음에도 경찰관이 실제로는 범죄수사를 목적으로 피의자에 해당하는 사람을 피구호자로 삼아 그의 의사에 반하여 경찰관서에 데려간 행위는, 달리 현행범인체포나 임의동행 등의 적법요건을 갖추었다고 볼 사정이 없다면, 위법한 체포에 해당한다(2012도11162).

종래 경찰서에 설치되어 있는 보호실은 영장대기자나 즉결대기자 등의 도주방지와 경찰업무의 편의 등을 위한 일종의 수용시설로 설치·운영되어 왔으며, 수사실무에서는 임의동행한 피의자를 조사한 후 영장이 발부될 때까지 보호실에 유치하는 것이 일반적인 관행이었다. 하지만 이러한 보호실유치 관행은 법적 근거가 없으며, 설령 피해자의 승낙이 있더라도 진정한 승낙에 의한 것이라고 할 수 없고, 따라서 이는 임의수사가 아니라 영장주의의 적용을 받아야 하는 강제수사에 해당한다. 따라서 경직법상 보호조치(제4조) 또는 형소법상 현행범인 체포(제21조)나 긴급체포(제200조의 3)에 해당하지 않는 한 수사기관이 영장 없이 피의자를 보호실에 강제유치하게 되면 「형법」상 불법체포·감금죄(제124조 제1항)가 성립한다. 판례는 “경직법상 정신착란자, 주취자, 자살기도자 등 응급의 구호를 요하는 자를 24시간을 초과하지 아니하는 범위 내에서 경찰관서에 보호조치할 수 있는 시설로 제한적으로 운영되는 경우를 제외하고는 구속영장을 발부받음이 없이 피의자를 보호실에 유치하는 것은 영장주의에 위배되는 위법한 구금”에 해당한다고 한다(93도958).[64)]

---

64) 판례는 “형소법이나 경직법 등의 법률에 정하여진 구금 또는 보호유치 요건에 의하지 아니하고는 즉결심판 피의자라는 사유만으로 피의자를 구금, 유치할 수 있는 아무런 법률상 근거가 없고, 경찰업무상 그러한 관행이나 지침이 있었다 하더라도 이로써 원칙적으로 금지되어 있는 인신구속을 행할 수 있는 근거로 할 수 없으므로, 즉결심판 피의자의 정당한 귀가요청을 거절한 채 다음날 즉결심판법정이 열릴 때까지 피의자를 경찰서 보호실에 강제유치시키려고 함으로써 피의자를 경찰서 내 즉결피의자 대기실에 1020분 동안 있게 한 행위는 「형법」 제124조 제1항의 불법감금죄에 해당하고, 이로 인하여 피의자를 보호실에 밀어넣으려는 과정에서 상해

3. 사진·비디오촬영

사진과 비디오테이프는 형사절차에서 과거의 범죄사실을 정확히 재구성하거나 범인을 특정함에 있어 결정적인 증거가 될 수 있으므로 수사기관은 유력한 증거를 획득하기 위한 수사방법으로서 사진·비디오촬영을 많이 활용하고 있다.

피촬영자의 의사에 반하는 사진·비디오촬영의 법적 성격에 대하여는 ① 피촬영자의 사적 공간에서의 의사에 반한 사진·비디오촬영은 강제수사이지만 공공장소에서 이루어질 경우에는 임의수사라고 하는 견해가 있다. 그러나 ② 사진·비디오촬영은 피촬영자의 프라이버시를 침해하는 정도가 다른 대물적 강제처분보다 작지 않으므로 수사목적을 위해 비밀로 행해지는 사진·비디오촬영은 강제수사에 해당한다(다수설). 따라서 이때에는 원칙적으로 압수·수색·검증에 관한 영장주의의 요건과 절차에 따라야 한다. 공공장소에 있는 경우에도 초상권에 대한 종국적인 포기를 의미한다고 할 수는 없으므로 피촬영자가 비밀로 하고자 하는 경우에는 강제수사에 해당한다.

한편, 사진·비디오촬영이 강제수사에 해당하지만 긴급한 경우 일정한 요건하에 영장주의의 예외가 인정되는지에 대하여는 ① 사진·비디오촬영은 검증과 유사한 강제처분이므로 형소법상 영장주의의 예외에 해당하지 않는 한 검증영장을 요한다는 견해가 있다. 그러나 ② 사진·비디오촬영은 새로운 유형의 강제수사에 해당하므로 긴급한 상황 및 소정의 요건을 충족하면 영장주의의 예외가 인정된다(다수설). 판례는 "누구든지 자기의 얼굴 기타 모습을 함부로 촬영당하지 않을 자유를 가지나 이러한 자유도 국가권력의 행사로부터 무제한으로 보호되는 것은 아니고 국가의 안전보장·질서유지·공공복리를 위하여 필요한 경우에는 상당한 제한이 따르는 것이고, 수사기관이 범죄를 수사함에 있어 현재 범행이 행하여지고 있거나 행하여진 직후이고, 증거보전의 필요성 및 긴급성이 있으며, 일반적으로 허용되는 상당한 방법에 의하여 촬영을 한 경우라면 위 촬영이 영장 없이 이루어졌다 하여 이를 위법하다고 단정할 수 없다"(2013도2511)고 한다. 무인장비에 의해 제한속도를 위반한 차량을 촬영한 경우도 마찬가지이다(98도3329).[65]

를 입게 하였다면 특정범죄가중법 제4조의2 제1항 위반죄에 해당한다"(97도877)고 하였다.

65) 판례는 "무인장비에 의한 제한속도 위반차량단속은 이러한 수사활동의 일환으로서 도로에서의 위험을 방지하고 교통의 안전과 원활한 소통을 확보하기 위하여 도로교통법령에 따라 정해진 제한속도를 위반하여 차량을 주행하는 범죄가 현재 행하여지고 있고, 그 범죄의 성질·태양으로 보아 긴급하게 증거보전을 할 필요가 있는 상태에서 일반적으로 허용되는 한도를 넘지

4. 승낙에 의한 수색·검증

수사기관의 수색·검증에서 상대방의 동의나 승낙이 있으면 임의수사로 볼 것인지가 문제된다. 승낙수색·검증의 법적 성격에 대하여는 ① 이때의 동의나 승낙은 완전한 법익포기라고 볼 수 없으므로 허용되지 않는다는 견해가 있다. 그러나 ② 형소법에서 임의제출물에 대한 무영장압수를 허용(제218조, 제108조)하고 있는 취지를 고려하면 수색·검증에 있어서도 동의나 승낙에 임의성과 진정성이 있는 경우에는 기본권침해가 없으므로 임의수사이다(다수설). 다만, 이때의 동의나 승낙은 사물의 성질과 의미를 파악할 수 있는 정신상태하에서 행하여질 것을 요하며, 기망에 의한 동의의 유도는 허용되지 않는다.

승낙에 의한 신체검사도 신체에 대한 침해를 일으키지 않는 범위 내에서 허용된다.

5. 거짓말탐지기 검사

거짓말탐지기 검사란 피의자 등 피검사자에 대하여 피의사실에 관계있는 질문을 하여 회답 시의 피검사자의 호흡·혈압·맥박·피부전기반사에 나타난 생리적 변화를 폴리그래프(polygraph)의 검사지에 기록하고, 이를 관찰·분석하여 답변의 진위 또는 피의사실에 대한 인식의 유·무를 판단하는 것을 말한다.

거짓말탐지기 검사의 법적 성격에 대하여는 ① 진술자체를 증거로 하는 것이 아니고 생리적인 변화를 증거로 하는 것이므로 강제적으로 행하더라도 바로 묵비권의 침해가 아니라고 하는 견해, ② 피검사자의 동의 유·무를 떠나 거짓말탐지기의 사용을 금지하여야 한다는 견해가 있다. 그러나 ③ 프라이버시의 보호는 묵비권보장의 중요한 목적의 하나이고, 이 검사에서 나타난 생리적 변화는 피의자의 내심의 표출로 평가되며, 질문은 대개 피의범죄사실을 중심으로 하는 것이므로 묵비권의 보호범위에 속한다. 따라서 거짓말탐지기 검사에 의하여 답변을 강요하는 것은 헌법이 보장하는 인격권을 침해하는 것이다. 하지만 피검사자가 자기방어를 위하여 스스로 거짓말탐지기 검사를 요구하거나 수사기관의 요청에 의하여 피검사자가 검사에 동의한 경우에는 위법수사라고 할 수 없다. 따라서 거짓말탐지기

않는 상당한 방법에 의한 것이라고 판단되므로, 이를 통하여 운전차량의 차량번호 등을 촬영한 사진을 두고 위법하게 수집된 증거로서 증거능력이 없다고 말할 수 없다"(98도3329)고 하였다.

검사결과의 증거사용 여부와 관계없이 수사의 효율성을 높이는 동시에 수사의 신속한 종결을 위해 수사기관이 피검사자의 동의를 얻거나 또는 요구를 받은 경우에는 과학적 수사방법으로서 거짓말탐지기 사용을 허용하여야 한다(다수설). 이때 수사기관의 거짓말탐지기의 사용은 임의수사에 해당하므로 검사 중에도 피검사자가 거짓말탐지기 사용을 거부할 경우는 즉시 그 사용을 중단하여야 한다.

6. 마취분석

마취분석이란 약품의 작용에 의하여 진실을 진술하게 하는 것을 말한다. 그 방법은 사람의 정상적인 억제력을 제거해서 그로 하여금 자기의 생각을 억압하거나 허위를 날조하는 것을 곤란하게 하거나 불가능한 정신상태를 야기시키는 것이다.

마취분석의 법적 성격에 대하여는 ① 임의성만 인정되면 자백으로서 증거가 될 수 있다는 견해가 있다. 그러나 ② 마취분석은 통일체로서의 인간의 정신을 해체시켜서 의사와 판단의 자유를 빼앗아서 진술시키는 것이므로 인간의 존엄과 양심의 자유를 침해하는 것으로서 일체 허용되지 않는다(통설). 다만, 마취분석도 정당한 목적이 있는 경우, 즉 감정수탁자가 피의자의 정신감정을 할 때 진단방법으로 사용하는 것 등은 허용된다.

7. 최면에 의한 진술

최면술의 영향하에서 행하여진 진술은 신뢰성에서 약물로 유발된 진술의 경우보다 과학적인 지지가 약하다. 또한 최면의 주제가 암시될 수 있으므로 그 진술의 신뢰성을 위험하게 한다. 따라서 최면에 의한 자백과 피고인이 자기를 위해서 제공한 최면하에서의 진술은 배제하여야 한다. 그러나 참고인의 경우에는 동의하에 최면에 의한 진술을 허용하더라도 인격침해가 거의 없으며, 진술을 조작할 우려도 적다는 점에서 허용될 수 있다.

8. 음주운전측정

「도로교통법」에 따르면 운전자는 음주운전의 혐의가 인정되어 경찰관으로부터 호흡에 의한 음주운전측정을 요구받으면 그에 응할 의무가 있으며(법 제44조 제2항), 이를 거부할 경우에는 음주측정불응죄로 처벌된다(법 제148조의2 제2항). 다만, 호흡에 의한 측정결과에 불복하는 운전자에 대하여는 그 운전자의 동의를 받아 혈액채취 등의 방법으로 다시 측정할 수 있다(법 제44조 제3항).

경찰관의 호흡에 의한 음주운전측정요구의 법적 성격에 대하여는 ① 음주운전측정은 그 요구를 받은 운전자가 자발적으로 협조하지 않더라도 경찰관이 이를 강제할 권한이 없다는 점에서 임의수사에 해당한다는 견해가 있다. 그러나 ② 운전자는 경찰관의 음주측정요구에 응할 의무가 있고, 이를 거부하면 음주측정불응죄로 처벌되므로 강제수사이다. 판례는 "호흡측정기에 의한 음주측정은 운전자가 호흡측정기에 숨을 세게 불어넣는 방식으로 행하여지는 것으로서 여기에는 운전자의 자발적인 협조가 필수적이라 할 것"(99도5210)이라고 하면서, 호흡에 의한 음주측정은 강제처분이 아니라고 한다(96헌가11).[66]

한편, 판례는 호흡측정 결과에 오류가 있다고 인정할 만한 객관적이고 합리적인 사정이 있는 경우에 경찰관이 호흡측정기에 의한 측정 후에 음주운전 혐의를 제대로 밝히기 위하여 운전자의 자발적인 동의를 얻어 혈액채취에 의한 측정의 방법으로 다시 음주측정을 하는 것은 위법하지 않다고 한다. 다만, 이때 운전자가 일단 호흡측정에 응한 이상 재차 음주측정에 응할 의무까지 당연히 있다고 할 수는 없으므로, 운전자의 혈액채취에 대한 동의의 임의성을 담보하기 위해서는 경찰관이 미리 운전자에게 혈액채취를 거부할 수 있음을 알려주었거나 운전자가 언제든지 자유로이 혈액채취에 응하지 아니할 수 있었음이 인정되는 등 운전자의 자발적인 의사에 의하여 혈액채취가 이루어졌다는 것이 객관적인 사정에 의하여 명백한 경우에 한하여 혈액채취에 의한 측정의 적법성이 인정된다고 한다(2014도16051)[67].

---

66) 헌법재판소는 "「도로교통법」 제41조 제2항에 규정된 음주측정은 성질상 강제될 수 있는 것이 아니며, 궁극적으로 당사자의 자발적 협조가 필수적인 것이므로 이를 두고 법관의 영장을 필요로 하는 강제처분이라 할 수 없다. 따라서 이 사건 법률조항이 주취운전의 혐의자에게 영장 없는 음주측정에 응할 의무를 지우고 이에 불응한 사람을 처벌한다고 하더라도 헌법 제12조 제3항에 규정된 영장주의에 위배되지 않는다"(96헌가11)고 하였다.

67) 판례는 음주측정을 위한 경찰관의 하차 요구를 받은 운전자가 차량에서 내리자마자 도주하자 경찰관이 음주측정에 관한 직무를 계속하기 위하여 운전자를 추격하여 도주를 제지한 것은 「도로교통법」상 음주측정에 관한 일련의 직무집행 과정에서 이루어진 행위로써 정당한 직무집행에 해당한다고 하였다(2020도7193).

제4장 강제처분

제1절 강제처분의 의의와 종류

Ⅰ. 강제처분의 의의

강제처분이란 소송의 진행과 형벌의 집행을 확보하기 위하여 강제력을 사용하는 것을 말한다. 광의로는 형사절차상 강제의 요소를 포함하는 일체의 처분을 가리키며, 협의로는 광의의 강제처분에서 증거조사에 관한 처분(증인신문, 감정, 통역, 번역, 법원의 검증)을 제외한 것을 의미한다.

수사는 임의수사를 원칙으로 하고, 강제처분에 의한 강제수사는 법률에 특별한 규정이 있는 경우에 한하여 필요한 최소한도의 범위에서 인정하고 있다(제199조 1항 단서). 따라서 강제수사는 법률에서 정한 바에 따라 필요한 경우에만 최소한의 범위에서 하되, 수사대상자의 권익침해의 정도가 더 적은 절차와 방법을 선택하여야 하고(수사준칙규정 제10조 제1항), 검사와 사법경찰관은 피의자를 체포·구속하는 과정에서 피의자 및 현장에 있는 가족 등 지인들의 인격과 명예를 침해하지 않도록 유의하여야 함(동조 제2항)은 물론, 압수·수색 과정에서 사생활의 비밀, 주거의 평온을 최대한 보장하고, 피의자 및 현장에 있는 가족 등 지인들의 인격과 명예를 침해하지 않도록 유의하여야 한다(동조 제3항).

형소법에서는 강제처분의 종류, 요건, 절차에 대하여 상세하게 규정하고 있다.

Ⅱ. 강제처분의 종류

강제처분의 종류는 다음과 같이 구분된다. 즉, (i) 처분대상의 성질(객체)에 따라 대인적 강제처분(체포, 구속, 구인, 신체검사, 감정유치)과 대물적 강제처분(압수, 수색, 검증)으로 구분된다.

(ii) 처분의 주체에 따라 법원의 강제처분, 수사기관의 강제처분(이를 강제수사라고 한다), 수사기관의 청구에 의해 판사가 하는 강제처분(증인신문, 감정유치)으로 구분된다. 수사기관에 의한 강제처분은 i) 영장의 요부에 따라 법관의 사전영장에 의해 행하는 경우(통상의 체포·구속, 영장에 의한 압수·수색·검증 등)와 긴급강제처분으로서 법관의 영장 없이 행하는 경우(긴급체포, 현행범인체포, 체포·구속에 수반하는 압수·수색·검증 등)로 구분된다. 후자는 다시 ii) 사후영장을 요하지 않는 경우(긴급체포, 현행범인체포, 체포 또는 구속을 위한 피의자수색, 임의제출물의 압수 등)와 사후영장을 요하는 경우(체포현장에서의 압수, 긴급체포된 자에 대한 압수, 범행 중 또는 범행장소에서의 압수 등)로 구분된다.

(iii) 수사의 목적에 따라 신체보전처분(체포, 구속 등)과 증거보전처분(압수·수색 등)으로 구분된다.

Ⅲ. 현행법의 태도

형소법은 법원의 강제처분을 원칙으로 하고(제68조 내지 제145조), 강제수사에 관하여는 이를 준용하고 있다(제201조 이하, 제219조). 이 외에 수사상 증거보전절차(제184조)와 증인신문청구(제221조의2)를 인정하고 있다(이하에서는 법원의 강제처분도 필요한 범위 내에서 검토한다).

제2절 대인적 강제처분

Ⅰ. 개 관

현행법상 개인의 신체자유를 제한하는 인신구속제도에는 체포와 구속이 있다. 이는 형사절차의 원활한 진행 및 형벌집행의 확보를 목적으로 한다. 다만, 인신구속은 개인의 신체자유에 대한 중대한 제한이 되므로 그 남용으로 인해 개인의 기본권이 부당하게 침해되지 않도록 적절한 통제수단이 강구되어 있다.

체포에는 영장에 의한 체포(제200조의2)와 영장 없이 행하는 긴급체포(제200조의3) 및 현행범인체포(제212조) 등 세 가지 유형이 있다. 구속에는 수사기관에 의한 피의자구속과 법원에 의한 피고인구속이 있다.

Ⅱ. 체 포

1. 체포영장에 의한 체포

(1) 의 의

체포영장에 의한 체포란 죄를 범하였다고 의심할 만한 상당한 이유가 있고, 출석에 불응하는 등 일정한 체포사유가 존재할 경우 법관이 발부한 사전영장에 의하여 해당 피의자를 체포하는 것을 말한다(제200조의2 제1항). 체포제도는 수사초기에 피의자의 신병을 쉽게 확보할 수 있게 함으로써 불법적 임의동행 등 탈법적인 수사관행을 근절함과 동시에, 수사기관으로 하여금 구속을 보다 신중하게 함으로써 피의자의 인권보장을 도모하기 위한 것이다.

(2) 요 건

1) 범죄혐의의 상당성

체포영장을 발부받기 위해서는 피의자가 죄를 범하였다고 의심할 만한 상당한 이유가 있어야 한다(제200조의2 제1항).

'상당한 이유'의 의미에 대하여는 ① 체포를 구속의 전단계로 해서 별도로 인정하고 있고, 체포는 최장 48시간으로 제한되어 있어서 신속한 대응이 필요한 경우에 인정되므로 체포의 경우는 구속의 경우보다 낮은 정도의 개연성, 즉 충분한 혐의를 의미한다는 견해, ② 기본적으로 체포의 경우와 구속의 경우를 구분하는 것을 전제로 하되, 긴급체포의 경우에는 영장주의의 예외를 인정하고 있으므로 그 남용을 방지하기 위하여 체포영장에 의한 체포의 경우보다 강화된 범죄혐의가 필요하다는 견해가 있다. 그러나 ③ 법문에서 체포와 구속의 경우에 동일한 표현을 하고 있고, 피의자측에서 보면 체포와 구속은 인신의 자유에 제한을 가한다는 점에서 차이가 없을 뿐만 아니라 체포가 구속으로 이어질 수 있기 때문에 체포의 남용을 억제할 필요가 있으며, 긴급체포의 요건과 구속의 요건이 동일하므로 체포와 구속의 경우를 구별할 필요가 없다(다수설). 따라서 '상당한 이유'란 피의자가 범죄를 저질렀을 고도의 개연성을 말한다. 이때 범죄혐의는 수사기관의 주관적인 혐의만으로는 부족하고, 구체적 사실에 입각한 객관적이고 합리적인 혐의가 있을 것을 요한다.

2) 출석요구에 대한 불응 또는 불응의 우려

피의자가 정당한 이유 없이 수사기관의 출석요구에 응하지 아니하거나 응하지 아니할 우려가 있어야 한다(제200조의2 제1항 본문). 1회의 출석요구에 응하지 않은 것만으로는 출석요구에 불응한 것으로 보기 어렵다. '출석요구에 대한 불응의 우려'는 수사기관의 주관적 판단에 의하지만, 구체적 사실에 근거를 두어야 한다. '정당한 이유'의 유·무는 구체적 사건에 있어서 여러 가지 사정을 종합적으로 고려해서 판단하여야 한다. 천재지변이나 질병, 중요한 사업상 용무 등에 의한 경우가 이에 해당한다.

그러나 다액 50만원 이하의 벌금, 구류 또는 과료에 해당하는 경미사건에 관하여는 피의자가 일정한 주거가 없는 경우 또는 정당한 이유 없이 출석요구에 응하지 아니한 경우에 한하여 체포할 수 있다(동조 제1항 단서).

3) 체포의 필요성

형소법에서는 체포의 남용을 방지하기 위하여 체포의 필요성이 인정되지 않는 경우에는 체포영장의 발부를 제한하고 있다(동조 제2항 단서). 따라서 체포영장의 청구를 받은 판사는 체포의 사유가 있다고 인정되는 경우에도 피의자의 연령과 경력, 가족관계나 교우관계, 범죄의 경·중 및 태양 기타 제반사정에 비추어 피의자가 도망할 염려가 없고 증거를 인멸할 염려가 없는 등 명백히 체포의 필요가 없다고 인식되는 때에는 체포영장을 기각하여야 한다(규칙 제96조의2). 다만, '체포의 필요성이 명백하지 않은 때'에도 체포할 수 있는지에 대하여는 ① 체포영장을 발부해도 무방하다는 견해가 있다. 그러나 ② 강제처분 일반의 필요요건에 비추어 보면 체포의 필요성이 적극적으로 인정되어야 체포가 가능할 것이므로 '의심스러운 때는 피의자의 이익으로'의 원칙에 따라 체포의 필요성이 명백하지 않는 때에는 체포가 허용되지 않는다.

(3) 절 차

1) 체포영장의 청구

(가) 청구권자

체포영장의 청구권자는 검사이다. 사법경찰관은 검사에게 신청하여 검사의 청구로 관할 지방법원 판사의 체포영장을 발부받아 피의자를 체포할 수 있다(제200조의2 제1항).

검사는 사법경찰관이 신청한 영장(통신비밀보호법 제6조 및 제8조에 따른 통신제한조치허가서 및 같은 법 제13조에 따른 통신사실확인자료 제공 요청 허가서를 포함한다)의 청구 여부를 결정하기 위해 필요한 경우 사법경찰관에게 보완수사를 요구할 수 있다(제197조의2 제1항 제2호 참조). 이때 보완수사를 요구할 수 있는 범위는 (i) 범인에 관한 사항(제1호), (ii) 증거 또는 범죄사실 소명에 관한 사항(제2호), (iii) 소송조건 또는 처벌조건에 관한 사항(제3호), (iv) 해당 영장이 필요한 사유에 관한 사항(제4호), (v) 죄명 및 범죄사실의 구성에 관한 사항(제5호), (vi) 관련사건(제11조. 다만, 1인이 범한 수죄(제1호)의 경우는 수사기록에 명백히 현출되어 있는 사건으로 한정한다)과 관련된 사항(제6호), (vii) 그 밖에 사법경찰관이 신청한 영장의 청구 여부를 결정하기 위해 필요한 사항(제7호)이다(수사준칙규정 제59조 제4항).[68]

검사가 사법경찰관이 신청한 영장을 정당한 이유 없이 판사에게 청구하지 아니한 경우 사법경찰관은 그 검사 소속의 지방검찰청 소재지를 관할하는 고등검찰청에 영장청구 여부에 대한 심의를 신청할 수 있다(제221조의5 제1항). 이를 위하여 심의하기 위하여 각 고등검찰청에 영장심의위원회를 둔다(동조 제2항). 사법경찰관은 심의위원회에 출석하여 의견을 개진할 수 있다(동조 제4항).

(나) 방 식

체포영장의 청구는 서면으로 하여야 한다(규칙 제93조 제1항). 체포영장 청구서에는 범죄사실의 요지를 따로 기재한 서면 1통(수통의 영장을 청구하는 때에는 그에 상응하는 통수)을 첨부하여야 한다(동조 제2항). 체포영장의 청구서에는 (i) 피의자의 성명(분명하지 아니한 때에는 인상, 체격, 그 밖에 피의자를 특정할 수 있는 사항), 주민등록번호 등, 직업, 주거(제1호), (ii) 피의자에게 변호인이 있는 때에는 그 성명(제2호), (iii) 죄명 및 범죄사실의 요지(제3호), (iv) 7일을 넘는 유효기간을 필요로 하는 때

---

68) 이 규정은 영장의 종류를 불문하고 사법경찰관이 검사에게 영장을 신청하는 모든 경우에 적용된다.

에는 그 취지 및 사유(제4호), (v) 여러 통의 영장을 청구하는 때에는 그 취지 및 사유(제5호), (vi) 인치구금할 장소(제6호), (vii) 제200조의2 제1항에 규정한 체포의 사유(제7호), (viii) 동일한 범죄사실에 관하여 그 피의자에 대하여 전에 체포영장을 청구하였거나 발부받은 사실이 있는 때에는 다시 체포영장을 청구하는 취지 및 이유(제8호), (ix) 현재 수사 중인 다른 범죄사실에 관하여 그 피의자에 대하여 발부된 유효한 체포영장이 있는 경우에는 그 취지 및 그 범죄사실(제9호)을 기재하여야 한다(규칙 제95조).

또한 체포영장을 청구하는 경우에는 체포의 사유 및 필요를 인정할 수 있는 자료를 제출하여야 한다(규칙 제96조 제1항). 체포적부심청구권자는 체포영장의 청구를 받은 판사에게 유리한 자료를 제출할 수 있다(동조 제3항). 판사는 영장청구서의 기재사항에 흠결이 있는 경우에는 전화 기타 신속한 방법으로 영장을 청구한 검사에게 그 보정을 요구할 수 있다(동조 제4항).

2) 체포영장의 발부와 기각

(가) 영장의 발부

체포영장의 청구를 받은 지방법원 판사는 상당하다고 인정하는 때에는 체포영장을 발부한다(제200조의2 제2항 본문). 체포영장를 발부함에 있어서는 피의자심문은 인정되지 않는다. 체포영장에는 피의자의 성명, 주거, 죄명, 범죄사실의 요지, 인치·구금할 장소, 발부년월일, 그 유효기간과 그 기간을 경과하면 집행에 착수하지 못하며, 영장을 반환하여야 할 취지를 기재하고 법관이 서명날인하여야 한다(제200조의6, 제75조 제1항).

체포영장은 수통을 작성하여 사법경찰관리 수인에게 교부할 수 있으며, 이때에는 그 사유를 체포영장에 기재하여야 한다(제200조의6, 제82조). 영장의 유효기간은 7일로 한다. 다만, 법원 또는 법관이 상당하다고 인정하는 때에는 7일을 넘는 기간을 정할 수 있다(규칙 제178조).

(나) 영장의 기각

지방법원 판사는 명백히 체포의 필요가 인정되지 아니하는 경우에는 체포영장을 발부하지 않는다(제200조의2 제2항 단서). 청구서의 방식에 현저히 위배되어 검사에게 그 보정을 요구하였으나 상당한 시간 내에 그 보정을 하지 않거나 보정에도 불구하고 흠이 치유되지 않은 경우, 체포사유에 대한 소명이 부족한 경우, 체포사유에 대한 소명이 충분하지만 명백히 체포의 필요성이 인정되지 않는 경우, 체포를 함에 있어서 다른 법률에 정한 동의가 있어야 하는데 그 동의안이 부결된 경우, 수사기관이 체포영장청구 이전에 피의자를 동행하였는데 그 동행을 요구한 시간, 장소, 방법, 동행의 필요성 등 여러 사정을 종합적으로 고려할 때 피의자가 사실상 체포상태에 있다고 인정되는 경우 등이 이에 해당한다.

판사가 체포영장을 발부하지 아니할 때에는 체포영장청구서에 그 취지 및 이유를 기재하고 서명날인한 후 청구한 검사에게 교부한다(제200조의2 제3항). 기각결정에 대하여 검사는 불복할 수 없지만 기각결정한 취지 및 이유를 시정하여 다시 체포영장을 청구할 수는 있다(동조 제4항). 다만, 검사가 체포영장을 청구함에 있어서 동일한 범죄사실에 관하여 그 피의자에 대하여 전에 체포영장을 청구하였던 사실이 있는 때에는 다시 체포영장을 청구하는 취지 및 이유를 기재하여야 한다(제200조의2 제4항, 규칙 제99조 제1항).

<법령심사 및 체포동의 요구>

체포영장의 청구를 받은 지방법원 판사는 법률의 위헌 여부가 영장청구사건 재판의 전제가 된 경우에는 법률의 위헌 여부의 심판을 헌법재판소에 제청할 수 있다(헌법재판소법 제41조 제1항). 또한 회기 중에 있는 국회의원(헌법 제44조 제1항, 국회법 제26조 제1항) 기타 법률에 따라 체포에 관해 소속기관의 동의를 요하는 경우에는 체포영장발부 전에 체포동의요구서에 판사가 서명날인하여 대응 검찰청에 송부하는 방법으로 체포동의를 요구하여야 한다.

3) 체포영장의 집행

체포영장의 집행은 구속영장의 집행에 관한 규정이 준용된다(제200조의6).

(가) 집행기관

체포영장은 검사의 지휘로 사법경찰관리가 집행한다(제200조의6, 제81조 제1항). 교도소 또는 구치소에 있는 피의자에 대하여 발부된 체포영장은 검사의 지휘에 의하여 교도관이 집행한다(제200조의6, 제81조 제3항). 검사는 필요에 의하여 관할구역 외에서 구속영장의 집행을 지휘할 수 있고, 당해 관할구역의 검사에게 집행지휘를 촉탁할 수 있다(제200조의6, 제83조 제1항). 사법경찰관리는 필요에 의하여 관할구역 외에서 구속영장을 집행할 수 있고, 당해 관할구역의 사법경찰관리에게 집행을 촉탁할 수 있다(제200조의6, 제83조 제2항). 사법경찰관리가 관할구역 외에서 수사하거나 관할구역 외의 사법경찰관리의 촉탁을 받아 수사할 때에는 관할 지방검찰청 검사장 또는 지청장에게 보고하여야 한다(제210조).[69)]

그러나 체포영장의 발부를 받은 후 (i) 피의자를 체포하지 아니하거나 못한 경우(제1호), (ii) 체포 후 구속영장청구기간이 만료하여 피의자를 석방한 경우(제2호), (iii) 체포의 취소로 피의자를 석방한 경우(제3호), (iv) 체포된 국회의원에 대하여 헌법 제44조의 규정에 의한 석방요구가 있어 체포영장의 집행이 정지된 경우(제4호)에는 지체 없이 검사는 영장을 발부한 법원에 그 사유를 서면으로 통지하여야 한다(제204조, 규칙 제96조의19 제1항).[70)]

(나) 방 법

체포영장집행 시에는 체포영장을 피의자에게 제시하고 그 사본을 교부하여야 한다(제200조의6, 제85조 제1항 후단).[71)] 이때 제시하는 영장은 정본이어야 한다(96다40547). 다만, 영장을 소지하지 아니한 경우에 급속을 요하는 때에는 피의자에 대하여 피의사실의 요지와 영장이 발부되었음을 고지하고 집행을 완료한 후 신속히 체포영장을 제시하고 그 사본을 교부하여야 한다(제200조의6, 제85조 제3항, 제4항). '급속을 요하는 때'란 경찰관들이 체포영장을 소지할 여유 없이 우연히 그 상대방을 만난 경우 등과 같이 체포영장을 소지하지 않고 있지만 즉시 집행하지 않으면 피의자가 소재가 불명하여 체포가 현저히 곤란하게 될 경우를 말한다(2021도4648). 체포영장의 제시나 고지 등은 체포를 위한 실력행사에 들어가기 이전에 미리 하여야 하는 것이 원칙이지만, 달아나는 피의자를 쫓아가 붙들거나 폭

---

69) 다만, 긴급체포(제200조의3), 현행범인체포(제212조), 경미사건의 현행범인체포(제214조), 영장에 의하지 아니한 강제처분(제216조, 제217조)에 의한 수사를 하는 경우에 긴급을 요할 때에는 사후에 보고할 수 있다.

70) 이 통지서에는 (i) 피의자의 성명(제1호), (ii) 각 호의 사유 및 제2호 내지 제5호에 해당하는 경우에는 그 사유발생일(제2호), (iii) 영장발부 연월일 및 영장번호(제3호)를 기재하여야 한다(규칙 제96조의19 제2항). 제1호에 해당하는 경우에는 체포영장 또는 구속영장의 원본을 첨부하여야 한다(동조 제3항).

71) 검사 또는 사법경찰관은 피의자에게 영장을 제시하거나 영장의 사본을 교부할 때에는 사건관계인의 개인정보가 피의자의 방어권 보장을 위해 필요한 정도를 넘어 불필요하게 노출되지 않도록 유의해야 하며(수사준칙규정 제32조의2 제2항), 피의자에게 영장의 사본을 교부한 경우에는 피의자로부터 영장사본 교부확인서를 받아 사건기록에 편철한다(동조 제3항). 피의자가 영장의 사본을 수령하기를 거부하거나 영장사본 교부확인서에 기명날인 또는 서명하는 것을 거부하는 경우에는 검사 또는 사법경찰관이 영장사본 교부확인서 끝 부분에 그 사유를 적고 기명날인 또는 서명해야 한다(동조 제4항).

력으로 대항하는 피의자를 실력으로 제압하는 경우에는 붙들거나 제압하는 과정에서 하거나, 그것이 여의치 않은 경우에라도 일단 붙들거나 제압한 후에 지체 없이 하여야 한다. 따라서 체포영장을 제시하고 미란다원칙을 고지할 여유가 있었음에도 애초부터 미란다원칙을 체포 후에 고지할 생각으로 먼저 체포행위에 나선 행위는 적법한 공무집행이라고 보기 어렵다(2017도10866).

피의자를 체포할 때에는 피의자에게 피의사실의 요지, 체포·구속의 이유와 변호인을 선임할 수 있음을 말하고, 변명할 기회를 주어야 하며, 진술거부권을 알려주어야 한다(제200조의5, 수사준칙규정 제32조 제1항). 이때 진술거부권의 내용은 (i) 일체의 진술을 하지 아니하거나 개개의 질문에 대하여 진술을 하지 아니할 수 있다는 것(제1호), (ii) 진술을 하지 아니하더라도 불이익을 받지 않는다는 것(제2호), (iii) 진술을 거부할 권리를 포기하고 행한 진술은 법정에서 유죄의 증거로 사용될 수 있다는 것(제3호)이다(수사준칙규정 제32조 제2항). 검사와 사법경찰관이 피의자에게 그 권리를 알려준 경우에는 피의자로부터 권리고지확인서를 받아 사건기록에 편철한다(동조 제3항).

체포영장을 집행한 후에는 피의자를 신속히 지정된 법원 기타 장소에 인치하여야 한다(제200조의6, 제85조 제1항 후단). 체포영장의 집행을 받은 피의자를 호송할 경우에 필요하면 가장 가까운 교도소 또는 구치소에 임시로 유치할 수 있다(제200조의6, 제86조). 체포영장집행사무를 담당한 자가 체포영장을 집행한 때에는 체포영장에 집행일시와 장소를, 집행할 수 없었을 때에는 그 사유를 각 기재하고 기명날인하여야 한다(규칙 제100조 제1항, 제49조 제1항).

(다) 체포에 수반한 강제처분

피의자에 대한 체포영장을 집행하는 경우에는 수색영장 없이 타인의 주거 등에 들어가서 피의자 발견을 위하여 수색하거나, 체포현장에서 압수·수색·검증의 영장 없이 압수·수색·검증을 할 수 있다(제216조 제1항). 다만, 체포를 위한 피의자수색은 미리 수색영장을 발부받기 어려운 긴급한 사정이 있는 때에 한한다(동항 제1호 단서).

한편, 체포 시에는 그 실효성확보를 위해 합리적으로 필요한 범위내의 실력행사가 허용된다. 수갑을 채우거나 포승을 하는 것은 필수적인 조치는 아니지만, 피의자를 추적·정지시키거나 항거(抗拒)를 제지하기 위한 경우 등 직무를 수행하기 위하여 필요하다고 인정되는 상당한 이유가 있을 때에는 그 사태를 합리적으로 판단하여 필요한 한도에서 경찰장구를 사용할 수 있으며(경직법 제10조의2),

경우에 따라서는 필요한 범위 내에서 무기의 사용도 허용된다(동법 제10조의4). 그러나 이때에도 다른 체포수단이 없다고 믿을 만한 상당한 이유가 없는 한 인체에 위해를 끼쳐서는 아니 된다.

(라) 체포집행 후의 조치

피의자를 체포한 때에는 변호인이 있는 경우에는 변호인에게, 변호인이 없는 경우에는 변호인선임권자 가운데 피의자가 지정한 자에게 피의사건명, 체포일시·장소, 범죄사실의 요지, 체포의 이유와 변호인을 선임할 수 있음을 알려야 한다(제200조의6, 제87조). 체포의 통지는 체포를 한 때로부터 늦어도 24시간이내에 서면으로 하여야 한다. 다만, 급속을 요하는 경우에는 체포되었다는 취지 및 체포의 일시·장소를 전화 또는 모사전송기 기타 상당한 방법에 의하여 통지할 수 있지만, 이때에도 체포통지는 다시 서면으로 하여야 한다(규칙 제100조 제1항, 제51조). 또한 피의자를 체포한 검사 또는 사법경찰관은 체포된 피의자와 그 변호인, 법정대리인, 배우자, 직계친족, 형제자매나 가족, 동거인 또는 고용주 중에서 피의자가 지정하는 사람에게 체포적부심사를 청구할 수 있음을 알려야 한다(제214조의2 제2항).

한편, 체포된 피의자는 법원, 교도소장 또는 구치소장 또는 그 대리자에게 변호사를 지정하여 변호인의 선임을 의뢰할 수 있다(제200조의6, 제90조 제1항). 이 의뢰를 받은 법원, 교도소장 또는 구치소장 또는 그 대리자는 급속히 피의자가 지명한 변호사에게 그 취지를 통지하여야 한다(제200조의6, 제90조 제2항). 또한 체포된 피의자, 그 변호인, 법정대리인, 배우자, 직계친족, 형제자매나 동거인 또는 고용주는 체포영장 또는 그 청구서를 보관하고 있는 검사, 사법경찰관 또는 법원사무관 등에게 그 등본의 교부를 청구할 수 있다(규칙 제101조).

그리고 체포된 피의자는 관련 법률이 정한 범위에서 타인과 접견하고 서류나 물건을 수수하며 의사의 진료를 받을 수 있다(제200조의6, 제89조). 또한 변호인이나 변호인이 되려는 자는 체포된 피의자와 접견하고 서류나 물건을 수수(授受)할 수 있으며, 의사로 하여금 피의자를 진료하게 할 수 있다(제34조).

4) 체포 후의 조치

검사 또는 사법경찰관이 체포한 피의자를 구속하고자 할 때에는 체포한 때로부터 48시간 이내에 구속영장(제201조)을 청구하여야 한다. 체포기간의 연장은 인정되지 않는다. 이 기간 내에 구속영장을 청구하지 아니하는 때에는 피의자를 즉시 석방하여야 한다(제200조의2 제5항). 구속영장청구가 기각된 경우도 마찬가지이다. 검사 또는 사법경찰관은 구속영장을 청구하거나 신청하지 않고(사법경찰관이 구속영장의 청구를 신청하였으나 검사가 그 신청을 기각한 경우를 포함한다) 체포한 피의자를 석방하려는 때에는 체포 일시·장소, 체포사유, 석방 일시·장소, 석방사유 등을 적은 피의자 석방서를 작성하여야 하며(수사준칙규정 제36조 제1항 제1호), 사법경찰관은 체포한 피의자를 석방한 경우 지체 없이 검사에게 석방사실을 통보하고, 그 통보서 사본을 사건기록에 편철한다(동조 제2항 제1호). 또한 체포영장의 발부를 받은 후 체포한 피의자를 석방한 때에는 지체 없이 검사는 영장을 발부한 법원에 그 사유를 서면으로 통지하여야 한다(제204조, 규칙 제96조의19 제1항). 그러나 검사와 사법경찰관은 석방된 피의자를 체포영장에 의해 재체포할 수 있다. 다만, 검사가 체포영장을 청구함에 있어서 동일한 범죄사실에 관하여 그 피의자에 대하여 전에 체포영장을 발부받은 사실이 있는 때에는 다시 체포영장을 청구하는 취지 및 이유를 기재하여야 한다(제200조의2 제4항, 규칙 제99조 제1항).

한편, 체포된 피의자 또는 그 변호인, 법정대리인, 배우자, 직계친족, 형제자매나 가족, 동거인 또는 고용주는 관할법원에 체포의 적부심사를 청구할 수 있다(제214조의2 제1항).

2. 긴급체포

(1) 의 의

긴급체포란 중한 죄를 범한 자에 대하여 긴급을 요하는 경우에 수사기관이 영장 없이 체포하는 것을 말한다. 제200조의3 제1항에서는 검사 또는 사법경찰관은 피의자가 사형·무기 또는 장기 3년 이상의 징역이나 금고에 해당하는 죄를 범하였다고 의심할 만한 상당한 이유가 있고, 일정한 사유가 있는 경우에 긴급을 요하여 지방법원 판사의 체포영장을 받을 수 없는 때에는 그 사유를 알리고 영장 없이 피의자를 체포할 수 있다고 규정하고 있다.

(2) 요 건

1) 범죄의 중대성과 범죄혐의의 상당성

피의자가 사형, 무기 또는 장기 3년 이상의 징역이나 금고에 해당하는 죄를 범하였다고 의심할 만한 상당한 이유가 있어야 한다. '사형, 무기 또는 장기 3년 이상의 징역이나 금고'는 법정형을 의미한다. 따라서 법정형이 장기 3년 미만의 징역이나 금고에 해당하는 죄라면 실체적 경합의 관계에 있더라도 긴급체포사유에 해당하지 않는다.

범죄혐의의 상당성은 체포영장에 의한 체포의 경우와 같다.

2) 체포의 필요성

피의자가 증거를 인멸할 염려(제1호)가 있거나 피의자가 도망 또는 도망할 우려(제2호)가 있어야 한다(제200조의3 제1항). 이는 구속사유와 동일하다.

3) 체포의 긴급성

피의자를 우연히 발견한 경우 등과 같이 긴급을 요하여 판사의 체포영장을 받을 시간적 여유가 없을 때이어야 한다(동항 단서). 즉, 체포영장을 발부받아서는 시간의 경과로 인하여 체포·구속이 불가능하게 되거나 현저히 곤란해지는 긴급한 경우를 말한다. 이는 반드시 객관적으로 체포가 불가능한 경우뿐만 아니라 수사기관의 합리적인 판단에 의해 체포목적을 달성하기 어렵다고 인정되는 경우를 포함한다.

피의자가 수사기관에 자진출석하여 조사를 받는 경우에 체포의 긴급성이 인정되는지에 대하여는 ① 자진출석한 피의자에게는 긴급성이 인정되지 않는다는 견해가 있다. 그러나 ② 피의자가 자진출석한 경우에도 조사과정에서 새로운 혐의점이 발견되거나 혐의내용이 다르게 되는 경우에는 조사를 거부하거나 조사도중 또는 조사 후에 도망갈 우려가 없지 않으므로 여러 사정을 종합적으로 고려하여 긴급성 유·무를 판단하여야 한다(다수설).

4) 판단기준

긴급체포의 요건을 갖추었는지 여부는 사후에 밝혀진 사정을 기초로 판단하는 것이 아니라 체포 당시의 상황을 기초로 판단하여야 한다. 다만, 이에 관한 검사나 사법경찰관 등 수사주체의 판단에는 상당한 재량의 여지가 있지만, 긴급체포 당시의 상황으로 보아서도 그 요건의 충족 여부에 관한 검사나 사법경찰관의 판단이 경험칙에 비추어 현저히 합리성을 잃은 경우에는 그 체포는 위법한 체포가 된다(2007도11400). 판례는 피의자는 임의출석의 형식에 의하여 수사기관에 자진출석한 후 조사를 받았고, 그 과정에서 피의자가 긴급체포의 요건을 갖추었다고 객관적으로 판단되는 경우에는 긴급체포가 가능하다고 한다(98도785).

긴급체포가 위법한 경우에는 「형법」상 불법체포·감금죄(제124조)가 성립할 수 있으며, 위법한 긴급체포 중에 취득한 증거는 위법수집증거로서 증거능력이 인정되지 않는다(2007도11400).

(3) 절 차

1) 주 체

긴급체포를 할 수 있는 자는 검사 또는 사법경찰관이다(제200조의3 제1항). 사법경찰리에게 긴급체포권이 있는지에 대하여는 ① 사법경찰리는 수사의 보조자에 불과하고, 긴급체포는 영장주의의 예외이므로 엄격하게 해석하여야 한다는 점에서 이를 부정하는 견해가 있다. 그러나 ② 사법경찰관리는 사법경찰관의 보조자이므로 사법경찰관의 지휘를 받아 사법경찰관사무취급으로서 긴급체포권을 실행할 수 있다. 실무상 수사의 대부분은 사법경찰리에 의해 수행되고 있다.

2) 방 법

수사기관이 피의자를 긴급체포하기 위해서는 피의자에게 긴급체포 한다는 사유를 알리고 영장 없이 체포할 수 있다(제200조의3 제1항). 그 절차는 체포영장에 의한 체포의 경우와 같다.

사법경찰관이 긴급체포를 한 경우에는 즉시 검사의 승인을 얻어야 하며(동조 제2항), 긴급체포서를 작성하여야 한다(동조 제3항). 긴급체포서에는 범죄사실의 요지, 긴급체포의 사유 등을 기재하여야 한다(동조 제4항). '즉시'란 긴급체포 후 12시간 내를 말한다. 다만, (ⅰ) 경찰에 의한 수사중지(피의자중지) 결정(제51조 제1항 제4호 가목) 또는 검사에 의한 기소중지 결정(제52조 제1항 제3호)이 된 피의자를 소속 경찰관서가 위치하는 특별시·광역시·특별자치시·도 또는 특별자치도 외의 지역(제1호) 이나 (ⅱ)「해양경비법」 제2조 제2호에 따른 경비수역[72](제2호)에서 긴급체포한 경우에는 긴급체포 후 24시간 이내에 긴급체포의 승인을 요청하여야 한다(수사준칙규정 제27조 제1항).

긴급체포의 승인을 요청할 때에는 범죄사실의 요지, 긴급체포의 일시·장소, 긴급체포의 사유, 체포를 계속하여야 하는 사유 등을 적은 긴급체포 승인요청서로 요청하여야 한다. 다만, 긴급한 경우에는 「형사사법절차 전자화 촉진법」 제2조 제4호에 따른 형사사법정보시스템(이하 '형사사법정보시스템'이라 한다) 또는 팩

---

72) 경비수역'이란 대한민국의 법령과 국제법에 따라 대한민국의 권리가 미치는 수역으로서 연안수역, 근해수역 및 원해수역을 말한다(해양경비법 제2조 제2호).

스를 이용하여 긴급체포의 승인을 요청할 수 있다(동조 제2항). 검사는 사법경찰관의 긴급체포 승인 요청이 이유 있다고 인정하는 경우에는 지체 없이 긴급체포 승인서를 사법경찰관에게 송부하여야 한다(동조 제3항). 그러나 검사는 사법경찰관의 긴급체포 승인 요청이 이유 없다고 인정하는 경우에는 지체 없이 사법경찰관에게 불승인 통보를 하여야 하며, 이때 사법경찰관은 긴급체포된 피의자를 즉시 석방하고 그 석방 일시와 사유 등을 검사에게 통보하여야 한다(동조 제4항).

3) 체포에 수반한 강제처분

긴급체포 시에는 체포영장에 의한 경우와 마찬가지로 필요한 범위 내에서 최소한의 실력행사는 허용된다.

또한 긴급체포 시에는 영장 없이 타인의 주거에서 피의자를 수색하거나, 체포현장에서 압수·수색·검증을 할 수 있다(제216조 제1항). 이때 피의자수색은 미리 수색영장을 발부받기 어려운 긴급한 사정이 있는 때에 한정한다(동항 제1호 단서). 긴급체포된 피의자가 소유·소지 또는 보관하는 물건에 대하여 긴급히 압수할 필요가 있는 경우에는 체포한 때부터 24시간 이내에 한하여 영장 없이 압수·수색·검증을 할 수 있다(제217조 제1항). 이때 계속 압수의 필요가 있는 때에는 체포한 때부터 48시간 이내에 압수·수색영장을 청구하여야 한다(동조 제2항).

4) 체포집행 후의 조치

긴급체포에서도 체포영장에 의한 체포집행 후의 조치가 그대로 적용된다.

(4) 체포 후의 조치

1) 피의자를 구속하고자 하는 경우

검사 또는 사법경찰관이 피의자를 긴급체포한 경우에 피의자를 구속하고자 할 때에는 지체 없이 검사는 관할 지방법원 판사에게 구속영장을 청구하여야 하고, 사법경찰관은 검사에게 신청하여 검사의 청구로 관할 지방법원 판사에게 구속영장을 청구하여야 한다. 이때 구속영장은 피의자를 체포한 때부터 48시간 이내에 청구하여야 하며, 긴급체포서를 첨부하여야 한다(제200조의4 제1항). 사법경찰관이 검사에게 긴급체포된 피의자에 대하여 긴급체포승인건의와 함께 구속영장을 신청한 경우 검사의 구속영장청구 전 피의자 대면조사는 긴급체포의 적법성을 의심할 만한 사유가 인정되고, 피의자가 출석요구에 동의한 경우에 한하여 허용된다(2008도11999).

2) 구속영장을 청구하지 아니하고 석방한 경우

긴급체포한 후 48시간 이내에 구속영장을 청구하지 아니하거나 영장을 발부받지 못한 때에는 피의자를 즉시 석방하여야 한다(동조 제2항). 검사 또는 사법경찰관이 구속영장을 청구하거나 신청하지 않고(사법경찰관이 구속영장의 청구를 신청하였으나 검사가 그 신청을 기각한 경우를 포함한다) 피의자를 석방한 경우에는 (i) 긴급체포 후 석방된 자의 인적 사항(제1호), (ii) 긴급체포의 일시·장소와 긴급체포하게 된 구체적 이유(제2호), (iii) 석방의 일시·장소 및 사유(제3호), (iv) 긴급체포 및 석방한 검사 또는 사법경찰관의 성명(제4호)을 적은 피의자석방서를 작성하여야 하며, 석방한 날로부터 30일 이내에 서면으로 법원에 통지하여야 한다. 이때 긴급체포서의 사본을 첨부하여야 한다(동조 제4항, 수사준칙규정 제36조 제1항 제2호). 사법경찰관이 긴급체포한 피의자를 석방한 경우 즉시 검사에게 석방사실을 보고하고, 그 보고서 사본을 사건기록에 편철한다(제200조의4 제6항, 수사준칙규정 제36조 제2항 제2호).

긴급체포 후 석방된 자 또는 그 변호인, 법정대리인, 배우자, 직계친족, 형제자매는 통지서 및 관련서류를 열람하거나 등사할 수 있다(제200조의4 제5항).

3) 재체포의 제한

긴급체포한 후 구속영장을 청구하지 아니하거나 구속영장을 발부받지 못하여 석방된 자는 영장 없이는 동일한 범죄사실에 관하여 다시 긴급체포하지 못한다(동조 제3항). 따라서 검사 또는 사법경찰관이 긴급체포 후 석방된 자를 동일한 범죄사실에 관하여 재체포하기 위해서는 체포영장 또는 구속영장을 발부받아야 한다(2001도4291).

3. 현행범인의 체포

(1) 의 의

현행범인은 누구든지 영장 없이 체포할 수 있다(헌법 제12조 제3항 단서, 형소법 제212조). 현행범인은 그 죄증이 명백하여 수사기관의 권한남용의 위험이 없고, 또한 초동수사의 필요성이 높기 때문에 법관의 영장에 의하지 않고 수사기관의 독자적 판단에 의하여 인신구속을 할 수 있도록 한 것이다.[73]

---

73) 헌법상 보장된 국회의원의 불체포특권(제44조 제1항)은 현행범인인 경우에는 인정되지 않는다.

(2) 요 건

1) 현행범인

(가) 고유의 현행범인

현행범인이란 범죄를 실행하고 있거나 실행하고 난 직후에 있는 사람을 말한다(제211조 제1항).

'범죄를 실행하고 있거나'란 범죄의 실행에 착수하여 아직 종료하지 못한 상태를 말한다. 따라서 미수가 처벌되는 범죄에서는 실행의 착수가 있으면 충분하고, 예비·음모를 벌하는 경우에는 예비·음모행위가 실행행위에 해당한다. 교사범·방조범의 경우에는 정범의 실행을 전제로 하므로 정범의 실행행위가 개시된 때이다(다수설). 간접정범의 경우에 실행행위의 기준에 대하여는 ① 간접정범의 이용행위가 있으면 충분하다는 견해가 있다. 그러나 ② 간접정범의 경우 이용행위 자체는 구성요건적 정형성이 없을 뿐만 아니라 이용행위를 기준으로 하면 현행범인의 범위가 지나치게 넓어지므로 피이용자의 실행행위가 개시된 때를 기준으로 하여야 한다.

'범죄를 실행하고 난 직후'란 범죄행위를 실행하여 끝마친 순간 또는 이에 아주 접착된 시간적 단계를 의미하는 것으로, 시간적으로나 장소적으로 보아 체포를 당하는 자가 방금 범죄를 실행한 범인이라는 점에 관한 죄증이 명백히 존재하는 것으로 인정되는 경우를 말한다(2007도1249). 범죄결과발생의 유·무는 문제되지 않으며, 실행행위를 전부 종료할 것도 요하지 않는다. 다만, 시간적 접착성이 인정되는 것 외에, 시간이 지남에 따라 범인이 범죄장소로부터 멀어지는 것이 일반적이고, 그렇게 되면 다른 사람과 섞여 범죄의 명백성이 상실될 수 있다는 점에서 장소적 접착성도 필요하다. 판례는 범행을 하고 난 지 10분정도 지난 후이었고, 그 장소도 범행현장에 인접한 장소인 경우에는 현행범인에 해당하지만(93도926), 음주운전 후 40분이 지난 상태에서 길가에 앉아 있던 사람에게서 술냄새가 난다는 점만으로는 음주운전의 현행범인에 해당하지 않는다고 한다(2007도1249).

(나) 준현행범인

현행범인에는 고유한 의미의 현행범인 외에 준현행범인도 포함된다. 준현행범인이란 형소법에 의해 현행범인으로 간주되는 자를 말한다. 즉, 제211조 제2항에서는 (i) 범인으로 불리며, 추적되고 있을 때(제1호), (ii) 장물이나 범죄에 사용되었다고 인정함에 충분한 흉기 그 밖의 물건을 소지하고 있을 때(제2호), (iii) 신체 또는 의복류에 증거가 될 만한 뚜렷한 흔적이 있을 때(제3호), (ⅳ) 누구냐고 묻자 도망하려고 할 때(제4호)에 해당하는 사람은 현행범인으로 간주하고 있다. (ⅳ)의 경우는 주로 경찰관의 불심검문의 경우에 해당될 것이지만, 묻는 주체가 반드시 수사기관일 것은 요하지 않고 사인인 경우도 포함한다.

판례는 뺑소니 신고를 받고 주변을 수색하다가 범퍼 등의 파손상태로 보아 사고차량으로 인정되는 차량에서 내리는 사람을 발견한 경우(99도4341)나 교통사고를 야기한 사람의 신체 내지 의복류에 주취로 인한 냄새가 강하게 하는 경우(2011도15258)는 준현행범인에 해당한다고 한다.

2) 체포사유

(가) 범죄의 명백성

현행범인은 체포 시에 특정범죄의 범인임이 명백하여야 한다. 따라서 구성요건에 해당성이 없는 경우는 물론, 위법성조각사유와 책임조각사유가 있음이 명백한 경우에는 현행범인으로 체포할 수 없다. 다만, 소송조건의 존재는 체포의 요건이 아니므로 친고죄의 경우에는 고소가 없더라도 현행범인체포가 가능하지만 범행현장에서 피해자가 명백하게 고소의사 없다는 의사표시를 한 경우 등 처음부터 고소가능성이 없는 경우에는 체포가 허용되지 않는다(다수설). 필요적 고발사건에서 고발이 없는 경우도 마찬가지이다.

(나) 체포의 필요성

현행범인체포에서는 긴급체포와 달리 도망이나 증거인멸의 우려와 같은 구속사유가 필요하다는 명문규정이 없다. 따라서 현행범인체포에 있어서 구속사유를 요하는지에 대하여는 ① 증거인멸의 위험은 체포사유가 아니지만 도망의 염려가 있거나 신분을 즉각 확인할 수 없는 경우에 현행범인체포가 허용된다는 견해, ② 체포의 필요성이 적극적으로 요구되지 않지만 도망이나 증거인멸의 염려가 명백히 없는 경우에는 체포할 수 없다는 견해(다수설)가 있다. 그러나 ③ 현행범인체포의 경우에도 체포의 필요성이 요구되며, 따라서 도망이나 증거인멸의 우려가 없는 경우까지 체포할 이유는 없으므로 구속사유를 충족하여야 한다. 판례도 현행범인체포를 위해서는 행위의 가벌성, 범죄의 현행성, 시간적 접착성, 범인·범죄의 명백성 이외에 체포의 필요성 즉, 도망 또는 증거인멸의 염려를 요한다고 한다(2021도12213).

3) 비례성의 원칙

현행범인체포에도 비례성의 원칙이 적용된다. 즉, 다액 50만원 이하의 벌금, 구류 또는 과료에 해당하는 죄의 현행범인에 대하여는 범인의 주거가 분명하지 않을 경우에만 체포가 허용된다(제214조).

4) 적법성 판단기준

현행범인체포의 적법성은 체포 당시의 구체적 상황을 기초로 객관적으로 판단하여야 하되, 수사주체의 판단에는 상당한 재량의 여지가 있으므로, 체포 당시의 상황에서 보아 그 요건에 관한 수사주체의 판단이 경험칙에 비추어 현저히 합리성이 없다고 인정되지 않는 한 현행범인체포는 정당하다(2017도21537). 그러나 사후에 범인으로 인정되었는지에 의하여 판단할 것은 아니다(2011도4763).

(3) 절 차

1) 주 체

현행범인은 누구든지 영장 없이 체포할 수 있다(제212조). 따라서 수사기관은 물론 사인도 영장 없이 현행범인을 체포할 수 있다. 수사기관과 달리 사인은 체포권한만 있고 체포의무는 없다. 체포자는 원칙적으로 범죄를 지각한 자임을 요하지만, 직접 지각한 경우가 아니라 하더라도 실제로 지각한 자를 도와 체포하는 것은 가능하다. 따라서 경찰관이 사인으로부터 신고를 받고 현장부근에서 도주 중인 범인을 현행범인으로 체포할 수 있다.

2) 방 법

검사 또는 사법경찰관리 아닌 자가 현행범인을 체포한 때에는 즉시 검사 또는 사법경찰관리에게 인도하여야 한다(제213조 제1항). '즉시'란 반드시 체포시점과 시간적으로 밀착된 시점을 의미하는 것은 아니지만, 정당한 이유 없이 인도를 지연하거나 체포를 계속하는 것은 위법이다(2011도12927). 사인이 체포한 현행범인을 수사기관에 인도하지 않고 석방하는 것은 허용되지 않는다. 사법경찰관리가 사인으로부터 현행범인의 인도를 받은 때에는 체포자의 성명, 주거, 체포의 사유를 물어야 하고, 필요한 때에는 체포자에 대하여 경찰관서에 동행함을 요구할 수 있다(동조 제2항). 체포자는 목격자로서 해당 피의사건의 참고인이 될 수 있다. 이때의 동행은 임의동행이어야 한다.

검사와 사법경찰관리가 현행범인을 체포할 때에는 체포영장에 의한 체포집행 시의 조치가 그대로 적용된다. 다만, 검사가 현행범인을 체포한 경우에는 현행범인체포서를 작성하고, 그 부본 1부를 사건사무담당직원에게 송부한다(검사규칙 제70조 제1항). 또한 검사가 현행범인을 인도받은 경우에는 현행범인인수서를 작성하고, 그 부본 1부를 사건사무담당직원에게 송부한다(동조 제2항).

3) 체포에 수반한 강제처분

현행범인체포 시 체포자는 사회통념상 체포를 위하여 필요하고 상당하다고 인정되는 범위 내에서 실력행사가 허용된다(2011도3682). 이때 강제력의 사용은 체포목적을 달성하기 위한 적절한 수단이어야 한다.

한편, 사법경찰관리는 현행범인 체포 시에는 영장 없이 타인의 주거에서 피의자를 수색하거나, 체포현장에서 압수·수색·검증을 할 수 있다(제216조 제1항). 다만, 피의자수색은 미리 수색영장을 발부받기 어려운 긴급한 사정이 있는 때에 한정한다(동조 제1항 제1호 단서).

4) 체포집행 후의 조치

현행범인체포에서도 체포영장에 의한 체포집행 후의 조치가 그대로 적용된다.

(4) 체포 후의 조치

검사 또는 사법경찰관이 현행범인을 체포하거나 체포된 현행범인을 인수했을 때에는 조사가 현저히 곤란하다고 인정되는 경우가 아니면 지체 없이 조사하여야 하며, 조사 결과 계속 구금할 필요가 없다고 인정할 때에는 현행범인을 즉시 석방하여야 한다(수사준칙규정 제28조 제1항). 검사 또는 사법경찰관이 현행범인을 석방했을 때에는 석방 일시와 사유 등을 적은 피의자석방서를 작성해 사건기록에 편철한다. 이때 사법경찰관은 석방 후 지체 없이 검사에게 석방사실을 통보하여야 한다(동조 제2항).

그러나 체포된 현행범인을 구속하고자 할 때에는 체포한 때로부터 48시간 이내에 구속영장을 청구하여야 한다. 그 기간 이내에 구속영장을 청구하지 아니하거나 구속영장청구가 기각된 경우에는 즉시 석방하여야 한다(제213조의2, 제200조의2 제5항, 규칙 제100조 제2항). 사인이 현행범인체포를 한 경우에 위 48시간의 기산점은 체포 시가 아니라 검사 등 수사기관이 현행범인을 인도받은 때이다(2011도12927).

Ⅲ. 구 속

1. 의의와 목적

(1) 의 의

구속이란 피고인 또는 피의자의 신체자유를 제한하는 대인적 강제처분을 말한다. 구속은 구인과 구금을 포함하는 개념이다(제69조).

구인은 피고인 또는 피의자를 일정한 장소, 즉 법원, 교도소, 구치소 또는 경찰서 유치장 등에 인치하는 강제처분이다. 구인한 피고인 또는 피의자를 법원 기타 일정한 장소에 인치한 경우에 구금할 필요가 없다고 인정한 때에는 그 인치한 때로부터 24시간 내에 석방하여야 한다(제71조, 제209조). 피의자에 대한 구인은 구속 전 피의자심문을 위한 경우에만 인정된다(제201조의2 제2항).

구금은 피고인 또는 피의자를 교도소 또는 구치소 등에 감금하는 강제처분이다. 다만, 구속영장발부에 의하여 적법하게 구금된 피의자가 피의자신문을 위한 출석요구에 응하지 아니하면서 수사기관 조사실에의 출석을 거부한다면 수사기관은 그 구속영장의 효력에 의하여 피의자를 조사실로 구인할 수 있다(2013모160).

(2) 목 적

구속의 목적은 형사절차의 진행과 형집행의 확보에 있다. 구속은 피고인 또는 피의자의 신체자유를 제한함으로써 형사소송에의 출석을 보장하고, 증거를 보존하며, 확정된 형벌의 집행을 확보하기 위한 제도이다. 그러나 구속은 개인의 기본권에 대한 중대한 제한을 가져오기 때문에 형소법에서는 불구속수사를 원칙으로 하고(제198조 제1항), 구속요건을 엄격히 규정하는 한편, 법관이 발부하는 영장에 의해서만 구속할 수 있도록 하고 있다.

2. 요 건

피고인 또는 피의자를 구속하기 위해서는 죄를 범하였다고 의심할 만한 상당한 이유가 있고, 구속사유가 있어야 한다(제70조 제1항, 제201조 제1항).

(1) 범죄혐의의 상당성

구속은 죄를 범하였다고 의심할 만한 상당한 이유가 있어야 한다. '범죄혐의의 상당성'이란 객관적 혐의가 유죄의 확신에 이를 정도로 고도의 개연성이 인정되는 경우를 말한다. 따라서 소송조건이 구비되지 아니하였거나 위법성조각사유 또는 책임조각사유가 있는 경우에는 구속에 필요한 범죄혐의가 인정되지 않는다. 다만, 심신장애로 인하여 책임능력이 없는 때에는 치료감호법에 의한 보호구속을 할 수 있다(치료감호법 제6조).

(2) 구속사유

구속의 사유는 (i) 일정한 주거가 없는 때(제1호), (ii) 증거를 인멸할 염려가 있는 때(제2호), (iii) 도망하거나 도망할 염려가 있는 때(제3호)이다.

1) 일정한 주거가 없는 때

'일정한 주거가 없는 때'란 일정한 기간 동안 지속적으로 거주할 주소 또는 거소가 없는 경우를 말한다. 그러나 주거부정은 도망의 염려를 판단하는 보조자료의 의미를 가질 뿐 독자적인 구속사유로 보기는 어려우므로 도망과 증거인멸의 염려가 없는데도 주거부정이라는 이유만으로 구속하는 것은 허용되지 않는다. 다만, 다액 50만원 이하의 벌금, 구류 또는 과료에 해당하는 범죄에 관하여는 일정한 주거가 없는 경우에 한하여 구속할 수 있다(제70조 제3항, 제201조 제1항 단서).

2) 증거를 인멸할 염려가 있는 때

'증거인멸의 염려'란 피고인 또는 피의자를 구속하지 않으면 증거방법을 멸실·훼손·변경·위조·변조하거나 공범자나 참고인 또는 증인 등에게 부정한 영향력을 행사하거나 제3자로 하여금 이러한 행위를 하게 함으로써 진실발견을 곤란하게 할 구체적인 위험이 있는 경우를 말한다. 수사가 종결되고 수사기관이 증거를 충분히 확보하였다고 하더라도 증거인멸의 염려가 없어졌다고 단정할 수 없으며(이설 있음), 피고인 또는 피의자가 방어에 필요한 유리한 증거를 수집한다는 이유만으로 증거인멸의 염려가 있다고 할 수도 없다.

진술거부권 등의 권리를 행사하는 것을 증거인멸 염려의 판단자료로 사용할 수 있는지에 대하여는 ① 진술거부의 사실과 증거인멸의 염려가 있는지에 대한 판단은 별개의 문제이므로 진술거부권의 행사를 통해 거부한 진술의 내용과 진술거부권을 행사한 경위 등을 종합적으로 고려하여 증거인멸의 염려를 판단하여야 한다는 견해가 있다. 그러나 ② 진술거부권 등의 권리행사를 증거인멸 염려의 판단자료로 사용하게 되면 진술이 강제되는 결과를 초래하여 진술거부권의 침해가 될 수 있으므로 이는 허용되지 않는다.

3) 도망하거나 도망할 염려가 있는 때

'도망 또는 도망할 염려'란 피고인 또는 피의자가 숨거나 도피하는 것 또는 구체적인 상황에 의하여 그러한 사정이 인정될 만한 고도의 개연성이 있는 경우를 말한다.

'도망할 염려'는 범죄의 경·중, 전과, 가족 및 직장관계, 사회적 또는 경제적 지위, 인격적 성향, 유죄증거의 정도, 자수 여부, 피해자와의 합의나 피해변제 여부 등을 종합적으로 고려하여 판단하여야 한다. 단순히 자살의 위험이 있다는 사실만으로는 도망의 염려가 인정되지 않지만 약물복용이나 자상(自傷) 등으로 심신상실상태를 초래함으로써 소송행위를 할 수 없게 된 경우는 고려요소가 될 수 있다.

4) 구속사유 심사 시 고려사항

법원은 구속사유를 심사함에 있어서 범죄의 중대성, 재범의 위험성, 피해자·중요참고인 등에 대한 위해우려 등을 고려하여야 한다(제70조 제2항, 제209조). 따라서 구속사유가 인정되는 경우에도 이들 요소를 종합적으로 고려하여 구속 여부를 결정하여야 한다. 그러나 구속사유가 없거나 구속의 필요성이 없음에도 불구하고 이들 요소를 고려하여 구속하는 것은 허용되지 않는다(2009헌바8).

(3) 비례성의 원칙

구속에서는 비례성의 원칙이 적용된다. 따라서 구속은 범죄혐의가 인정되고 구속사유가 존재하더라도 사건의 중대성과 그로 인해 예상되는 형벌의 정도에 비추어 상당하다고 인정되는 때에만 허용된다. 경미사건의 경우 주거부정인 경우에 한해 구속을 허용하거나(제70조 제3항, 제201조 제1항 단서), 「소년법」에서 "소년에 대한 구속영장은 부득이한 경우가 아니면 발부하지 못한다"(법 제55조 제1항)고 규정하고 있는 것은 이에 근거한 것이다. 따라서 피고인 또는 피의자에게 벌금이나 집행유예가 선고될 것으로 예상되는 경우에는 구속해서는 아니 된다.

또한 구속은 다른 방법에 의해 형사소송의 확보라고 하는 목적을 달성하기 어려운 때에만 예외적으로 허용된다(보충성의 원칙).

3. 절 차

구속은 법관이 발부한 영장에 의하여야 한다(제70조, 제201조). 이는 영장주의의 표현으로서 구속을 사법적으로 통제하여 피고인 또는 피의자의 인권보장을 도모하기 위한 것이다.

(1) 피의자의 구속

1) 구속영장의 청구

(가) 청구권자

검사는 관할 지방법원 판사에게 청구하여 구속영장을 받아 피의자를 구속할 수 있고, 사법경찰관은 검사에게 신청하여 검사의 청구로 관할 지방법원 판사의 구속영장을 받아 피의자를 구속할 수 있다(제201조 제1항). 후자의 경우에 검사가 사법경찰관이 신청한 영장을 정당한 이유 없이 판사에게 청구하지 아니한 경우 사법경찰관은 그 검사 소속의 지방검찰청 소재지를 관할하는 고등검찰청에 영장청구 여부에 대한 심의를 신청할 수 있다(제221조의5 제1항).

(나) 청구방식

구속영장의 청구는 서면에 의하여야 하며(규칙 제93조 제1항), 구속영장의 청구서에는 범죄사실의 요지를 기재한 서면 1통(수통의 영장을 청구하는 때에는 그에 상응하는 통수)을 첨부하여야 한다(동조 제2항). 검사는 구속영장청구 시에는 구속의 필요를 인정할 수 있는 자료를 제출하여야 한다(제201조 제2항). 구속영장청구서에는 (i) 피의자의 성명(분명하지 아니한 때에는 인상, 체격, 그 밖에 피의자를 특정할 수 있는 사항), 주민등록번호 등, 직업, 주거(제1호), (ii) 피의자에게 변호인이 있는 때에는 그 성명(제2호), (iii) 죄명 및 범죄사실의 요지(제3호), (iv) 7일을 넘는 유효기간을 필요로 하는 때에는 그 취지 및 사유(제4호), (v) 여러 통의 영장을 청구하는 때에는 그 취지 및 사유(제5호), (vi) 인치구금할 장소(제6호), (vii) 구속의 사유(제7호), (viii) 피의자의 체포여부 및 체포된 경우에는 그 형식(제8호), (ix) 피의자가 지정한 사람에게 체포이유 등을 알린 경우에는 그 사람의 성명과 연락처(제9호)를 기재하여야 한다(규칙 제95조의2).

또한 사법경찰관이 체포한 피의자에 대하여 구속영장을 신청할 때에는 체포영장, 긴급체포서 또는 현행범인체포서나 현행범인인수서를 제출하여야 한다(제200조의4 제1항, 규칙 제96조 제2항, 수사준칙규정 제29조 제1항). 피의자를 포함하여 구속적부심청구권자는 구속영장을 청구받은 판사에게 유리한 자료를 제출할 수 있다(규칙 제96조 제3항). 판사는 영장청구서의 기재사항에 흠결이 있는 경우에는 전화 기타 신속한 방법으로 영장을 청구한 검사에게 그 보정을 요구할 수 있다(동조 제4항).

검사가 구속영장을 청구할 때 동일한 범죄사실에 관하여 그 피의자에 대하여 전에 구속영장을 청구하거나 발부받은 사실이 있는 경우에는 다시 구속영장을 청구하는 취지와 이유를 기재하여야 한다(제201조 제5항).

2) 구속 전 피의자심문

(가) 의 의

구속 전 피의자심문은 구속영장을 청구받은 판사가 구속영장이 청구된 피의자를 직접 심문하여 구속사유의 존·부를 심리, 판단하는 제도를 말하며, 구속영장실질심사제도라고도 한다. 형소법에서는 구속영장이 청구된 모든 피의자에 대하여 필요적 실질심사를 하도록 하고 있다(제201조의2). 이 제도는 피고인구속의 경우에는 적용되지 않는다. 지방법원 또는 지원의 장은 구속영장청구에 대한 심사를 위한 전담법관을 지정할 수 있다(규칙 제96조의5). 이를 영장전담판사라고 한다.

(나) 심문절차

가) 심문기일과 심문장소의 지정·통지

심문기일은 체포된 피의자의 경우 특별한 사정이 없는 한 구속영장이 청구된 날의 다음 날까지 심문하여야 한다(제201조의2 제1항). 다만, 체포되지 아니한 피의자의 경우에는 관계인에 대한 심문기일의 통지 및 그 출석에 소요되는 시간 등을 고려하여 피의자가 법원에 인치된 때로부터 가능한 한 빠른 일시로 지정하여야 한다(규칙 제96조의12 제2항).

피의자심문의 장소는 법원청사 내여야 한다. 다만, 판사는 피의자가 출석을 거부하거나 질병 기타 부득이한 사유로 법원에 출석할 수 없는 때에는 경찰서, 구치소 기타 적당한 장소에서 심문할 수 있다(규칙 제96조의15).

구속영장을 청구받은 판사는 체포된 피의자에 대하여는 즉시, 체포되지 않은 피의자에 대하여는 피의자가 법원에 인치된 후 즉시 검사, 피의자 및 변호인에게 심문기일과 심문장소를 통지하여야 한다(제201조의2 제3항 본문). 심문기일의 통지는 서면 이외에 구술·전화·모사전송·전자우편·휴대전화 문자전송 그 밖에 적당한 방법으로 신속하게 하여야 한다. 이때 통지의 증명은 그 취지를 심문조서에 기재함으로써 할 수 있다(규칙 제96조의12 제3항). 다만, 판사는 지정된 심문기일에 피의자를 심문할 수 없는 특별한 사정이 있는 경우에는 그 심문기일을 변경할 수 있다(규칙 제96조의22).

나) 피의자의 출석과 인치

판사가 구속 전 피의자를 심문하려면 먼저 피의자를 법원에 출석시켜야 한다. 피의자가 체포되어 있는 경우에는 체포의 효력을 이용하여 피의자를 법원에 인치할 수 있으므로 검사는 피의자가 체포되어 있는 때에는 심문기일에 출석시켜야 한다(제201조의2 제3항). 체포되지 아니한 피의자는 피의자가 죄를 범하였다고 의심할 만한 이유가 있는 경우에 구인을 위한 구속영장을 발부하여 피의자를 구인한 후 심문하여야 한다. 다만, 피의자가 도망하는 등의 사유로 심문이 불가능한 경우에는 그러하지 아니하다(동조 제2항). 판사는 인치받은 피의자를 유치할 필요가 있는 때에는 교도소·구치소 또는 경찰서 유치장에 유치할 수 있다. 이때 유치기간은 인치한 때부터 24시간을 초과할 수 없다(동조 제10항, 제71조의2). 따라서 피의자가 구인된 지 24시간이 지나도록 구속영장이 발부되지 않을 때에는 피의자를 석방하여야 한다.

그러나 피의자가 심문기일에의 출석을 거부하거나 질병 또는 기타 사유로 출석이 현저하게 곤란한 때에는 피의자의 출석 없이 심문절차를 진행할 수 있다(규칙 제96조의13 제1항). 검사는 피의자가 심문기일에의 출석을 거부하는 때에는 판사에게 그 취지 및 사유를 기재한 서면을 작성·제출하여야 한다(동조 제2항). 피의자의 출석 없이 심문절차를 진행할 경우에는 출석한 검사 및 변호인의 의견을 듣고, 수사기록 기타 적당하다고 인정하는 방법으로 구속사유의 유·무를 조사할 수 있다(동조 제3항).

다) 필요적 변호와 변호인의 수사서류열람 및 접견

지방법원 판사는 심문할 피의자에게 변호인이 없는 때에는 직권으로 변호인을 선정하여야 한다. 이때 변호인의 선정은 피의자에 대한 구속영장청구가 기각되어 효력이 소멸한 경우를 제외하고는 제1심까지 효력이 있다(제201조의2 제8항). 판사는 국선변호인의 선정 후에 피의자와 변호인에게 그 뜻을 고지하여야 한다(규칙 제16조 제1항). 이때 국선변호인에게 피의사실의 요지 및 피의자의 연락처 등을 함께 고지할 수 있으며(동조 제2항), 이 고지는 서면 이외에 구술·전화·모사전송·전자우편·휴대전화 문자전송 그 밖에 적당한 방법으로 할 수 있다(동조 제3항). 만약 변호인의 사정이나 그 밖의 사유로 변호인선정결정이 취소되어 변호인이 없게 된 때에는 법원이 직권으로 변호인을 다시 선정할 수 있다(제201조의2 제9항).

피의자심문에 참여할 변호인은 지방법원 판사에게 제출된 구속영장청구서 및 그에 첨부된 고소·고발장, 피의자의 진술을 기재한 서류와 피의자가 제출한 서류를 열람할 수 있다(규칙 제96조의21 제1항). 이에 대하여 검사는 증거인멸 또는 피의자나 공범관계에 있는 자가 도망할 염려가 있는 등 수사에 방해가 될 염려가 있는 때에는 지방법원 판사에게 열람 제한에 관한 의견을 제출할 수 있고, 지방법원 판사는 검사의 의견이 상당하다고 인정하는 때에는 그 전부 또는 일부의 열람을 제한할 수 있다. 그러나 구속영장청구서에 대하여는 그 열람을 제한할 수 없다(동조 제2항). 또한 구속영장이 청구된 피의자, 그 변호인, 법정대리인, 배우자, 직계친족, 형제자매나 동거인 또는 고용주는 긴급체포서, 현행범인체포서, 체포영장 또는 그 청구서를 보관하고 있는 검사, 사법경찰관 또는 법원사무관 등에게 그 등본의 교부를 청구할 수 있다(규칙 제101조). 이는 피의자의 방어권과 변호인의 변호권을 충실히 보장하기 위한 조치이다.

한편, 변호인은 구속영장이 청구된 피의자에 대한 심문 시작 전에 피의자와 접견할 수 있다(규칙 제96조의20 제1항). 이때 판사는 검사 또는 사법경찰관에게 변호인접견에 필요한 조치를 요구할 수 있으며(동조 제3항), 심문할 피의자의 수, 사건의 성격 등을 고려하여 변호인과 피의자의 접견시간을 정할 수 있다(동조 제2항).

라) 신뢰관계 있는 자의 동석

판사는 피의자심문에서 (i) 피의자가 신체적 또는 정신적 장애로 사물을 변별하거나 의사를 결정·전달할 능력이 미약한 경우(제1호) 또는 (ii) 피의자의 연령·성별·국적 등의 사정을 고려하여 그 심리적 안정의 도모와 원활한 의사소통을 위하여 필요한 경우(제2호)에는 직권 또는 피의자·법정대리인·검사의 신청에 따라 피의자와 신뢰관계에 있는 자를 동석하게 할 수 있다(제201조의2 제10항, 제276조의2 제1항).

'신뢰관계에 있는 자'는 피의자의 배우자, 직계친족, 형제자매, 가족, 동거인, 고용주 그 밖에 피의자의 심리적 안정과 원활한 의사소통에 도움을 줄 수 있는 자를 말한다(규칙 제126조의2 제1항). 동석 신청에는 동석하고자 하는 자와 피의자 사이의 관계, 동석이 필요한 사유 등을 밝혀야 한다(동조 제2항). 다만, 피의자와 동석한 신뢰관계에 있는 자는 재판의 진행을 방해하여서는 아니 되며, 재판장은 동석한 신뢰관계 있는 자가 부당하게 재판의 진행을 방해하는 때에는 동석을 중지시킬 수 있다(동조 제3항).

(다) 심문기일의 절차

가) 비공개심문

심문절차는 공개하지 않는 것을 원칙으로 한다. 다만, 판사는 상당하다고 인정하는 경우 피의자의 친족, 피해자 등 이해관계인의 방청을 허가할 수 있다(규칙 제96조의14).

나) 범죄사실요지 및 진술거부권의 고지

판사는 심문 이전에 피의자에게 구속영장청구서에 기재된 범죄사실의 요지를 고지하고, 피의자에게 일체의 진술을 하지 아니하거나 개개의 질문에 대하여 진술을 거부할 수 있으며, 이익되는 사실을 진술할 수 있음을 알려주어야 한다(규칙 제96조의16 제1항).

다) 심문사항 및 심문방법

판사는 구속 여부를 판단하기 위하여 필요한 사항에 관하여 신속하고 간결하게 심문하여야 한다. 증거인멸 또는 도망의 염려를 판단하기 위하여 필요한 때에는 피의자의 경력, 가족관계나 교우관계 등 개인적인 사항에 대하여 심문할 수 있다(규칙 제96조의16 제2항). 또한 판사는 심문장소에 출석한 피해자 그 밖의 제3자를 심문할 수 있다(동조 제5항).

판사는 심문하는 때에는 공범의 분리심문이나 그 밖에 수사상의 비밀보호를 위하여 필요한 조치를 하여야 한다(제201조의2 제5항). 또한 판사는 심문을 위하여 필요하다고 인정하는 경우에는 호송경찰관 기타의 자를 퇴실하게 하고 심문을 진행할 수 있다(규칙 제96조의16 제7항).

라) 변호인의 조력

피의자는 판사의 심문 도중에 변호인에게 조력을 구할 수 있다(규칙 제96조의16 제4항).

마) 참여자의 의견진술

검사와 변호인은 판사의 심문이 끝난 후에 의견을 진술할 수 있다. 다만, 필요한 경우에는 심문 도중에도 판사의 허가를 얻어 의견을 진술할 수 있다(제201조의2 제4항, 규칙 제96조의16 제3항). 한편, 구속영장이 청구된 피의자의 법정대리인, 배우자, 직계친족, 형제자매나 가족, 동거인 또는 고용주는 판사의 허가를 얻어 사건에 관한 의견을 진술할 수 있다(규칙 제96조의16 제6항).

바) 심문조서의 작성

심문기일에 피의자를 심문하는 경우 법원사무관 등은 심문의 요지 등을 조서작성의 일반규정에 따라 조서로 작성하여야 한다(제201조의2 제6항 및 제10항). 심문조서에는 공판조서에 대한 특례규정(제52조[74])이 준용되지 않는다(제201조의2 제10항). 따라서 조서는 진술자에게 읽어 주거나 열람하게 하여 기재내용이 정확한지를 물어야 하며(제48조 제3항), 진술자가 조서에 대하여 추가, 삭제 또는 변경의 청구를 한 때에는 그 진술내용을 조서에 기재하여야 한다(동조 제4항). 또한 신문에 참여한 검사, 피의자 또는 변호인이 조서 기재내용의 정확성에 대하여 이의(異議)를 진술한 때에는 그 진술의 요지를 조서에 기재하여야 하고(동조 제5항), 이때 판사는 그 진술에 대한 의견을 기재하게 할 수 있다(동조 제6항). 조서에는 진술자로 하여금 간인(間印)한 후 서명날인하게 하여야 한다. 다만, 진술자가 서명날인을 거부한 때에는 그 사유를 기재하여야 한다(동조 제7항). 이 외에 판사와 참여한 법원사무관 등이 기명날인 또는 서명하여야 한다(제53조 제1항). 작성된 피의자심문조서는 법관 면전조서로서 제315조 제3호(기타 특히 신용할 만한 정황에 의하여 작성된 문서)에 해당하므로 당연히 증거능력이 인정된다(2003도5693).

한편, 판사는 검사, 피의자 또는 변호인의 신청이 있는 때에는 특별한 사정이 없는 한 공판정에서의 심리의 전부 또는 일부를 속기사로 하여금 속기하게 하거나 녹음장치 또는 영상녹화장치를 사용하여 녹음 또는 영상녹화(녹음이 포함된 것을 말한다)하여야 하며, 필요하다고 인정하는 때에는 직권으로 이를 명할 수 있다(제201조의2 제10항, 제56조의2).

3) 구속영장의 발부 또는 기각

(가) 영장의 성격

구속영장의 법적 성격에 대하여 피고인의 구속영장은 명령장으로 이해한다. 그러나 피의자의 구속영장의 법적 성격에 대하여는 ① 수사의 주체는 수사기관이고, 영장을 발부한 경우에도 수사기관이 영장을 집행하지 않을 수 있으며(제204조), 명령장설에 따르면 긴급체포와 현행범인체포를 설명할 수 없다는 것 등을 이유로 법원이 피의자의 구속을 허가하는 허가장이라는 견해(다수설)가 있다. 그러나 ② 수사의 주체와 강제처분의 주체는 다르고, 탄핵적 수사구조에 따르면 수사절차상 강제처분권은 법원의 고유권한에 속하며, 제204조에서 수사기관이 영장

74) 제52조(공판조서작성상의 특례) 공판조서 및 공판기일외의 증인신문조서에는 제48조 제3항 내지 제7항의 규정에 의하지 않는다. 다만, 진술자의 청구가 있는 때에는 그 진술에 관한 부분을 읽어주고 증감변경의 청구가 있는 때에는 그 진술을 기재하여야 한다.

을 집행하지 않거나 석방할 수 있다고 하는 것은 불구속수사의 원칙에 따른 것으로 이때 검사로 하여금 그 사실을 법원에 통보하도록 하고 있는 것 등을 고려하면 영장의 발부는 재판의 일종인 법원의 명령에 해당하고, 따라서 영장은 명령장이다.

헌법재판소는 "법원이 직권으로 발부하는 영장과 수사기관의 청구에 의하여 발부하는 구속영장의 법적 성격은 같지 않다"고 하면서, 전자는 명령장으로서의 성질을 갖지만 후자는 허가장으로서의 성질을 갖는 것으로 이해하고 있다(96헌바28.31.32). 판례도 수사기관에 의한 압수·수색영장(제215조)은 허가장으로 이해하고 있다(99모161).

(나) 영장의 발부와 효력

구속영장의 청구를 받은 지방법원 판사는 신속히 구속영장의 발부여부를 결정하여야 한다(제201조 제3항). 판사는 피의자를 심문한 후 상당하다고 인정할 때에는 구속영장을 발부한다(동조 제4항). 구속영장에는 피의자의 성명, 주거, 죄명, 피의사실의 요지, 인치 구금할 장소, 발부년월일, 그 유효기간과 그 기간을 경과하면 집행에 착수하지 못하며 영장을 반환하여야 할 취지를 기재하고 지방법원 판사가 서명날인하여야 한다(제209조, 제75조 제1항). 피의자의 성명이 분명하지 아니한 때에는 인상, 체격, 기타 피의자를 특정할 수 있는 사항으로 피의자를 표시할 수 있으며, 피의자의 주거가 분명하지 아니한 때에는 그 주거의 기재를 생략할 수 있다(제209조, 제75조 제2항, 제3항). 또한 피의자의 주민등록번호(외국인인 경우에는 외국인등록번호, 위 번호들이 없거나 이를 알 수 없는 경우에는 생년월일 및 성별)·직업 및 구속의 사유(제209조, 제70조 제1항)를 기재하여야 한다(규칙 제46조). 구속영장은 수통을 작성하여 사법경찰관리 수인에게 교부할 수 있다. 다만, 이때는 그 사유를 구속영장에 기재하여야 한다(제209조, 제82조).

구속영장의 유효기간은 7일로 한다. 다만, 법원 또는 판사가 상당하다고 인정하는 때에는 7일을 넘는 기간을 정할 수 있다(규칙 제178조). 피의자심문을 한 경우에는 법원이 구속영장청구서, 수사관계서류 및 증거물을 접수한 날부터 구속영장을 발부하여 검찰청에 반환한 날까지의 기간은 검사와 사법경찰관의 구속기간에 산입하지 않는다(제201조의2 제7항). 구인장에 의하여 구인된 피의자의 경우도 마찬가지이다.

구속영장의 효력은 구속영장에 기재된 범죄사실 및 그 사실의 기초가 되는 사회적 사실관계가 기본적인 점에서 동일한 공소사실에 미친다. 이러한 기본적 사실관계의 동일성을 판단함에 있어서는 그 사실의 동일성이 갖는 기능을 염두에 두고 피의자의 행위와 그 사회적인 사실관계를 기본으로 하되 규범적 요소도 아울러 고려하여야 한다(2001모85). 1개의 목적을 위하여 동시 또는 수단결과의 관계에서 행하여진 행위는 동일한 범죄사실로 간주한다(제208조 제2항 참조).

(다) 영장의 기각

구속영장을 청구받은 판사는 청구서의 방식에 현저히 위배되어 검사에게 그 보정을 명하였으나 상당한 시간 내에 보정을 하지 않거나 보정에도 불구하고 흠이 치유되지 않은 경우, 구속사유에 대한 소명이 부족한 경우, 구속을 함에 있어서 다른 법률에 정한 동의가 있어야 하는데 그 동의안이 부결된 경우, 긴급체포나 현행범인체포 등 체포가 위법한 경우, 체포일시로부터 48시간이 경과하여 구속영장이 청구된 경우 등에는 구속영장을 기각한다.

판사가 구속영장을 발부하지 않을 때에는 구속영장청구서에 그 취지와 이유를 기재하고 서명날인하여 청구한 검사에게 교부한다(제201조 제4항). 체포된 피의자에 대하여 구속영장청구가 기각된 경우에는 피의자를 즉시 석방하여야 한다(제200조의4 제2항, 규칙 제100조 제2항). 구인장에 의하여 구인한 피의자를 법원에 인치한 경우에 구금할 필요가 없다고 인정한 때에는 그 인치한 때로부터 24시간 내에 석방하여야 한다(제201조의2 제10항, 제71조).

구속영장청구를 기각하는 결정에 대하여 불복이 허용되는지에 대하여는 ① 판사의 영장에 관한 재판은 법원의 결정(제402조, 제430조) 또는 재판장 또는 수명법관의 구금에 관한 재판(제416조)에 해당하므로 판사의 영장기각결정에 대해서는 항고 또는 준항고로 불복할 수 있다는 견해가 있다. 그러나 ② 판사의 구속영장의 발부결정에 대해서는 구속적부심이 허용되고 구속영장의 기각결정에 대해서는 검사가 구속영장을 재청구할 수 있으며, 형소법에서 영장발부 여부의 재판주체를 '지방법원 판사'로 규정하고 있을 뿐만 아니라 영장기각에 대한 검사의 불복방법에 대한 명문규정을 두고 있지 않은 점 등을 고려하면 판사의 영장기각결정에 대해서는 불복이 허용되지 않는다(다수설). 판례는 "검사의 체포영장 또는 구속영장 청구에 대한 지방법원 판사의 재판은 제402조의 규정에 의하여 항고의 대상이 되는 '법원의 결정'에 해당하지 아니하고, 제416조 제1항의 규정에 의하여 준항고의 대상이 되는 '재판장 또는 수명법관의 구금 등에 관한 재판'에도 해당하지 않는다"(2006모646)고 한다.[75] 따라서 판사가 구속영장의 청구를 기각한 경우에는 검사

75) 판례는 "헌법 제12조 제1항, 제3항, 제6항 및 형소법 제37조, 제200조의2, 제201조,

는 영장을 재청구를 할 수 있을 뿐이다. 다만, 동일한 범죄사실에 관하여 그 피의자에 대하여 전에 구속영장을 청구하거나 발부받은 사실이 있을 때에는 다시 구속영장을 청구하는 취지 및 이유를 기재하여야 한다(제201조 제5항).

4) 구속영장의 집행

(가) 집행기관

구속영장은 검사의 지휘로 사법경찰관리가 집행한다. 교도소 또는 구치소에 있는 피의자에 대하여는 검사의 지휘로 교도관이 집행한다(제209조, 제81조 제1항 및 제3항). 이때 검사는 관할구역 외에서 구속영장의 집행을 지휘할 수 있고, 해당 관할구역의 검사에게 집행지휘를 촉탁할 수 있으며(제209조, 제83조 제1항), 사법경찰관리는 필요한 경우 관할구역 밖에서 구속영장을 집행하거나 또는 해당 관할구역의 사법경찰관리에게 집행을 촉탁할 수 있다(제209조, 제83조 제2항). 사법경찰관리가 관할구역 외에서 구속영장을 집행하거나 관할구역 외의 사법경찰관리의 촉탁을 받아 구속영장을 집행할 때에는 관할 지방검찰청 검사장 또는 지청장에게 보고하여야 한다(제210조).

만약 구속영장을 발부받은 후 피의자를 구속하지 아니하거나 구속한 피의자를 석방하였다면 검사는 지체 없이 영장을 발부한 법원에 그 사유를 서면으로 통지하여야 한다(제204조). (i) 피의자를 구속하지 아니하거나 못한 경우(제1호), (ii) 구속 후 구속기간이 만료하여 피의자를 석방한 경우(제2호), (iii) 구속의 취소로 피의자를 석방한 경우(제3호), (iv) 구속집행정지의 경우(제5호)이다(규칙 제96조의19

제214조의2, 제402조, 제416조 제1항 등의 규정들은, 신체의 자유와 관련한 기본권의 침해는 부당한 구속 등에 의하여 비로소 생길 수 있고 검사의 영장청구가 기각된 경우에는 그로 인한 직접적인 기본권침해가 발생할 여지가 없다는 점 및 피의자에 대한 체포영장 또는 구속영장의 청구에 관한 재판 자체에 대하여 항고 또는 준항고를 통한 불복을 허용하게 되면 그 재판의 효력이 장기간 유동적인 상태에 놓여 피의자의 지위가 불안하게 될 우려가 있으므로 그와 관련된 법률관계를 가급적 조속히 확정시키는 것이 바람직하다는 점 등을 고려하여, 체포영장 또는 구속영장에 관한 재판 그 자체에 대하여 직접 항고 또는 준항고를 하는 방법으로 불복하는 것은 이를 허용하지 아니하는 대신에, 체포영장 또는 구속영장이 발부된 경우에는 피의자에게 체포 또는 구속의 적부심사를 청구할 수 있도록 하고, 그 영장청구가 기각된 경우에는 검사로 하여금 그 영장의 발부를 재청구할 수 있도록 허용함으로써, 간접적인 방법으로 불복할 수 있는 길을 열어 놓고 있는 데 그 취지가 있고, 이는 헌법이 법률에 유보한 바에 따라 입법자의 형성의 자유의 범위 내에서 이루어진 합리적인 정책적 선택의 결과일 뿐 헌법에 위반되는 것이라고는 할 수 없다”(2006모646)고 하였다.

제1항).[76)]

(나) 절 차

법관이 검사의 청구에 의하여 체포된 피의자의 구금을 위한 구속영장을 발부하면 검사와 사법경찰관리는 지체 없이 신속하게 구속영장을 집행하여야 한다. 피의자에 대한 구속영장의 제시와 집행이 그 발부 시로부터 정당한 사유 없이 시간이 지체되어 이루어졌다면, 구속영장이 그 유효기간 내에 집행되었다고 하더라도 위 기간 동안의 체포 내지 구금 상태는 위법하다(2020도16438).

구속영장을 집행함에는 피의자에게 반드시 이를 제시하고 그 사본을 교부하여야 한다(제209조, 제85조 제1항 전단).[77)] 이때 제시되는 영장은 정본이어야 하므로 사본의 제시는 위법이다(96다40547). 다만, 구속영장을 소지하지 아니한 경우에 긴급을 요하는 때에는 피의사실의 요지와 영장이 발부되었음을 고하고 집행할 수 있으며, 집행을 완료한 후에는 신속히 구속영장을 제시하고 그 사본을 교부하여야 한다(제209조, 제85조 제3항, 제4항).

검사와 사법경찰관이 피의자를 구속하는 경우에는 피의사실의 요지, 체포의 이유와 변호인을 선임할 수 있음을 말하고 변명할 기회를 주어야 하며, 진술거부권을 알려주어야 한다(제209조, 제200조의5, 수사준칙규정 제32조 제1항). 피의자에게 알려주어야 하는 진술거부권의 내용은 (i) 일체의 진술을 하지 아니하거나 개개의 질문에 대하여 진술을 하지 아니할 수 있다는 것(제1호), (ii) 진술을 하지 아니하더라도 불이익을 받지 않는다는 것(제2호), (iii) 진술을 거부할 권리를 포기하고 행한 진술은 법정에서 유죄의 증거로 사용될 수 있다는 것(제3호)이다(수사준칙규정 제32조 제2항). 검사와 사법경찰관이 피의자에게 그 권리를 알려준 경우에는 피의자로부터 권리고지 확인서를 받아 사건기록에 편철한다(동조 제3항).

---

76) 이 통지서에는 피의자의 성명, 각 호의 사유 및 제2호 내지 제5호에 해당하는 경우에는 그 사유발생일, 영장발부 연월일 및 영장번호를 기재하여야 하며, 제1호의 경우에는 체포영장 또는 구속영장의 원본을 첨부하여야 한다(동조 제2항, 제3항).

77) 검사 또는 사법경찰관은 피의자에게 영장을 제시하거나 영장의 사본을 교부할 때에는 사건관계인의 개인정보가 피의자의 방어권 보장을 위해 필요한 정도를 넘어 불필요하게 노출되지 않도록 유의해야 하며(수사준칙규정 제32조의2 제2항), 피의자에게 영장의 사본을 교부한 경우에는 피의자로부터 영장사본 교부확인서를 받아 사건기록에 편철한다(동조 제3항). 피의자가 영장의 사본을 수령하기를 거부하거나 영장사본 교부확인서에 기명날인 또는 서명하는 것을 거부하는 경우에는 검사 또는 사법경찰관이 영장사본 교부확인서 끝 부분에 그 사유를 적고 기명날인 또는 서명해야 한다(동조 제4항).

한편, 피의자에게 구속영장을 집행한 후에는 신속히 지정된 법원 기타 장소에 인치하여야 한다(제209조, 제85조 제1항 후단). 구속영장의 집행을 받은 피의자를 호송할 경우에 필요한 때에는 가장 접근한 교도소 또는 구치소에 임시로 유치할 수 있다(제209조, 제86조). 수사기관이 임의로 지정된 장소 이외의 장소로 구금장소를 변경하는 것은 피의자의 방어권이나 접견교통권의 행사에 중대한 장애를 초래하므로 위법이다(95모94). 구속영장집행사무를 담당한 자가 구속영장을 집행한 때에는 구속영장에 집행일시와 장소를, 집행할 수 없었을 때에는 그 사유를 각 기재하고 기명날인하여야 한다(규칙 제100조 제1항, 제49조 제1항).

피의자를 구속하는 경우에 필요한 때에는 미리 수색영장을 발부받기 어려운 긴급한 사정이 있는 때에 한하여 영장 없이 타인의 주거나 타인이 간수하는 가옥, 건조물, 항공기, 선차 내에서 피의자수색을 할 수 있다(제216조 제1항 제1호).

(다) 집행 후의 조치

가) 고지와 통지

피의자를 구속한 때에는 지체 없이 서면으로 변호인에게, 변호인이 없는 경우에는 변호인선임권자(제30조 제2항) 가운데 피의자가 지정한 자에게 피의사건명, 구속일시, 장소, 범죄사실의 요지, 구속의 이유와 변호인을 선임할 수 있는 취지를 알려야 한다(제209조, 제87조). 구속의 통지는 늦어도 24시간 이내에 서면으로 하여야 하며, 통지를 할 자가 없어서 통지를 못한 경우에는 그 취지를 기재한 서면을 기록에 편철하여야 한다. 다만, 급속을 요하는 경우에는 전화 또는 모사전송기 기타 상당한 방법으로 통지할 수 있으나 다시 서면으로 하여야 한다(규칙 제100조 제1항, 제51조, 수사준칙규정 제33조).

또한 피의자를 구속한 검사 또는 사법경찰관은 구속된 피의자 또는 그 변호인, 법정대리인, 배우자, 직계친족, 형제자매나 가족, 동거인 또는 고용주 중에서 피의자가 지정하는 사람에게 구속적부심사를 청구할 수 있음을 알려야 한다(제214조의2 제2항).

나) 피의자의 권리

구속된 피의자는 법원, 교도소장 또는 구치소장 또는 그 대리자에게 변호사를 지정하여 변호인의 선임을 의뢰할 수 있으며, 이때 의뢰를 받은 법원, 교도소장 또는 구치소장 또는 그 대리자는 급속히 피의자가 지명한 변호사에게 그 취지를 통지하여야 한다(제209조, 제90조).

구속된 피의자는 관련 법률이 정한 범위에서 타인과 접견하고 서류나 물건을 수수하며 의사의 진료를 받을 수 있다(제209조, 제89조). 또한 변호인이나 변호인이 되려는 자는 신체가 구속된 피의자와 접견하고 서류나 물건을 수수(授受)할 수 있으며, 의사로 하여금 피의자를 진료하게 할 수 있다(제34조). 그러나 법원은 도망하거나 범죄의 증거를 인멸할 염려가 있다고 인정할 만한 상당한 이유가 있는 때에는 직권 또는 검사의 청구에 의하여 결정으로 구속된 피의자와 변호인이나 변호인이 되려는 자 외의 타인과의 접견을 금지할 수 있고, 서류나 그 밖의 물건을 수수하지 못하게 하거나 검열 또는 압수할 수 있다. 다만, 의류·양식·의료품은 수수를 금지하거나 압수할 수 없다(제91조).

(라) 구속기간

사법경찰관이 피의자를 구속한 때에는 10일 이내에 피의자를 검사에게 인치하지 않으면 석방하여야 한다(제202조). 검사가 피의자를 구속하거나 또는 사법경찰관으로부터 피의자를 인치받은 경우에는 10일 안에 공소를 제기하지 않으면 석방하여야 한다(제203조). 다만, 검사는 지방법원 판사의 허가를 얻어 10일을 초과하지 않는 한도에서 1회에 한하여 구속기간을 연장할 수 있다(제205조 제1항). 이 신청에는 구속기간의 연장의 필요를 인정할 수 있는 자료를 제출하여야 한다(동조 제2항). 다만, 국가보안법위반사건의 경우에는 지방법원 판사의 허가로 사법경찰관에게 1회, 검사에게 2회에 한하여 구속기간의 연장을 허용하고 있다(법 제19조). 따라서 피의자에 대한 구속기간은 일반적으로 최장 30일이며, 국가보안법위반사건의 경우 최장 50일이 된다.[78] 구속기간연장의 신청은 서면으로 하여야 하며, 서면에는 수사를 계속하여야 할 상당한 이유와 연장을 구하는 기간을 기재하여야 한다(규칙 제97조). 구속기간의 연장은 판사의 재량이며, 구속기간연장을 허가하지 아니하는 판사의 결정에 대하여는 항고나 준항고가 허용되지 아니한다(97모1).

피의자가 체포 또는 구인된 경우의 구속기간은 피의자를 체포 또는 구인한 날부터 기산한다(제203조의2). 구속기간연장허가결정이 있은 경우에 그 연장기간은 구속기간만료 다음날로부터 기산한다(규칙 제98조). 구속기간의 초일은 시간을 계산하지 아니하고 1일로 산정하며, 기간의 말일이 공휴일이거나 토요일이더라도 그날은 기간에 산입한다(제66조 제1항, 제3항).

---

78) 그러나 판례는 「국가보안법」 제7조(찬양·고무)와 제10조(불고지) 위반의 범죄는 구성요건이 특별히 복잡한 것도 아니고 사건의 성질상 증거수집이 더 어려운 것도 아니므로 구속기간의 연장은 위헌으로 허용되지 않는다고 하였다(90헌마82).

(마) 디엔에이감식시료의 채취

검사 또는 사법경찰관(군사법경찰관을 포함한다. 이하 같다)은 디엔에이(DNA)법에 따라 살인, 강도, 강간, 유괴, 방화 등 동법에서 규정한 대상범죄(법[79] 제5조 제1항) 또는 이와 경합된 죄를 범하여 구속된 피의자(이하 '구속피의자'라고 한다)로부터 디엔에이감식시료[80]를 채취할 수 있으며, 치료감호법에 따라 보호구속된 치료감호대상자의 경우도 마찬가지이다(법 제6조).

가) 절 차

검사는 관할 지방법원 판사(군판사를 포함한다. 이하 같다)에게 청구하여 발부받은 영장에 의하여 구속피의자(법 제6조)로부터 디엔에이감식시료를 채취할 수 있다(법 제8조 제1항). 사법경찰관은 검사에게 신청하여 검사의 청구로 관할 지방법원 판사가 발부한 영장에 의하여 구속피의자(제6조)의 채취대상자로부터 디엔에이감식시료를 채취할 수 있다(동조 제2항). 다만, 채취대상자가 동의하는 경우에는 영장 없이 디엔에이감식시료를 채취할 수 있다. 이때 미리 채취대상자에게 채취를 거부할 수 있음을 고지하고 서면으로 동의를 받아야 한다(동조 제3항). 디엔에이감식시료를 채취하기 위한 영장(이하 '디엔에이감식시료채취영장'이라 한다)을 청구할 때에는 채취대상자의 성명, 주소, 청구이유, 채취할 시료의 종류 및 방법, 채취할 장소 등을 기재한 청구서 및 채취에 관한 채취대상자의 의견이 담긴 서면을 제출하여야 하며, 청구이유에 대한 소명자료를 첨부하여야 한다. 이때 채취대상자의 의견이 담긴 서면을 제출하기 곤란한 사정이 있는 때에는 그에 대한 소명자료를 함께 제출하여야 한다(동조 제4항). 그리고 관할 지방법원 판사는 디엔에이감식시료채취영장발부 여부를 심사하는 때에 채취대상자에게 서면에 의한 의견진술의 기회를 주어야 한다. 다만, 채취대상자의 의견이 담긴 서면이 제출된 때에는 의견진술의 기회를 부여한 것으로 본다(동조 제5항). 디엔에이감식시료채취영장에는 대상자의 성명, 주소, 채취할 시료의 종류 및 방법, 채취할 장소, 유효기간과 그 기간을 경과하면 집행에 착수하지 못하며 영장을 반환하여야 한다는 취지를 적고 지방법원 판사가 서명날인하여야 한다(동조 제6항).

---

79) 이하에서 '법'은 디엔에이법을 말한다.

80) '디엔에이'란 생물의 생명현상에 대한 정보가 포함된 화학물질인 디옥시리보 핵산(Deoxyribonucleic acid, DNA)을 말한다(법 제2조 제1호). '디엔에이감식시료'란 사람의 혈액, 타액, 모발, 구강점막 등 디엔에이감식의 대상이 되는 것을 말한다(동조 제2호). '디엔에이감식'이란 개인 식별을 목적으로 디엔에이 중 유전정보가 포함되어 있지 아니한 특정 염기서열 부분을 검사·분석하여 디엔에이신원확인정보를 취득하는 것을 말한다(동조 제3호).

디엔에이감식시료채취영장은 검사의 지휘에 의하여 사법경찰관리가 집행한다. 다만, 수용기관에 수용되어 있는 사람에 대한 디엔에이감식시료채취영장은 검사의 지휘에 의하여 수용기관 소속공무원이 행할 수 있다(동조 제7항). 검사는 필요에 따라 관할구역 밖에서 디엔에이감식시료채취영장의 집행을 직접 지휘하거나 해당 관할구역의 검사에게 집행지휘를 촉탁할 수 있다(동조 제8항). 다만, 디엔에이감식시료를 채취할 때에는 채취대상자에게 미리 디엔에이감식시료의 채취 이유, 채취할 시료의 종류 및 방법을 고지하여야 한다(동조 제9항). 기타 디엔에이감식시료채취영장에 의한 디엔에이감식시료의 채취에 관하여는 형소법상 압수에 관한 규정(제116조, 제118조, 제124조부터 제126조까지 및 제131조)을 준용한다(동조 제10항).

디엔에이감식시료채취영장에 의하여 디엔에이감식시료가 채취된 대상자는 채취에 관한 처분에 대하여 불복이 있으면 채취가 이루어진 날부터 7일 이내에 그 직무집행지의 관할법원 또는 검사의 소속검찰청에 대응한 법원에 그 처분의 취소를 청구할 수 있다(법 제8조의2 제1항). 이 청구는 서면으로 관할법원에 제출하여야 하며(동조 제2항), 이때 형소법상 항고에 관한 규정(제409조, 제413조, 제414조 및 제415조)을 준용한다.

나) 채취방법 및 관리

검사 또는 사법경찰관은 디엔에이감식시료를 채취할 때에는 구강점막에서의 채취 등 채취대상자의 신체나 명예에 대한 침해를 최소화하는 방법을 사용하여야 한다(법 제9조 제1항). 즉, 디엔에이감식시료 채취대상자로부터 디엔에이감식시료를 채취할 때에는 (i) 구강점막에서의 채취(제1호), (ii) 모근을 포함한 모발의 채취(제2호), (iii) 그 밖에 디엔에이를 채취할 수 있는 신체부분, 분비물, 체액의 채취(제1호 또는 제2호에 따른 디엔에이감식시료의 채취가 불가능하거나 현저히 곤란한 경우에 한정한다)(제3호)의 방법으로 하여야 한다(법 시행령 제8조 제1항). 검찰총장 및 경찰청장은 디엔에이감식시료를 채취하는 경우 디엔에이감식시료가 부패 또는 오염되거나 다른 디엔에이감식시료와 바뀌지 않도록 디엔에이감식시료의 채취, 운반 및 보관에 필요한 조치를 하여야 한다(동조 제2항). 또한 검사 또는 사법경찰관은 디엔에이감식시료를 채취한 경우 채취 일시와 장소 및 방법, 채취한 디엔에이감식시료의 종류와 채취 사유 등을 적은 서류를 작성하여 사건기록에 첨부하여야 한다(법 시행령 제9조). 그리고 검사 또는 사법경찰관은 디엔에이감식시료 채취대상자로부터 채취한 디엔에이감식시료와 (i) 채취 일시와 장소 및 방법, 채취한 디엔에이감식시료의 종류 등을 적은 서류(제1호)와 (ii) 디엔에이감식시료채취영장 또는 디엔에이감식시료채취동의서(제2호)를 검찰총장이 지정한 디엔에이인적관리자 또는 경찰청장이 지정한 디엔에이인적관리자에게 보내야 한다(법 시행령 제10조 제1항). 디엔에이감식시료를 건네받은 디엔에이인적관리자는 식별코드를 생성하여 디엔에이감식시료를 담은 봉투, 용기 등에 부착하고 인적 관리시스템에 인적 사항 등과 식별코드를 입력한 후 지체 없이 그 디엔에이감식시료를 대검찰청 과학수사기획관(이하 '검찰 디엔에이신원확인정보담당자'라 한다) 또는 국립과학수사연구원(이하 '경찰 디엔에이신원확인정보담당자'라 한다)에 보내야 한다(동조 제2항). 그리고 검찰 디엔에이신원확인정보담당자는 검사가 디엔에이감식시료 채취대상자로부터 채취한 디엔에이감식시료에서 취득한 디에이신원확인정보를 지체 없이 경찰 디엔에이신원확인정보담당자에게 보내야 한다(동조 제3항).

디엔에이신원확인정보담당자는 업무상 취득한 디엔에이감식시료 또는 디엔에이신원확인정보를 업무목적 외에 사용하거나 타인에게 제공 또는 누설하여서는 아니 된다(법 제15조).

다) 디엔에이신원확인정보의 검색·회보

디엔에이신원확인정보담당자는 (i) 데이터베이스에 새로운 디엔에이신원확인정보를 수록하는 경우(제1호), (ii) 검사 또는 사법경찰관이 범죄수사 또는 변사자 신원확인을 위하여 요청하는 경우(제2호), (iii) 법원(군사법원을 포함한다. 이하 같다)이 형사재판에서 사실조회를 하는 경우(제3호), (iv) 데이터베이스 상호간의 대조를 위하여 필요한 경우(제4호)에 디엔에이신원확인정보를 검색하거나 그 결과를 회보할 수 있다(법 제11조 제1항). 디엔에이신원확인정보담당자는 디엔에이신원확인정보의 검색결과를 회보하는 때에는 그 용도, 작성자, 조회자의 성명 및 작성일시를 명시하여야 한다(동조 제2항).[81)]

라) 폐기와 삭제

디엔에이신원확인정보담당자가 디엔에이신원확인정보를 데이터베이스에 수록한 때에는 채취된 디엔에이감식시료와 그로부터 추출한 디엔에이를 지체 없이 폐기하여야 한다(법 제12조 제1항).[82)]

한편, 디엔에이신원확인정보담당자는 구속피의자가 (i) 검사의 혐의없음, 죄가안됨 또는 공소권없음의 처분이 있거나, 법 제5조 제1항 각 호의 범죄

---

81) 기타 디엔에이신원확인정보의 검색 및 검색결과의 회보 절차에 관하여 필요한 사항은 동법 시행령 제15조 참조.

82) 디엔에이감식시료와 그로부터 추출한 디엔에이의 폐기 방법 및 절차에 관하여 필요한 사항은 동법 시행령 제16조 참조.

로 구속된 피의자의 죄명이 수사 또는 재판 중에 같은 항 각 호 외의 죄명으로 변경되는 경우(다만, 죄가안됨 처분을 하면서 치료감호법 제7조 제1호에 따라 치료감호의 독립청구를 하는 경우는 제외한다)(제1호), (ii) 법원의 무죄, 면소, 공소기각 판결 또는 공소기각 결정이 확정된 경우(다만, 무죄 판결을 하면서 치료감호를 선고하는 경우는 제외한다)(제2호), (iii) 법원의 치료감호법 제7조 제1호에 따른 치료감호의 독립청구에 대한 청구기각 판결이 확정된 경우에 해당하는 경우(제3호)에는 직권 또는 본인의 신청에 의하여 채취되어 데이터베이스에 수록된 디엔에이신원확인정보를 삭제하여야 한다(법 제13조 제2항). 또한 디엔에이신원확인정보담당자는 구속피의자의 불복절차에서 검사 또는 사법경찰관의 디엔에이감식시료의 채취에 관한 처분 취소결정이 확정된 경우에는 직권 또는 본인의 신청에 의하여 채취되어 데이터베이스에 수록된 디엔에이신원확인정보를 삭제하여야 한다(동조 제3항). 그리고 디엔에이신원확인정보담당자는 구속피의자가 사망한 경우에는 채취되어 데이터베이스에 수록된 디엔에이신원확인정보를 직권 또는 친족의 신청에 의하여 삭제하여야 한다(동조 제4항).

디엔에이신원확인정보담당자는 디엔에이신원확인정보를 삭제한 경우에는 30일 이내에 본인 또는 신청인에게 그 사실을 통지하여야 한다(동조 제6항).[83)]

(바) 재구속의 제한

검사 또는 사법경찰관에 의해 구속되었다가 석방된 자는 다른 중요한 증거를 발견한 경우를 제외하고는 동일한 범죄사실에 대하여 재차 구속할 수 없다(제208조 제1항). '구속되었다가 석방된 자'란 구속영장에 의하여 구속되었다가 석방된 자를 말하므로 긴급체포나 현행범인으로 체포되었다가 사후영장발부 전에 석방된 피의자를 구속하는 경우는 포함되지 않는다(2001도4291). 구속영장에 기재된 범죄사실과 다른 사건이라도 그것이 하나의 목적을 위해 동시 또는 수단·결과의 관계에서 행해진 행위는 동일한 범죄사실로 간주한다(동조 제2항).[84)]

재구속영장의 청구서에는 재구속영장의 청구라는 취지와 재구속의 사유(제208조 제1항 또는 제214조의3[85)])를 기재하여야 한다(규칙 제99조 제2항).

---

83) 디엔에이신원확인정보의 삭제 방법, 절차 및 통지에 관하여 필요한 사항은 동법 시행령 제17조 참조.

84) 재구속의 제한규정은 법원이 피고인을 구속하는 경우에는 적용되지 않는다(85모12).

85) 제214조의3(재체포 및 재구속의 제한) ① 제214조의2 제4항에 따른 체포 또는 구속 적부심사결정에 의하여 석방된 피의자가 도망하거나 범죄의 증거를 인멸하는 경우를 제외하고는 동

(2) 피고인의 구속

1) 주 체

피고인의 구속은 수소법원이 행한다(제70조 제1항 참조). 피고인의 구속은 법원이 직권에 의하여 구속영장을 발부하므로(제70조 제1항, 제73조) 검사의 청구를 요하지 않는다(96모46, 96헌바28). 재판장은 급속을 요하는 경우에는 구속영장을 발부할 수 있고, 합의부원으로 하여금 처분을 하게 할 수 있다(제80조).

2) 구속이유의 고지 등

법원은 피고인에 대하여 범죄사실의 요지, 구속의 이유와 변호인을 선임할 수 있음을 말하고 변명할 기회를 준 후가 아니면 구속할 수 없다. 다만, 피고인이 도망한 경우에는 그러하지 아니하다(제72조). 법원은 합의부원으로 하여금 이 절차를 이행하게 할 수 있다(제72조의2 제1항). 이 경우 법원은 피고인이 출석하기 어려운 특별한 사정이 있고 상당하다고 인정하는 때에는 검사와 변호인의 의견을 들어 비디오 등 중계장치에 의한 중계시설을 통하여 이 절차를 진행할 수 있다(동조 제2항).

이는 피고인을 구속함에 있어서 법관에 의한 사전청문절차를 규정한 것으로서, 법원이 사전에 위 규정에 따른 절차를 거치지 아니한 채 피고인에 대하여 구속영장을 발부하였다면 발부결정은 위법이다(2015모1032).[86]

일한 범죄사실로 재차 체포하거나 구속할 수 없다.

② 제214조의2 제5항(보증금납입조건부)에 따라 석방된 피의자에게 다음 각 호의 어느 하나에 해당하는 사유가 있는 경우를 제외하고는 동일한 범죄사실로 재차 체포하거나 구속할 수 없다. 1. 도망한 때, 2. 도망하거나 범죄의 증거를 인멸할 염려가 있다고 믿을 만한 충분한 이유가 있는 때, 3. 출석요구를 받고 정당한 이유 없이 출석하지 아니한 때, 4. 주거의 제한이나 그 밖에 법원이 정한 조건을 위반한 때

86) 판례는 "다만, 위 규정은 피고인의 절차적 권리를 보장하기 위한 규정이므로 이미 변호인을 선정하여 공판절차에서 변명과 증거의 제출을 다하고 그의 변호 아래 판결을 선고받은 경우 등과 같이 위 규정에서 정한 절차적 권리가 실질적으로 보장되었다고 볼 수 있는 경우에는 이에 해당하는 절차의 전부 또는 일부를 거치지 아니한 채 구속영장을 발부하였더라도 이러한 점만으로 발부결정을 위법하다고 볼 것은 아니지만, 사전 청문절차의 흠결에도 불구하고 구속영장발부를 적법하다고 보는 이유는 공판절차에서 증거의 제출과 조사 및 변론 등을 거치면서 판결이 선고될 수 있을 정도로 범죄사실에 대한 충분한 소명과 공방이 이루어지고 그 과정에서 피고인에게 자신의 범죄사실 및 구속사유에 관하여 변명을 할 기회가 충분히 부여되기 때문이므로, 이와 동일시할 수 있을 정도의 사유가 아닌 이상 함부로 청문절차 흠결의 위법이 치유된다고 해석하여서는 아니 된다"(2015모1032)고 하였다.

3) 구속영장의 발부

피고인을 구인 또는 구금함에는 구속영장을 발부하여야 한다(제73조). 피고인의 구속영장은 명령장으로서의 성질을 가진다. 구속영장에는 피고인의 성명, 주거, 죄명, 공소사실의 요지, 인치 구금할 장소, 발부년월일, 그 유효기간과 그 기간을 경과하면 집행에 착수하지 못하며 영장을 반환하여야 할 취지를 기재하고 재판장 또는 수명법관이 서명날인하여야 한다(제75조 제1항). 또한 피고인의 주민등록번호(외국인인 경우에는 외국인등록번호, 위 번호들이 없거나 이를 알 수 없는 경우에는 생년월일 및 성별), 직업 및 구속의 사유를 기재하여야 한다(규칙 제46조). 피고인의 성명이 분명하지 아니한 때에는 인상, 체격, 기타 피고인을 특정할 수 있는 사항으로 피고인을 표시할 수 있다(동조 제2항). 피고인의 주거가 분명하지 아니한 때에는 그 주거의 기재를 생략할 수 있다(동조 제3항).

구속영장은 수통을 작성하여 사법경찰관리 수인에게 교부할 수 있으며(제82조 제1항), 이때에는 그 사유를 구속영장에 기재하여야 한다(동조 제2항). 영장의 유효기간은 7일로 한다. 다만, 법원 또는 법관이 상당하다고 인정하는 때에는 7일을 넘는 기간을 정할 수 있다(규칙 제178조).

4) 구속영장의 집행

(가) 집행기관

구속영장은 검사의 지휘에 의하여 사법경찰관리가 집행한다(제81조 제1항 본문). 교도소 또는 구치소에 있는 피고인에 대하여 발부된 구속영장은 검사의 지휘에 의하여 교도관이 집행한다(동조 제3항). 검사의 지휘에 의하여 구속영장을 집행하는 경우에는 구속영장을 발부한 법원이 그 원본을 검사에게 송부하여야 한다(규칙 제48조).

그러나 급속을 요하는 경우에는 재판장, 수명법관 또는 수탁판사가 구속영장의 집행을 지휘할 수 있다(제81조 제1항 단서). 이때 피고인의 현재지의 지방법원 판사에게 피고인의 구속을 촉탁할 수 있으며(제77조 제1항), 수탁판사는 피고인이 관할구역 내에 현재하지 아니한 때에는 그 현재지의 지방법원 판사에게 전촉할 수 있다(동조 제2항). 또한 이때에 법원사무관 등에게 그 집행을 명할 수 있으며, 법원사무관 등은 그 집행에 관하여 필요한 때에는 사법경찰관리·교도관 또는 법원경위에게 보조를 요구할 수 있으며, 관할구역 외에서도 집행할 수 있다(제81조 제2항).

(나) 절 차

구속영장을 집행함에는 피고인에게 반드시 이를 제시하고 그 사본을 교부하여야 하며, 신속히 지정된 법원 기타 장소에 인치하여야 한다(제85조 제1항). 수탁판사가 구속영장을 발부한 경우(제77조 제3항)에는 이를 발부한 판사에게 인치하여야 한다(동조 제2항). 구속영장을 소지하지 아니한 경우에 급속을 요하는 때에는 피고인에 대하여 공소사실의 요지와 영장이 발부되었음을 고하고 집행할 수 있으며(동조 제4항), 집행을 완료한 후에는 신속히 구속영장을 제시하고 그 사본을 교부하여야 한다(동조 제4항). 다만, 구속영장의 집행에 있어서는 피고인에 대하여 범죄사실의 요지, 구속의 이유와 변호인을 선임할 수 있음을 말하고 변명할 기회를 주어야 하는 것은 아니다. 이는 이미 구속영장의 발부 시에 이 사실들을 고지하였을 뿐만 아니라, 구속 후 즉시 공소사실을 고지하도록 하고 있는 점(제88조) 등을 고려한 것으로 보인다.

구속영장의 집행을 받은 피고인을 호송할 경우에 필요하면 가장 가까운 교도소 또는 구치소에 임시로 유치할 수 있다(제86조). 구속영장집행사무를 담당한 자가 구속영장을 집행한 때에는 구속영상에 집행일시와 장소를, 집행할 수 없었을 때에는 그 사유를 각 기재하고 기명날인하여야 한다(규칙 제49조 제1항). 구속영장의 집행에 관한 서류는 집행을 지휘한 검사 또는 수탁판사를 경유하여 구속영장을 발부한 법원에 이를 제출하여야 한다(동조 제2항).

검사, 사법경찰관리 또는 법원사무관 등(제81조 제2항)이 피고인에 대한 구속영장을 집행할 경우에 필요한 때에는 미리 수색영장을 발부받기 어려운 긴급한 사정이 있는 경우에는 영장 없이 타인의 주거, 간수자 있는 가옥, 건조물, 항공기, 선박 또는 차량 안에 들어가 피고인을 수색할 수 있다(제137조).

(다) 집행 후의 조치

가) 고지와 통지

피고인을 구속한 때에는 즉시 공소사실의 요지와 변호인을 선임할 수 있음을 알려야 한다(제88조). 고지는 집행기관이 하는 것이 원칙이지만 재판장, 수명법관 또는 수탁판사가 구속영장의 집행을 지휘하는 경우에는 재판장, 수명법관 또는 수탁판사가 고지하며, 이때에는 법원사무관 등을 참여시켜 조서를 작성하게 하거나 피고인 또는 피의자로 하여금 확인서 기타 서면을 작성하게 하여야 한다(규칙 제52조). 다만, 이는 사후청문절차에 관한 규정이므로 이를 위반하였다 하여 구속영장의 효력에 어떠한 영향을 미치는 것은 아니다(2000모134).

또한 피고인을 구속한 때에는 변호인이 있는 경우에는 변호인에게, 변호인이 없는 경우에는 피고인의 법정대리인, 배우자, 직계친족과 형제자매 중 피고인이 지정한 자에게 피고사건명, 구속일시·장소, 범죄사실의 요지, 구속의 이유와 변호인을 선임할 수 있는 취지를 알려야 한다(제87조 제1항, 규칙 제51조 제1항). 구속의 통지는 구속을 한 때로부터 늦어도 24시간이내에 서면으로 하여야 한다. 변호인 또는 피고인이 지정한 자가 없어 통지를 하지 못한 경우에는 그 취지를 기재한 서면을 기록에 철하여야 한다(제87조 제2항, 규칙 제51조 제2항). 다만, 급속을 요하는 경우에는 구속되었다는 취지 및 구속의 일시·장소를 전화 또는 모사전송기 기타 상당한 방법에 의하여 통지할 수 있다. 다만, 이때에도 구속의 통지는 다시 서면으로 하여야 한다(규칙 제51조 제3항).

나) 피고인의 권리

구속된 피고인은 법원, 교도소장 또는 구치소장 또는 그 대리자에게 변호사를 지정하여 변호인의 선임을 의뢰할 수 있다(제90조 제1항). 이 의뢰를 받은 법원, 교도소장 또는 구치소장 또는 그 대리자는 급속히 피고인이 지명한 변호사에게 그 취지를 통지하여야 한다(동조 제2항). 구속된 피고인은 관련 법률이 정한 범위에서 타인과 접견하고 서류나 물건을 수수하며 의사의 진료를 받을 수 있다(제89조).

또한 변호인이나 변호인이 되려는 자는 신체가 구속된 피고인과 접견하고 서류나 물건을 수수(授受)할 수 있으며 의사로 하여금 피고인을 진료하게 할 수 있다(제34조). 다만, 법원은 도망하거나 범죄의 증거를 인멸할 염려가 있다고 인정할 만한 상당한 이유가 있는 때에는 직권 또는 검사의 청구에 의하여 결정으로 구속된 피고인과 변호인이나 변호인이 되려는 자 외의 타인과의 접견을 금지할 수 있고, 서류나 그 밖의 물건을 수수하지 못하게 하거나 검열 또는 압수할 수 있다. 다만, 의류·양식·의료품은 수수를 금지하거나 압수할 수 없다(제91조).

그리고 피고인, 변호인, 피고인의 법정대리인, 피고인의 특별대리인(제28조), 배우자, 직계친족과 형제자매는 구속영장을 발부한 법원에 구속영장의 등본의 교부를 청구할 수 있다(규칙 제50조 제1항). 이때에 고소인, 고발인 또는 피해자는 비용을 납입하고 재판서 또는 재판을 기재한 조서의 등본 또는 초본의 교부를 청구할 수 있다. 다만, 그 청구하는 사유를 소명하여야 한다(동조 제2항, 규칙 제26조 제2항).

(라) 구속기간

피고인에 대한 구속기간은 공소제기 시부터 2개월이다(제92조 제1항·제3항). 그러나 구속을 계속할 필요가 있는 경우에는 심급마다 2개월 단위로 2차에 한하여 결정으로 갱신할 수 있다. 상소심은 피고인 또는 변호인이 신청한 증거의 조사, 상소이유를 보충하는 서면의 제출 등으로 추가 심리가 필요한 부득이한 경우에는 3차에 한하여 갱신할 수 있다(제92조 제2항). 따라서 각 심급마다 최대구속기간은 6개월이며, 3심까지 최장 18개월까지 구속이 가능하게 된다.

상소기간 중 또는 상소 중의 사건에 관하여 구속기간의 갱신, 구속의 취소, 보석, 구속의 집행정지와 그 정지의 취소에 대한 결정은 소송기록이 원심법원에 있는 때에는 원심법원이 하여야 한다(제105조, 규칙 제57조 제1항). '상소기간 중'이란 판결선고 후에 7일 간의 상소의 제기기간 사이에 아직 상소가 제기되지 않은 기간을 말한다. '상소 중'이란 상소가 제기되었으나 아직 소송기록이 상소법원에 도달하기 전까지의 기간을 말한다. 이때 원심법원의 구속기간 갱신은 상소법원의 권한을 대행하는 것이므로 그 후 상소법원은 나머지 구속기간 갱신만 할 수 있다. 이송, 파기환송 또는 파기이송 중의 사건의 경우에는 소송기록이 이송 또는 환송법원에 도달하기까지는 이송 또는 환송한 법원이 이를 하여야 한다(규칙 제57조 제2항).

구속기간의 개시일은 구속피고인의 경우에는 공소제기 시이며, 불구속피고인의 경우는 실제로 구속영장에 의해 구속된 날이다. 구속영장집행 후 법원 기타 장소에 인치할 때까지의 기간은 구속기간에 산입된다. 다만, 기피신청(제22조), 공소장변경(제298조 제4항), 피고인의 심신상실 또는 질병(제306조 제1항 및 제2항)의 규정에 의하여 공판절차가 정지된 기간 및 공소제기 전의 체포·구인·구금 기간은 구속기간에 산입하지 않는다(제92조 제3항). 법원이 법률의 위헌 여부 심판을 헌법재판소에 제청한 때에는 해당 소송사건의 재판은 헌법재판소의 위헌 여부의 결정이 있을 때까지 정지되며, 이 정지된 기간은 구속기간에 산입하지 않는다(헌법재판소법 제42조).

4. 관련문제

(1) 별건구속

1) 의 의

별건구속이란 수사기관이 본래 수사하고자 하는 (중대범죄인) 본건에 대하여는 구속요건이 구비되지 못하였기 때문에 본건의 수사에 이용할 목적으로 구속요건이 구비된 (경미범죄인) 별건으로 구속하는 경우를 말한다. 별건구속은 원래 혐의를 둔 본건으로는 당장 구속이 불가능함에도 본건의 수사를 계속할 목적으로 별건의 구속을 이용하는 것이라는 점에서 그 적법성 여부가 문제된다. 경찰서장의 즉결심판청구에 의해 선고된 구류형의 집행을 이용하여 피의자의 신병을 확보한 후에 본건의 수사를 진행하는 경우도 마찬가지이다.

2) 적법성 여부

별건구속이 적법한지에 대하여는 ① 구속 그 자체는 별건에 관한 것이고 구속요건도 갖추어져 있으므로 적법하고, 별건에 관하여 구속의 요건이 흠결되어 있는 경우에 한하여 위법한 구속이 된다는 견해(별건기준설)가 있다. 그러나 ② 별건구속을 허용할 경우 본건의 구속에 적용되는 구속기간의 제한 등 구속에 관한 법원의 사법적 통제를 회피하고, 피의자의 방어권행사를 어렵게 할 염려가 있으며, 본건의 구속사유가 없는 경우에 자칫 자백강요 또는 수사목적을 달성하기 위하여 별건구속이 남용되는 경우를 배제할 수 없으므로 본건의 수사를 목적으로 하면서도 명목상 별건구속을 하는 것은 본건의 구속요건이 구비되어 있지 않는 한 위법이다(본건기준설, 통설). 따라서 별건구속은 물론, 별건구속에 의하여 얻은 진술이나 그로 인하여 얻은 증거물도 위법수집증거로서 증거능력이 인정되지 않는다. 다만, 구속 중인 피의자에 대한 여죄수사는 허용되므로 별건구속인가의 여부는 범죄의 경·중, 양자의 관련성, 수사기관의 의도 등을 종합하여 판단할 필요가 있다.

판례는 본래 의미의 별건구속을 다룬 사건은 없지만, 구 신용카드업법위반 등 피의사건으로 구속된 기간에 연이어 사기 등 범죄로 구속된 사안에서 별건구속을 허용하는 듯한 태도를 보이고 있다. 즉, 이 사안에서 전에 구속되었던 기간을 이 사건 본형에 산입하여야 한다는 피고인의 주장에 대하여 "피고인이 기소중지 처분된 신용카드업법위반 등 피의사실로 27일간 구속되었고, 연이어 사기 등 범행으로 구속되어 사기 등 범행으로 구속기소되었지만 결과적으로 위 구속기간이 사기 등 범행사실의 수사에 실질상 이용되었다 하더라도 위 구금일수를 본형에 산입할 수는 없다"(90도2337)고 한다.

(2) 이중구속

1) 의 의

이중구속이란 하나의 범죄사실로 이미 구속영장이 발부되어 있는 피고인 또는 피의자를 별개의 범죄사실로 다시 구속하는 것을 말한다. 이중구속은 구속기간 만료에 대비하여 종전의 구속영장에 기재된 범죄사실과 다른 범죄사실로 구속하는 경우에 주로 문제된다.

2) 적법성 여부

이중구속이 적법한지에 대하여는 ① 구속영장의 효력은 피고인 또는 피의자를 단위(인단위설)로 하여 그 범위가 정하여지므로 이중구속은 허용되지 않는다는 견해가 있다. 그러나 ② 구속영장의 효력은 구속영장에 기재된 범죄사실 및 그와 동일성이 인정되는 사실에 대하여 그 효력이 미치므로(사건단위설) 일정한 범죄사실로 구속되어 있는 자에 대하여 다른 범죄사실로 구속영장을 발부하는 것은 허용된다(다수설). 판례는 구속의 효력은 원칙적으로 구속영장에 기재된 범죄사실에만 미치는 것이라고 하면서, 구속기간이 만료될 무렵에 종전 구속영장에 기재된 범죄사실과 다른 범죄사실로 피고인을 구속하였다는 사정만으로는 피고인에 대한 구속이 위법하지 않다고 한다(2000모134).

이중구속이 허용되는 경우에도 이미 구속되어 있는 자에게 동시에 수개의 구속영장을 집행하는 것이 허용되는지에 대해서는 ① 구속 중인 자는 이미 구속되어 있으므로 구속사유가 충족될 수 없고, 구속된 자가 석방되는 시점에 영장을 집행하면 되므로 이중구속을 허용할 필요가 없다는 견해가 있다. 그러나 ② 구속된 자에 대해서도 석방에 대비하여 현실적으로 이중구속을 하여야 할 필요성이 있으므로 수개의 구속영장을 동시에 집행하는 것은 허용된다(다수설). 형소법도 명문으로 구속된 자에 대한 구속집행을 허용하고 있다(제81조 제3항, 제209조). 다만, 이중구속의 경우에도 구속영장의 효력은 해당 구속영장에 기재된 범죄사실에만 미치므로 구속기간은 사건마다 각각 따로 진행된다.

Ⅳ. 체포·구속된 자의 권리

1. 피고인·피의자의 접견교통권

(1) 의 의

접견교통권이란 체포·구속된 피고인 또는 피의자가 변호인이나 가족·친지 등의 타인과 접견하고 서류 또는 물건을 수수하며, 의사의 진료를 받을 권리를 말한다. 이는 체포·구속된 피고인 또는 피의자의 인권을 보장함과 동시에 체포·구

서 미결수용중인 피고인 또는 피의자의 신체나 의류 또는 휴대품 등을 조사하거나 특정물품의 소지를 금지하는 것은 허용된다.[90)]

또한 변호인 등은 체포·구속된 피고인 또는 피의자의 건강상태를 확인하고 질병 등을 치료하기 위하여 의사로 하여금 진료하게 할 수 있다. 다만, 교정시설에 수용 중인 미결수용자가 외부의사의 진료를 받는 경우에는 교도관이 참여하고 그 경과를 수용기록부에 기록하여야 한다(형집행법 시행령 제106조). 사법경찰관이 경찰서 유치장에 구금되어 있던 피의자에 대하여 의사의 진료를 받게 할 것을 신청한 변호인에게 사법경찰관이 추천하는 의사의 참여를 요구한 것은 변호인의 수진권을 침해하는 위법한 처분이 아니다(2000모112).

(3) 비변호인과의 접견교통권

1) 내용과 성격

체포·구속된 피고인 또는 피의자는 관련 법률이 정한 범위 내에서 타인과 접견하고 서류나 물건을 수수하며 의사의 진료를 받을 수 있다(제209조, 제200조의6, 제89조). '법률'이란 형집행법을 말하고, '타인'이란 변호인 또는 변호인이 되려는 자 이외의 자를 말한다. 이는 피고인 또는 피의자의 심리적 안정과 방어준비를 위한 것으로 헌법상 기본권에 속한다(2002헌마193).

2) 제 한

체포·구속된 피고인 또는 피의자의 비변호인과의 접견교통권은 법률이 정하는 범위 내에서 보장되므로 제한이 허용된다.

(가) 형소법에 의한 제한

---

90) 형집행법 제92조(금지물품) ① 수용자는 다음 각 호의 물품을 지녀서는 아니 된다.

1. 마약·총기·도검·폭발물·흉기·독극물, 그 밖에 범죄의 도구로 이용될 우려가 있는 물품, 2. 무인비행장치, 전자·통신기기, 그 밖에 도주나 다른 사람과의 연락에 이용될 우려가 있는 물품, 3. 주류·담배·화기·현금·수표, 그 밖에 시설의 안전 또는 질서를 해칠 우려가 있는 물품, 4. 음란물, 사행행위에 사용되는 물품, 그 밖에 수형자의 교화 또는 건전한 사회복귀를 해칠 우려가 있는 물품

제93조(신체검사 등) ① 교도관은 시설의 안전과 질서유지를 위하여 필요하면 수용자의 신체·의류·휴대품·거실 및 작업장 등을 검사할 수 있다.

③ 교도관은 시설의 안전과 질서유지를 위하여 필요하면 교정시설을 출입하는 수용자 외의 사람에 대하여 의류와 휴대품을 검사할 수 있다. 이때 출입자가 제92조의 금지물품을 지니고 있으면 교정시설에 맡기도록 하여야 하며, 이에 따르지 아니하면 출입을 금지할 수 있다.

법원은 도망하거나 범죄의 증거를 인멸할 염려가 있다고 인정할 만한 상당한 이유가 있는 때에는 직권 또는 검사의 청구에 의하여 결정으로 구속된 피고인과 변호인 등이 아닌 타인과의 접견을 금지할 수 있고, 서류나 그 밖의 물건을 수수하지 못하게 하거나 검열 또는 압수할 수 있다. 다만, 의류·양식·의료품은 수수를 금지하거나 압수할 수 없다(제91조). 이때 접근금지는 전면적인 접근금지뿐만 아니라 특정인을 제외하는 개별적인 금지도 가능하고, 조건부 또는 기한부 금지도 가능하다.

이는 피의자의 체포·구속에도 준용된다(제209조, 제200조의6). 다만, 피의자의 비변호인과의 접견교통권 제한방식에 대하여는 ① 제200조의6과 제209조의 준용규정을 근거로 수사기관의 결정에 의하여 할 수 있다는 견해가 있다(다수설). 그러나 ② 위 규정들은 피고인구속에 관한 질차를 수사기관의 피의자의 체포·구속에 준용하도록 것에 불과하므로 수사기관의 독자적인 접견교통제한권을 인정한 것으로는 해석할 수 없고, 따라서 체포·구속된 피의자의 접견교통권 제한은 수사의 합목적성에 의해 남용되지 않도록 법원의 결정에 의하여야 한다. 실무에서는 피의자의 경우에 접견금지 등의 제한은 수사기관이 결정한다(검사규칙 제62조[91] 참조).

(나) 형집행법에 의한 제한

가) 접견의 제한 등

미결수용자는 교정시설의 외부에 있는 사람과 접견할 수 있다. 다만, (i) 형사법령에 저촉되는 행위를 할 우려가 있는 때(제1호), (ii) 형소법이나 그 밖의 법률에 따른 접견금지의 결정이 있는 때(제2호), (iii) 시설의 안전 또는 질서를 해칠 우려가 있는 때(제3호)에는 그러하지 아니하다(법 제41조 제1항). 수용자의 접견은 접촉차단시설이 설치된 장소에서 하게 한다(동조 제2항). 다만, (i) 미결수용자가 미성년자인 자녀와 접견하는 경우(제1호) 또는 (ii) 미결수용자의 처우를 위하여 소장이 특별히 필요하다고 인정하는 경우(제2호)에는 접촉차단시설이 설치되지 아니한 장소에서 접견하게 할 수 있다(동조 제3항, 법 시행령 제59조 제3항 제2호).

또한 소장은 (i) 범죄의 증거를 인멸하거나 형사법령에 저촉되는 행위를 할 우려가 있는 때(제1호) 또는 (ii) 시설의 안전과 질서유지를 위하여 필요한

91) 검사규칙 제62조(피의자 접견 등 금지의 결정) ① 검사가 법 제200조의6에서 준용하는 법 제91조에 따라 피의자와 법 제34조에서 규정한 사람이 아닌 사람과의 접견 등을 금지하려는 경우에는 별지 제75호서식의 피의자 접견 등 금지 결정서에 따른다.

때(제2호)에는 교도관으로 하여금 미결수용자의 접견내용을 청취·기록·녹음 또는 녹화하게 할 수 있으며(법 제41조 제4항), 이때에는 사전에 미결수용자 및 그 상대방에게 그 사실을 알려 주어야 한다(동조 제5항).[92]

나) 접견의 중지 등

교도관은 접견 중인 미결수용자 또는 그 상대방이 (i) 범죄의 증거를 인멸하거나 인멸하려고 하는 때(제1호), (ii) 금지물품(법 제92조)을 주고받거나 주고받으려고 하는 때(제2호), (iii) 형사법령에 저촉되는 행위를 하거나 하려고 하는 때(제3호), (iv) 수용자의 처우 또는 교정시설의 운영에 관하여 거짓사실을 유포하는 때(제4호), (v) 시설의 안전 또는 질서를 해하는 행위를 하거나 하려고 하는 때(제5호)에는 접견을 중지할 수 있다(법 제42조).

다) 편지수수의 제한

미결수용자는 다른 사람과 편지를 주고받을 수 있다. 다만, (i) 형소법이나 그 밖의 법률에 따른 편지의 수수금지 및 압수의 결정이 있는 때(제1호) 또는 (ii) 시설의 안전 또는 질서를 해칠 우려가 있는 때(제2호)에는 그러하지 아니하다(법 제43조 제1항). 같은 교정시설의 수용자 간에 편지를 주고받으려면 소장의 허가를 받아야 한다(동조 제2항).

소장은 미결수용자가 주고받는 편지에 법령에 따라 금지된 물품이 들어 있는지 확인할 수 있다(동조 제3항). 그러나 미결수용자가 주고받는 편지의 내용은 검열받지 않는다. 다만, (i) 편지의 상대방이 누구인지 확인할 수 없는 때(제1호), (ii) 형소법이나 그 밖의 법률에 따른 편지검열의 결정이 있는 때(제2호), (iii) 시설의 안전 또는 질서를 해칠 우려가 있는 때나 형사법령에 저촉되는 내용이 기재되어 있다고 의심할 만한 상당한 이유가 있는 때(제3호), (iv) 대통령령으로 정하는 수용자 간의 편지인 때(제4호)에는 그러하지 아니하다(동조 제4항).

소장은 확인 또는 검열한 결과 미결수용자의 편지에 법령으로 금지된 물품이 들어 있거나 편지의 내용이 (i) 암호·기호 등 이해할 수 없는 특수문자로 작성되어 있는 때(제1호), (ii) 범죄의 증거를 인멸할 우려가 있는 때(제2호), (iii) 형사법령에 저촉되는 내용이 기재되어 있는 때(제3호), (iv) 수용자의 처우 또는 교정시설의 운영에 관하여 명백한 거짓사실을 포함하고 있는 때(제4호), (v) 사생활의 비

---

92) 접견의 횟수·시간·장소·방법 및 접견 내용의 청취·기록·녹음·녹화 등에 관하여 필요한 사항은 동법 시행령 제58-제62조 참조.

밀 또는 자유를 침해할 우려가 있는 때(제5호), (vi) 시설의 안전 또는 질서를 해칠 우려가 있는 때(제6호)에는 발신 또는 수신을 금지할 수 있다(동조 제5항).

한편, 소장이 편지를 발송하거나 내어주는 경우에는 신속히 하여야 하며(동조 제6항), 발신 또는 수신이 금지된 편지는 그 구체적인 사유를 서면으로 작성해 관리하고, 미결수용자에게 그 사유를 알린 후 교정시설에 보관한다. 다만, 미결수용자가 동의하면 폐기할 수 있다(동조 제7항).[93)]

라) 전화통화의 제한

미결수용자는 소장의 허가를 받아 교정시설의 외부에 있는 사람과 전화통화를 할 수 있다(법 제44조 제1항). 이 허가에는 통화내용의 청취 또는 녹음을 조건으로 붙일 수 있다(동조 제2항). 통화내용을 청취 또는 녹음하려면 사전에 미결수용자 및 상대방에게 그 사실을 알려 주어야 한다(동조 제4항). 접견의 중지 등에 관한 규정(법 제42조)은 미결수용자의 전화통화에 관하여 준용한다(동조 제3항).[94)]

(4) 접견교통권의 침해에 대한 구제

법원의 접견교통제한결정에 대하여 불복이 있는 때에는 보통항고를 할 수 있고(제402조), 검사 또는 사법경찰관의 접견교통권제한에 대해서는 구금에 대한 처분이므로 준항고에 의하여 취소 또는 변경을 요구할 수 있다(제417조, 2003모402). 다만, 구치소장이나 교도소장에 의한 접견교통권 침해에 대한 구제방법에 대하여는 ① 제417조를 준용하여 준항고를 허용하여야 한다는 견해가 있다. 그러나 ② 접견교통권의 침해가 검사에 지휘에 의한 것이 아닌 한 행정소송이나 국가배상을 통해 구제받을 수밖에 없다. 헌법재판소는 구치소장이 접견불허처분에 대하여 행정심판이나 행정소송을 통해 다툴 수 있으나 접견불허처분의 대상이 된 접견이 그 시간이 경과함으로써 불가능하게 되었으므로 소의 이익이 없기 때문에 부적법하다고 한다(2009마헌마341).

한편, 변호인과의 접견교통권이 침해된 상태에서 얻은 증거는 위법수집증거이므로 제308조의2 또는 제309조에 의해 그 증거능력이 배제된다.[95)] 따라서 위법

---

93) 편지발송의 횟수, 편지 내용물의 확인방법 및 편지 내용의 검열절차 등에 관하여 필요한 사항은 동법 시행령 제58조-제62조 참조.

94) 전화통화의 허가범위, 통화내용의 청취·녹음 등에 관하여 필요한 사항은 동법 시행규칙 제25조-제29조 참조.

95) 신체구속을 당한 사람의 변호인이 여러 명인 경우에 어느 변호인의 접견교통권의 행사

한 변호인접견불허기간 중에 작성된 검사작성의 피의자신문조서는 증거능력이 인정되지 않는다(90도1586). 그러나 변호인접견 전에 작성된 검사의 피고인에 대한 피의자신문조서는 증거능력이 없다고 할 수 없다(90도1613).

2. 체포·구속적부심사

(1) 의 의

체포·구속적부심사란 수사기관에 의하여 체포·구속된 피의자에 대하여 법원이 그 체포·구속의 적법 여부를 심사하여 체포·구속이 부적법하거나 부당한 경우에 피의자를 석방하는 제도를 말한다. 체포·구속적부심사는 영·미법상 인신보호영장(writ of habeas corpus)[96]에서 유래하는 것으로, 헌법 제12조 제6항에서는 "누구든지 체포 또는 구속을 당한 때에는 적부의 심사를 법원에 청구할 권리를 가진다"고 규정함으로써 체포·구속적부심사청구권을 헌법상 기본권으로 규정하고 있으며, 제214조의2에서 이를 구체화하고 있다.

체포·구속적부심사는 수사단계에서 체포·구속의 적법 여부를 심사하여 피의자를 석방시키는 것이라는 점에서 수소법원이 구속된 피고인의 석방 여부를 결정하는 보석과 구별된다. 또한 이는 법원의 결정으로 피의자를 석방하는 것이라는 점에서 검사가 피의자를 석방하는 피의자 구속취소와 구별된다.

(2) 심사의 청구

1) 청구권자

체포·구속적부심사의 청구권자는 체포 또는 구속된 피의자이다(제214조의2 제1항). 임의동행의 형식으로 사실상 구속상태에 있는 자도 이에 포함된다. 이때의 체포·구속은 수사기관에 의한 경우이므로 사인(私人)에 의한 경우는 제외된다.

또한 체포·구속된 피의자의 변호인, 법정대리인, 배우자, 직계친족, 형제자매나 가족, 동거인 또는 고용주도 체포·구속적부심사를 청구할 수 있다(동항). 동거인은 사실상 동거관계에 있으면 충분하고 주민등록부에 등재되어 있을 필요

가 그 한계를 일탈한 것인지의 여부는 해당 변호인을 기준으로 하여 개별적으로 판단하여야 한다(2006모656).

96) 인신보호영장이란 체포 또는 구속된 피의자에 대한 구속의 적법 여부를 심사하기 위하여 피의자의 신체를 제시하라는 법원의 영장을 말한다.

는 없다. 고용주는 일정한 고용관계가 지속된다면 일용노동자의 고용주도 포함된다.

피의자를 체포·구속한 검사 또는 사법경찰관은 체포·구속된 피의자와 그 밖의 청구권자 중에서 피의자가 지정하는 자에게 체포·구속적부심사를 청구할 수 있음을 알려야 한다(동조 제2항).

2) 사 유

체포·구속적부심사의 청구사유는 체포·구속의 적부이다. 이는 체포·구속의 불법뿐만 아니라 부당 즉, 체포·구속계속의 필요성에 대한 판단을 포함한다.

'체포·구속이 불법인 때'란 영장에 의하지 않고 체포·구속되거나 체포·구속의 요건이나 절차에 위반한 경우 등 체포·구속의 적법요건을 갖추지 못한 경우, 체포 후 구속영장청구기간이 경과한 후에 구속영장이 청구되어 발부된 경우, 재체포 또는 재구속에 위반하여 구속영장이 발부된 경우, 체포 또는 구속기간이 지난 경우 등이 이에 해당한다.

'체포·구속이 부당한 때'란 피해자와의 합의나 고소 취소 등의 사정이 발생하여 체포·구속을 계속할 필요가 없는 경우가 이에 해당한다. 체포·구속 계속의 필요성 여부에 대한 판단은 체포·구속적부심사 시를 기준으로 한다.

3) 방 법

체포·구속적부심사의 청구는 서면 또는 구술로 피의사건의 관할법원에 하여야 한다(동조 제1항, 규칙 제176조). 체포·구속적부심사청구서에는 (i) 체포·구속된 피의자의 성명, 주민등록번호 등, 주거(제1호), (ii) 체포·구속된 일자(제2호), (iii) 청구의 취지 및 청구의 이유(제3호), (iv) 청구인의 성명 및 체포·구속된 피의자와의 관계(제4호)를 기재하여야 한다(규칙 제102조).

4) 등본의 교부청구 및 서류의 열람

체포·구속된 피의자, 그 변호인, 법정대리인, 배우자, 직계친족, 형제자매나 동거인 또는 고용주는 긴급체포서, 현행범인체포서, 체포영장, 구속영장 또는 그 청구서를 보관하고 있는 검사, 사법경찰관 또는 법원사무관 등에게 그 등본의 교부를 청구할 수 있다(규칙 제101조). 체포영장과 같은 소송서류에 대한 등사신청이나 그 등본의 수령행위는 단순한 사실행위에 불과하여 신청권자의 위임을 받은 대리인 내지 사자(使者)가 대신 행사한다고 하여 그 내용이 달라지는 것도 아니어서 변호인이 반드시 이를 직접 행사하여야 할 필요가 없으며, 신청권자 본인만이 등사신청을 할 수 있는 것으로 제한하는 근거규정도 없으므로 변호인은 직접 수사기관에 체포영장에 대한 등사를 신청하는 대신에 그 직원 등 사자(使者)를 통해서 이를 신청할 수 있으며, 이때 사전에 검사의 허가를 요하는 것도 아니다(2010다24879).

(3) 법원의 심사

1) 심사법원

체포·구속적부심사청구사건은 피의사건의 관할법원에서 담당한다. 체포·구속적부심사청구사건은 단독판사가 담당한다. 다만, 구속적부심사청구사건은 재정합의 결정을 거쳐 합의부가 담당할 수 있다(보석구속집행정지 및 적부심 등 사건의 처리에 관한 예규 제21조 참조).

체포영장이나 구속영장을 발부한 법관은 체포·구속적부심사의 심문·조사·결정에 관여할 수 없다. 다만, 체포영장이나 구속영장을 발부한 법관 외에는 심문·조사·결정을 할 판사가 없는 경우에는 그러하지 아니하다(제214조의2 제12항).

2) 심문 전의 절차

(가) 심문기일의 지정과 통지

체포·구속의 적부심사의 청구를 받은 법원은 지체 없이 청구인, 변호인, 검사 및 피의자를 구금하고 있는 관서(경찰서, 교도소 또는 구치소 등)의 장에게 심문기일과 장소를 통지하여야 한다(규칙 제104조 제1항).

심문기일의 통지를 받은 검사 또는 사법경찰관은 지정된 심문기일까지 수사관계서류와 증거물을 법원에 제출하여야 하고, 피의자를 구금하고 있는 관서의 장은 심문기일에 피의자를 출석시켜야 한다(동조 제2항). 이 통지는 서면 외에 전화·모사전송·전자우편·휴대전화 문자전송 그 밖에 적당한 방법으로 할 수 있다. 이때 통지의 증명은 그 취지를 심문조서에 기재함으로써 할 수 있다(동조 제3항, 규칙 제54조의2 제3항).

(나) 필요적 변호와 변호인의 수사서류 열람

체포·구속된 피의자에게는 제33조가 준용되므로 변호인이 없는 때에는 체포·구속의 적부심사가 청구된 피의자에게 변호인이 없는 때에는 법원 또는 지방법원 판사는 지체 없이 국선변호인을 선정하고, 피의자와 변호인에게 그 뜻을 고지하여야 한다(제214조의2 제10항, 규칙 제16조 제1항). 이때 국선변호인에게 피의사실의 요지 및 피의자의 연락처 등을 함께 고지할 수 있으며(동조 제2항), 이 고지는 서면 이외에 구술·전화·모사전송·전자우편·휴대전화 문자전송 그 밖에 적당한 방법으로 할 수 있다(동조 제3항). 체포·구속적부심은 필요적 변호사건에 해당하므로 체포·구속의 적부심사를 청구한 후에 변호인이 없게 된 때에도 위 규정을 준용한다(동조 제4항). 체포·구속적부심사의 청구에 대하여 심문 없이 간이기각 결정을 하는 경우에도 국선변호인의 선정이 필요하다.

피의자심문에 참여할 변호인은 지방법원 판사에게 제출된 구속영장 청구서 및 그에 첨부된 고소·고발장, 피의자의 진술을 기재한 서류와 피의자가 제출한 서류를 열람할 수 있다(규칙 제104조의2, 제96조의21 제1항). 다만, 검사는 증거인멸 또는 피의자나 공범관계에 있는 자가 도망할 염려가 있는 등 수사에 방해가 될 염려가 있는 때에는 지방법원 판사에게 위의 서류(구속영장청구서는 제외한다)의 열람 제한에 관한 의견을 제출할 수 있고, 지방법원 판사는 검사의 의견이 상당하다고 인정하는 때에는 그 전부 또는 일부의 열람을 제한할 수 있으며, 위의 열람에 관하여 그 일시, 장소를 지정할 수 있다(규칙 제104조의2, 제96조의21 제2항, 제3항).

3) 심문기일의 질차

체포·구속적부심사의 청구를 받은 법원은 청구서가 접수된 때부터 48시간 이내에 체포·구속된 피의자를 심문하고 수사 관계서류와 증거물을 조사하여야 한다. 심사 청구 후 피의자에 대하여 공소제기가 있는 경우에도 또한 같다(제214조의2 제4항). 따라서 사건을 수사 중인 검사 또는 사법경찰관은 심문기일까지 수사관계서류와 증거물을 법원에 제출하여야 하고, 피의자를 구금하고 있는 관서의 장은 위 심문기일에 피의자를 출석시켜야 한다. 법원사무관 등은 체포적부심사 청구사건의 기록표지에 수사관계서류와 증거물의 접수 및 반환의 시각을 기재하여야 한다(규칙 제104조 제2항). 피의자의 출석은 절차개시의 요건이다.

법원은 피의자심문을 하는 경우 공범의 분리심문이나 그 밖에 수사상의 비밀보호를 위한 적절한 조치를 하여야 한다(제214조의2 제11항). 합의부에 의할 경우 법원은 피의자의 심문을 합의부원에게 명할 수 있다(규칙 제105조 제4항).

한편, 검사·변호인과 청구인은 심문기일에 출석하여 의견을 진술할 수 있다(동조 제9항). 즉, 심문기일에 출석한 검사·변호인·청구인은 법원의 심문이 끝난 후 의견을 진술할 수 있다. 다만, 필요한 경우에는 심문 도중에도 판사의 허가를 얻어 의견을 진술할 수 있다(규칙 제105조 제1항). 또한 피의자는 판사의 심문 도

중에도 변호인에게 조력을 구할 수 있으며(동조 제2항), 체포 또는 구속된 피의자, 변호인, 청구인은 피의자에게 유리한 자료를 낼 수 있다(동조 제3항).

4) 심문조서의 작성

피의자를 심문하는 경우 법원사무관 등은 심문의 요지 등을 조서로 작성하여야 한다(제214조의2 제14항, 제201조의2 제6항). 체포·구속적부심문조서는 특히 신용할 만한 정황에 의하여 작성된 문서로서 특별한 사정이 없는 한 피고인이 증거로 함에 부동의하더라도 제315조 제3호에 의하여 당연히 그 증거능력이 인정된다(2003도5693). 다만, 구속적부심문조서의 증명력은 다른 증거와 마찬가지로 법관의 자유판단에 맡겨져 있으나, 피의자는 구속적부심에서의 자백의 의미나 자백이 수사절차나 공판절차에서 가지는 중요성을 제대로 헤아리지 못한 나머지 허위자백을 하고라도 자유를 얻으려는 유혹을 받을 수가 있으므로, 법관은 구속적부심문조서의 자백의 기재에 관한 증명력을 평가함에 있어 이러한 점에 각별히 유의를 하여야 한다(2003도5693).

(4) 법원의 결정

법원은 체포·구속된 피의자에 대한 심문이 종료된 때로부터 24시간 이내에 체포·구속적부심사청구에 대한 결정을 하여야 한다(규칙 제106조). 법원이 수사관계서류와 증거물을 접수한 때부터 결정 후 검찰청에 반환된 때까지의 기간은 수사기관의 체포제한기간 또는 구속기간에 산입하지 않는다(제214조의2 제13항).

체포·구속적부심사청구에 대한 법원의 결정에는 기각결정과 석방결정이 있으며, 이에 대하여는 항고할 수 없다(동조 제8항).

1) 기각결정

법원은 심사결과 청구가 이유 없다고 인정되면 결정으로 그 청구를 기각하여야 한다(동조 제4항). 다만, (i) 청구권자 아닌 사람이 청구하였거나 동일한 체포영장 또는 구속영장의 발부에 대하여 재청구할 때(제1호) 또는 (ii) 공범 또는 공동피의자의 순차청구가 수사방해의 목적임이 명백한 때(제2호)에는 심문 없이 결정으로 청구를 기각할 수 있다(동조 제3항). 이를 간이기각결정이라고 한다. 이는 적부심사의 신속을 도모하고 청구권남용을 방지하기 위함이다.

2) 석방결정

법원은 심사결과 청구가 이유 있다고 인정되면 결정으로 체포·구속된 피의자의 석방을 명하여야 한다(동조 제4항). 석방결정은 그 결정서등본이 검찰청에 송달된 때에 효력을 발생한다(제42조, 제44조). 심사청구 후 피의자에 대하여 공소제기가 있는 경우에도 같다(제214조의2 제4항 후문). 따라서 소위 전격기소, 즉 피의자 등이 체포·구속적부심사청구권을 행사한 후 법원의 결정이 있기 전에 검사가 기소한 경우에도 법원의 석방결정이 있으면 검사는 피의자를 석방하여야 한다.

(5) 보증금 납입조건부 피의자석방제도

1) 의 의

법원은 구속된 피의자(심사청구 후 공소제기된 사람을 포함한다)에 대하여 피의자의 출석을 보증할 만한 보증금의 납입을 조건으로 하여 결정으로 피의자의 석방을 명할 수 있다(동조 제5항). 이를 피의자보석 또는 보증금 납입조건부 피의자석방제도라고 한다.

이 제도는 피의자에게 보석청구의 권한을 직접 인정한 것이 아니라 법원의 직권에 의하여 석방을 명할 수 있을 뿐이라는 점에서 직권보석이고, 보석 여부가 법원의 재량사항이라는 점에서 재량보석이며, 보증금납입만을 석방조건으로 하고 있을 뿐만 아니라 석방결정으로 구속영장의 효력이 상실되므로 보석취소가 인정되지 않고 재구속만 가능하다는 점에서 피고인보석제도와 구별된다.

2) 내 용

(가) 대 상 자

피의자보석은 구속적부심을 청구한 피의자 및 구속적부심 청구 후에 공소가 제기된 피고인에게 적용된다(동조 제5항). 이는 체포된 피의자에 대하여는 허용되지 아니한다.

(나) 제외사유

범죄의 증거를 인멸할 염려가 있다고 믿을 만한 충분한 이유가 있거나 피해자나 해당 사건의 재판에 필요한 사실을 알고 있다고 인정되는 사람 또는 그 친족의 생명·신체나 재산에 해를 가하거나 가할 염려가 있다고 믿을 만한 충분한 이유가 있는 때에는 보석결정을 할 수 없다(동조 제5항 단서).

(다) 보석의 조건

피의자보석은 보증금의 납입을 조건으로 한다. 보증금액은 피의자의 출석을 보증할 만한 금액이어야 한다. 이를 정함에 있어서는 범죄의 성질, 죄상,

증거의 증명력, 피의자의 전과·성격·환경 및 자산, 피해자에 대한 배상 등 범행 후의 정황에 관련된 사항을 고려하여야 하며, 피의자의 자금능력 또는 자산정도로는 이행할 수 없는 조건을 정할 수 없다(동조 제7항, 제99조).

법원은 피의자석방결정을 하는 경우에 주거의 제한, 법원 또는 검사가 지정하는 일시·장소에 출석할 의무, 그 밖의 적당한 조건을 부가할 수 있다(제214조의2 제6항).

(라) 보석집행절차

피의자보석의 집행에는 피고인보석의 집행절차가 준용된다(동조 제7항, 제100조). 따라서 법원의 보석허가결정은 보석금을 납입한 후가 아니면 집행하지 못하며, 법원은 유가증권 또는 피의자 이외의 자가 제출한 보증서로써 보증금에 갈음함을 허가할 수 있다. 이 보증서에는 보증금액을 언제든지 납입할 것을 기재하여야 한다. 다만, 법원은 보석청구자 이외의 자에게 보증금의 납입을 허가할 수 있다. 또한 법원은 보석허가결정에 따라 석방된 피의자가 보석조건을 준수하는데 필요한 범위 안에서 관공서나 그 밖의 공사단체에 대하여 적절한 조치를 취할 것을 요구할 수 있다.

3) 보석금의 몰수

법원의 보석결정으로 피의자가 석방된 후 (i) 재체포 및 재구속의 사유로 피의자를 재차 구속할 경우(제1호) 또는 (ii) 공소가 제기된 후 법원이 피의자보석결정에 의해 석방된 자를 동일한 범죄사실에 관하여 재차 구속할 경우(제2호)에 법원은 직권 또는 검사의 청구에 의하여 결정으로 보증금의 전부 또는 일부를 몰수할 수 있다(제214조의4 제1항).

또한 피의자보석으로 석방된 자가 동일한 범죄사실에 관하여 형의 선고를 받아 그 판결이 확정된 후 집행하기 위한 소환을 받고 정당한 이유 없이 출석하지 아니하거나 도망한 때에는 직권 또는 검사의 청구에 의하여 결정으로 보증금의 전부 또는 일부를 몰수하여야 한다(동조 제2항).

한편, 형소법에서는 보증금환부에 관한 명문규정은 없지만 보증금의 성격이 피고인보석의 경우와 같으므로 피고인보석에 관한 규정을 준용하여야 한다. 따라서 검사가 보증금납입조건부로 석방된 피의자에 대하여 공소제기를 하지 않거나 구속취소 또는 구속기간의 만료 등으로 구속영장의 효력이 소멸된 때에는 법원이 몰수하지 않은 보증금은 보증금납입자가 청구한 날로부터 7일 이내에 환부하여야 한다(제104조 참조).

4) 보증금납입조건부 석방결정에 대한 항고

보증금납입조건부 석방결정에 대한 불복이 가능한지에 대하여는 ① 피의자에게는 보석청구권이 인정되지 않고, 석방결정은 법원의 재량에 의한 것이므로 항고가 인정되지 않는다는 견해가 있다. 그러나 ② 형소법에서 구속적부심사청구에 대한 기각결정과 석방결정에 대해서는 항고를 허용하지 않지만 피고인의 보석에 관한 결정에 대하여는 항고를 허용하고 있는 점(제403조 제2항), 단순한 석방결정과 보증금납입조건부 석방결정은 원래 그 실질적인 취지와 성격을 달리한다는 점 등을 고려하면 보증금납입조건부 석방결정에 대해서도 제402조에 의한 항고(보통항고)는 허용된다(다수설). 판례도 같은 취지이다(97모21).

(6) 재체포 및 재구속의 제한

체포 또는 구속적부심사결정에 의하여 석방된 피의자가 도망하거나 범죄의 증거를 인멸하는 경우를 제외하고는 동일한 범죄사실에 관하여 재차 체포하거나 구속할 수 없다(제214조의3 제1항).

또한 피의자보석으로 석방된 피의자에 대하여는 동일한 범죄사실로 재차 체포하거나 구속할 수 없다. 다만, 피의자가 (i) 도망한 때(제1호), (ii) 도망하거나 범죄의 증거를 인멸할 염려가 있다고 믿을만한 충분한 이유가 있는 때(제2호), (iii) 출석요구를 받고 정당한 이유 없이 출석하지 아니한 때(제3호), (iv) 주거의 제한이나 그 밖에 법원이 정한 조건을 위반한 때(제4호)에는 재체포 또는 재구속할 수 있다(동조 제2항). 이때 재제포영장 또는 재구속영장의 청구서에는 재체포영장 또는 재구속영장의 청구라는 취지와 재체포 또는 재구속의 사유를 기재하여야 한다(규칙 제99조 제1항, 제2항).

3. 보 석

(1) 의 의

보석이란 일정한 조건을 붙여 구속의 집행을 정지하여 구속된 피고인을 석방하는 제도를 말한다. 보석은 무죄추정의 원칙과 공정한 재판의 원칙 및 비례성의 원칙의 요청에 따른 것으로 보증금의 납입 등을 조건으로 하여 피고인의 출석을 담보할 수 있다는 점에서 구속의 목적을 달성하면서도 구금에 의한 악영향을 배제하여 피고인을 보호할 수 있고, 피고인의 방어권보장에 충실하다는 장점이 있으며, 부수적으로 구금에 소요되는 국가의 경비를 절감할 수 있는 효과가 있다.

보석은 구속영장의 효력을 그대로 유지하면서 집행만을 정지시키는 점에서 구속집행정지(제101조)와 같으며, 구속영장의 효력을 상실시키는 구속취소와는 다르다. 그러나 보증금납부라는 일정한 조건이 있고, 피고인의 청구에 의한 보석도 가능하다는 점에서 구속집행정지와 구별된다. 또한 보석은 피고인의 석방을 위한 제도라는 점에서 피의자의 석방을 위한 체포·구속적부심사제도와 다르다.

(2) 종 류

보석에는 필요적 보석과 임의적 보석이 있다. 필요적 보석은 피고인에 대하여 보석의 청구가 있으면 법이 정하는 제외사유가 없는 한 보석을 허가하여야 하는 경우를 말하며, 권리보석이라고도 한다. 임의적 보석은 보석의 허가 여부가 법원의 재량에 속하는 보석을 말하며, 재량보석이라고도 한다.

한편, 보석은 보석청구의 유·무에 따라 보석청구권자의 청구에 의한 청구보석과 법원이 직권으로 하는 직권보석으로 나뉜다. 형소법상 필요적 보석은 직권보석인 반면, 임의적 보석은 청구보석과 직권보석이 인정되고 있다.

1) 필요적 보석

제95조에서는 "보석의 청구가 있는 때에는 다음 이외의 경우에는 보석을 허가하여야 한다"고 규정함으로써 필요적 보석을 원칙으로 한다. 다만, 형소법에서는 다음과 같이 보석제외사유를 폭넓게 인정하고 있다. 제95조는 제1호 내지 제5호 이외의 경우에는 필요적으로 보석을 허가하여야 한다는 것이지 여기에 해당하는 경우에는 보석을 허가하지 아니할 것을 규정한 것은 아니다(90모22).

(가) 보석제외사유

가) 피고인이 사형, 무기 또는 장기 10년이 넘는 징역이나 금고에 해당하는 죄를 범한 때(제1호)

이는 피고인이 중대한 범죄를 범하였기 때문에 실형선고의 가능성이 높고, 따라서 피고인이 공판정에 불출석할 우려가 크다는 점을 고려한 것이다.

'사형, 무기 또는 장기 10년이 넘는 징역이나 금고에 해당하는 죄'는 공소장에 기재된 죄를 기준으로 한 법정형을 말한다. 공소장이 변경된 경우에는 변경된 공소사실이 기준이 되며, 공소사실과 죄명이 예비적·택일적으로 기재된 경우에는 그 중의 일죄라도 이에 해당하면 된다.

나) 피고인이 누범에 해당하거나 상습범인 죄를 범한 때(제2호)

누범이나 상습범을 보석제외사유에 포함시킨 이유에 대하여는 ① 실형선고의 개연성이 높아 도망의 염려가 현저하기 때문이라는 견해(다수설), ② 재범의 위험성으로부터 사회를 보호하기 위한 것이라는 견해, ③ 실형선고의 가능성이 높아 불구속상태로 재판을 받기에 매우 부적절한 전형적인 예라는 견해가 있다. 그러나 ④ 이는 재범의 위험성이 크고 실형선고의 개연성이 크다는 사정을 모두 고려한 것이다.

'상습범인 죄를 범한 때'의 의미에 대하여는 ① 상습범이 구성요건요소로 된 경우뿐만 아니라 널리 공소사실인 범죄가 상습으로 행하여진 경우를 포함한다는 견해가 있다. 그러나 ② 법문의 표현에 충실하여야 하고, 누범의 경우와 균형이 요구되므로 이는 상습범이 구성요건요소로 된 경우로 한정된다. 판례는 "피고인이 집행유예의 기간 중에 있어 집행유예의 결격자라고 하여 보석을 허가할 수 없는 것은 아니고 제95조는 그 제1 내지 5호 이외의 경우에는 필요적으로 보석을 허가하여야 한다는 것이지 여기에 해당하는 경우에는 보석을 허가하지 아니할 것을 규정한 것이 아니다"라고 하면서, "집행유예기간 중에 있는 피고인의 보석을 허가한 것이 누범과 상습범에 대하여는 보석을 허가하지 아니할 수 있다는 취지(제2호)에 위배되어 위법이라고 할 수 없다"고 한다(90모22).

다) 피고인이 죄증을 인멸하거나 인멸할 염려가 있다고 믿을만한 충분한 이유가 있는 때(제3호)

이를 보석제외사유로 한 것에 대하여는 ① 증거인멸의 염려는 다른 조건에 의해서도 방지될 수 있으므로 타당하지 않다는 견해가 있다. 그러나 ② 증거인멸의 염려가 있는 자에 대하여 보석을 허가하는 것은 구속제도의 취지에 반한다. 다만, 죄증을 인멸할 염려의 여부는 해당 범죄의 객관적 사정, 공판진행과정, 피고인의 사정 등 구체적 사정을 고려하여 판단하여야 한다. 이때 죄증인멸의 대상이 되는 사실의 범위에 대하여는 ① 범죄의 구성요건사실에 한정된다는 견해가 있다. 그러나 ② 이 사실에는 범죄의 구성요건사실에 한정되지 않고 널리 범죄의 배후사정이나 양형사실도 포함된다(다수설).

라) 피고인이 도망하거나 도망할 염려가 있다고 믿을 만한 충분한 이유가 있는 때(제4호)

이를 보석제외사유로 한 것에 대하여는 ① 보석은 원래 피고인이 도망갈 염려가 있음에도 불구하고 보석보증금의 몰 수 등을 담보로 하여 석방하는 것이라는 점에서 타당하지 않다는 견해가 있다. 그러나 ② 보석제도의 취지를 고려하더라도 구속 자체가 도망의 방지를 목적으로 하고, 보증금의 몰수만으로 도망갈 위험이 완전히 없어진다고 할 수는 없다. 다만, 동호에 의한 보석제외사유로 하기 위해서는 범죄의 정도, 중형선고의 가능성, 범죄 후의 태도 등 여러 사정을 종합적으로 고려하여 보석보증금의 몰취 등의 조치만으로 피고인의 출석을 확보하기 어렵다고 인정될 만한 구체적 사정이 있는 경우이어야 한다.

마) 피고인의 주거가 분명하지 아니한 때(제5호)

이는 피고인의 주거를 알 수 없는 경우를 말한다. 이때 주민등록지와 실제 거소가 다르더라도 주거불명이라고 할 수는 없으므로 주거불명 여부는 실질적으로 판단하여야 한다. 설령 피고인이 주거에 대하여 진술을 거부하더라도 법원이 피고인의 주거를 알고 있다면 주거불명에 해당하지 않는다.[97)]

바) 피고인이 피해자, 해당 사건의 재판에 필요한 사실을 알고 있다고 인정되는 자 또는 그 친족의 생명·신체나 재산에 해를 가하거나 가할 염려가 있다고 믿을 만한 충분한 이유가 있는 때(제6호)

이는 보복범죄를 방지함으로써 증인의 자유로운 증언을 보장하기 위한 것이다.

(나) 보석제외사유의 판단과 여죄

보석제외사유를 판단함에 있어서 여죄사실을 고려하여야 하는지에 대하여는 ① 구속영장은 사건단위로 발부된다는 점에서 구속영장에 기재된 범죄사실만을 기준으로 하여야 한다는 견해(다수설), ② 여죄사실이 병합심리되고 있는 경우에 한하여 고려되어야 한다는 견해가 있다. 그러나 ③ 보석은 피고인의 출석담보를 전제로 하여 허용되는 것이므로 보석 여부는 구속영장에 기재된 범죄사실 외에 여죄사실까지 고려하여 종합적·객관적으로 판단하여야 한다.

2) 임의적 보석

법원은 필요적 보석의 제외사유에 해당하는 경우에도 상당한 이유가 있

---

97) 피고인이 법정에서 주거를 밝히지 않거나 주거불명인 피고인이 보석을 청구하는 것은 예상할 수 없으므로 동호는 독립한 보석제외사유로 할 것이 아니라 제4호의 도망의 염려를 판단하는 자료의 하나로 하는 것이 적당하다.

는 때에는 직권 또는 제94조에 규정한 자의 청구에 의하여 결정으로 보석을 허가할 수 있다(제96조)고 규정함으로써 임의적 보석을 보충적으로 인정하고 있다. 주로 병보석이 이에 해당한다. 임의적 보석을 결정함에 있어서도 범죄사실의 내용이나 성질, 피고인의 전과·경력·성격 등을 파악하기 위하여 여죄도 고려하여야 한다.

(3) 절 차

1) 청구권자

보석청구권자는 피고인, 변호인, 법정대리인, 배우자, 직계친족, 형제자매, 가족, 동거인 또는 고용주이다(제94조). 피고인 이외의 자의 보석청구권은 독립대리권이다. '피고인'은 구속집행 중인 자와 구속집행정지 중인 자를 포함한다.

2) 청구방법

보석청구는 서면 또는 구술로 할 수 있지만(규칙 제176조 참조), 서면으로 하는 것이 일반적이다. 즉, 보석청구는 보석청구서에 의하여야 하며, 보석청구서에는 (i) 사건번호(제1호), (ii) 구속된 피고인의 성명, 주민등록번호 등, 주거(제2호), (iii) 청구의 취지 및 청구의 이유(제3호), (iv) 청구인의 성명 및 구속된 피고인과의 관계(제4호)를 기재하여야 한다(규칙 제53조 제1항). 보석의 청구를 할 때에는 그 청구서의 부본을 첨부하여야 한다(동조 제2항).

보석청구인은 적합한 보석조건에 관한 의견을 밝히고 이에 관한 소명자료를 낼 수 있다(규칙 제53조의2 제1항). 보석청구인은 보석조건이 이행가능한 조건(제99조 제2항)인지 여부를 판단하는데 필요한 범위 내에서 피고인(피고인이 미성년자인 경우에는 그 법정대리인 등)의 자력 또는 자산 정도에 관한 서면을 제출하여야 한다(규칙 제53조의2 제2항).

보석의 청구는 공소제기 후 재판이 확정되기 전까지는 심급을 불문하고 가능하며, 상소기간 중에도 가능하다(제105조 참조). 다만, 보석청구는 그 결정이 있기 전까지 철회할 수 있다.

3) 검사의 의견제출

재판장은 보석에 관한 결정을 하기 전에 검사의 의견을 물어야 한다(제97조 제1항). 검사의 의견을 물을 때에는 보석청구서의 부본을 첨부하여야 한다(규칙 제53조 제3항). 검사는 재판장의 의견요청에 대하여 지체 없이 의견을 표명하여야 하며(제97조 제3항), 이때 보석에 관한 의견서와 소송서류 및 증거물을 지체 없이 법원에 제출하여야 한다. 이때 특별한 사정이 없는 한 의견요청을 받은 날의 다음날까지 제출하여야 한다(규칙 제54조 제1항). 보석에 대한 의견요청을 받은 검사는 보석허가가 상당하지 아니하다는 의견일 때에는 그 사유를 명시하여야 하며, 보석허가가 상당하다는 의견일 때에는 보석조건에 대하여 의견을 나타낼 수 있다(동조 제2항, 제3항).

그러나 검사의 의견은 법원을 구속하지 않는다. 검사의 의견청취절차는 보석에 관한 결정의 본질적 부분이 아니므로 법원이 검사의 의견을 듣지 않고 보석결정을 하였더라도 그 결정이 적정한 이상 절차상 하자만을 들어 그 결정을 취소할 수는 없다(97모88).

4) 법원의 심리

보석청구를 받은 법원은 지체 없이 심문기일을 정하여 구속된 피고인을 심문하여야 한다. 다만, (i) 보석청구권자 이외의 사람이 보석을 청구한 때(제1호), (ii) 동일한 피고인에 대하여 중복하여 보석을 청구하거나 재청구한 때(제2호), (iii) 공판준비 또는 공판기일에 피고인에게 그 이익되는 사실을 진술할 기회를 준 때(제3호), (iv) 이미 제출한 자료만으로 보석을 허가하거나 불허할 것이 명백한 때(제4호)에는 피고인을 심문하지 않는다(규칙 제54조의2 제1항). 검사, 변호인 그리고 보석청구인은 피고인에게 유리한 자료를 제출할 수 있으며(동조 제4항), 법원이 정한 심문기일에 출석하여 의견을 진술할 수 있다(동조 제5항). 또한 법원은 피고인, 변호인 또는 보석청구인에게 보석조건을 결정함에 있어 필요한 자료의 제출을 요구할 수 있다(동조 제6항). 법원은 피고인의 심문을 합의부원에게 명할 수 있다(동조 제7항).

심문기일을 정한 법원은 즉시 검사, 변호인, 보석청구인 및 피고인을 구금하고 있는 관서의 장에게 심문기일과 장소를 통지하여야 하고, 피고인을 구금하고 있는 관서의 장은 위 심문기일에 피고인을 출석시켜야 한다(동조 제2항). 이 통지는 서면 외에 전화, 모사전송, 기타 상당한 방법으로 할 수 있으며, 이 통지의 증명은 그 취지를 심문조서에 기재함으로써 할 수 있다(동조 제3항).

5) 법원의 결정

법원은 특별한 사정이 없는 한 보석청구를 받은 날로부터 7일 이내에 보석 여부에 대하여 결정하여야 한다(규칙 제55조). 이는 훈시규정이다.

보석청구가 부적법하거나 이유 없는 때에는 보석청구를 기각하여야 한다. 다만, 필요적 보석의 경우에는 보석 제외사유에 해당하지 않는 한 보석청구를 기각할 수 없다. 이때 보석을 허가하지 아니하는 결정을 하는 때에는 결정이유에 법에서 정한 제외사유 중 어느 사유에 해당하는지를 명시하여야 한다(규칙 제55조의2). 보석기각결정에 대하여 피고인 등은 항고할 수 있다(제403조 제2항 및 제409조 단서 참조). 다만, 항고심에서는 피고인의 심문을 반드시 행할 것은 요하지 않는다(91모53).

한편, 보석을 허가하는 경우에는 필요하고 상당한 범위 안에서 보석조건(제98조) 중 하나 이상의 조건을 정하여야 한다(제98조). 법원은 피고인, 변호인 또는 보석청구인에게 보석조건을 결정함에 있어 필요한 자료의 제출을 요구할 수 있다(규칙 제54조의2 제6항). 보석허가결정에 대하여 검사는 즉시항고할 수 없다(제97조 제3항). 그러나 보통항고의 방법으로 불복하는 것은 가능하다(제403조 제2항, 97모26).

(4) 보석의 조건

1) 종 류

보석조건의 종류는 다음과 같다(제98조). 즉, (i) 법원이 지정하는 일시·장소에 출석하고 증거를 인멸하지 아니하겠다는 서약서를 제출할 것(제1호), (ii) 법원이 정하는 보증금에 해당하는 금액을 납입할 것을 약속하는 약정서를 제출할 것(제2호), (iii) 법원이 지정하는 장소로 주거를 제한하고 주거를 변경할 필요가 있는 경우에는 법원의 허가를 받는 등, 도주를 방지하기 위하여 행하는 조치를 받아들일 것(제3호), (iv) 피해자, 해당 사건의 재판에 필요한 사실을 알고 있다고 인정되는 사람 또는 그 친족의 생명·신체·재산에 해를 가하는 행위를 하지 아니하고 주거·직장 등 그 주변에 접근하지 아니할 것(제4호), (v) 피고인 아닌 자가 작성한 출석보증서를 제출할 것(제5호), (vi) 법원의 허가 없이 외국으로 출국하지 아니할 것을 서약할 것(제6호)[98], (vii) 법원이 지정하는 방법으로 피해자의 권리회복에 필요한 금전을 공탁하거나 그에 상당하는 담보를 제공할 것(제7호), (viii) 피고인이나 법원이 지정하는 자가 보증금을 납입하거나 담보를 제공할 것(제8호), (ix) 그 밖에 피고인의 출석을 보증하기 위하여 법원이 정하는 적당한 조건을 이행할 것(제9호)이다.

2) 결정 시 고려할 사항

법원은 보석의 조건을 정할 때에는 (i) 범죄의 성질 및 죄상(罪狀)(제1호),

---

98) 규칙 제55조의3(보석석방 후의 조치) ② 법원은 법 제98조 제6호의 보석조건을 정한 경우 출입국사무를 관리하는 관서의 장에게 피고인에 대한 출국을 금지하는 조치를 취할 것을 요구할 수 있다.

(ii) 증거의 증명력(제2호), (iii) 피고인의 전과, 성격, 환경 및 자산(제3호), (iv) 피해자에 대한 배상 등 범행 후의 정황에 관련된 사항(제4호)을 고려하여야 한다(제99조 제1항). 이때 법원은 피고인의 자금능력 또는 자산 정도로는 이행할 수 없는 조건을 정할 수 없다(동조 제2항).

3) 변경과 유예

법원은 직권 또는 보석청구권자의 신청에 따라 결정으로 피고인의 보석조건을 변경하거나 일정 기간 동안 해당 조건의 이행을 유예할 수 있다(제102조 제1항). 법원은 보석을 허가한 후에 보석의 조건을 변경하거나 보석조건의 이행을 유예하는 결정을 한 경우에는 그 취지를 검사에게 지체 없이 통지하여야 한다(규칙 제55조의4).

4) 실 효

구속영장의 효력이 소멸한 때에는 보석조건은 즉시 그 효력을 상실한다(제104조의2 제1항). 보석이 취소된 경우에도 보석의 효력은 상실되지만 보증금 납부 및 담보제공의 조건(제98조 제8호)은 그 효력을 상실하지 않는다(제104조의2 제2항). 이는 보석을 취소할 경우 법원이 보증금을 몰취할 수 있기 때문이다(제103조 제1항).

(5) 보석의 집행

보석허가결정은 재판의 일종이므로 그 집행은 재판집행의 일반원칙에 따라서 검사가 지휘한다(제460조).

보석의 조건 중 제1호(서약서)·제2호(약정서)·제5호(출석보증서)·제7호(피해금액 공탁 또는 담보제공)·제8호(보증금납부 또는 담보제공)의 조건은 이를 이행한 후가 아니면 보석허가결정을 집행하지 못한다. 다만, 법원이 필요하다고 인정하는 때에는 다른 조건에 관하여도 그 이행 이후 보석허가결정을 집행하도록 정할 수 있다(제100조 제1항).

보증금은 현금으로 보석의 집행기관인 검사에게 납입하여야 하지만, 법원은 보석청구권자 이외의 자에게 보증금의 납입을 허가할 수 있으며(동조 제2항), 유가증권 또는 피고인 외의 자가 제출한 보증서로 갈음할 수 있다(동조 제3항). 이 보증서에는 보증금액을 언제든지 납입할 것을 기재하여야 한다(동조 제4항). 따라서 법원은 보석허가결정의 집행 전·후를 불문하고 보증서제출인에게 보증금납입을 명할 수 있고, 보증서제출인은 납입의무를 지게 된다. 만일 보증서제출인이 법원의 보증금납입명령에 응하지 않으면 보석취소사유가 될 수 있다.

한편, 법원은 보석허가결정에 따라 석방된 피고인이 보석조건을 준수하는데 필요한 범위 안에서 관공서나 그 밖의 공사단체에 대하여 적절한 조치를 취할 것을 요구할 수 있다(동조 제5항). 즉, 법원은 제3호의 보석조건으로 석방된 피고인이 보석조건을 이행함에 있어 피고인의 주거지를 관할하는 경찰서장에게 피고인이 주거제한을 준수하고 있는지 여부 등에 관하여 조사할 것을 요구하는 등 보석조건의 준수를 위하여 적절한 조치를 취할 것을 요구할 수 있다(규칙 제55조의3 제1항). 또한 법원은 제6호의 보석조건을 정한 경우 출입국사무를 관리하는 관서의 장에게 피고인에 대한 출국을 금지하는 조치를 취할 것을 요구할 수 있다(동조 제2항). 보석조건 준수에 필요한 조치를 요구받은 관공서 그 밖의 공사단체의 장은 그 조치의 내용과 경과 등을 법원에 통지하여야 한다(동조 제3항)

(6) 보석의 취소·실효 및 보증금의 몰취·환수 등

1) 취 소

(가) 사 유

법원은 (i) 피고인이 도망한 때(제1호), (ii) 피고인이 도망하거나 죄증을 인멸할 염려[99]가 있다고 믿을만한 충분한 이유가 있는 때(제2호), (iii) 소환을 받고 정당한 이유 없이 출석하지 아니한 때(제3호), (iv) 피해자, 해당 사건의 재판에 필요한 사실을 알고 있다고 인정되는 자 또는 그 친족의 생명·신체나 재산에 해를 가하거나 가할 염려가 있다고 믿을만한 충분한 이유가 있는 때(제4호), (v) 법원이 정한 조건을 위반한 때(제5호)에 취소할 수 있다(제102조 제2항). 이 사유들은 보석 후에 발생하였을 것을 요한다.

(나) 절 차

보석의 취소는 법원이 직권 또는 검사의 청구에 따라 결정으로 한다(제102조 제2항). 상소, 이송, 파기환송 또는 파기이송 등의 경우에 보석취소는 보석에 준하여 항소 및 이송법원 등에 기록이 도달하기 까지는 원심법원이나 이송 또는 환송받은 법원이 하여야 한다(제105조, 규칙 제58조).

보석취소의 결정 또는 검사의 보석취소청구에 대한 기각결정에 대하여 피고인과 검사는 항고할 수 있다(제403조 제2항). 제1심의 보석취소결정에 대

99) 이에는 '죄증을 인멸한 때'가 포함된다.

한 보통항고에는 재판의 집행을 정지하는 효력이 없고(제409조), 고등법원의 보석취소결정에 대한 재항고도 즉시항고이지만(제415조) 집행을 정지하는 효력이 없다(2020모633).

(다) 취소 후의 조치

보석이 취소되면 검사는 그 취소결정의 등본에 의하여 피고인을 재구금하여야 한다. 다만, 급속을 요하는 경우에는 재판장, 수명법관 또는 수탁판사가 재구금을 지휘할 수 있다(규칙 제56조 제1항). 이때 법원사무관 등에게 그 집행을 명할 수 있고, 법원사무관 등은 그 집행에 관하여 필요한 때에는 사법경찰관리 또는 교도관에게 보조를 요구할 수 있으며, 관할구역 외에서도 집행할 수 있다(동조 제2항).

보석허가결정의 취소는 그 취소결정을 고지하거나 결정법원에 대응하는 검찰청검사에게 결정서를 교부 또는 송달함으로써 즉시 집행할 수 있는 것이고, 그 결정등본이 피고인에게 송달(또는 고지)되어야 집행할 수 있는 것은 아니다(83모19). 따라서 검사는 결정등본만을 피고인에게 제시하면 되고 재구금집행 전에 새로운 구속영장은 요하지 않으며, 보석취소결정을 따로 송달할 필요도 없다. 보석취소결정의 집행에 의하여 재구금된 때에는 재구금할 날로부터 구속기간의 잔여기간이 진행된다.

2) 실 효

보석의 실효는 보석이 취소된 경우와 구속영장이 실효된 경우에 발생한다. 보석이 취소된 경우 피고인은 더 이상 보석조건을 준수할 필요가 없으므로 별도의 결정 없이 보석은 즉시 그 효력을 상실한다.

또한 구속영장이 실효되는 경우, 즉 무죄, 면소, 형의 면제, 형의 선고유예, 형의 집행유예, 공소기각 또는 벌금이나 과료를 과하는 판결이 선고된 경우(제331조) 또는 사형이나 자유형이 확정되는 경우에는 보석도 효력을 잃는다. 그러나 보석 중의 피고인에 대하여 제1심이나 제2심에서 실형이 선고되더라도 판결이 확정되지 않았다면 보석이 취소될 때까지 그 효력은 지속된다.

3) 보증금의 몰취

(가) 임의적 몰취

법원이 보석을 취소할 때에는 직권 또는 검사의 청구에 따라 결정으로 보증금의 전부 또는 일부를 몰취할 수 있다(임의적 몰취, 제103조 제1항).

보석보증금을 몰수하려면 반드시 보석취소와 같이 이루어져야 하는

지에 대하여는 ① 보석취소결정 후의 보증금 몰취를 불허하는 규정이 없고, 보석취소와 달리 보증금의 몰취 등의 결정은 신중히 검토할 필요가 있다는 점에서 보석취소결정 후에 별도로 보증금의 몰취결정을 할 수 있다는 견해가 있다. 그러나 ② 보석취소결정 후의 보증금의 몰취에 관한 명문의 규정이 없고, 보석취소 후에는 보증금의 출석담보기능은 소멸되는 것이므로 보증금의 몰취는 보석취소결정과 동시에 하여야 한다(다수설). 판례는 제103조 제1항은 보석취소사유가 있어 보석취소결정을 할 경우에는 보석보증금의 전부 또는 일부를 몰수하는 것도 가능하다는 의미로 해석될 뿐, 문언상 보석보증금의 몰수는 반드시 보석취소와 동시에 결정하여야 한다는 취지라고 단정하기는 어려운 점, 보석된 자가 유죄판결 확정 후의 집행을 위한 소환에 불응하거나 도망한 경우 보증금을 몰수하도록 규정하고 있어 보석보증금은 형벌의 집행단계에서의 신체확보까지 담보하고 있으므로, 보석보증금의 기능은 유죄의 판결이 확정될 때까지의 신체확보도 담보하는 취지로 봄이 상당한 점, 보석취소결정은 그 성질상 신속을 요하는 경우가 대부분임에 반하여, 보증금몰수결정에 있어서는 그 몰수의 요부(보석조건위반 등 귀책사유의 유·무) 및 몰수금액의 범위 등에 관하여 신중히 검토하여야 할 필요성도 있는 점 등을 고려하면 보석보증금을 몰수하려면 반드시 보석취소와 동시에 하여야만 가능한 것이 아니라 보석취소 후에 별도로 보증금몰수결정을 할 수도 있다고 한다(2000모22).

(나) 필요적 몰취

법원은 보증금의 납입 또는 담보제공을 조건으로 석방된 자가 동일한 범죄사실에 관하여 형의 선고를 받고 그 판결이 확정된 후 집행하기 위한 소환을 받고 정당한 사유 없이 출석하지 아니하거나 도망한 때에는 직권 또는 검사의 청구에 따라 결정으로 보증금 또는 담보의 전부 또는 일부를 몰취하여야 한다(필요적 몰취, 동조 제2항). 이때 전부를 몰취할 것인지 일부를 몰취할 것인지는 법원의 재량에 속한다. 보증금의 몰취는 법원의 결정에 의하여 검사에게 결정서를 교부 또는 송달함으로써 즉시 집행할 수 있다. '석방된 자'란 보석허가결정에 의하여 석방된 사람 모두를 가리키는 것이므로, 판결확정 전에 그 보석이 취소되었으나 도망 등으로 재구금이 되지 않은 상태에 있는 사람도 포함된다(2001모53).

(다) 관 할

임의적 몰취사건의 관할은 수소법원에 속하지만, 필요적 몰취사건의 관할은 그 성질상 당해 형사본안 사건의 기록이 존재하는 법원 또는 그 기록을 보관하는 검찰청에 대응하는 법원의 토지관할에 속하고, 그 법원이 지방법원인 경우에 있어서 사물관할은 법조법 제7조 제4항의 규정에 따라 지방법원 단독판사에게 속하는 것이지 소송절차 계속 중에 보석허가결정 또는 그 취소결정 등을 본안 관할법원인 제1심 합의부 또는 항소심인 합의부에서 한 바 있었다고 하여 그러한 법원이 사물관할을 갖게 되는 것은 아니다(2001모53).

(라) 몰취결정의 고지와 그 집행 및 불복

몰취의 결정은 결정등본의 송달에 의해 고지하여야 한다(제42조). 다만, 하나의 결정서로 보석취소결정과 보증금 또는 담보의 몰취결정을 동시에 하는 경우에는 그 결정등본을 피고인에게 송달하지 않고 피고인을 재구금할 수 있으며, 재구금 후에도 피고인에게 송달할 것을 요하지 않는다. 피고인 이외의 자가 보증금을 납입하거나 보증서를 제출 또는 담보를 제공한 경우에는 그에게도 결정을 받은 자로서 항고권(제339조)이 있으므로 몰취결정을 고지하여야 한다.

보증금 또는 담보에 대한 몰취집행은 검사가 한다. 따라서 보증금에 갈음하여 보증서가 제출된 경우나 보증금몰취결정이 있은 후 보증서제출인이 보증금을 납입하지 않는 때에는 검사의 집행명령(제477조)에 의하여 집행한다. 몰취의 결정에 대하여는 보통항고가 가능하다(제403조 제2항).

4) 보증금 또는 담보의 환부

법원은 구속 또는 보석을 취소하거나 구속영장의 효력이 소멸된 때에는 몰수하지 아니한 보증금 또는 담보를 청구한 날로부터 7일 이내에 환부하여야 한다(제104조). 구속을 취소하거나 구속영장의 효력이 소멸된 때에는 보증금의 전부를 환부하여야 한다.

5) 과태료부과 및 감치

법원은 피고인이 정당한 보석조건을 위반한 경우에는 결정으로 피고인에 대하여 1천만원 이하의 과태료를 부과하거나 20일 이내의 감치에 처할 수 있다(제102조 제3항). 과태료부과나 감치처분은 보석허가결정을 취소하지 않은 경우에도 할 수 있다. 이 결정에 대하여는 즉시항고를 할 수 있다(동조 제4항).

출석보증인의 보증서를 보석조건으로 석방된 피고인이 정당한 사유 없이 기일에 불출석하는 경우에는 결정으로 그 출석보증인에 대하여 500만원 이하의 과태료를 부과할 수 있다(제100조의2 제1항). 위의 결정에 대하여는 즉시항고를 할 수 있다(동조 제2항).

V. 구속의 집행정지와 실효

1. 구속의 집행정지

(1) 의 의

구속집행정지란 구속영장의 효력을 유지시키면서 구속의 집행만을 정지하여 피고인 또는 피의자를 석방시키는 제도를 말한다. 구속의 집행정지는 구속의 효력이 유지된다는 점에서 구속의 취소와 구별되며, 보증금납입 등을 조건으로 하지 않고 직권에 의해 행하여지며 피고인뿐만 아니라 피의자에게도 인정된다는 점에서 보석과 구별된다.

(2) 사 유

법원은 구속된 피고인에 대하여 상당한 이유가 있을 경우에 결정으로 친족·보호단체 기타 적당한 자에게 부탁하거나 피고인의 거주를 제한하여 구속의 집행을 정지할 수 있다(제101조 제1항). 구속된 피의자에 대하여는 검사 또는 사법경찰관이 구속의 집행을 정지할 수 있나(제209조, 제101조 제1항).[100] 구속된 피고인 또는 피의자가 중한 질병으로 인해 수술이 필요하거나 이들의 부모 등이 사망한 경우에 주로 행하여진다.

국회의원이 회기 전에 체포 또는 구금된 때에는 현행범인이 아닌 한 국회의 요구가 있으면 회기 중 석방된다(헌법 제44조 제2항). 따라서 구속된 국회의원에 대하여 국회의 석방요구가 있으면 당연히 구속영장의 집행이 정지된다(제101조 제4항). 국회의 석방요구의 통고를 받은 검찰총장은 즉시 석방을 지휘하고, 그 사유를 수소법원에 통지하여야 한다(동조 제5항).

(3) 절 차

1) 피고인의 구속집행정지

법원이 피고인에 대한 구속집행정지를 결정할 때에는 검사의 의견을 물어야 한다. 다만, 급속을 요하는 경우에는 예외로 한다(동조 제2항). 검사는 법원으로부터 구속집행정지에 관한 의견요청이 있을 때에는 의견서와 소송서류 및 증거

100) 구속된 피의자의 구속집행정지에 관한 권한은 1차적으로 지방법원 판사에게 있다는 견해가 있다.

물을 지체 없이 법원에 제출하여야 한다. 이때 특별한 사정이 없는 한 의견요청을 받은 날의 다음날까지 제출하여야 한다(규칙 제54조 제1항). 구속의 집행정지에 관하여 피고인에게 신청권이 없으므로 피고인이 구속집행정지를 신청하는 것은 법원의 직권발동을 촉구하는 의미에 지나지 않는다.

구속집행정지결정에는 친족 등에 대한 부탁 또는 주거제한을 필요로 하고, 구속집행정지기간을 정할 것인가는 여부는 법원의 재량이며, 경우에 따라서는 정지기간을 연장하거나 단축하는 것도 가능하다(규칙 제56조 제1항 참조).

검사는 법원의 구속집행정지 결정에 대하여 즉시항고는 허용되지 않고(2011헌가36), 보통항고(제403조 제2항)의 방법으로 불복할 수 있다.

2) 피의자의 구속집행정지

검사는 직권 또는 사법경찰관의 신청을 받아 피의자에 대하여 구속집행정지를 결정하는 경우에는 구속영장집행정지결정서에 따른다. 다만, 다른 법령에 구속집행정지에 대하여 다른 규정이 있는 경우에는 그에 따른다(제209조, 제101조 제1항, 검사규칙 제86조). 구속의 집행정지에 관하여 피의자에게 신청권이 없으므로 피의자가 구속집행정지를 신청하는 것은 법원의 직권발동을 촉구하는 의미에 지나지 않는다.

검사가 구속집행을 정지한 경우에는 지체 없이 영장을 발부한 법원에 그 사유를 서면으로 통지하여야 한다(제204조, 규칙 제95조의19 제1항 제5호). 구속집행정지결정에 있어서 주거제한 등과 정지기간 및 그 연장 등은 피고인의 경우와 같다.

(4) 취 소

1) 사 유

법원은 직권 또는 검사의 청구가 있을 때 결정으로 피고인에 대한 구속의 집행정지를 취소할 수 있다(제102조 제2항). 검사는 직권 또는 사법경찰관의 신청을 받아 결정으로 구속된 피의자에 대하여 구속의 집행정지를 취소할 수 있다(제209조, 제102조 제2항). 검사가 구속집행정지결정을 취소하는 경우에는 구속집행정지취소결정서에 따른다. 이 경우 사건사무담당직원은 구속집행정지자명부에 해당 사항을 기재하고 수감지휘서를 작성하여 검사의 서명날인을 받아 구치소·교도소 또는 피의자의 주거지를 관할하는 경찰서의 장에게 송부한다(검사규칙 제86조 제5항). 다만, 기간을 정한 구속집행정지결정은 그 기간의 만료로 별도의 결정 없이 구속집행정지가 실효되고, 구속영장의 효력에 의해 피고인 또는 피의자는 다시 구금된다. 그러나 국회의원이 국회의 석방요구로 구속집행이 정지된 경우에는 그 회기 중 구속집행정지를 취소하지 못한다(제102 제2항 단서).

구속집행정지의 취소사유는 (i) 도망한 때(제1호), (ii) 도망하거나 죄증을 인멸할 염려가 있다고 믿을 만한 충분한 이유가 있는 때(제2호), (iii) 소환을 받고 정당한 사유 없이 출석하지 아니한 때(제3호), (iv) 피해자, 해당 사건의 재판에 필요한 사실을 알고 있다고 인정되는 자 또는 그 친족의 생명·신체·재산에 해를 가하거나 가할 염려가 있다고 믿을 만한 충분한 이유가 있는 때(제4호), (v) 법원이 정한 조건을 위반한 때(제5호)이다(제102조 제2항, 제209조).

2) 취소 후의 조치

구속집행정지취소의 결정이 있는 때 또는 기간을 정한 구속집행정지결정의 기간이 만료된 때에는 검사는 그 취소결정의 등본 또는 기간을 정한 구속집행정지결정의 등본에 의하여 피고인을 재구금하여야 한다. 다만, 급속을 요하는 경우에는 재판장, 수명법관 또는 수탁판사가 재구금을 지휘할 수 있으며(규칙 제56조 제1항), 법원사무관 등에게 그 집행을 명할 수 있다. 또한 법원사무관 등은 그 집행에 관하여 필요한 때에는 사법경찰관리 또는 교도관에게 보조를 요구할 수 있으며 관할구역 외에서도 집행할 수 있다(동조 제2항). 검사가 피의자에 대하여 구속집행정지결정을 취소한 경우에는 피의자를 재구금하여야 한다.

구속집행정지의 취소에 의하여 피고인 또는 피의자를 재구금한 때에는 재구금한 날로부터 구속기간의 잔여기간이 진행된다.

2. 구속의 실효

구속이 실효되는 경우로는 구속취소와 구속의 당연실효가 있다.

(1) 구속취소

1) 피고인의 구속취소

(가) 사 유

법원은 피고인에게 구속의 사유가 없거나 소멸된 때에는 직권 또는 검사, 피고인, 변호인과 변호인선임권자(피고인의 법정대리인, 배우자, 직계친족과 형제자매)의 청구에 의하여 결정으로 구속을 취소하여야 한다(제93조). '구속사유가 없는 때'

란 구속사유가 처음부터 존재하지 않았던 경우를 말하고, '구속사유가 소멸된 때'란 구속사유가 사후적으로 소멸한 때를 말한다. 제1심 또는 항소심까지의 미결구금일수만으로도 제1심 또는 항소심의 선고형을 초과한 경우(91모25)나 증거인멸 또는 도망할 염려가 없게 된 경우 등이 이에 해당한다.

(나) 절 차

구속취소청구서에는 (i) 사건번호(제1호), (ii) 구속된 피고인의 성명, 주민등록번호 등, 주거(제2호), (iii) 청구의 취지 및 청구의 이유(제3호), (iv) 청구인의 성명 및 구속된 피고인과의 관계(제4호)를 기재하여야 한다(규칙 제53조 제1항). 검사 아닌 자가 구속취소의 청구를 할 때에는 그 청구서의 부본을 첨부하여야 한다(동조 제2항).

법원은 구속취소결정을 함에 필요한 경우에는 사실을 조사할 수 있고(제37조 제3항), 증인신문 또는 감정을 명할 수 있다(규칙 제24조). 재판장은 피고인에 대한 구속취소결정을 함에는 급속을 요하는 경우 외에는 검사의 의견을 물어야 한다(제97조 제2항). 법원이 구속취소에 관하여 검사의 의견을 물을 때에는 구속취소청구서 부본을 첨부하여야 한다(규칙 제53조 제3항). 검사는 법원으로부터 보석, 구속취소에 관한 의견요청이 있을 때에는 의견서와 소송서류 및 증거물을 지체 없이 법원에 제출하여야 한다. 이때 특별한 사정이 없는 한 의견요청을 받은 날의 다음 날까지 제출하여야 한다(제97조 제3항, 규칙 제54조 제1항).

(다) 결 정

법원은 특별한 사정이 없는 한 구속취소의 청구를 받은 날부터 7일 이내에 그에 관한 결정을 하여야 한다(규칙 제55조). 검사는 법원의 구속취소결정에 대하여 즉시항고할 수 없다(2011헌가36).

2) 피의자의 구속취소 등

검사는 피의자에게 구속의 사유가 없거나 소멸된 때에는 직권 또는 피의자, 변호인과 변호인선임권자(피의자의 법정대리인, 배우자, 직계친족과 형제자매)의 청구에 의하여 결정으로 구속을 취소하여야 한다(제209조, 제93조). 또한 검사는 피의자에게 체포의 사유가 없거나 소멸된 때에는 직권 또는 사법경찰관의 신청이나 피의자, 변호인과 변호인선임권자의 청구에 의하여 결정으로 체포를 취소하여야 한다(제200조의6, 제93조). 이때 구속영장의 발부를 받은 후 구속한 피의자를 석방한 때에는 지체 없이 검사는 영장을 발부한 법원에 그 사유를 서면으로 통지하여야 한다(제204조, 규칙 제96조의19 제1항).

(2) 구속의 당연실효

1) 구속기간의 만료

구속기간이 만료되면 구속영장의 효력은 당연히 상실되며, 따라서 구속된 피고인 또는 피의자를 즉시 석방하여야 한다.

2) 구속영장의 실효

무죄, 면소, 형의 면제, 형의 선고유예, 집행유예, 공소기각 또는 벌금이나 과료를 과하는 판결이 선고되면 구속영장은 효력을 잃는다(제331조). 따라서 이 때에는 별도의 구속취소결정이 없더라도 구속의 효력이 소멸되므로 판결선고 즉시 피고인을 석방하여야 한다.

또한 구속 중인 소년에 대한 법원의 소년부송치결정이 있는 경우에 소년부판사가 소년의 감호에 관한 결정을 하면 구속영장은 효력을 잃는다(소년법 제52조).

3) 사형·자유형의 확정

구속 중인 피고인에 대하여 사형·자유형의 판결이 확정되면 구속영장은 효력을 상실한다. 자유형이 확정되면 그 때부터 형의 집행이 시작된다(제459조, 형법 제84조 제1항). 사형확정자를 그 집행까지 교도소 또는 구치소에 수용하는 것(형집행법 제11조 제1항 제4호)은 구속영장의 효력이 아니라 확정판결의 효력에 따른 것이다.

Ⅵ. 수사상 감정유치

1. 의 의

수사상 감정유치란 피의자의 정신 또는 신체의 감정을 위하여 일정 기간 동안 병원 기타 적당한 장소에 유치하는 강제처분을 말한다. 수사상 감정유치는 증거조사의 일종으로 행하여지는 공소제기 후 수소법원이 행하는 감정유치(제172조 제3항)와는 법적 성격이 다르다. 다만, 양자가 처분의 내용이 유사하므로 피의자의 감정유치에 관하여는 피고인의 감정유치에 관한 규정을 준용한다(제221조의3 제3항)(자세한 것은 후술 '피고인의 감정유치' 참조). 따라서 피의자의 감정유치에 관하여는 형소법에 특별한 규정이 없는 경우에는 보석에 관한 것을 제외하고는 구속에 관한 규정이 준용된다(제172조 제7항).

2. 대상과 요건

(1) 대 상

감정유치는 피의자를 대상으로 하며, 구속·불구속을 불문한다. 따라서 피의자가 아닌 제3자에 대하여는 감정유치를 할 수 없다.

(2) 요 건

감정유치를 위해서는 신체구속을 수반하므로 범죄혐의의 상당성이 인정되어야 하며, 감정유치의 필요성, 즉 정신 또는 신체의 감정을 위하여 계속적인 유치와 관찰이 필요한 때에 인정된다. 다만, 감정유치의 필요성은 구속의 필요성과는 구별되므로 감정유치를 위해 구속사유가 있어야 하는 것은 아니다.

3. 절 차

(1) 청 구

감정유치의 청구권자는 검사이다. 검사는 감정을 위촉하는 경우에 유치처분이 필요할 때에는 판사에게 이를 청구하여야 한다(제221조의3 제1항). 감정유치는 서면에 의하여야 한다(규칙 제113조). 사법경찰관은 검사에게 신청하여야 한다. 감정유치청구서에는 (i) 체포영장청구서 기재사항(1. 피의자의 성명(분명하지 아니한 때에는 인상, 체격, 그 밖에 피의자를 특정할 수 있는 사항), 주민등록번호 등, 직업, 주거, 2. 피의자에게 변호인이 있는 때에는 그 성명, 3. 죄명 및 범죄사실의 요지, 4. 7일을 넘는 유효기간을 필요로 하는 때에는 그 취지 및 사유, 5. 여러 통의 영장을 청구하는 때에는 그 취지 및 사유)(제1호), (ii) 유치할 장소 및 유치기간(제2호), (iii) 감정의 목적 및 이유(제3호), (iv) 감정수탁자의 성명, 직업(제4호)을 기재하여야 한다(규칙 제113조).

감정유치청구서에는 범죄사실의 요지를 따로 기재한 서면 1통(수통의 영장을 청구하는 때에는 그에 상응하는 통수)을 첨부하여야 하며(규칙 제93조 제2항), 감정유치의 필요를 인정할 수 있는 자료를 제출하여야 한다(제201조 제2항).

(2) 감정유치장의 발부

판사는 감정유치의 청구가 부적법하거나 이유가 없다고 인정할 때에는 감정유치청구를 기각하는 결정을 하여야 한다. 하지만 판사는 그 청구가 상당하다고 인정할 때에는 유치처분을 하여야 한다(제221조의3 제2항 전단). 유치처분을 할 때에는 감정유치장을 발부하여야 한다(동조 제2항, 제172조 제4항). 감정유치장의 법적 성격에 대하여는 ① 허가장설이 있다. 그러나 ② 수사상 감정유치는 구속에 준하여 취급되므로(제221조의3 제2항) 감정유치장은 명령장이다.

감정유치장에는 피의자의 성명, 주민등록번호 등, 직업, 주거, 죄명, 범죄사실의 요지, 유치할 장소, 유치기간, 감정의 목적 및 유효기간과 그 기간 경과 후에는 집행에 착수하지 못하고 영장을 반환하여야 한다는 취지를 기재하고 재판장 또는 수명법관이 서명날인하여야 한다(규칙 제115조, 규칙 제85조 제1항).

감정유치를 기각하는 결정 및 감정유치결정은 지방법원 판사의 재판이므로 항고 또는 준항고가 허용되지 않는다.

(3) 감정유치장의 집행

감정유치를 함에 있어서 필요한 때에는 법원은 직권 또는 피의자를 수용할 병원 기타 장소의 관리자의 신청에 의하여 사법경찰관리에게 피의자의 간수를 명할 수 있다(제221조의3 제2항 후문, 제172조 제5항). 이 신청은 피의자의 간수를 필요로 하는 사유를 명시하여 서면으로 하여야 한다(규칙 제115조, 규칙 제86조).

(4) 유치기간과 유치장소

감정유치기간에는 제한이 없다. 다만, 감정유치를 할 때에는 유치기간을 정하여야 하며, 법원은 필요한 때에는 유치기간을 연장하거나 단축할 수 있다(제221조의3 제2항 후문, 제172조 제6항). 감정유치기간의 연장이나 단축은 결정으로 한다(규칙 제115조, 규칙 제85조 제2항). 감정이 완료되면 즉시 유치를 해제하여야 한다(제221조의3 제2항 후문, 제172조 제3항).

감정유치의 장소는 병원 기타 적당한 장소이다(제221조의3 제2항 후문, 제172조 제3항). '기타 적당한 장소'란 감정이 가능하고 계호를 할 수 있는 장소를 말하며, 구금시설을 유치장소로 이용해서는 아니 된다. 감정유치할 장소의 변경은 결정으로 한다(규칙 제115조, 규칙 제85조 제2항).

(5) 유치의 해제

감정이 완료되면 즉시 유치를 해제하여야 한다(제221조의3 제2항 후문, 제172조 제3항). 검사가 감정유치를 계속할 필요가 없다고 판단하는 경우에는 유치를 해제하고 피의자를 석방하여야 한다.

4. 감정유치의 효력

감정유치된 피의자에게는 접견교통권이 인정되며(제89조, 제209조), 변호인이 있는 경우에는 변호인에게, 변호인이 없는 경우에는 피의자의 법정대리인, 배우자, 직계친족과 형제자매 중 피의자가 지정한 자에게 피의사건명, 유치일시·장소, 범죄사실의 요지, 유치의 이유와 변호인을 선임할 수 있는 취지를 알려야 한다(제87조 제1항, 제209조).

감정유치기간은 미결구금일수의 산입에서 이를 구속으로 간주한다(제221조의3 제2항 후문, 제172조 제8항,). 또한 구속 중인 피의자에 대하여 감정유치장이 집행되었을 때에는 유치되어 있는 기간 동안 구속은 그 집행이 정지된 것으로 간주한다(제221조의3 제2항 후문, 제172조의2 제1항). 따라서 감정유치기간은 구속기간에 포함되지 않는다. 다만, 감정유치처분이 취소되거나 유치기간이 만료되면 구속의 집행정지가 취소된 것으로 간주한다(제172조의2 제2항, 제221조의3 제2항 후문).

제3절 대물적 강제처분

Ⅰ. 개 관

1. 의 의

형소법은 대인적 강제처분 이외에 대물적 강제처분으로 압수·수색·검증을 규정하고 있다. 대물적 강제처분은 대인적 강제처분과 마찬가지로 강제력 행사에 의한 기본권 제한을 수반하므로 영장주의를 원칙으로 하고 있다. 다만, 수사상 검증은 수사기관에 의한 강제처분으로서 증거조사의 일종인 법원에 의한 검증과는 그 성격이 다르다. 이 외에 「통신비밀보호법」에 의한 감청 등이 있다.

대물적 강제처분은 그 주체에 따라 법원이 행하는 강제처분과 수사기관이 행하는 강제처분이 있으며, 후자를 대물적 강제수사라고 한다. 형소법은 법원의 압수·수색·검증에 관하여 규정(제106조-제145조)하고, 이 규정을 수사상 압수·수색·검증에 준용(제219조)하고 있다.

2. 대물적 강제처분의 요건

(1) 범죄혐의

압수·수색 또는 검증을 하기 위해서는 범죄혐의가 있어야 한다. 제215조에서는 검사 또는 사법경찰관이 압수·수색 또는 검증을 하기 위해서는 '피의자가 죄를 범하였다고 의심할 만한 정황이 있을 것'을 요한다. 법원의 압수·수색 또는 검증에 있어서는 '범죄혐의'에 대한 명문의 규정이 없지만 당연히 범죄혐의의 존재를 전제로 한다.

이때 범죄혐의의 정도에 대하여는 ① 체포·구속의 경우와 같이 상당한 정도의 혐의를 요한다는 견해가 있다. 그러나 ② 형소법에서는 수사상 압수·수색 또는 검증의 경우와 달리 체포·구속의 경우에는 '죄를 범하였다고 의심할 만한 상당한 이유가 있을 정도'(제200조의2, 제201조)를 요하므로 수사상 압수·수색 또는 검증을 위한 범죄혐의의 정도는 피의자의 체포·구속의 경우보다 낮은 혐의로도 충분하다. 즉, 압수·수색 또는 검증을 위해서는 수사개시를 정당화할 정도의 단순한 혐의 또는 최초의 혐의가 존재하면 된다. 하지만 탐색적 압수·수색 또는 검증은 허용되지 않는다. 따라서 압수·수색 또는 검증을 위한 영장의 청구서에는 죄명 및 범죄사실의 요지를 기재하여야 하고(규칙 제107조 제1항 제1호), 이 영장청구시에는 피의자에게 범죄의 혐의가 있다고 인정되는 자료를 제출하여야 한다(규칙 제108조 제1항).

(2) 필요성과 사건과의 관련성

압수·수색 또는 검증을 하기 위해서는 필요성이 있어야 하며, 사건과의 관련성이 인정되어야 한다. 양자의 관계에 대하여는 ① 사건과의 관련성을 필요성의 판단내용으로 이해하는 견해가 있다. 그러나 ② 압수·수색 또는 검증의 필요성이 인정되는 경우에도 사건과의 관련성이 인정되지 않는 경우도 있을 수 있으므로 양자는 구분된다.

1) 필 요 성

압수·수색 또는 검증을 하기 위해서는 필요성이 인정되어야 한다. '필요성'이란 수사 또는 재판을 위해 필요한 경우뿐만 아니라 압수·수색 또는 검증을 하지 않으면 수사목적이나 실체적 진실발견을 할 수 없는 경우를 말한다.

형소법에서는 법원은 필요한 때에 압수·수색 또는 검증을 할 수 있고(제106조 제1항, 제109조 제1항, 제139조), 검사와 사법경찰관은 필요한 때에 압수·수색 또는 검증을 할 수 있다(제215조)고 규정하고 있다. 따라서 압수·수색영장 또는 검증영장에는 압수·수색 또는 검증의 사유를 기재하여야 하며(규칙 제58조), 압수·수색 또는 검증영장을 청구할 때에는 압수·수색 또는 검증의 필요를 인정할 수 있는 자료를 제출하여야 한다(규칙 제108조 제1항). 특히, 피의자 아닌 자의 신체, 물건, 주거 기타 장소의 수색을 위한 영장의 청구를 할 때에는 압수하여야 할 물건이 있다고 인정될 만한 자료를 제출하여야 한다(동조 제2항).

2) 관 련 성

압수·수색 또는 검증을 하기 위해서는 압수·수색 또는 검증의 목적물이 해당 사건과 관련성이 인정되어야 한다. 형소법에서는 법원은 '피고사건과 관계가 있다고 인정할 수 있는 것에 한정하여'(제106조 제1항, 제109조 제1항), 검사와 사법경찰관은 '해당 사건과 관계가 있다고 인정할 수 있는 것에 한정하여'(제215조) 압수·수색 또는 검증을 할 수 있다고 규정하고 있다. 따라서 압수·수색영장 또는 검증영장을 청구할 때에는 해당 사건과의 관련성을 인정할 수 있는 자료를 제출하여야 한다(규칙 제108조 제1항).

압수·수색영장 또는 검증영장의 혐의사실과 관계있는 범죄라는 것은 영장에 기재된 혐의사실과 객관적 관련성이 있고, 영장대상자와 피의자 사이에 인적 관련성이 있는 범죄를 의미한다. 혐의사실과의 객관적 관련성은 영장에 기재된 혐의사실 자체 또는 그와 기본적 사실관계가 동일한 범행과 직접 관련되어 있는 경우는 물론, 범행 동기와 경위, 범행 수단과 방법, 범행 시간과 장소 등을 증명하기 위한 간접증거나 정황증거 등으로 사용될 수 있는 경우에도 인정될 수 있다. 다만, 객관적 관련성은 영장에 기재된 혐의사실의 내용과 수사의 대상, 수사경위 등을 종합하여 구체적·개별적 연관관계가 있는 경우에만 인정되고, 혐의사실과 단순히 동종 또는 유사 범행이라는 사유만으로는 객관적 관련성이 인정되지 않는다(2019도14341). 따라서 압수·수색 또는 검증은 영장발부의 사유로 된 혐의사실과 관련된 증거에 한하여 할 수 있으므로 관련성이 없는 압수·수색 또는 검증행위는 영장주의 등 원칙에 반하는 위법한 집행이므로(2009모1190) 영장발부의 사유로 된 혐의사실과 무관한 별개의 증거를 압수하더라도 원칙적으로 유죄인정의 증거로 사용할 수 없다(2021도3756). 압수·수색 또는 검증을 하는 과정에서 해당 영장의 범죄혐의와 다른 범죄의 혐의에 관련된 증거를 발견하게 된 경우에는 피압수자가 임의제출을 하지 않는 한 그 집행을 중단하고, 법원으로부터 별도의 압수·수색영장 또는 검증영장을 발부받아 집행하여야 한다(2018도2624).

또한 피의자와 사이의 인적 관련성은 압수·수색영장 또는 검증영장에 기재된 대상자의 범죄를 의미하지만, 공동정범이나 교사범 등 공범이나 간접정범은 물론 필요적 공범 등에 대한 피고사건에 대해서도 인정될 수 있다(2017도13458).[101]

(3) 비례성의 원칙

압수·수색 또는 검증에 있어서도 비례의 원칙이 적용된다. 따라서 압수·수색 또는 검증의 필요성이 인정되는 경우에도 무제한적으로 허용되는 것은 아니고, 압수물이 증거물 내지 몰수하여야 할 물건으로 보이는 것이라 하더라도 범죄의 형태나 경·중, 압수물의 증거가치 및 중요성, 증거인멸의 우려 유·무, 압수로 인하여 피압수자가 받을 불이익의 정도 등 제반사정을 종합적으로 고려하여 판단하여야 한다(2003모126).

또한 압수·수색 또는 검증은 증거물이나 몰수물의 수집·보전에 필요한 최소한도의 범위에 그쳐야 하며, 임의수사 등 강제처분에 의해 증거방법을 확보하지 않더라도 동일한 목적을 달성할 수 있는 경우에는 허용되지 않는다(2008도2245).

Ⅱ. 압수와 수색

1. 의 의

압수란 증거물 또는 몰수가 예상되는 물건의 점유를 취득하는 강제처분을 말한다. 압수에는 압류, 영치, 제출명령이 있다. '압류'란 점유를 취득하는 과정에서

101) 판례는 적법하게 압수된 증거물인 경우에는 압수의 전제가 된 범죄뿐만 아니라 피고인의 다른 범죄의 유죄의 증거로 사용하는데에 원칙적으로 제한이 없다고 하였다(2015도9784).

법원이나 수사기관이 소유자 또는 점유자의 의사에 반하여 강제적으로 취득하는 강제처분을 말한다. 좁은 의미의 압수는 압류를 의미한다. '영치'란 소유자 등이 임의로 제출한 물건이나 유류한 물건에 대하여 법원이나 수사기관이 점유를 취득하는 것을 말한다(제218조). 영치는 점유취득과정에서 강제력이 행사되지는 않지만 영치된 물건에 대한 강제적인 점유가 계속되어 상대방이 수인의무를 지게 된다는 점에서 강제처분에 속한다. '제출명령'이란 법원이 압수할 물건을 지정하여 소유자 등에게 제출을 명하는 것을 말한다. 제출명령도 점유취득 과정에서 강제력이 행사되지는 않지만 그 대상자에게 제출의무를 부과한다는 점에서 강제처분에 속한다. 다만, 제출명령의 주체는 법원이므로 수사기관의 강제처분에는 제출명령이 포함되지 않는다.

수색이란 압수할 물건이나 피고인 또는 피의자를 발견하기 위하여 사람의 신체나 물건 또는 일정한 장소에 대하여 행하는 강제처분을 말한다. 수색은 주로 압수와 함께 행해지고, 실무에서도 압수·수색영장이라는 단일영장을 사용하고 있다.

2. 대 상

(1) 압수의 대상

1) 증거물과 몰수대상물

압수의 대상은 '증거물 또는 몰수할 것으로 사료되는 물건'이다. 다만, 법률에 다른 규정이 있는 때에는 예외로 한다(제106조 제1항, 제219조). 증거물에 대한 압수는 절차확보를 위한 것인 반면, 몰수대상물에 대한 압수는 판결집행확보의 의미를 가진다.

압수의 대상물은 동산에 한하지 않고 부동산도 포함된다. 물건은 유체물 기타 관리할 수 있는 자연력을 말하므로(민법 제98조) 전기 기타 관리할 수 있는 자연력이 포함된다. 사람의 신체는 압수의 대상이 되지 아니하지만 사체나 신체로부터 분리된 모발, 체모, 손톱이나 혈액·소변 등은 압수의 대상이 된다. '몰수할 것으로 사료되는 물건'이란 해당 사건에서 몰수가 선고될 가능성이 있는 물건으로서, 필요적 몰수대상뿐만 아니라 임의적 몰수대상을 포함한다.

2) 우체물과 전기통신의 압수

우체물 또는 「통신비밀보호법」 제2조 제3호에 따른 전기통신[102)]에 관한 것에 대하여는 법원 또는 수사기관은 필요한 때 피고사건 또는 피의사건과 관계가 있다고 인정할 수 있는 것에 한정하여 체신관서, 그 밖의 관련기관 등이 소지 또는 보관하는 물건의 제출을 명하거나 압수를 할 수 있다(제107조 제1항, 제219조). 이러한 처분을 할 때에는 발신이나 수신인에게 그 취지를 통지하여야 한다. 다만, 심리에 방해될 염려가 있는 경우에는 예외로 한다(제107조 제3항, 제219조).[103)]

3) 출판물의 압수

출판물은 압수 또는 몰수의 대상이 된다. 하지만 출판 직전에 그 내용을 문제삼아 출판물을 압수하는 것은 실질적으로 출판의 사전검열과 같은 효과를 가져올 수도 있으므로 범죄혐의와 강제수사의 요건을 엄격히 해석하여야 한다(91모1).

(2) 수색의 대상

수색의 대상은 사람의 신체, 물건 또는 주거 기타 장소이다. 법원 또는 수사기관은 필요한 때에는 피고사건 또는 피의사건과 관계가 있다고 인정할 수 있는 것에 한정하여 피고인 또는 피의자의 신체, 물건 또는 주거 기타 장소를 수색할 수 있다(제109조 제1항, 제219조). 다만, 피고인 또는 피의자 아닌 자의 신체, 물건, 주거 기타 장소에 관하여는 압수할 물건이 있음을 인정할 수 있는 경우에 한하여 수색할 수 있다(제109조 제2항, 제219조).

(3) 압수·수색의 제한

형소법에서는 비례성의 원칙에 의하여 압수·수색을 제한하는 경우가 있다.

---

102) 「통신비밀보호법」 제2조(정의) 3. "전기통신"이라 함은 전화·전자우편·회원제정보서비스·모사전송·무선호출 등과 같이 유선·무선·광선 및 기타의 전자적 방식에 의하여 모든 종류의 음향·문언·부호 또는 영상을 송신하거나 수신하는 것을 말한다.

103) 판례는 "우편물 통관검사절차에서 이루어지는 우편물의 개봉, 시료채취, 성분분석 등의 검사는 수출입물품에 대한 적정한 통관 등을 목적으로 한 행정조사의 성격을 가지는 것으로서 수사기관의 강제처분이라고 할 수 없으므로, 압수·수색영장 없이 우편물의 개봉, 시료채취, 성분분석 등 검사가 진행되었다 하더라도 특별한 사정이 없는 한 위법하다고 볼 수 없다"(2013도7718)고 하였다.

1) 군사상 비밀

군사상 비밀을 요하는 장소에 대하여는 그 책임자의 승낙 없이는 압수·수색할 수 없다. 다만, 책임자는 국가의 중대한 이익을 해하는 경우를 제외하고는 승낙을 거부하지 못한다(제110조, 제219조).

2) 공무상 비밀

공무원 또는 공무원이었던 자가 소지 또는 보관하는 물건에 관하여는 본인 또는 그 해당공무소가 직무상의 비밀에 관한 것임을 신고한 때에는 그 소속공무소 또는 해당 감독관공서의 승낙 없이는 압수하지 못한다. 이때 소속공무소 또는 해당 감독관공서는 국가의 중대한 이익을 해하는 경우를 제외하고는 승낙을 거부하지 못한다(제111조, 제219조). 다만, 이때는 군사상 비밀과 달리 신고절차가 규정되어 있으며, 압수만 거부할 수 있는 것으로 하고 있다.

3) 업무상 비밀

변호사, 변리사, 공증인, 공인회계사, 세무사, 대서업자, 의사, 한의사, 치과의사, 약사, 약종상, 조산사, 간호사, 종교의 직에 있는 자 또는 이러한 직에 있던 자가 그 업무상 위탁을 받아 소지 또는 보관하는 물건으로 타인의 비밀에 관한 것은 압수를 거부할 수 있다. 다만, 그 타인의 승낙이 있거나 중대한 공익상 필요가 있는 때에는 예외로 한다(제112조, 제219조).

3. 절 차

(1) 압수·수색영장의 청구 및 발부

1) 영장의 청구

(가) 청구권자

검사는 범죄수사에 필요한 때에는 피의자가 죄를 범하였다고 의심할 만한 정황이 있고 해당 사건과 관계가 있다고 인정할 수 있는 것에 한정하여 지방법원 판사에게 청구하여 발부받은 영장에 의하여 압수·수색을 할 수 있다(제215조 제1항). 사법경찰관이 범죄수사에 필요한 때에는 피의자가 죄를 범하였다고 의심할 만한 정황이 있고 해당 사건과 관계가 있다고 인정할 수 있는 것에 한정하여 검사에게 신청하여 검사의 청구로 지방법원 판사가 발부한 영장에 의하여 압수·수색을 할 수 있다(동조 제2항).

검사가 사법경찰관이 신청한 영장을 정당한 이유 없이 판사에게 청구하지 아니한 경우 사법경찰관은 그 검사 소속의 지방검찰청 소재지를 관할하는 고등검찰청에 영장청구 여부에 대한 심의를 신청할 수 있다(제221조의5).(자세한 것은 구속영장청구 참조)

(나) 방 식

압수·수색영장의 청구는 서면으로 하여야 한다(규칙 제93조 제1항). 압수·수색영장의 청구서에는 범죄사실의 요지, 압수·수색의 장소 및 대상을 따로 기재한 서면 1통(수통의 영장을 청구하는 때에는 그에 상응하는 통수)을 첨부하여야 한다(동조 제3항). 검사 또는 사법경찰관은 압수·수색 또는 검증영장을 청구하거나 신청할 때에는 압수·수색 또는 검증의 범위를 범죄 혐의의 소명에 필요한 최소한으로 정해야 하고, 수색 또는 검증할 장소·신체·물건 및 압수할 물건 등을 구체적으로 특정해야 한다. 이 경우 수사기밀이나 사건관계인의 개인정보가 압수·수색 또는 검증을 필요로 하는 사유의 소명에 필요한 정도를 넘어 불필요하게 노출되지 않도록 유의해야 한다(수사준칙규정 제37조).

압수·수색을 위한 영장의 청구서에는 (ⅰ) 피의자의 성명(분명하지 아니한 때에는 인상, 체격, 그 밖에 피의자를 특정할 수 있는 사항), 주민등록번호 등, 직업, 주거(제1호), (ⅱ) 피의자에게 변호인이 있는 때에는 그 성명(제2호), (ⅲ) 죄명 및 범죄사실의 요지(제3호), (ⅳ) 7일을 넘는 유효기간을 필요로 하는 때에는 그 취지 및 사유(제4호), (ⅴ) 여러 통의 영장을 청구하는 때에는 그 취지 및 사유(제5호), (ⅵ) 압수할 물건, 수색할 장소, 신체나 물건(제6호), (ⅶ) 압수·수색의 사유(제7호), (ⅷ) 일출 전 또는 일몰 후에 압수·수색을 할 필요가 있는 때에는 그 취지 및 사유(제8호), (ⅸ) 범행 중 또는 범행직후의 무영장압수·수색 후에 청구하는 경우(제216조 제3항)에는 영장 없이 압수·수색을 한 일시 및 장소(제9호), (ⅹ) 긴급체포 시 또는 체포현장에서의 무영장압수·수색 후에 청구하는 경우(제217조 제2항)에는 체포한 일시 및 장소와 영장 없이 압수·수색을 한 일시 및 장소(제10호), (ⅺ) 「통신비밀보호법」 제2조 제3호에 따른 전기통신을 압수·수색하고자 할 경우 그 작성기간(제11호)을 기재하여야 한다(규칙 제107조 제1항).

검사가 영장을 청구할 때에는 피의자에게 범죄의 혐의가 있다고 인정되는 자료와 압수, 수색의 필요 및 해당 사건과의 관련성을 인정할 수 있는 자료를 제출하여야 한다(규칙 제108조 제1항). 피의자 아닌 자의 신체, 물건, 주거 기타 장소의 수색을 위한 영장의 청구를 할 때에는 압수하여야 할 물건이 있다고 인정될 만한 자료를 제출하여야 한다(동조 제2항). 그러나 공소제기 후의 압수·수색은 원칙적으로 수소법원의 판단에 의한다(2009도10412).

2) 영장의 발부

(가) 절 차

법원이 공판정에서 압수·수색을 할 때에는 영장을 요하지 않지만 공판정 외에서 압수·수색을 할 경우에는 영장을 발부하여야 한다(제113조). 다만, 임의제출물이나 유류물을 압수하는 때에는 영장을 요하지 않는다(제108조). 법원은 압수·수색을 합의부원에게 명할 수 있고, 그 목적물의 소재지를 관할하는 지방법원 판사에게 촉탁할 수 있다(제136조 제1항). 수탁판사는 압수·수색의 목적물이 그 관할구역 내에 없는 때에는 그 목적물의 소재지 지방법원 판사에게 전촉할 수 있다(동조 제2항). 이때 수명법관, 수탁판사가 행하는 압수·수색에 관하여는 법원이 행하는 압수·수색에 관한 규정을 준용한다(동조 제3항). 법원이 공판정에서 압수를 한 때에는 그 사실을 공판조서에 기재하여야 하며(제51조 제2항 제10호), 압수조서에는 품종, 외형상의 특징과 수량을 기재하여야 한다(제49조 제3항).

수사기관이 피의사건과 관련하여 압수·수색을 하기 위해서는 검사의 청구에 의하여 지방법원 판사가 영장을 발부하여야 한다(제215조). 검사는 공소제기 후에는 피고사건에 관하여 압수·수색을 할 수 없다(2009도10412). 이때 압수·수색영장은 구속영장의 경우와 같이 명령장으로서의 성질을 가진다. 다만, 판례는 허가장이라고 한다(99모161).

한편, 판사가 영장을 발부하거나 기각하는 결정은 '법원의 결정'도 아니고 재판장 또는 수명법관이 행하는 재판도 아니므로 항고(제402조, 제403조) 또는 준항고(제416조)가 허용되지 않는다(97모66).

(나) 영장의 기재사항

압수·수색영장에는 피고인 또는 피의자의 성명, 죄명, 압수할 물건, 수색할 장소·신체·물건, 영장발부년월일, 영장의 유효기간과 그 기간이 지나면 집행에 착수할 수 없으며 영장을 반환하여야 한다는 취지 및 압수·수색영장의 청구서에 기재하는 사항(규칙 제107조)을 기재하고, 피고인에 대한 영장에는 재판장 또는 수명법관이, 피의자에 대한 영장에는 지방법원 판사가 서명날인하여야 한다(제114조 제1항, 제219조, 규칙 제58조). 따라서 피고인에 대한 영장에 재판장 또는 수명법관 등의 서명만 있고 날인이 없는 경우에는 영장이 유효하지 않다(2018도20504).

압수·수색할 물건이 전기통신에 관한 것인 경우에는 작성기간을 기재하여야 한다(제114조 제1항, 제219조). 피고인 또는 피의자의 성명이 분명하지 아니한 때에는 인상, 체격, 기타 피고인 또는 피의자를 특정할 수 있는 사항으로 피고인 또는 피의자를 표시할 수 있다(제114조 제2항, 제219조).

(다) 영장의 기재방법

압수·수색할 물건은 명시적이고 개별적으로 기재되어야 한다(일반영장금지). 즉, 헌법과 형소법이 구현하고자 하는 적법절차와 영장주의의 정신에 비추어 볼 때, 법관이 압수·수색영장을 발부한 경우 '압수할 물건'을 구체적으로 특정하여야 하며, 그 기재한 문언은 엄격하게 해석하여야 하고, 함부로 피압수자 등에게 불리한 내용으로 확장 또는 유추 해석하여서는 안 된다(2022도1452). 따라서 압수·수색영장에서 압수할 물건을 '압수장소에 보관 중인 물건'이라고 기재하고 있는 것을 '압수장소에 현존하는 물건'으로 해석할 수는 없다(2008도763).

수색장소도 특정되어야 한다. 특히, 수색장소가 회사, 법인, 공공기관의 사무실인 경우에는 혐의사실과 관련된 장소로 제한하여 특정할 필요가 있다. 따라서 직원 개인의 범죄혐의에 대하여 수색하는 경우에는 특별한 사정이 없는 한 해당 직원이 사용하는 사무실이나 집기에 한하여 허용된다.

별건압수·수색은 허용되지 않는다. 그러나 범인으로부터 압수한 물품에 대하여 몰수의 선고가 없어 그 압수가 해제된 것으로 간주된다고 하더라도 공범자에 대한 범죄수사를 위하여 여전히 그 물품의 압수가 필요하다거나 공범자에 대한 재판에서 그 물품이 몰수될 가능성이 있다면 검사는 그 압수해제된 물품을 다시 압수할 수도 있다(96모34).

(라) 영장의 유효기간과 중복집행금지 등

압수·수색영장의 유효기간은 영장발부일로부터 7일이다. 다만, 법원 또는 법관이 상당하다고 인정하는 때에는 7일을 넘는 기간을 정할 수 있다(규칙 제178조). 이 유효기간은 집행에 착수할 수 있는 종기를 의미한다. 따라서 영장의 유효기간 내에 집행이 개시되었다면 유효기간을 지나더라도 계속해서 집행할 수 있다.

그러나 수사기관이 압수·수색영장을 제시하고 집행에 착수하여 압수·수색을 실시하고 그 집행을 종료하였다면 이미 그 영장은 목적을 달성하여 효력이 상실된다. 따라서 영장유효기간이 남았더라도 동일한 영장으로 수회 같은 장소에서 중복적으로 압수·수색하는 것은 허용되지 않는다. 따라서 동일한 장소 또는 목적물에 대하여 다시 압수·수색할 필요가 있는 경우라면 그 필요성을 소명하

여 법원으로부터 새로운 압수·수색영장을 발부받아야 한다(2023도8752).[104]

(2) 압수·수색영장의 집행

1) 집행기관

압수·수색영장은 검사의 지휘에 의하여 사법경찰관리가 집행한다. 검사의 지휘에 의하여 압수·수색영장을 집행하는 경우에는 압수·수색영장을 발부한 법원이 그 원본을 검사에게 송부하여야 한다(규칙 제59조, 규칙 제48조). 다만, 수소법원의 경우에 필요한 때에는 재판장이 법원사무관 등에게 그 집행을 명할 수 있다(제115조 제1항, 제219조). 법원사무관 등은 압수·수색영장의 집행에 관하여 필요한 때에는 사법경찰관리에게 보조를 구할 수 있다(제117조).

검사는 필요에 의하여 관할구역 외에서 압수·수색영장의 집행을 지휘할 수 있고 또는 해당 관할구역의 검사에게 집행지휘를 촉탁할 수 있다(제115조 제2항, 제83조). 또한 사법경찰관리는 필요에 의하여 관할구역 외에서 구속영장을 집행할 수 있고, 또는 해당 관할구역의 사법경찰관리에게 집행을 촉탁할 수 있다(제115조 제2항, 제83조).

2) 방 법

압수·수색영장은 처분을 받는 자에게 반드시 제시하여야 하고, 법관이 발부한 영장에 따른 압수·수색이라는 사실과 영장에 기재된 범죄사실 및 수색할 장소·신체·물건, 압수할 물건 등을 명확히 알리고, 처분을 받는 자가 해당 영장을 열람할 수 있도록 해야 한다. 이 경우 처분을 받는 자가 피의자인 경우에는 해당 영장의 사본을 교부해야 한다. 다만, 처분을 받는 자가 현장에 없는 등 영장의 제시나 그 사본의 교부가 현실적으로 불가능한 경우 또는 처분을 받는 자가 영장의 제시나 사본의 교부를 거부한 때에는 예외로 한다(제118조, 제219조). 형소법이 압수·수색영장을 집행하는 경우에 피압수자에게 반드시 압수·수색영장을 제시하

---

104) 판례는 피의자 甲에 대한 압수·수색영장의 유효기간이 지난 후에 甲으로부터 압수한 휴대전화의 메신저 계정을 이용하여 새롭게 수신된 메시지를 확인한 후 그 메신저를 이용하여 위장수사를 하여 피고인을 체포한 사안에서, 피고인이 이 사건 메시지를 보낸 시점까지 경찰이 甲에 대한 영장집행을 계속하고 있었다고 볼 만한 자료가 없으므로 경찰의 메시지 등의 정보취득은 영장집행 종료 후의 위법한 재집행이고, 그 외에 경찰이 甲의 휴대전화 메신저 계정을 이용할 정당한 접근권한도 없으므로, 이 메시지 등을 기초로 피고인을 현행범으로 체포하면서 수집한 증거는 위법수집증거로서 증거능력이 없다고 하였다(2020도5336).

도록 규정한 것은 법관이 발부한 영장 없이 압수·수색을 하는 것을 방지하여 영장주의 원칙을 절차적으로 보장하고, 압수·수색영장에 기재된 물건, 장소, 신체에 대해서만 압수·수색을 하도록 하여 개인의 사생활과 재산권의 침해를 최소화하는 한편, 준항고 등 피압수자의 불복신청의 기회를 실질적으로 보장하기 위한 것이다. 따라서 압수·수색영장을 집행하는 수사기관은 피압수자로 하여금 법관이 발부한 영장에 의한 압수·수색이라는 사실을 확인함과 동시에 형소법이 압수·수색영장에 필요적으로 기재하도록 정한 사항이나 그와 일체를 이루는 사항을 충분히 알 수 있도록 압수·수색영장을 제시하여야 한다(2019모2584). 수사기관이 압수·수색영장을 제시한 때에 피압수자가 영장의 구체적인 확인을 요구하였으나 수사기관이 영장의 범죄사실 기재부분을 보여주지 않았다면, 그 후 피압수자의 변호인이 피압수자에 대한 조사에 참여하면서 영장을 확인하였더라도 위법이다(2019모3526). 압수·수색의 처분을 받는 자가 여럿인 경우에는 모두에게 개별적으로 영장을 제시해야 한다. 이 경우 피의자에게는 개별적으로 해당 영장의 사본을 교부해야 한다(수사준칙규정 제38조 제2항). 따라서 수사기관이 압수·수색에 착수하면서 그 장소의 관리책임자에게 영장을 제시하였다고 하더라도 물건을 소지하고 있는 다른 사람으로부터 이를 압수하고자 하는 경우에는 그 사람에게 별도로 영장을 제시하여야 한다(2008도763). 수사기관의 지시·요청에 따라 사인(私人)이 자기 외의 제3자가 지배·관리하는 물건을 취거하여 수사기관에 전달하는 등으로 수사기관이 직접 하였다면 강제처분인 압수·수색에 해당하는 행위를 한 경우, 이러한 사인의 행위가 오로지 자기의 이익이나 목적 추구를 위해 이루어진 것이라거나 수사기관이 해당 물건의 실제 점유자가 제3자임을 미처 인식·예견하지 못하였다는 등의 특별한 사정이 없는 이상, 수사기관이 사인을 이용하여 강제처분을 하였다고 보아, 형소법에서 규정하는 영장의 제시, 참여권의 보장 등 절차를 준수하여야 한다(2022도2071).

검사 또는 사법경찰관은 피의자에게 영장을 제시하거나 영장의 사본을 교부할 때에는 사건관계인의 개인정보가 피의자의 방어권 보장을 위해 필요한 정도를 넘어 불필요하게 노출되지 않도록 유의해야 한다(수사준칙규정 제38조 제2항). 또한 검사 또는 사법경찰관은 피의자에게 영장의 사본을 교부한 경우에는 피의자로부터 영장사본 교부확인서를 받아 사건기록에 편철한다(동조 제3항). 만일 피의자가 영장의 사본을 수령하기를 거부하거나 영장사본 교부확인서에 기명날인 또는 서명하는 것을 거부하는 경우에는 검사 또는 사법경찰관이 영장 사본 교부 확인서 끝 부분에 그 사유를 적고 기명날인 또는 서명해야 한다(동조 제4항).

이때 제시하여야 할 영장은 원본이어야 하므로 원칙적으로 영장을 소지하지 않고 행하는 긴급압수·수색은 허용되지 않는다(2016모587). 팩스로 영장사본을 송신하는 것은 제시에 해당하지 않는다(2015도10648). 그러나 피처분자가 현장에 없거나, 현장에서 그를 발견할 수 없는 경우 등 영장의 사전제시나 사본의 교부가 현실적으로 불가능한 경우에는 영장을 제시하지 아니한 채 압수·수색을 하더라도 위법이 아니다(2014도10978).

3) 필요한 처분

압수·수색영장의 집행에서는 건정(鍵錠, 자물쇠)을 열거나 개봉 기타 필요한 처분을 할 수 있고, 압수물에 대하여도 같은 처분을 할 수 있다(제120조, 제219조). 압수·수색영장의 집행에 필요한 처분은 필요한 최소한도의 범위 내에서 이루어지며, 그 수단과 목적에 비추어 사회통념상 타당하다고 인정되어야 한다(2017도9747 참조). '기타 필요한 처분'으로는 압수영장을 집행하기 위하여 집행장소로 가기 위해 경비원들의 방해행위를 제지하고 엘리베이터에 탑승한 행위(2013도5214), 압수대상물인 피의자의 소변을 채취하기 위해 강제로 병원응급실로 데려가 의사의 지시를 받은 응급구조사가 소변을 채취하는 과정에서 최소한의 강제력을 행사한 행위(2018도6219), 범죄증거를 수집할 목적으로 압수영장에 의해 피의자의 신체로부터 혈액을 채취한 행위(2011도15258), 압수·수색절차의 적법성을 담보하기 위하여 압수집행상황을 촬영하거나 압수물의 증거가치를 보존하기 위하여 증거물을 압수한 장소나 상태 등을 촬영한 행위 등을 들 수 있다.

압수·수색영장의 집행 중에는 타인의 출입을 금지할 수 있고, 이를 위배한 자에게는 퇴거하게 하거나 집행종료 시까지 간수자를 붙일 수 있다(제119조, 제219조). 압수·수색영장의 집행을 중지한 경우에 필요한 때에는 집행이 종료될 때까지 그 장소를 폐쇄하거나 간수자를 둘 수 있다(제127조, 제219조). 또한 압수·수색영장을 집행할 때에는 타인의 비밀을 보호하여야 하며, 처분받은 자의 명예를 해하지 아니하도록 주의하여야 한다(제116조, 제219조).

4) 당사자 등의 참여와 통지

검사, 피고인 또는 피의자 그리고 변호인은 압수·수색영장의 집행에 참여할 수 있다(제121조, 제219조). 이를 위해 압수·수색영장을 집행할 때에는 미리 집행의 일시와 장소를 위의 참여권자에게 통지하여야 한다. 다만, 압수·수색의 참여권자가 참여하지 않는다는 의사를 명시한 때 또는 급속을 요하는 때에는 예외로 한다(제122조, 제219조). '급속을 요하는 때'란 압수·수색영장집행 사실을 미리 알려주면 증거물을 은닉할 염려 등이 있어 압수·수색의 실효를 거두기 어려울 경우를 말한다(2012도7455). 피의자 등의 참여권이 형해화되지 않도록 그 통지의무의 예외로 규정된 '피의자 등이 참여하지 않는다는 의사를 명시한 때 또는 급속을 요하는 때'라는 사유는 엄격하게 해석하여야 한다(2019모2584). 이때 변호인의 참여권은 피압수자의 보호를 위하여 변호인에게 주어진 고유권이므로, 설령 피압수자가 수사기관에 압수·수색영장의 집행에 참여하지 않는다는 의사를 명시하였다고 하더라도, 특별한 사정이 없는 한 그 변호인에게는 미리 집행의 일시와 장소를 통지하는 등으로 압수·수색영장의 집행에 참여할 기회를 별도로 보장하여야 한다(2020도10729). 수사기관의 압수·수색절차 과정에서 처분을 받는 자가 미성년자인 경우, 의사능력이 있는 한 미성년자에게 영장이 반드시 제시되어야 하고, 그 친권자에 대한 영장제시로 이를 갈음할 수 없다. 또한 의사능력이 있는 미성년자나 그 변호인에게 압수·수색영장 집행절차에 참여할 기회가 보장되어야 하고, 그 친권자에게 참여의 기회가 보장되었다는 이유만으로 압수·수색이 적법하게 되는 것은 아니다(2022도2071).

한편, 압수·수색영장의 집행장소가 공무소, 군사용의 항공기 또는 선박·차량 안인 경우에는 그 책임자에게 참여할 것을 통지하여야 한다(제123조 제1항, 제219조). 이 외에 타인의 주거, 간수자 있는 가옥, 건조물, 항공기 또는 선박·차량 안일 경우에는 주거주, 간수자 또는 이에 준하는 자를 참여하게 하여야 하고, 이들의 자를 참여하게 하지 못한 때에는 이웃사람 또는 지방공공단체의 직원을 참여하게 하여야 한다(제123조 제2항, 제3항, 제219조). 이때 참여하는 주거주 등 또는 이웃 등은 최소한 압수·수색절차의 의미를 이해할 수 있는 정도의 능력(이하 '참여능력'이라고 한다)을 갖추고 있어야 한다. 따라서 주거주 등 또는 이웃 등이 참여하였다고 하더라도 그 참여자에게 참여능력이 없거나 부족한 경우에는, 주거주 등이나 이웃 등의 참여 없이 이루어진 것과 마찬가지로 제123조 제2항, 제3항에서 정한 압수수색절차의 적법요건이 갖추어졌다고 볼 수 없으므로 그러한 압수·수색영장의 집행도 위법하다(2020도11223).[105] 그러나 수사기관은 강제채혈, 강제채뇨 등과 같

105) 압수·수색절차에 참여한 참여자와 관련하여 해당 절차의 적법요건이 갖추어졌는지는, 수사기관이 인식하였거나 인식할 수 있었던 사정 등을 포함하여 압수·수색 당시를 기준으로 외형적으로 인식 가능한 사실상의 상태를 살펴 판단하여야 한다. 압수·수색 당시 수사기관이 인식할 수 없었던 참여자의 내부적, 주관적 사정이나 참여자의 객관적 능력에 관한 법률적·사후적

이 강제처분이 법률상 의료인 아닌 자가 수행할 수 없는 의료행위를 수반하는 경우, 잠금장치 해제, 전자정보의 복호화나 중량 압수물의 운반과 같이 단순한 기술적, 사실적 보조가 필요한 경우, 압수·수색 후 환부대상이 될 도품의 특정을 위하여 필요한 경우 등 제한적 범위 내에서 압수·수색영장의 집행기관인 사법경찰관리의 엄격한 감시·감독 하에 제3자의 집행조력이 정당화될 수 있는 예외적인 경우가 아닌 이상 압수·수색 현장에 형소법상 참여권자나 참여할 수 있도록 규정된 사람 이외의 사람을 참여시킬 수는 없고, 참여가 허용된 사람 이외의 제3자를 임의로 참여케 하여 압수·수색영장을 집행하거나 영장 없이 압수·수색을 하는 것은 위법이다(2020모3326).

또한 여자의 신체에 대하여 수색할 때에는 성년의 여자를 참여하게 하여야 한다(제124조, 제219조).

5) 야간집행의 제한

일출 전, 일몰 후에는 압수·수색영장에 야간집행을 할 수 있는 기재가 없으면 그 영장을 집행하기 위하여 타인의 주거, 간수자 있는 가옥, 건조물, 항공기 또는 선차 내에 들어가지 못한다(제125조, 제219조). 그러나 (i) 도박 기타 풍속을 해하는 행위에 사용된다고 인정하는 장소(제1호)나 (ii) 여관, 음식점 기타 야간에 공중이 출입할 수 있는 장소(다만, 공개한 시간 내에 한한다)(제2호)에 대하여는 이러한 제한을 받지 않는다(제126조, 제219조).

6) 서류의 작성과 교부

증거물 또는 몰수할 물건을 압수했을 때에는 압수의 일시·장소, 압수 경위 등을 적은 압수조서와 압수물건의 품종·수량 등을 적은 압수목록을 작성하여야 한다. 다만, 피의자신문조서, 진술조서, 검증조서에 압수의 취지를 적은 경우에는 그렇지 않다(제49조 제1항, 제129조, 제219조, 수사준칙규정 제40조). 압수조서에는 품종, 외형상의 특징과 수량을 기재하여야 하며(제49조 제3항), 처분의 연월일시와 장소 및 압수경위 등을 기재하고 그 처분을 행한 자와 참여한 법원사무관 등 또는 사법경찰관리가 기명날인 또는 서명하여야 한다(제50조).[106] 또한 압수목록을 작성할 때에는 압수방법·장소·대상자별로 명확히 구분하여 압수물의 품종·종류·명칭·

인 판단은 고려대상이 아니다(2020도11223).

106) 다만, 공판기일 외에 법원이 조사 또는 처분을 행한 때에는 재판장 또는 법관과 참여한 법원사무관 등이 기명날인 또는 서명하여야 한다(제50조 단서).

수량·외형상 특징 등을 최대한 구체적이고 정확하게 특정하여 기재하여야 한다(2019모2584). 압수목록은 공무원이 작성하는 문서이므로 작성 연월일과 소속공무소를 기재하고 기명날인 또는 서명하여야 하고, 서류에는 간인하거나 이에 준하는 조치를 하여야 한다(제57조).

작성된 압수목록은 소유자, 소지자, 보관자, 기타 이에 준하는 자에게 교부하여야 한다(제129조, 제219조). 다만, 압수목록은 피압수자 등이 압수물에 대한 환부·가환부신청을 하거나 압수처분에 대한 준항고를 제기하는 등 권리행사절차를 밟는 가장 기초적인 자료라는 점에서 압수직후 현장에서 작성하여 교부하여야 한다(2017도13263). 임의제출에 따른 압수(제218조)의 경우에도 압수물에 대한 수사기관의 점유취득이 제출자의 의사에 따라 이루어진다는 점에서만 차이가 있을 뿐 범죄혐의를 전제로 한 수사목적이나 압수의 효력은 영장에 의한 압수의 경우와 동일하므로(2016도348) 수사기관은 압수목록을 신속하게 작성·교부할 의무가 있다(2021모385). 그러나 예외적으로 압수물의 수량·종류·특성 기타의 사정상 압수직후 현장에서 압수목록을 작성·교부하지 않을 수 있다는 취지가 영장에 명시되어 있고, 이와 같은 특수한 사정이 실제로 존재하는 경우에는 압수영장을 집행한 후 일정한 기간이 경과하고서 압수목록을 작성·교부할 수도 있다. 다만, 압수목록 작성·교부 시기의 예외에 관한 영장의 기재는 피의자, 피압수자 등의 압수처분에 대한 권리구제절차 또는 불복절차가 형해화되지 않도록 그 취지에 맞게 엄격히 해석되어야 하고, 나아가 예외적 적용의 전제가 되는 특수한 사정의 존재 여부는 수사기관이 이를 증명하여야 하며, 그 기간 역시 필요최소한에 그쳐야 한다. 또한 영장에 의한 압수 및 그 대상물에 대한 확인조치가 끝나면 그것으로 압수절차는 종료되고, 압수물과 혐의사실과의 관련성 여부에 관한 평가 및 그에 필요한 추가수사는 압수절차 종료 이후의 사정에 불과하므로 이를 이유로 압수직후 이루어져야 하는 압수목록 작성·교부의무를 해태·거부할 수는 없다(2021모385).

한편, 수색을 한 경우에 증거물 또는 몰취할 물건이 없는 때에는 그 취지를 기재한 증명서를 교부하여야 한다(제128조, 제219조).

4. 특수한 경우의 압수·수색

(1) 전자정보 등의 압수·수색

1) 방 법

(가) 전자정보의 압수·수색

법원은 압수의 목적물이 컴퓨터용 디스크, 그 밖에 이와 비슷한 정보저장매체인 경우에는 기억된 정보의 범위를 정하여 출력하거나 복제하여 제출받아야 한다(제106조 제3항 본문). 검사 또는 사법경찰관은 컴퓨터용 디스크 및 그 밖에 이와 비슷한 정보저장매체(이하 '정보저장매체 등'이라 한다)에 기억된 정보(이하 '전자정보'라 한다)를 압수하는 경우에는 해당 정보저장매체 등의 소재지에서 수색 또는 검증한 후 범죄사실과 관련된 전자정보의 범위를 정하여 출력하거나 복제하는 방법으로 한다(수사준칙규정 제41조 제1항). 따라서 수사기관의 전자정보에 대한 압수·수색은 원칙적으로 영장발부의 사유로 된 혐의사실과 관련된 부분만을 문서 출력물로 수집하거나 수사기관이 휴대한 정보저장매체에 해당 파일을 복제하는 방식으로 이루어져야 한다.

검사 또는 사법경찰관은 전자정보의 복제본을 취득하거나 전자정보를 복제할 때에는 해시값(파일의 고유값으로서 일종의 전자지문을 말한다)을 확인하거나 압수·수색 또는 검증의 과정을 촬영하는 등 전자적 증거의 동일성과 무결성(無缺性)을 보장할 수 있는 적절한 방법과 조치를 취하여야 한다(수사준칙규정 제42조 제3항).

(나) 정보저장매체 등의 압수·수색

법원은 전자정보의 범위를 정하여 출력 또는 복제하는 방법이 불가능하거나 압수목적을 달성하기에 현저히 곤란하다고 인정되는 때에는 정보저장매체 등을 압수할 수 있다(제106조 제3항 단서). 또한 검사 또는 사법경찰관은 전자정보 압수방법의 실행이 불가능하거나 그 방법으로는 압수의 목적을 달성하는 것이 현저히 곤란한 경우에는 압수·수색 또는 검증 현장에서 정보저장매체 등에 들어 있는 전자정보 전부를 복제하여 그 복제본을 정보저장매체 등의 소재지 외의 장소로 반출할 수 있으며(수사준칙규정 제41조 제2항), 이들 압수방법의 실행이 불가능하거나 그 방법으로는 압수의 목적을 달성하는 것이 현저히 곤란한 경우에는 피압수자 또는 압수·수색영장을 집행할 때 참여하게 하여야 하는 사람(제123조)이 참여한 상태에서 정보저장매체 등의 원본을 봉인(封印)하여 정보저장매체 등의 소재지 외의 장소로 반출할 수 있다(동조 제3항). 이와 같은 예외적인 사정이 존재하였다는

점에 대하여는 영장의 집행기관인 수사기관이 이를 구체적으로 증명하여야 한다(2019모2584).[107)]

정보저장매체 자체 또는 적법하게 획득한 복제본을 탐색하여 혐의사실과 관련된 전자정보를 문서로 출력하거나 파일로 복제하는 일련의 과정 역시 전체적으로 하나의 영장에 기한 압수·수색의 일환에 해당하므로, 그러한 경우의 문서출력 또는 파일복제의 대상 역시 정보저장매체 소재지에서의 압수·수색과 마찬가지로 혐의사실과 관련된 부분으로 한정되어야 한다. 따라서 수사기관이 새로운 범죄혐의의 수사를 위하여 무관정보가 남아 있는 복제본을 열람하는 것은 압수·수색영장으로 압수되지 않은 전자정보를 영장 없이 수색하는 것과 다르지 않다. 이 복제본은 더 이상 수사기관의 탐색, 복제 또는 출력 대상이 될 수 없으며, 수사기관은 새로운 범죄혐의의 수사를 위하여 필요한 경우에도 기존 압수·수색과정에서 출력하거나 복제한 유관정보의 결과물을 열람할 수 있을 뿐이다(2023도8752).[108)]

(다) 이메일 등의 압수·수색

피의자의 컴퓨터 등 정보처리장치 내에 저장되어 있는 이메일 등에 대한 압수·수색도 전자정보에 대한 압수·수색의 일환으로 허용된다. 나아가 압수·수색할 전자정보가 압수·수색영장에 기재된 수색장소에 있는 컴퓨터 등 정보처리장치 내에 있지 아니하고 그 정보처리장치와 정보통신망으로 연결되어 제3자가 관리하는 원격지의 서버 등 정보저장매체에 저장되어 있는 경우에도, 수사기관이 피의자의 이메일 계정에 대한 접근권한에 갈음하여 발부받은 영장에 따라 영장 기재 수색장소에 있는 컴퓨터 등 정보처리장치를 이용하여 적법하게 취득한 피의자의 이메일 계정 아이디와 비밀번호를 입력하는 등 피의자가 접근하는 통상적인 방법에 따라 그 원격지의 정보저장매체에 접속하고 그곳에 저장되어 있는 피의자

107) 정보저장매체 자체를 직접 반출하거나 정보저장매체에 들어 있는 전자파일 전부를 하드카피나 이미징 등 형태(이하 '복제본'이라 한다)로 수사기관 사무실 등 외부로 반출하는 방식으로 압수·수색하는 것은 현장의 사정이나 전자정보의 대량성으로 관련 정보획득에 긴 시간이 소요되거나 전문인력에 의한 기술적 조치가 필요한 경우 등 범위를 정하여 출력 또는 복제하는 방법이 불가능하거나 압수의 목적을 달성하기에 현저히 곤란하다고 인정되는 때에 한하여 예외적으로 허용된다(2019모2584).

108) 사후에 법원으로부터 복제본을 대상으로 압수·수색영장이 발부받아 집행하였다고 하더라도, 이는 압수·수색절차가 종료됨에 따라 당연히 삭제·폐기되었어야 할 전자정보를 대상으로 한 것으로 위법하다(2020도3050). 따라서 선행사건의 전자정보 압수·수색 과정에서 생성한 이미징사본을 해당 사건의 판결 확정 이후 그 공범에 대한 범죄혐의의 수사를 위해 새로 탐색·출력한 것도 위법이다(2018도19782).

의 이메일 관련 전자정보를 수색장소의 정보처리장치로 내려 받거나 그 화면에 현출시키는 것 역시 피의자의 소유에 속하거나 소지하는 전자정보를 대상으로 이루어지는 것이므로 그 전자정보에 대한 압수·수색도 허용된다(2017도9747). 다만, 수사기관이 원격지 서버에 저장된 전자정보를 압수·수색하기 위해서는 압수·수색영장에 적힌 '압수할 물건'에 별도로 원격지 서버 저장 전자정보가 특정되어 있어야 하고, 컴퓨터 등 정보처리장치 저장 전자정보만 기재되어 있다면 원격지 서버 저장 전자정보를 압수할 수 없다(2022도1452).

2) 당사자의 참여

검사 또는 사법경찰관은 전자정보의 압수·수색 또는 검증의 전 과정에 걸쳐 피압수자 또는 참여자나 변호인의 참여권을 보장하여야 하며, 피압수자 또는 참여자와 변호인이 참여를 거부하는 경우에는 신뢰성과 전문성을 담보할 수 있는 상당한 방법으로 압수·수색을 하여야 한다(수사준칙규정 제42조 제3항). 이때 참여한 피압수자 또는 참여자나 변호인이 압수대상 전자정보와 사건의 관련성에 관하여 의견을 제시한 때에는 이를 조서에 적어야 한다(동조 제4항). 따라서 전자정보가 담긴 저장매체 또는 복제본을 수사기관 사무실 등으로 옮겨 복제·탐색·출력하는 경우에도 그와 같은 일련의 과정에서 피압수·수색 당사자(이하 '피압수자'라 한다)나 변호인에게 참여의 기회를 보장하고, 혐의사실과 무관한 전자정보의 임의적인 복제 등을 막기 위한 적절한 조치를 취하는 등 영장주의 원칙과 적법절차를 준수하여야 한다. 만약 그러한 조치가 취해지지 않았다면 피압수자 측이 참여하지 않는다는 의사를 명시적으로 표시하였거나 절차위반행위가 이루어진 과정의 성질과 내용 등에 비추어 피압수자 측에 절차 참여를 보장한 취지가 실질적으로 침해되었다고 볼 수 없을 정도에 해당한다는 등의 특별한 사정이 없으면 압수·수색이 적법하다고 평가할 수 없다(2019모2584). 비록 수사기관이 정보저장매체 또는 복제본에서 혐의사실과 관련된 전자정보만을 복제·출력하였다 하더라도 마찬가지이다(2011모1839). 인터넷 서비스업체가 보관하는 피의자의 전자정보에 대한 압수·수색 영장집행 시에도 피의자가 참여할 수 있도록 '급속을 요하는 때'(제122조 단서)가 아닌 한 미리 집행의 일시와 장소를 통지하여야 한다(2016모587).

그러나 수사기관이 전자정보 중에서 키워드 또는 확장자 검색 등을 통해 혐의사실과 관련 있는 정보를 선별한 다음, 정보저장매체와 동일하게 비트열방식으로 복제하여 생성한 파일(이하 '이미지파일'이라 한다)을 제출받아 압수하였다면 이로써 압수의 목적물에 대한 압수·수색절차는 종료된 것이므로, 수사기관이 수사기관사무실에서 위와 같이 압수된 이미지파일을 탐색·복제·출력하는 과정에 피의자 등에게 참여의 기회를 보장하여야 하는 것은 아니다(2017도13263). 이때 참여권자로서의 실질적 피압수자에 해당하는지 여부는 임의제출(압수)되는 전자정보나 정보저장매체의 관리처분권에 관하여 민사법상 권리의 귀속에 따른 사후적 판단이 아니라 압수·수색 당시의 외형적·객관적인 기준에 의하여, 즉 임의제출(압수)의 직접적 대상인 당해 정보저장매체의 현실적 지배관리상태와 그로부터 외형적·객관적으로 추단되는 저장 전자정보에 대한 관리처분권 유무를 통하여 판단하여야 한다(2021도11170). 따라서 원본 전자정보 임의제출이 충분히 가능함에도 오직 원본 전자정보 관리처분권자의 참여를 배제할 목적으로 원본 전자정보 대신 복제 전자정보를 임의제출하는 경우 등과 같이 복제 전자정보를 임의제출하는 사람에게만 참여의 기회를 부여하는 것이 현저히 부당하다는 등의 특별한 사정이 없는 한 그 정보의 동일성을 들어 복제 전자정보 임의제출자 외에 원본 전자정보 관리처분권자를 실질적 피압수자로 평가하고 그에게 참여권을 인정해야 하는 것은 아니다(2023도3626). 전자정보에 대한 일련의 압수·수색과정에서 위법성이 인정된다면 압수된 전자정보는 위법수집증거로서 증거능력이 인정되지 않는다(2022도2960).

3) 압수대상 이외의 정보 압수

전자정보에 대한 압수·수색에 있어 정보저장매체 자체를 외부로 반출하거나 하드카피·이미징 등의 형태로 복제본을 만들어 외부에서 정보저장매체나 복제본에 대하여 압수·수색이 허용되는 예외적인 경우에도 혐의사실과 관련된 전자정보 이외에 이와 무관한 전자정보를 탐색·복제·출력하는 것은 원칙적으로 위법한 압수·수색에 해당하므로 허용될 수 없다. 따라서 혐의사실과 관련 없는 정보는 즉시 삭제·폐기 또는 피압수자에게 반환하여야 한다(2021모1586).[109)]

그러나 전자정보에 대한 압수·수색이 종료되기 전에 혐의사실과 관련된 전자정보를 적법하게 탐색하는 과정에서 별도의 범죄혐의와 관련된 전자정보를 우

---

109) 판례는 이들 정보를 그대로 보관하고 있다면 혐의사실과 관련이 없는 전자정보는 영장 없이 압수·수색하여 취득한 것이어서 위법하고, 사후에 법원으로부터 압수·수색영장이 발부되었다거나 피고인이나 변호인이 이를 증거로 함에 동의하였다고 하여 그 위법성이 치유되는 것은 아니라고 하였다(2021모1586).

연히 발견한 경우라면, 수사기관은 더 이상의 추가탐색을 중단하고 법원에서 별도의 범죄혐의에 대한 압수·수색영장을 발부받은 경우에 한해 그러한 정보에 대하여도 적법하게 압수·수색을 할 수 있다(2016도348). 이러한 경우 별도의 압수·수색절차는 최초의 압수·수색절차와 구별되는 별개의 절차이고, 별도 범죄혐의와 관련된 전자정보는 최초의 압수·수색영장에 의한 압수·수색의 대상이 아니어서 정보저장매체의 원래 소재지에서 별도의 압수·수색영장에 기해 압수·수색을 진행하는 경우와 마찬가지로 피압수자는 최초의 압수·수색 이전부터 해당 전자정보를 관리하고 있던 자라 할 것이므로, 특별한 사정이 없는 한 피압수자에게 제219조, 제121조, 제129조에 따라 참여권을 보장하고, 압수한 전자정보 목록을 교부하는 등 피압수자의 이익을 보호하기 위한 적절한 조치를 하여야 한다(2011모1839).

4) 압수목록의 작성과 교부 및 정보주체에의 통보

전자정보를 압수한 경우에는 목록을 작성하여 소유자, 소지자, 보관자 기타 이에 준할 자에게 교부하여야 한다(제129조, 제219조). 따라서 검사 또는 사법경찰관은 전자정보의 탐색·복제·출력을 완료한 경우에는 지체 없이 피압수자 또는 참여자에게 압수한 전자정보의 목록을 교부하여야 한다(수사준칙규정 제42조 제1항). 즉, 전자정보를 압수한 경우에는 정보의 파일명세가 특정되어 있어야 하고, 압수목록의 교부는 수사기관은 이를 출력한 서면을 교부하거나 전자파일형태로 복사해주거나 이메일을 전송하는 등의 방식으로 할 수 있다(2017도13263). 압수한 전자정보목록을 교부하지 않는 경우는 위법수집증거에 해당한다(2022도2960).[110] 다만, 검사 또는 사법경찰관은 이 목록에 포함되지 않은 전자정보가 있는 경우에는 해당 전자정보를 지체 없이 삭제 또는 폐기하거나 반환하여야 한다. 이때 삭제·폐기 또는 반환확인서를 작성하여 피압수자 또는 참여자에게 교부하여야 한다(동조 제2항).

한편, 법원은 전자정보의 압수목록의 작성·교부 외에 정보저장매체 등의 압수에 따라 정보를 제공받은 경우 「개인정보 보호법」 제2조 제3호에 따른 정

---

110) 수사기관이 압수·수색영장에 기재된 혐의사실과 관련성에 대한 구분 없이 임의로 전체의 전자정보를 복제·출력하여 이를 보관하여 두고, 이에 대한 구체적인 개별 파일명세를 특정하여 상세목록을 작성하지 않고 포괄적인 압축파일만을 기재한 후 이를 전자정보 상세목록이라고 하면서 피압수자 등에게 교부한 경우, 영장 기재 혐의사실과의 관련성 유무와 상관없이 수사기관이 임의로 전자정보를 복제·출력하여 취득한 정보 전체에 대해 그 압수는 위법한 것으로 취소되어야 한다고 봄이 타당하고, 사후에 법원으로부터 그와 같이 수사기관이 취득하여 보관하고 있는 전자정보 자체에 대해 다시 압수수색영장이 발부되었다고 하여 달리 볼 수 없다(2021모1586).

보주체[111]에게 해당사실을 지체 없이 알려야 한다(제106조 제4항).

5) 불 복

검사 또는 사법경찰관이 전자정보에 대한 압수·수색의 과정에서 피압수자와 그 변호인에게 참여기회를 보장하지 않거나 전자정보목록을 교부하지 않는 등으로 절차를 위반한 경우에는 '압수에 관한 처분' 또는 '변호인의 참여(제243조의2) 등에 관한 처분'에 해당하므로 준항고에 의해 그 직무집행지의 관할법원 또는 검사의 소속검찰청에 대응한 법원에 그 처분의 취소 또는 변경을 청구할 수 있다(제417조).

하지만 전자정보에 대한 압수·수색과정에서 이루어진 현장에서의 저장매체 압수·이미징·탐색·복제 및 출력행위 등 수사기관의 처분은 하나의 영장에 의한 압수·수색과정에서 이루어지는 것이고, 그러한 일련의 행위가 모두 진행되어 압수·수색이 종료된 이후에는 특정단계의 처분만을 취소하더라도 그 이후의 압수·수색을 저지한다는 것을 상정할 수 없다. 따라서 준항고인이 전체 압수·수색과정을 단계적·개별적으로 구분하여 각 단계의 개별처분의 취소를 구하더라도 준항고법원으로서는 특별한 사정이 없는 한 그 구분된 개별처분의 위법이나 취소 여부를 판단할 것이 아니라 당해 압수·수색과정 전체를 하나의 절차로 파악하여 그 과정에서 나타난 위법이 압수·수색절차 전체를 위법하게 할 정도로 중대한지 여부에 따라 전체적으로 그 압수·수색처분을 취소할 것인지를 가려야 한다. 여기서 '위법의 중대성'은 위반한 절차조항의 취지, 전체과정 중에서 위반행위가 발생한 과정의 중요도, 그 위반사항에 의한 법익침해가능성의 경·중 등을 종합하여 판단하여야 한다(2013모1969).

(2) 금융거래정보에 대한 압수·수색

1) 의 의

각종 경제범죄의 수사를 효과적으로 수행하기 위해서는 금융계좌추적을 통해 금융거래정보나 자료를 파악하는 것이 매우 중요하다. 하지만 개인의 금융거래정보가 공개될 경우 당사자의 사생활의 비밀의 자유가 침해될 수 있으므로 금융실명법에서는 금융거래정보의 압수·수색에 대한 제한규정을 두고 있다. 즉, 동법 제4조 제1항에서는 금융회사 등에 종사하는 자는 명의인(신탁의 경우에는 위탁자 또는

---

111) 「개인정보 보호법」 제2조(정의) 3. "정보주체"란 처리되는 정보에 의하여 알아볼 수 있는 사람으로서 그 정보의 주체가 되는 사람을 말한다.

수익자를 말한다)의 서면상의 요구나 동의를 받지 아니하고는 그 금융거래의 내용에 대한 정보 또는 자료(이하 '거래정보 등'이라 한다)를 타인에게 제공하거나 누설하여서는 아니 되며, 누구든지 금융회사 등에 종사하는 자에게 거래정보 등의 제공을 요구하여서는 아니 된다. 다만, 법원의 제출명령 또는 법관이 발부한 영장이 있는 경우나 해당 법률규정에 의하여 국가행정기관의 정보제공요구가 있는 경우 등에 한하여 예외적으로 그 사용목적에 필요한 최소한의 범위에서 거래정보 등을 제공하거나 그 제공을 요구하는 경우에는 그러하지 아니하다고 규정하고 있다.

2) 절 차

수사기관에서는 금융계좌의 명의인의 동의가 있는 경우에는 명의인으로부터 동의서를 받아 이를 근거로 금융기관 등에 금융거래정보를 요구할 수 있다. 하지만 명의인의 동의가 없는 경우에는 법관이 발부한 영장에 의한 금융계좌추적용 압수·수색영장을 발부받아야 한다. 따라서 수사기관이 영장에 의하지 아니하고 매출전표의 거래명의자에 관한 정보를 획득하였다면 이는 위법수집증거로서 증거능력이 인정되지 않는다(2012도13607).

압수·수색영장을 청구하기 위해서는 계좌번호와 개설은행 외에 (i) 명의인의 인적 사항(제1호), (ii) 요구대상 거래기간(제2호), (iii) 요구의 법적 근거(제3호), (iv) 사용목적(제4호), (v) 요구하는 거래정보 등의 내용(제5호), (vi) 요구하는 기관의 담당자 및 책임자의 성명과 직책 등 인적 사항(제6호)을 기재하여야 한다(동조 제2항 참조). 그리고 수사기관은 압수·수색영장의 집행에 있어서 사전에 영장원본을 제시하여야 하며(2021도11170)[112], 다만, 위의 내용이 포함된 금융위원회가 정

112) 판례는 "금융계좌추적용 압수·수색영장의 집행에 있어서도 수사기관이 금융기관으로부터 금융거래자료를 수신하기에 앞서 금융기관에 영장원본을 사전에 제시하지 않았다면 원칙적으로 적법한 집행방법이라고 볼 수는 없다. 다만, 수사기관이 금융기관에 금융실명법 제4조 제2항에 따라서 금융거래정보에 대하여 영장사본을 첨부하여 그 제공을 요구한 결과 금융기관으로부터 회신받은 금융거래자료가 해당 영장의 집행 대상과 범위에 포함되어 있고, 이러한 모사전송 내지 전자적 송수신 방식의 금융거래정보 제공요구 및 자료회신의 전 과정이 해당 금융기관의 자발적 협조의사에 따른 것이며, 그 자료 중 혐의사실과 관련된 금융거래를 선별하는 절차를 거친 후 최종적으로 영장원본을 제시하고 위와 같이 선별된 금융거래자료에 대한 압수절차가 집행된 경우로서, 그 과정이 금융실명법에서 정한 방식에 따라 이루어지고 달리 적법절차와 영장주의 원칙을 잠탈하기 위한 의도에서 이루어진 것이라고 볼 만한 사정이 없어, 이러한 일련의 과정을 전체적으로 '하나의 영장에 기하여 적시에 원본을 제시하고 이를 토대로 압수·수색하는 것'으로 평가할 수 있는 경우에 한하여, 예외적으로 영장의 적법한 집행방법에 해당한다고 볼 수 있다"(2021도11170)고 하였다.

하는 표준양식에 의하여 금융회사 등의 특정점포에 거래정보 등을 요구하여야 한다(법 제4조 제2항).

금융회사 등은 명의인의 서면상의 동의를 받아 거래정보 등을 제공한 경우에는 제공한 날(그 통보를 유예한 경우에는 통보유예기간이 끝난 날)부터 10일 이내에 제공한 거래정보 등의 주요내용, 사용목적, 제공받은 자 및 제공일 등을 명의인에게 서면으로 통보하여야 한다(법 제4조의2 제1항).

3) 한 계

금융거래정보에 대한 압수·수색이 허용되는 경우에도 포괄계좌와 연결계좌에 대한 압수·수색이 허용되는지에 대하여는 논란이 있다.

'포괄계좌'란 압수·수색의 대상자만 특정되고 그 대상자가 개설한 모든 금융기관의 예금계좌를 말한다. 포괄계좌의 압수·수색을 무조건 허용하게 되면 비록 대상자가 특정되어 있다고 하더라도 혐의사실과 관련 없는 거래정보 등이 혐의사실과 관련 없는 대상자의 거래정보 등이 노출될 수 있을 뿐만 아니라 개인의 사생활에 대한 과도한 침해가 될 수 있으므로 압수·수색은 엄격하게 제한되어야 한다. 따라서 포괄계좌에 대한 압수·수색이 허용되는 경우에도 가급적 해당 사건과 관련성이 있는 금융기관으로 한정하고, 거래기간도 수사상 필요성이 인정되는 기간으로 제한하여야 한다.

'연결계좌'란 특정 예금계좌와 연결된 모든 계좌를 말하며, 대상자와 계좌가 특정되어 있지 않은 경우를 말한다. 연결계좌의 압수·수색을 무한정으로 허용하게 되면 그 압수·수색의 대상이 지나치게 확대될 우려가 있고, 해당 사건과 관련성이 없는 제3자의 사생활의 비밀이 과도하게 침해될 수 있으므로 특별한 사정이 없는 한 해당 사건과 관련성이 있는 직전 또는 직후의 연결계좌로 압수·수색의 대상을 제한하여야 한다.

5. 압수물의 처리

(1) 압수물의 보관과 폐기

1) 자청보관의 원칙

압수물은 압수한 법원 또는 수사기관의 청사로 운반하여 직접 보관하는 것이 원칙이다. 이를 자청보관의 원칙이라고 한다. 법원 또는 수사기관은 압수물을 보관함에 있어 그 상실 또는 파손의 방지를 위하여 상당한 조치를 하여야 한다(제131조, 제219조).

2) 위탁보관

운반 또는 보관에 불편한 압수물에 관하여는 간수자를 두거나 소유자 또는 적당한 자의 승낙을 얻어 보관하게 할 수 있다(제130조 제1항, 제219조). 위탁보관은 「민법」상 임치계약에 해당하므로 임치료의 수수에 관하여 특별한 약정이 없으면 법원이나 수사기관은 보관자에게 임치료지급의무를 부담하지 않는다(68다285).

사법경찰관이 위탁보관을 함에는 검사의 지휘를 받아야 한다(제219조 단서).

3) 대가보관

몰수하여야 할 압수물로서 멸실·파손·부패 또는 현저한 가치 감소의 염려가 있거나 보관하기 어려운 압수물은 매각하여 대가를 보관할 수 있다(제132조 제1항, 제219조). 이를 대가보관 또는 환가처분(換價處分)이라고 한다. '몰수하여야 할 압수물'에는 필요적 몰수뿐만 아니라 임의적 몰수의 대상도 포함된다. 대가보관은 환부하여야 할 압수물 중 환부를 받을 자가 누구인지 알 수 없거나 그 소재가 불명한 경우에도 가능하다(제132조 제2항, 제219조).

대가보관금은 압수물과 동일시할 수 있으므로 매각대금은 몰수의 대상이 되며, 만일 무죄선고 등으로 몰수를 하지 않을 때에는 매각대금 전액을 압수물의 소유자 등에게 반환하여야 한다(97다58507). 수사기관의 대가보관은 그 물건소유자를 위한 사무관리에 준하는 행위이므로 수사기관 등이 대가보관을 함으로써 압수물 소유자가 지출하지 않아도 되게 된 그 물건의 매각비용의 한도, 즉 현존이익의 한도 내에서 대기보관 비용의 상환을 구할 수 있다(97다58507).

한편, 법원이 대가보관을 할 때는 검사, 피해자, 피고인 또는 변호인에게 미리 통지하여야 하며, 수사기관이 대가보관을 할 때는 피해자, 피의자 또는 변호인에게 미리 통지하여야 한다(제135조, 제219조). 사법경찰관이 대가보관처분을 하려면 검사의 지휘를 받아야 한다(제219조 단서).

4) 폐기처분

위험발생의 염려가 있는 압수물은 폐기할 수 있다(제130조 제2항, 제219조). 또한 법령상 생산·제조·소지·소유 또는 유통이 금지된 압수물로서 부패의 염려가 있거나 보관하기 어려운 압수물은 소유자 등 권한 있는 자의 동의를 받아 폐기할 수 있다(제130조 제3항, 제219조). 사법경찰관이 폐기처분을 함에는 검사의 지휘를 받아야 한다(제219조 단서).

(2) 압수물의 환부·가환부

1) 압수물의 환부

(가) 의 의

압수물의 환부란 압수를 계속할 필요가 없게 된 경우에 압수의 효력을 소멸시키고 종국적으로 압수물을 소유자·소지자 또는 보관자 등에게 반환하는 처분을 말한다(제133조 제1항, 제218조의2 제1항).

(나) 대 상

가) 압수 계속의 필요성이 없는 경우

압수물 환부의 대상은 압수를 계속할 필요가 없다고 인정되는 압수물이다. 압수 계속의 필요성이 없는 증거물에 대한 환부는 필요적 환부이다.

법원은 압수를 계속할 필요가 없다고 인정되는 압수물은 피고사건 종결 전이라도 결정으로 환부하여야 한다(제133조 제1항). 따라서 환부가 가능한 물건은 증거물로 이용되지도 않고, 동시에 몰수의 대상도 아닌 물건이어야 한다(66모58). 이때 환부는 법원의 직권에 속하는 것이므로 소유자 등의 청구가 있어야 하는 것은 아니다.

검사 또는 사법경찰관은 사본을 확보한 경우 등 압수를 계속할 필요가 없다고 인정되는 압수물 및 증거에 사용할 압수물에 대하여 공소제기 전이라도 소유사, 소지자, 보관자 또는 제출인의 청구가 있는 때에는 환부하여야 한다(제218조2 제1항, 제3항). 이 경우 사법경찰관은 검사의 지휘를 받아야 한다(동조 제3항).

한편, 검사가 피의사건에 대하여 불기소결정을 하는 경우에는 혐의없음, 죄가안됨, 공소권없음 처분의 경우뿐만 아니라 기소중지처분을 한 경우에도 압수를 계속할 필요가 없다고 할 것이므로 압수물은 피압수자 등에게 환부하여야 한다(94모51). 다만, 검사는 불기소처분된 고소·고발사건에 대한 압수물 중 중요한 증거가치가 있는 압수물에 관하여는 그 사건에 대한 검찰항고 또는 재정신청절차가 종료된 후에 압수물 환부절차를 취하여야 한다(검찰압수물사무규칙 제56조 제1항).

나) 사후 압수·수색영장을 발부받지 못한 경우

검사 또는 사법경찰관은 체포현장에서 압수한 물건에 대하여 청구한 압수·수색영장을 발부받지 못한 때 또는 긴급체포된 자가 소유·소지 또는 보관하는 물건에 대하여 긴급히 압수한 후에 청구한 압수·수색영장을 발부받지 못한 때에는 압수한 물건을 즉시 반환하여야 한다(제217조 제3항). 범행 중 또는 범행직후의 범죄장소에서 압수한 물건에 대해서도 지체 없이 영장을 받아야 하므로(제216조 제3항) 청구한 압수·수색영장을 발부받지 못한 때에는 압수한 물건을 즉시 반환하여야 한다.

(다) 효 력

환부에 의하여 압수는 그 효력을 상실한다. 환부처분은 압수를 해제할 뿐이라서 환부받을 자에게 목적물에 대한 실체법상의 권리를 부여하거나 확정시키는 효력은 없다. 따라서 이해관계인은 민사소송절차에 의해 실체법상 권리를 주장할 수 있다(제333조 제4항).[113] 압수한 서류 또는 물품에 대하여 몰수의 선고가 없는 때에는 압수를 해제한 것으로 간주한다(제332조). 따라서 어떠한 압수물에 대한 몰수의 선고가 포함되지 않은 판결이 선고되어 확정되었다면 검사에게 그 압수물을 제출자나 소유자 기타 권리자에게 환부하여야 할 의무가 당연히 발생한다(2000다49343).

피압수자 등 환부를 받을 자가 압수 후에 압수물의 소유권을 포기하더라도 그 때문에 압수물을 환부하여야 하는 수사기관의 의무에 어떠한 영향을 미칠 수 없고, 수사기관에 대하여 형소법상 환부청구권을 포기한다는 의사표시를 하더라도 효력이 없다(2000다49343). 따라서 소유권포기의사가 있는 압수물은 국고에 귀속하지만, 검사는 직권이나 피압수자 또는 소유자의 신청에 의하여 압수물을 환부할 수 있다(검찰압수물사무규칙 제47조).[114]

2) 압수물의 가환부

(가) 의 의

압수물의 가환부란 압수의 효력을 존속시키면서 압수물을 피압수자에게 잠정적으로 돌려주어 사용할 수 있게 하는 법원 또는 수사기관의 처분을 말한다.

---

113) 판례는 "피고인 이외의 제3자의 소유에 속하는 물건의 경우, 몰수를 선고한 판결의 효력은 원칙적으로 몰수의 원인이 된 사실에 관하여 유죄의 판결을 받은 피고인에 대한 관계에서 그 물건을 소지하지 못하게 하는 데 그치고, 그 사건에서 재판을 받지 아니한 제3자의 소유권에 어떤 영향을 미치는 것은 아니다"(2017모236)라고 하였다.

114) 판례는 "수사단계에서 소유권을 포기한 압수물에 대하여 형사재판에서 몰수형이 선고되지 않은 경우, 피압수자는 국가에 대하여 민사소송으로 그 반환을 청구할 수 있다"(2000다27725)고 하였다.

(나) 대 상

가환부의 대상은 증거에 공할 목적으로 압수한 물건이다. '증거에 공할 압수물'에는 증거물로서의 성격과 몰수할 것으로 사료되는 물건으로서의 성격을 가진 압수물이 포함된다. 다만, 몰수할 것이라고 사료되어 압수한 물건 중 법률의 특별한 규정에 의하여 필요적으로 몰수할 것에 해당하거나 누구의 소유도 허용되지 아니하여 몰수할 것에 해당하는 물건에 대한 압수는 몰수재판의 집행을 보전하기 위하여 한 것이라는 의미도 포함된 것이므로 그와 같은 압수물건은 가환부의 대상이 되지 않는다(84모43). 그 밖의 임의적 몰수대상(형법 제48조)인 경우는 몰수여부가 법원의 재량에 맡겨진 것이므로 특별한 사정이 없다면 종국판결 전에 가환부결정을 할 수 있다(97모25).

가) 임의적 가환부

법원은 증거에 공할 압수물은 소유자, 소지자, 보관자 또는 제출인의 청구에 의하여 가환부할 수 있다(제133조 제1항). 증거에 공할 압수물을 가환부할 것인지의 여부는 범죄의 태양, 범죄의 경·중, 압수물의 증거로서의 가치, 압수물의 은닉, 인멸, 훼손될 위험, 수사나 공판수행상의 지장 유·무, 압수에 의하여 받는 피압수자 등의 불이익의 정도 등 여러 사정을 검토하여 종합적으로 판단하여야 한다(94모42).

나) 필요적 가환부

법원은 증거에만 공할 목적으로 압수한 물건으로서 그 소유자 또는 소지자가 계속 사용하여야 할 물건은 사진촬영 기타 원형보존의 조치를 취하고 신속히 가환부하여야 한다(제133조 제2항).

검사 또는 사법경찰관은 사본을 확보한 경우 등 압수를 계속할 필요가 없다고 인정되는 압수물 및 증거에 사용할 압수물에 대하여 공소제기 전이라도 소유자, 소지자, 보관자 또는 제출인의 청구가 있는 때에는 가환부하여야 한다(제218조의2 제1항, 제3항). 이 경우 사법경찰관은 검사의 지휘를 받아야 한다(동조 제3항). 따라서 검사는 증거에 사용할 압수물에 대하여 가환부의 청구가 있는 경우 가환부를 거부할 수 있는 특별한 사정이 없는 한 가환부에 응하여야 한다. 특별한 사정이 있는지 여부는 범죄의 태양, 범죄의 경·중, 몰수대상인지 여부, 압수물의 증거로서의 가치, 압수물의 은닉·인멸·훼손될 위험, 수사나 공판수행상의 지장 유·무, 압수에 의하여 받는 피압수자 등의 불이익의 정도 등 여러 사정을 검토하여 종합적으로 판단하여야 한다(2017모236).

(다) 효 력

가환부를 하더라도 압수의 효력은 상실되지 않는다. 따라서 가환부를 받은 자는 압수물에 대한 보관의무를 지고, 법원 또는 수사기관의 제출요구가 있으면 이를 제출하여야 한다(94모42).

3) 압수장물의 피해자환부

법원이나 검사 또는 사법경찰관은 압수한 장물이 피해자에게 환부할 이유가 명백한 때에는 피고사건 또는 피의사건의 종결 전이라도 결정으로 피해자에게 환부할 수 있다(제134조, 제219조). 다만, 이 경우 사법경찰관은 검사의 지휘를 받아야 한다(제219조 단서). '환부할 이유가 명백한 때'란 사법상 피해자가 압수된 물건의 인도를 청구할 수 있는 권리가 명백한 경우만을 말하는 것이므로, 그 인도청구권에 관해 사실상·법률상 다소간의 의문이 있는 경우는 이에 해당하지 않는다(84모38).

한편, 수사절차 또는 공판절차에서 피해자에게 환부되지 않은 경우 법원은 압수장물로서 피해자에게 환부할 이유가 명백한 것은 판결로써 피해자에게 환부하는 선고를 하여야 한다(제333조 제1항). 이때 장물을 처분하였을 때에는 판결로써 그 대가로 취득한 것을 피해자에게 교부하는 선고를 하여야 한다(동조 제2항). 가환부한 장물에 대하여 별단의 선고가 없는 때에는 환부의 선고가 있는 것으로 간주한다(동조 제3항). 이때의 선고는 이해관계인이 민사소송절차에 의하여 그 권리를 주장함에 영향을 미치지 않는다(동조 제4항).

4) 환부·가환부 등의 절차

법원의 환부·가환부 또는 압수장물의 피해자환부는 법원의 직권에 의한 결정에 의한다(제133조 제1항 전단). 이 법원의 결정에 대하여 불복하면 보통항고를 할 수 있다(제403조 제2항).

검사의 환부·가환부 또는 압수장물의 피해자환부는 압수물의 소유자, 소지자, 보관자 또는 제출인의 청구에 따른 검사의 처분(제218조의2 제1항, 제4항)에 의하여야 한다. 이 청구에 대하여 검사가 이를 거부하는 경우에는 신청인은 해당 검사의 소속검찰청에 대응한 법원에 압수물의 환부 또는 가환부를 청구할 수 있으며(제218조의2 제2항), 이 청구에 대하여 법원이 환부 또는 가환부를 결정하면 검사는 신청인에게 압수물을 환부 또는 가환부하여야 한다(동조 제3항). 사법경찰관의 환부 또는 가환부의 경우도 마찬가지이며, 이때 사법경찰관은 검사의 지휘를 받아야 한다(동조 제4항). 검사 또는 사법경찰관의 압수물의 환부에 관한 처분에 대하여 불복이 있으면 그 직무집행지의 관할법원 또는 검사의 소속검찰청에 대응한 법원에 그 처분의 취소 또는 변경을 청구할 수 있다(제417조).

법원이 환부·가환부결정 또는 압수장물의 피해자환부결정을 함에는 검사, 피해자, 피고인 또는 변호인에게 미리 통지하여야 한다(제135조). 따라서 법원이 가환부결정을 하면서 피고인에게 의견진술의 기회를 주지 않았다면 위법이다(80모3). 검사 또는 사법경찰관이 환부·가환부 또는 압수장물의 피해자환부결정을 함에는 피해자, 피의자 또는 변호인에게 미리 통지하여야 한다(제219조, 제135조).

한편, 압수물의 환부를 받을 자의 소재가 불명하거나 기타 사유로 인하여 환부를 할 수 없는 경우에는 검사는 그 사유를 관보에 공고하여야 한다(제486조 제1항, 제219조). 공고한 후 3월 이내에 환부의 청구가 없는 때에는 그 물건은 국고에 귀속한다(제486조 제3항, 제219조). 위 기간 내에도 가치 없는 물건은 폐기할 수 있고, 보관하기 어려운 물건은 공매하여 그 대가를 보관할 수 있다(제486조 제3항, 제219조).

Ⅲ. 수사상 검증

1. 의의와 대상

검증이란 수사기관이 사람의 신체, 물건 또는 장소의 성질과 형상을 시각·청각·후각·미각·촉각 등 오관의 작용에 의하여 인식하는 강제처분을 말한다. 법원의 검증은 증거조사나 증거보전의 방법으로 행해지는 것이므로 영장을 요하지 않는다(제139조, 제184조). 그러나 수사상 검증은 증거를 수집·보전하기 위한 강제처분의 일종으로 원칙적으로 법관의 영장을 요한다(제215조).

수사상 검증은 강제처분으로, 교통사고나 화재사고 등의 경우에 범죄현장이나 기타 장소에서 임의수사로서 행하는 실황조사와 구별된다. 형소법에서는 수사기관의 검증에 관해서는 압수·수색과 같이 규정하면서 법원의 검증에 관한 규정을 준용한다(제219조).

검증의 대상에는 아무런 제한이 없다. 유체물 또는 무체물에 관계없이 신체오관의 작용으로 인식할 수 있으면 검증의 대상이 된다.

2. 절 차

검증은 법원이 발부한 영장에 의하여야 한다(제215조). 검증영장의 청구와 발부 및 그 집행절차는 압수·수색의 경우와 같다. 다만, 수사기관이 검증을 할 때는 신체검사, 사체해부, 분묘발굴, 물건의 파괴 기타 필요한 처분을 할 수 있으며(제219조, 제140조), 시체의 해부 또는 분묘의 발굴을 하는 때에는 예에 어긋나지 아니 하도록 주의하고. 미리 유족에게 통지하여야 한다(제219조, 제141조 제4항).

검증에 관해서는 검증의 결과를 기재하는 검증조서를 작성하여야 한다(제49조 제1항). 검증목적물의 현상을 명확하게 하기 위하여 검증조서에 도화나 사진을 첨부할 수 있다(동조 제2항). 검증조서에는 조사 또는 처분의 연월일시와 장소를 기재하고, 그 조사 또는 처분을 행한 자와 참여한 사법경찰관리 등이 기명날인 또는 서명하여야 한다(제50조). 검사 또는 사법경찰관이 검증의 결과를 기재한 조서는 적법한 절차와 방식에 따라 작성된 것으로서 공판준비 또는 공판기일에서의 작성자의 진술에 따라 그 성립의 진정함이 증명된 때에는 증거로 할 수 있다(제312조 제6항).

3. 신체검사

(1) 의 의

신체검사는 신체 자체를 검사의 대상으로 하는 검증처분의 일종이다. 피의자의 지문이나 족형을 채취하는 경우, 흉터나 문신과 같은 신체의 특성이나 상처와 같은 범죄의 흔적을 확인하는 경우 등이 이에 해당한다. 신체검사는 신체 외부나 의복에서 증거물을 찾는 신체수색(제109조, 제219조)과 구별된다.

(2) 절 차

신체검사는 강제처분이므로 법관이 발부한 검증영장에 의하여야 한다. 신체검사를 내용으로 하는 검증을 위한 영장의 청구서에는 압수·수색영장청구서의 기재사항 외에 신체검사를 필요로 하는 이유와 신체검사를 받을 자의 성별, 건강상태를 기재하여야 한다(규칙 제107조 제2항). 다만, 피의자에 대한 체포현장이나 긴급체포 후의 신체검사는 영장 없이 할 수 있다(제216조 제1항 제2호, 제217조).

신체의 검사에 관하여는 검사를 받는 사람의 성별, 나이, 건강상태, 그 밖의 사정을 고려하여 그 사람의 건강과 명예를 해하지 아니하도록 주의하여야 한다(제219조, 제141조 제1항). 피의자 아닌 자의 신체검사는 증거가 될 만한 흔적을 확인할 수 있는 현저한 사유에만 할 수 있다(제219조, 제141조 제2항). 여자의 신체를 검사하는 경우에는 의사나 성년여자를 참여하게 하여야 한다(제219조, 제141조 제3항).

(3) 체내검사

1) 의 의

체내검사란 신체의 내부를 검사의 대상으로 하는 강제처분을 말한다. 강제채혈과 강제채뇨, 연하물의 배출 등이 이에 해당한다. 체내검사는 헌법상 보장된 인격권이나 인간의 존엄을 침해할 우려가 있기 때문에 수사비례의 원칙에 의하여 엄격하게 제한된다.

2) 체내강제수색

체내강제수색이란 신체내부, 즉 질 내, 구강 내, 항문 내 등 신체의 내부를 관찰하여 증거물을 찾는 강제처분을 말한다. 형소법에서 수색대상에 신체를 포함시키고 있고, 신체내부에 대한 수색을 금지하고 있지 않으므로 신체내부에 대한 수색도 허용된다. 다만, 체내강제수색을 위해서는 압수·수색영장 또는 검증영장을 발부받아야 한다.

3) 강제채혈 및 강제채뇨

(가) 의의와 성격

강제채혈 또는 강제채뇨란 금지된 약물복용이나 음주운전 등의 증거를 확보하기 하여 혈액이나 소변을 강제적으로 채취하는 처분을 말한다. 다만, 피의자가 채혈 또는 채뇨에 동의하는 경우에는 임의수사로서 가능하다(2018도6219).

수사상 강제채혈 및 강제채뇨의 법적 성격에 대하여는 ① 신체검사의 일종인 체내검사이므로 검증에 해당한다는 견해, ② 신체검사의 일종으로 기본적으로는 검증이지만 의사 등 전문가에 의해 행하여진다는 점에서 감정처분의 성격도 가진다는 견해, ③ 체내의 혈액 등을 채취하는 것이므로 압수·수색의 일종이라는 견해가 있다. 그러나 ④ 체내물의 강제채취는 채취할 목적물 그 자체에 대한 인식이 목적이 아니라 그 목적물을 의학적으로 분석하여 그 결과를 증거에 사용하고자 하는 감정의 목적으로 행하여지므로 감정을 위한 처분과 압수·수색의 성질을 동시에 가진다(압수·수색 및 감정설). 따라서 강제채혈 등을 위해서는 압수·수색영장과 감정(처분)허가장을 병용하여야 한다. 판례는 수사상 채혈이나 채뇨의 법적 성격을 감정 또는 압수로 이해하고, 그에 따라 피의자의 신체로부터 혈액이나 소변을 채취하는 행위는 법원으로부터 감정처분허가장을 받아 감정에 필요한 처분으로 하거나 압수영장을 받아 압수영장의 집행에 필요한 처분으로도 할 수 있다고 한다(2018도6219).

(나) 방 법

강제채뇨[115]와 관련하여 판례는 다른 수단으로는 증명이 곤란한지 등을 고려하여 범죄수사를 위해서 부득이하다고 인정되는 경우에 최후의 수단으로 적법한 절차에 따라 허용되며, 이때 의사, 간호사, 그 밖의 숙련된 의료인 등으로 하여금 소변채취에 적합한 의료장비와 시설을 갖춘 곳에서 피의자의 신체와 건강을 해칠 위험이 적고 피의자의 굴욕감 등을 최소화하는 방법으로 소변을 채취하여야 한다고 한다. 그리고 압수·수색의 방법으로 소변을 채취하는 경우 압수대상물인 피의자의 소변을 확보하기 위한 수사기관의 노력에도 불구하고, 피의자가 인근 병원 응급실 등 소변채취에 적합한 장소로 이동하는 것에 동의하지 않거나 저항하는 등 임의동행을 기대할 수 없는 사정이 있는 때에는 수사기관은 소변채취에 적합한 장소로 피의자를 데려가기 위해서 필요최소한의 유형력행사는 허용된다고 한다(2018도6219).

한편, 판례는 강제채혈과 관련하여 음주운전으로 인한 교통사고 등의 경우에 호흡조사에 의한 음주측정이 불가능하고, 혈액채취에 대한 동의를 받을 수도 없을 뿐만 아니라 법원으로부터 혈액채취에 대한 감정처분허가장이나 사전압수영장을 발부받을 시간적 여유도 없는 긴급한 경우라고 하더라도 수사기관이 운전자의 가족, 즉 피고인 처(2009도10871)나 동서(2009도2109)의 동의를 받아 채혈을 한 것은 영장주의에 위배되는 것으로서 유죄의 증거로 사용할 수 없다고 한다. 또한 음주운전과 관련한 도로교통법위반죄의 범죄수사를 위하여 미성년자인 피의자의 혈액채취가 필요한 경우에도 피의자에게 의사능력이 있다면 피의자 본인만이 혈액채취에 관한 유효한 동의를 할 수 있고, 피의자에게 의사능력이 없는 경우에도 명문의 규정이 없는 이상 법정대리인이 피의자를 대리하여 동의할 수는 없다고 한다(2013도1228).

그러나 간호사가 진료목적으로 채혈한 것을 수사기관이 감정용 증거

---

115) 판례는 "강제채뇨는 피의자가 임의로 소변을 제출하지 않는 경우 피의자에 대하여 강제력을 사용해서 도뇨관(catheter)을 요도를 통하여 방광에 삽입한 뒤 체내에 있는 소변을 배출시켜 소변을 취득·보관하는 행위이다. 수사기관이 범죄증거를 수집할 목적으로 하는 강제채뇨는 피의자의 신체에 직접적인 작용을 수반할 뿐만 아니라 피의자에게 신체적 고통이나 장애를 초래하거나 수치심이나 굴욕감을 줄 수 있다"(2018도6219)고 하였다.

로서 임의로 제출받아 압수한 경우에 대하여는 그 적법성을 인정한다(98도968). 또한 범죄의 증적이 현저한 준현행범인의 요건이 갖추어져 있고, 사회통념상 범행직후라고 볼 수 있는 시간 내라면 '범행 중 또는 범행직후의 압수'(제216조 제3항)로 보아 영장 없이 혈액을 채취·압수하는 하는 것은 허용된다. 다만, 이때에는 사후에 지체 없이 강제채혈에 의한 압수의 사유 등을 기재한 영장청구서에 의하여 법원으로부터 압수영장을 받을 것을 요한다(2011도15258).

4) 연하물의 강제배출

연하물의 강제배출이란 피의자 등이 삼킨 물건, 즉 연하물을 구토제나 설사제를 사용하여 체내에서 강제로 배출시키는 것을 말한다.

연하물의 강제배출의 허용 여부에 대하여는 ① 양심에 대한 충격이고 적정절차에 위반하는 것이므로 원칙적으로 허용되지 않는다는 견해[116], ② 체내수색과 마찬가지로 압수·수색영장과 함께 검증영장에 의하여야 한다는 견해가 있다. 그러나 ③ 연하물의 강제배출은 강제처분으로서 그것이 중요한 증거로서 다른 방법에 의해서는 증거보전이 불가능하고, 의사에 의해 정당한 방법으로 실행되며, 피검사자의 건강을 침해하지 않는 경우에 한하여 허용되는 것으로, 신체의 일부에 해당하지 않는 증거물을 체내에서 배출하여 강제적으로 취득하는 것일 뿐만 아니라 전문의학적인 방법을 요한다는 점에서 압수·수색영장과 함께 감정(처분)허가장에 의하여야 한다(다수설).

5) 디엔에이감식시료의 채취

(가) 대상과 절차

디엔에이감식시료의 채취는 채혈 등과 같이 신체검사의 일종인 체내검사에 해당하므로 강제채혈이나 강제채뇨의 경우와 마찬가지로 입건 전 피조사자 또는 피의자가 동의하지 않는 경우에는 압수·수색영장이나 감정(처분)허가장에 의하여야 한다. 체포현장이나 범죄장소 등에서의 긴급압수 또는 긴급체포 후의 긴급압수의 방법으로 디엔에이감식시료를 채취하였다면 사후에 압수영장을 발부받아야 한다(제216조, 제217조). 다만, 범죄현장에서 발견하여 채취한 범인의 것으로 추정되는 디엔에이감식시료와 대조하기 위해 입건 전 피조사자 또는 피의자로

---

116) 미국 연방대법원은 1952년 로친사건에서 구토제를 사용한 연하물(예, 마약캡슐 등)의 강제배출은 '양심에 대한 충격'으로서 적정절차 위반이라고 하였다(Rochin v. California 342, U. S. 165(1952)).

부터 동의를 받아 디엔에이감식시료를 채취하는 것은 임의수사로서 가능하다. 즉, 검사 또는 사법경찰관은 (i) 범죄현장에서 발견된 것(제1호), (ii) 범죄의 피해자 신체의 내·외부에서 발견된 것(제2호), (iii) 범죄의 피해자가 피해 당시 착용하거나 소지하고 있던 물건에서 발견된 것(제3호), (iv) 범죄의 실행과 관련된 사람의 신체나 물건의 내·외부 또는 범죄의 실행과 관련한 장소에서 발견된 것(제4호)에서 디엔에이감식시료를 채취할 수 있다(디엔에이법 제7조 제1항). 이때 채취한 디엔에이감식시료에서 얻은 디엔에이신원확인정보는 그 신원이 밝혀지지 아니한 것에 한정하여 데이터베이스에 수록할 수 있다(동조 제2항).

검찰총장 및 경찰청장은 디엔에이감식시료를 채취하는 경우 디엔에이감식시료가 부패 또는 오염되거나 다른 디엔에이감식시료와 바뀌지 않도록 디엔에이감식시료의 채취, 운반 및 보관에 필요한 조치를 하여야 한다(동법 시행령 제8조 제2항). 또한 검사 또는 사법경찰관은 디엔에이감식시료를 채취한 경우 채취일시와 장소 및 방법, 채취한 디엔에이감식시료의 종류와 채취사유 등을 적은 서류를 작성하여 사건기록에 첨부하여야 한다(동법 시행령 제9조).

(나) 디엔에이신원확인정보의 삭제 등

디엔에이신원확인정보담당자는 채취되어 데이터베이스에 수록된 디엔에이신원확인정보에 관하여 그 신원이 밝혀지는 등의 사유로 더 이상 보존·관리가 필요하지 아니한 경우에는 직권 또는 본인의 신청에 의하여 그 디엔에이신원확인정보를 삭제하여야 한다(동법 제13조 제5항). 디엔에이신원확인정보담당자는 디엔에이신원확인정보를 삭제한 경우에는 30일 이내에 본인 또는 신청인에게 그 사실을 통지하여야 한다(동조 제6항).[117]

디엔에이신원확인정보담당자는 업무상 취득한 디엔에이감식시료 또는 디엔에이신원확인정보를 업무목적 외에 사용하거나 타인에게 제공 또는 누설하여서는 아니 된다(동법 제15조). 디엔에이감식시료 또는 디엔에이신원확인정보를 업무목적 외에 사용하거나 타인에게 제공 또는 누설한 사람은 3년 이하의 징역 또는 5년 이하의 자격정지에 처한다(동법 제17조 제3항).

117) 디엔에이신원확인정보의 삭제 방법, 절차 및 통지에 관하여 필요한 사항은 동법 시행령 제17조 참조.

Ⅳ. 압수·수색·검증에서 영장주의의 예외

압수·수색·검증을 하기 위해서는 사전에 영장을 발부함이 원칙이지만 긴급성 등을 고려하여 일정한 경우에는 영장주의의 예외를 인정하고 있다.

1. 체포·구속 목적의 피의자수색

(1) 의 의

검사 또는 사법경찰관은 체포영장에 의한 체포(제200조의2), 긴급체포(제200조의3) 또는 현행범인의 체포(제212조)에 의하여 체포하거나 구속영장에 의하여 피의자를 구속하는 경우(제201조)에 필요한 때에는 영장 없이 타인의 주거나 타인이 간수하는 가옥·건조물·항공기·선박 또는 차량 안에서 피의자수색을 할 수 있다. 다만, 체포영장에 의한 체포(제200조의2) 또는 구속영장에 의하여 피의자를 구속하는 경우(제201조)의 피의자수색은 미리 수색영장을 발부받기 어려운 긴급한 사정이 있는 때에 한정한다(제216조 제1항 제1호). 사후에 수색영장을 요하지 않는다.

이는 체포 또는 구속하고자 하는 피의자가 타인의 주거 또는 건조물 등에 잠복하고 있다고 인정되는 경우에 피의자의 체포·구속을 위해 불가피하게 요구되는 사전적 조치로서 긴급성이 인정되기 때문에 영장주의의 예외를 인정한 것이다. 이때 급속을 요하는 경우에는 주거주나 간수자 등의 참여(제123조 제2항)와 야간집행의 제한(제125조)에 관한 규정은 적용되지 않는다(제220조).

(2) 적용범위

체포·구속목적의 피의자수색은 체포·구속 전에 행해져야 하며, 체포·구속 이후에는 인정되지 않는다. 피의자를 추적 중에 피의자를 따라 타인의 주거나 건조물에 들어가는 것은 체포·구속행위이므로 이에 해당하지 않는다. 이때 피의자수색의 결과 피의자를 체포하거나 구속하는 데 성공하여야 하는 것은 아니고, 수색과 체포·구속 사이에 시간적 접착성도 요하지 않는다. 그러나 해당 장소에 피의자가 소재할 개연성이 있어야 한다.

'타인'에 피의자도 포함되는지에 대해서는 ① 이를 긍정하는 견해가 있다. 그러나 ② '타인'에는 피의자는 포함되지 않으므로 피의자의 주거 등의 수색은 제216조 제1항 제2호에 따라 인정된다.

2. 체포현장에서의 압수·수색·검증

(1) 의 의

검사 또는 사법경찰관은 피의자를 체포영장에 의한 체포, 긴급체포 또는 구속하거나 현행범인을 체포할 때 필요하면 영장 없이 체포현장에서 압수·수색·검증을 할 수 있다(제216조 제1항 제2호). '체포현장'은 체포현장뿐만 아니라 피의자에 대한 구속현장을 포함한다. 이때 급속을 요하는 경우에는 주거주나 간수자 등의 참여(제123조 제2항)와 야간집행의 제한(제125조)에 관한 규정은 적용되지 않는다(제220조).

(2) 성 격

이 제도의 법적 성격에 대하여는 ① 체포·구속영장은 가장 강력한 형태의 강제처분인 인신구속의 법적 통제장치이므로, 영장에 의한 체포·구속보다 기본권(예, 소유권)의 침해가 적은 압수·수색·검증은 부수처분으로서 영장 없이 허용된다고 하는 견해(부수처분설), ② 체포현장에는 증거가 존재할 개연성이 높다는 이유로 합리적인 증거수집을 위한 제도로서 영장주의의 예외를 인정한다고 하는 견해(합리성설), ③ 압수의 경우에는 긴급하게 체포현장에서의 위험과 증거인멸의 방지를 위한 것이고, 수색의 경우에는 체포·구속에 부수하는 처분으로 이해하는 견해(이원설)가 있다. 그러나 ④ 본조의 무영장 압수·수색·검증은 체포현장에서 발생할 우려가 있는 체포자에 대한 위험을 방지하고, 피의자가 증거를 인멸하는 것을 방지하기 위한 긴급행위로서 허용된다(긴급행위설, 다수설).

부수처분설에 따르면 그것을 넘어서 피체포자의 주변에 대한 압수·수색이 가능한 것은 물론, 흉기나 증거가 있다는 개연성이 없는 경우에도 본조를 적용할 수 있으며, 합리성설에 따르면 압수·수색의 긴급성을 요하지 않게 될 뿐 아니라, 피체포자의 관리가 미치는 장소나 물건에 대해서까지 허용된다. 따라서 부수처분설이나 합리성설에 따르면 영장에 의하지 않은 압수·수색·검증이 부당하게 확대될 우려가 있다. 그러나 긴급행위설에 따르면 본조의 적용은 사실상 피체포자의 몸수색과 흉기압수에 국한되므로 압수·수색의 대상은 체포자에게 위해를 줄 수 있는 무기 기타의 흉기, 도주의 수단이 되는 물건, 체포의 원인이 되는 범죄사실과 관련성이 있는 증거에 한정된다. 체포의 원인이 되는 범죄사실과 관련성이 있다고 인정되는 물건을 적법하게 압수한 경우에는 이를 해당 피의자의 다른 범죄사실에 대한 증거로 사용할 수 있다(2008도2245).

(3) 허용범위

1) 시간적 범위

체포현장에서의 압수·수색·검증은 체포와의 사이에 시간적 접착이 있어야 한다.

'체포현장'의 의미와 관련하여, 압수·수색·검증과 체포가 시간적·장소적으로 어느 정도 접착되어야 하는지에 대하여는 ① 체포행위에 시간적으로 접착되면 체포 전·후를 불문한다는 견해(시간적·장소적 접착설), ② 피의자가 현장에 있으면 충분하다고 하는 견해(현장설), ③ 영장 없는 압수·수색·검증은 예외이므로 체포현장에서의 압수·수색·검증의 장소는 피의자의 신체와 그의 사실상 지배하에 있는 장소로 국한하여야 하고, 따라서 적법절차의 관점에서 보면 피의자가 현실적으로 체포되는 경우에 한한다는 견해(체포실현설)가 있다. 그러나 ④ 체포실현설에 따르면 체포에 착수한 후에 피의자가 도주하여 체포에 실패한 경우에는 영장 없는 압수·수색·검증이 허용되지 않게 된다. 하지만 이렇게 될 경우 체포착수 후에 도주한 피의자의 권리가 오히려 순순히 체포에 응한 피의자보다 더 보호되는 등 불합리하게 된다. 따라서 피체포자가 체포현장에 존재하고 현실적으로 체포에 착수하였다면 체포의 성공 여부에 관계없이 영장 없는 압수·수색·검증은 허용되어야 한다(체포착수설, 다수설). 판례는 현행범인체포현장에서의 압수·수색·검증이 허용되기 위해서는 현행범인체포에 착수할 것을 요하고 있다(2014도16080).

2) 장소적 범위

체포현장에서의 압수·수색·검증은 긴급행위설에 따르면 체포현장에 국한되며, 피의자의 신체 및 그의 직접적인 지배하에 있는 장소에 국한된다.[118] 따라서 체포실현 후에 체포현장에서 20미터 정도 떨어진 피체포자의 집을 압수·수색하는 것은 위법이 된다(2009도14376).[119] 다만, 체포현장에서 압수·수색·검증을

---

118) 이에 대하여 체포현장에서의 증거파괴행위가 피의자뿐만 아니라 그의 관리권한이 미치는 장소에 있는 공범이나 가족에 의해서도 행하여지고 있고, 증거가 존재할 개연성이 높은 체포현장에서의 효율적인 증거수집의 필요성을 고려할 때 그 장소적 범위를 피의자의 관리권한이 미치는 범위로 넓게 인정하여야 한다는 견해가 있다. 그러나 형소법의 취지와 영장주의의 원칙을 고려할 때 영장주의의 예외가 인정되는 범위는 엄격하게 해석하여야 한다.

119) 이때 긴급체포에 해당하면 제217조 제1항에 따라 적법성은 인정될 수 있다.

하는 것이 주변사정이나 피의자의 저항에 의해 곤란한 경우에는 이를 벗어나 인근의 경찰서 등에서 곧바로 행하는 것은 가능하다. 또한 피의자가 체포되는 과정에서 일시 도주하는 바람에 체포현장이 변경되는 경우에는 체포착수 시에 피의자가 있던 장소는 물론, 그 이동경로와 피의자가 체포된 현장도 이에 포함된다.

(4) 사후 압수·수색영장의 청구

검사 또는 사법경찰관은 압수한 물건을 계속 압수할 필요가 있는 경우에는 지체 없이 압수·수색영장을 청구하여야 한다. 이때 압수·수색영장의 청구는 체포한 때부터 48시간 이내에 하여야 한다(제217조 제2항). 검사 또는 사법경찰관은 청구한 압수·수색영장을 발부받지 못한 때에는 압수한 물건을 즉시 반환하여야 한다(동조 제3항). 사후 압수·수색영장청구서에는 일반적인 기재사항 외에 체포한 일시 및 장소와 영장 없이 압수 또는 수색을 한 일시 및 장소를 기재하여야 한다(규칙 제107조 제1항 제6호). 따라서 현행범인으로 체포하면서 체포현장에서 증거물을 압수하였으나 사후에 압수·수색영장을 발부받지 아니한 때에는 압수물과 압수조서는 위법수집증거이므로 증거능력이 인정되지 않는다(2008도10914).

3. 피고인 구속현장에서의 압수·수색·검증

(1) 의 의

검사 또는 사법경찰관이 피고인에 대한 구속영장을 집행할 때 필요한 경우 그 영장의 집행현장에서 영장 없이 압수·수색·검증을 할 수 있다(제216조 제2항). 다만, 검사, 사법경찰관리 또는 법원사무관 등이 구속영장을 집행할 경우에 필요한 때에는 미리 수색영장을 발부받기 어려운 긴급한 사정이 있는 경우에 한정하여 타인의 주거, 간수자 있는 가옥, 건조물, 항공기, 선박·차량 안에 들어가 피고인을 수색할 수 있다(제137조).

(2) 적용범위

검사 또는 사법경찰관의 피고인에 대한 구속영장의 집행은 재판의 집행기관으로서 처분이지만, 구속현장의 압수·수색·검증은 수사기관의 수사처분이다. 따라서 검사 또는 사법경찰관이 그 결과를 법관에게 보고하거나 압수물을 제출하여야 할 필요는 없다. 다만, 이는 피고인에 대한 구속영장을 집행하는 경우에 한하므로 증인에 대한 구인장을 집행하는 경우에는 적용되지 않는다.

(3) 사후 압수·수색영장의 청구

검사 또는 사법경찰관이 피고인에 대한 구속영장을 집행하는 경우에 행하는 무영장 압수·수색·검증은 피의자에 대한 체포현장에서의 압수·수색·검증에 관한 규정을 준용(제216조 제2항)하므로, 압수한 물건을 계속 압수할 필요가 있는 경우에는 지체 없이 압수·수색영장을 청구하여야 하며, 압수·수색영장의 청구는 구속한 때로부터 48시간 이내에 하여야 한다(제217조 제2항).

4. 범행 중 또는 범행직후의 범죄장소에서의 압수·수색·검증

(1) 의 의

범행 중 또는 범행직후의 범죄장소에서 긴급을 요하여 판사의 영장을 받을 수 없는 때에는 영장 없이 압수·수색·검증을 할 수 있다. 이때에는 사후에 지체 없이 영장을 발부받아야 한다(제216조 제3항). 사후 압수·수색영장 또는 검증영장청구서에는 일반적인 기재사항 외에 영장 없이 압수·수색 또는 검증을 한 일시 및 장소를 기재하여야 한다(규칙 제107조 제1항 제5호). 이 규정은 증거인멸의 방지를 위한 범죄현장에서의 긴급성을 고려하여 사전영장주의의 예외를 인정한 것으로서, 체포를 전제로 하는 것은 아니다. 따라서 범죄장소에 출동한 수사기관이 체포에 착수하기 전에 증거를 수집하거나 범인이 도망간 이후 또는 경미한 범죄를 범하여 체포할 수 없는 경우에 증거를 수집하는 경우가 이에 해당한다. 이때 급속을 요하는 경우에는 주거주나 간수자 등의 참여(제123조 제2항)와 야간집행의 제한(제125조)에 관한 규정은 적용되지 않는다(제220조).

(2) 적용범위

'범행 중 또는 범행직후'란 원칙적으로 고유한 의미의 현행범인에 관한 '범죄를 실행하고 있거나 실행하고 난 직후'(제211조 제1항)와 같은 의미이지만 준현행범인도 포함되어야 하므로 '범죄를 실행하고 난 직후'보다 범행과의 시간적 접착성이 완화된 것으로 해석하여야 한다. 또한 '범죄장소'는 범죄사실의 전부 또는 일부가 발생한 장소를 말하며, 피의자가 범죄장소에 있을 것은 요하지 않는다. 판례는 음주운전 중 야기한 교통사고의 경우에 피의자의 신체 내지 의복류에 주취로 인한 냄새가 강하게 나는 등 범죄의 증적이 현저한 준현행범인의 요건(제211조 제2항 제3호)이 갖추어져 있고, 교통사고 발생시각으로부터 사회통념상 범행직후라고 볼 수 있는 시간 내라면, 피의자의 생명·신체를 구조하기 위하여 사고현장으로부터 곧바로 후송된 병원 응급실 등의 장소도 범행장소에 준한 것으로 취급하고 있다(2011도15258).

또한 범행 중 또는 범행직후의 범죄장소에서의 압수·수색·검증이 유효하기 위해서는 그 대상이 시간적·장소적 적용범위 내에 있어야 할 뿐만 아니라 긴급성의 요건도 갖추어야 한다. 만약 이들 요건 중 어느 하나라도 갖추지 못한 경우에 영장 없는 압수·수색·검증은 위법하고, 이에 대하여 사후에 법원으로부터 영장을 발부받았다고 하여 그 위법성이 치유되는 것은 아니다(2009도14884). 압수·수색·검증의 대상이 시간적·장소적 적용범위에 포함되면 그 소유관계는 묻지 않는다. 다만, 피의자가 체포된 경우에는 '체포현장에서의 압수·수색·검증'에 관한 규정 제216조 제1항 제2호)이 우선 적용된다(97다54482 참조).

5. 긴급체포 후의 압수·수색·검증

(1) 의 의

검사 또는 사법경찰관은 긴급체포된 자가 소유, 소지 또는 보관하는 물건에 대하여 긴급히 압수할 필요가 있는 경우에는 체포한 때로부터 24시간 내에 한하여 영장 없이 압수·수색·검증을 할 수 있다(제217조 제1항). 이는 긴급체포 후에 체포현장이 아닌 곳에 있는 소유물 등에 대한 압수·수색·검증을 하는 경우를 허용하는 것으로, 긴급체포에 따라 공범자 등 다른 사람들이 증거를 은닉하거나 훼손하는 것을 방지하고, 범죄사실과 관련된 증거물을 신속히 확보할 수 있도록 하기 위한 것이다(2017도10309). 이때 주거주 등의 참여(제123조 제2항)와 야간집행의 제한(제125조)에 관한 규정이 적용된다.

한편, '체포한 때로부터 24시간 이내'의 요건에 비추어볼 때 긴급체포 후의 압수·수색 또는 검증에 있어서 야간집행의 예외가 인정되는지에 대하여는 ① 야간집행의 제한의 예외에 관한 규정(제220조)은 제한적으로 해석되어야 하므로 이때에는 야간집행이 허용되지 않는다는 견해, ② 긴급체포 후의 압수·수색 또는 검증에 있어서도 긴급성을 요한다는 점에서 제220조를 준용하여야 한다는 견해가 있다. 그러나 ③ 긴급체포 후의 압수·수색 또는 검증은 제220조의 적용대상에 포함되어 있지 않으므로 야간집행은 원칙적으로 허용되지 않는다. 하지만 긴급체포 후의 사후 압수·수색영장 또는 검증영장의 청구서에는 일반적인 기재사항 이외에 '영장 없이 압수·수색 또는 검증을 한 일시 및 장소'를 기재하여야 하고(규칙 제107조 제1항 제6호), 판사가 압수·수색 또는 검증의 필요성 등을 심사하여 사후 압수·수색영장 또는 검증영장을 발부하게 될 것이므로 사후에 발부된 영장에 의해 야간 압수·수색 또는 검증이 허용된 경우에는 법관의 사후추인에 의해 적법한 것으로 된다. 판례는 긴급체포 후에 체포현장에서 2km 떨어진 피고인의 주거에서 야간 압수·수색한 것에 대하여 사후 압수·수색영장의 발부에 의하여 적법성을 인정하고 있다(2017도10309).

(2) 적용범위

긴급체포 후에 영장 없이 압수·수색·검증할 수 있는 대상은 긴급체포된 자가 소유, 소지 또는 보관하는 물건이다. 따라서 타인의 소유라도 피의자가 소지 또는 보관하는 물건도 그 대상에 포함된다. 다만, 그 대상물은 긴급체포의 사유가 된 범죄사실의 수사에 필요하고 관련된 최소한의 범위 내에서 허용된다. 따라서 어떤 물건이 압수의 대상이 되는 것인지는 해당 범죄사실의 구체적인 내용과 성질, 압수하고자 하는 물건의 형상·성질, 해당 범죄사실과의 관련 정도와 증거가치, 인멸의 우려는 물론 압수로 인하여 발생하는 불이익의 정도 등 압수 당시의 여러 사정을 종합적으로 고려하여 객관적으로 판단하여야 한다(2008도2245).

또한 긴급체포 후에 영장 없이 압수·수색·검증이 허용되기 위해서는 긴급한 압수의 필요성, 즉 '긴급을 요하여 판사의 영장을 받을 수 없을 때'이어야 하며(2014도16080), 긴급체포한 때로부터 24시간 이내에 행하여져야 한다.

(3) 사후 압수·수색영장의 청구

긴급압수 후 계속 압수의 필요가 있다고 판단하면 지체 없이 압수·수색영장을 청구하여야 하며, 이때 압수·수색영장청구는 체포한 때부터 늦어도 48시간 이내에 행해져야 한다(동조 제2항). 사후 압수·수색영장청구서에는 일반적인 기재사항 외에 긴급체포한 일시 및 장소와 영장 없이 압수 또는 수색을 한 일시 및 장소를 기재하여야 한다(규칙 제107조 제1항 제6호).

압수·수색영장을 청구하여 이를 발부받지 아니하고도 즉시 반환하지 아니한 압수물은 이를 유죄인정의 증거로 사용할 수 없고, 헌법과 형소법이 선언한 영장주의의 중요성에 비추어 볼 때 피고인이나 변호인이 이를 증거로 함에 동의하였다고 하더라도 달리 볼 것은 아니다(2009도11401).

6. 유류물 또는 임의제출물의 영치

(1) 의 의

법원은 소유자, 소지자 또는 보관자가 임의로 제출한 물건 또는 죽은 자가 남겨둔 물건을 영장 없이 압수할 수 있다(제108조). 검사 또는 사법경찰관도 피의자, 기타인이 죽은 뒤에 남겨둔 물건이나 소유자, 소지자 또는 보관자가 임의로 제출한 물건을 영장 없이 압수할 수 있다(제218조). 이때의 점유취득을 영치(領置)라고 한다. 검사 또는 사법경찰관은 현행범 체포현장이나 범죄현장에서도 소지자 등이 임의로 제출하는 물건을 제218조에 의하여 영장 없이 압수하는 것이 허용되고, 이 경우 검사나 사법경찰관은 별도로 사후에 영장을 받을 필요가 없다(2019도17142).

영치는 상대방의 의사에 반해 목적물의 점유를 취득하는 압류와 구별되며, 점유취득과정에서는 강제력이 행사되지 않지만 영치 후에는 제출자라도 임의로 점유를 회복할 수 없다는 점에서 강제처분으로 인정된다. 다만, 영치의 효력은 압류와 동일하므로 영치한 물건도 환부 또는 가환부의 대상이 된다.

(2) 적용범위

영치의 대상은 유류물 또는 임의제출물로서, 반드시 증거물이나 몰수물에 한정되지 않는다. '유류물'이란 유실물보다 넓은 개념으로 잃어버리거나 남겨 놓은 물건을 말한다. 범행현장에서 발견된 흉기나 혈흔 또는 지문(2008도7471), 범행현장에 남아 있는 범행의 흔적이나 파편(2011도1902) 등이 이에 해당한다. '임의제출물'이란 소유자, 소지자, 보관자가 수사기관에 임의로 제출한 물건을 말한다. '소지자'란 보통 위탁관계 없이 자기를 위하여 물건을 점유하는 자를 말하고, '보관자'는 위탁관계를 전제로 하여 타인의 물건을 점유하는 자를 말한다. 이때 소유자, 소지자 또는 보관자가 반드시 적법한 권리자일 것은 요하지 않는다. 따라서 범인이 장물을 임의로 수사기관에 제출하는 경우도 이에 해당한다.

물건의 소지자 또는 보관자가 아닌 자가 소유자의 의사에 반하여 임의제출한 경우에 소유자의 사생활의 비밀 기타 인격적 법익이 침해되는 등의 특별한 사정이 없는 한 소유자의 동의가 없더라도 수사기관의 임의제출물에 대한 압수는 적법하다(2008도1097).[120] 그러나 소유자, 소지자 또는 보관자가 아닌 자로부터 제출받은 물건을 영장 없이 압수한 경우 그 압수물 및 압수물을 찍은 사진은 이를 유죄인정의 증거로 사용할 수 없고, 헌법과 형소법이 선언한 영장주의의 중요성에 비추어 볼 때 피고인이나 변호인이 이를 증거로 함에 동의하였다고 하더라도 마찬가지이다(2009도10092).

제출의 임의성에 대하여는 검사가 합리적인 의심을 배제할 수 있을 정도로 증명하여야 한다(2019도15178). 판례는 수사기관이 영장발부의 사유로 된 혐의사실과 무관한 별개의 증거를 압수하였을 경우에 이 증거를 피압수자 등에게 환부하고 후에 임의제출받아 다시 압수하였다면 증거를 압수한 최초의 절차위반행위와 최종적인 증거수집 사이의 인과관계가 단절되었다고 평가할 수 있다고 하면서, 제출의 임의성이 증명되면 증거능력이 인정될 수 있다고 한다(2013도11233).

(3) 정보저장매체에 대한 임의제출물의 압수

1) 대 상

정보저장매체에 해당하는 임의제출물의 압수(제218조)의 경우에도 전술한 정보저장매체에 대한 압수·수색에 관한 내용이 그대로 적용된다. 따라서 수사기관은 특정 범죄혐의와 관련하여 전자정보가 수록된 정보저장매체를 임의제출받아 그 안에 저장된 전자정보를 압수하는 경우 그 동기가 된 혐의사실과 관련된 전자정보의 출력물 등을 임의제출받아 압수하는 것이 원칙이다. 다만, 현장의 사정이나 전자정보의 대량성과 탐색의 어려움 등의 이유로 범위를 정하여 출력 또는 복제하는 방법이 불가능하거나 압수의 목적을 달성하기에 현저히 곤란하다고 인정되는 때에 한하여 예외적으로 정보저장매체 자체나 복제본을 임의제출받아 압수할 수 있다.[121]

---

120) 판례는 "세관공무원이 통관검사를 위하여 직무상 소지하거나 보관하는 물품을 수사기관에 임의로 제출한 경우에는 비록 소유자의 동의를 받지 않았더라도 수사기관이 강제로 점유를 취득하지 않은 이상 해당 물품을 압수하였다고 할 수 없다. 그러나 마약류 불법거래 방지에 관한 특례법 제4조 제1항에 따른 조치의 일환으로 특정한 수출입물품을 개봉하여 검사하고 그 내용물의 점유를 취득한 행위는 위에서 본 수출입물품에 대한 적정한 통관 등을 목적으로 조사를 하는 경우와는 달리, 범죄수사인 압수 또는 수색에 해당하여 사전 또는 사후에 영장을 받아야 한다"(2014도8719)고 하였다.

121) 판례는 "피의자가 휴대전화를 임의제출하면서 휴대전화에 저장된 전자정보가 아닌 클라우드 등 제3자가 관리하는 원격지에 저장되어 있는 전자정보를 수사기관에 제출한다는 의

그러나 수사기관이 제출자의 의사를 쉽게 확인할 수 있음에도 이를 확인하지 않은 채 특정 혐의사실과 관련된 전자정보와 그렇지 않은 전자정보가 혼재된 정보저장매체를 임의제출받은 경우, 그 정보저장매체에 저장된 전자정보 전부가 임의제출되어 압수된 것으로 취급할 수는 없다. 제출자의 구체적인 제출범위에 관한 의사를 제대로 확인하지 않는 등의 사유로 인해 임의제출자의 의사에 따른 전자정보 압수의 대상과 범위가 명확하지 않거나 이를 알 수 없는 경우에는 임의제출에 따른 압수의 동기가 된 혐의사실과 관련되고 이를 증명할 수 있는 최소한의 가치가 있는 전자정보에 한하여 압수의 대상이 된다. 이때 혐의사실과 관련된 전자정보에는 혐의사실 그 자체 또는 그와 기본적 사실관계가 동일한 범행과 직접 관련되어 있는 것은 물론 범행 동기와 경위, 범행 수단과 방법, 범행 시간과 장소 등을 증명하기 위한 간접증거나 정황증거 등으로 사용될 수 있는 것도 포함될 수 있다. 다만, 그 관련성은 임의제출에 따른 압수의 동기가 된 혐의사실의 내용과 수사의 대상, 수사의 경위, 임의제출의 과정 등을 종합하여 구체적·개별적 연관관계가 있는 경우에만 인정되고, 범죄혐의사실과 단순히 동종 또는 유사 범행이라는 사유만으로 관련성이 있다고 할 것은 아니다(2021도11170). 특히, 혐의사실과 관련된 전자정보인지를 판단할 때는 혐의사실의 내용과 성격, 임의제출의 과정 등을 토대로 구체적·개별적 연관관계를 살펴볼 필요가 있다.

또한 카메라의 기능과 정보저장매체의 기능을 함께 갖춘 휴대전화인 스마트폰을 이용한 불법촬영범죄와 같이 범죄의 속성상 해당 범행의 상습성이 의심되거나 성적 기호 내지 경향성의 발현에 따른 일련의 범행의 일환으로 이루어진 것으로 의심되고, 범행의 직접증거가 스마트폰 안에 이미지파일이나 동영상파일의 형태로 남아 있을 개연성이 있는 경우에는 그 안에 저장되어 있는 같은 유형의 전자정보에서 그와 관련한 유력한 간접증거나 정황증거가 발견될 가능성이 높다는 점에서 이러한 간접증거나 정황증거는 혐의사실과 구체적·개별적 연관관계를 인정할 수 있다. 이처럼 범죄의 대상이 된 피해자의 인격권을 현저히 침해하는 성격의 전자정보를 담고 있는 불법촬영물은 범죄행위로 인해 생성된 것으로서 몰수의 대상이기도 하므로 임의제출된 휴대전화에서 해당 전자정보를 신속히 압수·수색하여 불법촬영물의 유통가능성을 적시에 차단함으로써 피해자를 보호할 필요성이 크다.[122]

사로 수사기관에게 클라우드 등에 접속하기 위한 아이디와 비밀번호를 임의로 제공하였다면 위 클라우드 등에 저장된 전자정보를 임의제출하는 것으로 볼 수 있다"(2020도14654)고 하였다.

122) 그러나 판례는 피고인이 불법촬영 혐의에 관하여 이루어진 주거지 등에 관한 압수·

더구나 이와 같은 경우에는 간접증거나 정황증거이면서 몰수의 대상이자 압수·수색의 대상인 전자정보의 유형이 이미지파일 내지 동영상파일 등으로 비교적 명확하게 특정되어 그와 무관한 사적 전자정보 전반의 압수·수색으로 이어질 가능성이 적어 상대적으로 폭넓게 관련성을 인정할 여지가 많다는 점에서도 그러하다.

그러나 피의자가 소유·관리하는 정보저장매체[123)]를 피의자 아닌 피해자 등 제3자가 임의제출하는 경우에는, 그 임의제출 및 그에 따른 수사기관의 압수가 적법하더라도 임의제출의 동기가 된 혐의사실과 구체적·개별적 연관관계가 있는 전자정보에 한하여 압수의 대상이 되는 것으로 더욱 제한적으로 해석하여야 한다. 피의자 개인이 소유·관리하는 정보저장매체에는 그의 사생활의 비밀과 자유, 정보에 대한 자기결정권 등 인격적 법익에 관한 모든 것이 저장되어 있어 제한 없이 압수·수색이 허용될 경우 피의자의 인격적 법익이 현저히 침해될 우려가 있기 때문이다(2016도348). 따라서 임의제출된 정보저장매체에서 압수의 대상이 되는 전자정보의 범위를 넘어서는 전자정보에 대하여 수사기관이 영장 없이 압수·수색하여 취득한 증거는 위법수집증거에 해당하고, 사후에 법원으로부터 영장이 발부되었다거나 피고인이나 변호인이 이를 증거로 함에 동의하였다고 하여 그 위법성이 치유되는 것도 아니다(2016도348).

수색 직전에 주거지 밖으로 저장매체를 집어던졌고, 수사기관이 이를 유류물로 영장 없이 압수한 후 이 저장매체 및 압수수색영장에 의하여 압수한 다른 저장매체의 탐색과정에서 별건혐의의 증거를 발견하여 피고인을 별건혐의로만 기소한 사안에서, “범죄수사를 위해 정보저장매체의 압수가 필요하고, 정보저장매체를 소지하던 사람이 그에 관한 권리를 포기하였거나 포기한 것으로 인식할 수 있는 경우에는, 수사기관이 제218조에 따라 피의자 기타 사람이 유류한 정보저장매체를 영장 없이 압수할 때 해당 사건과 관계가 있다고 인정할 수 있는 것에 압수의 대상이나 범위가 한정된다거나, 참여권자의 참여가 필수적이라고 볼 수는 없다”(2021도1181)고 하였다.

123) ‘피의자의 소유·관리에 속하는 정보저장매체’란, 피의자가 압수·수색 당시 또는 이와 시간적으로 근접한 시기까지 해당 정보저장매체를 현실적으로 지배·관리하면서 그 정보저장매체 내 전자정보 전반에 관한 전속적인 관리처분권을 보유·행사하고, 달리 이를 자신의 의사에 따라 제3자에게 양도하거나 포기하지 아니한 경우로써, 피의자를 그 정보저장매체에 저장된 전자정보에 대하여 실질적인 피압수자로 평가할 수 있는 경우를 말하는 것이다. 이에 해당하는지 여부는 민사법상 권리의 귀속에 따른 법률적·사후적 판단이 아니라 압수·수색 당시 외형적·객관적으로 인식 가능한 사실상의 상태를 기준으로 판단하여야 한다. 이러한 정보저장매체의 외형적·객관적 지배·관리 등 상태와 별도로 단지 피의자나 그 밖의 제3자가 과거 그 정보저장매체의 이용 내지 개별 전자정보의 생성·이용 등에 관여한 사실이 있다거나 그 과정에서 생성된 전자정보에 의해 식별되는 정보주체에 해당한다는 사정만으로 그들을 실질적으로 압수·수색을 받는 당사자로 취급하여야 하는 것은 아니다(2021도11170).

2) 절 차

압수의 대상이 되는 전자정보와 그렇지 않은 전자정보가 혼재된 정보저장매체나 그 복제본을 임의제출받은 수사기관이 그 정보저장매체 등을 수사기관 사무실 등으로 옮겨 이를 탐색·복제·출력하는 경우에도 그와 같은 일련의 과정에서 피압수자와 변호인에게 참여의 기회를 부여하여야 하고(제219조, 제121조), 압수된 전자정보의 파일명세가 특정된 압수목록을 작성·교부하여야 하며(제219조, 제129조), 범죄사실과 무관한 전자정보의 임의적인 복제 등을 막기 위한 적절한 조치를 취하여야 하는 것은 다른 전자정보에 대한 압수·수색의 경우와 마찬가지이다(2016도348). 특히, 피의자가 소유·관리하는 정보저장매체를 피해자 등 제3자가 임의제출한 경우에는 피의자가 스스로 제출한 경우와 비교하여 실질적인 피압수자인 피의자에게 참여권을 보장하고 압수한 전자정보를 교부하는 등 피의자의 절차적 권리를 보장하기 위한 적절한 조치가 행하여져야 한다(2021도11170).

그러나 판례는 피압수자측이 참여하지 않는다는 의사를 명시적으로 표시하였거나 임의제출의 취지와 경과 또는 그 절차위반행위가 이루어진 과정의 성질과 내용 등에 비추어 피압수자측에 절차참여를 보장한 취지가 실질적으로 침해되었다고 볼 수 없을 정도에 해당하는 특별한 사정이 있는 경우에는 압수·수색은 위법하다고 볼 것은 아니라고 한다(2016도348).

V. 감 청

1. 의 의

감청이란 전기통신에 대하여 당사자의 동의 없이 전자장치·기계장치 등을 사용하여 통신의 음향·문언·부호·영상을 청취·공독하여 그 내용을 지득 또는 채록하거나 전기통신의 송·수신을 방해하는 것을 말한다(통신비밀보호법 제2조 제7호). 즉, 감청은 전기통신이 이루어지고 있는 상황에서 실시간으로 그 전기통신의 내용을 지득·채록하는 경우와 통신의 송·수신을 직접적으로 방해하는 경우를 의미한다. 따라서 대화가 이미 종료한 상태에서 그 대화의 녹음물을 재생하여 듣는 행위(2023도8603)나 이미 수신이 완료된 전기통신에 관하여 남아 있는 기록이나 내용을 열어보는 등의 행위(2016도8137)는 청취에 해당하지 않으므로 감청에 해당하지 않는다. '당사자'란 전기통신의 송신인과 수신인을 말한다(법 제2조 제4호).

누구든지 「통신비밀보호법」과 형소법 또는 「군사법원법」의 규정에 의하지 아니하고는 우편물의 검열·전기통신의 감청 또는 통신사실확인자료의 제공을 하거나 공개되지 아니한 타인 간의 대화를 녹음 또는 청취하지 못한다(법[124] 제3조 제1항). 이는 대화당사자가 아닌 제3자가 동의를 받지 않고 감청하는 것을 말하므로 대화당사자 일방이 상대방과의 통화내용을 녹음하는 것은 감청에 해당하지 않는다(2015도1900).

2. 수사기관의 감청의 성격과 허용범위

수사기관이 행하는 감청의 법적 성격에 대하여는 ① 물리적 강제력의 행사가 없으므로 영장이 필요 없는 임의수사라는 견해, ② 강제처분은 아니지만 강제처분에 유사한 처분이라는 준강제수사라는 견해가 있다. 그러나 ③ 감청은 물리적 강제력을 사용하지 않지만 사생활의 비밀(헌법 제17조)이나 통신의 자유(헌법 제18조) 등과 같은 헌법상 기본권에 대한 중대한 침해를 내용으로 하므로 강제수사이다(통설).

감청을 강제수사로 보는 한 수사기관이 법원의 허가 없이 감청을 해서는 아니 된다. 따라서 불법검열에 의하여 취득한 우편물이나 그 내용 및 불법감청에 의하여 지득 또는 채록된 전기통신의 내용은 재판 또는 징계절차에서 증거로 사용할 수 없다(법 제4조). 다만, 대화 일방당사자가 감청에 동의한 경우에 감청의 허용 여부가 문제가 되지만, 동의하지 않은 다른 당사자에게는 동의상대방 이외의 다른 사람으로서 누가 자신의 말을 들을 것인지에 대하여 결정할 권리가 남아 있기 때문에 대화당사자가 아닌 제3자의 불법감청에 해당한다(2013도15616). 또한 수사기관이 아닌 자가 수사기관의 부탁을 받아서 상대방과의 대화내용을 녹음한 경우도 불법감청에 해당하므로 그 녹음은 물론, 이를 근거로 작성된 녹취록 첨부 수사보고서도 위법수집증거에 해당하고, 따라서 대화상대방의 동의가 있더라도 증거능력이 인정되지 않는다(2010도9016).

그러나 수사기관이 적법한 절차와 방법에 따라 범죄를 수사하면서 현재 그 범행이 행하여지고 있거나 행하여진 직후이고, 증거보전의 필요성 및 긴급성이 있으며, 일반적으로 허용되는 상당한 방법으로 범행현장에서 현행범인 등 관련자들과 수사기관의 대화를 녹음한 경우라면, 위 녹음이 영장 없이 이루어졌다 하여 이를 위법하다고 단정할 수 없다. 이는 설령 그 녹음이 행하여지고 있는 사실을 현장에

124) 이하에서 '법'은 「통신비밀보호법」을 말한다.

있던 대화상대방, 즉 현행범인 등 관련자들이 인식하지 못하고 있었더라도, 「통신비밀보호법」 제3조 제1항이 금지하는 공개되지 아니한 타인 간의 대화를 녹음한 경우에 해당하지 않는 이상 마찬가지이다. 다만 수사기관이 일반적으로 허용되는 상당한 방법으로 녹음하였는지 여부는 수사기관이 녹음장소에 통상적인 방법으로 출입하였는지, 녹음의 내용이 대화의 비밀 내지 사생활의 비밀과 자유 등에 대한 보호가 합리적으로 기대되는 영역에 속하는지 등을 종합적으로 고려하여 신중하게 판단하여야 한다(2020도9370).[125)]

3. 통신제한조치

「통신비밀보호법」에서는 일정한 요건 아래 법원의 허가를 얻은 때에 한하여 전기통신의 감청을 허용하고 있다. 우편물의 검열 또는 전기통신의 감청을 통신제한조치라고 하며, 통신제한조치는 범죄수사 또는 국가안전보장을 위하여 보충적인 수단으로 이용되어야 하며, 국민의 통신비밀에 대한 침해가 최소한에 그치도록 노력하여야 한다(법 제3조 제2항).

(1) 범죄수사를 위한 통신제한조치

1) 대 상

통신제한조치는 소정의 범죄[126)]를 계획 또는 실행하고 있거나 실행하였

125) 손님으로 가장한 경찰관이 대화당사자로서 성매매업소를 운영하는 피고인 등과의 대화 내용을 녹음한 것은 「통신비밀보호법」 제3조 제1항이 금지하는 공개되지 아니한 타인 간의 대화를 녹음한 경우에 해당하지 않고, 경찰관이 불특정 다수가 출입할 수 있는 성매매업소에 통상적인 방법으로 들어가 적법한 방법으로 수사를 하는 과정에서 성매매알선 범행이 행하여진 시점에 위 범행의 증거를 보전하기 위하여 범행 상황을 녹음한 것이므로 설령 대화상대방인 피고인 등이 인식하지 못한 사이에 영장 없이 녹음하였다고 하더라도 이를 위법하다고 볼 수 없다(2020도9370).

126) 1. 「형법」 제2편 중 제1장 내란의 죄, 제2장 외환의 죄 중 제92조 내지 제101조의 죄, 제4장 국교에 관한 죄 중 제107조, 제108조, 제111조 내지 제113조의 죄, 제5장 공안을 해하는 죄 중 제114조, 제115조의 죄, 제6장 폭발물에 관한 죄, 제7장 공무원의 직무에 관한 죄 중 제127조, 제129조 내지 제133조의 죄, 제9장 도주와 범인은닉의 죄, 제13장 방화와 실화의 죄 중 제164조 내지 제167조·제172조 내지 제173조·제174조 및 제175조의 죄, 제17장 아편에 관한 죄, 제18장 통화에 관한 죄, 제19장 유가증권, 우표와 인지에 관한 죄 중 제214조 내지 제217조, 제223조(제214조 내지 제217조의 미수범에 한한다) 및 제224조(제214조 및 제215조의 예비·음모에 한한다), 제24장 살인의 죄, 제29장 체포와 감금의 죄, 제30장 협박의 죄 중 제283조 제1항, 제284조, 제285조(제283조 제1항, 제284조의 상습범에 한한다), 제286조[제283조 제1항, 제284조,

다고 의심할만한 충분한 이유가 있고 다른 방법으로는 그 범죄의 실행을 저지하거나 범인의 체포 또는 증거의 수집이 어려운 경우에 한하여 허가할 수 있다(법 제5조 제1항).

통신제한조치는 위의 요건에 해당하는 자가 발송·수취하거나 송·수신하는 특정한 우편물이나 전기통신 또는 그 해당자가 일정한 기간에 걸쳐 발송·수취하거나 송·수신하는 우편물이나 전기통신을 대상으로 허가될 수 있다(동조 제2항).

2) 허가절차

검사는 통신제한조치의 요건(법 제5조 제1항)이 구비된 경우에 법원(군사법원을 포함한다)에 대하여 각 피의자별 또는 각 피내사자별로 통신제한조치를 허가하여 줄 것을 청구할 수 있다(법 제6조 제1항). 사법경찰관은 각 피의자별 또는 각 피내사자별로 통신제한조치를 검사에게 신청하고, 검사는 법원에 대하여 그 허가를 청구할 수 있다(동조 제2항). '의심할만한 충분한 이유'가 있어야 하므로 범죄의 실행 또는 예비·음모를 인정할 만한 객관적 근거가 충분히 제시될 것을 요한다.

통신제한조치 청구사건의 관할법원은 그 통신제한조치를 받을 통신당사자의 쌍방 또는 일방의 주소지·소재지, 범죄지 또는 통신당사자와 공범관계에 있

제285조(제283조 제1항, 제284조의 상습범에 한한다)의 미수범에 한한다]의 죄, 제31장 약취, 유인 및 인신매매의 죄, 제32장 강간과 추행의 죄 중 제297조 내지 제301조의2, 제305조의 죄, 제34장 신용, 업무와 경매에 관한 죄 중 제315조의 죄, 제37장 권리행사를 방해하는 죄 중 제324조의2 내지 제324조의4·제324조의5(제324조의2 내지 제324조의4의 미수범에 한한다)의 죄, 제38장 절도와 강도의 죄 중 제329조 내지 제331조, 제332조(제329조 내지 제331조의 상습범에 한한다), 제333조 내지 제341조, 제342조[제329조 내지 제331조, 제332조(제329조 내지 제331조의 상습범에 한한다), 제333조 내지 제341조의 미수범에 한한다]의 죄, 제39장 사기와 공갈의 죄 중 제350조, 제350조의2, 제351조(제350조, 제350조의2의 상습범에 한정한다), 제352조(제350조 제350조의2의 미수범에 한정한다)의 죄, 제41장 장물에 관한 죄 중 제363조의 죄

2. 「군형법」 제2편 중 제1장 반란의 죄, 제2장 이적의 죄, 제3장 지휘권 남용의 죄, 제4장 지휘관의 항복과 도피의 죄, 제5장 수소이탈의 죄, 제7장 군무태만의 죄 중 제42조의 죄, 제8장 항명의 죄, 제9장 폭행·협박·상해와 살인의 죄, 제11장 군용물에 관한 죄, 제12장 위령의 죄 중 제78조·제80조·제81조의 죄, 3. 국가보안법에 규정된 범죄, 4. 「군사기밀보호법」에 규정된 범죄, 5. 「군사기지 및 군사시설 보호법」에 규정된 범죄, 6. 「마약류관리에 관한 법률」에 규정된 범죄 중 제58조 내지 제62조의 죄, 7. 폭력행위처벌법에 규정된 범죄중 제4조 및 제5조의 죄, 8. 「총포·도검·화약류 등의 안전관리에 관한 법률」에 규정된 범죄 중 제70조 및 제71조 제1호 내지 제3호의 죄, 9. 특정범죄가중법에 규정된 범죄 중 제2조 내지 제8조, 제11조, 제12조의 죄, 10. 특정경제범죄법에 규정된 범죄중 제3조 내지 제9조의 죄, 11. 제1호와 제2호의 죄에 대한 가중처벌을 규정하는 법률에 위반하는 범죄, 12. 「국제상거래에 있어서 외국공무원에 대한 뇌물방지법」에 규정된 범죄 중 제3조 및 제4조의 죄

는 자의 주소지 · 소재지를 관할하는 지방법원 또는 지원(군사법원을 포함한다)으로 한다(동조 제3항).

통신제한조치청구는 필요한 통신제한조치의 종류 · 그 목적 · 대상 · 범위 · 기간 · 집행장소 · 방법 및 당해 통신제한조치가 허가요건(법 제5조 제1항)을 충족하는 사유 등의 청구이유를 기재한 서면으로 하여야 하며, 청구이유에 대한 소명자료를 첨부하여야 한다. 이 경우 동일한 범죄사실에 대하여 그 피의자 또는 피내사자에 대하여 통신제한조치의 허가를 청구하였거나 허가받은 사실이 있는 때에는 다시 통신제한조치를 청구하는 취지 및 이유를 기재하여야 한다(법 제6조 제4항).

3) 법원의 결정 및 통신제한조치기간

법원은 청구가 이유 있다고 인정하는 경우에는 각 피의자별 또는 각 피내사자별로 통신제한조치를 허가하고, 이를 증명하는 서류(이하 '허가서'라 한다)를 청구인에게 발부하며(동조 제5항), 이 허가서에는 통신제한조치의 종류 · 그 목적 · 대상 · 범위 · 기간 및 집행장소와 방법을 특정하여 기재하여야 한다(동조 제6항). 허가서의 법적 성격에 대하여는 ① 허가장으로 보는 견해가 있다. 그러나 ② 이 허가서는 강제수사에 대한 사법적 통제로서 피의자나 입건 전 피조사자에 대한 통신제한조치를 명하는 명령장이다.

감청 등 통신제한조치의 기간은 2월을 초과하지 못하고, 그 기간 중 통신제한조치의 목적이 달성되었을 경우에는 즉시 종료하여야 한다. 다만, 통신제한조치의 허가요건이 존속하는 경우에는 소명자료를 첨부하여 2개월의 범위에서 통신제한조치기간의 연장을 청구할 수 있다(동조 제7항). 통신제한조치의 연장을 청구하는 경우에도 통신제한조치의 총 연장기간은 1년을 초과할 수 없다. 그러나 (ⅰ) 「형법」 제2편 중 제1장 내란의 죄, 제2장 외환의 죄 중 제92조부터 제101조까지의 죄, 제4장 국교에 관한 죄 중 제107조, 제108조, 제111조부터 제113조까지의 죄, 제5장 공안을 해하는 죄 중 제114조, 제115조의 죄 및 제6장 폭발물에 관한 죄(제1호), (ⅱ) 「군형법」 제2편 중 제1장 반란의 죄, 제2장 이적의 죄, 제11장 군용물에 관한 죄 및 제12장 위령의 죄 중 제78조 · 제80조 · 제81조의 죄(제2호), (ⅲ) 「국가보안법」에 규정된 죄(제3호), (ⅳ) 「군사기밀보호법」에 규정된 죄(제4호), (ⅴ) 「군사기지 및 군사시설보호법」에 규정된 죄(제5호)의 경우에는 통신제한조치의 총 연장기간이 3년을 초과할 수 없다(동조 제8항).

그러나 법원은 위의 청구(제1항 · 제2항 및 제7항 단서)가 이유 없다고 인정하는 경우에는 청구를 기각하고, 이를 청구인에게 통지한다(동조 제9항).

(2) 국가안전보장을 위한 통신제한조치

1) 대 상

대통령령이 정하는 정보수사기관의 장은 국가안전보장에 상당한 위험이 예상되는 경우 또는 「국민보호와 공공안전을 위한 테러방지법」 제2조 제6호의 대테러활동에 필요한 경우에 한하여 그 위해를 방지하기 위하여 이에 관한 정보수집이 특히 필요한 때에는 다음 각호의 구분에 따라 통신제한조치를 할 수 있다(법 제7조 제1항). 즉, (i) 통신의 일방 또는 쌍방당사자가 내국인인 때에는 고등법원 수석판사의 허가를 받아야 한다. 다만, 「군용전기통신법」 제2조의 규정에 의한 군용전기통신(작전수행을 위한 전기통신에 한한다)에 대하여는 그러하지 아니하다(제1호). '내국인'이란 대한민국의 통치권이 사실상 행사되고 있는 지역에 주소 또는 거소를 두고 있는 대한민국 국민을 말한다(법 제2조 제5호). 그 허가에 관하여는 범죄수사를 위한 통신제한조치를 준용한다(동조 제3항). (ii) 대한민국에 적대하는 국가, 반국가활동의 혐의가 있는 외국의 기관·단체와 외국인, 대한민국의 통치권이 사실상 미치지 아니하는 한반도 내의 집단이나 외국에 소재하는 그 산하단체의 구성원의 통신인 때 및 위 제1호 단서의 경우에는 서면으로 대통령의 승인을 얻어야 한다(제2호).[127)]

2) 통신제한조치기간

이때 통신제한조치의 기간은 4월을 초과하지 못하고, 그 기간 중 통신제한조치의 목적이 달성되었을 경우에는 즉시 종료하여야 한다. 하지만 위의 요건이 존속하는 경우에는 소명자료를 첨부하여 고등법원의 수석부장판사의 허가 또는 대통령의 승인을 얻어 4월의 범위 이내에서 통신제한조치의 기간을 연장할 수 있다. 다만, 위 제1호의 단서에 의한 통신제한조치는 전시·사변 또는 이에 준하는 국가비상사태에 있어서 적과 교전상태에 있는 때에는 작전이 종료될 때까지 대통령의 승인을 얻지 아니하고 기간을 연장할 수 있다(법 제7조 제2항).

통신제한조치에 대한 기간연장결정은 원 허가의 내용에 대하여 단지 기간을 연장하는 것일 뿐 원 허가의 대상과 범위를 초과할 수 없다 할 것이므로 통신제한조치허가서에 의하여 허가된 통신제한조치가 '전기통신 감청 및 우편물 검열' 뿐인 경우 그 후 연장결정서에 당초 허가내용에 없던 '대화녹음'이 기재되어 있다

127) 대통령의 승인에 관한 절차 등 필요한 사항은 동법 시행령 제8조 참조.

하더라도 이는 대화녹음의 적법한 근거가 되지 않는다(99도2317).

(3) 긴급통신제한조치

1) 대 상

(i) 검사, 사법경찰관 또는 정보수사기관의 장은 국가안보를 위협하는 음모행위, 직접적인 사망이나 심각한 상해의 위험을 야기할 수 있는 범죄 또는 조직범죄 등 중대한 범죄의 계획이나 실행 등 긴박한 상황에 있고 범죄수사를 위한 통신제한조치(법 제5조 제1항) 또는 내국인에 대한 국가안보를 위한 통신제한조치(법 제7조 제1항 제1호)의 요건을 구비한 자에 대하여 통신제한조치에 관한 절차(법 제6조 또는 제7조 제1항 및 제3항)를 거칠 수 없는 긴급한 사유가 있는 때에는 법원의 허가 없이 통신제한조치를 할 수 있다(법 제8조 제1항).

(ii) 정보수사기관의 장은 국가안보를 위협하는 음모행위, 직접적인 사망이나 심각한 상해의 위험을 야기할 수 있는 범죄 또는 조직범죄 등 중대한 범죄의 계획이나 실행 등 긴박한 상황에 있고 대한민국에 적대하는 국가 등에 대한 통신제한조치(법 제7조 제1항 제2호)에 대하여 대통령의 승인을 얻을 시간적 여유가 없거나 통신제한조치를 긴급히 실시하지 아니하면 국가안전보장에 대한 위해를 초래할 수 있다고 판단되는 때에는 소속장관(국가정보원장을 포함한다)의 승인을 얻어 통신제한조치를 할 수 있다(법 제8조 제8항).

2) 절 차

검사, 사법경찰관 또는 정보수사기관의 장은 긴급통신제한조치의 집행착수 후 지체 없이 법원에 허가청구를 하여야 하며, 그 긴급통신제한조치를 한 때부터 36시간 이내에 법원의 허가를 받지 못한 때에는 즉시 이를 중지하여야 한다(동조 제2항). 사법경찰관이 긴급통신제한조치를 할 경우에는 미리 검사의 지휘를 받아야 한다. 다만, 특히 급속을 요하여 미리 지휘를 받을 수 없는 사유가 있는 경우에는 긴급통신제한조치의 집행착수 후 지체 없이 검사의 승인을 얻어야 한다(동조 제3항). 또한 검사, 사법경찰관 또는 정보수사기관의 장이 긴급통신제한조치를 하고자 하는 경우에는 반드시 긴급검열서 또는 긴급감청서(이하 '긴급감청서 등'이라 한다)에 의하여야 하며 소속기관에 긴급통신제한조치대장을 비치하여야 한다(동조 제4항).

그러나 긴급통신제한조치가 단시간 내에 종료되어 법원의 허가를 받을 필요가 없는 경우에는 그 종료 후 7일 이내에 관할 지방검찰청 검사장(정보수사기관의 장이 내국인에 대한 국가안보를 위한 통신제한조치(법 제7조 제1항 제1호)의 요건을 구비한 자에 대하여 긴급통신제한조치를 한 경우에는 관할 고등검찰청 검사장)은 이에 대응하는 법원장에게 긴급통신제한조치를 한 검사, 사법경찰관 또는 정보수사기관의 장이 작성한 긴급통신제한조치통보서를 송부하여야 한다. 다만, 군검사 또는 군사법경찰관이 범죄수사를 위한 통신제한조치(법 제5조 제1항)의 요건을 구비한 자에 대하여 긴급통신제한조치를 한 경우에는 관할 보통검찰부장이 이에 대응하는 군사법원 군판사에게 긴급통신제한조치통보서를 송부하여야 하며(법 제8조 제5항), 이 긴급통신제한조치통보서를 송부받은 법원 또는 군사법원 군판사는 긴급통신제한조치통보대장을 비치하여야 한다(동조 제7항). 이 통보서에는 긴급통신제한조치의 목적·대상·범위·기간·집행장소·방법 및 통신제한조치허가청구를 하지 못한 사유 등을 기재하여야 한다(동조 제6항).

한편, 정보수사기관이 장에 의하여 긴급통신제한조치를 한 때에는 지체 없이 대통령의 승인(법 제7조 준용)을 얻어야 하며, 36시간 이내에 대통령의 승인을 얻지 못한 때에는 즉시 그 긴급통신제한조치를 중지하여야 한다(법 제8조 제9항).

4. 감청 등 통신제한조치의 집행

(1) 방 법

통신제한조치는 이를 청구 또는 신청한 검사, 사법경찰관 또는 정보기관의 장이 집행한다. 이때 체신관서 기타 관련기관 등에 그 집행을 위탁하거나 집행에 관한 협조를 요청할 수 있다(법 제9조 제1항). 다만, 통신제한조치의 집행을 위탁하거나 집행에 관한 협조를 요청하는 자는 통신기관 등에 통신제한조치허가서(또는 대통령의 승인서) 또는 긴급감청서 등의 표지의 사본을 교부하여야 하며, 이를 위탁받거나 이에 관한 협조요청을 받은 자는 통신제한조치허가서 또는 긴급감청서 등의 표지 사본을 대통령령이 정하는 기간 동안 보존하여야 하고(동조 제2항), 해당 통신제한조치를 청구한 목적과 그 집행 또는 협조일시 및 대상을 기재한 대장을 3년 동안(다만, 「보안업무규정」에 따라 비밀로 분류된 경우에는 그 보존 또는 비치기간은 그 비밀의 보호기간으로) 비치하여야 한다(동조 제3항, 동법 시행령 제17조 제2항). 이때 통신기관 등은 통신제한조치허가서 또는 긴급감청서 등에 기재된 통신제한조치대상자의 전화번호 등이 사실과 일치하지 않을 경우에는 그 집행을 거부할 수 있으며, 어떠한 경우에도 전기통신에 사용되는 비밀번호를 누설할 수 없다(동조 제4항).

또한 수사기관은 통신제한조치허가서에 기재된 허가의 내용과 범위 및 집행방법 등을 준수하여 통신제한조치를 집행하여야 한다. 따라서 수사기관으로부터 통신제한조치의 집행을 위탁받은 통신기관 등이 집행에 필요한 설비가 없을 때에는 수사기관에 설비의 제공을 요청하여야 하고, 그러한 요청 없이 통신제한조치허가서에 기재된 사항을 준수하지 아니한 채 통신제한조치를 집행하였다면, 그러한 집행으로 취득한 전기통신의 내용 등은 헌법과 「통신비밀보호법」이 국민의 기본권인 통신의 비밀을 보장하기 위해 마련한 적법한 절차를 따르지 아니하고 수집한 증거에 해당하므로, 이는 유죄인정의 증거로 할 수 없다(2016도8137).

(2) 집행에 관한 통지와 그 유예

1) 집행에 관한 통지

(가) 통신제한조치를 집행한 경우

(i) 검사는 통신제한조치를 집행한 사건에 관하여 공소를 제기하거나, 공소의 제기 또는 입건을 하지 아니하는 처분(기소중지결정, 참고인중지결정을 제외한다)을 한 때에는 그 처분을 한 날부터 30일 이내에 우편물 검열의 경우에는 그 대상자에게, 감청의 경우에는 그 대상이 된 전기통신의 가입자에게 통신제한조치를 집행한 사실과 집행기관 및 그 기간 등을 서면으로 통지하여야 한다. 다만, 공수처검사는 서울중앙지방검찰청 소속검사에게 관계서류와 증거물을 송부한 사건에 관하여 이를 처리하는 검사로부터 공소를 제기하거나 제기하지 아니하는 처분(기소중지결정, 참고인중지결정은 제외한다)의 통보를 받은 경우에도 그 통보를 받은 날부터 30일 이내에 서면으로 통지하여야 한다(법 제9조의2 제1항).

(ii) 사법경찰관은 통신제한조치를 집행한 사건에 관하여 검사로부터 공소를 제기하거나 제기하지 아니하는 처분(기소중지 또는 참고인중지 결정은 제외한다)의 통보를 받거나 검찰송치를 하지 아니하는 처분(수사중지 결정은 제외한다) 또는 입건 전 조사사건에 관하여 입건하지 아니하는 처분을 한 때에는 그 날부터 30일 이내에 우편물 검열의 경우에는 그 대상자에게, 감청의 경우에는 그 대상이 된 전기통신의 가입자에게 통신제한조치를 집행한 사실과 집행기관 및 그 기간 등을 서면으로 통지하여야 한다(동조 제2항).

(iii) 정보수사기관의 장은 통신제한조치를 종료한 날부터 30일 이내에 우편물 검열의 경우에는 그 대상자에게, 감청의 경우에는 그 대상이 된 전기통신의 가입자에게 통신제한조치를 집행한 사실과 집행기관 및 그 기간 등을 서면으

로 통지하여야 한다(동조 제3항).

(나) 송·수신이 완료된 전기통신에 대하여 압수·수색·검증을 집행한 경우

(ⅰ) 검사는 송·수신이 완료된 전기통신에 대하여 압수·수색·검증을 집행한 경우 그 사건에 관하여 공소를 제기하거나 공소의 제기 또는 입건을 하지 아니하는 처분(기소중지결정, 참고인중지결정을 제외한다)을 한 때에는 그 처분을 한 날부터 30일 이내에 수사대상이 된 가입자에게 압수·수색·검증을 집행한 사실을 서면으로 통지하여야 한다. 다만, 공수처검사는 서울중앙지방검찰청 소속검사에게 관계서류와 증거물을 송부한 사건에 관하여 이를 처리하는 검사로부터 공소를 제기하거나 제기하지 아니하는 처분(기소중지결정, 참고인중지결정은 제외한다)의 통보를 받은 경우에도 그 통보를 받은 날부터 30일 이내에 서면으로 통지하여야 한다(법 제9조의3 제1항).

(ⅱ) 사법경찰관은 송·수신이 완료된 전기통신에 대하여 압수·수색·검증을 집행한 경우 그 사건에 관하여 검사로부터 공소를 제기하거나 제기하지 아니하는 처분(기소중지 또는 참고인중지 결정은 제외한다)의 통보를 받거나 검찰송치를 하지 아니하는 처분(수사중지 결정은 제외한다) 또는 입건전 조사사건에 관하여 입건하지 아니하는 처분을 한 때에는 그 날부터 30일 이내에 수사대상이 된 가입자에게 압수·수색·검증을 집행한 사실을 서면으로 통지하여야 한다(동조 제2항).

2) 통지의 유예

(ⅰ) 통신제한조치를 통지할 경우 국가의 안전보장·공공의 안녕질서를 위태롭게 할 현저한 우려가 있는 때(제1호) 또는 (ⅱ) 통신제한조치를 통지할 경우 사람의 생명·신체에 중대한 위험을 초래할 염려가 현저한 때(제2호)에는 그 사유가 해소될 때까지 통지를 유예할 수 있다(동조 제4항). 검사 또는 사법경찰관은 이 통지를 유예하려는 경우에는 소명자료를 첨부하여 미리 관할 지방검찰청 검사장의 승인을 받아야 한다. 다만, 공수처검사가 이 통지를 유예하려는 경우에는 소명자료를 첨부하여 미리 공수처장의 승인을 받아야 하고, 군검사 및 군사법경찰관이 이 통지를 유예하려는 경우에는 소명자료를 첨부하여 미리 관할 보통검찰부장의 승인을 받아야 한다(동조 제5항).

검사, 사법경찰관 또는 정보수사기관의 장은 통지유예 사유가 해소된 때에는 그 사유가 해소된 날부터 30일 이내에 위의 통지를 하여야 한다(동조 제6항).

5. 통신제한조치에 의해 취득한 자료의 보호

(1) 비밀준수의무

통신제한조치의 허가·집행·통보 및 각종 서류작성 등에 관여한 공무원 또는 그 직에 있었던 자는 직무상 알게 된 통신제한조치에 관한 사항을 외부에 공개하거나 누설하여서는 아니 된다(법 제11조 제1항). 통신제한조치에 관여한 통신기관의 직원 또는 그 직에 있었던 자는 통신제한조치에 관한 사항을 외부에 공개하거나 누설하여서는 아니 된다(동조 제2항).

이 외에 누구든지 이 법에 따른 통신제한조치로 알게 된 내용을 이 법에 따라 사용하는 경우 외에는 이를 외부에 공개하거나 누설하여서는 아니 된다(동조 제3항).[128)]

(2) 자료의 사용제한

통신제한조치의 집행으로 인하여 취득된 우편물 또는 그 내용과 전기통신의 내용은 (ⅰ) 통신제한조치의 목적이 된 법 제5조 제1항에 규정된 범죄나 이와 관련되는 범죄를 수사·소추하거나 그 범죄를 예방하기 위하여 사용하는 경우(제1호), (ⅱ) 제1호의 범죄로 인한 징계절차에 사용하는 경우(제2호), (ⅲ) 통신의 당사자가 제기하는 손해배상소송에서 사용하는 경우(제3호), (ⅳ) 기타 다른 법률의 규정에 의하여 사용하는 경우(제4호) 외에는 사용할 수 없다(법 제12조).

(3) 자료의 관리

1) 승인의 청구

(ⅰ) 검사는 인터넷 회선을 통하여 송신·수신하는 전기통신을 대상으로 범죄수사를 위하여 통신제한조치(법 제6조) 또는 긴급통신제한조치(법 제8조. 법 제5조 제1항의 요건에 해당하는 사람에 대한 긴급통신제한조치에 한정한다)에 따른 통신제한조치를 집행한 경우 그 전기통신을 범죄를 수사·소추하거나 그 범죄를 예방하기 위하여 사용(법 제12조 제1호)하거나 사용을 위하여 보관(이하 이 조에서 '보관 등'이라 한다)하고자 하는 때에는 집행종료일부터 14일 이내에 보관 등이 필요한 전기통신을 선별하여 통신제한조치를 허가한 법원에 보관 등의 승인을 청구하여야 한다

---

128) 법 제11조 제1항의 규정에 위반한 자는 10년 이하의 징역, 동조 제2항의 규정에 위반한 자는 7년 이하의 징역, 동조 제3항의 규정에 위반한 자는 5년 이하의 징역에 처한다(법 제16조 제2항-제4항).

(법 제12조의2 제1항).

(ii) 사법경찰관은 인터넷 회선을 통하여 송신·수신하는 전기통신을 대상으로 통신제한조치를 집행한 경우 그 전기통신의 보관 등을 하고자 하는 때에는 집행종료일부터 14일 이내에 보관 등이 필요한 전기통신을 선별하여 검사에게 보관 등의 승인을 신청하고, 검사는 신청일부터 7일 이내에 통신제한조치를 허가한 법원에 그 승인을 청구할 수 있다(동조 제2항).

위의 승인청구는 통신제한조치의 집행경위, 취득한 결과의 요지, 보관 등이 필요한 이유를 기재한 서면으로 하여야 하며, (i) 청구이유에 대한 소명자료(제1호), (ii) 보관 등이 필요한 전기통신의 목록(제2호), (iii) 보관 등이 필요한 전기통신(다만, 일정 용량의 파일단위로 분할하는 등 적절한 방법으로 정보저장매체에 저장·봉인하여 제출하여야 한다)(제3호)의 서류를 첨부하여야 한다(동조 제3항).

2) 법원의 결정

법원은 승인청구가 이유 있다고 인정하는 경우에는 보관 등을 승인하고 이를 증명하는 서류(이하 이 조에서 '승인서'라 한다)를 발부하며, 청구가 이유 없다고 인정하는 경우에는 청구를 기각하고 이를 청구인에게 통지한다(동조 제4항).

3) 자료의 폐기

검사 또는 사법경찰관은 승인청구나 승인신청을 하지 아니하는 경우에는 집행종료일부터 14일(검사가 사법경찰관의 신청을 기각한 경우에는 그 날부터 7일) 이내에 통신제한조치로 취득한 전기통신을 폐기하여야 하고, 법원에 승인청구를 한 경우(취득한 전기통신의 일부에 대해서만 청구한 경우를 포함한다)에는 법원으로부터 승인서를 발부받거나 청구기각의 통지를 받은 날부터 7일 이내에 승인을 받지 못한 전기통신을 폐기하여야 한다(동조 제5항).

검사 또는 사법경찰관은 통신제한조치로 취득한 전기통신을 폐기한 때에는 폐기의 이유와 범위 및 일시 등을 기재한 폐기결과보고서를 작성하여 피의자의 수사기록 또는 피조사자의 입건 전 조사사건기록에 첨부하고, 폐기일부터 7일 이내에 통신제한조치를 허가한 법원에 송부하여야 한다(동조 제6항).

6. 통신사실확인자료의 제공

(1) 범죄수사를 위한 경우

1) 자료제공의 요청

검사 또는 사법경찰관은 수사 또는 형의 집행을 위하여 필요한 경우 전기통신사업자에게 통신사실확인자료의 열람이나 제출(이하 '통신사실확인자료제공'이라 한다)을 요청할 수 있다(법 제13조 제1항).[129] '통신사실확인자료'란 전기통신사실에 관한 자료로서, (ⅰ) 가입자의 전기통신일시(가목), (ⅱ) 전기통신개시 · 종료시간(나목), (ⅲ) 발 · 착신 통신번호 등 상대방의 가입자번호(다목), (ⅳ) 사용도수(라목), (ⅴ) 컴퓨터통신 또는 인터넷의 사용자가 전기통신역무를 이용한 사실에 관한 컴퓨터통신 또는 인터넷의 로그기록자료(마목), (ⅵ) 정보통신망에 접속된 정보통신기기의 위치를 확인할 수 있는 발신기지국의 위치추적자료(바목), (ⅶ) 컴퓨터통신 또는 인터넷의 사용자가 정보통신망에 접속하기 위하여 사용하는 정보통신기기의 위치를 확인할 수 있는 접속지의 추적자료(사목)를 말한다(법 제2조 제11호). 다만, 수사를 위하여 통신사실확인자료 중 (ⅰ) 정보통신망에 접속된 정보통신기기의 위치를 확인할 수 있는 발신기지국의 위치추적자료나 컴퓨터통신 또는 인터넷의 사용자가 정보통신망에 접속하기 위하여 사용하는 정보통신기기의 위치를 확인할 수 있는 접속지의 추적자료 중 실시간 추적자료(제1호) 또는 (ⅱ) 특정한 기지국에 대한 통신사실확인자료(제2호)가 필요한 경우에는 다른 방법으로는 범죄의 실행을 저지하기 어렵거나 범인의 발견·확보 또는 증거의 수집 · 보전이 어려운 경우에만 전기통신사업자에게 해당 자료의 열람이나 제출을 요청할 수 있다. 그러나 법 제5조 제1항 각 호의 어느 하나에 해당하는 범죄 또는 전기통신을 수단으로 하는 범죄에 대한 통신사실확인자료가 필요한 경우에는 이러한 제한 없이 열람이나 제출을 요청할 수 있다(법 제13조 제2항).

한편, 법원은 재판상 필요한 경우에는 민소법상 조사촉탁(제294조)[130] 또

129) 「전기통신사업법」에 따르면, 전기통신사업자는 법원, 검사 또는 (군 수사기관의 장, 국세청장 및 지방국세청장을 포함한다), 정보수사기관의 장이 재판, 수사(「조세범 처벌법」 제10조 제1항 · 제3항 · 제4항의 범죄 중 전화, 인터넷 등을 이용한 범칙사건의 조사를 포함한다), 형의 집행 또는 국가안전보장에 대한 위해를 방지하기 위한 정보수집을 위하여 이용자의 성명·주민등록번호·주소·전화번호·이용자의 아이디 등과 같은 통신이용장정보의 열람이나 제출을 요청하면 그 요청에 따를 수 있다(법 제83조 제3항).

130) 민소법 제294조(조사의 촉탁) 법원은 공공기관·학교, 그 밖의 단체·개인 또는 외국의

는 형소법상 공무소 등에 대한 조회(제272조)에 의하여 전기통신사업자에게 통신사실확인자료제공을 요청할 수 있다(법 제13조의2).

2) 자료요청의 절차 및 사후조치

통신사실확인자료제공을 요청하는 경우에는 요청사유, 해당 가입자와의 연관성 및 필요한 자료의 범위를 기록한 서면으로 관할 지방법원(군사법원을 포함한다. 이하 같다) 또는 지원의 허가를 받아야 한다. 다만, 관할 지방법원 또는 지원의 허가를 받을 수 없는 긴급한 사유가 있는 때에는 통신사실확인자료제공을 요청한 후 지체 없이 그 허가를 받아 전기통신사업자에게 송부하여야 한다(법 제13조 제3항). 긴급한 사유로 통신사실확인자료를 제공받았으나 지방법원 또는 지원의 허가를 받지 못한 경우에는 지체 없이 제공받은 통신사실확인자료를 폐기하여야 한다(동조 제4항).

한편, 검사 또는 사법경찰관은 따라 통신사실확인자료제공을 받은 때에는 해당 통신사실확인자료제공요청사실 등 필요한 사항을 기재한 대장과 통신사실확인자료제공요청서 등 관련자료를 소속기관에 비치하여야 한다(동조 제5항). 또한 지방법원 또는 지원은 제3항에 따라 통신사실확인자료제공요청허가청구를 받은 현황, 이를 허가한 현황 및 관련된 자료를 보존하여야 한다(동조 제6항).

그리고 전기통신사업자는 검사, 사법경찰관 또는 정보수사기관의 장에게 통신사실확인자료를 제공한 때에는 자료제공현황 등을 연 2회 과학기술정보통신부장관에게 보고하고, 해당 통신사실확인자료제공사실 등 필요한 사항을 기재한 대장과 통신사실확인자료제공요청서 등 관련자료를 통신사실확인자료를 제공한 날부터 7년간 비치하여야 한다(동조 제7항). 과학기술정보통신부장관은 전기통신사업자가 보고한 내용의 사실여부 및 비치하여야 하는 대장 등 관련자료의 관리실태를 점검할 수 있다(동조 제8항). 이 외에 범죄수사를 위한 통신사실확인자료제공과 관련된 사항에 관하여는 통신제한조치의 절차에 관한 규정(법 제6조, 제7항 및 제8항은 제외한다)을 준용한다(동조 제9항).

공공기관에게 그 업무에 속하는 사항에 관하여 필요한 조사 또는 보관중인 문서의 등본·사본의 송부를 촉탁할 수 있다.

3) 자료제공의 통지

(가) 방 법

검사 또는 사법경찰관은 통신사실확인자료제공을 받은 사건에 관하여 다음 각 호의 구분에 따라 정한 기간 내에 통신사실확인자료제공을 받은 사실과 제공요청기관 및 그 기간 등을 통신사실확인자료제공의 대상이 된 당사자에게 서면으로 통지하여야 한다(법 제13조의3 제1항).

(ⅰ) 공소를 제기하거나, 공소제기·검찰송치를 하지 아니하는 처분(기소중지·참고인중지 또는 수사중지 결정은 제외한다) 또는 입건을 하지 아니하는 처분을 한 경우에는 그 처분을 한 날부터 30일 이내이다. 다만, ⅰ) 공수처검사가 서울중앙지방검찰청 소속검사에게 관계서류와 증거물을 송부한 사건에 관하여 이를 처리하는 검사로부터 공소를 제기하거나 제기하지 아니하는 처분(기소중지 또는 참고인중지 결정은 제외한다)의 통보를 받은 경우(가목) 또는 ⅱ) 사법경찰관이 제245조의5 제1호에 따라 검사에게 송치한 사건으로서 검사로부터 공소를 제기하거나 제기하지 아니하는 처분(기소중지 또는 참고인중지 결정은 제외한다)의 통보를 받은 경우(나목)에는 그 통보를 받은 날부터 30일 이내이다(제1호).

(ⅱ) 기소중지·참고인중지 또는 수사중지 결정을 한 경우에는 그 결정을 한 날부터 1년(법 제6조 제8항 각 호의 어느 하나에 해당하는 범죄인 경우에는 3년)이 경과한 때부터 30일 이내이다. 다만, ⅰ) 공수처검사가 서울중앙지방검찰청 소속검사에게 관계서류와 증거물을 송부한 사건에 관하여 이를 처리하는 검사로부터 기소중지 또는 참고인중지 결정의 통보를 받은 경우(가목) 또는 ⅱ) 사법경찰관이 제245조의5 제1호에 따라 검사에게 송치한 사건으로서 검사로부터 기소중지 또는 참고인중지 결정의 통보를 받은 경우(나목)에는 그 통보를 받은 날로부터 1년(법 제6조 제8항 각 호의 어느 하나에 해당하는 범죄인 경우에는 3년)이 경과한 때부터 30일 이내이다(제2호).

(ⅲ) 수사가 진행 중인 경우에는 통신사실확인자료제공을 받은 날부터 1년(법 제6조 제8항 각 호의 어느 하나에 해당하는 범죄인 경우에는 3년)이 경과한 때부터 30일 이내이다(제3호).

(나) 통지유예

기소중지·참고인중지 또는 수사중지 결정을 한 경우 및 수사가 진행 중인 경우에도 불구하고 (ⅰ) 국가의 안전보장, 공공의 안녕질서를 위태롭게 할 우려가 있는 경우(제1호), (ii) 피해자 또는 그 밖의 사건관계인의 생명이나 신체의 안전을 위협할 우려가 있는 경우(제2호), (iii) 증거인멸, 도주, 증인 위협 등 공정한 사법절차의 진행을 방해할 우려가 있는 경우(제3호), (iv) 피의자, 피해자 또는 그 밖의 사건관계인의 명예나 사생활을 침해할 우려가 있는 경우(제4호)에는 그 사유가 해소될 때까지 그 통지를 유예할 수 있다(법 제13조의3 제2항).

검사 또는 사법경찰관은 통지를 유예하려는 경우에는 소명자료를 첨부하여 미리 관할 지방검찰청 검사장의 승인을 받아야 한다. 다만, 공수처검사가 통지를 유예하려는 경우에는 소명자료를 첨부하여 미리 공수처장의 승인을 받아야 한다(동조 제3항). 다만, 검사 또는 사법경찰관은 그 사유가 해소된 때에는 그 날부터 30일 이내에 통지를 하여야 한다(동조 제4항).

(다) 당사자의 신청 등

검사 또는 사법경찰관으로부터 통신사실확인자료제공을 받은 사실 등을 통지받은 당사자는 해당 통신사실확인자료제공을 요청한 사유를 알려주도록 서면으로 신청할 수 있다(동조 제5항). 이 신청을 받은 검사 또는 사법경찰관은 제2항 각 호의 어느 하나에 해당하는 경우를 제외하고는 그 신청을 받은 날부터 30일 이내에 해당 통신사실확인자료제공요청의 사유를 서면으로 통지하여야 한다(동조 제6항).

이 외에는 통신사실확인자료제공을 받은 사실 등에 관하여는 통신제한조치의 집행에 관한 통지에 관한 규정(제9조의2. 제3항은 제외한다)을 준용한다(동조 제7항).

(2) 국가안보를 위한 경우

정보수사기관의 장은 국가안전보장에 대한 위해를 방지하기 위하여 정보수집이 필요한 경우 전기통신사업자에게 통신사실확인자료제공을 요청할 수 있다(법 제13조의4 제1항). 그 방법과 절차 등에 대하여는 국가안전보장을 위한 통신제한조치에 관한 규정(법 제7조 내지 제9조 및 제9조의2 제3항 · 제4항 · 제6항의 규정)을 준용한다(법 제13조의4 제2항). 통신사실확인자료의 폐기 및 관련 자료의 비치에 관하여는 범죄수사를 위한 통신사실확인자료의 폐기 및 관련자료의 비치에 관한 규정(법 제13조 제4항 및 제5항)을 준용한다(동조 제3항).

(3) 취득한 자료의 보호

통신사실확인자료제공에 따른 비밀준수의무 및 통신사실확인자료의 사용제한에 관하여는 통신제한조치로 취득한 자료의 경우에 관한 규정(법 제11조, 제12조)을 각각 준용한다(법 제13조의5). 따라서 통신사실확인자료제공요청에 의하여 취득한 통화내역 등 통신사실확인자료를 범죄의 수사·소추를 위하여 사용하는 경우 대상범죄는 통신사실확인자료제공요청의 목적이 된 범죄 및 이와 관련된 범죄에 한정되어야 한다.

'통신사실확인자료제공요청의 목적이 된 범죄와 관련된 범죄'란 통신사실확인자료제공요청 허가서에 기재한 혐의사실과 객관적 관련성이 있고 자료제공 요청대상자와 피의자 사이에 인적 관련성이 있는 범죄를 말한다. 그 중에서 혐의사실과의 객관적 관련성은 통신사실확인자료제공요청허가서에 기재된 혐의사실 자체 또는 그와 기본적 사실관계가 동일한 범행과 직접 관련되어 있는 경우는 물론 범행 동기와 경위, 범행 수단 및 방법, 범행 시간과 장소 등을 증명하기 위한 간접증거나 정황증거 등으로 사용될 수 있는 경우에도 인정될 수 있다. 다만, 「통신비밀보호법」이 통신사실확인자료의 사용범위를 제한하고 있는 것은 특정한 혐의사실을 전제로 제공된 통신사실확인자료가 별건의 범죄사실을 수사하거나 소추하는 데 이용되는 것을 방지함으로써 통신의 비밀과 자유에 대한 제한을 최소화하는 데 입법취지가 있다. 따라서 그 관련성은 통신사실확인자료제공요청 허가서에 기재된 혐의사실의 내용과 수사의 대상 및 수사경위 등을 종합하여 구체적·개별적 연관관계가 있는 경우에만 인정되고, 혐의사실과 단순히 동종 또는 유사 범행이라는 사유만으로 관련성이 있는 것은 아니다. 그리고 피의자와 사이의 인적 관련성은 통신사실확인자료제공요청허가서에 기재된 대상자의 공동정범이나 교사범 등 공범이나 간접정범은 물론 필요적 공범 등에 대한 피고사건에 대해서도 인정될 수 있다(2016도13489).

7. 사인에 의한 감청

(1) 사인 간 대화의 녹음과 청취

누구든지 「통신비밀보호법」과 형소법 또는 「군사법원법」의 규정에 의하지 아니하고는 공개되지 아니한 타인 간의 대화를 녹음하거나 전자장치 또는 기계적 수단을 이용하여 청취할 수 없다(법 제3조 제1항, 제14조 제1항). 이에 위반하여 공개되지 아니한 타인 간의 대화를 녹음 또는 청취한 자와 이를 통해 지득한 대화의 내용을 공개하거나 누설한 자는 처벌된다(법 제16조 제1항 제1호, 제2호). 이는 대화에 참여하지 않는 제3자가 그 대화를 하는 타인들 간의 발언을 녹음 또는 청취해서는 아니 된다는 취지이다. 따라서 대화에 원래부터 참여하지 않는 제3자가 일반 공중이 알 수 있도록 공개되지 아니한 타인 간의 발언을 녹음하거나 전자장치 또는 기계적 수단을 이용하여 청취하는 것은 특별한 사정이 없는 한 위법이다(2013도15616). 여기서 '공개되지 않았다'는 것은 반드시 비밀과 동일한 의미는 아니고 일반 공중에게 공개되지 않았다는 의미이며, 구체적으로 공개된 것인지는 발언자의 의사와 기대, 대화의 내용과 목적, 상대방의 수, 장소의 성격과 규모, 출입의 통제 정도, 청중의 자격 제한 등 객관적인 상황을 종합적으로 고려하여 판단해야 한다(2020도1007). 따라서 초등학교 담임교사가 교실에서 수업시간 중 한 발언은 통상적으로 교실 내 학생들만을 대상으로 하는 것으로서 교실 내 학생들에게만 공개된 것일 뿐, 일반 공중이나 불특정 다수에게 공개된 것이 아니므로 '공개되지 않은 대화'에 해당하며, 학생의 부모가 몰래 녹음한 교사의 수업시간 중 발언은 '타인 간의 대화'에 해당한다(2020도1538). 또한 상대방과 전화통화를 마친 후 예우차원에서 전화를 끊지 않고 기다리던 중 상대방이 실수로 휴대폰의 통화종료버튼을 누르지 않고 탁자 위에 놓아둔 상태에서 다른 사람과 대화하는 것을 몰래 청취하면서 녹음한 것도 불법녹음에 해당한다(2013조15616). 그러나 타인 간의 '대화'는 원칙적으로 현장에 있는 당사자들이 육성으로 말을 주고받는 의사소통행위를 가리키므로, 사람의 육성이 아닌 사물에서 발생하는 음향은 타인 간의 '대화'에 해당하지 않는다. 또한 사람의 목소리라고 하더라도 상대방에게 의사를 전달하는 말이 아닌 단순한 비명소리나 탄식 등은 타인과 의사소통을 하기 위한 것이 아니라면 특별한 사정이 없는 한 타인 간의 '대화'에 해당한다고 볼 수 없다(2016도19843).

한편, 방송자가 인터넷을 도관 삼아 인터넷서비스제공업체 또는 온라인서비스제공자인 인터넷개인방송 플랫폼업체의 서버를 이용하여 실시간 또는 녹화된 형태로 음성, 영상물을 방송함으로써 불특정 혹은 다수인이 이를 수신·시청할 수 있게 하는 인터넷개인방송은 그 성격이나 「통신비밀보호법」의 규정에 비추어 전기통신에 해당한다. 다만, 인터넷개인방송의 방송자가 비밀번호를 설정하는 등 그 수신범위를 한정하는 비공개조치를 취하지 않고 방송을 송출하는 경우에는 누구든지 시청하는 것을 포괄적으로 허용하는 의사라고 볼 수 있으므로, 그 시청자는 인터넷개인방송의 당사자인 수신인에 해당하고, 이러한 시청자가 방송내용을 지득·채록하는 것은 「통신비밀보호법」에서 정한 감청에 해당하지 않는다. 그러나 인터넷개인방송의 방송자가 비밀번호를 설정하는 등으로 비공개조치를 취한 후 방송을 송출하는 경우에는 방송자로부터 허가를 받지 못한 사람은 당해 인터넷개인방송의 당사자가 아닌 '제3자'에 해당하고, 이러한 제3자가 비공개 조치가 된 인터넷개인방송을 비정상적인 방법으로 시청·녹화하는 것은 「통신비밀보호법」상의 감청에 해당할 수 있다. 다만, 방송자가 이와 같은 제3자의 시청·녹화 사실을 알거나 알 수 있었음에도 방송을 중단하거나 그 제3자를 배제하지 않은 채 방송을 계속 진행하는 등 허가받지 아니한 제3자의 시청·녹화를 사실상 승낙·용인한 것으로 볼 수 있는 경우에는 불특정인 혹은 다수인을 직·접적인 대상으로 하는 인터넷개인방송의 일반적 특성상 그 제3자 역시 인터넷개인방송의 당사자에 포함될 수 있으므로, 이러한 제3자가 방송내용을 지득·채록하는 것은 「통신비밀보호법」에서 정한 감청에 해당하지 않는다(2022도9877).

(2) 감청의 요건과 절차 등

타인 간의 대화의 녹음 또는 청취의 요건, 허가절차 및 집행 등에 관하여는 통신제한조치에 관한 규정(법 제4조 내지 제8조, 제9조 제1항 전단 및 제3항, 제9조의2, 제11조 제1항·제3항·제4항 및 제12조의 규정)이 적용된다(법 제14조 제2항). 다만, 검사, 사법경찰관 또는 정보수사기관의 장이 법원으로부터 '대화의 녹음·청취'의 허가를 받은 경우에도 통신제한조치와 마찬가지로 반드시 집행주체가 '대화의 녹음·청취'를 직접 수행하여야 하는 것은 아니다. 따라서 그 집행주체가 제3자의 도움을 받지 않고서는 '대화의 녹음·청취'가 사실상 불가능하거나 곤란한 사정이 있는 경우에는 비례의 원칙에 위배되지 않는 한 제3자에게 집행을 위탁하거나 그로부터 협조를 받아 '대화의 녹음·청취'를 할 수 있고, 그 경우 통신기관 등이 아닌 일반 사인에게 대장을 작성하여 비치할 의무가 있는 것은 아니다(2014도10978).

제4절 수사상 판사에 의한 증거조사

형사절차상 증거조사는 공판정에서 수소법원에 의하여 행하여지는 것이 원칙이다. 하지만 예외적으로 수소법원이 아닌 판사가 미리 증거를 조사하고 그 결과를 보전하여 공판에 사용할 수 있도록 하는 제도로서 증거보전절차(제184조, 제185조)와 증인신문청구(제221조의2)가 있다.

Ⅰ. 증거보전절차

1. 의 의

증거보전이란 수소법원이 공판정에서 정상적인 증거조사를 할 때까지 기다릴 경우 그 증거의 사용이 불가능하거나 현저히 곤란하게 될 염려가 있는 때에 검사, 피고인·피의자 또는 변호인의 청구에 의하여 판사가 미리 증거조사를 하고 그 결과를 보전하여 두는 제도를 말한다. 제184조 제1항에서는 "검사, 피고인, 피의자 또는 변호인은 미리 증거를 보전하지 아니하면 그 증거를 사용하기 곤란한 사정이 있는 때에는 제1회 공판기일 전이라도 판사에게 압수, 수색, 검증, 증인신문 또는 감정을 청구할 수 있다"고 규정하고 있다. 증거보전은 제1회 공판기일 전에 한하여 행해진다는 점에서 주로 수사단계에서의 증거를 수집·보전하는 절차로서 검시뿐만 아니라 피고인·피의자에게도 인정된다.

증거보전절차는 수사기관이 제1회 공판기일 전에 미리 증거를 보전하지 않으면 해당 사건의 공판절차에서 증거사용이 어렵게 되는 경우나 증거를 수집·보전하기 위한 강제처분권이 없는 피고인·피의자가 제1회 공판기일 전에 증거를 확보하기 위한 수단으로서 기능하는 것으로, 특히 피고인·피의자의 방어권행사에 유리한 제도로서 실체적 진실발견에 기여한다.

2. 요 건

(1) 증거보전의 필요성

증거보전을 청구하기 위해서는 검사, 피고인·피의자, 또는 변호인이 미리 증거를 보전하지 않으면 그 증거를 사용하기 곤란한 사정이 있어야 한다(동조 제1항). '증거를 사용하기 곤란한 사정'이란 공판절차상 증거조사에 의하게 되면 그 증거에 대한 증거조사가 불가능하게 되거나 곤란하게 되는 경우뿐만 아니라 증거가치에 변화가 일어나 본래의 증명력에 변화가 예상되는 경우 등을 말한다. 증거물의 멸실, 훼손, 은닉 및 변경의 염려가 있는 경우, 증인의 사망이 임박하거나 장기 해외체류 예정에 있는 경우, 검증현장이나 원상의 훼손 또는 변경의 우려가 있는 경우, 감정이 어려운 사정에 놓이거나 감정인에 대한 증인신문이 어렵게 될 경우 등이 이에 해당한다. 다만, 피고인·피의자가 참고인의 진술변경 가능성을 이유로 증거보전을 위한 증인신문을 청구하는 것은 증인신문청구(구 제221조의2 제2항)에 관한 헌법재판소의 결정[131]의 취지를 고려할 때 허용되지 않는다.

(2) 제1회 공판기일 전

증거보전은 제1회 공판기일 전에 한하여 할 수 있다(동조 제1항). 제1회 공판기일 전이라면 공소제기 전·후를 불문하지만 수사가 개시되기 전에는 증거보전을 청구할 수 없다(79도792). 증거보전은 제1회 공판기일 이후에는 허용되지 아니하므로 재심청구사건에서는 증거보전절차가 허용되지 않는다(84모15).

'제1회 공판기일' 전의 시점에 대하여는 ① 검사의 모두진술이 종료되면 피고인은 수소법원에 증거신청을 할 수 있기 때문에 검사의 모두진술이 종료되는 시점까지라는 견해, ② 형소법에서 증거조사의 시기를 제287조(재판장의 쟁점정리 및 검사·변호인의 증거관계 등에 대한 진술) 규정에 의한 절차가 끝난 후에 실시한다고 규정하고 있으므로 모두절차가 끝난 때까지라는 견해, ③ 제1회 공판기일은 수소법원에서 실질적인 증거조사가 가능한 단계를 의미하므로 증거조사가 개시되기 전이라는 견해가 있다. 그러나 ④ 제1회 공판기일이란 수소법원에서 증거조사가 가능한 단계를 의미하고, 수소법원은 공판기일 전이라도 당사자의 신청에 의해 공판준비에 필요하다고 인정하는 때에는 증거조사를 할 수 있으며(제273조), 실무적으로는 모두절차가 진행된 후 바로 사실심리절차가 진행될 뿐만 아니라, 제1회 공판기일 전에 증거보전청구가 있더라도 수소법원이 제1회 공판기일을 진행하게 되면 증거보전절차를 진행할 수 없다. 따라서 '제1회 공판기일' 전이란 모두절차가 개시되기 전까지를 의미한다.

---

131) 헌법재판소는 종전의 제221조의2(증인신문의 청구) 제2항(전조의 규정에 의하여 검사 또는 사법경찰관에게 임의의 진술을 한 자가 공판기일에 전의 진술과 다른 진술을 할 염려가 있고 그의 진술이 범죄의 증명에 없어서는 아니될 것으로 인정될 경우에는 검사는 제1회 공판기일 전에 한하여 판사에게 그에 대한 증인신문을 청구할 수 있다)에 대하여, "제221조의2 제2항에서는 범인필벌의 요구만을 앞세워 과잉된 입법수단으로 증거수집과 증거조사를 허용함으로써 법관의 합리적이고 공정한 자유심증을 방해하여 헌법상 보장된 법관의 독립성을 침해할 우려가 있으므로, 결과적으로 그 자체로서도 적법절차의 원칙 및 공정한 재판을 받을 권리에 위배되는 것이다"라고 하여 위헌결정을 하였으며(94헌바1), 이에 따라 동조항은 2007년 개정 형소법(법률 제8730호)에서 삭제되었다.

3. 절 차

(1) 증거보전의 청구

1) 청구권자

증거보전을 청구할 수 있는 자는 검사, 피의자, 피고인 또는 변호인이다(동조 제1항). 사법경찰관이나 입건 전 피조사자에게는 증거보전청구권이 인정되지 않는다(79도792). 변호인의 증거보전청구권은 독립대리권이므로 피고인 또는 피의자의 명시한 의사에 반해서도 변호인은 증거보전을 청구할 수 있다.

2) 방 식

증거보전의 청구는 서면으로 하되, 그 사유를 소명하여야 한다(동조 제3항). 증거보전청구서에는 (ⅰ) 사건의 개요(제1호), (ⅱ) 증명할 사실(제2호), (ⅲ) 증거 및 보전의 방법(제3호), (ⅳ) 증거보전을 필요로 하는 사유(제4호)를 기재하여야 한다(규칙 제92조 제1항).

또한 증거보전의 청구는 (ⅰ) 압수에 관하여는 압수할 물건의 소재지(제1호), (ⅱ) 수색 또는 검증에 관하여는 수색 또는 검증할 장소, 신체 또는 물건의 소재지(제2호), (ⅲ) 증인신문에 관하여는 증인의 주거지 또는 현재지(제3호), (ⅳ) 감정에 관하여는 감정대상의 소재지 또는 현재지(제4호)를 관할하는 지방법원 판사에게 하여야 한다(규칙 제91조 제1항). 다만, 감정의 청구는 감정함에 편리한 지방법원 판사에게 할 수 있다(동조 제2항).

3) 내 용

증거보전을 청구할 수 있는 것은 압수, 수색, 검증, 증인신문 또는 감정이다(제184조 제1항). 피의자신문(79도792) 또는 피고인신문(72도2104)은 청구할 수 없다. 다만, 공범이나 공동피고인에 대해서도 증거보전절차에서 증인신문을 청구할 수 있다. 판례는 공범인 공동피고인을 수사단계에서 증인으로 신문할 것을 청구할 수 있으며(86도1646), 그 증인신문조서는 다른 공동피고인에 대하여 증거능력이 인정된다고 한다(66도276).[132)]

---

132) 이에 대하여 공범인 공동피고인은 피고인의 범죄사실에 관해 증인적격이 없고, 증거보전절차에서 증인신문을 하더라도 변론이 분리된 것이 아니므로 공범인 공동피고인에 대해서는 증인신문을 청구할 수 없다는 견해가 있다.

(2) 증거보전의 결정과 처분

1) 판사의 결정

증거보전의 청구를 받은 판사는 청구가 적법하고 필요성이 있다고 인정할 때에는 증거보전을 하여야 한다. 이때 판사는 청구된 처분을 하면 되고, 별도의 결정을 요하는 것은 아니다. 만일 청구가 부적법하거나 필요 없다고 인정할 때에는 청구를 기각하는 결정을 하여야 한다. 이 기각결정에 대하여는 3일 이내에 항고할 수 있다(동조 제4항).

2) 증거보전의 실시

증거보전청구를 받은 판사는 그 처분에 관해 법원 또는 재판장과 동일한 권한이 있다(동조 제2항). 즉, 공소제기 후 수소법원이 행하는 압수, 수색, 검증, 증인신문 및 감정에 관한 규정이 준용되므로, 판사는 증인신문을 위한 소환, 구인을 할 수 있고, 영장을 발부하여 압수·수색 등의 강제처분을 할 수 있다.

또한 증인신문을 할 때에는 검사 또는 피고인·피의자의 참여권을 보장하여야 한다. 따라서 판사는 증인신문의 일시와 장소를 사전에 검사와 피고인·피의자 또는 변호인에게 통지하여야 한다. 다만, 참여하지 않는다는 의사를 명시한 때에는 예외로 한다(제163조). 판사가 이 통지를 하지 않아서 당사자가 증인신문에 참여하지 못한 경우에는 증인신문조서의 증거능력이 인정되지 않는다(91도2337).

4. 증거보전 후의 조치

(1) 보전증거의 보관과 이용

증거보전에 의해 작성한 서류나 압수한 물건은 증거보전을 한 판사가 소속한 법원에서 보관한다. 따라서 검사, 피고인 또는 변호인이 증거보전절차에서 수집된 증거물이나 작성된 서류를 공판절차에서 증거로 이용하기 위해서는 수소법원에 그 서류나 증거물에 대한 증거신청을 하여야 하며, 수소법원은 증거보전을 한 법원으로부터 증거물과 기록을 송부받아 증거조사를 하여야 한다.

(2) 보전증거에 대한 열람·등사권

검사, 피의자, 피고인 또는 변호인은 판사의 허가를 얻어 증거보전절차에서 작성된 서류와 수집된 증거물을 열람 또는 등사할 수 있다(제185조). 이 권리는 증거보전을 청구한 자는 물론이고, 상대방에게도 인정된다. '피고인'에는 증거보전을 청구한 피고인뿐만 아니라 공동피고인도 포함된다. 다만, 공동피의자의 경우에는 피고인이 된 때에 열람·등사를 할 수 있다.

열람·등사를 청구할 수 있는 시기에는 제한이 없으므로 제1회 공판기일 후에도 열람·등사가 가능하다.

(3) 증거보전절차에서 작성된 조서의 증거능력

증거보전절차에서 작성된 각종 조서는 법원 또는 법관의 조서로서 절대적 증거능력이 인정된다(제311조). 압수·수색조서, 검증조서, 증인신문조서, 감정인신문조서 등이 이에 해당한다.

Ⅱ. 증인신문청구

1. 의 의

증인신문청구는 중요한 참고인이 수사기관의 출석요구에 응하지 않거나 진술을 거부하는 경우에 제1회 공판기일 전까지 검사의 청구에 의하여 판사가 그를 증인으로 신문하여 그 진술증거를 수집·보전하는 제도를 말한다. 제221조의2 제1항에서는 "범죄의 수사에 없어서는 아니 될 사실을 안다고 명백히 인정되는 자가 제221조(제3자의 출석요구 등)에 의한 출석 또는 진술을 거부한 경우에는 검사는 제1회 공판기일 전에 한하여 판사에게 그에 대한 증인신문을 청구할 수 있다"고 규정하고 있다.

증인신문청구는 국가형벌권의 적정·신속한 실현이나 실체적 진실발견을 위해 수사기관으로 하여금 참고인의 출석과 진술을 미리 확보할 필요가 있는 경우를 고려한 것이다.

2. 요 건

(1) 증인신문의 필요성

증인신문의 청구는 제1회 공판기일 전에 한하여 증인신문의 필요성이 있을 때 허용된다. 따라서 증인의 진술에 의하여 증명할 범죄사실 내지 피의사실의 존재를 전제로 한다(89도648).

1) 범죄수사에 없어서는 아니 될 사실

증인신문을 청구하기 위해서는 범죄수사에 없어서는 아니 될 사실을 안다고 명백히 인정되는 자가 수사기관의 출석요구에 응하지 않거나 진술을 거부하는 경우이어야 한다(동조 제1항). '범죄수사에 없어서는 아니 될 사실'은 수소법원이 유죄판결을 위해 증명하여야 할 '범죄될 사실'(제323조 제1항)보다 넓은 개념으로, 범죄성립 여부에 관한 사실과 정상에 관한 사실로서 기소·불기소의 결정과 양형에 중대한 영향을 미치는 사실을 포함한다.

증인신문의 청구대상에는 피의자의 소재를 알고 있는 자나 범죄의 증명에 없어서는 아니 될 지식을 가지고 있는 참고인 또는 그의 소재를 알고 있는 자도 포함된다. 또한 다른 피의자에 대하여 증인이 될 수 있는 공범이나 공동피의자(86도1646)도 이에 포함되지만, 감정인은 대체가능하므로 증인신문의 청구대상이 되지 않는다.

2) 참고인의 출석 또는 진술의 거부

'참고인의 출석 또는 진술의 거부'란 참고인이 수사기관의 출석 또는 진술요구를 거부하는 것을 말한다. 거부에 정당한 이유가 있는 경우도 이에 해당한다. 따라서 증언거부권이 있는 자에 대해서도 증인신문을 청구할 수 있다. 참고인이 진술을 일체 거부한 경우는 물론, 일부에 대해서만 진술을 거부한 때에도 거부한 부분이 범죄수사에 없어서는 아니 될 부분에 해당하는 때에는 이에 해당한다.

또한 참고인이 출석하여 진술은 하였지만 진술조서에 서명을 거부한 경우도 진술거부에 해당한다. 그러나 수사기관에게 임의의 진술을 한 자가 공판기일에 전의 진술과 다른 진술을 할 염려가 있는 경우는 그의 진술이 범죄의 증명에 없어서는 아니 될 것으로 인정되는 경우라고 하더라도 증인신문의 청구대상이 되지 않는다(94헌바1 참조).

(2) 제1회 공판기일 전

증인신문의 청구는 증거보전의 청구와 마찬가지로 제1회 공판기일 전에 한하여 허용되며(동조 제1항), 이때 '제1회 공판기일 전'이란 모두절차가 개시되기 전을 의미한다(전술 증거보전절차 참조).

3. 절 차

(1) 청구권자와 청구방식

증인신문의 청구권자는 검사이다(동조 제1항).

증인신문을 청구할 때에는 서면으로 그 사유를 소명하여야 한다(동조 제3항). 증인신문청구서에는 (i) 증인의 성명, 직업 및 주거(제1호), (ii) 피고인 또는 피의자의 성명(제2호), (iii) 죄명 및 범죄사실의 요지(제3호), (iv) 증명할 사실(제4호), (v) 신문사항(제5호), (vi) 증인신문청구의 요건이 되는 사실(제6호), (vii) 피고인 또는 피의자에게 변호인이 있는 때에는 그 성명(제7호)을 기재하여야 한다(규칙 제111조).

(2) 청구심사

판사는 증인신문의 청구가 적법하고 요건을 구비하였는지를 심사하여 요건을 구비한 경우에는 증인신문을 하여야 한다. 이때 증인신문기일을 정하는 등 증인신문청구를 진행하면 되고, 별도의 결정을 요하지 않는다. 그러나 청구가 부적법하거나 요건을 구비하지 못하였다고 인정할 때에는 결정으로 기각하여야 한다. 이 기각결정은 '판사의 결정'이므로 불복이 허용되지 않는다(86모25).

(3) 증인신문의 방법

증인신문의 청구를 받은 판사는 증인신문에 관하여 법원 또는 재판장과 동일한 권한이 있다(동조 제4항). 따라서 이에는 공소제기 후 법원 또는 재판장이 하는 증인신문에 관한 규정이 준용된다. 판사는 증인신문기일을 정한 때에는 피고인·피의자 또는 변호인에게 이를 통지하여 증인신문에 참여하게 하여야 한다(동조 제5항). 따라서 판사가 증인신문을 실시할 경우에는 피고인, 피의자 또는 변호인에게 신문기일과 장소 및 증인신문에 참여할 수 있다는 취지를 통지하여야 한다(규칙 제112조). 피고인 등에게 미리 증인신문기일을 통지하지 않아서 증인신문에 참여할 수 있는 기회를 주지 않았거나 증인신문에 참여하였더라도 그에게 공격·방어할 수 있는 기회가 충분히 보장되지 않았다면 이때 작성된 증인신문조서는 위법수집증거로서 증거능력이 인정되지 않는다(97도2249). 그러나 통지받은 피고인, 피의자 또는 변호인의 출석이 증인신문의 요건이 되는 것은 아니다.

4. 증인신문 후의 조치

(1) 서류의 송부

판사가 증인신문을 하는 때에는 참여한 법원사무관 등에게 증인신문조서를 작성하도록 하여야 하고(제48조), 증인신문 후 판사는 지체 없이 증인신문조서 등 증인신문에 관한 서류를 검사에게 송부하여야 한다(제221조의2 제6항).

증인신문의 경우에는 피고인·피의자 또는 변호인에게 증인신문에 관한 서류의 열람·등사권이 인정되지 않는다. 다만, 공소제기 이후에는 피고인 또는 변호인은 증거개시를 청구할 수 있으며(제266조의3), 공소제기 후 증인신문에 관한 서류가 법원에 제출된 경우에는 소송계속 중의 서류에 해당하므로 열람·등사를 할 수 있다(제35조 제1항).

(2) 증인신문조서의 증거능력

증인신문조서는 법관 면전조서로서 당연히 증거능력이 인정된다(제311조). 다만, 이를 증거로 이용하기 위해서는 검사가 증인신문조서를 수소법원에 제출하여 증거조사가 이루어져야 한다.

<증거보전절차와 증인신문청구의 비교>

	증거보전절차	증인신문청구
청구권자	· 검사, 피고인·피의자, 변호인 · 사법경찰관 ×	· 검사 · 사법경찰관 ×
신청기간	· 제1회 공판기일 전	
요 건	· 증거멸실과 증거가치 변화의 위험	· 참고인의 출석 또는 진술의 거부
내 용	· 압수, 수색, 검증, 증인신문, 감정	· 증인신문
판사권한	· 수소법원 또는 재판장과 동일한 권한	
절 차	· 당사자 참여권 인정	· 피고인·피의자, 변호인의 참여
기각결정에 대한 불복	· 3일 이내에 항고 가능	· 불복 불가
보전증거의 이용	· 보전을 행한 판사의 소속법원에 보관 · 당사자의 열람·등사권 인정 · 절대적 증거능력 인정	· 검사에게 증인신문조서 송부 · 피고인·피의자, 변호인에게 열람·등사권 없음 · 절대적 증거능력 인정

제5장 수사의 종결과 공소제기

제1절 수사의 종결

Ⅰ. 수사의 종결

1. 의 의

수사의 종결이란 통상 공소제기 여부를 결정할 수 있을 정도로 범죄사실이 명백하게 밝혀졌을 때 행하는 수사기관의 처분을 말한다.[133] 그러나 수사가 종결되었다고 하여 그 이후에 수사를 할 수 없다는 것은 아니다. 공소제기 이후에도 공소유지를 위해 수사를 할 수 있고, 불기소처분에 대해서는 일사부재리의 원칙이 적용되지 않으므로 불기소처분 이후에도 다시 수사를 할 수 있다(87도2020).

검사는 사법경찰관으로부터 송치받은 사건과 직접 수사한 중요범죄사건(검찰청법 제4조 제1항) 및 공수처검사가 검찰에 송치한 사건(공수처법 제26조)에 대하여 공소제기 여부를 결정한다(수사준칙규정 제52조). 사법경찰관은 사건을 수사한 경우에 검사에의 송치 여부를 결정한다(수사준칙규정 제51조). 다만, 특별사법경찰관은 수사개시·진행권은 있지만 수사종결권은 없으므로 특별사법경찰관이 수사한 때에는 지체 없이 관계서류와 증거물을 검사에게 송부하여야 한다(제245조의10 제5항). 한편, 공수처는 대법원장 및 대법관, 검찰총장, 판사 및 검사, 경무관 이상 경찰공무원으로 재직 중에 본인 또는 본인의 가족이 범한 고위공직자범죄 및 관련범죄의 공소제기와 그 유지(공수처법 제3조 제1항 제2호)에 관하여 권한이 있으므로 이들 범

133) 검사 또는 사법경찰관은 고소 또는 고발을 받은 경우에는 이를 수리해야 하며, 고소 또는 고발에 따라 범죄를 수사하는 경우에는 고소 또는 고발을 수리한 날부터 3개월 이내에 수사를 마쳐야 한다(수사준칙규정 제16조의2).

죄에 대해서는 수사종결권을 가진다.

2. 사법경찰관의 수사종결처분

(1) 사법경찰관의 결정

사법경찰관은 사건을 수사한 경우에는 법원송치, 검찰송치, 불송치(혐의없음(범죄인정안됨, 증거불충분), 죄가안됨, 공소권없음, 각하, 수사중지(피의자중지, 참고인중지), 이송 등으로 구분하여 결정하여야 한다(수사준칙규정 제51조 제1항). 이때 사법경찰관은 하나의 사건 중 피의자가 여러 사람이거나 피의사실이 여러 개인 경우로서 분리하여 결정할 필요가 있는 경우 그 중 일부에 대하여 결정을 할 수 있다(동조 제2항). 그러나 사법경찰관은 '죄가안됨' 또는 '공소권없음'에 해당하는 사건이 (i) 「형법」 제10조 제1항에 따라 벌할 수 없는 경우(제1호) 또는 (ii) 기소되어 사실심 계속 중인 사건과 포괄일죄를 구성하는 관계에 있거나 「형법」 제40조에 따른 상상적 경합 관계에 있는 경우(제2호)에는 해당 사건을 검사에게 이송하여야 한다(동조 제3항).

사법경찰관은 수사중지결정을 한 경우에는 7일 이내에 사건기록을 검사에게 송부하여야 한다. 이때 검사는 사건기록을 송부받은 날부터 30일 이내에 반환하여야 하며, 그 기간 내에 시정조치요구(제197조의3)를 할 수 있다(동조 제4항). 그리고 사법경찰관은 검사에게 사건기록을 송부한 후 피의자 등의 소재를 발견한 경우에는 소재발견 및 수사재개사실을 검사에게 통보하여야 한다. 이때 통보를 받은 검사는 지체 없이 사법경찰관에게 사건기록을 반환하여야 한다(동조 제5항). 다만, 사법경찰관은 수사중지된 사건의 피의자 또는 참고인을 발견하는 등 수사중지결정의 사유가 해소된 경우에는 즉시 수사를 진행하여야 한다(수사준칙규정 제55조 제3항).

한편, 20만원 이하의 벌금, 구류 또는 과료에 처할 사건에 대해서는 관할경찰서장(또는 관할해양경찰서장)이 관할법원에 즉결심판을 청구한다(즉결심판법 제3조 제1항).

(2) 사법경찰관의 조치와 이의제도

1) 사법경찰관의 송치와 불송치

사법경찰관은 범죄의 혐의가 있다고 인정되는 경우에는 지체 없이 검사에게 사건을 송치하고, 관계서류와 증거물을 검사에게 송부하여야 한다(제245조의5

제1호). 또한 범죄혐의가 있다고 인정하여 피의자를 구속한 경우 10일 이내에 검사에게 피의자를 인치하여야 한다(제202조).

그러나 사법경찰관은 범죄혐의가 없다거나 공소권이 없다거나 기소중지 등 불기소의 사유가 있다고 판단하는 때에는 사건을 송치하지 않는다(제245조의5 제2호). 이를 사법경찰관의 불송치권이라고 한다. 이때 사법경찰관은 그 이유를 명시한 서면과 함께 관계서류와 증거물을 지체 없이 검사에게 송부하여야 하며, 검사는 송부받은 날부터 90일 이내에 사법경찰관에게 반환하여야 한다(동조 제2호). 사법경찰관의 불송치결정에 대하여 검사의 재수사요청이 없거나 고소인 등의 이의신청이 없으면 수사는 그대로 종결된다.

2) 고소인 등에 대한 통지

사법경찰관은 사건에 대하여 결정을 한 경우에는 그 내용을 고소인·고발인·피해자 또는 그 법정대리인(피해자가 사망한 경우에는 그 배우자·직계친족·형제자매를 포함한다. 이하 '고소인 등'이라 한다)과 피의자에게 통지하여야 한다. 다만, (i) 피의자중지 결정(제1호) 또는 (ii) 이송 결정을 한 경우로서 사법경찰관이 해당 피의자에 대해 출석요구 또는 수사준칙규정 제16조 제1항 각 호[134]의 어느 하나에 해당하는 행위를 하지 않은 경우(제2호)에는 고소인 등에게만 통지한다(수사준칙규정 제53조 제1항).

사법경찰관은 사건에 대하여 불송치결정을 한 경우에는 검사에게 송부(제245조의5 제2호)한 날부터 7일 이내에 서면으로 고소인·고발인·피해자 또는 그 법정대리인(피해자가 사망한 경우에는 그 배우자·직계친족·형제자매를 포함한다)에게 사건을 검사에게 송치하지 아니하는 취지와 그 이유를 통지하여야 한다(제245조의6). 고소인 등은 불송치결정에 따른 통지(제245조의6)를 받지 못한 경우 사법경찰관에게 불송치통지서로 통지해 줄 것을 요구할 수 있다(수사준칙규정 제53조 제2항).

3) 고소인 등의 이의신청

사법경찰관의 불송치결정에 관한 통지를 받은 고소인 등은 해당 사법경

---

134) 수사준칙규정 제16조(수사의 개시) ① 검사 또는 사법경찰관이 다음 각 호의 어느 하나에 해당하는 행위에 착수한 때에는 수사를 개시한 것으로 본다. 이 경우 검사 또는 사법경찰관은 해당 사건을 즉시 입건해야 한다.

1. 피혐의자의 수사기관 출석조사, 2. 피의자신문조서의 작성, 3. 긴급체포, 4. 체포·구속영장의 청구 또는 신청, 5. 사람의 신체, 주거, 관리하는 건조물, 자동차, 선박, 항공기 또는 점유하는 방실에 대한 압수·수색 또는 검증영장(부검을 위한 검증영장은 제외한다)의 청구 또는 신청

찰관의 소속관서의 장에게 이의를 신청할 수 있다(제245조의7 제1항). 사법경찰관은 이의신청이 있는 때에는 지체 없이 검사에게 사건을 송치하고 관계서류와 증거물을 송부하여야 하며, 처리결과와 그 이유를 이의신청을 한 사람에게 통지하여야 한다(동조 제2항).

또한 사법경찰관으로부터 수사중지 결정의 통지를 받은 사람은 해당 사법경찰관이 소속된 바로 위 상급경찰관서의 장에게 이의를 제기할 수 있다(수사준칙규정 제54조 제1항). 이 통지를 받은 사람은 해당 수사중지결정이 법령위반, 인권침해 또는 현저한 수사권남용이라고 의심되는 경우 검사에게 신고(제197조의3 제1항 참조)를 할 수 있다(수사준칙규정 제54조 제3항). 사법경찰관이 고소인 등에게 수사중지결정의 통지를 할 때에는 검사에게 신고할 수 있다는 사실을 함께 고지하여야 한다(동조 제4항).

4) 검사의 보완수사요구 또는 재수사요청

(가) 보완수사요구

가) 대상과 범위

검사는 사법경찰관으로부터 송치받은 사건에 대해 보완수사가 필요하다고 인정하는 경우에는 직접 보완수사를 하거나 제197조의2 제1항 제1호에 따라 사법경찰관에게 보완수사를 요구할 수 있다. 다만, 송치사건의 공소제기 여부 결정에 필요한 경우로서 (ⅰ) 사건을 수리한 날(이미 보완수사요구가 있었던 사건의 경우 보완수사 이행 결과를 통보받은 날을 말한다)부터 1개월이 경과한 경우(제1호), (ⅱ) 사건이 송치된 이후 검사가 해당 피의자 및 피의사실에 대해 상당한 정도의 보완수사를 한 경우(제2호), (ⅲ) 사법경찰관으로부터 사건을 송치받은 경우(제197조의3 제5항, 제197조의4 제1항 또는 제198조의2 제2항)(제3호), (ⅳ) 검사와 사법경찰관이 사건송치 전에 수사할 사항, 증거수집의 대상 및 법령의 적용 등에 대해 협의(수사준칙규정 제7조 또는 제8조)를 마치고 송치한 경우(제4호) 중 어느 하나에 해당하는 경우에는 특별히 사법경찰관에게 보완수사를 요구할 필요가 있다고 인정되는 경우를 제외하고는 검사가 직접 보완수사를 하는 것을 원칙으로 한다(수사준칙규정 제59조 제1항). 검사는 보완수사요구 여부를 판단하는 경우 필요한 보완수사의 정도, 수사 진행 기간, 구체적 사건의 성격에 따른 수사 주체의 적합성 및 검사와 사법경찰관의 상호 존중과 협력의 취지 등을 종합적으로 고려한다(동조 제2항).

또한 검사는 사법경찰관에게 송치사건(제197조의2 제1항 제1호) 및 관련사건(제11조에 따른 관련사건 및 제208조 제2항에 따라 간주되는 동일한 범죄사실에 관한 사건을 말한다. 다만, 제11조 제1호의 경우에는 수사기록에 명백히 현출(現出)되어 있는 사건으로 한정한다)에 대해 (ⅰ) 범인에 관한 사항(제1호), (ⅱ) 증거 또는 범죄사실증명에 관한 사항(제2호), (ⅲ) 소송조건 또는 처벌조건에 관한 사항(제3호), (ⅳ) 양형자료에 관한 사항(제4호), (ⅴ) 죄명 및 범죄사실의 구성에 관한 사항(제5호), (ⅵ) 그 밖에 송치받은 사건의 공소제기 여부를 결정하는 데 필요하거나 공소유지와 관련해 필요한 사항(제6호)에 관한 보완수사를 요구할 수 있다(수사준칙규정 제59조 제3항). 뿐만 아니라 검사는 사법경찰관이 신청한 영장(통신비밀보호법 제6조 및 제8조에 따른 통신제한조치허가서 및 같은 법 제13조에 따른 통신사실 확인자료 제공 요청 허가서를 포함한다)의 청구 여부를 결정하기 위해 필요한 경우 사법경찰관에게 보완수사를 요구할 수 있다. 이 경우 보완수사를 요구할 수 있는 범위는 (ⅰ) 범인에 관한 사항(제1호), (ⅱ) 증거 또는 범죄사실소명에 관한 사항(제2호), (ⅲ) 소송조건 또는 처벌조건에 관한 사항(제3호), (ⅳ) 해당 영장이 필요한 사유에 관한 사항(제4호), (ⅴ) 죄명 및 범죄사실의 구성에 관한 사항(제5호), (ⅵ) 관련사건(제11조 (1인이 범한 수죄(제11조 제1호)의 경우는 수사기록이 명백히 현출되어 있는 사건으로 한정한다)과 관련된 사항(제6호), (ⅶ) 그 밖에 사법경찰관이 신정한 영상의 청구 여부를 결정하기 위해 필요한 사항(제7호)이다(수사준칙규정 제59조 제4항).

나) 방법과 절차

검사는 보완수사를 요구할 때에는 그 이유와 내용 등을 구체적으로 적은 서면과 관계서류 및 증거물을 사법경찰관에게 함께 송부해야 한다. 다만, 보완수사 대상의 성질, 사안의 긴급성 등을 고려하여 관계 서류와 증거물을 송부할 필요가 없거나 송부하는 것이 적절하지 않다고 판단하는 경우에는 해당 관계서류와 증거물을 송부하지 않을 수 있다(수사준칙규정 제6조 제1항). 이때 보완수사를 요구받은 사법경찰관은 송부받지 못한 관계 서류와 증거물이 보완수사를 위해 필요하다고 판단하면 해당 서류와 증거물을 대출하거나 그 전부 또는 일부를 등사할 수 있다(동조 제2항).

사법경찰관은 검사의 보완수사요구가 있는 때에는 정당한 이유가 없는 한 지체 없이 이를 이행하고, 그 결과를 검사에게 통보하여야 한다(제197조의2 제2항). 즉, 사법경찰관은 보완수사요구가 접수된 날부터 3개월 이내에 보완수사를 마쳐야 하며(수사준칙규정 제60조 제3항), 보완수사를 이행한 경우에는 그 이행결과를 검사에게 서면으로 통보해야 하고, 관계서류와 증거물을 송부받은 경우에는 그 서류와 증거물을 함께 반환해야 한다. 다만, 관계 서류와 증거물을 반환할 필요가 없는 경우에는 보완수사의 이행 결과만을 검사에게 통보할 수 있다(동조 제4항). 그러나 사법경찰관은 보완수사를 이행한 결과 사건송치(제245조의5 제1호)에 해당하지 않는다고 판단한 경우에는 사건을 불송치(제51조 제1항 제3호)하거나 수사중지(동항 제4호) 할 수 있다(수사준칙규정 제60조 제5항).

검찰총장 또는 각급 검찰청 검사장은 사법경찰관이 정당한 이유 없이 이 요구에 따르지 아니하는 때에는 권한 있는 사람에게 해당 사법경찰관의 직무배제 또는 징계를 요구할 수 있고, 그 징계절차는 「공무원 징계령」 또는 「경찰공무원 징계령」에 따른다(제197조의2 제3항). 검찰총장 또는 각급 검찰청 검사장은 사법경찰관의 직무배제 또는 징계를 요구할 때에는 그 이유를 구체적으로 적은 서면에 이를 증명할 수 있는 관계 자료를 첨부하여 해당 사법경찰관이 소속된 경찰관서장에게 통보하여야 한다(수사준칙규정 제61조 제1항). 이때 직무배제 요구를 통보받은 경찰관서장은 정당한 이유가 있는 경우를 제외하고는 그 요구를 받은 날부터 20일 이내에 해당 사법경찰관을 직무에서 배제하여야 하며(동조 제2항), 요구의 처리 결과와 그 이유를 직무배제 또는 징계를 요구한 검찰총장 또는 각급 검찰청 검사장에게 통보하여야 한다(동조 제3항).

(나) 재수사요청

가) 재수사요청의 절차 등

검사는 불송치사건에 대하여 사법경찰관에게 재수사를 요청하려는 경우에는 관계서류와 증거물을 송부받은 날부터 90일 이내에 해야 한다. 다만, (i) 불송치 결정에 영향을 줄 수 있는 명백히 새로운 증거 또는 사실이 발견된 경우(제1호) 또는 (ii) 증거 등의 허위, 위조 또는 변조를 인정할 만한 상당한 정황이 있는 경우(제2호)에 해당하는 경우에는 관계서류와 증거물을 송부받은 날부터 90일이 지난 후에도 재수사를 요청할 수 있다(수사준칙규정 제63조 제1항). 다만, 검사는 재수사를 요청할 때에는 그 내용과 이유를 구체적으로 적은 서면으로 해야 한다. 이 경우 송부받은 관계서류와 증거물을 사법경찰관에게 반환해야 한다(동조 제2항). 검사는 재수사를 요청한 경우 그 사실을 고소인등에게 통지해야 한다(동조 제3항). 사법경찰관은 재수사의 요청이 접수된 날부터 3개월 이내에 재수사를 마쳐야 한다(동조 제4항).

그러나 사법경찰관은 재수사 중인 사건에 대해 불송치 결정의 통지를 받은 사람(고소인 · 피해자 또는 그 법정대리인(피해자가 사망한 경우에는 그 배우자 · 직계친족 · 형제자매를 포함한다))이 해당 사법경찰관의 소속 관서의 장에게 이의를 신청한 경우에는 재수사를 중단해야 하며, 해당 사건을 지체 없이 검사에게 송치하고 관계서류와 증거물을 송부해야 한다(동규정 제65조).

나) 재수사 결과의 처리

사법경찰관은 재수사를 한 경우 (i) 범죄의 혐의가 있다고 인정되는 경우에는 검사에게 사건을 송치하고 관계서류와 증거물을 송부하여야 하며(제1호), (ii) 기존의 불송치결정을 유지하는 경우에는 재수사 결과서에 그 내용과 이유를 구체적으로 적어 검사에게 통보하여야 한다(제2호). 이때 검사는 사법경찰관이 기존의 불송치결정을 유지하는 경우 재수사 결과를 통보한 사건에 대해서 다시 재수사를 요청하거나 송치 요구를 할 수 없다(수사준칙규정 제64조 제1항).

그러나 검사는 사법경찰관이 사건을 송치하지 않은 위법 또는 부당이 시정되지 않아 사건을 송치받아 수사할 필요가 있는 경우, 즉 (i) 관련 법령 또는 법리에 위반된 경우(제1호), (ii) 범죄 혐의의 유무를 명확히 하기 위해 재수사를 요청한 사항에 관하여 그 이행이 이루어지지 않은 경우(다만, 불송치 결정의 유지에 영향을 미치지 않음이 명백한 경우는 제외한다)(제2호), (iii) 송부받은 관계서류 및 증거물과 재수사 결과만으로도 범죄의 혐의가 명백히 인정되는 경우(제3호), (iv) 공소시효 또는 형사소추의 요건을 판단하는 데 오류가 있는 경우(제4호)의 경우에는 사건송치(제197조의3)을 요구할 수 있다(동조 제2항). 검사는 위 각 호 외의 부분 단서에 따른 사건송치 요구 여부를 판단하기 위해 필요한 경우에는 사법경찰관에게 관계서류와 증거물의 송부를 요청할 수 있다. 이 경우 요청을 받은 사법경찰관은 이에 협력해야 한다(동조 제3항).

검사는 재수사 결과를 통보받은 날(관계서류와 증거물의 송부를 요청한 경우에는 관계서류와 증거물을 송부받은 날을 말한다)부터 30일 이내에 위 각 호 외의 부분 단서에 따른 사건송치 요구를 해야 하고, 그 기간 내에 사건송치 요구를 하지 않을 경우에는 송부받은 관계서류와 증거물을 사법경찰관에게 반환해야 한다(동조 제4항).

3. 검사의 수사종결처분

(1) 검사의 결정

검사는 사법경찰관으로부터 사건을 송치받거나 직접 수사하여 사건을 종결할 때에는 다음의 구분에 따라 결정하여야 한다(검사규칙 제98조, 수사준칙규정 제52조 제1항).[135] 공수처검사가 검찰에 송치한 사건에 대하여도 마찬가지이다(공수처법

135) 검사가 고소 또는 고발에 의하여 범죄를 수사할 때에는 고소 또는 고발을 수리한 날로부터 3월이내에 수사를 완료하여 공소제기 여부를 결정하여야 한다(제257조).

제26조).[136] 다만, 검사는 하나의 사건 중 피의자가 여러 사람이거나 피의사실이 여러 개인 경우로서 분리하여 결정할 필요가 있는 경우 그 중 일부에 대하여 따로 결정을 할 수 있다(수사준칙규정 제52조 제2항).

<참고> 검사의 수사종결에 관한 보완제도

1. 형사조정제도

검사는 피의자와 범죄피해자(이하 '당사자'라 한다) 사이에 형사분쟁을 공정하고 원만하게 해결하여 범죄피해자가 입은 피해를 실질적으로 회복하는 데 필요하다고 인정하면 당사자의 신청 또는 직권으로 수사 중인 형사사건(범죄피해자 보호법 시행령 제46조에서 정한 사건으로서 동법 제41조 제2항의 각 호에 해당하지 않는 사건)을 형사조정에 회부할 수 있으며(동법 제41조), 형사조정에 회부한 사건을 수사하고 처리함에 있어서 형사조정의 결과를 고려할 수 있다. 다만, 형사조정이 성립되지 아니하였다는 사정을 피의자에게 불리하게 고려하여서는 아니 된다(제45조 제4항). 자세한 것은 대검찰청 「형사조정 실무운영 지침」 참조.

2. 검찰시민위원회

검찰시민위원회는 검찰의 기소독점주의의 폐해를 견제하기 위해 미국의 대배심과 일본 검찰심사회를 참고하여 신설한 위원회로, 검사는 공소제기와 불기소처분은 물론 구속취소, 구속영장청구 및 재청구 여부를 결정함에 있어서 국민의 의견을 직접 반영함으로써 수사의 공정성과 투명성을 제고하고, 국민의 인권을 보장하기 위하여 설치되었다. 다만, 위원회의 결정은 구속력은 없고 권고적 효력만 있다. 자세한 것은 대검찰청 「검찰시민위원회 운영지침」 참조.

3. 검찰수사심의위원회

검찰수사심의위원회는 검찰의 기소권남용을 견제하기 위한 것으로 국민적 의혹이 제기되거나 사회적 이목이 집중되는 사건에 대하여 수사 계속 여부, 공소제기 또는 불기소처분 여부, 구속영장청구 및 재청구 여부, 공소제기 또는 불기소처분된 사건의 수사 적정성·적법성 등을 심의한다. 다만, 위원회의 결정은 권고효력만 있다. 자세한 것은 대검찰청 「검찰수사심의위원회 운영지침」 참조.

136) 공수처검사는 직접 공소제기·유지하는 사건(공수처법 제3조 제1항 제2호)을 제외한 고위공직자범죄 등에 관한 수사를 한 때에는 관계서류와 증거물을 지체 없이 서울중앙지방검찰청 소속검사에게 송부하여야 하며, 이에 따라 관계서류와 증거물을 송부받아 사건을 처리하는 검사는 공수처장에게 해당 사건의 공소제기 여부를 신속하게 통보하여야 한다(공수처법 제26조).

1) 공소제기

수사결과 범죄의 객관적 혐의가 충분하고 소송조건을 구비하여 유죄판결을 받을 수 있다고 인정한 때에는 공소를 제기한다(제246조). 다만, 검사는 벌금, 과료 또는 몰수에 해당되는 사건에 대하여는 약식명령을 청구할 수 있다(제448조 제1항). 실무상 정식 공소제기는 구공판(求公判), 약식명령청구는 구약식(求略式)이라고 한다.

2) 불기소처분

불기소처분이란 수사결과 피의자에 대하여 공소를 제기하지 아니하는 처분을 말한다. 여기에는 협의의 불기소처분과 기소유예가 있다. 검사가 사건을 불기소처분을 하는 경우에는 불기소사건기록 및 불기소결정서에 부수처분과 압수물처분을 기재하고, 불기소결정서에 피의사실의 요지와 수사의 결과 및 공소를 제기하지 않는 이유를 적어야 한다. 다만, 간단하거나 정형적인 사건의 경우에는 불기소사건기록 및 불기소결정서(간이) 양식을 사용할 수 있다(검사규칙 제115조 제1항).[137]

(가) 협의의 불기소처분

가) 혐의없음

피의사실을 수사한 결과 피의사실이 범죄를 구성하지 않거나 피의사실이 인정되지 않는 경우(범죄인정안됨)(가목) 또는 피의사실을 인정할 만한 증거가 없는 경우(증거불충분)(나목)에는 '혐의없음' 처분을 한다(검사규칙 제115조 제3항 제2호).

나) 죄가안됨

피의사실이 범죄구성요건에는 해당하지만 법률상 범죄의 성립을 조각하는 사유, 즉 위법성조각사유나 책임조각사유가 있어서 범죄를 구성하지 않는 경우에는 '죄가안됨' 처분을 한다(동항 제3호).

다) 공소권없음

피의사건에 관하여 소송조건이 결여되었거나 형이 필요적으로 면제되는 경우에는 '공소권없음' 결정을 한다. 즉, (ⅰ) 확정판결이 있는 경우(가목), (ⅱ) 통고처분이 이행된 경우(나목), (ⅲ) 「소년법」·가정폭력처벌법·성매매처벌법 또는 아동학대처벌법에 따른 보호처분이 확정된 경우(보호처분이 취소되어 검찰에 송치된 경우는 제외한다)(다목), (ⅳ) 사면이 있는 경우(라목), (ⅴ) 공소의 시효가 완성된 경우(마목), (ⅵ) 범죄 후 법령의 개폐로 형이 폐지된 경우(바목), (ⅶ) 법률에 따라 형이 면제된 경우(사목),

---

137) 공수처장은 고위공직자범죄에 대하여 불기소결정을 하는 때에는 해당 범죄의 수사과정에서 알게 된 관련범죄 사건을 대검찰청에 이첩하여야 한다(공수처법 제27조).

(viii) 피의자에 관하여 재판권이 없는 경우(아목), (ix) 같은 사건에 관하여 이미 공소가 제기된 경우(공소를 취소한 경우를 포함한다. 다만, 공소를 취소한 후에 다른 중요한 증거를 발견한 경우는 포함되지 않는다)(자목), (x) 친고죄 및 공무원의 고발이 있어야 논할 수 있는 죄의 경우에 고소 또는 고발이 없거나 그 고소 또는 고발이 무효 또는 취소된 경우(차목), (xi) 반의사불벌죄의 경우 처벌을 희망하지 않는 의사표시가 있거나 처벌을 희망하는 의사표시가 철회된 경우(카목), (xii) 피의자가 사망하거나 피의자인 법인이 존속하지 않게 된 경우(타목)이다(동항 제4호).

라) 각 하

다음의 경우에는 각하 처분을 한다. 즉, (i) 고소·고발사건에서 고소인 또는 고발인의 진술이나 고소장 또는 고발장에 의하여 혐의없음, 죄가안됨, 공소권없음의 사유에 해당함이 명백한 경우(가목), (ii) 고소·고발이 자기 또는 배우자의 직계존속에 대한 것이거나 고소취소 후 재고소한 경우(나목), (iii) 같은 사건에 관하여 검사의 불기소결정이 있는 경우(새로이 중요한 증거가 발견되어 고소인, 고발인 또는 피해자가 그 사유를 소명한 경우는 제외한다)(다목), (iv) 고소권자가 아닌 자가 고소한 경우(라목), (v) 고소인 또는 고발인이 고소·고발장을 제출한 후 출석요구나 자료제출 등 혐의확인을 위한 수사기관의 요청에 불응하거나 소재불명이 되는 등 고소·고발사실에 대한 수사를 개시·진행할 자료가 없는 경우(마목), (vi) 고발이 진위 여부가 불분명한 언론보도나 인터넷 등 정보통신망의 게시물, 익명의 제보, 고발내용과 직접적인 관련이 없는 제3자로부터의 전문(傳聞)이나 풍문 또는 고발인의 추측만을 근거로 한 경우 등으로서 수사를 개시할만한 구체적인 사유나 정황이 충분하지 않은 경우(바목), (vii) 고소·고발 사건(진정 또는 신고를 단서로 수사개시된 사건을 포함한다)의 사안의 경·중 및 경위, 피해회복 및 처벌의사 여부, 고소인·고발인·피해자와 피고소인·피고발인·피의자와의 관계, 분쟁의 종국적 해결 여부 등을 고려할 때 수사 또는 소추에 관한 공공의 이익이 없거나 극히 적은 경우로서 수사를 개시·진행할 필요성이 인정되지 않는 경우(사목)이다(동항 제5호).

(나) 기소유예와 공소보류

기소유예란 수사결과 피의사실은 인정되지만 「형법」 제51조의 사항, 즉 (i) 범인의 연령, 성행, 지능과 환경(제1호), (ii) 피해자에 대한 관계(제2호), (iii) 범행동기·수단과 결과(제3호), (iv) 범행 후의 정황(제4호)을 참작하여 공소를 제기하지 않는 경우를 말한다(제247조). 즉, 피의사실이 인정되나 「형법」 제51조 각 호의 사항을 참작하여 소추할 필요가 없는 경우에 기소유예처분을 한다(검사규칙 제115조

제3항 제1호).

검사는 기소유예의 결정을 하려는 경우(경미한 사건의 경우는 제외한다)에는 피의자에게 엄중히 주의를 주고, 재범하지 않겠다는 피의자의 의사를 확인하여야 한다(검사규칙 제118조 제1항). 또한 검사는 기소유예의 결정을 하는 경우에 재범방지 등을 위하여 감호자·연고자 또는 「보호관찰법」 제18조의 범죄예방 자원봉사위원에게 신병인도조치를 하거나 동법 제71조의 한국법무보호복지공단 등 보호단체에 보호를 알선하는 등 필요한 조치를 할 수 있다(동조 제2항). 소년인 피의자에 관하여 선도조건부 기소유예결정을 하는 경우에는 선도보호에 필요한 조치를 하며(동조 제3항), 피의자가 이 조치를 정당한 이유 없이 불응하거나 이행하지 않는 경우에는 사건을 재기하여 공소를 제기하거나 소년보호사건송치결정을 할 수 있다(동조 제4항).

한편, 검사는 「국가보안법」의 죄를 범한 자에 대하여 「형법」 제51조의 사항을 참작하여 공소제기를 보류할 수 있다(국가보안법 제20조 제1항). 이때 공소보류를 받은 자가 공소의 제기 없이 2년을 경과한 때에는 소추할 수 없다(동조 제2항). 다만, 공소보류를 받은 자가 법무부장관이 정한 감시·보도에 관한 규칙에 위반한 때에는 공소보류를 취소할 수 있으며(동조 제3항), 공소보류가 취소된 경우에는 동일한 범죄사실로 재구속할 수 있다(동조 제4항).

(다) 기소중지와 참고인중지

검사는 피의자의 소재불명 또는 참고인중지의 사유가 아닌 사유로 수사를 종결할 수 없는 경우에는 그 사유가 해소될 때까지 불기소사건기록 및 불기소결정서, 불기소사건기록 및 불기소결정서(간이)에 따라 기소중지의 결정을 할 수 있다(검사규칙 제120조). 또한 검사는 참고인·고소인·고발인 또는 같은 사건 피의자의 소재불명으로 수사를 종결할 수 없는 경우에는 그 사유가 해소될 때까지 불기소사건기록 및 불기소결정서, 불기소사건기록 및 불기소결정서(간이)에 따라 참고인중지의 결정을 할 수 있다(동규칙 제121조).

그러나 검사는 수사중지 또는 기소중지·참고인중지된 사건의 피의자 또는 참고인을 발견하는 등 기소중지·참고인중지 결정의 사유가 해소된 경우에는 즉시 수사를 진행하여야 한다(수사준칙규정 제55조 제3항).[138)]

138) 검사와 사법경찰관은 소재불명인 피의자나 참고인을 발견한 때에는 해당 사실을 통보하는 등 서로 협력하여야 하며(수사준칙규정 제55조 제1항), 검사는 사법경찰관의 송치(제245조의5 제1호) 또는 고소인 등의 이의신청(제245조의7 제2항)에 따라 송치된 사건의 피의자나 참고인의 소재확인이 필요하다고 판단하는 경우 피의자나 참고인의 주소지 또는 거소지 등을 관할하

3) 이 송

(가) 타관송치

검사는 사건이 소속 검찰청에 대응한 법원의 관할에 속하지 아니할 때에는 사건을 서류와 증거물과 함께 관할법원에 대응한 검찰청검사에게 송치하여야 한다(제256조).[139] 또한 검사는 사건이 군사법원의 재판권에 속하는 때에는 사건을 서류와 증거물과 함께 재판권을 가진 관할 군검찰부 군검사에게 송치하여야 한다. 이를 타관송치라고 한다. 이때 송치 전에 행한 소송행위는 송치 후에도 그 효력에 영향이 없다(제256조의2).

(나) 보호사건으로 송치

검사는 소년에 대한 피의사건을 수사한 결과 보호처분에 해당하는 사유가 있다고 인정한 때에는 사건을 관할소년부에 송치하여야 한다(소년법 제49조). 이 외에 가정폭력처벌법에 따른 가정보호사건으로의 처리를 위한 관할 가정법원 또는 지방법원에의 송치(제9조, 제11조 제1항), 아동학대처벌법에 따른 아동보호사건으로의 처리를 위한 관할 가정법원 또는 지방법원에의 송치(제27조, 제28조), 성매매처벌법에 따른 보호사건으로의 처리를 위한 관할법원 송치(제12조) 등이 있다.

(2) 검사의 조치

1) 고소인 등에 대한 처분의 통지

검사는 고소·고발사건에서 공소제기, 불기소처분 또는 타관송치를 한 때에는 그 처분을 한 날로부터 7일 이내에 서면으로 고소인 또는 고발인에게 그 취지를 통지하여야 한다(제258조 제1항). 따라서 검사는 사건에 대하여 결정(수사준칙규정 제51조 또는 제52조)을 한 경우에는 그 내용을 고소인·고발인·피해자 또는 그 법정대리인(피해자가 사망한 경우에는 그 배우자·직계친족·형제자매를 포함한다. 이하 "고소인 등"이라 한다)과 피의자에게 통지해야 한다. 다만, (i) 기소중지 결정(제1호) 또는 (ii) 이송(타관송치(제256조)는 제외한다) 결정을 한 경우로서 검사가 해당 피의자에 대해 출석요구 또는 제16조 제1항 각 호의 어느 하나에 해당하는 행위를 하지 않

는 경찰관서의 사법경찰관에게 소재수사를 요청할 수 있다. 이때 요청을 받은 사법경찰관은 이에 협력하여야 한다(동조 제2항).

139) 이송에는 검사가 공수처법 제24조 제1항 및 제25조 제2항에 따라 공수처에 이첩하는 경우와 「국제형사사법 공조법」 제21조 제1항에 따라 같은 법 제15조 제1항 제1호의 명령에 따른 조치로 수집한 공조자료 등을 법무부장관에게 송부하는 경우를 포함한다(검사규칙 제98조 제7호).

은 경우(제2호)에는 고소인 등(피의자 제외)에게만 통지한다(수사준칙규정 제53조 제1항).

또한 검사는 고소·고발사건에 관하여 불기소처분을 한 경우에 고소인 또는 고발인의 청구가 있는 때에는 7일 이내에 고소인·고발인에게 불기소이유를 설명하여야 한다(제259조).

2) 피의자에 대한 처분의 통지

검사는 불기소처분 또는 타관송치를 한 때에는 피의자에게 즉시 그 취지를 통지하여야 한다(제258조 제2항). 검사가 기소처분을 한 경우에는 법원에서 공소장부본을 송달하므로 검사가 공소제기사실을 피의자에게 통지할 필요는 없다.

3) 피해자 등에 대한 통지

검사는 범죄로 인한 피해자 또는 그 법정대리인(피해자가 사망한 경우에는 그 배우자·직계친족·형제자매를 포함한다)의 신청이 있는 때에는 해당 사건의 공소제기 여부, 공판의 일시·장소, 재판결과, 피고인·피의자의 구속·석방 등 구금에 관한 사실 등을 신속하게 통지하여야 한다(제259조의2).

(3) 검사의 불기소처분에 대한 불복

검사의 불기소처분에 대한 고소인 또는 고발인의 불복방법으로는 검찰항고, 재정신청, 헌법소원 등이 있다.

1) 검찰항고

(가) 의 의

검찰항고란 고소인 또는 고발인이 검사의 불기소처분에 불복하여 검찰조직 내부의 상급기관에 그 시정을 구하는 제도이다. 검사의 불기소처분에 대한 검찰 내부에 의한 통제수단이라는 점에서 법원에 대한 불복수단인 재정신청과 구별된다.

검사의 불기소처분에 대한 항고권자는 고소인 또는 고발인이다. '불기소처분'에는 기소유예, 혐의없음, 죄가안됨, 공소권없음, 각하는 물론, 기소중지나 참고인중지도 포함된다. 다만, 항고권자 중에서 고소권자로서 고소한 자와 「형법」 제123조부터 제126조까지의 죄를 고발한 자는 제260조에 따라 항고를 거쳐 재정신청을 할 수 있을 뿐이고 재항고는 할 수 없다.[140] 따라서 검사의 불기소

140) 헌법재판소는 "기소처분에 관한 통제방법으로서 어느 범위에서 검찰청법상의 재항

처분에 대한 재항고권자는 「형법」 제123조부터 제126조 이외의 죄에 대하여 고발한 후에 검사의 불기소처분에 대해 항고를 하였으나 기각된 자에 한한다(검찰청법 제10조 제3항).

(나) 항 고

검사의 불기소처분에 불복이 있는 고소인 또는 고발인은 그 검사가 속하는 지방검찰청 또는 지청을 거쳐 서면으로 관할 고등검찰청의 장에게 항고할 수 있다(검찰청법 제10조 제1항 전문). 이때 해당 지방검찰청 또는 지청의 검사는 항고가 이유 있다고 인정하면 그 처분을 경정(更正)하여야 한다(동항 후문).

가) 지방검찰청 또는 지청의 검사의 경우

지방검찰청 또는 지청의 장은 (i) 항고가 이유 있는 것으로 인정되는 경우(가목) 또는 (ii) 재수사에 의하여 항고인의 무고혐의에 대한 판단이 다시 필요하다고 인정될 경우(나목)에는 불기소사건재기서에 따라 재기수사하고, 그 결과를 항고사건 처리결과보고서에 따라 고등검찰청의 장에게 보고한다. 이때 재기수사한 사건을 다시 불기소결정하려 할 경우에는 미리 항고사건 불기소결정 승인요청서에 따라 고등검찰청의 장의 승인을 받는다(검사규칙 제147조 제1항 제1호).

그러나 (iii) 항고가 이유 없는 것으로 인정될 경우에는 수리한 날부터 20일 이내에 불기소결정 항고기록송부서에 항고장, 불기소결정 결과 송달보고서, 항고에 대한 의견서 및 사건기록을 첨부하여 고등검찰청의 장에게 송부한다. 다만, 사건기록을 송부할 수 없는 사유가 있는 경우에는 불기소결정 항고기록송부서의 비고란에 그 사유를 기록한다(동항 제2호).

고를 인정할 것인지 또는 형소법상의 재정신청제도와의 관계를 어떻게 설정할 것인지의 문제는 입법자에게 광범위한 재량이 부여되어 있는 영역이다. 만일 재정신청과 재항고를 병존적으로 유지하는 경우 불기소처분의 항고기각처분에 대한 불복절차가 이원화되어 절차상의 혼란이 불가피해지고, 유사하거나 동질적인 사안에 관하여 검찰과 법원의 판단이 모순 저촉될 우려가 있게 된다. 또한 재정신청에 앞서 항고뿐 아니라 재항고까지 필수적으로 거치게 하는 방법을 택하는 경우에도 불기소처분을 받은 피의자의 법률상 지위가 지나치게 장기간 불안정해지고, 고소인 또는 고발인의 권리구제가 심각하게 지연되는 폐단이 초래될 수 있다. 나아가 재정신청은 독립한 사법기관에 의하여 중립적이고 객관적으로 불기소처분의 당부가 심사되는 절차로서, 심리 결과 그 기소가 강제되는 등의 강력한 법적 효과가 부여되므로, 재항고권 대신 재정신청권만을 인정하였다고 하여서 고소인 또는 고발인의 권리구제에 부족함이 있다고 할 수 없다. 따라서 재정신청을 할 수 있는 고소인 또는 고발인에 대하여 재항고권을 부여하지 않은 것에는 합리적인 이유가 있다고 인정되므로, 이 사건 법률조항(검찰청법 제10조 제3항 전문)은 청구인의 평등권을 침해하지 않는다"(2012헌마983)고 하였다.

나) 고등검찰청의 장의 경우

고등검찰청의 장은 항고가 이유 있다고 인정하면 소속검사로 하여금 지방검찰청 또는 지청 검사의 불기소처분을 직접 경정하게 할 수 있다. 이때 고등검찰청 검사는 지방검찰청 또는 지청의 검사로서 직무를 수행하는 것으로 본다(검찰청법 제10조 제2항). 따라서 고등검찰청 검사장은 (i) 항고가 이유 있는 것으로 인정되는 경우(가목) 또는 (ii) 재수사를 통하여 항고인의 무고혐의에 대한 판단이 다시 필요하다고 인정하는 경우(나목)에는 소속검사로 하여금 직접 경정하게 할 것인지의 여부를 결정하여야 한다(검사규칙 제148조 제1항 제1호). 소속검사로 하여금 직접 경정하도록 하는 경우에는 소속검사로 하여금 사건을 재기하여 공소를 제기하게 하거나 주문 또는 이유를 변경하게 할 수 있다(동항 제2호). 이때 공소를 제기하는 경우에는 불기소결정청에 공소장 등 공소제기에 필요한 서류와 사건기록을 송부한다. 다만, 피의자의 주거이전 등으로 불기소결정청의 관할권이 없게 되거나 다른 사건과 병합처리할 필요가 있는 경우에는 송치결정(검사규칙 제128조)을 한다(동항 제3호). 그러나 주문 또는 이유를 변경하는 경우에는 해당 규정(검사규칙 제115조부터 제122조까지)에 따라 처리하고 관련 서류 및 사건기록을 불기소결정청에 송부한다(동항 제4호). 하지만 소속검사로 하여금 직접 경정하도록 하지 않고 재기수사명령, 공소제기명령 또는 주문변경명령 등의 결정을 한 경우에는 불기소결정 항고·재항고 기록반환서에 항고사건결정서의 등본과 사건기록을 첨부하여 지방검찰청 또는 지청의 장에게 송부한다(동항 제5호).

그러나 (iii) 항고가 이유 없는 것으로 인정될 경우에는 항고사건결정서에 따라 결정으로 항고를 기각한다(동항 제6호). 다만, 항고를 기각한 사건이 재정신청의 대상인 경우에는 그 기각결정 후 지체 없이 불기소결정 항고·재항고 기록반환서에 결정서의 등본과 사건기록을 첨부하여 지방검찰청 또는 지청의 장에게 송부하고(동항 제7호), 재항고의 대상인 경우에는 재항고기간이 지난 후 지체 없이 불기소결정 항고 기록반환서에 결정서의 등본과 사건기록을 첨부하여 지방검찰청 또는 지청의 장에게 송부한다(동항 제8호). 고등검찰청의 장은 항고를 기각 또는 각하[141]한

141) 검사규칙 제148조(항고·재항고 사건의 처리) ③ 고등검찰청의 장 또는 검찰총장은 다음 각 호의 어느 하나에 해당하는 경우(항고인 또는 재항고인이 새로운 증거가 발견되었음을 소명한 경우는 제외한다)에는 항고(재항고) 각하결정서로 각하한다. 이때 기록 등의 송부에 관하여는 제1항 제7호·제8호 및 제2항 제2호를 각각 준용한다. 1. 항고권자가 아닌 사람이 항고하거나 재항고권자 아닌 사람이 재항고한 경우, 2. 고소·고발, 항고 또는 재항고가 취소된 경우(다만, 제149조 제1항

경우에는 7일 이내에 항고인에게 항고사건결정통지서에 따라 그 결과를 통지한다(동조 제4항).

(다) 재 항 고

항고를 기각하는 처분에 대하여는 그 검사가 속한 고등검찰청을 거쳐 서면으로 검찰총장에게 재항고할 수 있다. 이때 해당 고등검찰청의 검사는 재항고가 이유 있다고 인정하면 그 처분을 경정하여야 한다(검찰청법 제10조 제3항).

가) 고등검찰청의 장의 경우

고등검찰청의 장은 (i) 재항고가 이유 있는 것으로 인정되는 경우(가목) 또는 (ii) 재수사를 통하여 재항고인의 무고혐의에 대한 판단이 다시 필요하다고 인정되어 재기수사명령, 공소제기명령 또는 주문변경명령 등의 결정을 한 경우(나목)에는 불기소결정 재항고 기록반환서에 결정서의 등본과 사건기록을 첨부하여 지방검찰청 또는 지청의 장에게 송부하고, 그 결과를 재항고사건처리결과보고서에 따라 검찰총장에게 보고한다(검사규칙 제147조 제2항 제1호).

그러나 (iii) 재항고가 이유 없는 것으로 인정될 경우에는 수리한 날부터 20일 이내에 검찰총장에게 불기소결정 재항고기록송부서에 항고기각처분결과 송달보고서, 재항고장, 재항고에 대한 의견서 및 사건기록 등을 첨부하여 송부한다(동항 제2호).

나) 검찰총장의 경우

검찰총장은 (i) 재항고가 이유 있는 것으로 인정되는 경우(가목) 또는 (ii) 재수사를 통하여 재항고인의 무고혐의에 대한 판단이 다시 필요하다고 인정되어 재기수사명령, 공소제기명령 또는 주문변경명령 등의 결정을 한 경우(나목)에는 불기소결정 항고·재항고 기록반환서에 결정서의 등본과 사건기록을 첨부하여 고등검찰청의 장을 거쳐 지방검찰청 또는 지청의 장에게 송부한다(검사규칙 제148조 제2항 제1호).

그러나 (iii) 재항고가 이유 없는 것으로 인정될 경우에는 결정으로 재항고를 기각하고, 불기소결정 항고·재항고 기록반환서에 결정서의 등본과 사건기록을 첨부하여 고등검찰청의 장을 거쳐 지방검찰청 또는 지청의 장에게 송부한

본문의 경우는 제외한다), 3. 재기수사명령 후 불기소승인건의를 받아 처리한 사건에 대하여 재기수사명령의 결정을 한 고등검찰청의 장 또는 검찰총장에게 다시 항고 또는 재항고한 경우, 4. 항고에 대하여 지방검찰청 또는 지청의 장이 재기수사한 후 고등검찰청의 승인을 받아 불기소결정한 사건에 대하여 다시 항고한 경우, 5. 제115조 제3항 제5호에 규정된 사유가 있는 경우

다(동항 제2호). 검찰총장은 재항고를 기각 또는 각하한 경우에는 7일 이내에 재항고인에게 재항고사건결정통지서에 따라 그 결과를 통지한다(동조 제4항).

(라) 항고·재항고 기간

항고는 불기소처분의 통지를 받은 날로부터 30일내에 하여야 한다(검찰청법 제10조 제4항). 재항고는 항고기각결정의 통지를 받은 날 또는 항고 후 항고에 대한 처분이 행하여지지 아니하고 3개월이 경과한 날부터 30일 이내에 하여야 한다(동조 제5항). 다만, 항고 또는 재항고를 한 자가 자신에게 책임이 없는 사유로 정하여진 기간 이내에 항고 또는 재항고를 하지 못한 것을 소명하면 그 항고 또는 재항고 기간은 그 사유가 해소된 때부터 기산한다(동조 제6항).

항고·재항고 기간이 지난 후 접수된 항고 또는 재항고는 기각하여야 한다. 다만, 중요한 증거가 새로 발견된 경우 고소인이나 고발인이 그 사유를 소명하였을 때에는 그러하지 아니하다(동조 제7항).

2) 재정신청

고소권자로서 고소를 한 자 또는 고발인(형법 제123조부터 제126조까지의 죄에 대하여는 고발한 자. 다만, 형법 제126조의 죄에 대하여는 피공표자의 명시한 의사에 반하여 재정을 신청할 수 없다)이 검사로부터 공소를 제기하지 않는다는 통지를 받은 때에는 그 검사소속의 지방검찰청 소재지를 관할하는 고등법원에 그 당부에 관한 재정을 신청할 수 있다(제260조 제1항). 공수처의 공소제기사건의 경우에도 고소인 또는 고발인은 공수처검사로부터 공소를 제기하지 않는다는 통지를 받은 때에는 서울고등법원에 그 당부에 관한 재정을 신청할 수 있다(공수처법 제29조 제1항). 다만, 형소법에서는 검찰항고전치주의를 채택하고 있으므로 고소인 등이 재정신청을 하려면 고등검찰청 검사장에 대한 항고를 거쳐야 한다(제260조 제2항).

3) 헌법소원

(가) 의 의

헌법소원이란 법원의 재판을 제외한 공권력의 행사 또는 불행사로 인해 헌법상 보장된 기본권을 침해받은 자가 헌법재판소에 그의 권리구제를 청구하는 것을 말한다(헌법재판소법 제68조 제1항 본문). 따라서 검사의 불기소처분에 대하여는 헌법상 피해자의 재판절차진술권(제27조 제5항)과 행복추구권(제10조) 및 평등권(제11조 제1항) 등의 침해를 이유로 그 시정을 구하는 헌법소원을 제기할 수 있다. 기소유예처분에 대해서도 마찬가지이다. 다만, 헌법소원은 다른 법률에 구제절차가 있는 경우에는 그 절차를 모두 거친 후에 청구할 수 있다(헌법재판소법 제68조 제1항 단서).

(나) 청구권자

가) 피 해 자

헌법소원은 보충성의 원칙에 따라 다른 법률에 구제절차가 있는 경우에는 그 절차를 우선 거치도록 되어 있으며, 법원의 재판에 대하여는 헌법소원이 허용되지 않는다(헌법재판소법 제68조 제1항 단서). 따라서 형소법상 모든 범죄에서 고소인은 검사의 불기소처분에 대하여 「검찰청법」상 항고 및 재정신청이 가능하고, 이때 재정신청에 대한 법원의 결정은 재판에 해당하므로 고소인은 검사의 불기소처분에 대하여 헌법소원을 청구할 수 없다.[142)]

그러나 고소하지 않은 피해자는 검사의 불기소처분에 대하여 「검찰청법」상 항고·재항고 또는 형소법상 재정신청을 할 수 없으므로 헌법소원을 청구할 수 있다(2008헌마716). 이때 피해자가 검사의 불기소처분에 대하여 새로운 고소와 그에 수반되는 권리구제절차를 거치지 않았더라도 보충성의 원칙에 반하지 않는다(2009헌마651).

나) 고 발 인

고발인에게는 헌법상 기본권에 대한 직접적인 침해가 없다는 점에서 헌법소원청구가 인정되지 않는다(89헌마145). 그러나 고발인이 재정신청의 대상이 되지 않는 범죄에 대한 불기소처분에 대하여 검찰항고와 재항고를 하였으나 각하된 경우에 검찰의 재항고 각하결정에 대해서만 고유한 위법사유를 주장하면서 그 각하결정의 취소를 구하는 헌법소원은 가능하다(2009헌마47).

다) 피 의 자

검사의 기소처분은 재판절차에서 충분한 사법적 심사를 받을 수 있으므로 독립하여 헌법소원의 청구대상이 되지 않는다(93헌마36). 다만, 피의자는 검사의 기소유예처분(2021헌마1400)이나 기소중지처분(90헌마115)에 대하여 평등권과 행복추구권의 침해를 이유로 헌법소원을 청구할 수 있다.

---

142) 고소인이 「검찰청법」상 항고를 거치지 않고 바로 헌법소원을 청구하는 것은 보충성 요건을 흠결하여 부적법하다(2010헌마49).

4. 고위공직자범죄수사처의 수사종결처분

(1) 기소대상사건에 대한 수사종결

공수처검사는 고위공직자범죄의 혐의가 있다고 사료하는 때에는 범인, 범죄사실과 증거를 수사하여야 하고(공수처법 제23조), 대법원장 및 대법관, 검찰총장, 판사 및 검사, 경무관 이상 경찰공무원으로 재직 중에 본인 또는 본인의 가족이 범한 고위공직자범죄 및 관련범죄의 공소제기와 그 유지에 필요한 행위를 할 수 있다(동법 제3조 제1항 제2호, 제20조 제1항).

공수처검사가 공소를 제기하는 고위공직자범죄 등 사건의 제1심 재판은 서울중앙지방법원의 관할로 한다. 다만, 범죄지, 증거의 소재지, 피고인의 특별한 사정 등을 고려하여 공수처검사는 형소법에 따른 관할법원에 공소를 제기할 수 있다(동법 제31조). 그러나 공수처검사가 고위공직자범죄에 대하여 불기소결정을 하는 때에는 공수처장은 해당 범죄의 수사과정에서 알게 된 관련범죄 사건을 대검찰청에 이첩하여야 하고(동법 제27조), 공수처검사는 고소인 또는 고발인에게 통지하여야 한다. 고소인 또는 고발인은 공수처검사로부터 공소를 제기하지 않는다는 통지를 받은 때에는 서울고등법원에 그 당부에 관한 재정을 신청할 수 있다(동법 제29조 제1항).

(2) 수사대상사건의 송부

공수처검사는 대법원장 및 대법관, 검찰총장, 판사 및 검사, 경무관 이상 경찰공무원에 해당하는 고위공직자 등의 사건을 제외한 고위공직자범죄 및 관련범죄에 관한 수사를 한 때에는 관계서류와 증거물을 지체 없이 서울중앙지방검찰청 소속검사에게 송부하여야 한다(동법 제26조 제1항). 이때에는 공수처검사에게 수사종결권이 인정되지 않는다.

관계서류와 증거물을 송부받아 사건을 처리하는 검사는 해당 사건의 공소제기 여부를 결정하고, 그 내용을 공수처장에게 신속하게 통보하여야 한다(동조 제2항).

Ⅱ. 공소제기 후의 수사

공소를 제기하면 수사는 원칙적으로 종결된다. 그러나 공소제기 후에도 공소유지를 위해 또는 공소유지 여부를 결정하기 위해 수사를 계속할 필요가 있다. 공소장에 기재된 사실 이에 추가사실이 발견되거나 보강수사가 필요한 경우 또는 공소제기 후 진범이 검거된 경우 등이 이에 해당한다. 그러나 공소제기 후의 수사를 무제한으로 허용하게 되면 검사와 대등한 반대당사자의 지위에 있는 피고인이 자칫 수사의 객체로 전락될 위험이 있다는 점에서 공소제기 후의 수사의 허용 여부가 문제된다.

1. 강제수사

(1) 대인적 강제처분

공소제기 후의 피고인구속은 법원의 권한에 속한다(제70조). 따라서 수사기관에 의한 피고인구속은 허용되지 않는다. 설령 불구속으로 기소된 피고인이 증거를 인멸하거나 도주할 우려가 있어서 구속할 필요가 인정되더라도 검사는 수소법원의 직권에 의한 구속을 촉구할 수 있을 뿐이다.

(2) 대물적 강제처분

공소제기 후 수사기관의 압수·수색·검증이 허용되는지에 대하여는 ① 제215조에서 영장청구시기를 정하지 않고 있고, 압수·수색 또는 검증이 피고인의 방어활동에 직접 영향을 미치지 않으며, 검사에 의한 증거의 수집·보전은 당사자주의와 공판중심주의에 합치한다는 점에서 1회 공판기일 전까지는 가능하다는 견해가 있다. 그러나 ② 공소제기 후에는 사건이 법원에 계속되므로 압수·수색 또는 검증도 법원의 권한에 속하고, 제215조에서는 영장청구의 시기를 명시하지 않고 있지만 규칙 제107조에서는 압수·수색영장 또는 검증영장의 청구서에 피의사실의 요지를 기재하도록 규정하고 있으며, 수사절차에서의 압수·수색 또는 검증과 공판절차에서의 압수·수색 또는 검증을 구분하고 있을 뿐만 아니라 공소제기 후 제1회 공판기일 전에는 증거보전절차(제184조)에 의한 증거조사가 가능하므로 공소제기 후에는 원칙적으로 수사기관의 압수·수색 또는 검증이 허용되지 않는다(통설). 판례도 검사가 공소제기 후 제215조에 따라 수소법원 이외의 지방법원 판사에게 청구하여 발부받은 영장에 의하여 압수·수색을 하였다면, 그와 같이 수집된 증거는 기본적 인권보장을 위해 마련된 적법한 절차에 따르지 않은 것으로서 원칙적으로 유죄의 증거로 삼을 수 없다고 한다(2009도10412).

그러나 다음의 경우에는 공소제기 후에도 수사기관의 압수·수색 또는 검증이 허용된다. (i) 피고인에 대한 구속영장을 집행하는 경우이다. 즉, 검사 또는 사법경찰관이 피고인에 대한 구속영장을 집행하는 때에는 구속영장의 집행에 부수된 처분으로서 압수·수색 또는 검증을 할 수 있다(제216조 제2항). 다만, 이때의 압수·수색 또는 검증은 수사기관의 강제처분이므로 압수물은 수사기관에서 보관한다. (ii) 임의제출물의 압수이다. 즉, 임의제출물에 대한 압수는 강제수사의 일종이지만, 공소제기 후라고 해서 수사기관이 임의로 제출된 물건의 압수를 배제할 이유가 없으므로 공소제기 후에도 임의제출물에 대한 압수는 허용된다(통설).

2. 임의수사

수사기관은 수사에 관하여는 그 목적을 달성하기 위하여 필요한 조사를 할 수 있으므로(제199조 제1항) 법원의 심리를 방해하거나 당사자의 지위를 침해하지 않는 한 공소제기 후에도 공소유지 또는 그 여부를 결정하기 위한 임의수사는 원칙적으로 허용된다.

(1) 피고인신문

공소제기 후에 수사기관이 해당 공소사실에 관하여 피고인을 신문할 수 있는지에 대하여는 ① 피고인신문도 임의수사이고, 제199조 제1항에서 임의수사의 시기에 대하여 제한을 두고 있지 않으므로 공소제기 후에도 수사기관에 의한 피고인신문은 허용된다는 견해, ② 피고인의 당사자로서의 지위와 피고인신문의 필요성 및 실체적 진실발견의 목적을 고려할 때 공소제기 후에는 제1회 공판기일 전에 한하여 검사에 의한 피고인신문이 허용된다는 견해가 있다. 그러나 ③ 제200조에서 수사기관이 출석을 요구하여 진술을 들을 수 있는 대상은 '피의자'로 한정하고 있고, 피고인의 당사자지위를 고려하면 수사기관에 의한 피고인신문은 원칙적으로 허용되지 않는다(다수설). 다만, 피고인이 스스로 검사와의 면담을 요구하거나 진범인의 검거로 인해 검사가 공소취소를 결정하기 위한 경우에는 피고인의 당사자지위에 반하는 것은 아니므로 피고인신문이 가능하다.

판례는 "검사작성의 피고인에 대한 진술조서가 공소제기 후에 작성된 것이라는 이유만으로는 곧 그 증거능력이 없다고 할 수 없다"(84도1646)고 함으로써 공소제기 후의 피고인신문을 허용하고 있다.

(2) 참고인조사

수사기관의 참고인조사(제221조)는 공소제기 후에도 원칙적으로 허용된다. 참고인조사는 임의수사에 해당하고, 공소제기 후에도 공소유지를 위하여 수사상 필요한 경우가 있으며, 참고인의 진술이 기재된 진술조서에 대하여는 피고인이 증거로 함에 동의하지 않는 경우에는 공판기일에 그 원진술자에 대한 증인신문이 행하여져야만 비로소 증거능력이 인정(제312조 제4항) 되므로 공판정에서 조사의 임의성을 확인할 수 있기 때문이다.

그러나 공소제기 후의 수사기관에 의한 참고인조사는 공판중심주의의 이념에 반할 수 있으므로 참고인이 수사기관의 요구가 없었음에도 불구하고 자발적으로 수사기관에 찾아와서 진술을 하는 등 조사의 경위, 내용 등에 있어서 임의성이 명백히 인정되는 경우에 한하여 이를 허용할 필요가 있다. 따라서 수사기관의 협조요청에 의한 경우 등 참고인조사의 임의성이 명백하지 않은 경우에는 해당 조사가 필요최소한의 범위 내에서 행하여졌는지 또는 침해의 최소성원칙을 준수하였는지 등 엄격한 기준을 적용하여 조사 시점, 장소, 경위, 과정 및 조사 방법과 내용 등에 있어서 참고인진술이 왜곡될 가능성, 수사기관의 회유나 협박이 있었는지 등을 고려하여 구체적·개별적으로 그 허용 여부를 검토하여야 한다. 즉, 검사가 공판기일에 증인으로 신청하여 신문할 수 있음에도 불구하고 미리 수사기관에 참고인으로 소환하여 피고인에게 불리한 진술을 하도록 신문하거나(2018도2236), 피고인에게 유리한 증언을 한 증인을 수사기관이 법정 외에서 다시 참고인으로 조사하여 법정에서 행한 진술을 번복하게 할 목적으로 행하는 것은 적법절차에 위반한 위법수사이다(99도1108). 또한 증인점검만으로도 충분한 증인예정자에 대하여 수사기관이 참고인조사를 하는 경우도 침해의 최소성의 원칙에 반하고 수사의 필요성이나 상당성의 요건을 충족하지 않는다는 점에서 허용되지 않는다고 할 것이다. 이외에도 진술조서를 작성하는 대신 참고인으로 하여금 본인의 증언내용을 번복하는 내용의 진술서를 작성하여 법원에 제출하게 하거나(2012도534), 이미 증언을 마친 증인에게 수사기관에 출석할 것을 요구하여 그 증인을 상대로 위증의 혐의를 조사하면서 작성한 피의자신문조서를 피고인의 유죄의 증거로 제출하는 것(2012도13665)도 피고인이 공격·방어를 할 수 있는 재판을 받을 권리를 침해하는 것으로서 위법이다.

하지만 공소제기 후에 새롭게 등장한 참고인에 대한 조사는 그 조사가 공소유지 여부를 결정하기 위하여 필요한 것으로서, 피고인의 방어권이나 당사자주의 등 형소법의 기본원칙에 반한다는 특별한 사정이 없는 한 침해의 최소성원칙은 준수되는 것이고, 수사의 필요성과 상당성도 인정된다고 할 것이므로 허용된다. 증인

예정자의 경우도 이전의 진술이나 수사내용이 극히 모호하거나 부실하여 증인점검만으로는 사건해결을 할 수 없다고 인정되는 경우에는 예외적으로 새로운 참고인에 준하여 참고인조사가 허용될 필요가 있다.

(3) 기타의 조사활동

감정[143)]이나 통역·번역의 위촉, 공무소 등에의 조회 등의 임의수사는 제1회 공판기일 전·후를 불문하고 허용된다.

제2절 공소의 제기

Ⅰ. 공소와 공소권

1. 의 의

공소는 특정한 형사사건에 대하여 법원에 심판을 구하는 검사의 의사표시, 즉 법률행위적 소송행위이다. 검사의 공소에 의해 수사는 종결되고, 공판절차가 개시된다. 검사의 공소제기가 없으면 법원은 사건을 심판할 수 없고, 법원의 심판대상도 검사가 공소를 제기한 사실에 제한된다. 이를 불고불리의 원칙이라고 한다.

공소권이란 공소를 제기하는 권리를 말한다. 현행법은 공수제기의 권한을 검사에게 부여하고 있다(제246조). 공소권은 공소를 제기·수행하는 소송법상 권한이므로 실체법상 형벌권과 구별된다. 하지만 공소권은 검사가 법원에 피고인의 형사처벌을 구하는 것을 내용으로 한다는 점에서 형벌권과 관련성이 있다.

2. 공소권이론

공소권이론이란 공소권의 본질과 법적 성격을 어떻게 이해할 것인지에 관한

---

143) 제1회 공판기일 후에는 수소법원에 의한 감정이 가능하다는 점에서 수사기관에 의한 감정위촉은 제1회 공판기일 전에 한하여 허용된다는 견해가 있다.

이론이다.

(1) 추상적 공소권설

추상적 공소권설은 공소권을 형사사건에 대하여 검사가 공소를 제기하는 일반적 권한이라는 견해이다.

이 견해는 민사소송의 추상적 소권설에 대응하는 이론으로서, 단지 국가소추주의, 기소독점주의를 표현한 것에 지나지 않는 것으로 공소권이 소송법상 가지는 구체적 의미와 내용을 밝힐 수 없다는 비판이 있다. 우리나라에서 이 견해를 취하는 학자는 없다.

(2) 구체적 공소권설

구체적 공소권설은 공소권을 검사가 구체적인 특정사건에 관하여 유죄판결을 청구하는 권한이라는 견해로서, 유죄판결청구권설이라고도 한다. 이 견해에서는 공소권을 형식적 공소권과 실체적 공소권으로 구별한다. 즉, 형식적 소송조건을 구비한 경우에 형식적 공소권이 존재하고, 여기에서 다시 심판대상이 되는 사건의 범죄혐의가 충분하고 유죄판결을 받을 만한 객관적 실체를 갖추고 있을 때 실체적 공소권이 존재한다고 한다. 이 견해에 따르면 형식적 소송조건, 즉 해당 사건에 대한 재판권 또는 관할권의 존재, 친고죄에서 고소의 존재 등과 같은 형식요건이 갖추어지지 않으면 법원은 관할위반의 판결(제319조), 공소기각의 판결(제327조), 공소기각의 결정(제328조)을 하게 된다. 반면에 실체적 소송조건이 갖추어지지 않으면 면소판결(제326조)을 하게 된다.

이 견해에 대하여는 무죄판결을 선고할 경우에는 공소권을 설명할 수 없다는 비판이 있다.

(3) 실체판결청구권설

실체판결청구권설은 공소권을 검사가 구체적 사건에 대하여 유·무죄의 실체판결을 청구하는 권한이라는 견해이다. 이 입장에서는 통상의 소송조건이 구비되면 검사에게 유·무죄의 판단을 법원에 청구할 수 있는 공소권이 발생한다고 한다.

이 견해에 대하여는 무죄판결에 대한 공소권의 설명이 가능하다는 장점이 있으나, 공소권을 무죄의 실체판결을 청구하는 권한까지 포함시킴으로써 검사의 공소권남용을 방치하는 결과를 초래하고, 민사소송의 본안판결청구권설의 논리를 도입함으로써 민사소송과 형사소송의 질적 차이를 간과하고 있다는 비판이 있다.

(4) 검 토

소송의 당사자로서의 검사의 역할을 명확하게 이해하고, 공소권남용을 억제할 수 있다는 점에서 구체적 공소권설에 따른다. 무죄판결을 선고하는 것은 소송의 실체형성에 따른 결과에 지나지 않는 것으로, 이는 유죄판결을 위한 충분한 혐의를 전제로 하는 공소권과 직접적인 관련성은 없다.

3. 공소권이론 무용론

공소권이론 무용론은 공소권은 소송조건과 표리일체의 관계에 있으므로 공소권이론 자체가 무용하다는 견해이다. 이 견해에서는 공소권이란 수소법원의 관점에서 보면 소송이 성립하기 위한 소송조건의 하나에 지나지 않는 것을 검사의 입장에서 본 것에 지나지 않는다고 한다. 즉, 소송조건이 구비된 경우에 법원은 사건의 실체를 심판할 권리를 가지며, 당사자는 실체심판을 받을 권리가 발생하는데 불과하므로 공소권은 소송조건이 결여되면 소멸되는 것이므로 굳이 공소권에 독자적인 의미를 둘 필요가 없다는 것이다.

그러나 소송조건은 공소제기의 유효요건에 지나지 않는다는 점에서 공소권과 구별되며, 공소권이론은 검사의 공소권에 독자성을 인정함으로써 피고인의 방어권에 대립시켜 검사의 공소권남용을 억제하는 기능을 수행할 수 있다는 점에서 그 효용성이 인정된다.

4. 공소권남용론

(1) 의 의

공소권남용론이란 공소권남용이 있는 때에는 피고인보호를 위하여 면소판결(제326조), 공소기각의 판결(제327조), 공소기각의 결정(제328조)과 같은 형식재판으로 소송을 종결시켜야 한다는 이론을 말한다. '공소권남용'이란 형식적으로는 적법한 공소제기가 이루어졌으나 실질적으로는 그러한 공소권행사가 검찰의 재량범위를 남용 또는 일탈한 경우를 말한다.

공소권남용이란 형식적으로는 적법한 공소제기가 이루어졌으나 실질적으로는 그러한 공소권행사가 검찰의 재량범위를 남용 또는 일탈한 경우를 말한다. 이처럼 공소권남용이 있는 때에는 피고인보호를 위하여 면소판결(제326조), 공소기각의 판결(제327조), 공소기각의 결정(제328조)과 같은 형식재판으로 소송을 종결시켜야 한다는 이론을 공소권남용론이라고 한다. 다만, 형소법에 따르면 검사의 공소제기가 형식적으로 적법하고 소송조건을 구비하고 있으면 법원은 형식재판이 아니라 유·무죄의 실체재판을 할 수 있을 뿐이다.

(2) 공소권남용의 유형

1) 혐의 없는 사건의 공소제기

'혐의 없는 사건의 공소제기'란 범죄의 객관적 혐의가 없음에도 불구하고 검사가 공소를 제기한 경우를 말한다. 이에 대한 법원의 조치에 대하여는 ① '공소장에 기재된 사실이 범죄가 될 만한 사실이 아닌 것'(제328조 제1항 제4호)에 해당하므로 공소기각의 결정을 하여야 한다는 견해(공소기각결정설), ② '공소제기의 절차가 법률의 규정을 위반하여 무효일 때'(제327조 제2호)에 해당하므로 공소기각의 판결을 하여야 한다는 견해(공소기각판결설) 등이 있다. 그러나 ③ 혐의 없는 사건에 대한 공소제기는 공소권남용에 해당하지만 공소제기 자체가 형식적 요건을 갖추는 한 형식재판으로 종결할 수는 없고, 형소법상 피고사건이 범죄로 되지 아니하거나 범죄사실의 증명이 없는 때에는 판결로써 무죄를 선고하여야 하므로(제325조) 실체심리를 하여 무죄판결을 선고하여야 한다(무죄판결설, 다수설). 무죄판결이 확정되면 기판력이 발생하므로 피고인에게도 유리하다.

2) 소추재량을 일탈한 공소제기

'소추재량을 일탈한 공소제기'란 사건이 경미하여 기소유예처분을 하여야 할 만한 사건을 기소한 경우를 말한다. 이에 대한 법원의 조치에 대하여는 ① 기소유예의 여부는 기소권을 가진 검사의 재량이므로 소추재량의 남용은 공소기각의 재판이나 면소판결의 사유에 해당하지 않고, 기소유예의 정상은 사건의 실체에 관한 문제임에도 이를 절차법상 소송조건으로 취급하는 것은 타당하지 않으므로 공소제기가 유효하고 범죄증거가 충분하면 유죄판결을 하여야 한다는 견해(유죄판결설, 다수설), ② 검사가 소추재량의 기준을 일탈한 것은 공소권남용에 해당하므로 면소판결에 의하여 절차를 종결하여야 한다는 견해(면소판결설)가 있다. 그러나 ③ 검사가 자의적으로 공소권을 행사하여 피고인에게 실질적인 불이익을 줌으로써 소추재량권을 현저히 일탈하였다고 보이는 경우는 공소권의 남용으로서 '공소제기의 절차가 법률의 규정을 위반하여 무효일 때'(제327조 제2호)에 해당하므로 공소기각의 판결을 하여야 한다(공소기각판결설).

판례는 검사가 자의적으로 공소권을 행사하여 피고인에게 실질적인 불이익을 줌으로써 소추재량권을 현저히 일탈한 경우에는 이를 공소권남용으로 보아 공소기각의 판결에 의해 공소제기의 효력을 부인할 수 있다고 하면서도, 자의적인 공소권의 행사로 인정되려면 단순히 직무상의 과실에 의한 것만으로는 부족하고 적어도 미필적이나마 어떤 의도가 있는 것이어야 한다고 한다(2016도14772[144)]).[145)]

3) 선별적 공소제기

'선별적 공소제기'란 범죄의 성질과 내용이 유사한 여러 피의자들 가운데 일부만 기소하고 나머지는 기소유예 또는 무혐의 처리하는 경우를 말하며, 차별적 공소제기 또는 불평등한 공소제기라고도 한다. 이에 대한 법원의 조치에 대하여는 ① 형소법이 기소편의주의를 채택하고 있고, 선별적 공소제기를 공소기각의 재판사유로 하게 되면 공소제기되지 않은 사건까지 심판대상으로 하는 것이 되므로 검사의 선별기소가 명백히 불합리하더라도 공소제기 자체는 적법·유효하기 때문에 수소법원은 유·무죄의 실체판결을 하여야 한다는 견해(실체판결설)가 있다. 그러나 ② 선별기소는 특별한 사정이 없는 한 헌법상 평등원칙에 반할 뿐만 아니라 기소권의 부당한 자의적 행사로서 '공소제기의 절차가 법률의 규정을 위반하여 무효일 때'(제327조 제2호)에 해당하므로 공소기각의 판결을 하여야 한다(공소기각판결설, 다수설).

---

144) 판례는 서울시 공무원 간첩사건으로 기소된 피고인이 제1심과 제2심에서 무죄가 선고된 후 공무집행방해죄와 함께 4년 전에 기소유예처분이 된 외국환거래법위반죄까지 추가기소된 사안에서, 외국환거래법위반죄에 대한 기소는 소추재량권을 현저히 일탈한 경우에 해당한다고 하면서 공소기각의 판결을 하였다(2016도14772).

145) 헌법재판소는 검사가 소추권을 행사함에 있어서 참작하여야 할 「형법」 제51조에 규정된 사항 중 기소방향으로 작용하는 사유 즉, 기소하여야 할 사유와 불기소방향으로 작용하는 사유 즉, 기소를 유예할 만한 사유가 서로 경합할 경우에 어느 사유를 선택할 것인지는 원칙적으로 검사의 재량의 범위에 속한다고 하면서도, 그와 같은 선택에 명백하게 합리성이 결여된 경우, 예를 들면 기소방향으로 작용하는 참작사유가 중대한 데 비하여 불기소방향으로 작용하는 사유는 경미함에도 불구하고 기소를 유예하거나, 그 반대로 기소방향으로 작용하는 사유가 불기소방향으로 작용하는 사유에 비하여 경미한 것이 객관적으로 명백함에도 기소를 하는 것은, 어느 것이나 소추재량권의 남용으로서 기소편의주의의 내재적 한계를 넘는 '자의'적인 처분이라고 하였다(94헌마46).

판례는 어떤 사람에 대하여 공소가 제기된 경우 그 공소가 제기된 사람과 동일하거나 다소 중한 범죄구성요건에 해당하는 행위를 하였음에도 불기소된 사람이 있다는 사유만으로는 그 공소의 제기가 평등권 내지 조리에 반하는 것으로서 공소권남용에 해당한다고 할 수 없다(2010도9349)고 한다.

4) 누락기소

'누락기소'란 여러 개의 범죄사실 가운데 검사가 일부 범죄사실을 제외한 채 기소한 후 기소된 범죄사실에 대한 항소심 판결선고 후에 제외하였던 범죄사실을 다시 기소하는 경우를 말한다. 이에 대한 법원의 조치에 대하여는 ① 검사에게는 동시소추의 의무가 없다는 이유로 실체재판을 하여야 한다는 견해(실체재판설)가 있다. 그러나 ② 누락기소는 양형상 불이익 및 피고인에 대한 이중부담 등으로 인해 '공소제기의 절차가 법률의 규정을 위반하여 무효일 때'(제327조 제2호)에 해당하므로 공소기각의 판결을 하여야 한다(공소기각판결설).

판례는 정당한 법령의 적용청구권자로서의 검사의 기소권은 귀속재량이라고 할 것이므로 "검사가 관련사건과 함께 기소할 수 있었던 일부 범죄사실을 관련사건의 항소심 판결선고 이후 공소를 제기한 것만으로는 공소권을 남용하였다고 볼 수 없다"(2020도12583[146])고 한다. 또한 공소사실 중 일부를 먼저 기소하고, 약 3개월 후 나머지를 추가로 기소한 검사의 공소제기가 소추재량권을 현저히 일탈한 것이라고 보기 어렵다고 한다(2018도14295). 한편, 판례는 누락기소의 경우에도 검사가 자의적으로 공소권을 행사하여 피고인에게 실질적인 불이익을 줌으로써 소추재량권을 현저히 일탈하였다고 보이는 경우에는 이를 공소권의 남용으로 보아 공소제기의 효력을 부인할 수 있다고 하면서도, 자의적인 공소권의 행사란 단순히 직무상의 과실에 의한 것만으로는 부족하고 적어도 미필적이나마 어떤 의도가 있어야 한다고 한다(2018도14295).[147]

---

146) 판례는 검사가 피고인의 여러 범죄행위를 일괄하여 기소하지 아니하고 수사진행 상황에 따라 여러 번에 걸쳐 나누어 분리기소하였다고 하여 검사의 공소제기가 소추재량권을 현저히 일탈한 것으로는 보이지 않는다고 하였다(2020도12583).

147) 종래 판례는 검사가 항소심판결 선고 이후에 다시 공소를 제기한 것이 공소권남용으로 되기 위해서는 검사가 자의적으로 공소권을 행사하여 소추재량권을 현저히 일탈한 위법이 있을 뿐만 아니라 검사의 태만 내지 위법한 부작위에 의한 것으로 인정되어야 한다고 하였다(94도2658).

5) 중대한 위법수사에 의한 공소제기

'중대한 위법수사에 의한 공소제기'란 수사기관의 중대한 위법수사에 기하여 공소가 제기된 경우를 말한다. 이에 대한 법원의 조치에 대하여는 ① 위법한 수사에 기한 공소제기는 위법수집증거배제법칙에 의하여 해결하고, 위법수집증거를 배제한 상태에서 유·무죄의 실체재판을 하여야 한다는 견해(실체재판설)가 있다. 그러나 ② 적법절차원칙의 보장과 피고인보호라는 관점에 따르면 위법수사에 의한 공소제기의 경우는 위법수사와 공소제기가 일체불가분의 관계에 있는 것이므로 공소권남용이 되고, 따라서 '공소제기의 절차가 법률의 규정에 위반하여 무효일 때'(제327조 제2호)에 해당하므로 공소기각의 판결을 하여야 한다(공소기각판결설, 다수설).

판례는 본래 범의를 가지지 아니한 자에 대하여 수사기관이 사술이나 계략 등을 써서 범의를 유발케 하여 범죄인을 검거하는 함정수사는 위법함을 면할 수 없고, 이러한 함정수사에 기한 공소제기는 그 절차가 법률의 규정에 위반하여 무효일 때(제327조 제2호)에 해당한다고 한다(2008도7362).[148]

Ⅱ. 공소제기의 기본원칙

1. 국가소추주의

공소제기의 주체가 국가인가 사인인가에 따라 국가소추주의와 사인소추주의로 구분할 수 있다. 사인소추주의에는 피해자소추주의와 공중소추주의가 있다.[149] 제246조에서는 "공소는 검사가 제기하여 수행한다"고 규정하여 국가소추주의를 선언하고 있다.

---

148) 그러나 판례는 "불법구금, 구금장소의 임의적 변경 등의 위법사유가 있다고 하더라도 그 위법한 절차에 의하여 수집된 증거를 배제할 이유는 될지언정 공소제기의 절차 자체가 위법하여 무효인 경우에 해당한다고 볼 수 없다"(96도561)고 하였다. 불법연행의 경우도 마찬가지이다(90도1586).

149) 독일과 프랑스 등의 국가에서는 주거침입죄나 비밀침해죄 등 일부 경미범죄에 대하여 사인소추주의를 인정하고 있다. 또한 미국의 연방과 대부분의 주에서는 검사 이외에 대배심(Grand Jury)에 의한 기소를 인정하고 있는데, 이는 공중으로 하여금 소추를 담당하게 하는 것이라는 점에서 공중소추주의라고 한다.

2. 기소독점주의

(1) 의 의

기소독점주의란 국가소추주의를 전제로 하여, 국가기관 중에서 검사만이 공소를 제기하고 수행할 권한을 갖는 것을 말한다. 제246조에서는 “공소는 검사가 제기하여 수행한다”고 규정함으로써 국가소추주의와 함께 기소독점주의를 채택하고 있다.

기소독점주의는 검사동일체의 원칙과 결합하여 전국적으로 통일된 공소권행사를 통해 공평하고 적정한 소추를 가능하게 하고, 검사가 공익의 대표자로서 공소권을 행사함으로써 피의자의 권익을 보호할 수 있다는 장점이 있다. 반면에 기소독점주의는 기소편의주의(제247조)와 결합하여 검사의 공소권이 자의와 독선으로 행하여질 위험성이 있고, 공소권행사가 정치권력의 영향을 받을 가능성이 있다는 단점이 있다. 이에 형소법에서는 기소독점주의의 폐단을 차단하기 위해 기소독점주의에 대한 예외를 인정하는 한편, 보완제도를 두고 있다.[150)]

(2) 예외와 보완

1) 예 외

(가) 경찰서장의 즉결심판청구

경찰서장(해양경찰서장 포함)은 20만원 이하의 벌금, 구류 또는 과료에 처할 사건에 대하여 법원에 즉결심판을 청구할 수 있다(즉결심판법 제3조). 즉결심판의 청구는 검사가 아니라 경찰서장이다. 이는 선고형을 기준으로 한다.

(나) 공수처의 공소제기

대법원장 및 대법관, 검찰총장, 경무관 이상 경찰에 해당하는 고위공직자로 재직 중에 본인 또는 본인의 가족이 범한 고위공직자범죄 및 관련범죄에 대한 공소제기와 그 유지는 공수처가 한다(공수처법 제3조 제1항 제2호).[151)]

---

150) 독일에서는 명문의 예외규정이 없는 한 검사에게 범죄에 대한 기소의무를 부과하는 기소법정주의를 채택하고 있다.

151) 한편, 기소독점주의에 대한 예외로서 법원이 법정경찰권에 의하여 직권으로 하는 감치처분이나 과태료의 부과(법조법 제61조 제1항)를 들기도 한다. 그러나 이는 형벌이 아니라 질서벌의 성질을 가지므로 형벌을 전제로 하는 기소독점주의에 대한 예외로 보기 어렵다.

2) 보 완

(가) 불기소처분에 대한 통지 및 이유고지제도

검사가 불기소처분을 한 경우에는 7일 이내에 고소인 또는 고발인에게 서면으로 불기소처분의 취지를 통지하여야 하고(제258조), 고소인·고발인의 청구가 있는 때에는 7일 이내에 서면으로 불기소이유를 설명하여야 한다(제259조). 이는 고소인·고발인의 재정신청이나 검찰항고의 기초를 제공하고, 검사의 불기소처분의 투명성을 확보해 준다는 점에서 기소독점주의와 기소편의주의에 따른 공소권행사의 남용가능성을 견제하는 효과가 있다.

한편, 공수처검사는 직접 공소제기·유지하는 사건(공수처법 제3조 제1항 제2호)을 제외한 고위공직자범죄 등에 관한 수사를 한 때에는 관계서류와 증거물을 지체 없이 서울중앙지방검찰청 소속검사에게 송부하여야 하며, 이에 따라 관계서류와 증거물을 송부받아 사건을 처리하는 검사는 공수처장에게 해당 사건의 공소제기 여부를 신속하게 통보하여야 한다(공수처법 제26조).

(나) 불기소처분에 대한 항고제도

고소인 또는 고발인은 검사의 불기소처분에 대한 불복의 방법으로 항고·재항고할 수 있다(검찰청법 제10조). 이는 기소독점주의에 대한 내부적 규제로서 가장 효과적인 제한으로 작용한다.

(다) 재정신청에 의한 기소강제

고소권자로서 고소를 한 자 또는 「형법」 제123조부터 제126조까지의 죄에 대하여는 고발을 한 자(다만, 형법 제126조의 죄에 대하여는 피공표자의 명시한 의사에 반하여 재정을 신청할 수 없다)는 고소사건 또는 고발사건에 대한 검사의 불기소처분에 대하여 고소인 또는 고발인은 고등법원에 재정신청을 할 수 있다(제260조 이하). 공수처의 공소제기사건의 경우에도 고소인 또는 고발인은 공수처검사로부터 공소를 제기하지 않는다는 통지를 받은 때에는 서울고등법원에 그 당부에 관한 재정을 신청할 수 있다(공수처법 제29조 제1항). 또한 재정신청 기각결정에 대하여는 재판에 영향을 미친 헌법·법률·명령 또는 규칙의 위반이 있음을 이유로 하는 때에 한하여 대법원에 즉시항고를 할 수 있다(제262조 제4항, 공수처법 제29조 제5항).

재정신청이 법원에 의해 받아들여진 경우에는 검사는 공소를 제기하여야 한다(제262조 제6항, 공수처법 제29조 제5항).[152]

---

152) 고소하지 않은 피해자는 검사의 불기소처분에 대하여 평등권과 재판절차진술권 등의

3. 기소편의주의

(1) 의 의

기소편의주의란 수사결과 공소를 제기해도 될 정도로 충분한 객관적 범죄혐의가 존재하고 소송조건을 갖추고 있음에도 불구하고 검사의 재량에 의한 불기소처분을 인정하는 제도를 말한다. 이에 반해 객관적 범죄혐의가 충분하고 소송조건을 구비한 경우에는 반드시 공소를 제기하여야 한다는 원칙을 기소법정주의라고 한다. 제247조에서는 "검사는 「형법」 제51조의 사항을 참작하여 공소를 제기하지 아니할 수 있다"고 규정함으로써 기소편의주의를 채택하고 있다.

기소편의주의는 형사사법의 탄력적 운용으로 구체적 정의실현에 기여하고, 범죄인에게 조기 개선의 기회를 제공함과 동시에 공소제기를 줄이게 되므로 형사사법의 업무를 감경시킬 수 있으며, 다른 중요범죄의 처벌에 집중할 수 있다는 장점이 있다. 반면에 기소편의주의는 공소제기 과정에서 정치적 영향과 검사의 자의를 배제할 수 없으므로 형사사법의 법적 안정성과 투명성을 해치고, 국가의 형벌권행사에 대한 국민의 신뢰를 떨어뜨릴 수 있는 단점이 있다. 기소편의주의의 장점과 단점은 역으로 기소법정주의의 단점과 장점이 된다.

(2) 기소유예제도

1) 의의와 기준

기소유예란 기소편의주의에 따른 것으로, 범죄혐의가 충분하고 소송조건이 갖추어졌음에도 불구하고 「형법」 제51조의 사항을 참작하여 공소를 제기하지 않는 검사의 처분을 말한다(제247조). 따라서 기소유예처분 시에는 범인의 연령, 성행, 지능, 환경 그리고 피해자에 대한 관계, 범행의 동기·수단·결과, 범행 후의 정황 등을 참작하여야 한다. 다만, 이 사유들은 예시적인 열거에 불과하고 피의자의 전과 및 전력, 법정형의 경·중, 범행이 미치는 사회적 영향, 사회정세 및 가벌성에 대한 평가의 변화, 법령의 개폐, 공범의 사면, 범행 후 시간의 경과 등의 사항도 참작요소가 될 수 있다(94헌마246).

2) 효 과

기소유예는 불기소처분의 한 유형이다. 다만, 검사의 불기소처분에는 확

침해를 이유로 헌법소원을 제기할 수 있다(2014헌마824 등).

정판결의 경우와 같이 확정력이 발생하는 것은 아니다. 따라서 검사가 기소유예처분을 한 이후에도 필요한 경우 언제든지 수사를 재개할 수 있고, 공소를 제기할 수도 있으며(94도2598), 이 공소제기에 대하여 법원이 유죄판결하는 것도 가능하다.

3) 관련문제

기소유예에서 조건부 기소유예가 허용되는지에 대하여 학설은 나뉘지만 현행법에서는 조건부 기소유예를 인정하고 있다. 즉, 「소년법」(제49조의3[153]), 가정폭력처벌법(제9조의2[154]), 아동학대처벌법(제26조[155]) 등에서는 상담 등 조건부 기소유예를 인정하고 있다.

또한 범죄혐의가 인정되고 소송조건이 구비된 범죄사실의 일부에 대하여 기소유예가 허용되는지에 대하여는 ① 범죄인의 재사회화에 무의미하고, 검사의 자의적인 공소권행사를 허용하는 결과가 된다는 점에서 부정하는 견해가 있다. 그러나 ② 검사의 일부 기소유예가 소추재량을 일탈한 것으로서 공소권남용에 해당하는 것이 아니라면 일죄의 일부에 대한 공소제기가 허용되는 것처럼일죄의 일부에 대한 기소유예도 허용된다(다수설). 실무에서는 일부 기소유예가 행하여지고 있다.

(3) 공소의 취소

1) 의 의

공소의 취소란 검사가 일단 제기한 공소를 철회하는 법률행위적 소송행위를 말한다. 제255조 제1항에서는 “공소는 제1심판결선고 전까지 취소할 수 있

---

153) 「소년법」 제49조의3(조건부 기소유예) 검사는 피의자에 대하여 다음 각 호에 해당하는 선도(善導) 등을 받게 하고, 피의사건에 대한 공소를 제기하지 아니할 수 있다. 이때 소년과 소년의 친권자·후견인 등 법정대리인의 동의를 받아야 한다. 1. 범죄예방자원봉사위원의 선도, 2. 소년의 선도·교육과 관련된 단체·시설에서의 상담·교육·활동 등

154) 가정폭력처벌법 제9조의2(상담조건부 기소유예) 검사는 가정폭력사건을 수사한 결과 가정폭력행위자의 성행교정을 위하여 필요하다고 인정하는 경우에는 상담조건부 기소유예를 할 수 있다.

155) 아동학대처벌법 제26조(조건부 기소유예) 검사는 아동학대범죄를 수사한 결과 다음 각 호의 사유를 고려하여 필요하다고 인정하는 경우에는 아동학대행위자에 대하여 상담, 치료 또는 교육 받는 것을 조건으로 기소유예를 할 수 있다. 1. 사건의 성질·동기 및 결과, 2. 아동학대행위자와 피해아동과의 관계, 3. 아동학대행위자의 성행(性行) 및 개선가능성, 4. 원가정보호의 필요성, 5. 피해아동 또는 그 법정대리인의 의사

다"고 규정함으로써 공소취소를 인정하는 기소변경주의를 채택하고 있다.[156] 이는 기소편의주의의 논리적 귀결로서, 검사에게 소송물에 대한 처분권을 부여하는 처분권주의에 따른 것이다.

공소취소제도는 부당한 공소제기를 시정하고 공소제기 후 발생한 사정을 반영시킬 수 있다는 점에서 형사사법의 적정성을 도모하는 것임과 동시에 피고인에게 유리한 제도이다. 다만, 형소법상 공소취소사유에 제한이 없으므로 검사가 증거불충분을 이유로 공소취소하였다가 후일 다시 공소를 제기할 수 있다는 점에서 피고인의 지위를 불안하게 하는 측면도 부인하기 어렵다.

공소취소는 공소사실의 철회와 구별된다. 공소취소는 소송법상 동일성이 인정되지 않는 수개의 공소사실의 전부 또는 일부를 철회하는 것(2004도3203)임에 반해, 공소사실의 철회(제298조 제1항)는 공소사실의 동일성이 인정되는 범위 내에서 공소사실의 일부를 철회하는 것이다(91도1438). 따라서 공소사실의 철회가 있더라도 해당 사건의 소송계속은 유지된다. 또한 공소취소는 구술로도 가능하지만(제255조 제2항 단서), 공소사실의 철회는 서면으로 하여야 한다(규칙 제142조 제1항).

2) 사 유

형소법에서는 공소취소사유에 제한을 두고 있지 않다. 공소제기 후에 법률 또는 판례의 변경과 같은 새로운 사정이 발생하였거나 공소제기 후에 소송조건이 결여되어 있음을 알게 된 경우, 증거불충분으로 인해 공소유지를 할 수 없다고 인정되는 경우 등이 이에 해당한다.

3) 절 차

(가) 주 체

공소취소는 검사만이 할 수 있다. 그러나 검사가 재정신청에 대한 법원의 공소제기결정(제262조 제2항 제2호)에 따라 공소를 제기한 때에는 이를 취소할 수 없다(제264조의2). 공수처검사가 재정신청에 대한 법원의 결정에 의해 공소를 제기한 때에도 마찬가지이다(공수처법 제47조).

(나) 방 식

공소취소는 이유를 기재한 서면으로 하여야 한다. 다만, 공판정에서

---

156) 공소제기 후에 공소취소를 허용하지 않는 입법주의를 공소불변경주의라고 한다. 독일 등 기소법정주의를 택하고 있는 국가들이 채택하고 있다.

는 구술로 할 수 있다(제255조 제2항). 공소취소사유에는 제한이 없으므로 그 이유를 기재하지 않더라도 공소취소는 유효하다.

검사는 공소를 취소한 때에는 7일 이내에 서면으로 고소인 또는 고발인에게 통지하여야 한다(제258조 제1항).

(다) 시 기

공소취소는 제1심판결선고 전까지 할 수 있다(제255조 제1항). 이는 검사의 처분에 의하여 재판의 효력이 좌우되는 것을 방지하기 위함이다. '제1심판결선고'란 제1심판결의 고지를 의미하는 것으로 실체판결인가 형식판결인가는 묻지 않는다.

제1심판결에 대한 상소심의 파기환송이나 이송의 판결이 있는 경우에 공소취소가 허용되는지에 대하여는 ① 법문상 '제1심판결'을 '제1심절차에서의 판결'로 해석하여 공소취소가 허용되지 않는 견해(다수설)가 있다. 그러나 ② 상소심에서 제1심판결을 파기하고 제1심법원에 환송하였다면 제1심판결은 그 효력을 상실하게 되고, 따라서 제1심판결선고가 없는 경우에 해당하므로 환송 후의 제1심판결선고 전까지는 공소취소가 허용된다. 다만, 제1심판결에 대한 재심심판절차에 있어서는 재심개시결정이 있었다고 하더라도 이미 확정된 제1심판결이 파기된 것은 아니므로 공소취소를 할 수 없다(76도3203). 또한 약식명령도 종국재판이므로 약식명령이 발부된 후에는 공소취소를 할 수 없지만, 약식명령에 대하여 정식재판의 청구된 경우에는 제1심재판이 새롭게 개시된 것이므로 정식재판의 제1심판결선고 전까지 공소취소를 할 수 있다.

4) 효 과

(가) 공소기각의 결정

공소가 취소되었을 때에는 법원은 공소기각의 결정을 하여야 하며(제328조 제1항 제1호), 이 결정에 대하여는 즉시항고할 수 있다(동조 제2항). 공소취소의 효력이 미치는 범위는 공소제기의 경우와 같다. 따라서 공소취소의 효력은 공소사실과 동일성이 인정되는 사실의 전부에 대하여 미친다.

(나) 재기소의 제한

공소취소에 의한 공소기각의 결정이 확정된 때에는 공소취소 후 그 범죄사실에 대한 다른 중요한 증거를 발견한 경우에 한하여 다시 공소를 제기할 수 있다(제329조). '다른 중요한 증거를 발견한 경우'란 공소취소 전의 증거만으로서는 증거불충분으로 무죄가 선고될 가능성이 있으나 새로 발견된 증거를 추가하면 충분히 유죄의 확신을 가지게 될 정도의 증거가 있는 경우를 말한다(2004도4957). 그러나 공소취소 전에 충분히 수집 또는 조사하여 제출할 수 있었던 증거들은 새로 발견된 증거에 해당한다고 보기 어렵다(2020도16827).

이는 단순일죄인 범죄사실에 대하여 공소가 제기되었다가 공소취소에의한 공소기각의 결정이 확정된 후 다시 종전 범죄사실 그대로 재기소하는 경우뿐만 아니라 범죄의 태양, 수단, 피해의 정도, 범죄로 얻은 이익 등 범죄사실의 내용을 추가 변경하여 재기소하는 경우에도 마찬가지이다. 따라서 단순일죄인 범죄사실에 대하여 공소취소로 인한 공소기각의 결정이 확정된 후에 종전의 범죄사실을 변경하여 재기소하기 위해서는 변경된 범죄사실에 대한 다른 중요한 증거가 발견되어야 한다(2008도9634).

(4) 기소편의주의에 대한 규제

기소독점주의에 대한 법적 규제는 기소편의주의에 대한 규제로 작용한다. 따라서 검사의 불기소처분에 대하여는 고소인 또는 고발인에 대한 통지(제258조 제1항) 및 이유고지제도(제259조), 검찰항고제도(검찰청법 제10조), 재정신청제도(제260조 이하) 등이 그대로 적용된다. 또한 피의자는 검사의 기소유예처분에 대하여 평등권과 행복추구권의 침해를 이유로 헌법소원을 제기할 수 있다(2020헌마892 등).

그러나 검사가 공소제기를 한 경우에는 법원이 실체재판을 통해 유·무죄의 판단을 하게 되므로 이에 대한 규제는 마련하고 있지 않다. 다만, 검사의 공소제기가 과도한 공소권남용으로 인정되는 경우에는 형식재판으로 소송을 종결시킬 수 있다는 학설과 판례가 있다(전술한 '공소권남용론' 참조).

Ⅲ. 공소제기의 방식

1. 공소장의 제출

(1) 방 식

공소장을 제기함에는 공소장을 관할법원에 제출하여야 한다(제254조 제1항). 공소제기는 서면인 공소장으로 하여야 하므로 구두나 전보 또는 팩시밀리에 의한 공소제기는 허용되지 않는다. 공소제기의 서면주의는 법원의 심판범위를 명확하게 할 뿐만 아니라 피고인의 방어준비를 용이하게 해 주는 기능을 한다. 따라서 서면인 공소장의 제출 없이 공소를 제기한 경우에는 이를 허용하는 특별한 규정이 없는 한 헌법 제27조 제1항에서 규정하는 '법률에 의한 재판을 받을 권리'를 침해하는 것으로서 공소제기에 요구되는 소송법상의 정형을 갖추었다고 할 수 없으므로 소송행위로서의 공소제기가 성립되었다고 볼 수 없다(2015도3682). 또한 검사가 전자문서나 저장매체를 이용하여 공소를 제기한 경우에도 법원은 저장매체에 저장된 전자문서부분을 제외하고 서면인 공소장에 기재된 부분만으로 공소사실을 판단하여야 한다(2016도19027).

(2) 첨부서류

검사가 공소장을 제출할 때 피고인의 수에 상응하는 부본을 첨부하여야 하며(제254조 제2항), 법원은 이 공소장부본을 늦어도 제1회 공판기일 5일 전까지 피고인 또는 변호인에게 송달하여야 한다(제266조).

또한 공소장에는 공소제기 전에 변호인이 선임되거나 보조인의 신고가 있는 경우 그 변호인선임서 또는 보조인신고서를, 공소제기 전에 특별대리인의 선임이 있는 경우 그 특별대리인 선임결정등본을, 공소제기 당시 피고인이 구속되어 있거나 체포 또는 구속된 후 석방된 경우 체포영장, 긴급체포서, 구속영장 기타 구속에 관한 서류를 각 첨부하여야 한다(규칙 제118조 제1항). 그러나 이들 서류 외에 사건에 관하여 법원에 예단이 생기게 할 수 있는 서류 기타 물건을 첨부하거나 그 내용을 인용하여서는 아니 된다(동조 제2항).

2. 공소장의 기재사항

(1) 필요적 기재사항

공소장에는 (i) 피고인의 성명 기타 피고인을 특정할 수 있는 사항(제1호), (ii) 죄명(제2호), (iii) 공소사실(제3호), (iv) 적용법조(제4호)를 기재하여야 한다(제254조 제3항). 이 외에 피고인이 구속되어 있는지 여부도 기재하여야 한다(규칙 제117조 제1항 제2호). 이를 필요적 기재사항이라고 한다.

또한 검사는 공소장에 작성연월일과 소속공무소를 기재하고 기명날인 또는 서명하여야 하고, 공소장이 여러 장인 경우에는 간인을 하여야 한다(제57조 참조).

통상적으로는 기명 또는 서명날인하고 있다.[157] 따라서 검사의 기명날인 또는 서명이 없는 공소장제출에 의한 공소의 제기는 특별한 사정이 없는 한 그 절차가 법률의 규정에 위반하여 무효일 때(제327조 제2호)에 해당한다. 다만, 공소를 제기한 검사가 공소장에 기명날인 또는 서명을 추완하는 등의 방법에 의하여 공소의 제기가 유효하게 될 수 있다(2019도17150). 또한 간인은 서류작성 후 그 서류의 일부가 누락되거나 교체되지 않았다는 사실을 담보하기 위한 것이므로 공소장에 검사의 간인이 없더라도 그 공소장의 형식과 내용이 연속된 것으로서 일체성이 인정되고 동일한 검사가 작성하였다고 인정되는 한 그 공소장을 제57조 제2항에 위반되어 효력이 없는 서류라고 할 수 없고, 따라서 이러한 공소장제출에 의한 공소제기는 '공소제기의 절차가 법률의 규정을 위반하여 무효일 때'(제327조 제2호)에 해당하지 않는다(2020도16259).

1) 피고인의 성명 기타 피고인을 특정할 수 있는 사항

피고인을 특정하기 위한 사항에는 피고인의 성명 이외에 주민등록번호 또는 생년월일, 직업[158], 주거 및 등록기준지를 기재하여야 한다(규칙 제117조 제1항 제1호). 피고인이 법인인 경우에는 사무소 및 대표자의 성명과 주소를 기재하여야 한다(동호 단서). 만일 이러한 사항이 명백하지 않을 때에는 그 취지를 기재하고(동조 제2항), 그 밖에 피고인을 특정할 수 있는 인상·체격을 기재하거나 사진을 첨부할 수 있다.

피고인 특정의 정도는 타인과 구별할 수 있는 정도이면 충분하다. 생년월일이나 주거 등에 의해 특정할 수 있는 한 피고인의 성명이 본명이거나 정확할 것도 요하지 않는다. 피고인이 특정되지 아니하면 '공소제기의 절차가 법률의 규정을 위반하여 무효일 때'(제327조 제2호)에 해당하므로 공소기각판결의 사유가 된다.[159] 다만, 성명모용의 경우는 피고인이 특정되었다고 볼 수 없으므로 검사는 공

157) 판례는 "공소장에 대하여도 제57조, 규칙 제40조가 적용되어 서명날인을 기명날인으로 갈음할 수 있는 것으로 보아야 하므로 검사의 기명날인이 된 공소장이 법률이 정한 형식을 갖추지 못한 것으로 볼 수 없"다(2007도4961)고 하였다.

158) 판례는 "공소장의 공소사실 첫머리에 피고인이 전에 받은 소년부송치처분과 직업 없음을 기재하였다 하더라도 이는 제254조 제3항 제1호에서 말하는 피고인을 특정할 수 있는 사항에 속하는 것이어서 그와 같은 내용의 기재가 있다 하여 공소제기의 절차가 법률의 규정에 위반된 것이라고 할 수 없고 또 헌법상의 형사피고인에 대한 무죄추정조항이나 평등조항에 위배되는 것도 아니다"(90도1813)고 하였다.

159) 판례는 "피고인의 성명 기타 피고인을 특정할 수 있는 사항, 적용법조 등이 기재되어

소장정정절차를 거쳐 피고인의 인적 사항을 정정하여 기재함으로써 피고인의 표시를 바로 잡아야 하며, 만일 검사가 피고인의 성명을 정정하지 않는 경우에는 법원은 피고인의 불특정을 이유로 법원은 공소기각의 판결을 하여야 한다(92도2554).

2) 죄 명

죄명이란 「형법」 각칙과 특별형법에 규정되어 있는 범죄의 명칭을 말한다. 이는 적용법조의 기재와 함께 공소제기의 범위를 정하는 보조적 기능을 한다. 죄명은 구체적으로 표시하여야 하며, 그 기재는 대검찰청예규인 「공소장 및 불기소장에 기재할 죄명에 관한 예규」에 따른다. 공소사실이 복수인 때에는 기재된 공소사실의 죄명을 모두 표시하여야 한다.

3) 공소사실

(가) 의 의

공소사실은 검사가 법원에 심판을 청구한 사실로서 범죄의 특별구성요건에 해당하는 구체적 범죄사실을 말하며, 법원의 심판대상이 된다.

(나) 공소사실의 특정

가) 특정의 정도

공소사실의 기재는 범죄의 일시·장소·방법 등을 명시하여 사실을 특정할 수 있도록 하여야 한다(제254조 제4항). 이는 심판대상을 한정함으로써 심판의 능률과 신속을 꾀함과 동시에 방어의 범위를 특정하여 피고인의 방어권 행사를 쉽게 해주기 위한 것이다(2019도10086). 따라서 공소사실은 다른 사실과의 식별이 가능하도록 범죄구성요건에 해당하는 구체적 사실을 기재하여야 하며, 추상적 구성요건만을 기재함에 그치게 되면 공소제기절차가 부적법한 것으로 된다(2013노4172).

그러나 일부 사실이 불명확하더라도 구성요건사실이 다른 사실과 구별되어 피고인의 방어권행사에 지장이 없다면 공소사실이 특정되었다고 할 수 있다. 따라서 제3자뇌물수수죄의 경우 공소사실은 범죄의 일시, 장소를 비롯하여 구

있지 않고, 이 사건 공소장변경허가신청서가 피고인 또는 변호인에게 송달되지는 않았으며, 새로운 공소의 제기에 대한 사건번호의 부여 및 사건배당절차도 거치지 않은 사실이 각 인정된다"는 사안에서, "엄격한 형식과 절차에 따른 공소장의 제출은 공소제기라는 소송행위가 성립하기 위한 본질적 요소라고 할 것이므로, 공소의 제기에 현저한 방식 위반이 있는 경우에는 공소제기의 절차가 법률의 규정에 위반하여 무효인 경우에 해당하고, 위와 같은 절차위배의 공소제기에 대하여 피고인과 변호인이 이의를 제기하지 아니하고 변론에 응하였다고 하여 그 하자가 치유되지는 않는다"(2008도11813)고 하였다.

성요건사실이 다른 사실과 구별되어 공소사실의 동일성의 범위를 구분할 수 있다면 부정한 청탁의 내용은 구체적으로 기재되어 있지 않더라도 공무원 또는 중재인의 직무와 제3자에게 제공되는 이익 사이의 대가관계를 인정할 수 있을 정도로 특정되면 충분하다(2016도19659).

나) 범죄유형과 특정방법

경합범의 공소사실은 각 범죄사실이 모두 특정될 수 있도록 개별적으로 기재하여야 한다(95도2121). 따라서 사기죄에 있어서 피해자가 여러 명일 경우에는 범행이 단일하고 수법이 동일하더라도 피해자별로 사기죄가 성립하므로 각 피해자와 피해자별 피해액을 특정하여 기재하여야 한다(2004도2390). 또한 교사범이나 방조범의 공소사실에는 교사행위·방조행위뿐만 아니라 그 전제가 되는 정범의 범죄구성요건사실을 기재하여야 한다(2001도5158). 공모공동정범에는 공모가 '범죄될 사실'인 이상 범죄에 공동가공하여 범죄를 실현하려는 의사결합이 있었다는 것은 실행행위에 직접 관여하지 아니한 자에게 다른 공범자의 행위에 대하여 공동정범으로서의 형사책임을 지울 수 있을 정도로 특정되어야 한다.[160]

(다) 개괄적 기재의 허용

공소사실의 특정을 지나치게 엄격하게 요구하게 되면 공소의 제기·유지는 그만큼 어렵게 된다. 따라서 범죄의 성격상 부득이한 때에는 피고인의 방어권행사에 불이익을 주지 않는 범위 내에서 범죄의 일시, 장소, 방법 등에 대하여 개괄적으로 기재하더라도 무방하다(2018도0447). 즉, 범행일시는 이중기소나 시효에 저촉되지 않을 정도로 기재하면 되고(2014도2727), 범죄장소는 토지관할을 가름할 수 있을 정도로 기재하면 되며, 범행방법은 범죄구성요건을 밝힐 수 있는 정도로 기재하면 충분하다(2014도2727). 따라서 범죄 일시와 장소가 명확하지 않을 경우에

160) 한편, 판례는 "전자금융거래법은 획일적으로 '접근매체의 교부'를 처벌대상으로 규정하는 것이 아니라 교부의 태양 등에 따라 접근매체의 '양도', '대여', '전달', '질권 설정'을 구분하는 등 구성요건을 세분화하고 있고(제6조 제3항, 제49조 제4항), 접근매체의 '양도', '대여', '전달'의 의미와 요건 등은 구별되는 것이어서 그 판단기준이 다르다고 해석되므로, 범행방법에 있어서도 가능한 한 위 각 구성요건을 구별할 수 있는 사정이 적시되어야 한다"고 하면서, "공소사실에 기재된 피고인의 행위는 '체크카드와 비밀번호를 성명불상자에게 건네주었다'는 것으로서, 대여·전달 등과 구별되는 양도를 구성하는 고유한 사실이 적시되지 않았는바, 피고인이 자신의 의사로 체크카드 등을 건네준 것이 아니라고 주장하면서 공소사실을 부인하는 이 사건에서 위 공소사실 기재는 피고인에게 방어의 범위를 특정하기 어렵게 함으로써 방어권을 행사하는 데 지장을 초래할 수 있다"(2020도14662)고 하였다.

'몇 시경' 또는 '어디 부근'이라는 식으로의 개괄적인 기재가 가능하다(2009도9717). 그러나 공소시효 완성 여부를 판별할 수 없을 정도로 개괄적으로 기재되었다면 공소사실이 특정되었다고 볼 수 없다(2022도8257).

또한 포괄일죄의 경우에도 일죄의 일부를 구성하는 개개의 행위에 대하여 구체적으로 특정하지 않더라도 그 전체범행의 시기와 종기·범행방법·범행횟수 또는 피해액의 합계 및 피해자나 상대방을 기재하면 충분하다(2012도5220). 하지만 마약류사범에 대하여 "피고인은 마약류 취급자가 아님에도 불구하고, 2007. 4.경 내지 6.경 사이에 알 수 없는 곳에서, 향정신성의약품인 엠디엠에이(MDMA, 일명 '엑스타시')를 알 수 없는 방법으로 투약하였다"고 기재한 것만으로는 피고인의 방어권의 행사에 지장을 초래할 위험성이 크므로 심판대상이 한정되었다고 보기 어렵다(2008도10914).[161)]

(라) 공소사실 불특정의 효과

공소사실이 특정되지 아니한 공소제기는 무효이고, 따라서 '공소제기의 절차가 법률의 규정을 위반하여 무효일 때'(제327조 제2호)에 해당하므로 공소기각의 판결을 하여야 한다. 다만, 구체적 범죄구성요건사실이 표시되어 있지만 그 특정된 내용이 부분적으로 불명확한 경우에는 검사 또는 법원의 석명에 의하여(규칙 제141조) 사후적으로 추완이 인정된다. 따라서 공소장의 기재사실의 일부가 불명확한 경우에 법원은 검사에게 석명을 구하여야 하고, 그럼에도 불구하고 검사가 이를 특정하지 않는다면 그 부분에 대해서 공소기각의 판결을 하여야 한다(2022도8257[162)]). 그러나 공소사실이 전혀 특정되지 아니한 때에는 공소제기의 하자가 치유될 수 없다(다수설, 95도2121 참조).

---

161) 판례는 "모발감정결과에 기초한 투약가능기간의 추정은 수십 일에서 수개월에 걸쳐 있는 경우가 많은데, 마약류 투약범죄의 특성상 그 기간 동안 여러 번의 투약가능성을 부정하기 어려운 점에 비추어 볼 때, 그와 같은 방법으로 추정한 투약가능기간을 공소 제기된 범죄의 범행시기로 인정하는 것은, 피고인의 방어권 행사에 현저한 지장을 초래할 수 있고, 매 투약 시마다 별개의 범죄를 구성하는 마약류 투약 범죄의 성격상 이중기소 여부나 일사부재리의 효력이 미치는 범위를 판단하는 데에도 곤란한 문제가 생길 수 있다"고 전제하고, 따라서 모발감정결과만을 토대로 마약류 투약기간을 추정하고 유죄로 판단하는 것은 신중하여야 한다고 하였다(2023도8024).

162) 판례는 "공소사실의 취지가 명확하면 법원은 이에 대하여 석명권을 행사할 필요는 없으나, 공소사실의 기재가 오해를 불러일으키거나 명료하지 못한 경우에는 규칙 제141조에 의하여 검사에 대하여 석명권을 행사하여 그 취지를 명확하게 하여야 한다"(2020도17583)고 하였다.

4) 적용법조

적용법조의 기재는 공소사실에 대한 법률적 평가를 명확히 함으로써 죄명과 함께 공소제기의 범위를 확정하는데 보조적 기능을 할 뿐만 아니라 피고인의 방어권을 보장하기 위한 것이다(2018도3443). 따라서 적용법조에는 공소사실에 적용할 「형법」 각칙 또는 특별형법의 법조뿐만 아니라 총칙상 미수·공범·부작위에 관한 법조도 기재하여야 한다.

그러나 적용법조의 기재에 오기가 있거나 그것이 누락된 경우라 할지라도 이로 인해 피고인의 방어에 실질적 불이익이 없는 한 공소제기의 효력에는 영향이 없고, 법원으로서도 공소장변경의 절차를 거침이 없이 곧바로 공소장에 기재되어 있지 않은 법조를 적용할 수 있다(2018도3443). 하지만 적용법조의 기재의 오기 또는 누락에 의해 피고인의 방어권행사에 실질적인 침해가 초래된 경우에는 공소제기는 무효가 된다.[163]

(2) 예비적·택일적 기재

1) 의 의

공소장에는 수개의 범죄사실과 적용법조를 예비적 또는 택일적으로 기재할 수 있다(제254조 제5항). '예비적 기재'란 수개의 범죄사실 또는 적용법조에 대하여 심판순서를 정하여 선순위의 범죄사실이나 적용법조가 인정되지 않는 경우에 후순위의 범죄사실 또는 적용법조에 대하여 심판을 구하는 기재방법을 말한다. 이때 선순위의 공소사실을 주위적 공소사실 또는 본위적 공소사실이라고 하고, 후순위의 사실을 예비적 공소사실이라고 한다. '택일적 기재'란 심판순서를 정하지 않고 어느 것을 인정해도 좋다는 취지를 기재하는 공소장기재방식을 말한다.

범죄사실과 적용법조의 예비적·택일적 기재를 허용하는 것은 공소제기시의 범죄사실은 범죄의 객관적 혐의에 불과하고 검사의 심증형성이 충분하지 않을 수도 있다는 점을 고려하여 검사의 공소제기와 공소유지를 용이하게 하기 위한 것이다. 검사는 공소제기 후 공소장변경에 의해서도 공소사실과 적용법조를 예비적 또는 택일적으로 변경할 수 있다(제298조).

공소장의 예비적·택일적 기재는 공소제기 후 공판심리 중에 법원 또

---

163) 그러나 판례는 "법률의 해석 및 적용 문제는 법원의 전권이므로, 공소사실이 아닌 어느 처벌조항을 준용할지에 관한 해석 및 판단에 있어서는 법원은 검사의 공소장기재 적용법조에 구속되지 않는다"(2018도3443)고 하였다.

는 검사의 심증형성이 변경됨에 따라 공소사실과 적용법조를 변경하는 공소장변경과 구별된다.

2) 허용범위

(가) 소 극 설

공소사실의 예비적·택일적 기재는 범죄사실의 동일성이 인정되는 범위 안에서만 허용된다는 견해이다(한정설, 다수설). 이 견해에 따르면 실체적 경합관계에 있는 수개의 범죄사실에 대하여는 예비적·택일적 기재가 허용되지 않는다.

그 근거로는 (i) 제254조 제5항의 '수개의 범죄사실'은 입법의 착오로서, 동일성이 인정되지 않는 수개의 공소사실을 예비적·택일적으로 공소장에 기재하는 것은 조건부 공소제기를 허용하는 것이 되고, (ii) 전혀 별개의 범죄사실은 경합범으로 기소하거나 추가기소하여야 하며, 이를 예비적·택일적으로 기소하게 되면 피고인의 방어권을 침해하게 될 뿐만 아니라 기판력, 즉 일사부재리의 효력이 미치는 범위를 불명확하게 한다는 점 등을 들고 있다.

(나) 적 극 설

범죄사실의 동일성이 인정되지 않는 실체적 경합관계에 있는 수개의 범죄사실 사이에서도 공소사실의 예비적·택일적 기재가 허용된다는 견해이다(비한정설).

그 근거로는 (i) 이 제도의 존재이유가 공소장변경에 의하여 치유할 수 없는 불합리를 제거하여 소송경제를 도모하는 데 있고, (ii) 제254조 제5항에서는 '수개의 범죄사실'을 예비적·택일적으로 기재할 수 있다고 규정하고 있을 뿐 공소사실의 동일성을 요구하는 규정이 없으며, (iii) 검사에게 수개의 범죄사실을 독립적으로 기재하거나 수개의 공소장을 제출하게 하는 것은 무용한 절차를 반복하게 할 뿐만 아니라 실체적 경합관계에 있는 수개의 범죄사실의 예비적·택일적 기재를 허용하더라도 피고인의 방어권을 침해하는 것이 아니라는 점 등을 들고 있다.

(다) 검 토

동일성이 인정되지 않는 별개의 범죄사실에 대하여도 예비적·택일적 기재를 허용하게 되면 피고인의 방어부담이 커질 수밖에 없으므로 공소사실의 예비적·택일적 기재는 범죄사실의 동일성이 인정되는 범위 안에서만 허용되어야 한다.

판례는 "제254조 제5항에 수개의 범죄사실과 적용법조를 예비적 또는 택일적으로 기재할 수 있다 함은 수개의 범죄사실 간에 범죄사실의 동일성이 인정되는 범위 내에서는 물론 그들 범죄사실 상호간에 범죄의 일시, 장소, 수단 및 객체 등이 달라서 수개의 범죄사실로 인정되는 경우에도 이들 수개의 범죄사실을 예비적 또는 택일적으로 기재할 수 있다는 취지다"(63도114)라고 한다. 따라서 판례의 태도에 따르면 수개의 범죄사실을 예비적·택일적으로 기재한 경우라고 하더라도 현행법상 공소제기가 무효는 아니라고 할 것이므로 법원은 공소기각의 판결을 할 것이 아니라 검사에게 공소장을 경합범으로 보정하게 하여야 한다. 다만, 소극설을 따르더라도 현실적으로 적극설과 실질적인 차이는 없게 된다.

3) 법원의 심판

(가) 대 상

예비적·택일적 기재의 경우 공소제기의 효력은 공소사실 전체에 미치므로 공소장에 기재된 모든 범죄사실이 법원의 심판대상이 된다. 따라서 예비적 기재의 경우 주위적 공소사실뿐만 아니라 예비적 공소사실도 심판대상이 되며(2006도1146), 택일적 기재의 경우에는 택일적으로 기재된 공소사실 전부가 심판대상이 된다.

항소심에서도 예비적 기재의 경우에는 제1심에서 주위적 공소사실을 유죄로 인정한 경우에 제1심판결을 파기하고 공소장변경 없이 예비적 공소사실을 유죄로 인정할 수 있고, 택일적 기재의 경우에는 하나의 사실을 유죄로 인정한 원심판결을 파기하고 다른 사실을 유죄로 인정할 수 있다(70도2660).

(나) 순 서

예비적 기재의 경우에는 주위적 공소사실에 대하여 먼저 심리·판단하여야 하고, 주위적 공소사실이 유죄로 인정되지 않은 경우에 예비적 공소사실을 심리·판단하여야 한다. 따라서 위와 같은 판단순서를 따르지 않으면 위법으로 상소이유가 된다(76도1126).

그러나 택일적 기재의 경우에는 심판의 순서에 제한이 없다. 따라서 택일적 범죄사실 중에 하나가 유죄로 인정된 경우에 검사는 다른 범죄사실을 인정하지 않은 것을 이유로 상소할 수 없다. 하지만 택일적 범죄사실 모두에 대하여 무죄를 선고한 경우에 검사는 택일적 기재 중 어느 하나는 성립한다는 취지로 불복할 수 있다(2004도7232).[164)]

---

164) 판례는 "특정 증여대상물에 대하여 택일적으로 기재된 증여자 중 어느 쪽도 증여자로

(다) 판단방법

가) 예비적 기재

예비적 기재에 있어서 주위적 공소사실이 유죄로 인정되는 경우에는 판결주문에 유죄를 선고하고 판결이유에서도 예비적 공소사실에 대하여 판단할 필요가 없다. 다만, 주위적 공소사실은 무죄이지만 예비적 공소사실을 유죄로 인정하는 때에 주위적 공소사실에 대한 판단을 밝혀야 하는지에 대하여는 ① 필요하지 않다는 견해가 있다. 그러나 ② 예비적 기재의 경우에는 법원이 심판순서에 제한을 받을 뿐만 아니라 피고인의 상소권을 보장하기 위해 이를 명시하여야 한다. 다만, 이때에는 판결주문에 유죄를 선고하고, 주위적 공소사실에 대해서는 판결주문에서 별도로 무죄를 선고할 필요는 없고 판결이유에서 주위적 공소사실을 유죄로 인정하지 않는 이유를 설시하면 된다.

하지만 주위적·예비적으로 기재된 모든 공소사실에 대하여 무죄가 인정되는 경우에는 판결주문에서 무죄를 선고하고, 판결이유에서 모든 범죄사실과 적용법조에 대하여 판단하여야 한다.

나) 택일적 기재

택일적으로 기재된 공소사실 중에서 어느 하나를 유죄로 인정하는 경우에는 유죄로 인정된 공소사실에 대한 판단만을 판결주문에서 표시하면 충분하고, 다른 공소사실에 대해서는 판결이유에서도 판단할 필요가 없다.

그러나 택일적으로 기재된 모든 공소사실에 대하여 무죄가 인정되는 경우에는 판결주문에서 무죄를 선고하고, 판결이유에서 모든 범죄사실과 적용법조에 대하여 판단하여야 한다(2004도7232).

인정되지 않는다고 보아 무죄로 판단하는 경우에는 택일적으로 기재된 증여자 모두에 관하여 증여자로 인정할 수 없는 이유를 밝혀야 하는 한편, 검사로서는 특정 증여대상물에 대하여 택일적으로 기재된 증여자 중 한 쪽을 증여자로 인정하여 유죄로 판단한 부분에 관하여 나머지 한 쪽을 증여자로 인정하지 않았다는 이유로 불복할 수는 없는 것이지만, 특성 증여대상물에 대하여 택일적으로 기재된 증여자 중 어느 쪽도 증여자로 인정되지 않는다는 이유로 무죄로 판단한 부분에 관하여는 택일적으로 기재된 증여자 중 적어도 어느 한 쪽은 증여자에 해당한다는 취지로 불복할 수 있다"(2004도7232)고 하였다.

3. 공소장일본주의

(1) 의 의

공소장일본주의란 검사가 공소를 제기할 때에는 원칙적으로 공소장 하나만을 제출하여야 하고, 그 밖에 사건에 관하여 법원에 예단을 생기게 할 수 있는 서류 기타 물건을 첨부하거나 그 내용을 인용하여서는 아니 된다는 원칙을 말한다(2012도2957). 규칙 제118조 제2항에서는 "공소장에는 소정의 서류(규칙 제118조 제1항) 외에는 사건에 관하여 법원에 예단이 생기게 할 수 있는 서류 기타 물건을 첨부하여서는 아니 된다"고 규정하여 공소장일본주의를 취하고 있다.

공소장일본주의는 법원이 공평한 제3자의 위치에서 공소사실에 대한 예단이나 편견 없이 공판정에서의 양 당사자의 소송추행활동을 통해 비로소 공소사실에 대한 심증형성을 가능하게 한다는 점에서 당사자주의 소송구조를 구현하는 제도로서 (i) 법관이 사건에 대하여 백지의 상태에서 제1회 공판기일에 임하게 함으로써 사건에 대한 예단을 갖는 것을 방지하고, (ii) 법관이 공판기일의 심리에서 당사자의 공격과 방어를 통해 심증을 형성하게 함으로써 공판중심주의를 실현할 수 있으며, (iii) 공판 전에 법관이 수사기관이 작성한 수사기록을 볼 수 없도록 차단함으로써 위법수집증거 등 증거능력 없는 증거에 의하여 법관이 부당하게 심증형성을 하지 못하도록 차단하는데 기여한다.[165]

(2) 내 용

1) 첨부와 인용의 금지

(가) 첨부금지

공소장에는 사건에 관하여 법원에 예단이 생기게 할 수 있는 서류 기타 물건을 첨부하여서는 아니 된다. '예단이 생기게 할 수 있는 서류 기타 물건'이란 사건의 실체심리 이전에 법관의 심증형성에 영향을 줄 수 있는 자료를 말한다. 따라서 수사서류나 증거서류 또는 증거물의 첨부는 허용되지 않는다.

---

165) 직권주의에서는 법원이 직접 심리를 주도하고 증거를 탐지하는 역할을 수행하게 되므로 공판심리 전에 사건이 실체에 대한 판단이 요구되고, 따라서 공소장일본주의를 택하지 않는다. 독일에서는 공소장과 함께 수사기록을 제출하고, 공소장에는 예비피고인, 그에게 책임을 지우고 있는 범행, 그 범행을 저지른 시간과 장소, 범죄의 법률적 표지, 적용법조를 기재하도록 하고 있다(독일 형소법 제199조 제2항, 제200조).

그러나 예단을 줄 염려가 없는 물건을 공소장에 첨부하는 것은 상관없다. 규칙 제118조 제1항에서는 "공소장에는 공소제기 전에 변호인이 선임되거나 보조인의 신고가 있는 경우 그 변호인선임서 또는 보조인신고서를, 공소제기 전에 특별대리인의 선임이 있는 경우 그 특별대리인 선임결정등본을, 공소제기 당시 피고인이 구속되어 있거나, 체포 또는 구속된 후 석방된 경우 체포영장, 긴급체포서, 구속영장 기타 구속에 관한 서류를 각 첨부하여야 한다"고 규정하고 있다.

(나) 인용금지

공소장에는 사건에 관하여 법원에 예단이 생기게 할 수 있는 서류 기타 물건의 내용을 인용하여서는 아니 된다. '인용'이란 현물의 존재를 암시하는 기재를 의미하지만 반드시 명시되어야 하는 것은 아니다.

그러나 공소사실을 특정하는 데 필요한 문서의 전부 또는 일부를 인용하는 것은 허용된다. 따라서 문서를 수단으로 한 협박·공갈·명예훼손 등의 사건에서처럼 문서의 기재내용 그 자체가 범죄구성요건에 해당하는 중요한 요소인 경우에는 이를 인용할 수 있다. 또한 범죄의 성격상 그 범의나 공모관계, 범행의 동기나 경위 등을 명확히 하기 위하여 구체적인 사징을 적시하기 위하여 증거서류의 내용을 인용하는 것도 허용된다(2009도7436).

2) 여사기재의 금지

여사기재란 공소장의 기재사항인 제254조 제3항과 규칙 제117조에 규정된 기재사항 이외의 사항을 공소장에 기재하는 것을 말한다. 법관에게 사건에 대하여 예단을 줄 수 있는 여사기재는 허용되지 않는다(통설). 따라서 피고인의 전과, 피고인의 악성격·경력, 범행동기, 여죄사실 등은 예단을 생기게 할 수 있는 사항으로서 원칙적으로 기재가 허용되지 않는다. 하지만 공소사실과 밀접한 관련이 있고 공소사실을 명확하게 하기 위해 필요한 사항에 대하여는 그 기재가 허용된다. 이때 여사기재의 허용 여부는 공소장에 첨부 또는 인용된 서류 기타 물건의 내용, 그리고 법령이 요구하는 사항 외에 공소장에 기재된 사실이 법관 또는 배심원에게 예단을 생기게 하여 법관 또는 배심원이 범죄사실의 실체를 파악하는 데 장애가 될 수 있는지 여부를 기준으로 해당 사건에서 구체적으로 판단하여야 한다(2012도2957).

판례는 "공소사실의 첫머리에 공소사실과 관계없이 법원의 예단만 생기게 할 사유를 불필요하게 나열하는 것은 옳다고 할 수 없고, 공소사실과 관련이 있는 것도 원칙적으로 범죄의 구성요건에 적어야 하며 이를 첫머리 사실로서 불필요하게 길고 장황하게 나열하는 것을 적절하다고 할 수 없다"고 하면서도, 공소장에 기재된 첫머리 사실이 공소사실의 범의나 공모관계, 공소범행에 이르게 된 동기나 경위 등을 명확히 나타내기 위하여 적시한 것으로 보이는 때에는 공소제기의 방식이 공소장일본주의에 위배되지 않는다고 한다(2014도15129).

(가) 전과의 기재

전과의 기재가 허용되는지에 대하여는 ① 동종의 전과는 기재해서는 되지 않지만 이종의 전과를 기재하는 것은 삭제하면 충분하다는 견해가 있다. 그러나 ② 동종의 전과는 물론, 이종의 전과도 법원으로 하여금 예단을 생기게 할 수 있으므로 원칙적으로 기재가 허용되지 않는다. 판례는 소년부송치처분 등 범죄전력을 기재한 것에 대하여 동종의 전과에 대해서도 '피고인을 특정할 수 있는 사항'에 속하는 것이라고 하여 허용된다고 한다(90도1813). 하지만 공소장의 모두사실에 공소사실과 관련이 있다는 이유로 범죄전력을 불필요하게 장황하게 나열하여 기재한 것은 공소장일본주의의 위배로 위법하다고 한다(2020도12017).

한편, 누범전과의 기재가 허용되는지에 대하여는 ① 이를 부정하는 견해가 있다. 그러나 ② 누범전과는 범죄사실 자체이거나 법률상 형을 가중하는 근거가 있는 사실로서 범죄사실에 준하는 사실이므로 그 기재는 공소장일본주의에 위반되지 않는다(다수설). 따라서 누범전과는 공소사실에 준하여 공소장에 기재하여야 한다. 마찬가지로 전과가 상습범의 경우와 같이 범죄구성요건으로 되어 있거나 전과를 수단으로 한 공갈이나 강도와 같이 전과가 범죄사실의 내용을 이루는 경우, 또는 전과로 인해 형의 선고유예나 집행유예의 결격사유로 되거나 실효대상이 되는 경우에는 공소사실의 특정을 위해 전과의 기재가 허용된다.

(나) 전과 이외의 성격 등의 기재

전과 이외의 피고인의 악성격이나 과거의 경력 등을 기재하는 것은 전과와 마찬가지로 예단을 생기게 할 수 있다는 점에서 허용되지 않는다. 판례는 종래 공소장 첫머리에 피고인의 과거 경력, 성향, 활동 등에 관한 사항을 기재하는 것은 부적절하지만 이를 공소사실에서 삭제하면 된다는 태도(99도1860)를 취하였으나, 그것이 피고인이 충분히 그 기소된 범죄들을 저지를 수 있는 자라는 강한 유죄의 심증을 불러일으키게 하는 경우에는 공소장일본주의에 위배된다고 한다(2012도2957).

그러나 피고인의 성격 등이 상습성 인정의 자료가 되거나 공갈이나 강도의 수단이 되는 등, 범죄구성요건요소가 되거나 범죄구성요건과 밀접한 관계가 있는 경우에는 예외적으로 기재가 허용된다.

(다) 범죄동기의 기재

범죄의 동기나 원인은 범죄사실이 아니므로 원칙적으로 기재가 허용되지 않는다. 그러나 판례는 살인, 방화 등의 경우 범죄의 직접적인 동기 또는 공소범죄사실과 밀접불가분의 관계에 있는 동기를 공소사실에 기재하는 것은 공소장일본주의 위반이 아니고, 설사 범죄의 직접적인 동기가 아닌 경우에도 동기의 기재는 공소장의 효력에 영향을 미치지 않는다고 한다(2014도15129).

(라) 여죄의 기재

심판대상인 범죄사실 이외에 여죄를 기재하는 것은 법관에게 예단을 가지게 할 수 있으므로 허용되지 않는다.

공소장에 여죄가 기재된 경우의 처리방법에 대하여는 ① 구체적인 범죄사실의 기재가 없는 여죄존재의 지적은 단순한 여사기재로서 삭제를 명하면 충분하다고 하는 견해가 있다. 그러나 ② 여죄기재 자체가 심각하게 법원에 예단을 생기게 할 수 있으므로 무죄추정의 원칙과 예단배제의 요청에 비추어 볼 때 모든 여죄기재는 공소기각의 판결의 대상이 된다(다수설). 판례는 공소장에 기재된 사실 중 공판심리대상이 아닌 공소시효가 완성된 범죄사실을 기재한 것은 위법이 아니라고 한다(83도1979).[166]

(3) 적용범위와 그 예외

1) 적용범위

공소장일본주의는 정식재판절차에만 적용되는 것으로, 공소제기 시에 인정되는 원칙이다. 따라서 공판절차갱신 후의 절차, 파기환송 또는 이송 후의 절차, 상소심의 절차에는 공소장일본주의가 적용되지 않는다.

2) 예 외

(가) 약식절차

약식절차에서는 공소장일본주의가 적용되지 않는다. 즉, 검사가 약식

166) 판례는 "제254조 제3항은 공소장에 동항 소정의 사항들을 필요적으로 기재하도록 한 규정에 불과하고 그 이외의 사항의 기재를 금지하고 있는 규정이 아니므로 공소시효가 완성된 범죄사실을 공소범죄 사실 이외의 사실로 기재한 공소장이 위 제254조 제3항의 규정에 위배된다고 볼 수 없다"(83도1979)고 하였다.

명령을 청구할 때에는 공소제기와 동시에 수사기록과 증거물을 법원에 제출하여야 한다(제449조). 다만, 약식명령의 청구가 있는 경우에도 법원이 약식명령을 할 수 없거나 부당하다고 인정하여 공판절차에 의하여 심판하거나(제450조), 정식재판의 청구(제453조)가 있는 때에는 공소장일본주의가 적용된다.

(나) 즉결심판절차

즉결심판절차에서는 공소장일본주의가 적용되지 않는다. 즉, 경찰서장은 즉결심판의 청구와 동시에 즉결심판을 함에 필요한 서류 또는 증거물을 판사에게 제출하여야 한다(즉결심판법 제4조). 또한 즉결심판에 대하여 정식재판의 청구가 있는 경우 경찰서장은 판사로부터 송부 받은 사건기록과 증거물을 지체 없이 관할 지방검찰청 또는 지청의 장에게 송부하여야 하고, 그 검찰청 또는 지청의 장은 지체 없이 관할법원에 이를 송부하여야 한다(동법 제14조 제3항).

(다) 공판기일 전의 증거조사와 증거제출

형소법에서는 공판기일 전의 증거조사(제273조)와 당사자의 공판기일 전의 증거제출(제274조)을 제한적으로 인정하고 있는데, 이때에는 공소장일본주의가 적용되지 않는다.

(4) 공소장일본주의 위반의 효과

공소장일본주의의 위반은 공소제기의 방식에 관한 중대한 위반이므로 이러한 공소제기는 무효이고, 따라서 '공소제기의 절차가 법률의 규정을 위반하여 무효일 때'(제327조 제2호)에 해당하므로 법원은 공소기각의 판결을 하여야 한다. 공소장일본주의의 위배 여부는 공소사실로 기재된 범죄의 유형과 내용 등에 비추어 볼 때에 공소장에 첨부 또는 인용된 서류 기타 물건의 내용, 그리고 법령이 요구하는 사항 외에 공소장에 기재된 사실이 법관 또는 배심원에게 예단을 생기게 하여 법관 또는 배심원이 범죄사실의 실체를 파악하는 데 장애가 될 수 있는지 여부를 기준으로 해당 사건에서 구체적으로 판단하여야 한다(2020도3972).

한편, 공소제기가 공소장일본주의에 반한 경우에 하자가 치유될 수 있는지에 대하여는 ① 여사기재가 예단이 생기게 할 염려가 있으면 법관의 심증형성에 영향을 미칠 수 있으므로 하자는 치유될 수 없지만, 여사기재의 정도가 예단이 생기게 할 정도에 이르지 않은 경우에는 공소장일본주의에 반하지 아니하고, 따라서 여사기재는 삭제하면 충분하다는 견해가 있다. 그러나 ② 공소장일본주의는 공판중심주의의 원칙을 유지하고 공정한 재판을 위한 것이므로 그 위반의 정도가 심한 경우에는 법원은 피고인의 이의제기가 없더라도 '공소제기의 절차가 법률의 규정에 위반하여 무효일 때'(제327조 제2호)에 해당하므로 공소기각의 판결을 하여야 한다. 다만, 판례는 공소장일본주의 위반에 따른 공소기각의 판결을 하기 위해서는 공소장 기재의 방식에 관하여 피고인측으로부터 의견서 등의 제출에 의해 이의가 제기되어야 한다고 하고(2012도2957), 따라서 "공소장기재의 방식에 관하여 피고인측으로부터 아무런 이의가 제기되지 아니하였거나 이의가 제기되었다가 철회되었고, 법원 역시 범죄사실의 실체를 파악하는 데 지장이 없다고 판단하여 그대로 공판절차를 진행한 결과 증거조사절차가 마무리되어 법관의 심증형성이 이루어진 단계에서는 소송절차의 동적 안정성 및 소송경제의 이념 등에 비추어 볼 때에 이제는 더 이상 공소장일본주의 위배를 주장하여 이미 진행된 소송절차의 효력을 다툴 수는 없다"(2014도15129)고 한다.

Ⅳ. 공소제기의 효과

검사가 수사를 종결한 후 공소제기를 하게 되면 법원에 의한 공판절차가 개시되고, 피의자는 피고인으로서 소송의 주체로서의 지위를 가지게 된다. 이때 법원의 심판대상은 공소장에 기재된 공소사실에 한한다.

1. 소송계속

(1) 의 의

소송계속이란 공소제기에 의해 사건이 법원의 심판대상이 되는 상태를 말한다.

소송계속은 실체적 소송계속과 형식적 소송계속으로 구분된다. '실체적 소송계속'이란 공소제기가 적법·유효한 경우의 소송계속을 말한다. 실체적 소송계속의 경우에는 법원은 공소사실의 존·부에 관하여 유·무죄의 실체판결을 하여야 한다. '형식적 소송계속'이란 공소제기가 소송조건을 갖추지 못하여 부적법·무효인 경우의 소송계속을 말한다. 형식적 소송계속의 경우에 법원은 면소판결, 공소기각의 재판, 관할위반의 판결과 같은 형식재판을 하여야 한다. 검사의 공소제기가 없는데도 불구하고 법원이 공소제기가 있는 것으로 오인하여 심리를 개시한 경우도 형식적 소송계속에 해당한다.

(2) 소송계속의 효과

1) 적극적 효과

공소제기에 의하여 법원은 사건을 심리하고 재판할 권리와 의무를 가지며, 검사와 피고인은 당사자로서 심리에 관여하여 법원의 심판을 받아야 할 권리와 의무를 갖게 된다. 이러한 권리와 의무의 법률관계를 소송계속의 적극적 효과라고 한다. 적극적 효과는 공소가 제기된 사건 자체에 대하여 발생하는 효과라는 점에서 공소제기의 내부적 효과라고도 한다.

2) 소극적 효과

공소제기가 있는 때에는 동일한 사건에 대하여 다시 공소를 제기할 수 없다. 이를 소송계속의 소극적 효과 또는 이중기소금지의 효과라고 한다. 공소제기가 해당 피고사건 이외의 다른 형사사건에 대하여 소송장애의 사유로 된다는 점에서 공소제기의 외부적 효과라고도 한다.

동일한 사건이 동일법원에 이중으로 기소되면 나중에 제기한 공소를 판결로 기각하여야 한다(제327조 제3호). 그러나 동일사건이 수개의 법원에 이중기소된 경우에는 관할경합의 문제로 처리한다. 즉, 사물관할을 달리하는 법원 간에 이중기소된 경우에는 법원 합의부가 심판하고(제12조), 사물관할을 같이하는 법원 간에 이중기소된 경우에는 먼저 공소제기된 법원이 심판한다. 다만, 각 법원에 공통되는 바로 위의 상급법원은 검사나 피고인의 신청에 의하여 결정으로 뒤에 공소를 받은 법원으로 하여금 심판하게 할 수 있다(제13조). 이러한 경우 재판할 수 없게 된 다른 법원은 공소기각의 결정을 하여야 한다(제328조 제3호).

2. 심판범위의 확정

공소제기의 효력은 공소장에 기재된 피고인, 그리고 공소사실의 단일성 및 동일성이 인정되는 사실에 미친다.

(1) 공소제기의 주관적 효력범위

공소의 효력은 검사가 피고인으로 지정한 자에게만 미친다(제248조 제1항). 따라서 공범 중 1인에 대한 공소제기의 효력은 다른 공범자에게 미치지 않는다. 또한 공소제기 후에 진범이 발견되었다고 하더라도 공소제기의 효력은 진범에게 미치지 않는다. 다만, 공소제기로 인한 공소시효정지의 효력은 다른 공범자에게도 미친다(제253조). 이 점에서 공소제기의 주관적 효력은 주관적 불가분의 원칙이 적용되는 친고죄에서의 고소의 효력(제233조)과 구별된다.

피고인의 특정에 관련하여 성명모용의 경우와 위장출석의 경우가 문제된다. 실질적 표시설에 따르면 성명모용의 경우에는 모용자에게만 공소제기의 효력이 미치며, 위장출석의 경우에는 공소장에 기재된 피고인이 실질적 피고인이 되므로 공소제기의 효력은 실질적 피고인에 대해서만 미친다(전술 '피고인의 특정' 참조).

(2) 공소제기의 객관적 효력범위

1) 공소불가분의 원칙

공소불가분의 원칙이란 공소제기의 효력이 공소사실과 단일성과 동일성이 인정되는 범죄사실 전체에 미치게 되는 것을 말한다. 따라서 범죄사실의 일부에 대한 공소의 효력은 범죄사실 전부에 미친다(제248조 제2항). '공소사실의 단일성'이란 소송법상 1개의 사건으로 불가분적으로 취급되는 것을 말한다. 사건이 단일하려면 피고인이 소송법상 1인이고, 범죄사실이 단일하여야 한다. '공소사실의 동일성'이란 이러한 단일성을 전제로 사건이 소송절차의 전·후관계에서 동일사건으로 취급되는 것을 말한다. 판례는 공소사실의 동일성 여부는 피고인의 행위와 자연적·사회적 사실관계 이외에 규범적 요소를 고려하여 기본적 사실관계가 실질적으로 동일한지에 따라 결정하여야 한다고 한다(2016도15526).

그러나 공소사실과 단일성과 동일성이 인정되는 사실이라고 하더라도 잠재적 심판대상에 지나지 않으므로 공소장변경이 없는 한 공소장에 기재된 부분만이 법원의 현실적 심판대상이 된다(88도1691). 따라서 법원이 공소사실과 다른 범죄사실을 인정하려면 피고인의 방어권행사에 불이익을 초래하는 한 공소장변경을 거쳐야 한다. 마찬가지로 확정판결의 효력도 공소사실과 동일성이 인정되는 범죄사실 전체에 미친다. 따라서 공소제기의 객관적 효력범위는 법원의 잠재적 심판대상이 되며, 공소장변경의 한계 및 확정판결의 객관적 효력범위를 의미한다.

2) 일죄의 일부에 대한 공소제기

(가) 의 의

일죄의 일부에 대한 공소제기란 소송법상 일죄로 취급되는 단순일죄 또는 과형상 일죄(상상적 경합의 경우)의 전부에 대하여 범죄혐의가 인정되고 소송조건이 갖추어졌음에도 불구하고 그 일죄의 일부에 대하여 공소를 제기하는 것을 말한다. 강도강간죄에 대하여 그 일부인 강도에 대해서만 공소를 제기하거나, 포괄일죄나 상상적 경합관계에 있는 여러 범죄행위 중의 일부에 대해서만 공소를 제기하는 경우가 이에 해당한다.

일죄의 전부에 대하여 객관적 혐의가 인정되고, 소송조건이 구비되어 있는 경우에도 일죄의 일부에 대한 기소가 허용되는지에 대하여는 학설이 나뉘어져 있다. 다만, 일죄의 일부에 대해서만 객관적 혐의가 인정되고, 소송조건이 구비되어 있는 경우에는 그 부분에 대해서만 공소를 제기할 수 있을 것이므로, 이는 논의에서 제외한다.

(나) 일부기소의 허용 여부

가) 적 극 설

적극설은 일죄의 일부에 대한 기소가 허용된다는 견해이다(다수설). 이 견해는 (i) 제248조 제2항은 일죄의 일부에 대한 기소를 허용한다는 것을 전제로 하는 것이고, (ii) 기소독점주의와 기소편의주의를 규정하고 있는 형소법상 검사에게 소송물의 처분권이 있으며, (iii) 확정판결에 대한 기판력의 효력은 일죄의 전부에 미치므로 일부기소가 피고인에게 불리하지 않다는 점을 근거로 한다.

그러나 이 견해에서도 일부기소가 '공소제기의 절차가 법률의 규정을 위반하여 무효일 때'(제327조 제2호)에 해당하지 않을 뿐이지 법원의 현실적인 심판대상은 공소장에 명시적으로 기재된 범죄사실에 제한되므로 일죄의 전부에 대하여 심판하려면 공소장변경을 요한다고 한다.

나) 소 극 설

소극설은 일죄의 일부에 대한 기소가 허용되지 않는다는 견해이다. 이 견해는 (i) 일죄의 일부에 대한 기소를 허용하는 것은 실체적 진실발견의 이념에 어긋날 뿐만 아니라 검사의 자의적인 공소권행사를 인정하는 결과를 초래하며, (ii) 공소불가분의 원칙에 의해 공소장에 범죄사실의 일부만 기재된 경우에도 그 사건 전부에 대하여 공소제기의 효력이 미치므로 처음부터 이를 논할 필요가 없다는 점을 근거로 한다.

이 견해에서는 일죄의 일부기소의 경우에 법원은 검사에게 공소장변경을 요구하고, 검사가 이에 따르지 않으면 공소기각의 판결을 선고하여야 한다고 한다.

다) 절 충 설

절충설은 일죄의 일부에 대한 기소는 원칙적으로 허용되지 않지만, 검사가 범죄사실의 일부를 예비적·택일적으로 기재한 경우에만 예외적으로 일부기소가 허용된다는 견해이다. 이 견해는 소극설이 타당하지만 소극설에 의할 경우에 예비적·택일적 기재를 설명하지 못한다는 점을 근거로 한다.

이 견해에 따르면 예비적·택일적 기재에 의하지 않고 단순히 일부의 범죄사실만 기소한 경우에는 공소불가분의 원칙에 따라 전체 범죄사실에 대하여 공소제기의 효력이 미친다고 한다.

라) 검 토

기소독점주의 및 기소편의주의를 채택하고 있는 형소법에서는 검사에게 소송물에 대한 처분권을 부여하고 있다. 따라서 일죄의 일부에 대한 기소가 검사의 소추재량권의 한계를 벗어난 경우라고 아니라면 허용된다.

판례는 하나의 행위가 여러 범죄의 구성요건을 동시에 충족하는 경우 공소제기권자는 자의적으로 공소권을 행사하여 소추재량을 현저히 벗어났다는 등의 특별한 사정이 없는 한 증명의 난이 등 여러 사정을 고려하여 그 중 일부 범죄에 관해서만 공소를 제기할 수 있다고 한다(2017도13458).

(다) 일부기소의 효력

일죄의 일부에 대해서만 공소를 제기한 경우에도 공소제기의 효력은 일죄의 전부에 미친다(2016도16864). 따라서 공소제기를 하지 않은 일죄의 나머지 부분에 대하여 다시 공소를 제기할 수 없으며, 만일 공소를 제기하게 되면 이중기소금지에 해당하므로 법원은 공소기각의 판결을 하여야 한다. 다만, 법원은 공소장변경을 통하여 일죄의 전부에 대하여 심판할 수는 있다.

또한 일죄의 일부에 대한 판결의 기판력도 일죄의 전부에 미치므로 일죄의 일부에 대하여 판결이 확정되면 일죄의 나머지 부분에 대하여 공소를 제기할 수 없으며, 만일 공소를 제기하게 되면 이미 '확정판결이 있는 때'(제326조 제1호)에 해당하므로 법원은 면소판결을 하여야 한다.

한편, 친고죄의 경우 고소가 있는 때에는 그 수단이나 부수적으로 범하여진 범죄행위만 공소제기하는 것은 허용된다. 하지만 고소가 없는 때에는 친고죄의 수단이 되는 범행의 일부만으로 공소를 제기하는 것은 해당 범죄를 친고죄로 한 취지에 반할 뿐만 아니라 고소불가분의 원칙에도 반하므로 이는 허용되지 않는다. 따라서 이때 법원은 '공소제기의 절차가 법률을 위반하여 무효일 때'(제327조 제2호)에 해당하므로 공소기각의 판결을 하여야 한다(2002도51 참조). 상대적 친고죄의 경우에 일부 범죄사실에 대해서만 공소제기하는 경우도 마찬가지이다.

3. 공소시효의 정지

공소가 제기되면 공소시효의 진행은 정지되며, 공소기각 또는 관할위반의 재판이 확정된 때부터 다시 진행한다(제253조 제1항). 이때 공범의 1인에 대한 공소시효정지는 다른 공범자에게 대하여 효력이 미치고 해당 사건의 재판이 확정된 때로부터 진행한다(동조 제2항).

제3절 공소시효

Ⅰ. 공소시효의 의의

공소시효란 범죄행위 종료 후에 일정한 기간 동안 공소가 제기되지 않으면 국가의 소추권이 소멸되는 제도를 말한다. 공소시효제도는 범죄행위가 종료한 후 공소가 제기되지 않고 일정한 기간이 경과되었다는 객관적인 사실상의 상태를 존중하여 국가의 형벌권을 소멸시킴으로써 피의자에게 법적 지위의 안정을 부여하고자 하는 것으로서 피의자의 이익을 보호하는 제도이다. 따라서 이 제도를 해석함에 있어서는 피의자의 이익을 우선적으로 고려하여야 한다(94헌마246).[167)]

공소시효는 확정판결 후에 일정 기간 동안 집행이 이루어지지 아니하면 형벌권의 효력이 소멸되는 형의 시효(형법 제77조-제80조)와는 구별된다. 공소시효의 완성은 면소판결사유(제326조 제3호)가 되지만, 형의 시효의 완성은 형집행면제사유가 된다(형법 제77조).

---

167) 헌법재판소는 공소시효제도의 존재이유로 "오랜 동안 형사상의 소추권이 행사되지 않았다는 것은 결국 국가가 소추권의 행사를 게을리 한 것에 다름아닌데도 그 불이익을 오로지 범인만이 감수하여야 한다는 것은 부당하다는 점, 유죄의 증거이든 무죄의 증거이든 오랜 기간의 경과로 증거가 산일됨으로써 공정한 재판을 기대하기 어렵다는 점, 시간의 경과에 따라 범죄의 사회적 영향력이 미약해질 뿐만 아니라 많은 경우 범인의 범행에 대한 후회나 처벌에 대한 불안 등으로 오랜 기간 동안 범인이 처벌을 받은 것과 비슷한 상태가 계속되어 형벌이 기대하는 범인의 인격의 변화가 기대될 수 있음에 반하여, 처벌한다고 하더라도 형벌이 기대하는 범인에 대한 형벌의 감화력을 기대하기 어렵다는 점, 오래 전의 범죄에 대한 수사나 재판의 필요를 면제함으로써 국가의 부담의 경감을 도모할 수 있다는 점 등"(94헌마246)을 들고 있다.

공소시효제도는 범죄행위가 종료한 후 공소가 제기되지 않고 일정한 기간이 경과되었다는 객관적인 사실상의 상태를 존중하여 국가의 형벌권을 소멸시킴으로써 형사피의자에게 법적 지위의 안정을 부여하고자 하는 것으로서 형사피의자의 이익을 보호하는 제도이다. 따라서 이 제도를 해석함에 있어서는 형사피의자의 이익을 우선적으로 고려하여야 한다(94헌마246).

Ⅱ. 공소시효제도의 본질

1. 실체법설

실체법설은 공소시효를 형벌권 소멸사유로 파악하는 견해이다. 즉, 공소시효제도는 시간의 경과에 따라 사회의 응보감정이나 범인의 악성이 소멸되기 때문에 형벌권이 소멸되므로 공소시효의 완성은 무죄판결의 사유가 된다. 이 견해에서는 공소시효 정지규정의 유추적용이나 법률상 또는 사실상 장애사유로 인한 공소시효를 인정하지 않으며, 공소시효 완성의 효력범위는 실체법상 죄수를 기준으로 정한다.

이 견해에 대하여는 형소법에서 공소시효의 완성의 경우에 면소판결을 하는 것과 배치되며, 일정 시간의 경과로 인하여 실체법상 형벌권이 소멸된다고 하는 것은 적절하지 않다는 비판이 있다.

2. 소송법설

소송법설은 공소시효를 일정 기간이 경과한 경우에 증거가 멸실되어 실체적 진실을 발견하기 어렵다는 점에서 국가의 소추권을 상실시키는 소송조건으로 보는 견해이다. 따라서 공소시효가 완성되면 소추권소멸을 이유로 면소판결을 하여야 한다. 이 견해에서는 공소시효 정지규정의 유추적용이나 법률상 또는 사실상 장애사유로 인한 공소시효를 인정하며, 공소시효 완성의 효력범위는 소송법상 일죄의 개념으로 기준을 정한다.

이 견해에 대하여는 범죄에 따라 증거가 멸실되는 시간에 따라 차등을 두는 이유를 설명하기 어렵다는 비판이 있다.

3. 병 합 설

병합설은 공소시효를 형벌의 가벌성이 감소됨과 동시에 증거멸실로 인한 소추권의 소멸을 가져오는 소송조건으로 보는 견해이다. 따라서 공소시효 완성의 효력범위는 실체법상 죄수를 기준으로 결정하여야 하지만, 공소시효의 완성은 실체형성과 관련된 소송조건이므로 면소판결의 대상이라고 한다.

4. 검 토

공소시효제도의 존재이유와 형소법에서 공소시효의 완성을 면소판결사유(제326조)로 하고 있는 점을 고려하면, 공소시효제도는 범죄의 경·중에 따른 소추의 가능성과 필요성을 동시에 고려한 입법조치로서 실체법적 성격과 절차법적 성격을 동시에 가지고 있다. 따라서 공소시효에 관해서는 원칙적으로 소급효금지의 원칙이 적용되어야 한다.

판례는 공소시효제도의 실질은 국가형벌권의 소멸이라는 점에서 형의 시효와 마찬가지로 실체법적 성격을 갖고 있는 것이라고 한다(94헌마246).[168] 그럼에도 불구하고 형소법에서는 공소시효를 연장하는 법률개정이 있는 경우 이미 공소시효가 완성된 범죄에 경우에는 소급적용하지 않지만, 공소시효가 완성되지 않은 범죄에 대해서는 소급효를 인정하고 있다.[169]

---

168) 헌법재판소는 "공소시효제도의 실질은 국가형벌권의 소멸이라는 점에서 형의 시효와 마찬가지로 실체법적 성격을 갖고 있는 것이므로 그 예외로서 시효가 정지되는 경우는 특별히 법률로써 명문의 규정을 둔 경우에 한하여야 한다는 것은 헌법상의 죄형법정주의, 적법절차주의 등에 비추어 명백하다"(94헌마246)고 하였다.

169) 판례는 "공소시효를 정지·연장·배제하는 특례조항을 신설하면서 소급적용에 관한 명시적인 경과규정을 두지 않은 경우 그 조항을 소급하여 적용할 수 있는지에 관해서는 보편타당한 일반원칙이 존재하지 않고, 적법절차원칙과 소급금지원칙을 천명한 헌법 제12조 제1항과 제13조 제1항의 정신을 바탕으로 하여 법적 안정성과 신뢰보호원칙을 포함한 법치주의 이념을 훼손하지 않는 범위에서 신중히 판단해야 한다"고 하면서, "아동학대처벌법 제34조 제1항의 소급적용에 관하여 동법에 명시적인 경과규정을 두고 있지 않지만, 이 규정은 완성되지 않은 공소시효의 진행을 일정한 요건에서 장래를 향해 정지시키는 것으로서, 시행일인 2014. 9. 20. 당시 범죄행위가 종료되었으나 아직 공소시효가 완성되지 않은 아동학대범죄에 대해서도 적용된다고 봄이 타당하다"(2020도3694)고 하였다.

Ⅲ. 공소시효의 기간

1. 시효의 완성기간

(1) 원 칙

공소시효는 법정형의 경·중에 따라서 일정한 기간이 경과하면 완성된다(제249조 제1항). 구체적인 공소시효의 기간은 다음과 같다. 즉, (i) 사형에 해당하는 범죄는 25년(제1호), (ii) 무기징역 또는 무기금고에 해당하는 범죄는 15년(제2호), (iii) 장기 10년 이상의 징역 또는 금고에 해당하는 범죄는 10년(제3호), (iv) 장기 10년 미만의 징역 또는 금고에 해당하는 범죄는 7년(제4호), (v) 장기 5년 미만의 징역 또는 금고, 장기 10년 이상의 자격정지 또는 벌금에 해당하는 범죄는 5년(제5호), (vi) 장기 5년 이상의 자격정지에 해당하는 범죄는 3년(제6호), (vii) 장기 5년 미만의 자격정지, 구류, 과료 또는 몰수에 해당하는 범죄는 1년(제7호)이다. 한편, 공소가 제기된 범죄는 판결의 확정이 없이 공소를 제기한 때로부터 25년을 경과하면 공소시효가 완성한 것으로 간주한다(동조 제2항). 이를 의제공소시효라고 한다.

그러나 사람을 살해한 범죄(종범은 제외한다)로 사형에 해당하는 범죄에 대하여는 제249조부터 제253조까지에 규정된 공소시효를 적용하지 않는다(제253조의2[170]). '사람을 살해한 범죄'란 살인죄(형법 제250조)뿐만 아니라 강도살인죄(형법 제338조)와 같이 살인이 포함된 범죄를 말한다. '사형에 해당하는 범죄'란 법정형을 기준으로 사형이 선택적으로라도 규정되어 있는 범죄를 말한다.

(2) 특별법상 예외

1) 예 외

성폭력범죄에 대해서는 디엔에이(DNA) 증거 등 그 죄를 증명할 수 있는 과학적인 증거가 있는 때에는 공소시효가 위의 시효기간에서 10년 연장된다(성폭력처벌법 제21조 제1항, 청소년성보호법 제20조 제1항).

또한 「공직선거법」에 규정한 죄의 공소시효는 해당 선거일 후 6개월(선거일 후에 행하여진 범죄는 그 행위가 있는 날부터 6개월)을 경과함으로써 완성된다. 다만, 범인이 도피한 때나 범인이 공범 또는 범죄의 증명에 필요한 참고인을 도피시킨

170) 이 조항은 이 법 시행(2015. 7. 31.) 전에 범한 범죄로 아직 공소시효가 완성되지 아니한 범죄에 대하여도 적용한다(부칙 제2조).

때에는 그 기간은 3년으로 한다(법 제268조 제1항). 다만, 선상투표와 관련하여 선박에서 범한 이 법에 규정된 죄의 공소시효는 범인이 국내에 들어온 날부터 6개월을 경과함으로써 완성된다(동조 제2항). 하지만 공무원(제60조 제1항 제4호 단서에 따라 선거운동을 할 수 있는 사람은 제외한다)이 직무와 관련하여 또는 지위를 이용하여 범한 이 법에 규정된 죄의 공소시효는 해당 선거일 후 10년(선거일 후에 행하여진 범죄는 그 행위가 있는 날부터 10년)을 경과함으로써 완성된다(동조 제3항).

한편, 「조세범 처벌법」 제3조부터 제14조까지에 규정된 범칙행위의 공소시효는 7년이 지나면 완성된다. 다만, 양벌규정(법 제18조)에 따른 행위자가 특정범죄가중법 제8조의 적용을 받는 경우에는 그 법인에 대한 공소시효는 10년이 지나면 완성된다(법 제22조).

2) 공소시효의 적용배제

성폭력처벌법에 따르면 13세 미만의 사람 및 신체적인 또는 정신적인 장애가 있는 사람에 대하여 소정의 성폭력범죄[171]를 범한 경우(법 제21조 제3항)와 사람에 대하여 소정의 강간 등 살인·치사죄를 범한 경우[172](동조 제4항)에 대하여 형소법(제249조부터 제253조까지) 및 「군사법원법」(제291조부터 제295조까지)상 규정된 공소시효를 적용하지 않는다. 마찬가지로 청소년성보호법에서는 이들 범죄와 13세 미만의 사람에 대한 위계·위력에 의한 간음·추행행위에 대하여 공소시효의 적용을 배제하고 있다(법 제20조 제3항, 제4항).

또한 「헌정질서 파괴범죄의 공소시효 등에 관한 특례법」에 따르면 헌정질서 파괴범죄, 즉 「형법」 제2편 제1장 내란의 죄, 제2장 외환의 죄와 「군형법」 제2편 제1장 반란의 죄, 제2장 이적(利敵)의 죄를 범한 경우와 「형법」 제250조의 죄로서 「집단살해죄의 방지와 처벌에 관한 협약」에 규정된 집단살해에 해당하는 범죄에 대하여는 형소법(제249조부터 제253조까지) 및 「군사법원법」(제291조부터 제295조까지)

---

171) 1. 「형법」 제297조(강간), 제298조(강제추행), 제299조(준강간, 준강제추행), 제301조(강간등 상해·치상), 제301조의2(강간등 살인·치사)의 죄, 제305조(미성년자에 대한 간음, 추행)의 죄, 2. 성폭력처벌법 제6조 제2항(장애인에 대한 유사강간), 제7조 제2항(13세 미만의 미성년자에 대한 유사강간), 제8조(강간등 상해·치상), 제9조의 죄, 3. 청소년성보호법 제9조(강간 등 상해·치상) 또는 제10조(강간 등 살인·치사)의 죄.

172) 1. 「형법」 제301조의2(강간 등 살인)의 죄, 2. 성폭력처벌법 제9조 제1항(강간 등 살인)의 죄, 3. 청소년성보호법 제10조 제1항(강간 등 살인) 및 제11조 제1항(아동·청소년성착취물 제작·수입 또는 수출)의 죄, 4.「군형법」 제92조의8의 죄(강간 등 살인에 한정한다).

상 규정된 공소시효를 적용하지 않는다(법 제2조, 제3조). 그리고 「국제형사재판소 관할 범죄의 처벌 등에 관한 법률」에서도 집단살해죄 등[173]에 대하여 공소시효의 적용을 배제하고 있다(법 제6조).

2. 시효기간의 기준

(1) 원 칙

공소시효기간은 법정형을 기준으로 한다. 2개 이상의 형을 병과하거나 2개 이상의 형에서 1개를 과할 범죄에 대해서는 무거운 형이 기준이 된다(제250조). '2개 이상의 형을 병과하는 범죄'란 징역형과 벌금형을 병과하는 등 주형이 2개 이상 병과되는 경우를 말한다. '2개 이상의 형에서 1개를 과할 범죄'란 사형과 징역형이 선택형으로 되어 있는 경우 등 수개의 형이 선택적으로 규정되어 있는 경우를 말한다.

또한 「형법」에 의하여 형을 가중 또는 감경할 경우에는 가중 또는 감경하지 아니한 형이 시효기간의 기준이 된다(제251조). 형의 가중 또는 감경의 사유는 필요적인 경우와 임의적인 경우를 모두 포함한다. 다만, 이는 「형법」에 의하여 형을 가중·감경할 때에 관한 규정이므로 「형법」 이외의 형사특별법의 경우에는 적용되지 않으므로 형사특별법에 의하여 형이 가중·감경된 경우는 그 법에 정한 법정형을 기준으로 시효기간을 결정한다(80도1959). 교사범 또는 종범의 경우에는 정범의 법정형을 시효기간의 기준으로 한다. 필요적 공범은 행위자마다 개별적으로 시효기간을 판단한다.

한편, 양벌규정의 경우에 법인 또는 사업주에 대한 시효기간의 결정기준에 대하여는 ① 처벌의 일관성 유지를 위하여 종업원, 즉 행위자 본인에 대한 법정형을 기준으로 하여야 한다는 견해가 있다. 그러나 ② 개별책임의 원칙에 따르면 양벌규정의 주체는 법인 또는 사업주이므로 법인 또는 사업주에게 규정된 법정형인 벌금을 기준으로 하여야 한다(다수설). 헌법재판소는 사업주에 대한 공소시효기간은 사업주에 대한 벌금형을 기준으로 한다(2019헌마1135).

---

173) 「국제형사재판소 관할 범죄의 처벌 등에 관한 법률」상 '집단살해죄 등'이란 동법상 집단살해죄(제8조), 인도에 반한 죄(제9조), 사람에 대한 전쟁범죄(제10조), 재산 및 권리에 대한 전쟁범죄(제11조), 인도적 활동이나 식별표장 등에 관한 전쟁범죄(제12조), 금지된 방법에 의한 전쟁범죄(제13조), 금지된 무기를 사용한 전쟁범죄(제14조)를 말한다(제2조 제1호).

(2) 공소가 제기된 사건의 경우

공소가 제기된 사건의 공소시효는 공소장에 기재된 공소사실에 대한 법정형을 기준으로 판단한다. 공소장에 수개의 범죄사실이 예비적·택일적으로 기재된 경우에는 각 공소사실의 법정형을 기준으로 개별적으로 공소시효를 판단한다(통설). 또한 과형상 일죄의 경우도 실체법상은 수죄이므로 각 죄에 대한 법정형을 기준으로 개별적으로 공소시효를 판단한다(통설, 2006도6356).

(3) 공소장변경의 경우

공소제기의 효력은 공소장에 기재된 공소사실과 동일성이 인정되는 사실에 대해서도 미치므로 공소제기 후 공소장이 변경된 경우에 변경된 공소사실에 대한 공소시효의 완성 여부는 공소장변경 시가 아니라 공소제기 시를 기준으로 판단하여야 한다(2018도6252). 다만, 공소장변경에 의하여 그 법정형에 차이가 있는 경우에는 변경된 공소사실에 대한 법정형이 공소시효기간의 기준이 된다(2001도2902). 마찬가지로 법원이 공소장을 변경하지 않고 직권으로 다른 사실을 인정한 경우에도 그 다른 사실에 대한 법정형이 공소시효기간의 기준이 된다(2013도6182).

(4) 법률이 개정된 경우

법률의 변경에 의하여 법정형이 가벼워진 경우의 공소시효기간을 결정하는 기준에 대하여는 ① 형의 경·중을 불문하고 신법의 법정형을 기준으로 하여야 한다는 견해가 있다. 그러나 ② 이때에는 「형법」 제1조에 의해 해당 범죄사실에 적용될 가벼운 법정형을 기준으로 하여야 한다.

판례는 "범죄 후 법률의 개정에 의하여 법정형이 가벼워진 경우에는 「형법」 제1조 제2항에 의하여 당해 범죄사실에 적용될 가벼운 법정형(신법의 법정형)이 공소시효기간의 기준이 된다"(2008도4376)고 한다.

3. 시효의 기산점

(1) 원 칙

공소시효는 범죄행위를 종료한 때로부터 진행한다(제252조 제1항). '범죄행위를 종료한 때'란 구성요건에 해당하는 결과가 발생한 때를 말한다(2002도3924). 따라서 결과범의 경우에는 결과가 발생한 때(2014도2754), 거동범은 실행행위 시

(2011도6855), 즉시범의 경우에는 범죄가 성립한 때(2017도7937), 계속범의 경우에는 법익침해의 종료 시(2004도4751), 포괄일죄의 경우에는 최종 범행행위의 종료 시(2015도3926)가 각각 공소시효의 기산점이 된다. 다만, 과형상 일죄의 경우에는 실체법상 수죄이므로 각 범죄행위가 종료한 때를 기준으로 개별적으로 정한다.

또한 미수범의 범죄행위는 행위를 종료하지 못하였거나 결과가 발생하지 아니하여 더 이상 범죄가 진행될 수 없는 때에 종료하고, 그때부터 미수범의 공소시효가 진행한다(2016도14820). 결과적 가중범의 경우에는 중한 결과가 발생한 때로부터 시효가 진행되며, 신고기간이 정해져 있는 범죄는 의무의 소멸 시부터 시효가 진행된다(78도2318).[174)]

(2) 공범의 특칙

공범의 경우에는 최종행위가 종료한 때로부터 전 공범에 대한 시효기간을 기산한다(제252조 제2항). 이는 공범처벌에 있어서 형평을 도모하기 위한 것이다. '공범'은 공동정범과 교사범·종범 등 임의적 공범뿐만 아니라 필요적 공범을 포함한다.

(3) 특별법상 예외

성폭력처벌법에 따르면 미성년자에 대한 성폭력범죄의 공소시효는 해당 성범죄로 피해를 당한 미성년자가 성년에 달한 날부터 진행한다(법 제21조 제1항). 청소년성보호법에 따르면 아동·청소년에 대한 성폭력범죄의 공소시효는 해당 성범죄로 피해를 당한 아동·청소년이 성년에 달한 날부터 진행한다(법 제20조 제1항). 또한 아동학대처벌법에 따르면 아동학대범죄의 공소시효는 학대피해아동이 성년에 달한 날부터 진행한다(법 제34조 제1항).[175)]

---

174) 한편, 「공직선거법」에 따르면 동법에 규정한 죄의 공소시효는 해당 선거일 후 6개월(선거일 후에 행하여진 범죄는 그 행위가 있는 날부터 6개월)을 경과함으로써 완성한다(법 제268조 제1항 본문)고 규정하고 있다. 여기서 말하는 '해당 선거일'이란 그 선거범죄와 직접 관련된 공직선거의 투표일을 의미한다. 이는 선거범죄가 당내 경선운동에 관한 공직선거법위반죄인 경우에도 마찬가지이므로, 그 선거범죄에 대한 공소시효의 기산일은 당내 경선의 투표일이 아니라 그 선거범죄와 직접 관련된 공직선거의 투표일이다(2019도8815).

175) 공소시효를 정지·연장·배제하는 특례조항을 신설하면서 소급적용에 관한 명시적인 경과규정을 두지 않은 경우 그 조항을 소급하여 적용할 수 있는지에 관해서는 보편타당한 일반원칙이 존재하지 않고, 적법절차원칙과 소급금지원칙을 천명한 헌법 제12조 제1항과 제13조 제1항의 정신을 바탕으로 하여 법적 안정성과 신뢰보호원칙을 포함한 법치주의 이념을 훼손하지 않는 범위에서 신중히 판단해야 한다. 이에 비추어 보면 , 아동학대처벌법 제34조 제1항은

한편, 「공직선거법」에 따르면 동법에 규정한 죄의 공소시효는 해당 선거일로부터 진행한다. 여기서 '해당 선거일'이란 그 선거범죄와 직접 관련된 공직선거의 투표일을 의미한다(2019도8815).[176]

4. 시효의 계산방법

공소시효의 계산에 있어서는 초일을 산입하고, 초일은 시간을 계산함이 없이 1일로 산정한다(제66조 제1항 단서). 공소시효기간의 말일이 공휴일 또는 토요일에 해당하는 날이라도 시효기간에 산입한다(동조 제3항 단서).

Ⅳ. 공소시효의 정지

공소시효는 일정한 사유가 있으면 그 진행이 정지되며, 그 사유가 없어지면 나머지 기간이 진행된다. 따라서 공소시효의 정지는 중단사유가 없어지면 처음부터 시효가 다시 진행되는 시효의 중단과 구별된다. 형소법은 공소시효의 정지제도만을 인정하고 있다.

1. 정지사유

(1) 공소제기

공소시효는 공소의 제기로 진행이 정지되고 공소기각 또는 관할위반의 재판이 확정된 때로부터 다시 진행한다(제253조 제1항). 공소제기는 공소장이 법원에 도달한 때에 그 효력이 발생한다. 다만, 이때 공소제기가 적법·유효할 것은 요하지 않는다. 피고인이 외국에 거주하여 신병이 확보되기 전에 공소가 제기된 경우에도 마찬가지이다(2016도15526).[177]

완성되지 아니한 공소시효의 진행을 피해아동이 성년에 달할 때까지 장래를 향하여 정지시키는 것으로 봄이 타당하다. 따라서 위 규정 시행일인 2014. 9. 29. 당시 피해아동이 이미 성년에 달한 경우에는 공소시효의 진행이 정지되지 않는다(2020도8444).

176) 이는 선거범죄가 당내 경선운동에 관한 공직선거법위반죄인 경우에도 마찬가지이므로, 그 선거범죄에 대한 공소시효의 기산일은 당내 경선의 투표일이 아니라 그 선거범죄와 직접 관련된 공직선거의 투표일이다(2019도8815).

177) 즉결심판법상 즉결심판의 청구는 공소제기절차에 해당하고, 즉결심판절차에서 특별

(2) 국외도피

범인이 형사처분을 면할 목적으로 국외에 있는 경우 그 기간 동안 공소시효는 정지된다(제253조 제3항). 이는 범인이 우리나라의 사법권이 실질적으로 미치지 못하는 국외에 체류한 것이 도피의 수단으로 이용된 경우에 체류기간 동안은 공소시효가 진행되는 것을 저지하여 범인을 처벌할 수 있도록 함으로써 형벌권을 적정하게 실현하고자 하는 데 있다(2015도5916). 이는 범인이 국내에서 범죄를 저지르고 형사처분을 면할 목적으로 국외로 도피한 경우에 한정되지 아니하고, 범인이 국외에서 범죄를 저지르고 형사처분을 면할 목적으로 국외에서 체류를 계속하는 경우도 포함된다(2015도5916).

'범인이 형사처분을 면할 목적으로 국외에 있는 경우'란 오로지 형사처분을 면할 목적만으로 국외체류하는 것에 한정되는 것은 아니고 범인이 가지는 여러 국외체류 목적 중 형사처분을 면할 목적이 포함되어 있으면 충분하다(2022도857). 다만, 이 목적은 해당 사건에 관하여 형사처벌을 면할 목적이어야 하므로 피고인이 해당 사건으로 처벌받을 가능성이 있음을 인지하였다고 보기 어려운 경우라면 피고인이 다른 고소사건과 관련하여 형사처분을 면할 목적으로 국외에 있은 경우라고 하더라도 해당 사건의 형사처분을 면할 목적으로 국외에 있었다고 볼 수 없다(2013도9162). 그러나 범인이 국외에 있는 것이 형사처분을 면하기 위한 방편이었다면 '형사처분을 면할 목적'이 있었다고 볼 수 있고, '형사처분을 면할 목적'과 양립할 수 없는 범인의 주관적 의사가 명백히 드러나는 객관적 사정이 존재하지 않는 한 국외체류기간 동안 '형사처분을 면할 목적'은 계속 유지된다(2013도2510).

'형사처분을 면할 목적'이 계속 존재하였는지가 의심스러운 사정이 발생한 경우에 그 기간 동안 '형사처분을 면할 목적'이 있었는지 여부는 해당 범죄의 공소시효의 기간, 범인이 귀국할 수 없는 사정이 초래된 경위, 그러한 사정이 존속한 기간이 해당 범죄의 공소시효의 기간과 비교하여 도피의사가 인정되지 않는다고 보기에 충분할 만큼 연속적인 장기의 기간인지, 귀국의사가 수사기관이나 영사관에 통보되었는지, 피고인의 생활근거지가 어느 곳인지 등의 제반사정을 참작하여 판단하여야 하며, 그 거증책임은 검사에게 있다(2011도8462).[178]

한 규정이 없는 한 그 성질에 반하지 아니한 것은 형소법의 규정을 준용(법 제19조)하도록 하고 있으므로 즉결심판의 청구가 있으면 당연히 공소시효가 정지된다.

178) 판례는 "통상 범인이 외국에서 다른 범죄로 외국의 수감시설에 수감된 경우, 그 범행에 대한 법정형이 해당 범죄의 법정형보다 월등하게 높고, 실제 그 범죄로 인한 수감기간이 해

한편, 피고인이 형사처분을 면할 목적으로 국외에 있는 경우 그 기간 동안 제249조 제2항에 따른 기간(공소를 제기한 때로부터 25년)의 진행도 정지된다(제253조 제3항).

(3) 재정신청

검사의 불기소처분에 대하여 재정신청이 있는 때에는 고등법원의 재정결정이 확정될 때까지 공소시효의 진행은 정지된다(제262조의4 제1항). 이때 법원의 공소제기결정이 있는 경우에는 공소시효에 관하여 그 결정이 있는 날에 공소가 제기된 것으로 본다(동조 제2항).

한편, 재정신청이 기각된 경우에는 '재판에 영향을 미친 헌법·법률·명령 또는 규칙의 위반이 있음을 이유로 하는 때'에 한하여 대법원에 즉시항고를 할 수 있고(제262조 제4항), 따라서 즉시항고를 한 경우에는 재정결정의 확정 시까지 공소시효의 진행이 정지된다. 그러나 검사의 불기소처분에 관하여 검찰에 항고나 재항고를 한 경우에는 공소시효가 정지되지 않는다.

(4) 보호사건

소년부 판사가 소년보호사건의 심리개시결정을 하면 그 심리결정이 있은 때로부터 보호처분결정이 확정될 때까지 공소시효의 진행이 정지된다(소년법 제54조).

또한 가정폭력범죄(가정폭력처벌법 제17조 제1항), 아동학대범죄(아동학대처벌법 제34조 제2항), 성매매(성매매처벌법 제17조 제1항)의 경우에는 해당 보호사건이 법원에 송치된 때로부터 시효의 진행이 정지되고, 해당 보호사건에 대하여 보호처분을 할 수 없거나 할 필요가 없다고 인정하여 처분을 하지 않는다는 결정이 확정된 때 또는 검사 또는 관할법원에 사건이 송치 또는 이송된 때부터 다시 시효가 진행된다.

(5) 대통령이 재직 중 내란 또는 외환의 죄 이외의 죄를 범한 경우

대통령은 내란 또는 외환의 죄를 범한 경우를 제외하고는 재직 중 형사상의 소추를 받지 않는다(헌법 제84조). 따라서 대통령이 재직 중 내란 또는 외환의 죄 이외의 죄를 범한 경우에는 재직기간 동안 공소시효의 진행이 정지된다(94헌마246, 2020도3972).

당 범죄의 공소시효 기간보다도 현저하게 길어서 범인이 수감기간 중에 생활근거지가 있는 우리나라로 돌아오려고 했을 것으로 넉넉잡아 인정할 수 있는 사정이 있다면, 그 수감기간에는 '형사처분을 면할 목적'이 유지되지 않았다고 볼 여지가 있다. 그럼에도 그러한 목적이 유지되고 있었다는 점은 검사가 입증하여야 한다"(2011도8462)고 하였다.

2. 정지의 효력범위

(1) 인적 범위

공소시효정지의 효력은 공소제기된 피고인, 재정신청사건의 피의자, 보호사건의 대상자 등 정지사유에 해당하는 자에 대해서만 미친다. 따라서 진범이 아닌 자에 대한 공소제기는 진범에 대한 공소시효의 진행을 정지시키지 못한다.

그러나 공범 1인에 대한 공소시효정지는 다른 공범자에게도 효력이 미치고, 해당 사건의 재판이 확정된 때로부터 진행한다(제253조 제2항). 가정폭력범죄(가정폭력처벌법 제17조 제2항), 아동학대범죄(아동학대처벌법 제34조 제3항), 성매매(성매매처벌법 제17조 제1항)로 인한 보호사건의 경우도 마찬가지이다. 다만, 공범 중 1인으로 기소된 자가 구성요건에 해당하는 위법행위를 공동으로 하였다고 인정되기는 하지만 범죄의 증명이 없다는 이유로 무죄의 확정판결을 선고받은 경우에는 그를 공범이라고 할 수 없으므로 그에 대한 공소제기로는 진범에 대한 공소시효정지의 효력이 없지만, 공범 중의 1인이 책임조각으로 무죄가 확정된 경우에는 그에 대한 공소제기로 다른 공범에 대한 공소시효정지의 효력이 인정된다(98도4621). 그러나 필요적 공범에 있어서 뇌물공여죄와 뇌물수수죄 사이와 같은 대향범 관계에 있는 자는 이때의 공범에 포함되지 않는다(2012도4842).

한편, 형소법에서는 정지된 공소시효가 다시 진행되는 시점에 대하여는 공소가 제기된 '해당 사건의 재판이 확정된 때'(제253조 제2항)라고만 규정되어 있다. 따라서 공범 중 1인에 대한 공소의 제기로 다른 공범자에 대한 공소시효의 진행이 정지되더라도 공소가 제기된 공범 중 1인에 대한 재판이 확정되면, 그 재판의 결과가 공소기각 또는 관할위반인 경우뿐 아니라 유·무죄, 면소인 경우에도 그 재판이 확정된 때로부터 다시 공소시효가 진행되며, 약식명령이 확정된 때에도 마찬가지이다. 그러나 공범 중 1인에 대해 약식명령이 확정된 후 그에 대한 정식재판청구권회복결정이 있었다고 하더라도 그 사이의 기간 동안에는 특별한 사정이 없는 한 다른 공범자에 대한 공소시효는 정지함이 없이 계속 진행한다(2011도15137).

(2) 물적 범위

공소시효의 정지의 효력은 공소사실과 동일성이 인정되는 사건 전체에 미친다.

Ⅴ. 공소시효 완성의 효과

공소제기 없이 공소시효기간이 경과하면 공소시효는 완성된다. 공소제기 후 확정판결 없이 25년을 경과하면 공소시효가 완성된 것으로 간주한다(제249조 제2항).[179)]

공소시효의 완성은 소송조건이므로, 공소시효가 완성된 경우 공소제기 전의 수사단계에서는 검사가 '공소권없음'의 불기소처분을 하여야 하고(검사규칙 제115조 제3항 제4호), 공소제기 후의 공판단계에서는 법원은 면소판결을 하여야 한다(제326조 제3호). 이때 만약 법원이 면소판결을 하지 않고 유·무죄의 실체판결을 하였다면 '판결에 영향을 미친 헌법·법률·명령 또는 규칙의 위반이 있는 때'에 해당하여 항소이유(제361조의5 제1호) 또는 상고이유(제383조 제1호)가 된다(86도2106).

제4절 재정신청

Ⅰ. 재정신청의 의의

재정신청이란 검사의 불기소처분에 불복하는 고소인 또는 고발인(형법 제123조부터 제126조까지의 죄에 대하여 고발한 자)이 법원에 공소제기의 여부를 재판으로 결정해 줄 것을 신청하는 제도를 말한다(제260조). 재정신청된 사건에 대하여 법원에서 공소제기결정을 하게 되면 검사는 공소제기를 하여야 한다는 점에서 기소강제절차라고도 한다.

재정신청제도는 기소독점주의와 기소편의주의를 견제하기 위한 법적 장치로서 기능한다. 현행법에서는 검사의 기소권행사에 대한 견제장치로서 검찰항고제도(항고·재항고)를 두고 있지만(검찰청법 제10조), 이는 검사동일체의 원칙이 작용하고 있는 검찰조직 내부의 자기통제장치라는 점에서 재정신청제도와 구별된다.

---

179) 제249조 제2항의 '공소시효'는 제253조 제3항에서 정지의 대상으로 규정한 '공소시효'에 포함되지 않으므로 공소제기 후 피고인이 처벌을 면할 목적으로 국외에 있는 경우에도 그 기간 동안 제249조 제2항에서 정한 기간의 진행이 정지되지는 않는다(2020도13547).

Ⅱ. 재정신청의 절차

1. 재정신청

(1) 신청권자와 대상

1) 신청권자

재정신청을 할 수 있는 자는 검사로부터 불기소처분의 통지를 받은 고소인 또는 고발인이다(제260조 제1항). 고소인은 모든 범죄에 대하여 재정신청을 할 수 있지만, 고발인은 「형법」 제123조부터 제126조까지의 범죄(다만, 형법 제126조의 죄에 대하여는 피공표자의 명시한 의사에 반하여 재정을 신청할 수 없다)와 특별법[180]에서 재정신청 대상으로 규정한 죄에 대해서만 재정신청할 수 있다.[181]

피의자는 재정신청을 할 수 없다. 또한 「형법」 제123조부터 제126조의 죄 이외의 죄에 대한 고발인은 검찰항고가 기각된 경우에 재정신청을 할 수 없고 재항고를 할 수 있을 뿐이다. 또한 고소인이나 고발인이 고소 또는 고발을 취소한 때에는 재정신청을 할 수 없다.

2) 대 상

재정신청의 대상은 검사의 불기소처분이다. 검사의 기소유예처분에 대하여도 재정신청을 할 수 있다(86모58).

기소중지 또는 참고인중지 처분에 대하여 재정신청을 할 수 있는지에 대하여는 ① 중간처분이라고 하더라도 제260조 제1항의 '공소를 제기하지 않는다는

---

180) 이에는 공수처법(제29조 제1항, 고소·고발인), 「헌정질서 파괴범죄의 공소시효 등에 관한 특례법」(제4조, 고소·고발인), 「공직선거법」(제273조, 해당 선거관리위원회), 「5·18민주화 운동 등에 관한 특례법」, 「의문사진상규명에 관한 특별법」(제32조, 위원회 또는 진정인), 「부패방지 및 국민권익위원회의 설치와 운영에 관한 법률」(제61조, 위원회) 등이 있다. 이때의 재정신청에 관하여는 특별법에서 정한 사항 외에는 형소법 또는 「군사법원법」의 해당 규정을 적용한다.

181) 헌법재판소는 "「형법」 제123조의 직권남용 권리행사방해죄에 해당하는 행위로 인하여 의무 없는 일을 하도록 요구받은 사람이나 권리행사를 방해받은 사람은 '범죄피해자'에 해당하므로, 청구인은 고소권자로서 일반 형사범죄의 피해자와 같은 지위에 있다고 보아야 한다. 뿐만 아니라 설사 청구인이 형법 제123조의 죄에 관한 고발인에 해당한다고 하더라도 '공무원의 직무에 관한 죄에 관하여 고발을 한 사람'이든 '일반 형사범죄의 피해자로서 고소를 한 사람'이든 어느 경우에나 재정신청권만 인정되고 검찰청법상의 재항고를 할 수 없는 것은 마찬가지이다. 그러므로 심판대상조항에 따라 '일반 형사범죄의 피해자'와 '공무원의 직무에 관한 죄의 고발인 내지 피해자' 사이에 차별적 취급이 존재한다고 볼 수는 없다"(2012헌마983)고 하였다.

통지를 받은 때'에 해당한다고 할 수 있으므로 재정신청의 대상이 된다는 견해가 있다. 그러나 ② 이는 종국처분이 아닌 수사중지처분에 불과하므로 재정신청이 허용되지 않는다(다수설). 또한 진정사건에 대한 검사의 입건 전 조사종결처리도 재정신청의 대상이 되지 않는다(2004모542). 재정신청의 기간이 경과된 후에는 재정신청의 대상을 추가할 수 없다(97모30).

(2) 방 법

1) 검찰항고전치주의

고소인 또는 고발인이 재정신청을 하려면 검찰항고를 거쳐야 한다(제260조 제2항). 이를 검찰항고전치주의라고 한다. 다만, (i) 항고 이후 재기수사가 이루어진 다음에 다시 공소를 제기하지 않는다는 통지를 받은 경우(제1호), (ii) 항고신청 후 항고에 대한 처분이 행하여지지 아니하고 3개월이 경과한 경우(제2호), (iii) 검사가 공소시효 만료일 30일 전까지 공소를 제기하지 아니하는 경우(제3호)에는 검찰항고를 거치지 않고 재정신청을 할 수 있다(동조 제2항 단서). 그러나 검찰항고 후에 재정신청을 할 수 있는 자는 재항고를 할 수 없다(검찰청법 제10조 제3항).

2) 신청의 기간과 방식

재정신청을 하려는 자는 (i) 검찰의 항고기각 결정을 통지받은 날 또는 (ii) 항고 이후 재기수사가 이루어진 다음에 다시 공소를 제기하지 않는다는 통지를 받은 경우나 항고 신청 후 항고에 대한 처분이 행하여지지 아니하고 3개월이 경과한 경우에는 그 사유가 발생한 날부터 10일 이내에 지방검찰청 검사장 또는 지청장에게 재정신청서를 제출하여야 한다. 다만, (iii) 검사가 공소시효 만료일 30일 전까지 공소를 제기하지 아니하여 재정신청을 하는 경우에는 공소시효 만료일 전날까지 재정신청서를 제출할 수 있다(제260조 제3항).[182] 이 기간은 불변기간이므로 원칙적으로 연장이 허용되지 않는다(98모127).

재정신청은 대리인에 의해서도 가능하며, 공동신청권자 중 1인의 신청

---

182) 사법경찰관이 수사 중인 사건이 검사가 공소시효 만료일 30일 전까지 공소를 제기하지 아니하는 경우에 해당하여 지방검찰청 검사장 또는 지청장에게 재정신청서가 제출된 경우 해당 지방검찰청 또는 지청 소속검사는 즉시 사법경찰관에게 그 사실을 통보하여야 하며(수사준칙규정 제66조 제1항), 사법경찰관은 이 통보를 받으면 즉시 검사에게 해당 사건을 송치하고 관계서류와 증거물을 송부하여야 한다(동조 제2항).

은 그 전원을 위하여 효력을 발생한다(제264조). 그러나 재정신청의 경우에는 재소자에 대한 특례규정(제344조)이 적용되지 않는다. 따라서 구금 중인 고소인이 재정신청서를 재정신청기간 내에 교도소장 또는 그 직무를 대리하는 사람에게 제출하였더라도 이를 재정신청의 기간 내에 재정신청을 한 것으로 볼 수 없다(2013모2347).

재정신청서에는 신청의 대상이 되는 사건의 범죄사실 및 증거 등 재정신청을 이유 있게 하는 사유를 기재하여야 한다(제260조 제4항). 만일 재정신청서에 그 사유를 기재하지 않으면 법률방식에 위배되므로 재정신청을 기각할 수 있다(2000모216).

<참고> 공수처법상 재정신청의 특례

공수처에 수사권이 있는 고위공직자범죄 및 관련범죄(공수처법 제3조 제1항 제2호)의 고소인 또는 고발인은 공수처검사로부터 공소를 제기하지 않는다는 통지를 받은 때에는 서울고등법원에 그 당부에 관한 재정을 신청할 수 있다(동법 제29조 제1항). 다만, 이때에는 검찰항고를 요하지 않는다. 이 재정신청을 하려는 사람은 공소를 제기하지 않는다는 통지를 받은 날부터 30일 이내에 공수처장에게 재정신청서를 제출하여야 한다(동조 제2항). 재정신청서에는 재정신청의 대상이 되는 사건의 범죄사실 및 증거 등 재정신청을 이유 있게 하는 사유를 기재하여야 한다(동조 제3항).

재정신청서를 제출받은 공수처장은 재정신청서를 제출받은 날부터 7일 이내에 재정신청서, 의견서, 수사 관계서류 및 증거물을 서울고등법원에 송부하여야 한다. 다만, 신청이 이유 있는 것으로 인정하는 때에는 즉시 공소를 제기하고 그 취지를 서울고등법원과 재정신청인에게 통지한다(동조 제4항). 이 외에 재정신청에 관하여는 제262조 및 제262조의2부터 제262조의4까지의 규정을 준용한다. 이때 관할법원은 서울고등법원으로 하고, '지방검찰청 검사장 또는 지청장'은 '공수처장', '검사'는 '공수처검사'로 본다(동조 제5항).

3) 신청의 효력

고소인 또는 고발인이 수인이 있는 경우에는 공동신청권자 중 1인의 재정신청은 그 전원을 위해 효력을 발생한다(제264조 제1항).

재정신청이 있으면 재정결정이 확정될 때까지 공소시효의 진행이 정지된다(제262조의4 제1항).

4) 신청의 취소

재정신청은 고등법원의 재정결정이 있을 때까지 취소할 수 있으며, 재정신청을 취소한 자는 다시 재정신청을 할 수 없다(제264조 제2항). 다만, 재정신청의 취소는 다른 공동신청권자에게 효력이 미치지 않는다(동조 제3항).

재정신청의 취소는 관할 고등법원에 서면으로 하여야 한다. 다만, 기록이 관할 고등법원에 송부되기 전에는 그 기록이 있는 지방검찰청 검사장 또는 지청장에게 하여야 한다(규칙 제121조 제1항). 이때 취소서를 받은 고등법원의 법원사무관 등은 즉시 고등검찰청 검사장 및 피의자에게 그 사유를 통지하여야 한다(동조 제2항).

2. 검사장 등의 처리

재정신청서를 제출받은 지방검찰청 검사장 또는 지청장은 재정신청서를 제출받은 날부터 7일 이내에 재정신청서, 의견서, 수사관계서류 및 증거물을 관할 고등검찰청을 거쳐 관할 고등법원에 송부하여야 한다. 다만, 지방검찰청 검사장 또는 지청장은 검찰항고를 거치지 않은 재정신청(검찰항고전치주의가 적용되지 않는 경우(제260조 제2항 단서))에 대하여는 재정신청이 이유 있다고 인정되면 즉시 공소를 제기하고 그 취지를 관할 고등법원과 재정신청인에게 통지하여야 하고, 재정신청이 이유 없는 것으로 인정되면 30일 이내에 관할 고등법원에 송부하여야 한다(제261조).

Ⅲ. 고등법원의 심리와 재정결정

1. 재정심리절차

(1) 성 격

재정신청심리절차의 법적 성격에 대하여는 ① 공소제기 전의 절차로서 수사절차의 연장으로 이해하는 견해(수사설), ② 검사의 불기소처분의 당부를 심판하는 것으로 행정소송으로서의 항고소송에 준하는 절차로 이해하는 견해(항고소송설), ③ 수사와 항고소송의 성격을 동시에 가지고 있다는 견해(병유설)가 있다. 수사설에 따르면 재정절차에서 수사는 허용되지만 재정법원의 밀행성이 강조되고 신청인의 절차관여는 허용되지 않는 반면, 항고소송설에 따르면 신청인과 검사는 대립당사자로서의 지위를 가지고 절차에 관여하는 것으로 된다. 그러나 ④ 형소법에서 재정신청사건을 항고절차에 준하여 결정하도록 하고 있는 것(제262조 제2항)을 고려하면 재정신청심리절차는 수사절차가 아닌 재판절차로서 형사소송에 유사하다(형사소송 유사설, 다수설). 다만, 이는 일반 공판절차와 달리 공소제기 전의 절차라는 점에서 밀행성이 요구된다.

(2) 관할법원과 피의자통지

재정신청사건은 불기소처분을 한 검사소속의 지방검찰청 소재지를 관할하는 고등법원이 관할한다(제260조 제1항). 관할 고등법원은 재정신청서를 송부받은 때에는 송부받은 날부터 10일 이내에 피의자에게 그 사실을 통지하여야 하며(제262조 제1항), 이 기간 내에 피의자 이외에 재정신청인에게도 그 사유를 통지하여야 한다(규칙 제120조).

(3) 심리기간과 심리방식

법원은 재정신정서를 송부받은 날부터 3개월 이내에 재정결정을 하여야 한다(제262조 제2항). 이는 훈시규정이므로 이 기간을 경과한 후에 재정결정을 하여도 위법한 것은 아니다(90모58).

재정신청사건의 심리는 항고의 절차에 준한다(제262조 제3항). 따라서 구두변론에 의하지 아니하고 절차를 진행할 수 있으며, 필요한 경우에 사실조사를 할 수 있다(제37조 제2항, 제3항). 다만, 재정신청사건의 심리는 특별한 사정이 없는 한 공개하지 않는다(제262조 제2항). 이는 피의자의 사생활침해, 수사의 비밀저해 및 민사사건에 악용하기 위한 재정신청의 남발 등을 막기 위한 것이다(2008헌마578).

(4) 증거조사와 강제처분

법원은 재정신청사건의 심리에서 필요한 때에는 증거를 조사할 수 있다(제262조 제2항). 따라서 피의자신문이나 참고인에 대한 증인신문, 검증, 간정 등을 행할 수 있다. 이 증거조사는 법원의 직권에 의한 것으로 재정신청을 한 피의자의 증거신청권은 인정되지 않는다. 다만, 검사는 항고사건에 대하여 의견을 진술할 수 있으므로(제412조), 재정신청사건에서도 의견을 진술할 수 있다. 증거조사의 방법은 법원이 필요하다고 인정하는 방법에 의한다. 따라서 재정신청사건은 공판심리절차가 아니므로 반드시 법정에서 행할 것을 요하지 않으며, 서면심리로도 가능하다. 재정신청이 이유 있는지의 여부는 불기소처분 시가 아니라 재정결정 시를 기준으로 하므로 불기소처분 이후에 발견된 증거나 사실도 판단자료로 할 수 있다.

한편, 재정신청사건에서 법원이 피의자에 대한 구인이나 구속·압수·수색·검증과 같은 강제처분을 할 수 있는지에 대하여는 ① 피의자는 피고인이 아니므로 피고인의 구속에 관한 규정을 적용할 수 없고, 형소법상 심리절차에서 강제처분이 허용된다는 명문규정이 없으며, 압수·수색 등의 대물적 강제처분은 증거수집이지 증거조사가 아니라는 이유 등으로 이를 부정하는 견해가 있다. 그러나 ② 재정신청사건의 심리절차는 항고절차에 준하므로 재정법원은 수소법원에 준하는 권한을 가지고 있으며, 필요한 때에는 증거조사를 할 수 있다고 한 형소법의 취지를 고려하면 수소법원에 준하여 강제처분을 할 수 있다(다수설). 다만, 법원의 구속기간은 공소제기 시부터 기산되고(제92조 제3항), 재정법원의 구속을 수사기관에 의한 구속의 연장선상으로 볼 수도 없으므로 재정법원이 피의자신문을 위하여 피의자를 구인하는 것은 가능하지만 구금은 현실적으로 어렵다.

(5) 기피신청의 허용 여부

재정신청사건에서 재정신청을 한 고소인 또는 고발인은 심리절차에서 법관에 대하여 기피신청을 할 수 있다(90모44). 피의자에게도 기피신청이 허용되는지에 대하여는 ① 재정신청은 검사의 불기소처분에 대한 고소인 또는 고발인의 불복절차이며, 재정결정은 해당 사건에 대한 실체재판이 아니라는 점에서 이를 부정하는 견해가 있다. 그러나 ② 재정신청사건의 심리와 결정은 일종의 재판이므로 재정신청사건의 피의자가 피고인은 아니지만 제18조를 유추하여 법관에 대한 기피신청을 허용하여야 한다(다수설).

(6) 기록의 열람·등사의 제한

재정신청사건의 심리 중에는 관련서류 및 증거물을 열람 또는 등사할 수 없다. 다만, 법원은 재정신청사건의 증거조사과정에서 작성된 서류의 전부 또는 일부의 열람 또는 등사를 허가할 수 있다(제262조의2). 이 제한은 아직 정식기소가 되지 않은 수사기록에 대하여 피의자나 고소인 등 이해관계인이 무분별하게 기록을 열람·등사하는 경우 피의자의 사생활 및 수사비밀을 해칠 우려가 있을 뿐만 아니라 수사기록의 열람·등사 그 자체를 위해 재정신청을 남발할 우려가 있다는 점 등을 고려한 것이다(2008헌마578).

2. 재정결정

(1) 기각결정

1) 사 유

재정신청이 법률상의 방식에 위배되거나 이유 없는 때에는 신청을 기각한다(제262조 제2항 제1호).

'법률상의 방식에 위배'된 때란 신청권자 아닌 자가 재정신청을 한 경우, 신청기간이 경과한 후에 재정신청을 한 경우, 재정신청을 이유 있게 하는 사유를 기재하지 아니한 경우(2000모216), 검찰항고를 거치지 않고 재정신청을 한 경우 등이 이에 해당한다. 재정신청 제기기간 후에 재정신청 대상을 추가하는 것도 허용되지 않는다(97모30). 다만, 재정신청서를 직접 고등법원에 제출한 경우에는 신청방식이 법률에 위반되지만 그 신청을 기각할 것이 아니라 재정신청서를 관할 지방검찰청 검사장 또는 지청장에게 송부하여야 한다.

'신청이 이유 없는 때'란 검사의 불기소처분이 정당한 것으로 인정되는 경우를 말한다. 재정신청의 이유유·무는 불기소처분 시가 아니라 재정결정 시를 기준으로 판단하여야 한다. 다만, 검사의 무혐의 불기소처분이 위법하다 하더라도 기록에 나타난 여러 가지 사정을 고려하여 기소유예의 불기소처분을 할 만한 사건이라고 인정되는 경우에는 재정신청을 기각할 수 있다(97모30). 또한 검사의 불기소처분 당시에 공소시효가 완성되어 공소권이 없는 경우에는 위 불기소처분에 대한 재정신청은 허용되지 않는다(90모34).

2) 결정 후의 조치 및 기소제한

기각결정을 한 때에는 즉시 그 정본을 재정신청인·피의자와 관할 지방검찰청 검사장 또는 지청장에게 송부하여야 한다(제262조 제5항 전문). 재정신청 기각결정에 대하여는 재판에 영향을 미친 헌법·법률·명령 또는 규칙의 위반이 있음을 이유로 하는 때(제415조)에는 즉시항고를 할 수 있다(동조 제4항 전문).[183]

한편, 재정신청 기각결정이 확정된 사건에 대하여는 다른 중요한 증거

---

183) 사법경찰관이 수사 중인 사건이 검사가 공소시효 만료일 30일 전까지 공소를 제기하지 아니하는 경우에 해당하여 지방검찰청 검사장 또는 지청장에게 재정신청서가 제출된 경우에 검사는 이 재정신청에 대해 법원이 기각하는 결정을 한 경우에는 해당 결정서를 사법경찰관에게 송부하여야 한다. 이때 송치받은 사건을 사법경찰관에게 이송하여야 한다(수사준칙규정 제66조 제3항).

를 발견한 경우를 제외하고는 소추할 수 없다(동항 후문). '재정신청 기각결정이 확정된 사건'이란 재정신청사건을 담당하는 법원에서 공소제기의 가능성과 필요성 등에 관한 심리와 판단이 현실적으로 이루어져 재정신청 기각결정의 대상이 된 사건만을 의미한다(2012도14755). 재정신청이 기각결정된 사건내용과 동일한 사실인 때에도 마찬가지이다(66도1222). '다른 중요한 증거를 발견한 경우'란 재정신청 기각결정 당시에 제출된 증거에 새로 발견된 증거를 추가하면 충분히 유죄의 확신을 가지게 될 정도의 증거가 있는 경우를 말한다. 다만, 단순히 재정신청 기각결정의 정당성에 의문이 제기되거나 범죄피해자의 권리를 보호하기 위하여 형사재판절차를 진행할 필요가 있는 정도의 증거가 있는 경우는 이에 해당하지 않는다. 따라서 관련 민사판결에서의 사실인정 및 판단은 그러한 사실인정 및 판단의 근거가 된 증거자료가 새로 발견된 증거에 해당할 수 있음은 별론으로 하고, 그 자체가 새로 발견된 증거에 해당하지 않는다(2014도17182).

3) 비용부담

법원은 재정신청의 기각결정이나 재정신청의 취소가 있는 경우에는 결정으로 재정신청인에게 신청절차에 의하여 생긴 비용의 전부 또는 일부를 부담하게 할 수 있다(제262조의3 제1항). 또한 법원은 직권 또는 피의자의 신청에 따라 재정신청인에게 피의자가 재정신청절차에서 부담하였거나 부담할 변호인선임료 등 비용의 전부 또는 일부의 지급을 명할 수 있다(동조 제2항). 이는 재정신청 대상범죄가 확대됨에 따라 재정신청이 남용되는 것을 방지하기 위한 것이다.[184]

법원의 비용부담결정에 대하여는 즉시항고할 수 있다(동조 제3항).

(2) 공소제기결정

1) 사 유

재정신청이 이유 있는 때에는 사건에 대한 공소제기를 결정한다(동조 제2항 제2호). '재정신청이 이유 있는 때'란 공소제기를 하지 않은 것이 소추재량의 한계를 넘어 위법하다고 인정되는 때를 말한다. 공소제기를 결정하는 때에는 죄명과 공소사실이 특정될 수 있도록 이유를 명시하여야 한다(규칙 제122조).

공소제기결정이 있는 때에는 공소시효에 관하여 그 결정이 있는 날에 공소가 제기된 것으로 본다(제262조의4 제2항). 따라서 공소시효가 결정된 날에 공소시

---

184) 비용의 지급범위와 절차 등에 대하여는 규칙 제122조의2-제122조의5 참조.

효의 진행이 정지된다.

2) 결정 후의 조치 및 불복금지

공소제기결정을 한 때에는 즉시 그 정본을 재정신청인·피의자와 관할 지방검찰청 검사장 또는 지청장에게 송부하여야 하며, 이때 사건기록을 함께 송부하여야 한다(제262조 제5항).

공소제기결정에 대하여는 불복할 수 없다(제262조 제4항 전문 후단). 법원이 재정신청 대상사건이 아님에도 이를 간과한 경우(2017도13465), 재정신청서에 재정신청을 이유 있게 하는 사유가 기재되어 있지 않은 경우(2009도224), 재정신청서를 송부받은 날부터 10일 이내에 피의자에게 그 사실을 통보하지 않은 경우(2013도16162) 등에 있어서 이를 간과한 채 공소제기결정을 하였다고 하더라도, 그에 따른 공소가 제기되어 본안사건의 절차가 개시된 후에는 다른 특별한 사정이 없는 한 본안사건에서 위와 같은 잘못을 다툴 수 없다(2013도16162). 다만, 위와 같은 잘못은 본안사건에서 공소사실 자체에 대하여 무죄, 면소, 공소기각 등을 할 사유에 해당하는지를 살펴 무죄 등의 판결을 함으로써 그 잘못을 바로잡을 수 있다(2009도224).

3. 검사의 공소제기와 공소유지

공소제기결정에 따른 재정결정서를 송부받은 지방검찰청 검사장 또는 지청장은 지체 없이 담당검사를 지정하고 지정받은 검사는 공소를 제기하여야 한다(제262조 제6항). 이때 공소유지도 검사가 담당한다. 공소제기결정을 한 경우에 검사로 하여금 공소를 제기하고 유지하도록 한 것은 재정신청의 대상범죄가 전면 확대되면서 재정신청사건의 증가에 따라 많은 비용과 절차가 소요될 것이라는 점 등을 고려한 것이다.

공소제기를 한 검사는 통상의 공판절차에 따라 권한을 행사할 수 있으며, 따라서 공소유지를 위하여 공소장변경을 할 수도 있고, 상소도 할 수 있다. 그러나 검사는 법원의 공소제기결정에 따라 공소를 제기한 때에는 공소를 유지할 권한만 있으므로 공소취소를 할 수는 없다(제264조의2).

제4편

공 판 절 차

제1장 공판절차의 개관

제1절 공판절차의 의의와 기본원칙

Ⅰ. 공판절차의 의의

공판절차란 검사의 공소제기 후 사건이 법원에 계속되어 소송절차가 종료될 때까지 이루어지는 모든 절차를 말한다. 따라서 검사가 아닌 관할경찰서장 등이 청구하여 진행되는 즉결심판절차 및 검사의 청구에 의하더라도 서면절차로 진행하는 약식절차는 공판절차가 아니다. 공판절차는 공판기일의 절차와 공판기일 외의 절차로 구분된다. '좁은 의미의 공판절차'란 공판기일의 절차를 말한다.

법원에 의한 형사사건의 심증형성은 공판정에서의 심리과정에서 이루어질 것을 요구한다. 이를 공판중심주의라고 한다(2018도17748). 공판중심주의는 공소장일본주의, 공판절차의 공개, 구두변론주의, 직접주의, 집중심리주의 등으로 구현된다. 형소법은 헌법 제12조 제1항이 규정한 적법절차의 원칙, 그리고 헌법 제27조가 보장하는 공정한 재판을 받을 권리를 구현하기 위하여 공판중심주의를 기본원칙으로 하고 있다(2013도12652).

Ⅱ. 공판절차의 기본원칙

1. 공개주의

(1) 의 의

공개주의란 일반인에게 재판의 방청을 허용하는 원칙을 말한다. 이를 일반공개주의라고 한다. 이는 재판의 방청을 일체 허용하지 않는 밀행주의나 일정한 소송관계인에 대해서만 방청을 허용하는 당사자공개주의와 구별된다. 헌법 제27조 제3항 후문에서는 "형사피고인은 상당한 이유가 없는 한 지체 없이 공개재판을 받을 권리를 가진다"고 규정하는 한편, 제109조는 물론, 법조법 제57조 제1항에서는 "재판의 심리와 판결은 공개한다"고 규정하고 있다.

공개주의는 법원의 심판을 국민의 감시 아래 둠으로써 재판의 공정을 기하게 함과 동시에 재판에 대한 국민의 신뢰를 유지하는데 기여한다.

(2) 내 용

공개주의는 누구든지 재판절차를 방청할 수 있는 가능성이 보장되는 것을 의미한다. 따라서 공개주의는 일반인이 특별한 어려움 없이 공판기일과 공판장소에 대한 충분한 정보를 얻을 수 있어야 하고, 해당 재판에 관심이 있는 사람은 누구나 공판정에 출입할 수 있는 것을 그 내용으로 한다.

그러나 공개주의는 일반인이면 누구나 직접 재판을 방청할 수 있다는 것을 의미함에 지나지 않으며, TV나 라디오 등 매스컴에 의한 간접공개를 허용한다는 의미는 아니다.

(3) 제 한

1) 특정사건의 비공개

국가의 안전보장과 질서유지, 선량한 풍속을 보호하기 위하여 법원의 결정으로 판결의 선고를 제외한 심리의 공개를 제한할 수 있다(헌법 제109조 단서, 법조법 제57조 제1항 단서). 다만, 비공개대상은 심리에 한정되고, 판결선고의 비공개는 허용되지 않는다.

공개금지결정은 이유를 밝혀 선고하여야 한다(동조 제2항). 다만, 공개금지결정의 경우에도 재판장은 적당하다고 인정되는 사람에 대해서는 법정 안에 있는 것을 허가할 수 있다(동조 제3항). 공개금지사유가 없음에도 불구하고 법원이 재판의 심리에 관한 공개를 비공개로 결정한 경우는 비록 변호인의 반대신문이 보장되었더라도 이는 피고인의 공개재판을 받을 권리를 침해한 것이므로 그 절차에 의하여 이루어진 증인의 증언은 증거능력이 없으며, 공개금지결정의 선고가 없는 등으로 공개금지결정의 사유를 알 수 없는 경우에도 마찬가지이다(2013도2511). 재판이 공판의 공개에 관한 규정에 위반하여 진행된 경우에는 항소이유(제361조의5 제9호) 또는 상고이유(제383조 제1호)가 된다.

한편, 특별법에 의하여 재판의 심리를 비공개로 할 수 있는 경우가 있다. 즉, (i) 소년보호사건의 심리는 공개하지 않는다. 다만, 소년부 판사는 적당하다고 인정하는 자에게 참석을 허가할 수 있다(소년법 제24조 제2항). (ii) 성폭력범죄에 대한 심리는 그 피해자의 사생활을 보호하기 위하여 결정으로써 공개하지 아니할 수 있다(성폭력처벌법 제31조 제1항).[1] (iii) 판사는 가정보호사건을 심리할 때 사생활 보호나 가정의 평화와 안정을 위하여 필요하거나 선량한 풍속을 해칠 우려가 있다고 인정하는 경우에는 결정으로 심리를 공개하지 아니할 수 있다(가정폭력처벌법 제32조 제1항)[2].

2) 법정의 질서유지를 위한 제한

재판장은 법정의 질서유지를 위해 일정한 규모의 방청인 수를 제한할 수 있고, 특정인의 입정금지 또는 퇴정을 명할 수 있다(법조법 제58조). 즉, 재판장은 법정질서를 유지하기 위하여 필요하다고 인정한 때에는 방청에 관하여 (i) 방청석 수에 해당하는 방청권을 발행하게 하고 그 소지자에 한하여 방청을 허용하는 것(제1호), (ii) 법원경위로 하여금 방청인의 의복 또는 소지품을 검사하게 하고 위험물 기타 법정에서 소지함이 부적당하다고 인정되는 물품을 가진 자의 입정을 금하게 하는 것(제2호), (iii) 위 각 호의 조치에 따르지 아니한 자, 보호자 동행 없는 12세 미만의 아동, 단정한 의복을 착용하지 아니한 자, 법정에서 법원 또는 법관의 직무집행을 방해하거나 부당한 행동을 할 염려가 있다고 믿을만한 현저한 사정이 인정되는 자의 입정을 금하게 하는 것(제3호)을 할 수 있다(법정 방청 및 촬영 등에 관한 규칙 제2조). 따라서 법원이 법정의 규모·질서의 유지·심리의 원활한 진행 등을 고려하여 방청을 희망하는 피고인들의 가족·친지 기타 일반 국민에게 미리 방청권을 발행하게 하고 그 소지자에 한하여 방청을 허용하는 등의 방법으로 방청인의 수를 제한하는 조치를 취하는 것은 공개재판주의의 취지에 반하는 것이 아니다(90도646).

또한 재판장은 (i) 음식을 먹거나 흡연을 하는 자(제2호)와 (ii) 법정에서

---

1) 증인으로 소환받은 성폭력범죄의 피해자와 그 가족은 사생활보호 등의 사유로 증인신문의 비공개를 신청할 수 있다(동조 제2항).

2) 증인으로 소환된 피해자 또는 가정구성원은 사생활보호나 가정의 평화와 안정의 회복을 이유로 하여 판사에게 증인신문의 비공개를 신청할 수 있다. 이때 판사는 그 허가 여부와 공개법정 외의 장소에서의 신문 등 증인신문의 방식 및 장소에 관하여 결정을 할 수 있다(동조 제2항).

떠들거나 소란을 피우는 등 재판에 지장을 주는 자(제3호)를 제지하거나 또는 퇴정을 명할 수 있다(동규칙 제3조).[3)]

3) 촬영 등 행위의 금지

누구든지 법정 안에서는 재판장의 허가 없이 녹화, 촬영, 중계방송 등의 행위(이하 '촬영 등 행위'라 한다)를 하지 못한다(법조법 제59조).[4)] 이는 피고인의 인격권 보호와 여론재판으로부터 재판의 공정성을 확보하기 위한 것이다. 이때 재판장의 허가를 받고자 하는 자는 촬영 등 행위의 목적, 종류, 대상, 시간 및 소속기관명 또는 성명을 명시한 신청서를 재판기일 전날까지 제출하여야 한다(법정 방청 및 촬영 등에 관한 규칙 제4조 제1항). 재판장은 피고인의 동의가 있는 때에 한하여 이 신청에 대한 허가를 할 수 있다. 다만, 피고인의 동의 여부에 불구하고 촬영 등 행위를 허가함이 공공의 이익을 위하여 상당하다고 인정되는 경우에는 그러하지 아니하다(동조 제2항). 다만, 중계방송 등의 행위는 공판 또는 변론의 개시 전이나 판결선고 시에 한정된다(동규칙 제5조 제1항).[5)]

또한 재판장은 (i) 소송관계인의 수가 법정의 수용인원보다 많아 법정질서 유지를 위하여 필요한 경우(제1호) 또는 (ii) 재난 또는 이에 준하는 사유로 인하여 다수의 인명피해가 발생한 사건에서 당사자, 피해자 또는 그 법정대리인(피해자가 사망한 경우에는 배우자·직계친족·형제자매를 포함한다) 중 상당수가 재판이 진행되는 법원으로부터 원격지에 거주하여 법정에 직접 출석하기 어려운 경우에 중계장치가 갖추어진 원격지의 법원에서 재판진행을 시청할 수 있도록 하는 것이 참여보장을 위하여 상당하다고 인정되는 경우(제2호)에는 공판이나 변론의 전부 또는

---

3) 법정소란행위자에게는 결정으로 20일 이내의 감치에 처하거나 100만원 이하의 과태료를 부과할 수 있고, 이를 병과할 수도 있다(법조법 제61조 제1항).

4) 대법원의 경우에는 재판장의 허가를 받아 변론 또는 선고를 인터넷이나 텔레비전 등의 방송통신매체를 통하여 방송할 수 있다(대법원에서의 변론에 관한 규칙 제7조의2).

5) 「법정 방청 및 촬영 등에 관한 규칙」 제5조(촬영 등 행위시의 주의) ① 재판장이 제4조의 규정에 의하여 허가를 할 때에는 다음 각 호의 제한을 하여야 한다. 1. 촬영 등 행위는 공판 또는 변론의 개시 전이나, 판결선고 시에 한한다. 2. 법단 위에서 촬영 등 행위를 하여서는 아니 된다. 3. 촬영 등 행위로 소란케 하여서는 아니 된다. 4. 구속피고인에 대한 촬영 등 행위는 수갑 등을 푼 상태에서 하여야 한다. 5. 소년에 대하여는 성명, 연령, 직업, 용모 등에 의하여 해당 본인임을 알아볼 수 있을 정도로 촬영 등 행위를 하여서는 아니 된다.

② 재판장은 소송관계인의 변론권·방어권 기타 권리의 보호, 법정의 질서유지 또는 공공의 이익을 위하여 촬영 등 행위의 시간·방법을 제한하거나 허가에 조건을 부가하는 등 필요한 조치를 취할 수 있다.

일부에 대하여 해당 법원 내 또는 원격지의 법원 내의 시설에서 녹음, 녹화 또는 촬영과 중계를 허가할 수 있다. 다만, 이때에는 사안에 따라 사전에 소속 지방법원장 등의 승인을 받아야 한다(동규칙 제6조 제3항).

재판장은 허가 없이 녹화, 촬영, 중계방송 등을 하는 자를 제지하거나 또는 퇴정을 명할 수 있다(동규칙 제3조 제1호).[6]

2. 구두변론주의

(1) 의 의

구두변론주의란 법원이 당사자의 구두변론(口頭辯論)을 기초로 하여 사건을 심리·판단하는 원칙을 말한다. 구두변론주의는 구두주의와 변론주의를 그 내용으로 한다. 제275조의3에서는 "재판정에서의 변론은 구두로 하여야 한다"고 규정함으로써 구두변론주의를 원칙으로 하고 있다. 다만, 판결은 법률에 다른 규정이 없으면 구두변론을 거쳐서 하여야 하지만, 결정이나 명령은 구두변론을 거치지 아니할 수 있다(제37조 제1항, 제2항).

(2) 구두주의

구두주의란 구술에 의하여 제공된 주장이나 입증자료를 기초로 사건을 심리·판단하는 원칙을 말하며, 구술주의라고도 한다. 공판심리에서 실체형성행위는 구두주의에 의하여야 한다. 구두주의는 법관으로 하여금 진술자의 목소리나 태도 등을 통하여 정확한 심증형성에 가능하게 함과 동시에 방청인에게 변론의 내용을 알릴 수 있다는 점에서 장점이 있다.

그러나 구두주의는 시간의 경과에 따라 기억이 희미해지는 등, 변론의 내용을 증명하기 어렵다는 점에서 서면주의에 의한 보완이 요구된다. 이에 형소법에서는 공판기일의 소송절차에 관하여는 공판조서를 작성하도록 하고 있다(제51조 제1항). 또한 절차형성행위는 형식적 확실성이 요구된다는 점에서 서면주의에 따르도록 하고 있다. 따라서 공소제기(제254조), 상소제기(제343조 제1항) 등은 서면으로 하여야 한다. 이 외에도 항소심에서는 항소이유 없음이 명백한 때에는 서면심리에 의해 기각할 수 있으며(제364조 제5항), 상고심에서는 원칙적으로 서면심리에 의하도

---

6) 촬영 등의 행위를 한 자에 대해서는 결정으로 20일 이내의 감치에 처하거나 100만원 이하의 과태료를 부과할 수 있고, 이를 병과할 수도 있다(법조법 제61조 제1항).

록 하고 있다(제390조). 또한 약식절차의 경우(제448조 이하)에도 서면주의에 의하도록 하고 있다.

(3) 변론주의

변론주의란 법원이 당사자의 주장과 입증을 통해 사실을 기초로 사건을 심리·판단하는 원칙을 말한다. 변론주의는 법원이 예단을 갖지 않고 당사자의 소송추행에 따라 사건을 심판하게 함으로써 실체적 진실발견에 기여하게 된다. 넓은 의미의 변론주의에 따르면 당사자처분권까지 인정하게 되지만 형소법에서는 당사자처분권을 인정하지 않는다.

형소법에서는 민사소송의 경우와 달리 당사자처분권을 인정하지 않는다. 형소법상 변론주의를 구현하고 있는 것으로는 당사자의 공판정출석(제275조 제2항, 제276조), 검사와 피고인의 모두진술(제285조, 제286조), 당사자의 증거조사참여(제163조, 제176조)와 증거신청(제294조) 및 증거조사에 관한 이의신청(제296조), 증인신문에서의 교호신문제도(제161조의2), 피고인신문(제296조의2), 공소장변경제도(제298조), 검사의 의견진술(제302조)과 피고인 및 변호인의 최후진술(제303조) 등을 들 수 있다.

그러나 형소법에서는 당사자, 특히 피고인의 열악한 지위를 고려하여 법원이 사실과 증거의 수집 및 제출책임을 부담하는 직권탐지주의에 의해 이를 보완하고 있다. 형소법상 직권탐지주의의 요소로는 법원의 직권에 의한 증거조사(제295조), 법관에 의한 증인신문(제161조의2 제3항)과 피고인신문(제296조의2 제2항, 제3항), 법원의 공소장변경요구제도(제298조 제2항) 등이 있다.

3. 직접주의

(1) 의 의

직접주의는 공판중심주의의 한 요소로서 법원이 공판정에서 직접 조사한 증거를 통해 사실을 인정한다는 원칙을 말하며, 직접심리주의라고도 한다. 직접주의는 법관이 법정에서 직접 원본증거를 조사하는 방법을 통하여 사건에 대한 정확한 심증을 형성할 수 있고, 피고인에게 원본증거에 관한 직집적인 의견진술의 기회를 부여함으로써 실체적 진실을 발견하고 공정한 재판을 실현하는데 기여한다(2018도17748). 따라서 직접주의는 일반적으로 법원의 정확한 심증형성을 위해 소송의 주도권을 법원에 부여하는 직권주의에서 강조되지만, 소송의 주도권을 당사자에게 부여하고 재판장은 심판(umpire) 역할을 담당하는 당사자주의에서도 당사자의 방어권보장을 위해 요구된다.

직접주의는 법원이 공판기일에 공판정에서 직접 증거조사를 하여야 한다는 형식적 직접주의와 증명의 대상이 되는 가장 가까운 원본증거를 재판의 기초로 하여야 한다는 실질적 직접주의를 내용으로 한다. 실질적 직접주의는 원본증거의 대체물 사용은 특별한 사정이 없는 한 이를 허용하여서는 안 된다는 원칙으로서(2018도13945), 최우량증거의 원칙(Best Evidence Rule)으로 구현된다.

(2) 내 용

형식적 직접주의를 구현한 것으로는 공판개정 후에 판사의 경질이 있는 경우를 공판절차의 갱신사유로 하고 있는 것(제301조), 공판기일 전의 증거조사(제273조)에 의하여 작성 또는 송부된 서류는 검사, 변호인 또는 피고인이 공판정에서 개별적으로 지시설명하여 조사하도록 하고 있는 것(제291조 제1항) 등을 들 수 있다. 다만, 수소법원이 아닌 수명법관이나 수탁판사에 의한 증거조사와 감정(제167조, 제177조)은 그 예외에 해당한다.

실질적 직접주의를 구현한 것으로는 전문법칙에 관한 규정(제310조의2)을 들 수 있다. 다만, 전문법칙의 예외에 관한 규정(제311조-제316조)은 그 예외에 해당한다. 한편, 제1심과 항소심의 신빙성 평가방법의 차이를 고려하여 제1심법원이 적법한 증거조사를 거친 증거에 따라 증인의 진술에 대한 신빙성을 판단하였다면 현저히 부당하다고 인정되는 등 예외적인 경우가 아닌 한, 항소심이 그 판단을 존중하도록 하는 것도 직접주의의 요청이라고 할 수 있다(2021도2726).

4. 집중심리주의

(1) 의 의

집중심리주의는 법원이 공판기일에 하나의 사건을 집중적으로 심리하고, 1회의 심리로 종결할 수 없는 사건은 가능한 한 기일 간에 간격을 두지 말고 계속적으로 심리하여야 한다는 원칙을 말하며, 계속심리주의라고도 한다. 집중심리주의는 신속한 재판의 원칙과 공판중심주의의 실현에 의해 실체적 진실발견에 기여함과 동시에 피고인의 인권을 보호하는데 기여한다. 따라서 집중심리주의를 취하더라도 피고인에게 공판에 대한 준비활동을 충분히 보장함으로써 피고인의 방어권이 침해당하지 않도록 하여야 하며, 졸속재판이 되지 않도록 유의하여야 한다.

(2) 내 용

1) 심리의 집중

형소법에서는 공판기일의 심리는 집중되어야 하며, 심리에 2일 이상이 필요한 경우에는 부득이한 사정이 없는 한 매일 계속 개정하여야 하도록 하고 있다(제267조의2 제1항, 제2항). 다만, 부득이한 사정으로 매일 계속 개정하지 못하는 경우에도 특별한 사정이 없는 한 전회의 공판기일부터 14일 이내로 다음 공판기일을 지정하도록 하고 있다(동조 제4항). 이때 소송관계인은 기일을 준수하고 심리에 지장을 초래하지 아니하도록 하여야 하며, 재판장은 이에 필요한 조치를 할 수 있다(동조 제5항). 이는 소송관계인의 협력을 통해 집중심리주의를 실현하기 위한 것이다. 이 외에도 형소법에서는 증인을 신청한 자는 증인이 출석하도록 합리적인 노력을 할 의무를 부과하고 있으며(제150조의2 제2항), 증인이 정당한 사유 없이 출석하지 않은 때에는 과태료부과 또는 감치의 제재를 가할 수 있도록 하고 있다(제151조).

한편, 법원은 특정강력범죄사건의 심리를 하는 데에 2일 이상이 걸리는 경우에는 가능하면 매일 계속 개정하여 집중심리를 하여야 하며, 재판장은 특별한 사정이 없으면 직전 공판기일부터 7일 이내로 다음 공판기일을 지정하도록 하고 있다(특정강력범죄법 제10조 제1항, 제2항). 이때 재판장은 소송관계인이 공판기일을 준수하도록 요청하여야 하며, 이에 필요한 조치를 할 수 있다(동조 제3항).

2) 판결의 즉일선고

형소법에서는 판결의 선고는 원칙적으로 변론을 종결한 기일에 하여야 한다(제318조의4 제1항 본문)고 규정함으로써 즉일선고의 원칙을 명시하고 있다. 변론을 종결한 기일에 판결을 선고하는 경우에는 판결의 선고 후에 판결서를 작성할 수 있다(동조 제2항).

그러나 특별한 사정이 있는 경우에는 따로 선고기일을 지정할 수 있도록 하되, 이 선고기일은 변론종결 후 14일 이내로 지정하도록 하고 있다(동조 제1항 단서, 제3항).

제2절 공판심리의 범위

Ⅰ. 심판대상

1. 의 의

형사소송에서 심판대상은 검사의 공소제기에 의하여 결정되며, 이는 형사소송에서의 소송물을 의미한다. 불고불리에 의하여 법원의 심판대상은 검사가 공소장에 기재한 피고인과 공소사실에 한정된다. 따라서 제254조에서는 공소장에는 피고인의 성명 기타 피고인을 특정할 수 있는 사항, 죄명, 공소사실, 적용법조를 기재하게 함과 동시에, 공소사실의 기재는 범죄의 시일, 장소와 방법을 명시하여 사실을 특정할 수 있도록 기재할 것을 요구하고 있다(제3항, 제4항).

형사소송에서 심판대상은 공판절차뿐만 아니라 수사절차를 포함하여 형사절차의 전 과정에서 그 의미를 가진다. 즉, 수사절차에서는 수사의 대상은 물론, 각종 영장의 효력범위와 변호인선임의 효력범위 등을 정하는 기준이 되고, 공소제기 시에는 공소제기의 효력범위와 소송조건의 존·부 등을 결정하는 기준이 된다. 또한 공소제기 후에는 공소장변경의 한계와 이중기소금지의 한계를 정하는 기준이 되고, 판결이 확정된 후에는 기판력의 범위를 정하는 기준이 된다.

2. 범 위

(1) 범죄사실대상설

범죄사실대상설은 공소장에 기재된 범죄사실과 공소장에 기재된 공소사실과 동일성이 인정되는 범죄사실 전체가 심판대상이라고 하는 견해로서, 공소사실대상설이라고도 한다.[7] 이 견해는 제248조 제2항에서 "범죄사실의 일부에 대한 공소의 효력은 범죄사실 전부에 미친다"고 규정하고 있는 것을 근거로 한다. 이 견해에 따르면 공소제기의 효력범위, 법원의 심판범위, 확정판결의 효력범위가 모두 일치하게 되고, 공소장변경제도는 피고인의 방어권보장을 위한 절차적 담보장치

---

7) 범죄사실이란 과거에 발생한 역사적 사실을 말하는 반면, 공소사실은 검사가 수사를 통해 주장하는 사실로서 검사가 공소장에 기재하여 소추를 구하는 사실을 말한다.

로서 형사절차의 소송물 자체에는 영향을 미치지 않는 제도가 된다.

이 견해에 대하여는 피고인의 방어권행사에 불이익을 초래할 수 있고, 공소장변경제도를 무의미하게 한다는 비판이 있다.

(2) 소인대상설

소인대상설은 법원의 심판대상은 공소장에 기재된 구체적인 범죄사실, 즉 소인(訴因)이 심판대상이고, 공소사실은 실체개념이 아니라 공소장변경의 한계를 정하는 기능개념에 지나지 않는다고 하는 견해이다. 이 견해는 당사자주의 소송구조에 따른 것으로, 제254조 제4항에서 "공소사실의 기재는 범죄의 시일, 장소와 방법을 명시하여 사실을 특정할 수 있도록 하여야 한다"고 규정하고 있는 것과 제298조 제1항에서 '공소장에 기재된 공소사실'과 '공소장변경의 허용한계인 공소사실'을 구별하고 있는 것을 근거로 한다.

이 견해에 대하여는 소인은 일본 형소법상 개념에 지나지 않고, 당사자주의 소송구조와 직접적인 관련성이 없으며, 제298조 제1항은 공소장에 기재된 공소사실과의 동일성을 공소장변경의 허용한계로 규정한 것에 지나지 않는다는 비판이 있다.

(3) 이 원 설

이원설은 공소장에 기재된 공소사실이 현실적 심판대상이고, 공소사실과 동일성이 인정되는 사실은 잠재적 심판대상이라고 하는 견해이다(다수설). 이 견해에 따르면 공소제기의 효력범위, 법원의 심판범위, 확정판결의 효력범위는 모두 공소사실의 동일성이 인정되는 사실이 그 기준이 된다. 이 견해에서 공소장변경제도는 공소장변경의 허용범위를 명확히 함으로써 피고인의 방어권을 보장하는 기능을 한다.

이 견해에 대하여는 제248조 제2항에서 "범죄사실의 일부에 대한 공소의 효력은 범죄사실 전부에 미친다"고 규정하여 공소불가분의 원칙을 명시하고 있는 것과 배치된다는 비판이 있다.

(4) 검 토

우리나라에서는 소인이라는 개념이 보편화되어 있지 않고, 현실적 심판대상을 명확히 한정함으로써 피고인의 방어권보장을 충실히 할 필요가 있으며, 나아가 공소장변경제도를 인정하는 취지 등을 고려하면 이원설이 타당하다.

판례는 "형사재판에서 법원의 심판대상이 되는 것은 공소장에 기재된 공소사실과 예비적 또는 택일적으로 기재된 공소사실, 그리고 소송의 발전에 따라 추가 또는 변경된 사실에 한하는 것이고, 공소사실과 동일성이 인정되는 사실이라 할지라도 위와 같은 공소장이나 공소장변경신청서에 공소사실로 기재되어 현실로 심판대상이 되지 아니한 사실은 법원이 그 사실을 인정하더라도 피고인의 방어에 실질적 불이익을 초래할 염려가 없는 경우가 아니면 법원이 임의로 공소사실과 다르게 인정할 수 없는 것이며, 이와 같은 사실을 인정하려면 공소장변경을 요한다"(90도1977)고 한다.

Ⅱ. 공소장변경제도

1. 의 의

공소장변경제도란 검사가 공소를 제기한 후에 공소사실의 동일성이 인정되는 범위 내에서 법원의 허가를 공소장에 기재된 공소사실 또는 적용법조를 추가, 철회 또는 변경하는 소송행위를 말한다(제298조 제1항). 공소장변경제도는 소송의 동적·발전적 성격을 고려하여 공소사실과 동일성이 인정되는 범위 내에서 법원의 심판으로 대상이 될 수 있게 함으로써 국가형벌권의 적정한 행사와 실체적 진실발견에 기여하게 하는 한편, 법원으로 하여금 공소사실의 동일성이 인정되는 사실이라도 공소장변경을 거치지 않고는 심판대상으로 할 수 없게 함으로써 피고인의 방어권을 보장하고자 하는 것이다. 따라서 공소장변경에서는 먼저 변경하려는 사실이 공소사실과 동일성이 인정되는지 여부(1단계)가 문제되며, 동일성이 인정되는 경우에도 피고인의 방어권에 불이익이 있는지를 검토하여 공소장변경의 필요성 여부(2단계)를 판단할 것을 요한다.

공소장변경은 공소사실의 동일성이 인정되는 범위 내에서 허용된다는 점에서 새로운 범죄사실에 대하여 심판을 구하는 추가기소와 구별된다. 또한 공소사실의 동일성이 인정되지 않는 수개의 공소사실이 실체적 경합범으로 기소된 상태에서 그 전부 또는 일부에 대하여 철회하여 소송계속을 종결시키는 공소취소와 구별된다. 그리고 공소장변경은 법원의 허가를 얻어 심판대상을 변경하는 것이라는 점에서 법원의 허가 없이 명백한 오기나 누락을 수정하거나 보충하는데 지나지 않는

공소장정정(公訴狀訂正)과 구별된다.[8)]

2. 내 용

공소장변경은 공소사실 또는 적용법조의 추가, 철회, 변경하는 것을 내용으로 하는 소송행위이다.

(1) 추 가

'추가'란 기존의 공소사실 또는 적용법조에 대하여 동일성이 인정되는 공소사실 또는 적용법조를 추가하는 단순추가와 기존의 공소사실 또는 적용법조에 대하여 동일성이 인정되는 공소사실 또는 적용법조를 예비적 또는 택일적으로 추가하는 예비적·택일적 추가가 있다. 전자의 예로는 공소제기 후에 기존의 공소사실인 포괄일죄의 범죄사실과 동일성이 인정되는 범죄사실을 새로이 발견한 경우에 이를 추가하는 경우(2016도21342)를 들 수 있다.[9)] 후자의 예로는 사기의 공소사실에 예비적으로 그 동일성이 인정되는 횡령의 범행사실을 예비적으로 추가하거나(2006도736) 택일적으로 추가하는 경우(2018도3688)를 들 수 있다. 따라서 공소사실의 동일성이 인정되지 않는 범죄사실을 공소사실로 추가하는 취지의 공소장변경신청이 있는 경우 법원은 그 변경신청을 기각하여야 한다(2022도10660).

(2) 철 회

'철회'란 공소장에 기재된 공소사실 또는 적용법조의 일부를 심판대상에서 제외시키는 것을 말한다. 그 예로는 포괄일죄나 과형상 일죄의 관계에 있는 여러 공소사실 중 일부를 단순히 철회하거나 예비적·택일적 기재사실을 철회하는 경우

---

8) 판례는 "공소장에 "××건설"로 기재된 것은 "○○건설"의 오기임이 명백하여 이는 공소장변경의 절차 없이 바로잡을 수 있는 것으로서, 항소심에서 이를 정정하는 내용의 공소장변경절차가 이루어졌다 하더라도, 이로 인하여 공소사실에 변경이 생겼다거나 심판대상이 제1심과 달라졌다고 할 수 없으므로, 항소심이 제1심판결을 파기하지 아니하고 그 범죄사실 중 위 내용을 정정하여 항소를 기각한 조치에 판결절차의 위반 등의 위법이 있다고 할 수 없다"(95도489)고 하였다.

9) 판례는 "포괄일죄인 영업범에서 공소제기의 효력은 공소가 제기된 범죄사실과 동일성이 인정되는 범죄사실의 전체에 미치므로, 공판심리 중에 그 범죄사실과 동일성이 인정되는 범죄사실이 추가로 발견된 경우에 검사는 공소장변경절차에 의하여 그 범죄사실을 공소사실로 추가할 수 있다"(2016도21342)고 하였다.

를 들 수 있다. 다만, 공소사실의 전부를 철회하거나 공소장에 기재된 수개의 공소사실이 서로 동일성이 없고 실체적 경합관계에 있는 경우에 그 일부를 철회하려면 공소장변경절차가 아니라 공소취소절차에 의하여야 한다(2022도772).

(3) 변 경

'변경'은 공소장에 기재된 공소사실 또는 적용법조의 내용을 바꾸는 것으로, 통상적으로 추가 또는 철회와 동시에 행하여진다. 이는 공소사실에 실질적인 변경을 가져오는 경우를 말한다. 단순한 오기나 누락에 의한 정정의 경우나 범죄 일시나 장소 등의 보충과 같이 공소사실의 내용을 명확히 하기 위한 하자의 보정은 공소장변경에 해당하지 않으므로 공소장변경의 절차를 밟을 필요가 없고, 법원의 허가도 요하지 않으며(92도2554), 검사에 의한 공소장변경신청이나 공소장정정이 없더라도 법원이 직권으로 변경하여 사실을 인정하는 것도 가능하다(86도1547).

3. 한 계

(1) 공소사실의 동일성

공소장변경은 공소사실의 동일성을 해하지 않는 범위에서만 허용된다(제298조 제1항). 이때 공소사실의 동일성은 사건의 단일성과 협의의 동일성을 포함하는 개념이다(통설).

'사건의 단일성'은 일정한 시점에서 소송법상 범죄사실이 1개라는 것으로, 사건의 '객관적 자기동일성'을 의미한다. 즉, 다수인이 보는 자리에서 자신의 상관에게 침을 뱉은 경우에 폭행죄와 모욕죄가 성립가능하고, 두 죄가 상상적 경합범관계에 있으므로 소송법상 일죄가 되어 사건의 단일성이 인정된다. 다만, 실체적 경합범관계에 있는 사건은 피고인이 같더라도 사건의 단일성이 인정되지 않고 수개의 다른 사건이 되므로 공소장변경의 대상이 되지 않는다. 또한 포괄일죄는 일죄이지만 유죄의 확정판결에 의하여 분단되면 동일성이 인정되지 않는다(2016도21342[10]).

---

10) 판례는 "공소제기된 범죄사실과 추가로 발견된 범죄사실 사이에 그 범죄사실들과 동일성이 인정되는 또 다른 범죄사실에 대한 유죄의 확정판결이 있는 때에는, 추가로 발견된 확정판결 후의 범죄사실은 공소제기된 범죄사실과 분단되어 동일성이 없는 별개의 범죄가 된다. 따라서 이때 검사는 공소장변경절차에 의하여 확정판결 후의 범죄사실을 공소사실로 추가할 수는 없고 별개의 독립된 범죄로 공소를 제기하여야 한다"(2016도21342)고 하였다.

'협의의 동일성'은 시간의 경과에 따라 사실관계의 변화에도 불구하고 비교되는 전·후의 시점에서 범죄사실이 동일하다는 것으로, 사건의 '시간적 전·후의 자기동일성'을 의미한다. 즉, 검사가 '피고인은 2012. 3. 1. 피해자의 주거지에서 피해자를 폭행하였다'는 최초의 공소장을 '피고인은 2012. 4. 1. 피해자의 주거지에서 피해자를 폭행하였다'는 내용으로 공소사실을 변경하는 경우 등이 이에 해당한다.

(2) 동일성 판단기준

1) 기본적 사실동일설

기본적 사실동일설은 동일성 판단에서 법률적 관점이 아닌 순수한 자연적 관점에서 범행의 일시와 장소, 수단과 방법 그리고 범행의 객체, 피해자 등 범죄사실의 중요한 기본적인 사실이 같으면 동일성이 인정된다는 견해이다(다수설). 이 견해에서는 두 개의 사실이 성질상 양립할 수 없으므로 하나의 범죄가 성립되면 다른 범죄가 성립할 수 없는 관계에 있거나(2007도1048) 또는 시간적, 장소적으로 매우 밀접하여 자연적, 사회적으로 하나의 범죄로 볼 수 있는 경우에는 기본적 사실이 동일하다고 본다.

이 견해에 대하여는 기본적 사실의 동일성 여부를 명확하게 구별하기 어렵고, 공소사실에 대한 규범적 측면을 무시함으로써 동일성의 범위가 지나치게 확대된다는 비판이 있다.

2) 죄질동일설

죄질동일설은 구성요건의 유형적 본질인 죄질(罪質)이 동일하면 공소사실의 동일성이 인정된다는 견해이다. 이 견해에서는 상해죄와 폭행죄, 절도죄와 강도죄 등과 같이 「형법」상 같은 장에 속하는 범죄들 간에는 동일성이 인정되지만, 수뢰죄와 폭행죄, 폭행죄와 독직폭행죄는 서로 죄질이 다르므로 동일성이 인정되지 않는다.

이 견해에 대하여는 공소사실의 동일성을 규범적으로 파악함으로써 그 범위가 지나치게 좁게 되므로 공소장변경제도를 무의하게 할 뿐만 아니라 일사부재리의 효력범위가 축소되어 피고인에게 추가기소의 위험을 증가시킨다는 비판이 있다.

3) 구성요건공통설

구성요건공통설은 현재의 공소사실과 변경하려고 하는 공소사실이 구성요건적으로 상당한 정도로 부합하면 공소사실의 동일성이 인정된다는 견해이다. 이 견해는 공소사실의 규범적 성격을 유지하면서도 죄질의 동일성을 요하지 않음으로써 동일성의 범위를 넓히고자 하는 것으로, 수뢰죄와 공갈죄, 공무집행방해죄와 소요죄 사이에서도 동일성이 인정된다.

이 견해에 대하여는 구성요건이 상당한 정도로 부합한다는 것의 의미가 명확하지 않고, 동일성을 규범적으로 파악하는 점은 여전하다는 비판이 있다.

4) 소인공통설

소인공통설은 공소사실의 동일성은 소인변경의 한계기능을 하는 것이므로 공소장에 기재된 소인과 변경하고자 하는 소인의 주요부분이 공통되면 동일성이 인정된다는 견해이다. 이 견해에서는 소인은 공소장에 기재된 구체적 사실을 의미한다는 점에서 공소사실의 동일성을 사실의 문제로 파악한다.

이 견해에 대하여는 우리나라 형소법에서는 소인개념을 사용하지 않고 있을 뿐만 아니라 공소사실의 동일성을 판단하는 기준을 제시하지 못하고 있는 것으로, 결국 기본적 사실동일설과 큰 차이가 없다는 비판이 있다.

5) 검 토

기본적 사실이 동일한 경우에 공소사실의 동일성을 인정하게 되면 공소장변경의 범위가 지나치게 넓어져 피고인의 방어권행사에 불이익을 초래할 수 있고, 확정판결 후에는 중한 죄가 발견되더라도 기판력이 인정되어 공소제기를 할 수 없기 때문에 형벌권의 적정한 행사에 방해가 될 수 있다. 따라서 공소사실의 동일성 판단에서는 기본적 사실관계의 동일성을 원칙으로 하되 피해법익 등 규범적 요소를 고려하여 판단하여야 한다.[11] 이렇게 되면 공소사실의 동일성에 대한 판단기준이 명확해지고, 규범적 요소를 고려함에 의해 그 범위가 적절하게 조정됨으로써 국가형벌권의 적정한 실현과 피고인의 방어권보장에도 기여할 수 있을 것이다. 다만, '규범적 요소'가 모호하고, 공소사실의 동일성의 범위가 축소될 경우 피고인에 대한 형사소추가 반복될 수 있다는 점에서 규범적 요소는 예외적, 제한적으로 고려되어야 한다.

---

11) 판례는 관련 행정소송에서는 처분사유의 추가·변경이 허용되지 않는다는 대법원 판결이 선고·확정되었다고 하더라도 기존 공소사실과 변경된 공소사실은 형사소송의 공소장 변경에서 요구하는 기본적 사실관계의 동일성이 인정되는 경우에는 공소장변경이 적법하다고 하였다(2022도9845).

판례는 "공소사실의 동일성은 그 사실의 기초가 되는 사회적 사실관계가 기본적인 점에서 동일하면 그대로 유지되고, 이러한 기본적 사실관계의 동일성을 판단할 때에는 그 사실의 동일성이 갖는 법률적 기능을 염두에 두고 피고인의 행위와 그 사회적인 사실관계를 기본으로 하되 규범적 요소도 아울러 고려하여야 한다"(2022도10660)고 한다. 다만, 판례의 태도는 법적 안정성보다는 사건에서의 구체적 타당성을 중시하는 것으로 이해된다. 즉, 폭행한 사실이 있는 경우 상해죄를 상해치사죄로 변경하거나(82도2156), 돈을 수령한 사실이 같은 이상 횡령죄를 사기죄로 변경하는 경우(83도2500), 재물을 취득한 사실이 있는 이상 절도죄를 장물보관죄로 변경하는 경우(98도1483), 목을 조르고 폭행한 사실이 있는 이상 살인죄의 미수를 강간치상죄로 변경하는 경우(84도666) 등에서 기본적 공소사실의 동일성을 인정한다. 그러나 폭력행위처벌법상 범죄집단의 조직원 중 수괴라고 보아 기소한 폭력행위처벌법위반(단체 등의 구성·활동) 등 혐의에 범죄집단 활동과정에서 발생된 개별적 범행인 폭력행위처벌법위반(단체 등의 공동강요)의 범행을 추가하는 공소장변경은 허가하지 않았다(2022도6993[12]). 또한 필로폰수입으로 인한 마약류 관리에 관한 법률위반(향정) 범죄사실과 공소장변경에 따라 변경된 공소사실 중 필로폰매수로 인한 마약류 관리에 관한 법률위반(향정) 범죄사실은 범행일시에 현저한 차이가 있고, 두 개의 범죄사실이 양립할 수 있으므로 공소사실의 동일성을 인정하지 않는다(2020도3593[13]).

한편, 판례는 포괄일죄에서는 공소장변경을 통한 종전 공소사실의 철회

---

12) 판례는 "피고인이 공동강요 등을 목적으로 하는 폭력행위처벌법상 범죄집단의 조직원 중 수괴라고 보아 폭력행위처벌법위반(단체 등의 구성·활동) 등 혐의로 공소제기된 후, 원심에 이르러 검사가 범죄집단 활동과정에서 발생된 개별적 범행인 폭력행위처벌법위반(단체 등의 공동강요) 범행을 추가하는 공소장변경신청을 한 사건에서, 범죄집단의 조직원의 범죄집단활동죄와 그 범죄집단에서 활동하면서 저지르는 개별적 범행들은 범행목적이나 행위 등이 일부 중첩되는 부분이 있더라도 범행의 상대방, 범행 수단·방법, 결과, 보호법익, 실체적 경합관계 등을 고려할 경우 각 공소사실이 동일하다고 볼 수 없어 공소장변경을 허가할 수 없"다(2022도6993)고 하였다.

13) 검사가 당초 '피고인은 2018. 5. 11. 해외에서 성명불상의 사람으로부터 필로폰 불상량을 구입한 후 이를 자신의 바지 주머니에 넣은 채 2018. 5. 13. 07:00~08:00경 공항을 통해 입국하는 방법으로 필로폰을 수입하였다'는 범죄사실로 공소를 제기하였다가, 원심에서 '피고인은 ① 2018. 4. 16. 11:59경 甲의 차량 내에서, ② 2018. 5. 13. 14:52경 피고인의 차량 내에서 각각 1cc 일회용 주사기에 들어 있는 필로폰 불상량을 甲으로부터 건네받아 이를 각 매수하였다'는 공소사실로 변경하고자 한 사례.

및 새로운 공소사실의 추가가 가능한 점에 비추어 공소장변경허가 여부를 결정할 때는 포괄일죄를 구성하는 개개 공소사실별로 종전 것과의 동일성 여부를 따지기보다는 변경된 공소사실이 전체적으로 포괄일죄의 범주 내에 있는지 여부, 즉 단일하고 계속된 범의하에 동종의 범행을 반복하여 행하고 피해법익도 동일한 경우에 해당한다고 볼 수 있는지에 초점을 맞추고 있다(2022도8806[14]). 따라서 판례는 뇌물수수의 포괄일죄로 기소된 경우에 공소사실 중 금원교부 일시 및 장소의 변경을 내용으로 하는 공소장변경신청에 대하여 이를 모두 허가하여야 한다고 한다(2006도514). 또한 상상적 경합의 관계에 있는 수죄의 일부에 대하여서만 공소를 제기하였다고 하더라도 그 공소제기의 효력은 그 수죄의 전부에 미치는 것이며, 검사가 제1심이나 항소심에서 상상적 경합의 관계에 있는 수죄 가운데 당초 공소를 제기하지 아니한 공소사실을 추가하는 내용의 공소장변경신청을 하는 경우 법원은 공소사실의 동일성을 해하지 아니함이 명백하므로 그 공소장변경을 허가하여 추가된 공소사실에 대하여 심리·판단하여야 한다고 한다(89도1317).

4. 기 준

공소장에 기재된 공소사실과 공소사실의 동일성이 인정되는 범죄사실로 공소장변경을 하고자 하는 경우에도 피고인의 방어권행사에 불이익이 없다면 법원이 공소장변경절차 없이 일부 다른 사실을 인정하거나 적용법조를 수정하더라도 불고불리의 원칙에 위배되지 않는다. 따라서 법원이 공소장을 변경하지 않고 공소사실과 다른 사실을 인정할 수 있는 기준, 즉 공소장변경의 필요성 유·무가 문제된다.

---

14) 판례는 피고인이 저녁시간에 회사에서 퇴근하면서 무면허인 상태로 차량을 운전하여 인근 식당까지 이동하고(제1 무면허운전 혐의), 약 3시간이 경과 후 식당 인근에서 시동이 켜진 위 차량에서 술에 취해 잠이 든 상태로 발견되어 경찰에 의해 음주측정을 받은 다음(제2 무면허운전 및 음주운전 혐의), 검사가 피고인에 대하여 위 발견 직전 제2 무면허운전 및 음주운전을 하였다는 혐의로 기소하였다가 원심에 이르러 제2 무면허운전을 제1 무면허운전으로 공소장변경 허가신청을 한 사건에서, 검사가 공소장변경으로 철회하려는 공소사실(제2 무면허운전 혐의)과 추가하려는 공소사실(제1 무면허운전 혐의)은 시간 및 장소에 있어 일부 차이가 있으나, 같은 날 동일 차량을 무면허로 운전하려는 단일하고 계속된 범의 아래 동종범행을 같은 방법으로 반복한 것으로 포괄하여 일죄에 해당하고 그 기초가 되는 사회적 사실관계도 기본적인 점에서 동일하여 그 공소사실이 동일하다고 보았다(2022도8806).

(1) 일반적 판단기준

1) 동일벌조설

동일벌조설(同一罰條說)은 구체적인 사실관계가 다르더라도 그 구성요건이나 적용법조에 변경이 없으면 법원은 공소장에 기재된 공소사실과 다른 사실을 인정할 수 있다는 견해로서, 구성요건기재설이라고도 한다. 이 견해에 따르면 범행의 일시나 장소, 방법 등이 다르게 되더라도 공소장변경을 요하지 않는다.

2) 법률구성설

법률구성설은 구체적 사실관계가 다르더라도 그 법률구성에 영향을 미치지 않는 한 공소장변경 없이 공소장에 기재된 공소사실과 다른 사실을 인정할 수 있다는 견해이다. 이 견해는 동일벌조설과 유사하지만, 벌조나 구성요건의 동일성을 넘어 법률사실의 구성 전반에 걸친 동일성 여부를 판단기준으로 한다는 점에서 차이가 있다.

3) 사실기재설

사실기재설은 공소장에 기재된 공소사실과 다른 사실을 인정하는 때에는 원칙적으로 공소장변경을 요한다는 견해로서, 실질적 불이익설이라고도 한다(다수설). 이 견해는 공소사실의 사실적 측면을 중시하는 것으로, 사실 간의 실질적 차이 여부는 피고인의 방어권행사에 불이익을 초래하였느냐를 기준으로 파악한다.

4) 검 토

공소장변경제도는 피고인의 방어권을 보장하기 위한 제도일 뿐만 아니라 형소법에서 공소사실의 기재는 범죄의 시일, 장소와 방법을 명시하여 사실을 특정하도록 하고 있고(제254조 제4항), 적용법조 외에 공소사실을 추가·변경·철회하는 경우에도 공소장변경을 요하는 점(제298조 제1항) 등을 고려하면 사실기재설이 타당하다.

판례는 "법원이 공소장변경 없이 직권으로 공소사실과 다른 범죄사실을 인정하기 위해서는 공소사실의 동일성이 인정되는 범위 내이어야 할뿐더러 피고인의 방어권행사에 불이익을 초래할 염려가 없어야 한다"(2021도3791)고 하고, "피고인의 방어권행사에 실질적인 불이익을 초래하는지는 공소사실의 기본적 동일성이라는 요소와 함께 법정형의 경·중과 그러한 경·중의 차이에 따라 피고인이 자신의 방어에 들일 노력·시간·비용에 관한 판단을 달리할 가능성이 뚜렷한지 여부 등 여러 요소를 종합하여 판단하여야 한다"(2019도4608)고 한다.[15)]

(2) 구체적 사례에 관한 판례의 태도

1) 구성요건이 동일한 경우

(가) 범죄의 일시와 장소

범죄의 일시, 장소 등의 단순한 변경은 피고인의 방어권행사에 불이익을 초래하지 않으므로 공소장변경을 요하지 않는다. 즉, 범죄일자를 '8월 22일'에서 '8월 하순경'으로 변경한 경우(67도946), 협박일시를 '2006. 9. 22.경'을 '2006. 9. 23.경'으로 인정하거나 공갈일시를 '03:30경에서 02:20경'으로 변경하는 경우(2007도11400)는 물론 사기죄의 편취장소를 종로1가의 '보신각다방'인데 '종각다방'으로 표기한 것(92도155)만으로는 공소장변경을 요하지 않는다.

그러나 일시나 장소의 착오가 단순한 오기가 아니라 범죄의 시일이 그 간격이 길고 범죄의 인정 여부에 중대한 관계가 있는 경우(2018도17656)나 범죄사실의 동일성이 달라지게 되어 피고인의 방어에 실질적 불이익을 가져다 줄 염려가 있는 경우(95도2596)에는 공소장변경을 요한다. 즉, 범죄단체의 가입시기를 '1985년 5월 중순'에서 '1986년 5월경'으로 인정하는 경우는 단순한 착오기재가 아니라 사안의 성질상 일시를 달리하는 각 범죄사실이 별개의 범죄사실로서 양립

---

15) 판례는 "공소장변경이 소송절차에서 피고인의 지위를 과도하게 불안정하게 하고, 피고인의 방어권을 본질적으로 침해하는 것과 같은 특별한 사정이 있는 경우 그러한 공소장변경은 원칙적으로 허용될 수 없다. 이때 그러한 특별한 사정이 있는지 여부는 검사의 공소장변경허가신청의 실질적 의도와 시기, 특히 검사가 공소장변경허가신청 기회가 충분히 있는데도 불구하고 장기간 권한행사를 하지 않다가 피고인의 방어가 성공한 단계 이후에 전격적으로 공소장변경허가신청을 한 것인지 여부, 공소장변경허가신청의 횟수, 경과 및 공소사실의 철회·추가·변경 등 유형, 특히 검사의 신청이 특정 공소사실에 대하여 현실적 심판대상에서 제외하였다가 다시 이를 번복하는 취지인지 여부, 기존 공소사실과 변경하려는 공소사실에 대한 방어 내용의 차이, 공소장변경허가신청을 전후로 이루어진 피고인의 방어권 행사 내용과 과정 등 심리의 경과에 비추어 공소장변경으로 인해 그 이전에 해 온 피고인의 방어활동이 무위로 돌아가는지 여부 및 변경하려는 공소사실에 대한 피고인의 실질적이고도 충분한 방어가 가능한지 여부 등 제반 사정들을 종합적으로 고려하여 판단하여야 한다. 다만, 위와 같은 특별한 사정이 있더라도 공소장변경 없이는 적정절차에 의한 신속한 실체적 진실의 발견이라는 형사소송의 목적에 비추어 현저히 정의와 형평에 반하는 결과를 초래하는 경우에는 예외적으로 그러한 공소장변경도 허용될 여지가 있으나, 그러한 예외가 인정되는지 여부도 피고인의 법적 안정성 보장과 공소장변경 제도의 가치 등을 고려하여 매우 엄격하고 신중하게 판단해야 한다"(2020도11949)고 하였다.

가능한 것이고, 법원이 공소사실 기재 일시와 다른 일시의 범죄사실을 유죄로 인정하는 것이 피고인에게 예기치 않은 타격을 주어 그 방어권의 행사에 실질적인 불이익을 줄 우려가 있는 경우에는 공소장변경을 요한다(92도2596).

(나) 범죄의 수단과 방법

범행의 수단과 방법의 경우에도 피고인의 방어권행사에 실질적인 불이익을 초래할 염려가 없는 경우로서 공소사실과 기본적 사실이 동일한 범위 내에서는 법원이 공소장변경을 요하지 않는다(2003도1060). 즉, '피고인이 1억 8,000만원의 뇌물을 수수하였다'는 공소사실을 '피고인이 차용금 1억 8,000만 원에 대한 금융이익 상당의 뇌물을 수수하였다'는 범죄사실로 인정함에는 공소장변경을 요하지 않는다(2014도1547). 또한 피고인이 성폭력처벌법상 장애인 강간 및 강제추행죄로 공소제기되었지만, 피고인이 재판과정에서 폭행·협박을 하지 않았고 설령 유형력을 행사하였더라도 '위력'에 불과하다는 취지로 다투어 왔다면 법원이 공소장변경절차 없이 위력에 의한 간음 및 추행죄를 인정할 수 있다(2014도9315).

그러나 범행행위 내용 및 태양이 달라져서 피고인의 방어권행사에 불이익을 초래하는 경우에는 공소장변경을 요한다. 즉, '피고인들이 정당의 공직후보자추천과 관련하여 6억원을 수수하였다'는 공소사실을 '피고인들이 6억원을 대여함으로써 재산상 이익을 수수하였다'는 범죄사실로 유죄를 인정하기 위한 경우(2008도11042)나 정신장애로 인해 항거불능상태에 있는 피해자를 간음 또는 추행한 범죄사실에서 그 행위태양으로 '위력'을 추가하는 경우(2013도13567)에는 공소장변경을 요한다.

한편, 단순한 상해정도나 재산범죄의 피해사실의 차이만 있는 경우에는 공소장변경을 요하지 않는다. 즉, '피고인이 피해자로부터 2회에 걸쳐서 피해자의 집에서 금480,000원을 빌려 편취하였다'는 공소사실에 대하여 '피고인이 피해자의 소개와 보증하에 제3자로부터 도합 금480,000원을 차용함으로써 피해자로 하여금 보증채무를 부담하게 하였다'는 범죄사실을 인정하는 경우에는 편취금액이 동일하고 피해자가 보증채무를 진 이상 기본적 사실관계가 동일하고, 피고인이 피해자의 보증하에 제3자로부터 금원을 차용한 사실을 인정하고 있다면 공소장변경을 요하지 않는다(84도312). 또한 재물편취의 사기죄로 공소를 제기하였으나 실제로는 이익편취의 사기죄가 인정되는 경우에도 그 금액, 기망의 태양, 피해의 내용이 실질에 있어 동일한 경우에는 피해자를 기망하여 금원을 편취하였다는 기본적 사실에 아무런 차이가 없고, 공소사실의 동일성을 벗어났다고 볼 수 없으며, 피고인도 편취의 범의를 제외한 나머지 공소사실을 인정하고 있다면 공소장변경을 요하지 않는다(2003도7828). 마찬가지로 「정당법」상 당원이 될 수 없는 피고인들이 당원으로 가입하여 당비 명목으로 정치자금을 기부하였다고 하여 정치자금법위반으로 기소된 경우에 금원의 이체 일시, 액수, 수단 등은 모두 동일하되, 다만, 그 명목을 '당비'에서 '후원금'으로 변경한 경우에는 공소장변경을 요하지 않는다(2012도12867).

(다) 범죄의 객체와 피해내용

범죄피해자 또는 범행객체가 변경되거나 재산범죄에서 피해액에 큰 차이가 있는 경우에는 피고인이 방어권에 실질적인 영향을 미치게 되므로 공소장변경을 요하는 것이 원칙이지만, 이때에도 피고인의 방어권에 실질적인 불이익을 초래하지 않는 경우에는 공소장변경을 요하지 않는다. 즉, 사기죄의 피해자가 제3자로 바뀐 경우(2013도564), 상해의 정도가 4개월에서 8개월로 변경된 경우(84도1803), 배임죄에서 객체가 추가된 경우(90도153), 교통사고처리특례법위반 사건에서 사고경위가 다소 다르지만 과실과 치사(致死) 사이에 인과관계가 인정되는 경우(89도1557) 등에서는 공소장변경을 요하지 않는다. 그러나 횡령죄에서 횡령목적물의 소유자, 보관자의 지위, 영득행위의 불법성을 다르게 하는 경우에는 공소장변경을 요한다(91도1605).

(라) 적용법조

공소장에 기재된 적용법조의 기재에 오기·누락이 있거나, 공소사실의 동일성이 인정되는 범위 내에서 공소장에 기재된 적용법조와 다른 법조를 인정하는 경우에도 피고인의 방어권에 불이익이 없는 경우에 한하여 공소장변경절차 없이 법원은 직권으로 이를 인정할 수 있다(2005도4085). 하지만 적용법조의 기재가 단순한 오기·누락이라고 볼 수 없고 적용법조에 해당하는 구성요건이 충족되는 경우에도 공소장변경절차를 거치지 아니하고 임의적으로 다른 법조를 적용하여 처단할 수는 없으며(2015도12372), 공소장에 기재된 적용법조보다 형이 중한 법조를 적용하는 경우에는 피고인의 방어권에 불이익을 초래할 수 있으므로 공소장변경을 요한다(2019도4608).

2) 구성요건이 다른 경우

공소장에 기재된 공소사실과 구성요건이 다른 사실을 인정하는 경우에는 적용법조나 죄명이 달라지기 때문에 피고인의 방어권행사에 불이익을 초래하므로 원칙적으로 공소장변경을 요한다. 즉, 특수절도죄를 장물운반죄로(64도681), 특수강도죄를 특수공갈죄로(68도995), 명예훼손죄를 모욕죄로(70도1859), 장물보관죄를 업무상과실장물보관죄로(83도3334), 강도상해교사죄를 공갈교사죄로(92도3156), 살인죄를 폭행치사죄로(2001도1091) 인정하는 경우는 공소장변경을 요한다. 또한 특정범죄가중법상 미성년자약취 후 재물취득미수죄를 미성년자약취 후 재물취득기수죄(2008도3747), 성폭력처벌법상 주거침입강간미수죄를 주거침입강제추행죄(2008도2409)로 인정하는 경우도 마찬가지이다.

(가) 축소사실을 인정하는 경우

법원이 인정할 공소사실이 공소장에 기재된 공소사실에 포함되어 있는 경우에는 '대는 소를 포함한다'는 논리에 따라 피고인의 방어권행사에 실질적 불이익을 초래할 염려가 없으면 공소장변경을 요하지 않는다. 즉, 강도상해죄를 절도죄와 상해죄(65도599) 또는 주거침입죄와 상해죄로(96도755), 상습절도와 특수절도를 단순절도죄로(73도1256), 강간치사죄(80도1227) 또는 강간치상죄(2001도6777)를 강간죄로, 강도강간죄를 강간죄로(87도792), 강간죄를 폭행죄로(2010도10512), 수뢰 후 부정처사죄를 단순뇌물수수죄로(99도2530), 허위사실적시 명예훼손죄를 사실적시 명예훼손죄로(2006도7915), 특정범죄가중법위반(도주차량)죄를 교통사고처리특례법위반죄로(2007도828)로, 특정범죄가중법위반(뇌물)죄를 뇌물수수죄로(2009도9122), 업무상과실치상죄를 과실치상죄로(2016도16738)로 변경하는 경우에는 공소장변경을 요하지 않는다.

또한, 기수의 사실을 미수로 인정하는 경우에도 피고인의 방어권행사에 실질적인 불이익을 초래할 염려가 있다고 보여지지 않는다면 공소장변경을 요하지 않는다. 그러나 예비·음모는 미수 이전의 범죄행위이지만 행위태양이 서로 다르고 구체적인 사안에 따라 피고인의 방어방법이 달라질 수 있으므로 미수의 범죄사실을 예비·음모로 변경하는 경우에는 공소장변경을 요한다(99도2461).

한편, 비친고죄인 공소사실 중에 친고죄나 반의사불벌죄인 범죄사실이 포함되어 있는 경우에는 피고인의 방어권행사에 불이익이 없으므로 공소장변경 없이 친고죄나 반의사불벌죄인 범죄사실을 인정하더라도 무방하다. 따라서 상습공갈의 공소사실을 공소장변경절차 없이 반의사불벌죄인 폭행죄로 처벌할 수 있다(96도1922, 2004도3934). 다만, 공소장변경절차 없이도 법원이 심리·판단할 수 있는 죄가 한 개가 아니라 여러 개인 경우에는 법원으로서는 그 중 어느 하나를 임의로 선택할 수 있는 것이 아니라 검사에게 공소사실 및 적용법조에 관한 석명을 구하여 공소장을 보완하게 한 다음 이에 따라 심리·판단하여야 한다(2005도279).

(나) 법적 평가만을 달리하는 경우

공소장에 기재된 공소사실과 사실관계에는 변화가 없고 법적 평가만을 달리하여 구성요건이 변경되는 경우에 변경되는 구성요건이 중하게 되면 공소장변경을 요하지만, 변경되는 구성요건이 같거나 경하게 되면 공소장변경을 요하지 않는다. 즉, 공소장변경 없이 특수협박죄로 공소가 제기된 범죄사실을 상습특수협박죄로 처벌하거나(2016도11880) 제3자 뇌물공여교사죄로 기소된 사건을 구성요건이 같지만 형이 더 무거운 특정범죄가중법위반(제2조 제1항)죄로 처벌할 수 없다(2007도10601).[16] 그러나 사실관계는 동일한 상태에서 뇌물수수죄를 뇌물수수약속죄로(86도1223), 피고인 이익편취사기죄를 제3자 이익편취사기죄로(2000도4419), 장물취득죄를 장물보관죄로(2003도1366), 배임죄를 횡령죄로(99도2651), 업무상횡령죄를 업무상배임죄로(2013도9481) 인정하는 경우에는 공소장변경을 요하지 않는다.

또한 공범성립에 있어서 공동정범을 방조범으로 인정하는 경우(2018도7658)[17]는 물론, 단독정범을 공동정범으로 인정하는 경우(2018도5909), 피고인이 공범과 공모하였다는 사실을 피고인이 공범 및 제3자와 공모하였다는 공소사실로 변경하는 경우(2005도9268), 피고인과 공범자의 공동범행 중 일부 행위에 관하여 피고인이 한 것이라고 기소된 것을 둘 중 누군가가 한 것이라고 인정하는 경우(2000도745)에도 피고인의 방어권행사에 실질적으로 불이익을 줄 우려가 없다면 공소장변경을 요하지 않는다. 간접정범의 경우에도 정범과 동일한 형 또는 그보다 감경된 형으로 처벌하는 것이므로 법원은 공소장변경 없이 직권으로 간접정범 규정을 적용할 수 있다(2014도13148).

그리고 죄수평가만을 달리하는 경우에는 피고인의 방어권행사에 실질적인 불이익이 없다면 공소장변경을 요하지 않는다. 즉, 경합범을 상상적 경합범(80도2236)이나 포괄일죄(2007도2595)로, 포괄일죄를 실체적 경합범으로(2005도5996) 인정하는 경우에는 공소장변경을 요하지 않는다.

---

16) 검사가 형이 가벼운 일반법을 적용하여 기소한 경우에 법원이 공소장변경없이 형이 무거운 특별법을 적용하여 처벌할 수는 없다(2007도10601).

17) 판례는 공동정범을 방조범으로 인정한 것을 축소사실을 인정하는 것으로 보고 있으나(2002도995), 양자는 고의의 내용과 행위태양을 달리하므로 사실관계의 변경이 없으면 기본적으로 법적 평가를 달리하는 것으로 파악하여야 한다.

3) 공소장변경이 필요 없는 경우 법원의 사실인정의무

축소사실을 인정하거나 법적 평가만을 달리하여 공소장변경절차 없이도 법원이 유죄의 사실을 인정할 수 있는 경우에 법원이 공소장변경이 없다는 이유로 유죄판결을 하지 않고 무죄판결을 할 수 있는지에 대하여는 ① 축소사실은 공소사실에 포함되어 있기 때문에 법원의 현실적 심판대상이므로 법원이 유죄판결을 선고하여야 한다는 견해가 있다. 그러나 ② 재판은 원칙적으로 법원의 재량에 속하는 사항이지만 축소사실의 범죄가 중대하여 공소장변경이 없음을 이유로 무죄로 판결하는 것이 현저히 정의와 형평에 반하는 경우에는 기소유예의 권한이 없는 법원은 직권으로 그 범죄사실을 인정하여야 한다.

판례는 법원은 공소사실의 동일성이 인정되는 범위 내에서 공소가 제기된 범죄사실에 포함된 보다 가벼운 범죄사실이 인정되는 경우에 심리의 경과에 비추어 피고인의 방어권행사에 실질적인 불이익을 초래할 염려가 없다고 인정되는 때에는 공소장이 변경되지 않았더라도 직권으로 공소장에 기재된 공소사실과 다른 범죄사실을 인정할 수 있다(2020도11754)고 하면서, “이와 같은 경우라고 하더라도 이를 처벌하지 않는다면 적정절차에 의한 신속한 실체적 진실의 발견이라는 형사소송의 목적에 비추어 현저히 정의와 형평에 반하는 것으로 인정되는 경우가 아닌 한 법원이 직권으로 그 범죄사실을 인정하지 아니하였다고 하여 위법한 것이라고까지는 볼 수 없다”(2013도9162)라고 하여, 예외적으로 축소사실을 유죄로 판단할 의무가 있다고 한다(2021도9041). 따라서 향정신성의약품사용죄에 대하여 그 미수의 범죄사실이 인정되는 경우(99도3674)나 영리목적 향정신성의약품의 원료소지죄에 대하여 비영리목적 향정신성의약품의 원료소지죄가 인정되는 경우(2002도3881), 살인죄에 대하여 상해 또는 체포·감금죄 등이 인정되는 경우(2007도616), 장물취득죄에 대하여 장물보관죄가 인정되는 경우(2003도1366), 강간치상의 공소사실에서 강간의 점은 증명이 있으나 치상의 점은 증명이 없는 경우(87도2673), 준강간죄의 장애미수 공소사실에 대하여 준강간죄의 불능미수 범죄사실이 인정되는 경우(2021도9043) 등에서는 법원의 직권심판의무가 인정되므로 공소장변경이 없더라도 인정된 범죄사실에 대하여 유죄를 선고하여야 한다. 그러나 상해치사죄가 폭행죄로 인정되는 경우(90도1299), 강간상해죄가 상해죄로 인정되는 경우(97도1452), 허위사실 명예훼손죄가 사실적시 명예훼손죄로 인정되는 경우(2007도1220)에는 법원의 직권심판의무가 인정되지 않으므로 공소장변경이 없으면 법원이 직권으로 그 범죄를 인정하지 않더라도 위법은 아니다.

5. 절 차

검사의 신청에 의한 공소장변경은 검사의 신청(제298조 제1항) → 법원이 피고인 또는 변호인에게 고지(동조 제3항) → 법원결정의 순으로 이루어진다.

(1) 검사의 신청

1) 신청권자

공소장변경은 검사의 신청에 의하여야 한다(제298조 제1항). 재정신청에 따른 법원의 공소제기결정에 따라 공소가 제기된 경우에도 검사는 공소유지를 위해 공소장변경을 신청할 수 있다.

2) 시 기

공소장변경은 제1심은 물론, 항소심에서도 가능하다(2017도7843).[18] 그러나 상고심은 사후심이자 법률심으로서 증거조사를 하지 않으므로 공소장변경이 허용되지 않는다. 다만, 공소장변경은 그 변경사유가 변론종결 이후에 발생하는 등 특별한 사정이 없는 한 법원에서 공판의 심리를 종결하기 전에 한 신청에 한한다(2007도6553).

3) 방 식

검사가 공소장변경을 하고자 하는 때에는 그 취지를 기재한 공소장변경허가신청서를 법원에 제출하여야 한다(규칙 제142조 제1항). 공소장변경허가신청서에는 피고인의 수에 상응한 부본을 첨부하여야 한다(동조 제2항). 따라서 공소장변경신청서를 제출하지 않고 공소사실에 대한 검사의 의견을 기재한 서면을 제출하거나(2021도13108) 검사가 항소이유서에서 예비적 공소사실로 배임죄를 추가하

---

18) 항소심에서 공소장변경이 허용되는지 여부는 항소심의 구조를 어떻게 파악하는지에 따라 달라진다. 이에 대하여는 ① 항소심은 사후심이므로 공소장변경이 허용되지 않는다는 견해, ② 항소심은 사후심이므로 항소심에서 원심판결을 파기하는 때에만 허용된다는 견해가 있다. 그러나 ③ 항소심은 원칙적으로 속심이고, 사후심적 구조는 소송경제를 위해 제한적으로 인정되는 것이므로 항소심에서도 공소장변경이 허용된다(다수설). 판례는 "항소심에서 공소장변경을 하더라도 제1심에서 판단한 공소사실과 기본적 사실관계가 동일한 범위 내에서만 허용되기 때문에 그 변경된 공소사실의 기초를 이루는 사실관계는 제1심에서 이미 심리되었으므로, 항소심에서의 공소장변경이 피고인의 심급의 이익을 박탈한다고 보기도 어렵다"(2017도7843)고 하였다. 판례는 상고심에서 파기환송한 사건에 대한 항소심의 심리에서도 공소장변경을 허용하였다(2003도8153).

겠다고 기재한 것(2010도3359)만으로는 적법한 공소장변경신청이 있었다고 볼 수 없다.

그러나 법원은 피고인이 재정하는 공판정에서 피고인에게 이익이 되거나 피고인이 동의를 하는 경우에 구술에 의한 공소장변경을 허가할 수 있다(동조 제5항). 하지만 공소장변경허가신청서에 기재된 것이 아닌 그에 첨부된 CD, 엑셀파일 등과 같이 저장매체에 저장된 전자적 형태의 문서에 포함된 내용은 공소장변경내용에 해당하지 않는다(2015도3682). 따라서 검사가 구술로 공소장변경허가신청을 하면서 변경하려는 공소사실의 일부만 진술하고 나머지는 전자적 형태의 문서로 저장한 저장매체를 제출하였다면, 공소사실의 내용을 구체적으로 진술한 부분에 한하여 공소장변경허가신청이 된 것으로 보아야 하며, 전자적 형태의 문서는 공소장변경허가신청이 된 것이라고 할 수 없기 때문에 법원이 해당 부분에 대하여 공소장변경허가를 하였더라도 적법한 공소장변경이 되지 않는다(2016도11138).

(2) 피고인 또는 변호인에게 고지

법원은 공소사실 또는 적용법조의 추가, 철회 또는 변경이 있을 때에는 그 사유를 신속히 피고인 또는 변호인에게 고지하여야 한다(제298조 제3항). 이를 위해 법원은 공소장변경허가신청서 부본을 피고인 또는 변호인에게 즉시 송달하여야 한다(규칙 제142조 제3항). 법원이 공소장변경허가신청서 부본을 피고인과 변호인 중 어느 한쪽에 대해서만 송달하였다고 하더라도 절차상 잘못은 아니다(2013도5165). 공소장변경허가신청서가 공판정에서 제출된 경우에는 그 부본을 공판정에서 교부할 수 있다(85도1041).

법원이 피고인 또는 변호인에게 공소장변경허가신청서 부본을 송달·교부하지 않은 채 공소장변경을 허가하고 공소장변경허가신청서에 기재된 공소사실에 관하여 유죄판결을 하였다면, 공소장변경허가신청서 부본을 송달·교부하지 않은 법원의 잘못은 '판결에 영향을 미친 법령 위반'에 해당한다. 다만, 공소장변경내용이 피고인의 방어권과 변호인의 변호권 행사에 지장이 없는 것이거나 피고인과 변호인이 공판기일에서 변경된 공소사실에 대하여 충분히 변론할 기회를 부여받는 등 피고인의 방어권이나 변호인의 변호권이 본질적으로 침해되지 않았다고 볼 만한 특별한 사정이 있다면 '판결에 영향을 미친 법령 위반'이라고 할 수 없다(2019도7217).

(3) 법원의 결정

1) 허가결정

검사가 공소장변경을 신청하는 경우 법원은 공소사실의 동일성을 해하지 않는 한도에서 이를 허가하여야 한다(제298조 제1항). 검사의 공소장변경신청이 적법한 경우 법원의 허가는 의무이다(2018도9810). 변경된 공소사실이 최초 공소제기 당시의 공소사실로 다시 변경된 경우에도 공소가 취소된 공소사실에 대하여 다시 공소가 제기된 것이 아닌 이상, 공소사실의 동일성이 인정되므로 공소장변경을 허가하여야 한다(2002도4372).[19] 그러나 공판심리를 종결하고 선고기일까지 고지한 후에 검사가 변론재개신청과 함께 공소장변경신청을 하는 경우와 같이 변론이 종결된 이후에는 법원이 변론을 재개하여 공소장변경을 허가할 의무는 없다(2022도4624).

법원의 허가결정은 명시적으로 하여야 한다. 하지만, 피고인이 재정하는 공판정에서 검사가 구술로 공소장변경신청을 하자 피고인이 이에 동의하였고, 법원도 위 변경신청을 기각하지 아니한 채 바로 다음 공판절차를 진행하였다면, 법원이 공소장변경신청에 대하여 명시적인 허가결정을 하지 아니하였다 하더라도 그 허가가 있었던 것으로 본다(2002도587).

법원의 허가결정은 판결 전의 소송절차에 해당하므로 이에 대하여는 독립하여 항고할 수 없고(제403조 제1항), '판결에 영향을 미친 경우'에 한하여 상소할 수 있을 뿐이다(87모17). 다만, 법원이 공소장변경을 허가한 후에 변경된 공소사실과 변경된 공소사실사이에 동일성이 인정되지 않는 등 그 허가결정에 위법이 있다고 판단한 경우에는 스스로 그 결정을 취소할 수 있다(2001도116).

2) 기각결정

법원은 공소사실의 동일성이 인정되지 않는 경우에는 공소장변경신청을 기각하여야 한다(2022도10660). 또한 공소장변경신청이 현저히 늦은 경우에는 이를 기각할 수 있다.

---

19) 판례는 "일죄의 관계에 있는 여러 범죄사실 중 일부에 대한 기판력은 현실적으로 심판대상이 되지 아니한 다른 부분에도 미치므로, 그 일부의 범죄사실에 대하여 공소가 제기된 뒤에 항소심에서 나머지 부분을 추가하였다고 하여 공소사실의 동일성을 해하는 것이라고 볼 수 없으므로 법원은 이를 허가하여야 한다"(2013도8118)고 하였다.

(4) 공소장변경 이후의 절차

1) 검사의 낭독 또는 요지진술

공소장의 변경이 허가된 때에는 검사는 공판기일에 공소장변경허가신청서에 의하여 변경된 공소사실·죄명 및 적용법조를 낭독하여야 한다. 다만, 재판장은 필요하다고 인정하는 때에는 공소장변경의 요지를 진술하게 할 수 있다(규칙 제142조 제4항).

2) 공판절차의 정지

법원은 공소장변경이 피고인의 방어권행사에 불이익하다고 인정하는 때에는 직권 또는 피고인, 변호인의 청구에 의해 결정으로 필요한 기간 공판절차를 정지할 수 있다(제298조 제4항). 공소장변경 시의 공판절차의 정지 여부 결정은 법원의 재량사항이다. 따라서 공소장변경이 피고인의 방어권행사에 실질적 불이익을 주지 않은 때에는 법원이 공판절차를 정지하지 않았더라도 반드시 위법한 것은 아니다(2005도6402). 다만, 공소장변경으로 공판절차를 정지하는 경우에 해당 기간은 구속기간에 산입하지 않는다(제92조 제3항).

(5) 공소장변경과 관할

단독판사의 관할사건이 공소장변경에 의하여 합의부 관할사건으로 변경된 경우 법원은 합의부로 이송하여야 한다(제8조 제2항). 하지만 그 반대의 경우에 대하여는 명문의 규정이 없다. 판례는 합의부 관할사건에 대하여 단독판사 관할사건으로 죄명, 적용법조를 변경하는 공소장변경허가신청서가 제출된 경우 합의부가 이를 단독판사에게 이송할 수 없고, 합의부가 심판하여야 한다고 한다(2013도1658).

6. 법원의 공소장변경요구

(1) 의 의

법원은 심리의 경과에 비추어 상당하다고 인정할 때에는 검사에게 공소사실 또는 적용법조의 추가 또는 변경을 요구하여야 한다(제298조 제2항). 공소장변경요구제도는 법원이 심리결과 새로운 공소사실을 인정하고자 하는 경우에도 검사가 공소장변경을 신청하지 않는 경우에 심판대상이 되지 않으므로 애초의 공소사실에 대하여 무죄를 선고할 수밖에 없는 점을 고려하여 국가형벌권의 적정한 실현을 위해 인정하는 제도이다.

공소장변경요구는 구두로 하는 것이 원칙이지만 예외적으로 서면에 의해서도 가능하다. 다만, 공소장변경요구는 그 성질상 심리의 경과에 따라 요구하게 될 것이므로 심리가 진행되지 않은 제1회 공판기일 전에는 원칙적으로 허용되지 않는다. 그러나 변론종결 이후에도 다시 변론을 재개하게 되면 공소장변경을 요구할 수 있다. 항소심에서도 공소장변경요구는 가능하다.

(2) 성 격

1) 의 무 설

의무설은 제298조 제2항의 문언 및 국가형벌권의 적정한 행사라는 목적을 고려할 때 법원의 공소장변경요구는 의무라는 견해이다. 이 견해에 따르면 법원이 공소장변경에 의하여 유죄판결을 선고할 수 있었음에도 불구하고 공소장변경요구 없이 무죄를 선고하면 심리미진의 위법이 된다.

2) 재 량 설

재량설은 형소법이 당사자주의를 취하면서도 공소장변경제도를 인정하고 있고, 공소장변경은 검사의 권한에 속하므로 법원의 공소장변경요구는 법원의 권리이지 의무가 아니라는 견해이다. 이 견해에 따르면 법원이 공소장변경에 의하여 유죄판결을 선고할 수 있었음에도 불구하고 공소장변경요구 없이 무죄를 선고하더라도 심리미진의 위법이 되지 않으므로 검사는 이를 이유로 상소할 수 없다.

3) 예외적 의무설

예외적 의무설은 공소장변경요구는 원칙적으로 법원의 재량이지만 공소장변경을 요구하지 않고 무죄판결을 선고하는 것이 현저히 정의에 반하는 경우에는 예외적으로 법원의 의무라는 견해이다(다수설). 이 견해에 따르면 현저히 정의에 반하는 기준으로 증거의 명백성과 범죄의 중대성을 제시하고 있으며, 범죄의 중대성은 법정형만을 기준으로 하지 않고 사건의 죄질, 태양, 결과 등을 고려해서 결정하여야 한다고 한다.

4) 검 토

재량설은 제298조 제2항의 문언과 배치되며, 국가형벌권의 적정한 행사라는 법원의 의무를 포기한다는 문제점이 있다. 예외적 의무설은 탄핵주의와 국가형벌권의 적절한 조화라는 측면에서 보면 타당하지만, '현저히 정의에 반하는 경우'의 기준이 불명확하며, 중대사건에 대해서만 공소장변경요구의 의무가 있다고 하는 주장의 합리성을 찾기도 어렵다. 따라서 공소장변경요구제도는 실체적 진실발견을 위해 탄핵주의의 예외를 인정한 것으로서 법문언에 따르면 법원의 권리이자 의무이다.

판례는 "법원이 검사에게 공소장 변경을 요구할 것인지 여부는 재량에 속하는 것이므로, 법원이 검사에게 공소장의 변경을 요구하지 아니하였다고 하여 위법하다고 할 수 없다"(2010도5994)고 한다.

(3) 효 력

법원이 검사에게 공소장변경요구를 하였으나 검사가 이에 응하지 않는 경우에 어떤 효과가 발생하는지에 대하여는 ① 법원의 공소장변경요구는 법원의 소송지휘권에 의한 결정이므로 검사의 복종의무를 인정하는 견해(명령적 효력설), ② 법원의 공소장변경요구를 예외적 의무설로 보는 입장에서 정의와 형평의 원칙에 반하는 경우에 법원이 변경요구를 하게 되면 검사의 공소장변경신청이 없어도 법원이 유죄를 선고하여야 한다는 견해(수정된 명령적 효력설)가 있다. 그러나 ③ 명령적 효력설은 검사가 복종하지 않는 경우에 현행법상 이를 강제할 방법이 없다는 점에서 실효성이 없고, 수정된 명령적 효력설은 '정의와 형평의 원칙에 반하는 경우'의 기준의 명확하지 않을 뿐만 아니라 검사가 공소제기하지 않은 사실에 대하여 심판한다는 것은 탄핵주의에 반하게 된다. 따라서 현행법상 공소장변경요구는 권고적 효력이 있을 뿐이므로 법원이 검사에게 공소장변경요구를 하였으나 검사가 이에 응하지 않더라도 이를 강제할 수는 없는 없다. 또한 법원이 공소장변경을 요구하더라도 그 자체로서 형성력이 인정되지 않으므로 검사가 이에 불응하여 공소장변경신청을 하지 않으면 공소장변경의 효력은 발생하지 않는다.

제3절 공판준비절차

Ⅰ. 공판준비절차의 의의

1. 의 의

공판절차는 크게 공판준비절차와 공판심리절차로 나눈다. 공판준비절차란 수소법원이 공판기일의 심리를 신속하고 효율적으로 하기 위한 사전절차로서 공판중심주의를 실현하기 위한 것이다.

공판준비절차는 통상적으로는 제1회 공판기일 전의 절차를 말하지만, 제2회 공판기일 이후에 행하는 기일 간의 공판준비절차(제266조의15)도 포함된다. 공판준비절차는 수소법원이 행하는 절차이므로, 판사가 행하는 증거보전절차(제184조)나 증인신문청구(제221조의2) 및 각종 영장발부절차는 이에 해당하지 않는다.

<공판준비절차의 흐름도>

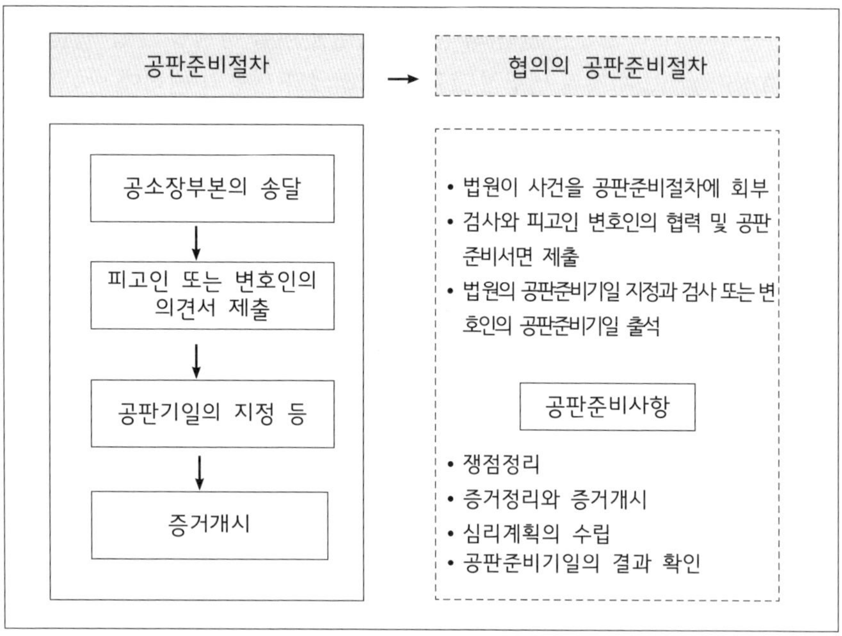

2. 유 형

공판준비절차는 광의의 공판준비절차와 협의의 공판준비절차로 나뉜다. 광의의 공판준비절차는 공판기일을 열기 위하여 사전에 거쳐야 하는 절차를 말하며, 공소장부본송달(제266조), 피고인의 의견서 제출(제266조의2), 공판기일의 지정(제267조 제1항), 피고인의 소환(동조 제2항)과 검사·변호인에 대한 통지(동조 제3항), 증거개시절차(제266조의3 이하) 및 협의의 공판준비절차 등이 이에 해당한다.

협의의 공판준비절차는 사건의 효율적이고 집중적인 심리를 위하여 재판장이 특별히 진행하는 공판준비절차를 말하며, 국민참여재판에서는 협의의 공판준비절차가 필수적인 절차로 되어 있다(국민참여재판법 제36조).

Ⅱ. 광의의 공판준비절차

1. 공소장부본의 송달

법원은 공소가 제기되면 지체 없이 공소장의 부본을 피고인 또는 변호인에게 송달하여야 하는데, 제1회 공판기일 5일 전까지 송달하여야 한다(제266조). 이는 피고인의 방어준비를 위한 것이므로 공소장부본의 송달이 없었거나 5일의 유예기간을 두지 않은 경우에 피고인은 모두진술단계에서 이의신청을 할 수 있으며, 이때 법원은 공소장부본을 송달하지 않았으면 공소장부본을 송달하는 한편, 위 5일의 유예기간을 보장하기 위하여 공판기일을 변경하여야 한다. 하지만 피고인 또는 변호인이 공소장부본을 송달받지 못한 것에 대하여 이의제기를 하지 않으면 하자는 치유된 것으로 본다. 한편, 국민참여재판의 대상사건에 대한 공소의 제기가 있는 때에는 법원은 공소장부본과 함께 피고인 또는 변호인에게 국민참여재판의 절차, 국민참여재판법 제8조 제2항[20]에 따른 서면의 제출, 동법 제8조 제4항[21]에 따

20) 국민참여재판법 제8조(피고인 의사의 확인) ② 피고인은 공소장부본을 송달받은 날부터 7일 이내에 국민참여재판을 원하는지 여부에 관한 의사가 기재된 서면을 제출하여야 한다. 이때 피고인이 서면을 우편으로 발송한 때, 교도소 또는 구치소에 있는 피고인이 서면을 교도소장·구치소장 또는 그 직무를 대리하는 자에게 제출한 때에 법원에 제출한 것으로 본다.

21) 국민참여재판법 제8조(피고인 의사의 확인) ④ 피고인은 제9조 제1항의 배제결정 또는 제10조 제1항의 회부결정이 있거나 공판준비기일이 종결되거나 제1회 공판기일이 열린 이후에는 종전의 의사를 바꿀 수 없다.

른 의사번복의 제한, 그 밖의 주의사항이 기재된 국민참여재판에 관한 안내서를 송달하여야 한다(국민참여재판규칙 제3조 제1항).

만일 제1심법원이 공소장부본을 송달하지 않은 채 공시송달의 방법으로 피고인을 소환하여 피고인이 공판기일에 출석하지 않은 상태에서 제1심절차가 진행되었다면 이는 '소송절차에 관한 법령위반'에 해당하여 효력이 없으므로, 이때 항소심은 피고인 또는 변호인에게 공소장부본을 송달하고 적법한 절차에 의하여 소송행위를 새로이 한 후 항소심에서의 진술과 증거조사 등 심리결과에 기초하여 다시 판결하여야 한다(2013도9498).

2. 피고인 또는 변호인의 의견서 제출

피고인 또는 변호인은 공소장부본을 송달받은 날로부터 7일 이내에 공소사실에 대한 인정 여부 등에 대한 의견을 기재한 의견서를 법원에 제출하고 이를 받은 법원은 검사에게 송부하여야 한다. 그러나 피고인이 진술을 거부할 경우에는 그 취지를 기재한 의견서를 제출할 수 있으며(제266조의2 제1항), 법원은 의견서가 제출된 때에는 이를 검사에게 송부하여야 한다(동조 제2항). 이 의견서제출은 피고인의 입장을 조기에 확인함으로써 법원의 심리계획수립을 용이하게 하기 위한 것이다. 하지만 피고인에게는 진술거부권이 있으므로 피고인의 의견서 제출은 강제사항이 아니며, 따라서 의견서를 제출하지 않더라도 제재대상이 아니다. 또한 피고인의 의견서는 참고자료에 불과하므로 피고인이 공판기일에서 이를 번복할 수 있으며, 의견서를 유죄의 증거로 사용할 수는 없다. 다만, 이 의견서가 제출되면 재판장은 효율적인 심리를 위해 공판준비절차에 부칠 수 있다(제266조의5). 이를 협의의 공판준비절차라고 한다.

한편, 국민참여재판의 대상사건인 경우에 피고인은 공소장부본을 송달받은 날부터 7일 이내에 국민참여재판을 원하는지 여부에 관한 의사가 기재된 서면을 제출하여야 한다. 이때 피고인이 서면을 우편으로 발송한 때, 교도소 또는 구치소에 있는 피고인이 서면을 교도소장·구치소장 또는 그 직무를 대리하는 자에게 제출한 때에 법원에 제출한 것으로 본다(국민참여재판법 제8조 제2항). 그러나 피고인이 이 서면을 제출하지 아니한 때에는 국민참여재판을 원하지 아니하는 것으로 본다(동조 제3항).

3. 국선변호인의 선정에 관한 고지

재판장은 공소제기가 있는 때에는 변호인 없는 피고인에게 (i) 제33조 제1항 제1호 내지 제6호의 어느 하나에 해당하는 때에는 변호인 없이 개정할 수 없는 취지와 피고인 스스로 변호인을 선임하지 아니할 경우에는 법원이 국선변호인을 선정하게 된다는 취지(제1호), (ii) 제33조 제2항에 해당하는 때에는 법원에 대하여 국선변호인의 선정을 청구할 수 있다는 취지(제2호), (iii) 제33조 제3항에 해당하는 때에는 법원에 대하여 국선변호인의 선정을 희망하지 않는다는 의사를 표시할 수 있다는 취지(제3호)를 각각 서면으로 고지하여야 한다(규칙 제17조 제1항).

또한 법원은 이 고지를 받은 피고인이 변호인을 선임하지 아니한 때 및 제33조 제2항의 규정에 의하여 국선변호인선정청구가 있거나 동조 제3항에 의하여 국선변호인을 선정하여야 할 때에는 지체 없이 국선변호인을 선정하고, 피고인 및 변호인에게 그 뜻을 고지하여야 한다(동조 제3항). 이 고지는 공소제기가 있은 후 변호인이 없게 된 때에도 마찬가지이다(동조 제4항).

4. 공판기일의 지정과 변경

공판기일의 지정·변경은 재판장의 권한이므로 재판장은 공판기일을 정하여야 한다(제267조 제1항). 이때 재판장은 가능한 한 각 사건에 대한 공판개정시간을 구분하여 지정하여야 한다(규칙 제124조). 다만, 재판장은 직권 또는 검사, 피고인이나 변호인의 신청에 의하여 공판기일을 변경할 수 있다(제270조 제1항).[22]

공판기일 변경신청에는 공판기일의 변경을 필요로 하는 사유와 그 사유가 계속되리라고 예상되는 기간을 명시하여야 하며, 진단서 기타의 자료로써 이를 소명하여야 한다(규칙 제125조). 공판기일변경신청을 기각한 명령은 송달하지 않는다(제270조 제2항).

5. 피고인 등의 소환과 통지

재판장은 검사, 변호인, 보조인에게는 공판기일을 통지를 하여야 하고(제267조

22) 공판기일변경은 이미 지정된 공판기일을 취소하고 새로 공판기일을 지정하는 것이라는 점에서, 일단 공판을 개정한 후 실질적인 심리를 하지 않고 다음 공판기일을 지정하는 기일연기와 구별된다.

제3항), 공판기일에 피고인, 대표자 또는 대리인을 소환하여야 한다(동조 제2항). 소환은 법원이 특정인에 대하여 일정한 일시에 일정한 장소로 출석할 것을 명하는 강제처분이라는 점(제68조)에서 수사기관이 피의자(제200조) 또는 참고인(제221조)에게 행하는 출석요구와 다르다. 법원이 피고인을 소환함에 있어서는 소환장을 발부하여 송달하여야 한다(제73조, 제76조 제1항). 소환장에는 피고인의 성명, 주거, 죄명, 출석일시, 장소와 정당한 이유 없이 출석하지 아니하는 때에는 도망할 염려가 있다고 인정하여 구속영장을 발부할 수 있음을 기재하고 재판장 또는 수명법관이 기명날인 또는 서명하여야 한다(제74조). 피고인에 대한 공판기일 소환은 형소법이 정한 소환장의 송달 또는 이와 동일한 효력이 있는 방법에 의하여야 하고, 그 밖의 방법에 의한 사실상의 기일의 고지 또는 통지 등은 적법한 피고인 소환이라고 할 수 없다(2018도13377).

피고인에 대한 제1회 공판기일소환장은 공소장부본의 송달 전에는 이를 송달하여서는 아니되며(규칙 제123조), 5일 이상의 유예기간을 두고 송달하여야 한다(제269조). 그 외의 소환은 피고인이 이의를 제기하지 않는 경우를 제외하고는 늦어도 출석일시 12시간 이전에 송달하여야 한다(규칙 제45조). 그러나 피고인이 기일에 출석한다는 서면을 제출하거나 출석한 피고인에 대하여 차회기일을 정하여 출석을 명한 때에는 소환장송달과 같은 효력이 있고(제76조 제2항), 법원의 구내에 있는 피고인에 대하여 공판기일을 통지한 때에는 소환장송달의 효력이 있다(제268조). 또한 구금된 피고인에 대하여는 교도관에게 통지하여 소환하고, 피고인이 교도관으로부터 소환통지를 받으면 소환장송달과 동일한 효력이 있다(제76조 제4항·제5항).

공판기일에 소환 또는 통지서를 받은 자가 질병 기타의 사유로 출석하지 못할 때에는 의사의 진단서 기타의 자료를 제출하여야 한다(제271조).

6. 공판기일 전의 증거조사

(1) 공판기일 전의 증거조사

피고사건에 대한 증거조사는 공판기일에 하는 것이 원칙이지만 공판기일에서의 신속하고 효율적인 심리를 위하여 일정한 범위 내에서 공판기일 전에도 증거를 수집하고 조사할 필요가 있는 경우가 있다.

그러나 공판기일 전의 증거조사는 법원으로 하여금 예단을 가지게 할 수 있다는 점에서 이를 허용할 것인지에 대하여는 ① 공판기일 전의 증거조사를 허용하되,

제1회 공판기일이 열리기도 전에 수소법원이 증거조사를 할 수 있게 되면 법원이 공판을 진행하기도 전에 예단을 갖게 되어 공소장일본주의, 공판중심주의가 무색해진다는 점에서 그 시기를 제1회 공판기일 후에만 가능하다는 견해(다수설), ② 국민참여재판의 경우에 공판준비절차에서 증거조사가 행하여지면 국민참여재판에서 배심원이 이를 근거로 실체에 관한 심증형성을 할 수 없게 되고, 국민참여재판과 통상의 재판 사이에 절차적 동질성이 유지되어야 한다는 점에는 일체 허용되지 않는다는 견해가 있다. 그러나 ③ 형소법에서는 공판기일 전의 증거조사를 허용하거나(제273조) 당사자의 공판기일 전의 증거제출을 인정(제274조)하면서도 아무런 제한을 두고 있지 않고, 법원은 검사, 피고인 또는 변호인의 신청에 의하여 공판준비에 필요하다고 인정한 때에는 공판기일 전에 피고인을 신문할 수 있도록 하고 있다(제273조 제1항). 또한 공판기일 전의 증거조사는 공판기일의 심리의 능률과 효율성을 도모하기 위한 것으로서 매우 제한적으로 행하여지기 때문에 공소장일본주의에 반하는 것도 아니다. 따라서 공판기일 전의 증거조사는 제1회 공판기일 전·후를 불문하고 허용된다. 다만, 공판기일 전에 제출된 증거가 증거능력이 인정되기 위해서는 공판기일에 증거조사를 거쳐야만 한다. 실무상 공판기일 전의 증거조사는 대부분 제1회 공판기일 전에 행하여지고 있다.

(2) 공무소 등에의 조회

1) 의 의

법원은 직권 또는 검사, 피고인, 변호인의 신청에 의하여 공무소 또는 공사단체에 조회하여 필요한 사항의 보고 또는 그 보관서류의 송부를 요구할 수 있다(제272조 제1항). 이때 법원은 필요하다고 인정하는 경우 법원 등에 대하여 민감정보, 고유식별정보, 주민등록번호 및 그 밖의 개인정보가 포함된 자료의 송부를 요구할 수 있다(규칙 제132조의5). 이를 법원의 사실조회라고 한다. 법원은 이 신청을 기각함에는 결정으로 하여야 한다(제272조 제2항).

사실조회는 개인에 대해서는 할 수 없다. 교도소 등에 전과사실이나 출소일자, 가석방의 경우 형기종료일자 등을 조회하거나 병원이나 관공서·회사 등에 사건의 실체에 관한 사항을 확인하는 경우가 이에 해당한다.

2) 신청방법

보관서류의 송부요구신청은 법원, 검찰청, 공수처, 기타의 공무소 또는 공사단체가 보관하고 있는 서류의 전부 또는 일부에 대하여 할 수 있다(규칙 제132조의4 제1항). 일부신청을 받은 법원이 송부요구신청을 채택하는 경우에는 서류를 보관하고 있는 법원 등에 대하여 그 서류 중 신청인 또는 변호인이 지정하는 부분의 인증등본을 송부하여 줄 것을 요구할 수 있다(동조 제2항). 이때 요구를 받은 법원 등은 해당 서류를 보관하고 있지 아니하거나 기타 송부요구에 응할 수 없는 사정이 있는 경우를 제외하고는 신청인 또는 변호인에게 해당 서류를 열람하게 하여 필요한 부분을 지정할 수 있도록 하여야 하며 정당한 이유 없이 이에 대한 협력을 거절하지 못한다(동조 제3항). 법원이 송부요구한 서류에 대하여 변호인 등이 열람·지정할 수 있도록 한 것은 피고인의 방어권과 변호인의 변론권행사를 위한 것으로서 실질적인 당사자 대등을 확보하고 피고인의 신속·공정한 재판을 받을 권리를 실현하기 위한 것이므로, 서류의 열람·지정을 거절할 수 있는 '정당한 이유'는 엄격하게 제한하여 해석하여야 한다. 특히, 서류가 관련 형사재판확정기록이나 불기소처분기록 등으로서 피고인 또는 변호인이 행한 법률상·사실상 주장과 관련된 것인 때에는 '국가안보, 증인보호의 필요성, 증거인멸의 염려, 관련 사건의 수사에 장애를 가져올 것으로 예상되는 구체적인 사유'에 준하는 사유가 있어야만 그에 대한 열람·지정을 거절할 수 있는 정당한 이유가 인정될 수 있다(2012도1284).[23)]

그러나 서류의 송부요구를 받은 법원 등이 해당 서류를 보관하고 있지 아니하거나 기타 송부요구에 응할 수 없는 사정이 있는 때에는 그 사유를 요구법원에 통지하여야 한다(동조 제4항).

3) 증거조사

공무소 조회 등에 의해 작성 또는 송부된 서류를 증거로 하기 위해서는 검사, 변호인 또는 피고인이 공판정에서 개별적으로 지시설명하여 조사하여야 한다(제291조 제1항). 다만, 재판장은 직권으로 이 서류나 물건을 공판정에서 조사할 수 있다(동조 제2항). 이때 검사 등이 지시설명을 하지 않거나 재판장이 직권으로 이

---

23) 한편, 판례는 "법원이 제272조 제1항에 의하여 송부요구한 서류가 피고인의 무죄를 뒷받침할 수 있거나 적어도 법관의 유·무죄에 대한 심증을 달리할 만한 상당한 가능성이 있는 중요증거에 해당하는데도 정당한 이유 없이 피고인 또는 변호인의 열람·지정 내지 법원의 송부요구를 거절하는 것은 피고인의 신속·공정한 재판을 받을 권리와 변호인의 조력을 받을 권리를 중대하게 침해하는 것이다. 따라서 이러한 경우 서류의 송부요구를 한 법원으로서도 해당 서류의 내용을 가능한 범위에서 밝혀보아 서류가 제출되면 유·무죄의 판단에 영향을 미칠 상당한 개연성이 있다고 인정될 경우에는 공소사실이 합리적 의심의 여지없이 증명되었다고 보아서는 아니 된다"(2012도1284)고 하였다.

들 서류나 물건을 공판정에서 조사하는 경우에는 재판장이 지시설명하여야 한다.

(3) 법원의 증거조사와 당사자의 증거제출

법원은 검사, 피고인 또는 변호인의 신청에 의하여 공판준비에 필요하다고 인정한 때에는 공판기일 전에 피고인 또는 증인을 신문할 수 있고 검증[24), 감정 또는 번역을 명할 수 있다(제273조 제1항). 다만, 재판장은 부원(수명법관)으로 하여금 위의 증거조사를 하게 할 수 있다(동조 제2항). 이 신청을 기각함에는 결정으로 하여야 한다(동조 제3항).

한편, 검사, 피고인 또는 변호인은 공판기일 전에 서류나 물건을 증거로 법원에 제출할 수 있다(제274조).

7. 증거개시

(1) 의 의

증거개시란 검사 또는 피고인이나 변호인이 자신이 가진 증거를 공판기일 전에 공개하여 열람·등사하게 함으로써 사전에 공판절차에서의 방어준비를 충실하게 함과 동시에 공판절차를 효율적으로 진행하도록 하기 위한 절차를 말한다.

<참고> 공소제기 전 수사단계에서의 증거개시

(i) 구속 전 피의자심문에 참여할 변호인은 지방법원 판사에게 제출된 구속영장청구서 및 그에 첨부된 고소·고발장, 피의자의 진술을 기재한 서류와 피의자가 제출한 서류를 열람할 수 있다(규칙 제96조의21 제1항). 이때 검사는 증거인멸 또는 피의자나 공범관계에 있는 자가 도망할 염려가 있는 등 수사에 방해가 될 염려가 있는 때에는 지방법원 판사에게 위의 서류(구속영장청구서는 제외한다)의 열람 제한에 관한 의견을 제출할 수 있고, 지방법원 판사는 검사의 의견이 상당하다고 인정하는 때에는 그 전부 또는 일부의 열람을 제한할 수 있다(동조 제2항). 체포·구속적부심을 청구한 경우에도 마찬가지이다(규칙 제104조의2).

(ii) 구속영장이 청구되거나 체포 또는 구속된 피의자, 그 변호인, 법정대리인, 배우자, 직계친족, 형제자매나 동거인 또는 고용주는 긴급체포서, 현행범인체포서, 체포영장, 구속영장 또는 그 청구서를 보관하고 있는 검사, 사법경찰관 또는 법원사무관 등에게 그 등본의 교부를 청구할 수 있다(규칙 제101조).

---

24) 이 '검증'은 법원에 의한 검증을 말하므로, '검증을 명한다'는 것은 법원이 검증을 결정하여 시행한다는 의미로 해석하여야 한다.

(iii) 피의자, 사건관계인 또는 그 변호인은 검사 또는 사법경찰관이 수사 중인 사건에 관한 본인의 진술이 기재된 부분 및 본인이 제출한 서류의 전부 또는 일부에 대해 열람·복사를 신청할 수 있으며(수사준칙규정 제69조 제1항), 검사가 불기소결정을 하거나 사법경찰관이 불송치결정을 한 사건에 관한 기록의 전부 또는 일부에 대해 열람·복사를 신청할 수 있다(동조 제2항). 또한 피의자 또는 그 변호인은 필요한 사유를 소명하고 고소장, 고발장, 이의신청서, 항고장, 재항고장(이하 '고소장 등'이라 한다)의 열람·복사를 신청할 수 있다. 이때 열람·복사의 범위는 피의자에 대한 혐의사실 부분으로 한정하고, 그 밖에 사건관계인에 관한 사실이나 개인정보, 증거방법 또는 고소장 등에 첨부된 서류 등은 제외한다(동조 제3항). 그리고 체포·구속된 피의자 또는 그 변호인은 현행범인체포서, 긴급체포서, 체포영장, 구속영장의 열람·복사를 신청할 수 있다(동조 제4항). 이 외에 피의자 또는 사건관계인의 법정대리인, 배우자, 직계친족, 형제자매로서 피의자 또는 사건관계인의 위임장 및 신분관계를 증명하는 문서를 제출한 사람도 위의 규정들(제1항에서 제4항까지의 규정)에 따라 열람·복사를 신청할 수 있다(동조 제5항).

검사 또는 사법경찰관은 위의 신청을 받은 경우에는 해당 서류의 공개로 사건관계인의 개인정보나 영업비밀이 침해될 우려가 있거나 범인의 증거인멸·도주를 용이하게 할 우려가 있는 경우 등 정당한 사유가 있는 경우를 제외하고는 열람·복사를 허용하여야 한다(동조 제6항).

(2) 피고인 또는 변호인의 증거개시 신청

피고인 또는 변호인은 검사의 공소제기 후 검사가 보관하고 있는 서류나 물건을 열람·등사할 수 있다(제266조의3). 이는 헌법상 기본권인 피고인의 신속하고 공정한 재판을 받을 권리(제27조 제3항)와 변호인의 조력을 받을 권리(제12조 제5항)를 보장하기 위한 구체적 수단이 된다.

1) 신청방법

피고인 또는 변호인은 공소제기 후 검사가 보관하고 있는 서류 등에 대하여 열람·등사 또는 서면의 교부를 신청할 수 있다. 그러나 피고인에게 변호인이 있는 경우에는 피고인은 열람만을 신청할 수 있다(제266조의3 제1항).

신청은 (i) 사건번호, 사건명, 피고인(제1호), (ii) 신청인 및 피고인과의 관계(제2호), (iii) 열람 또는 등사할 대상(제3호)을 기재한 서면으로 하여야 한다(규칙 제123조의2). 다만, 피고인 또는 변호인은 공판준비기일 또는 공판기일에서 법원의 허가를 얻어 구두로 검사에게 서류 등의 열람 또는 등사를 신청할 수 있다(규칙 제123조의5 제1항).

2) 개시대상

피고인 또는 변호인이 검사에게 열람·등사를 신청할 수 있는 대상은 공소제기된 사건에 관한 서류 또는 물건의 목록과 공소사실의 인정 또는 양형에 영향을 미칠 수 있는 (i) 검사가 증거로 신청할 서류 등(제1호), (ii) 증인으로 신청할 사람의 성명, 사건과의 관계 등을 기재한 서면 또는 진술서류 등(제2호), (iii) 이상의 서면 또는 서류의 증명력과 관련된 서류 등(제3호), (iv) 피고인 또는 변호인이 행한 법률상·사실상 주장과 관련된 서류 등(관련 형사재판확정기록, 불기소처분기록[25] 등을 포함한다)(제4호)이다(제266조의3 제1항).

증거개시의 대상은 검사가 신청할 예정인 증거에 한정하지 않고, 피고인에게 유리한 증거를 포함한 전면적인 증거개시를 원칙으로 한다(2009헌마257).

(가) 증거목록

증거목록은 필수적인 증거개시대상이다. '증거목록'은 공소제기 후 검사가 법원에 증거로 신청할 서류 등의 목록만을 의미하는 것은 아니고, 공소제기된 사건에 관한 수사자료 전부에 대한 기록목록 내지 압수물목록을 말한다.[26]

(나) 서류 또는 물건

서류 또는 물건은 도면·사진·녹음테이프·비디오테이프·컴퓨터용디스크, 그 밖에 정보를 담기 위하여 만들어진 물건으로서 문서가 아닌 특수매체를 포함한다. 이때 특수매체에 대한 등사는 필요 최소한의 범위에 한한다(동조 제6항). 다만, 참고인진술(제221조) 또는 피의자진술(제244조의2)을 영상녹화한 영상녹화물에 대한 열람·등사는 원본과 함께 작성된 부본에 의하여 이를 행할 수 있다(규칙 제123조의3).

3) 개시의 제한

검사는 국가안보, 증인보호의 필요성, 증거인멸의 염려, 관련 사건의 수

---

25) 판례는 "검찰청이 보관하고 있는 불기소처분기록에 포함된 불기소결정서는 형사피의자에 대한 수사의 종결을 위한 검사의 처분 결과와 이유를 기재한 서류로서, 작성 목적이나 성격 등에 비추어 이는 수사기관 내부의 의사결정과정 또는 검토과정에 있는 사항에 관한 문서도 아니고, 그 공개로써 수사에 관한 직무의 수행을 현저하게 곤란하게 하는 것도 아니므로, 달리 특별한 사정이 없는 한 변호인의 열람·지정에 의한 공개의 대상이 된다"(2012도1284)고 하였다.

26) 검사·사법경찰관리와 그 밖에 직무상 수사에 관계있는 자는 수사과정에서 수사와 관련하여 작성하거나 취득한 서류 또는 물건에 대한 목록을 빠짐없이 작성하여야 한다(제198조 제3항).

결정'(제403조)이므로 형소법상 별도로 즉시항고의 규정이 없기 때문에 항고(제402조)의 방법으로 불복할 수는 없다(2012모1393).

나) 결정의 효력

검사는 법원의 증거개시 결정이 있은 때에는 지체 없이 이를 이행하여야 하며, 지체 없이 이행하지 아니하는 때에는 해당 증인 및 서류 등에 대한 증거신청을 할 수 없다(동조 제5항). 검사의 거부행위는 단순히 불이익을 감수하면 법원의 결정을 따르지 않아도 된다는 의미에 그치지 않고, 피고인의 열람·등사권, 신속·공정한 재판을 받을 권리 및 변호인의 조력을 받을 권리를 침해하는 것(2009헌마257)[27] 이므로 이 제한은 증거개시를 강제하는 의미를 가진다.

하지만 이 제한규정은 검사가 증거개시를 거부하는 경우 그 증거가 피고인에게 불리한 경우에는 효과가 있지만, 피고인에게 유리한 증거를 개시하지 않는 경우에는 그다지 의미를 갖지 않는다. 따라서 후자의 경우에는 법원은 공판기일에 직권으로 증거조사를 할 수 있으므로(제266조의13 제2항, 제295조 후단) 피고인의 보호를 위하여 압수 등, 필요한 수단을 동원하여 해당 증거를 확보하여야 한다.

(3) 검사의 증거개시요구

검사는 피고인 또는 변호인이 가지고 있는 증거에 대하여 증거개시를 요구할 수 있다(제266조의11). 다만, 검사의 증거개시요구에는 피고인 또는 변호인의 증거개시신청의 경우와 달리 증거개시사유를 제한하고 있다. 이는 검사의 입증책임부담을 고려한 것이다.

1) 개시의 사유와 대상

검사는 피고인 또는 변호인이 공판준비 또는 공판기일에서 현장부재, 심신상실 또는 심신미약 등 법률상, 사실상 주장을 하는 경우에는 관련 서류 등과 그 증명력에 관한 서류 등의 열람·등사 또는 교부를 요구할 수 있다(동조 제1항). 증거개시의 대상은 (i) 피고인 또는 변호인이 증거로 신청할 서류 등(제1호), (ii) 피고인 또는 변호인이 증인으로 신청할 사람의 성명, 사건과의 관계 등을 기재한 서면

---

27) 헌법재판소는 피고인의 신청에 따라 법원이 수사서류의 열람 및 등사를 허용하도록 결정하였음에도 검사가 수사서류의 열람만을 허용하고 등사를 허용하지 않은 사안에서도 검사의 행위가 피고인의 신속하고 공정한 재판을 받을 권리 및 변호인의 조력을 받을 권리를 침해한 것이라고 하였다(2015헌마632). 별건으로 공소제기되어 확정된 관련 형사기록에 관한 경우에도 마찬가지이다(2019헌마356).

(제2호), (iii) 위의 서류 등 또는 서면의 증명력과 관련된 서류 등(제3호), (iv) 피고인 또는 변호인이 행한 법률상·사실상의 주장과 관련된 서류 등(제4호)이다(동조 제1항). '서류 등'은 도면·사진·녹음테이프·비디오테이프·컴퓨터용 디스크, 그 밖에 정보를 담기 위하여 만들어진 물건으로서 문서가 아닌 특수매체를 포함한다. 이때 특수매체에 대한 등사는 필요최소한의 범위에 한한다(제266조의11 제5항, 제266조의3 제6항).

한편, 피고인 또는 변호인은 검사가 서류 등에 대한 증거개시를 거부한 때에는 검사의 증거개시요구를 거부할 수 있다. 다만, 법원이 피고인 또는 변호인의 증거개시신청을 기각하는 결정을 한 경우에는 그러하지 아니하다(제266조의11 제2항).

2) 개시거부에 관한 불복

검사는 피고인 또는 변호인이 서류 등에 대한 증거개시를 거부하는 경우 법원에 그 서류 등의 증거개시를 허용하도록 할 것을 신청할 수 있다(동조 제3항).

신청은 (i) 열람 또는 등사를 구하는 서류 등의 표목(제1호)과 (ii) 열람 또는 등사를 필요로 하는 사유(제2호)를 기재한 서면으로 하여야 한다. 신청서에는 (i) 피고인 또는 변호인에 대한 열람·등사 신청서 사본(제1호), (ii) 신청서 부본 1부(제3호)를 각각 첨부하여야 한다(규칙 제123조의4 제4항 전단, 동조 제1항, 제2항). 법원은 검사의 신청이 있는 경우 즉시 신청서 부본을 피고인 또는 변호인에게 송부하여야 하고, 피고인 또는 변호인은 이에 대한 의견을 제시할 수 있다(동조 제4항 후단). 다만, 검사는 공판준비기일 또는 공판기일에서 법원의 허가를 얻어 구두로 피고인 또는 변호인에게 서류 등의 열람 또는 등사를 신청할 수 있다(규칙 제123조의5 제1항).

3) 법원의 결정과 효력

(가) 법원의 결정

법원은 검사의 신청이 있는 때에는 열람·등사 또는 서면의 교부를 허용하는 경우에 생길 폐해의 유형·정도, 피고인의 방어 또는 재판의 신속한 진행을 위한 필요성 및 해당 서류 등의 중요성 등을 고려하여 피고인 또는 변호인에게 열람·등사 또는 서면의 교부를 허용할 것을 명할 수 있으며, 이때 열람 또는 등사의 시기·방법을 지정하거나 조건·의무를 부과할 수 있다. 법원은 이 결정을 하는 때에는 피고인 또는 변호인에게 의견을 제시할 수 있는 기회를 부여하여야 하며, 필요하다고 인정하는 때에는 피고인 또는 변호인에게 해당 서류 등의 제시를 요구할 수 있고, 검사나 그 밖의 이해관계인을 심문할 수 있다(제266조의11 제4항, 제266조의4 제2항-제4항).

(나) 결정의 효력

법원이 열람·등사 또는 서면의 교부 등 증거개시를 결정한 경우에 피고인 또는 변호인은 이를 지체 없이 이행하여야 하며, 그렇지 않은 경우에는 피고인 또는 변호인은 해당 증인 및 서류 등에 대한 증거신청을 할 수 없다(제266조의11 제4항, 제266조의4 제5항). 다만, 피고인 또는 변호인이 법원의 결정을 이행하지 않는 경우에는 검사가 법원의 증거개시 결정을 이행하지 않는 경우와 같이 법원이 직권으로 증거조사를 할 수 있다(제266조의13 제2항, 제295조 후단 참조).

Ⅲ. 협의의 공판준비절차

1. 의의와 종류

(1) 의 의

협의의 공판준비절차란 공판기일에서의 효율적이고 집중적인 심리를 위해 수소법원이 사건에 대한 쟁점을 정리하고 입증계획을 수립하는 공판 전의 준비절차를 말한다. 재판장은 효율적이고 집중적인 심리를 위하여 사건을 공판준비절차에 부칠 수 있다(제266조의5 제1항). 이때 검사, 피고인 또는 변호인은 증거를 미리 수집·정리하는 등 공판준비절차가 원활하게 진행될 수 있도록 협력하여야 한다(동조 제3항).

협의의 공판준비절차는 법원이 공소제기된 사건의 난이도나 복잡성에 따라 심리의 효율성을 위해 재판장이 필요하다고 인정하는 경우에 진행하는 임의적 절차이며, 원활한 공판준비를 위하여 검사, 피고인 또는 변호인에게 협력의무를 부과하고 있다. 하지만 국민참여재판에서는 증거능력결정, 쟁점정리 등을 통해 재판을 효율적으로 진행하기 위해 공판준비절차는 필수적인 절차이므로(국민참여재판법 제36조 제1항), 법원은 주장과 증거를 정리하고 심리계획을 수립하기 위하여 공판준비기일을 지정하여야 한다(동법 제37조 제1항).

(2) 종 류

협의의 공판준비절차는 당사자의 주장 및 입증계획을 서면으로 준비하게 하는 경우와 공판준비기일을 직접 열어 검사, 피고인 또는 변호인이 참여한 가운데에 진행하는 경우(제266조의5 제2항)로 구분된다.

또한 공판준비절차는 보통 제1회 공판기일 전에 행하는 '기일 전 공판준비절차'와 재판의 진행경과에 따라 제1회 공판기일 이후에 행하는 '기일 간 공판준비절차'로 구분된다. 공판준비절차는 공판기일에서의 집중심리를 위한 것이므로 기일 전 공판절차가 원칙이며, 따라서 기일 간 공판준비절차는 기일 전 공판절차에 관한 규정이 준용된다(제266조의15).

2. 서면제출에 의한 공판준비

(1) 공판준비서면의 제출

검사, 피고인 또는 변호인은 법률상·사실상 주장의 요지 및 입증취지 등이 기재된 서면을 법원에 제출할 수 있다(제266조의6 제1항). 이를 공판준비서면이라고 한다. 또한 재판장은 검사·피고인 또는 변호인에게 기한을 정하여 공판준비절차의 진행에 필요한 사항을 미리 준비하게 하거나 그 밖에 공판준비에 필요한 명령을 할 수 있고(규칙 제123조의9 제1항), 기한을 정하여 검사, 피고인 또는 변호인에 대하여 공판준비서면의 제출을 명할 수 있다(제266조의6 제2항, 규칙 제123조의9 제2항). 이를 공판준비명령이라고 한다.

공판준비서면에는 필요한 사항을 구체적이고 간결하게 기재하여야 하고, 증거로 할 수 없거나 증거로 신청할 의사가 없는 자료에 기초하여 법원에 사건에 대한 예단 또는 편견을 발생하게 할 염려가 있는 사항을 기재하여서는 아니 된다(규칙 제123조의9 제3항). 피고인이 공판준비서면을 낼 때에는 1통의 부본을, 검사가 공판준비서면을 낼 때에는 피고인의 수에 1을 더한 수에 해당하는 부본을 함께 제출하여야 한다. 다만, 여러 명의 피고인에 대하여 동일한 변호인이 선임된 경우에는 검사는 변호인의 수에 1을 더한 수에 해당하는 부본만을 낼 수 있다(동조 제4항).

(2) 법원의 조치

법원은 공판준비서면이 제출된 때에는 그 부본을 상대방에게 송달하여야 한다(제266조의6 제3항). 또한 재판장은 검사, 피고인 또는 변호인에게 공소장 등 법원에 제출된 서면에 대한 설명을 요구하거나 그밖에 공판준비에 필요한 명령을 할 수 있다(동조 제4항).

3. 공판준비기일에서의 공판준비

(1) 공판준비기일의 지정과 변경

법원은 검사, 피고인 또는 변호인의 의견을 들어 공판준비기일을 지정할 수 있다(제266조의7 제1항). 또한 검사, 피고인 또는 변호인은 법원에 대하여 공판준비기일의 지정을 신청할 수 있다. 이때 해당 신청에 관한 법원의 결정에 대하여는 불복할 수 없다(동조 제2항).

검사·피고인 또는 변호인은 부득이한 사유로 공판준비기일을 변경할 필요가 있는 때에는 그 사유와 기간 등을 구체적으로 명시하여 공판준비기일의 변경을 신청할 수 있다(규칙 제123조의10).

(2) 공판준비기일의 통지 및 소송관계인의 출석

법원은 공판준비기일이 지정되면 검사, 피고인 및 변호인에게 그 기일을 통지하여야 한다(제266조의8 제3항).

공판준비기일에는 검사와 변호인이 출석하여야 하며(동조 제1항), 법원사무관 등이 참여한다(동조 제2항). 따라서 법원은 공판준비기일이 지정된 사건에 관하여 변호인이 없는 때에는 직권으로 지체 없이 국선변호인을 선정하고, 피고인 및 변호인에게 그 뜻을 고지하여야 한다(동조 제4항, 규칙 제123조의11 제1항). 그러나 공판준비기일에 있어서 피고인의 출석은 필수요건이 아니다. 따라서 공판준비기일이 지정되면 법원은 피고인에게 그 기일을 통지하여야 하지만 반드시 피고인의 출석을 요하는 것은 아니다. 다만, 법원은 필요하다고 인정하는 때에는 피고인을 소환할 수 있으며, 피고인은 법원의 소환이 없는 때에도 공판준비기일에 출석할 수 있다(제266조의8 제5항). 피고인이 출석한 경우에 재판장은 피고인에게 진술을 거부할 수 있음을 알려주어야 한다(동조 제6항).

(3) 공판준비기일의 진행

공판준비기일은 합의부 전체가 진행할 수도 있지만 법원은 합의부원으로 하여금 공판준비기일을 진행하게 할 수 있다. 이때 수명법관은 공판준비기일에 관하여 법원 또는 재판장과 동일한 권한이 있으므로(제266조의7 제3항) 공소장변경이나 증거채부 등의 결정을 할 수 있다. 공판준비기일은 공개한다. 다만, 공개하면 절차의 진행이 방해될 우려가 있는 때에는 공개하지 아니할 수 있다(동조 제4항).

한편, 법원은 피고인이 출석하지 아니하는 경우 상당하다고 인정하는 때에는 검사와 변호인의 의견을 들어 비디오 등 중계장치에 의한 중계시설을 통하거나 인터넷 화상장치를 이용하여 공판준비기일을 열 수 있다(제266조의17 제1항). 이에 따른 기일은 검사와 변호인이 법정에 출석하여 이루어진 공판준비기일로 본다(동조 제2항).[28)]

(4) 공판준비행위

1) 내 용

법원은 공판준비절차에서 다음 행위를 할 수 있다(제266조의9 제1항).

(가) 공소장의 보완과 변경

법원은 (i) 공소사실 또는 적용법조를 명확하게 하는 행위(제1호), (ii) 공소사실 또는 적용법조의 추가·철회 또는 변경을 허가하는 행위(제2호)를 할 수 있다.

(나) 쟁점의 정리

법원은 (i) 공소사실과 관련하여 주장할 내용을 명확히 하여 사건의 쟁점을 정리하는 행위(제3호), (ii) 계산이 어렵거나 그 밖에 복잡한 내용에 관하여 설명하도록 하는 행위(제4호)를 할 수 있다.

(다) 증거의 신청과 채부

법원은 (i) 증거신청을 하도록 하는 행위(제5호), (ii) 신청된 증거와 관련하여 입증취지 및 내용 등을 명확하게 하는 행위(제6호), (iii) 증거신청에 관한 의견을 확인하는 행위(제7호), (iv) 증거 채부(採否)의 결정을 하는 행위(제8호), (v) 증거조사의 순서 및 방법을 정하는 행위(제9호)를 할 수 있다.

공판준비기일에는 증거신청 또는 증거조사의 순서와 방법 결정 등이 공판절차의 원활한 진행을 위해 허용된다. 사건이 공판준비절차에 부쳐진 때에는 검사는 증명하려는 사실을 밝히고 이를 증명하는 데 사용할 증거를 신청하여야 한다(규칙 제123조의7 제1항). 피고인 또는 변호인은 검사의 증명사실과 증거신청에 대한 의견을 밝히고, 공소사실에 관한 사실상·법률상 주장과 그에 대한 증거를 신청하여야 한다(동조 제2항). 검사·피고인 또는 변호인은 필요한 경우 상대방의 주장 및 증거신청에 대하여 필요한 의견을 밝히고, 그에 관한 증거를 신청할 수 있

28) 이에 따른 기일의 절차와 방법, 그 밖에 필요한 사항은 규칙 제123조의13 참조.

다(동조 제3항). 이때 검사·피고인 또는 변호인은 특별한 사정이 없는 한 필요한 증거를 공판준비절차에서 일괄하여 신청하여야 한다(규칙 제123조의8 제2항). 법원은 증인을 신청한 자에게 증인의 소재, 연락처, 출석가능성 및 출석이 가능한 일시 등 증인의 신문에 필요한 사항의 준비를 명할 수 있다(동조 제3항).

(라) 증거개시에 관한 결정

법원은 서류 등의 열람 또는 등사와 관련된 신청의 당부를 결정하는 행위(제10호)를 할 수 있다.

(마) 기타 준비행위

법원은 (i) 공판기일을 지정 또는 변경하는 행위(제11호), (ii) 그 밖에 공판절차의 진행에 필요한 사항을 정하는 행위(제12호)를 할 수 있다.

2) 이의신청

공판준비절차에서도 검사·피고인 또는 변호인은 증거조사에 관하여 또는 재판장의 처분에 대하여 이의신청을 할 수 있고, 법원은 이의신청에 대하여 결정을 하여야 한다(제266조의9 제2항, 제296조, 제304조).

(5) 공판준비절차의 종결

1) 종결사유

법원은 (i) 쟁점 및 증거의 정리가 완료된 때(제1호), (ii) 사건을 공판준비절차에 부친 뒤 3개월이 지난 때(제2호), (iii) 검사·변호인 또는 소환 받은 피고인이 출석하지 아니한 때(제3호)에는 공판준비를 종결하여야 한다. 다만, (ii)와 (iii)에 해당하는 경우로서 공판의 준비를 위하여 상당한 이유가 있는 때에는 종결하지 않을 수 있다(제266조의12).

법원은 필요하다고 인정한 때에는 직권 또는 검사·피고인이나 변호인의 신청에 의하여 결정으로 종결한 공판준비절차를 재개할 수 있다(제266조의14, 제305조).

2) 공판준비기일의 결과 확인 등

법원은 공판준비기일을 종료하는 때에는 검사, 피고인 또는 변호인에게 쟁점 및 증거에 관한 정리결과를 고지하고, 이에 대한 이의의 유·무를 확인하여야 한다(제266조의10 제1항). 이때 법원은 쟁점 및 증거에 관한 정리결과를 공판준비기일조서에 기재하여야 한다(동조 제2항). 즉, 공판준비기일을 진행한 경우에는 참여한 법원사무관 등이 조서를 작성하여야 하고, 공판기일조서에는 피고인, 증인, 감정인, 통역인 또는 번역인의 진술의 요지와 쟁점 및 증거에 관한 정리결과 그 밖에 필요한 사항을 기재하여야 하며, 이 조서에는 재판장 또는 법관과 참여한 법원사무관 등이 기명날인 또는 서명하여야 한다(규칙 제123조의12). 검사, 피고인 또는 변호인의 증거개시에 관한 신청과 법원의 결정도 공판기일조서에 기재하여야 한다(규칙 제123조의5 제3항).

공판기일조서는 제311조에 의하여 증거능력이 인정된다.

3) 종결의 효과

공판준비절차의 실효성 담보를 위하여 공판준비기일에 신청하지 못한 증거는 그 신청으로 인하여 소송을 현저히 지연시키지 아니하는 때 또는 중대한 과실 없이 공판준비기일에 제출하지 못하는 등 부득이한 사유를 소명한 때가 아니면 공판기일에 증거신청을 할 수 없다(제266조의13 제1항). 다만, 이때에도 법원은 공판기일에 직권으로 증거조사를 할 수 있다(동조 제2항).

제4절 공판정의 심리

Ⅰ. 공판정의 구성

공판준비가 끝나면 법원은 공판기일을 열어 심리를 하게 된다. 공판기일의 심리는 공판정에서 이루어진다. '공판정'이란 공개된 법정을 말하며, 판사, 검사, 법원사무관 등이 출석하여 개정한다(제275조 제1항·제2항). 공판정에서 검사의 좌석과 피고인 및 변호인의 좌석은 대등하며, 법대의 좌우측에 마주 보고 각각 위치하고, 증인의 좌석은 법대를 보고 정면에 위치한다. 피고인신문을 하는 때에는 피고인은 증인석에 좌석한다(동조 제3항).

공판정에서는 피고인의 신체를 구속하지 못한다. 다만, 재판장은 피고인이 폭력을 행사하거나 도망할 염려가 있다고 인정하는 때에는 피고인의 신체의 구속을 명하거나 기타 필요한 조치를 할 수 있다(제280조).

Ⅱ. 소송관계인의 출석

1. 검사의 출석

검사의 출석은 공판개정의 요건이므로 검사의 출석이 없는 때에는 공판기일을 열지 못한다(제275조 제2항). 따라서 검사의 출석 없이 개정하면 '소송절차에 관한 법령위반'으로 상소이유가 된다(제361조의5 제1호, 제383조 제1호).

그러나 검사가 공판기일의 통지를 2회 이상 받고 출석하지 아니하거나 판결만을 선고하는 때[29]에는 검사의 출석 없이 개정할 수 있다(제278조). 이때 재판장은 공판정에서 소송관계인에게 그 취지를 고지하여야 하며(규칙 제126조의6), 공소장의 기재사항에 의하여 검사의 의견진술이 있는 것으로 간주한다(제302조 단서). '2회 이상'으로 되어 있으므로 검사가 공판기일에 2회에 걸쳐 출석하지 않으면 그 2회의 기일에 검사 없이 개정할 수 있으며(66도1710), 그 2회 기일에 다음 기일을 고지하면 불출석한 검사에게 다음 공판기일을 별도로 고지할 필요가 없다(2000도2879). 2회 이상의 불출석이 연속적일 것은 요하지 않는다.

2. 피고인의 출석

피고인이 공판기일에 출석하지 않는 경우 특별한 규정이 없으면 개정하지 못한다(제276조). 피고인의 공판정출석은 권리이자 의무이므로 출석한 피고인은 재정의무가 있으므로 재판장의 허가 없이 퇴정하지 못한다(제281조 제1항). 또한 재판장은 피고인의 퇴정을 제지하거나 법정의 질서를 유지하기 위하여 필요한 처분을 할 수 있다(동조 제2항). 다만, 피고인의 출석과 관련하여 다음의 예외가 인정된다.

(1) 피고인이 의사무능력자이거나 법인인 경우

「형법」 제9조에서는 만 14세 미만의 형사미성년자를 처벌하지 않는다고 규정하고 있으나 「담배사업법」(제31조)과 같은 특별법에서는 이를 적용하지 않는 경우가 있다. 이처럼 「형법」 제9조부터 제11조까지의 규정의 적용을 받지 않는 범죄사건에 관하여 피고인이 의사능력이 없는 때에는 그 법정대리인이나 법원이 직

29) 판례는 "판결선고기일에는 검사의 출석 없이 개정할 수 있으므로(제278조), 검사에게 선고기일 통지를 하지 아니하였다고 판결에 영향을 미친 절차법규의 위반이 있다고 보기 어렵다"(2008도3435)고 하였다.

권 또는 검사의 청구에 의하여 선임한 특별대리인이 소송행위를 대리한다(제26조, 제28조). 따라서 이때에는 피고인의 출석을 요하지 않고, 법정대리인 또는 특별대리인의 출석이 공판개정의 요건이 된다.[30)]

또한 피고인이 법인인 때에는 법인이 직접 소송행위를 할 수 없으므로 그 대표자가 공판정에 출석하여 소송행위를 하여야 하고(제27조 제1항), 대표할 자가 없는 때에는 법원의 직권 또는 검사의 청구에 의하여 선임된 특별대리인이 대표자의 임무를 행한다(제28조 제1항). 이때에도 대표자가 직접 출석할 필요는 없으며, 대리인을 출석하게 할 수도 있다(제276조 단서).

공판기일에 대리인을 출석하게 할 때에는 그 대리인에게 대리권을 수여한 사실을 증명하는 서면을 법원에 제출하여야 한다(규칙 제126조).

(2) 경미사건 등의 경우

다음의 경우에는 피고인의 출석을 요하지 아니한다. 다만, 이 경우 피고인은 대리인을 출석하게 할 수 있다(제277조). 즉, (ⅰ) 다액 500만원 이하의 벌금 또는 과료에 해당하는 경미사건의 경우에는 피고인의 출석을 요하지 않는다(제1호). (ⅱ) 공소기각 또는 면소의 재판을 할 것이 명백한 사건의 경우에는 피고인의 출석을 요하지 않는다(제2호). 그러나 선고유예 또는 집행유예의 경우에는 비록 그 사유가 명백하더라도 불출석사유가 되지 않는다. 한편, 피고인에게 사물의 변별능력 또는 의사결정능력이 없는 상태에 있거나 질병으로 인하여 출정할 수 없는 때에는 공판절차를 정지하여야 하지만 피고인에게 무죄, 면소, 형의 면제 또는 공소기각의 재판을 할 것이 명백한 때에는 피고인의 출정 없이 재판할 수 있다(제306조 제4항). (ⅲ) 장기 3년 이하의 징역 또는 금고, 다액 500만원을 초과하는 벌금 또는 구류에 해당하는 사건에서 피고인의 불출석허가신청이 있고, 법원이 피고인의 불출석이 그의 권리를 보호함에 지장이 없다고 인정하여 이를 허가한 사건에 관하여는 피고인의 출석을 요하지 않는다. 다만, 인정신문(제284조) 절차를 진행하거나 판결을 선고하는 공판기일에는 출석하여야 한다(제3호). (ⅳ) 약식명령에 대하여 피고인만이 정식재판을 청구하여 판결을 선고하는 경우에는 피고인의 출석을 요하지 않는다(제4호). 또한 약식명령에 불복하여 정식재판을 청구한 피고인이 그 정식재판절차의 공판기일에 2회 출정하지 않는 경우에는 피고인의 진술 없이도 판결을 할 수

30) 법원은 피치료감호청구인이 「형법」 제10조 제1항에 따른 심신장애로 공판기일에의 출석이 불가능한 경우에는 피치료감호청구인의 출석 없이 개정할 수 있다(치료감호법 제9조).

있다(제458조 제2항, 제365조 제2항). 이때 판결뿐만 아니라 심리도 가능하다.

이 외에 (v) 즉결심판에 의하여 피고인에게 벌금 또는 과료를 선고하는 경우에도 피고인의 출석을 요하지 않는다(즉결심판법 제8조의2 제1항). 다만, 피고인 또는 즉결심판출석통지서를 받은 자는 법원에 불출석심판을 청구할 수 있고, 법원이 이를 허가한 때에는 피고인이 출석하지 아니하더라도 심판할 수 있다(동조 제2항).

(3) 피고인이 불출석하는 경우

1) 구속피고인의 출석거부

피고인의 출석이 개정요건인 경우라도 구속된 피고인이 정당한 사유 없이 출석을 거부하고 교도관에 의한 인치가 불가능하거나 현저히 곤란한 경우에는 피고인의 출석 없이 공판절차를 진행할 수 있다(제277조의2). 다만, 이때에는 출석한 검사와 변호인의 의견을 들어야 한다(동조 제2항). '정당한 사유'란 거동이 곤란할 정도의 신병이 있는 경우 등을 말한다. 구속피고인에게 그와 같은 사유가 발생하는 경우 교도소장은 즉시 그 취지를 법원에 통지하여야 한다(규칙 제126조의4).

법원이 피고인의 출석 없이 공판절차를 진행하고자 하는 경우에는 미리 그 사유가 존재하는지의 여부를 조사하여야 한다(규칙 제126조의5 제1항). 법원이 조사를 함에 있어서 필요하다고 인정하는 경우에는 교도관리 기타 관계자의 출석을 명하여 진술을 듣거나 그들로 하여금 보고서를 제출하도록 명할 수 있다(동조 제2항). 이때 법원은 합의부원으로 하여금 이 조사를 하게 할 수 있다(동조 제3항).

또한 피고인의 출석 없이 공판절차를 진행하는 경우에는 재판장은 공판정에서 소송관계인에게 그 취지를 고지하여야 한다(규칙 제126조의6). 이때 법원이 피고인의 출석 없이 공판절차를 진행하기 위해서는 단지 구속된 피고인이 정당한 사유 없이 출석을 거부하였다는 것만으로는 부족하고, 더 나아가 교도관리에 의한 인치가 불가능하거나 현저히 곤란하다고 인정되어야 한다. 따라서 법원이 구속된 피고인이 출석하지 않는 경우에 피고인의 출석 없이 공판절차를 진행하기 위해서는 피고인의 출석거부사유가 정당한 것인지 여부뿐만 아니라 교도관에 의한 인치가 불가능하거나 현저히 곤란하였는지 여부 등 위 조문에 규정된 사유가 존재하는지의 여부를 조사하여야 한다(2001도114).

2) 불구속된 피고인의 소재불명

소송촉진법은 피고인이 소재불명인 경우에 사형·무기 또는 장기 10년을 넘는 징역이나 금고에 해당하는 사건[31)]을 제외하고, 제1심공판절차에서 피고인에 대한 송달불능보고서가 접수된 때부터 6개월이 지나도록 피고인의 소재를 알 수 없는 경우에는 대법원규칙(소송촉진규칙 제19조)이 정하는 바에 따라 피고인의 진술 없이 재판을 진행할 수 있도록 규정하고 있다(법 제23조). 즉, 피고인에 대한 송달불능보고서가 접수된 때로부터 6월이 경과하도록 소재를 확인하기 위하여 소재조사촉탁, 구인장의 발부 기타 필요한 조치(법 제18조 제2항) 및 주소보정(동조 제3항)의 조치에도 불구하고 피고인의 소재가 확인되지 아니한 때에는 그 후 피고인에 대한 송달은 공시송달의 방법에 의한다(소송촉진규칙 제19조 제1항). 이때 피고인이 공시송달의 방법에 의한 공판기일의 소환을 2회 이상 받고도 출석하지 아니한 때에는 피고인의 진술 없이 재판할 수 있다(동조 제2항). 따라서 공시송달의 방법으로 소환한 피고인이 불출석하는 경우 다시 공판기일을 지정하고 공시송달의 방법으로 피고인을 재소환한 후 그 기일에도 피고인이 불출석하여야 비로소 피고인의 불출석 상태에서 재판절차를 진행할 수 있다(2011도1094).

또한 공시송달은 법원이 피고인의 소재를 확인하기 위하여 필요한 조치를 취한 경우에 가능하므로 피고인의 연락처가 피의자신문조서에 기재되어 있음에도 검사가 공소장에 잘못 기재한 피고인의 연락처로만 연락을 시도한 후 소재파악이 되지 않는다는 이유로 곧바로 공시송달의 방법에 의한 송달을 하고, 피고인의 진술 없이 판결을 하는 것은 허용되지 않는다(2011도6762).[32)] 한편, 공소장부본도 공시송달의 대상이므로 피고인소환만 공시송달하고, 공소장부본을 공시송달하지 않고 피고인의 출석 없이 재판이 이루어진 경우 그 재판의 소송행위는 효력이 없다(2013도9498).[33)]

---

31) 이 사건들은 소송촉진법의 적용대상이 아니므로 피고인의 소재확인이 불능한 경우에도 공시송달의 대상이 되지 않는다. 다만 공소제기 후 25년이 경과한 때에는 공소시효의 완성으로 인해 면소판결의 대상이 되면 제277조 제2호에 의해 피고인 불출석상태에서 면소판결을 선고할 수 있다.

32) 판례는 피고인 불출석상태에서의 재판은 피고인에게 공판기일 소환장이 적법하게 송달되었음을 전제로 하기 때문에 공시송달에 의한 소환을 함에 있어서도 공시송달 요건의 엄격한 준수가 요구된다고 하고, 따라서 위법한 공시송달에 의하여 피고인의 출석 없이 유죄판결이 선고된 경우에 피고인은 자기 또는 대리인이 책임질 수 없는 사유로 상소의 제기기간을 준수하지 못한 것에 해당하므로 상소권회복청구를 할 수 있다고 하였다(2022모439).

33) 판례는 "상소권회복청구가 제361조의5 제13호에서 정한 '재심청구의 사유가 있는 때'에 해당하여 인용된 경우 항소심으로서는 해당 사건 재심규정에 의한 재심청구의 사유가 있는지를 살펴야 하고 그 사유가 있다고 인정된다면 다시 공소장부본 등을 송달하는 등 새로 소송절차를 진

(4) 피고인이 퇴정한 경우

1) 무단퇴정하거나 또는 퇴정명령을 받은 경우

제330조에서는 "피고인이 진술을 하지 않거나 재판장의 허가 없이 퇴정하거나 재판장의 질서유지를 위한 퇴정명령을 받은 때에는 피고인의 진술 없이 판결할 수 있다"고 규정하고 있다. 이때 판결뿐만 아니라 심리도 가능한지에 대하여는 ① 피고인의 책임 있는 사유로 인해 출석권을 포기 내지 상실한 것이므로 판결뿐만 아니라 심리도 가능하다는 견해(적극설, 다수설)가 있다. 그러나 ② 제330조는 재판에 관한 조항으로, 피고인이 무단으로 퇴정한 경우뿐만 아니라 재판장으로부터 퇴정명령을 받거나 피고인이 진술을 하지 않는 경우까지 포함하고 있기 때문에 문언의 의미를 확대할 경우 피고인의 방어권을 약화시킬 우려가 크고, 재판의 공정성에도 영향을 미칠 수 있으므로 피고인이 재판장의 허가 없이 퇴정한 경우가 아니라면 사실상 심리가 종결되고 판결선고만 남은 경우에만 적용된다(소극설).

판례는 필요적 변호사건이라 하여도 피고인이 재판거부의 의사를 표시하고 재판장의 허가 없이 퇴정하고 변호인마저 이에 동조하여 퇴정해 버린 것은 모두 피고인측의 방어권의 남용 내지 변호권의 포기로 볼 수밖에 없는 것이므로 수소법원으로서는 제330조에 의하여 피고인이나 변호인의 재정 없이도 심리·판결할 수 있다고 한다(91도865).

2) 일시퇴정한 경우

재판장은 증인 또는 감정인이 피고인 또는 특정 재정인의 면전에서 충분한 진술을 할 수 없다고 인정하는 때에는 증인의 진술의 자유를 보장하기 위하여 피고인을 일시 퇴정하게 하고 진술하게 할 수 있다(제297조 제1항). 피고인을 퇴정하게 한 경우에 증인, 감정인 또는 공동피고인의 진술이 종료한 때에는 퇴정한 피고인을 입정하게 한 후 법원사무관 등으로 하여금 진술의 요지를 고지하게 하여야 한다(동조 제2항).

변호인이 없는 피고인을 일시 퇴정하게 하고 증인신문을 한 다음 피고인에게 실질적인 반대신문의 기회를 부여하지 아니한 채 이루어진 증인의 법정진술은 위법한 증거로서 증거능력이 없다. 다만, 그 다음 공판기일에서 재판장이 증인

행한 다음 제1심판결을 파기하고 새로운 심리결과에 따라 다시 판결하여야 한다"(2015도11878)고 하였다.

신문결과를 고지하고 피고인이 이의를 제기하지 않으면 실질적인 반대신문의 기회를 부여하지 않은 하자는 치유된다(2009도9344).

(5) 항소심과 상고심에서의 피고인의 불출석

항소심에서도 피고인의 출석을 요한다(제370조, 제276조). 다만, 항소심에서 피고인이 공판기일에 출정하지 않는 경우에는 다시 기일을 정하여야 하며(제365조 제1항), 피고인이 정당한 사유 없이 다시 정한 기일에도 피고인이 출정하지 아니한 때에는 피고인의 진술 없이 판결을 할 수 있다(동조 제2항). 항소심의 경우도 피고인의 출석 없이 개정하려면 피고인이 적법한 공판기일의 통지[34]를 받고서도 2회 연속으로 정당한 이유 없이 출정하지 않은 경우이어야 한다(2022도7940). 이때에는 판결뿐만 아니라 심리도 가능하다. 또한 항소심에서도 법정형이 '다액 500만 원 이하의 벌금 또는 과료'에 해당하여 중형선고의 가능성이 없는 사건에서는 피고인의 출석 없이 개정할 수 있다(제370조, 제277조 제1호, 2024도8185).

그러나 상고심의 공판기일에는 피고인의 소환을 요하지 않는다(제389조의2). 상고심은 법률심이므로 변호인만 변론할 수 있다(제387조).

3. 변호인의 출석

변호인은 당사자가 아니므로 변호인의 출석은 원칙적으로 공판개정의 요건이 아니다. 그러나 필요적 변호사건과 국선변호사건에 관하여는 변호인 없이 개정하지 못한다(제282조, 제283조). 따라서 필요적 변호사건의 경우 변호인이 출석하지 아니한 때에는 법원은 직권으로 변호인을 선정하여야 한다(제283조). 다만, 필요적 변호사건에서 판결만을 선고하는 경우에는 예외로 한다(제282조 단서). 필요적 변호사건에서 법원이 국선변호인의 선정 없이 공판을 진행한 경우 일체의 소송행위는 모두 무효이므로, 이러한 경우 항소심으로서는 변호인이 있는 상태에서 소송행위를 새로이 한 후 위법한 제1심판결을 파기하고, 항소심에서의 증거조사 및 진술 등 심리결과에 기하여 다시 판결하여야 한다(2011도6325).[35] 필요적 변호사건에 해당

34) '적법한 공판기일 통지'란 소환장의 송달(제76조) 및 소환장 송달의 의제(제268조)의 경우에 한정되는 것이 아니라 적어도 피고인의 이름·죄명·출석 일시·출석 장소가 명시된 공판기일 변경명령을 송달받은 경우(제270조)도 포함된다(2022도7940).

35) 그러나 판례는 "필요적 변호사건에서 변호인 없이 개정하여 심리를 진행하고 판결한 것은 소송절차의 법령위반에 해당하지만 피고인의 이익을 위하여 만들어진 필요적 변호의 규정

하는 사건과 다른 사건을 병합심리하는 경우에 국선변호인의 관여 없이 공판절차를 진행하면 그 위법은 필요적 변호사건뿐만 아니라 병합심리된 다른 사건에도 미친다(2011도2279).

한편, 필요적 변호사건이라고 하더라도 변호인이 임의로 퇴정하거나 피고인과 함께 법정질서를 문란하게 하여 재판장으로부터 퇴정명령을 받은 경우에 변호인 없이 개정할 수 있는지에 대하여는 ① 피고인측의 방어권남용 또는 변호권의 포기로 인정할 수 있으므로 변호인 없이 개정할 수 있다는 견해, ② 피고인의 경우와 같이 심리가 끝난 경우에만 제330조의 유추적용을 허용하여야 한다는 견해가 있다. 그러나 ③ 필요적 변호사건을 변호인 없이 심리하는 것은 적법절차에 위배될 뿐만 아니라 피고인에게 불리한 유추적용에 해당하므로 변호인 없는 심리는 위법이다. 따라서 이때에는 법원이 직권으로 국선변호인을 선정하여 공판을 개정하여야 한다. 판례는 필요적 변론사건이라 하여도 피고인이 재판거부의 의사를 표시하고 재판장의 허가 없이 퇴정하고 변호인마저 이에 동조하여 퇴정해 버린 것은 모두 피고인측의 방어권의 남용 내지 변호권의 포기로 볼 수밖에 없는 것이어서 수소법원으로서는 제330조에 의하여 피고인이나 변호인의 재정 없이도 심리·판결할 수 있다고 한다(91도865).[36]

4. 전문심리위원의 참여

(1) 의 의

법원은 소송관계를 분명하게 하거나 소송절차를 원활하게 진행하기 위하여 필요한 경우에는 직권으로 또는 검사, 피고인 또는 변호인의 신청에 의하여 결정으로 전문심리위원을 지정하여 공판준비 및 공판기일 등 소송절차에 참여하게 할 수 있다(제279조의2 제1항). 전문심리위원제도란 건축, 의료, 지적재산권 등 특수한 분야와 관련된 사건의 심리에서 관련 전문가의 전문적인 지식과 경험의 도움을 받기 위하여 이들을 소송절차에 참여하게 하는 것을 말한다.

때문에 피고인에게 불리한 결과를 가져오게 할 수는 없으므로 그와 같은 법령위반은 무죄판결에 영향을 미친 것으로는 되지 아니한다"(2002도5748)고 하였다.

36) 이때 공판심리는 사실심리와 증거조사가 행해지게 마련인데, 이와 같이 피고인과 변호인들이 출석하지 않은 상태에서 증거조사를 할 수밖에 없는 경우에는 제318조 제2항의 규정에 따라 피고인의 진의와는 관계없이 제318조 제1항의 동의가 있는 것으로 간주한다고 하였다(91도865).

(2) 지 정

전문심리위원을 소송절차에 참여시키는 경우 법원은 검사, 피고인 또는 변호인의 의견을 들어 각 사건마다 1인 이상의 전문심리위원을 지정한다(제279조의4 제1항).[37] 전문심리위원에게는 대법원규칙(전문심리위원규칙 제4조)으로 정하는 바에 따라 수당을 지급하고, 필요한 경우에는 그 밖의 여비, 일당 및 숙박료를 지급할 수 있다(동조 제2항).

(3) 참여와 취소

1) 참 여

전문심리위원은 공판준비 또는 공판기일 등, 소송절차에 참여하여 전문적인 지식에 의한 설명 또는 의견을 기재한 서면을 제출하거나 기일에 전문적인 지식에 의하여 설명이나 의견을 진술할 수 있다. 다만, 재판의 합의에는 참여할 수 없다(제279조의2 제2항). 재판장은 전문심리위원을 소송절차에 참여시키기 위하여 필요하다고 인정한 때에는 쟁점의 확인 등 적절한 준비를 지시할 수 있으며(규칙 제126조의10 제1항), 재판장이 준비를 지시한 때에는 법원사무관 등은 검사, 피고인 또는 변호인에게 그 취지를 통지하여야 한다(동조 제2항).

또한 전문심리위원은 기일에 재판장의 허가를 받아 피고인 또는 변호인, 증인 또는 감정인 등 소송관계인에게 소송관계를 분명하게 하기 위하여 필요한 사항에 관하여 직접 질문할 수 있다(제279조의2 제3항). 재판장은 전문심리위원의 말이 증인의 증언에 영향을 미치지 않게 하기 위하여 필요하다고 인정할 때에는 직권 또는 검사, 피고인 또는 변호인의 신청에 따라 증인의 퇴정 등 적절한 조치를 취할 수 있다(규칙 제126조의11). 그리고 재판장이 기일 외에서 전문심리위원에 대하여 설명 또는 의견을 요구한 사항이 소송관계를 분명하게 하는 데 중요한 사항일 때에는 법원사무관 등은 검사, 피고인 또는 변호인에게 그 사항을 통지하여야 한다(규칙 제126조의8).

한편, 법원은 전문심리위원이 제출한 서면이나 전문심리위원의 설명 또는 의견의 진술에 관하여 검사, 피고인 또는 변호인에게 구술 또는 서면에 의한 의견진술의 기회를 주어야 한다(제279조의2 제4항).[38] 따라서 전문심리위원이 설명이

---

37) 그 밖에 전문심리위원의 지정에 관하여 필요한 사항은 규칙 제126조의7 및 「전문심리위원규칙」 제2조-제3조 참조.

38) 판례는 “형사재판의 담당 법원은 전문심리위원에 관한 형소법의 규정들을 지켜야 하고

나 의견을 기재한 서면을 제출한 경우에는 법원사무관 등은 검사, 피고인 또는 변호인에게 그 사본을 보내야 한다(규칙 제126조의9).

2) 취 소

법원은 상당하다고 인정하는 때에는 검사, 피고인 또는 변호인의 신청이나 직권으로 전문심리위원의 참여결정을 취소할 수 있다(제279조의3 제1항). 법원은 검사와 피고인 또는 변호인이 합의하여 전문심리위원의 참여결정을 취소할 것을 신청한 때에는 그 결정을 취소하여야 한다(동조 제2항).

(4) 제한과 의무 등

전문심리위원에 대하여도 법관의 제척·기피·회피에 관한 규정이 준용된다(제279조의5 제1항). 제척 또는 기피 신청이 있는 전문심리위원은 그 신청에 관한 결정이 확정될 때까지 그 신청이 있는 사건의 소송절차에 참여할 수 없다. 이때 전문심리위원은 해당 제척 또는 기피 신청에 대하여 의견을 진술할 수 있다(동조 제2항).

또한 전문심리위원 또는 전문심리위원이었던 자가 그 직무수행 중에 알게 된 다른 사람의 비밀을 누설한 때에는 2년 이하의 징역이나 금고 또는 1천만 원 이하의 벌금에 처한다(제279조의7). 한편, 전문심리위원은 「형법」 제129조부터 제132조까지의 규정에 따른 벌칙의 적용에서는 공무원으로 본다(제279조의8).

Ⅲ. 소송지휘권과 법정경찰권

1. 소송지휘권

(1) 의 의

소송지휘권이란 소송절차의 질서를 유지하고 소송의 원활한 진행을 위하여

이를 준수함에 있어서도 적법절차원칙을 특별히 강조하고 있는 헌법 제12조 제1항을 고려하여 전문심리위원과 관련된 절차 진행 등에 관한 사항을 당사자에게 적절한 방법으로 적시에 통지하여 당사자의 참여기회가 실질적으로 보장될 수 있도록 세심한 배려를 하여야 한다. 그렇지 않을 경우, 헌법 제12조 제1항의 적법절차원칙을 구현하기 위하여 형소법 등에서 입법한 위 각각의 적법절차조항을 위반한 것임과 동시에 헌법 제27조가 보장하고 있는 공정한 재판을 받을 권리로서 '법관의 면전에서 모든 증거자료가 조사·진술되고 이에 대하여 피고인이 방어할 수 있는 기회가 실질적으로 부여되는 재판을 받을 권리'의 침해로 귀결될 수 있다"(2018도19051)고 하였다.

법원의 합목적적인 활동인 소송지휘를 할 수 있는 권한을 말한다. 소송지휘권은 명문의 규정과 관계없이 수소법원의 고유한 권리일 뿐만 아니라 사법권에 내재하는 본질적인 권리로서 당연히 인정되는 것이다. 제279조에서는 "공판기일의 소송지휘는 재판장이 한다"고 규정하고 있다. 소송지휘권은 원래 수소법원의 권한에 속하지만 신속하고 적절한 소송지휘를 위해 공판기일에서의 소송지휘는 포괄적으로 재판장에게 맡기고 있다. 다만, 재판절차의 중요한 사항에 대하여는 그 권한이 수소법원에 있으므로, 수소법원은 법률이나 규칙의 규정에 관계없이 사건의 진행이나 심리의 진행상황에 따라 필요한 조치를 할 수 있다.

(2) 재판장의 소송지휘권

재판장의 소송지휘권의 주요내용으로는 공판기일의 지정과 변경(제267조, 제270조), 피고인에 대한 인정신문(제284조), 증인신문순서의 변경(제161조의2 제3항), 불필요한 변론의 제한(제299조), 석명권의 행사(규칙 제141조 제1항) 등이 있다. 다만, 법정 외의 증인신문에 대해서는 합의부원 또는 수명법관이나 수탁판사가 하는 경우도 있다(제167조).

1) 불필요한 변론의 제한

재판장은 소송관계인의 진술 또는 신문이 중복된 사항이거나 그 소송에 관계없는 사항인 때에는 소송관계인의 본질적 권리를 해하지 아니하는 한도에서 이를 제한할 수 있다(제299조). '소송에 관계없는 사항'이란 피고사건과 관련성이 없는 사항을 말한다.

2) 석명권의 행사

재판장은 소송관계를 명료하게 하기 위하여 검사, 피고인 또는 변호인에게 사실상과 법률상의 사항에 관하여 석명을 구하거나 입증을 촉구할 수 있다(규칙 제141조 제1항). 합의부원은 재판장에게 고하고 석명권을 행사할 수 있으며(동조 제2항), 검사, 피고인 또는 변호인은 재판장에 대하여 석명을 위한 발문을 요구할 수 있다(동조 제3항). '석명을 구한다는 것'은 사건의 소송관계를 명확하게 하기 위하여 당사자에 대하여 사실상 및 법률상의 사항에 관하여 질문을 하고 그 진술 내지 주장을 보충 또는 정정할 기회를 부여하는 것을 말한다(2010도14391).

판례는 공소사실이 명확한 경우에는 석명권을 행사할 필요가 없지만(99도1238), 그렇지 않은 경우에는 법원은 검사에게 석명을 구하여 만약 이를 명확하게 하지 아니한 경우에 비로소 공소사실의 불특정을 이유로 공소기각의 판결을 하여야 하고, 석명 없이 바로 공소기각의 판결을 하는 것은 심리미진으로 위법하다고 한다(83도293).

(3) 법원의 소송지휘권

소송절차에서 피고인의 방어권보호나 실체적 진실발견을 위해 중요한 사항은 법률로써 법원에 소송지휘권을 맡기고 있다. 법원의 소송지휘권의 주요내용으로는 국선변호인의 선임(제33조, 제283조), 특별대리인의 선임(제28조), 증거신청에 대한 결정(제295조), 증거조사에 관한 이의신청의 결정(제296조 제2항), 재판장의 처분에 대한 이의신청의 결정(제304조 제2항), 공소장변경의 허가 및 요구(제298조), 공판절차의 정지(제306조, 제298조 제4항), 변론의 분리·병합·재개(제300조, 제305조) 등이 있다.

(4) 소송지휘권의 행사와 불복

1) 행 사

법원의 소송지휘는 결정의 형식을 취하며, 재판장의 소송지휘는 명령의 형식을 취한다. 소송지휘에 대해서는 해당 사건의 소송관계인뿐만 아니라 방청인에게도 복종의무가 있다.

소송지휘권의 행사는 일단 행사 후에도 적당하지 않거나 사정변경이 있는 경우에는 철회 또는 변경할 수 있다.

2) 불 복

검사, 피고인 또는 변호인은 재판장의 소송지휘권에 따른 처분에 대하여 이의신청을 할 수 있으며, 이의신청이 있는 때에는 법원은 결정을 하여야 한다(제304조). 다만, 재판장의 처분에 대한 이의신청은 법령의 위반이 있는 경우에만 허용된다(규칙 제136조).

이의신청은 개개의 행위, 처분 또는 결정시마다 그 이유를 간결하게 명시하여 즉시 이를 하여야 하며(규칙 제137조), 이의신청에 대한 결정은 이의신청이 있은 후 즉시 이를 하여야 한다(규칙 제138조).[39] 이의신청에 대한 결정에 의하여 판

---

39) 규칙 제139조(이의신청에 대한 결정의 방식) ① 시기에 늦은 이의신청, 소송지연만을 목적으로 하는 것임이 명백한 이의신청은 결정으로 이를 기각하여야 한다. 다만, 시기에 늦은 이

단이 된 사항에 대하여는 다시 이의신청을 할 수 없다(규칙 제140조).

그러나 법원의 소송지휘권 행사는 '판결 전 소송절차에 관한 결정'이므로 즉시항고를 할 수 있는 경우 외에는 항고가 허용되지 않는다(제403조 제1항). 다만, 법원의 증거신청에 대한 결정에 법령의 위반이 있는 경우나 증거조사에 법령의 위반이 있거나 상당하지 아니한 경우에는 이의신청을 할 수 있다(규칙 제135조의2).

2. 법정경찰권

(1) 의 의

법정경찰권이란 법원이 원활한 재판의 진행과 법정의 질서를 유지하기 위하여 심판의 방해를 예방, 배제 또는 제재하는 권력작용을 말한다. 법정경찰권은 재판장의 권한에 속한다(법조법 제58조 제1항). 다만, 감치처분은 법원의 권한에 속한다(동법 제61조).

법정경찰권은 넓은 의미에서는 소송지휘권의 내용이 될 수 있지만 사건의 내용과 직접 관계없이 법정의 질서유지만을 목적으로 한다는 점에서 소송지휘권과 구별된다.

(2) 내 용

재판장은 법정의 존엄과 질서를 해칠 우려가 있는 사람의 입정(入廷) 금지 또는 퇴정(退廷)을 명할 수 있고, 그 밖에 법정의 질서유지에 필요한 명령을 할 수 있다(동법 제58조 제2항). 즉, 재판장은 법정질서를 유지하기 위하여 필요하다고 인정한 때에는 방청에 관하여 (i) 방청석 수에 해당하는 방청권을 발행하게 하고 그 소지자에 한하여 방청을 허용하는 것(제1호)[40], (ii) 법원경위로 하여금 방청인의

의신청이 중요한 사항을 대상으로 하고 있는 경우에는 시기에 늦은 것만을 이유로 하여 기각하여서는 아니 된다.

② 이의신청이 이유 없다고 인정되는 경우에는 결정으로 이를 기각하여야 한다.

③ 이의신청이 이유 있다고 인정되는 경우에는 결정으로 이의신청의 대상이 된 행위, 처분 또는 결정을 중지, 철회, 취소, 변경하는 등 그 이의신청에 상응하는 조치를 취하여야 한다.

④ 증거조사를 마친 증거가 증거능력이 없음을 이유로 한 이의신청을 이유 있다고 인정할 경우에는 그 증거의 전부 또는 일부를 배제한다는 취지의 결정을 하여야 한다.

40) 판례는 "법원이 법정의 규모·질서의 유지·심리의 원활한 진행 등을 고려하여 방청을 희망하는 피고인들의 가족·친지 기타 일반국민에게 미리 방청권을 발행하게 하고 그 소지자에 한하여 방청을 허용하는 등의 방법으로 방청인의 수를 제한하는 조치를 취하는 것이 공개재판

의복 또는 소지품을 검사하게 하고 위험물 기타 법정에서 소지함이 부적당하다고 인정되는 물품을 가진 자의 입정을 금하게 하는 것(제2호), (iii) 위 각 호의 조치에 따르지 아니한 자, 보호자 동행 없는 12세 미만의 아동, 단정한 의복을 착용하지 아니한 자, 법정에서 법원 또는 법관의 직무집행을 방해하거나 부당한 행동을 할 염려가 있다고 믿을만한 현저한 사정이 인정되는 자의 입정을 금하게 하는 것(제3호)의 조치를 할 수 있다(법정 방청 및 촬영 등에 관한 규칙 제2조). 또한 재판장은 (i) 재판장의 허가없이 녹음, 녹화, 촬영, 중계방송 등을 하는 자(제1호), (ii) 음식을 먹거나 흡연을 하는 자(제2호), (iii) 법정에서 떠들거나 소란을 피우는 등 재판에 지장을 주는 자(제3호)에 대하여 이를 제지하거나 또는 퇴정을 명할 수 있다(동규칙 제3조).

한편, 피고인은 재판장의 허가 없이 퇴정하지 못하며(제281조 제1항), 재판장은 피고인의 퇴정을 제지하거나 법정의 질서를 유지하기 위하여 필요한 처분을 할 수 있다(동조 제2항). 또한 공판정에서는 피고인의 신체를 구속하지 못하지만, 재판장은 피고인이 폭력을 행사하거나 도망할 염려가 있다고 인정하는 때에는 피고인의 신체의 구속을 명하거나 기타 필요한 조치를 할 수 있다(제280조).

재판장은 법정에서의 질서유지를 위하여 필요하다고 인정할 때에는 개정 전·후에 상관없이 관할 경찰서장에게 경찰공무원의 파견을 요구할 수 있으며(법조법 제60조 제1항), 이 요구에 따라 파견된 경찰공무원은 법정 내외의 질서유지에 관하여 재판장의 지휘를 받는다(동조 제2항).

(3) 제 재

법원은 법정 내외에서 법정의 질서유지를 위한 재판장의 명령(동법 제58조 제2항) 또는 법정 안에서의 녹화 등의 금지(동법 제59조)를 위반하는 행위를 하거나 폭언, 소란 등의 행위로 법원의 심리를 방해하거나 재판의 위신을 현저하게 훼손한 사람에 대하여 결정으로 20일 이내의 감치에 처하거나 100만원 이하의 과태료를 부과할 수 있다. 이때 감치와 과태료부과는 병과할 수 있다(동법 제61조 제1항).[41] 감치는 검사의 공소제기를 요하지 아니하고, 형사처벌이 아니라는 점에서 법정모욕죄(형법 제138조)와 구별된다.

법원이 감치를 하는 경우에는 법원직원, 교도관 또는 경찰공무원으로 하여금

주의의 취지에 반하는 것은 아니다”(90도646)라고 하였다.

41) 이 감치 또는 과태료에 처하는 재판에 관한 절차와 그 밖에 필요한 사항은 「법정 등의 질서유지를 위한 재판에 관한 규칙」 참조.

즉시 행위자를 구속하게 할 수 있으며, 구속한 때로부터 24시간 이내에 감치에 처하는 재판을 하여야 하고, 이를 하지 아니하면 즉시 석방을 명하여야 한다(법조법 제61조 제2항). 감치는 경찰서유치장, 교도소 또는 구치소에 유치함으로써 집행한다(동조 제3항). 또한 감치는 감치대상자에 대한 다른 사건으로 인한 구속 및 형에 우선하여 집행하며, 감치의 집행 중에는 감치대상자에 대한 다른 사건으로 인한 구속 및 형의 집행이 정지되고, 감치대상자가 당사자로 되어 있는 본래의 심판사건의 소송절차는 정지된다. 다만, 법원은 상당한 이유가 있는 경우에는 소송절차를 계속하여 진행하도록 명할 수 있다(동조 제4항).

감치에 처한 재판에 대해서는 항고 및 특별항고를 할 수 있다(동조 제5항).

(4) 적용범위

법정경찰권은 심판에 관계있는 모든 사람에게 미치므로 검사, 피고인, 변호인은 물론, 방청인, 법원직원, 그리고 합의부원에게도 미친다.

또한 법정경찰권은 피고사건에 대한 심판의 방해를 제거하기 위한 것이므로 시간적으로 심판개시 시부터 종료 시까지 허용된다. 이때 심판과 직접 연결되어 있는 심판 전·후의 시간도 포함된다.

또한 법정경찰권은 장소적으로 심판이 진행되고 있는 법정 내에 미치지는 것이 원칙이지만, 법관이 법정 이외의 장소에서 직무를 행하는 경우에도 준용된다(동법 제63조).

(5) 불 복

검사, 피고인 또는 변호인은 재판장의 법정경찰권의 행사에 따른 처분에 대하여 이의신청을 할 수 있으며, 이의신청이 있는 때에는 법원은 결정을 하여야 한다(제304조). 다만, 재판장의 처분에 대한 이의신청은 '법령의 위반이 있는 경우'에만 허용된다(규칙 제136조, 기타 내용은 전술 참조).

그러나 방청인 등은 재판장의 처분에 대하여 이의신청을 할 수 없다. 다만, 전술한 것처럼 감치에 처한 재판에 대해서는 항고 및 특별항고를 할 수 있다(법조법 제61조 제5항).

제5절 공판기일의 절차

공판기일의 절차는 크게 모두절차, 사실심리절차, 판결선고절차로 나뉘어진다.

<공판절차의 흐름도>

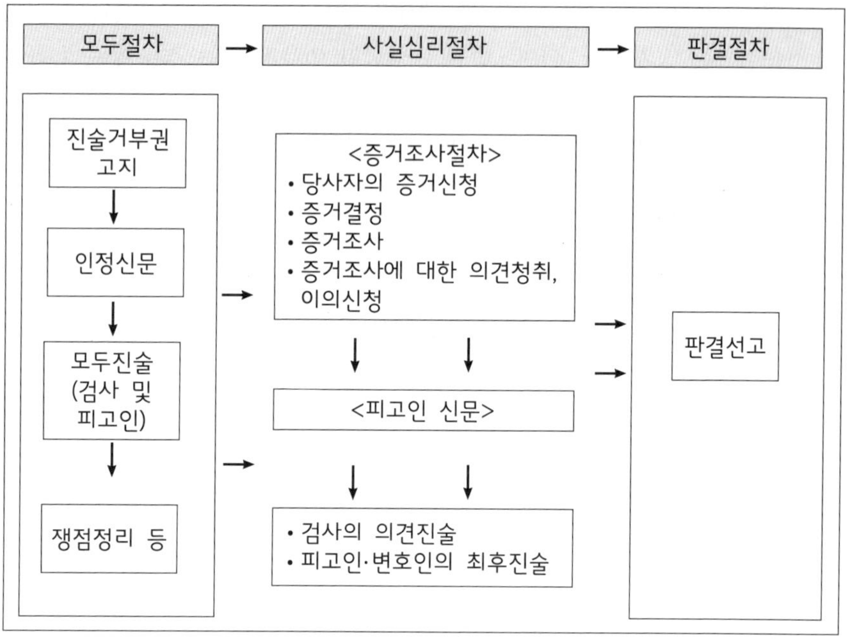

Ⅰ. 모두절차

모두절차는 피고인에 대한 진술거부권 고지 → 피고인 인정신문 → 검사의 모두진술(冒頭陳述)과 피고인 및 변호인의 모두진술 → 쟁점정리와 당사자들의 입증계획 등의 순서로 이루어진다.

1. 진술거부권의 고지

재판장은 인정신문에 앞서 피고인에게 진술을 하지 않거나 개개의 질문에 대하여 진술을 거부할 수 있고, 이익이 되는 사실을 진술할 수 있음을 알려 주어야 한다(제283조의2 제2항, 규칙 제127조).

2. 인정신문

재판장은 피고인의 성명, 연령, 등록기준지, 주거와 직업을 물어서 피고인임에 틀림없음을 확인하여야 한다(제284조). 이를 인정신문(人定訊問)이라고 한다.

재판장은 피고인에 대한 인정신문을 마친 뒤 피고인에 대하여 그 주소의 변동이 있을 때에는 이를 법원에 보고할 것을 명하고, 피고인의 소재가 확인되지 않는 때에는 그 진술 없이 재판할 경우가 있음을 경고하여야 한다(소송촉진규칙 제18조 제1항). 인정신문에 대하여도 진술거부권이 인정된다(다수설).

3. 검사의 모두진술

피고인의 인정신문 후 검사는 원칙적으로 공소장에 의하여 공소사실·죄명 및 적용법조를 낭독하여야 한다. 다만, 재판장이 필요하다고 인정하는 때에는 검사에게 공소의 요지를 진술하게 할 수 있다(제285조). 검사의 모두진술은 사건의 개요와 쟁점을 명백히 하여 피고인에게 방어 준비의 기회를 부여하고, 법원의 소송지휘가 효율적으로 이루어지도록 하기 위한 것이다. 따라서 제1심재판에서는 검사의 모두진술이 필수적인 절차로 규정되어 있지만 대부분 검사의 공소요지진술로 대신하고 있다.

그러나 항소심과 상고심에서는 검사의 모두진술을 요하지 않는다.

4. 피고인의 모두진술

피고인은 검사의 모두진술이 끝난 뒤에 공소사실의 인정 여부를 진술하여야 한다. 다만, 피고인이 진술거부권을 행사하는 경우에는 그 인정 여부를 진술할 필요가 없다(제286조 제1항). 피고인의 모두진술은 피고인의 의견을 확인하고 사건의 쟁점을 명확하게 하는 절차로서의 성격을 가진다. 따라서 재판장은 검사의 모두진술절차를 마친 뒤에 피고인에게 공소사실을 인정하는지 여부에 관하여 물어야 한다(규칙 제127조의2 제1항). 만일 피고인이 모두진술에서 공소사실에 대하여 모두 자백하면 법원은 해당 공소사실에 대하여 간이공판절차에 의하여 심판할 것을 결정할 수 있다(제286조의2).

한편, 피고인 또는 변호인은 모두진술에서 공소사실의 인정 여부를 진술한 후에 피고인에게 이익이 되는 사실 등을 진술할 수 있다(제286조 제2항, 규칙 제127조의2

제2항). '이익이 되는 사실'이란 범행동기, 피해자와의 합의 등 정상관계, 알리바이 주장, 진범이나 공범의 존재 등 피고인에게 유리한 내용이면 제한이 없다. 또한 피고인은 모두진술에서 관할이전의 신청(제15조), 기피신청(제18조), 국선변호인선정청구(제33조 제2항), 공판기일의 변경신청(제270조), 변론의 병합과 분리의 신청(제300조) 등을 할 수 있으며, 이 외에도 모두절차 이전에 행하여진 소송행위의 하자를 다툴 수 있다. 특히, 토지관할위반의 신청(제320조), 공소장부본의 송달에 관한 이의신청(제269조 제2항), 제1회 공판기일의 유예기간에 대한 이의신청(제269조)은 모두진술 시에 하여야 하며, 그렇지 않으면 절차상 하자가 치유되어 더 이상 다툴 수 없게 된다.

5. 쟁점정리 및 증거관계 등에 대한 진술

재판장은 피고인이 모두진술을 한 후에 피고인 또는 변호인에게 쟁점의 정리를 위하여 필요한 질문을 할 수 있다(제287조 제1항). 또한 재판장은 증거조사를 하기에 앞서 검사 및 변호인으로 하여금 공소사실 등의 증명과 관련된 주장 및 입증계획 등을 진술하게 할 수 있다(동조 제2항 본문). 이는 공판절차를 진행하기 전에 재판장이 사건의 쟁점을 명확히 하여 이후의 증거조사를 효율적으로 진행하기 위한 것이다. 그러나 이때 증거로 할 수 없거나 증거로 신청할 의사가 없는 자료에 기초하여 법원에 사건에 대한 예단 또는 편견을 발생하게 할 염려가 있는 사항은 진술할 수 없다(동항 단서).

Ⅱ. 사실심리절차

재판장의 쟁점정리 등의 절차가 끝나면 재판은 사실심리절차로 넘어간다. 사실심리절차는 증거조사 → 피고인신문 → 검사와 피고인 및 변호인의 의견진술의 순으로 이루어진다.

1. 증거조사

증거조사란 법원이 주체가 되어 인증, 서증, 물증 등, 각종 증거방법을 조사함으로써 사건의 실체를 파악해 나가는 소송행위를 말한다. 넓은 의미의 증거조사는 증거조사와 관련된 증거신청, 증거결정, 이의신청 등의 절차를 포함한다.

증거조사는 당사자 및 범죄피해자 등의 신청에 의한 것과 법원의 직권에 의한 것이 있다. 당사자신청에 의한 증거조사가 원칙이므로 법원은 당사자가 신청한 증거를 먼저 조사한 뒤 직권으로 결정한 증거를 조사하여야 하지만, 직권 또는 검사나 피고인·변호인의 신청에 따라 이 순서를 변경할 수 있다(제291조의2).

2. 피고인신문

공판절차에서 사실심리절차가 종료하고 난 뒤 검사, 변호인 및 재판장은 피고인을 신문할 수 있다(제296조의2 제1항).

(1) 의 의

피고인신문이란 피고인에 대하여 공소사실과 그 정상에 관한 필요한 사항을 신문하는 절차를 말한다. 이는 피고인의 증거방법으로서의 지위에 기초한 것이다. 다만, 형소법에서는 피고인에게 진술거부권을 인정하고(제283조의2 제1항), 피고인신문은 증인신문의 방법에 의하도록 규정함으로써 당사자로서의 지위가 과도하게 침해되지 않도록 하고 있다.

피고인신문은 검사에게는 피고인의 진술을 통하여 공소사실을 입증하는 절차인 반면, 피고인에게는 자신에게 유리한 사실을 주장하는 절차이다. 다만, 피고인신문은 임의절차(제296조의2 제1항 참조)이므로 검사와 변호인이 필요한 경우에 행하여진다. 피고인이 신문에 대하여 진술거부권을 행사하더라도 검사의 신문권이 배제되는 것은 아니다.

(2) 신문순서

검사 또는 변호인은 증거조사 종료 후에 순차로 피고인에게 공소사실 및 정상에 관해 필요한 사항을 신문할 수 있다. 다만, 재판장은 필요하다고 인정하는 때에는 증거조사가 완료되기 전이라도 이를 허가할 수 있다(제296조의2 제1항). 따라서 증거조사 도중에도 피고인신문을 할 수 있다. 또한 재판장은 필요하다고 인정하는 때에는 피고인을 직접 신문할 수 있다(동조 제2항).

피고인신문의 순서는 증인신문에 관한 사항이 준용된다(동조 제3항). 따라서 피고인신문은 교호신문의 방식으로 진행되므로, 피고인신문을 신청한 검사 또는 변호인이 먼저 신문하고 다음에 상대방이 신문한다(제161조의2 제1항). 재판장은 검사, 변호인의 신문이 끝난 후에 신문하는 것이 원칙이지만(동조 제2항), 필요하다고 인정하는 때에는 어느 때나 신문할 수 있으며, 그 순서를 변경할 수 있다(동조 제3항). 합의부원도 재판장에게 고하고 피고인을 신문할 수 있다(동조 제5항).

(3) 신문방법

피고인을 신문하는 때에는 피고인은 증인석에 좌석한다(제275조 제3항 단서). 피고인을 신문함에 있어서 그 진술을 강요하거나 답변을 유도하거나 그 밖에 위압적·모욕적 신문을 하여서는 아니 된다(규칙 제140조의2).

재판장은 피고인이 다른 피고인의 면전에서 충분한 진술을 할 수 없다고 인정한 때에는 그를 퇴정하게 하고 진술하게 할 수 있다(제297조 제1항). 이때 피고인의 진술이 종료한 때에는 퇴정한 다른 피고인을 입정하게 한 후 법원사무관 등으로 하여금 진술의 요지를 고지하게 하여야 한다(동조 제2항). 또한 재판장은 피고인이 법정에 재정한 특정인의 면전에서 충분히 진술을 할 수 없다고 인정할 때에는 그 사람을 퇴정하게 하고 진술하게 할 수 있다(규칙 제140조의3). 이는 피고인의 진술권을 충분히 보장하기 위한 것이다.

(4) 신뢰관계 있는 자의 동석

재판장 또는 법관은 피고인을 신문하는 경우 (i) 피고인이 신체적 또는 정신적 장애로 사물을 변별하거나 의사를 결정, 전달할 능력이 미약한 경우(제1호) 또는 (ii) 피고인의 연령, 성별, 국적 등의 사정을 고려하여 그 심리적 안정의 도모와 원활한 의사소통을 위하여 필요한 경우(제2호)에는 직권 또는 피고인, 법정대리인, 검사의 신청에 따라 피고인과 신뢰관계에 있는 자를 동석하게 할 수 있다(제276조의2). '피고인과 동석할 수 있는 신뢰관계에 있는 자'란 피고인의 배우자, 직계친족, 형제자매, 가족, 동거인, 고용주 그 밖에 피고인의 심리적 안정과 원활한 의사소통에 도움을 줄 수 있는 자를 말한다(규칙 제126조의2 제1항). 신뢰관계 있는 자의 동석 신청에는 동석하고자 하는 자와 피고인 사이의 관계, 동석이 필요한 사유 등을 밝혀야 한다(동조 제2항).

피고인과 동석한 신뢰관계에 있는 자는 재판의 진행을 방해하여서는 아니 되며, 재판장은 동석한 신뢰관계 있는 자가 부당하게 재판의 진행을 방해하는 때에는 동석을 중지시킬 수 있다(동조 제3항).

(5) 조서의 작성

피고인을 신문하는 때에는 신문에 참여한 법원사무관 등이 조서를 작성하여야 한다(제48조 제1항). 조서에는 피고인의 진술을 기재하여야 하며(동조 제2항), 피고인에게 그 권리를 보호함에 필요한 진술의 기회를 준 사실과 그 진술한 사실을 공판조서에 기재하여야 한다(제51조 제2항 제7호).

조서는 피고인에게 읽어 주거나 열람하게 하여 기재내용이 정확한지를 물어야 하며(제48조 제3항), 피고인이 조서에 대하여 추가, 삭제 또는 변경의 청구를 한 때에는 그 진술내용을 조서에 기재하여야 한다(동조 제4항). 신문에 참여한 검사, 피고인 또는 변호인이 조서 기재내용의 정확성에 대하여 이의(異議)를 진술한 때에는 그 진술의 요지를 조서에 기재하여야 하며(동조 제5항), 이때 재판장이나 신문한 법관은 그 진술에 대한 의견을 기재하게 할 수 있다(동조 제6항).

조서에는 피고인으로 하여금 간인한 후 서명날인하게 하여야 한다. 다만, 피고인이 서명날인을 거부한 때에는 그 사유를 기재하여야 한다(동조 제7항).

<참고> 피고인의 신상정보공개

1. 신상정보공개

검사는 공소제기 시까지 특정중대범죄사건이 아니었으나 재판과정에서 특정중대범죄사건으로 공소사실이 변경된 사건의 피고인으로서 피의자 신상정보공개요건(중대범죄신상공개법 제4조 제1항)을 모두 갖춘 피고인에 대하여 피고인의 현재지 또는 최후 거주지를 관할하는 법원에 신상정보의 공개를 청구할 수 있다. 다만, 피고인이 미성년자인 경우는 제외한다(동법 제5조 제1항). 이 청구는 해당 특정중대범죄 피고사건의 항소심 변론종결 시까지 하여야 하며(동조 제2항), 이 청구에 관하여는 해당 특정중대범죄 피고사건을 심리하는 재판부가 이닌 별도의 재판부에서 결정한다(동조 제2항).

한편, 청구를 받은 법원은 피고인의 신상정보공개 여부를 결정하기 위하여 필요하다고 인정하는 때에는 검사, 피고인, 그 밖의 참고인으로부터 의견을 들을 수 있으며(동조 제3항), 청구의 허부에 관한 결정을 하여야 한다(동조 제4항). 이 결정에 대하여는 즉시항고를 할 수 있다(동조 제5항). 법원의 신상정보공개 결정은 검사가 집행하고, 이에 대하여는 피의자 신상정보에 관한 규정(동법 제4조 제4항·제5항·제8항·제9항)을 준용한다(동조 제6항).

2. 피고인에 대한 보상

중대범죄신상공개법에 따라 신상정보가 공개된 피고인이 해당 특정중대범죄에 대하여 무죄재판을 받아 확정되었을 때에는 형사보상법에 따른 형사보상과 별

> 도로 국가에 대하여 신상정보의 공개에 따른 보상을 청구할 수 있다(동법 제7조 제1항). 그러나 (i) 「형법」 제9조 및 제10조 제1항의 사유로 무죄재판을 받은 경우(제1호), (ii) 본인이 수사 또는 심판을 그르칠 목적으로 거짓 자백을 하거나 다른 유죄의 증거를 만듦으로써 기소, 신상정보공개, 또는 유죄재판을 받게 된 것으로 인정된 경우(제2호), (iii) 수개의 특정중대범죄로 인하여 신상정보가 공개된 피고인이 1개의 재판으로 경합범의 일부인 특정중대범죄에 대하여 무죄재판을 받고 다른 특정중대범죄에 대하여 유죄재판을 받은 경우(제3호)에는 법원은 재량으로 보상청구의 전부 또는 일부를 기각할 수 있다(동조 제2항). 보상을 할 때에는 1천만원 이내에서 모든 사정을 고려하여 법원이 타당하다고 인정하는 금액을 보상한다. 이 경우 신상공개로 인하여 발생한 재산상의 손실액이 증명되었을 때에는 그 손실액도 보상한다(동조 제3항). 이 보상에 관하여는 특별한 규정이 있는 경우를 제외하고는 그 성질에 반하지 아니하는 범위에서 형사보상법을 준용한다(동조 제4항).

3. 최종변론

증거조사와 피고인신문 후 검사의 의견진술과 피고인 및 변호인의 최후진술이 행하여진다. 이때 재판장은 필요하다고 인정하는 경우 이들의 본질적인 권리를 해하지 않는 범위 내에서 의견진술의 시간을 제한할 수 있다(규칙 제145조).

(1) 검사의 의견진술

증거조사와 피고인신문이 종료된 후 검사는 사실과 법률적용에 관하여 의견을 진술하여야 한다(제302조 본문). 이를 검사의 논고(論告)라고 하며, 특히 양형에 관한 검사의 의견을 구형(求刑)이라고 한다. 다만, 검사의 구형은 권고적 의미가 있음에 지나지 않으므로 법원의 검사의 구형보다 중한 형을 선고하더라도 불고불리의 원칙에 반하는 것은 아니다(2010도7404).

검사가 출석하지 않고 개정한 경우에는 공소장의 기재에 의하여 검사의 의견진술이 있는 것으로 간주된다(동조 단서). 검사에게 의견진술의 기회를 부여하면 되고, 반드시 검사의 의견진술이 있을 것은 요하지 않는다(2001도5225).

(2) 피고인과 변호인의 최후진술

재판장은 검사의 의견을 들은 후 피고인과 변호인에게 최종의 의견을 진술할 기회를 주어야 한다(제303조). 통상적으로는 변호인의 최후변론 후에 피고인의 진술이 행하여진다. 이때 의견진술의 기회는 피고인과 변호인 모두에게 주어져야 하므로 어느 한 사람에게 최후진술의 기회를 주지 아니한 채 변론을 종결하고 판결을 선고하는 것은 '소송절차의 법령위반'에 해당한다(2018도327).

그러나 필요적 변호사건이 아닌 경우 변호인이 공판기일통지서를 전달받고서도 출석하지 않았다면 변호인 없이 변론을 종결하더라도 위법이 아니다(77도835). 또한 필요적 변호사건의 경우에도 피고인이 재판거부의사를 표하고, 변호인도 이에 동조하여 퇴정한 경우에는 변호인의 최후진술 없이 심리·판결할 수 있다(91도865).

(3) 변론의 종결

피고인과 변호인의 최후진술이 끝나면 피고사건에 대한 변론이 종결된다. 이를 결심(結審)이라고 한다. 다만, 법원은 필요하다고 인정한 때에는 직권 또는 검사, 피고인이나 변호인의 신청에 의하여 결정으로 종결한 변론을 재개할 수 있다(제305조). 변론의 재개 여부는 법원의 재량에 속한다(2014도1414).

Ⅲ. 판결선고절차

사실심리절차가 끝나면 법원의 선고가 있게 된다.

1. 판결선고기일

판결의 선고는 변론을 종결한 기일에 하여야 한다. 다만, 특별한 사정이 있는 때에는 따로 선고기일을 지정할 수 있다(제318조의4 제1항). 이때 판결선고기일은 변론종결 후 14일 이내로 지정하여야 한다(동조 제3항).

2. 피고인의 출석

판결선고기일에는 원칙적으로 피고인이 출석하여야 한다. 다만, 피고인이 재판장의 허가 없이 퇴정하거나 퇴정명령을 받은 때에는 피고인의 출석 없이 판결할 수 있다(제330조). 피고인의 출석 없이 개정할 수 있는 경우에도 같다.

그러나 판결선고기일에는 검사의 출석을 요하지 않으며(제278조), 변호인의 출석도 요하지 않고 이는 필요적 변호사건의 경우도 마찬가지이다(제282조 단서).

3. 판결선고방식

판결선고는 원칙적으로 공판정에서 법관이 작성한 판결서에 의하여야 한다(제42조 본문). 다만, 변론을 종결한 기일에 판결을 선고하는 경우에는 판결의 선고 후에 판결서를 작성할 수 있다(제318조의4 제2항). 이때 선고 후 5일 이내에 판결서를 작성하여야 한다(규칙 제146조).

판결선고는 재판장이 하며, 주문을 낭독하고 이유의 요지를 설명하여야 한다(제43조). 다만, 재판장은 판결을 선고할 때 피고인에게 이유의 요지를 말이나 판결서등본 또는 판결서초본의 교부 등 적절한 방법으로 설명하며(규칙 제147조 제1항), 판결을 선고하면서 피고인에게 적절한 훈계를 할 수 있다(동조 제2항). 판결을 선고한 사실은 공판조서에 기재하여야 한다(제51조 제2항 제14호).

한편, 형을 선고하는 경우에 재판장은 피고인에게 상소할 기간과 상소할 법원을 고지하여야 한다(제324조).

4. 판결선고 후의 절차

법원은 피고인에 대하여 판결을 선고한 때에는 선고일부터 7일 이내에 피고인에게 그 판결서등본을 송달하여야 한다. 다만, 피고인이 동의하는 경우에는 그 판결서초본을 송달할 수 있다(규칙 제148조 제1항). 하지만 불구속피고인과 무죄, 면소, 형의 면제, 형의 선고유예, 형의 집행유예, 공소기각 또는 벌금이나 과료를 과하는 판결의 선고에 의하여 구속영장의 효력이 상실된 구속피고인에 대하여는 피고인이 송달을 신청하는 경우에 한하여 판결서등본 또는 판결서초본을 송달한다(동조 제2항).

한편, 판결선고 후 법원은 소송기록이 상소법원에 도달하기 전까지는 상소기간 중 또는 상소 중의 사건에 관한 피고인의 구속, 구속기간갱신, 구속취소, 보석, 보석취소, 구속집행정지와 그 정지의 취소에 대한 결정을 하여야 한다(제105조, 규칙 제57조 제1항).

제6절 증거조사

Ⅰ. 증거조사의 의의와 범위

1. 의 의

증거조사란 법원이 주체가 되어 사실인정과 양형에 관한 심증을 얻기 위하여 인증, 서증, 물증 등, 각종 증거방법을 조사함으로써 사건의 실체를 파악해 나가는 소송행위를 말한다. 넓은 의미로는 증거조사의 시행과 관련된 증거신청, 증거결정, 이의신청 등의 절차를 모두 포함한다. 사실심리절차는 증거조사에 의하여 시작된다.

증거조사는 공판절차에 있어서 핵심적인 절차로서, 법원의 심증형성을 위한 것이지만 당사자에게는 증거의 내용을 알게 하여 공격과 방어의 기회를 제공하는 역할을 한다. 하지만 증거조사는 증인에게 출석의무, 선서의무 및 증언의무를 부과하고, 검증의 경우에는 상대방에게 수인의무를 부과할 뿐만 아니라 일정한 경우에는 실력행사를 허용하는 등, 그 대상에 대하여 작위의무나 수인의무를 부과한다는 점에서 강제처분의 성격을 띤다. 따라서 범죄사실의 인정을 위한 증거조사는 특별한 사정이 없는 한 공개된 법정에서 법률이 그 증거방법에 따라 정한 방식으로 하여야 하고, 이를 토대로 형성된 심증에 따라 공소가 제기된 범죄사실이 합리적인 의심이 없는 정도로 증명되었는지 여부를 판단하여야 한다(2011도11115).[42)]

2. 범 위

(1) 주 체

증거조사의 주체는 법원이다. 검사와 피고인이 증인을 신문하는 경우에도 증거조사의 주체는 법원이다. 따라서 수사기관이 행하는 증거수집이나 검증은 증거조사에 해당하지 않는다.

---

42) 판례는 형소법에서 정한 절차와 방식에 따른 증인신문절차를 거치지 아니한 채 증인에 대하여 법관이 임의의 방법으로 해외에 체류 중인 사람에 대하여 선서 없이 인터넷 화상장치로 청취한 진술과 그 진술의 형식적 변형에 불과한 증거(녹음파일 등)는 적법한 증거조사 절차를 거치지 않은 증거로서 증거능력이 없다고 하였다(2020도14843).

수명법관이나 수탁판사에 의한 증거조사(제167조, 제177조 등), 증거보전절차(제184조)나 증인신문청구(제221조의2)에서의 증거조사 등 수소법원 이외의 법관이 공판기일이나 공판정 외에서 증거조사를 한 경우에는 그 결과를 기재한 서면이나 증거를 수소법원에 제출하여 증거조사를 거쳐야 해당 사건의 증거로 사용할 수 있다.

(2) 대 상

증거조사의 대상이 되는 증거는 엄격한 증명을 요하는 증거뿐만 아니라 자유로운 증명으로 충분한 증거를 포함한다. 다만, 엄격한 증명의 대상이 되는 증거는 증거능력이 인정되는 경우에 한하여 증거조사의 대상이 되며, 증거조사도 법에서 정한 절차와 방식에 따라 이루어져야 한다. 반면에 자유로운 증명의 대상이 되는 증거는 증거능력을 요하지 아니하며, 법원이 상당하다고 인정하는 방법으로 증거조사를 하면 된다.

(3) 장 소

증거조사는 원칙적으로 공판기일에 공판정에서 직접 행하는 것이 원칙이다. 그러나 증인의 연령, 직업, 건강상태 기타의 사정을 고려하여 법정 외 또는 현재지에서 증인신문(제165조)을 하는 경우도 있고, 법원이 범행현장에서 검증을 하고 검증조서를 작성한 뒤 공판기일에 그 서면을 조사하는 방식으로 하는 경우도 있다.

<참고> 증거목록 작성

법원에서는 형사공판조서의 내용 중 증거조사부분을 분리하여 목록화함으로써 증거조사의 내용을 일목요연하게 파악할 수 있도록 증거목록을 작성하도록 하고 있다(형사공판조서 중 증거조사부분의 목록화에 관한 예규(재형 2003-2) 제1조).

증거목록은 검사, 피고인, 직권 및 피해자(또는 배상신청인) 분으로 구분하여 별개의 용지를 사용한다. 피고인이 다수인 때에는 별개의 증거목록 용지를 사용하지 아니하고, 비고란에 제출 피고인을 표시한다(동예규 제2조 제1항). 증거목록은 형사소송기록 중 구속에 관한 서류의 목록 다음에 편철하되, 검사 증거서류 등 목록, 검사 증인 등 목록, 피고인 증거서류 등 목록, 피고인 증인 등 목록, 직권 증거서류 등 목록, 직권 증인 등 목록, 피해자(또는 배상신청인) 증거서류 등 목록, 피해자(또는 배상신청인) 증인 등 목록 순으로 편철한다(동조 제2항).

Ⅱ. 증거조사의 절차

1. 조사의 순서

법원은 당사자, 즉 검사가 신청한 증거를 조사한 후 피고인 또는 변호인이 신청한 증거를 조사하고(제291조의2 제1항), 그 후 직권으로 결정한 증거를 조사하여야 한다(동조 제2항). 다만, 법원은 직권 또는 검사나 피고인·변호인의 신청에 따라 그 순서를 변경할 수 있다(동조 제3항).

그러나 제312조 및 제313조에 따라 증거로 할 수 있는 피고인 또는 피고인 아닌 자의 진술을 기재한 조서 또는 서류가 피고인의 자백진술을 내용으로 하는 경우에는 범죄사실에 관한 다른 증거를 조사한 후에 이를 조사하여야 한다(규칙 제135조). 이는 피고인의 자백진술을 먼저 조사하게 될 경우에 법관이 예단을 가질 수 있고, 피고인의 방어권행사에 불이익을 초래할 수 있다는 점을 고려한 것이다.

2. 당사자의 신청에 의한 증거조사

(1) 신청주체

검사, 피고인 또는 변호인은 서류나 물건을 증거로 제출할 수 있고, 증인·감정인·통역인 또는 번역인의 신문을 신청할 수 있다(제294조).

또한 범죄로 인한 피해자 또는 그 법정대리인(피해자가 사망한 경우에는 배우자·직계친족·형제자매를 포함한다)도 일정한 조건하에 자신에 대한 증인신문을 신청할 수 있다(제294조의2[43]). 이는 헌법상 보장된 피해자진술권(제27조 제5항[44])을 실현하기 위한 것이다.

---

43) 제294조의2(피해자등의 진술권) ① 법원은 범죄로 인한 피해자 또는 그 법정대리인(피해자가 사망한 경우에는 배우자·직계친족·형제자매를 포함한다. 이하 이 조에서 "피해자 등"이라 한다)의 신청이 있는 때에는 그 피해자 등을 증인으로 신문하여야 한다. 다만, 다음 각 호의 어느 하나에 해당하는 경우에는 그러하지 아니하다. 1. 삭제, 2. 피해자 등 이미 당해 사건에 관하여 공판절차에서 충분히 진술하여 다시 진술할 필요가 없다고 인정되는 경우, 3. 피해자 등의 진술로 인하여 공판절차가 현저하게 지연될 우려가 있는 경우

② 법원은 제1항에 따라 피해자 등을 신문하는 경우 피해의 정도 및 결과, 피고인의 처벌에 관한 의견, 그 밖에 당해 사건에 관한 의견을 진술할 기회를 주어야 한다.

44) 헌법 제27조 ⑤ 형사피해자는 법률이 정하는 바에 의하여 당해 사건의 재판절차에서 진술할 수 있다.

(2) 신청의 시기와 순서

증거조사를 신청하는 시기에는 별도의 제한이 없다. 원칙적으로 재판장의 쟁점정리가 끝난 후 신청하는 것이 보통이지만 공판기일 전의 증거신청도 허용된다(제273조). 다만, 법원은 검사, 피고인 등이 증거신청을 뒤늦게 함으로써 공판의 완결을 지연하는 것으로 인정하는 때에는 직권 또는 상대방의 신청에 따라 결정으로 이를 각하할 수 있다(제294조 제2항).

증거신청은 검사 먼저 한 후에 피고인 또는 변호인이 한다(규칙 제133조). 이는 검사가 공소제기자로서 거증책임을 부담하고 있는 것에 따른 것이다.

(3) 신청방법

1) 방 식

증거신청은 서면 또는 구술로 할 수 있다(규칙 제176조[45]). 다만, 법원은 필요하다고 인정할 때에는 증거신청을 한 자에게 신문할 증인, 감정인, 통역인 또는 번역인의 성명, 주소, 서류나 물건의 표목 및 증거와 증명하고자 하는 사실과의 관계, 보강증거 또는 정상에 관한 증거라는 취지, 서류나 물건의 일부를 증거로 할 부분의 특정에 관한 사항을 기재한 서면의 제출을 명할 수 있다(규칙 제132조의2 제4항).

검사·피고인 또는 변호인은 특별한 사정이 없는 한 필요한 증거를 일괄하여 신청하여야 한다(규칙 제132조). 다만, 검사가 신청한 증거 중에서 피고인이나 변호인이 동의하지 않은 전문증거라도 (제311조부터 제315조까지 또는 제318조에 의해) 증거로 할 수 있는 서류나 물건이 수사기록의 일부인 때에는 검사는 이를 특정하여 개별적으로 제출함으로써 그 조사를 신청하여야 한다. 수사기록의 일부인 서류나 물건을 자백에 대한 보강증거나 피고인의 정상에 관한 증거로 낼 경우 또는 공판기일 전에 서류나 물건을 증거로 제출할 경우에도 이와 같다(규칙 제132조의3 제1항).

2) 증거방법의 특정

증거조사를 신청함에 있어서는 신청의 대상인 증거물을 특정하여야 한다. 따라서 증인신문을 신청할 경우에는 증인의 성명과 주소를 특정하여야 한다(규칙 제132조의2 제1항 참조). 다만, 추완을 조건으로 하는 증거신청, 법원에 인선을 허용하는 증거신청, 복수의 증거에 대한 택일적인 증거신청 등도 허용된다.

---

45) 규칙 제176조(신청 기타 진술의 방식) ① 법원 또는 판사에 대한 신청 기타 진술은 법 및 이 규칙에 다른 규정이 없으면 서면 또는 구술로 할 수 있다.

서류나 물건의 일부에 대한 증거신청을 함에 있어서는 증거로 할 부분을 특정하여 명시하여야 한다(동조 제3항). 이를 증거분리제출제도라고 한다. 따라서 수사기관이 작성한 수사보고에 문서가 첨부되어 있는 경우에는 수사보고와 첨부문서의 내용을 정확하게 확인하여 증거를 특정하여야 한다(2011도3809).

3) 입증취지의 명시

검사, 피고인 또는 변호인이 증거신청을 함에 있어서는 그 증거와 증명하고자 하는 사실과의 관계, 즉 입증취지를 구체적으로 명시하여야 한다(규칙 제132조의2 제1항). 이 입증취지는 법원이 증거결정을 하는 데 있어서 뿐만 아니라 상대방의 방어권행사에도 도움이 된다. 피고인의 자백을 보강하는 증거나 정상에 관한 증거는 보강증거 또는 정상에 관한 증거라는 취지를 특히 명시하여 그 조사를 신청하여야 한다(동조 제2항).

증거제출에 있어서도 상대방에게 이에 대한 공격·방어의 수단을 강구할 기회를 사전에 부여하여야 한다는 점에서 그 증거와 증명하고자 하는 사실과의 관계 및 입증취지 등을 미리 구체적으로 명시하여야 하므로, 증명력을 다투고자 하는 증거의 어느 부분에 의하여 진술의 어느 부분을 다투려고 한다는 것을 사전에 상대방에게 알려야 한다(2005도2617).

4) 영상녹화물의 조사신청

검사는 피고인이 된 피의자의 진술을 영상녹화한 사건에서 피고인이 그 조서에 기재된 내용이 피고인이 진술한 내용과 동일하게 기재되어 있음을 인정하지 아니하는 경우 그 부분의 성립의 진정을 증명하기 위하여 영상녹화물의 조사를 신청할 수 있다(규칙 제134조의2 제1항). 이때의 영상녹화물은 조사가 개시된 시점부터 조사가 종료되어 피의자가 조서에 기명날인 또는 서명을 마치는 시점까지 전과정이 영상녹화된 것이어야 하고(동조 제3항[46]), 조사가 행하여지는 동안 조사실 전체를 확인할 수 있도록 녹화된 것으로 진술자의 얼굴을 식별할 수 있는 것이어야 한다(동조 제4항). 또한 영상녹화물의 재생 화면에는 녹화 당시의 날짜와 시간이 실시간으로 표시되어야 한다(동조 제5항).

46) 이 영상녹화물의 내용에는 (i) 피의자의 신문이 영상녹화되고 있다는 취지의 고지(제1호), (ii) 영상녹화를 시작하고 마친 시각 및 장소의 고지(제2호), (iii) 신문하는 검사와 참여한 자의 성명과 직급의 고지(제3호), (iv) 진술거부권·변호인의 참여를 요청할 수 있다는 점 등의 고지(제4호), (v) 조사를 중단·재개하는 경우 중단 이유와 중단 시각, 중단 후 재개하는 시각(제5호), (vi) 조사를 종료하는 시각(제6호)이 포함되어 있어야 한다(동조 제3항).

또한 검사는 피의자가 아닌 자가 공판준비 또는 공판기일에서 조서가 자신이 검사 또는 사법경찰관 앞에서 진술한 내용과 동일하게 기재되어 있음을 인정하지 아니하는 경우 그 부분의 성립의 진정을 증명하기 위하여 영상녹화물의 조사를 신청할 수 있다(규칙 제134조의3 제1항). 검사가 이 영상녹화물의 조사를 신청하는 때에는 피의자가 아닌 자가 영상녹화에 동의하였다는 취지로 기재하고 기명날인 또는 서명한 서면을 첨부하여야 한다(동조 제2항). 이 외의 사항에 관하여는 피의자진술 영상녹화물에 관한 규정(규칙 제134조의2 제3항 제1호부터 제3호, 제5호, 제6호, 제4항, 제5항)을 준용한다.

(4) 신청의 철회

증거조사를 신청한 자는 증거채택이 결정된 후에도 증거조사가 실시되기 전까지는 그 신청을 철회할 수 있다. 범죄피해자 등이 증거신청을 한 경우도 마찬가지이다. 신청인이 법원의 증인신문을 위한 출석통지를 받고도 정당한 이유 없이 출석하지 아니한 때에는 그 신청을 철회한 것으로 본다(제294조의2 제4항).

3. 법원의 직권에 의한 증거조사

(1) 의 의

당사자의 증거신청이 없더라도 법원은 직권으로 증거조사를 할 수 있다(제295조 후단). 법원에 의한 직권증거조사를 인정하는 것은 법원은 사건의 실체적 진실을 밝힐 의무가 있으므로 피고인의 입증활동이 불충분하거나 불분명할 때 이를 보충하도록 하기 위한 것이다. 따라서 법원의 직권에 의한 증거조사는 당사자들이 신청한 증거를 먼저 조사한 후에 실시하여야 한다(제291조의2 제2항). 다만, 법원은 당사자의 입증활동이 불충분한 경우라도 바로 직권조사를 할 것이 아니라 먼저 당사자에게 석명권을 행사하여 입증을 촉구하고, 그래도 미흡할 경우에 한해 직권에 의한 증거조사를 하여야 한다.

(2) 성 격

법원의 직권에 의한 증거조사는 실체적 진실의 발견과 공정한 재판의 이념에서 비롯되는 법원의 권리이자 책무이다. 따라서 법원은 피고인에게 불리한 증거뿐만 아니라 유리한 증거도 직권으로 조사하여야 하며, 법원이 직권에 의한 증거조사의 책무를 다하지 아니한 경우에는 심리미진의 위법이 되므로 상대적 항소이유(제361조의5 제1호)와 상고이유(제383조 제1호)가 된다(90도2205).

4. 법원의 증거결정

(1) 의 의

증거결정이란 검사, 피고인 또는 변호인, 범죄피해자 등의 증거신청이나 법원의 직권에 의해 수집한 증거에 대하여 법원이 증거조사의 실시 여부를 결정하는 것을 말한다. 증거결정은 증거조사의 전제조건이 된다. 검사, 피고인 또는 변호인, 범죄피해자 등이 증거신청을 하면 법원은 해당 증거를 채택하여 증거조사를 할 것인지 여부를 결정하여야 한다(제295조). 일반적으로 소송지휘권은 재판장에게 있지만 증거채택 여부는 사실인정에 있어서 중요한 사항이므로 증거결정은 법원이 하도록 하고 있다.

증거결정에는 증거채택결정, 기각 또는 각하결정, 직권결정이 있다.

(2) 성 격

증거결정의 법적 성격에 대하여는 ① 법원의 소송지휘권에 근거한 것이므로 법원의 재량에 속한다고 하는 견해(자유재량설)가 있다. 그러나 ② 피고인의 방어권 보장과 공정한 재판의 실현이라는 관점에서 보면 법원의 증거결정은 심증형성의 경우와 같이 귀속재량에 속하며, 따라서 법원의 증거결정은 일정한 기준에 의해 합리적으로 결정되어야 한다(기속재량설, 다수설).

판례는 "증거신청의 채택 여부는 법원의 재량으로서 법원이 필요하지 아니하다고 인정할 때에는 이를 조사하지 아니할 수 있는 것이고, 법원이 적법하게 공판의 심리를 종결한 뒤에 피고인이 증인신청을 하였다 하여 반드시 공판의 심리를 재개하여 증인신문을 하여야 하는 것은 아니다"라고 하면서, 법원이 적법하게 공판의 심리를 종결한 후에 피고인의 증인신청이 있었다고 하여 법원이 반드시 공판을 재개하여 증인신문을 하여야 하는 것은 아니라고 한다(2015도16586).

(3) 절 차

1) 임의적 의견진술

법원은 증거결정을 함에 있어서 필요하다고 인정할 때에는 그 증거에 대한 검사, 피고인 또는 변호인의 의견을 들을 수 있다(규칙 제134조 제1항). 이를 임의적 의견진술이라고 한다. 당사자의 신청에 의한 경우뿐만 아니라 법원의 직권에 의한 경우도 마찬가지이다.

2) 필요적 의견진술

법원은 서류 또는 물건이 증거로 제출된 경우에 이에 관한 증거결정을 함에 있어서는 제출한 자로 하여금 그 서류 또는 물건을 상대방에게 제시하게 하여 상대방으로 하여금 그 서류 또는 물건의 증거능력 유·무에 관한 의견을 진술하게 하게 하여야 한다. 이를 필요적 의견진술이라고 한다.[47] 다만, 간이공판절차에서 동의가 있는 것으로 간주되는 경우에는 그러하지 아니하다(동조 제2항).

또한 법원은 검사가 영상녹화물의 조사를 신청한 경우 이에 관한 결정을 함에 있어 원진술자와 함께 피고인 또는 변호인으로 하여금 그 영상녹화물이 적법한 절차와 방식에 따라 작성되어 봉인된 것인지 여부에 관한 의견을 진술하게 하여야 한다(규칙 제134조의4 제1항).

(4) 법원의 결정

1) 채택결정과 직권결정

법원은 당사자가 신청한 증거가 명백히 불합리한 경우가 아니면 원칙적으로 증거채택결정을 하여야 한다. 또한 법원은 증거조사가 필요하다고 판단되는 때에는 직권으로 증거결정을 할 수 있다(제295조).

2) 기각결정

법원은 다음의 경우에는 당사자의 증거신청을 기각할 수 있다.

(i) 신청방식이 법령에 위반한 경우이다. 신청자가 증거신청을 함에 있어서 입증취지를 구체적으로 명시하지 않거나 서류나 물건의 일부에 대한 증거신청을 함에 있어서 증거로 할 부분을 특정하지 않는 경우, 법원의 서면제출의 요구에 따르지 않는 경우 등 법령(규칙 제132조의2)에 위반한 경우에는 증거신청을 기각할 수 있다(규칙 제132조의2 제5항). 다만, 이때 법원은 보정을 명하거나 직권으로 증

---

47) 만일 피고인 또는 변호인이 검사작성의 피고인에 대한 피의자신문조서에 기재된 내용이 피고인이 진술한 내용과 다르다고 진술할 경우, 피고인 또는 변호인은 해당 조서 중 피고인이 진술한 부분과 같게 기재되어 있는 부분과 다르게 기재되어 있는 부분을 구체적으로 특정하여야 한다(규칙 제134조 제3항).

거조사를 할 수 있으며, 신청자는 기각결정에 대하여 위반된 부분을 보정하여 다시 증거조사를 신청할 수 있다.

(ii) 증거능력이 없는 증거를 신청한 경우이다. 법원은 증거신청이 된 서류 또는 물건이 위법수집증거이거나 피고인이 자신에 대한 수사기관의 피의자신문조서에 대하여 내용을 부인하고 있어서 증거능력이 인정되지 아니한 경우에는 증거신청을 기각하여야 한다.

(iii) 증거조사의 가능성이나 필요성이 없는 경우이다. 즉, i) 신청한 증인이 사망하거나 외국으로 출국하여 소재가 불명한 경우 등 증거조사가 사실상 불가능한 경우, ii) 법원이 증거조사를 통해 충분히 심증을 형성한 사실에 관해 중복하여 증거신청을 한 경우, iii) 신청된 증거가 요증사실과 관련성이 인정되지 않는 경우, 증거조사의 내용이 미미하여 사실상 요증사실의 입증에 영향을 미치지 않는 경우, iv) 공지의 사실과 같이 증거조사를 요하지 않는 내용과 관련된 증거신청을 한 경우에는 증거신청을 기각하여야 한다.

이 외에도 (iv) 법원은 범죄피해자 등에 의한 증인신문신청의 경우에 i) 피해자 등 이미 해당 사건에 관해 공판절차에서 충분히 진술하여 다시 진술할 필요가 없다고 인정되는 경우(제2호) 또는 ii) 피해자 등의 진술로 인하여 공판절차가 현저하게 지연될 우려가 있는 경우(제3호)에는 이를 기각할 수 있다(제294조의2 제1항).

3) 각하결정

법원은 검사, 피고인 또는 변호인이 고의로 증거를 뒤늦게 신청함으로써 공판의 완결을 지연하는 것으로 인정할 때에는 직권 또는 상대방의 신청에 따라 결정으로 이를 각하할 수 있다(제294조 제2항).

이 외에도 공판준비기일에서 신청하지 못한 증거는 (i) 그 신청으로 인하여 소송을 현저히 지연시키지 아니하는 때(제1호) 또는 (ii) 중대한 과실 없이 공판준비기일에 제출하지 못하는 등 부득이한 사유를 소명한 때(제2호)를 제외하고는 공판기일에 증거를 신청할 수 없으므로(제266조의13 참조) 이때에도 각하대상이 될 수 있다.[48)]

48) 법원이 증거신청을 기각·각하하거나 그 결정을 보류한 경우 신청인으로부터 해당 증거서류나 증거물을 제출받아서는 아니 된다(규칙 제134조 제4항).

(5) 증거결정에 대한 불복

법원의 증거결정은 '판결 전의 소송절차에 관한 결정'이므로, 이에 대한 항고는 허용되지 아니하며(제403조 제1항 참조), '법령의 위반이 있는 경우'에 한하여 이의신청을 할 수 있다(규칙 제135조의2 단서). 다만, 법원의 증거채택 여부에 관한 결정으로 인해 사실을 오인한 경우에는 '판결에 영향을 미친 법령위반'(제361조의5 제1호, 제383조 제1호)에 해당하므로 판결 자체에 대한 상소가 허용된다(90도646).

(6) 증거결정의 취소

법원은 증거결정 후라도 증거조사가 완료되기 전에는 증거결정을 취소할 수 있다.[49] 또한 법원은 증거신청을 한 자가 신청을 철회한 경우에는 증거결정을 취소하여야 한다. 다만, 법원은 증거조사를 신청한 자가 철회한 경우에도 직권으로 증거조사를 할 수 있으며, 이미 철회된 증거라도 증거의 채부는 법원의 직권에 속하는 것이므로 직권으로 증거조사를 할 수 있다(82도3216).

법원의 증거결정에 대한 당사자의 이의신청이 이유 있다고 인정되는 경우에도 법원은 이를 취소하여야 한다(규칙 제139조 제3항 참조).

Ⅲ. 증거조사방법

형소법은 증거조사의 구체적인 방법으로 서류와 물건에 대하여는 제2편 제3장의 공판절차에서 규정하고 있고(제291조 이하), 검증, 증인신문, 감정, 통역과 번역 등에 대하여는 제1편 제11장부터 제14장에서 각각 규정하고 있다.

증거조사의 대상이 되는 서류나 물건에는 소송관계인이 공판기일에 증거로 제출하였거나(제294조) 공판기일 전에 증거로 제출한 서류나 물건(제274조), 공무소나 공사단체에 조회하거나 보관서류의 송부를 요구한 결과 법원에 송부되어 온 회보문서나 송부문서(제272조), 공판기일 전의 피고인신문, 증인신문, 검증, 감정, 번역 등 절차에 의하여 법원이 작성한 신문조서나 검증조서, 감정인 등이 제출한 감

49) 다만, 판례는 "다른 증거나 증인의 진술에 비추어 굳이 추가 증거조사를 할 필요가 없다는 등 특별한 사정이 없고, 소재탐지나 구인장발부가 불가능한 것이 아님에도 불구하고, 불출석한 핵심증인에 대하여 소재탐지나 구인장발부 없이 증인채택결정을 취소하는 것은 법원의 재량을 벗어나는 것으로서 위법하다"(2020도2623)고 하였다.

정서나 번역서 등(제273조), 증거보전을 위해 작성된 증인신문조서나 검증조서 및 감정서(제184조), 증인신문청구에 의해 작성된 증인신문조서(제221조의2) 등이 있다. 이 외에 도면·사진·녹음테이프·비디오테이프·컴퓨터용 디스크, 그 밖에 정보를 담기 위하여 만들어진 물건으로서 문서가 아닌 증거가 있다(제292조의3).

1. 증거물에 대한 조사

(1) 증거대상에 대한 지시설명

소송관계인이 증거로 제출한 서류나 물건, 공무소 등의 조회(제272조)나 공판기일 전의 증거조사(제273조)에 의하여 작성 또는 송부된 서류는 검사, 변호인 또는 피고인이 공판정에서 개별적으로 지시설명하여 조사하여야 한다(제291조 제1항). '지시설명'은 증거조사대상을 명확히 하기 위한 것이므로 서류나 물건의 표목(標目)을 특정하여 증거별로 하여야 하고, 개별적이고 구제적이어야 한다.

'지시설명'의 주체는 서류나 물건을 증거로 신청한 검사, 변호인 또는 피고인이다. 만일 이들이 지시설명을 하지 않거나 재판장이 직권으로 이들 서류나 물건을 공판정에서 조사하는 경우에는 재판장이 지시설명하여야 한다(동조 제2항).

(2) 증거서류

증거서류란 서류 자체의 존재나 형상이 아닌 서류에 기재된 내용이 증거로 되는 보고적 문서를 말한다. 검사, 피고인 또는 변호인의 신청에 따라 증거서류를 조사하는 경우에는 신청인이 이를 낭독하며(제292조 제1항), 법원이 직권으로 증거서류를 조사하는 경우에는 소지인 또는 재판장이 이를 낭독하여야 한다(동조 제2항). 재판장은 필요하다고 인정하는 때에는 낭독에 갈음하여 그 요지를 진술하게 할 수 있다(규칙 제134조의6 제2항). 또한 증거서류는 재판장이 필요하다고 인정하는 경우에는 낭독이 아닌 내용을 고지하는 방법으로 조사할 수 있다(제292조 제3항). '내용의 고지'는 그 요지를 고지하는 방법으로 한다(규칙 제134조의6 제1항). 이때 재판장은 법원사무관 등으로 하여금 위의 낭독이나 고지를 하게 할 수 있다(제292조 제4항).

그러나 열람이 다른 방법보다 적절하다고 인정하는 때에는 증거서류를 제시하여 열람하게 하는 방법으로 조사할 수 있다(동조 제5항). 이는 낭독이나 내용고지가 어려운 회계장부나 도표, 교통사고실황조사서 등의 경우에 유용할 것이다.

(3) 증 거 물

증거물이란 범행에 사용된 흉기, 도구, 범행결과 취득된 장물 등 물건의 존재 또는 형상, 상태가 증거자료가 되는 것을 말한다. 검사, 피고인 또는 변호인의 신청에 따라 증거물을 조사하는 때에는 신청인이 이를 제시하여야 한다(제292조의2 제1항). 법원이 직권으로 증거물을 조사하는 때에는 소지인 또는 재판장이 이를 제시하여야 한다(동조 제2항). 이때 재판장은 법원사무관 등으로 하여금 증거물을 제시하게 할 수 있다(동조 제3항).

(4) 증거물인 서면

증거물인 서면이란 위조문서, 협박편지 등과 같이 증거물의 성질과 그 내용이 동시에 문제가 되는 증거서류의 성질을 함께 가지는 증거를 말한다. 따라서 증거물인 서면의 증거조사는 증거물을 제시함과 동시에 이를 낭독하거나 내용을 고지 또는 열람하게 하여야 한다(2013도2511).

(5) 영상녹화물 등 그 밖의 증거

도면, 사진, 녹음테이프, 비디오테이프, 컴퓨터용 디스크, 그 밖에 정보를 담기 위하여 만들어진 물건으로서 문서가 아닌 증거의 조사에 관해 필요한 사항은 형소규칙에서 정하고 있다(제292조의3).

1) 영상녹화물

법원은 공판준비 또는 공판기일에서 봉인을 해체하고 영상녹화물의 전부 또는 일부를 재생하는 방법으로 조사하여야 한다. 이때 영상녹화물은 그 재생과 조사에 필요한 전자적 설비를 갖춘 법정 외의 장소에서 이를 재생할 수 있다(규칙 제134조의4 제3항). 그리고 재판장은 조사를 마친 후 지체 없이 법원사무관 등으로 하여금 다시 원본을 봉인하도록 하고, 원진술자와 함께 피고인 또는 변호인에게 기명날인 또는 서명하도록 하여 검사에게 반환한다. 다만, 피고인의 출석 없이 개정하는 사건에서 변호인이 없는 때에는 피고인 또는 변호인의 기명날인 또는 서명을 요하지 않는다(동조 제4항).

하지만 기억환기를 위한 영상녹화물의 재생(제318조의2 제2항)은 검사의 신청이 있는 경우에 한하고, 기억의 환기가 필요한 피고인 또는 피고인 아닌 자에게만 이를 재생하여 시청하게 하여야 한다(규칙 제134조의5 제1항). 피고인이 된 피의자의 진술을 영상녹화한 영상녹화물에 관한 규정(규칙 제134조의2 제3항부터 제5항, 제134조의4)을 준용한다(동조 제2항).

2) 컴퓨터용 디스크 등

컴퓨터용 디스크 그 밖에 이와 비슷한 정보저장매체(이하 '컴퓨터디스크 등'이라 한다)에 기억된 문자정보를 증거자료로 하는 경우에는 이를 컴퓨터 화면에 불러내어 직접 조사하거나 읽을 수 있도록 출력하여 인증한 등본을 낼 수 있다(규칙 제134조의7 제1항). 이는 컴퓨터디스크 등의 특성을 고려하여 증거조사에서 편의를 도모하기 위한 것이다. 하지만 이때는 출력문서를 독립된 증거로 신청하는 경우와 달리 증거자료로 되는 것은 문자정보 자체이므로 출력문서에 대하여는 별도의 증거조사를 요하지 않는다. 다만, 증거자료인 문자정보 등에 대하여는 증거물원본의 압수 시부터 출력 시까지 그 동일성이 유지되는 증거물보관의 연속성(chain of custody)이 입증되어야 한다(2007도7257). 이때 증거조사를 신청한 당사자는 법원이 명하거나 상대방이 요구한 때에는 컴퓨터디스크 등에 입력한 사람과 입력한 일시, 출력한 사람과 출력한 일시를 밝혀야 한다(동조 제2항).

한편, 컴퓨터디스크 등에 기억된 정보가 도면·사진 등에 관한 것인 때에도 문자정보의 경우에 관한 규정(동조 제1항, 제2항)이 준용된다(동조 제3항).

3) 녹음·녹화매체 등

녹음, 녹화테이프, 컴퓨터용 디스크 등에 음성이나 영상을 녹음, 녹화한 증거는 이를 재생하여 청취 또는 시청하는 방법으로 증거조사를 실시한다(규칙 제134조의8 제3항). 녹음·녹화테이프, 컴퓨터용 디스크, 그 밖에 이와 비슷한 방법으로 음성이나 영상을 녹음 또는 녹화(이하 '녹음·녹화 등'이라 한다)하여 재생할 수 있는 매체(이하 '녹음·녹화매체 등'이라 한다)에 대한 증거조사를 신청하는 때에는 음성이나 영상이 녹음·녹화 등이 된 사람, 녹음·녹화 등을 한 사람 및 녹음·녹화 등을 한 일시·장소를 밝혀야 한다(동조 제1항). 녹음·녹화매체 등에 대한 증거조사를 신청한 당사자는 법원이 명하거나 상대방이 요구한 때에는 녹음·녹음매체 등의 녹취서, 그 밖에 그 내용을 설명하는 서면을 제출하여야 한다(동조 제2항).

이때 제출된 녹음매체가 사본인 경우에는 원본의 내용 그대로 복사된 사본임이 입증되어야 하는데, 법원은 녹음파일의 생성과 전달 및 보관 등에 관여한 사람의 증언이나 진술, 원본이나 사본 파일 생성 직후의 해쉬(Hash)값과의 비교, 또는 녹음파일에 대한 검증·감정 결과 등 제반사정을 종합하여 판단할 수 있다(2014도10978).

4) 도면·사진 등

도면, 사진 그 밖의 정보를 담기 위하여 만들어진 물건으로서 문서가 아닌 증거의 조사에 관하여는 특별한 규정이 없으면 증거서류에 대한 조사방식(제292조)과 증거물에 대한 조사방식(제292조의2)을 준용하여 해당 증거의 성격이 증거서류, 증거물, 증거물인 서면인지에 따라 각각 증거조사방법을 달리한다(규칙 제134조의9).

2. 증인신문

(1) 의 의

1) 증인의 의의

증인이란 법원 또는 법관에 대하여 자신이 직접 보고 듣고 체험한 바를 진술하는 제3자를 말한다. 증인은 증거방법으로서 인적 증거에 해당한다. 또한 체험한 사실로부터 추측한 사실을 진술하는 자도 체험한 사실에 대하여 비대체성을 가진다는 점에서 증인이 된다. 그러나 체험한 사실이 아니거나 체험한 사실과 관계없는 단순한 의견을 진술하는 자는 증인이 아니다.

증인은 법원 또는 법관에 대하여 진술하는 자이므로 수사기관에 대하여 진술하는 참고인과 구별된다. 또한 증인은 과거에 체험한 사실을 진술한다는 점에서 전문적인 지식 또는 특별한 경험법칙에 대한 판단을 보고하는 감정인과 구별된다. 따라서 증인은 비대체적이므로 구인이 허용되지만(제152조), 감정인은 대체할 수 있으므로 구인이 허용되지 않는다. 다만, 특별한 지식과 경험에 의하여 지득하게 된 과거의 사실을 진술하는 자로서 증인과 감정인의 성격을 동시에 갖는 감정증인은 대체성이 없으므로 증인이다. 따라서 감정증인에 대한 신문은 증인신문절차에 의한다(제179조). 성폭력피해자를 치료한 의사가 당시 환자를 치료한 내용과 관련한 증언을 하는 경우가 이에 해당한다.

2) 증인신문의 의의

증인신문이란 증인이 실제로 체험한 사실을 내용을 하는 진술을 얻는 증거조사, 즉 증인에 대한 증거조사를 말한다. 증인신문은 법관으로 하여금 증인의 진술내용과 함께 증인의 표정과 진술태도까지 직접 파악할 수 있게 한다는 점에서 법관의 심증형성에 중요한 영향을 미친다. 형소법상 증인은 출석, 선서 및 증언의

의무가 있고, 이 의무를 이행하지 않을 때에는 직접·간접으로 강제를 가하고 있다는 점에서 증인신문은 강제처분의 성격을 가진다.

증인신문에는 검사, 피고인 또는 변호인의 신청에 의하여 법원이 행하는 경우(제294조), 법원이 직권으로 행하는 경우(제295조) 및 범죄로 인한 피해자의 신청에 의해 행하여지는 경우(제294조의2)가 있다.

증인신문은 공판정에서 하는 것이 원칙이지만, 법원은 증인의 연령, 직업, 건강상태 기타의 사정을 고려하여 검사, 피고인 또는 변호인의 의견을 묻고 법정 외에 소환하거나 현재지에서 신문할 수 있다(제165조).

<참고> 증인사전면담

증인사전면담은 검사가 법정 밖에서 증거조사절차상 증인신문에 앞서서 증인신문준비를 위하여 증인을 사전에 면담하는 것을 말하는 것이다. 이는 검사가 법정의 증언절차, 증인의 역할과 증인보호절차 등을 소개해 주는 '증인친화(witness familiarization)'와 증인신문 시에 예상되는 질문을 미리 물어보거나 기억을 되살리기 위해서 이전의 진술조서 등을 보여주고 내용을 명확히 하거나 모순되는 사항을 점검하는 등, 증언과 관련된 사항을 점검, 준비하는 '증인점검(witness proofing)'으로 구분된다. 증인사전면담은 기존에 수사기관에서 진술이 확보된 증인예정자를 대상으로 그 진술내용을 점검하는 경우에 활용된다는 점에서 수사기관이 증거수집 등 수사목적으로 행하는 공소제기 전·후의 참고인조사와는 구분된다.

증인친화는 증인보호를 목적으로 한다는 점에서 허용되는 것에 이론이 없다. 하지만 증인점검은 당사자주의 소송구조를 취하고 있는 영·미에서는 허용되지만, 직권주의를 취하고 있는 독일에서는 허용되지 않고 있다. 일본에서는 형사소송규칙[50)]에서 이를 인정하고 있으며, 실무에서도 관행적으로 행하여지고 있다. 증인점검은 원활한 법정증언의 실현을 가능하게 한다는 점에서 공판중심주의의 이념에 부합할 뿐만 아니라 재판의 장기화에 따른 증인의 기억산일방지, 증인의 보호와 복리증진, 증인의 진술번복이나 비우호적 증인에 대한 대비, 조사자 증언에 대한 사전대비 등을 위해 그 필요성이 인정되므로 증인의 증언을 왜곡시키고자 하는 경우가 아니라면 이를 허용할 필요가 있다. 판례는 검사의 증인사전면담의 허용을 전제로 하여, "그 면담과정에서 증인이 한 피의자에 대한 불리한 진술에 대하여는 검사가 증인신문 전 면담과정에서 증인에 대한 회유나 압박, 답변 유도나 암시 등으로 증인의 법정진술에 영향을 미치지 않았다는 점이 담보되어야 증인의 법정진술을 신빙할 수 있다"(2020도15891)고 한다.

50) 일본 「형사소송규칙」 제191조의3(증인신문의 준비) 증인신문을 청구한 검찰관 또는 변호인은 증인 및 기타의 관계자에게 사실을 확인하는 등의 방법에 의하여, 적절한 신문을 할 수 있도록 준비하여야 한다.

(2) 증인적격

1) 의 의

증인적격이란 증인이 될 수 있는 자격을 말한다. 제146조에서는 "법원은 법률에 다른 규정이 없으면 누구든지 증인으로 신문할 수 있다"고 규정하고 있다. 따라서 원칙적으로는 누구든지 증인이 될 수 있다. 형사미성년자도 마찬가지이다. 다만, 법률의 규정에 의하여 증인거부권이 인정되는 경우와 명문의 규정은 없지만 이론상 증인적격이 부인되는 경우가 있다.

2) 공무상 비밀과 증인거부권

공무원 또는 공무원이었던 자가 그 직무에 관해 알게 된 직무상 비밀에 관하여는 그 소속공무소 또는 감독관서의 승낙 없이는 증인으로 신문하지 못한다(제147조 제1항). 다만, 그 소속공무소 또는 해당 감독관공서는 국가에 중대한 이익을 해하는 경우를 제외하고는 승낙을 거부하지 못한다(동조 제2항).

공무상 비밀을 사유로 증인적격을 부정하는 경우에는 법원의 소환에도 응할 필요가 없다. 이 점에서 증인거부권은 법원의 소환에는 응할 의무가 있으나 일정한 사유로 증언을 거부할 수 있는 증언거부권과 구별된다.

3) 법관·검사·변호인의 증인적격

(가) 법 관

법관은 자신이 담당하고 있는 사건의 증인이 될 수 없다. 그러나 법관이 직무에서 벗어나게 되면 증인이 될 수 있다. 하지만 법관이 증인이 된 후에는 제17조의 제척사유(제4호)에 해당하므로 해당 사건의 직무집행에서 배제된다. 법원사무관 등도 마찬가지이다(제25조).

(나) 검 사

공소제기 전에 피고인을 피의자로 조사하였거나 그 조사에 참여하였던 자는 소송의 당사자가 아니라 제3자에 속하므로 증인적격이 인정된다(제316조 제1항 참조). 따라서 수사검사는 물론, 검찰수사관이나 사법경찰관도 증인적격이 인정된다(2001헌바41).

가) 공판검사

공판검사에게 증인적격이 인정되는지에 대하여는 ① 이를 금지하는 명문의 규정이 없고, 실체적 진실발견을 위해 공판검사를 증인으로 신문할 필요가 있는 경우가 있으며, 공판검사가 증언한 후에도 공소유지에 전혀 지장이 없다는 점을 이유로 긍정하는 견해, ② 공판검사는 원칙적으로 증인적격이 인정되지 않지만 진실발견을 위해 증인신문을 필요성이 있는 때에는 증인적격을 인정하여야 한다는 견해가 있다. 그러나 ③ 공판검사는 소송절차에서 소송의 당사자이지 제3자가 아니고, 공판검사를 증인으로 신문하게 되면 공소유지의 직무를 제대로 수행할 수 없으며, 공판검사를 공판관여검사의 지위에서 물러나게 할 강제적 방법이 없으므로 공판검사는 증인이 될 수 없다(다수설).

나) 증인으로 증언한 검사의 사건 관여

증인으로 증언한 검사가 공소유지검사로 사건에 관여할 수 있는지에 대하여는 ① 검사에게는 제척규정이 없으므로 허용된다는 견해, ② 원칙적으로는 해당 사건에 관여가 허용되지 아니하지만 검사가 자신의 직무수행 내지 직무의 적법성을 증명하기 위하여 증언한 경우, 즉 자백의 임의성이나 검사작성 조서의 증거능력을 증명하기 위하여 증언한 경우에는 예외를 인정하여야 한다는 견해가 있다. 그러나 ③ 검사에게는 객관의무가 있고, 공판검사가 해당 사건의 증인이었던 경우는 공소유지의 객관성을 해할 수 있으므로 법관의 제척에 관한 제17조를 유추적용하여 해당 사건의 공소유지의 직무에서 배제하여야 하고, 따라서 증인으로 증언한 검사가 공소유지검사로 사건에 다시 관여하는 것은 허용되지 아니한다(다수설).

(다) 변 호 인

변호인에게 증인적격이 인정되는지에 대하여는 ① 실체진실의 발견과 피고인의 이익보호를 위해 변호인에 대한 증인신문이 필요한 경우도 있다는 이유로 이를 긍정하는 견해가 있다. 그러나 ② 변호인은 소송당사자는 아니지만 피고인을 보호하는 지위에 있기 때문에 증인과 같은 제3자적 지위를 인정하기 어려울 뿐만 아니라 변호인에게 증인적격을 인정하더라도 피고인에게 불리한 사실에 대해서는 증언을 거부할 수 있기 때문에(제149조) 실익도 없으므로 변호인의 증인적격은 부정된다(다수설).

4) 피고인의 증인적격

(가) 피 고 인

피고인은 소송에서 당사자의 지위를 가지므로 제3자인 증인이 될 수 없고, 묵비권의 포괄적 포기를 인정할 수 없으므로 피고인의 증인적격은 부정된다(통설). 영·미의 형사절차에서는 당사자주의의 원칙상 피고인신문을 허용하지 않으므로 피고인의 증인적격을 인정하고 있다. 하지만 우리나라 형사절차에서는 피고인신문이 허용되고 있으므로 피고인의 증인적격이 인정되지 않는다.

(나) 공동피고인

공동피고인이란 공범 여부와 관계없이 2인 이상이 동일한 형사절차에서 재판을 받는 경우에 그 각각의 피고인을 말한다. 공동피고인의 진술은 자신의 사건에 대한 피고인의 진술이면서 다른 공동피고인(상피고인)에게는 제3자로서의 진술이 되기 때문에 피고인의 증인적격을 부정하는 입장에서는 공동피고인의 증인적격을 허용할 것인지가 문제된다.[51)]

가) 부 정 설

부정설은 공동피고인은 다른 공동피고인과의 공범 여부를 떠나 해당 절차에서는 피고인으로서 진술거부권을 가지므로 증인적격을 인정할 수 없다는 견해이다. 다만, 이 견해에서도 변론을 분리하여 공동피고인이었던 자를 다른 공동피고인에 대한 증인으로 신문하는 것은 가능하다고 한다.

나) 긍 정 설

긍정설은 병합심리되고 있는 공동피고인이라도 다른 공동피고인에 대한 관계에서는 피고인이 아닌 제3자이므로 증인적격이 인정되며, 따라서 공동피고인이 증인으로 선서하고 다른 공동피고인에 대한 사실을 증언할 수 있다는 견해이다. 그러나 이 견해에서도 단순히 공동피고인의 지위에서 한 진술은 다른 공동피고인에 대한 관계에서 증거로 사용할 수 없다고 한다.

다) 절 충 설

절충설은 공동피고인 간에 공범관계에 있는 경우와 같이 실질적 관련성이 있는 경우와 공동피고인들이 별도의 사건으로 심리만 병합하여 재판을 받는 경우 등 실질적 관련성이 없는 경우로 구분하여, 전자의 경우에는 변론을 분리하지 않으면 증인적격을 부정하고, 후자의 경우에는 변론을 분리하지 않더라도 증인적격을 인정하는 견해이다(다수설). 다만, 후자의 경우에도 공동피고인이 다른 공동피고인의 범죄사실에 관해 진술할 때에는 증인으로 선서하고 증언하여야 한다고 한다.

라) 검 토

공동피고인이 공범관계에 있거나 실질적 관련성이 있어서 이해관

---

51) 변론이 분리되지 않은 상태에서 공범인 공동피고인이 증인이 아닌 피고인으로서 진술한 경우 그 진술의 증거능력이 문제가 되는데, 이에 대하여는 후술 자백의 보강법칙에서 설명한다.

계가 있는 경우에는 공동피고인의 진술은 피고인의 진술과 동일시된다는 점에서 증인의 순수한 제3자적 지위를 인정할 수 없으므로 변론을 분리하지 않는 한 증인적격을 인정할 수 없다. 그러나 공동피고인이 피고인의 사건과 실질적 관련성이 없는 경우에는 제3자적 지위를 인정할 수 있으므로 증인적격이 인정된다.

판례는 공범이 아닌 공동피고인인 경우 서로 다른 공동피고인의 범죄사실에 관하여는 증인의 지위에 있다고 한다(2005도7601). 그리고 공범인 공동피고인의 경우도 해당 소송절차에서는 피고인의 지위에 있어 다른 공동피고인에 대한 공소사실에 관하여 증인이 될 수 없지만, 소송절차가 분리되어 피고인의 지위에서 벗어나게 되면 다른 공동피고인에 대한 공소사실에 관하여 증인이 될 수 있다고 한다(2010도10028).[52]

(3) 증인의 의무와 권리

1) 증인의 소송법상 의무

증인은 법원이 지정한 장소에 출석하여 선서하고 증언할 의무를 진다.

(가) 출석의무

가) 의 의

법원에 의하여 증인으로 소환된 사람은 출석의무가 있다. 증인의 출석의무는 공판기일의 증인신문에 소환을 받은 증인뿐만 아니라 공판기일 전의 증거조사절차(제273조)나 판사에 의한 증거보전절차(제184조) 또는 증인신문청구(제221조의2)의 증인신문에 소환을 받은 증인에게도 인정된다. 그러나 증인거부권자(제147조)에게는 출석의무가 없다. 하지만 증언거부권자는 증언을 거부할 권리는 있지만 출석을 거부할 권리는 없으므로 출석의무는 있다.

증인이 출석요구를 받고 기일에 출석할 수 없을 경우에는 법원에 바로 그 사유를 밝혀 신고하여야 한다(규칙 제68조의2). 다만, 증인의 출석의무는 소환이 적법한 경우에 한하여 인정되므로 소환의 방법이 위법하거나 무효인 때에는 증인에게 출석의무가 없다.

나) 증인의 소환과 동행명령

(a) 소환　증인의 소환은 소환장의 송달, 전화, 전자우편, 모사전

---

52) 판례는 '공범'에는 뇌물공여자와 뇌물수수자의 경우처럼 대향범인 경우는 포함되지만(2009도11249), 절도범과 장물범은 공범이 아니므로 서로 다른 공동피고인의 범죄사실에 관해 증인의 지위에 있다고 보아 실질적 관련성을 부정하였다(2005도7601).

송, 휴대전화 문자전송 그 밖에 적당한 방법으로 할 수 있다(제150조의2 제1항, 규칙 제67조의2 제1항). 증인을 신청하는 자는 증인의 소재, 연락처와 출석가능성 및 출석가능일시 그 밖에 증인의 소환에 필요한 사항을 미리 확인하는 등 증인출석을 위한 합리적인 노력을 다하여야 한다(제150조의2 제2항, 규칙 제67조의2 제2항).

증인을 소환하는 때에는 소환장을 발부하되(제153조, 제73조), 재정중인 증인은 소환하지 않고 신문할 수 있다(제154조). 소환장에 의한 증인의 소환에 관하여는 피고인의 소환에 관한 규정이 준용된다(제153조). 따라서 증인을 소환함에는 소환장을 발부하여야 하며(제73조), 증인에 대한 소환장에는 그 성명, 피고인의 성명, 죄명, 출석일시 및 장소, 정당한 이유 없이 출석하지 아니할 경우에는 과태료에 처하거나 출석하지 아니함으로써 생긴 비용의 배상을 명할 수 있고 또 구인할 수 있음을 기재하고 재판장이 기명날인하여야 한다(제74조, 규칙 제68조 제1항).

증인에 대한 소환장은 늦어도 출석할 일시 24시간 이전에 송달하여야 한다. 다만, 급속을 요하는 경우에는 그러하지 아니한다(제76조, 규칙 제70조). 이는 피고인의 소환이 12시간 이전인 점[53]과 구별된다. 증인이 기일에 출석한다는 서면을 제출하거나 출석한 피고인에 대하여 차회기일을 정하여 출석을 명한 때에는 소환장의 송달과 동일한 효력이 있으며, 이때 출석을 명한 때에는 그 요지를 조서에 기재하여야 한다(제76조 제2항, 제3항). 구금된 증인에 대하여는 교도관에게 통지하여 소환하며, 증인이 교도관으로부터 소환통지를 받은 때에는 소환장의 송달과 동일한 효력이 있다(동조 제4항).

(b) 동행명령　법원은 필요한 때에는 결정으로 지정한 장소에 증인의 동행을 명할 수 있다(제166조 제1항). 이를 동행명령이라고 한다. 동행명령은 원래 법정으로 소환한 증인을 법정 외에서 신문할 이유가 있을 때 동행할 것을 명령하는 제도로서, 처음부터 증인을 법정 외로 소환하는 경우와 구별된다.

다) 의무위반에 대한 제재

(a) 소송비용부담 또는 과태료부과　법원은 소환장을 송달받은 증인이 정당한 사유 없이 출석하지 아니한 경우에는 결정으로 해당 불출석으로 인한 소송비용을 증인이 부담하도록 명하거나 500만원 이하의 과태료를 부과할 수 있다. 이는 소환장의 송달과 동일한 효력이 있는 경우에도 적용되지만(제151조 제1항),

---

53) 규칙 제45조(소환의 유예기간) 피고인에 대한 소환장은 법 제269조(제1회 공판기일의 유예기간)의 경우를 제외하고는 늦어도 출석할 일시 12시간 이전에 송달하여야 한다. 다만, 피고인이 이의를 하지 아니하는 때에는 그러하지 아니하다.

전화나 전자우편 등의 간이한 방법으로 증인소환이 이루어진 경우(제150조의2)나 동행명령의 경우(제166조 제1항)에는 적용되지 않는다. 이때 소송비용부담과 과태료부과는 법원의 재량이며, 양자를 함께 부과할 수도 있고, 그 중에서 하나를 부과할 수도 있다. 증인이 소환장을 받고 계속 불출석하는 경우에는 불출석 횟수에 따라 별도의 과태료를 부과할 수 있다.

이 결정에 대하여는 즉시항고할 수 있으나 집행정지의 효력은 인정되지 않는다(동조 제8항).

(b) 감치 증인이 과태료처분을 받고도 정당한 사유 없이 다시 출석하지 않는 때에는 법원은 결정으로 증인을 7일 이내의 감치에 처한다(제151조 제2항). 감치재판절차는 법원의 감치재판개시결정에 따라 개시된다. 감치사유가 발생한 날부터 20일이 지난 때에는 감치재판개시결정을 할 수 없다(규칙 제68조의4 제1항). 감치재판절차를 개시한 후 감치결정 전에 그 증인이 증인을 하거나 그 밖에 감치에 처하는 것이 상당하지 아니하다고 인정되는 때에는 법원은 불처벌결정을 하여야 한다(동조 제2항). 감치재판개시결정과 불처벌결정에 대하여는 불복할 수 없다(동조 제3항).

법원은 감치재판기일에 해당 증인을 소환하여 정당한 사유가 있는지 여부를 심리하고(제151조 제3항), 재판장의 명령에 따라 교도소, 구치소 또는 경찰서유치장에 유치하여 집행한다(동조 제4항). 감치에 처하는 재판을 받은 증인이 규정된 감치시설에 유치된 경우 해당 감치시설의 장은 즉시 그 사실을 법원에 통보하여야 하며(동조 제5항), 법원은 이 통보를 받은 때에는 지체 없이 증인신문기일을 열어야 한다(동조 제6항). 감치의 재판을 받은 증인이 감치의 집행 중에 증언을 한 때에는 법원은 즉시 감치결정을 취소하고 그 증인을 석방하도록 명하여야 한다(동조 제7항). 법원의 감치결정에 대하여는 즉시항고를 할 수 있으나 집행정지의 효력은 인정되지 않는다(동조 제8항).

(c) 구인 법원은 정당한 사유 없이 소환에 응하지 아니하는 증인은 구인할 수 있다(제152조). 증인이 정당한 사유 없이 동행을 거부하는 때에도 구인할 수 있다(제166조 제2항).

증인의 구인에 관하여는 피고인의 구인에 관한 규정(제1편 제9장 참조)이 준용된다(제155조). 따라서 증인을 구인함에는 구속영장을 발부하여야 한다(제73조).

(나) 선서의무

가) 선서의 의의

선서란 증인 등이 법원에 대하여 진실을 말하겠다고 서약하는 것을 말한다. 출석한출석한 증인은 선서무능력자가 아니면 신문 전에 선서하게 하여야 한다(제156조). 선서 후에 거짓말을 하면 위증죄(형법 제152조)로 처벌된다. 선서는 위증의 벌에 의한 심리적 강제를 통해 증인이 자신의 기억에 반하지 않는 증언을 하도록 하기 위함이다. 따라서 선서능력이 있음에도 선서를 하지 않고 증언한 경우 그 증언은 증거능력이 인정되지 않는다(82도1000). 또한 별개의 사실로 공소제기되어 병합심리 중인 공동피고인은 다른 공동피고인에 대한 관계에서는 증인의 지위에 있으므로 선서 없이 공동피고인의 피고인으로서 한 공판정에서의 진술은 다른 공동피고인에 대한 관계에서는 증거능력이 인정되지 않는다(78도1031).

나) 선서방법

선서는 법률에 다른 규정이 없는 한 신문 전에 하여야 하며(제156조), 선서서에 의하여야 한다(제157조 제1항). 재판장은 선서할 증인에 대하여 선서 전에 위증의 벌을 경고하여야 한다(제158조). 선서서에는 "양심에 따라 숨김과 보탬이 없이 사실 그대로 말하고 만일 거짓말이 있으면 위증의 벌을 받기로 맹세합니다"라고 기재하여야 한다(제157조 제2항). 재판장은 증인에게 선서서를 낭독하고 기명날인하거나 서명하게 하여야 한다. 다만, 증인이 선서서를 낭독하지 못하거나 서명을 하지 못하는 경우에는 참여한 법원사무관 등이 대행한다(동조 제3항).

선서는 일어서서 엄숙하게 하여야 하며(동조 제4항), 각 증인마다 하여야 한다. 실무에서는 동일 사건의 여러 증인을 신문하는 경우에는 각 증인의 동일성을 확인하고 재판장이 한꺼번에 위증의 벌을 경고한 다음, 그 중 1인에게 대표로 선서서를 낭독하게 하는 것임을 고지한 후에 그 대표에게 선서서를 낭독하게 하고 있다.

동일심급에서 같은 증인에 대한 선서는 1회로 충분하다. 따라서 실무에서는 선서 후에 신문를 하다가 중단하고 다시 신문을 재개한 경우는 물론, 일단 신문을 종료한 후에 새로 증인으로 채택한 경우에도 이전 기일의 신문 시에 행한 선서의 효력이 계속 유지되고 있음을 증인에게 고지하면 충분하고, 다시 선서할 것을 요하지 않는다. 그러나 동일한 증인을 새로운 증거결정에 의하여 다시 신문하는 경우에는 별개의 증인신문이므로 다시 선서하게 하여야 한다.

다) 선서무능력자

선서무능력자에게는 선서의무가 없다. 제159조에서는 '16세 미만의 자' 또는 '선서의 취지를 이해하지 못하는 자'를 선서무능력자로 규정하고 있다. '선서의 취지를 이해하지 못하는 자'란 정신능력의 결함으로 인해 선서의 의미를 이해하지 못하는 사람을 의미한다. 증인이 선서의 취지를 이해할 수 있는지에 대하여 의문이 있는 때에는 선서 전에 그 점에 대하여 신문하고, 필요하다고 인정할 때에는 선서의 취지를 설명하여야 한다(규칙 제72조).

선서무능력자가 비록 선서를 하고 증언을 하였더라도 그 선서는 효력이 없으므로 위증죄는 성립하지 않지만, 증인의 증언능력이 인정되면 증언 자체의 효력은 인정될 수 있다(84도619).

라) 의무위반에 대한 제재

법원은 증인이 정당한 이유 없이 선서를 거부한 때에는 결정으로 50만원 이하의 과태료에 처할 수 있다(제161조 제1항). 이 결정에 대하여는 즉시항고를 할 수 있다(동조 제2항).

(다) 증언의무

가) 의 의

선서한 증인은 신문받은 사항에 대하여 증언할 의무가 있다. 증인은 법원이나 법관뿐만 아니라 검사, 변호인 또는 피고인의 신문에 대하여 증언하여야 하며, 주신문뿐만 아니라 반대신문에 대하여도 증언하여야 한다. 증인이 주신문에 대해서만 증언하고 반대신문에 대하여는 증언을 거부한 때에는 반대신문의 기회를 박탈한 것이므로 그 증언은 증거능력이 인정되지 않는다.

나) 증언능력

증언능력이란 자신이 과거에 체험한 사실을 기억에 따라 진술하고 표현할 수 있는 능력을 말한다. 따라서 증인이 증인적격이 있는 자라고 하더라도 증언능력(증인능력)이 없는 때에는 그 증언을 증거로 할 수 없다. 증언능력은 선서능력과 구별된다. 따라서 '16세 미만의 자'는 선서능력은 없지만 증언능력은 인정될 수 있으므로 선서 없이 증언할 수 있다.

증언능력은 증언자의 지적 수준, 증언내용, 진술태도, 판단력, 이해력 등을 종합적으로 검토해서 판단하여야 한다. 만 3세(2005도9561), 만 6세(99도3786)의 유아에 대하여도 증언능력을 인정한 판례가 있다.[54]

---

54) 판례는 "증인의 증언능력은 증인 자신이 과거에 경험한 사실을 그 기억에 따라 공술할 수 있는 정신적인 능력이라 할 것이므로, 유아의 증언능력에 관해서도 그 유·무는 단지 공술자의 연령만에 의할 것이 아니라 그의 지적 수준에 따라 개별적이고 구체적으로 결정되어야 함은 물론, 공술의 태도 및 내용 등을 구체적으로 검토하고, 경험한 과거의 사실이 공술자의 이해력, 판단력 등에 의하여 변식될 수 있는 범위 내에 속하는지의 여부도 충분히 고려하여 판단하여야

다) 의무위반에 대한 제재

법원은 증인이 정당한 이유 없이 증언을 거부한 때에는 결정으로 50만원 이하의 과태료에 처할 수 있다(제161조 제1항). 이 결정에 대하여는 즉시항고를 할 수 있다(동조 제2항). '정당한 이유'란 증인이 법률상 증언을 거부할 수 있는 경우를 말한다. 증인에게 증인거부권(제147조) 또는 증언거부권이 있는 경우(제148조, 제149조)가 이에 해당한다.

2) 증인의 소송법상 권리

(가) 증언거부권

가) 의 의

증언거부권이란 증언의무가 있는 증인이 일정한 법률상 사유를 근거로 하여 증언의무의 이행을 거절할 수 있는 권리를 말한다. 증언거부권은 증인이 증인신문 자체를 거부할 수 있는 권리인 증인거부권(제147조)과 구별된다. 증언거부권이 있는 경우에는 증인거부권이 있는 경우와 달리 출석의무가 있다.

나) 증언거부권자

ⓐ 자기 또는 근친자의 형사책임과 증언거부　누구든지 (i) 자기나 (ii) 친족이거나 친족이었던 사람 또는 (iii) 법정대리인 또는 후견감독인에 해당하는 사람이 형사소추 또는 공소제기를 당하거나 유죄판결을 받을 사실이 드러날 염려가 있는 증언을 거부할 수 있다(제148조). '자기'에 대한 증언거부권은 헌법 제12조 제2항에서 정한 불이익한 진술의 강요금지원칙을 구체화한 자기부죄거부특권으로서 인정된다(2011도11994).[55] '친족 등'과 관련하여 증언거부권을 인정하는 것은 신분관계의 보호 및 근친자 또는 후견인에 대하여는 진실한 증언을 기대하기 힘들다는 형사정책적 고려에 의한 것이다.

'형사소추 또는 공소제기를 당할 사실이 드러날 염려가 있는 증언'이란 자신의 증언으로 인하여 실제로 형사소추 또는 공소제기를 당할 가능성이

한다"고 하면서, 사고 당시 만 3세 3개월 내지 만 3세 7개월 가량이던 피해자인 여아의 증언능력 및 그 진술의 신빙성을 인정하였다(2005도9561).

55) 그러나 판례는 "'국회에서의 증언·감정 등에 관한 법률'은 위와 같은 증언거부권의 고지에 관한 규정을 두고 있지 아니한데, 증언거부권을 고지받을 권리가 형사상 자기에게 불리한 진술을 강요당하지 아니함을 규정한 헌법 제12조 제2항에 의하여 바로 국민의 기본권으로 보장받아야 한다고 볼 수는 없고, 증언거부권의 고지를 규정한 제160조 규정이 '국회에서의 증언·감정 등에 관한 법률'에도 유추적용되는 것으로 인정할 근거가 없다"(2009도13197)고 하였다.

있는 경우뿐만 아니라 합리적·객관적으로 판단했을 때 그 가능성을 높이는 경우를 포함한다. 공소제기는 정식기소뿐만 아니라 약식명령의 청구, 즉결심판의 청구, 재정신청에 의한 공소제기결정 등이 포함된다. 그러나 단순히 위증죄로 소추될 위험성이 있다는 염려만으로는 증언을 거부할 수 없다. '유죄판결을 받을 사실이 드러날 염려가 있는 증언'이란 공소제기가 되었으나 판결의 선고 전에 자신의 증언으로 인하여 유죄의 단서 또는 자료를 제공하게 되는 경우를 말한다. 이에는 자신이 범행을 한 사실뿐만 아니라 범행을 한 것으로 오인되어 유죄판결을 받을 우려가 있는 사실 등도 포함된다(2010도10028).

이때 증언거부의 대상은 형사책임의 존·부나 범위에 관해 불이익을 초래할 수 있는 모든 사실이다. 따라서 구성요건에 관한 사실은 물론이고, 누범가중이나 상습범가중과 같은 형의 가중사유나 형의 선고유예나 집행유예의 판결이 실효 또는 취소될 사유 등에 관한 진술도 증언거부의 대상이 된다. 그러나 이미 유죄나 면소의 판결이 확정된 사실은 일사부재리의 원칙에 의하여 당시 공소제기를 받거나 유죄판결을 받을 가능성이 없으므로 증언거부의 대상이 아니다. 따라서 유죄판결에 대하여 재심을 청구할 예정이라고 하더라도 이후 별건으로 기소된 공범과 관련하여 증언거부권이 인정되지는 않는다(2011도11994).

(b) 업무상 비밀과 증언거부 변호사, 변리사, 공증인, 공인회계사, 세무사, 대서업자, 의사, 한의사, 치과의사, 약사, 약종상, 조산사, 간호사, 종교의 직에 있는 자 또는 이러한 직에 있던 자가 그 업무상 위탁을 받은 관계로 알게 된 사실로서 타인의 비밀에 관한 것은 증언을 거부할 수 있다. 다만, 본인의 승낙이 있거나 중대한 공익상 필요한 때에는 예외로 한다(제149조). 본조의 증언거부권자는 제한적 열거로 본다. 이는 일정한 업무에 종사하는 자의 비밀을 보장하는 것은 물론, 이를 통해 위탁자와 수탁자 간의 신뢰와 거래관계를 보호하기 위한 것이다.

증언거부권자를 직무상 보조하는 자가 증언거부권자에 포함되는지에 대하여는 ① 해당 비밀과 직접적인 관련이 있고, 위탁자와 실질적 신뢰관계를 인정할 수 있는 경우에는 증언거부권을 허용하여야 한다는 견해가 있다. 그러나 ② 직무상 보조하는 자에게 증언거부권을 인정할 필요성이 인정되는 것은 사실이지만 이는 입법의 문제이고, 본조의 증언거부권자는 제한적 열거로서 예외적으로 개인의 비밀보호를 위해 실체적 진실발견을 양보하는 것이기 때문에 엄격하게 해석할 것이 요구되므로 직무상 보조하는 자에게는 증언거부권이 인정되지 않는다(다수설).

증언거부권의 범위에는 법정에서 직접 증언하는 것뿐만 아니라 증언거부권이 인정되는 자가 업무상 작성한 서류의 성립의 진정에 대하여 진술을 거부하는 것도 포함된다(2009도6788).

다) 증언거부권의 고지

증인이 증언거부권자에 해당하는 경우에는 재판장은 신문 전에 증언을 거부할 수 있음을 설명하여야 한다(제160조). 증언거부권의 고지하지 않고 신문한 경우에 그 증언의 증거능력이 인정되는지에 대하여는 ① 고지의무는 증인을 위한 것이므로 원칙적으로 증거능력을 인정하되, 증언거부권의 불고지와 증언 사이에 인과관계가 존재하는 경우에는 증거능력을 부정하여야 한다는 견해가 있다. 그러나 ② 증언거부권의 고지는 증언거부권에 대한 절차적 보장을 의미하므로 헌법상 적법절차의 원칙에 따르면 증언거부권의 불고지는 그 자체가 위법이고, 따라서 증언거부권자에게 증언거부권을 고지하지 않고 행한 신문에서 한 증언은 위법수집증거로서 증거능력이 부정된다(다수설).

판례는 증인이 법원으로부터 증언거부권을 고지받지 못하여 증언거부권을 행사하는 데 있어서 사실상 장애가 초래되었다고 볼 수 있는 경우에는 그 증언의 증거능력을 부정한다(2009도13257). 다만, 증언거부권을 고지받았더라도 그와 같이 증언을 하였을 것이라는 사정이 있는 때에는 선서 전에 재판장으로부터 증언거부권을 고지받지 아니하였더라도 증언거부권이 사실상 침해당한 것으로 평가되지 않는다고 한다(2007도6273).

라) 증언거부권의 행사와 포기

증언거부권은 증인의 권리이지 의무는 아니므로 증언거부권의 행사 여부는 증인의 자유이다. 다만, 증언을 거부하는 자는 거부사유를 소명하여야 한다(제150조). 이는 증언거부권의 적정한 행사를 담보하기 위한 것이다. 증언거부권을 포기하고 증언을 개시한 이후에도 도중에 증언을 거부할 수 있다.

증언거부권의 포기는 증언 전체에 대해서도 가능하고, 일부에 대해서도 가능하다. 다만, 증인이 주신문에 대하여 증언을 한 후에는 그 반대신문에 대하여 증언을 거부할 수 없다. 이때 증인이 반대신문에서 증언을 거부하는 것은 당사자의 실질적인 반대신문권을 침해하는 것이므로 주신문에서 취득한 증언은 증거능력이 인정되지 않는다. 증언거부권이 고지되었음에도 불구하고 자기의 범죄사실에 대하여 증언거부권을 행사하지 아니한 채 허위로 진술하면 위증죄가 성립된다(2023도7528).

(나) 비용청구권

소환받은 증인은 법률의 규정한 바에 의하여 여비, 일당과 숙박료를 청구할 수 있다. 다만, 정당한 사유 없이 선서 또는 증언을 거부한 자는 예외로 한다(제168조). 여비 등의 액수에 관한 규정은 형사소송비용법에 따른다.

(다) 신변보호청구권

증인은 특정강력범죄사건의 피고인 또는 그 밖의 사람으로부터 생명·신체에 해를 입거나 입을 염려가 있다고 인정될 때에는 검사에게 신변안전을 위하여 필요한 조치를 하도록 청구할 수 있다(특정강력범죄법 제7조 제2항). 성폭력범죄사건의 증인의 경우도 마찬가지이다(성폭력처벌법 제22조).

(4) 증인신문의 방법과 절차

1) 준비절차

(가) 증인신문사항의 제출

재판장은 피해자·증인의 인적 사항의 공개 또는 누설을 방지하거나 그 밖에 피해자·증인의 안전을 위하여 필요하다고 인정할 때에는 증인의 신문을 청구한 자에 대하여 사전에 신문사항을 기재한 서면의 제출을 명할 수 있다(규칙 제66조). 재판장은 제출된 증인신문사항 중에 피해자·증인의 인적 사항이 포함되어 있는 때에는 소송지휘권을 행사하여 해당 신문사항의 수정을 명하여야 한다.

법원은 이 명을 받은 자가 신속히 그 서면을 제출하지 아니한 경우에는 증거결정을 취소할 수 있다(규칙 제67조). 그러나 실체적 진실발견을 위해 필요한 증인의 경우에는 신문사항을 제출하지 않더라도 증거결정을 취소해서는 아니된다.

(나) 증인의 동일성 확인과 선서

재판장은 증인으로부터 주민등록증 등 신분증을 제시받거나 그 밖의 적당한 방법으로 증인임이 틀림없음을 확인하여야 한다(규칙 제71조). 또한 재판장은 선서할 증인에 대하여 선서 전에 위증의 벌을 경고하여야 한다(제158조).

재판장은 증인에게 신문 전에 선서하게 하여야 한다. 다만, 법률에 다른 규정이 있는 경우에는 예외로 한다(제156조). 증인이 증언거부권자(제148조, 제149조)에 해당하는 경우에는 재판장은 신문 전에 증언을 거부할 수 있음을 설명하여야 한다(제160조).

2) 당사자의 참여

(가) 의 의

검사, 피고인 또는 변호인은 증인신문에 참여할 수 있다(제163조 제1항). 따라서 증인신문의 일시와 장소는 증인신문에 참여할 수 있는 자에게 미리 통지하여야 한다. 다만, 참여하지 않겠다는 의사를 명시한 때에는 예외로 한다(동조 제2항).

당사자의 증인신문참여권은 특히, 피고인의 방어권행사에 매우 중요한 의미를 가지므로 피고인과 변호인에게 증인신문의 일시, 장소를 통지하지 않고 행한 증인신문은 위법이고, 따라서 그 증언은 증거능력이 없다(67도613). 피고인과 변호인이 미리 증인신문에 참여하게 해달라고 신청한 경우에 변호인만이 참여하고 피고인의 참여 없이 실시한 증인신문은 위법이다(68도1481).

(나) 신문의 청구

검사, 피고인 또는 변호인은 증인신문에 참여하지 아니할 경우에는 법원에 대하여 필요한 사항의 신문을 청구할 수 있다(제164조 제1항). 또한 피고인 또는 변호인의 참여 없이 증인을 신문한 경우에 피고인에게 예기하지 아니한 불이익을 줄 수 있는 증언이 진술된 때에는 반드시 그 진술내용을 피고인 또는 변호인에게 알려주어야 한다(동조 제2항).

피고인의 출석을 요하는 재판에서 피고인에게 증인신문을 고지하였음에도 피고인이 정당한 사유 없이 출석하지 경우에 이미 출석하여 있는 증인에 대하여 공판기일 외의 신문으로서 증인신문을 하고 다음 공판기일에 그 증인신문조서에 대한 서증조사를 하는 것은 증거조사절차로서 적법하다(2000도3265). 다만, 피고인의 참여 없이 증인신문이 행하여지거나 당사자에게 통지하지 아니한 때에도 그 다음 공판기일에 증인 등 신문결과를 증인신문조서에 의하여 소송관계인에게 고지하였으나 피고인이나 변호인이 이의를 하지 아니한 때에는 책문권의 포기로 그 하자가 치유된다(73도2967).

(다) 피고인의 퇴정

재판장은 증인이 피고인의 면전에서 충분한 진술을 할 수 없다고 인정한 때에는 피고인을 퇴정하게 하고 증인신문을 할 수 있다(제297조 제1항). 이처럼 피고인을 퇴정하게 한 경우에 증인의 진술이 종료한 때에는 퇴정한 피고인을 입정하게 한 후 법원사무관 등으로 하여금 진술의 요지를 고지하게 하여야 한다(동조 제2항).

그러나 피고인이 퇴정한 경우에도 피고인의 반대신문권을 배제하는 것은 허용되지 않는다(2011도15608). 따라서 변호인이 없는 피고인을 일시퇴정하게 하고 증인신문을 한 다음, 피고인에게 실질적인 반대신문의 기회를 부여하지 아니한 채 이루어진 증인의 법정진술은 위법한 증거로서 증거능력이 없다. 다만, 이때 그 다음 공판기일에서 재판장이 증인신문결과 등을 증인신문조서에 의하여 고지하였는데 피고인이 '변경할 점과 이의할 점이 없다'고 진술하여 책문권포기 의사를 명시하였다면 실질적인 반대신문의 기회를 부여받지 못한 하자는 치유된다(2009도9344). 또한 피고인이 퇴정한 경우에도 변호인이 증인신문과정에 참여하고 반대신문의 기회를 가졌다면 증인신문절차가 위법한 것은 아니다(2011도15608).

3) 방 식

(가) 개별신문과 대질

증인신문은 각 증인에 대하여 개별적으로 신문하여야 하며, 신문하지 않는 증인이 재정하는 때에는 퇴정을 명하여야 한다(제162조 제1항, 제2항). 다만, 증인신문방식은 법원의 재량사항이므로, 법원이 다른 증인을 퇴정시키지 않고 그 면전에서 증인신문을 하였더라도 위법한 것은 아니다(4292형상725).

한편, 법원은 필요한 때에는 증인과 다른 증인 또는 피고인과 대질하게 할 수 있다(동조 제3항). 이를 대질신문이라고 한다. 대질신문이란 증인 상호간의 증언 또는 증인의 증언과 피고인의 진술이 일치하지 아니한 경우에 이들을 함께 재정시켜 서로 모순되는 부분에 대하여 신문하는 방식을 말한다.

(나) 구두신문의 원칙

증인에 대한 신문은 원칙적으로 구두로 하여야 한다. 그러나 증인이 들을 수 없는 경우에는 서면으로 묻고, 말할 수 없는 때에는 서면으로 답하게 할 수 있다(규칙 제73조).

재판장은 증인신문을 행함에 있어서 증명할 사항에 관해 가능한 한 증인으로 하여금 개별적이고 구체적인 내용을 진술하게 하여야 한다(규칙 제74조 제1항). 따라서 증인신문은 일문일답식(一問一答式)이어야 하며, 2개 이상의 사항을 하나의 질문으로 묻는 복합질문이나 포괄적이고 막연한 질문은 허용되지 않는다. 또한 증인신문에서는 (ⅰ) 위협적이거나 모욕적인 신문(제1호), (ⅱ) 전(前)의 신문과 중복되는 신문(제2호), (ⅲ) 의견을 묻거나 의논에 해당하는 신문(제3호), (ⅳ) 증인이 직접 경험하지 아니한 사항에 해당하는 신문(제4호)을 하여서는 아니 된다. 다만, (ⅱ) 내지 (ⅳ)의 신문에 관해 정당한 이유가 있는 경우에는 그러하지 아니하다(동조 제2항).

(다) 서류 또는 물건 등의 사용에 의한 신문

증인에 대하여 서류 또는 물건의 성립, 동일성 기타 이에 준하는 사항에 관한 신문을 할 때에는 그 서류 또는 물건을 제시할 수 있다(규칙 제82조 제1항). 또한 증인의 기억이 명백치 아니한 사항에 관해 기억을 환기시켜야 할 필요가 있을 때에는 재판장의 허가를 얻어 서류 또는 물건을 제시하면서 신문할 수 있다(규칙 제83조 제1항). 이때 서류 또는 물건이 증거조사를 마치지 않은 것일 때에는 먼저 상대방에게 이를 열람할 기회를 주어야 한다. 다만, 상대방이 이의하지 아니할 때에는 그러하지 아니한다(규칙 제82조 제2항, 제83조 제3항). 기억환기를 위한 신문의 경우에는 제시하는 서류의 내용이 증인의 진술에 부당한 영향을 미치지 아니하도록 하여야 한다(규칙 제83조 제2항).

증인의 진술을 명확히 할 필요가 있을 때에는 도면, 사진, 모형, 장치 등을 이용하여 신문할 수 있다(규칙 제84조 제1항). 다만, 이 경우에는 이용하는 도면 등이 증인의 진술에 부당한 영향을 미치지 아니하도록 하여야 한다(규칙 제84조 제2항, 제83조 제2항).

(라) 비디오 등 중계장치 등에 의한 증인신문

가) 대상과 범위

증인을 직접 대면하여 신문할 경우 특정 범죄피해자나 증인은 심리적 압박감과 고통을 받을 수 있다고 인정되는 경우에는 예외적으로 비디오 등 중계장치 또는 가림시설에 의한 증인신문이 허용된다. 즉, 법원은 (i)「아동복지법」 제71조 제1항 제1호부터 제3호까지에 해당하는 죄[56]의 피해자(제1호), (ii) 청소년성보호법 제7조, 제8조, 제11조부터 제15조까지 및 제17조 제1항의 규정에 해당하는 죄의 대상이 되는 아동·청소년 또는 피해자(제2호), (iii) 범죄의 성질, 증인의 연령, 심신의 상태, 피고인과의 관계, 그 밖의 사정으로 인하여 피고인 등과 대면하여 진술하는 경우 심리적인 부담으로 정신의 평온을 현저하게 잃을 우려가 있다고 인정되는 사람(제3호)을 증인으로 신문하는 경우 상당하다고 인정하는 때에는 검사와

---

56) 제71조(벌칙) ① 제17조(금지행위)를 위반한 자는 다음 각 호의 구분에 따라 처벌한다.
1. 제1호(청소년성보호법 제12조에 따른 매매는 제외한다)에 해당하는 행위를 한 자는 10년 이하의 징역에 처한다. 1의2. 제2호에 해당하는 행위를 한 자는 10년 이하의 징역 또는 1억원 이하의 벌금에 처한다. 2. 제3호부터 제8호까지의 규정에 해당하는 행위를 한 자는 5년 이하의 징역 또는 5천만원 이하의 벌금에 처한다. 3. 제10호 또는 제11호에 해당하는 행위를 한 자는 3년 이하의 징역 또는 3천만원 이하의 벌금에 처한다.

피고인 또는 변호인의 의견을 들어 비디오 등 중계장치에 의한 중계시설을 통하여 신문하거나 가림시설 등을 설치하고 신문할 수 있다(제165조의2). 또한 성폭력처벌법 제2조 제1항 제3호부터 제5호까지의 성폭력범죄[57]의 피해자를 증인으로 신문하는 경우 검사와 피고인 또는 변호인의 의견을 들어 비디오 등 중계장치에 의한 중계를 통하여 신문할 수 있다(성폭력처벌법 제40조 제1항).

한편, 형소법에서는 비디오 등 중계장치 등에 의한 증인신문에서 (iii)의 경우에 그 대면진술 대상을 '피고인'으로 한정하지 않고 '피고인 등'(제3호)으로 규정하고 있다. 따라서 비디오 등 중계장치 등에 의한 증인신문은 검사, 변호인, 방청인 등과 증인 사이에도 가능하다(2014도18006). 그러나 변호인에 대한 가림시설의 설치는 피고인의 방어권에 중대한 영향을 미칠 수 있으므로 범죄신고자법 제7조[58]에서 규정한 것처럼 범죄신고자 또는 그 친족 등이 보복을 당할 우려가 있다고 인정되어 인적 사항에 대한 비밀조치를 취한 경우와 같이 특별한 사정이 있는 경우에 한하여 예외적으로 허용된다(2014도18006).[59]

나) 법원의 결정

법원은 신문할 증인이 비디오 등 중계장치 등에 의한 증인신문의 대상자에 해당한다고 인정될 경우, 증인으로 신문하는 결정을 할 때 비디오 등 중계장치에 의한 중계시설 또는 가림시설을 통한 신문 여부를 함께 결정하여야 한다. 이 때 증인의 연령, 증언할 당시의 정신적·심리적 상태, 범행의 수단과 결과 및 범행 후의 피고인이나 사건관계인의 태도 등을 고려하여 판단하여야 한다(규칙 제84조의4 제1항).

---

57) 성폭력처벌법 제2조(정의) ① 이 법에서 "성폭력범죄"란 다음 각 호의 어느 하나에 해당하는 죄를 말한다. 3.「형법」제2편 제32장 강간과 추행의 죄 중 제297조(강간), 제297조의2(유사강간), 제298조(강제추행), 제299조(준강간, 준강제추행), 제300조(미수범), 제301조(강간 등 상해·치상), 제301조의2(강간 등 살인·치사), 제302조(미성년자 등에 대한 간음), 제303조(업무상위력 등에 의한 간음) 및 제305조(미성년자에 대한 간음, 추행)의 죄. 4.「형법」제339조(강도강간)의 죄 및 제342조(제339조의 미수범으로 한정한다)의 죄. 5. 이 법 제3조(특수강도강간 등)부터 제15조(미수범)까지의 죄.

58) 범죄신고자법 제7조(인적 사항의 기재 생략) ① 검사 또는 사법경찰관은 범죄신고 등과 관련하여 조서나 그 밖의 서류(이하 '조서 등'이라 한다)를 작성할 때 범죄신고자 등이나 그 친족 등이 보복을 당할 우려가 있는 경우에는 그 취지를 조서 등에 기재하고 범죄신고자 등의 성명·연령·주소·직업 등 신원을 알 수 있는 사항은 기재하지 않는다.

59) 헌법재판소는 변호인에 대한 가림시설의 설치는 피고인의 반대신문권을 일정부분 제한하는 것이므로 더욱 한정적으로 이루어져야 한다고 하였다(2015헌바221).

법원은 증인신문 전 또는 증인신문 중에도 비디오 등 중계장치에 의한 중계시설 또는 가림시설을 통하여 신문할 것을 결정할 수 있다(동조 제2항). 다만, 이때에도 피고인의 반대신문권은 보장되어야 한다.

다) 중계방법과 가림시설의 설치 등

비디오 등 중계장치 등에 의한 증인신문의 절차와 방법은 비디오 등 중계장치 등에 의한 공판준비기일의 절차를 준용한다(규칙 제84조의5).

(a) 신문방법 비디오 등 중계장치 등에 의한 증인신문은 검사, 변호인을 비디오 등 중계장치에 의한 중계시설에 출석하게 하거나 인터넷 화상장치를 이용하여 지정된 인터넷주소에 접속하게 하고, 영상과 음향의 송수신에 의하여 법관, 검사, 변호인이 상대방을 인식할 수 있는 방법으로 한다(규칙 제123조의13 제1항). 다만, 통신불량, 소음, 서류 등 확인의 불편, 제3자 관여 우려 등의 사유로 비디오 등 중계장치 등에 의한 증인신문의 실시가 상당하지 아니한 당사자가 있는 경우 법원은 기일을 연기 또는 속행하면서 그 당사자가 법정에 직접 출석하는 기일을 지정할 수 있다(동조 제5항).

(b) 설치장소와 방법 비디오 등 중계장치에 의한 중계시설은 법원 청사 안에 설치하되, 필요한 경우 법원 청사 밖의 적당한 곳에 설치할 수 있다(동조 제2항). 후자의 경우 법원은 비디오 등 중계장치에 의한 중계시설이 설치된 관공서나 그 밖의 공사단체의 장에게 비디오 등 중계장치 등에 의한 증인신문의 원활한 진행에 필요한 조치를 요구할 수 있다(동조 제3항).

법원은 가림시설을 설치함에 있어 피고인과 증인이 서로의 모습을 볼 수 없도록 필요한 조치를 취하여야 한다(규칙 제84조의9 제1항).[60] 비디오 등 중계장치에 의한 중계시설을 통하여 증인신문을 할 때 중계장치를 통하여 증인이 피고인을 대면하거나 피고인이 증인을 대면하는 것이 증인의 보호를 위하여 상당하지 않다고 인정되는 경우 재판장은 검사, 변호인의 의견을 들어 증인 또는 피고인이 상대방을 영상으로 인식할 수 있는 장치의 작동을 중지시킬 수 있다(동조 제2항).

(c) 증거조사방법 비디오 등 중계장치 등에 의한 증인신문에서의 서류 등의 제시는 비디오 등 중계장치에 의한 중계시설이나 인터넷 화상장치를 이용

60) 헌법재판소는 "심판대상조항에 따른 가림시설을 이용한 증인신문은 증인의 얼굴을 볼 수는 없지만 피고인, 변호인이나 방청인이 재정한 채로 주신문에 대한 증인의 답변을 생생히 들을 수 있으므로 비디오 등 중계장치에 의한 증인신문, 피고인 등의 퇴정 후 증인신문을 하는 방법보다 기본권의 침해정도가 크다고 볼 수도 없다"(2015헌바221)고 하였다.

하거나 모사전송, 전자우편, 그 밖에 이에 준하는 방법으로 할 수 있다(규칙 제123조의13 제4항). 비디오 등 중계장치 등에 의한 증인신문을 실시한 경우 그 취지를 조서에 적어야 한다(동조 제8항).

라) 심리비공개

법원은 비디오 등 중계장치에 의한 중계시설 또는 가림시설을 통하여 증인을 신문하는 경우, 증인의 보호를 위하여 필요하다고 인정하는 경우에는 결정으로 이를 공개하지 아니할 수 있다(규칙 제84조의6 제1항). 이 결정을 한 경우에도 재판장은 적당하다고 인정되는 자의 재정을 허가할 수 있다(동조 제4항).

한편, 증인으로 소환받은 증인과 그 가족은 증인보호 등의 사유로 증인신문의 비공개를 신청할 수 있으며(동조 제2항), 이 신청이 있는 때에는 재판장은 그 허가 여부 및 공개, 법정외의 장소에서의 신문 등 증인의 신문방식 및 장소에 관해 결정하여야 한다(동조 제3항).

마) 신뢰관계 있는 자의 동석 등

법원은 비디오 등 중계장치에 의한 중계시설을 통하여 피해자를 증인신문을 하는 경우 신뢰관계에 있는 자를 동석하게 할 때(제163조의2)에는 비디오 등 중계장치에 의한 중계시설에 동석하게 한다(규칙 제84소의7 제1항).

한편, 비디오 등 중계장치에 의한 증인신문을 하는 경우 증인은 증언을 보조할 수 있는 인형, 그림 그 밖에 적절한 도구를 사용할 수 있으며(규칙 제84조의8 제1항), 증언을 하는 동안 담요, 장난감, 인형 등 증인이 선택하는 물품을 소지할 수 있다(동조 제2항).[61]

4) 교호신문제도

(가) 의 의

교호신문(交互訊問)이란 증인신문에서 증인을 신청한 당사자와 그 상대방이 주신문 → 반대신문 → 재 주신문 → 재 반대신문의 순서로 신문하는 방식을 말하며, 상호신문제도라고도 한다. 교호신문제도는 소송의 주도적 지위를 가지는 당사자가 공격과 방어를 교환하는 당사자주의식 증인신문방식으로서, 당사자에

---

61) 이 외에도 규칙에서는 법원으로 하여금 특별한 사정이 없는 한 예산의 범위 안에서 증인의 보호 및 지원에 필요한 시설을 설치하도록 하고 있고(규칙 제84조의10 제1항), 이 시설을 설치한 경우 예산의 범위 안에서 그 시설을 관리·운영하고 증인의 보호 및 지원을 담당하는 직원을 두도록 하고 있다(동조 제2항).

의한 공격과 방어를 통해 실체적 진실발견을 도모하고자 하는 것이다.

증인신문은 인정신문과 사실에 대한 신문으로 구분된다. 인정신문은 재판장이 행한다. 그러나 형소법에서는 사실에 대한 신문은 교호신문제도를 채택하여, 증인을 신청한 검사, 변호인 또는 피고인이 먼저 신문하고, 다음에 다른 검사, 변호인 또는 피고인이 신문하도록 한다(제161조의2 제1항). 다만, 간이공판절차에서는 법원이 상당하다고 인정하는 방법으로 신문하면 충분하다(제297조의2).

(나) 교호신문방식

가) 주신문

주신문이란 증인을 신청한 당사자가 자신이 증명할 사항과 이와 관련된 사항에 관해 먼저 질문하는 직접신문을 말한다.

ⓐ 신문내용　주 신문은 입증할 사항과 이에 관련된 사항에 관하여 한다(규칙 제75조 제1항). '증명할 사항'이란 증인신문을 신청한 입증취지를 의미하며, '이와 관련된 사항'이란 증언의 증명력을 보강하거나 다투기 위해 필요한 사항을 말한다. 즉, 주신문의 경우에는 증언의 증명력을 다투기 위하여 필요한 사항에 관한 신문을 할 수 있다(규칙 제77조 제1항). 이때의 신문은 증인의 경험, 기억 또는 표현의 정확성 등 증언의 신빙성에 관한 사항 및 증인의 이해관계, 편견 또는 예단 등 증인의 신용성에 관한 사항에 관하여 한다. 다만, 증인의 명예를 해치는 내용의 신문을 하여서는 아니 된다(동조 제2항).

ⓑ 유도신문의 금지와 예외　주신문에서는 원칙적으로 유도신문을 하여서는 아니 된다(규칙 제75조 제2항). 주신문에서 유도신문을 하게 되면 증인을 신청한 자와 증인 간의 우호적인 관계 때문에 객관적인 증언이 이루어지지 않을 위험성이 있기 때문이다. '유도신문'이란 신문하는 자가 원하는 내용을 진술하도록 증인을 유인하는 신문을 말한다.

그러나 유도신문을 하더라도 이러한 위험성이 없는 경우에는 유도신문이 허용된다. 즉 (ⅰ) 증인과 피고인과의 관계, 증인의 경력, 교우관계 등 실질적인 신문에 앞서 미리 밝혀둘 필요가 있는 준비적인 사항에 관한 신문의 경우(제1호), (ⅱ) 검사, 피고인 및 변호인 사이에 다툼이 없는 명백한 사항에 관한 신문의 경우(제2호), (ⅲ) 증인이 주신문을 하는 자에 대하여 적의 또는 반감을 보일 경우(제3호), (ⅳ) 증인이 종전의 진술과 상반되는 진술을 하는 때에 그 종전진술에 관한 신문의 경우(제4호), (ⅴ) 기타 유도신문을 필요로 하는 특별한 사정이 있는 경우(제5호)이다(동조 제2항 단서).

재판장은 위 각 호에 해당하지 아니하는 경우의 유도신문은 이를 제지하여야 하고, 유도신문의 방법이 상당하지 아니하다고 인정할 때에는 이를 제한할 수 있다(동조 제3항). 또한 검사, 피고인 또는 변호인은 주신문에서 유도신문이 행하여질 경우에는 이의신청을 할 수 있으며(제296조 제1항), 법원은 이 신청에 대하여 결정을 하여야 한다(동조 제2항). 허용되지 않는 유도신문에 의한 증언은 위법한 증거로서 증거능력이 부정될 수 있다. 판례는 검사가 제1심 증인신문과정에서 증인에게 주신문을 하면서 규칙상 허용되지 않는 유도신문을 하였다고 볼 여지가 있었는데, 그 다음 공판기일에 재판장이 증인신문 결과 등을 증인신문조서에 의하여 고지하였음에도 피고인과 변호인이 '변경할 점과 이의할 점이 없다'고 진술한 경우에는 주신문의 하자가 치유된다고 한다(2012도2937).

나) 반대신문

반대신문이란 주신문 후에 반대당사자가 하는 신문을 말한다. 반대신문은 주신문의 모순된 점을 지적하고, 반대당사자에게 유리한 누락된 사항을 이끌어내며, 증인의 신용성을 단핵하여 증언의 증명력을 감쇄시키는 것을 목적으로 한다.

(a) 신문내용　반대신문은 주신문에서 나타난 사항과 이와 관련된 사항에 대하여 신문할 수 있다(규칙 제76조 제1항). 또한 반대신문의 경우에도 증언의 증명력을 다투기 위하여 필요한 사항에 관한 신문을 할 수 있음은 주신문의 경우와 같다(규칙 제77조 제1항). 따라서 이때의 신문은 증인의 경험, 기억 또는 표현의 정확성 등 증언의 신빙성에 관한 사항 및 증인의 이해관계, 편견 또는 예단 등 증인의 신용성에 관한 사항에 관하여 한다. 다만, 증인의 명예를 해치는 내용의 신문을 하여서는 아니 된다(동조 제2항).

반대신문의 기회에 주신문에 나타나지 아니한 새로운 사항에 관하여 신문하고자 할 때에는 재판장의 허가를 받아야 한다(규칙 제76조 제4항). 이때의 신문은 그 사항에 관하여는 주신문으로 본다(동조 제5항).

(b) 유도신문의 허용　반대신문에서 필요할 때에는 유도신문을 할 수 있다(동조 제2항). 반대신문의 경우 증인과 신문자 사이에 우호관계로 인한 사실 왜곡의 위험성이 적고, 주신문에 나타난 증언내용을 효과적으로 확인할 수 있기 때문이다. 그러나 재판장은 유도신문의 방법이 상당하지 아니하다고 인정할 때에는 이를 제한할 수 있다(동조 제3항).

다) 재 주신문 및 재 반대신문

주신문을 한 검사, 피고인 또는 변호인은 반대신문이 끝난 후 반대신문에 나타난 사항과 이와 관련된 사항에 관하여 다시 신문을 할 수 있다(규칙 제78조 제1항). 이를 재 주신문이라고 한다. 재 주신문은 주신문의 예에 의한다(동조 제2항). 재 주신문의 기회에 반대신문에 나타나지 아니한 새로운 사항에 관해 신문하고자 할 때에는 재판장의 허가를 받아야 하며, 그 사항에 관하여는 주신문으로 본다(동조 제3항, 규칙 제76조 제4항, 제5항).

검사, 피고인 또는 변호인은 주신문, 반대신문 및 재 주신문이 끝난 후에도 재판장의 허가를 얻어 다시 신문을 할 수 있다(규칙 제79조). 이를 재 반대신문이라 한다. 재판장의 허가가 있는 때에는 계속해서 재재 주신문과 재재 반대신문도 가능하다.

라) 교호신문의 보충

형소법은 당사자주의 소송구조에 따라 증인신문에 관해 교호신문제도를 규정하고 있지만 실체적 진실발견과 피고인의 방어권보장을 위하여 직권주의에 의해 보충하고 있다.

재판장은 원칙적으로 당사자의 신문 후에 신문할 수 있다(제161조의2 제2항). 그러나 재판장은 필요하다고 인정하면 어느 때나 신문할 수 있으며, 신문순서를 변경할 수 있다(동조 제3항). 재판장이 검사, 피고인 및 변호인에 앞서 신문을 한 경우(동항 전단) 그 후에 하는 검사, 피고인 및 변호인의 신문에 관하여는 이를 신청한 자와 상대방의 구별에 따라 교호신문방식에 관한 규정(제75조 내지 제79조)을 각 준용한다(규칙 제80조 제1항). 다만, 재판장이 신문순서를 변경한 경우(제161조의2 제3항 후단)의 신문방법은 재판장이 정하는 바에 의한다(동조 제2항). 또한 합의부원은 재판장에게 고하고 신문할 수 있다(제161조의5 제5항).

한편, 법원이 직권으로 신문할 증인이나 범죄로 인한 피해자의 신청에 의하여 신문할 증인의 신문방식은 재판장이 정하는 바에 의하며(제161조의2 제4항), 이때 증인에 대하여 재판장이 신문한 후 검사, 피고인 또는 변호인이 신문하는 때에는 반대신문의 예에 의한다(규칙 제81조).

5) 일시와 장소

증인신문은 원칙적으로 공판기일에 공판정에서 하여야 한다. 다만, 법원은 증인의 연령, 직업, 건강상태 기타의 사정을 고려하여 검사, 피고인 또는 변호인의 의견을 묻고 법정 외에 소환하거나 현재지에서 신문할 수 있다(제165조). 이를 위해 법원은 증인에게 지정한 장소로 동행할 것을 명할 수 있고, 증인이 정당한 사유 없이 동행을 거부하는 때에는 구인할 수 있다(제166조).

법원은 법정 외의 증인신문을 합의부원에게 명할 수 있고(수명법관에 의한 증인신문), 증인 현재지의 지방법원 판사(수탁판사)에게 촉탁할 수 있다(제167조 제1항). 수탁판사는 증인이 관할구역 내에 현재하지 아니한 때에는 그 현재지의 지방법원 판사에게 전촉할 수 있다(동조 제2항). 수명법관 또는 수탁판사는 증인의 신문에 관해 법원 또는 재판장에 속한 처분을 할 수 있다(동조 제3항).

6) 증인신문조서의 작성과 열람·복사 등

(가) 조서의 작성

증인을 신문하는 때에는 신문에 참여한 법원사무관 등이 조서를 작성하여야 한다(제48조 제1항). 공판기일 외에서 증인신문이 행하여지는 경우도 마찬가지이다. 다만, 공판기일 외의 증인신문조서는 증거서류이므로 공판기일에 공판정에서 이를 낭독하는 방법 등으로 다시 증거조사를 하여야 증거능력이 인정된다(제292조 참조).

(나) 조서의 열람·복사 등

증인은 자신에 대한 증인신문조서 및 그 일부로 인용된 속기록, 녹음물, 영상녹화물 또는 녹취서의 열람, 등사 또는 사본을 청구할 수 있다(규칙 제84조의2). 피고인과 변호인도 증인신문조서를 열람·복사할 수 있다(제35조, 제55조). 검사의 경우도 현행법상 명문규정은 없지만 증인신문조서를 열람·복사할 수 있다.

또한 소송계속 중인 사건의 피해자(피해자가 사망하거나 그 심신에 중대한 장애가 있는 경우에는 그 배우자·직계친족 및 형제자매를 포함한다), 피해자 본인의 법정대리인 또는 이들로부터 위임을 받은 피해자 본인의 배우자·직계친족·형제자매·변호사는 소송기록의 열람 또는 등사를 재판장에게 신청할 수 있다(제294조의4 제1항). 재판장은 이 신청이 있는 때에는 지체 없이 검사, 피고인 또는 변호인에게 그 취지를 통지하여야 한다(동조 제2항). 이때 재판장은 피해자 등의 권리구제를 위하여 필요하다고 인정하거나 그 밖의 정당한 사유가 있는 경우 범죄의 성질, 심리의 상황, 그 밖의 사정을 고려하여 상당하다고 인정하는 때에는 열람 또는 등사를 허가할 수 있다(동조 제3항). 재판장이 등사를 허가하는 경우에는 등사한 소송기록의 사용목적을 제한하거나 적당하다고 인정하는 조건을 붙일 수 있다(동조 제4항). 이에 관한 재판에 대하여는 불복할 수 없다(동조 제6항).

소송기록을 열람 또는 등사한 자는 열람 또는 등사에 의하여 알게 된 사항을 사용함에 있어서 부당히 관계인의 명예나 생활의 평온을 해하거나 수사와 재판에 지장을 주지 아니하도록 하여야 한다(동조 제5항).

(5) 범죄피해자의 진술권

1) 피해자 등의 증인신청과 법원의 결정

(가) 피해자 등의 증인신청

헌법 제27조 제5항에서는 "형사피해자는 법률이 정하는 바에 의하여 해당 사건의 재판절차에서 진술할 수 있다"고 규정함으로써 형사피해자의 진술권을 기본권인 재판청구권의 내용으로 보장하고 있으며, 제294조의2에서는 이를 구체화하여 규정하고 있다. 즉, 법원은 범죄로 인한 피해자 또는 그 법정대리인(피해자가 사망한 경우에는 배우자·직계존속·형제자매를 포함한다. 이하 '피해자 등'이라 한다)의 신청이 있는 때에는 그 피해자 등을 증인으로 신문하여야 한다. 다만, (i) 피해자 등 이미 해당 사건에 관해 공판절차에서 충분히 진술하여 다시 진술할 필요가 없다고 인정되는 경우(제1호) 또는 (ii) 피해자 등의 진술로 인하여 공판절차가 현저하게 지연될 우려가 있는 경우(제2호)는 예외로 한다(제294조의2 제1항). '피해자'는 실체법상 보호법익의 주체뿐만 아니라 범죄로 인해 법률상 불이익을 받게 되는 자를 포함한다(92헌마48).

법원은 동일한 범죄사실에서 신청인이 여러 명인 경우에는 진술할 자의 수를 제한할 수 있다(동조 제3항).

(나) 법원의 결정

피해자 등의 증거신청에 대하여 법원은 결정을 하여야 한다(제295조). 다만, 신청인이 출석통지를 받고도 정당한 이유 없이 출석하지 아니한 때에는 그 신청을 철회한 것으로 본다(제294조의2 제4항).[62]

---

62) 형소법에서는 피해자의 진술권을 보장하기 위하여 검사는 범죄로 인한 피해자 또는 그 법정대리인(피해자가 사망한 경우에는 그 배우자·직계친족·형제자매를 포함한다)의 신청이 있는 때에는 해당 사건의 공소제기 여부, 공판의 일시·장소, 재판결과, 피고인·피의자의 구속·석방 등 구금에 관한 사실 등을 신속하게 통지하도록 하고 있다(제259조의2). 또한 수사준칙규정에서는 "검사 또는 사법경찰관은 수사에 대한 진행상황을 사건관계인에게 적절히 통지하도록 노력해야 한다"고 규정하고 있다(제12조). 이 외에도 피해자 등에게는 소송기록의 열람·등사권을 인정하고 있다(제294조의4).

2) 피해자의 신문방식

(가) 증인신문에 의한 경우

가) 신문방식

범죄피해자를 증인으로 신문하는 경우에는 일반적인 교호신문절차를 따를 필요가 없이 재판장이 정하는 바에 의한다(제161조의2 제4항). 다만, 법원은 피해자 등을 증인으로 신문하는 경우 피해의 정도 및 결과, 피고인의 처벌에 관한 의견, 그 밖에 해당 사건에 관한 의견을 진술할 기회를 주어야 한다(제294조의2 제2항).

이때 법원은 해당 피해자, 법정대리인 또는 검사의 신청에 따라 피해자의 사생활의 비밀이나 신변보호를 위하여 필요하다고 인정하는 때에는 결정으로 심리를 공개하지 아니할 수 있다(제294조의3 제1항). 다만, 이 결정은 이유를 붙여 고지하여야 한다(동조 제2항). 그러나 법원은 심리비공개의 결정을 한 경우에도 적당하다고 인정되는 자의 재정(在廷)을 허가할 수 있다(동조 제3항).

<참고> 성폭력범죄피해자의 증인신문을 위한 공판준비절차와 증인신문장소의 특례

법원은 19세 미만인 피해자나 신체적인 또는 정신적인 장애로 사물을 변별하거나 의사를 결정할 능력이 미약한 피해자를 증인으로 신문하려는 경우에는 19세 미만 피해자 등의 보호와 원활한 심리를 위하여 필요한 경우 검사, 피고인 또는 변호인의 의견을 들어 사건을 공판준비절차에 부칠 수 있다(성폭력처벌법 제40조의2 제1항).

법원은 공판준비절차에 부치는 경우 증인신문을 위한 심리계획을 수립하기 위하여 공판준비기일을 지정하여야 하며(동조 제2항), 지정한 공판준비기일에 증인신문을 중개하거나 보조할 진술조력인을 출석하게 할 수 있다(동조 제3항). 19세 미만 피해자 등의 변호사는 지정된 공판준비기일에 출석할 수 있다(동조 제4항).

법원은 위의 공판준비절차에서 검사, 피고인 또는 변호인에게 신문할 사항을 기재한 서면을 법원에 미리 제출하게 할 수 있다. 다만, 제출한 신문사항은 증인신문을 하기 전까지는 열람·복사 등을 통하여 상대방에게 공개하지 아니한다(동조 제5항), 또한 법원은 지정된 공판준비기일에서 검사, 피고인, 변호인, 19세 미만 피해자 등의 변호사 및 진술조력인에게 신문사항과 신문방법 등에 관한 의견을 구할 수 있다(동조 제6항).

한편, 19세 미만 피해자 등을 증인으로 신문하는 경우 사전에 피해자에게 형소법 제165조의2 제1항에 따라 비디오 등 중계장치에 의한 중계시설을 통하여 신문할 수 있음을 고지하여야 한다(동법 제40조의3 제1항). 19세 미만 피해자 등은 중계시설을 통하여 증인신문을 진행할지 여부 및 증인으로 출석할 장소에 관하여 법원에 의견을 진술할 수 있다(동조 제2항). 법원은 중계시설을 통하여 19세 미만 피해자 등을 증인으로 신문하는 경우 그 중계시설은 특별한 사정이 없으면 동법 제30조 제1항에 따른 영상녹화가 이루어진 장소로 한다. 다만, 피해자가 다른 장소를 원하

> 는의사를 표시하거나, 동법 제30조 제1항에 따른 영상녹화가 이루어진 장소가 경찰서 등 수사기관의 시설인 경우에는 법원이 중계시설을 지정할 수 있다(동조 제3항).

나) 피해자보호제도

피해자신문의 경우에는 증인신문에서의 비디오 등 중계장치 등에 의한 신문(제165조의2) 등 증인보호제도가 그대로 적용되며, 이 외에 피해자보호를 위하여 별도의 장치를 두고 있다.

(a) 신뢰관계 있는 자의 동석 법원은 범죄로 인한 피해자를 증인으로 신문하는 경우 증인의 연령, 심신의 상태, 그 밖의 사정을 고려하여 증인이 현저하게 불안 또는 긴장을 느낄 우려가 있다고 인정하는 때에는 직권 또는 피해자·법정대리인·검사의 신청에 따라 피해자와 신뢰관계에 있는 자를 동석하게 할 수 있다(임의적 동석, 제163조의2 제1항).[63] 또한 법원은 범죄로 인한 피해자가 13세 미만이거나 신체적 또는 정신적 장애로 사물을 변별하거나 의사를 결정할 능력이 미약한 경우에 재판에 지장을 초래할 우려가 있는 등 부득이한 경우가 아닌 한 피해자와 신뢰관계에 있는 자를 동석하게 하여야 한다(필요적 동석, 제163조의2 제2항).[64]

'피해자와 동석할 수 있는 신뢰관계에 있는 자'란 피해자의 배우자, 직계친족, 형제자매, 가족, 동거인, 고용주, 변호사, 그 밖에 피해자의 심리적 안정과 원활한 의사소통에 도움을 줄 수 있는 사람을 말한다(규칙 제84조의3 제1항). 이 동석신청에는 동석하고자 하는 자와 피해자 사이의 관계, 동석이 필요한 사유 등을 명시하여야 한다(규칙 제84조의3 제2항).

동석한 자는 법원·소송관계인의 신문 또는 증인의 진술을 방해하거나 그 진술의 내용에 부당한 영향을 미칠 수 있는 행위를 하여서는 아니 된다(제163조의2 제3항). 만일 동석한 자가 부당하게 재판의 진행을 방해하는 때에는 재판장은 동석을 중지시킬 수 있다(규칙 제84조의3 제3항).

---

63) 검사 또는 사법경찰관이 범죄로 인한 피해자를 조사하는 경우에도 마찬가지이다(제221조 제3항).

64) 성폭력처벌법에 따르면 동법 제3조부터 제8조까지, 제10조, 제14조, 제14조의2, 제14조의3, 제15조(제9조의 미수범은 제외한다) 및 제15조의2에 따른 범죄의 피해자 또는 19세 미만인 피해자나 신체적인 또는 정신적인 장애로 사물을 변별하거나 의사를 결정할 능력이 미약한 피해자를 증인으로 신문하는 경우에 검사, 피해자 또는 그 법정대리인이 신청할 때에는 재판에 지장을 줄 우려가 있는 등 부득이한 경우가 아니면 피해자와 신뢰관계에 있는 사람을 동석하게 하여야 한다(제34조 제1항).

(b) 진술조력인의 참여　법원은 성폭력처벌법상 성폭력범죄의 피해자가 19세 미만인 피해자나 신체적인 또는 정신적인 장애로 사물을 변별하거나 의사를 결정할 능력이 미약한 피해자인 경우 재판과정에서의 조력과 원활한 증인신문을 위하여 직권 또는 검사, 피해자, 그 법정대리인 및 변호사의 신청에 의한 결정으로 진술조력인으로 하여금 증인신문에 참여하여 중개하거나 보조하게 할 수 있다(성폭력처벌법 제37조 제1항). 따라서 법원은 증인이 이에 해당하는 경우에는 신문 전에 피해자, 법정대리인 및 변호사에게 진술조력인에 의한 의사소통 중개나 보조를 신청할 수 있음을 고지하여야 한다(동조 제2항).[65)]

진술조력인은 재판과정에 참여함에 있어 중립적인 지위에서 상호간의 진술이 왜곡 없이 전달될 수 있도록 노력하여야 한다(동법 제38조 제1항). 또한 진술조력인은 그 직무상 알게 된 피해자의 주소, 성명, 나이, 직업, 학교, 용모, 그 밖에 피해자를 특정하여 파악할 수 있게 하는 인적 사항과 사진 및 사생활에 관한 비밀을 공개하거나 다른 사람에게 누설하여서는 아니 된다(동조 제2항).[66)]

진술조력인에 관한 내용은 아동학대범죄의 학대피해아동(아동학대처벌법 제17조)과 장애인학대관련범죄 피해장애인(장애이복지법 제59조의16)의 조사·심리에 있어서도 준용된다.

(c) 피해자변호사제도　성폭력처벌법상 성폭력범죄의 피해자 및 그 법정대리인(이하 '피해자 등'이라 한다)은 형사절차상 입을 수 있는 피해를 방어하고 법률적 조력을 보장하기 위하여 변호사를 선임할 수 있다(제27조 제1항). 이를 피해자변호사라고 한다.

피해자변호사는 검사 또는 사법경찰관의 피해자 등에 대한 조사에 참여하여 의견을 진술할 수 있다. 즉, 피해자변호사는 조사 도중에 검사 또는 사법경찰관의 승인을 받아 의견을 진술할 수 있으며(동조 제2항), 피의자에 대한 구속 전 피의자심문, 증거보전절차, 공판준비기일 및 공판절차에 출석하여 의견을 진술할 수 있다(동조 제3항). 또한 피해자변호사는 증거보전 후 관계서류나 증거물, 소송

---

65) 법무부장관은 의사소통 및 의사표현에 어려움이 있는 성폭력범죄의 피해자에 대한 형사사법절차에서의 조력을 위하여 진술조력인을 양성하여야 하며, 진술조력인은 정신건강의학, 심리학, 사회복지학, 교육학 등 아동·장애인의 심리나 의사소통 관련 전문지식이 있거나 관련 분야에서 상당 기간 종사한 사람으로 법무부장관이 정하는 교육을 이수하여야 한다(성폭력처벌법 제35조).

66) 성폭력처벌법 제39조(벌칙적용에서 공무원의 의제) 진술조력인은 「형법」 제129조부터 제132조까지에 따른 벌칙의 적용에서 이를 공무원으로 본다.

계속 중의 관계서류나 증거물을 열람하거나 등사할 수 있고(동조 제4항), 형사절차에서 피해자 등의 대리가 허용될 수 있는 모든 소송행위에 대한 포괄적인 대리권을 가진다(동조 제5항). 피해자에게 변호사가 없는 경우에 검사는 국선변호사를 선정하여 형사절차에서 피해자의 권익을 보호할 수 있다. 다만, 19세 미만인 피해자나 신체적인 또는 정신적인 장애로 사물을 변별하거나 의사를 결정할 능력이 미약한 피해자에게 변호사가 없는 경우에는 국선변호사를 선정하여야 한다(동조 제6항).[67)]

성폭력처벌법상 피해자변호사제도는 청소년성보호법상 아동·청소년대상 성범죄의 피해자 및 그 법정대리인(제30조)과 아동학대처벌법상 아동학대범죄의 피해아동 및 그 법정대리인(제16조) 및 「장애인복지법」상 장애인학대사건의 피해장애인 및 그 법정대리인(제59조의15), 인신매매방지법상 피해자 및 법정대리인(제16조), 스토킹처벌법상 피해자 및 법정대리인(제17조의4)에게 준용된다.

(나) 의견진술에 의한 경우

법원은 필요하다고 인정하는 경우에는 직권으로 또는 피해자 등의 신청에 따라 피해자 등을 공판기일에 출석하게 하여 제294조의2 제2항에 정한 사항[68)]으로서 범죄사실의 인정에 해당하지 않는 사항에 관해 증인신문에 의하지 아니하고 의견을 진술하게 할 수 있다(규칙 제134조의10 제1항). 이때에는 피해자에 대한 증인신문에서의 신뢰관계 있는 자의 동석제도(제163조의2 제1항, 제3항 및 제84조의3)가 준용된다(규칙 제134조의10 제7항). 다만, 이 진술은 범죄사실의 인정을 위한 증거로 할 수 없다(규칙 제134조의12).

한편, 재판장은 (ⅰ) 피해자 등이나 피해자 변호사가 이미 해당 사건에 관해 충분히 진술하여 다시 진술할 필요가 없다고 인정되는 경우(제1호), (ⅱ) 의견진술 또는 질문으로 인하여 공판절차가 현저하게 지연될 우려가 있다고 인정되는 경우(제2호), (ⅲ) 의견진술과 질문이 해당 사건과 관계없는 사항에 해당된다고 인정되는 경우(제3호), (ⅳ) 범죄사실의 인정에 관한 것이거나, 그 밖의 사유로 피해자 등의 의견진술로서 상당하지 아니하다고 인정되는 경우(제4호)에는 피해자 등의 의견진술이나 검사, 피고인 또는 변호인의 피해자 등에 대한 질문을 제한할 수 있다(동조 제6항).

---

67) 피해자국선변호사의 운영에 관하여는 「검사의 국선변호사 선정 등에 관한 규칙」 참조.

68) 제294조의2(피해자등의 진술권) ② 법원은 제1항에 따라 피해자등을 신문하는 경우 피해의 정도 및 결과, 피고인의 처벌에 관한 의견, 그 밖에 해당 사건에 관한 의견을 진술할 기회를 주어야 한다.

또한 의견진술에 의한 경우 재판장은 재판의 진행상황 등을 고려하여 피해자 등의 의견진술에 관한 사항과 그 시간을 미리 정할 수 있다(동조 제2항). 그리고 재판장은 피해자 등의 의견진술에 대하여 그 취지를 명확하게 하기 위하여 피해자 등에게 질문할 수 있고, 설명을 촉구할 수 있으며(동조 제3항), 합의부원은 재판장에게 알리고 이 행위를 할 수 있다(동조 제4항). 이때 검사, 피고인 또는 변호인은 피해자 등이 의견을 진술한 후 그 취지를 명확하게 하기 위하여 재판장의 허가를 받아 피해자 등에게 질문할 수 있다(동조 제5항).

한편, 법원은 피고인이 피해자의 권리회복에 필요한 금전을 공탁한 경우에는 판결을 선고하기 전에 피해자 또는 그 법정대리인(피해자가 사망한 경우에는 배우자 · 직계친족 · 형제자매를 포함한다)의 의견을 들어야 한다. 다만, 그 의견을 청취하기 곤란한 경우로서 대법원규칙으로 정하는 특별한 사정이 있는 경우[69]에는 그러하지 아니하다(제294조의5 제1항). 이는 피고인이 판결선고가 임박한 시점에 공탁을 하였을 때 이것이 피해자의 의사와 무관하게 피고인의 감경사유로 양형에 반영되는 것을 방지하기 위한 것이다. 의견을 듣는 경우는 검사 또는 피해자 변호사에게 의견조회서를 교부 또는 송부하여 그로부터 해당 의견조회서를 제출받는 방법(제1호) 또는 서면·전화·전자우편·모사전송·휴대전화 문자전송 그 밖에 적당한 방법으로 피해자 등의 의견을 확인하는 방법[70](제2호)에 의한다(규칙 제134조의13 제1항). 다만, 이때 피해자 등이 제출한 의견은 범죄사실의 인정을 위한 증거로 할 수 없다(동조 제3항).

(다) 서면제출에 의한 경우

재판장은 재판의 진행상황, 그 밖의 사정을 고려하여 피해자 등에게 이 의견진술에 갈음하여 의견을 기재한 서면을 제출하게 할 수 있다(규칙 제134조의11 제1항). 피해자 등의 의견진술에 갈음하는 서면이 법원에 제출된 때에는 검사 및 피고인 또는 변호인에게 그 취지를 통지하여야 한다(동조 제2항). 이 통지는 서면, 전

---

69) 1. 피해자 등이 이미 해당 사건에서 피고인의 공탁에 관하여 의사를 진술하여 다시 그 의사를 확인할 필요가 없는 경우, 2. 피해자 등의 의견청취로 인하여 공판절차가 현저하게 지연될 우려가 있는 경우, 3. 피공탁자의 인적 사항을 확인할 수 없는 등의 사유로 피해자 등의 의견을 듣기 곤란한 경우, 4. 그 밖에 심리나 절차 진행의 상황 등에 비추어 피해자 등의 의견을 듣기 곤란한 경우(규칙 제134조의13 제2항).

70) 이 경우 법원사무관 등은 의견확인의 상대방·방법·연월일 및 피해자 등이 제출한 의견(피해자 등이 의견제출을 거절하는 등의 경우에는 그러한 취지)을 기재한 서면을 기록에 편철하여야 한다. 다만, 조서에 그 내용을 기재한 경우에는 그러하지 아니하다.

화, 전자우편, 모사전송, 휴대전화 문자전송 그 밖에 적당한 방법으로 할 수 있다(동조 제4항).

이 서면이 제출된 경우 재판장은 공판기일에서 의견진술에 갈음하는 서면의 취지를 명확하게 하여야 한다. 이때 재판장은 상당하다고 인정하는 때에는 그 서면을 낭독하거나 요지를 고지할 수 있다(동조 제3항). 다만, 이 서면은 범죄사실의 인정을 위한 증거로 할 수 없다(규칙 제134조의12).[71)]

3. 검 증

(1) 의 의

검증이란 법관이 오관의 작용에 의하여 사물의 존재, 형상, 상태를 직접 인식하는 증거조사의 방법을 말한다. 특히, 범죄현장이나 법원 이외의 일정한 장소에서 행하는 검증을 현장검증이라고 한다.

검증은 그 대상에 대하여 수인의무를 부과하고 강제력을 수반하기 때문에 강제처분의 성격을 가지므로 수사기관에 의한 검증은 영장을 요한다. 하지만 법원의 검증은 증거조사의 일환이므로 영장주의가 적용되지 않는다.

(2) 주체와 대상

법원은 사실을 발견함에 필요한 때에는 검증을 할 수 있다(제139조). 검증은 증거조사의 일환이므로 원칙적으로 수소법원이 행한다. 다만, 법원은 합의부원에게 검증을 명할 수 있고(수명법관에 의한 검증), 지방법원 판사(수탁판사에 의한 검증)에게 촉탁할 수도 있다. 또한 수탁판사는 검증의 목적물이 그 관할구역 내에 없는 때에는 그 목적물의 소재지 지방법원 판사에게 전촉할 수 있다. 수명법관이나 수탁판사가 행하는 검증에 관하여는 법원이 행하는 검증에 관한 규정을 준용한다(제145조, 제136조). 증거보전청구를 받은 판사도 검증을 할 수 있으며, 이때 판사는 재판장과 동일한 권한을 가진다(제184조 제1항, 제2항).

검증의 목적물은 제한이 없다. 목적물의 존재나 상태 또는 성질이 증거자료로 되는 경우에는 유체물이나 무체물, 동산이나 부동산, 생물이나 무생물 모두 검증

71) 판례는 재판절차진행 중 수회에 걸쳐 피해자가 제출한 탄원서 등은 피해자가 규칙 제134조의10 제1항에 규정된 의견진술에 갈음하여 제출한 서면에 해당하므로 범죄사실의 인정을 위한 증거로 할 수 없다고 하였다(2023도11371).

의 대상이 된다. 사람의 신체나 사체도 그 상태에 대한 인식이 필요한 경우에는 검증의 대상이 된다.

(3) 절차와 방법

1) 준비절차

(가) 검증기일의 지정과 통지

공판기일의 검증에는 별도의 절차를 요하지 아니하지만 공판기일 외의 일시와 장소에서 검증을 하는 경우에는 검증기일을 지정하여야 한다. 검증기일의 지정은 공판기일의 지정에 준하여 재판장이 하지만, 수명법관 또는 수탁판사가 검증을 하는 경우에는 그 판사가 기일을 지정한다.

검사, 피고인 또는 변호인은 검증에 참여할 수 있다(제145조, 제121조). 따라서 재판장은 검증기일을 정한 때에는 미리 이들에게 검증의 일시와 장소를 통지하여야 한다. 다만, 참여권자가 참여하지 않는다는 의사를 명시한 때 또는 급속을 요하는 때에는 예외로 한다(제145조, 제122조). 또한 공무소, 군사용의 항공기 또는 선박·차량 안에서 검증을 할 때에는 그 책임자에게 참여할 것을 통지하여야 하며(제145조, 제123조 제1항), 타인의 주거, 간수자가 있는 가옥, 건조물, 항공기 또는 선박·차량 안에서 검증을 하는 경우에는 주거주, 간수자 또는 이에 준하는 자를 참여하게 하여야 한다(제145조, 제123조 제2항). 이때 이에 해당하는 자를 참여하게 하지 못할 때에는 이웃 사람 또는 지방공공단체의 직원을 참여하게 하여야 한다(제145조, 제123조 제3항).

(나) 신체검사와 소환

법원은 신체검사를 하기 위하여 피고인을 소환할 수 있으며(제68조), 피고인 아닌 자도 법원 기타 지정한 장소에 소환할 수 있다(제142조).

피고인에 대한 신체검사를 하기 위한 소환장에는 신체검사를 하기 위하여 소환한다는 취지를 기재하여야 한다(규칙 제64조). 피고인이 아닌 자에 대한 신체검사를 하기 위한 소환장에는 그 성명 및 주거, 피고인의 성명, 죄명, 출석일시 및 장소와 신체검사를 하기 위하여 소환한다는 취지를 기재하고 재판장 또는 수명법관이 기명날인하여야 한다(규칙 제65조).

2) 방 법

(가) 검증에 필요한 처분

검증을 할 때에는 신체의 검사, 사체의 해부, 분묘의 발굴, 물건의 파괴 기타 필요한 처분을 할 수 있다(제140조). 즉, 검증 중에는 타인의 출입을 금지할 수 있으며, 이를 위배한 자에게는 퇴거하게 하거나 집행종료 시까지 간수자를 붙일 수 있다(제145조, 제119조). 또한 검증을 함에 있어서는 건정을 열거나 개봉 기타 필요한 처분을 할 수 있다(제145조, 제120조). 다만, 시체의 해부 또는 분묘의 발굴을 하는 때에는 예(禮)에 어긋나지 아니하도록 주의하고 미리 유족에게 통지하여야 한다(제141조 제4항). 한편, 검증을 중지한 경우에 필요한 때에는 집행이 종료될 때까지 그 장소를 폐쇄하거나 간수자를 둘 수 있다(제145조, 제127조).

법원은 검증을 함에 필요한 때에는 사법경찰리에게 보조를 명할 수 있다(제144조).

(나) 신체검사 시 주의사항

신체의 검사에 관하여는 검사를 받는 사람의 성별, 나이, 건강상태, 그 밖의 사정을 고려하여 그 사람의 건강과 명예를 해하지 아니하도록 주의하여야 한다(제141조 제1항). 특히, 피고인 아닌 사람의 신체검사는 증거가 될 만한 흔적을 확인할 수 있는 현저한 사유가 있는 경우에만 할 수 있다(동조 제2항). 또한 여자의 신체를 검사하는 경우에는 의사나 성년 여자를 참여하게 하여야 한다(동조 제3항).

(다) 검증의 제한

검증은 원칙적으로 일출 전 · 일몰 후에는 가주(家主), 간수자 또는 이에 준하는 자의 승낙이 없으면 검증을 하기 위하여 타인의 주거, 간수자 있는 가옥, 건조물, 항공기, 선박 또는 차량 안에 들어가지 못한다. 다만, 일출 후에는 검증의 목적을 달성할 수 없을 염려가 있는 경우에는 예외로 한다(제143조 제1항). 그러나 일몰 전에 검증에 착수한 때에는 일몰 후라도 검증을 계속할 수 있다(동조 제2항). 또한 야간 압수·수색이 허용되는 장소, 즉 도박 기타 풍속을 해하는 행위에 상용된다고 인정하는 장소 또는 여관, 음식점 기타 야간에 공중이 출입할 수 있는 장소(다만, 공개한 시간 내에 한한다)에는 시간에 의한 제한을 받지 않는다(동조 제3항).

그러나 군사상 비밀을 요하는 장소는 그 책임자의 승낙이 없으면 검증을 할 수 없다. 다만, 그 책임자는 국가의 중대한 이익을 해하는 경우를 제외하고는 승낙을 거부하지 못한다(제145조, 제110조).

(4) 검증조서의 작성과 그 증거능력

검증 후에는 검증의 결과를 기재한 검증조서를 작성하여야 한다(제49조 제1항). 이 검증조서에는 검증목적물의 현상을 명확하게 하기 위하여 도화나 사진을 첨부할 수 있다(동조 제2항).

검증조서는 법원 또는 법관에 의한 조서로서 무조건 증거능력이 인정된다(제311조). 다만, 검증조서를 증거로 사용하기 위해서는 공판기일에 낭독 등의 방법으로 증거조사를 실시하여야 한다(제292조). 증거보전절차에서 작성된 검증조서의 경우도 마찬가지이다. 그러나 공판기일에 공판정에서 행한 검증은 검증조서를 작성할 필요 없이 공판조서에 기재하며(제51조 제2항 제10호), 법원이 검증에 의하여 취득한 결과는 바로 증거자료가 된다.

4. 감정·통역·번역

(1) 감 정

1) 의 의

감정이란 전문적인 지식이나 경험을 가진 제3자가 그의 지식이나 경험법칙을 법원에 보고하거나 그 지식과 경험을 특정 사안에 적용하여 그 결과를 보고하는 것을 말한다. 법원 또는 법관으로부터 감정의 명을 받은 자를 감정인이라고 한다. 감정인은 수사기관으로부터 위촉을 받은 감정수탁자(제221조 제2항)와 구별된다. 즉, 감정인은 선서를 하고 감정결과를 서면으로 보고하여야 하며, 감정절차에 당사자의 참여권이 보장될 뿐만 아니라 허위감정을 하면 「형법」상 허위감정죄(형법 제154조)가 성립한다는 점에서 감정수탁자와 다르다.

법원이 감정을 명할 것인지 여부는 법원의 재량이다. 하지만 법률에 의하여 감정이 필요적으로 요구되는 경우(제306조[72] 제3항)나 사실인정을 위해 감정을

---

72) 제306조(공판절차의 정지) ① 피고인이 사물의 변별 또는 의사의 결정을 할 능력이 없는 상태에 있는 때에는 법원은 검사와 변호인의 의견을 들어서 결정으로 그 상태가 계속하는 기간 공판절차를 정지하여야 한다.

② 피고인이 질병으로 인하여 출정할 수 없는 때에는 법원은 검사와 변호인의 의견을 들어서 결정으로 출정할 수 있을 때까지 공판절차를 정지하여야 한다.

③ 전2항의 규정에 의하여 공판절차를 정지함에는 의사의 의견을 들어야 한다.

명하는 것이 합리적이라고 판단되는 경우에는 감정을 명할 의무가 있다.[73)]

한편, 감정인은 감정결과에 따른 진술내용이 증거로 된다는 점에서 증인과 같이 인적 증거에 해당하며, 따라서 감정인신문은 증거조사로서의 성질을 가지게 되므로 증인신문에 관한 규정이 준용된다. 다만, 감정은 증인의 경우와 달리 대체적이므로 구인에 관한 규정은 적용되지 않는다(제177조). 그러나 특별한 지식에 의하여 알게 된 과거의 사실을 진술하는 감정증인은 증인에 해당하므로 당연히 증인신문에 관한 규정이 적용된다(제179조).

2) 절 차

(가) 감정인의 지정

가) 감정인자격

법원은 학식과 경험이 있는 자에게 감정을 명할 수 있다(제169조). 따라서 감정사항에 관해 전문적인 학식과 경험을 가진 자는 누구라도 감정인이 될 수 있다. 여러 명의 감정인을 지정할 수도 있다.

감정의 경우에는 증인신문에 관한 규정이 준용되므로 감정인적격 및 감정거부권에 대하여는 증인적격 및 증언거부권에 관한 내용이 그대로 적용된다. 따라서 감정인은 자기 또는 근친자(친족이거나 친족이었던 사람, 법정대리인, 후견감독인)가 형사소추 또는 공소제기를 당하거나 유죄판결을 받을 사실이 드러날 염려가 있는 감정을 거부할 수 있다(제177조, 제148조). 또한 변호사, 변리사, 공증인, 공인회계사, 세무사, 대서업자, 의사, 한의사, 치과의사, 약사, 약종상, 조산사, 간호사, 종교의 직에 있는 자 또는 이러한 직에 있던 자가 그 업무상 위탁을 받은 관계로 알게 된 사실로서 타인의 비밀에 관한 것은 감정을 거부할 수 있다. 다만, 본인의 승낙이 있거나 중대한 공익상 필요 있는 때에는 예외로 한다(제177조, 제149조).

나) 감정인신청

감정인의 지정과 관련하여 당사자에게 특정인을 감정인으로 지정

---

73) 판례는 "피고인이 정신장애 3급의 장애자로 등록되어 있고, 진료소견서 등에도 병명이 '미분화형 정신분열증 및 상세불명의 간질' 등으로 기재되어 있을 뿐만 아니라, 수사기관에서부터 자신의 심신장애 상태를 지속적으로 주장하여 왔으며, 변호인 또한 공판기일에서 피고인의 심신장애를 주장하는 내용의 진술을 하였다면, 비록 피고인이 항소이유서에서 명시적으로 심신장애 주장을 하지 않았다고 하더라도, 직권으로라도 피고인의 병력을 상세히 확인하여 그 증상을 밝혀보는 등의 방법으로 범행 당시 피고인의 심신장애 여부를 심리하였어야 한다"고 하면서, 원심이 피고인의 심신장애 여부에 관하여 아무런 심리도 하지 아니한 채 피고인의 항소를 기각한 것은 위법이라고 하였다(2009도870).

하여 줄 것을 법원에 신청할 권리가 있는지에 대하여는 ① 직권에 의한 감정인의 지정만을 규정하고 있는 민소법(제335조)과 달리 형소법에는 이에 대한 제한규정이 없고, 당사자의 변론활동을 최대한 보장할 필요가 있으며, 제169조는 감정인적격에 관한 규정에 불과하다는 점에서 이를 긍정하는 견해가 있다. 그러나 ② 제169조에서는 법원에 감정인지정권을 부여하고 있으므로 당사자에게 이러한 감정인신청권은 인정되지 않는다(다수설).

감정인의 감정결과가 재판에 미치는 영향이 크다는 점을 고려하면 감정의 공정성과 객관성이 담보되어야 하므로 법원은 중립적인 입장에 있는 감정인을 지정하여야 하고, 따라서 법원은 당사자가 특정 감정인의 지정을 요청하더라도 이에 구애될 필요가 없다. 실무에서도 감정 자체에 대한 신청과 감정에 대한 결정 후에 별도로 감정인의 지정이 이루어지고 있으며, 법원도 감정인의 지정신청에 구속됨이 없이 감정인을 지정하고 있다. 물론, 법원이 당사자의 신청내용을 고려하여 감정인을 지정하는 것은 가능하지만, 이때에는 반대당사자의 의견을 청취하여 감정과 그 결과에 대한 공정성이 의심받지 않도록 하여야 한다.

다) 감정촉탁

감정은 개인에게 명하는 것이 원칙이다. 하지만 법원은 필요하다고 인정하는 때에는 공무소, 학교, 병원 기타 상당한 설비가 있는 단체 또는 기관에 대하여 감정을 촉탁할 수 있다(제179조의2 제1항 본문). 이를 감정촉탁제도라고 한다. 감정촉탁의 경우에는 선서에 관한 규정이 적용되지 아니한다(동항 단서). 따라서 허위감정에 따른 처벌의 부담은 없다. 이는 선서가 불가능한 단체나 기관의 감정결과를 증거로 활용하기 위한 것이다.

감정촉탁의 경우 법원은 해당 공무소·학교·병원·단체 또는 기관이 지정한 자로 하여금 감정서의 설명을 하게 할 수 있다(동조 제2항).

(나) 감정인의 소환

법원은 감정인이 지정되면 신문을 위하여 감정인을 출석시켜야 한다. 감정인의 소환은 원칙적으로 증인의 소환방법에 의하지만 증인과 달리 대체가능성이 있으므로 구인에 관한 규정(제12장)은 제외하고 증인신문에 관한 규정이 적용된다(제177조). 따라서 법원은 감정인을 소환하거나 동행명령은 할 수 있으며, 이에 불응하는 경우 소송비용부담과 과태료부과를 할 수 있다(제177조, 제151조). 다만, 단체 또는 기관에 대한 감정촉탁의 경우에는 감정인의 소환은 행하여지지 않는다.

(다) 감정인의 선서

감정인에게는 감정 전에 선서하게 하여야 한다(제170조 제1항). 선서는 선서서에 의하여야 하며(동조 제2항), 선서서에는 「양심에 따라 성실히 감정하고 만일 거짓이 있으면 허위감정의 벌을 받기로 맹세합니다」라고 기재하여야 한다(동조 제3항). 선서는 일어서서 엄숙하게 하여야 하며(제170조 제4항, 제157조 제4항), 재판장은 선서할 감정인에 대하여 선서 전에 위증의 벌을 경고하여야 한다(제170조 제4항, 제158조). 특히, 감정인은 선서무능력자일 수가 없으므로 감정 전에 반드시 선서하여야 하며, 따라서 선서를 하지 않고 한 감정은 증거능력이 없다. 다만, 감정촉탁의 경우에는 선서에 관한 규정을 적용하지 않는다(제179조의2 제1항 단서).

재판장은 감정인에게 선서서를 낭독하고 기명날인하거나 서명하게 하여야 한다. 다만, 감정인이 선서서를 낭독하지 못하거나 서명을 하지 못하는 경우에는 참여한 법원사무관 등이 대행한다(제170조 제4항, 제157조 제3항).

(라) 감정인신문

감정인을 최초로 소환하여 선서시킨 후 감정사항을 알리고 감정을 명하는 것을 감정인신문이라고 한다. 이 감정인신문은 필요적 절차로서 증인신문에 관한 규정이 준용된다(제177조). 다만, 감정인신문은 재판장이 먼저 직권으로 감정인의 학력·경력·감정경험의 유·무 등 감정을 명함에 적합한 능력이 있는지를 확인하는 신문을 한 후에 검사, 피고인 또는 변호인에게 신문의 기회를 부여하고, 다시 재판장이 감정사항을 알리고 감정결과를 보고하도록 명하는 순서로 진행된다.

(마) 감정의 실시

가) 감정의 실시와 자료제공

감정인은 감정사항에 대한 자료를 수집하기 위하여 감정을 실시한다. 다만, 법원은 필요한 때에는 감정인으로 하여금 법원 외에서 감정하게 할 수 있으며(제172조 제1항), 이때에는 감정을 요하는 물건을 감정인에게 교부할 수 있다(동조 제2항). '법원 외에서 감정하게 할 수 있다'란 감정에 필요한 사실행위를 법원 외에서 할 수 있다는 의미이며, 실무상 대부분의 감정은 법정 외에서 행하여진다.

재판장은 필요하다고 인정하는 때에는 감정인에게 소송기록에 있는 감정에 참고가 될 자료를 제공할 수 있다(규칙 제89조의2).

나) 감정에 필요한 처분

ⓐ 필요한 처분과 그 행사 감정인은 감정에 관해 필요한 때에는 법원의 허가를 얻어 타인의 주거, 간수자 있는 가옥, 건조물, 항공기, 선박 또는 차

량 안에 들어 갈 수 있고, 신체의 검사, 사체의 해부, 분묘발굴, 물건의 파괴를 할 수 있다(제173조 제1항). 이 허가에는 피고인의 성명, 죄명, 들어갈 장소, 검사할 신체, 해부할 사체, 발굴할 분묘, 파괴할 물건, 감정인의 성명과 유효기간을 기재 및 감정인의 직업, 유효기간을 경과하면 허가된 처분에 착수하지 못하며 허가장을 반환하여야 한다는 취지 및 발부년월일을 기재하고, 재판장 또는 수명법관이 서명날인한 허가장을 발부하여야 한다. 법원이 감정에 필요한 처분의 허가에 관해 조건을 붙인 경우에는 허가장에 이를 기재하여야 한다(제173조 제2항, 규칙 제89조). 다만, 법원은 합의부원으로 하여금 감정에 관해 필요한 처분을 하게 할 수 있다(제175조).

감정인이 이 처분을 하기 위해서는 처분을 받는 자에게 허가장을 제시하여야 한다(제173조 제3항). 다만, 감정인이 공판정에서 행하는 처분에는 허가장을 요하지 않는다(동조 제4항).

(b) 주의사항　감정처분에서는 검증에서의 신체검사에 관한 주의(제141조)와 시간의 제한(제143조)에 관한 규정이 준용된다(제173조 제5항). 따라서 신체의 검사에 관하여는 검사를 받는 사람의 성별, 나이, 건강상태, 그 밖의 사정을 고려하여 그 사람의 건강과 명예를 해하지 아니하도록 주의하여야 하며, 피고인 아닌 사람의 신체검사는 증거가 될 만한 흔적을 확인할 수 있는 현저한 사유가 있는 경우에만 할 수 있고, 여자의 신체를 검사하는 경우에는 의사나 성년 여자를 참여하게 하여야 한다. 또한 시체의 해부 또는 분묘의 발굴을 하는 때에는 예(禮)에 어긋나지 아니하도록 주의하고 미리 유족에게 통지하여야 한다(제141조).

또한 일출 전, 일몰 후에는 가주, 간수자 또는 이에 준하는 자의 승낙이 없으면 감정을 하기 위하여 타인의 주거, 간수자 있는 가옥, 건조물, 항공기, 선차 내에 들어가지 못한다. 다만, 일출 후에는 감정의 목적을 달성할 수 없을 염려가 있는 경우에는 예외로 한다. 그리고 도박 기타 풍속을 해하는 행위에 상용된다고 인정하는 장소나 여관, 음식점 기타 야간에 공중이 출입할 수 있는 장소(다만, 공개한 시간 내에 한한다)에서 감정을 하는 경우에는 시간적 제한을 받지 않는다. 그러나 일몰 전에 감정에 착수한 때에는 일몰 후라도 감정을 계속할 수 있다(제143조).

(c) 당사자의 감정참여　검사, 피고인 또는 변호인은 감정에 참여할 수 있다(제176조 제1항). 따라서 감정허가장을 집행함에는 미리 집행의 일시와 장소를 검사, 피고인 또는 변호인에게 통지하여야 한다. 다만, 이들이 참여하지 않는다는 의사를 명시한 때 또는 급속을 요하는 때에는 예외로 한다(동조 제2항, 제122조).

다) 감정인의 증인신문 참여

감정인은 감정에 관해 필요한 경우에는 재판장의 허가를 얻어 서류와 증거물을 열람 또는 등사하고, 피고인 또는 증인의 신문에 참여할 수 있다(제174조 제1항). 이때 감정인은 피고인 또는 증인의 신문을 구하거나 재판장의 허가를 얻어 직접 발문할 수 있다(동조 제2항).

라) 감정인의 비용청구

감정인은 법률의 정하는 바에 의하여 여비, 일당, 숙박료 외에 감정료와 체당금의 변상을 청구할 수 있다(제178조).

(바) 감정유치

가) 의 의

감정유치란 피고인 또는 피의자의 정신 또는 신체를 감정하기 위하여 일정 기간 동안 병원 기타 적당한 장소에 유치하는 강제처분을 말한다. 법원은 피고인의 정신 또는 신체에 관한 감정이 필요한 때에는 그 기간을 정하여 병원 기타 적당한 장소에 피고인을 유치하게 할 수 있도록 하고 있다(제172조 제3항).

감정유치는 피고인의 신체의 자유를 침해하는 강제처분이라는 점에서 형소법상 특별한 규정이 없는 경우에는 보석에 관한 규정을 제외하고는 구속에 관한 규정을 적용한다(동조 제7항). 법원의 감정유치에 관한 결정에 대하여는 항고할 수 있다(제403조 제2항).

나) 감정유치장의 발부와 집행

감정유치를 하는 경우에는 법원이 감정유치장을 발부하여야 한다(제172조 제4항). 감정유치장의 법적 성격은 명령장이다. 감정유치장에는 피고인의 성명, 주민등록번호 등, 직업, 주거, 죄명, 범죄사실의 요지, 유치할 장소, 유치기간, 감정의 목적 및 유효기간과 그 기간 경과 후에는 집행에 착수하지 못하고 영장을 반환하여야 한다는 취지를 기재하고, 재판장 또는 수명법관이 서명날인하여야 한다(규칙 제85조 제1항).

감정인이 감정유치를 집행할 때에는 그 처분을 받는 자에게 감정유치장을 제시하여야 한다(제172조 제7항). 법원은 유치를 함에 있어서 필요한 때에는 직권 또는 피고인을 수용할 병원 기타 장소의 관리자의 신청에 의하여 사법경찰관리에게 피고인의 간수를 명할 수 있다(동조 제5항). 이 신청은 피고인의 간수를 필요로 하는 사유를 명시하여 서면으로 하여야 한다(규칙 제86조). 법원은 감정하기 위하여 피고인을 병원 기타 장소에 유치한 때에는 그 관리자의 청구에 의하여 입원료 기타 수용에 필요한 비용을 지급하여야 하며, 이 비용은 법원이 결정으로 정한다(규칙 제87조).

다) 유치기간과 유치장소

감정유치에 필요한 기간은 제한이 없다. 따라서 법원은 필요한 때에는 유치기간을 연장하거나 단축할 수 있다(제172조 제6항). 감정유치기간의 연장이나 단축은 결정으로 한다(규칙 제85조 제2항). 그러나 감정이 완료되면 즉시 유치를 해제하여야 하며(제172조 제3항), 감정을 계속할 필요가 없다고 판단되는 경우에는 감정을 해제하고 피고인을 석방하여야 한다(동조 제7항 참조).

유치장소는 '병원 기타 적당한 장소'이다. '기타 적당한 장소'란 감정이 가능하고 시설면에서 계호가 가능한 장소를 말한다. 법원은 유치할 장소를 변경할 수 있으며, 그 변경은 결정으로 한다(규칙 제85조 제2항).

라) 유치의 효력

감성유치는 형소법상 특별한 규정이 없는 한 구속에 관한 규정이 적용되므로(제172조 제7항) 감정유치된 피고인에 대해서는 접견교통권이 인정된다(제89조). 따라서 피고인을 유치한 때에는 변호인이 있는 경우에는 변호인에게, 변호인이 없는 경우에는 피고인의 법정대리인, 배우사, 직계친족과 형제자매 중 피고인이 지정한 자에게 피고사건명, 유치일시·장소, 범죄사실의 요지, 유치의 이유와 변호인을 선임할 수 있는 취지를 알려야 한다(제87조 제1항). 이 통지는 지체 없이 서면으로 하여야 한다(동조 제2항).

한편, 감정유치는 미결구금일수의 산입에서는 구속으로 간주한다(제172조 제8항). 그러나 구속 중인 피고인에 대하여 감정유치장이 집행되었을 때에는 피고인이 유치되어 있는 기간은 구속의 집행이 정지된 것으로 간주되므로(제172조의2 제1항) 구속기간에는 산입되시 않는다. 유치처분이 취소되거나 유치기간이 만료된 때에는 구속의 집행정지가 취소된 것으로 간주한다(동조 제2항).

3) 감정서제출과 감정인신문

(가) 감정서제출

감정인은 감정을 실시한 후 감정의 경과와 결과를 작성하여 서면으로 제출하여야 한다(제171조 제1항). 감정인이 구두로 감정결과를 보고하는 것은 허용되지 않는다. 감정인이 수인인 때에는 각각 또는 공동으로 제출하게 할 수 있다(동소 제2항). 감정의 결과에는 그 판단의 이유를 명시하여야 한다(동조 제3항).

(나) 감정인신문과 조서의 작성

법원은 필요한 때에는 감정인에게 감정의 경과와 결과를 설명하게 할 수 있다(동조 제4항). 이때에는 증인신문에 관한 규정이 적용된다(제177조). 다만, 감정인신문은 임의적 절차이다.

감정인을 신문한 때에는 참여한 법원사무관 등이 감정인신문조서를 작성하여야 한다(제48조 제1항). 공판기일 외의 감정인신문의 경우에도 마찬가지이다. 감정인신문조서는 증거서류이므로, 증거로 사용하기 위해서는 공판기일에 공판정에서 낭독하는 방법 등에 의한 증거조사를 하여야 한다(제292조 참조). 다만, 감정인의 감정결과는 하나의 증거에 불과하므로 법원은 이에 구속되지 않는다(75도2068).

한편, 감정촉탁의 경우에는 법원은 해당 공무소·학교·병원·단체 또는 기관이 지정한 자로 하여금 감정서의 설명을 하게 할 수 있다(제179조의2 제2항). 이때 감정서의 설명을 하게 할 때에는 검사, 피고인 또는 변호인을 참여하게 하여야 하며, 그 설명의 요지는 조서에 기재하여야 한다(규칙 제89조의3).

(2) 통역과 번역

법정에서는 국어를 사용한다(법조법 제62조). 따라서 외국어에 의한 진술이나 서류의 제출은 통역 또는 번역을 통해 이루어진다. 통역과 번역은 전문지식인에 의한 보고라는 점에서 감정에 관한 규정을 준용한다(제183조). 따라서 통역과 번역의 경우에는 구인에 관한 규정(제12장)을 제외하고는 증인신문에 관한 규정이 적용된다(제177조).

법원으로부터 통역과 번역의 명을 받은 자를 통역인 또는 번역인이라고 한다. 통역인과 번역인에게는 선서의무가 있으며, 허위통역이나 허위번역을 한 때에는 「형법」상 허위통역·번역죄(제154조)가 성립한다.

1) 통 역

국어에 통하지 아니한 자의 진술에는 통역인으로 하여금 통역하게 하여야 한다(제180조). '국어에 통하지 아니 한 자'란 국어에 의한 일상적 회화에 상당히 지장이 있는 자를 말하며, 내·외국인을 불문한다(2007도9327). 따라서 외국인뿐만 아니라 듣거나 말하는 데 장애가 있는 사람의 진술에는 통역인으로 하여금 통역하게 할 수 있다(제181조). 하지만 외국인이라도 국어에 의하여 의사표현과 전달이 어렵지 않으면 통역을 요하지 않는다.

통역인에게는 법관의 제척, 기피, 회피의 규정이 준용된다(제25조).

2) 번 역

국어 아닌 문자 또는 부호는 번역하게 하여야 한다(제182조). 이때의 '국어 아닌 문자 부호'란 우리나라에서 일반적으로 통용되고 있지 않은 문자나 부호를 말한다. 따라서 방언이나 외래어라고 하더라도 널리 통용되고 있는 문자나 부호는 번역을 요하지 않는다.

Ⅳ. 증거조사 후의 절차

1. 증거조사 후의 조치

(1) 피고인에게 의견진술 기회제공

재판장은 피고인에게 각 증거조사의 결과에 대한 의견을 물어야 한다(제293조 전단). 이는 법원이 증거조사에 의한 심증형성에서 피고인의 의견을 참고하기 위한 것이다. 의견을 묻는 것은 개개 증거조사가 끝날 때마다 하는 것이 바람직하지만 각 공판기일마다 해당 공판기일에시의 모든 증서소사가 끝난 후에 피고인에게 일괄하여 하는 것도 가능하다.[74]

이 절차는 증거조사결과에 대하여 피고인의 의견을 묻는 것이므로 증거조사 전 증거결정을 위해 필요하다고 인정할 때에 행하는 의견진술(규칙 제134조 제1항) 또는 증거조사 전반에 관한 절차나 처분에 대하여 그 위법·부당함의 시정을 구하는 증거조사에 관한 이의신청(제296조)과는 구별된다.

(2) 증거조사신청권의 고지

재판장은 피고인에게 권리를 보호함에 필요한 증거조사를 신청할 수 있음을 고지하여야 한다(제293조 후단). 이는 피고인에게 증거조사에 관한 이의신청의 기회를 보장하고 자신에게 이익이 되는 증거를 신청하게 함으로써 피고인에게 실질적인 방어권을 보장해 주려는 데 그 취지가 있다. 검사 또는 변호인에게는 이 고지를

74) 피고인이 공소사실에 대하여 자백한 경우에 진행되는 간이공판절차에서는 증거조사의 순서, 증거물에 대한 조사방식 및 증거조사결과에 대한 피고1인의 의견청취와 같은 규정은 적용되지 않는다.

요하지 않는다.

2. 증거조사에 관한 이의신청

(1) 의 의

검사, 피고인 또는 변호인은 증거조사 후 법원의 증거조사에 관하여 이의신청을 할 수 있다(제296조 제1항). '이의신청'이란 당사자가 법원 또는 소송관계인의 위법·부당함을 주장하여 그 시정 또는 다른 조치를 법원에 청구하는 의사표시를 말한다.

(2) 대상과 사유

이의신청은 증거신청, 증거결정, 증거조사의 순서와 방법 등 증거조사의 절차뿐만 아니라 증거조사단계에서 행하여진 모든 처분을 그 대상으로 한다. 따라서 이의신청의 대상이 되는 행위는 법원의 행위뿐만 아니라 상대방 당사자의 행위 기타 소송관계인의 행위가 모두 포함된다. 이 행위는 작위와 부작위를 묻지 않는다.

이의신청은 법령의 위반이 있거나 상당하지 아니함을 이유로 하여 이를 할 수 있다. 다만, 증거결정에 대한 이의신청은 법령의 위반이 있음을 이유로 하여서만 이를 할 수 있다(규칙 제135조의2).

(3) 시기와 방법

이의신청은 개개의 행위·처분 또는 결정 시마다 그 이유를 간결하게 명시하여 즉시 하여야 한다(규칙 제137조). 이의신청은 서면 또는 구술로 할 수 있으나(규칙 제176조 제1항 참조), 대부분 공판정에서 구술로 행하여진다.

(4) 법원의 결정

법원은 증거조사에 대하여 이의신청이 있는 경우 즉시 결정을 하여야 한다(제296조 제2항, 규칙 제138조). 다만, 증거조사를 마친 증거의 증거능력에 이의가 있는 경우처럼 신청의 이유유·무의 판단에 시간을 요하는 경우에는 그 판단이 가능한 때에 결정을 하면 된다.

1) 기각결정

시기에 늦은 이의신청, 소송지연만을 목적으로 하는 것임이 명백한 이의

신청은 결정으로 이를 기각하여야 한다. 다만, 시기에 늦은 이의신청이 중요한 사항을 대상으로 하고 있는 경우에는 시기에 늦은 것만을 이유로 하여 기각하여서는 아니 된다(규칙 제139조 제1항).

또한 이의신청이 형식적 요건을 갖춘 경우에도 이의신청이 이유 없다고 인정되는 경우에는 결정으로 이를 기각하여야 한다(동조 제2항).

2) 인용결정

이의신청이 이유 있다고 인정되는 경우에는 결정으로 이의신청의 대상이 된 행위, 처분 또는 결정을 중지, 철회, 취소, 변경하는 등 그 이의신청에 상응하는 조치를 취하여야 한다(동조 제3항). 다만, 증거조사를 마친 증거가 증거능력이 없음을 이유로 한 이의신청을 이유 있다고 인정할 경우에는 그 증거의 전부 또는 일부를 배제한다는 취지의 결정을 하여야 한다(동조 제4항).

3) 결정에 대한 불복

증거조사에 대한 결정뿐만 아니라 이의신청에 대한 결정에 의하여 판단이 된 사항에 대하여는 다시 이의신청을 할 수 없다(규칙 제140조). 이 결정은 판결 전의 소송절차이므로 항고를 할 수 없다(제403조). 다만, 그로 말미암아 사실을 오인하여 판결에 영향을 미치기에 이른 경우에는 이를 상소의 이유로 할 수 있다(90도646).

제7절 공판절차의 특칙

Ⅰ. 간이공판절차

1. 의 의

간이공판절차란 피고인의 자백이 있는 경우 증거조사절차를 간편하게 하고 증거능력의 요건을 완화하여 심리를 신속하게 진행할 수 있도록 하는 공판절차를 말한다. 제286조의2에서는 "피고인이 공판정에서 공소사실에 대하여 자백한 때에는 법원은 그 공소사실에 한하여 간이공판절차에 의하여 심판할 것을 결정할 수 있다"고 규정하고 있다. 간이공판절차는 영·미의 기소사실인부절차(Arraignment)

와 유사하지만, 기소사실인부절차는 피고인이 유죄답변(plea of guilty)을 하면 배심원에 의한 심리와 평결절차를 거치지 않고 곧바로 양형절차가 진행되는 데 반해, 간이공판절차에서는 피고인이 자백을 하더라도 심리와 선고절차가 생략되는 것은 아니라는 점에서 구별된다.

신속한 재판을 위한 특별절차로서 간이공판절차 외에 경미한 사건에 대한 약식절차와 즉결심판절차가 있다. 약식절차와 즉결심판절차는 피고인의 자백을 전제로 하지 않으며, 법원의 판결에 불복하는 경우에는 정식재판을 청구할 수 있다는 점에서 간이공판절차와 구별된다.

2. 요 건

(1) 대상사건

간이공판절차의 대상은 지방법원 또는 지원의 제1심 관할사건으로서, 단독판사의 사건뿐만 아니라 합의부 관할사건도 포함된다. 상소심에서는 간이공판절차가 허용되지 않는다.[75)]

(2) 피고인의 공판정에서의 자백

간이공판절차로 진행하기 위해서는 공판정에서 공소사실에 대하여 피고인의 자백이 있어야 한다.

1) 자백의 주체와 장소

자백의 주체는 피고인이다. 따라서 변호인에 의한 자백은 이에 해당하지 않는다. 그러나 피고인이 법인인 경우에 법인의 대표자에 의한 자백, 「형법」상 책임능력규정(제9조 내지 제11조)을 적용받지 않는 범죄사건에서 피고인이 의사무능력자인 경우에 피고인의 법정대리인 또는 특별대리인에 의한 자백은 이에 해당한다.

자백은 공판정에서 행하여야 한다. 따라서 수사절차나 공판준비절차에서의 자백은 이에 해당하지 않는다.

2) 자백의 내용

자백은 공소사실에 대한 자백이어야 한다. 공소사실을 인정하면서 위법성

---

75) 1995년 개정 형소법에서 개정 전의 '제1심으로 심판할 사건'이라고 하는 표현이 삭제되었다는 것을 이유로 간이공판절차가 제1심뿐만 아니라 상소심에서도 가능하다는 견해가 있다.

조각사유나 책임조각사유를 주장하지 않으면 명시적으로 유죄를 자인하지 않더라도 자백이라고 할 수 있다(87도1269). 하지만 피고인이 범의를 부인하거나(2004도6176), 공소사실을 인정하면서도 위법성조각사유나 책임조각사유를 주장하는 경우에는 자백이라고 할 수 없다(2004도2116). 검사의 신문에 자백하였다가 변호인의 반대신문에서 부인하는 경우에도 마찬가지이다(97도3421). 다만, 피고인이 공소사실을 인정하였다면 죄명이나 적용법조만을 다투거나 형면제사유나 양형사유만을 다투는 경우에는 자백에 해당한다.

한편, 경합범의 일부에 대한 자백이 있는 경우에는 그 자백부분에 한하여 간이공판절차에 의한 심리가 가능하다. 그러나 상상적 경합범이나 포괄일죄의 경우 또는 예비적·택일적 기재 공소사실의 일부에 대해서만 자백한 경우에는 절차의 분리가 어렵고, 간이공판절차의 취지에도 반하므로 그 자백부분만을 분리하여 심판하는 것은 허용되지 않는다. 공동피고인들 중 일부 피고인이 자백하고 다른 피고인은 부인하는 경우에는 자백한 피고인에 대해서만 간이공판절차를 개시할 수 있다.

3) 자백의 시기

자백은 공판기일에 공판정에서 하여야 한다. 다만, 공판절차에서의 자백이 어느 시점까지 있어야 하는지에 대하여는 ① 제286조에서 "피고인은 검사의 모두진술이 끝난 뒤에 공소사실의 인정 여부를 진술하여야 한다"고 규정하고 있는 것을 근거로 피고인의 모두진술 시까지라고 하는 견해, ② 증거조사절차가 종료한 후에 피고인신문 시에 피고인이 자백한 경우에는 간이공판절차를 개시할 이유가 없게 된다는 점에서 증거조사절차 종료 시까지라고 하는 견해가 있다. 그러나 ③ 제286조의2에서는 피고인의 자백시기에 대하여 특별히 제한하고 있지 않을 뿐만 아니라 재판 도중에 피고인의 자백이 있는 경우에도 소송경제를 위해 필요한 때에는 간이공판절차로 전환하여야 할 것이므로 자백은 변론종결 시까지 허용된다.

판례는 제1심 5회 공판기일에 피고인이 자백한 경우에도 간이공판절차로 심판할 수 있다고 한다(87도1269).

4) 자백의 신빙성

피고인의 자백은 신빙성이 있어야 한다(제286조의3).

3. 결 정

(1) 법원의 결정

간이공판절차의 결정 여부는 법원의 재량이다. 따라서 간이공판절차의 요건이 구비되었어도 법원이 간이공판절차에 의하여 재판을 하는 것이 적절하지 않다고 판단하는 때에는 간이공판절차에 의하여 심판하지 않을 수 있다.

법원이 간이공판절차의 개시결정을 하고자 할 때에는 재판장은 미리 피고인에게 간이공판절차의 취지를 설명하여야 한다(규칙 제131조). 이때 검사의 의견을 들을 필요는 없다. 간이공판절차의 개시결정은 공판정에서 구술로 고지하면 되고, 그 결정의 취지는 공판조서에 기재하여야 한다(제38조, 제51조 제2항 제14호).

(2) 결정에 대한 불복

간이공판절차의 개시결정은 판결 전 소송절차에 관한 결정이므로 항고할 수 없다(제403조 제1항). 그러나 간이공판절차의 개시요건이 충족되지 않았음에도 불구하고 간이공판절차에 의해 심판한 경우에는 '판결에 영향을 미친 법령위반'을 이유로 상소할 수 있다(제361조의5 제1호, 제383조 제1호).

4. 특 칙

간이공판절차에서는 증거능력과 증거조사에 관하여 특칙이 인정되며, 이 특칙을 제외하고는 공판절차에 관한 규정이 그대로 준용된다. 또한 간이공판절차에서도 공소장변경이 가능하고, 피고인의 자백에도 불구하고 법원의 판단에 따라 공소기각이나 관할위반의 재판 또는 무죄판결도 가능하다.

(1) 증거능력에 관한 특칙

간이공판절차의 결정이 있는 사건에서는 전문법칙(제310조의2, 제312조-제314조, 제316조)이 적용되지 않는다. 따라서 전문법칙에 의해 증거능력이 부정되는 증거라고 해도 검사와 피고인에 의하여 제318조 제1항에 의한 증거동의가 있는 것으로 간주된다(제318조의3 본문). 다만, 검사, 피고인 또는 변호인이 증거로 함에 이의가 있는 때에는 그러하지 않는다(동조 단서).

그러나 간이공판절차에서도 위법수집증거배제법칙(제308조의2), 자백배제법칙(제309조)이 적용되는 것은 물론, 증명력에 관한 자유심증주의(제308조)나 자백의 보강법칙(제310조) 등은 그대로 적용된다.

(2) 증거조사에 관한 특칙

간이공판절차에서도 증거조사는 하여야 한다. 다만, 증인신문방식(제161조의2), 증거조사의 시기와 방식(제290조, 제292조), 증거조사결과에 대한 피고인의 의견(제293조), 증인신문 시의 피고인의 퇴정(제297조)에 관한 규정은 적용되지 아니하며, 법원이 상당하다고 인정하는 방법으로 증거조사를 할 수 있다(제297조의2). '상당하다고 인정하는 방법'이란 공개주의 원칙상 당사자와 방청인에게 증거내용을 알 수 있도록 한다는 의미이다. 판례는 기록증거목록에 각 증거방법을 열거한 뒤 각기 조사내용에 '증거조사함'이라고 기재한 증거조사방식도 허용된다고 한다(80도333).

증인신문도 교호신문방식에 의할 필요가 없고, 서류나 물건을 조사할 때에도 개별적으로 지시설명할 필요가 없으며, 증거조사 종료 시에 피고인에게 증거조사결과에 대한 의견을 묻거나 증거조사신청권이 있음을 고지하지 않아도 된다. 증인, 감정인, 공동피고인을 신문할 때에 피고인을 퇴정시킬 필요도 없다. 그러나 증인의 선서(제156조), 당사자의 증거조사참여권(제163조), 당사자의 증거조사신청권(제294조), 증거조사에 관한 이의신청권(제296조) 등은 간이공판절차에서도 그대로 적용된다.

5. 취 소

(1) 취소사유

법원은 피고인의 자백이 신빙할 수 없다고 인정하거나 간이공판절차로 심판하는 것이 현저히 부당하다고 인정할 때에는 간이공판절차를 취소할 수 있다(제286조의3).

'피고인의 자백이 신빙할 수 없다고 인정되는 때'란 피고인의 자백인 진의가 아니라고 의심되는 경우를 말한다. 자백의 신빙성은 증거능력이 있는 자백을 전제로 하므로 자백의 임의성이 부정되는 경우도 간이공판절차를 취소하여야 한다. 그러나 간이공판절차에서도 무죄판결을 선고할 수 있으므로 자백의 보강증거가 없는 경우는 간이공판절차의 취소사유에 해당하지 않는다.

'간이공판절차로 심판하는 것이 현저히 부당한 경우'란 처음부터 간이공판절차의 요건이 구비되지 않았거나 공판 도중에 공소장변경에 의해 변경된 공소사실에 대하여 피고인이 부인하거나 이전의 자백을 철회하는 경우를 말한다. 또한 공범 중 일부가 자백하거나 경합범 중 일부의 죄에 대한 자백을 이유로 간이공판절차를 개시하였으나 증거조사절차가 더 복잡하게 되거나 비효율적인 것으로 인정되는 경우나 사형이나 무기징역 등 중한 형이 선고될 것으로 예상되는 사건과 같이 간이공판절차에 의해 심판하는 것이 그 제도의 취지에 반한다고 인정되는 경우도 이에 해당한다.

(2) 취소절차 및 효과

간이공판절차의 결정을 취소함에 있어서는 법원의 직권에 의하되 검사의 의견을 들어야 한다(제286조의3). 법원은 검사의 의견을 들으면 충분하고, 그 의견에 구속되는 것은 아니다. 그러나 취소사유가 있는 경우에는 반드시 취소결정을 하여야 한다.

(3) 취소의 효과

간이공판절차의 결정이 취소된 때에는 공판절차를 갱신하여야 한다. 다만, 검사, 피고인 또는 변호인이 이의가 없는 때에는 그러하지 아니한다(제301조의2).

공판절차가 갱신되면 증거조사를 포함한 사실심리전체를 통상의 공판절차에 의하여 새로 진행하여야 한다. 그러나 간이공판절차가 취소되었음에도 불구하고 공판절차를 갱신하지 않으면 증거조사의 효력이 그대로 유지되고, 이미 조사된 전문증거의 증거능력도 그대로 유지된다.

Ⅱ. 공판절차의 정지와 갱신

1. 공판절차의 정지

(1) 의 의

공판절차의 정지란 법원이 심리를 계속 진행할 수 없는 일정한 사유가 발생한 경우에 그 사유가 없어질 때까지 결정으로 공판절차의 진행을 일시 정지시키는 것을 말한다. 이는 피고인이 소송을 수행할 만한 의사능력이 없거나 공소장변경 등과 같이 피고인의 방어권에 불리한 사유가 발생한 때에 그 방어권을 보호해주기 위한 것이다.

공판절차의 정지는 법원의 결정에 의한다는 점에서 특정한 사유가 발생하면 당연히 소송절차의 진행이 정지되는 소송절차의 정지와 구별된다.

(2) 사 유

1) 피고인의 심신상실 또는 질병

피고인이 사물의 변별 또는 의사의 결정을 할 능력이 없는 상태에 있는 때에 법원은 검사와 변호인의 의견을 들어서 결정으로 그 상태가 계속되는 기간 동안 공판절차를 정지하여야 한다(제306조 제1항). 또한 피고인이 질병으로 인하여 출정할 수 없는 때에는 법원은 검사와 변호인의 의견을 들어서 결정으로 출정할 수 있을 때까지 공판절차를 정지하여야 한다(동조 제2항). 이는 피고인이 범행 후에 심신상태가 되거나 또는 질병이 발생한 경우에 적용되므로, 만일 피고인이 범행 당시에 심신상실상태에 있었다면 공판절차의 정지가 아니라 무죄판결을 선고하여야 한다.

그러나 피고사건에 대하여 무죄, 면소, 형의 면제 또는 공소기각의 재판을 할 것으로 명백한 경우에는 피고인의 출정 없이 재판할 수 있으므로 공판절차를 정지할 필요가 없다(동조 제4항). 또한 피고인의 출석을 요하지 않는 경미사건(제277조)에서 대리인이 출석할 수 있는 경우에는 공판절차를 정지하지 않는다(제306조 제5항).

2) 공소장변경

법원은 공소사실 또는 적용법조의 추가, 철회 또는 변경이 피고인의 불이익을 증가할 염려가 있다고 인정한 때에는 직권 또는 피고인이나 변호인의 청구에 의하여 피고인으로 하여금 필요한 방어의 준비를 하게 하기 위하여 결정으로 필요한 기간 공판절차를 정지할 수 있다(제298조 제4항).

3) 소송절차의 정지

소송절차가 정지되면 공판절차도 정지된다. 즉, 기피신청이 있는 때에 신청이 부적법하여 기각하는 경우와 급속을 요하는 경우를 제외하고 소송절차를 정지하여야 하며(제22조), 소송이 계속 중인 사건에 관하여 토지관할의 병합심리의 신청, 관할지정의 신청, 관할이전의 신청이 있는 때에는 급속을 요하는 경우를 제외하고는 그 신청에 대한 결정이 있을 때까지 소송절차를 정지하여야 한다(규칙 제7조). 또한 재심청구가 경합된 경우에 항소법원 또는 상고법원은 하급법원의 소송절차가 종료할 때까지 소송절차를 정지하여야 하며(규칙 제169조), 법원이 위헌법률심판을 헌법재판소에 제청한 때에도 법원이 긴급하다고 인정하는 경우를 제외하고는 헌법재판소의 위헌 여부의 결정이 있을 때까지 해당 소송사건의 재판은 정지된다(헌법재판소법 제42조 제1항).

(3) 절 차

공판절차의 정지는 법원의 결정으로 한다. 공판절차의 정지는 법원의 직권에 의하지만, 공소장변경에 의한 경우에는 피고인이나 변호인의 청구에 의하여도 할 수 있다.

공판절차를 정지하는 기간에는 제한이 없다. 다만, 법원이 기간을 정하지 않은 경우에는 그 결정을 취소할 때까지 공판절차가 정지된다. 피고인의 심신상실이나 질병으로 공판절차를 정지하는 경우에는 검사와 변호인의 의견 외에 의사의 의견을 들어야 한다(제306조 제3항).

공판절차정지결정은 판결 전의 소송절차에 관한 결정이므로 항고를 할 수 없다(제403조 제1항). 다만, 공판절차정지사유가 있음에도 불구하고 공판절차를 진행하여 판결을 선고한 경우에는 '판결에 영향을 미친 법령위반'에 해당하므로 항소이유(제361조의5 제1호) 또는 상고이유(제383조 제1호)가 된다.

(4) 효 과

공판절차가 정지되는 것은 좁은 의미의 공판절차인 공판기일의 절차에 한정된다. 따라서 구속 또는 보석에 관한 재판이나 공판준비절차 등은 정지기간 중에도 할 수 있다. 정지된 기간은 구속기간이나 구속갱신기간에 산입되지 않는다(제92조 제3항).

공판절차의 정지기간이 경과하거나 공판절차정지결정이 취소된 경우에는 법원은 공판절차를 다시 진행하여야 한다. 다만, 심신상실을 이유로 공판절차가 정지된 경우는 그 정지사유가 소멸한 후의 공판기일에 공판절차를 갱신하여야 한다(규칙 제143조).

2. 공판절차의 갱신

(1) 의 의

공판절차의 갱신(更新)이란 법원이 판결선고 전에 이미 진행된 공판절차를 무시하고 다시 공판절차를 진행하는 것을 말한다. 이는 소송경제에 반하지만 실체적 진실발견을 위하여 불가피하게 인정하는 것이다. 공판절차의 갱신사유가 있음에도 불구하고 공판절차를 갱신하지 않으면 절대적 항소이유(제361조의5 제8호) 및 상대적 상고이유가 된다(제383조 제1호).

공판절차의 갱신은 공판절차를 진행한 법원이 해당 피고사건의 판결선고 이전에 공판절차를 다시 진행한다는 점에서 공판절차가 정지되었다가 진행하는 공판절차의 정지는 물론, 상급법원의 파기환송이나 이송판결에 의하여 하급법원이나 이송받은 법원이 공판절차를 다시 진행하는 것과 구별된다.

(2) 사 유

공판절차의 갱신사유는 다음과 같다. 즉, (i) 공판개정 후에 판사의 경질이 있는 때에는 공판절차를 갱신하여야 한다(제301조 본문). 판사경질의 사유는 묻지 않으며, 단독판사는 물론 합의부 구성원 중 일부가 바뀐 경우에도 적용된다. 이는 구두주의와 직접주의 요청에 따른 것이다. 따라서 재판이 이미 내부적으로 성립되어 판결만을 선고하는 경우(제301조 단서)는 물론, 아직 실체심리에 들어가지 않은 경우에는 갱신을 요하지 않는다. (ii) 간이공판절차의 결정이 취소된 때에는 원칙적으로 공판절차를 갱신하여야 한다. 다만, 검사, 피고인 또는 변호인의 이의가 없는 때에는 그러하지 아니한다(제301조의2). (iii) 피고인의 심신상실로 인하여 공판절차가 정지된 경우에는 그 정지사유가 소멸된 후의 공판기일에 공판절차를 갱신하여야 한다(규칙 제143조). 이는 피고인이 공판절차정지 전의 소송행위를 기억하지 못할 뿐만 아니라 공판절차정지 전의 소송행위가 소송능력의 흠결로 인하여 무효일 가능성이 크기 때문이다. 따라서 단순한 질병으로 공판절차가 정지된 경우에는 갱신을 요하지 않는다.

공판절차의 갱신사유가 있음에도 불구하고 공판절차를 갱신하지 않으면 절대적 항소이유(제361조의5 제8호) 및 상대적 상고이유가 된다(제383조 제1호).

(3) 절 차

공판절차의 갱신은 공판절차를 다시 시작하는 것이므로 원칙적으로 모두절차부터 진행하여야 한다. 그 절차는 다음과 같다(규칙 제144조 제1항 제1호). 즉, (i) 재판장은 피고인에게 진술거부권 등을 고지한 후 인정신문을 하여 피고인임에 틀림없음을 확인하여야 한다(제1호). (ii) 재판장은 검사로 하여금 공소장 또는 공소장변경허가신청서에 의하여 공소사실, 죄명 및 적용법조를 낭독하게 하거나 그 요지를 진술하게 하여야 한다(제2호). (iii) 재판장은 피고인에게 공소사실의 인정 여부 및 정상에 관하여 진술할 기회를 주어야 한다(제3호). (ⅳ) 재판장은 갱신 전의 공판기일에서의 피고인이나 피고인이 아닌 자의 진술 또는 법원의 검증결과를 기재한 조서에 관하여 증거조사를 하여야 한다(제4호). (ⅴ) 재판장은 갱신 전의 공판기일에서 증거조사된 서류 또는 물건에 관하여 다시 증거조사를 하여야 한다. 다만, 증거능력 없다고 인정되는 서류 또는 물건과 증거로 함이 상당하지 아니하다고 인정되고 검사, 피고인 및 변호인이 이의를 하지 아니하는 서류 또는 물건에 대하여는 그러하지 아니하다(제5호).

이때 재판장은 위의 서류 또는 물건(제4호, 제5호)에 관하여 증거조사를 함에 있어서 검사, 피고인 및 변호인의 동의가 있는 때에는 그 전부 또는 일부에 관하여 정식의 증거조사방법(제292조·제292조의2·제292조의3)에 갈음하여 상당하다고 인정하는 방법으로 이를 할 수 있다(규칙 제144조 제2항).

(4) 효 과

공판절차의 갱신은 이미 진행된 공판절차를 무시하고 다시 시작하는 것이므로 갱신 전의 소송행위는 원칙적으로 그 효력을 상실한다.

그러나 갱신 전의 소송행위라도 개별적으로 검토하여 갱신 후의 공판절차에서 효력을 유지시킬 필요가 있는 경우에는 그 효력을 유지할 수 있다. 따라서 일반적으로 판사경질의 경우에는 그 취지상 실체형성행위는 그 효력을 잃지만 증거신청 등과 같은 절차형성행위는 별도의 갱신을 요하지 않는다. 또한 실체형성행위라도 피고인신문, 증인신문, 법원의 검증 등의 경우에는 그 결과를 기재한 조서가 당연히 증거능력이 인정되므로(제311조) 그 조서에 대한 증거조사를 하면 되고 이전의 절차를 모두 반복할 필요는 없다. 하지만 간이공판절차의 취소나 피고인의 심신상실로 인하여 공판절차가 갱신되는 경우에는 그 성격상 실체형성행위 및 절차형성행위는 모두 효력을 상실한다(다수설). 다만, 간이공판절차취소의 경우 검사, 피고인 또는 변호인이 이의가 없는 때에는 공판절차를 갱신할 필요가 없으므로(제301조의2 단서) 이때에는 간이공판절차에서 행한 증거조사의 효력은 그대로 유지된다.

Ⅲ. 변론의 분리·병합·재개

1. 변론의 분리와 병합

(1) 의 의

법원은 필요하다고 인정한 때에는 직권 또는 검사, 피고인이나 변호인의 신청에 의하여 결정으로 변론을 분리하거나 병합할 수 있다(제300조). 이는 소송경제와 심리의 편의를 도모하기 위한 것으로, 특히 피고인의 경우 변론의 병합에 의하여 「형법」상 경합범에 관한 양형규정(형법 제37조 이하)이 적용되기 때문에 과형상 이익이 되므로 특별한 사정이 없는 한 변론을 병합할 필요가 있다.

'변론의 분리'란 변론이 병합된 수개의 사건을 분리하여 동일 또는 별개의 재판부가 심리하는 것을 말한다. '변론의 병합'이란 사물관할을 같이 하는 수개의 관련사건이 동일한 법원 내의 동일 또는 별개의 재판부에 계속되어 있는 경우에 하나의 재판부가 하나의 공판절차에서 같이 심리하는 것을 말한다. 따라서 토지관할을 달리하여 다른 법원에 계속되어 있거나 사물관할이 달라 합의부와 단독판사에게 각각 계속되어 있는 경우에는 관련사건의 병합심리(제6조, 제10조)가 문제되고, 변론의 병합의 대상은 아니다.

변론의 분리와 병합은 모두 사건이 수개인 것을 전제로 하므로 상상적 경합관계나 포괄일죄와 같이 1개의 사건만 존재하는 경우에는 변론의 병합이 문제되지 않고, 변론의 분리도 허용되지 않는다.

(2) 절 차

변론의 분리·병합은 법원의 직권뿐만 아니라 당사자 등의 신청에 의해서 행하여지며, 신청방식에는 제한이 없다. 통상적으로는 여러 개의 사건이 하나의 공소장에 기재되어 기소된 경우에는 따로 병합결정 없이 병합심리를 하게 된다. 다만, 동일인을 추가기소하는 경우에는 공소장 앞에 '병합심리신청서'를 첨부하여 제출하는 형태로 이루어진다. 동일한 피고인에게 수개의 사건에 대하여 같은 법원에 각각 공소제기가 된 경우에는 내부적으로 병합심리를 담당할 재판부를 정하고 사건을 재배당하여야 한다.

변론의 분리·병합의 결정은 법원의 재량에 속한다(87도706). 이때 법원은 소송경제와 실체적 진실발견의 요청을 종합적으로 고려하여야 한다. 따라서 동일한 피고인에 대하여 각각 별도로 2개 이상의 사건이 공소제기되었을 경우 반드시 병합심리하여 동시에 판결을 선고하여야만 하는 것은 아니다(2004도5529). 이 결정은 공판기일 외에서 재판서를 작성하여 할 수도 있고, 공판기일에 구술로서 할 수도 있다(제38조).

2. 변론의 재개

(1) 의 의

변론의 재개란 법원이 이미 종결한 변론을 다시 열어 심리를 계속하는 것을 말한다. 법원은 필요하다고 인정한 때에는 직권 또는 검사, 피고인이나 변호인의 신청에 의하여 결정으로 종결한 변론을 재개할 수 있다(제305조).

(2) 절 차

변론재개에 대한 결정은 법원의 재량이다(86도769). 따라서 법원이 변론종결 후 당사자의 변론재개신청을 받아들이지 않았다고 하여 심리미진의 위법이 있는 것은 아니다(2014도1414). 이 결정은 공판기일 외에서 재판서를 작성하여 할 수도 있고, 공판기일에 구술로서 할 수도 있다(제38조).

변론이 재개되면 사건은 다시 변론종결 전의 상태로 되돌아가므로 변론을 재개한 후 증거조사를 할 수 있고, 공소장변경도 허용된다. 변론재개 후 증인신문 등 실체심리를 마치고 변론을 종결하는 때에는 검사의 의견진술 및 피고인과 변호인의 최후진술을 다시 하여야 한다.

제2장 증 거

제1절 증거의 의의와 종류

Ⅰ. 증거의 의의

증거는 사실인정의 근거로 되는 자료를 의미하며, 증거방법과 증거자료를 포함한다.

증거방법은 사실인정의 자료로서 증거조사의 대상이 되는 수단·방법을 말한다. 증인, 감정인, 증거서류, 증거물 등이 이에 해당한다. 피고인은 형사절차상 소송의 주체이지만 피고인의 진술이나 신체 등이 증거로 사용될 수 있다는 점에서 제한적으로는 증거방법으로서의 지위를 가진다.

증거자료는 증거방법을 조사하여 얻어진 내용 그 자체를 말한다. 증인이 진술한 증언, 감정인의 감정의견, 증거서류의 내용, 증거물의 형상 및 상태 등이 이에 해당한다. 이때 증거자료를 획득하고 감지하는 절차를 증거조사라고 한다.

Ⅱ. 증거의 종류

1. 직접증거와 간접증거

증거는 요증사실, 즉 증명을 요하는 사실과의 관련성에 따라 직접증거와 간접증거로 구분된다.

직접증거란 증명을 요하는 요증사실(要證事實)의 증명에 직접 이용되는 증거를 말한다. 피고인의 자백이나 범행현장을 직접 목격한 증인은 범죄사실을 직접적으로 입증할 수 있으므로 직접증거이다. 반면에 간접증거란 요증사실을 간접적으로 추론할 수 있는 증거를 말한다. 간접증거는 요증사실을 증명하는 자료로 되는 각종 정황에 관한 사실을 증명하는 증거라는 점에서 정황증거라고도 한다. 범죄현장에 남아 있던 지문이나 디엔에이(DNA) 증거는 그 증거의 소유자가 범죄현장에 있었다는 사실을 증명하는 간접증거가 된다. 간접증거가 진술증거인 때에는 전문법칙과 그 예외가 적용된다.

직접증거는 간접증거보다 높은 증명력이 인정된다는 점에서 규문절차하의 법정증거주의에서는 양자를 구별하는 의미가 있었다. 하지만 오늘날 증거의 증명력에서 자유심증주의를 택하고, 과학적 증거수집기법이 발달함에 따라 간접증거의 중요성이 강조되고 있다. 더구나 최근에는 범죄가 점점 지능화되고 교묘해짐에 따라 직접증거의 확보가 어렵게 되면서 형사재판에서 간접증거의 비중이 점점 확대되고 있다.

2. 인적 증거·물적 증거·증거서류

(1) 인적 증거와 물적 증거

인적 증거(인증)란 사람의 진술내용이 증거로 되는 것을 말한다. 증인의 증언, 감정인의 감정, 피고인의 진술 등이 이에 해당한다. 인증에 대한 조사는 신문의 형식을 취하고, 그 증거조사를 위한 강제처분은 소환이며, 이에 불응할 경우에는 구인, 과태료부과, 감치 등의 제재가 가하여지기도 한다.

물적 증거(물증)는 물건의 존재 또는 상태가 증거로 되는 것을 말하며, 증거물이라고도 한다. 범죄에 사용된 흉기, 도구, 장물 등이 이에 해당한다. 사람의 신체도 그 물질적 성질이나 상태가 증거로 될 때에는 물적 증거가 된다. 물증에 대한 증거조사는 제시에 의하고, 그 증거조사를 위한 강제처분은 압수이다.

(2) 증거서류와 증거물인 서면

1) 구별기준

(가) 절차기준설

절차기준설은 공소제기 전·후를 불문하고 해당 형사절차에서 작성된 서면으로 그 보고적 내용이 증거로 사용되는 서류가 증거서류이고, 그 이외의 서류가 증거물인 서면이라는 견해이다. 이에 따르면 법원의 증인신문조서, 검증조서, 감정서 이외에 수사기관에서 작성한 진술조서나 검증조서도 증거서류에 포함된다.

(나) 내용기준설

내용기준설은 서면의 내용을 증거로 하는 것이 증거서류이고, 서면의 내용과 동시에 그 존재 또는 상태가 증거로 되는 것이 증거물인 서면이라는 견해이다. 이에 따르면 서류에 기재된 내용이 특정한 사실을 증명하고자 하는 경우는 증거서류에 해당하므로 법원의 공판조서나 검증조서뿐만 아니라 수사기관이 작성한 조서에 첨부된 의사의 진단서도 증거서류에 포함되지만, 위조문서, 협박문서, 음란문서 등과 같이 문서 그 자체의 존재와 더불어 그 내용도 증거가 되는 것은 증거물인 서면이 된다.

(다) 작성자기준설

작성자기준설은 해당 형사절차에서 법령에 의하여 법원 또는 법관의 면전에서 작성된 서류는 증거서류이고, 그 밖의 서류는 모두 증거물인 서면이라는 견해이다. 이에 따르면 법원의 공판조사나 검증조서뿐만 아니라 수사기관 절차에서 작성된 서류라고 할지라도 법원 또는 법관의 면전에서 작성된 서류는 증거서류이므로 증거조사에서 굳이 서류제시를 요하지 않고 낭독만으로 충분하다고 한다.

(라) 검 토

범죄사실의 입증이라는 측면에서 보면 내용기준설이 타당하다(통설). 이에 따르면 증거서류란 물증 중에서 서면의 의미내용이 증거로 되는 것을 말한다. 법원의 공판조서나 검증조서, 수사기관이 작성한 피의자신문조서, 진술조서, 검증조서, 감정서, 진술서 등이 이에 해당한다. 증거물인 서면이란 서류에 기재된 의미내용 외에 서류의 존재 또는 상태가 증거로 되는 것을 말한다. 문서위조죄에서 위조문서, 무고죄의 허위고소장, 공갈죄에서 협박의 내용을 담은 편지, 부정수표 단속법위반죄의 당좌수표(2015도2275), 국가보안법위반죄의 이적표현물(2013도2511) 등이 이에 해당한다. 증거서류와 증거물인 서면을 합쳐서 서증(書證)이라고 한다.

판례는 서류의 존재 또는 상태 자체가 증거가 되는 것은 증거물인 서면에 해당하고, 어떠한 사실을 직접 경험한 사람의 진술에 갈음하는 대체물이 아니라고 한다(2015도2275).

2) 구별실익

증거서류와 증거물인 서면은 증거조사방식에서 차이가 있다. 즉, 증거서류는 원칙적으로 낭독이며, 예외적으로 내용의 고지 또는 제시·열람의 방식에 의해서 가능하지만(제292조), 증거물인 서면은 제시에 의할 것을 요한다(제292조의2).

또한 증거서류는 그 내용이 원진술자의 진술을 대체하는 것이므로 증거능력을 판단할 때에는 전문법칙이 적용되지만, 증거물인 서면은 그 서면에 기재된 내용 자체가 직접증거로 되는 것이므로 증거능력을 판단할 때에는 증거물의 예에 의하고, 제310조의2에서 정한 전문법칙이 적용되지 않는다(2015도2275).

3. 본증과 반증

본증이란 거증책임을 지는 자가 제출하는 증거를 말한다. 반증이란 그 반대당사자가 본증에 의하여 증명하려는 사실을 부정하기 위하여 제출하는 증거를 말한다.

형소법상 거증책임은 검사에게 있으므로 통상적으로 검사가 제출하는 증거가 본증이고, 그 반대당사자인 피고인측에서 제출하는 증거가 반증이 된다. 다만, 거증책임이 전환되어 피고인이 거증책임을 지는 경우에는 피고인이 제출하는 증거가 본증이 되고, 검사가 제출하는 증거가 반증이 된다.

4. 진술증거과 비진술증거

진술증거란 사람의 진술이 증거가 되는 것을 말한다. 진술과 진술을 기재한 서면이 이에 해당한다. 비진술증거란 진술을 내용으로 하지 않는 서면을 포함한 물적 증거를 말한다. 진술증거에 대해서만 전문법칙이 적용된다.

진술증거는 다시 원본증거와 전문증거로 구분된다. 원본증거는 증인이 직접 경험한 사실을 진술하는 경우의 증거를 말하며, 본래증거라고도 한다. 전문증거란 타인으로부터 전문한 사실을 진술하는 것을 말한다.

5. 실질증거와 보조증거

실질증거란 요증사실의 존·부를 직·간접으로 증명하기 위한 증거를 말한다. 보조증거란 실질증거의 증명력을 다투기 위하여 사용되는 증거를 말한다. 보조증거에는 실질증거의 증명력을 보강해 주는 증강증거(增强證據)와 그 증명력을 감소시키는 탄핵증거(彈劾證據)가 있다.

6. 법과학증거

(1) 의 의

법과학증거란 과학적 기술과 원리를 적용하여 도출한 사실인정자료로서 형사재판에서 증거로 사용되는 것을 말한다. 법과학증거는 그 도출과정에 사용되는 과학적 기술과 원리 때문에 일반적으로 전문가의 감정과 증언을 통해 법정에 현출된다. 따라서 과학적 증거의 증거능력을 판단하기 위해서는 그 증거에 사용된 과학적 기술과 원리의 타당도와 신뢰도, 오류율의 정도, 그리고 이를 사용하는 전문가의 전문성과 숙련도 등을 검증하여야 한다.

(2) 유 형

수사 및 재판과정에서 사용되는 과학적 증거는 다양한 유형으로 분류된다. 즉, (i) 범죄현장에서 수사요원이 수집하는 디엔에이(DNA)시료, 지문, 혈흔과 같은 물적 증거가 있다. 이러한 물적 증거는 법과학적 원리와 기술을 통해 해석하여야 할 기초증거이므로 '기본증거'라고 부른다. (ii) 과학적 원리와 기술을 동원하여 법과학 분야에 사용되는 '일반화된 증거'가 있다. 디엔에이 감정이나 혈흔의 형태와 방향을 분석하여 범행상황을 추정할 수 있는 과학적 기술과 원리 등이 이에 해당한다. (iii) 수사기관과 법관은 일반화된 증거를 기본증거에 적용하여 일정한 사실을 추론할 수 있게 되는데, 이러한 추론의 결과를 '추론증거'라 한다. 재판정에서 일정한 사실을 인정하기 위해서 사용되는 증거는 추론증거이다.

형사절차상 기본증거는 범죄현장의 보존과 증거수집절차에서, 일반화된 증거는 증거감정절차에서, 추론증거는 재판절차에서 주로 문제된다. 이러한 절차들과 관련된 증거법분야에서는 각각 증거물보관의 연속성원칙(Chain of custody)의 적용 여부, 과학적 증거의 증거능력 판단기준, 그리고 증거능력과 증명력에 관한 증거법상 원칙의 적용 여부가 문제된다. 그러나 형소법에서는 과학적 증거에 관한 규정을 두고 있지 아니하므로 증거법에 관한 일반적 원리와 판례를 통해 해결할 수밖에 없다.

한편, 추론증거를 법적 증거로 사용할 수 있기 위해서는 기본증거가 범행현장에서 수거, 수집, 감정되는 전 과정에서 오염되거나 훼손되지 않아야 한다. 또한 일반화된 증거는 그 원리와 기술에 대한 오류의 가능성 및 기술 및 원리를 적용하는 감정가의 숙련도 등이 공개되어 사실인정자가 어느 정도 증명가치를 부여할지

결정할 수 있어야 한다. 끝으로 이러한 증거들은 적정절차와 피고인의 인권보호 및 사실발견이라는 형사정책적 목적과도 조화되어야 하며, 따라서 과학적 증거에도 원칙적으로 위법수집증거배제법칙 등 증거법상 원칙이 적용된다.

<과학적 증거의 유형과 증거법분야>

범죄현장		증거법분야
기본증거(범죄현장보존)	⇨	증거물보관의 연속성원칙 적용 (Chain of custody)
기본증거(증거수집절차)		
일반화된 증거(증거감정절차)	⇨	과학적 증거의 증거능력 판단기준
추론증거(재판)	⇨	각종 증거능력 배제규정 적용 여부

(3) 증거물보관의 연속성

1) 의 의

과학적 증거와 관련하여 모발, 혈흔, 디엔에이 등 기본증거는 그 증거가 수집, 보관, 분석되어 법정에 이르는 과정에서 그 증거의 존재와 상태의 동일성이 유지되었다는 것을 전제조건으로 일반화된 원리와 기술을 적용하여 추론증거를 현출해 낸다. 따라서 과학적 증거가 증거능력이 인정되기 위해서는 기본증거의 수집과 보관에 있어서 그 상태와 형상 등에 관한 염결성이 요구되는데, 이를 증거물보관의 연속성이라고 한다. 최근 형사재판에서는 과학적 증거의 증가와 공판중심주의의 확대로 인해 증거물보관의 연속성을 고려하는 판례가 증가하고 있다.

2) 법적 근거

미국의 경우에는 증거물보관의 연속성을 「연방 증거규칙(Federal Rules of Evidence)」 제901조(a)[76]에서 증거물의 진정성 증명(authentication)의 요건으로 규정하고 있다. 즉, 법관이 판단하기에 배심원이 증거물의 보관과 상태를 보고, 그 증거물의 진정성과 증명의 가치를 판단할 수 있는 정도가 되어야 증거능력을 인정한다. 그러나 형소법에서는 증거물보관의 연속성에 관하여 명문의 규정을 두고 있

76) 미국 연방규칙 제901조 인증 또는 식별 요건 (a) 일반적인 규정. -적용성의 전제조건으로서 인증 또는 신원확인의 요건은, 문제의 사안이 그 제안자가 주장하는 것이라는 판단을 뒷받침할 수 있는 충분한 증거에 의해서 충족된다.

지 않다. 다만, 제307조에서 "사실의 인정은 증거에 의하여야 한다"고 규정함으로써 엄격한 증명의 법리를 명시하고 있고, 이때의 증거는 자연적, 논리적 관련성이 인정되고 진정성이 증명된 증거를 말하므로 제307조가 증거물보관의 연속성 요청의 근거규정이 될 수 있을 것이다.

(4) 증거능력 판단기준

과학적 증거의 허용성과 신빙성에 영향을 미치는 요인으로는 다음 3가지를 들 수 있다. 즉, (i) 그 이론(theory)이 과학적으로 타당(valid)하여야 하고, (ii) 그 이론을 적용하는 기술이 유효하여야 하며, (iii) 그 이론과 기술이 특정 조건하에서 적절하게 사용되어야 한다.

미국 증거법에서는 과학적 증거의 증거능력 판단기준으로 프라이테스트와 더버트기준, 관련성 접근방법이 제시되어 왔다. 프라이테스트가 가장 엄격하고, 더버트기준, 관련성 접근방법 순으로 그 기준이 완화된다.

1) 프라이테스트

프라이테스트(Frye test)는 과학적 기술과 원칙이 해당 과학적 분야에서 일반적인 승인(general acceptance)을 얻었을 때에만 증거능력을 인정할 수 있다는 원칙이다. 이 원칙은 미국에서 1923년 거짓말탐지기의 전신인 심장수축혈압방식(systolic blood pressure)에 의한 거짓말테스트를 실시한 검사자를 전문가증언으로 요청한 사건과 관련하여 확립되었다.

2) 더버트기준

더버트기준(Daubert standard)은 과학적 증거는 요증사실에 대한 관련성(relevance)뿐만 아니라 그 증거 자체가 과학적 지식에 근거하여 충분히 신뢰할 만한 것인지를 판단하는 것이므로, 과학적 이론의 검증가능성, 동료들에 의한 심사(peer review) 여부, 오류비율이 알려져 있는지 여부, 과학계의 일반적 승인 여부 등을 종합적으로 고찰하여 결정하여야 한다는 원칙이다. 더버트기준은 원고의 어머니가 입덧 완화제인 벤덱틴(Bendectin)을 복용하고 기형아인 원고를 낳게 되자, 원고가 제조업체인 머렐 다우(Merrell Dow)사를 고소한 사건에서 확립되었다(Daubert v. Merrell Dow Pharm., Inc.[77]).

---

77) 509 U. S. 579 (1993).

더버트기준은 기존의 프라이테스트와 달리 과학계에서의 일반적 승인을 증거능력의 유일한 조건으로 보지 않고, 다른 요소들을 종합적으로 판단함으로써 증거능력의 기준을 완화한 것이 특징이다. 더버트 기준은 현재 미국 연방대법원의 과학적 증거에 대한 전문가증언의 증거능력 판단기준으로 활용되고 있다.

3) 관련성 접근에 의한 판단

관련성 접근방법(Relevance approach)은 미국 증거법학자인 맥코믹(McCormick) 교수에 의해 주장된 것으로, 증거가 요증사실의 입증에 도움이 되고 증거의 편견가능성이 그 증거의 증명가치를 상당한 정도로 압도하지 않는 한 증거능력을 인정하는 방법이다. 이 방법은 전문가의 증언이 사실인정에 도움이 되고, 특별히 사실을 왜곡할 만큼의 중대한 편견을 유발하지 않으면 증거능력을 인정하자는 것으로서 법관에게 증거능력 인정에 관하여 매우 폭넓은 재량을 허용한다.

<과학적 증거의 증거능력 인정기준의 비교>

엄격성 정도	증거능력 인정기준	판단요소
엄 격	프라이테스트	일반적 승인
⇳	더버트기준	관련성 + 과학적 신뢰성
느 슨	관련성 접근방법	관련성 + 증명가치와 편견가능성 비교형량

(5) 판례의 태도

판례는 "과학적 증거방법은 전제로 하는 사실이 모두 진실인 것이 입증되고, 추론의 방법이 과학적으로 정당하여 오류가능성이 전혀 없거나 무시할 정도로 극소한 것으로 인정되는 경우라야 법관이 사실인정을 하는 데 상당한 정도로 구속력을 가진다"(2011도1902)고 하면서, "과학적 증거방법이 사실인정에서 상당한 정도로 구속력을 갖기 위해서는 감정인이 전문적인 지식·기술·경험을 가지고 공인된 표준 검사기법으로 분석한 후 법원에 제출하였다는 것만으로는 부족하고, 시료의 채취·보관·분석 등 모든 과정에서 시료의 동일성이 인정되고 인위적인 조작·훼손·첨가가 없었음이 담보되어야 하며 각 단계에서 시료에 대한 정확한 인수·인계 절차를 확인할 수 있는 기록이 유지되어야 한다"(2017도14222)고 한다.

Ⅲ. 증거능력과 증명력

1. 증거능력

(1) 의 의

증거능력이란 증거로 사용할 수 있는 자격, 즉, 사실의 입증을 위한 엄격한 증명의 자료로 사용될 수 있는 법률상 자격을 말한다. 증거능력은 입법자에 의하여 형식적·객관적으로 결정되는 것으로서 법관의 주관적·개별적 판단에 의해 좌우되지 않는다. 따라서 아무리 증거로서의 가치가 있는 것이라도 증거능력이 없는 증거는 사실인정의 자료가 될 수 없으며, 공판정에 증거로 제출하여 증거조사를 하는 것이 허용되지 않는다.

제307조 제1항에서 "사실의 인정은 증거에 의하여야 한다"고 규정하고 있는 것은 범죄사실을 인정할 때에는 증거능력이 있는 엄격한 증거에 의할 것을 요한다는 의미이다.

(2) 제 한

증거능력의 제한에는 절대적 제한과 상대적 제한이 있다. 자백배제법칙과 위법수집증거배제법칙은 전자에 해당하고, 전문증거는 형소법에서 정한 일정한 조건이 갖추어지거나 당사자의 동의가 있는 경우에는 증거로 사용될 수 있다는 점에서 전문법칙은 후자에 해당한다.

2. 증 명 력

증명력이란 증거능력이 인정된 증거의 실질적 가치, 즉 신용성을 의미한다. 제308조에서는 "증거의 증명력은 법관의 자유판단에 의한다"고 규정함으로써 자유심증주의를 명문화하였다. 이는 증거능력이 인정된 증거의 증명가치는 법관의 합리적인 자유판단에 맡긴다는 것을 의미한다.

<증거능력과 증명력의 비교>

	증거능력(Admissibility)	증명력(Weight of Evidence)
개 념	증거로 사용될 수 있는 자격	증거의 실질적 가치
특 성	법률에 의해 형식적·객관적으로 정해져 있음	법관의 주관적 판단(자유심증)에 따름
법적 근거	각종 증거법칙	자유심증주의
소송구조와의 관계	당사자주의에서는 증거능력을 강조하는 경향이 강함	직권주의에서는 증명력을 강조하는 경향이 강함

Ⅳ. 증거에 관한 형소법의 체계

형사절차에 있어서 증거는 핵심적 요소이므로 형소법에서는 증거에 관하여 상세하게 규정하고 있다.

첫째, 증거조사와 관련하여, 증거수집활동인 수사기관의 수사방법과 그 절차 및 공판절차에서의 증거조사방법과 그 절차(제290조-제297조의2)에 관해 상세한 규정을 두고 있으며, 이 외에도 공판기일 전 증거조사(제272조-제274조)와 증거개시제도(제266조의3-제266조의4, 제266조의11), 공판준비절차에서의 증거조사(제266조의5-제266조의14) 및 수소법원 이외의 수사상 판사에 의한 증거조사절차로서 증거보전절차(제184-제185조)와 증인신문청구(제221조의2)에 관해 규정하고 있다.

둘째, 증거법상 원칙으로서, 제307조 제1항에서는 "사실의 인정은 증거에 의하여야 한다"고 규정함으로써 증거재판주의를 선언하고 있고, 동조 제2항에서는 "범죄사실의 인정은 합리적인 의심이 없는 정도의 증명에 이르러야 한다"고 규정함으로써 증명력에 관한 유죄판결의 기준을 제시하고 있다.

셋째, 증거능력과 관련하여, 제308조의2에서는 위법수집증거배제법칙, 제309조에서는 자백배제법칙에 관해 규정하고 있다. 제310조의2에서는 전문법칙의 원칙, 제311조부터 제316조까지는 전문법칙의 예외사유에 관해 규정하고 있다. 또한 제317조에서는 진술의 증거능력 인정의 전제로서 임의성을 요구하는 한편, 제318조에서는 서류나 물건에 대하여 당사자의 동의가 있는 경우에 진정성이 인정되면 증거능력을 인정하고 있다.

넷째, 증명력과 관련하여, 제308조에서 "증거의 증명력은 법관의 자유판단에 의한다"고 규정함으로써 자유심증주의를 선언하는 한편, 제310조에서 피고인의 자백이 피고인에게 불이익한 유일의 증거일 때에는 이를 유죄의 증거로 하지 못하도록 하고 있다(자백의 보강법칙). 다만, 제318조의2에서는 증거능력이 없는 증거라도 다른 증거의 증명력을 탄핵하기 위한 목적으로는 사용할 수 있도록 하고 있다. 그리고 제56조에서는 공판조서에 대하여는 배타적 절대적 증명력을 인정하고 있다.

그러나 형소법에서는 물적 증거의 진정성 입증 및 과학적 증거의 인정과 그 기준에 관해서는 규정을 두고 있지 않다.

<형소법상 증거법체계>

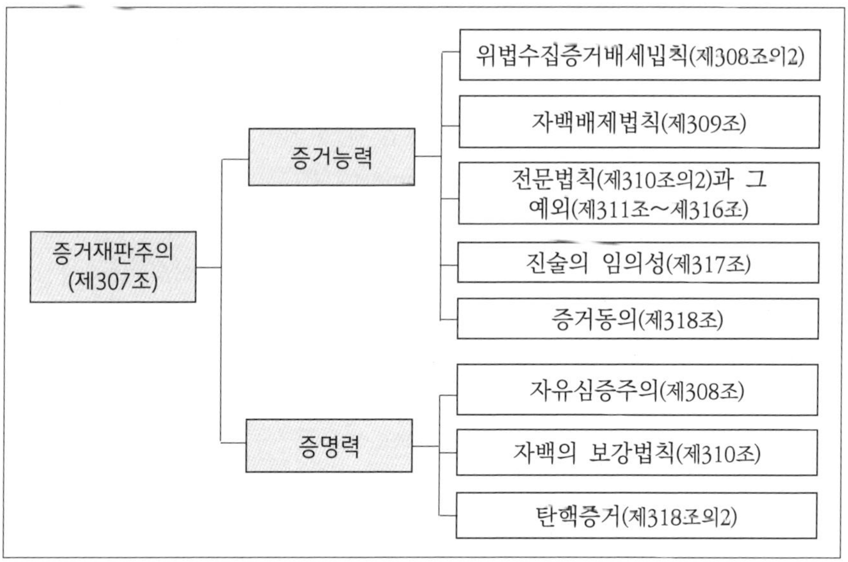

제2절 증명의 기본원칙

Ⅰ. 증거재판주의

1. 의 의

증거재판주의란 사실의 인정은 증거에 의하여야 한다는 원칙을 말한다. 증거재판주의는 실체적 진실발견에서 가장 중요한 기본원칙으로서 형사소송에서는 자백이 있더라도 그 사실은 증거에 의하여 인정하여야 한다는 것을 의미한다. 이 점에서 자백한 사실에 대하여는 증명을 요하지 않는 민사소송의 경우(민소법 제288조)와 다르다.

제307조 제1항에서는 "사실의 인정은 증거에 의하여야 한다"고 규정함으로써 증거재판주의를 선언하고 있으며, 동조 제2항에서 "범죄사실의 인정은 합리적인 의심이 없는 정도의 증명에 이르러야 한다"고 규정함으로써 사실인정을 위한 심증형성에서 엄격성을 요구하고 있다. 따라서 제307조의 '증거재판주의'는 단순히 '범죄사실을 증거에 의해 인정하라'는 문언적 의미를 넘어서, 범죄사실은 법률이 정한 적법한 증거조사를 거쳐 증거능력이 인정된 엄격한 증거에 의해서만 증명될 수 있다는 엄격한 증명의 법리를 규정한 것이라고 할 수 있다.

2. 증 명

(1) 의 의

증명이란 법관이 요증사실에 대하여 합리적 의심의 여지가 없을 정도로 강력한 심증을 얻은 상태 또는 법관으로 하여금 이러한 심증을 형성하도록 증거를 제출하는 소송관계인의 활동을 말한다. 형소법상 증거재판주의에 따라 이 심증형성은 증거에 의하여 이루어져야 하므로 증거에 의해 사실을 밝히는 것을 증명이라고 할 수 있다.

증명은 소명과는 구별된다. 소명이란 법관으로 하여금 요증사실에 대하여 확신을 가질 정도까지는 아니지만 주장되는 사실의 존재를 일단 추측할 수 있게 하는 정도의 심증을 불러일으키는 상태 또는 법관으로 하여금 그와 같은 상태에 이르도록 자료를 제출하는 소송관계인의 활동을 말한다. 범죄사실의 인정을 포함하여 형사절차와 관련된 사실의 존·부 판단은 증명의 방법에 의하는 것이 원칙이지만, 예외적으로 개별 규정에 의해 소명만으로 사실의 존·부를 판단하도록 허용하는 경우가 있다. 기피사유의 소명(제19조 제2항), 증언거부사유의 소명(제150조), 증거보전청구사유의 소명(제184조 제3항), 판사에 대한 증인신문청구사유의 소명(제221조의2 제3항), 상소권회복원인사유의 소명(제346조 제2항) 등이 이에 해당한다. 소명에서는 증명과 달리 엄격한 방식이나 절차가 요구되지 않는다.

(2) 증명의 정도

제307조 제2항에서는 "범죄사실의 인정은 합리적인 의심이 없는 정도의 증명에 이르러야 한다"고 규정함으로써 범죄사실의 증명에 관한 원칙을 규정하고 있다. 따라서 법관의 유죄에 관한 심증의 형성은 합리적인 의심이 없이 증명되어야 하고, 그렇지 않은 경우에는 '의심스러운 때에는 피고인의 이익으로'(in dubio pro reo)의 원칙에 의해 무죄를 선고하여야 한다.

'합리적인 의심이 없는 정도의 증명'이란 17세기부터 18세기 사이에 영국에서 법관들이 배심원들의 자의적인 결정을 막고 평결결과를 통제하기 위해 만들어 낸 기준으로, '절대적 확신'(absolute certainty)이 아닌 '도덕적 확신'(moral certainty) 또는 '가장 높은 정도의 개연성'만 있으면 유죄판결을 할 수 있도록 하였다. 이때 '합리적인 의심이 없는 정도의 증명'은 막연한 추측이나 주관적인 판단에 의한 의심이 아니라 논리와 증거에 기초한 합리적인 의심이어야 한다. 즉, '합리적인 의심'은 모든 의심·불신을 포함하는 것이 아니라 논리와 경험칙에 의하여 요증사실과 양립할 수 없는 사실의 개연성에 대한 합리성 있는 의문을 의미하는 것으로서, 피고인에게 유리한 정황을 사실인정과 관련하여 파악한 이성적 추론에 그 근거를 두어야 하는 것이므로 단순히 관념적인 의심이나 추상적인 가능성에 기초한 의심은 합리적인 의심에 해당하지 않는다(2018도2642). 따라서 피고인의 주장이나 변명에 모순이 있거나 석연치 않은 측면이 있고, 유죄의 의심이 가는 정황이 있더라도 검사의 증명이 합리적인 의심이 없을 정도로 확신을 주지 못한다면 피고인의 이익으로 판단하여야 한다(2017도1549). 마찬가지로 범의에 대한 증명이 부족하다면 설령 피고인에게 유죄의 의심이 간다고 하더라도 유죄로 판단할 수는 없다(2024도3061).

(3) 엄격한 증명과 자유로운 증명의 구별

엄격한 증명이란 법률상 증거능력이 있고, 적법한 증거조사를 거친 증거에 의한 증명을 말한다. 반면에 자유로운 증명이란 증거능력이나 적법한 증거조사를 요하지 않는 증거에 의한 증명을 말한다. 즉, 자유로운 증명의 대상인 증거는 증거능력이 있을 것을 요하지 않으며, 증거조사방법은 법원의 재량에 속하고 법률에 규정된 증거조사절차에 따라야 하는 것도 아니다. 따라서 자유로운 증명의 경우는 반드시 공판정에서 증거조사를 행할 것을 요하지 않으며, 변론종결 후에 접수된 서류나 전화에 의하여 확인된 증거에 의해서도 사실을 인정할 수 있다.

그러나 엄격한 증명과 자유로운 증명은 증거능력의 유·무와 증거조사의 방법에 차이가 있을 뿐, 심증형성의 정도에 있어서 '합리적 의심 없는 증명'을 요한다는 점에서 같다.

3. 엄격한 증명의 대상

엄격한 증명이 되는 대상은 제307조의 '범죄사실' 즉, 형벌권의 존·부와 그 범위에 관한 사실이다.

(1) 공소범죄사실

공소장에 기재된 범죄사실은 당연히 주요사실로서 엄격한 증명의 대상이 된다. '공소장에 기재된 범죄사실'이란 특정 범죄구성요건을 충족하는 구체적 사실로서 위법하고 유책한 경우를 말한다.

한편, 공소범죄사실의 부존재를 증명하기 위하여 피고인이 제출하는 반증도 본증과 같이 엄격한 증명의 대상이 된다. 다만, 판례는 유죄의 자료가 되는 것으로 제출된 증거의 반대증거 서류에 대하여는 그것이 유죄사실을 인정하는 증거가 되는 것이 아닌 이상 반드시 그 성립의 진정이 증명되지 아니하거나 이를 증거로 함에 있어서 상대방의 동의가 없더라도 증거판단의 자료로 할 수 있다고 한다(80도1547).[78]

78) 또한 판례는 "검사가 유죄의 자료로 제출한 증거들이 그 성립의 진정이 인정되지 아니하고 이를 증거로 함에 상대방의 동의가 없더라도, 이는 유죄사실을 인정하는 증거로 사용하는 것이 아닌 이상 공소사실과 양립할 수 없는 사실을 인정하는 자료로 쓸 수 있다고 보아야 한다"(94도1159)고 하였다.

1) 구성요건해당사실

특정 범죄구성요건에 해당하는 객관적 구성요건요소와 주관적 구성요건요소는 엄격한 증명의 대상이다. 따라서 행위의 주체와 객체, 결과, 인과관계 등과 같은 객관적 구성요건에 관한 사실뿐만 아니라 고의(2015도5355)[79] 또는 과실, 목적(2014도9030)이나 동기, 불법영득의사(2013도14777) 등 주관적 구성요건에 관한 사실도 엄격한 증명의 대상이다.

또한 공동정범의 공모사실(2012도5220)[80], 교사범에서 교사의 사실은 물론, 범죄구성요건사실의 전제되는 사실도 엄격한 증명의 대상이다. 따라서 혈중알코올을 계산하기 위해 위드마크공식을 적용할 경우 그 전제사실이 되는 섭취알코올의 양, 음주시각, 체중 등(2021도14074)이나 뇌물죄에서 수뢰액의 다과에 따라 범죄구성요건이 달라지는 경우에 수뢰액은 엄격한 증명의 대상이 된다(2009도2453).

2) 위법성과 책임의 기초사실

구성요건해당성이 인정되면 위법성과 책임을 기초지우는 사실은 추정된다. 하지만 피고인이 위법성조각사유나 책임조각사유를 주장하게 되면 추정은 깨지게 되고, 따라서 그 부존재는 범죄성립요소가 되므로 엄격한 증명의 대상이 된다.

3) 처벌조건

처벌조건은 공소범죄사실은 아니지만 형벌권의 존·부에 관련된 사항이므로 엄격한 증명의 대상이다. 따라서 친족상도례가 적용되는 친족관계의 사실(형법 제151조 제2항, 제155조 제4항), 파산범죄에서 파산선고가 확정된 사실(채무자 회생 및 파산에 관한 법률 제650조 등) 등은 엄격한 증명의 대상이 된다.

---

79) 판례는 "피고인이 범행 당시 살해의 범의가 없다고 다투는 경우에는 피고인이 범행에 이르게 된 경위, 범행의 동기, 준비된 흉기의 유무·종류·용법, 공격 부위와 반복성, 사망의 결과 발생가능성 정도, 범행 후 결과회피행동의 유무 등 범행 전후의 객관적 사정을 종합하여 살해의 범의가 있었는지를 판단하여야 한다"(2024도2940)고 하였다.

80) 판례는 "공동정범이 성립한다고 판단하기 위해서는 범죄실현의 전 과정을 통하여 행위자들 각자의 지위와 역할, 다른 행위자에 대한 권유내용 등을 구체적으로 검토하고, 이를 종합하여 공동가공의 의사에 기한 상호 이용의 관계가 합리적인 의심을 할 여지가 없을 정도로 증명되어야 한다"(2015도5355)고 하였다.

(2) 형벌권에 관한 사실

1) 법률상 형의 가중·감면이 되는 사실

상습성 또는 누범과 같은 형의 가중사실과 장애미수, 중지미수, 불능미수, 자수·자복, 심신미약 등 형의 감면사실은 범죄사실은 아니지만 형벌권의 정도에 관련된 사실이므로 엄격한 증명의 대상이다. 그러나 판례는 심신미약은 법률적 판단의 문제이지 범죄사실이 아니므로 엄격한 증명을 요하지 않는다고 한다(98도159).

2) 몰수와 추징

몰수와 추징은 부가형으로서 형벌의 일종이므로 형벌권의 존·부 및 범위와 관련된 것이어서 엄격한 증명의 대상이다(다수설). 그러나 판례는 이는 범죄구성요건사실에 관한 것이 아니므로 자유로운 증명의 대상이라고 한다(2005도9858).

(3) 간접사실·보조사실·법규 등

1) 간접사실

간접사실이란 요증사실을 간접적으로 추론하게 하는 사실을 말한다. 형사재판에서는 직접증거 없이 간접증거만으로도 유죄를 인정할 수 있으나, 그 경우에도 주요사실의 전제가 되는 간접사실의 인정은 합리적 의심을 허용하지 않을 정도의 증명이 있어야 하고, 그 하나하나의 간접사실이 상호 모순, 저촉이 없어야 함은 물론, 논리와 경험칙, 과학법칙에 의하여 뒷받침되어야 한다.[81] 따라서 요증사실이 엄격한 증명을 요하는 주요사실인 경우에는 간접사실도 엄격한 증명의 대상이 된다.

한편, 현장부재(알리바이)가 엄격한 증명의 대상이 되는지에 대하여는

---

81) 판례는 피고인이 범죄구성요건의 주관적 요소인 고의를 부인하는 경우, 범의 자체를 객관적으로 증명할 수는 없으므로 사물의 성질상 범의와 관련성이 있는 간접사실 또는 정황사실을 증명하는 방법으로 이를 증명할 수밖에 없다. 이때 무엇이 관련성이 있는 간접사실 또는 정황사실에 해당하는지는 정상적인 경험칙에 바탕을 두고 치밀한 관찰력이나 분석력으로 사실의 연결상태를 합리적으로 판단하는 방법에 의하여 판단하여야 한다고 하였다(2018도18045). 나아가 "유죄의 인정은 범행동기, 범행수단의 선택, 범행에 이르는 과정, 범행 전·후 피고인의 태도 등 여러 간접사실로 보아 피고인이 범행한 것으로 보기에 충분할 만큼 압도적으로 우월한 증명이 있어야 하고, 피고인이 고의적으로 범행한 것이라고 보기에 의심스러운 사정이 병존하고 증거관계 및 경험법칙상 고의적 범행이 아닐 여지를 확실하게 배제할 수 없다면 유죄로 인정할 수 없다. 피고인은 무죄로 추정된다는 것이 헌법상의 원칙이고, 그 추정의 번복은 직접증거가 존재할 경우에 버금가는 정도가 되어야 한다"(2017도1549)고 하였다.

① 피고인의 현장부재의 주장은 검사의 본증에 대한 피고인의 반증으로서 주요사실에 반대되는 간접사실의 증명이라는 점에서 엄격한 증명의 대상이 된다는 견해(다수설)가 있다. 그러나 ② 피고인의 현장부재의 주장은 피고인이 검사의 주장을 탄핵하는 것이므로 이를 엄격한 증명에 의하게 하면 범죄사실에 관한 입증책임을 피고인에게 전가하는 것으로 된다는 점에서 자유로운 증명으로 충분하다. 다만, 이에 기초하여 다툼이 있는 경우에는 검사가 구성요건해당사실의 존재를 엄격한 증명에 의해 입증하여야 한다.[82)]

2) 보조사실

보조사실이란 증거의 증명력에 영향을 미치는 사실을 말하며, 이에는 증명력을 증강시키는 사실과 증명력을 감쇄시키는 사실이 있다. 보조사실이 엄격한 증명의 대상이 되는지에 대하여는 ① 자기모순의 진술에 의하여 공판정에서의 진술의 증명력을 다투는 경우를 제외하고는 증거의 증명력을 감쇄시키는 보조사실에 대하여도 엄격한 증명을 요한다는 견해가 있다. 이 견해에서는 범죄사실이나 간접사실에 관한 보조사실뿐만 아니라 증인의 능력이나 편견, 이해관계 등 증인의 신빙성을 감쇄시키는 보조사실도 간접적으로 범죄사실의 증명에 영향을 미치므로 엄격한 증명의 대상이 된다고 한다. 그러나 ② 보조사실이 증강증거인 경우에는 엄격한 증명을 요하는 반면, 탄핵증거인 경우에는 자유로운 증명으로 충분하다(다수설).

판례는 "탄핵증거는 범죄사실을 인정하는 증거가 아니므로 엄격한 증거조사를 거쳐야 할 필요가 없음은 제318조의2의 규정에 따라 명백하나 법정에서 이에 대한 탄핵증거로서의 증거조사는 필요하다"(2005도2617)고 한다.

3) 경험법칙

경험법칙이란 사실 자체가 아니라 사실을 판단하는 전제가 되는 지식을 말한다. 일반인 누구나 알고 있는 일반적인 경험법칙은 공지의 사실이기 때문에 증명을 요하지 않는다. 그러나 전문지식을 요하는 특별한 경험법칙은 증명을 요하며, 이 경험법칙이 엄격한 증명의 대상인 사실의 인정에 필요한 때에는 엄격한 증명의 대상이 된다. 따라서 범죄사실을 증명하기 위하여 과학적 기술이나 연구결과

---

82) 현장부재에 관한 대법원 판례는 없지만, 고등법원에서 "피고인의 현장부재 증명이 신빙성이 없더라도 검사의 증명책임이 면제되는 것은 아니다"(2011노2892)고 함으로써 검사에게 거증책임이 있다는 취지로 판결한 것이 있다.

를 적용한 경우에 그 과학적 기술과 연구결과 및 그 적용의 전제가 된 구체적 사실은 엄격한 증명의 대상이다(2009도2338).

4) 법규의 존재와 내용

법규의 존재와 그 내용은 원칙적으로 법원의 직권조사사항이므로 엄격한 증명의 대상이 아니다. 그러나 외국법, 관습법, 자치법규 등과 같이 법규의 내용이 명확하지 아니한 때에는 증명을 요하고, 그 존재가 엄격한 증명을 요하는 사실의 전제가 되는 때에는 엄격한 증명의 대상이 된다. 판례는 "「형법」 제6조 단서의 규정에 의해 행위지의 법률에 의하여 범죄를 구성하는지 여부가 문제되는 경우 검사는 그 법규의 존재에 관해 엄격한 증명에 의하여 입증하여야 한다"고 한다(2011도6507).

4. 자유로운 증명의 대상

자유로운 증명의 대상에는 정상(情狀)에 관한 사실과 소송법적 사실이 있다.

(1) 정상에 관한 사실

피고인의 경력, 성장환경, 범죄 후의 행동과 같은 양형의 기초가 되는 정상사실은 자유로운 증명으로 충분하다(통설, 2010도750). 양형의 기초가 되는 정상에 관한 사실은 형벌권의 범위와 관련되지만 매우 복잡하고 비유형적이어서 소송경제의 관점을 무시하기 어렵고, 양형의 조건에 관해 규정한 「형법」 제51조의 사항은 널리 형의 양정에 관한 법원의 재량사항에 속하기 때문이다(2008도1816). 다만, 정상에 관한 사실이라고 하더라도 범죄의 수단·방법·피해정도와 같이 범죄사실의 내용이 된 때에는 엄격한 증명의 대상이 된다.

한편, 전과사실 중 누범전과나 상습범의 가중사유로 되는 전과는 법률상 형의 가중사유에 해당하므로 엄격한 증명을 요하지만, 그 이외의 전과는 정상에 관한 사실이므로 자유로운 증명으로 충분하다. 따라서 양형자료가 되는 전과사실은 변론종결 후에 송부된 전과조회서에 의해서도 인정할 수 있다.

(2) 소송법적 사실

소송법적 사실이란 범죄사실과 형벌권에 관련이 없는 순수하게 형사소송절차의 진행에 관련된 사실을 말한다. 소송법적 사실은 (i) 소송조건의 존·부 및 절차진행의 적법성에 관한 순수한 소송법적 사실과 (ii) 증거의 증거능력을 인정하기 위한 기초사실이 있다. 친고죄의 고소 및 고소취소의 유·무, 공소제기, 피고인신문의 적법성 등이 전자에 해당하고, 자백이나 진술의 임의성 등이 후자에 해당한다.

순수한 소송법적 사실은 물론, 증거의 증거능력을 인정하기 위한 기초사실은 소송법적 사실이므로 자유로운 증명의 대상이다. 따라서 전문법칙의 예외요건으로서 '특히 신빙할 수 있는 상태'는 증거능력의 요건에 해당하므로 검사가 그 존재에 대하여 구체적으로 주장·증명하여야 하지만, 이는 소송상의 사실에 관한 것이므로 자유로운 증명으로 충분하다(2012도2937).

한편, 증거능력이 요건이 되는 자백이나 진술의 임의성에 관한 사실의 증명의 정도에 대하여는 ① 피고인에게 중대한 불이익을 초래하는 사실이므로 피고인의 보호를 위해 엄격한 증명을 요한다는 견해가 있다. 그러나 ② 자백이나 진술의 임의성은 증거능력을 인정하기 위한 기초사실로서 소송법적 사실이므로 피고인의 이익보호와 소송경제의 요청을 고려하면 자유로운 증명으로 충분하다. 판례는 "피고인이 피의자신문조서에 기재된 피고인의 진술 및 공판기일에서의 피고인의 진술의 임의성을 다투면서 그것이 허위자백이라고 다투는 경우, 법원은 구체적인 사건에 따라 피고인의 학력, 경력, 직업, 사회적 지위, 지능 정도, 진술의 내용, 피의자신문조서의 경우 그 조서의 형식 등 제반사정을 참작하여 자유로운 심증으로 위 진술이 임의로 된 것인지의 여부를 판단하면 된다"(2010도3029)고 한다.

5. 증명을 요하지 않는 사실

증명을 요하지 않는 사실, 즉 불요증사실이란 증명대상인 사실 자체의 성질상 증명이 필요 없는 사실을 말한다.

불요증사실은 거증금지사실과 구별된다. 거증금지사실이란 증명으로 인하여 얻는 소송법적 이익보다 증명을 통해 침해되는 다른 이익이 더 크기 때문에 증명이 금지된 사실을 말한다. 공무원 또는 공무원이었던 자의 직무상 비밀에 속하는 사실(제147조) 등이 이에 해당한다. 거증금지사실은 일정한 사실에 대하여 증명이 금지되는 것에 불과하고, 증명 없이 해당 사실을 인정할 수 있는 것은 아니라는 점에서 불요증사실과 구별된다.

(1) 공지의 사실

공지의 사실이란 일반적으로 널리 알려져 있는 사실, 즉 보통의 지식이나 경험이 있는 사람이면 누구나 의심하지 않는 사실을 말한다. 역사적으로 명백한 사실, 자연의 법칙으로 공지된 사실 등이 이에 해당한다. 다만, 공지의 사실은 상대적 개념이므로, 모든 사람에게 알려져 있는 경우가 아니라고 하더라도 특정한 지역이나 특정한 직업에 종사하는 사람들이 일반적으로 알고 있는 사실은 공지의 사실이 될 수 있다. 공지의 사실은 증거에 의하여 인정되지 않더라도 사실인정에 지장이 없으므로 증명을 요하지 않는다. 그러나 공지의 사실로 인정되는 경우에도 반증이 금지되는 것은 아니고, 이때 반증이 성공하게 되면 공지의 사실이 아닌 것으로 된다.

한편, 공지의 사실이 아닌 직무상 법원이나 법관에게만 알려진 현저한 사실, 즉 해당 재판부에서 이전에 판단하였던 사건의 결과와 같이 수소법원이 명확히 알고 있는 사실도 증명을 요하는지에 대하여는 ① 증명을 요하지 않는다는 견해가 있다. 그러나 ② 공정한 재판과 재판에 대한 국민의 신뢰확보라는 관점에서 법원이나 법관에 현저한 사실이라도 증명을 요한다. 다만, 그 증명의 정도는 자유로운 증명으로 충분하다.

(2) 추정된 사실

1) 법률상 추정사실

법률상 추정이란 전제사실이 인정되면 반대증명이 없는 한 일정한 사실이 증명된 것으로 법률에 규정되어 있는 경우를 말한다. 「환경범죄 등의 단속 및 가중처벌에 관한 법률」상 오염물질 불법배출과 발생한 위해(危害) 사이의 인과관계의 추정(제11조),[83] 「마약류 불법거래방지에 관한 특례법」상 불법수익의 추정(제17조)[84]

---

83) 「환경범죄 등의 단속 및 가중처벌에 관한 법률」 제11조(추정) 사람의 생명·신체, 상수원 또는 자연생태계 등(이하 "생명·신체 등"이라 한다)에 위해(제3조 제3항 각 호의 어느 하나에 해당하는 경우를 포함한다)를 끼칠 정도로 오염물질을 불법배출한 사업자가 있는 경우 그 오염물질의 불법배출에 의하여 위해가 발생할 수 있는 지역에서 같은 종류의 오염물질로 인하여 생명·신체 등에 위해가 발생하고 그 불법배출과 발생한 위해 사이에 상당한 개연성이 있는 때에는 그 위해는 그 사업자가 불법배출한 물질로 인하여 발생한 것으로 추정한다.

84) 「마약류 불법거래 방지에 관한 특례법」 제17조(불법수익의 추정) 제6조의 죄에 관계된 불법수익을 산정할 때에 같은 조에 따른 행위를 업으로 한 기간에 범인이 취득한 재산으로서 그 가액이 그 기간 동안 범인의 재산운용상황 또는 법령에 따른 지급금의 수령상황 등에 비추어 현

등이 이에 해당한다.[85)]

법률상 추정사실에 대하여는 증명을 요하지 않는다. 그러나 법률상 추정사실에 대하여도 반증이 허용되며, 반증에 의해 의심이 생긴 경우에는 증명을 요한다.

2) 사실상 추정사실

사실상 추정이란 법률상 추정과는 달리 특정 전제사실로부터 일정한 사실을 추정하는 것이 논리적이고 합리적이어서 별도의 증명이 불필요한 경우를 말한다. 검사가 범죄의 구성요건해당사실을 입증하면 그 행위의 위법성과 책임은 사실상 추정된다.

사실상 추정된 사실에 대하여는 증명을 요하지 않는다. 그러나 추정된 사실에 대하여 당사자가 다투게 되면 추정의 효과는 상실된다. 따라서 피고인이 위법성조각사유나 책임조각사유를 주장하면 검사는 그 행위가 위법하거나 유책하다는 것을 증명하여야 한다. 다만, 사실상 추정된 사실에 대한 다툼은 반드시 반증의 형식에 의할 것을 요하지는 않는다.

Ⅱ. 거증책임

1. 의 의

거증책임이란 법원이 당사자가 제출한 증거나 직권으로 조사한 증거로도 요증사실의 존·부에 관해 심증을 형성하지 못한 경우에 그 증명불능 상태의 불이익을 받을 당사자의 법적 지위를 말한다. 이를 입증책임 또는 증명책임이라고도 한다.

거증책임 개념의 인정 여부에 대하여는 ① 직권주의 소송구조에서는 검사와 피고인이 아니라 법원이 사실발견의 의무를 부담하므로 법원이 피고인의 범죄사실을 입증하지 못하면 '의심스러운 때에는 피고인의 이익으로'의 법리가 적용되

저하게 고액(高額)이라고 인정되고, 그 취득한 재산이 불법수익금액 및 재산취득시기 등 모든 사정에 비추어 같은 조의 죄를 범하여 얻은 불법수익으로 형성되었다고 볼만한 상당한 개연성이 있는 경우에는 그 죄에 관계된 불법수익등으로 추정한다.

85) 형사절차에서 법률상 추정은 실체적 진실주의와 자유심증주의뿐만 아니라 무죄추정의 원칙에도 반하게 되므로 극히 예외적으로 인정되어야 한다.

어 무죄판결을 하여야 하므로 거증책임의 개념을 인정할 필요가 없다는 견해가 있다. 그러나 ② 법원의 직권심리의무는 재판진행 중에 법원이 부담하는 증거조사의무를 말하는 것이므로, 종국판결 시의 위험부담을 의미하는 거증책임과는 다르다. 따라서 직권주의에서도 법관이 심증을 형성하지 못하는 경우에는 국가를 대표하여 공소를 제기한 검사가 최종적으로 입증실패의 책임을 져야 하므로 거증책임의 개념은 필요하다(다수설). 반면, 당사자주의에서는 법원은 소송을 주관하는 제3자적 지위를 가지므로 공소제기 당사자인 검사가 피고인의 범죄사실에 대한 거증책임을 지게 된다.

거증책임은 입증부담과 구별된다. 입증부담이란 소송에서 일방 당사자가 특정사실을 입증하면 반대당사자가 불이익을 면하기 위하여 이를 번복할 부담을 말한다. 피고인이 현장부재를 주장하면 검사는 이를 번복할 부담을 지게 되는 경우가 이에 해당한다. 이를 형식적 거증책임이라고 한다. 거증책임은 종국판결 시에 존재하는 위험부담을 의미하므로 요증사실에 따라 소송개시 시부터 종결 시까지 고정되어 있으며, 소송진행에 따라 달라지는 것이 아니다(객관적 거증책임). 반면에 입증부담은 소송의 발전과정에 따라 사실을 증명할 책임이 변화하게 된다. 따라서 거증책임은 법관에게 합리적인 의심이 없는 정도의 확신을 줄 수 있을 정도의 증명을 요하는 반면, 입증부담에서의 입증은 법관에게 의심을 갖게 하여 심증을 방해할 정도이면 충분하다.

<참고> 영·미법상 증거제출책임

증거제출책임(burden of producing evidence)이란 영·미법상 거증책임에 속하는 것으로서, 배심의 판단에 붙이기 위하여 일응의 증거를 제출할 책임을 말한다. 즉, 영·미의 배심재판에서는 검사가 통상적으로 유죄를 입증할 책임이 있지만, 피고인도 심신상실이나 함정수사의 항변, 위법수집증거의 배제신청 등과 같이 주요한 사실을 주장하는 경우에는 적극적으로 증거를 제출하여야만 배심재판의 대상이 된다. 이는 실질적 거증책임을 의미하는 설득책임(burden of persuasion)과 구별된다.

2. 거증책임의 분배

형사소송에서는 피고인은 무죄로 추정되며, '의심스러운 때에는 피고인의 이익'의 원칙이 적용되므로 범죄사실, 즉 형벌권의 존·부 및 범위에 관한 사항에 대해서는 원칙적으로 검사가 거증책임을 진다.

(1) 공소범죄사실

공소범죄사실에 대하여는 검사가 거증책임을 진다(2010도14487). 따라서 구성요건해당사실은 물론, 위법성과 책임의 존재에 대해서도 검사가 거증책임을 진다. 피고인이 위법성조각사유나 책임조각사유를 주장하면 그 부존재에 대해서도 검사가 거증책임을 지게 된다.

한편, 현장부재의 증명에 대하여는 ① 현장부재는 주요사실의 반대되는 간접사실의 증명이므로 피고인에게 거증책임이 있다는 견해가 있다. 그러나 ② 피고인의 현장부재의 주장은 공소범죄사실의 부인에 해당하므로 행위자가 행위 시에 그 장소에 있었다는 점을 증명할 거증책임은 검사에게 있다. 미국 연방대법원은 현장부재에 대한 거증책임을 피고인에게 부담시키는 것은 적법절차에 위반된다고 한다(Johnson v. Bennett[86]).

(2) 처벌조건 및 형의 가중, 감면의 사유가 되는 사실

처벌조건인 객관적 처벌조건은 물론, 인적 처벌조각사유는 형벌권 발생의 요건이 되므로 검사가 거증책임을 진다.

또한 누범(형법 제35조), 상습범 등과 같이 형의 가중사유는 물론, 심신장애(형법 제10조), 자수·자복(형법 제52조) 등 형의 감면사유도 형벌권의 범위에 영향을 미치는 사항이므로 그 부존재에 대하여는 검사에게 거증책임이 있다(통설).

(3) 소송법적 사실

소송법적 사실 중 소송조건은 공소제기의 적법·유효조건이므로 이것이 불분명한 경우에는 검사가 거증책임을 진다. 따라서 친고죄에서 고소·고발과 같은 공소수행을 위한 적극적 요건은 물론이고, 공소시효의 완성, 사면, 공소의 적법 등의 소송조건에 대한 거증책임은 검사에게 있다.[87]

그러나 증거능력의 전제가 되는 사실의 거증책임은 그 증거를 제출하는 사람에게 있다. 증거를 자기의 이익으로 이용하려는 당사자가 이에 대한 거증책임을

86) 393 U. S. 253 (1968).

87) 소송법적 사실은 법원의 직권조사사항일 뿐만 아니라 자유로운 증명의 대상이므로 실제로 거증책임의 문제가 발생하는 경우는 거의 없다.

부담하는 것이 공평의 이념에 합치하기 때문이다. 따라서 의사의 진단서나 서증 등 서면을 제출하는 경우에 그 서면의 성립의 진정은 검사가 제출한 경우는 검사가 거증책임을 지고, 피고인이 제출하는 경우에는 피고인이 거증책임을 진다. 다만, 자백의 임의성에 대하여 피고인이 다투는 경우에 그 자백을 피고인의 유죄의 인정의 자료로 사용하고자 하는 경우에는 검사가 자백의 임의성의 의문을 없애는 증명을 하여야 한다(2012도9879).

3. 거증책임의 전환

거증책임의 전환이란 검사가 부담하는 거증책임을 법률에 의해 피고인이 부담하게 되는 것을 말한다.

(1) 상해죄의 동시범 특례규정

「형법」 제263조에서는 "독립행위가 경합하여 상해의 결과를 발생하게 한 경우에서 원인된 행위가 판명되지 아니한 때에는 공동정범의 예에 의한다"고 규정하고 있다. 이 규정의 법적 성격에 대하여는 ① 공동정범의 책임을 법률에 의하여 추정한 것이라고 보는 견해(법률상 추정설), ② 소송법적으로는 거증책임의 전환규정이지만 실체법적으로는 공동정범의 범위를 확장시키는 일종의 의제로 보는 견해(이원설)가 있다. 그러나 ③ 동조는 2인 이상에 의해 상해가 발생한 경우에 검사가 인과관계를 입증하는 것이 곤란한 점을 고려한 정책적 요청에 따른 것으로서 피고인에게 거증책임을 전환한 규정이다(거증책임전환규정설, 다수설).[88)]

(2) 명예훼손죄의 위법성조각사유에 관한 규정

「형법」 제310조에서는 "형법 제307조 제1항의 행위가 진실한 사실로서 오로지 공공의 이익에 관한 때에는 처벌하지 아니한다"고 규정하고 있다. 이 규정의 절차법적 성격에 대하여는 ① 동조는 실체법적으로는 명예훼손죄에 관한 특수한 위법성조각사유이지만, 절차법적으로는 명예훼손죄에서 '적시된 사실'의 진위를 증명하는 것이 현실적으로 어렵다는 점을 고려한 것이므로 거증책임전환규정으로 이해하여야 한다는 견해(이원설)가 있다. 그러나 ② 동조는 명예훼손죄의 위법성조각

88) 동조에 대하여는 헌법상 무죄추정의 원칙에 반한다는 점에서 위헌이라고 하면서, 상해죄의 동시범에만 「형법」 제19조의 예외를 인정하는 것은 불합리하다는 주장도 있다.

사유를 규정하고 있을 뿐 증명에 관하여는 아무런 표현이 없으므로 특수한 위법성조각사유를 규정한 것에 불과하고 거증책임의 전환을 규정한 것은 아니다(다수설). 따라서 피고인이 자신의 행위가 「형법」 제310조의 위법성조각사유에 해당한다고 주장하면 그 부존재에 대하여는 검사가 거증책임을 지게 된다.

판례는 명예훼손죄에서 "그것이 진실한 사실로서 오로지 공공의 이익에 관한 때에 해당된다는 점은 행위자가 증명하여야 한다"(2006도8544)고 하여 거증책임의 전환규정으로 인정하되, 피고인의 입증부담을 완화하기 위하여 엄격한 증명을 요하지 않는다고 한다.[89]

<참고> 양벌규정에서의 사업주의 책임

양벌규정이란 법인의 대표자나 법인 또는 개인의 대리인·사용인 기타 종업원이 그 법인 또는 개인의 업무에 관해 일정한 위법행위를 하였을 경우에 실제 행위자를 처벌하는 외에 사업주체인 그 법인 또는 개인도 처벌하는 규정을 말한다. 이러한 양벌규정 중에는 그 단서에서 "다만, 사업주가 그 위반행위를 방지하기 위하여 해당 업무에 관해 상당한 주의와 감독을 게을리하지 아니한 경우에는 그러하지 아니하다"는 사업주 면책규정을 두는 경우가 있다. 「근로기준법」 제115조, 「전력기술관리법」 제29조의2 등이 이에 해당한다.

이때 이 면책조항의 법적 성격에 대하여는 ① 「형법」 제310조와 유사하다는 점에서 거증책임의 전환규정으로 이해하는 견해가 있다. 그러나 ② 동조는 사업주에게 과실책임이 있는 경우에 한하여 처벌할 수 있다는 처벌요건을 규정한 것에 지나지 않으므로 거증책임의 전환규정은 아니고, 따라서 사업주의 과실에 대한 거증책임은 검사에게 있다.

Ⅲ. 자유심증주의

1. 의 의

자유심증주의는 증거의 증명력 판단을 법으로 규정하지 않고 사실인정자인

89) 다만, 판례는 "그 증명은 유죄의 인정에 있어 요구되는 것과 같이 법관으로 하여금 의심할 여지가 없을 정도의 확신을 가지게 하는 증명력을 가진 엄격한 증거에 의하여야 하는 것은 아니므로, 이때에는 전문증거에 대한 증거능력의 제한을 규정한 제310조의2는 적용될 여지가 없다"(95도1473)고 하였다. 위법성조각사유는 형벌권의 존·부에 관한 사항이어서 엄격한 증명의 대상이지만, 동조의 경우에는 피고인보호를 위하여 자유로운 증명의 대상으로 한 것으로 이해된다.

법관의 자유롭고 합리적인 판단에 맡기는 것을 말하며, 증거평가자유의 원칙이라고도 한다. 제308조에서는 "증거의 증명력은 법관의 자유판단에 의한다"고 규정함으로서 자유심증주의를 구현하고 있다.

형소법에서 자유심증주의에 따라 증거의 증명력을 법관의 자유판단에 의하도록 한 것은 법관으로 하여금 사실인정에서 법적 제한을 받지 않고 증거의 실질적 가치를 판단하게 하는 것이 실체적 진실발견에 적합하기 때문이다(2012도2409).

자유심증주의는 법정증거주의와 구별된다. 법정증거주의는 규문주의 형사절차의 증거법칙으로, 일정한 증거가 있으면 반드시 유죄로 하거나 일정한 증거가 없으면 반드시 무죄로 하여야 한다는 원칙이다. 법정증거주의는 법관의 자의를 배제하고 법적 안정성을 확보할 수 있다는 장점이 있다. 그러나 서로 다른 증거의 증명력을 법률로 규정하게 되면 개별 사안에서 구체적 타당성을 결하게 되어 결과적으로 실체적 진실의 발견이 저해될 수도 있다. 더구나 법정증거주의 에서는 자백을 증거의 왕으로 취급한 까닭에 자백을 얻기 위한 강요나 고문의 폐해가 극심하였다. 이에 따라 대륙법계에서는 프랑스혁명 이후로 법관의 합리적인 이성에 대한 신뢰를 바탕으로 하는 자유심증주의로 변화되었다. 반면에 개인에 대한 인권보장을 추구하였던 영·미법계에서는 일찍부터 엄격한 증거배제법칙의 확립과 더불어 자유심증주의를 취하고 있었다.

2. 내 용

(1) 자유판단의 주체

증거의 증명력을 판단하는 주체는 개개의 법관이다. 합의부의 경우에는 개개법관의 자유심증의 결과를 기초로 하여 합의를 통해 결정되므로 개별 법관의 심증과 협의내용이 다를 수 있다. 그러나 이는 합의제에 따른 결과이므로 자유심증주의에 위반되는 것은 아니다.

(2) 자유판단의 대상

법관의 자유판단의 대상은 증거의 증명력이다. '증거의 증명력'이란 사실인정을 위한 증거의 실질적 가치를 의미한다는 점에서, 증거로 될 수 있는 법률적·형식적 자격을 의미하는 증거능력과 구별된다. 증명력은 신용력과 협의의 증명력, 즉 추인력을 포함하는 개념이다. '신용력'이란 요증사실과의 관계를 떠나 증거 그 자체가 진실한가를 판단하는 것을 말하며, '협의의 증명력'이란 신용력을 전제로 하여 어느 정도로 요증사실을 증명할 수 있는지를 판단하는 것을 말한다.

형사소송에서 법관은 증거조사를 거친 개별증거에 대한 판단의 형식으로 사실인정이 이루어진다. 이 점에서 법원은 변론 전체의 취지와 증거조사의 결과를 참작하여 자유로운 심증으로 사회정의와 형평의 이념에 입각하여 논리와 경험의 법칙에 따라 사실주장이 진실한지 아닌지를 판단하는 민사소송의 경우(민소법 제202조 참조)와 다르다. 다만, 형사소송에서도 증거 자체뿐만 아니라 증인의 표정이나 피고인의 반응 등 심리의 전체과정에서 얻은 정보를 기초로 증거조사의 결과를 판단하는 것은 가능하다.

(3) 자유판단의 의미

자유판단이란 법관이 사실인정을 함에 있어서 형식적인 법률적 제한을 받지 않는다는 것으로, 증거의 취사선택은 법관의 자유로운 판단에 맡겨져 있다는 것을 말한다. 이는 법관이 증거능력 있는 증거 중 필요한 증거를 선별하고, 그 실질적 가치를 평가하여 사실을 인정하는 것은 자유심증에 속한다는 것을 의미한다. 이에 따르면 충분한 증명력이 있는 증거를 합리적인 근거 없이 배척하거나 반대로 객관적인 사실에 명백히 반하는 증거를 아무런 합리적인 근거 없이 채택·사용하는 등으로 논리와 경험의 법칙에 어긋나는 것이 아닌 이상 법관은 자유심증으로 증거를 선택하여 사실을 인정할 수 있다(2016도3753). 따라서 법관은 증거능력 있는 증거라도 증명력을 부인하여 채택하지 않을 수 있고, 상호 모순하는 증거가 대립하는 경우에 어느 증거를 믿고 인정하는지도 자유이다(94도2092). 증거의 내용이 가분(可分)적인 경우에는 그 중에서 일부에 대해서만 증명력을 인정할 수도 있다(95도2043). 또한 여러 개의 증거가 있는 경우에 이들을 모두 결합한 종합증거에 의하여 사실을 인정할 수도 있고[90], 그 중 하나의 증거에 의하여 사실인정을 할

---

90) 판례는 "국회의원인 피고인이 甲 주식회사 대표이사 乙에게서 3차례에 걸쳐 약 9억 원의 불법정치자금을 수수하였다는 내용으로 기소되었는데, 乙의 법정진술을 믿을 수 없는 사정하에서 乙이 법정에서 검찰진술을 번복하였다는 이유만으로 조성자금을 피고인에게 정치자금으로 공여하였다는 검찰진술의 신빙성이 부정될 수는 없고, 진술내용 자체의 합리성, 객관적 상당성, 전·후의 일관성, 이해관계 유·무 등과 함께 다른 객관적인 증거나 정황사실에 의하여 진술의 신빙성이 보강될 수 있는지, 반대로 공소사실과 배치되는 사정이 존재하는지 두루 살펴 판단할 때 자금사용처에 관한 乙의 검찰진술의 신빙성이 인정되므로, 乙의 검찰진술 등을 종합하여 공소사실을 모두 유죄로 인정한 원심판단에 자유심증주의의 한계를 벗어나는 등의 잘못이

수도 있다.[91] 그리고 인접한 시기에 같은 피해자를 상대로 저질러진 동종범죄라도 각각의 범죄에 따라 범행의 구체적인 경위, 피해자와 피고인 사이의 관계, 피해자를 비롯한 관련 당사자의 진술 등이 다를 수 있으므로, 사실심 법원은 인접한 시기에 같은 피해자를 상대로 저질러진 동종범죄에 대해서도 각각의 범죄에 따라 피해자진술의 신빙성이나 그 신빙성 유무를 기초로 한 범죄성립 여부를 달리 판단할 수 있다(2018도19472).

자유심증에 의한 증명력 판단에서는 인적 증거와 물적 증거에 차이가 없다. 또한 법관은 증거에 대한 심증형성에 있어서 증거신청자의 입증취지에 구속되지 아니하므로 증거제출자에게 불리하게 사용될 수도 있다.

1) 피고인의 진술

피고인의 진술은 증거자료로서 증명력 판단대상이 된다. 법관은 피고인이 자백한 경우에도 허위자백일 수 있으므로 이와 모순되는 다른 증거에 의해 사실을 인정할 수 있고, 피고인의 법정진술보다 수사기관에서의 진술을 믿을 수도 있으며(2001도4112), 제1심 법정에서 자백하였다가 항소심에서 이를 번복한 경우에 제1심 법정에서의 자백이 객관적으로 합리성이 있다는 이유로 그 자백을 믿을 수도 있다(2001도4091).

판례는 "자백의 신빙성 유·무를 판단할 때에는 자백진술의 내용 자체가 객관적으로 합리성이 있는지, 자백의 동기나 이유는 무엇이며, 자백에 이르게 된 경위는 어떠한지, 그리고 자백 외의 정황증거 중 자백과 저촉되거나 모순되는 것은 없는지 등 제반사정을 고려하여 판단하여야 한다"고 하고, 나아가 "피고인이 수사기관에서부터 공판기일에 이르기까지 일관되게 범행을 자백하다가 어느 공판기일부터 갑자기 자백을 번복한 경우에는, 자백진술의 신빙성 유·무를 살피는 외에도 자백을 번복하게 된 동기나 이유 및 경위 등과 함께 수사기관 이래의 진술경과와 진술의 내용 등에 비추어 번복진술이 납득할 만한 것이고 이를 뒷받침할 증거가 있는지 등을 살펴보아야 한다"(2015도17869)고 한다.

없다"(2013도11650)고 하였다.

91) 판례는 "형사재판에서 이와 관련된 다른 형사사건의 확정판결에서 인정된 사실은 특별한 사정이 없는 한 유력한 증거자료가 되는 것이나, 당해 형사재판에서 제출된 다른 증거 내용에 비추어 관련 형사사건 확정판결의 사실판단을 그대로 채택하기 어렵다고 인정될 경우에는 이를 배척할 수 있다"(2011도15653)고 하였다.

2) 증인의 증언

법관은 증인의 연령이나 책임능력 유·무 등과 관계없이 합리적으로 증언의 증명력을 판단할 수 있다(2005도9591). 또한 선서한 증인의 증언이라도 이를 채택하지 않을 수 있으며, 선서하지 않은 증인의 증언과 모순되는 경우에는 이를 배척할 수도 있다. 증인의 증언 중에 일부에 대해서만 증명력을 인정하는 것도 가능하다.

판례는 "사람의 진술만으로 유죄를 인정하기 위해서는, 그 사람의 진술이 증거능력이 있어야 함은 물론, 합리적인 의심을 배제할 만한 신빙성이 있어야 한다"고 하면서, "법원은 증인신문절차를 진행한 뒤 그 진술의 신빙성 유·무를 판단할 때에는 진술내용 자체의 합리성·논리성·모순 또는 경험칙 부합 여부나 다른 증거들과의 부합 여부 등은 물론, 공개된 법정에서 진술에 임하고 있는 증인의 모습이나 태도, 진술의 뉘앙스 등 증인신문조서에는 기록하기 어려운 여러 사정을 직접 관찰함으로써 얻게 된 심증까지 모두 고려하여 신빙성 유·무를 평가하여야 한다"(2018도17748)고 한다.[92] 따라서 피고인에게 불리한 증거인 증인이 주신문의 경우와 달리 반대신문에 대하여는 답변을 하지 아니하는 등 진술내용의 모순이나 불합리를 그 증인신문과정에서 드러내어 이를 탄핵하는 것이 사실상 곤란하였고, 그것이 피고인 또는 변호인에게 책임있는 사유에 기인한 것이 아닌 경우라면, 관계 법령의 규정 혹은 증인의 특성 기타 공판절차의 특수성에 비추어 이를 정당화할 수 있는 특별한 사정이 존재하지 아니하는 이상, 이와 같이 실질적 반대신문권의 기회가 부여되지 아니한 채 이루어진 증인의 법정진술은 위법한 증거로서 증거능력을 인정하기 어렵다(2016도17054). 구체적 사례를 살펴보면 다음과 같다.

(가) 성폭력범죄사건에서 피해자진술

성폭력범죄사건에서의 피해자진술에 관하여, 판례는 "성폭력범죄는 성별에 따라 차별적으로 구조화된 성을 기반으로 지극히 사적인 영역에서 발생하

---

92) 또한 판례는 사람의 진술만으로 "신빙성 유·무를 판단할 때에는 그 진술내용 자체의 합리성, 객관적 상당성, 전·후의 일관성뿐만 아니라 그의 인간됨, 그 진술로 얻게 되는 이해관계 유·무 등을 아울러 살펴보아야 한다. 특히, 그에게 어떤 범죄의 혐의가 있고 그 혐의에 대하여 수사가 개시될 가능성이 있거나 수사가 진행 중인 경우에는, 이를 이용한 협박이나 회유 등의 의심이 있어 그 진술의 증거능력이 부정되는 정도에까지 이르지 않는 경우에도, 그로 인한 궁박한 처지에서 벗어나려는 노력이 진술에 영향을 미칠 수 있는지 여부 등을 살펴보아야 한다"(2018도6352)고 하였다.

므로, 피해자라도 본격적으로 문제제기를 하게 되기 전까지는 피해사실이 알려지기를 원하지 아니하고 가해자와 종전의 관계를 계속 유지하는 경우도 적지 아니하며, 피해상황에서도 가해자에 대한 이중적인 감정을 느끼기도 한다. 한편 누구든지 일정 수준의 신체접촉을 용인하였더라도 자신이 예상하거나 동의한 범위를 넘어서는 신체접촉을 거부할 수 있고, 피해상황에서 명확한 판단이나 즉각적인 대응을 하는 데에 어려움을 겪을 수 있다. 이와 같이 성폭력피해자의 대처 양상은 피해자의 나이, 성별, 지능이나 성정, 사회적 지위와 가해자와의 관계 등 구체적인 처지와 상황에 따라 다르게 나타날 수밖에 없다. 따라서 피해자의 진술내용이 논리와 경험칙에 비추어 합리적인지 여부는 개별적, 구체적인 사건에서 성폭력피해자가 처하여 있는 상황에 기초하여 판단하여야 하고, 그러한 사정을 충분히 고려하지 아니한 채 통상의 성폭력피해자라면 마땅히 보여야 할 반응을 상정해 두고 이러한 통념에 어긋나는 행동을 하였다는 이유로 섣불리 경험칙에 어긋난다거나 합리성이 없다고 판단하는 것은 정의와 형평의 이념에 입각하여 논리와 경험의 법칙에 따른 증거판단이라고 볼 수 없다"(2021도3451)고 한다. 따라서 개별적·구체적인 사건에서 성폭행 등의 피해자가 처하여 있는 특별한 사정을 충분히 고려하지 않은 채 피해자진술의 증명력을 가볍게 배척하는 것은 정의와 형평의 이념에 입각하여 논리와 경험의 법칙에 따른 증거판단이라고 볼 수 없다(2020도15259).[93]

또한 친족 간의 성범죄에서는 "미성년자인 피해자가 자신을 보호·감독하는 지위에 있는 친족으로부터 강간이나 강제추행 등 성범죄를 당하였다고 진술하는 경우에 그 진술의 신빙성을 판단함에 있어서, 피해자가 자신의 진술 이외에는 달리 물적 증거 또는 직접 목격자가 없음을 알면서도 보호자의 형사처벌을 무릅쓰고 스스로 수치스러운 피해사실을 밝히고 있고, 허위로 그와 같은 진술을 할 만한 동기나 이유가 분명하게 드러나지 않을 뿐만 아니라, 진술내용이 사실적·구체적이고, 주요부분이 일관되며, 경험칙에 비추어 비합리적이거나 진술 자체로 모순되는 부분이 없다면, 그 진술의 신빙성을 함부로 배척해서는 아니 된다"(2020도2433)고 한다. 따라서 피고인의 친딸로 가족관계에 있던 피해자가 '마땅히 그러한 반응을 보여야만 하는 피해자'로 보이지 않는 사정이 있었다는 이유만

93) 그러나 이는 성범죄 피해자진술의 증명력을 제한 없이 인정하여야 한다거나 그에 따라 해당 공소사실을 무조건 유죄로 판단해야 한다는 의미는 아니다. 성범죄 피해자진술에 대하여 성인지적 관점을 유지하여 보더라도, 진술내용 자체의 합리성·타당성뿐만 아니라 객관적 정황, 다른 경험칙 등에 비추어 증명력을 인정할 수 없는 경우가 있을 수 있다고 한다(2023도13081).

으로 진술의 신빙성을 함부로 배척하거나(2020도8533), '성추행 피해자가 추행 즉시 행위자에게 항의하지 않은 사정'이나 '피해신고 시 성폭력이 아닌 다른 피해사실을 먼저 진술한 사정'만으로 곧바로 피해자진술의 신빙성을 부정할 것은 아니라고 한다(2020도7869).

그리고 강간죄에서 공소사실을 인정할 증거로 사실상 피해자의 진술이 유일한 경우, 피고인의 진술이 경험칙상 합리성이 없고 그 자체로 모순되어 믿을 수 없더라도 그것이 공소사실을 인정하는 직접증거가 되는 것은 아니지만, 이러한 사정은 법관의 자유판단에 따라 피해자진술의 신빙성을 뒷받침하거나 직접증거인 피해자진술과 결합하여 공소사실을 뒷받침하는 간접정황이 될 수 있다고 한다(2018도19037). 다만, "피고인이 공소사실을 부인하고 있고 공소사실에 부합하는 직접증거로 사실상 피해자의 진술이 유일한 경우, 피해자의 진술이 합리적인 의심을 배제할 만한 신빙성이 있는지 여부는 그 진술내용의 주요한 부분이 일관되고 구체적인지, 진술내용이 논리와 경험칙에 비추어 합리적이고, 진술 자체로 모순되거나 객관적으로 확인된 사실이나 사정과 모순되지는 않는지, 또는 허위로 피고인에게 불리한 진술을 할 만한 동기나 이유가 있는지 등을 종합적으로 고려하여 신중하게 판단하여야 한다"(2021도3451)고 한다. 따라서 이 경우 피고인의 나이·지능·지적능력 및 판단능력, 직업 및 경력, 피고인이 공소사실 기재 행위에 이르게 된 경위와 동기, 피고인과 피해자의 관계, 구체적 행위태양 및 행위 전후의 정황, 피고인의 평소 행동양태·습관 등 객관적 사정을 종합하여 판단해야 하고, 피고인이 고의로 추행을 하였다고 볼 만한 징표와 어긋나는 사실의 의문점이 해소되어야 한다. 이는 피고인이 자폐성 장애인이거나 지적장애인에 해당하는 경우에도 마찬가지로서, 외관상 드러난 피고인의 언행이 비장애인의 관점에서 이례적이라거나 합리적이지 않다는 이유만으로 함부로 고의를 추단하거나 이를 뒷받침하는 간접사실로 평가하여서는 아니 되고, 전문가의 진단이나 감정 등을 통해 피고인의 장애정도, 지적·판단능력 및 행동양식 등을 구체적으로 심리한 후 피고인이 공소사실 기재 행위 당시 특정범행의 구성요건해당 여부에 관한 인식을 전제로 이를 용인하는 내심의 의사까지 있었다는 점에 관하여 합리적인 의심을 할 여지가 없을 정도의 확신에 이르러야 한다(2023도13081). 다만, 피고인이 일관되게 공소사실 자체를 부인하는 상황에서 공소사실을 인정할 직접적 증거가 없거나, 피고인이 공소사실의 객관적 행위를 한 사실은 인정하면서도 고의와 같은 주관적 구성요건만을 부인하는 경우 등과 같이 사실상 피해자의 진술만이 유죄의 증거가 되는 경우에는, 피해자진술의 신빙성을 인정하더라도 피고인의 주장은 물론 피고인이 제출한 증거, 피해자진술 내용의 합리성·타당성, 객관적 정황과 다양한 경험칙 등에 비추어 피해자의 진술만으로 피고인의 주장을 배척하기에 충분할 정도에 이르지 않아 법관으로 하여금 합리적인 의심을 할 여지가 없을 정도로 공소사실이 진실한 것이라는 확신을 가질 수 없게 되었다면, 피고인의 이익으로 판단하여야 한다(2023도13081).

(나) 범인식별절차에서의 목격자진술

범인식별절차에 관하여, 판례는 "일반적으로 용의자의 인상착의 등에 의한 범인식별절차에서 용의자 한 사람을 단독으로 목격자와 대질시키거나 용의자의 사진 한 장만을 목격자에게 제시하여 범인 여부를 확인하게 하는 것은, 사람의 기억력의 한계 및 부정확성과 구체적인 상황하에서 용의자나 그 사진상의 인물이 범인으로 의심받고 있다는 무의식적 암시를 목격자에게 줄 수 있는 가능성으로 인하여, 그러한 방식에 의한 범인식별절차에서의 목격자의 진술은, 그 용의자가 종전에 피해자와 안면이 있는 사람이라든가 피해자의 진술 외에도 그 용의자를 범인으로 의심할 만한 다른 정황이 존재한다든가 하는 등의 부가적인 사정이 없는 한 그 신빙성이 낮다고 보아야 한다"고 하면서, "범인식별절차에서 목격자의 진술의 신빙성을 높게 평가할 수 있게 하려면, 범인의 인상착의 등에 관한 목격자의 진술 내지 묘사를 사전에 상세히 기록화한 다음, 용의자를 포함하여 그와 인상착의가 비슷한 여러 사람을 동시에 목격자와 대면시켜 범인을 지목하도록 하여야 하고, 용의자와 목격자 및 비교대상자들이 상호 사전에 접촉하지 못하도록 하여야 하며, 사후에 증거가치를 평가할 수 있도록 대질 과정과 결과를 문자와 사진 등으로 서면화하는 등의 조치를 취하여야 한다"(2008도12111)고 한다.

(다) 검사에 의한 증인의 사전면담 후의 증언

검사에 의한 증인의 사전면담 후의 증언에 관하여, 판례는 "검사가 공판기일에 증인으로 신청하여 신문할 사람을 특별한 사정없이 미리 수사기관에 소환하여 면담하는 절차를 거친 후 증인이 법정에서 피고인에게 불리한 내용의 진술을 한 경우, 검사가 증인신문 전 면담과정에서 증인에 대한 회유나 압박, 답변 유도나 암시 등으로 증인의 법정진술에 영향을 미치지 않았다는 점이 담보되어야 증인의 법정진술을 신빙할 수 있다"고 하고, "증인에 대한 회유나 압박 등이 없었다는 사정은 검사가 증인의 법정진술이나 면담과정을 기록한 자료 등으로 사전면담시점, 이유와 방법, 구체적 내용 등을 밝힘으로써 증명하여야 한다"(2020도15891)고 한다.

(라) 항소심에서의 증언

항소심에서의 증언의 신빙성 판단에 관하여, 판례는 "제1심 증인이 한 진술에 대한 항소심의 신빙성 유·무 판단은 원칙적으로 증인신문조서를 포함한 기록만을 그 자료로 삼게 되므로, 진술의 신빙성 유·무 판단을 할 때 가장 중요한 요소 중의 하나라 할 수 있는 진술 당시 증인의 모습이나 태도, 진술의 뉘앙스 등을 그 평가에 반영하기가 어렵다"(2019도4047)고 하면서, "항소심이 심리과정에서 심증의 형성에 영향을 미칠 만한 객관적 사유가 새로 드러난 것이 없는데도 제1심 판단을 재평가하여 사후심적으로 판단하여 뒤집고자 할 때에는, 제1심의 증거가치 판단이 명백히 잘못되었다거나 사실인정에 이르는 논증이 논리와 경험의 법칙에 어긋나는 등 그 판단을 그대로 유지하는 것이 현저히 부당하다고 볼 만한 합리적인 사정이 있어야 하고, 그러한 예외적 사정도 없이 제1심의 사실인정에 관한 판단을 함부로 뒤집어서는 안 된다. 특히 공소사실을 뒷받침하는 증인진술의 신빙성을 배척한 제1심 판단을 뒤집는 경우에는 무죄추정의 원칙과 형사증명책임의 원칙에 비추어 이를 수긍할 수 없는 충분하고도 납득할 만한 현저한 사정이 나타나는 경우라야 한다"(2022도6743)고 한다.

3) 감정인의 감정결과

법관은 감정인의 감정의견에 구속되지 않는다. 따라서 감정의견의 판단과 그 채부 여부는 법원의 자유심증에 따르며, 법원이 감정결과를 전문적으로 비판할 능력을 가지지 못하는 경우에는 그 결과가 사실상 존중되는 수가 많다고 하더라도 감정의견은 법원이 가지고 있지 못한 경험칙 등을 보태준다는 이유로 항상 따라야 하는 것도 아니고, 감정의견이 상충된 경우 다수의견을 따르지 않고 소수의견을 채용해도 되고, 여러 의견 중에서 그 일부씩을 채용하여도 무방하며, 여러 개의 감정의견이 일치되어 있어도 이를 배척하기 위해 특별한 이유를 밝히거나 또는 반대감정의견을 구하여야 되는 것은 아니다(75도2068).

또한 「형법」 제10조에 규정된 심신장애의 유·무 및 정도의 판단도 법률적 판단으로서 반드시 전문감정인의 의견에 기속되어야 하는 것은 아니고, 정신질환의 종류와 정도, 범행의 동기, 경위, 수단과 태양, 범행 전·후의 피고인의 행동, 반성의 정도 등 여러 사정을 종합하여 법원이 독자적으로 판단할 수 있다(2007도8333).

(가) 과학적 증거의 감정

판례는 유전자검사나 혈액형검사 등 과학적 증거방법은 그 전제로 하는 사실이 모두 진실임이 입증되고, 그 추론의 방법이 과학적으로 정당하여 오류의 가능성이 전무하거나 무시할 정도로 극소한 것으로 인정되는 경우에는 법관이 사실인정을 함에 있어 상당한 정도로 구속력을 가지므로, 비록 사실의 인정이 사실심의 전권이라 하더라도 아무런 합리적 근거 없이 함부로 이를 배척하는 것은 자유심증주의의 한계를 벗어나는 것으로서 허용될 수 없다고 한다(2007도1950).[94]

(나) 모발감정

판례는 "마약류 투약사실을 밝히기 위한 모발감정은 실제로는 개인에 따라 적지 않은 차이가 있고, 동일인이라도 모발의 채취부위, 건강상태 등에 따라 편차가 있으며, 채취된 모발에도 성장기, 휴지기, 퇴행기 단계의 모발이 혼재함으로 인해 정확성을 신뢰하기 어려운 문제가 있으므로 모발감정결과만을 토대로 마약류투약기간을 추정하고 유죄로 판단하는 것은 신중하여야 한다"(2017도44)고 한다.

4) 증거서류

증거서류의 증명력 판단에 있어서 법률상 제한은 없다. 따라서 법원은 동일인의 법정에서의 증언과 수사기관에서의 자술서나 피의자신문조서의 기재내용과 상반되는 경우에 공판정에서의 증언(86도1547)이나 증거보전절차에서의 증언(79도2125)보다 수사기관에서의 진술이나 신문조서를 더 신뢰할 수도 있다.

그러나 수사기관이 작성한 진술조서는 수사기관이 피조사자에 대하여 상당한 시간에 걸쳐 이루어진 문답과정을 그대로 옮긴 '녹취록'과는 달리 수사기

---

94) 판례는 "어떠한 과학적 분석기법을 사용하여 제출된 것으로서 공소사실을 뒷받침하는 1차적 증거방법 자체에 오류가 발생할 가능성이 내포되어 있고, 그와 동일한 분석기법에 의하여 제출된 2차적 증거방법이 공소사실과 배치되는 소극적 사실을 뒷받침하고 있는 경우, 법원은 각 증거방법에 따른 분석대상물과 분석주체, 분석 절차와 방법 등의 동일 여부, 내포된 오류가능성의 정도, 달라진 분석결과가 일정한 방향성을 가지는지 여부, 상반된 분석결과가 나타난 이유의 합리성 유·무 등에 관해 면밀한 심리를 거쳐 각 증거방법의 증명력을 판단하여야 한다. 이때 각 분석결과 사이의 차이점이 합리적인 의심 없이 해명될 수 있고 1차적 증거방법에 따른 결과의 오류가능성이 무시할 정도로 극소하다는 점이 검증된다면 공소사실을 뒷받침하는 1차적 증거방법만을 취신하더라도 그것이 자유심증주의의 한계를 벗어났다고 할 수는 없을 것이나, 그에 이르지 못한 경우라면 그 중 공소사실을 뒷받침하는 증거방법만을 섣불리 취신하거나 이와 상반되는 증거방법의 증명력을 가볍게 배척하여서는 아니 된다"(2013도9605)고 하였다.

관의 관점에서 조사결과를 요약·정리하여 기재한 것에 불과할 뿐만 아니라 진술의 신빙성 유무를 판단할 때 가장 중요한 요소 중 하나인 진술경위는 물론 피조사자의 진술당시 모습·표정·태도, 진술의 뉘앙스, 지적능력·판단능력 등과 같은 피조사자의 상태 등을 정확히 반영할 수 없는 본질적 한계가 있다. 따라서 피고인이 수사과정에서 공소사실을 부인하였고 그 내용이 기재된 피의자신문조서 등에 관하여 증거동의를 한 경우에는 형소법에 따라 증거능력 자체가 부인되는 것은 아니지만, 전체적 내용이나 진술의 맥락·취지를 고려하지 않은 채 그 중 일부만을 발췌하여 유죄의 증거로 사용하는 것은 함부로 허용할 수 없다. 특히 지적능력·판단능력 등과 같이 본질적으로 수사기관이 작성한 진술조서에 나타나기 어려운 피고인의 상태에 대해서는 공판중심주의 및 실질적 직접심리주의 원칙에 따라 검사가 제출한 객관적인 증거에 대하여 적법한 증거조사를 거친 후 이를 인정하여야 할 것이지, 공소사실을 부인하는 취지의 피고인의 진술이 기재된 피의자신문조서 중 일부를 근거로 이를 인정하여서는 아니 된다(2023도13081).

5) 간접증거

형사재판에 있어 심증형성은 반드시 직접증거에 의하여 형성되어야만 하는 것은 아니고 간접증거에 의할 수도 있다(2018도7709). 다만, 간접증거는 이를 개별적·고립적으로 평가하여서는 아니 되고 모든 관점에서 빠짐없이 상호 관련시켜 종합적으로 평가하고, 치밀하고 모순 없는 논증을 거쳐야 한다(2016도6757). 즉, 간접증거에 의하여 주요사실의 전제가 되는 간접사실을 인정함에 있어서는 그 증명이 합리적인 의심을 허용하지 않을 정도에 이르러야 하고, 그 하나하나의 간접사실은 그 사이에 모순, 저촉이 없어야 함은 물론, 논리와 경험칙, 과학법칙에 의하여 뒷받침되어야 한다(2011도1902). 따라서 유죄의 인정은 범행동기, 범행수단의 선택, 범행에 이르는 과정, 범행 전후 피고인의 태도 등 여러 간접사실로 보아 피고인이 범행한 것으로 보기에 충분할 만큼 압도적으로 우월한 증명이 있어야 한다(2022도2236). 판례는 "간접증거가 개별적으로는 범죄사실에 대한 완전한 증명력을 가지지 못하더라도 전체 증거를 상호 관련하에 종합적으로 고찰할 경우 그 단독으로는 가지지 못하는 종합적 증명력이 있는 것으로 판단되면 그에 의하여도 범죄사실을 인정할 수가 있다"(2013도4172)고 한다.

(4) 자유판단의 한계

자유심증주의를 규정한 제308조가 증거의 증명력을 법관의 자유판단에 의하도록 하고 있지만, 증거의 증명력 판단을 법관의 양심과 합리성에 맡겨두고 있으므로 법관의 자의가 개입할 수 있기 때문에 이에 대한 통제가 요구된다. 즉, 자유심증주의에서도 법관의 판단은 당연히 논리법칙[95)]과 경험법칙[96)]에 구속되는 내재적 한계가 있다.[97)] 따라서 증거의 증명력 판단은 논리와 경험칙에 합치하여야 하고, 형사재판에서 유죄로 인정하기 위한 심증형성의 정도는 합리적인 의심을 할 여지가 없을 정도여야 하지만, 모든 가능한 의심을 배제할 정도에 이를 것까지 요구하는 것은 아니다(2020도15259). 검사가 이러한 확신을 가지게 할 만큼 충분히 증명하지 못한 경우에는 설령 유죄의 의심이 든다고 하더라도 피고인의 이익으로 판단하여야 한다(2017도11582).

또한 증명력이 있는 것으로 인정되는 증거를 합리적인 근거가 없는 의심을 일으켜 이를 배척하는 것은 자유심증주의의 한계를 벗어나는 것으로 허용될 수 없다(2016도6757). 따라서 증인의 진술이 그 주요부분에 일관성이 있는 경우에는 그 밖의 사소한 사항에 관한 진술에 다소 일관성이 없다는 등의 사정만으로 진술의 신빙성을 함부로 부정할 것은 아니다(2018도3577).

---

95) 논리법칙이란 인간의 추론능력에 비추어 보아 명백한 사고법칙을 말한다. 즉, 일정한 증거로부터 추론과정을 거쳐 일정한 판단을 도출하고, 그 판단을 전제로 하여 다시 다른 판단에 도달하는 일련의 과정이 모순되지 않고 일관성이 있어야 하며, 객관적 합리성이 있어야 한다.

96) 경험법칙이란 인간이 사회생활에서 개별적인 현상의 관찰과 체험으로 얻어진 일반화된 법칙을 의미한다. 경험법칙은 그 확실성에 따라 과학적 경험법칙과 일반적 경험법칙으로 나뉘어져 있다. 과학적 경험법칙은 학문적으로 확립된 과학적 법칙으로서 법관의 심증형성을 상당한 정도로 구속하게 된다(2007도1950). 그러나 일반적 경험법칙은 비록 규칙성은 있지만 예외가 발생할 수 있는 사회생활상의 경험법칙이므로 법관은 증거자료들을 종합적으로 판단하여 증명력의 인정 여부를 판단하여야 한다(2007도4977 참조).

97) 판례는 "혈중알코올농도 측정 없이 위드마크 공식을 사용해 피고인이 마신 술의 양을 기초로 피고인의 운전 당시 혈중알코올농도를 추산하는 경우로서 알코올의 분해소멸에 따른 혈중알코올농도의 감소기(위드마크 제2공식, 하강기)에 운전이 이루어진 것으로 인정되는 경우에는 피고인에게 가장 유리한 음주 시작 시점부터 곧바로 생리작용에 의하여 분해소멸이 시작되는 것으로 보아야 한다. 이와 다르게 음주 개시 후 특정 시점부터 알코올의 분해소멸이 시작된다고 인정하려면 알코올의 분해소멸이 시작되는 시점이 다르다는 점에 관한 과학적 증명 또는 객관적인 반대증거가 있거나, 음주 시작 시점부터 알코올의 분해소멸이 시작된다고 보는 것이 그렇지 않은 경우보다 피고인에게 불이익하게 작용되는 특별한 사정이 있어야 한다"(2021도14074)고 하였다.

3. 보 완

(1) 증거조사에의 당사자 참여와 증거능력의 제한

재판장은 피고인에게 각 증거조사의 결과에 대한 의견을 물을 수 있고(제293조), 증거조사에 관해 이의신청을 할 수 있도록 하고 있다(제296조의2). 이는 법관의 심증형성에 도움이 된다.

또한 증거능력이 없는 증거는 엄격한 증명을 요하는 공소범죄사실 등의 인정에서 심증형성의 자료로 할 수 없을 뿐만 아니라 공판정에서의 증거조사도 허용되지 않는다. 이를 위하여 형소법에서는 위법수집증거배제법칙(제308조의2), 자백배제법칙(제309조), 전문법칙(제310조의2) 등을 규정하여 증거능력이 없는 증거는 유죄입증의 자료로 사용할 수 없도록 하고 있다. 다만, 증거능력이 없는 증거라도 일정한 경우에 탄핵증거로서 증인 등의 진술의 증명력을 다투는 것은 허용된다(제318조의2).

(2) 유죄판결이유에 증거요지의 명시

형의 선고를 하는 때에는 판결이유에 범죄될 사실 외에 증거의 요지와 법령의 적용을 명시하여야 한다(제323조). 판결이유에 증거요지를 기재하는 것은 법관으로 하여금 증명력판단에 신중을 기하게 함과 동시에 당사자에게는 증거평가의 오류를 시정할 수 있는 기회를 제공하는 것이 된다.

(3) 상소에 의한 구제

자유심증주의에 의하여 증거의 취사와 이를 근거로 한 사실의 인정은 그것이 경험칙에 위배된다는 등의 특단의 사정이 없는 한 사실심법원의 전권에 속하므로(2014도11441) 법관의 확신에 의한 심증형성은 원칙적으로 상소의 대상이 되지 않는다. 그러나 유죄판결에 증거요지를 명시하지 않거나 모순이 있는 경우에는 '판결에 이유를 붙이지 아니하거나 이유에 모순이 있는 때'에 해당하므로 절대적 항소이유가 된다(제361조의5 제11호). 또한 증거의 취사선택의 잘못으로 인하여 사실인정의 합리성이 의심되고, 그 사실의 오인이 판결에 영향을 미친 때에도 마찬가지이다(동조 제14호).[98)]

98) 판례는 "직접증거를 뒷받침할 수 있는 간접 또는 정황증거가 있는 경우에 그 직접증거를 배척하려면 이를 배척할 수 있는 상당한 합리적 이유가 있어야 할 것이다"(85도1572)라고 하였다.

한편, 법관의 심증형성에서 합리적인 증거평가에 위배하는 채증법칙위반이나 증거조사의무를 다하지 않은 심리미진의 위법이 있는 경우에는 상고이유가 될 수 있다(2009도5858). 따라서 자유심증주의의 한계를 벗어나거나 필요한 심리를 다하지 아니하는 등으로 판결 결과에 영향을 미친 때에는 사실인정을 사실심 법원의 전권으로 인정한 전제가 충족되지 아니하므로 당연히 상고심의 심판대상에 해당한다(2015도17869).

(4) 국민참여재판에서의 배심원의 평결 존중

국민참여재판에서 배심원의 평결과 의견은 원칙적으로 법관을 기속하지 않는다(국민참여재판법 제46조 제5항). 다만, 재판장은 판결선고 시 배심원의 평결결과와 다른 판결을 선고하는 때에는 피고인에게 그 이유를 설명하여야 하며(동법 제48조 제4항), 판결서에 그 이유를 기재하여야 한다(동법 제49조 제2항). 따라서 배심원의 의견은 증거의 취사와 사실의 인정에 관한 전권을 가지는 사실심 법관의 판단을 돕기 위한 권고적 효력을 가지는 것에 불과하지만, 국민참여재판의 도입취지를 고려해 볼 때 재판장은 사실상 배심원의 판단을 존중할 수밖에 없다. 판례는 "재판장이 배심원이 증인신문 등 사실심리의 전 과정에 함께 참여한 후 증인이 한 진술의 신빙성 등 증거의 취사와 사실의 인정에 관해 만장일치의 의견으로 내린 무죄의 평결이 재판부의 심증에 부합하여 그대로 채택된 경우라면, 이러한 절차를 거쳐 이루어진 증거의 취사 및 사실의 인정에 관한 제1심의 판단은 실질적 직접심리주의 및 공판중심주의의 취지와 정신에 비추어 항소심에서의 새로운 증거조사를 통해 그에 명백히 반대되는 충분하고도 납득할 만한 현저한 사정이 나타나지 않는 한 한층 더 존중될 필요가 있다"고 하면서, 유죄를 인정할 만한 명백한 증거가 새로 발견되는 등 특별한 사정변경이 없는 한 항소심에서는 배심원의 판단을 따르도록 하고 있다(2009도14065).

그러나 국민참여재판의 배심원은 평소 법에 관한 지식을 충분히 갖추고 있지 않은 것이 일반적이다. 따라서 배심제가 발달한 불문법체계인 영·미법계와 달리 성문법체계를 취하고 있는 우리나라 현실에서 배심원의 판단, 특히 법률적 사항에 대한 판단에 있어서는 오류가 있을 수 있으므로 사법적 정의실현을 위하여 무죄의 평결을 포함한 모든 평결결과에 대하여 해당 재판부는 물론, 항소심에서는 엄격한 심의와 판단이 요구된다.

4. 제 한

(1) 자백의 증명력 제한

피고인의 자백이 그 피고인에게 불이익한 유일한 증거인 때에는 이를 유죄의 증거로 하지 못한다(제310조). 이는 법관이 피고인의 자백에 의해 유죄의 심증을 형성하더라도 다른 보강증거가 없는 경우에는 유죄판결을 할 수 없도록 하는 것이므로 법관의 자유심증을 제한하는 것이 된다(83도1372).

(2) 공판조서의 배타적 증명력

공판기일의 소송절차로서 공판조서에 기재된 것은 그 조서만으로써 증명한다(제56조). 공판조서의 배타적 증명력을 인정하는 것은 소송절차의 진행과정을 공판조서에 기재된 대로만 인정함으로써 상소심에서 원심의 소송절차를 확인하기 위해 법관이나 법원사무관을 증인으로 신문하는 절차를 밟지 않기 위한 것이다. 따라서 공판조서에 기재된 것은 법관의 심증 여부를 떠나 기재된 대로 인정하여야 하므로 자유심증주의의 제한이 된다.

(3) 피고인의 진술거부권

형소법에서는 피고인에게 진술거부권을 인정하고 있다(제283조의2). 따라서 피고인이 진술거부권을 행사하는 경우에도 법원은 이를 피고인에게 불이익한 증거로 사용할 수 없으므로 피고인의 진술거부권의 행사는 법관의 자유심증주의를 제한하는 것이 된다. 증인이 정당하게 증언거부권을 행사하는 경우(제148조, 제149조)도 마찬가지이다.

제3절 위법수집증거배제법칙

Ⅰ. 위법수집증거배제법칙의 의의와 근거

1. 의 의

위법수집증거배제법칙이란 위법하게 수집된 증거의 증거능력을 부정하는 증거법상 원칙을 말한다. 제308조의2에서는 "적법한 절차에 따르지 아니하고 수집한 증거는 증거로 할 수 없다"고 규정함으로써 위법수집증거배제법칙을 명문화하였다. 위법수집증거배제법칙은 진술증거는 물론, 비진술증거에도 적용된다.

위법수집증거배제법칙을 구체화한 규정으로는 제308조의2 외에, 자백에 관한 헌법 제12조 제7항[99]과 이를 구현한 형소법 제309조 및 불법검열이나 불법감청에 의해 수집한 증거의 증거능력을 부정한 「통신비밀보호법」 제4조[100] 등을 들 수 있다.

위법수집증거배제법칙의 법적 지위에 대하여는 ① 사법상 형성된 법칙으로 이해하는 견해가 있다. 그러나 ② 위법수집증거배제법칙은 피고인·피의자의 인권보장을 담보하기 위한 증거법 원칙으로서 헌법상 요구되는 원칙이다. 즉, 헌법적 형사소송의 요청에 따라 헌법 제12조 제1항과 제3항[101]에서 규정하고 있는 형사절차상 적법절차의 보장원칙을 제308조의2에서 구체적으로 구현하고 있는 것이다.

---

99) 헌법 제12조 ⑦ 피고인의 자백이 고문·폭행·협박·구속의 부당한 장기화 또는 기망 기타의 방법에 의하여 자의로 진술된 것이 아니라고 인정될 때 또는 정식재판에서 피고인의 자백이 그에게 불리한 유일한 증거일 때에는 이를 유죄의 증거로 삼거나 이를 이유로 처벌할 수 없다.

100) 「통신비밀보호법」 제4조(불법검열에 의한 우편물의 내용과 불법감청에 의한 전기통신내용의 증거사용 금지) 제3조의 규정에 위반하여, 불법검열에 의하여 취득한 우편물이나 그 내용 및 불법감청에 의하여 지득 또는 채록된 전기통신의 내용은 재판 또는 징계절차에서 증거로 사용할 수 없다.

101) 헌법 제12조 ① 모든 국민은 신체의 자유를 가진다. 누구든지 법률에 의하지 아니하고는 체포·구속·압수·수색 또는 심문을 받지 아니하며, 법률과 적법한 절차에 의하지 아니하고는 처벌·보안처분 또는 강제노역을 받지 않는다.

③ 체포·구속·압수·수색을 할 때에는 적법한 절차에 따라 검사의 신청에 의하여 법관이 발부한 영장을 제시하여야 한다. 다만, 현행범인인 경우와 장기 3년 이상의 형에 해당하는 죄를 범하고 도피 또는 증거인멸의 염려가 있을 때에는 사후에 영장을 청구할 수 있다.

2. 이론적 근거

위법수집증거배제법칙은 미국 증거법상의 원칙으로 발달해 온 것으로서, 수사기관으로 하여금 수사에 있어서 적법절차를 준수하게 함과 동시에 법원으로 하여금 수사기관의 위법에 가담하지 않게 차단함으로써 사법의 염결성(Judicial Integrity) 확보를 통해 수사기관에서 침해된 인권을 회복하는데 기여한다. 다만, 1970년대 이후 미국 연방대법원은 위법수집증거배제법칙을 완화시키기 위하여 사법적 염결성보다는 위법수사억제효과를 위법수집증거배제법칙의 주된 근거로 하고 있다.

<참고> 미국법상 위법수집증거배제법칙의 발전과정

미국 연방대법원에서 처음 위법수집증거배제법칙을 인정한 것은 1886년 보이드 사건(Boyd v. U. S.)[102]이다. 이 사건은 관세법위반의 몰수사건으로 제출명령을 받은 피고인의 수입물품송달장이 위법하게 수집되었는데, 연방대법원은 연방헌법 수정 제4조(불합리한 압수·수색의 금지)와 수정 제5조(자기부죄거부특권)를 근거로 증거를 배제하였다. 이 판례는 수사상 영장주의를 선언한 수정 제4조가 아니라 수정 제5조를 원용함으로써 자기부죄거부특권을 침해하여 얻은 증거는 배제된다는 것을 확인한 것이었지만 선례로서는 기능하지 못하였다. 그러다가 연방대법원은 1914년 윅스 사건(Weeks v. U. S.)[103]에서, 경찰관이 우편에 의한 도박혐의로 윅스를 근무처에서 체포하는 한편, 별동대가 멀리 떨어진 그의 주거를 수색하여 편지 등의 증거물을 압수한 것에 대하여, "위법하게 압수한 물건을 시민인 피고인에게 불이익한 증거로 이용하는 것을 인정한다면 수정 제4조의 보장은 무의미하게 되므로 본건에서 압수물을 환부하지 않고 채증한 것은 위법이다"라고 하였다. 이 판례는 연방법위반사건에 대하여 위법수집증거배제법칙을 헌법상 요청으로 인정한 것이지만 주(州) 사건에 대해서도 위법수집증거배제법칙이 적용되어야 한다는 논의의 계기가 되었다.

그러나 1949년 울프 사건(Wolf v. Colorado)[104]에서, 산부인과 의사인 울프가 낙태공모죄로 주 경찰에 의해 자신의 사무소를 수색당한 것에 대하여, 연방대법원은 "영장 없이 수색을 해서 아니 된다는 점은 적정절차의 내용이 되지만 그에 위반하여 압수한 물건을 어떻게 취급하는지는 적정절차와 무관하다"고 하면서 위법수집증거배제법칙의 적용에 소극적 태도를 취하였다. 하지만 1955년 칸 사건(People v. Cahan)[105]에서, 위법한 도청에서 얻은 증거와 영장 없이 수차례에 걸친 강제적 침

102) 116 U. S. 616 (1886).
103) 232 U. S. 383 (1914).
104) 338 U. S. 25 (1949).
105) 44 Cal.2d 434 (1955).

입의 결과 압수된 증거에 의거한 도박공모죄의 인정 여부와 관련하여, 연방대법원은 "헌법상 보장을 침해하여 얻은 증거는 허용되지 않는다"고 하면서, 이는 경찰관의 헌법규정 준수를 확보하기 위해 다른 수단은 무력하기 때문이라는 점(억지효)과 위법수집증거를 금지하는 것은 법원으로 하여금 위법에 가담하지 않게 하여 사법의 염결성을 보장하기 위한 것이라고 하였다.

한편, 주 사건에서는 1952년 로친 사건(Rochin v. California)[106]에서 처음으로 적정절차위반을 이유로 위법수집증거배제법칙을 적용하였다. 즉, 로친이 마약매매를 하고 있다는 정보를 입수한 경찰이 영장 없이 로친의 집에 들어가 침대 위에 있는 마약캡슐에 대하여 질문하는 중에 로친이 경찰관의 면전에서 마약캡슐을 삼키자, 경찰관이 그를 병원으로 연행하여 구토제를 통해 위에서 캡슐을 배출하게 하여 이를 증거물로 압수한 것에 대하여, 연방대법원은 그와 같은 육체적 학대는 고문과 같은 것이고, 문명된 사회의 '양심에 큰 충격(shock the conscience)'을 주는 것으로 적정절차의 관념에 반하므로 이것을 증거로 사용할 수 없다고 하였다. 이후 몇 차례 논란을 거쳐 1961년 맵 사건(Mapp v. Ohio)[107]에서 연방대법원이 "위법수집증거배제법칙은 헌법에서 유래하는 원칙으로서 수정 제4조의 본질적 부분을 구성하며, 동조가 수정 제14조의 적정절차(due process)조항의 본질적 내용을 이루는 것이므로 위법수집증거배제법칙은 주에도 적용된다"고 함으로써 위법수집증거배제법칙은 미국 증거법상 확고한 원칙이 되었다.[108]

그러나 1950년대와 1960년대에 걸쳐 형사사법의 지나친 자유화로 인해 위법수집증거배제법칙을 엄격하게 적용한 것에 대한 반동이 일어났으며, 이로 인해 1970년대에 들어서는 형사사법을 통한 범죄에의 강력한 대처 및 질서유지라고 하는 정치적 요청이 위법수집증거배제법칙에 반영되었다. 이에 따라 이후 미국에서는 다양한 판례의 축적을 통해 위법수집증거배제법칙의 적용에서 원칙과 예외가 균형있게 발전해 오고 있다. 하지만 1974년 클렌드라 사건(U. S. v. Calandra)[109]과 1976년 포웰 사건(Stone v. Powell)[110]에서는 위법수집증거배제법칙을 사법상 제도에 지나지 않는다고 판시하기도 하였다.[111]

---

106) 342 U. S. 165 (1952).

107) 367 U. S. 643 (1961).

108) 연방대법원은 교통검문의 본래 목적 이외에 합리적 의심이 없음에도 불구하고 교통검문의 목적과 무관하게 시간을 초과해서 마약탐지견을 사용하여 마약을 탐지하는 것은 합리적인 방식에 의해 이루어지는 한 적법절차위반이 아니다(Ilinois v. Caballes, 543 U. S. 405 (2005))라고 하였으나 최근에는 적법절차위반이라고 하였다(Rodrigue v. U. S., 575 U. S. 348 (2015)).

109) 414 U. S. 338 (1974).

110) 428 U. S. 465, 492 (1976).

111) 독일 형소법 제136조a에서는 법치국가의 원리에 의거하여 증거금지(Beweisverbot)의 원칙을 규정하고 있다. 독일의 증거금지원칙은 위법수집증거배제의 근거를 국가의 중립적 대표기관으로서의 검사에 의한 시민의 인격권침해에 두고 있으며, 형사소추를 위한 실체적 진

Ⅱ. 위법수집증거배제법칙의 적용

1. 발전과정

우리나라에서 위법수집증거배제법칙은 진술증거와 관련하여 일찍부터 적용되어 왔다. 따라서 진술거부권을 고지하지 않은 상태에서 작성한 피의자신문조서(92도682), 변호인의 접견교통권을 침해하여 작성된 피의자신문조서(90도1586) 등의 증거능력을 부정하였다.

그러나 비진술증거, 즉 증거물에 대하여 종래 대법원은 영장주의에 위반하여 압수한 증거물에 대하여는 압수절차가 위법하더라도 압수물건 자체의 성질, 형상에 변경을 가져오는 것은 아니어서 증거가치에 변화가 없다는 이유로 증거능력을 인정하였었다(형상불변설, 93도3318). 그러나 학설은 위법수집증거배제법칙은 적정절차 및 인권보호, 수사기관의 위법수사를 억제하기 위한 것이므로 비진술증거에 대하여도 적용되어야 한다는 입장을 견지해 왔다. 그러다가 대법원은 2007년 전원합의체판결(2007도3061)을 통하여 비진술증거에 대하여도 위법수집증거배제법칙을 적용하였다. 즉, 헌법과 형사소송법이 정한 절차를 위반하여 수집한 압수물과 이를 기초로 획득한 2차적 증거의 증거능력과 관련하여 “기본적 인권보장을 위하여 압수·수색에 관한 적법절차와 영장주의의 근간을 선언한 헌법과 이를 이어받아 실체적 진실규명과 개인의 권리보호 이념을 조화롭게 실현할 수 있도록 압수·수색절차에 관한 구체적 기준을 마련하고 있는 형소법의 규범력은 확고히 유지되어야 한다. 그러므로 헌법과 형소법이 정한 절차에 따르지 아니하고 수집한 증거는 기본적 인권보장을 위해 마련된 적법한 절차에 따르지 않은 것으로서 원칙

실발견이라고 하는 공익과 증거금지로 인해 보호되는 개인의 권리를 이익형량하여 증거사용 여부를 결정한다. 따라서 인격권과 관련이 직접적이지 않은 주거의 자유나 신체의 자유 영역 등에 대해서는 증거사용을 넓게 허용하고 있다. 다만, 사인의 불법행위로 인한 경우에도 인격권의 핵심영역이 침해되었다고 인정될 경우에는 증거사용이 금지된다.

제136조a(금지된 신문방법) ① 가혹행위, 혹사, 신체침해, 투약, 학대, 기망 또는 최면에 의하여 피의자의 의사결정 및 의사표현의 자유를 침해하여서는 아니 된다. 형사절차법이 허용하는 경우에 한하여 강제수단을 허용한다. 형사절차규정에서 허용하지 않는 처분을 수반한 협박 및 법률로 규정하고 있지 않은 이익의 약속은 금지된다.

② 피의자의 기억력이나 통찰력을 침해하는 처분은 허용되지 않는다.

③ 제1항과 제2항의 금지는 피의자의 승낙과 관계없이 효력을 갖는다. 이들 금지에 위반하여 얻어진 진술은 설령 피의자가 동의할지라도 이를 증거로 사용할 수 없다

적으로 유죄인정의 증거로 삼을 수 없다. 수사기관의 위법한 압수·수색을 억제하고 재발을 방지하는 가장 효과적이고 확실한 대응책은 이를 통하여 수집한 증거는 물론, 이를 기초로 하여 획득한 2차적 증거를 유죄인정의 증거로 삼을 수 없도록 하는 것이다"라고 하였다.

하지만 위 판결에서는 위법수집증거배제법칙의 예외를 인정하였다. 즉, "수사기관의 증거수집과정에서 이루어진 절차위반행위와 관련된 모든 사정 즉, 절차조항의 취지와 그 위반의 내용 및 정도, 구체적인 위반 경위와 회피가능성, 절차조항이 보호하고자 하는 권리 또는 법익의 성질과 침해정도 및 피고인과의 관련성, 절차위반행위와 증거수집 사이의 인과관계 등 관련성의 정도, 수사기관의 인식과 의도 등을 전체적·종합적으로 살펴 볼 때, 수사기관의 절차위반행위가 적법절차의 실질적인 내용을 침해하는 경우에 해당하지 아니하고, 오히려 그 증거의 증거능력을 배제하는 것이 헌법과 형소법이 형사소송에 관한 절차조항을 마련하여 적법절차의 원칙과 실체적 진실규명의 조화를 도모하고 이를 통하여 형사사법 정의를 실현하려 한 취지에 반하는 결과를 초래하는 것으로 평가되는 예외적인 경우라면, 법원은 그 증거를 유죄인정의 증거로 사용할 수 있다고 보아야 한다. 이는 적법한 절차에 따르지 아니하고 수집한 증거를 기초로 하여 획득한 2차적 증거의 경우에도 마찬가지여서, 절차에 따르지 아니한 증거수집과 2차적 증거수집 사이 인과관계의 희석 또는 단절 여부를 중심으로 2차적 증거수집과 관련된 모든 사정을 전체적·종합적으로 고려하여 예외적인 경우에는 유죄인정의 증거로 사용할 수 있다"고 한다. 이에 따르면 헌법과 형소법이 정한 적법절차의 실질적인 내용을 침해해서 얻은 증거물의 증거능력은 인정되지 않는 것으로 된다.[112] 다만, 판례는 구체적인 사안이 위법수집증거배제법칙의 예외적인 경우에 해당하는지를 판단하는 과정에서 법원은 적법한 절차를 따르지 않고 수집된 증거를 유죄의 증거로 삼을 수 없다는 원칙을 훼손하는 결과가 초래되지 않도록 유념하여야 한다고 한다(2009도10412).

이후 2007년 개정 형소법(법률 제8730호)에서 제308조의2에 위법수집증거배제법칙을 명문화하였고, 대법원은 현재도 위 전원합의체 판결의 태도를 그대로 유지하고 있다(2020도10729 등).

---

112) 판례는 수사기관이 피고인 아닌 자를 상대로 적법한 절차에 따르지 아니하고 수집한 증거도 원칙적으로 피고인에 대한 유죄인정의 증거로 삼을 수 없다고 하였다(2009도6717).

2. 구체적 사례에 있어서 판례의 태도

(1) 영장주의에 위반하여 수집된 증거

1) 영장주의에 위반하여 압수한 증거물

수사기관이 영장주의에 위반하여 수집한 증거물은 증거능력이 부정된다. 즉, 영장 없이 압수·수색한 증거물(2012도13607), 영장에 기재되지 않은 물건(2020도14654), 영장 없이 체포, 압수·수색할 수 있도록 규정한 형소법상 요건을 충족하지 않은 상태에서 취득한 증거(2009도11401), 긴급압수·수색요건에 해당하여 적법하게 압수·수색을 하였지만 사후영장을 발부받지 않은 증거물(2011도15258), 압수·수색영장의 집행 후 지체 없이 압수목록을 작성하여 교부하지 않은 경우(2017도13263), 경직법상 불심검문과 관련하여 소지자의 동의 없는 소지품검사를 통해 수집한 경우, 「통신비밀보호법」을 위반하여 법원의 허가 없이 이루어진 도청과 비밀녹음 등은 증거능력이 부정된다. 또한 수사기관이 사전에 정보를 입수하고, 「마약류 불법거래 방지에 관한 특례법」상 통제배달을 통해 범인을 검거하려고 세관공무원으로 하여금 해당 화물을 사무실로 가져오게 한 뒤 그로부터 임의제출받은 경우, 이는 수사상 압수에 해당하므로 사전 또는 사후에 영장을 발부받지 않으면 그 압수물에 대한 감정서의 증거능력은 부정된다(2014도8719). 다른 사람을 위하여 처리 후 보관하던 '입당원서'를 「개인정보 보호법」에 위반하여 작성자 동의 없이 수사기관에 임의제출한 행위도 위법수집증거에 해당한다(2022도9510).

그러나 영장주의가 적용되지 않거나 상당성을 일탈하지 않은 경우에는 증거능력이 인정된다. 즉, 수사기관이 피의자의 국가보안법위반 증거확보를 위해 공개적인 장소에서 북한 공작원들과의 회합모습을 촬영한 경우 증거보전의 긴급성, 필요성, 방법의 상당성이 있으므로 증거능력이 인정된다(2013도2511). 또한 우편물 통관검사절차에서 압수·수색 영장 없이 이루어지는 우편물의 개봉, 시료채취, 성분분석 등의 검사는 수출입물품에 대한 적정한 통관을 목적으로 하는 행정조사의 성격을 가지는 것이므로 수사기관의 강제처분이라고 볼 수 없어 특별한 사정이 없는 한 위법하지 않다(2013도7718).

2) 영장의 집행이나 범위를 일탈한 압수물

영장을 발부받아 적법하게 압수하였더라도 그 기재된 방식을 따르지 않았거나 영장에 기재된 사건과 관련 없는 증거를 압수한 경우에는 그 증거의 증거능력이 부정된다. 즉, 수사기관이 감청을 위한 통신제한조치허가서를 발부받아 통신회사에 집행을 위탁하였는데, 통신회사가 이미 송수신이 완료되어 서버에 저장되어 있는 대화내용을 추출하여 수사기관에 제공하였다면, 이는 허가서에 기재된 감청의 방식이 아니므로 위법수집증거가 된다(2016도8137). 또한 압수·수색영장에 甲의 공직선거법위반사건과 관련하여 乙이 소지하는 휴대폰을 압수하도록 기재된 경우에 乙의 휴대폰에서 녹음된 乙과 丙 사이의 공직선거법위반의 대화내용을 乙과 丙의 공소사실에 대한 증거로 사용하는 것은 영장주의의 실질적 내용을 침해하는 것이므로 그 증거능력이 부정된다(2013도7101).

그러나 수사기관이 피의자에 대한 마약투약 첩보를 입수하고 피의자의 소변 및 모발 등을 채취하기 위하여 판사로부터 영장을 발부받았으나 피의자가 완강히 거부하자 피의자를 제압하고 수갑과 포승을 채운 뒤 병원 응급실로 데려가 소변 등을 채취한 행위는 형소법(제219조, 제120조 제1항)상 영장의 집행에 필요한 처분에 해당하므로 적법하다(2018도6219).

(2) 적정절차를 위반하여 수집한 증거

적정절차를 위반하여 수집한 증거는 원칙적으로 증거능력이 부정된다. 즉, 피의자에게 진술거부권을 고지하지 않은 상태에서 작성된 피의자신문조서(2010도1755)나 사실상의 피의자를 상대로 작성된 진술서, 확인서, 반성문(2014도5939), 사법경찰관이 압수·수색영장의 첫 페이지와 혐의사실만을 보여주고 압수·수색할 물건, 장소 등의 기재사항을 확인하지 못하게 한 상태에서 압수한 휴대전화(2015도12400), 변호인과의 접견교통권을 침해하여 취득한 진술(90도1586), 당사자의 참여권과 신문권을 침해하여 이루어진 증인신문, 당사자의 참여권을 보장하지 않은 검증과 감정, 의사나 성년의 여자를 참여시키지 않고 행한 여자의 신체검사를 통해 취득한 증거 등은 증거능력이 부정된다. 또한 공소가 제기된 후에는 그 사건에 관한 모든 형사절차의 권한은 수소법원에 속하고 피고인은 검사와 대등한 당사자로서 방어권을 행사할 수 있어야 하므로, 피고인에 대한 제1심 무죄판결에 대하여 검사가 항소한 후에 항소심 공판기일에 증인으로 신청하여 신문할 수 있는 사람을 검사가 특별한 사정없이 미리 소환하여 작성한 진술서나 피의자신문조서는 피고인이 증거에 동의하지 않는 이상 참고인 등이 나중에 법정에 출석하여 그 진술조서 등의 진정성립을 인정하고 피고인측에 반대신문의 기회가 보장되더라도 증거능력이 부정된다(2018도2236).

그러나 증거수집과정에서 절차의 적정성이 본질적으로 침해되지 않았다고 인정되는 경우에는 증거능력이 인정된다. 즉, 피처분자가 현장에 없거나 발견할 수 없어서 영장제시가 현실적으로 불가능한 상황에서 영장의 제시 없이 압수·수색을 하였거나, 수사기관이 피고인 등에게 압수·수색의 일시, 장소를 통지하지 않았더라도 현장 압수·수색과정에 피고인 등이 참여한 경우 또는 수사관들이 압수·수색 장소에서 30분가량 참여인 없이 수색을 하였으나 곧바로 임차인에게 연락하여 참여시킨 경우(2014도10978) 등과 같이 절차위반이 수사기관의 고의가 아니거나 불가피한 측면이 있는 경우에는 증거능력이 인정된다. 또한 헌법에서 보장하는 진술거부권을 고지받을 권리는 헌법상 직접적으로 도출될 수 없어 입법적 뒷받침이 필요하므로, 선거관리위원이 선거범죄 조사와 관련하여 별도의 진술거부권 고지규정이 없는 구 「공직선거법」에 따라 진술거부권을 고지하지 않고 작성된 문답서는 위법한 것이 아니다(2013도5441).

(3) 형소법상 효력규정에 위반하여 수집한 증거

형소법의 훈시규정이 아닌 효력규정에 위반하여 증거를 취득한 경우에도 위법수집증거배제법칙이 적용된다. 선서 없이 행한 증인에 대한 신문이나 증언거부권을 증인에게 고지하지 않은 경우 등이 이에 해당한다. 또한 재판공개금지사유가 없음에도 불구하고 재판의 심리에 관한 공개금지결정을 하고 행한 증인신문의 증거능력은 부정된다(2013도2511).

그러나 증인의 소환절차에 문제가 있었던 경우, 위증의 벌을 경고하지 않고 선서한 증인의 증언, 단순히 압수조서나 압수목록의 작성·교부절차가 제대로 이행되지 않은 잘못이 있는 경우 등은 절차위반의 정도가 크지 않으므로 당연히 증거능력이 배제되는 것은 아니다(2011도1902).

(4) 형사재판 외의 적용

위법수집증거배제법칙은 형사재판 이외의 행정소송과 같은 재판에서도 적용된다. 즉, 경찰관이 사고로 의식이 없는 운전자의 어머니로부터 동의를 받아 채혈을 한 뒤 음주운전 사실을 확인하고 이를 근거로 운전면허를 정지처분한 경우, 해당 채혈은 「도로교통법」 제44조 제3항을 위반하여 위법하게 수집한 증거이므로 그 운전면허 정지처분은 위법이다(2014두46850).

Ⅲ. 독수독과의 원칙과 그 예외

1. 원 칙

독수독과(毒樹毒果)의 원칙(Doctrine of the Fruit of the Poisonous Tree)은 '독나무에 열린 열매에는 역시 독이 들어 있다'는 단어의 의미처럼, 위법하게 수집된 제1차적 증거(독수)에 의하여 발견된 제2차 증거(독과)는 오염된 것이므로 증거능력을 부정하여야 한다는 원칙을 말한다. 이는 미국 판례상 확립된 원칙으로서, 위법수집증거배제법칙의 실효성 확보 및 사법의 염결성과 피고인의 인권보장을 위한 형사정책적 고려에 따른 것이다.

판례는 "수사기관의 위법한 압수·수색을 억제하고 재발을 방지하는 가장 효과적이고 확실한 대응책은 이를 통하여 수집한 증거는 물론, 이를 기초로 하여 획득한 2차적 증거를 유죄인정의 증거로 삼을 수 없도록 하는 것이다"(2007도3061)라고 함으로써 독수독과의 원칙을 인정하고 있다. 즉, 사법경찰관이 영장 없이 물건을 압수한 경우 그 압수물은 물론 이를 기초로 하여 획득한 2차적 증거 역시 유죄인정의 증거로 사용할 수 없는 것이고, 이와 같은 법리는 헌법과 형소법이 선언한 영장주의의 중요성에 비추어 볼 때 위법한 압수가 있은 직후에 피고인으로부터 작성받은 그 압수물에 대한 임의제출동의서도 특별한 사정이 없는 한 마찬가지라고 한다(2009도14376). 위법수집증거를 기초로 획득한 2차적 증거가 피고인의 법정진술인 경우에도 원칙적으로 증거능력이 부정된다(2024도12689).[113)]

하지만 법원이 2차적 증거의 증거능력 인정 여부를 최종적으로 판단할 때에는 먼저 절차에 따르지 아니한 1차적 증거수집과 관련된 모든 사정들, 즉 절차조항의 취지와 그 위반의 내용 및 정도, 구체적인 위반 경위와 회피가능성, 절차조항이 보호하고자 하는 권리 또는 법익의 성질과 침해정도 및 피고인과의 관련성, 절차위반행위와 증거수집 사이의 인과관계 등 관련성의 정도, 수사기관의 인식과 의도 등을 살펴야 하고, 나아가 1차적 증거를 기초로 하여 다시 2차적 증거를 수집

113) 판례는 "수사기관이 위법하게 수집한 1차적 증거가 수사개시의 단서가 되었거나 사실상 유일한 증거 내지 핵심증거이고 위법의 정도 역시 상당할뿐더러, 피고인이 수사기관에서 1차적 증거를 제시받거나 1차적 증거의 내용을 전제로 신문받은 바가 있다면, 특별한 사정이 없는 이상 법정진술도 1차적 증거를 직접 제시받고 한 것과 다름없거나 적어도 1차적 증거의 존재를 전제로 한 것으로 볼 수 있으므로, 이는 절차위반행위와의 인과관계의 희석 또는 단절을 인정하기 어려운 정황에 속한다"(2024도12689)고 하였다.

하는 과정에서 추가로 발생한 모든 사정들까지 구체적인 사안에 따라 주로 인과관계 희석 또는 단절 여부를 중심으로 전체적·종합적으로 고려하여야 한다고 한다(2020도3050).

<참고> 미국법상 독수독과의 원칙의 발전과정

독수독과(Fruit of the Poisonous Tree)라는 용어를 최초로 사용한 것은 1939년 나르돈 사건(Nardone v. U. S.)[114)]으로, 연방대법원은 불법도청으로 수집된 증거는 유죄의 증거능력이 없다고 하였다.[115)] 그러나 독수독과의 문제를 처음 다룬 것은 1920년 실버손 사건(Silverthorne Lumber Co. v. U. S.)[116)]이다. 연방관리가 실버손의 책들과 서류들을 부당하게 압수하였는데, 실버손이 법원의 명령에 의해 이것들을 돌려받았지만 관리들이 이미 사진을 찍은 후였다. 그 후 심리과정에서 소추자측은 실버손에게 그 서류들의 원본을 제출하라고 하는 법원의 명령장을 받기 위하여 그 사진을 사용하였다. 이에 대해 연방대법원은 "어떤 방법으로 증거를 수집하는 것을 금지하는 규정은 그렇게 얻어진 증거를 법정에서 사용하는 것을 금지할 뿐만 아니라 그 증거는 어떠한 경우에도 사용되어서는 아니 된다"고 하면서, 위법수집증거배제법칙은 불법한 수색에 의하여 오염된 모든 증거에 적용되고, 그 증거에는 그 수색동안에 얻어진 정보를 사용함으로써 그 후에 획득된 증거도 포함된다고 하였다.

이후 위법수집증거배제법칙은 위헌적인 수색뿐만 아니라 위헌적인 침해에 의하여 얻어진 증거(독수독과)에도 마찬가지로 적용되는 것으로 발전하였다. 즉, 연방대법원은 위법한 압수·수색뿐만 아니라 위법한 체포로 얻은 자백(Wong Sun v. U. S.[117)]), 연방헌법 수정 제6조에 의한 변호권을 침해하여 얻은 진술을 기초로 하여 수집한 증거(Escobedo v. Illinois[118)]), 진술거부권 등의 고지를 하지 않고 얻은 진술에서 나온 증거(Miranda v. Arizona[119)]), 위헌적인 범인식별을 위한 라인 업(line up) 절차에서 나온 과실(U. S. v. Wade[120)]), 위법수집증거배제법칙에 의하여 강행되는 어떤 비헌법적인 제약을 침범하여 얻은 과실(Harrison v. U. S.[121)]) 등에 대하여 증거능력을 부정하였다.

---

114) 308 U. S. 338 (1939).

115) 미국 연방대법원은 1928년 불법적인 도청과 관련된 올름스태드 사건(Olmstead v. U. S. (277 U. S. 438))에서 불법으로 수집된 증거라도 그 수단의 불법성에 의해 손상되지 않는다고 하였다. 이에 올름스태드 판결 이후 연방의회는 연방요원들의 전화도청활동을 금지하는 법안들을 제출하였지만 통과되지는 않았다.

116) 251 U. S. 385 (1920).

117) 371 U. S. 471 (1963).

118) 378 U. S. 478 (1964).

119) 384 U. S. 436 (1966).

120) 388 U. S. 218 (1967).

121) 392 U. S. 219 (1968).

그러나 연방대법원은 1차 증거가 위법하게 수집된 경우에도 2차 증거의 증거능력을 인정할 수 있는 예외사유를 판례를 통하여 인정하고 있다. 이러한 예외사유는 우리나라 판례에서도 적용되고 있다.

2. 예 외

수사기관이 위법하게 수집한 증거라도 후술하는 것처럼 예외적으로 유죄인정의 증거로 인정되는 경우가 있다. 다만, 이때에는 예외적인 경우에 해당한다고 볼 만한 구체적이고 특별한 사정이 존재한다는 것을 검사가 증명하여야 하고(2024도12689), 그 증명의 정도는 합리적 의심을 배제할 수 있을 정도이어야 한다(2013도11233).

(1) 독립한 원천에 의한 예외

독립한 원천에 의한 예외(Independent Source Doctrine)는 2차적 증거가 수사기관의 불법행위와 인과적으로 연관되지 않은 경우는 증거능력을 인정하는 것이다.

판례는 피해자의 신고를 받고 현장에 출동한 경찰서 과학수사팀이 범인과 함께 술을 마신 테이블 위에 놓여 있던 맥주 컵 등에서 지문을 각각 직접 채취하고, 수사기관이 그 이후에 다른 지문채취 대상물을 적법한 절차에 의하지 아니한 채 압수한 경우, "1차적으로 채취한 지문은 위법하게 압수한 지문채취 대상물로부터 획득한 2차적 증거에 해당하지 아니함이 분명하므로 이를 가리켜 위법수집증거라고 할 수 없으며, 이 사건 지문채취 대상물인 맥주컵 등은 피해자가 운영하는 주점 내에 있던 피해자의 소유로서 이를 수거한 행위가 피해자의 의사에 반한 것이라고 볼 수 없으므로, 이를 가리켜 위법한 압수라고 보기도 어렵다"(2008도7471)고 한다.

또한 강도 현행범으로 체포된 피의자에게 진술거부권을 고지하지 아니한 채 강도범행에 대한 자백을 받고 이를 기초로 여죄에 대한 진술과 증거물을 확보하고, 이를 기초로 기소된 제1심재판에서 피고인에게 진술거부권을 고지한 후 피고인의 임의자백 및 피해자의 피해사실에 대한 진술을 수집한 경우, "제1심 법정에서의 피고인의 자백은 진술거부권을 고지받지 않은 상태에서 이루어진 최초 자백 이후 40여 일이 지난 후에 변호인의 충분한 조력을 받으면서 공개된 법정에서 임의로 이루어진 것이고, 피해자의 진술은 법원의 적법한 소환에 따라 자발적으로 출석하여 위증의 벌을 경고받고 선서한 후 공개된 법정에서 임의로 이루어진 것이어서, 예외적으로 유죄인정의 증거로 사용할 수 있는 2차적 증거에 해당한다"(2008도11437)고 한다.

> **<참고> 미 판례상 독립한 원천에 의한 예외**
>
> 대표적인 것은 1988년 머레이 사건(Murray v. U. S.)[122]이다. 경찰관들은 머레이의 집을 영장 없이 불법으로 수색하여 마리화나가 들어 있는 가방을 보았으나 그 가방을 압수하지 않고 그대로 나온 뒤에 법원에 사전수색영장을 발부받았는데, 범죄혐의의 상당한 이유를 적시한 진술서에는 위 가방에 대한 언급은 없고 사전에 합법적으로 수사한 내용만을 토대로 기재한 것이었다. 이후 경찰관들은 그 영장을 집행하여 합법적으로 마리화나 가방을 압수하였다. 연방대법원은 경찰관들이 압수한 마리화나는 영장에 의해 압수되었으며, 그 영장에서 범죄혐의의 상당한 이유를 적시한 근거가 어떠한 불법적인 행위를 통해 취득된 내용이나 증거가 아니므로 이는 독립된 원천에 의해 취득된 증거에 해당한다고 하였다.

(2) 희석에 의한 예외

희석에 의한 예외(Attenuated Connection Principle)는 2차 증거가 어떤 요소에 의해 그 오염이 상당히 희석되었다면 2차 증거의 증거능력을 인정할 수 있다는 것이다. 즉, 피고인이 자의에 의하여 행한 행위는 그 행위로 인해 경찰의 위법행위와 오염된 증거 사이의 인과관계를 단절시키므로 위법성의 오염을 희석시킨다는 것으로, 오염성순환에 의한 예외(The Purged Taint Exception)라고도 한다.

판례는 마약 투약혐의를 받고 있는 사람이 임의동행을 거부하는 의사표시를 하였음에도 경찰관들이 영장 없이 강제로 연행한 후, 마약 투약 여부의 확인을 위한 1차 채뇨를 하였었지만, 그 후 압수영장에 의하여 2차 채뇨가 정상적으로 이루어졌다면 1차 채뇨의 결과를 바탕으로 작성된 '소변검사시인서'는 증거능력이 없으나 압수영장에 의하여 이루어진 채뇨결과를 바탕으로 분석한 감정결과는 인과관계의 희석 등을 이유로 증거능력을 인정한다(2012도13611). 또한 수사기관이 금융회사 등이 발행하는 매출전표의 거래명의자에 대한 정보를 취득하기 위해 필요한 영장을 발부받지 않고 거래명의자에 대한 정보를 취득한 경우, 그 증거가 위법한 증거에 해당하지만 체포된 피의자가 석방된 후 약 3개월이 지난 시점에 다시

---

122) 487 U. S. 533 (1988).

동일한 내용의 자백을 한 경우에는 그 자백의 증거능력을 인정한다(2012도13607). 마찬가지로 수사기관이 영장집행 시에 혐의사실과 관련성이 없는 증거를 수집한 경우 원칙적으로 위법한 증거이지만 이후에 해당 압수물을 피압수자에게 환부하고 다시 임의로 제출을 받았다면 불법으로 인한 인과관계가 희석되므로 증거능력이 인정될 수 있다고 한다(2013도11233). 또한 수사기관이 1차 압수영장에 기하여 압수한 서류와 장부가 혐의사실과 관련성이 없어서 위법수집증거에 해당하는 경우라도 그 서류와 장부를 압수·수색하면서 서류 등의 제목이나 개략적 내용만으로 혐의사실과 무관하다고 단정하기 어려웠고, 의도적으로 영장주의원칙을 회피하려는 의도를 가지고 서류 등을 압수하지는 않았으며, 1차 압수당시 해당 서류가 포함된 압수목록을 피압수자에게 교부하였고, 검사가 그 압수경위를 밝히면서 2차 압수영장을 청구하여 발부받은 후 피고인이 참여한 가운데 그 서류 등을 피고인에게 반환하였다가 다시 압수하였다면 1차 압수단계에서의 절차위반이 2차 압수에 미치는 인과관계는 희석되었다고 한다(2017도3449).[123)]

반면에 수사기관이 적법절차를 지키지 않고 휴대전화를 압수하고 이에 대한 사후 압수영장이 기각되었음에도 즉시 반환하지 아니하다가 그 사이에 압수영장을 발부받아 휴대전화를 형식적으로 반환한 외관을 만든 후 다시 압수하는 것은 적법절차의 원칙이나 영장주의를 잠탈하는 것으로 허용할 수 없으므로 휴대전화 압수의 위법성이 압수영장 집행으로 희석·단절되었다고 할 수 없다고 보아, 휴대전화 및 위 증거들은 위법하게 수집된 증거이거나 이를 기초로 획득한 2차 증거로서 증거능력이 부정된다고 판단하였다(2024도10062). 또한 체포 시에 진술거부권을 고지하지 않아 위법한 강제연행상태에서 호흡측정방법에 의한 음주측정을 한 다음, 강제연행상태로부터 시간적·장소적으로 단절되었다고 볼 수도 없고 피의

---

123) 그러나 대법원은 수사기관이 별건 압수·수색 과정에서 압수한 휴대전화에 저장된 전자정보를 탐색하던 중 우연히 이 사건 범죄사실혐의와 관련된 전자정보를 발견하였는데도, 이후 약 3개월 동안 대검찰청 통합디지털증거관리시스템에 그대로 저장된 채로 계속 보관하면서 영장 없이 이를 탐색·복제·출력하여 증거를 수집한 사안에서, "수사기관이 무관정보를 우연히 발견하였는데도 더 이상의 추가탐색을 중단하고 법원으로부터 압수·수색영장을 발부받았다고 평가할 수 없으므로, 휴대전화에 저장된 이 사건 녹음파일 등은 적법한 압수·수색절차에 요구되는 관련 규정을 준수하지 아니함으로써 영장주의 및 적법절차 원칙을 위반하여 위법하게 수집된 증거에 해당하고, 나아가 위법수집증거인 이 사건 녹음파일 등을 기초로 수집된 증거들 역시 위법수집증거에 터 잡아 획득한 2차적 증거로서 위 압수절차와 2차적 증거수집 사이에 인과관계가 희석 또는 단절되었다고 볼 수 없으므로 증거능력을 인정할 수 없다"(2020도3050)고 하였다.

자의 심적 상태 또한 강제연행상태로부터 완전히 벗어났다고 볼 수 없는 상황에서 피의자가 호흡측정결과에 대한 탄핵을 위하여 스스로 혈액채취방법에 의한 측정을 할 것을 요구하여 혈액채취가 이루어졌다면 "그 사이에 위법한 체포상태에 의한 영향이 완전하게 배제되고 피의자의 의사결정의 자유가 확실하게 보장되었다고 볼 만한 다른 사정이 개입되지 않은 이상 불법체포와 증거수집 사이의 인과관계가 단절된 것으로 볼 수는 없고, 따라서 그러한 혈액채취에 의한 측정결과 역시 유죄인정의 증거로 쓸 수 없다"(2010도2094)고 한다.

<참고> 미 판례상 오염성순화에 의한 예외

(1) 오염성 순화에 의한 희석

1차 위법행위 후 시간이 경과할수록 2차 증거의 오염의 희석정도는 증가한다고 하였다. 1963년 웡선 사건(Wong Sun v. U. S.)[124]에서, 연방 마약단속관리가 토이(Toy)의 세탁소에 불법침입하였는데 토이가 집 거실로 가서 서랍에 손을 넣는 것을 보고 권총을 들이대어 체포하였다. 이때 토이는 이(Yee)라는 사람이 마약을 팔고 있다는 것을 그 관리에게 알려주자 그 관리들은 곧바로 이(Yee)에게 갔는데, 이(Yee)는 마약을 관리에게 내어 놓으면서 그것은 토이와 웡선이 갖고 왔다고 하였다. 이에 토이와 웡선은 마약법위반으로 소추되었으며, 이후 보석으로 풀려난 뒤 임의로 출두하여 마약관리에게 묵비권과 변호인의뢰권을 고지받은 뒤 자백하였다. 다만, 자백서에는 서명이 없었다. 연방대법원은 마약단속관리의 활동으로서 불법침입과 불법체포에서 유래된 언어적 증거도 관리에 의한 불법과실이지만, 토이와 웡선이 보석으로 풀려 난 뒤 며칠 뒤에 임의로 출석하여 진술한 것은 불법체포와 진술 사이에 관련성의 오염을 해소할 만큼 희박하게 되었다고 하였다. 이후 피고인 또는 제3자의 처음의 불법과 관계없이 독립하게 개입한 행위에 의하여 그 인과적 관련을 소실시킬 수 있다는 예외가 확립되었다. 또한 1970년 맥만 사건(McMann v. Richardson)[125]에서, 연방대법원은 유죄답변 당시에는 변호인의 조력을 받았다면 그 이전에 강요당한 사실로 인한 자백이 있어서 유죄답변을 했다고 주장하더라도 그 사실만으로 그 답변이 비임의적인 것으로 되는 것은 아니며, 변호인의 조력을 받고서 답변하려고 결심한 것은 그 이전의 오염성을 순화한 독립한 개재행위로 인정하였다.

그러나 연방대법원은 1차 증거에 의한 2차 증거의 오염을 단절시킬 수 있는 행위 또는 사건이 없는 경우에는 희석에 의한 예외를 부정하였다. 1939년 카우프 사건(Kaupp v. Texas)[126]에서, 3명의 정복경찰관과 2명의 사복형사가 새벽에 17세

124) 371 U. S. 471 (1963).
125) 397 U. S. 759 (1970).
126) 538 U. S. 626 (2003).

소년인 카우프의 집에 무단으로 들어와 살인사건에 대하여 조사할 것이 있다면서 수갑을 채우고 경찰서로 데려간 뒤 수갑을 풀고 미란다원칙을 고지한 후 살인에 대한 자백을 받은 것에 대하여 연방대법원은 미란다원칙의 고지 이외에는 오염을 희석시키는 행위가 없었다고 지적하면서 증거능력을 부정하였다.

(2) 오염된 증인이 행한 증언의 증거능력

1978년 체콜리니 사건(U. S. v. Ceccolini)[127]에서, 경찰관은 체콜리니의 상점에 들러 서기와 이야기 하면서 계산대 위의 돈봉투를 발견하고 몰래 열어 돈과 함께 일종의 도박용지가 있는 것을 보고 그대로 다시 놓아두면서 그 봉투가 주인의 것임을 확인하였다. 몇 달 뒤 경찰관으로부터 이 사실을 전해들은 FBI요원이 방문하여 그 서기에게 주인의 활동에 대하여 질문하자, 그 서기는 기꺼이 협조하고 그 순찰경관과 그 봉투에 관한 사건을 진술하였으며, 공판정에 증인으로 출석하여 주인인 체콜리니에게 불리한 증언을 하였다. 연방대법원은 살아있는 증인에 대하여는 생명 없는 물건에 대해서 보다 배제법칙이 훨씬 더 적용되어야 한다고 하면서도, 증인의 증언을 고려함에 있어서는 그 증거를 배제함에 따른 희생과 이익을 분석하여야 하고, 위법수집증거배제법칙의 기능은 증인의 증언결심에 관련되었을 '자유의사의 요소에 대하여 특별한 배려가 있어야 한다'고 하였다. 따라서 본 건에서 증인의 증언이 강요되거나 관리의 권위에 의해 유도된 것이 아니고, 불법으로 발견된 도박용지가 수사기관의 증인질문에 사용되지 않았다는 것, 불법수색과 FBI요원이 증인과의 접촉 사이에, 그리고 그 접촉에 상당한 시간이 경과하였다는 것, 그 상점은 이미 FBI의 감시하에 있었다는 것, 경찰의 수색이 증인의 증언을 발견할 의도로 행하여진 것이 아니라는 것 등을 이유로 증거능력을 인정하였다.

(3) 선의에 의한 예외

선의에 의한 예외(Good Faith Exception)는 수사기관이 위법하게 수집한 증거라고 하더라도 그 위법이 경찰관에 의하여 행하여지지 않았거나 경찰에 의해 행하여진 경우에도 선의 또는 과실로 인한 때에는 위법수집증거의 증거능력을 인정하는 것이다. 판례는 압수·수색영장에는 영장을 발부하는 판사가 서명날인을 하여야 하므로(제219조, 제114조 제1항) 판사의 서명만 있고 날인이 없는 경우는 적법한 영장발부라고 할 수 없지만, 영장에는 야간집행을 허가하는 판사의 수기와 날인, 그 아래 서명날인란에 판사 서명, 영장 앞면과 별지 사이에 판사의 간인이 있으므로 판사의 의사에 기초하여 진정하게 영장이 발부되었다는 점은 외관상 분명하며, 당시 수사기관으로서는 영장이 적법하게 발부되었다고 신뢰할 만한 합리적인 근

127) 435 U. S. 268 (1978).

거가 있었고, 의도적으로 적법절차의 실질적인 내용을 침해한다거나 영장주의를 회피할 의도를 가지고 이 영장에 따른 압수·수색을 하였다고 보기 어려우므로 그 영장에 따라 수집한 압수물의 증거능력은 인정될 수 있다고 한다(2018도20504).

<참고> 미 판례상 선의에 의한 예외

(1) 1984년 레온 사건(U. S. v. Leon)[128]에서, 1981년 8월 캘리포니아 경찰은 용의자 2명이 마약상이라는 첩보를 입수한 후 용의자들의 집을 감시하던 중 다른 용의자 레온도 그 범죄에 가담하고 있다고 판단하고, 자신들이 지켜본 사항과 다른 정보원으로부터 얻은 첩보를 근거로 치안판사에게 영장을 신청하여 압수·수색영장을 발부받아 수색한 후 마약을 발견하였지만 그 영장은 '범죄혐의의 상당한 이유'가 없는 것으로서 영장발부요건을 충족하지 못한 것으로 밝혀졌다. 연방대법원은 선의로 한 경찰관의 행동 또는 단순 과실로 인한 행위는 증거를 배제한다고 해도 경찰관의 불법행위를 억제하는 효과를 기대하기 힘들고, 따라서 증거능력을 부정하여 유죄판결을 받아야 할 범죄자를 석방하는 사회적 손실과 비용이 그 이익에 비해 너무 크기 때문에 형사사법시스템의 기본이념을 훼손한다는 이유로 증거능력을 인정하였다.

(2) 1995년 에반스 사건(Arizona v. Evans)[129]에서, 경찰관이 일상적인 차량 검문을 위해 전산조회결과 차량운전사 에반스에 대한 체포영장이 발부되어 있음을 확인하고, 에반스를 체포한 후 체포에 수반된 수색을 하던 도중 차량에서 마리화나를 발견하였는데, 에반스에 대한 체포영장은 법원에 의해 기각되었음에도 법원직원이 실수로 에반스의 이름을 삭제하지 않아서 오해가 발생한 것이었다. 연방대법원은 위법수집증거배제법칙은 경찰관의 불법행위를 억제하기 위한 원칙인데 증거능력을 배제한다고 하여 법원직원으로 하여금 이러한 잘못을 억제하는 효과를 기대하기 힘들며, 컴퓨터기록을 믿고 에반스를 체포한 경찰관은 객관적으로 불합리한 행위를 하였나고 인정할 수 없다는 이유로 증거능력을 인정하였다.

(3) 이 외에도 선의에 의한 예외를 인정한 것으로는 경찰이 위법을 하였으나 압수·수색영장을 신청하기 위한 보고서가 정확한 것으로 정직하고 이성적으로 믿은 경우(Maryland v. Garrison[130]), 경찰관을 가옥에 들어오게 한 사람이 동의할 권한이 있다고 이성적으로 믿은 경우(Illinois v. Rodriguez[131]), 경찰관의 행위가 후에 위헌결정된 법률에 근거한 경우(Illinois v. Krull[132]), 체포영장이 발부된 것으로 통보받은 경찰관이 피의자를 체포한 후 마약과 권총을 압수하였으나 이미 체포영장이 반

128) 468 U. S. 897 (1984).
129) 514 U. S. 1 (1995).
130) 480 U. S. 79 (1986).
131) 497 U. S. 177 (1990).
132) 480 U. S. 340 (1987).

환되었음에도 기록이 잘못되었던 경우(Herring v. U. S.[133]), 경찰관이 체포에 수반한 자동차수색은 경찰의 안전에 대한 지속적인 위협이 있거나 체포한 범죄에 대한 증거가 자동차 안에서 발견될 것이라고 믿을만한 근거를 가지고 있는 경우에 허용되는것으로 법원의 태도가 변경되었음[134]에도 이를 알지 못한 상태에서 이러한 사정이 없었음에도 불구하고 법원의 과거 선례에 따라 체포현장에서 차량을 수색하여 권총을 압수한 경우(Davis v. U. S.[135]) 등이 있다.[136]

<참고> 기타 미 판례상 독수독과원칙의 예외

(1) 희박성의 원리에 의한 예외

1939년 나르돈 사건(Nardone v. U. S.)[137]에서, 연방대법원은 위법한 도청에 의하여 수집된 증거의 사용은 금지하면서도, 문제된 증거가 독립한 근원을 갖지 아니한다고 하더라도 불법한 도청에 의하여 얻은 정보와 정부의 증거 사이의 인과관계가 그 오염을 소실시킬 만큼 희박한 경우에는 증거로 사용할 수 있다고 하였다.

(2) 불가피하게 발견될 규칙에 의한 예외

불가피하게 발견될 규칙(Inevitable Discovery Rule)은 수사기관이 불법행위로 증거를 취득하였지만 그 불법행위와 관계없이 수사기관의 합법적인 수사에 의해서도 그 증거가 발견될 것이었다면 그 증거의 증거능력을 인정하는 것이다.

1984년 닉스 사건(Nix v. Williams)[138]에서, 1968년 12월 24일 부모와 함께 운동경기를 보러 온 한 10세의 여자 어린이가 아이오와(Iowa)주 YMCA 빌딩에서 실종

133) 555 U. S. 135 (2009). 연방대법원은 위법수집증거배제법칙은 경찰의 부당행위를 막는 이익과 죄를 지었을 가능성이 큰 피고인을 처벌하지 않는 비용간의 균형을 맞추는 도구로서 이익에 비용을 초월해야 가능하다고 하면서, 구체적으로 위법수집증거배제법칙이 적용되기 위해서는 경찰의 행위가 의도적이고 무모하거나 중대한 과실에 의하거나 체계적이고 반복되는 과실에 의해야 하는데, 본건의 경우는 단순하고 일회적인 태만에 해당하고 범죄혐의에 대한 높은 증명력을 지닌 증거를 단순한 전산기술상 오류 때문에 배제하는 것은 과도한 제재라고 하였다. 따라서 허드슨사건에서 수색영장을 발부받은 경찰관이 신원을 밝혔으나 문을 열기에 충분한 시간인 15-20초를 기다리지 않은 채 3-5초만에 허드슨의 집으로 들어가 수색하여 마약과 불법총기류를 압수한 것에 대하여 증거능력을 인정하였다(Hudson v. Michigan, 547 U. S. 586 (2006)).

134) Arizona v. Gant, 556 U. S. 332(2009).

135) 131 S, Ct. 2419 (2011).

136) 이외에도 경찰이 마약활동지에 대한 제보를 받고 적법하게 감시하던 중 그 집을 방문하고 나온 사람을 잠시 얘기할 수 있는지 요청하지 않고 혐의에 대한 충분한 근거 없이 정지시켜 그곳에서 일어난 일을 묻는 것은 과실이지만 표적수사는 아니므로 의도적이거나 악의적인 것은 아니라고 하였다(Utha v. Strieff, 136 S.Ct. 2056 (2016)).

137) 308 U. S. 338 (1939).

138) 467 U. S. 431 (1984).

되었는데, 당시 14세 소년이 목격한 바에 따르면, 윌리엄스라는 남자가 YMCA 건물을 나갔고 그 당시 담요로 무엇을 싼 채로 나갔는데 담요 밖으로 두 발이 보였다고 하였으며, 다음 날 발견된 윌리엄스의 차량과 그 주위에 소녀의 옷가지가 있었고 소년이 증언한 담요도 있었다. 이에 경찰관들은 윌리엄스를 용의자로 체포, 사건 관할경찰서에서 기소인부절차를 거치기 위해 데려가면서 윌리엄스의 변호인에게 사건에 관해 일체의 질문을 하지 않겠다고 약속하였다. 그러나 차량 안에서 형사 중 한 명이 윌리엄스에게 설득을 하자 윌리엄스는 아무런 말이 없다가 소녀의 시체가 묻혀 있는 곳으로 형사를 안내했다. 이때 수색대는 소녀의 시체가 있는 장소에서 불과 몇 킬로 떨어져 있었고, 잠시 수색이 중단된 상태였다. 윌리엄스의 변호사는 경찰관이 수정 제6조를 위반하여 윌리엄스의 진술을 불법으로 유도하여 취득한 자백을 통해 발견된 시체의 증거능력은 부정하여야 한다고 주장하였다. 연방대법원은 정부측이 문제된 증거를 헌법위반행위 없이 통상적인 수사절차를 통해서도 발견되었을 것이라는 사실을 우세한 증거(preponderance of the evidence)로서 입증할 수 있으면 그 증거는 사용될 수 있다고 하면서, 경찰관의 연방헌법 수정 제6조의 위반이 없었더라도 경찰관들의 수색을 통해 시체를 발견할 수 있었던 상황이었으므로 불가피하게 발견될 원칙에 의해 증거능력이 인정된다고 하였다.

(3) 기타 예외사유

연방대법원은 1974년 클란다 사건(U. S. v. Clanda)[139]에서 대배심절차에서는 증인에게 과하는 질문이 불법한 수색에서 얻어진 증거에 기초를 두었다는 이유로 그 증인은 질문에 대답하는 것을 거부할 수 없다고 하였으며, 1954년 월더 사건(Walder v. U. S.)[140]과 1971년 해리스 사건(Harris v. N. Y.)[141]에서는 위법수집증거의 과실을 탄핵용으로 사용하는 것은 허용된다고 하였다. 다만, 이 경우에도 임의성 없는 진술은 탄핵목적으로도 사용할 수 없다고 하였다(Mincey v. Arizona[142]). 한편, 양형단계에서도 원칙적으로 위법수집증거배제법칙은 적용되지 아니한다고 하였다.

Ⅳ. 사인이 위법하게 수집한 증거의 증거능력

1. 원 칙

수사기관이 아닌 사인(私人)이 위법하게 증거물을 수집한 경우에 위법수집증거배제법칙을 적용할 것인지가 문제된다.

139) 414 U. S. 338 (1970).
140) 347 U. S. 62 (1954).
141) 401 U. S. 222 (1971).
142) 437 U. S. 385 (1978).

<참고> 미 판례상 사인이 위법하게 수집한 증거의 증거능력

연방대법원은 불합리한 압수·수색을 규정하고 있는 연방헌법 수정 제4조에서는 국가기관에 의한 행위만 규정하고 있으므로 국가기관이 아닌 민간인에 의한 압수·수색은 그것이 불합리하거나 불법적인 것이라고 해도 증거능력이 인정된다고 하였다(Burdeau v. McDowell[143]). 따라서 사인이 무단으로 수색하여 증거물을 찾아낸 경우나 컴퓨터 해커가 우연히 다른 사람의 컴퓨터에서 불법 아동포르노사진을 발견하고 수사기관에 제공한 경우 등에서 해당 증거의 증거능력을 인정하였다(U. S. v. Jarrett[144]).

그러나 사인이 수사기관의 요청이나 지시에 의해 증거물을 불법으로 수집한 경우에는 사인이 수사기관의 대리인으로서 불법증거물을 수집한 것이라는 이유로 증거능력을 부정하였다(U. S. v. Jacobsen[145]).

(1) 사인이 스스로 수집한 경우

사인이 스스로 위법하게 증거를 수집한 경우에 그 증거의 증거능력이 인정되는지에 대하여는 ① 위법수집증거는 국가기관인 수사기관의 위법수집증거에 대하여 적용되는 법칙이라는 이유로 증거능력을 인정하는 견해, ② 사인에 의하여 위법수집된 증거도 기본권침해를 이유로 증거능력을 배제하여야 한다는 견해, 절충설로서 ③ 침해되는 권리의 중요성을 기준으로 기본권의 핵심적 영역을 침해하는 경우에는 사인의 위법수집증거도 증거능력이 부정된다는 견해(권리범위설)가 있다.

위법수집증거배제법칙의 근거에 대하여 적정절차 또는 사법적 염결성을 중시하는 입장에서는 사인의 행위라도 그 위법의 정도가 중대한 경우에는 그 증거능력을 부정한다. 반면에 위법수사의 억제에 중점을 두는 입장에서는 사인에 대하여는 위법수사의 억제효과를 기대할 수 없다는 점에서 증거능력을 인정한다. 하지만 위법수집증거배제법칙의 주된 목적이 수사기관의 위법수사 억제에 있다고 하더라도 사인이 타인의 기본권을 침해하는 것은 분명하고, 위법하게 수집한 증거의 증거능력을 인정하게 되면 법원이 개인의 불법행위에 동조하는 것이 되므로 형사사법정의가 훼손될 수밖에 없게 된다. 따라서 ④ 효과적인 형사소송에서의 진실발견이라는 공익과 피고인의 개인적 이익을 비교형량하여 사인에 의한 경우

143) 256 U. S. 465 (1921).
144) 338 F.3d 339(4th Cir. 2003).
145) 446 U. S. 109 (1984).

라도 개인의 기본권을 중대하게 침해하여 얻은 위법수집증거는 증거능력을 부정하여야 한다(이익형량설, 다수설). 제308조의2에서는 "적법한 절차에 따르지 아니하고 수집한 증거는 증거로 할 수 없다"라고 규정하고 있을 뿐이므로 그 증거수집의 주체를 국가기관의 행위로 제한할 이유가 없다.

(2) 수사기관의 위탁에 의해 수집한 경우

사인이 수사기관의 위탁을 받아 증거를 위법하게 수집한 경우에는 그 행위는 수사기관의 행위가 되므로 당연히 위법수집증거배제법칙이 적용된다. 판례는 "수사기관으로부터 통신제한조치의 집행을 위탁받은 통신기관 등이 그 집행에 필요한 설비가 없을 때에는 수사기관에 그 설비의 제공을 요청하여야 하고, 그러한 요청 없이 통신제한조치허가서에 기재된 사항을 준수하지 아니한 채 통신제한조치를 집행하였다면, 그러한 집행으로 인하여 취득한 전기통신의 내용 등은 헌법과 「통신비밀보호법」이 국민의 기본권인 통신의 비밀을 보장하기 위해 마련한 적법한 절차를 따르지 아니하고 수집한 증거에 해당하므로(제308조의2), 이는 유죄인정의 증거로 할 수 없다"(2016도8137)고 한다.

2. 적법성 판단기준

사인이 수집한 위법수집증거는 수사기관에 의한 위법수집증거와는 달리 그 증거의 수집으로 인해 침해되는 개인의 기본권과 문제되는 증거의 중요성 등을 감안하여 종합적으로 판단할 필요가 있다. 판례는 "국민의 인간으로서의 존엄과 가치를 보장하는 것은 국가기관의 기본적인 의무에 속하는 것이고 이는 형사절차에서도 당연히 구현되어야 하는 것이지만, 국민의 사생활 영역에 관계된 모든 증거의 제출이 곧바로 금지되는 것으로 볼 수는 없으므로 법원으로서는 효과적인 형사소송에서의 진실발견이라는 공익과 개인의 인격적 이익 등의 보호이익을 비교형량하여 그 허용 여부를 결정하여야 한다"고 하면서, "이때 법원이 그 비교형량을 함에 있어서는 증거수집절차와 관련된 모든 사정 즉, 사생활 내지 인격적 이익을 보호하여야 할 필요성 여부 및 그 정도, 증거수집과정에서 사생활 기타 인격적 이익을 침해하게 된 경위와 그 침해의 내용 및 정도, 형사소추의 대상이 되는 범죄의 경·중 및 성격, 피고인의 증거동의 여부 등을 전체적·종합적으로 고려하여야 하고, 단지 형사소추에 필요한 증거라는 사정만을 들어 곧바로 형사소송에서의 진실발견이라는 공익이 개인의 인격적 이익 등의 보호이익보다 우월한 것으로 섣불리 단정하여서는 아니 된다"(2010도12244)고 한다. 그러나 그러한 한도를 벗어난 것이 아니라면 형사절차에서 증거로 사용할 수 있다(2021도2299).[146)]

3. 구체적 사례에 있어서 판례의 태도

(1) 사인이 몰래 녹음한 녹음테이프의 증거능력

「통신비밀보호법」 제3조 제1항에서는 공개되지 않은 타인의 대화를 녹음, 청취하지 못하도록 금지하고 있고, 제4조에서는 타인의 대화를 비밀녹음한 경우 그 녹음내용을 재판 등에서 증거로 사용할 수 없도록 규정하며, 이를 위반한 경우 10년 이하의 징역과 5년 이하의 자격정지에 처한다(제16조 제1항). 따라서 타인 간의 대화를 몰래 녹음하거나 청취하면 통신비밀보호법위반죄가 성립한다.

그러나 판례는 대화당사자 중 일방이 대화내용을 몰래 녹음한 경우에는 통신비밀보호법위반이 아니므로 그 녹음테이프의 증거능력이 인정된다고 한다(2007도10804). 즉, 택시 운전기사가 인터넷방송을 목적으로 자신의 택시에 승차한 피해자들에게 질문하여 피해자들의 지속적인 답변을 유도하는 등의 방법으로 그 대화내용을 공개한 경우에 대부분의 대화가 피해자들의 것이라고 하더라도 운전기사가 대화의 당사자임이 분명한 이상 「통신비밀보호법」상 '타인의 대화'에 해당하지 않는다(2013도16404). 또한 「통신비밀보호법」에서 말하는 '대화'에는 당사자가 마주 대하여 이야기를 주고받는 경우뿐만 아니라 당사자 중 한 명이 일방적

---

146) 대법원은 이 사건에서 위와 같은 법리에 따라 피고인의 배우자가 피고인의 동의 없이 피고인의 휴대전화를 조작하여 통화내용을 녹음하였으므로 피고인의 사생활 내지 인격적 이익을 침해하였다고 볼 여지는 있으나, ① 피고인의 배우자가 전화통화의 일방당사자로서 피고인과 직접 대화를 나누면서 피고인의 발언내용을 직접 청취하였으므로 전화통화내용을 몰래 녹음하였다고 하여 피고인의 사생활의 비밀, 통신의 비밀, 대화의 비밀 등이 침해되었다고 평가하기는 어렵고, 피고인의 배우자가 녹음파일 등을 제3자에게 유출한 바 없으므로 음성권 등 인격적 이익의 침해정도도 비교적 경미하다고 보아야 하는 점, ② 피고인의 배우자가 범행에 관한 증거로 사용하겠다는 의도나 계획 아래 전화통화를 녹음한 것이 아니고, 수사기관 역시 위 전화통화의 녹음에 어떠한 관여도 하지 않은 채 적법하게 압수한 휴대전화를 분석하던 중 우연히 이를 발견하였을 뿐인 점, ③ 반면 이 사건 형사소추의 대상이 된 행위는 수산업협동조합장선거에서 금품을 살포하여 선거인을 매수하는 등 이른바 '돈 선거'를 조장하였다는 것이고, 선거범죄는 대체로 계획적·조직적인 공모아래 은밀하게 이루어지므로, 구체적 범행내용 등을 밝혀 줄 수 있는 객관적 증거인 전화통화 녹음파일을 증거로 사용해야 할 필요성이 높은 점 등을 종합하면, 전화통화 녹음파일을 증거로 사용할 수 있다고 하였다.

으로 말하고 상대방은 듣기만 하는 경우도 포함되므로 강연과 토론·발표 등은 대상자와 상대방 사이의 대화에 해당되고, 따라서 이를 녹음한 것은 적법한 것으로서 증거능력이 인정된다(2014도10978). 하지만 대화의 당사자가 아닌 제3자가 대화당사자 중 어느 일방의 동의만 받아 대화의 녹음을 한 경우는 통신비밀보호법위반에 해당하므로 그 녹음테이프의 증거능력은 부정된다(2010도9016). 그러나 상대방과 통화를 마친 후 전화가 끊기지 않은 상태에서 휴대전화를 통하여 '악'하는 비명소리와 '우당탕'하는 음향을 들은 사안에서, 사람의 목소리라고 하더라도 상대방에게 의사를 전달하는 말이 아닌 단순한 비명소리나 탄식 등은 타인과 의사소통을 하기 위한 것이 아니라면 특별한 사정이 없는 한 타인 간의 '대화'에 해당한다고 볼 수 없고, 특별히 사생활에 관한 다른 정보를 제공하는 것도 아니어서 진실발견이라는 공익적 목적이 개인의 인격적 이익보다 우월하다고 볼 수 있으므로 증거능력이 인정될 수 있다(2016도19843).

한편, 판례는 선거관리위원회 위원·직원이 법에 위반하여 관계인에게 진술이 녹음된다는 사실을 미리 알려 주지 아니한 채 진술을 녹음한 경우, 그와 같은 조사절차에 의하여 수집한 녹음파일 내지 그에 터 잡아 작성된 녹취록은 제308조의2에서 정하는 '적법한 절차에 따르지 아니하고 수집한 증거'에 해당하여 원칙적으로 유죄의 증거로 쓸 수 없다고 한다(2011도3509).

(2) 사인이 비밀리에 촬영한 사진의 증거능력

상대방 몰래 사진이나 비디오를 촬영하는 경우 헌법이 보장하는 초상권 또는 프라이버시권을 침해하는 것이므로 위법이다. 다만, 판례는 사인의 불법촬영물에 대하여는 이익형량에 의한 종합적 심사를 통하여 증거능력 여부를 결정하고 있다. 즉, 제3자가 공갈할 목적을 숨기고 피촬영자의 동의를 받아 촬영한 나체사진이 피촬영자에 대한 다른 범죄의 증거물로 제출된 사안에서, 피촬영자의 동의하에 촬영된 나체사진의 존재만으로 피촬영자의 인격권과 초상권을 침해하는 것으로 볼 수 없고, 가사 사진을 촬영한 제3자가 그 사진을 이용하여 피촬영자를 공갈할 의도였다고 하더라도 사진의 촬영이 임의성이 배제된 상태에서 이루어진 것이라고 할 수는 없으며, 그 사진은 범죄현장의 사진으로서 피촬영자에 대한 형사소추를 위하여 반드시 필요한 증거로 보이므로, 공익의 실현을 위해서는 그 사진을 범죄의 증거로 제출하는 것이 허용되어야 하고, 이로 말미암아 피촬영자의 사생활의 비밀을 침해하는 결과를 초래한다 하더라도 이는 피촬영자가 수인하여야 할 기본권의 제한에 해당된다고 한다(97도1230).

(3) 기타 사인이 불법행위에 의하여 취득한 증거의 증거능력

판례는 저작권 피해자의 의뢰를 받은 甲이 피고인이 운영하는 웹스토리지 서비스 제공 사이트에 적용된 검색제한조치를 무력화하는 기술인 '패치프로그램'을 이용하여 수집한 저작권 침해자료(2011도1435), 고소인이 매입하여 제출한 제3자가 절취한 위조문서(2008도1584), 피고인 甲, 乙의 범행을 고소한 甲의 남편 丙이 甲의 주거에 침입하여 수집한 후 수사기관에 제출한 압수물을 목적물로 하여 이루어진 감정의뢰회보(2008도3990) 등을 범죄의 증거로 제출하는 것은 공익의 실현을 위하여 허용되어야 하고, 이로 말미암아 피고인의 사생활영역을 침해하는 결과가 초래된다고 하더라도 이는 피고인이 수인하여야 할 기본권의 제한에 해당되므로 그 증거능력이 인정된다고 한다.

또한 시청공무원이 권한 없이 전자우편에 대한 비밀보호조치를 해제하여 수집한 다른 공무원의 전자우편은 불법으로 취득한 증거이지만 피고인인 다른 공무원이 해당 증거에 대하여 증거동의를 하였고, 형사소추상 중요한 증거라면 증거능력이 인정된다고 한다(2010도12244). 마찬가지로 직원이 회사로부터 폐기를 지시받고도 무단으로 보관하고 있던 압수물은 "회사가 위 자료의 소유권을 포기한 상태였거나 이로 인하여 침해되는 법익이 그렇게 크다고 볼 수 없고, 모두 회사의 내부자료로 영업비밀로 보이지 않아 개인 사생활의 비밀과 같이 공개됨으로써 침해되는 법익이 크다고 볼 수 없으며, 그 외 형사소추에 필요한 증거로서 가지는 중요성 및 위법성조각 가능성 등 여러 사정에 비추어 증거능력이 있다"(2020도3972)고 한다.

Ⅴ. 관련문제

1. 자백배제법칙과의 관계

진술거부권을 침해한 상태에서 얻은 증거가 자백에 해당하는 경우에 그 증거능력을 부정하는 근거에 대하여는 ① 진술거부권을 침해하여 얻은 자백은 그 임의성에 의심이 있는 경우에 해당하므로 자백배제법칙에 의하여 자백의 증거능력을 부정하여야 한다는 견해가 있다. 자백배제법칙을 위법수집증거배제법칙의 특칙으로 이해하게 되면 진술거부권을 침해한 자백은 자백배제법칙에 의하여 증거능력을 부인하는 것이 합리적이다. 그러나 ② 진술거부권을 침해하여 얻은 자백이라도 반드시 진술의 임의성이 의심되는 것은 아니고, 따라서 위법수집증거배제법칙을 적용할 경우에는 진술의 임의성 여부에 대한 판단 없이 진술거부권의 침해만으로도 자백의 증거능력을 부인할 수 있으므로 진술거부권을 침해하여 얻은 자백에 대하여는 위법수집증거배제법칙을 적용하여 그 자백의 증거능력을 부정하여야 한다.

판례는 전술한 것처럼 진술거부권을 침해하여 얻은 피의자의 진술은 위법하게 수집된 증거로서 진술의 임의성이 인정되는 경우라도 그 증거능력을 부인한다(2014도1779).

2. 위법수집증거와 증거동의

위법수집증거라도 피고인이 증거로 함에 동의한 경우에 증거능력이 인정되는지에 대하여는 ① 증거수집절차의 위법이 고문에 의한 자백 강요나 영장주의의 위반, 선서 결여 등 본질적인 것과 진술거부권이나 증언거부권의 불고지, 증인신문참여권의 침해 등 그렇지 않은 것을 구분하여, 후자의 경우에는 피고인이 증거동의를 하면 증거능력을 인정하여야 한다는 견해가 있다. 그러나 ② 위법수집증거에 대하여 증거동의를 허용하게 되면 수사기관이 피고인에게 동의를 강요할 우려가 있고, 피고인이 증거동의를 의미를 정확히 알고 있지 않은 경우에는 부당하게 불이익을 당할 수 있을 뿐만 아니라 위법수집증거배제법칙의 적용을 회피하기 위한 수단으로 이용될 가능성이 크므로 위법수집증거는 피고인의 증거동의 여부에 관계없이 증거능력을 부정하여야 한다(다수설).

판례는 위법수집증거배제법칙은 수사기관의 위법수사를 효과적으로 억지하기 위한 것이므로, 피고인이나 변호인이 이를 증거로 함에 동의하였다고 하여도 달리 볼 것은 아니라고 한다(2010도2094).

3. 위법수집증거와 탄핵증거

위법수집증거를 탄핵증거로 사용할 수 있는지에 대하여는 ① 위법수집증거는 원칙적으로 탄핵증거로 허용될 수 있지만 임의성 없는 진술이나 고문, 폭행 등과 같이 중대한 인권침해를 수반하는 진술에 한하여 탄핵증거로 사용될 수 없다는 견해가 있다. 그러나 ② 위법수집증거에 대하여 증거능력을 인정하게 되면 위법수집증거배제법칙에 따른 증거배제의 효과를 사실상 회피하는 결과가 되므로 위법수집증거는 탄핵증거로도 사용할 수 없다(다수설).

4. 위법수집증거와 주장적격

위법수사의 피해자가 위법수집증거의 배척을 주장할 수 있는 자격을 주장적격(standing)이라고 한다. 미국에서는 위법한 압수·수색에 의하여 '침해받는 자'는 그 증거를 묵살할 것을 청구할 수 있다. 따라서 연방헌법 수정 제4조에서 유래하는 위법수집증거배제법칙은 형사절차에 있어서 당사자의 권리이므로 이 법칙을 적용하여 위법수집증거의 배척을 주장할 수 있는 자는 피고인이다. 따라서 위법수집증거가 피고인이 아닌 타인의 프라이버시를 침해하여 취득한 것이라면 피고인은 위법수집증거배제법칙을 주장하여 그 증거의 증거능력배제를 주장할 수 없다고 한다. 대표적인 것은 1980년 페이너 사건(U. S. v. Payner)[147]이다. 국세청(IRS) 수사요원이 목표로 삼은 페이너의 탈세수사를 위해 사립탐정을 고용하여 은행 직원 A의 아파트에 잠입하게 한 뒤, 서류가방을 가져오게 해서 가방에 있던 페이너에 관한 서류를 사진으로 찍은 다음 제자리에 돌려 놓게 한 후 그 사진을 페이너에 대한 탈세혐의 증거물로 제출하였다. 이에 대하여 연방대법원은 그 증거물이 정부의 지시에 의해 민간인이 불법으로 취득하였다고 하더라도 피고인인 페이너는 A의 서류에 대하여는 합리적 프라이버시를 갖지 못한다는 이유로 주장적격을 부정하고 서류를 찍은 사진의 증거능력을 인정하였다.

그러나 판례는 수사기관이 피고인이 아닌 자를 상대로 적법한 절차에 따르지 아니하고 수집한 증거도 원칙적으로 피고인에 대한 유죄인정의 증거로 인정하지 않는다. 즉, 유흥주점 업주와 종업원인 피고인들이 이른바 '티켓영업' 형태로 성매매를 하면서 금품을 수수하였다고 하여 기소된 사안에서, 경찰이 피고인 아닌 사람들을 사실상 강제연행한 상태에서 받은 각 자술서 및 이들에 대하여 작성한 각 진술조서는 위법수사로 얻은 진술증거에 해당하여 증거능력이 없으므로 이를 피고인들에 대한 유죄인정의 증거로 삼을 수 없다(2009도6717)고 함으로써 사실상 주장적격 개념을 인정하지 않고 있다.

---

147) 447 U. S. 727 (1980).

제4절 자백배제법칙

Ⅰ. 자 백

1. 의 의

자백이란 피고인 또는 피의자가 자신의 범죄사실의 전부 또는 일부를 인정하는 진술을 말한다. 자백은 범죄사실의 인정이면 충분하기 때문에 범죄사실을 시인하면서 위법성조각사유나 책임조각사유의 존재를 주장하며 형사책임을 부인하는 경우도 자백에 해당한다. 따라서 이 자백은 간이공판절차에서 요구되는 자백과는 구별된다.

영·미법에서는 자백(confession)과 자인(admission)을 구분하고 있다. 즉, '자인'이란 자신에게 불리한 사실을 진술하는 것을 말하고, '자백'이란 자신의 형사책임까지 인정하는 것을 말한다. 영·미법에서는 피고인이 자백을 하게 되면 사실심리절차 없이 양형절차로 넘어간다. 그러나 형소법은 자백과 자인을 구분하지 않고 있으며, 자백을 하더라도 바로 양형절차로 넘어가는 아니기 때문에 우리나라에서는 자백과 자인을 구별할 실익이 없다.

2. 주체와 형식

(1) 주 체

제309조 및 제310조에서는 '피고인의 자백'으로 규정함으로써 자백의 주체를 피고인으로 하고 있다. 하지만 이는 '현재 피고인의 지위에 있는 자'를 의미한다. 따라서 자백 당시에 자백자가 어떠한 지위에 있었는지는 묻지 않으므로 피고인은 물론, 피의자, 참고인, 증인 등 그 지위를 가리지 아니하고 자신의 범죄사실을 인정하는 진술을 하였다면 이는 자백에 해당한다. 일반인의 입장에서 자신의 범죄사실을 인정하는 진술을 하는 경우도 마찬가지이다.

(2) 형 식

자백에서 그 진술의 형식이나 상대방이 누구인지는 묻지 않는다. 자백은 구두는 물론, 서면으로도 가능하고, 공판정 외에서의 진술뿐만 아니라 자신의 처에게 범죄사실을 시인하는 경우나 자신의 일기장에 범죄를 인정하는 내용을 기재한 것과 같이 그 상대방이 없는 경우도 자백에 해당한다. 다만, 제309조와 제310조의 자백은 반드시 재판상 자백에 제한되지 않는다는 점에서 공판정에서의 자백을 요하는 간이공판절차(제318조의3)의 경우와 다르다.

한편, 임의성이 문제되는 자백은 대부분 수사기관에서의 자백이다. 다만, 부당한 장기구속에 의한 자백이나 공판정 출정 전에 검사의 강요나 협박에 의하여 이루어진 자백의 경우(80도2688)는 공판정에서의 자백이 문제되기도 한다.

3. 자백관련 증거법제

헌법 제12조 제7항에서는 "피고인의 자백이 고문·폭행·협박·구속의 부당한 장기화 또는 기망 기타의 방법에 의하여 자의로 진술된 것이 아니라고 인정될 때 또는 정식재판에서 피고인의 자백이 그에게 불리한 유일한 증거일 때에는 이를 유죄의 증거로 삼거나 이를 이유로 처벌할 수 없다"고 규정하여 자백배제법칙과 자백의 보강법칙을 규정하고 있다. 형소법에서는 이를 구체화하여 제309조에서는 임의성 없는 자백의 증거능력을 부정하는 자백배제법칙을, 제310조에서는 자백의 증명력을 제한하는 자백의 보강법칙을 규정하고 있다.

Ⅱ. 자백배제법칙

1. 의의와 연혁

(1) 의 의

자백배제법칙이란 임의성이 없는 자백의 증거능력을 부정한다는 원칙을 말하며, 자백법칙이라고도 한다. 제309조에서는 "피고인의 자백이 고문, 폭행, 협박, 신체구속의 부당한 장기화 또는 기망 기타의 방법으로 임의로 진술한 것이 아니라고 의심할 만한 이유가 있는 때에는 이를 유죄의 증거로 하지 못한다"고 규정하고 있다.

(2) 연 혁

자백배제법칙은 영·미 형사증거법에서 유래하는 원칙이다.

1) 영 국

영국 초기 보통법(common law)에서는 아무런 제약 없이 자백은 허용되었지만 18세기 후반 이후에 이르러 이익이나 희망에 의한 유인이나 공포의 고문에 의한 자백의 허용성을 제한하기 시작하였다. 그러나 부당한 유인에 의한 자백배제법칙은 고문에 의한 자백이 배제되기 시작한 때로부터 1세기 후의 일이었다. 이 당시의 자백의 임의성법칙은 자백의 신뢰성 내지 진실성의 보장에 근거를 둔 것으로 이해되었다. 그리고 이를 판단하기 위한 테스트기준으로 (i) 피고인이 이익의 약속이나 해악의 위협에 의하여 자백하도록 유인되었는지, (ii) 피고인이 진술의 신뢰성을 침해하는 사정하에서 진술했는지, (iii) 자백이 임의적으로 행하여졌는지 등이 문제되었다. 이 중에서도 (iii)의 기준이 가장 일반적인 것으로 사용되었으며, 이 테스트기준을 충족하지 못한 자백은 증거능력이 배제되었다. 이후 19세기에 이르러 그 허용기준이 매우 엄격하게 되면서, 진술 자체의 진실 여부가 불확실하면 그 유인이 특정인에게 영향을 미쳤는지 여부와 상관없이 자백을 배제하였다. 반면에 불법수사에 의한 자백이더라도 구체적 사정을 종합하여 임의성이 인정되면 증거능력을 인성하기도 하였다. 그러나 자백획득과정에서 절차의 공정성이 의심되면 임의성 유·무와 관계없이 자백의 증거능력을 부인하였다.

2) 미 국

영국에서 발달한 자백배제법칙은 미국에 계수되었다. 미국 연방대법원은 초기에는 영국의 경우와 마찬가지로 자백의 신뢰성을 기준으로 그 허용 여부를 결정하였다(Hopt v. Utah[148]). 그러다가 1897년 브람 사건(Bram v. U. S.)[149]에서 태도를 바꾸어 자백의 임의성의 근거를 연방헌법 수정 제5조의 자기부죄거부특권에서 구하고, 수사기관의 신문에 부수하는 강요성이 임의성을 결정하는데 고려되어야 한다고 하면서, 임의성의 요건은 자백이 약속이나 위협에 의하여 유발되지 않았다는 것만으로 충족되는 것은 아니고 사실상 임의적으로 행하여진 경우에 한하여 임의성이 인정된다고 하였다. 그러다가 1936년 브라운 사건(Brown v. Mississippi)[150]에서는 주 사건에서 수사기관의 폭력에 의한 자백을 연방헌법 수정 제14조의 법의 적정절차를 침해한 것으로 인정하였다. 마찬가지로 1941년 리젠

148) 110 U. S. 574 (1884).

149) 168 U. S. 532, 542 (1897).

150) 297 U. S. 278 (1936).

바 사건(Lisenba v. California)[151]에서는 자백채취과정의 위법만으로 바로 증거능력이 배제되는 것은 아니고 '여러 사정을 종합적으로 판단'(totality of circumstances)하여 임의성의 존·부를 실질적으로 판단함으로써 자백배제법칙을 허위배제의 관점이 아니라 적정절차의 위반의 문제로 취급하였다.

하지만 1940년대에서 1950년대에 들어 자백배제법칙은 자백의 신뢰성 부정에 근거한 것이 아니라 자백채취과정의 위법배제이론으로 발전하였다. 대표적인 것으로는 연방 형소규칙 제5조(a)[152]에 위반하여 체포자를 치안판사에게 신속하게 인도하지 않고 피고인의 불법구속 중에 얻은 자백에 대하여 증거능력을 부정한 1943년의 맥납 사건(McNapp v. U. S.)[153]과 1957년의 멜로리 사건(Mallory v. U. S.)[154]을 들 수 있다. 이들 사건에서는 외부와 단절된 상태에서의 신문은 경찰의 권한남용을 조성하고 부당한 압력을 피의자에게 가하는 것이므로, 신문을 허용하기 위한 지연은 그 자체가 위협적인 요소가 된다고 하였다(McNapp-Mallory Rule).

하지만 1960년대에 들어서는 연방대법원은 자백배제법칙과 연방헌법의 적정절차조항과 관련성을 더욱 명백히 하였다. 즉, 1961년 로저스 사건(Rogers v. Richmond)[155]에서는 임의성 없는 자백이 배제되는 이유는 형법의 실현을 위한 기본원칙을 침해하였기 때문임을 명백히 하였고, 1964년 에스코베도 사건(Escobedo v. Illinois)[156]에서는 변호인과의 접견교통권을 침해하여 획득한 자백의

151) 314 U. S. 219 (1941).

152) 미국 연방 형소규칙 제5조 치안판사 앞에의 최초의 출두(Initial Appearance before the Magistrate)

(a) 총칙(In General) 고발에 의하여 발부된 구속영장에 의하여 체포하는 관리 또는 구속영장 없이 체포하는 자는 체포한 자를 지체 없이 바로 위의 연방치안판사에게 인치하거나 연방치안판사가 상당한 이유로 인하여 접근을 위임받은 주 또는 지방 사법관(a state or local judical officer)에게 인치하여야 한다. 구속영장 없이 체포한 자를 치안판사에게 인치한 경우에는 상당한 이유(probable cause)가 있는 점에 대하여 이 규칙 제4조(a)항의 요건을 구비한 고발장을 제출하여야 한다. 구속영장에 의하여 체포되거나 또는 구속영장 없이 체포된 자 또는 소환을 받은 자가 치안판사 앞에 최초로 출두한 경우에는 치안판사는 이 규칙의 규정 중 적용 가능한 항(項)의 규정에 따라 이를 진행하여야 한다.

153) 318 U. S. 332 (1943).

154) 354 U. S. 449 (1957).

155) 365 U. S. 534 (1961).

156) 378 U. S. 478 (1964). 연방대법원은 에스코베도 판결 이전에는 '일반시민은 경찰서에서 그러한 신문을 필요로 하며, 그것이 공정하게 행하여지는 한 완전히 금지되는 것은 아니다'라고 하였다.

증거능력을 부정하였으며, 1966년 미란다 사건(Miranda v. Arizona)[157]에서는 변호인선임권과 접견교통권 및 진술거부권을 불고지한 상태에서 한 자백의 증거능력을 부정하였다.

이처럼 연방대법원이 채택한 적정절차에 의한 자백의 임의성기준은 유죄를 신뢰할 수 있는 증거에 기초를 두도록 하는 것, 부당한 경찰활동을 저지하는 것, 자백이 자유롭고 합리적인 선택의 산물이 되도록 하는 것을 목표로 한 것이었다.

2. 이론적 근거

자백배제법칙에 의하여 자백의 증거능력을 배제하는 근거에 대하여는 견해가 나뉘어져 있다. 자백배제법칙의 이론적 근거가 무엇인지에 따라 제309조의 적용범위가 달라진다.

(1) 허위배제설

허위배제설은 임의성이 없는 자백은 허위일 가능성이 크므로 오판의 방지를 위해서 증거능력을 부정하여야 한다는 견해이다. 이 견해에 따르면 임의성 없는 자백은 허위의 진술을 할 염려가 있는 상황에서 행하여진 자백을 의미한다. 이때 자백을 배제하기 위해서는 자백의 임의성이 부정될 수 있는 사유의 존재만으로는 부족하고, 그 사유와 자백 사이에 인과관계가 인정되어야 한다. 이 견해에 따르면 수사기관이 사술이나 기망에 의하여 자백을 취득한 경우에는 허위자백이 아니라면 자백의 임의성을 인정할 수 있다.

이 견해에 대하여는 허위의 진술을 할 염려가 있는 상황이 어떤 것인지에 대한 실질적 기준을 제시하기가 힘들고, 자백내용의 진실 여부에 대한 판단을 한 후 자백의 임의성을 판단하는 것은 증명력을 먼저 판단하고 증거능력을 결정하는 모순이 발생하며, 자백의 내용이 진실하다면 수사기관의 강요에 의해 취득된 자백이라고 하더라도 자백의 증거능력을 부정할 수 없다는 비판이 있다.

(2) 인권옹호설

인권옹호설은 임의성에 의심이 있는 자백을 증거로 사용하게 되면 고문 등

157) 384 U. S. 436 (1966).

에 의한 인권침해를 조장하게 되고, 불이익한 진술을 강요당할 위험성이 있으므로 진술인의 인권보장을 위하여 그 자백의 증거능력을 부정하여야 한다는 견해이다. '임의성 없는 자백'이란 범죄사실을 인정하는 내심의 의사결정과 진술의 자유를 침해하는 위법, 부당한 상황에서 취득된 자백을 의미한다. 이 견해에서도 진술의 자유에 영향을 미치는 사유와 자백의 임의성 사이에 인과관계를 요구한다.

이 견해에 대하여는 약속, 기망 등과 같이 진술의 자유를 침해하지 않는 사유에 대하여도 그 증거능력을 인정하기 어렵고, 진술의 자유를 침해하였는지는 결국 진술인의 관점에서 주관적으로 판단할 수밖에 없어 현실적인 기준이 될 수 없다는 비판이 있다.

(3) 절 충 설

절충설은 허위배제설과 인권옹호설을 결합하여 임의성이 없는 자백이란 허위의 진술을 할 염려가 있는 상태에서 행하여진 자백 또는 진술의 자유를 침해하는 위법, 부당한 상황에서 취득된 자백을 의미한다는 견해이다. 이 견해에서는 고문, 폭행, 협박, 신체구속의 부당한 장기화에 의한 자백은 인권침해에 의한 자백이고, 기망 기타 방법에 의한 자백은 허위배제설에 입각한 것이라고 한다(종래의 다수설). 이 견해에서도 임의성을 침해하는 사유와 자백 사이에 인과관계가 있을 것을 요한다.

이 견해에 대하여는 임의성 유·무를 자백의 허위성, 위법·부당한 절차로 인한 인권옹호적 측면을 모두 고려하므로 결국은 종합적인 상황을 고려하자는 일반적인 기준을 제시하는 데 그치며, 허위배제설과 인권옹호설의 결함을 결합한 것에 지나지 않는다는 비판이 있다.

(4) 위법배제설

위법배제설은 자백배제법칙을 자백취득과정에서의 적정절차를 담보하기 위한 장치로 보고 자백의 임의성 여부가 아니라 수사기관의 행위에 중점을 둠으로써 수사기관이 적정절차를 위반하여 취득된 자백은 그것이 위법하게 수집된 증거이기 때문에 증거능력을 배제하여야 한다는 견해이다. 따라서 자백의 임의성을 침해하는 사유만 있으면 그것은 적정절차에 위배되므로 그 자백의 증거능력을 인정하지 아니하며, 임의성을 침해하는 사유와 자백 사이에 인과관계가 있을 것도 요하지 않는다. 이 견해에서는 자백배제법칙을 자백에 관한 위법수집증거배제법칙의 특칙으로 본다(다수설).

이 견해에 대하여는 제309조가 규정한 '자백의 임의성'이라는 문언을 도외시하고 있어 해석론으로 적합하지 않고, 자백의 임의성이 없는 경우와 자백의 임의성은 있으나 절차만 위반된 경우의 질적 차이를 고려하지 않기 때문에 자백배제법칙을 불필요하게 확장시킬 염려가 있으며, 수사기관의 적정절차보장을 주요 근거로 하므로 사인에게 또는 상대방이 없는 상태에서 행해진 자백에 대하여는 제한의 근거가 되지 못한다는 비판이 있다.

(5) 검 토

제309조는 허위자백의 배제를 통한 오판의 방지는 물론, 자백을 하는 사람의 인권보호와 수사기관에 의한 고문, 강요, 협박, 기망 등 위법수사를 방지하기 위한 목적이 종합적으로 고려된 것이다. 그러나 2007년 형소법 개정(법률 제8730호)에 의해 위법수집증거배제법칙이 명문화된 현행법에서는 자백의 증거능력도 위법수집증거배제법칙의 일반적 기준과 원칙에 의해 판단하여야 한다. 위법수집증거배제법칙과의 관계상 자백배제법칙은 허위의 자백뿐만 아니라 진술인의 인권을 침해하여 취득한 자백과 적정절차를 위반하여 불공정하게 취득한 자백을 모두 배제하는 규정으로 보는 것이 합리적이기 때문이다. 따라서 자백배제법칙은 위법수집증거배제법칙의 특별규정으로 이해하여야 한다.

자백배제법칙의 이론적 근거에 대한 판례의 태도는 일관적이지 않다. 판례는 1970년대까지는 허위배제설의 입장을 취하다가 1980년대 이후는 인권옹호설의 입장에서 판결하는 경향을 보이기도 하고, 때로는 위법배제설의 입장을 취하기도 하였다. 그러다가 현재는 허위배제설과 인권옹호설을 결합한 절충설의 입장에서 진술의 임의성을 판단하고 있다. 즉, "임의성 없는 진술의 증거능력을 부정하는 취지는, 허위진술을 유발 또는 강요할 위험성이 있는 상태하에서 행하여진 진술은 그 자체가 실체적 진실에 부합하지 아니하여 오판을 일으킬 소지가 있을 뿐만 아니라 그 진위를 떠나서 진술자의 기본적 인권을 침해하는 위법·부당한 압박이 가하여지는 것을 사전에 막기 위한 것"(2012도9879)이라고 한다.

3. 적용범위

제309조에서 규정하고 있는 진술의 자유를 침해하는 위법사유는 예시사유에 불과하며, 따라서 '기타의 방법'은 법에서 열거하고 있는 것과 같은 정도의 위법수

단에 의한 자백을 모두 포함한다(82도2413).

(1) 고문, 폭행, 협박에 의한 자백

수사기관의 고문, 폭행, 협박에 의한 자백은 그 수단 자체가 위법하므로 위법배제설에 의하면 당연히 그 증거능력이 배제된다. '고문'이란 사람에게 신체적·정신적 위해를 가하여 고통을 주는 것을 말한다. '폭행'이란 사람의 신체에 대한 유형력의 행사를 말하며, '협박'이란 사람에게 해악을 고지하여 공포심을 일으키게 하는 것을 말한다. 다만, 고문 등에 대한 제한은 없으므로 피의자가 직접 고문 등을 당한 경우뿐만 아니라 다른 공범이 고문 등을 당하는 것을 보거나 듣고 자백한 경우도 이에 해당할 수 있다.

한편, 피고인이 검사 이전의 수사기관에서 고문 등 가혹행위로 인하여 임의성 없는 자백을 하고, 그 후 검사의 조사단계에서도 임의성 없는 심리상태가 계속되어 동일한 내용의 자백을 하였다면 검사의 조사단계에서 고문 등 자백의 강요행위가 없었다고 하더라도 검사 앞에서의 자백도 임의성 없는 자백에 해당한다(2010도11788). 이때 심리상태가 계속되었는지 여부는 경찰조사 시 담당경찰관의 동행 여부, 검찰 조사시기와 조사받은 횟수 및 장소, 검사 앞에서 한 자백진술 자체의 객관적 합리성과 구체성, 임의성 등 검찰수사과정에서의 모든 정황을 종합적으로 고려하여 결정하여야 한다(83도2436 참조). 피고인이 경찰에서 가혹행위 등으로 인하여 임의성 없는 자백을 하고 그 후 검찰뿐만 아니라 법정에서 임의성 없는 심리상태가 계속되어 동일한 내용의 자백을 한 경우도 마찬가지이다(2012도9879).

(2) 신체구속의 부당한 장기화에 의한 자백

'신체구속의 부당한 장기화로 인한 자백'이란 적법하게 구속되었지만 구속의 필요성이 없게 되었음에도 불구하고 부당하게 장기간에 걸친 구속 후의 자백을 말한다. 이는 구속의 위법성 때문에 자백의 증거능력이 배제되는 경우로서, 적법하게 체포·구속된 후 체포·구속의 사유가 없음에도 계속 체포·구속하는 경우가 전형적인 사례이다. 이때 신체구속의 부당한 장기화에 따른 자백인가 여부는 구체적 사정을 고려하여 구속의 필요성과 비례성을 기준으로 개별적으로 판단하여야 한다.

한편, '신체구속의 부당한 장기화'의 범위에 대하여는 ① 체포·구속기간이 만료되었음에도 불구하고 위법하게 구금하고 있는 경우뿐만 아니라 최초의 불법체포·구속한 경우도 이에 포함된다는 견해가 있다. 그러나 ② 최초의 체포·구속 자체가 영장주의에 반하는 불법인 경우는 구속기간의 장·단을 고려할 필요 없이 독수독과의 원칙에 의하여 증거능력을 배제하여야 하므로 '기타의 방법'에 해당한다. 판례는 "긴급체포 당시의 상황으로 보아서도 그 요건의 충족 여부에 관한 검사나 사법경찰관의 판단이 경험칙에 비추어 현저히 합리성을 잃은 경우에는 그 체포는 위법한 체포라 할 것이고, 이러한 위법은 영장주의에 위배되는 중대한 것이니 그 체포에 의한 유치 중에 작성된 피의자신문조서는 위법하게 수집된 증거로서 특별한 사정이 없는 한 이를 유죄의 증거로 할 수 없다"(2000도5701)고 한다.

(3) 기망에 의한 자백

기망에 의한 자백이란 적극적인 계략이나 사술을 사용하여 상대방을 착오에 빠뜨려서 얻은 자백을 말한다. 거짓말탐지기 검사결과 거짓반응이 나오지 않았는데도 거짓반응이 나왔다고 기망하여 얻은 자백, 공범이 자백하지 않았는데도 자백하였다고 기망하여 얻은 자백, 유죄의 증거가 발견되었다고 기망하여 얻은 자백 등이 이에 해당한다.

기망은 사실에 관한 것뿐만 아니라 법률문제에 관한 것도 포함된다. 판례는 피의자의 자백이 신문에 참여한 검찰주사가 피의사실을 자백하면 피의사실부분은 가볍게 처리하고 보호감호의 청구를 하지 않겠다는 각서를 작성하여 주면서 자백을 유도한 것에 기인한 것이라면 위 자백은 기망에 의한 자백에 해당한다고 한다(85도2182).

(4) 기타 방법에 의한 자백

제309조에서는 고문 등과 같은 전형적인 위법사유 외에 '기타의 방법'을 추가하여 자백의 증거능력 배제사유로 하고 있다. '기타의 방법'으로 논의되고 있는 것은 다음과 같다.

1) 약속에 의한 자백

약속에 의한 자백이란 자백의 대가로 일정한 이익을 제공할 것을 약속하여 얻은 자백을 말한다. 약속은 반드시 형사처벌에 관련된 것임을 요하지 않고, 가족의 보호와 같은 일반적·세속적 이익도 포함될 수 있다. 다만, 위법배제설에 따르면 약속의 내용이 공평의 원칙에 반하여 적정절차를 위반한 정도라고 인정될 수 있어야 하므로 담배나 커피제공과 같은 통상의 편의제공은 특별한 사정이 없는 한

이에 해당하지 않는다. 또한 약속은 구체적이고 특수한 것이어야 하고, 진실을 말하는 것이 유리하다는 일반적인 약속만으로는 부족하다. 자백의 약속이 검사의 강요나 위계에 의하여 이루어졌다던가 또는 불기소나 경한 죄의 소추 등 이익과 교환조건으로 된 경우(83도712), 특정범죄가중법위반이 아니라 가벼운 「형법」상 뇌물죄로 기소해 주겠다고 한 경우(83도2782) 등이 이에 해당한다.

한편, 약속의 내용은 약속을 하는 사람의 권한의 범위 내에 있어야 하며, 만일 그 범위를 넘는 경우에는 약속이 아닌 기망에 해당한다(85도2185 참조).

2) 위법한 신문방법에 의한 자백

수사준칙규정에서는 심야조사는 원칙적으로 금지하고 불가피한 경우에만 예외적으로 허용하고 있으며(제21조), 장시간조사를 제한하고(제22조) 신문도중 휴식시간을 부여(제23조)하도록 하고 있다. 따라서 이에 위반한 조사 등으로 인해 진술의 임의성에 의심이 있는 경우에는 그 자백은 증거로 사용할 수 없다. 판례는 검사 2명이 피의자를 30시간 동안 잠을 재우지 않은 상태에서 교대로 신문하여 얻은 자백과 같이 밤샘조사가 피의자가 정상적인 판단능력을 잃을 정도에 해당한다면 위법한 수사에 의해 취득한 자백에 해당한다고 한다(95도1964). 또한 별건으로 수감 중인 자를 약 1년 3개월의 기간 동안 무려 270회나 검찰청으로 소환하여 다음날 새벽까지 조사를 하거나, 국외로 출국하여야 하는 상황에 놓여있는 자를 심리적으로 압박하여 조사를 한 경우 그 진술은 임의성을 인정하기 어렵다고 한다(2004도517).

3) 진술거부권을 불고지한 상태에서의 자백

진술거부권을 고지하지 않고 얻은 자백은 위법배제설에 따르면 위법한 절차에 의하여 취득된 자백이므로 자백배제법칙이 적용된다. 그러나 판례는 "피의자의 진술거부권은 헌법이 보장하는 형사상 자기에 불리한 진술을 강요당하지 않는 자기부죄거부의 권리에 터 잡은 것이므로 수사기관이 피의자를 신문함에 있어서 피의자에게 미리 진술거부권을 고지하지 않은 때에는 그 피의자의 진술은 위법하게 수집된 증거로서 진술의 임의성이 인정되는 경우라도 증거능력이 부인되어야 한다"(2010도1755)고 한다.

4) 변호인선임권과 접견교통권을 침해한 상태에서의 자백

변호인선임권과 접견교통권은 헌법 제12조 제4항에서 규정하고 있는 변호인의 조력을 받을 권리의 핵심적 권리이므로 이를 침해한 상태에서 취득한 자백은 위법배제설에 따르면 자백배제법칙이 적용된다. 그러나 판례는 "피의자가 변호인의 참여를 원한다는 의사를 명백하게 표시하였음에도 수사기관이 정당한 사유 없이 변호인을 참여하게 하지 아니한 채 피의자를 신문하여 작성한 피의자 신문조서는 제312조에 정한 '적법한 절차와 방식'에 위반된 증거일 뿐만 아니라, 제308조의2에서 정한 '적법한 절차에 따르지 아니하고 수집한 증거'에 해당하므로 이를 증거로 할 수 없다"(2010도3359)고 한다. 변호인선임권과 접견교통권을 침해한 상태에서 얻은 자백(90도1285)도 마찬가지이다.

5) 거짓말탐지기 검사결과를 이용하여 얻은 자백

거짓말탐지기에 동의하고 검사받은 피검사자에 대하여 그 검사결과를 가지고 추궁하여 얻은 자백의 증거능력을 인정할 수 있는지에 대하여는 ① 거짓말탐지기 검사 자체가 위법수사에 해당하므로 거짓말탐지기에 의한 검사를 통해 얻은 자백에 대해서도 증거능력을 부정하여야 한다는 견해가 있다. 그러나 ② 거짓말탐지기 검사가 피검사자의 동의에 의한 경우에는 그 검사 자체를 위법수사라고 할 수는 없으므로 그로부터 얻은 자백은 증거능력이 인정된다. 따라서 수사기관이 거짓말탐지기의 검사결과를 가지고 추궁하여 받아낸 경우에는 증거능력을 인정하여야 한다. 판례는 피검사자가 검사결과가 거짓으로 나오면 자백을 하겠다고 약속하여 자백하게 한 것만으로는 임의성 없는 자백이라고 할 수 없다고 한다(83도712).[158]

4. 자백의 임의성 증명

(1) 인과관계의 요부

자백배제법칙의 근거에 관한 학설 중 허위배제설과 인권옹호설에서는 각각 문제가 되는 사유와 허위의 자백 또는 진술의 자유를 침해한 자백 사이에 인과관계를 요구한다. 하지만 위법배제설에 따르면 위법절차로 인해 취득한 자백은 임의성 여부를 묻지 않고 위법수집증거로서 증거능력이 부정되므로 위법절차와 임의

---

158) 마취분석은 피분석자에게 약물을 투여한 후 무의식상태에서 진술을 얻어내는 방식으로서 인격의 해체를 가져오는 위법한 수사방법이므로 피분석자가 동의하더라도 마취상태에서의 자백은 증거능력이 인정되지 않는다.

성 없는 자백 사이에 인과관계가 있을 것을 요하지 않는다.

한편, 판례는 임의성이 의심되는 사유와 자백의 임의성과는 인과관계가 필요하다고 하면서도, 피고인의 자백이 임의성이 없다고 의심할 만한 사유가 있더라도 그 임의성이 없다고 의심하게 된 사유들과 피고인의 자백 사이에 인과관계가 존재하지 않은 것이 명백한 때에는 그 자백은 임의성이 있는 것으로 인정된다고 한다(84도2252). 다만, 검찰에 연행된 이후 약 30시간 동안 잠을 재우지 않고 검사 2명이 교대로 신문을 하거나(95도1964), 별건으로 수감 중인 자를 약 1년 3개월 동안 270회나 검찰청으로 소환하여 밤늦게 또는 새벽까지 조사를 받은 경우(2004도517)의 사례에서는 검사가 진술의 임의성을 입증하지 못하였다는 이유로 진술의 증거능력을 부정한다. 하지만 피해자인 검사가 그 수사에 관여하였다고 하여 그에 따른 참고인이나 피의자의 진술에 임의성이 없다고는 볼 수 없다고 한다(2011도12918).

(2) 거증책임

자백은 피고인에 대하여 검사가 제출하는 증거이므로 자백의 임의성에 대한 거증책임은 당연히 검사에게 있다. 판례는 "임의성 없는 진술의 증거능력을 부정하는 취지는, 허위진술을 유발 또는 강요할 위험성이 있는 상태하에서 행하여진 진술은 그 자체가 실체적 진실에 부합하지 아니하여 오판을 일으킬 소지가 있을 뿐만 아니라 그 진위를 떠나서 진술자의 기본적 인권을 침해하는 위법·부당한 압박이 가하여지는 것을 사전에 막기 위한 것이므로, 그 임의성에 다툼이 있을 때에는 그 임의성을 의심할 만한 합리적이고 구체적인 사실을 피고인이 증명할 것이 아니고 검사가 그 임의성의 의문점을 없애는 증명을 하여야 하고, 검사가 그 임의성의 의문점을 없애는 증명을 하지 못한 경우에는 그 진술증거는 증거능력이 부정된다"(2012도9879)고 한다.

(3) 증명의 정도

임의성의 증명의 정도에 대하여는 ① 임의성의 기초가 되는 사실은 순수한 소송법적 사실과는 질적으로 차이가 있고, 임의성이 인정되는 자백은 피고인에게 불이익한 증거가 된다는 점에서 엄격한 증명을 요한다는 견해, ② 위법사유의 정도에 따라 고문, 폭행, 신체구속의 부당한 장기화 등의 사유로 임의성이 침해된 때에는 엄격한 증명을 요하고, 기타의 사유로 인한 경우에는 자유로운 증명으로 충분하다는 견해가 있다. 그러나 ③ 자백의 임의성은 소송법적 사실이므로 설령 그 자백이 피고인의 유죄인정의 자료로 사용된다고 하더라도 임의성 여부는 자유로운 증명으로 충분하다(다수설).

판례는 "피고인이 피의자신문조서에 기재된 피고인의 진술 및 공판기일에서의 피고인의 진술의 임의성을 다투면서 그것이 허위자백이라고 다투는 경우, 법원은 구체적인 사건에 따라 피고인의 학력, 경력, 직업, 사회적 지위, 지능 정도, 진술의 내용, 피의자신문조서의 경우 그 조서의 형식 등 제반사정을 참작하여 자유로운 심증으로 위 진술이 임의로 된 것인지의 여부를 판단하면 된다"(2010도3029)고 한다.

5. 효 과

(1) 증거능력의 부정

임의성에 의심이 있는 자백은 그 증거능력이 절대적으로 배제되므로 피고인의 동의가 있더라도 유죄의 증거로 할 수가 없으며(2004도7900), 탄핵증거로도 사용할 수 없다(2013도12507). 임의성 없는 자백을 증거로 하여 유죄를 인정하게 되면 이는 자백배제법칙과 증거재판주의에 반하는 법령위반으로 상대적 상소이유가 된다(제361조의5 제1호, 제383조 제1호).

자백의 임의성에 의심할 만한 사정이 있는 경우에는 법원은 직권으로 조사하여야 한다(2011도6380).

(2) 임의성이 의심되는 자백에 의해 수집된 2차 증거의 증거능력

임의성이 의심되는 자백에 의해 수집된 2차 증거는 위법수집증거로서 독수독과의 원칙에 따라 증거능력이 부정된다(통설). 다만, 독수독과의 원칙의 예외가 적용되는 경우에는 2차 증거의 증거능력을 인정할 수 있다.

제5절 자백의 보강법칙

Ⅰ. 자백보강법칙의 의의

자백의 보강법칙이란 법관이 증거능력과 신용성이 있는 피고인의 자백을 통하여 유죄의 심증을 형성한 경우에도 자백에 대한 보강증거가 없으면 유죄로 인정할 수 없다는 원칙을 말한다. 헌법 제12조 제7항 후단에서는 "정식재판에서 피고인의 자백이 그에게 불리한 유일한 증거일 때에는 이를 유죄의 증거로 삼거나 이를 이유로 처벌할 수 없다"고 규정하고, 형소법에서는 이를 구현하여 제310조에서 "피고인의 자백이 그 피고인에게 불이익한 유일의 증거인 때에는 이를 유죄의 증거로 할 수 없다"고 규정하고 있다.

자백의 보강법칙은 피고인의 자백만이 유일한 증거일 경우에 허위자백에 의한 오판의 위험성을 줄이는(진실성담보) 한편, 자백을 취득하기 위한 수사기관의 인권침해를 사전에 방지(인권침해방지)하기 위한 것이다. 한편, 자백의 보강법칙은 자백에 의해 법관이 유죄의 심증을 얻은 때에도 보강증거가 없으면 증명력이 인정되지 않기 때문에 유죄판결을 할 수 없다는 것을 의미하므로 자유심증주의의 예외가 된다.

Ⅱ. 자백보강법칙의 적용범위

1. 형사소송법에 의한 절차

헌법 제12조 제7항 후단에서는 자백의 보강법칙이 적용되는 대상을 정식재판으로 규정하고 있다. '정식재판'이란 검사에 의해 공소가 제기되어 공판절차가 진행되는 형소법에 의한 형사재판을 말한다. 따라서 「소년법」에 따른 소년보호사건의 처리절차는 형소법에 의한 절차가 아니므로 법원은 피고인의 자백만으로 보호처분을 할 수 있다(82모36).

또한 형사사건인 이상 정식 공판절차는 물론이고, 간이공판절차나 약식절차에 의한 재판도 포함된다. 다만, 즉결심판법에 따른 즉결심판절차는 경찰서장에 의한 간이절차이기 때문에 자백의 보강법칙이 적용되지 않는다(제10조).

2. 피고인의 자백

자백의 보강법칙은 피고인의 자백에 대하여 적용된다. 피고인의 자백은 피고인의 지위에서 행한 자백을 의미하는 것은 아니며, 따라서 피의자, 참고인, 증인 등 어떤 지위에 있었더라도 그 자백이 나중에 피고인 자신에 대한 유죄의 증거로 사용될 때에는 피고인의 자백에 해당한다. 또한 자백의 상대방이 수사기관인 경우는 물론, 제3자인 경우나 자백의 상대방이 없이 자신의 일기장, 수첩 등에 기재한 경우에도 이에 해당한다. 자백장소도 법정의 내·외를 불문한다.

한편, 자백은 증거능력이 있는 자백이어야 하므로, 위법수집증거이거나 임의성 없는 자백 또는 전문법칙의 예외요건을 충족하지 않은 증거는 보강증거가 있어도 유죄의 증거가 될 수 없다. 또한 자백은 신빙성이 인정되어야 한다(2015도17869 참조).

3. 공판정에서의 자백

피고인이 공판준비 또는 공판기일에 행한 자백에 대하여도 자백의 보강법칙이 적용되는지가 문제된다. 영·미법에서는 기소인부절차를 통해 피고인의 법정자백이 있는 경우에는 유죄의 평결과 같은 효력을 발휘하여 곧바로 양형절차로 진행하게 되므로 자백의 보강법칙이 적용되지 않는다.

공판준비 또는 공판기일에서는 피고인이 자백을 강요당할 위험성이 적다는 점에서 피고인신문 시의 자백은 임의성과 신빙성에서 우월한 것은 사실이다. 하지만 (i) 공판정의 자백이라고 하더라도 언제나 진실일 수는 없을 뿐만 아니라 자백편중으로 인한 오판의 위험성은 존재하고, (ii) 자백의 보강법칙은 임의성 있는 자백을 전제로 하며, (iii) 형소법에서는 기소인부절차제도를 인정하지 않으므로 법정자백이 있는 경우에 간이공판절차를 거치더라도 사실심리를 생략할 수는 없다. 따라서 공판정에서의 자백에 대하여도 보강법칙을 적용하여야 한다. 판례는 피고인의 법정에서의 진술은 피고인의 법정에서의 자백으로서 제310조에서 규정하는 자백의 개념에 포함되므로 그 자백만으로는 유죄의 증거로 삼을 수 없다고 한다(2007도10937).

4. 공범의 자백

(1) 공범의 공판정 자백의 증거능력

공범이라도 피고인과 공동피고인의 관계가 아니면 제3자에 불과하여 증인으로서의 지위를 가지므로 공동피고인을 증인으로 신문하지 않는 한 그 자백은 증거로 사용할 수 없다. 다만, 공범의 공판정 자백이 다른 공범인 피고인의 범죄사실에 대한 증거로 될 수 있는지가 문제된다.

1) 공동피고인의 증인적격

공동피고인에게 증인적격이 인정되는지에 대하여는 ① 공범인 공동피고인도 다른 피고인에 대하여 제3자로 볼 수 있으므로 증인적격이 인정된다는 견해, ② 공동피고인은 공범관계 여부를 떠나 변론을 분리하지 않는 한 증인으로 신문할 수 없다는 견해가 있다. 그러나 ③ 공범인 공동피고인의 진술은 피고인의 범죄사실과 관련성을 갖기 때문에 피고인의 진술과 동일시되므로 공범인 공동피고인의 증인적격은 부정되지만, 자기의 피고사건과 실질적 관련성이 없는 사건으로 병합심리되고 있는 공동피고인은 증인적격이 인정된다(다수설).

판례는 공범이 아닌 공동피고인의 증인적격을 인정하고 있다(2005도7601).[159]

2) 공범인 공동피고인의 공판정에서의 자백의 증거능력

공범인 공동피고인의 공판정에서의 자백을 피고인의 유죄의 증거로 할 수 있는지에 대하여는 ① 공동피고인의 공판정에서의 진술은 선서에 의한 증언이 아니므로 그 진실성이 담보되지 아니하며, 다른 공동피고인에 의한 반대신문권이 보장되어 있지 않을 뿐 아니라 반대신문을 하더라도 진술인이 진술을 거부하면 반대신문은 의미가 없으므로 변론을 분리하여 증인으로 선서하지 않는 이상 공동피고인의 진술을 다른 공동피고인에 대한 증거로 사용할 수 없다는 견해, ② 공범인 공동피고인이 피고인신문과정에서 자백하는 경우에는 그 자백이 법관의 앞에서 이루어져 신빙성이 있고, 공동피고인 자신에게도 유죄의 증거로 사용될 수 있으며, 피고인이 그 공동피고인에게 사실상 반대신문을 할 수 있으므로 피고인의 반

159) 판례는 "공동피고인은 다른 공동피고인의 범죄사실에 관하여는 증인의 지위에 있다 할 것이므로, 피고인이 증거로 함에 동의한 바 없는 공동피고인에 대한 피의자신문조서는 공동피고인의 증언에 의하여 그 성립의 진정이 인정되지 아니하는 한 피고인의 공소범죄사실을 인정하는 증거로 할 수 없다"(2005도7601)고 하였다.

대신문권도 침해되지 않기 때문에 공범인 공동피고인의 공판정에서의 자백은 다른 공동피고인의 공소사실에 관해 당연히 증거능력이 인정된다는 견해가 있다. 후자의 견해에서는 피고인의 자백이 있고 공범의 자백이 있는 때에는 공범의 자백을 보강증거로 하여 유죄로 인정할 수 있어야 하고, 공범의 자백만으로 유죄로 할 수 없다는 것은 보강증거가 될 수 있다는 것과 반드시 모순되는 것은 아니라고 한다. 그러나 ③ 공동피고인의 진술을 피고인에 대한 증거로 사용할 수 있는지는 증인적격의 문제라기보다는 피고인의 반대신문권보장에 관한 문제이다. 따라서 피고인이 공범인 공동피고인에 대하여 반대신문을 할 수 있는 권리가 법적으로 보장된 것은 아니지만 공판정에서 피고인이 공범인 공동피고인을 반대신문하였거나 공동피고인이 진술거부권을 행사하지 않는 등, 피고인에게 실질적인 반대신문의 기회가 주어진 경우에는 공동피고인의 진술은 피고인에 대한 증거로 인정된다(다수설).

판례는 제310조의 '피고인의 자백'에는 공범인 공동피고인의 진술은 포함되지 아니하며, 공동피고인의 진술에 대하여는 피고인의 반대신문권이 보장되어 있어서 증인으로 신문한 경우와 다를 바 없으므로 독립한 증거능력이 있으며, 이는 피고인들 간에 이해관계가 상반된다고 하여도 마찬가지라고 한다(2006도1944).

(2) 공범의 자백과 보강증거의 요부

공범의 자백이 있는 경우 피고인을 유죄로 인정하기 위하여 별도의 보강증거를 요하는지가 문제된다.

1) 보강증거필요설

보강증거필요설은 공범의 자백은 피고인의 자백에 포함되므로 별도의 보강증거가 필요하다는 견해이다. 이 견해는 공범은 다른 공범에게 책임을 선가하는 경향이 있으므로 공범의 자백이 있는 경우에 보강증거를 요하지 않게 되면 허위진술을 할 가능성이 있기 때문에 오판의 위험성이 있고, 공범의 자백을 피고인의 자백에 포함시키지 않게 되면 공범이 피고인에게 불리한 자백을 한 경우에 다른 증거가 없으면 자백한 공범은 무죄가 되고 자백하지 않은 피고인은 유죄가 되어 불합리한 결과가 발생한다는 것을 근거로 한다.

2) 보강증거불요설

보강증거불요설은 공범의 자백은 피고인의 자백이라고 할 수 없으므로 공범의 자백에 대하여는 별도의 보강증거가 필요 없다는 견해이다(다수설). 이 견해는 공범의 자백은 피고인과의 관계에서는 제3자의 진술이므로 피고인의 자백이라고 할 수 없고, 법문상 '피고인의 자백'에 공범의 자백을 포함시키는 것은 부당한 확장해석이며, 범죄를 부인한 피고인이 유죄로 되고 자백한 공범이 무죄판결을 받는 것은 자백의 보강법칙상 당연한 결론일 뿐만 아니라 법관의 자유심증주의에 의한 증거평가의 결과이므로 불합리하다고만 할 수 없다는 것을 근거로 한다.

3) 절 충 설

절충설은 공동피고인인 공범의 자백에는 보강증거를 요하지 않지만 공동피고인이 아닌 공범의 자백에는 보강증거를 요한다는 견해로서, 공판정 자백기준설이라고도 한다. 이 견해는 공범이 공동피고인으로 심리받고 있는 공판절차에서 자백을 한 경우에는 법관이 그 진술태도를 직접 관찰할 수 있고 피고인은 반대신문권을 행사할 수 있으므로 보강증거가 필요 없지만, 공범이 피고사건의 수사절차나 별개 사건의 공판절차에서 자백한 경우에는 이것이 불가능하므로 보강증거를 통해 법관으로 하여금 신중하게 심증형성을 하게 할 것이 요청된다는 것을 근거로 한다.

4) 검 토

공범은 피고인과의 관계에서는 제3자에 불과하므로 공범의 자백은 피고인의 자백이 아닌 독립한 증거로서 피고인의 자백에 대한 보강증거가 될 수 있다. 이 점은 공범인 공동피고인의 자백의 경우도 마찬가지이다. 이렇게 될 경우에 보강증거필요설에서 우려하는 불합리한 결과가 초래될 수 있지만, 이는 법관의 자유심증주의에 의해서 보완할 수 있을 것이다. 전술한 것처럼 판례는 제310조의 피고인의 자백에는 공범인 공동피고인의 진술은 포함되지 않는다고 하면서, 이러한 공동피고인의 진술에 대하여는 피고인의 반대신문권이 보장되어 있어서 독립한 증거능력이 있다고 한다(92도917).

Ⅲ. 자백보강증거의 자격

자백의 보강증거는 증거능력이 있는 증거로서, 자백과 독립된 증거이어야 한다. 따라서 증거능력에 관하여는 위법수집증거배제법칙, 전문법칙 등 일반적인 증거능력에 관한 규정이 모두 적용된다.

1. 독립증거의 성격

(1) 자백 이외의 증거

자백의 보강증거는 자백과는 별개의 독립된 증거여야 한다. 따라서 피고인의 자백은 그 취득 일시와 장소, 형태를 불문하고 보강증거가 될 수 없다. 피고인의 자백은 분리된 것이든 독립된 것이든, 언제 행하여진 것이든 묻지 않으므로 피고인의 자백을 기재한 메모, 수첩, 일기장 등은 별도의 독립된 증거가 될 수 없다.

또한 자백은 다른 형태로 반복되더라도 피고인의 자백만 있는 경우에 해당한다. 피고인이 범행장면을 재현하는 것도 실연(實演)에 의한 자백이므로 별도의 독립증거가 될 수 없으며, 피고인이 범행을 자백하는 것을 들었다는 타인의 진술내용도 보강증거가 되지 않는다(2007도10937).

(2) 상업장부, 진료일지, 항해일지 등과 같이 업무상 통상적으로 작성한 문서

상업장부, 진료일지, 항해일지 등과 같이 피고인이 업무상 통상적으로 작성한 문서의 법적 성격에 대하여는 ① 업무상 작성한 일지의 내용이 범죄사실을 인정하는 피고인의 진술에 해당하는 경우에는 자백으로 보아야 한다는 견해가 있다. 그러나 ② 업무상 작성된 일지 등은 재판을 인식하고 행하여진 것이 아니라 업무의 일환으로 계속적, 반복적으로 기재하는 문서로서 피고인이 아닌 다른 사람도 작성할 수 있는 것이므로 피고인의 자백이라고 보기는 어렵고, 허위의 가능성도 극히 적기 때문에 자백의 보강법칙의 근거인 자백편중의 수사방지와 오판의 위험성 배제의 요청에 반하지 않으므로 피고인의 자백과는 독립된 증거가 된다(다수설).

판례는 상법장부나 항해일지, 진료일지 또는 이와 유사한 금전출납부 등과 같이 범죄사실의 인정 여부와는 관계없이 자기에게 맡겨진 사무를 처리한 사무 내역을 그때그때 계속적·기계적으로 기재한 문서 등의 경우는 사무처리 내역을 증명하기 위하여 존재하는 문서로서 그 존재 자체 및 기재가 그러한 내용의 사무가 처리되었음의 여부를 판단할 수 있는 별개의 독립된 증거자료이고, 설사 그 문서가 우연히 피고인이 작성하였고 그 문서의 내용 중 피고인의 범죄사실의 존재를 추론해 낼 수 있는, 즉 공소사실에 일부 부합되는 사실의 기재가 있다고 하더라도, 이를 일컬어 피고인이 범죄사실을 자백하는 문서라고 볼 수 없으므로 피고인의 검찰에서의 자백에 대한 보강증거가 될 수 있다고 한다(94도2865).

2. 독립증거의 내용

자백 이외의 독립증거로서 증거능력이 인정되면 인증, 물증, 증거서류 등 증거방법의 형태를 묻지 않고 모두 보강증거가 될 수 있다.

또한 직접증거가 아닌 간접증거나 정황증거도 자백의 보강증거가 될 수 있고, 자백과 보강증거가 서로 어울려서 전체로서 범죄사실을 인정할 수 있으면 유죄의 증거가 된다(2017도4827). 즉, 피고인이 위조신분증을 제시, 행사하였다고 범행사실을 자백하는 경우에는 그 위조신분증의 존재(82도3107), 사기사건에서 피고인이 반지를 편취하였다고 자백한 경우에 피고인으로부터 반지를 매입하였다고 한 참고인의 진술(85도1838), 뇌물공여자의 자백에 대하여 뇌물공여의 상대방이 뇌물수수 사실을 부인하면서도 뇌물공여자를 만났던 사실 및 청탁을 받은 사실을 시인한 것(94도993), 피고인이 그 차량을 운전하였다는 사실의 자백에 대하여 자동차등록증에 차량의 소유자가 피고인으로 등록·기재된 것(2000도2365), 절도의 공소사실에 대한 피고인의 자백에서 충분히 진실성이 인정되는 경우에 피고인의 집에서 해당 피해품을 압수한 압수조서와 압수물 사진(2008도2343), 메스암페타민 투약사실에 관한 피고인 甲의 자백에 대하여 메스암페타민을 甲에게 매도하였다는 乙의 진술(2008도7883), 피고인이 2010. 2. 18. 02:00경의 필로폰 투약으로 정상적으로 운전하지 못할 우려가 있는 상태에 있었다는 자백에 대하여 2010. 2. 18. 01:35경 자동차를 타고 온 피고인으로부터 필로폰을 건네받은 후 피고인이 위 차량을 운전해 갔다고 한 甲의 진술과 2010. 2. 20. 피고인으로부터 채취한 소변에서 나온 필로폰 양성반응(2010도11272), 피고인이 타인으로부터 마약을 전달받아 투약하였다는 자백에 대하여 그 타인이 피고인의 지시에 따라 투약 당일 메트암페타민이 담긴 쇼핑백을 피고인에게 전달하고 피고인과 함께 모텔에 갔다가 바로 집으로 돌아왔고 피고인은 위 모텔에 그대로 남았다는 진술(2017도4827), 피고인이 乙로부터 수수한 향정신성의약품인 러미라를 甲에게 제공하고, 스스로 투약하였다는 자백에 대하여 乙에 대한 검찰 진술조서(2017도20247) 등은 보강증거가 될 수 있다. 또한 성폭력처벌법위반(카메라 등을 이용한 촬영) 사건의 휴대전화에 대한 임의제출서, 압수조서 등은 경찰이 피고인의 범행 직후 범행현장에서 피고인으로부터 위 휴대전화를 임의제출 받아 압수하였다는 내용으로서 피고인의 자백을 보강하는 증거가 된다(2019도11967).

그러나 정황증거가 공소사실과는 관련이 없는 범행의 동기에 관한 것에 지나지 않은 때에는 자백의 보강증거가 될 수 없다(90도2010).

3. 공범의 자백과 보강증거의 자격

공범의 자백이 피고인의 자백에 대한 보강증거가 될 수 있는지에 대하여는 ① 공범의 자백은 제310조의 피고인의 자백에 포함되므로 피고인의 자백에 대한 보강증거가 될 수 없다는 견해(보강증거필요설의 태도)가 있다.[160] 그러나 ② 공범은 공동피고인이라고 하더라도 피고인과의 관계에서는 제3자에 불과하고, 따라서 공범의 자백은 피고인과의 관계에서는 증언으로서 독립증거이므로 피고인의 자백의 보강증거가 될 수 있다(보강증거불요설의 태도, 다수설). 따라서 공범 전원이 자백한 경우는 물론이고, 일부는 자백을 하고 일부는 부인하고 있는 경우에도 자백한 공동피고인의 자백은 피고인의 자백에 대한 보강증거가 될 수 있다.

판례는 제310조의 피고인의 자백에는 공범인 공동피고인의 진술은 포함되지 아니하며, 이러한 공동피고인의 진술에 대하여는 피고인의 반대신문권이 보장되어 있어 증인으로 신문한 경우와 다를 바 없으므로 독립한 증거능력이 있으므로 공동피고인들의 자백은 보강증거가 된다고 한다(2006도1944).

Ⅳ. 자백보강증거의 범위

1. 증거의 보강범위

보강증거가 자백의 어느 범위까지 보강하여야 하는지에 대하여는 ① 보강증거의 범위를 가능한 한 객관화하고 명확한 기준을 제시하여 법관의 주관이 개입할 여지를 줄이고, 구체적인 사건에 따라 그 범위가 차이나지 않도록 할 필요가 있다는 점에서 자백한 사실의 죄체의 모든 부분 또는 중요부분에 대하여 보강증거가 필요하다고 하는 견해(죄체설)가 있다. '죄체(罪體)'란 객관적 범죄구성사실을 의미한다. 그러나 ② 죄체의 개념은 영·미법상 개념으로 의미가 불분명할 뿐만 아니

---

160) 보강증거필요설과 절충설의 입장에서도 피고인이 자백한 경우에 공범의 자백은 보강증거가 될 수 있다는 견해가 있다. 즉, 공범의 자백만으로 유죄를 인정할 수 없다는 것과 공범의 자백을 피고인의 자백의 보강증거로 사용하는 것은 다르고, 이때에는 공범에게 책임전가의 위험이 없으며, 공범의 자백에 대하여 보강증거능력을 부정하게 되면 법관의 실체해명의무를 지나치게 제약하게 된다는 것이다.

라 그 중요부분의 판단도 쉽지 않다. 따라서 자백의 보강법칙은 오판의 위험성을 줄이기 위한 것이라는 점에서 자백의 보강증거는 자백의 진실성을 담보할 수 있는 정도면 충분하다(진실성담보설, 다수설).

판례는 자백에 대한 보강증거는 범죄사실의 전부 또는 중요부분을 인정할 수 있는 정도가 되지 아니하더라도 피고인의 자백이 가공적인 것이 아닌 진실한 것임을 인정할 수 있는 정도만 되면 족한 것으로서, 자백과 서로 어울려서 전체로서 범죄사실을 인정할 수 있으면 유죄의 증거로 충분하고, 나아가 사람의 기억에는 한계가 있는 만큼 자백과 보강증거 사이에 어느 정도의 차이가 있어도 중요부분이 일치하고 그로써 진실성이 담보되면 보강증거로서의 자격이 있다고 한다(2017도4827).

2. 보강증거의 요부

범죄의 어느 부분에 대하여 보강증거를 요하는지는 죄체설과 진실성담보설에 따라 달라진다. 죄체설에 의하면 그것이 죄체 또는 그 중요한 부분인지가 문제되는 반면, 진실성담보설에 따르면 자백의 진실성을 담보할 것인지가 문제된다. 다만, 진실성담보설에 따르더라도 자백의 신용성이 높으면 보강을 요하는 범위의 정도가 상대적으로 낮게 되고, 자백의 신용성이 낮으면 보강을 요하는 범위의 정도가 상대적으로 높게 된다. 보강증거의 요부와 관련해서는 범죄구성요건사실 중 객관적 사실 이외에 다음의 것들이 문제된다.

(1) 범죄의 주관적 구성요건요소

고의나 목적과 같은 주관적 구성요건요소도 보강증거가 요구되는지에 대하여는 ① 고의는 범죄성립의 중요한 요소이므로 고의를 추정하게 하는 정황증거에 의한 보강을 요한다는 견해가 있다. 그러나 ② 범죄의 주관적 요소는 현실적으로 증거를 통하여 입증하기 어려울 뿐만 아니라 피고인의 자백이 있는 경우에는 오판의 위험성도 적기 때문에 보강증거를 요하지 않는다(통설).

판례는 "고의는 피고인이 자백하지 않는 한 범행 전·후 피고인의 재력, 환경, 범행의 내용, 거래의 이행과정, 피해자와의 관계 등과 같은 객관적인 사정을 종합하여 판단하여야 한다"(2017도20682)고 하여 피고인의 자백만으로 인정할 수 있음을 암시하고 있다.

(2) 범죄구성요건사실 이외의 사실

범죄구성요건 이외의 사실인 객관적 처벌조건, 누범가중의 원인사실, 전과 및 정상에 관한 사실 등은 엄격한 의미에서 범죄사실과 구별되므로 이에 대한 자백은 보강증거 없이 피고인의 자백만으로 인정할 수 있다(통설). 판례는 전과에 관한 사실은 피고인의 자백만으로 인정한다(81도1353).

(3) 범인과 피고인의 동일성

범인과 피고인의 동일성에 대하여 보강증거를 요하는지에 대하여는 ① 피고인이 범인이라는 사실은 공소범죄사실의 핵심에 해당하므로 피고인의 자백에 대하여 보강증거를 요한다는 견해가 있다. 그러나 ② 현실적으로 목격자 없는 범죄의 경우에 범인과 피고인의 동일성을 보강할 증거를 확보하는 것은 불가능하다. 따라서 이미 범죄사실에 대한 피고인의 자백과 보강증거를 통해 법관이 증명력을 인정한 경우에는 그 범인이 피고인이라는 사실은 자백만으로 충분하다.

(4) 죄수와 관련된 문제

1) 경 합 범

실체적 경합범은 실체법상 수죄이므로 각각의 범죄에 대하여 보강증거가 있어야 한다.

상상적 경합범의 경우에 보강증거를 요하는 범위에 대하여는 ① 상상적 경합범은 실체법상 수죄이므로 각각의 범죄에 대하여 보강증거가 있어야 한다는 견해가 있다. 그러나 ② 자백의 보강법칙은 소송법상 원칙이므로 실체법상 수죄이지만 과형상 일죄인 상상적 경합범의 경우에는 중한 죄에 대한 보강증거만 있으면 된다. 다만, 통상 하나의 행위가 여러 개의 죄에 해당하는 경우이어서 일반적으로 하나의 죄에 대한 보강증거는 다른 죄에 대해서도 보강증거가 될 것이므로 이론적 귀결에는 큰 차이가 없다.

2) 포괄일죄

포괄일죄의 경우에 보강증거를 요하는 범위에 대하여는 ① 포괄일죄는 실질적으로 수죄이므로 각각의 범죄에 대하여 보강증거가 필요하다는 견해, ② 포괄성 내지 집합성을 인정할 수 있는 범위에서 보강증거가 있으면 충분하다는 견해가 있다. 그러나 ③ 자백의 보강법칙의 근거인 오판의 위험방지 요청을 고려하면,

포괄일죄를 유형별로 나누어 상습범이나 연속범과 같이 개별행위가 특정되는 경우에는 개개 행위에 대하여 보강증거를 요하지만, 영업범과 같이 침해법익과 범죄행위의 유사성 등으로 인해 여러 개의 행위가 일죄를 구성할 뿐 개별행위가 독립적인 의미를 가지지 않는 경우에는 개개 행위에 대하여 보강증거를 요하지 않는다(다수설).

판례는 포괄일죄인 상습범에서 이를 구성하는 각 행위에 관해 개별적으로 보강증거를 요구하고 있다(95도1794).

3. 보강증거의 증명력

보강증거는 증거능력이 인정되는 경우에도 증명력을 갖추어야 하며, 이는 법관의 자유심증에 의한다. 다만, 진실성담보설에 따르면, 보강증거가 그 자체만으로는 객관적 구성요건을 인정할 수 없다고 하더라도 자백과 서로 어울려서 전체로서 범죄사실을 인정할 수 있으면 유죄의 증거로 충분하다(2017도4827).

Ⅴ. 자백보강법칙 위반의 효과

자백만을 유일한 증거로 하여 유죄를 인정한 경우에는 헌법 제12조 제7항뿐만 아니라 제310조에 위반한 것이 되므로 법령위반에 해당하여 상소이유가 되며(제361조의5 제1호, 제383조 제1호), 유죄판결이 확정된 경우에도 비상상고를 통한 구제가 가능하다(제441조). 그러나 유죄판결이 자백의 보강법칙을 위반하였다고 하더라도 무죄의 증거가 새로 발견된 경우에 해당하지 않으므로 재심이유(제420조 제5호)는 되지 않는다.

제6절 전문법칙

Ⅰ. 전문증거와 전문법칙의 의의

1. 전문증거

(1) 의 의

전문증거(傳聞證據, hearsay evidence)란 요증사실을 직접 체험한 자의 진술을 내용으로 하는 타인의 진술이나 진술을 기재한 서면을 말한다. 전자를 전문진술 또는 전문증언이라고 하고, 후자를 전문서류라고 한다. '전문진술'이란 원진술자의 진술을 들은 제3자가 법원에 대하여 전문한 내용을 증언의 형태로 현출하는 것을 말한다. '전문서류'란 경험자가 자신이 경험한 사실을 직접 기재한 진술서와 경험자가 경험사실을 진술한 것을 수사기관 등 제3자가 서류에 기재한 진술기재서류를 말한다.

(2) 범 위

1) 진술증거

전문증거는 요증사실을 직접 지각한 자의 진술을 내용으로 하는 진술증거이다. 따라서 반대신문이 불가능하고 신용성이 문제될 여지가 없는 증거물과 같은 비진술증거는 전문증거에 해당하지 않는다. 즉, 피고인이 수표를 발행하고 예금부족으로 지급되지 않게 하였다는 부정수표 단속법위반의 공소사실을 증명하기 위해 제출되는 수표는 그 서류의 존재 또는 상태 자체가 증거가 되는 증거물인 서면에 해당하므로 특정사실을 직접 경험한 사람의 진술을 대체하는 것이 아니어서 전문법칙이 적용될 여지가 없다(2015도2275). 다만, 진술증거이면 전문진술인지 전문서류인지는 불문한다.

또한 경험자가 경험사실을 언어가 아니라 행동으로 표현한 경우, 즉 전문으로서의 행동이 범인의 지적 또는 사건현장의 지시 같이 언어적 진술에 해당하는 경우에는 전문증거에 해당한다. 따라서 甲이 乙에게 범인을 지목해 줄 것을 요구하자 乙이 범인을 지목하였고, 甲이 그 사실을 법정에서 증언한 경우에도 전문증거가 된다. 그러나 도망이나 침묵 등과 같이 특정의사를 표현하려는 의도를 가지지 않은 행동은 진술에 포함되지 않는다(이설 있음). 마찬가지로 甲이 乙을 붙잡고 흔든 행위가 폭행인지 여부를 설명하기 위해 그 장면을 목격한 사람이 법정에서 "당시에 甲이 乙에게 화난 목소리로 "이 나쁜 놈아"라고 하는 것을 들었다"고 증언한 경우와 같이 타인의 애매한 행동의 의미를 설명하기 위해 행한 진술은 전문증거가 아니다.

2) 요증사실과 관련된 증거

전문증거는 원진술내용에 의하여 요증사실을 증명하는 경우, 즉 타인의 진술 또는 서류에 포함된 원진술자의 진술내용의 진실성이 요증사실로 된 경우이어야 한다. 즉, 甲이 뉴욕에 있는 乙과 통화를 하면서 乙이 "지금 여기 뉴욕에는 비가 와"라고 하는 말을 들었다고 甲이 법정에서 증언한 경우, 甲과 乙이 통화할 당시 실제 뉴욕에 비가 왔다는 사실을 입증하기 위한 경우라면 甲이 직접 보고 들은 내용이 아니므로 전문증거가 되지만, 그 시각에 乙이 살아 있었다는 사실을 입증하기 위한 것이라면 전문증거가 아니다.

그러나 진술내용이 원진술자가 진술하였다는 것 자체 또는 진술의 진실성과 관계없는 간접사실에 대한 정황증거로 사용될 때에는 반드시 전문증거가 되는 것은 아니다(2020도17109).[161] 따라서 지령문, 대북 보고문이 존재하는 것 자체가 국가보안법위반사건의 증거가 되거나 회합과 금품수수로 인한 국가보안법위반 범죄사실에 대하여 그 내용의 진실성과 무관하게 정황증거가 되는 경우에는 전문증거가 아니다(2017도9747).

또한 원진술자의 진술이 단순히 원진술자의 심리적·정신적 상태를 증명하기 위한 정황증거로 사용된 경우에는 전문증거가 아니다. 즉, 녹음된 대화 내용이 진술 당시에 진술자가 술에 취해 횡설수설하였는지 등 진술자의 상태를 확인하기 위한 경우에는 전문증거가 아니다(2007도10755).

---

161) 판례는 "어떤 진술이 기재된 서류가 그 내용의 진실성이 범죄사실에 대한 직접증거로 사용될 때는 전문증거가 되지만, 그와 같은 진술을 하였다는 것 자체 또는 진술의 진실성과 관계없는 간접사실에 대한 정황증거로 사용될 때는 반드시 전문증거가 되는 것이 아니다. 그러나 어떠한 내용의 진술을 하였다는 사실 자체에 대한 정황증거로 사용될 것이라는 이유로 서류의 증거능력을 인정한 다음 그 사실을 다시 진술내용이나 그 진실성을 증명하는 간접사실로 사용하는 경우에 그 서류는 전문증거에 해당한다. 서류가 그곳에 기재된 원진술의 내용인 사실을 증명하는 데 사용되어 원진술의 내용인 사실이 요증사실이 되기 때문이다. 이러한 경우 제311조부터 제316조까지 정한 요건을 충족하지 못한다면 증거능력이 없다"(2018도14303)고 하였다.

2. 전문법칙과 그 예외

(1) 의 의

전문법칙이란 전문증거는 증거가 아니므로(Hearsay is no evidence) 증거능력이 인정되지 않는다는 원칙을 말한다. 제310조의2에서는 "제311조 내지 제316조에 규정한 것 이외에는 공판준비 또는 공판기일에서의 진술에 대신하여 진술을 기재한 서류나 공판준비 또는 공판기일 외에서의 타인의 진술을 내용으로 하는 진술은 이를 증거로 할 수 없다"고 규정하여 전문증거의 증거능력을 원칙적으로 부정하고 있다.

(2) 이론적 근거

전문법칙은 배심재판을 기본으로 하고 있는 영·미법에서 자백배제법칙과 함께 배심원의 합리적 심증형성을 위해 발달해 온 증거법칙이다. 영·미법에서 법성 증언의 증거능력이 인정되기 위한 전통적인 3대 요소는 증인의 (i) 법정에의 출석, (ii) 선서, (iii) 당사자의 반대신문(cross-examination)이었다. 따라서 영·미법에서는 17세기를 전·후로 당사자주의의 요청과 더불어 이러한 요건을 충족하지 못한 전문증거의 증거능력을 부정하는 원칙이 발전하였는데, 이를 전문법칙(The rule against hearsay)이라고 한다.

우리나라에서는 전문법칙의 근거에 대하여 ① 반대신문권의 보장과 함께 직접주의의 요청에 따른 것이라는 견해가 있다. 그러나 ② 전문법칙은 선서의 결여와 반대신문권의 보장을 이유로 형성된 영·미법상 원칙으로서 반대신문권의 보장을 포함한 신용성의 보장에 그 근거가 있다. 물론, 전문법칙은 반대신문권의 보장과 태도증거에 의한 정확한 심증형성이라는 의미에서는 직접주의와 밀접한 관련성을 갖는다. 즉, '직접주의'(Immediacy principle)란 법원이 공판기일에 공판정에서 직접 조사한 원본증거만을 재판의 기초로 하여 사건을 심리·판단하여야 한다는 원칙을 말하며, 직접심리주의라고도 한다. 직접주의는 법원은 공판기일에 공판정에서 직접 조사한 증거를 토대로 심증을 형성하여야 한다는 형식적 직접주의와 원본증거 또는 원본증거에 가까운 가장 우량의 증거에 의하여 사실을 인정하여야 한다는 실질적 직접주의(최우량증거의 원칙)를 그 내용을 한다. 따라서 최우량증거의 원칙(Best evidence rule)에 의하면 진술증거의 경우에는 전문법칙과 유사한 결론에 이르게 된다. 따라서 전문법칙과 직접주의는 모두 공판중심주의를 통

<형소법상 전문증거에 관한 규정의 체계>

증거	증거의 종류	증거의 내용	예외 인정요건	규 정
전문서류	법원 또는 법관의 면전조서	법원 또는 법관 앞에서 작성된 조서	없음	§311
	수사과정에서 작성된 서류	검사작성 피의자신문조서	내용의 인정	§312 ①
		사법경찰관작성 피의자신문조서	내용의 인정	§312 ③
		검사 또는 사법경찰관이 작성한 참고인진술조서	적법성, 내용의 동일성 증명, 반대신문권 보장, 특신상태	§312 ④
		피의자 또는 참고인이 수사과정에서 작성한 진술서	조사주체와 진술자에 따라 §312 ①-④ 적용	§312 ⑤
		검사 또는 사법경찰관의 검증조서	적법성, 성립의 진정	§312 ⑥
	수사과정 이외의 서류	수사과정 이외에서 피의자 또는 참고인이 작성한 진술서 또는 그 진술을 기재한 서류 및 이들이 작성하였거나 진술한 내용이 포함된 문자·사진·영상 등의 정보로서 컴퓨터용 디스크, 그 밖에 이와 비슷한 정보저장매체에 저장된 것	① 성립의 진정 증명 (피고인 진술을 기재한 서류는 특신상태 추가) ② 성립의 진정 부인할 경우 객관적 방법으로 증명 가능 (피고인 아닌 자가 작성한 진술서는 피고인 또는 변호인의 반대신문권보장 추가)	§313 ①, ②
		감정서		§313 ③
	전문서류의 일반적 예외규정	§312와 §313의 전문서류 중에서 진술을 요하는 자가 사망·질병·외국거주·소재불명 그 밖에 이에 준하는 사유로 인하여 진술할 수 없는 때	특신상태	§314

전문 서류	당연히 증거능력 있는 서류	가족관계 기록사항에 관한 증명서 등 각종 증명서, 상업장부 등 업무상 통상문서, 기타 특히 신용할 만한 정황에 의하여 작성된 문서	없음	§315
전문 진술	피고인 아닌 자(피의자 조사자 포함) 의 진술	피고인의 진술 증언	특신상태	§316 ①
		피고인 아닌 타인의 진술 증언	진술불능, 특신상태	§316 ②

Ⅱ. 전문서류의 증거능력

1. 법원 또는 법관의 면전조서

(1) 의 의

제311조에서는 "공판준비 또는 공판기일에 피고인이나 피고인 아닌 자의 진술을 기재한 조서와 법원 또는 법관의 검증의 결과를 기재한 조서는 증거로 할 수 있다. 제184조(증거보전절차) 및 제221조의2(증인신문의 청구)의 규정에 의하여 작성한 조서도 또한 같다"고 규정하고 있다.

법원 또는 법관의 면전조서에 관한 제311조의 법적 성격에 대하여는 ① 전문법칙의 적용이 없는 경우로 보는 견해, ② 직접주의의 예외로 보는 견해가 있다. 그러나 ③ 법원 또는 법관의 면전조서는 신용성의 정황적 보장이 크고, 공판준비 또는 공판기일에서의 진술 및 증거보전절차 또는 증인신문청구에서는 당사자가 참여하여 반대신문을 할 기회가 보장되어 있음을 이유로 한 전문법칙의 예외에 해당한다(다수설). 다만, 판례는 피고인이 공판조서의 열람 또는 등사를 청구하였음에도 법원이 불응하여 피고인의 열람 또는 등사청구권이 침해된 경우에는 공판조서를 유죄의 증거로 할 수 없을 뿐만 아니라 공판조서에 기재된 해당 피고인이나 증인의 진술도 증거로 할 수 없다고 한다(2011도15869).[162]

---

162) 다만, 판례는 위 사건에서 "그러한 증거들 이외에 적법하게 채택하여 조사한 다른 증거들만에 의하더라도 범죄사실을 인정하기에 충분하고, 또한 해당 공판조서의 내용 등에 비추어 보아 공판조서의 열람 또는 등사에 응하지 아니한 것이 피고인의 방어권이나 변호인의 변호권을 본질적으로 침해한 정도에 이르지는 않은 경우에는, 판결에서 공판조서 등을 증거로 사용하였다고

(2) 공판준비 또는 공판기일에 피고인의 진술을 기재한 조서

'공판준비기일에 피고인의 진술을 기재한 조서'란 공판준비절차에서 검사, 피고인 또는 변호인의 신청에 의해 법원이 피고인을 신문한 조서(제273조 제1항), 공판준비기일의 결과에 대한 피고인의 이의유·무 진술을 기재한 공판준비기일조서(제266조의10 제2항), 공판기일 전에 작성된 법원의 검증조서에 기재된 피고인의 진술부분 등을 말한다.

'공판기일에 피고인의 진술을 기재한 조서'는 공판조서를 의미한다. 공판절차 갱신 전의 공판조서, 상소심에 의한 파기환송 전의 공판조서, 이송 전에 작성된 공판조서, 관할위반의 판결이 확정된 후 재기소된 경우에 이전의 공판조서 등이 이에 해당한다. 다만, '공판조서'는 해당 사건의 공판조서를 의미하며, 다른 사건의 공판조서는 제311조가 아닌 제315조 제3호의 '기타 특히 신용할 만한 정황에 의하여 작성된 문서'에 해당하여 증거능력이 인정된다(통설, 2004도4428). 그러나 해당 사건의 공판기일에 피고인이 한 진술은 공판조서가 직접증거가 되므로 이에 포함되지 않는다.

(3) 공판준비 또는 공판기일에 피고인 아닌 자의 진술을 기재한 조서

1) 증인, 감정인, 통역인, 번역인의 신문 등을 기재한 조서

'공판준비 또는 공판기일에 피고인 아닌 자의 진술을 기재한 조서'란 해당 사건의 공판준비기일 또는 공판기일에서 피고인을 제외한 제3자, 즉 증인, 감정인, 통역인, 번역인 등을 신문한 조서를 말한다. 공판준비기일 또는 공판기일에 증인 등의 진술을 기재한 '조서'란 전술한 피고인의 진술을 기재한 '조서'의 경우와 같다.

그러나 해당 사건의 공판기일에서의 증인의 증언은 원본증거로서 직접증거가 된다. 다만, 조서에 기재된 진술내용이 전문진술인 경우에는 당사자의 동의가 없으면 제316조에 의하여 증거능력의 인정 여부를 다시 검토하여야 한다.

2) 공동피고인의 진술을 기재한 조서

공범이 아닌 공동피고인은 서로 다른 범죄사실로 기소되어 병합심리된 것이기 때문에 피고인에 대한 관계에서는 증인의 지위에 있으므로 증인적격이

하더라도 그러한 잘못이 판결에 영향을 미친 위법이라고 할 수는 없다"고 하였다.

인정되어 변론을 분리함이 없이 공동피고인은 선서하고 증언할 수 있다(다수설, 80도2722). 하지만 공범이 아닌 공동피고인이 증인으로 선서하지 않고 공동피고인으로 신문하는 과정에서 행한 진술을 기재한 공판조서는 피고인에 대한 공소사실을 인정하는 증거로는 사용할 수 없으므로 제311조가 적용되지 않는다(82도1000).

한편, 판례는 공범인 공동피고인은 변론이 분리되지 않는 한 원칙적으로 증인적격이 인정되지 아니하지만 제311조의 '피고인 아닌 자'에 해당하므로, 공판정에서 한 공범인 공동피고인의 진술을 기재한 조서는 피고인의 동의가 없더라도 증거능력이 인정된다고 한다(66도316). 즉, 공범인 공동피고인의 자백은 이에 대한 피고인의 반대신문권이 보장되어 있어 증인으로 신문한 경우와 다를 바 없으므로 독립한 증거능력이 있고, 이는 피고인들 간에 이해관계가 상반된다고 하여도 마찬가지라고 한다(2006도1944). 그러나 공범인 공동피고인의 진술을 기재한 공판조서는 그 진술 시에 피고인에게 반대신문의 기회가 실질적으로 보장된 경우에 한하여 제311조에 의해 증거능력을 인정하여야 한다(다수설).

(4) 증거보전절차 또는 증인신문청구에서 작성한 조서

판사에 의한 증거보전절차(제184조) 또는 증인신문청구(제221조의2)에서 작성한 조서도 당사자의 반대신문권의 행사가 보장되고 법관의 면전에서 행한 진술이므로 신용성의 정황적 보장이 인정되어 공판조서와 같이 증거능력이 인정된다(76도2143). 증거보전절차 또는 증인신문청구에서도 공범이 아닌 공동피고인은 증인적격이 인정되므로 증인으로 선서하고 증언할 수 있다.

이때 공범인 공동피고인에 대한 증인신문이 가능한지에 대하여는 ① 공범인 공동피고인은 피고인의 범죄사실에 관해 증인적격이 없으며, 변론이 분리된 것도 아니므로 공범인 공동피고인에 대한 증인신문을 청구할 수 없다는 견해가 있다. 그러나 ② 공범인 공동피고인에 대해서도 증거보전의 방법으로 증인신문청구를 할 수 있으므로 증인적격이 인정된다. 즉, 증거보전절차는 공판기일 전 단계이므로 변론을 분리할 실익이 없고, 공범인 공동피고인을 증인으로 신문하는 경우에는 증인으로 선서하고 반대신문의 기회도 부여되기 때문에 피고인의 반대신문권을 침해하는 것이 아니므로 그 조서는 증거능력이 인정된다. 판례는 "공동피고인과 피고인이 뇌물을 주고 받은 사이로 필요적 공범관계에 있다고 하더라도 검사는 수사단계에서 피고인에 대한 증거를 미리 보전하기 위하여 필요한 경우에는 판사에게 공동피고인을 증인으로 신문할 것을 청구할 수 있다"(86도1646)고 한다.

그러나 증인신문조서가 증거보전절차에서 피고인이 증인으로서 증언한 내용을 기재한 것이 아니라 다른 증인의 증언내용을 기재한 것이고, 다만 피의자였던 피고인이 당사자로 참여하여 자신의 범행사실을 시인하는 전제하에 위 증인에게 반대신문한 내용이 기재되어 있을 뿐이라면, 위 조서는 공판준비 또는 공판기일에 피고인 등의 진술을 기재한 조서도 아니고, 반대신문과정에서 피의자가 한 진술에 관한 한 증거보전절차에 의한 증인신문조서도 아니므로 위 조서 중 피의자의 진술기재부분에 대하여는 제311조에 의한 증거능력을 인정할 수 없다(84도508).

(5) 법원 또는 법관의 검증의 결과를 기재한 조서

법원 또는 법관의 검증의 결과를 기재한 조서는 당연히 증거능력이 인정된다. 이는 검사 또는 사법경찰관이 작성한 검증조서가 작성자에 의하여 성립의 진정이 인정되어야 증거능력이 인정되는 것과 다르다.

그러나 검증은 사람의 신체, 물건의 존재 또는 상태에 대하여 법관의 오관을 통해 지득하는 것을 의미함에 지나지 않으므로, 검증의 대상이 된 증거의 증거능력 자체는 요증사실별로 각각 인정되어야 한다. 따라서 피고인과 상대방의 대화내용에 관한 녹취서가 공소사실의 증거로 제출된 경우 법원이 해당 녹음테이프의 녹음내용이 녹취서와 동일한지 여부를 검증한 경우에도 증거자료가 되는 것은 녹음테이프에 녹음된 대화내용 자체이므로 피고인이 녹음테이프를 증거로 할 수 있음에 동의하지 않은 이상 녹음테이프에 녹음된 피고인의 진술내용을 증거로 사용하기 위해서는 제313조에 의한 요건이 충족되어야 한다(2012도7461).

2. 피의자신문조서

(1) 의의와 성격

1) 의 의

피의자신문조서란 수사기관인 검사 또는 사법경찰관이 피의자를 신문하여 그 진술을 기재한 조서를 말한다. 따라서 수사기관이 수사과정에서 피의자의 진술을 기재한 것이라면 그 형식이 진술서, 진술조서, 자술서인가를 불문하고 피의자신문조서로 취급된다(2014도5939).

피의자신문조서는 수사기관의 일방적인 신문에 따라 피의자가 답하는 것을 기재한 전문서류로서 공개된 법정에서 당사자의 자유로운 구두변론을 통해 사실을 인정하려는 공판중심주의에 배치될 뿐만 아니라 법관의 면전조서에 비하여 신용성이 약하다. 그럼에도 불구하고 형소법에서 수사기관에서 작성된 조서 등 서면증거에 대하여 일정한 요건을 충족하는 경우에 그 증거능력을 인정하는 것은 실체적 진실발견의 이념과 소송경제의 요청을 고려하여 예외적으로 허용하는 것이므로 그 증거능력 인정요건에 관한 규정은 엄격하게 해석·적용하여야 한다(2011도8325).

2) 성 격

제312조의 법적 성격에 대하여는 ① 원진술자인 피고인이나 작성주체인 검사 또는 사법경찰관은 반대신문을 보장할 필요가 없으므로 전문법칙의 예외가 아니라 직접주의와 피의자의 인권보장을 위하여 제한하는 규정이라는 견해(직접주의예외설)가 있다. 그러나 ② 영·미의 전문법칙에서는 피고인이 법정 밖에서 행한 진술은 자인(admission)으로서, 원진술자인 피고인이 법정에 재정하고 있어서 해당 진술에 대하여 설명하거나 반박할 수 있으므로 반대신문이 필요 없기 때문에 전문진술에 해당하지 않는다. 하지만 피의자신문조서는 피고인이 된 피의자를 조사하고 그 조서를 작성한 검사나 사법경찰관이 직접 법정에 출석하여 조사과정에서 들은 내용을 증언하는 것이 아니라 간접적으로 그 진술을 기재한 서류를 법정에 제출하는 것이므로 영·미의 전문법칙하에서도 이는 전문증거에 해당한다. 따라서 제312조가 피의자신문조서의 증거능력을 인정하는 것은 신용성의 정황적 보장이 인정되는 경우임을 전제로 하여 엄격한 요건하에 전문법칙의 예외로 규정한 것이다.

(2) 검사가 작성한 피의자신문조서

1) 의 의

검사가 피의자를 신문한 경우에는 조서를 작성하여야 한다(제244조 제1항). 이 조서를 검사작성 피의자신문조서라고 한다. 검사작성 피의자신문조서는 적법한 절차와 방식에 따라 작성된 것으로서 공판준비, 공판기일에 그 피의자였던 피고인 또는 변호인이 그 내용을 인정할 때에 한정하여 증거로 할 수 있다(제312조 제1항). '피고인이 된 피의자의 진술'이란 해당 사건에서 재판을 받고 있는 피고인이 수사과정에서 피의자로서 진술하였던 신문조서를 말한다. 공범에 대한 수사개시 이후라면 피고인이 된 피의자에 대한 조사형식이 참고인진술조서라고 하더라도 실질적으로 피의자신문조서에 해당하므로, 이를 검사가 작성하였다면 제312조 제1항이 적용된다(2010도8294).

공범 또는 공동피고인에 대한 검사작성 피의자신문조서의 적용법조에 대하여는 ① 공범이면 공동피고인인가를 불문하고 제312조 제1항이 적용된다는 견해, ② 공범에 대한 피의자신문조서는 피고인과의 관계에서 '피고인 아닌 자의 진술을 기재한 서류'에 해당하므로 제312조 제4항이 적용된다는 견해가 있다. 그러나 ③ 검사작성 피의자신문조서에 대하여 증거능력의 인정요건으로 '내용의 인정'을 요구하는 입법취지와 피고인과 공범은 요증사실과의 관계에서 사실상 동일시된다는 점을 고려하면 공범에 대한 검사작성 피의자신문조서에 대하여는 제312조 제1항이 적용된다(2024도8200). 이때 내용인정의 주체는 피고인과 변호인이다(후술 사법경찰관작성 피의자신문조서 참조). 다만, 조서는 공범의 조서로서의 성격을 가지면 되고, 명칭이 반드시 피의자신문조서일 것은 요하지 않는다. 하지만 공범이 아닌 공동피고인은 피고인과의 관계에서 제3자에 해당하기 때문에 공범이 아닌 공동피고인에 대한 검사작성 피의자신문조서는 피고인과의 관계에서는 참고인진술조서로서 '피고인이 아닌 자의 진술을 기재한 조서'에 해당하므로 제312조 제4항이 적용된다.

2) 작성의 주체와 시기

제312조 제1항의 적용대상은 검사가 작성한 피고인이 된 피의자의 진술을 기재한 조서이다. 「검찰청법」 제32조에 따라 지방검찰청 또는 지청 검사의 직무를 대리하는 검찰수사서기관, 검찰사무관, 수사사무관 또는 마약수사사무관의 경우는 물론, 공수처법상 공수처검사(제20조, 제47조 참조)가 작성한 경우도 이에 해당한다. 그러나 검찰수사관이 검사가 참석하지 않은 상태에서 검사의 지시에 따라 작성하고, 검사는 조사 직후 피의자에게 개괄적으로 질문을 한 것에 불과한 경우에는 검사가 작성한 것으로 서명날인이 되어 있더라도 해당 조서는 검사가 작성한 것으로 볼 수 없다(2002도4372).[163]

---

163) 대검찰청 소속 진술분석관이 피고인들의 성폭력처벌법위반(친족관계에 의한 강간) 등 혐의에 대한 수사과정에서 검사로부터 성폭력처벌법 제33조에 따라 피해자 진술의 신빙성 여부에 대한 의견조회를 받아 자신이 피해자를 면담하는 내용을 녹화한 영상물은 수사과정 외에서 작성된 것이라고 볼 수 없으므로 제313조 제1항에 따라 증거능력을 인정할 수 없고, 이 사건 영상녹화물은 수사기관이 작성한 피의자신문조서나 피고인이 아닌 자의 진술을 기재한 조서가 아니고, 피고인 또는 피고인이 아닌 자가 작성한 진술서도 아니므로 제312조에 의하여 증거능력

한편, 경찰에서 사건을 검찰에 송치하기 전에 피의자의 진술번복 등을 우려하여 검사가 사법경찰관의 요청에 따라 경찰서 또는 검찰청에서 미리 작성한 피의자신문조서의 적용법조에 대하여는 ① 적법절차와 신용성이라는 관점에서 보면 작성단계도 중요한 의미를 가지므로 제312조 제3항이 적용된다는 견해(다수설)가 있다. 그러나 ② 제312조 제1항의 피의자신문조서는 작성시기보다는 작성주체에 중점을 두고 판단하는 것이 입법취지와도 조화된다. 따라서 위의 조서는 검사가 신문하였고, 임의성을 부인할 만한 특별한 사정이 없는 한 검사작성 피의자신문조서로 취급하여야 하므로 제312조 제1항이 적용된다. 판례는 "검찰에 송치되기 전에 구속피의자로부터 받은 검사작성의 피의자신문조서는 극히 이례에 속하는 것으로, 그와 같은 상태에서 작성된 피의자신문조서는 내용만 부인하면 증거능력을 상실하게 되는 사법경찰관작성의 피의자신문조서상의 자백 등을 부당하게 유지하려는 수단으로 악용될 가능성이 있어, 그렇게 했어야 할 특별한 사정이 보이지 않는 한 송치 후에 작성된 피의자신문조서와 마찬가지로 취급하기는 어렵다"(94도1228)고 한다.[164)]

3) 증거능력의 인정요건

(가) 적법한 절차와 방식에 따라 작성된 것

검사작성 피의자신문조서는 적법한 절차와 방식에 따라 작성된 것이어야 한다. '적법한 절차와 방식에 따라 작성된 것'이란 형소법이 피고인 아닌 사람의 진술에 대한 조서의 작성과정에서 지켜야 한다고 정한 여러 절차를 준수하고 조서의 작성방식에도 어긋나지 않아야 한다는 것을 의미한다(2015도12981). 이는 피의자의 간인과 기명날인 또는 서명의 진정을 의미하는 형식적 성립의 진정보다 넓은 개념으로서, 형소법에서 정한 절차와 방식(제242조-제244조의4 등)에 따라 작성되어야 하는 것을 말한다. 따라서 검사가 진술거부권을 고지하지 않고 피의자를 조사하였다면 그 형식이 참고인 진술조서, 진술서 등의 형식을 취하였는지 여부를 떠나 증거능력이 인정되지 않는다(2008도8213). 이 외에도 검사가 공판정에서 이미 증언을 마친 증인을 수사기관에 출석하게 하여 그 증인을 상대로 위증의 혐의를 조사한 내용을 담은 피의자신문조서(2012도13665), 검사가 피의자를 조사하면

을 인정할 수도 없다(2023도15133).

164) 이 판례는 검사작성 피의자신문조서의 증거능력 인정요건에 관한 구 형소법에 따른 판결임을 고려할 필요가 있다.

서 특별한 사정도 없이 그에 대한 조사과정을 기록하지 않은 경우(2013도3790), 검사의 서명날인이 없는 피의자신문조서(2001도4091) 등은 증거능력이 인정되지 않는다.

검사작성 피의자신문조서가 적법한 절차와 방식에 따라 작성된 것인지 여부는 피고인의 진술뿐만 아니라 영상녹화물이나 필적감정, 조사자의 증언 등 객관적 방법에 의해서도 증명할 수 있다.

(나) 내용의 인정

검사작성 피의자신문조서는 피고인 또는 변호인이 그 내용을 인정하여야 증거능력이 인정된다. '내용의 인정'이란 조서에 기재된 내용이 객관적으로 진실하다는 것으로서 조서 기재내용의 진실성을 말한다. 즉, 내용의 인정은 조서에 기재된 내용과 진술자가 진술한 내용이 동일하다고 하는 실질적 성립의 진정뿐만 아니라 그 진술내용이 실제 사실과 부합한다고 인정되는 경우이어야 한다(2024도8200). 따라서 검사작성 피의자신문조서에 대하여 피고인이 성립의 진정을 부인하는 경우에는 내용증명도 부인하는 것으로 되며, 피고인이나 변호인이 내용을 부인하면 피의자신문조서의 성립의 진정과 임의성이 인정되는 경우라도 증거능력이 인정되지 않는다.

내용의 인정은 공판준비 또는 공판기일에 피의자였던 피고인이나 변호인의 진술에 의하여야 한다. 따라서 조서의 기재내용을 들었다는 다른 증인이나 조사한 경찰관의 증언에 의하여 내용의 인정을 할 수는 없다.[165] 또한 피고인의 진술을 녹화한 영상녹화물이나 그 밖의 객관적 방법에 의하여 내용의 인정을 증명하는 것도 허용되지 않는다.

<참고> 피의자신문조서의 등본 또는 초본의 증거능력

등본이란 피의자신문조서 원본의 내용을 전부 복사한 다음 원본과 동일하다는 취지의 인증을 한 문서를 말하며, 초본이란 그 원본의 내용 중 일부를 가린 채 복사한 다음 원본과 동일하다는 취지의 인증을 한 문서를 말한다. 판례는 "피고인에 대한 검사작성의 피의자신문조서가 그 내용 중 일부를 가린 채 복사를 한 다음 원본과 상위없다는 인증을 하여 초본의 형식으로 제출된 경우에, 위와 같은 피의자신문조서초본은 피의자신문조서

165) 다만, 이 경우에도 그 증언이 제316조의 요건을 충족하는 경우에는 증거능력이 인정될 수 있다.

> 원본 중 가려진 부분의 내용이 가려지지 않은 부분과 분리 가능하고 해당 공소사실과 관련성이 없는 경우에만, 그 피의자신문조서의 원본이 존재하거나 존재하였을 것, 피의자신문조서의 원본제출이 불능 또는 곤란한 사정이 있을 것, 원본을 정확하게 전사하였을 것 등 3가지 요건을 전제로 피고인에 대한 검사작성의 피의자신문조서원본과 동일하게 취급할 수 있다"(2000도5461)고 한다.

4) 제314조의 적용 여부

검사작성 피의자신문조서가 제312조 제1항에 의하여 증거능력이 인정되지 않는 경우에 제314조를 적용하여 증거능력을 인정할 수 있는지에 대하여는 ① 제314조가 그 적용대상은 '제312조 또는 제313조의 경우'라고 하고 있으므로 피고인의 경우에도 공판정에서 신술할 수 없는 사정이 있는 때에는 제314조를 적용할 수 있는 견해가 있다. 그러나 ② 피고인이 된 자는 제314조에서 요구하는 필요성의 요건을 충족할 수 없으므로 제314조가 적용될 여지가 없다(다수설). 즉, 피고인의 출석은 공판정개정의 요건이고(제276조), 피고인이 심신상실상태에 있거나 질병으로 인하여 출정할 수 없는 경우에는 공판절차를 정지하여야 하며(제306조), 피고인의 출정 없이 증거조사를 할 수 있는 경우에는 증거동의가 의제되므로(제318조 제2항) 제312조 제1항에 의하여 증거능력이 인정되지 않는 검사작성 피의자신문조서는 제314조의 적용대상이 될 수 없다. 피고인이 증거서류의 성립의 진정을 묻는 검사의 질문에 대하여 진술거부권을 행사하여 진술을 거부한 경우에도 제314조의 '그 밖에 이에 준하는 사유로 인하여 진술할 수 없는 때'에 해당하지 않는다(2012도16001).

또한 공범에 대한 검사작성 피의자신문조서는 제312조 제1항이 적용되지만, 그 내용인정의 주체인 피고인과 변호인이 조서의 내용을 부인하면 증거능력이 부정되므로 제314조가 적용될 여지는 없다.

(3) 사법경찰관이 작성한 피의자신문조서

1) 의 의

사법경찰관이 피의자를 신문한 경우에는 조서를 작성하여야 한다(제244조 제1항). 이 조서를 사법경찰관작성 피의자신문조서라고 한다. 검사 이외의 수사기관이 작성한 피의자신문조서는 적법한 절차와 방식에 따라 작성된 것으로서 공판준비 또는 공판기일에 그 피의자였던 피고인 또는 변호인이 그 내용을 인정할 때에 한하여 증거로 할 수 있다(제312조 제3항).

공범에 대한 검사 이외의 수사기관이 작성한 피의자신문조서의 법적 성격에 대하여는 ① 공범에 대한 피의자신문조서는 제312조 제4항의 '피고인이 아닌 자의 진술을 기재한 조서'에 해당한다는 견해가 있다. 그러나 ② 사법경찰관작성 피의자신문조서에 대하여 '내용의 인정'이라고 하는 엄격한 요건을 요구하는 입법취지와 피고인과 공범은 요증사실과의 관계에서 사실상 동일시된다는 점을 고려하면 공범에 대한 사법경찰관작성 피의자신문조서를 피고인에 대한 유죄의 증거로 하고자 하는 경우에는 공동피고인인지 여부를 불문하고 사법경찰관작성 피의자신문조서로서 제312조 제3항이 적용된다(2024도8200).[166)]

하지만 제312조 제3항을 적용하는 경우에도 그 내용인정의 주체에 대하여는 ① 원진술자 또는 그 변호인이라고 하는 견해(원진술자내용인정설)가 있다. 그러나 ② 공범과 피고인에 대한 재판이 따로 진행되는 경우에는 공범이 자신의 재판에서는 내용을 부인하고 피고인에 대한 재판에서는 내용을 인정하여 증거능력이 인정되는 불합리한 결과가 초래될 수 있으므로 공범에 대한 사법경찰관작성 피의자신문조서는 피고인과 그 변호인이 내용의 인정의 주체가 된다(피고인내용인정설, 다수설). 판례는 해당 피고인과 공범관계가 있는 다른 피의자에 대하여 검사 이외의 수사기관이 작성한 피의자신문조서는 해당 피고인이 공판기일에서 그 조서의 내용을 부인한 이상 이를 유죄인정의 증거로 사용할 수 없다고 한다(2019도11552). 이때 조서는 공범의 조서로서의 성격을 가지면 되고, 명칭이 반드시 피의자신문조서일 것은 요하지 않는다.

한편, 공범이 아닌 공동피고인은 피고인과의 관계에서 제3자에 해당하기 때문에 공범이 아닌 공동피고인에 대한 사법경찰관작성 피의자신문조서는 피고인과의 관계에서는 참고인진술조서로서 '피고인이 아닌 자의 진술을 기재한 조서'에 해당하므로 제312조 제4항이 적용된다.

---

166) 판례는 제312조 제3항은 형법총칙의 공범 이외에도, 서로 대향된 행위의 존재를 필요로 할 뿐 각자의 구성요건을 실현하고 별도의 형벌규정에 따라 처벌되는 강학상 필요적 공범 내지 대향범 관계에 있는 자들 사이에서도 적용되며, 마찬가지로 양벌규정에 의해 행위자와 행위자가 아닌 법인 또는 개인이 기소된 경우에 행위자가 범한 법규위반행위가 사업주의 법규위반행위와 사실관계가 동일하거나 중요부분을 공유하여 내용상 불가분적 관련성을 지니므로 이들 사이에서도 공범관계와 같이 제312조 제3항이 적용된다고 하였다(2016도9367).

2) 작성주체

제312조 제3항의 적용대상은 검사 이외의 수사기관이 작성한 피고인이 된 피의자의 진술을 기재한 조서이다. '검사 이외의 수사기관'이라고 함은 사법경찰관과 사법경찰관사무취급인 사법경찰리를 포함한다(97도2211). 이에는 공수처법상 공수처수사관도 포함된다(제21조, 제47조 참조). 국내의 수사기관뿐만 아니라 미국 연방수사국(FBI)이나 미국 범죄수사대(CID)의 수사관 등 외국의 권한 있는 수사기관이 작성한 피의자신문조서도 이에 해당한다(2003도6548).

3) 증거능력의 인정요건

(가) 적법한 절차와 방식에 따라 작성된 것

사법경찰관작성 피의자신문조서는 적법한 절차와 방식에 따라 작성된 것이어야 한다. 그 내용은 검사작성 피의자신문조서의 경우와 같다. 따라서 사법경찰관이 피의자에게 진술거부권을 행사할 수 있음을 알려 주고 그 행사 여부를 질문하였다고 하더라도, 제244조의3 제2항에 규정한 방식에 위반하여 진술거부권 행사 여부에 대한 피의자의 답변이 자필로 기재되어 있지 아니하거나 그 답변부분에 피의자의 기명날인 또는 서명이 되어 있지 아니한 경우(2010도3359)나 그 답변이 피의자의 자필로 기재되지 않았고 각 답변란에 무인이 되어 있지만 조서 말미와 간인으로 되어 있는 피의자의 무인과 달리 흐릿하게 찍혀 있는 경우(2014도1779)에는 '적법한 절차와 방식'에 따라 작성된 조서라 할 수 없으므로 그 증거능력이 인정되지 않는다.

(나) 내용의 인정

사법경찰관작성 피의자신문조서는 피고인 또는 변호인이 그 내용을 인정하여야 증거능력을 인정할 수 있다. 그 내용은 검사작성 피의자신문조서의 경우와 같다. 다만, 피고인과 공범관계에 있는 다른 피의자에 대한 사법경찰관작성 피의자신문조서는 그 피의자의 법정진술에 의하여 그 성립의 진정이 인정되는 등 제312조 제4항의 요건을 갖춘 경우라고 하더라도 피고인이 공판기일에서 그 조서의 내용을 부인하면 이를 피고인에 대한 유죄인정의 증거로 사용할 수 없다(2016도9367)는 것은 전술한 바와 같다. 따라서 피고인이 쟁점 공소사실을 일관되게 부인하면서 경찰에서 작성된 피의자신문조서의 내용을 부인하는 등 압수조서에 기재된 자백의 내용을 인정하지 않았다면 이를 유죄의 증거로 사용할 수 없고, 피고인이 피의자였을 때 수사기관에 한 진술이 기재된 조서나 수사과정에서 작성된 진술서 등의 증거능력을 인정할 수 없다면 수사기관에 제출된 변호인의견서에 기재된 같은 취지의 피의자진술 부분도 유죄의 증거로 사용할 수 없다(2020도16796).

4) 제314조의 적용 여부

사법경찰관작성 피의자신문조서와 피고인의 공범에 대한 피의자신문조서는 제312조 제3항의 적용대상이지만 검사작성 피의자신문조서의 경우와 같이 제314조가 적용될 여지가 없다.

3. 진술조서

(1) 의 의

진술조서란 검사 또는 사법경찰관이 피의자 아닌 자의 진술을 기재한 조서를 말한다. 검사 또는 사법경찰관은 수사에 필요한 때에는 피의자가 아닌 자의 출석을 요구하여 진술을 들을 수 있으며(제221조 제1항), 피의자 아닌 자를 신문하는 때에는 조서를 작성하여야 한다(제244조의4 제3항, 제1항). 참고인에 대한 진술조서가 대표적이다. 피고인은 피의자가 아니므로 수사기관이 피고인의 진술을 기재한 조서는 진술조서에 해당한다. 다만, 피의자의 진술을 녹취 내지 기재한 서류 또는 문서가 수사기관에서의 조사과정에서 작성된 것이라면 그것이 진술조서라는 형식을 취하였다고 하더라도 이는 피의자신문조서에 해당한다(2019도11552).

검사 또는 사법경찰관이 피고인이 아닌 자의 진술을 기재한 조서는 적법한 절차와 방식에 따라 작성된 것으로서 그 조서가 검사 또는 사법경찰관 앞에서 진술한 내용과 동일하게 기재되어 있음이 원진술자의 공판준비 또는 공판기일에서의 진술이나 영상녹화물 또는 그 밖의 객관적인 방법에 의하여 증명되고, 피고인 또는 변호인이 공판준비 또는 공판기일에 그 기재내용에 관해 원진술자를 신문할 수 있었던 때에는 증거로 할 수 있다. 다만, 그 조서에 기재된 진술이 특히 신빙할 수 있는 상태하에서 행하여졌음이 증명된 때에 한한다(제312조 제4항). 공범이 아닌 공동피고인은 피고인과의 관계에서 제3자이므로 그에 대한 피의자신문조서는 제312조 제4항이 적용된다.

(2) 증거능력의 인정요건

1) 적법한 절차와 방식에 따라 작성된 것

검사 또는 사법경찰관이 작성한 진술조서는 적법한 절차와 방식에 따라 작성된 것이어야 한다. 진술조서가 적법하게 작성되기 위해서는 수사기관이 조서를 작성한 후 진술인에게 읽어주거나 열람하게 하여 기재내용의 정확 여부를 물어보고 진술자가 증감변경을 청구한 때에는 그 진술을 조서에 기재하여야 하며, 간인과 서명날인에 의한 형식적 성립의 진정이 이루어지고(제48조), 그 조서의 작성방법(제48조), 제3자의 출석요구 등(제221조), 수사과정의 기록(제244조의4) 등 형소법에서 정한 절차와 방식에 따라 작성된 것이어야 한다. 따라서 제244조의4가 규정하는 바에 따라 수사기관이 조사과정을 기록하지 않은 상태에서 작성된 참고인 진술조서는 증거능력이 없다(2015도12981). 그러나 피해자들이 피고인 등으로부터 위해를 입을 것을 두려워하여 검사작성 참고인진술조서 당시 가명을 사용하였더라도 진술자 보호 등 상당한 이유가 있는 경우에는 적법한 절차와 방식에 따라 작성되었다고 볼 수 있다(2011도7757).

2) 실질적 성립의 진정

진술조서가 증거로 사용되기 위해서는 실질적 성립의 진정, 즉 조서가 검사 또는 사법경찰관 앞에서 진술한 내용과 동일하게 기재되어 있음이 원진술자의 공판준비 또는 공판기일에서의 진술이나 영상녹화물 또는 그 밖의 객관적인 방법에 의하여 증명되어야 한다. '기재내용이 동일하다'는 것은 적극적으로 진술한 내용이 그 진술대로 기재되어 있어야 한다는 것뿐만 아니라 진술하지 아니한 내용이 진술한 것처럼 기재되어 있지 아니할 것을 포함하는 의미이다(2011도8325).

(가) 원진술자의 진술에 의한 인정

가) 인정방법

원진술자의 진술은 공판준비 또는 공판기일에서 명시적으로 하여야 한다. 따라서 원진술자가 단지 실질적 성립의 진정에 이의하지 않았거나 조서작성의 절차와 방식의 적법성을 인정하였다는 사실만으로 실질적 진정성립까지 인정한 것으로 보아서는 아니 되며, 특별한 사정이 없는 한 '입증취지 부인'이라고 진술한 것만으로 조서의 진정성립을 인정하는 전제에서 그 증명력만을 다투는 것이라고 단정해서는 아니 된다(2011도8325).

또한 실질적 성립의 진정이 인정되기 위해서는 원진술자가 증인신문과정에서 해당 진술조서의 내용을 직접 열람하거나 고지받은 후에 진술하여야 한다(94도343). 따라서 원진술자가 공판기일에 증인으로 출석하여 '수사기관에서 사실대로 진술하고 진술한 대로 기재되어 있는지 확인하고 서명무인하였다'는 취지의 증언(2012도13665)이나 수사기관에서 진술한 내용은 틀림없다는 취지의 증언(76도3962)만으로는 실질적 성립의 진정이 인정되지 않는다(2012도13665).

진술조서는 공판정에서 원진술자의 진술에 의하여 그 성립의 진정함이 인정된 것이 아니면 설사 공판정에서 피고인이 그 성립을 인정하여도 이를 증거로 할 수 있음에 동의한 것이 아닌 이상 증거로 할 수 없다(83도196). 만일 원진술자가 조서의 일부분에 대하여 실질적 성립의 진정을 부인하는 경우에는 그 부분만 증거능력이 부정된다(2005도1849).

나) 인정의 취소

원진술자가 법정에서 진술조서의 성립의 진정을 인정하였더라도 증거조사가 완료되기 이전에는 그 진술을 번복할 수 있다. 그러나 증거조사가 완료된 후에는 번복의사표시에 의하여 인정된 조서의 증거능력이 당연히 부정되는 것은 아니다. 다만, 최초의 진술효력을 그대로 유지하기 어려운 중대한 하자가 있고, 피고인에게 귀책사유가 없는 경우라면 증거조사 후에도 예외적으로 그 진술을 취소할 수 있다(2007도7760).

그러나 원진술자가 공판기일에서 그 성립의 진정을 인정하면 그 조서는 증거능력이 있고 원진술자가 공판기일에서 그 조서의 내용을 부인(85도1843)하거나 다른 진술을 하였다고 하여 증거능력을 부정할 사유가 되지 못한다(2000도2943).

(나) 영상녹화물이나 그 밖의 객관적인 방법에 의한 증명

수사기관은 피의자가 아닌 자의 진술과정을 진술인의 동의를 받아 영상녹화할 수 있으므로(제221조 제1항) 영상녹화물이 있는 경우에는 이를 통해 실질적 성립의 진정을 인정할 수 있다. '영상녹화물'이라 함은 형소법 및 형소규칙에 규정된 방식과 절차에 따라 제작되어 조사 신청된 영상녹화물을 의미한다(2022도364). 이때 증명정도는 합리적 의심을 배제할 수 있을 정도여야 한다(2014도10978). 그러나 영상녹화물은 성립의 진정의 용도로만 사용이 가능하므로 특별한 사정이 없는 한 공소사실을 증명하기 위한 독립된 증거로는 사용할 수 없다(2012도5041).

'그 밖의 객관적 방법'이란 영상녹화물에 준할 정도로 진술자의 진술을 과학적·기계적·객관적으로 재현해 낼 수 있는 방법을 의미한다. 따라서 신문에 참여한 조사자나 조사에 참여한 통역인 등의 제3자의 증언은 이에 해당하지 않는다

(2015도16586). 신문에 참여한 변호인의 증언이 이에 포함되는지에 대하여는 ① 객관적인 방법은 과학적·기계적 방법에 제한되지 않고 원진술자와 수사기관 이외의 객관적인 제3자의 행위를 의미한다는 이유로 포함된다는 견해가 있다. 그러나 ② 객관적인 방법은 법문의 형식상 영상녹화물에 준하는 과학적·기계적 방법으로 제한되어야 하고, 따라서 변호인의 증언은 이에 포함되지 않는다. 변호인은 피고인 등의 보호자로서 역할을 하므로 변호인의 증언에 대하여 객관성을 인정하기도 어렵다.

3) 반대신문의 기회보장

진술조서가 증거능력이 인정되기 위해서는 피고인 또는 변호인이 공판준비 또는 공판기일에서 원진술자를 반대신문할 수 있었어야 한다. 다만, 반대신문은 그 기회가 피고인 또는 변호인에게 부여되면 족하고, 반드시 반대신문이 있었는지를 요하지 않는다. 다만, 성폭력처벌법(제30조의2 제1항 제2호)과 청소년성보호법(제26조 제6항)에 따른 피해자진술의 영상녹화물의 경우에는 반대신문의 기회보장을 요하지 않는다.

그러나 원진술자가 검사의 신문에서 실질적 성립의 진정을 인정한 다음 반대신문절차에서 진술을 거부한 경우에는 실질적인 반대신문의 기회가 부여되지 않은 것이므로 증거능력이 부정된다. 판례는 "수사기관이 원진술자의 진술을 기재한 조서는 원본증거인 원진술자의 진술에 비하여 본질적으로 낮은 정도의 증명력을 가질 수밖에 없다는 한계를 지니는 것이고, 특히 원진술자의 법정출석 및 반대신문이 이루어지지 못한 경우에는 그 진술이 기재된 조서는 법관의 올바른 심증형성의 기초가 될 만한 진정한 증거가치를 가진 것으로 인정받을 수 없는 것이 원칙이다. 따라서 피고인이 공소사실 및 이를 뒷받침하는 수사기관이 원진술자의 진술을 기재한 조서내용을 부인하였음에도 불구하고, 원진술자의 법정출석과 피고인에 의한 반대신문이 이루어지지 못하였다면, 그 조서에 기재된 진술이 직접 경험한 사실을 구체적인 경위와 정황의 세세한 부분까지 정확하고 상세하게 묘사하고 있어 구태여 반대신문을 거치지 않더라도 진술의 정확한 취지를 명확히 인식할 수 있고 그 내용이 경험칙에 부합하는 등 신빙성에 의문이 없어 조서의 형식과 내용에 비추어 강한 증명력을 인정할 만한 특별한 사정이 있거나, 그 조서에 기재된 진술의 신빙성과 증명력을 뒷받침할 만한 다른 유력한 증거가 따로 존재하는 등의 예외적인 경우가 아닌 이상, 그 조서는 진정한 증거가치를 가진 것으로 인정받을 수 없는 것이어서 이를 주된 증거로 하여 공소사실을 인정하는 것은 원칙적으로 허용될 수 없다. 이는 원진술자의 사망이나 질병 등으로 인하여 원진술자의 법정출석 및 반대신문이 이루어지지 못한 경우는 물론 수사기관의 조서를 증거로 함에 피고인이 동의한 경우에도 마찬가지이다"(2005도9730)라고 한다.

4) 진술이 특히 신빙할 수 있는 상태하에서 행하여졌음이 증명될 것

(가) 의 의

조서에 기재된 진술이 특히 신빙할 수 있는 상태하에서 행하여졌음이 증명되어야 한다. '특히 신빙할 수 있는 상태'의 의미에 대하여는 ① 수사기관의 참고인조사가 법관 면전에서의 증인신문에 준할 정도로 객관성과 적법성을 갖춘 상황으로 이해하는 견해(적법절차설), ② 제312조의 적용을 제한하는 해석이 법정책상 요구되므로 신용성의 정황적 보장이 있는 경우뿐만 아니라 참고인조사가 적법절차에 의한 것이어야 한다는 견해(결합설)가 있다. 그러나 ③ 증거취득과정의 적법성은 증거능력을 인정하기 위한 일반적인 요건이므로 '특히 신빙할 수 있는 상태'는 영·미의 증거법에서 규정한 '신용성의 정황적 보장'(circumstantial guarantee of trustworthiness)을 의미한다(신용성의 정황적 보장설).

판례는 '특히 신빙할 수 있는 상태하에서 행하여진 때'라고 함은 그 진술내용이나 조서 또는 서류의 작성에 허위개입의 여지가 거의 없고, 그 진술내용의 신빙성이나 임의성을 담보할 구체적이고 외부적인 정황이 있는 경우를 가리킨다고 한다(2018도3914).

(나) 판단기준

진술조서에 기재된 진술이 특히 신빙할 수 있는 상태에서 작성되었는지 여부는 구체적 상황을 종합적으로 판단하여 결정하여야 한다(82도3248).[167] '특히 신빙할 수 있는 상태'가 인정되는지 여부를 판단함에 있어서는 변호인접견이나 변호인신문참여가 제대로 이루어졌는지, 조사시간은 합리적이었는지 등의 사정도

167) 판례는 "반드시 공소제기 후 법관 면전에서 한 진술이 가장 믿을 수 있고 그 앞의 수사기관에서의 진술은 상대적으로 신빙성·진실성이 약한 것이라고 일률적으로 단정할 수 없을 뿐만 아니라 오히려 수사기관에 검거된 후 제일 먼저 작성한 청취서의 진술기재가 범행사실을 숨김없이 승인한 것이었는데 그 후의 수사과정과 공판과정에서 외부와의 접촉, 시간의 경과에 따른 자신의 장래와 가족에 대한 걱정 등이 늘어감에 따라 점차 그 진술이 진실로부터 멀어져가는 사례는 흔히 있는 것이어서 이러한 신용성의 정황적 보장의 존재 및 그 강약에 관하여는 구체적 사안에 따라 이를 가릴 수밖에 없는" 것(82도3248)이라고 하였다.

고려하여야 한다.

판례는 '신용성의 정황적 보장'이란 사실의 승인, 즉 자기에게 불이익한 사실의 승인이나 자백은 재현을 기대하기 어렵고 진실성이 강하다는데 근거를 둔 것이라고 하면서, 일반적으로 자기에게 유리한 진술은 그 신빙성이 약하나 반대로 자기에게 불이익한 사실의 승인은 진실성이나 신빙성이 강하다는 관점에서 '부지 불각중에 한 말', '사람이 죽음에 임해서 하는 말', '어떠한 자극에 의해서 반사적으로 한 말', '경험상 앞뒤가 맞고 이론정연한 말', 또는 '범행에 접착하여 범증은폐를 할 시간적 여유가 없을 때 한 말', '범행직후 자기의 소행에 충격을 받고 깊이 뉘우치는 상태에서 한 말' 등이 특히 신용성의 정황적 보장이 강하다고 한다(82도3248).

(다) 입증책임

'특히 신빙할 수 있는 상태'의 존재에 대하여는 검사에게 입증책임이 있다. 증명의 정도는 자유로운 증명으로 충분하지만(2012도2937), 단지 그러할 개연성이 있다는 정도로는 부족하고 합리적인 의심의 여지를 배제할 정도에 이르러야 한다(2015도12981).

<참고> 공소제기 후 수사기관에 의하여 작성된 피고인 진술조서의 증거능력

수사기관이 공소제기 후에 피고인을 소환하여 법정 외에서 신문한 경우 그 진술을 기재한 진술조서의 증거능력에 대하여는 ① 피고인에 대한 진술조서는 실질적으로 피의자신문조서와 동일하므로 진술조서의 작성주체에 따라 제312조 제1항과 제3항을 적용하여 증거능력을 판단하여야 한다는 견해가 있다. 그러나 ② 피고인은 검사와 대등한 당사자일 뿐만 아니라 검사가 기소 후 피고인에 대한 조사가 필요한 경우에는 공판절차상 피고인신문절차를 이용할 수 있으므로 공소제기 후의 수사기관에 의한 피고인신문은 피고인의 당사자지위에 반하므로 원칙적으로 허용되지 않고, 따라서 위법수집증거에 해당하므로 증거능력을 부정하여야 한다. 다만, 공범 또는 진범이 발견되는 등 피고인에 대한 수사기관의 조사가 불가피한 경우에 한하여 예외적으로 검사의 조사를 인정하되, 그 조서는 진술조서의 형태를 취하고 있더라도 피의자신문조서로 보아야 한다.

판례는 검사작성의 피고인에 대한 진술조서가 공소제기 후에 작성된 것이라는 이유만으로는 곧 그 증거능력이 없다고 할 수 없다고 하면서(84도646), 기소 후 피고인을 소환하여 신문을 하면서 피의자신문조서가 아닌 일반적인 진술조서의 형식으로 조서를 작성한 경우에도 피의자신문조서와 실질적으로 같이 취급하고 있다(2008도8213).

<참고> 증인에 대한 진술조서

참고인은 재판의 당사자가 아니며 임의수사의 대상이므로 공소제기 후에도 증인에 대한 조사가 허용된다. 그러나 판례는 검사가 공판기일에 증인으로 신청하여 신문할 수 있음에도 불구하고 미리 수사기관에 참고인으로 소환하여 피고인에게 불리한 진술을 기재한 진술조서를 작성하여 이를 공판절차에 증거로 제출할 수 있게 하는 것은 특별한 사정이 없는 한 피고인과 대등한 당사자의 지위에 있는 검사가 수사기관으로서의 권한을 이용하여 일방적으로 법정 밖에서 유리한 증거를 만들 수 있게 하는 것이므로 당사자주의·공판중심주의·직접심리주의에 반하고 피고인의 공정한 재판을 받을 권리를 침해하는 것이기 때문에 피고인이 증거로 할 수 있음에 동의하지 않는 한 증거능력이 없다고 한다(2018도2236[168]). 또한 피고인에게 유리한 증언을 한 증인을 수사기관이 법정 외에서 다시 참고인으로 조사하여 법정에서 행한 진술을 번복하게 하는 것은 적법절차에 위배되는 수사이므로 이 진술은 유죄의 증거로 삼을 수 없다고 한다(92도2171, 99도1108). 진술조서를 작성하는 대신 참고인으로 하여금 본인의 증언내용을 번복하는 내용의 진술서를 작성한 경우(2012도13665)나 수사기관에 출석할 것을 요구하여 그 증인을 상대로 위증의 혐의를 조사한 내용을 담은 피의자신문조서의 경우(2017도1660[169])도 마찬가지이다.

---

168) 판례는 위 사안에서 "참고인 등이 나중에 법정에 증인으로 출석하여 위 진술조서 등의 성립의 진정을 인정하고 피고인측에 반대신문의 기회가 부여된다 하더라도 위 진술조서 등의 증거능력을 인정할 수 없음은 마찬가지이다. 참고인 등이 법정에서 위와 같이 증거능력이 없는 진술조서 등과 같은 취지로 피고인에게 불리한 내용의 진술을 한 경우, 그 진술에 신빙성을 인정하여 유죄의 증거로 삼을 것인지는 증인신문 전 수사기관에서 진술조서 등이 작성된 경위와 그것이 법정진술에 영향을 미쳤을 가능성 등을 종합적으로 고려하여 신중하게 판단하여야 한다"고 하였다. 한편, 동일한 사안에서 "검사가 증인신문 전 면담과정에서 증인에 대한 회유나 압박, 답변 유도나 암시 등으로 증인의 법정진술에 영향을 미치지 않았다는 점이 담보되어야 증인의 법정진술을 신빙할 수 있다고 할 것이다. 검사가 증인신문 준비 등 필요에 따라 증인을 사전면담할 수 있다고 하더라도 법원이나 피고인의 관여 없이 일방적으로 사전면담하는 과정에서 증인이 훈련되거나 유도되어 법정에서 왜곡된 진술을 할 가능성도 배제할 수 없기 때문이다. 증인에 대한 회유나 압박 등이 없었다는 사정은 검사가 증인의 법정진술이나 면담과정을 기록한 자료 등으로 사전면담 시점, 이유와 방법, 구체적 내용 등을 밝힘으로써 증명하여야 한다"(2020도15891)고 하였다.

169) 다만, 판례는 위 사안에서 그 후 원진술자인 종전 증인이 다시 법정에 출석하여 증언을 하였다면 그 증언 자체는 유죄의 증거로 할 수 있다고 하였다.

(3) 제314조의 적용 여부

수사기관이 피의자 아닌 자의 진술을 기재한 조서에 대하여는 제314조가 적용된다.

4. 진 술 서

(1) 의의와 종류

1) 의 의

진술서란 피고인, 피의자, 참고인 등 서류의 작성자가 자신의 생각과 의사, 사실 등을 기재한 서면을 말한다. 이에는 피고인 또는 피고인 아닌 자가 작성하였거나 진술한 내용이 포함된 문자·사진·영상 등의 정보로서 컴퓨터용 디스크, 그 밖에 이와 비슷한 정보저장매체에 저장된 것을 포함한다. 진술서는 시말서, 자술서, 일기, 메모 등 명칭과 형식을 불문하며, 해당 사건의 공판절차나 수사절차에서 작성된 것임을 요하지 않는다. 사건과 직접 관계없이 작성된 메모나 일기, 편지, 변호사가 법률자문과정에서 작성한 법률의견서(2009도6788), 사인인 의사의 진단서(67도231), 고소장(2012도2937) 등이 이에 해당된다.

진술서는 서류작성의 주체가 피고인·피의자 또는 참고인이라는 점에서 법원 또는 수사기관이 작성하는 진술조서와는 구별된다. 또한 진술서는 진술인이 직접 작성하는 것이라는 점에서 제3자가 진술자의 진술을 대신 기재한 서면인 진술을 기재한 서류와 구별된다.

2) 종 류

진술서는 피고인의 진술서와 피고인이 아닌 자의 진술서로 구분된다. 피고인이 다른 사건과 관련하여 작성한 진술서는 피고인의 진술서에 해당하지만, 공동피고인의 진술서는 피고인 아닌 자의 진술서에 해당한다.

또한 진술서는 작성과정에 따라 수사단계에서 작성된 것과 수사과정 이외에서 작성된 것으로 구분된다. 수사진행 중에 작성된 진술서라고 하더라도 수사기관의 요구에 따른 것이 아니라 수사기관 이외의 장소에서 작성하여 수사기관에 제출한 것은 수사과정 이외에서 작성된 진술서에 해당한다.

(2) 수사과정에서 작성된 진술서의 증거능력

수사과정에서 작성된 진술서는 그 형식에 따라 제312조 제1항부터 제4항을 적용한다(제312조 제5항). 즉, 검사의 수사과정에서 작성된 피의자의 진술서는 제312조 제1항, 사법경찰관의 수사과정에서 작성된 피의자의 진술서는 제312조 제3항, 검사 또는 사법경찰관의 수사과정에서 작성된 참고인의 진술서는 제312조 제4항에 따라 증거능력이 인정된다. 그러나 진술서가 적법한 절차와 방식에 의하여 작성된 것이 아니면 증거능력이 인정되지 않는다(2013도3790).

'수사과정에서 작성한 진술서'란 수사가 시작된 이후에 수사기관의 관여 아래 작성된 것이거나 개시된 수사와 관련하여 수사과정에 제출할 목적으로 작성한 것으로, 작성 시기와 경위 등 여러 사정에 비추어 그 실질이 이에 해당하는 이상 명칭이나 작성된 장소 여부를 불문한다. 따라서 수사기관이 수사에 필요하여 피의자가 아닌 자로부터 진술서를 작성·제출받는 경우에도 피의자를 조사하는 경우와 마찬가지로 그 절차는 준수되어야 하므로, 피고인이 아닌 자가 수사과정에서 진술서를 작성하였지만 수사기관이 조사과정의 진행경과를 확인하기 위하여 필요한 사항을 그 진술서에 기록하거나 별도의 서면에 기록한 후 수사기록에 편철하는 등 적절한 조치를 취하지 아니하여 제244조의4 제1항과 제3항에서 정한 절차를 위반한 경우에는, 그 진술증거 취득과정의 절차적 적법성의 제도적 보장이 침해되지 않았다고 볼 만한 특별한 사정이 없는 한 '적법한 절차와 방식'에 따라 수사과정에서 진술서가 작성되었다고 할 수 없으므로 증거능력이 인정되지 않는다(2022도9510).

(3) 수사과정 이외에서 작성된 진술서의 증거능력

1) 의 의

제311조와 제312조의 규정 외에 피고인 또는 피고인이 아닌 자가 작성한 진술서로서 진술자의 자필이거나 그 서명 또는 날인이 있는 것(피고인 또는 피고인 아닌 자가 작성한 내용이 포함된 문자·사진·영상 등의 정보로서 컴퓨터용 디스크, 그 밖에 이와 비슷한 정보저장매체에 저장된 것을 포함한다)은 공판준비나 공판기일에서의 그 작성자의 진술에 의하여 그 성립의 진정함이 증명된 때에는 증거로 할 수 있다(제313조 제1항 본문). 이때의 진술서는 수사 이전에 작성하였거나 수사과정에서 작성되지 아니한 진술서를 피고인 또는 제3자가 법원에 제출한 것과 공판심리 중에 작성된 진술서에 제한된다. 하지만 피고인의 진술을 기재한 서류가 비록 수사기관이 아

닌 자에 의하여 작성되었다고 하더라도, 수사가 시작된 이후 수사기관의 관여나 영향 아래 작성된 경우로서 서류를 작성한 자의 신분이나 지위, 서류를 작성한 경위와 목적, 작성 시기와 장소 및 진술을 받는 방식 등에 비추어 실질적으로 고찰할 때 그 서류가 수사과정 외에서 작성된 것이라고 보기 어렵다면, 이를 제313조 제1항의 '전 2조의 규정 이외에 피고인의 진술을 기재한 서류'에 해당한다고 할 수 없다(2023도15133).[170]

진술서는 반드시 자필일 것을 요하지 아니하며, 타이프 기타 부동문자에 의한 진술서도 이에 포함된다.

2) 증거능력의 인정요건

(가) 성립의 진정을 인정하는 경우

피고인 또는 피고인이 아닌 자가 작성한 진술서가 증거로 사용되기 위해서는 공판준비나 공판기일에서의 그 작성자의 진술에 의하여 그 성립의 진정함이 증명되어야 한다. '성립의 진정'은 형식적 성립의 진정뿐만 아니라 그 내용이 자신이 진술한 대로임을 인정하는 실질적 성립의 진정을 포함한다(2007도10755)(전술 참조). 다만, 정보저장매체에 저장된 진술서에 대하여는 문서의 성격상 작성자의 서명 또는 날인을 요하지 않는다(2014도10978).

작성자의 자필이거나 서명날인이 있는 진술서는 내용이 작성자가 진술한 것임이 보장되며, 피고인의 자백이나 불이익한 사실의 승인은 재현이 불가능하고 진실성이 강하기 때문에 '내용의 인정'을 요하지 않는다.

(나) 성립의 진정을 부인하는 경우

진술서의 작성자가 공판준비나 공판기일에서 그 성립의 진정을 부인

---

170)피고인의 진술이 기재된 형사조정조서에 대하여, 판례는 "형사조정위원들의 소속 및 지위, 이 사건 형사조정조서를 작성한 경위와 목적, 형사조정위원들이 형사조정절차의 진행과 관련하여 수사기관으로부터 확보한 자료의 내용과 성격, 형사조정의 방식 및 내용과 그 진행 장소, 간사로 검찰수사관이 관여한 상황, 형사조정의 불성립 이후 이 사건 형사조정조서를 받은 검사가 이를 토대로 피고인에 대한 피의자신문을 실시한 수사의 진행경과 등에 비추어 이 사건 형사조정조서 중 '피의자의 주장'란에 피고인의 진술을 기재한 부분은 비록 수사기관이 아닌 자에 의하여 작성되었다고 하더라도 수사가 시작된 이후 수사기관의 관여나 영향 아래 작성된 경우로서 실질적으로 고찰할 때 수사과정 외에서 작성된 것이라고 볼 수 없으므로 제313조 제1항에 따라 증거능력을 인정할 수 없고, 이는 수사기관이 작성한 '피의자신문조서'나 '피고인이 아닌 자의 진술을 기재한 조서'가 아니고, '피고인 또는 피고인이 아닌 자가 작성한 진술서'라 보기도 어려우므로 제312조에 의하여 증거능력을 인정할 수도 없다"(2024도11314)고 하였다.

하는 경우에는 과학적 분석결과에 기초한 디지털포렌식 자료, 감정 등 객관적 방법으로 성립의 진정함이 증명되는 때에는 증거로 할 수 있다(제313조 제2항). 객관적 방법으로 성립의 진정을 증명할 수 있는 대상은 진술서이고, 진술을 기재한 서류는 이에 해당하지 않는다. 동조항은 진술서의 작성자가 성립의 진정을 부인하는 경우뿐만 아니라 묵비하는 경우도 적용된다. 성립의 진정은 '객관적 방법'에 의하여 증명하여야 하므로, 정보저장매체의 경우 그 사용자 및 소유자, 로그기록 등 정보저장매체에 남은 흔적, 초안문서의 존재, 작성자만의 암호사용 여부, 전자서명의 유·무 등에 의하여 성립의 진정을 증명할 수 있다.

이 외에 피고인 아닌 자가 작성한 진술서는 피고인 또는 변호인이 공판준비 또는 공판기일에 그 기재내용에 관해 작성자를 신문할 수 있었을 것을 요한다(동조 제2항). 다만, 피고인 또는 변호인에게 반대신문의 기회를 제공하면 충분하고, 반드시 반대신문이 있었을 것은 요하지 않는다.

한편, 피고인의 진술서의 경우에 '특히 신빙할 수 있는 상태'가 요구되는지에 대하여는 ① 피고인의 진술을 내용으로 하는 점에서 피고인의 진술을 기재한 서류와 진술서는 차이가 없으므로 필요하다는 견해가 있다. 그러나 ② 제313조 제1항 단서는 피고인의 진술을 기재한 서류에 대해서 적용되는 것이므로 법문에 충실하면 진술서의 경우에는 '진술을 기재한 서류'의 경우와 달리 '특히 신빙할 수 있는 상태'의 요건은 요하지 아니한다. 하지만 피고인의 진술서에 대해서도 신용성과 객관성을 담보하기 위하여 입법론적으로 '특히 신빙할 수 있는 상태'를 증거능력 인정요건으로 부가할 필요가 있다. 판례는 피고인의 자필로 작성된 진술서의 경우에는 서류의 작성자가 동시에 진술자이므로 진정하게 성립된 것으로 인정되어 제313조 제1항 단서에 의하여 그 진술이 특히 신빙할 수 있는 상태하에서 행하여진 때에는 증거능력이 있고, 이러한 특히 신빙할 수 있는 상태는 증거능력의 인정요건에 해당한다고 한다(2000도1743).

(4) 제314조의 적용 여부

진술서는 그 작성자가 피고인이 아닌 경우에는 제314조가 적용된다.

5. 진술을 기재한 서류

(1) 의 의

진술을 기재한 서류란 제3자가 피고인 또는 피고인 아닌 자의 진술을 기재한 서면을 말한다. 변호인이 피고인 등의 진술을 기재한 서면이나 선거관리위원회 직원이 기재한 문답서(2013도5441), 수사기관이 피해자와 통화한 내용을 기록한 수사보고서, 조세범칙조사를 담당하는 세무공무원이 작성한 조서(2022도8824) 등이 이에 해당한다.

제311조와 제312조의 규정 이외에 피고인 또는 피고인이 아닌 자의 진술을 기재한 서류로서 그 작성자의 자필이거나 그 서명 또는 날인이 있는 것(피고인 또는 피고인 아닌 자가 진술한 내용이 포함된 문자·사진·영상 등의 정보로서 컴퓨터용 디스크, 그 밖에 이와 비슷한 정보저장매체에 저장된 것을 포함한다)은 공판준비나 공판기일에서의 진술자의 진술에 의하여 그 성립의 진정함이 증명된 때에는 증거로 할 수 있다. 다만, 피고인의 진술을 기재한 서류는 공판준비 또는 공판기일에서의 그 작성자의 진술에 의하여 그 성립의 진정함이 증명되고 그 진술이 특히 신빙할 수 있는 상태하에서 행하여 진 때에 한하여 피고인의 공판준비 또는 공판기일에서의 진술에 불구하고 증거로 할 수 있다(제313조 제1항).

(2) 증거능력의 인정요건

1) 원 칙

피고인 또는 피고인이 아닌 자의 진술을 기재한 서류로서 그 작성자의 자필이거나 그 서명 또는 날인이 있는 것은 공판준비나 공판기일에서의 진술자의 진술에 의하여 그 성립의 진정함이 증명된 때에는 증거로 할 수 있다(제313조 제1항 본문). 다만, 정보저장매체에 저장된 진술을 기재한 서류에 대하여는 문서의 성격상 작성자의 서명 또는 날인을 요하지 아니한 것은 진술서의 경우와 같다(2014도10978).

2) 피고인의 진술을 기재한 서류

(가) 피고인의 진술

'피고인'의 진술을 기재한 서류이므로, 피고인이 아닌 자의 진술서나 피고인이 아닌 자의 진술을 기재한 서류는 이에 해당하지 않는다.

한편, '피고인의 진술을 기재한 서류'에 피고인의 진술서가 포함되는지에 대하여는 ① 동조항 단서규정에서 '특히 신빙할 수 있는 상태'라는 가중요건을 둔 취지는 피고인의 진술을 기재한 진술서에 대한 신용성과 객관성도 담보하기 위한 규정으로 이해하는 것이 합리적이므로 피고인의 진술을 기재한 진술서도 포함하는 것으로 해석하여야 한다는 견해가 있다. 그러나 ② 피고인의 진술서와 피고인의 진술을 기재한 서류는 명백히 구별되므로 법문언에 충실하면 피고인의 진술을 기재한 서류에 피고인의 진술서는 포함되지 않는다(다수설).

(나) 작성자에 의한 성립의 진정 인정

'작성자'는 진술자가 아닌 제3자를 의미한다. 따라서 피고인의 진술을 기재한 서류가 증거능력을 갖기 위해서는 작성자에 의하여 성립의 진정이 인정되어야 한다.

이때 작성자 외에 제313조 제1항 본문에 따라 원진술자인 피고인에 의한 성립의 진정이 요구되는지에 대하여는 ① 피고인의 진술을 기재한 서류는 작성자와 더불어 진술자인 피고인이 그 성립의 진정을 인정하고, 특히 신빙할 수 있는 상태에서 작성된 경우에만 증거능력을 인정하여야 한다는 견해(가중요건설)가 있다. 그러나 ② 작성자의 일방적인 주장에 의해 진술을 기재한 서류의 증거능력을 인정하게 되면 피고인에게 불리하게 될 수 있지만, 이 점은 '특히 신빙할 수 있는 상태'의 판단을 통해 방지할 수 있으므로 성립의 진정의 요건을 지나치게 엄격하게 해석할 필요는 없고, 따라서 진술을 기재한 서류는 작성자의 진술에 의하여 성립의 진정함이 증명되고 특히 신빙할 수 있는 상태에서 작성된 경우에는 증거능력이 인정된다(완화요건설, 다수설). 판례는 원진술자인 피고인이 녹음테이프상의 목소리 또는 서류상의 서명 등을 부인하는 경우에는 진실발견을 위해 녹음자 또는 서류작성자 등, 작성자의 성립의 진정을 통해 증거능력을 인정할 현실적 필요가 있으므로 작성자의 진술에 의하여 성립의 진정만 인정되면 충분하다고 한다(2012도7461).

한편, '피고인의 진술에도 불구하고'에서 피고인의 부인은 내용의 부인이 아니라 성립의 진정을 부인하는 경우를 말한다(2012도7461). 따라서 '피고인의 진술에도 불구하고'란 '피고인이 성립의 진정을 부인함에도 불구하고' 작성자에 의하여 성립의 진정의 인정되면 증거능력이 인정된다는 것을 의미한다.

(다) 진술이 특히 신빙할 수 있는 상태하에서 행하여졌음이 증명될 것

피고인의 진술을 기재한 서류는 그 진술이 특히 신빙할 수 있는 상태하에서 행하여진 때에 한하여 증거로 할 수 있다. '특히 신빙할 수 있는 상태'의 의

미는 전술한 바와 같다.

(3) 제314조의 적용 여부

진술을 기재한 서류는 진술자나 작성자가 피고인이 아닌 경우에는 제314조가 적용된다.

6. 검증조서

(1) 의 의

1) 개 념

검증조서란 수사기관이나법원 또는 법관이 오관의 작용에 의하여 물건의 존재와 상태를 인식한 것을 기재한 서면을 말한다. 법원이나 수사기관이 검증을 한 때에는 조서를 작성하여야 한다(제49조 제1항). 검증조서는 검증한 자가 검증 당시에 인식한 사실을 객관적으로 기재한 서면으로 정확성이 있고, 검증은 가치판단을 요하지 않는 기술적인 성격을 가지므로 허위가 개입할 여지가 적다는 점에서 전문법칙의 예외로 인정하고 있다.

검증조서에는 검증의 일시 및 장소, 검증목적과 참여인, 검증내용 등을 기재하도록 되어 있다. 보통은 검증을 한 자가 검증목적물에 대한 상태 등을 관찰하고 기록하지만, 때에 따라서는 검증에 참여하는 사람의 진술이 기재되거나 현장사진 등이 첨부된다(동조 제2항 참조). 따라서 검증조서는 검증조서 자체의 증거능력 인정요건과 더불어, 검증조서에 기재된 피고인, 피해자 등의 진술 및 현장사진 등의 증거능력이 문제된다.

2) 검증조서에 기재된 참여자의 진술

검증조서에는 검증자가 검증의 결과를 기재하는 것 외에 검증을 효과적으로 행하기 위해 피고인, 피해자 또는 목격자 등 검증에 참여한 자의 진술을 함께 기재하는 경우가 있다.

이와 관련하여 검증조서에 기재된 참여자의 진술의 증거능력에 대하여는 ① 검증조서에 기재된 진술내용인 현장지시와 현장진술을 구별하지 않으면서 검증조서에 기재된 진술을 검증조서로 보지 않고 작성주체만을 기준으로 하여 증거능력을 판단해야 한다는 견해, ② 현장지시를 세분화하여 현장지시가 검증활동의 동기를 설명하는 비진술증거로 사용될 때에는 검증조사와 일체를 이루므로 검증조서로 취급하고, 현장지시가 범죄사실을 인정하기 위한 진술증거로 사용되는 경우에는 현장진술과 같이 취급하여 검증조서의 작성주체와 진술자에 따라 증거능력을 판단해야 한다는 견해가 있다. 그러나 ③ 검증조서에 기재된 진술을 현장지시와 현장진술로 나누어, 현장지시는 범죄사실을 인정하는 독립된 진술증거가 아니라 검증조서와 일체를 이루기 때문에 검증조서로 취급하고, 현장진술은 진술증거이기 때문에 이를 기재한 조서는 진술조서에 해당하므로 검증조서의 작성주체와 진술자에 따라 증거능력을 판단해야 한다(다수설). 판례는 사법경찰관이 작성한 검증조서에 기재된 피의자의 진술부분에 대하여는 피고인이 공판정에서 성립의 진정뿐만 아니라 내용을 인정할 때에만 증거능력을 인정하고 있다(98도159).

(가) 현장지시

현장지시는 검증 시에 검증의 대상물인 목적물이나 장소 등을 지시, 설명하는 진술을 말한다. 다만, 현장지시라고 하더라도 진술 자체가 범죄사실을 인정하기 위한 진술증거로 이용되는 때에는 현장진술이 된다.

(나) 현장진술

현장진술은 검증의 기회에 검증현장에서 이루어지는 현장지시 이외의 진술을 말한다. 즉, 현장진술이 검증참여자의 과거의 체험사실에 대한 진술이 공소사실 인정의 증거로 사용되는 경우이다. 현장진술은 검증결과와는 구별되는 것으로 검증조서로서의 증거능력은 인정되지 아니한다.

3) 검증조서에 첨부된 사진·도화

검증목적물의 상태 등을 명확하게 하기 위하여 검증조서에는 사진이나 도화를 첨부할 수 있다(제49조 제2항). 이는 검증조서와 일체를 이루게 되므로 검증조서로서 증거능력이 인정된다.

(2) 법원 또는 법관의 검증조서

1) 검증조서의 증거능력

법원 또는 법관의 검증조서는 법원 또는 법관의 객관성과 신용성이 보장되고, 검증절차에 당사자의 참여권이 인정(제145조, 제121조)되므로 반대신문권이 보장되기 때문에 제311조에 의하여 무조건 증거능력이 인정된다. 해당 사건의 재판부가 검증을 한 경우뿐만 아니라 수명법관이나 수탁판사가 검증을 한 경우와 증거보전절차(제184조)에서 검증을 한 경우 등이 이에 해당한다.

그러나 해당 사건의 재판부가 공판기일에 법정에서 검증을 한 경우에는 그 검증결과 자체가 원본증거가 되므로 전문법칙이 적용될 여지가 없다. 하지만 해당 사건이 아닌 다른 사건의 검증조서는 당사자의 참여권이 보장되지 않으므로 제311조가 아닌 제315조 제3호에 의해 증거능력이 인정된다.

2) 검증조서에 기재된 진술의 증거능력

현장지시는 검증조서로서 증거능력이 인정된다. 다만, 현장진술의 증거능력에 대하여는 ① 법원 또는 법관의 면전에서 행한 진술이므로 제311조 전문 전단에 의해 증거능력이 인정된다는 견해(다수설), ② 현장진술이 검증조서에 기재되었다면 검증조서의 일부이므로 검증조서의 증거능력에 준하여 제311조 전문 후단에 의해 증거능력이 인정된다는 견해가 있다. 그러나 ③ 피고인 또는 피의자의 현장진술은 제311조 전문 전단에 의해 증거능력이 인정될 수 있지만, 제3자의 진술은 비록 법원 또는 법관의 면전의 진술이지만 피고인 또는 피의자가 아닌 목격자, 참고인 등 소송관계인의 참여가 보장된다고 하더라도 법관이 정식으로 증인신문을 하는 것은 아니므로 선서가 없는 진술일 뿐만 아니라 반대신문권도 제대로 보장되지 않는다. 따라서 피고인 또는 피의자의 현장진술은 제311조 전문 전단에 의해 증거능력이 인정될 수 있지만, 제3자의 진술은 그 증거능력을 부정하여야 한다.

(3) 검사 또는 사법경찰관의 검증조서

1) 검증조서의 증거능력

수사기관의 사전영장에 의한 검증(제215조) 또는 영장에 의하지 않은 검증(제216조 제1항 제2호, 제217조) 등에서 그 검증결과를 작성한 소서는 적법한 절차와 방식에 따라 작성된 것으로서 공판준비 또는 공판기일에서의 작성자의 진술에 따라 그 성립의 진정함이 증명된 때에는 증거로 할 수 있다(제312조 제6항).

이때 검증조서의 작성주체는 검사 또는 사법경찰관이므로(제312조 제6항) 사법경찰리는 작성주체에 해당하지 않는다(76도500). 수사기관이 작성한 검증조서는 해당 사건에서 작성된 검증조서뿐만 아니라 다른 사건의 검증조서도 포함된다. 그러나 수사보고서는 수사기관의 수사 경위와 결과 등을 내부적으로 보고하기 위해 작성한 서류이므로 수사보고서에 검증의 결과가 기재되어 있더라도 이는 내부적 보고문서로서 검증조서에 해당하지 않고, 따라서 그 기재부분은 제312조 제6항은 물론, 제313조 제1항에 의해서도 증거능력이 인정되지 않는다(2000도2933).

(가) 적법한 절차와 방식에 따라 작성된 것

검증조서의 증거능력을 인정하기 위해서는 우선 검증의 적법성이 인정되어야 한다. '적법한 절차와 방식'의 의미는 다른 조서의 경우에서 설명한 바와 같다. 따라서 긴급검증요건에 해당하지 않거나 해당하더라도 사후영장을 발부받아야 하는 경우(제216조 제3항)에 사후영장을 발부받지 않으면 검증 자체가 위법하게 되므로 검증조서의 증거능력도 인정되지 않는다.

(나) 실질적 성립의 진정

검증조서는 공판준비 또는 공판기일에서의 작성자의 진술에 따라 그 성립의 진정함이 증명되어야 한다. '성립의 진정'은 실질적 성립의 진정을 말하므로 검증조서의 형식적 성립의 진정 외에 검증조서의 기재내용이 검증 당시의 검증자의 체험과 일치하여야 한다.

수사기관에 의한 검증조서에 첨부된 사진이나 도화도 그 성질상 검증조서와 일체를 이루게 되므로 검증조서로서 증거능력이 인정된다. 다만, 검증조서는 수사기관이 범죄현장 등에 대하여 보고 들은 바를 기재한 전문서류이므로 비록 그 작성자가 성립의 진정을 인정하는 경우에도 그 증거능력을 인정하기 위해서는 피고인에게 반대신문권이 보장되어야 한다.

2) 검증조서에 기재된 진술의 증거능력

검증조서에 기재된 현장지시는 검증조서와 일체를 이루기 때문에 검증조서로서 제312조 제6항을 적용하고, 현장진술은 진술증거이기 때문에 실질적으로 피의자신문조서나 진술조서에 해당하므로 검증조서의 작성주체와 진술자에 따라 제312조 제1항 내지 제4항이 적용된다(다수설).

한편, 검증현장에서 피의자의 범행재연을 촬영한 사진의 증거능력에 대하여도 범행재연은 피의자의 행동적 진술로서 자백에 해당하므로 검증의 주체에 따라 제312조 제1항 또는 제3항을 적용한다(2007도1794). 그러나 검증조서에 검증자의 판단과 의견이 일부 기재되어 있다면 그 기재부분은 사실인식이 아니므로 증거로 할 수 없다.

(4) 실황조사서

1) 의 의

실황조사서란 교통사고나 화재사고 등 범죄현장이나 기타 장소에서 수사기관이 임의로 행한 현장조사의 결과를 기재한 서면을 말한다(검사규칙 제51조 참조). 교통사고현장에 출동한 경찰관이 차량의 위치 및 도로의 상태 등을 기재한 보고서가 이에 해당한다.

2) 증거능력의 인정 여부

실황조사서에 대하여 증거능력을 인정할 수 있는지에 대하여는 ① 검증은 강제수사의 일종이므로 강제수사법정주의와 영장주의의 원칙상 임의수사의 형식으로 행하여지는 실황조사서는 증거능력이 없다는 견해, ② 실황조사서가 실질적으로 검증과 동일한 성질을 가지고 있으므로 실황조사서에 대해서도 검증조서에 관한 제312조 제6항을 적용할 수 있지만, 사후검증영장을 발부받아야 한다는 견해가 있다. 그러나 ③ 실황조사서는 수사기관이 범죄현장 등을 직접 오관의 작용에 의해 관찰하고 기재한 서면으로서 기능상 검증조서와 차이가 없다. 하지만 실황조사는 임의수사의 한 방법으로 행하여지는 것이므로 개인의 사생활 또는 신체의 침해가 수반되지 않은 경우에 한하여 제312조 제6항에 의해 성립의 진정이 인정되면 증거능력이 인정된다(다수설). 판례는 사법경찰관사무취급이 작성한 실황조사서가 사고발생직후 사고장소에서 긴급을 요하여 판사의 영장 없이 시행된 것으로서 제216조 제3항에 의한 검증에 따라 작성된 것이라면 사후영장을 받지 않는 한 유죄의 증거로 삼을 수 없다고 한다(88도1399).

그러나 실황조사서에 기재된 내용이 검사나 사법경찰관의 의견을 기재한 것에 불과한 경우에는 증거능력이 인정되지 않는다(83도948). 또한 실황조사서에 기재된 내용이 피의자의 진술 또는 범행재현의 행동적 진술인 경우에는 피의자신문조서와 같이 취급하여야 하므로 피고인이 공판정에서 실황조사서에 기재된 범행재현의 상황을 모두 부인하면 증거능력이 인정되지 않는다(89도1557).

3) 압수·수색조서의 증거능력

검사 또는 사법경찰관이 압수·수색한 경우에는 압수·수색조서를 작성하여야 한다(제49조 제1항). 이 압수·수색조서가 그 절차의 적법성 및 압수·수색 당

시의 압수물의 존재상황을 증명하기 위하여 증거로 사용되는 경우가 있다.[171]

하지만 형소법에서는 검증조서와 달리 압수·수색조서의 증거능력에 관하여는 규정을 두고 있지 않다. 그러나 압수·수색조서는 검증조서와 작성주체도 같고, 일종의 체험사실을 기재하고 있다는 점에서 유사한 성질을 가지므로 검증조서에 준하여 제312조 제6항에 의하여 증거능력을 판단하여야 한다(94도1476). 다만, 수사기관이 작성한 압수조서 중에 수사기관이 범행현장에서 직접 목격한 내용을 기재한 경우에는 그 부분에 한해 제312조 제5항의 '피고인이 아닌 자가 수사과정에서 작성한 진술서'로 보아야 한다(2019도13290).

4) 제314조의 적용 여부

법원에 의한 검증조서는 제311조에 의해 당연히 증거능력이 인정되므로 제314조의 적용문제는 발생하지 않는다. 그러나 수사기관에 의한 검증조서와 실황조사서 등의 경우에는 제314조가 적용된다.

7. 감 정 서

(1) 의 의

감정서란 감정인이 감정을 하고 그 경과와 결과를 기재한 서면을 말한다. 감정은 법원의 명령에 의한 경우(제169조)와 수사기관의 위촉에 의한 경우(제221조 제2항)가 있다.

법원의 명령을 받은 감정인은 감정의 경과와 결과를 서면으로 제출하여야 하며(제171조), 수사기관의 위촉을 받은 감정수탁자도 통상 서면으로 감정의 경과와 결과를 보고한다. 감정서는 진술서(제313조 제1항과 제2항)에 준하여 증거능력이 인정된다(제313조 제3항). 다만, 사인의 의뢰에 의하여 작성한 의사의 진단서는 감정서에 해당하지 않고 일반적인 진술서이므로 제313조 제3항이 아니라 제313조 제1항과 제2항이 적용된다.

(2) 증거능력의 인정요건

1) 법원의 감정명령에 의한 감정서

감정서의 경우에는 감정인의 선서와 허위감정에 대한 형사처벌(형법

---

171) 압수·수색과정의 적법성 여부는 소송법적 사실이므로 자유로운 증명으로 가능하다.

제154조)[172)]에 의해 신용성이 담보된다는 점에서 진술서에 준하여 증거능력이 인정된다(제313조 제3항). 따라서 감정서(감정인이 작성한 내용이 포함된 문자·사진·영상 등의 정보로서 컴퓨터용 디스크, 그 밖에 이와 비슷한 정보저장매체에 저장된 것을 포함한다)는 감정인의 자필 또는 서명날인이 있고, 공판준비 또는 공판기일에 감정인의 진술에 의하여 그 성립의 진정함이 증명된 때에는 증거능력이 인정된다(동조 제1항 참조).

그러나 감정인이 공판준비나 공판기일에서 감정서의 성립의 진정을 부인하는 경우에는 과학적 분석결과에 기초한 디지털포렌식 자료, 감정 등 객관적 방법으로 성립의 진정함이 증명되는 때에 증거로 할 수 있다. 다만, 감정서는 피고인 또는 변호인이 공판준비 또는 공판기일에 그 기재내용에 관해 작성자를 신문할 수 있었을 것을 요한다(동조 제2항 참조).

2) 수사기관의 감정위촉에 의한 감정서

수사기관이 감정을 촉탁한 감정수딕자가 작성한 감정서에 대하여 제313조 제3항을 적용할 수 있는지에 대하여는 ① 수사기관이 촉탁한 감정수탁자는 선서와 허위감정에 대한 제재가 없으므로 신용성의 결여로 제313조 제3항을 적용할 수 없고, 따라서 성립의 진정 외에 '특히 신빙할 수 있는 상태'를 요한다는 견해가 있다. 그러나 ② 감정수탁자의 감정도 법원의 명에 의한 감정에 준하여 취급하고 있고(제221조의3, 제221조의4), 전문법칙은 당사자의 반대신문을 통한 신용성의 확보에 그 목적이 있으므로 감정수탁자에게 선서의무와 허위감정에 대한 형사제재의 부담이 없더라도 법원의 명령에 의한 감정서와 같이 제313조 제3항에 의해 증거능력을 인정하여야 한다(통설). 판례는 수사기관이 감정위탁을 사실조회의 형식으로 하여 감정서 대신 사실조회회보라는 명칭으로 작성된 것도 감정의 경과와 결과를 기재한 것이라면 감정서와 같이 제313조 제3항을 적용하여야 한다고 한다(94도1680).

한편, 감정서의 증거능력에 대하여도 위법수집증거배제법칙은 적용되므로, 수사기관이 위법하게 압수·수색하여 취득한 증거의 압수물에 대한 감정서는 증거능력이 인정되지 않는다(2014도8719).

---

172) 「형법」 제154조(허위의 감정, 통역, 번역) 법률에 의하여 선서한 감정인, 통역인 또는 번역인이 허위의 감정, 통역 또는 번역을 한 때에는 전2조(위증·모해위증죄와 그 자백·자수의 필요적 감경 또는 면제)의 예에 의한다.

3) 감정인신문조서

법원 또는 법관에 의한 감정인신문조서는 제311조, 수사기관이 작성한 감정수탁자신문조서는 제312조 제4항에 의하여 증거능력 유·무를 판단해야 한다.

(3) 제314조의 적용 여부

감정서에 대하여는 제314조가 적용된다.

8. 제314조에 의한 예외

(1) 의 의

제314조에서는 "제312조 또는 제313조의 경우에 공판준비 또는 공판기일에 진술을 요하는 자가 사망·질병·외국거주·소재불명 그 밖에 이에 준하는 사유로 인하여 진술할 수 없는 때에는 그 조서 및 그 밖의 서류(피고인 또는 피고인 아닌 자가 작성하였거나 진술한 내용이 포함된 문자·사진·영상 등의 정보로서 컴퓨터용 디스크, 그 밖에 이와 비슷한 정보저장매체에 저장된 것을 포함한다)를 증거로 할 수 있다. 다만, 그 진술 또는 작성이 특히 신빙할 수 있는 상태하에서 행하여졌음이 증명된 때에 한한다"고 규정하고 있다. 이때 수사기관의 진술조서나 서류는 우리나라의 권한있는 수사기관뿐만 아니라 외국의 권한있는 수사기관이 작성한 것을 포함한다(97도1351).

제314조는 일정한 조서에 대하여 제312조와 제313조의 증거능력 요건을 갖추지 못한 경우에도 소송경제와 실체적 진실발견을 위하여 필요성과 신용성의 정황적 보장을 요건으로 진술조서의 증거능력을 인정하는 것으로, 직접심리주의 등 공판중심주의의 기본원칙에 대한 중대한 예외를 인정하는 것이므로 그 요건의 충족 여부는 엄격하게 심사되어야 한다. 따라서 이에 대한 거증책임은 당연히 검사에게 있다.

(2) 증거능력의 인정요건

1) 필 요 성

원진술자가 사망하였거나 질병, 외국거주, 소재불명으로 인해 출석할 수 없는 경우 또는 이에 준하는 사유가 있어야 한다.

(가) 질 병

질병은 신체적 질환뿐만 아니라 정신적 질환도 포함한다. 다만, 원진술자가 공판이 계속되는 동안 임상신문이나 출장신문도 불가능할 정도의 중병임을 요한다(2004도3619). 노인성치매로 인하여 기억력장애가 있거나 분별력을 상실한 경우(91도2281), 중풍과 언어장애 등 장애등급 3급 5호의 장애로 법정에 출석할 수 없는 경우(99도202) 등이 이에 해당한다.

그러나 피해자가 증인으로 소환받고도 출산을 앞두고 있다는 사유로 출석하지 아니한 경우(99도915)나 약 10세 남짓의 성추행 피해자가 만 5세 무렵에 당한 성추행으로 인하여 외상 후 스트레스 증후군을 앓고 있다는 등의 이유로 공판정에 출석하지 아니한 경우는 이에 해당하지 않는다(2004도3619).

(나) 외국거주

외국거주는 원진술자가 단순히 외국에 거주한다는 사유만으로는 부족하고, 수사기관이 원진술자를 출석시키기 위해 가능하고 상당한 수단을 다하더라도 출석하게 할 수 없는 사정이 있어야 한다(2007도10004). 참고인이 일본으로 이주한 이래 전자우편에 의해 연락이 가능하더라도 외국의 주거지나 거소 등이 파악되지 않은 상황이며, 수사기관의 권유에도 불구하고 참고인이 전자우편을 통해 증언거부의 뜻을 명확히 표시하였다면 비록 수사기관이 참고인의 외국 주소 등을 확인하여 증인소환장을 발송하는 조치를 취하지 않았더라도 '외국거주'의 요건은 충족되었다고 할 수 있다(2013도2511).

그러나 진술을 요하는 자가 외국에 거주하고 있고 공판정출석을 거부하더라도 사법공조절차 등의 방법으로 증인을 소환하거나 외국의 법원의 사법공조를 통한 증인신문과 같은 상당한 수단을 다하지 않았다면 이에 해당하지 않는다(2015도17115).

(다) 소재불명

소재불명에 해당하려면 증인의 법정출석을 위한 가능하고도 충분한 노력을 하였음에도 부득이 증인의 출석이 불가능하게 되었다는 사정이 있어야 한다. 따라서 증인소환장이 주소불명으로 송달불능이 된 경우만으로는 부족하고, 그 증인에 대한 소재탐지결과 그 소재가 확인되지 않고 구인장을 집행하여도 집행되지 않는 정도에 해당하여야 한다(2010도2602).

그러나 검사가 소재탐지를 하지 않았거나 주거지가 아닌 곳에 소재탐지를 한 경우(73도2124)는 물론, 설령 소재불명으로 소재탐지가 된 경우라도 검사가 제출한 증인신청서, 수사기록 등에 증인의 전화번호 등이 기재되어 있고, 수사기관이 해당 전화번호로 통화를 하여 출석의사 등을 확인하는 등 상당한 노력을 기울이지 아니한 경우(2013도1435)는 이에 해당하지 않는다.

(라) 이에 준하는 사유

'이에 준하는 사유'란 사망 또는 질병에 준하여 증인으로 소환될 당시부터 기억력이나 분별력의 상실상태에 있다거나, 증인소환장을 송달받고 출석하지 아니하여 구인을 명하였으나 끝내 구인의 집행이 되지 아니하는 등으로 진술을 요할 자가 공판준비 또는 공판기일에 진술할 수 없는 예외적인 사유를 말한다(2004도3619). 유아가 공판정에 출석하였으나 일시적 기억상실로 인해 진술의 일부가 재현이 불가능한 경우(2005도9561) 등이 이에 해당한다.

한편, 법정에 증인으로 출석하여 증언을 거부한 경우가 '이에 준하는 사유'에 해당하는지에 대하여는 ① 필요성의 요건을 너무 엄격하게 해석하면 신빙성 있는 전문진술을 유죄의 증거로 사용할 수 없게 되어 형사정의를 해칠 염려가 있으므로 증언을 요하는 자가 법률에 따라 증언을 거부하고 있는 경우에는 진실발견을 위해 전문진술을 증거로 사용할 수밖에 없는 필요성이 인정되므로 이를 긍정하는 견해, ② 원진술자가 증인으로 정당하게 증언거부권을 행사한 때에는 해당하지 아니하지만, 사실상 증언을 회피하기 위해 증언을 거부한 때에는 해당한다는 견해가 있다. 그러나 ③ 전문법칙의 예외규정은 가능한 한 제한적으로 해석하여야 하고, 증언거부권을 실효적으로 보장할 필요가 있으며, 증인이 증언을 거부한 경우에는 반대신문권이 보장되지 않으므로 증인이 증언을 거부한 것은 '이에 준하는 사유'에 해당하지 않는다. 판례는 법정에 출석한 증인이 정당하게 증언을 거부하는 경우에는 이에 준하는 사유에 해당하지 아니하며(2009도6788), 나아가 수사기관에서 진술한 참고인이 자신에 대한 관련 형사판결이 확정되었음에도 불구하고 법정에서 증언을 거부하여 피고인이 반대신문을 하지 못한 경우에는 정당하게 증언거부권을 행사한 것이 아니라도, 피고인이 증인의 증언거부상황을 초래하였다는 등의 특별한 사정이 없는 한 이에 해당하지 않는다고 한다(2018도13945). 피고인이 증거서류의 성립의 진정을 묻는 검사의 질문에 대하여 진술거부권을 행사하여 진술거부를 한 경우도 마찬가지이다(2012도16001).

2) 진술이 특히 신빙할 수 있는 상태하에서 행하여졌음이 증명될 것

제314조가 적용되기 위해서는 그 진술 또는 작성이 특히 신빙할 수 있

는 상태하에서 행하여졌음이 증명된 때에 한한다(신용성의 정황적 보장). '특히 신빙할 수 있는 상태'의 의미는 전술한 바와 같다. 따라서 단지 그러할 개연성이 있는 정도로는 부족하고 합리적인 의심이 여지를 배제할 정도, 즉 법정에서이 반대신문 등을 통한 검증을 굳이 거치지 않더라도 진술의 신빙성을 충분히 담보할 수 있어 실질적 직접심리주의와 전문법칙에 대한 예외로 평가할 수 있는 정도에 이르러야 한다(2015도12981).

'특히 신빙할 수 있는 상태 여부'는 진술내용뿐만 아니라 진술경위 및 진술 전·후의 정황 등을 종합적으로 고려하여 판단하여야 한다. 판례는 수사기관이 형사사법공조절차를 거치지 아니한 채 외국으로 현지출장하여 뇌물공여자를 만나 참고인진술조서를 작성한 경우는 수사의 정형적 형태를 벗어난 것임을 이유로 특히 신빙할 수 있는 상태를 인정하지 않는다(2011도3809).

9. 당연히 증거능력이 인정되는 서류

(1) 의 의

진술을 기재한 서류는 원칙적으로 진술시에 해당하므로 제313조의 적용을 받아야 한다. 그러나 진술서 중에 공공기관 또는 통상의 업무절차과정에서 형사재판을 염두에 두지 않고 통상적으로 작성되는 서류는 신용성과 객관성이 높고, 공무원과 업무담당자를 그때마다 증인으로 신문하여 성립의 진정을 증명하는 것은 소송경제에도 반하므로 필요성이 인정되는 경우에 당연히 증거능력을 인정하여야 한다. 이에 제315조에서는 당연히 증거능력이 인정되는 서류를 유형화하고 있다.

(2) 직무상 증명할 수 있는 공무원의 작성문서

공권적 증명문서, 즉 가족관계기록사항에 관한 증명서, 공정증서등본 기타 공무원 또는 외국공무원의 직무상 증명할 수 있는 사항에 관해 작성한 문서는 증거능력이 인정된다(제1호). 등기부등본 및 초본, 인감증명서, 세무공무원의 시가감정서(85도225), 전과조회회보, 법원의 판결사본(81도2591) 등이 이에 해당한다. 외국공무원이 직무상 증명할 수 있는 사항에 대하여 작성한 문서도 포함되므로 일본세관서 담당공무원이 직무상 작성한 마약 등에 대한 감정서 등본도 이에 해당한다(83도3145).

그러나 공소장(78도575)이나 외국수사기관이 수사결과 얻은 정보를 기록하여 회답한 문서(79도1852) 등 수사기관이 작성한 문서는 이에 해당하지 않는다.

(3) 업무상 통상적으로 작성된 문서

상업장부, 항해일지 기타 업무상 필요로 작성한 통상문서는 증거능력이 인정된다(제2호). '업무상 통상문서'에 해당하는지를 판단함에 있어서는 (i) 제315조 제2호 및 제3호의 입법취지를 참작하여 해당 문서가 정규적·규칙적으로 이루어지는 업무활동으로부터 나온 것인지 여부, (ii) 해당 문서를 작성하는 것이 일상적인 업무 관행 또는 직무상 강제되는 것인지 여부, (iii) 해당 문서에 기재된 정보가 취득된 즉시 또는 그 직후에 이루어져 정확성이 보장될 수 있는 것인지 여부, (iv) 해당 문서의 기록이 비교적 기계적으로 행하여지는 것이어서 기록과정에 기록자의 주관적 개입의 여지가 거의 없다고 볼 수 있는지 여부, (v) 해당 문서가 공시성이 있는 등으로 사후적으로 내용의 정확성을 확인·검증할 기회가 있어 신용성이 담보되어 있는지 여부 등을 종합적으로 고려하여야 한다(2015도2625).[173] 금전출납부, 전표, 통계표 등이 이에 해당한다. 의사가 작성한 진단서는 특정 사안에 대하여 개별적으로 작성된 것이므로 제313조 제1항에 따라 증거능력을 인정하여야 하지만, 진료부는 이에 해당한다(72도922). 또한 이중장부를 작성한 경우 허위장부는 이에 해당하지 아니하지만 비밀장부(94도2865)나 성매매업소의 업주가 고객의 전화번호, 아이디(ID), 성매매방법 등을 기재한 영업용컴퓨터기록은 영업상 필요에 의해 작성된 것이므로 이에 해당한다(2007도3219). 그러나 체포·구속인접견부는 피의자가 죄증을 인멸하거나 도주를 기도하는 등 유치장의 안전과 질서를 위태롭게 하는 행위를 방지하기 위한 목적으로 작성되는 서류에 불과하므로 이에 해당하지 않는다(2011도5459).

---

173) 판례는 "피고인 1의 업무 지시사항에 따라 심리전단이 활동하여야 할 주제와 그에 관련된 2~3줄의 짧은 설명을 담고 있는 구체적 활동지침에 해당하는 이른바 '이슈와 논지', 공소외 A가 심리전단직원으로서 수행함에 있어 필요한 자료, 심리전단활동의 수행방법 등 업무와 관련한 내용을 주로 담고 있고, 자신이 한 심리전단활동으로 인해 수사를 받을 것이라는 점을 전혀 인식하지 못한 상황에서 장기간에 걸쳐 계속적으로 작성하여 업무수행의 기초로 삼은 것으로서, 그 작성 경위와 목적, 공소외인의 업무와 문서에 담긴 내용의 관련성 및 내용의 신빙성 등을 종합적으로 고려하면, 위 파일은 공소외 A가 2012. 4. 25.부터 2012. 12. 5.까지 통상적 업무인 트위터를 통한 심리전 활동을 전개하기 위하여 매일 시달된 이슈와 논지와 함께 그 활동에 필요한 각종 자료들을 계속 추가·보충한 문서로서 제315조 제2호의 '업무상 필요로 작성한 통상문서'에 해당한다"(2015도2625)고 하였다.

(4) 기타 특히 신용할 만한 정황에서 작성된 문서

기타 특히 신용할 만한 정황에 의하여 작성된 문서는 당연히 증거능력이 인정된다(제3호). '기타 특히 신용할 만한 정황에 의하여 작성된 문서'란 제315조 제1호와 제2호에서 열거된 공권적 증명문서 및 업무상 통상문서에 준하여 굳이 반대신문의 기회부여 여부가 문제 되지 않을 정도로 고도의 신용성의 정황적 보장이 있는 문서를 의미한다(2015도2625). 공공기록, 보고서, 역서, 정기간행물, 공무소작성 통계와 연감, 스포츠기록 등이 이에 해당한다. 또한 구속전 피의자심문조서(99도2317), 체포·구속적부심문조서(2003도5693)는 물론, 해당 사건이 아닌 다른 사건의 공판조서(또는 그 공판조서 중 증인신문조서)도 이에 해당한다(2004도4428).

그러나 범죄사실의 인정 여부와 관련하여 어떤 의견을 제시하는 내용을 담은 문서는 이에 해당하지 않는다. 따라서 보험사기사건에서 건강보험심사평가원이 수사기관의 의뢰에 따라 그 보내온 자료를 토대로 입원진료의 적정성에 대한 의견을 제시하는 회신문서(2017도12671), 주민들의 진정서사본(83도2613), 국가정보원 심리전단 직원의 이메일계정에서 압수한 전자문서(2015도2625), 체포·구속인접견부(2011도5459) 등은 이에 해당하지 않는다.

Ⅲ. 전문진술의 증거능력

1. 의 의

제311조에서 제315조까지는 전문서류의 증거능력에 대하여 규정하고 있는 반면, 제316조에서는 전문진술의 증거능력에 대하여 규정하고 있다. 즉, 제316조 제1항에서는 피고인이 아닌 자의 진술(조사자 포함)이 피고인의 진술을 내용으로 하는 경우, 제2항에서는 피고인 아닌 자의 진술(조사자 포함)이 피고인 아닌 자의 진술을 내용으로 하는 경우의 증거능력에 대하여 각각 규정하고 있다.

2. 피고인 아닌 자의 진술이 피고인의 진술을 내용으로 하는 경우

(1) 의 의

피고인이 아닌 자(공소제기 전에 피고인을 피의자로 조사하였거나 그 조사에 참여하였던 자를 포함한다. 이하 이 조에서 같다)의 공판준비 또는 공판기일에서의 진술이 피고인의 진술을 그 내용으로 하는 것인 때에는 그 진술이 특히 신빙할 수 있는 상태하에서 행하여졌음이 증명된 때에 한하여 이를 증거로 할 수 있다(제316조 제1항). 이는 원진술자인 피고인이 법정에 있으므로 특히 신빙할 수 있는 상태가 인정되면 증거능력을 인정한다는 취지이다.

제316조 제1항의 법적 성격에 대하여는 ① 원진술자가 피고인이므로 당사자의 반대신문권이 무의미하기 때문에 증거능력이 인정된다고 하면서 직접심리주의의 예외라는 견해가 있다. 그러나 ② 피고인이 아닌 자의 진술은 타인의 진술을 내용으로 하므로 신용성이 결여된 전문증거에 해당한다는 점에서 동조항은 전문법칙의 예외에 해당한다(통설). 전문법칙에서도 피의자의 자인(admission)은 전문진술의 개념에 포함되지 않으므로 동조항을 직접심리주의의 예외라고 볼 이유는 없다.

(2) 적용범위

1) 피고인이 아닌 자의 진술

진술자는 피고인이 아닌 자이어야 한다. 피고인이 아닌 자에는 제3자뿐만 아니라 피고인을 조사한 조사자나 이에 참여하였던 자를 포함한다.[174)]

조사자증언과 마찬가지로 대질 등 수사과정에서 피고인의 진술을 들은 제3자의 증언에 대해서도 제316조 제1항에 따라 증거능력이 인정된다. 다만, 조사자증언이라고 하더라도 피의자가 자백한 진술내용이 아니라 직접 범행을 목격한 부분에 관하여는 여느 목격자의 진술과 다름없이 신빙성이 인정되면 증거능력이 인정된다(95도535).

---

174) 2007년 형소법 개정 전에는 조사자의 증언을 허용하게 되면 사법경찰관작성의 피의자신문조서에 대하여 피고인의 내용인정을 요구하는 규정이 무의미해진다는 이유로 사법경찰관작성 피의자신문조서에 대하여 피고인이 법정에서 그 내용을 부인하는 경우에는 조사자의 진술을 통하여 그 진술내용을 증언할 수 없다는 것이 판례의 입장이었다(2002도2112).

<참고> 조사자증언제도

조사자증언제도란 공소를 제기하기 전에 또는 피고인을 피의자로 조사하였거나 그 조사에 참여하였던 자를 사람이 공판준비 또는 공판기일에 증인으로 출석하게 하고, 이들이 피고인의 진술을 내용으로 하는 진술을 한 경우에 그 진술이 특히 신빙할 수 있는 상태하에서 행하여졌음이 증명된 때에는 증거로 채택할 수 있도록 하는 제도를 말한다. 조사자증언제도는 2007년 형소법 개정에서 실체적 진실발견과 피고인의 방어권보장 사이에서 조화를 도모하기 위한 장치로 도입되었다.

조사자증언제도에 허용 여부에 대하여는 ① 종래 학설이나 판례(2005도5831)가 조사자증언제도를 인정하지 않았을 뿐 아니라 조사자증언제도를 인정할 경우 피고인의 수사절차에서의 진술을 내용으로 하는 사법경찰관의 증언이 피고인에 대한 유죄의 증거로 사용될 수 있고, 따라서 이는 제312조 제3항에서 사법경찰관작성 피의자신문조서의 증거능력을 인정하기 위하여 내용의 인정을 요구하는 취지를 무시하는 것으로 된다는 점에서 이를 부정하는 견해가 있다. 그러나 ② 수사기관의 피의자신문 자체의 중요성을 간과할 수 없고, 일반 형사사건의 경우에 사법경찰관이 수사를 종결하게 되므로 피고인이 공판정에서 사법경찰관작성 피의자신문조서의 내용을 부인할 경우에는 공판정에서 그 진술과정과 진술내용의 신용성을 확인하기 위해서는 조사자증언제도를 적극적으로 활용할 필요가 있다. 특히, 이 제도는 형소법 개정에 의하여 검사작성 피의자신문조서의 증거능력 인정요건으로서 '내용의 인정'을 인정하는 상황에서 형벌권의 정당한 실현과 실체적 진실발견에도 도움이 될 것이며, 피고인의 입장에서도 사법경찰관의 수사적법성을 다투는 장치가 될 수도 있다. 한편, 조사자증언제도는 경찰에서 자백한 피의자에 대한 검사의 이중수사의 불편을 개선할 수 있고, 수사기관이 조사자로 증언하게 될 경우에는 반대신문과 위증죄의 부담을 지게 되므로 적법수사와 책임수사를 가능하게 하는 이점도 있다.

2) 피고인의 진술을 내용으로 하는 경우

피고인 아닌 자의 진술은 피고인의 진술을 그 내용으로 하여야 한다. '피고인'은 해당 사건의 피고인만을 말하며, 공동피고인이나 공범은 이에 해당하지 않는다.

그러나 '피고인의 진술'은 피고인의 지위에서 행하여진 것임을 요하지 않으므로 피고인이 사건 직후 수사받기 전에 제3자에게 진술한 경우(99도4814)는 물론, 조사과정에서 피의자, 참고인으로 진술한 경우를 모두 포함한다. 다만, 피고인의 진술이 자백에 해당하는 때에는 자백의 보강법칙이 적용되므로, 피고인 아닌 자의 법정에서의 증언이 피고인의 자백을 내용으로 하는 때에는 보강증거를 요한다(2007도10937 참조).

(3) 증거능력의 인정요건

피고인이 아닌 자의 공판준비 또는 공판기일에서의 진술이 피고인의 진술을 그 내용으로 하는 것인 때에는 그 진술이 '특히 신빙할 수 있는 상태'하에서 행하여졌을 때 증거능력이 인정된다. '특히 신빙할 수 있는 상태'의 의미는 전술한 바와 같다. '특히 신빙할 수 있는 상태'는 경찰서와 같이 공개되고 조사과정이 폐쇄회로카메라 등 감시되는 장소에서 조사가 이루어졌는지, 미성년자인 경우 신뢰관계자가 동석하였는지 등 피해자의 상태와 구체적인 조사의 진행과정을 종합적으로 고려하여 판단하여야 한다.

피고인의 수사기관 진술이 '특히 신빙할 수 있는 상태하에서 행하여졌음'은 증거능력의 인정요건이므로 이에 대한 증명은 검사가 하여야 하는데, 단지 그 증명의 정도는 그러할 개연성이 있다는 정도로는 부족하고 합리적인 의심의 여지를 배제할 정도에 이르러야 한다(2023도7301). 따라서 판례는 검사가 피고인을 조사하였던 경찰관을 증인으로 신청하여 피고인이 자백한 진술을 증언하게 한 경우 피고인이 그 진술에 대하여 치열하게 다투고 있고, 그 진술이 체포된 상태에서 변호인의 동석 없이 이루어진 때에는 피고인의 진술이 신빙할 수 있는 상태에서 행하여졌다는 점이 증명되었다고 보기 어렵다(2011도5459).

3. 피고인 아닌 자의 진술이 피고인 아닌 타인의 진술을 내용으로 하는 경우

(1) 의 의

피고인 아닌 자의 공판준비 또는 공판기일에서의 진술이 피고인 아닌 타인의 진술을 그 내용으로 하는 것인 때에는 원진술자가 사망, 질병, 외국거주, 소재불명 그 밖에 이에 준하는 사유로 인하여 진술할 수 없고, 그 진술이 특히 신빙할 수 있는 상태에서 행하여졌음이 증명된 때에 한하여 이를 증거로 할 수 있다(제316조 제2항). 이는 전문법칙의 예외로서 원진술자가 소재불명 등일 경우에 필요성과 신용성의 정황적 보장을 조건으로 증거능력을 인정하는 것이다.

(2) 적용범위

피고인이 아닌 자가 피고인 아닌 타인의 진술을 그 내용으로 하는 경우이다. 공판정 등에서 진술하는 피고인이 아닌 자에는 조사자가 포함되므로(제316조 제1항) 피고인 아닌 자를 조사한 사람 또는 그 조사에 참여한 사람도 그 진술의 주체가 될 수 있다.

진술내용은 피고인 아닌 타인의 진술이므로 원진술자는 공범, 공동피고인과 같이 피고인이 아닌 제3자를 의미한다(2011도7173).

(3) 증거능력의 인정요건

피고인 아닌 자의 진술이 피고인 아닌 타인의 진술을 내용으로 하는 경우에 증거능력이 인정되기 위해서는 '필요성'과 '특히 신빙할 수 있는 상태'의 요건을 충족하여야 한다. 따라서 원진술자가 소재불명 등 필요성을 요건으로 하므로 원진술자가 제1심법원에 출석하여 진술을 하였다가 항소심에 이르러 진술할 수 없게 된 경우는 원진술자가 진술할 수 없는 경우에 해당하지 않으며(2001도3997), 원진술자가 법정에 출석하여 수사기관에서 한 진술을 부인하는 취지로 증언한 이상 원진술자의 진술을 내용으로 하는 조사자의 증언은 증거능력이 없다(2008도6985). 원진술자가 법정에 출석한 이상 다른 증인이 원진술자의 진술을 내용으로 증언을 할 수도 없다(2010도8735).

원진술자의 소재불명 등 '필요성'과 '특히 신빙할 수 있는 상태'의 의미는 전술한 바와 같다.

<참고> 피고인이 한 피고인 아닌 타인의 진술

형소법에서는 피고인이 공판기일 등에서 피고인이 아닌 자의 진술을 하는 경우에 관하여는 규정하고 있지 않다. 따라서 피고인의 진술이 피고인 아닌 자의 진술을 내용으로 하는 경우의 적용법조에 대하여는 ① 피고인에게 이익이 되는 경우에만 제316조 제2항을 유추적용하자는 견해(이익구분설)가 있다. 그러나 ② 피고인의 진술이 '피고인 아닌 타인의 진술'을 내용으로 한다는 점에서 피고인 아닌 자의 진술의 경우와 실질적으로 차이가 없고, 전문법칙이 반대신문을 통한 진술의 신용성보장에 그 취지가 있는 만큼 전문진술의 필요성과 신용적 정황이 인정되는 경우에는 제316조 제2항을 유추적용하여야 한다(유추적용설, 다수설). 전문법칙의 예외인정의 이유가 실체적 진실발견과 형벌권 실현의 적정화임을 고려하면 피고인의 전문진술의 증거능력 인정을 피고인에게 이익이 되는지 여부에 따라 다르게 취급할 이유는 없다.

> 판례는 피고인의 업무수첩 등의 대화 내용부분이 피고인이 아닌 다른 사람들 사이에서 대화한 내용을 증명하기 위한 진술증거인 경우에는 전문진술로서 제316조 제2항에 따라 원진술자가 사망, 질병, 외국거주, 소재불명 그 밖에 이에 준하는 사유로 진술할 수 없고 그 진술이 특히 신빙할 수 있는 상태에서 한 것임이 증명된 때에 한하여 증거로 사용할 수 있다고 한다(2018도13792).

4. 재전문증거

(1) 의 의

재전문증거란 전문증거가 그 내용에서 다시 전문증거를 포함하는 경우를 말한다. 재전문에는 전문진술을 들은 자로부터 전문한 진술(재전문진술)과 전문진술을 서면에 기재한 경우(재전문서류[175])가 포함된다. 재전문에 다시 전문증거가 포함된 경우를 다중전문이라고 한다.

(2) 증거능력의 인정 여부

형소법에서는 재전문증거에 관하여는 아무런 규정을 두고 있지 않다. 따라서 재전문의 경우에는 진술자를 반대신문하는 경우에도 원진술자의 존재나 진술상황을 확인할 수 없는 것과 관련하여 증거능력을 인정할 것인지에 대하여는 ① 재전문은 이중의 예외로서 전문증거에 비해 범죄와의 관련성이나 증명력이 약하여 오류의 가능성이 높고, 그 증거능력을 인정하는 명문의 규정이 없다는 점에서 증거능력을 부정하는 견해, ② 재전문증거에 대하여 제한적으로 전문법칙의 예외로 인정하는 견해로서, 재전문진술에 대하여는 증거능력을 인정할 수 없고 전문진술이 기재된 조서에 대해서만 전문법칙의 예외로 인정하는 견해와 최초의 원진술자가 재전문증거의 내용이 자신의 원진술과 같다는 사실을 확인한 경우에 한해 재전문증거의 증거능력을 인정하는 견해[176]가 있다. 그러나 ③ 전문증거와 재전문증거는 타인의 원진술이 요증사실의 증명자료로서 된다는 점에서 차이가 없고, 전문진술

---

175) 재전문서류는 원진술자인 甲의 진술을 들은 乙이 甲으로부터 들은 내용을 기억에 따라 기재한 것이라는 점에서 원진술자인 甲의 진술을 乙이 그대로 기재하거나 녹음한 경우와 같이 단순전문의 진술을 기재한 서류와는 구별된다. 타인의 전문진술을 들었다는 진술을 기재한 조서는 재재전문서류가 된다.

176) 재전문증거는 사실상 원진술자의 공판정출석이 불가능한 경우에 문제될 것이므로 그 증거능력 인정요건으로 원진술자의 확인을 요한다는 주장은 재전문증거의 증거능력을 부정하는 것과 다름이 없다.

을 기재한 조서와 재전문진술은 이중의 전문이라는 점에서 동일하므로 전문진술의 경우와 같이 전문법칙의 예외요건을 충족하는 때에는 증거능력을 인정하여야 한다(다수설). 재전문증거라도 피고인이 증거로 함에 동의한 경우에는 당연히 증거능력이 인정된다.

판례는 전문진술이 기재된 조서는 제312조 또는 제314조의 규정에 의하여 각 그 증거능력이 인정될 수 있는 경우에 해당하여야 함을 물론, 나아가 제316조 제2항의 규정에 따른 요건을 갖추어야 예외적으로 증거능력이 있지만, 재전문진술이나 재전문진술을 기재한 조서에 대하여는 달리 그 증거능력을 인정하는 규정을 두고 있지 아니하고 있으므로, 피고인이 증거로 하는 데 동의하지 아니하는 한 제310조의2의 규정에 의하여 이를 증거로 할 수 없다고 한다(2015도12981).

Ⅳ. 특수한 증거의 증거능력

1. 사 진

(1) 의 의

사진은 과거에 발생한 역시적 사실을 렌즈에 비친 대로 필름 또는 인화지에 기계적으로 재생시킨 증거방법이다. 따라서 사진은 기계적 방법으로 대상을 특정한다는 점에서 신용성이 매우 높은 반면, 인화과정에서 인위적인 조작이 가해질 위험성이 있다는 점에서 그 증거능력이 문제된다. 이는 사진을 진술증거로 인정하여 전문법칙을 적용할 것인지, 아니면 비진술증거로 인정할 것인지의 문제로 귀착된다.

(2) 사본으로서의 사진

사본으로서의 사진이란 사진이 본래 증거로 제출되어야 할 자료의 대용물로 제출되는 경우를 말한다. 문서나 범행에 사용된 흉기를 찍은 사진 등이 이에 해당한다.

사본으로서 사진의 증거능력에 대하여는 ① 원본의 존재 및 성립의 진정을 인정할 자료가 구비되고, 특히 신용할 만한 정황에 의해 작성되었다고 인정될 때 제315조(당연히 증거능력이 있는 서류) 제3호에 의해 증거능력이 인정된다는 견해, ② 최우량증거의 법칙(Best evidence rule)에 의하여 원본증거를 제출할 수 없거나 곤란한 사정이 있고, 원본의 정확한 사본임이 증명되는 경우에 한해 증거능력이 인정된다는 견해가 있다. 그러나 ③ 사본으로서의 사진은 원본의 대체물이라는 점에서 그 촬영한 대상인 원본증거의 성질에 따라 구분하여야 한다. 따라서 원본증거가 비진술증거이면 원본의 존재, 필요성, 정확성이라는 요건이 충족되면 증거능력이 인정되고, 진술증거이면 이들 요건 이외에 그 진술증거의 전문증거로서의 예외요건이 충족되어야 증거능력이 인정된다. 판례는 피고인이 정보통신망을 이용하여 공포감을 조성하는 문자를 반복적으로 보낸 경우에 피해자의 휴대폰의 화면에 있는 문자정보는 범죄행위의 직접적 수단으로서 진술인의 경험 등을 대체하는 진술증거가 아니라는 이유로 사진의 정확성과 필요성이 인정되는 경우에는 증거능력을 인정한다(2006도2556).[177] 또한 사진이 원본이 아닌 사본인 경우에도 원본이 삭제되어 존재하지 아니하며, 복사과정에서 위·변조되지 않고 원본과 동일하고 무결성이 인정되면 그 증거능력을 인정할 수 있다고 한다(2017도9747).[178]

(3) 진술의 일부인 사진

사진이 진술자의 진술내용을 정확하게 표현하기 위하여 진술증거의 일부로 사용되는 경우가 있다. 검증조서나 감정서에 사진이 첨부되는 경우 또는 참고인이 사진을 이용하여 진술을 하고 이를 진술조서에 첨부한 경우 등이 이에 해당한다.

사진이 진술증거의 일부를 이루어 보조적인 수단으로 사용된 경우에는 사진

---

177) 판례는 "문자메시지는 피해자가 피고인으로부터 풀려난 당일에 남동생에게 도움을 요청하면서 피고인이 협박한 말을 포함하여 공갈 등 피고인으로부터 피해를 입은 내용을 문자메시지로 보낸 것이므로, 이 사건 문자메시지의 내용을 촬영한 사진은 증거서류 중 피해자의 진술서에 준하는 것으로 취급함이 상당할 것인바, 진술서에 관한 제313조에 따라 이 사건 문자메시지의 작성자인 피해자 공소외 1이 제1심법정에 출석하여 자신이 이 사건 문자메시지를 작성하여 동생에게 보낸 것과 같음을 확인하고, 동생인 공소외 3도 제1심법정에 출석하여 피해자 공소외 1이 보낸 이 사건 문자메시지를 촬영한 사진이 맞다고 확인한 이상, 이 사건 문자메시지를 촬영한 사진은 그 성립의 진정함이 증명되었다고 볼 수 있으므로 이를 증거로 할 수 있다"(2010도8735)고 하였다.

178) 판례는 피고인에 대한 검사작성의 피의자신문조서가 그 내용 중 일부를 가린 채 복사를 한 다음 원본과 상위없다는 인증을 하여 초본의 형식으로 제출된 경우에, "위와 같은 피의자신문조서초본은 피의자신문조서원본 중 가려진 부분의 내용이 가려지지 않은 부분과 분리 가능하고 해당 공소사실과 관련성이 없는 경우에만, 그 피의자신문조서의 원본이 존재하거나 존재하였을 것, 피의자신문조서의 원본제출이 불능 또는 곤란한 사정이 있을 것, 원본을 정확하게 전사하였을 것 등 3가지 요건을 전제로 피고인에 대한 검사작성의 피의자신문조서원본과 동일하게 취급할 수 있다"(2000도5461)고 하였다.

의 증거능력은 진술조서나 검증조서 또는 감정서와 일체가 되므로 그 진술증거의 성격에 따라 증거능력을 판단하여야 한다. 따라서 수사기관의 검증조서에 첨부된 사진이 범행을 재연하는 장면을 촬영한 것이라면 이는 피의자의 행동적 진술이므로 피의자신문조서로서의 증거능력을 갖추어야 한다(98도159).

(4) 현장사진

현장사진이란 범행과정이나 범행 전·후의 행동, 범행장소의 상황 등을 촬영한 사진이 독립증거로서 제출되는 경우를 말한다. 현장을 촬영한 비디오테이프의 영상부분,[179] 폐쇄회로장치(CCTV)나 차량용 블랙박스의 영상에 의한 녹화장면 등이 이에 해당한다.

현장사진의 법적 성격에 대하여는 ① 사진은 전문진술과 같이 사람의 지각을 통해 표현되는 것이 아니라 기계적인 방법으로 현출되는 것이므로 진술증거가 아니라는 견해(비진술증거설), ② 사진은 사실의 보고라는 점에서 진술과 동일하며, 작성 및 현출과정에서 인위적인 조작이 있을 수가 있으므로 진술증거로 취급하여야 한다는 견해(진술증거설)가 있다. 비진술증거설에 따르면 현장사진에는 전문법칙이 적용되지 않으므로 현장사진이 요증사실과의 관련성, 즉 현장의 정확한 영상이라는 사실이 확인되면 증거능력이 인정되고, 요증사실과의 관련성을 다투는 경우에도 반드시 촬영자를 원진술자로서 소환할 필요가 없으며, 제3자의 증언이나 다른 방법에 의해서도 그 증명이 가능하다. 반면, 진술증거설에 따르면 사진은 전문증거에 해당하고, 따라서 법관이 촬영한 때에는 제311조, 수사기관이 촬영한 경우에는 제312조 제6항(검증조서), 사인이 촬영한 경우에는 제313조 제1항에 따라 증거능력이 판단하여야 한다. 그러나 ③ 전문진술이 금지되는 것은 반대신문을 통하여 원진술자가 보고 들은 바에 대한 기억의 부정확함, 원신술자의 부정직성, 표현상의 오류 등을 확인할 수 없기 때문이다. 하지만 범행행위를 촬영한 사진은 기계적 방법에 의해 현장상황을 그대로 재현한 것으로서 비진술증거이므로 이러한 문제는 발생하지 않는다. 다만, 현장사진은 조작가능성을 배제할 수 없으므로 검증조서에 준하여 제312조 제6항에 따라 요증사실과의 관련성, 즉 촬영자에 의해 성립의 진정이 인정되는 때에 증거능력을 인정하여야 한다(검증조서유추설). 판례는 현장

---

179) 비디오테이프는 영상과 음향을 동시에 녹취하는 것이므로, 사진과 녹음테이프의 성질을 동시에 가지고 있다. 따라서 그 내용이 진술이면 진술증거로 취급하고, 범행현장의 촬영이면 현장사진과 같이 취급한다.

사진의 촬영일자부분은 전문증거에 해당하여 전문법칙이 적용되지만 사진 전체에 대하여는 비진술증거로 판단하는 듯하다(97도1230 참조).

(5) 증거조사의 방법

도면·사진 그 밖에 정보를 담기 위하여 만들어진 물건으로서 문서가 아닌 증거의 조사에 관하여는 특별한 규정이 없으면 제292조(증거서류에 대한 조사방식), 제292조의2(증거물에 대한 조사방식)의 규정을 준용한다(규칙 제134조의9). 따라서 조사대상인 사진의 성격에 따라 증거조사를 하면 된다. 즉, 증거물의 사본인 사진과 현장사진은 이를 제시하여 보여 주는 방법으로 증거조사를 하여야 하고, 서증의 사본인 사진은 내용을 고지하는 방법으로 하여야 한다(제292조 제3항). 또한 진술의 일부인 사진은 낭독이나 내용의 고지 외에 제시를 요한다(동조 제5항).

2. 녹음테이프

(1) 의 의

녹음테이프는 사람의 음성과 음향을 기계적 장치를 통해 기록한 후에 필요에 따라 언제든지 재생시킬 수 있는 방법이다. 녹음테이프는 사람의 진술을 녹음한 것과 범죄현장의 음향을 녹음한 현장녹음으로 구분된다.

녹음테이프는 사진과 마찬가지로 높은 증거가치를 가지지만 녹취자 또는 편집자의 의도에 따라 위·변조가 가능하므로 이에 대한 증거능력이 문제된다. 다만, 녹음테이프가 위법수집증거이면 그 증거능력이 인정되지 않으므로 이는 적법하게 작성된 녹음테이프를 전제로 한다.

(2) 진술녹음

사람의 진술을 녹음한 녹음테이프는 전문진술이므로 당연히 전문법칙의 예외가 적용된다. 다만, 그 근거규정에 대하여는 ① 진술녹음은 그 실질에서는 진술녹취서에 해당하므로 제313조 제1항을 적용하여야 하지만, 사법경찰관이 진술한 녹음에 대하여는 제312조 제3항을 적용하여야 한다는 견해가 있다. 그러나 ② 녹음테이프는 그 실질에서 진술증거에 해당하므로 원진술자와 녹음의 주체에 따라 판단하여야 한다. 다만, 녹음테이프의 증거능력이 인정되기 위해서는 그 전제로서 그것이 대화내용을 녹음한 원본이거나, 원본으로부터 복사한 사본일 경우에는 복사과정에서 편집되는 등의 인위적 개작 없이 원본 내용 그대로 복사된 사본임이 입증되어야 한다. 녹음파일이 원본이거나 원본 내용을 그대로 복사한 사본이라는 점은 녹음파일의 생성, 전달, 보관 등의 절차에 관여한 사람의 증언이나 진술, 원본이나 사본 파일 생성 후의 해쉬(Hash)값과의 비교, 녹음파일에 대한 검증·감정 결과 등 제반사정을 종합하여 판단하여야 한다(2014도10978). 단지 녹음테이프에 수록된 대화내용이 녹취록과 동일하다거나 녹음테이프의 대화내용이 중단되었다고 볼 사정이 없다는 점만으로는 이와 같은 증명이 있다고 보지 않는다(2011도6035).

1) 수사기관이 녹음한 경우

녹음주체가 수사기관인 경우, 즉, 검사가 피의자의 진술을 녹음한 경우에는 제312조 제1항을, 사법경찰관이 피의자의 진술을 녹음한 경우에는 제312조 제3항을, 수사기관이 참고인의 진술을 녹음한 경우에는 제312조 제4항을 각각 적용하여야 한다. 또한 수사기관이 자신과 타인 간의 대화를 녹음하거나 「통신비밀보호법」상 적법한 통신제한조치로서 타인 간의 대화를 비밀녹음한 경우에는 제313조 제1항에 의하여 증거능력을 판단하여야 한다.

그러나 수사기관이 수사과정에서 피의자 또는 참고인에 대한 신문과정을 녹음한 경우에 녹음테이프는 수사기관의 영상녹화물과 다르지 않으므로 영상녹화물에 준하여 취급하여야 한다. 이에 따르면 제312조 제4항에서는 검사가 피고인이 된 피의자에 대하여 행한 피의자신문과 검사 및 사법경찰관이 참고인에 대하여 행한 참고인조사에 대하여는 영상녹화물에 의하여 조서의 성립의 진정을 인정할 수 있도록 규정하고, 제318조의2 제2항에서는 "피고인 또는 피고인이 아닌 자의 진술을 내용으로 하는 영상녹화물은 공판준비 또는 공판기일에 피고인 또는 피고인이 아닌 자가 진술힘에 있어서 기억이 명백하지 아니한 사항에 관해 기억을 환기시켜야 할 필요가 있다고 인정되는 때에 한하여 피고인 또는 피고인이 아닌 자에게 재생하여 시청하게 할 수 있다"고 규정함으로써 영상녹화물은 기억을 환기하는 용도로만 사용하도록 제한하고 탄핵증거로도 사용할 수 없도록 하고 있다. 따라서 형소법상 영상녹화물은 본증으로 사용할 수 없다(2012도5041). 그렇다고 하면 녹음테이프는 영상녹화물과 비교할 때 진술인의 진술만 청취할 수 있고, 그 표정 및 녹음상황에 대한 이미지를 확인할 수 없으므로 영상녹화물 이상으로 편견의 가능성이 크므로 수사기관이 수사과정에서 녹음한 녹음테이프에 대하여는 독립된 증거로서의 증거능력을 부정하여야 한다. '수사과정'이란 실질적으로 피의자신문조서 또는 진술조서 등을 작성한다고 볼 수 있는 정도의 공식적 과정을 말한다.

2) 사인이 녹음한 경우

(가) 피고인의 진술을 녹음한 경우

녹음의 주체가 사인인 경우에는 녹음테이프가 진술서 또는 진술을 기재한 서류로서의 실질을 가지므로 제313조가 적용된다. 따라서 피해자가 피고인의 진술을 녹음한 경우에는 피고인의 진술을 기재한 진술기재서류로서 제313조 제1항 단서에 따라 작성자인 피해자의 진술에 의하여 녹음테이프의 성립의 진정함이 증명되고, 특히 신빙할 수 있는 상태가 인정되면 피고인이 그 내용을 부인하더라도 증거능력을 인정할 수 있다(2012도7461).

(나) 피고인 아닌 자와의 대화내용을 녹음한 경우

사인이 피고인 아닌 자와의 대화내용을 녹음한 경우에는 제313조 제1항 본문에 의해 피고인이 증거동의를 하지 않으면 공판준비나 공판기일에서 원진술자에 의하여 실질적 성립의 진정이 인정된 때에 증거능력이 인정된다(2010도7497).

그 성립의 진정과 관련하여 녹음테이프에 서명날인을 요하는지에 대하여는 ① 녹음테이프를 증거로 하기 위해서는 서명날인이 필요하므로 녹음테이프에 서명날인을 하거나 다른 조서에 서명날인을 하여 녹음테이프와 간인을 하거나 또는 녹음테이프를 용기에 넣어 서명날인한 종이로 봉인할 것을 요한다는 견해가 있다. 그러나 ② 녹음테이프는 원래 서명날인이 적합하지 않은 증거방법이므로 서명날인이 없더라도 녹음자의 진술에 의하여 진술자의 음성이 인정되고 녹음의 정확성이 증명되면 충분하다. 만일 원진술자 또는 녹음자가 그 성립의 진정을 부인하는 경우에는 제313조 제2항에 따라 과학적 분석결과에 기초한 디지털포렌식 자료, 감정 등 객관적 방법으로 성립의 진정함이 증명되는 때에 증거로 할 수 있다.

(3) 현장녹음

현장녹음이란 범행현장에서 사람이 아닌 자동차의 엔진소리, 개짓는 소리 등을 녹음한 것을 말한다.

현장녹음의 법적 성격에 대하여는 ① 현장녹음은 사실보고라는 점에서 진술증거이므로 진술서류에 준하여 그 녹음주체에 따라 수사기관인 경우에는 제312조 제6항을, 사인인 경우에는 제313조 제1항과 제2항을 적용하여야 한다는 견해, ② 수사기관의 검증조서와 유사하므로 검증조서에 준하여 제312조 제6항에 따라 증거능력을 인정하여야 한다는 견해가 있다. 그러나 ③ 현장녹음은 현장을 사실대로 녹음한 것일 뿐 현실적으로 음성이나 음향이 진술의 내용으로서 의미가 있는 것은 아니고, 현장에서 우연히 또는 즉석으로 녹음된 것으로서 사전에 조작 또는 변작의 위험이 매우 적은 비진술증거이다(다수설). 따라서 현장녹음은 전문법칙이 적용되지 않고 요증사실과의 관련성과 녹음의 진정성이 증명되면 증거로 할 수 있다. 다만, 녹음된 진술이 전문진술이면 전문법칙이 적용되므로 녹음주체에 따라 제312조 제6항 또는 제313조 제1항과 제2항을 각각 적용하여야 한다.

(4) 비밀녹음테이프

「통신비밀보호법」에 따르면 전기통신을 감청하거나 공개되지 아니한 타인 간의 대화를 녹음 또는 청취하는 것을 금지하고, 이를 공개하는 경우에는 형사처벌하고 있다(제3조, 제16조). 따라서 수사기관이 「통신비밀보호법」에 의한 절차를 거치지 않고 도청하거나 비밀녹음한 것은 물론이고, 사인이 타인 간의 대화를 도청하거나 비밀녹음한 것은 원칙적으로 위법수집증거이므로 형사재판에서 증거로 사용할 수 없다(제4조). 다만, 판례는 대화당사자 일방이 비밀녹음한 녹음테이프의 증거능력은 인정하고 있다(2007도10755).

(5) 증거조사방법

녹음테이프는 형소법상 요지의 고지나 낭독 또는 제시가 불가능하므로 녹음테이프에 대한 증거조사는 이를 재생하여 청취 또는 시청하는 방법으로 한다(규칙 제134조의8 제3항). 따라서 녹음테이프를 녹음재생기에 걸어서 공판정에서 재현하거나 검증에 의하여 그 결과를 기재하는 방법으로 증거조사를 하여야 한다.

3. 영상녹화물

(1) 의 의

영상녹화물이란 비디오테이프, 컴퓨터용 디스크, 그 밖에 이와 비슷한 방법으로 음성이나 영상을 녹음 또는 녹화하여 재생할 수 있는 매체를 말한다(규칙 제134조의8

제1항 참조). 다만, 형소법상 영상녹화물은 수사기관이 피의자나 참고인의 진술을 영상녹화하여 기록해 놓은 것을 말한다(제312조 제2항, 제4항). 영상녹화물은 수사기관 이외의 사람이 자신이나 타인의 진술을 녹화한 영상기록물인 비디오테이프와 구별된다(제202조의3 참조).

현행법상 수사기관은 피의자의 진술을 영상녹화할 수 있다. 이때 미리 영상녹화사실을 알려 주어야 하며, 조사의 개시부터 종료까지의 전 과정 및 객관적 정황을 영상녹화하여야 한다(제244조의2 제1항). 검사 또는 사법경찰관은 수사에 필요한 때에는 피의자가 아닌 자의 출석을 요구하여 진술을 들을 수 있으며, 이때 그의 동의를 받아 영상녹화할 수 있다(제221조 제1항). 이 영상녹화물은 검사 또는 사법경찰관작성의 참고인 진술조서의 실질적 성립의 진정을 증명하는 방법으로 인정하고(제312조 제4항), 피고인 또는 피고인 아닌 자의 기억이 명백하지 않은 사항에 관해 기억환기용으로 사용하는 것을 인정하고 있다(제318조의2 제2항).

영상녹화물의 녹화된 영상은 사진과 유사하고, 녹화된 음성은 녹음테이프와 유사하므로 사진과 녹음테이프의 복합적 성질을 가지고 있다. 따라서 영상녹화물의 경우에도 증거능력이 인정되기 위해서는 녹음테이프의 경우와 마찬가지로 작성자나 진술자의 서명날인이 없더라도 그것이 촬영한 원본이거나 혹은 원본으로부터 복사한 사본인 경우 그 원본이 삭제되어 존재하지 아니하고 복사과정에서 위조되거나 변조되지 아니하였음이 인정되어야 한다(2017도9747).

(2) 수사기관이 촬영한 경우

수사기관이 촬영한 영상녹화물에 독립적 증거능력을 인정할 것인지에 대하여는 ① 영상녹화물도 진술을 기록하는 매체라는 점에서 조서와 그 성질이 동일하므로 조서의 증거능력에 관한 규정을 준용하여 독립적인 증거능력을 인정하여야 한다는 견해가 있다. 그러나 ② 형소법상 수사기관에 의한 영상녹화는 수사절차의 적법성을 보장함으로써 피고인을 보호하기 위한 제도에 불과하며, 영상녹화물은 검사 또는 사법경찰관 작성의 참고인진술조서의 실질적 성립의 진정을 증명하는 방법으로만 인정하고 있을 뿐만 아니라 예외적으로 기억환기용으로만 인정하고 있는 형소법의 태도에 따르면 독립된 증거능력을 인정할 수 없다. 특히, 영상녹화의 주체가 수사기관이기 때문에 수사기관에 불리한 사실은 녹화하지 않거나 인위적인 조작으로 인해 법관의 심증형성이 왜곡될 우려가 적지 않다. 하지만 영상녹화는 진술내용뿐만 아니라 진술자의 태도와 표정 등 과거 사실에 대하여 완벽

하게 재연이 가능하다는 점에서 실체적 진실발견에 유용한 자료가 될 수 있으므로 그 객관성과 정확성을 담보할 수 방법을 보완하는 것을 전제로 하여 영상녹화물을 독립적인 증거로 인정하는 것도 고려할 필요가 있다.

판례는 형소법에서 수사기관에 의한 참고인 진술의 영상녹화를 새로 정하면서 그 용도를 참고인에 대한 진술조서의 실질적 성립의 진정을 증명하거나 참고인의 기억을 환기시키기 위한 것으로 한정하고 있으므로, 수사기관이 참고인을 조사하는 과정에서 제221조 제1항에 따라 작성한 영상녹화물은 다른 법률에서 달리 규정하고 있는 등의 특별한 사정이 없는 한, 공소사실을 직접 증명할 수 있는 독립적인 증거로 사용될 수는 없다고 한다(2012도5041).

(3) 특별법에 따라 촬영한 경우

성폭력처벌법에 따르면 검사 또는 사법경찰관은 19세 미만인 피해자나 신체적인 또는 정신적인 장애로 사물을 변별하거나 의사를 결정할 능력이 미약한 피해자의 진술내용과 조사과정을 영상녹화장치로 녹화(녹음이 포함된 것을 말하며, 이하 '영상녹화'라 한다)하고, 그 영상녹화물을 보존하여야 하며(제30조 제1항)[180], 19세 미만 피해자 등의 진술이 영상녹화된 영상녹화물은 동법 제30조 제4항부터 제6항[181]까지에서 정한 절차와 방식에 따라 영상녹화된 것으로서 다음 어느 하나의 경우에 증거로 할 수 있다(제30조의2 제1항). (i) 증거보전기일, 공판준비기일 또는 공판기일에 그 내용에 대하여 피의자, 피고인 또는 변호인이 피해자를 신문할 수 있었던 경우이다. 다만, 증거보전기일에서의 신문의 경우 법원이 피의자나 피고인의 방어권이 보장된 상태에서 피해자에 대한 반대신문이 충분히 이루어졌다고 인정하는 경우로 한정한다(제1호). (ii) 19세 미만 피해자 등이 사망, 외국 거주, 신

---

180) 이 영상물녹화는 19세 미만 피해자 등 또는 그 법정대리인(법정대리인이 가해자이거나 가해자의 배우자인 경우는 제외한다)이 이를 원하지 아니하는 의사를 표시하는 경우에는 영상녹화를 하여서는 아니 된다(동조 제2항).

181) 성폭력처벌법 제30조(19세 미만 피해자 등 진술 내용 등의 영상녹화 및 보존 등)

④ 검사 또는 사법경찰관은 제1항에 따른 영상녹화를 마쳤을 때에는 지체 없이 피해자 또는 변호사 앞에서 봉인하고 피해자로 하여금 기명날인 또는 서명하게 하여야 한다.

⑤ 검사 또는 사법경찰관은 제1항에 따른 영상녹화과정의 진행경과를 조서(별도의 서면을 포함한다. 이하 같다)에 기록한 후 수사기록에 편철하여야 한다.

⑥ 제5항에 따라 영상녹화과정의 진행경과를 기록할 때에는 다음 각 호의 사항을 구체적으로 적어야 한다. 1. 피해자가 영상녹화장소에 도착한 시각, 2. 영상녹화를 시작하고 마친 시각, 3. 그 밖에 영상녹화 정의 진행경과를 확인하기 위하여 필요한 사항

체적, 정신적 질병·장애, 소재불명, 그 밖에 이에 준하는 경우에 해당하는 사유로 공판준비기일 또는 공판기일에 출석하여 진술할 수 없는 경우이다. 다만, 영상녹화된 진술 및 영상녹화가 특별히 신빙(信憑)할 수 있는 상태에서 이루어졌음이 증명된 경우로 한정한다(제2호). 특히, 법원은 제2호에 따라 증거능력이 있는 영상녹화물을 유죄의 증거로 할지를 결정할 때에는 피고인과의 관계, 범행의 내용, 피해자의 나이, 심신의 상태, 피해자가 증언으로 인하여 겪을 수 있는 심리적 외상, 영상녹화물에 수록된 19세 미만 피해자 등의 진술내용 및 진술태도 등을 고려하여야 한다. 이 경우 법원은 전문심리위원 또는 전문가의 의견(제33조)을 들어야 한다(동조 제2항).

또한 청소년성보호법에서는 "아동·청소년대상 성범죄 피해자의 진술내용과 조사과정은 비디오녹화기 등 영상물 녹화장치로 촬영·보존하여야 한다"(제26조 제1항)[182]고 규정하고, 동법 제26조 제1항부터 제4항[183]까지의 절차에 따라 "촬영한 영상물에 수록된 피해자의 진술은 공판준비기일 또는 공판기일에 피해자 또는 조사과정에 동석하였던 신뢰관계에 있는 자의 진술에 의하여 그 성립의 진정함이 인정된 때에는 증거로 할 수 있다"고 규정하고 있다. 이때 증거능력이 인정될 수 있는 것은 '촬영된 영상물에 수록된 피해자의 진술' 그 자체일 뿐이고, '피해자에 대한 경찰 진술조서'나 '조사과정에 동석하였던 신뢰관계 있는 자의 공판기일에서의 진술'은 그 대상이 되지 않는다(2009도12048). 또한 촬영한 영상에 피해자가 피해상황을 진술하면서 보충적으로 작성한 메모도 함께 촬영되어 있는 경우, 이는 영상물에 수록된 피해자진술의 일부와 다름없으므로, 위 법률에 따라 조사과정에 동석하였던 신뢰관계 있는 자의 진술에 의하여 성립의 진정함이 인정된 때에는 증거로 할 수 있다(2009도11575).

---

182) 영상물 녹화는 피해자 또는 법정대리인이 이를 원하지 아니하는 의사를 표시한 때에는 촬영을 하여서는 아니 된다. 다만, 가해자가 친권자 중 일방인 경우는 그러하지 아니하다(동조 제2항).

183) 청소년성보호법 제26조(영상물의 촬영·보존 등) ③ 제1항에 따른 영상물녹화는 조사의 개시부터 종료까지의 전 과정 및 객관적 정황을 녹화하여야 하고, 녹화가 완료된 때에는 지체 없이 그 원본을 피해자 또는 변호사 앞에서 봉인하고 피해자로 하여금 기명날인 또는 서명하게 하여야 한다.

④ 검사 또는 사법경찰관은 피해자가 제1항의 녹화장소에 도착한 시각, 녹화를 시작하고 마친 시각, 그 밖에 녹화과정의 진행경과를 확인하기 위하여 필요한 사항을 조서 또는 별도의 서면에 기록한 후 수사기록에 편철하여야 한다.

이 외에 범죄신고자법에서도 "범죄신고자 등에 대하여 제184조(증거보전의 청구와 그 절차) 또는 제221조의2(증인신문의 청구)에 따른 증인신문을 하는 경우 판사는 직권으로 또는 검사의 신청에 의하여 그 과정을 비디오테이프 등 영상물로 촬영할 것을 명할 수 있다"(제10조 제1항)고 규정하고, "촬영한 영상물에 수록된 범죄신고자 등의 진술은 이를 증거로 할 수 있다"(동조 제3항)고 규정하고 있다.

성폭력처벌법과 청소년성보호법의 경우는 영상녹화가 의무적이고, 수사기관에 의해 행하여지므로 증거조사를 거쳐 증거능력이 인정된다. 반면에 범죄신고자법의 경우는 영상녹화가 임의적이고, 판사에 의해 행하여지므로 당연히 증거능력이 인정된다.

(4) 사인이 촬영한 경우

수사기관이 아닌 사인이 피고인이나 피고인이 아닌 타인과의 대화내용을 촬영한 비디오테이프 등 영상녹화물은 진술을 기재한 서류와 그 실질에서 동일하므로 제313조 제1항에 의하여 증거능력이 인정될 수 있다. 판례는 수사기관이 아닌 사인이 피고인 아닌 사람과의 대화내용을 촬영한 비디오테이프는 제311조, 제312조의 규정 이외에 피고인 아닌 자의 진술을 기재한 서류와 다를 바 없다고 하면서, 피고인이 그 비디오테이프를 증거로 함에 동의하지 아니하는 이상 그 진술부분에 대하여 증거능력을 부여하기 위해서는 (i) 비디오테이프가 원본이거나 원본으로부터 복사한 사본일 경우에는 복사과정에서 편집되는 등 인위적 개작 없이 원본의 내용 그대로 복사된 사본일 것, (ii) 제313조 제1항에 따라 공판준비나 공판기일에서 원진술자의 진술에 의하여 그 비디오테이프에 녹음된 각자의 진술내용이 자신이 진술한 대로 녹음된 것이라는 점이 인정되어야 한다고 한다(2004도3161).[184]

184) 판례는 "비디오테이프는 촬영대상의 상황과 피촬영자의 동태 및 대화가 녹화된 것으로서, 녹음테이프와는 달리 피촬영자의 동태를 그대로 재현할 수 있기 때문에 비디오테이프의 내용에 인위적인 조작이 가해지지 않은 것이 전제된다면, 비디오테이프에 촬영, 녹음된 내용을 재생기에 의해 시청을 마친 원진술자가 비디오테이프의 피촬영자의 모습과 음성을 확인하고 자신과 동일인이라고 진술한 것은 비디오테이프에 녹음된 진술내용이 자신이 진술한 대로 녹음된 것이라는 취지의 진술을 한 것으로 보아야 한다"(2004도3161)고 하였다.

(5) 범행현장을 녹화한 영상녹화물

1) 수사기관이 녹화한 경우

수사기관이 피녹화자의 의사에 반하여 범행현장을 녹화하고자 하는 때에는 법원이 발부한 검증영장이 있어야 한다. 따라서 수사기관이 영장 없이 피녹화자의 의사에 반하여 범행현장을 녹화하는 것은 원칙적으로 위법이다. 그러나 판례는 수사기관이 범죄를 수사함에 있어 현재 범행이 행하여지고 있거나 행하여진 직후이고, 증거보전의 필요성 및 긴급성이 있으며, 일반적으로 허용되는 상당한 방법에 의하여 촬영을 한 경우라면 위 촬영이 영장 없이 이루어졌다 하여 이를 위법하다고 단정할 수 없다고 한다(99도2317).

2) 사인이 녹화한 경우

사인이 범행현장을 녹화한 영상녹화물은 현장사진이나 현장녹음에 준하여 비진술증거로 보게 되면 요증사실과의 관련성과 성립의 진정이 인정되면 증거능력이 인정된다. 다만, 사인이 위법한 방법으로 범행현장을 녹화한 경우에는 위법수집증거배제법칙이 적용되므로 법원으로서는 효과적인 형사소추 및 형사소송에서의 진실발견이라는 공익과 개인의 인격적 이익 등의 보호이익을 비교형량하여 그 허용 여부를 결정하여야 한다(2008도3990 참조). 하지만 영상녹화물에 「통신비밀보호법」(제14조)에 위반하여 '공개되지 않은 타인 간의 대화'가 녹음되어 있는 경우에는 위법수집증거에 해당하므로 증거능력이 인정되지 않는다.

> **<참고> CCTV를 시청한 사람의 진술**
>
> 범죄피해자 또는 경찰관이 범죄발생 후 약 1시간이 경과한 시점에서 CCTV 녹화장면을 돌려보고 난 뒤, 법정에서 그 장면에 대하여 증언할 경우 전문진술의 여부가 문제된다. 이때 해당 CCTV 녹화장면은 실시간 장면이 아니고 녹화된 장면이므로 녹화장면이 진술증거라면 전문진술에 해당하고, 비진술증거라면 전문진술이 아닌 것이 된다. 판례는 해당 진술을 전문진술로 보지 않으므로 비진술증거로 보는 듯하다(2010도2080).

4. 전자기록

(1) 의 의

전자기록이란 전자적 방식, 자기적 방식, 기타 사람의 지각에 의해 그 존재 및 상태를 인식할 수 없는 방법으로 작성된 기록으로서 컴퓨터에 의한 정보처리의 용도에 제공되는 것을 말한다. 이를 전자정보라고도 한다. 컴퓨터디스크 등 정보저장매체에 기록·보전된 정보는 가시성과 가독성이 없다는 특성을 가지고 있다.

컴퓨터디스크 등의 정보저장매체에 담긴 문자정보, 도면이나 사진 등을 증거로 사용하는 경우에 정보저장매체에 담긴 내용을 직접증거로 신청할 수도 있고, 해당 정보저장매체에서 출력된 문서만을 독립한 증거로 신청할 수도 있다. 이때 출력된 문서는 입증하고자 하는 내용을 기준으로 증거서류 또는 증거물인 서면이 된다.

(2) 증거능력의 인정요건

1) 정보저장매체의 내용을 직접증거로 하는 경우

정보저장매체에 담긴 내용을 직접증거로 하는 경우에는 음성이나 영상을 녹음·녹화한 경우와 문자정보를 기록한 정보파일인 경우에 따라 달라진다. 전자의 경우에는 전술한 사진, 녹음테이프 또는 비디오테이프의 예에 따라 증거능력이 인정될 수 있다. 하지만 후자의 경우에는 문자정보가 진술증거로 사용되는 것이므로 전문법칙이 적용된다(2013도2511). 따라서 이 문자정보에 대하여는 제313조 제1항 또는 제2항에 의해 그 작성자 또는 진술자의 진술 등에 의하여 성립의 진정이 인정된 때에 증거능력이 인정된다. 그러나 문자정보의 내용이 아니라 그 존재 자체가 직접증거로 되는 경우에는 전문법칙이 적용되지 않는다(2014도10978).

2) 정보저장매체로부터 출력한 문서를 증거로 하는 경우

정보저장매체로부터 출력한 문서는 먼저 원본에 저장된 기록과 출력문서의 동일성이 인정되어야 증거능력이 인정된다. 판례는 "컴퓨터용 디스크 그 밖에 이와 비슷한 정보저장매체에 입력하여 기억된 문자정보 또는 그 출력물을 증거로 사용하기 위해서는 정보저장매체 원본에 저장된 내용과 출력문건의 동일성이 인정되어야 하고, 이를 위해서는 정보저장매체 원본이 압수 시부터 문건 출력시까지 변경되지 않았다는 사정, 즉 무결성이 담보되어야 한다. 특히, 정보저장매체 원본을 대신하여 저장매체에 저장된 자료를 '하드카피' 또는 '이미징'한 매체로부터 출력한 문건의 경우에는 정보저장매체 원본과 '하드카피' 또는 '이미징'한 매체 사이에 자료의 동일성도 인정되어야 할 뿐만 아니라, 이를 확인하는 과정에서 이용한 컴퓨터의 기계적 정확성, 프로그램의 신뢰성, 입력·처리·출력의 각 단계에서 조작자의 전문적인 기술능력과 정확성이 담보되어야 한다”(2013도2511)고 한다.

또한 “디지털 저장매체에 저장된 로그파일의 원본이 아니라 그 복사본의 일부 내용을 요약·정리하는 방식으로 새로운 문서파일이 작성된 경우 그 문서파일 또는 거기에서 출력한 문서를 로그파일 원본의 내용을 증명하는 증거로 사용하기 위해서는 피고인이 이를 증거로 하는 데 동의하지 아니하는 이상 그 문서파일의 기초가 된 로그파일 복사본과 로그파일 원본의 동일성도 인정되어야 한다”고 하고, 나아가 “이때 새로운 문서파일 또는 거기에서 출력한 문서를 진술증거로 사용하는 경우 그 기재내용의 진실성에 관하여는 전문법칙이 적용되므로 마찬가지로 제313조 제1항에 따라 공판준비기일이나 공판기일에서 그 작성자 또는 진술자의 진술에 의하여 성립의 진정함이 증명된 때에 한하여 이를 증거로 사용할 수 있다”(2015도3467)고 한다.

한편, 판례는 “증거로 제출된 전자문서파일의 사본이나 출력물이 복사·출력 과정에서 편집되는 등 인위적 개작 없이 원본 내용을 그대로 복사·출력한 것이라는 사실은 전자문서 파일의 사본이나 출력물의 생성과 전달 및 보관 등의 절차에 관여한 사람의 증언이나 진술, 원본이나 사본 파일생성 직후의 해시(Hash)값 비교, 전자문서파일에 대한 검증·감정 결과 등 제반사정을 종합하여 판단할 수 있다”고 하면서, “이러한 원본 동일성은 증거능력의 요건에 해당하므로 검사가 그 존재에 대하여 구체적으로 주장·증명하여야 한다”(2017도13263)고 한다.[185]

185) 판례는 “출력문건과 정보저장매체에 저장된 자료가 동일하고 정보저장매체 원본이 문건 출력 시까지 변경되지 않았다는 점은, 피압수·수색 당사자가 정보저장매체 원본과 ‘하드카피’ 또는 ‘이미징’한 매체의 해쉬(Hash)값이 동일하다는 취지로 서명한 확인서면을 교부받아 법원에 제출하는 방법에 의하여 증명하는 것이 원칙이나, 그와 같은 방법에 의한 증명이 불가능하거나 현저히 곤란한 경우에는, 정보저장매체 원본에 대한 압수, 봉인, 봉인해제, ‘하드카피’ 또는 ‘이미징’ 등 일련의 절차에 참여한 수사관이나 전문가 등의 증언에 의해 정보저장매체 원본과 ‘하드카피’ 또는 ‘이미징’한 매체 사이의 해쉬값이 동일하다거나 정보저장매체 원본이 최초 압수 시부터 밀봉되어 증거제출 시까지 전혀 변경되지 않았다는 등의 사정을 증명하는 방법 또는 법원이 그 원본에 저장된 자료와 증거로 제출된 출력문건을 대조하는 방법 등으로도 그와 같은 무결성·동일성을 인정할 수 있으며, 반드시 압수·수색과정을 촬영한 영상녹화물재생 등의 방법으로만 증명하여야 한다고 볼 것은 아니다”(2013도2511)라고 하였다.

3) 제315조가 적용되는 경우

전자기록 중 공무원이 직무상 증명할 수 있는 사항에 관하여 작성한 문서로서 컴퓨터로 작성한 서면 또는 사인이 업무의 통상과정에서 업무목적의 원활한 수행을 위하여 컴퓨터로 작성한 서면이나 이에 준하는 컴퓨터기록들은 제315조에 의해 당연히 증거능력이 인정된다. 판례는 성매매업소에 고용된 여성들이 성매매를 업으로 하면서 영업에 참고하기 위하여 성매매 상대방의 아이디와 전화번호 및 성매매방법 등을 메모지에 적어두었다가 직접 메모리카드에 입력하거나 업주가 고용한 다른 여직원이 그 내용을 입력한 사안에서, 위 메모리카드의 내용은 제315조 제2호의 '영업상 필요로 작성한 통상문서'로서 당연히 증거능력 있는 문서에 해당한다고 한다(2007도3219).

(3) 증거조사의 방법

컴퓨터용 디스크 그 밖에 이와 비슷한 정보저장매체에 기억된 문자정보를 증거자료로 하는 경우에는 읽을 수 있도록 출력하여 인증한 등본을 낼 수 있다(규칙 제134조의7 제1항).

컴퓨터디스크 등에 기억된 문자정보를 증거로 하는 경우에 증거조사를 신청한 당사자는 법원이 명하거나 상대방이 요구한 때에는 컴퓨터디스크 등에 입력한 사람과 입력한 일시, 출력한 사람과 출력한 일시를 밝혀야 한다(동조 제2항). 컴퓨터디스크 등에 기억된 정보가 도면·사진 등에 관한 것인 때에도 마찬가지이다(동조 제3항). 다만, 이때 증거자료가 되는 것은 문자정보 자체이고 출력된 문서가 독립된 증거로 신청되는 것은 아니므로 별도의 증거조사를 요하지 않는다.

5. 거짓말탐지기 검사결과

(1) 의 의

거짓말탐지기 검사란 피의자 등 피검사자에게 질문을 하여 진술하게 하고, 그 때 나타나는 신체적·생리적 변화를 거짓말탐지기로 기록하여 이를 관찰·분석함으로써 진술의 진위나 사실에 대한 인식 유·무를 판단하는 것을 말한다. 거짓말탐지기는 과학적 수사방법으로 이용되고 있지만 기계측정의 신뢰도나 기본권침해의 우려 등으로 인하여 그 검사결과를 증거로 사용하는 것에 대해서는 논란이 있다.

(2) 증거능력의 인정요건

거짓말탐지기 검사결과의 증거능력을 인정할 것인지에 대하여는 ① 피검사자의 진지한 동의가 있는 이상 인격권, 진술거부권의 침해가 없고, 거짓말탐지기의 기술적 발전으로 과학적 신뢰도와 타당도가 인정되므로 감정서와 같이 증거능력을 인정하여야 한다는 견해[186], ② 거짓말탐지기 검사결과는 사람의 진술거부권 또는 인격권을 침해한 위법수집증거로서 증거능력이 부정된다는 견해가 있다. 그러나 ③ 수사과정에서 진술자가 거짓말탐지기 검사를 적극적으로 요구하거나 동의한 경우에는 위법수사라고 할 수 없으며, 그 검사결과의 정확성이 과학적으로 입증된 경우에는 검사결과에 대하여 증거능력을 인정하여야 한다. 다만, 거짓말탐지기 검사결과는 피검사자의 동의가 있더라도 아직은 검사결과에 대한 기계적·기술적 정확성을 신뢰하기 어렵기 때문에 요증사실을 입증하는 독립적인 증거로 인정하는 것은 시기상조이다.

거짓말탐지기 검사결과의 증거능력에 관한 우리나라 최초의 판결은 1979년 판결(79도547[187])이며, 일반적인 기준을 제시한 것은 1983년 판결(83도712)이다. 동 판결에서는 "거짓말탐지기의 검사결과에 대하여 증거능력을 인정할 수 있으려면 첫째로 거짓말을 하면 반드시 일정한 심리상태의 변동이 일어나고, 둘째로 그 심리상태의 변동은 반드시 일정한 생리적 반응을 일으키며, 셋째로 그 생리적 반응에 의하여 피검사자의 말이 거짓인지 여부가 정확히 판정될 수 있다는 전제요건이 충족되어야 하며, 특히 생리적 반응에 대한 거짓 여부의 판정은 거짓말탐지기가 위 생리적 반응을 정확히 측정할 수 있는 장치이어야 하고 검사자가 탐지기의 측정내용을 객관성있고 정확하게 판독할 능력을 갖춘 경우라야 그 정확성을 확보할 수 있어 증거능력을 부여할 것이다"라고 하였다(동지 2005도130). 이후 판례는 미국의 프라이테스트와 같이 거짓말탐지기의 전제조건들이 모두 충족되어 과학적으로 승인된 정도가 아니면 그 증거능력을 부정하겠다는 취지로 판시함으로써 사실상 거짓말탐지기의 증거능력을 부정하고 있다. 또한 거짓말탐지기의 검사결과는 그 검사를 받은 사람의 진술의 신빙성을 가늠하는 정황증거로는 기능하는데 그치

186) 긍정설에서는 거짓말탐지기 검사보고서는 감정서의 성격을 가지므로 제313조 제3항에 의하여 증거능력을 인정할 수 있게 된다.

187) 판례는 "허언탐지기의 시험결과 및 그 보고서는 피검자의 동의가 있고, 기계의 성능, 피검자의 정신상태, 질문방법, 검사자 및 판정자의 지식, 경험, 검사장소의 상황등 제반사정에 비추어 검사결과의 정확성이 보증되는 경우에 한하여 증거능력이 인정된다"(79도547)고 하였다.

므로 그 검사결과만으로 범행 당시의 상황이나 범행 이후 정황에 부합하는 진술의 신빙성을 부정할 수 없다(2016도15526).

한편, 거짓말탐지기에 동의하고 검사받은 피검사자에 대하여 그 검사결과를 가지고 추궁하여 얻은 자백은 임의성이 인정되므로 증거능력이 인정된다(83도712).

(3) 거짓말탐지기 검사결과와 탄핵증거

거짓말탐지기 검사결과를 탄핵증거로 사용할 수 있는지에 대하여는 ① 거짓말탐지기 검사결과는 정확성을 결여하고 있기 때문에 증거로 사용할 수 없다거나, 거짓말탐지기 검사는 위법수사이므로 탄핵증거로도 사용할 수 없다는 견해가 있다. 그러나 ② 거짓말탐지기 검사 자체는 위법수사가 아니므로 검사결과의 정확성과 신뢰성의 요건이 충족된다면 탄핵증거로 사용할 수 있다.

Ⅴ. 진술의 임의성

1. 의 의

(1) 제317조의 의미

제317조에서는 피고인 또는 피고인 아닌 자의 진술이 임의로 된 것이 아닌 것은 증거로 할 수 없으며(제1항), 피고인 또는 피고인 아닌 자의 진술을 기재한 서류는 그 작성 또는 내용인 진술이 임의로 되었다는 것이 증명된 것이 아니면 증거로 할 수 없다(제2항)고 규정하고 있다. 또한 검증조서의 일부가 피고인 또는 피고인 아닌 자의 진술을 기재한 것인 때에는 그 부분에 한하여 전 2항의 예에 의한다(동조 제3항)고 규정하고 있다. '증거로 할 수 없다'는 증거능력이 부정된다는 의미이다.

이때 진술의 증거능력인정을 위해 임의성을 요하는 근거에 대하여는 ① 허위배제에 그 근거가 있다는 견해, ② 전문증거의 증거능력을 부여하기 위한 요건이므로 의사결정과 의사표현의 자유를 의미한다고 해석하는 견해가 있다. 그러나 ③ 임의성의 내용에 있어서 제317조의 진술은 제309조의 자백과 다르지 않으므로 임의성요건은 위법배제에 그 근거가 있다. 판례는 임의성 없는 진술의 증거능력을 부정하는 취지는, 허위진술을 유발 또는 강요할 위험성이 있는 상태하에서 행하여진 진술은 그 자체가 실체적 진실에 부합하지 아니하여 오판을 일으킬 소지가 있을 뿐만 아니라 그 진위를 떠나서 진술자의 기본적 인권을 침해하는 위법·부당한 압박이 가하여지는 것을 사전에 막기 위한 것으로 이해한다(2012도9879).

한편, 제317조의 법적 성격에 대하여는 ① 진술의 임의성이 증거능력의 인정요건임과 동시에, 진술의 임의성에 대한 법원의 조사의무를 규정한 것이라고 해석하는 견해(결합설)가 있다. 그러나 ② 법원은 제출된 증거에 대하여는 증거능력의 요건을 조사할 직무상 의무가 있으므로 동조는 진술의 임의성이 증거능력의 인정요건임을 선언한 규정이다(증거능력요건설). 판례는 "진술증거의 임의성에 관해 의심할 만한 사정이 나타나 있는 경우에는 법원은 직권으로 그 임의성 여부에 관해 조사를 하여야 하고, 임의성이 인정되지 아니하여 증거능력이 없는 진술증거는 피고인이 증거로 함에 동의하더라도 증거로 삼을 수 없다"(2004도7900)고 한다.

(2) 제317조의 적용범위

제317조에 의하여 진술의 임의성이 요구되는 진술의 범위에 대하여는 ① 제310조의2 내지 제316조가 규정하는 있는 진술에 제한된다는 견해(협의설), ② 피고인 이외의 자의 진술증거에 제한된다는 견해(제한설)가 있다. 그러나 ③ 제317조는 제309조의 특별규정이므로 자백 이외의 일체의 진술증거가 포함된다(광의설, 다수설). 따라서 자백의 임의성이 인정되지 않으면 제309조에 의하여, 자백 이외의 진술에 임의성이 인정되지 않으면 제317조에 의하여 증거능력이 부정된다. 진술의 임의성은 피고인뿐만 아니라 피고인이 아닌 자의 진술에서도 문제가 되고, 검사가 제출한 진술증거뿐만 아니라 피고인이 제출하는 진술증거에서도 중요하므로 전문증거는 물론, 모든 형태의 진술에 있어서 임의성이 절대적으로 요구된다.

판례는 피고인 아닌 자의 임의성 없는 진술에 대하여 제317조에 의해 증거능력을 부정하고 있다(2004도517).

2. 진술의 증거능력 인정요건

(1) 진술의 임의성

진술의 임의성은 자백의 임의성과 같은 의미이다. 따라서 진술이 임의로 된 것이 아닌 때에는 증거능력이 인정되지 않는다. 임의성 없는 진술증거는 피고인이 증거로 함에 동의하더라도 증거로 사용할 수 없다(2004도7900).

(2) 서류작성의 임의성

진술을 기재한 서류에 관하여는 진술의 임의성뿐만 아니라 서류작성의 임의성도 인정되어야 한다. '서류작성의 임의성'이란 진술을 서류에 기재함에 있어서 외부로부터의 부당한 영향이나 압력이 가해진 것이 없다는 것을 의미한다. 다만, 법원 또는 수사기관이 작성한 조서는 물론, 공적인 증명문서나 업무의 통상과정에서 작성된 문서의 경우에는 서류작성의 임의성은 문제될 여지가 없다. 따라서 서류작성의 임의성이 주로 문제되는 것은 피의자 또는 참고인이 작성하는 진술서의 경우이다.

(3) 검증조서에 기재된 진술의 임의성

검증조서의 일부에 피고인 또는 피고인 아닌 자의 진술이 기재된 경우에는 검증조서에 기재된 진술의 임의성뿐만 아니라 검증조서의 기재에 대한 임의성도 증명되어야 증거능력이 인정된다.

3. 임의성의 조사와 증명

(1) 임의성의 조사

1) 주체와 시기

진술의 임의성은 증거능력에 관한 것이므로 법원은 원칙적으로 직권으로 조사하여야 한다(2004도7900). 그러나 당사자가 동의한 경우에는 조서의 작성상황을 고려하여 상당하다고 인정되면 임의성을 조사할 필요가 없다.

진술의 임의성은 증거능력의 인정요건이므로 원칙적으로 증거조사 전에 이루어져야 한다. 그러나 증거조사 중에 임의성에 의문이 생긴 때에는 증거조사과정에서 다시 임의성을 조사할 수 있다.

2) 방 법

임의성의 조사방법에 대하여는 명문규정이 없다. 하지만 진술의 임의성은 소송법적 사실로서 자유로운 증명으로 충분하므로 법원은 적당한 방법으로 조사하면 된다. 판례는 구체적인 사건에 따라 피고인의 학력, 경력, 직업, 사회적 지위, 지능정도, 진술의 내용, 피의자신문조서의 경우 그 조서의 형식 등 제반사정을 참작하여 자유로운 심증으로 진술이 임의로 된 것인지의 여부를 판단하면 된다고

아니한다. 판례도 「통신비밀보호법」을 위반하여 제3자가 대화자 중 어느 일방의 동의만을 얻고 전화통화 내용을 녹음한 것(2015도1900)은 물론 위법수집증거는 적정절차의 원칙을 위반한 것이므로 당사자의 동의가 있더라도 증거능력을 부정한다(2010도9016).[188)]

3. 증거동의와 전문법칙

제318조와 전문법칙의 관계에 대하여는 ① 제318조의 진정성은 신용성의 정황적 보장과 같은 의미라는 점에서 전문법칙의 예외에 관한 규정이라는 견해가 있다. 그러나 ② 제318조에서는 당사자의 동의와 진정성을 요건으로 증거능력을 인정하고 있으므로 전문법칙의 적용이 배제되는 경우이다(다수설).

판례는 전문법칙예외설을 취하고 있다(82도2873).

Ⅱ. 증거동의의 주체와 대상

1. 주체와 상대방

(1) 주 체

증거동의의 주체는 당사자인 검사와 피고인이다. 따라서 당사자 일방이 신청한 증거에 대하여는 반대당사자의 동의를 요하고, 법원이 직권으로 수집한 증거는 양 당사자의 증거동의를 요한다.

변호인은 포괄적 대리권을 가지므로 피고인을 대리하여 증거동의를 할 수 있다. 변호인의 증거동의권의 법적 성격에 대하여는 ① 피고인의 명시적·묵시적 의사에 반할 수 없는 종속대리권이라는 견해(다수설)가 있다. 그러나 ② 증거동의는 고도의 법률적 판단이 요구되는 행위이므로 변호인은 피고인의 명시한 의사에 반하지 않는 한 피고인을 대리하여 증거동의를 할 수 있는 독립대리권이다. 판례는

---

188) 판례는 형소법에서 정한 절차와 방식에 따른 증인신문절차를 거치지 아니한 채 증인에 대하여 선서 없이 법관이 임의의 방법으로 청취한 진술과 그 진술의 형식적 변형에 불과한 증거(녹음파일 등)는 적법한 증거조사 절차를 거치지 않은 증거로서 증거능력이 없다고 하면서, "사실인정의 자료로 삼을 수도 없고, 피고인이나 변호인이 그러한 절차 진행에 동의하였다거나 사후에 그와 같은 증거조사 결과에 대하여 이의를 제기하지 아니하고 그 녹음파일 등을 증거로 함에 동의하였더라도 그 위법성이 치유되지 않는다"(2020도14843)고 하였다.

피고인의 명시적 의사에 반하지 않는 한 피고인을 대리하여 동의할 수 있다고 함으로써 변호인의 동의권을 독립대리권으로 보고 있다(99도2029). 따라서 피고인이 변호인의 동의에 대하여 이의제기를 하거나 증거조사 완료 전에 그 동의를 취소하거나 철회하면 증거동의는 효력이 없다(2004도4428). 또한 피고인이 출석한 공판기일에서 증거로 함에 부동의한다는 의견이 진술된 경우에는 그 후 피고인이 출석하지 아니한 공판기일에 변호인만이 출석하여 종전 의견을 번복하여 증거로 함에 동의하였다 하더라도 이는 특별한 사정이 없는 한 효력이 없다(2013도3). 하지만 피고인이 변호인과 함께 출석한 공판기일의 공판조서에 검사가 제출한 증거에 대하여 동의한다는 기재가 되어 있다면 이는 피고인이 증거동의를 한 것으로 보아야 하고, 그 기재는 절대적인 증명력을 가진다(2015도19139).

(2) 상 대 방

증거동의의 상대방은 법원이다. 당사자의 증거신청에 대한 증거동의라고 하더라도 그 의사표시는 법원에 하여야 하기 때문이다. 따라서 공판준비나 공판기일 외에서 반대당사자에게 한 증거동의는 효력이 없다.

2. 대 상

(1) 서 류

증거능력이 없는 전문증거는 모두 증거동의의 대상이 된다. 따라서 전문서류뿐만 아니라 전문진술에 대하여도 증거동의가 허용된다(83도516). 문서의 일부에 대한 동의도 가능하다(2007도1794). 증거동의의 대상이 되는 서류에는 진술조서(99도3273), 진술서(90도1229), 검증조서, 압수조서, 감정서, 수사보고서(2011도3809) 등은 물론이고, 조서나 서류의 사본(95도2625)과 사진(2007도3906)도 포함된다. 또한 공동피고인(82도1000)이나 공범에 대한 피의자신문조서는 물론, 진술자의 서명은 있지만 날인이 착오로 누락된 진술조서(82도63)도 증거동의의 대상이 된다.

한편, 유죄의 자료가 되는 것으로 제출된 증거에 대한 반대증거도 증거동의의 대상이 되는지에 대하여는 ① 검사와 달리 피고인은 자신의 무죄를 주장하기 위해 반드시 증거능력이 있는 증거를 제출할 필요는 없고, 접근 가능한 모든 증거를 사용할 수 있다는 견해가 있다. 그러나 ② 피고인이 제출한 증거도 요증사실과 관련된 것이면 증거능력 있는 증거이어야 하므로 성립의 진정이 인정되거나 증거동의가 있는 경우에 한하여 증거능력이 인정된다. 따라서 반대증거도 증거동의의 대상이 된다. 판례는 "반대증거 서류에 대하여는 그것이 유죄사실을 인정하는 증거가 되는 것이 아닌 이상 반드시 그 성립의 진정이 증명되지 아니하거나 이를 증거로 함에 있어서의 상대방의 동의가 없다고 하더라도 증거판단의 자료로 할 수 있다"(80도1547)고 한다.

(2) 물 건

물건은 공판정에 현출시키는 과정에서 오류가 개입할 위험성이 있으므로 당사자의 반대신문은 전문증거뿐만 아니라 물적 증거의 성립의 진정에 있어서도 중요한 의미를 가지므로 물적 증거도 증거동의의 대상이 된다. 이는 증거동의의 대상으로 '서류'와 '물건'을 규정하고 있는 제318조 제1항의 문언과도 일치한다. 설령 물적 증거에 대한 증거동의를 인정하더라도 그 성립의 진정의 최종 인정 여부는 법원의 권한이므로 당사자처분주의를 인정하는 것은 아니다.

판례는 "제318조 제1항에서는 전문증거금지의 원칙에 대한 예외로서 반대신문권을 포기하겠다는 피고인의 의사표시에 의하여 서류 또는 물건의 증거능력을 부여하려는 규정이므로 피고인의 의사표시가 위와 같은 내용을 적극적으로 표시하는 것이라고 인정되는 경우이면 증거동의로서의 효력이 있다"(82도2873)고 함으로써 증거동의가 전문증거에 국한된다는 입장에 있으면서도 동조항은 물건에도 적용된다고 한다. 따라서 압수물(96초88)이나 비진술증거인 상해부위를 촬영한 사진(2007도3906) 등은 증거동의의 대상이 된다.

Ⅲ. 증거동의의 시기와 방식

1. 시 기

증거동의는 원칙적으로 증거조사 전에 하여야 한다. 증거동의는 증거능력의 인정요건일 뿐만 아니라 증거능력이 인정되어야 증거조사를 할 수 있기 때문이다. 증거동의는 공판기일에서뿐만 아니라 공판준비기일에서도 할 수 있다.

그러나 증거조사 중이거나 증거조사 종료 후에 증거능력이 없는 전문증거임이 밝혀진 때에는 사후동의도 가능하며, 사후동의는 변론종결 시까지 허용된다. 증거조사 후에 당사자의 동의가 있어 그 하자가 치유된 경우에는 증거능력이 소급적으로 인정된다(통설).

2. 방 식

(1) 의사표시의 방법

증거동의의 의사표시방법에 대하여는 ① 증거동의는 묵시적 동의로 가능하다는 견해가 있다. 그러나 ② 증거동의는 증거에 증거능력을 부여하는 중요한 소송행위이므로 명시적으로 표시되어야 한다(통설).

판례는 당사자가 증거신청에 대한 이의제기를 포기한 것이라고 볼 수 있으면 증거동의를 인정한다. 즉, 피고인이 피고인 아닌 자의 진술조서에 대하여 '이견이 없다'고 진술하거나(72도922) 피고인이 신청한 증인의 전문진술에 대하여 '별 의견이 없다'고 진술한 경우(83도516)에 증거동의로 인정하고 있다.

(2) 동의의 형태

증거동의의 방식에 대하여는 ① 반드시 개개의 증거에 대하여 개별적으로 동의하여야 한다는 견해가 있다. 그러나 ② 직접주의의 원칙이나 실체적 진실발견의 관점에서 보면 증거마다 개별적인 증거동의가 요구되지만, 피고인이 체념하여 소송을 포기한 경우나 증거동의의 의미를 충분히 이해하지 못하는 경우 등과 같은 특별한 사정이 없다면 포괄적 동의도 가능하다.

판례는 개별증거에 대한 증거조사방식을 거치지 않고 검사가 제시한 모든 증거에 대하여 피고인이 동의하는 포괄적 동의방식도 인정한다(82도2873). 다만, 판례는 검사작성 진술조서에 관하여 '공판정진술과 배치부분 부동의'라고 피고인의 의견진술이 있는 것으로 증거목록에 기재되어 있다면 조서내용의 특정부분에 대하여 증거로 함에 동의한다는 특별한 사정이 있는 때와 달리 그 조서를 증거로 함에 동의하지 아니한다는 취지로 해석한다(84도1552).

Ⅳ. 증거동의의 의제

1. 피고인이 불출석한 경우

(1) 불출석재판

1) 형소법에 의한 경우

피고인의 출정 없이 증거조사를 할 수 있는 경우에 피고인이 출정하지 아니한 때에는 대리인 또는 변호인이 출정한 경우를 제외하고는 증거동의가 있는 것으로 간주한다(제318조 제2항). 이는 재판의 필요성 및 신속성, 즉 피고인의 불출정으로 인한 소송행위의 지연 내지 피고인 불출정의 경우에 전문증거의 증거능력을 결정하지 못함에 따른 소송지연을 방지하기 위한 것이다(2010도15977). 따라서 (ⅰ) 피고인이 법인인 사건에서 법인의 대표자 또는 대리인이 출석하지 않은 경우(제276조 단서), (ⅱ) 경미사건 등에서 피고인의 출석을 요하지 않거나 법원의 허가를 받아 불출석할 사건(제277조[189]), (ⅲ) 피고인이 출석하지 아니하면 개정하지 못하는 경우에 구속된 피고인이 정당한 사유 없이 출석을 거부하고, 교도관에 의한 인치가 불가능하거나 현저히 곤란하다고 인정되는 경우(제277조의2), (ⅳ) 피고인이 항소심의 공판기일에 2회 출석하지 않은 경우(제365조), (ⅴ) 약식명령에 대하여 정식재판을 청구한 피고인이 공판기일에 2회 출석하지 않은 경우(제458조 제2항, 제365조), (ⅵ) 즉결심판에 대하여 피고인이 정식재판을 청구한 사건에서 공판기일에 2회 불출석한 경우(즉결심판법 제19조)에는 증거동의가 의제된다.

2) 소송촉진법에 의한 경우

소송촉진법 제23조 본문에서는 "제1심공판절차에서 피고인에 대한 송달불능보고서가 접수된 때부터 6개월이 지나도록 피고인의 소재를 확인할 수 없

---

189) 제277조(경미사건 등과 피고인의 불출석) 다음 각 호의 어느 하나에 해당하는 사건에 관하여는 피고인의 출석을 요하지 않는다. 이때 피고인은 대리인을 출석하게 할 수 있다. 1. 다액 500만원 이하의 벌금 또는 과료에 해당하는 사건, 2. 공소기각 또는 면소의 재판을 할 것이 명백한 사건, 3. 장기 3년 이하의 징역 또는 금고, 다액 500만원을 초과하는 벌금 또는 구류에 해당하는 사건에서 피고인의 불출석허가신청이 있고 법원이 피고인의 불출석이 그의 권리를 보호함에 지장이 없다고 인정하여 이를 허가한 사건. 다만, 제284조(인정신문)에 따른 절차를 진행하거나 판결을 선고하는 공판기일에는 출석하여야 한다. 4. 제453조 제1항에 따라 피고인만이 (약식명령에 대하여) 정식재판의 청구를 하여 판결을 선고하는 사건

는 경우에는 대법원규칙(소송촉진규칙 제19조[190])으로 정하는 바에 따라 피고인의 진술 없이 재판할 수 있다고 규정하고 있다.

이 규정의 의미에 대하여는 ① 피고인이 반대신문권을 포기한 경우라고 할 수 없다는 점에서 증거동의를 의제할 수 없다는 견해가 있다. 그러나 ② 증거동의가 반대신문권의 포기만을 의미하는 것은 아니고, 소송촉진법상 '피고인의 진술 없이 재판할 수 있다'는 문언과 소송지연방지라고 하는 동법의 입법취지는 물론, 중한 사건은 그 대상에서 배제하고 있는 것을 고려하면 이 규정은 증거동의를 의제한 것이다. 판례는 "피고인이 공시송달의 방법에 의한 공판기일의 소환을 2회 이상 받고도 출석하지 아니하여 법원이 피고인의 출정 없이 증거조사를 하는 경우에는 제318조 제2항에 따른 피고인의 증거동의가 있는 것으로 간주된다"(2010도15977)고 한다. 다만, 사형, 무기 또는 장기 10년이 넘는 징역이나 금고에 해당하는 사건의 경우에는 그러하지 아니하다(동조 단서).

(2) 피고인의 퇴정

피고인이 재판장의 허가 없이 퇴정하거나 재판장의 퇴정명령에 의하여 재정하지 않은 때에 증거동의가 의제되는지에 대하여는 ① 피고인이 재판장의 허가 없이 퇴정한 경우뿐만 아니라 피고인의 귀책사유로 인해 퇴정을 받은 때에도 증거동의가 의제된다는 견해, ② 재판장의 퇴정명령에 의한 경우에는 증거동의를 의제할 수 없지만, 피고인이 출석하지 않거나 재판장의 허가 없이 퇴정한 경우에는 증거동의가 의제된다는 견해가 있다. 그러나 ③ 증거동의는 불출석에 대한 제재가 아닌 소송경제의 목적상 인정되는 것이며, 허가 없이 퇴정한 것만으로 반대신문권의 포기를 인정하기 어렵고, 피고인이 퇴정한 경우에도 다시 소환하여 증거조사를 할 수 있으므로 피고인이 재판을 거부하고 있더라도 증거동의가 의제된다고 해서는 아니 된다(다수설).

판례는 "필요적 변호사건이라 하여도 피고인이 재판거부의 의사를 표시하고 재판장의 허가 없이 퇴정하고 변호인마저 이에 동조하여 퇴정해 버린 것은 모두

190) 소송촉진규칙 제19조(불출석피고인에 대한 재판) ① 피고인에 대한 송달불능보고서가 접수된 때로부터 6월이 경과하도록 제18조 제2항 및 제3항의 규정에 의한 조치에도 불구하고 피고인의 소재가 확인되지 아니한 때에는 그 후 피고인에 대한 송달은 공시송달의 방법에 의한다.
② 피고인이 제1항의 규정에 의한 공판기일의 소환을 2회 이상 받고도 출석하지 아니한 때에는 법 제23조의 규정에 의하여 피고인의 진술 없이 재판할 수 있다.

피고인측의 방어권의 남용 내지 변호권의 포기로 볼 수밖에 없는 것이므로 수소법원으로서는 제330조에 의하여 피고인이나 변호인의 재정 없이도 심리·판결할 수 있다"고 하면서, 위와 같이 "피고인과 변호인들이 출석하지 않은 상태에서 증거조사를 할 수밖에 없는 경우에는 제318조 제2항의 규정상 피고인의 진의와는 관계없이 제318조 제1항의 동의가 있는 것으로 간주하게 되어 있다"(91도865)고 한다.

2. 간이공판절차에서의 특칙

피고인이 공판정에서 공소사실에 대하여 자백한 때에는 법원은 그 공소사실에 한하여 간이공판절차에 의하여 심판할 것을 결정할 수 있다(제286조의2).

법원이 간이공판절차의 결정이 있는 사건의 증거에 관하여는 증거능력이 인정되지 않는 전문증거에 대하여 당사자의 증거동의가 있는 것으로 간주한다(제318조의3). 피고인이 공판정에서 자백한 이상 공소사실을 증명하기 위한 개개의 증거에 대해서 다툴 의사가 없는 것으로 추정되기 때문이다. 다만, 검사, 피고인 또는 변호인이 증거로 함에 이의가 있는 때에는 그러하지 아니한다(동조 단서).

V. 증거의 진정성 조사

1. 진정성의 의미

증거동의가 있는 서류 또는 물건은 법원이 제반사정을 참작하여 진정한 것으로 인정하면 증거로 할 수 있다(2015도3467). 따라서 증거동의가 있더라도 증거에 대한 법원의 진정성 인정이 이루어지지 않는 경우에는 증거동의가 인정되지 않는다. 증거의 진정성 입증은 증거물과 요증사실과의 자연적 관련성을 인정하기 위한 전제조건이 되므로, 진정성이 인정되지 않는 경우에는 실체적 진실발견의 목적상 당사자의 동의를 인정할 수 없기 때문이다.

진정성의 의미에 대하여는 ① 증거수집과정의 임의성에 대한 판단을 의미한다는 견해(임의성설)가 있다. 그러나 ② 임의성 있는 전문증거의 경우에 다시 증거능력의 요건으로 임의성을 요하는 것은 적절하지 않고, 당사자의 동의가 있으면 그 증거는 사실상 진정한 것으로 추정되므로 진정성이란 서류나 물건의 신용성을 의심스럽게 하는 유형적 상황이 없음을 의미한다(유형적 상황설, 다수설). 따라서 진술조서나 진술서에 서명날인이 없거나 그 기재내용과 진술이 상이한 경우, 진술내용이 객관적 사실과 다른 경우, 현장사진이나 현장녹음의 작성과정이 의심스러운 경우에는 진정성이 인정되지 않는다.

2. 진정성에 대한 증명

법원은 증거동의가 있으면 직권으로 진정성 여부를 조사하여야 한다. 증거의 진정성은 증거의 실질적인 가치에 대한 판단이 아니라 증거능력의 인정요건이므로 자유로운 증명으로 족하고, 따라서 전문법칙의 예외요건인 '특히 신빙할 수 있는 상태'보다 완화된 요건이다. 다만, 진정성의 조사에서는 증거의 내용을 판단의 기초로 삼을 수 있다.

진정성의 입증은 전문서류는 서명날인 등을 통해, 물적 증거는 법정에 제출된 증거물이 범죄현장에서 수집한 증거물인지 여부 및 증거물보관의 연속성 여부의 확인을 통해 하여야 한다.

Ⅵ. 증거동의의 효과

1. 증거능력의 인정

증거동의를 전문증거에만 제한할 경우(다수설)에 당사자의 증거동의는 제311조부터 제316조의 요건을 갖추지 않은 전문증거에 대하여 증거능력을 인정하게 된다. 그러나 전술한 것처럼 반대신문권포기설에 의하더라도 물적 증거에 대하여 증거동의가 인정되며, 증거동의가 있으면 증거능력이 인정된다.

한편, 증거동의를 한 당사자가 자신이 동의한 증거의 증명력을 다툴 수 있는지에 대하여는 ① 증거능력과 증명력은 별개의 문제이고, 증거동의가 반대신문권의 포기만을 의미하는 것은 아니므로 동의한 당사자도 반대신문을 통해 증명력을 다툴 수 있다는 견해, ② 증거동의는 증거능력과 증명력을 다툴 권리를 포기한다는 것을 의미하므로 당사자가 동의한 증거에 대하여는 증명력을 다툴 수 없다는 견해가 있다. 그러나 ③ 동의는 증거능력에 관한 문제이므로 자신이 동의한 증거의 증명력을 다투는 것은 가능하지만, 동의의 본질은 반대신문권의 포기에 있으므로 동의한 당사자가 동의를 취소하거나 철회하지 않는 한 반대신문의 방법으로 증명력을 다툴 수는 없다(다수설). 따라서 증거동의를 한 당사자가 동의한 증거의 증명력을 다투기 위하여 원진술자를 증인으로 신청하거나 법원이 진정성 조사를 위해 증인으로 신문하는 원진술자에게 증명력을 다투기 위하여 반대신문을 하는 것은 허용되지 않는다.

2. 동의의 효력범위

증거동의의 효력은 원칙적으로 대상 증거물 전체에 미치며, 서류 또는 진술의 내용이 가분적인 경우에는 일부에 대한 동의도 인정된다(2007도1794 참조). 또한 증거동의는 동의한 사람에게만 미친다. 따라서 공동피고인 중 1인이 동의한 경우 다른 공동피고인에게는 동의의 효력이 미치지 않는다.

증거동의의 효력은 일단 적법하게 발생하게 되면 공판절차의 갱신이 있거나 심급을 달리하더라도 그 효력에 영향이 없다(89도2366). 그러나 제1심의 공시송달에 의한 불출석재판이 위법하고 그에 따라 제1심판결이 파기되어야 한다면 항소심이 제1심의 증거동의의 간주를 그대로 인정한 상태에서 제1심의 증거조사결과에 기초하여 판단한 것은 위법이다(2012도986).

Ⅶ. 증거동의의 철회와 취소

1. 철 회

증거동의는 원칙적으로 철회할 수 있다. 증거동의 철회의 법적 성격에 대하여는 ① 증거동의는 증거의 신청이나 철회처럼 사건의 실체를 좌우하는 실체형성행위이고, 형사절차의 실체는 유동적인 것이므로 원칙적으로 증거동의의 철회는 허용된다는 견해가 있다. 그러나 ② 증거동의는 절차형성행위와 실체형성행위의 성격을 모두 가지고 있으나 기본적으로는 절차형성행위이므로 증거동의의 철회는 절차의 안전성을 유지하는 범위 내에서 허용된다(다수설).

증거동의의 철회시기에 대하여는 ① 증거조사 시행 전까지 가능하다는 견해, ② 구두변론종결 시 까지 가능하다는 견해가 있다. 그러나 ③ 절차의 확실성과 소송경제적 측면에서 고려할 때 증거동의 철회의 의사표시는 증거조사 완료 전까지 하여야 한다(다수설). 판례는 증거동의의 의사표시는 증거조사가 완료되기 전까지 철회할 수 있으나, 일단 증거조사가 완료된 뒤에는 철회가 인정되지 아니하므로 철회 전에 이미 취득한 증거능력은 상실되지 않는다고 한다(2015도3467).

2. 취 소

증거동의를 취소할 수 있는지에 대하여는 ① 중대한 착오나 수사기관의 강박에 의한 경우에는 증거동의를 취소할 수 있다는 견해, ② 소송절차의 형식적 확실성을 보장하기 위해 착오나 강박에 의한 경우에도 원칙적으로 증거동의의 취소가 허용되지 않는다는 견해, ③ 증거동의를 한 자가 귀책사유 없이 착오한 경우나 수사기관의 강박에 의한 경우는 동의를 취소할 수 있다는 견해(다수설)가 있다. 그러나 ④ 소송절차의 형식적 확실성의 요청에 따르면 증거동의의 취소는 원칙적으로 허용되지 않지만, 증거동의가 수사기관의 강박에 의한 경우나 중대한 착오에 의한 것으로서 피고인이 책임질 수 없는 사유로 발생한 것이고, 그 증거동의를 유효로 하는 것이 형사사법의 정의에 현저히 반한다고 인정되는 경우에는 예외적으로 증거동의의 취소를 허용하여야 한다.

판례는 증거취소를 허용하되, "절차형성적 소송행위가 착오로 인하여 행하여진 경우, 절차의 형식적 확실성을 강조하면서도 피고인의 이익과 정의의 희생이 커서는 안된다는 측면에서 그 소송행위의 효력을 고려할 필요가 있으므로 착오에 의한 소송행위가 무효로 되기 위해서는 첫째, 통상인의 판단을 기준으로 하여 만일 착오가 없었다면 그러한 소송행위를 하지 않았으리라고 인정되는 중요한 점(동기를 포함)에 관해 착오가 있고, 둘째, 착오가 행위자 또는 대리인이 책임질 수 없는 사유로 인하여 발생하였으며, 셋째, 그 행위를 유효로 하는 것이 현저히 정의에 반한다고 인정될 것 등 세 가지 요건을 필요로 한다"(92모1)고 한다.

증거취소는 증거조사가 완료되기 전에 하여야 하며, 일단 증거조사가 완료된 뒤에는 취소가 인정되지 아니하므로 취소 전에 이미 취득한 증거능력은 상실되지 아니한다(2015도3467).

제8절 탄핵증거

Ⅰ. 탄핵증거의 의의와 성격

1. 의 의

탄핵증거란 진술의 증거능력이 인정된 후 진술의 증명력을 탄핵하기 위하여 사용되는 증거를 말한다. 제318조의2에서는 “제312조부터 제316조까지의 규정에 따라 증거로 할 수 없는 서류나 진술이라도 공판준비 또는 공판기일에서의 피고인 또는 피고인이 아닌 자의 진술의 증명력을 다투기 위하여 증거로 할 수 있다”고 규정하고 있다. 탄핵증거는 범죄사실을 입증하는 증거가 아니므로 소송법상 엄격한 증거능력을 요하지 않는다(2005도2617).

탄핵증거는 반대당사자가 증거능력이 인정된 증거의 증명력을 감쇄시켜 법관으로 하여금 해당 증거물의 증명력 판단에서 합리성을 갖게 함으로써 실체적 진실발견에 도움이 되며, 증거능력을 가진 별도의 증거에 의한 증명의 어려움을 구제할 수 있기 때문에 소송경제에도 도움이 된다. 또한 탄핵증거는 법관의 증명력 판단의 합리성을 담보하는 기능을 하는 것으로서 자유심증주의를 보강하는 기능을 한다.

한편, 탄핵증거는 증인의 증언 외에 서면의 제출로도 가능하다는 점에서 증인신문 시에 주신문에 이어 반대당사자가 구두에 의해 진술의 증명력을 다투는 반대신문과 구별된다. 또한 탄핵증거는 전문법칙이 적용되지 아니하고 엄격한 증거조사가 아닌 공판정에서의 조사로도 가능하다는 점에서 독립한 증거로서 증거능력이 있고 엄격한 증거조사를 거친 증거임을 요하는 반증의 제출과 구별된다.

2. 성 격

탄핵증거는 전문법칙의 적용이 없는 경우에 해당한다(통설). 영·미법에서도 전문증거는 해당 진술의 내용이 요증사실의 입증을 목적으로 할 때에 인정되는 개념이므로 증명력을 감쇄하기 위한 탄핵증거는 전문법칙이 적용되지 않는다. 따라서 탄핵증거에 있어서는 전문법칙의 예외인정 기준인 신용성의 정황적 보장과 필요성의 요건이 충족될 것을 요하지 않는다.

Ⅱ. 탄핵증거의 허용범위

1. 범 위

(1) 한 정 설

한정설은 탄핵증거로 사용할 수 있는 증거를 자기모순의 진술로 한정하여야 한다는 견해이다. '자기모순의 진술'이란 증인의 법정에서의 진술과 상이한 법정 외의 진술을 말한다. 이 견해는 동일인의 다른 진술을 가지고 이전의 진술의 증명력을 다투는 경우와 달리 타인의 진술을 탄핵증거로 사용하기 위해서는 먼저 그 진술의 신용성이 전제되어야 함에도 불구하고 이에 대한 고려 없이 타인의 진술을 탄핵증거로 허용하는 것은 전문법칙에 반하게 되고, 따라서 진술의 신용성을 확인할 수 없는 타인의 진술에 의해 법관의 심증형성에 부당한 영향을 미치는 것을 방지하여야 한다는 것을 근거로 한다. 이 견해에서는 전문법칙에 의하여 증거능력이 인정되지 않는 타인의 진술은 탄핵증거가 될 수 없다.

(2) 비한정설

비한정설은 탄핵증거로 사용할 수 있는 증거를 자기모순의 진술에 한하지 않고, 증거의 증명력을 다투기 위한 증거라면 모든 전문증거를 사용할 수 있다는 견해이다. 이 견해는 법문에서 자기모순의 진술이라고 규정하지 않고 있으며, 증거의 증명력은 최종적으로 법관이 판단하게 되므로 탄핵증거를 자기모순의 진술에 한정할 이유가 없다는 것을 근거로 한다.

(3) 절 충 설

절충설은 자기모순의 진술 외에 증인의 신빙성에 관한 보조사실을 입증하는 증거도 탄핵증거로 사용할 수 있다고 하는 견해이다(다수설). 이 견해는 전문증거의 증거능력을 부인하는 것은 전문증거를 범죄사실에 관한 주요사실이나 간접사실을 증명하는 자료로 사용하는 것을 허용하지 않는다는 것이므로, 증인의 신빙성에 관한 순수한 보조사실의 입증은 전문증거에 의하더라도 무방하다는 것을 근거로 한다. 증인의 신빙성에 관한 보조사실로는 증인의 성격과 교양, 당사자와의 이해관계, 증인에 대한 평판, 전과사실 등이 있다.

(4) 이 원 설

이원설은 피고인은 모든 전문증거를 탄핵증거로 사용할 수 있지만, 검사는 자기모순의 진술에 한하여 탄핵증거를 사용할 수 있다고 하는 견해이다. 이 견해는 검사는 강력한 수사권한을 가지고 있기 때문에 소송절차에서 피고인에 비해 우월적 지위에 있으므로 실질적 당사자주의를 실현하기 위해 탄핵증거의 허용범위를 피고인에 비해 제한하여야 한다는 것을 근거로 한다.

(5) 검 토

비한정설은 전문법칙을 무용하게 할 뿐만 아니라 탄핵증거를 무제한적으로 인정하여 증거능력 없는 증거를 통해 법관의 심증에 부당한 영향을 미칠 수 있다. 한정설은 탄핵증거를 자기모순의 진술에만 한정함으로써 법관의 부당한 편견을 방지하는 장점은 있으나 증인에 대한 합리적인 탄핵을 하지 못하게 함으로써 탄핵증거의 기능을 과도하게 제한하는 측면이 있다. 이원설은 검사와 피고인의 대등한 지위를 인정하는 당사자주의에서는 받아들이기 힘들고, 법관의 직권에 의한 증거조사의 경우에는 어느 범위까지 탄핵증거를 허용할 것인지가 문제된다. 따라서 범죄사실에 관한 전문증거는 탄핵증거가 될 수 없다고 하는 절충설이 타당하다. 다만, 절충설에 대하여는 증인의 신빙성과 같은 보조사실도 간접적으로 범죄사실의 증명에 영향을 미치기 때문에 엄격한 증명의 대상이 되지만 자유로운 증명의 대상으로 보는 문제점이 있다는 비판이 있다. 하지만 증인의 평판, 전과사실 등에 의한 탄핵증거는 궁극적으로 증인이 법정에서 행한 증언의 신용성을 탄핵하기 위한 것이지 요증사실을 입증하기 위한 것이 아니므로 엄격한 증명을 요하지 않는다. 따라서 자기모순의 진술 외에 증인의 신빙성에 관한 보조사실을 입증하는 증거도 탄핵증거로 사용할 수 있다.[191)]

---

191) 영·미법에서는 증인의 신빙성을 공격하기 위하여 (i) 증인의 자기모순의 진술을 증명하거나 (ii) 증인이 가진 친족관계·적대관계와 같은 감정적 영향이나 금전적 이익의 동기, 증인의 성격, 증인의 관찰·기억 및 판단력의 결함을 지적하거나 (iii) 실질적 사실이 증언내용과 다르다는 것을 증명하는 방법이 사용되었다고 한다. 이 중에서 가장 자주 사용된 것이 자기모순의 진술(self-contradiction) 또는 불일치진술(prior inconsistent statements)이며, 전문법칙이 적용되지 않는 탄핵증거는 자기모순의 진술에 한정된다고 한다.

2. 제 한

탄핵증거는 엄격한 증명이 필요 없고 자유로운 증명으로 충분하다. 그러나 증거능력이 없는 모든 증거를 탄핵증거로 사용할 수 있는 것은 아니다.

(1) 입증취지와의 관계

탄핵증거는 진술의 증명력을 다투기 위한 경우로 제한되며, 범죄사실이나 간접사실을 인정하기 위한 목적으로 사용할 수는 없다(2011도5459).[192)]

그러나 탄핵증거로 제출된 증거가 범죄사실을 인정하기 위한 증거능력을 갖추고 있는 경우에는 범죄사실을 인정하는 증거로 사용할 수 있다. 당사자가 증거를 통해 증명하고자 하는 것은 법원의 증거결정에 도움을 제공하기 위한 것이지 그 자체가 법원을 구속하는 것은 아니므로 당사자의 이익을 부당하게 침해하지 않는 한 이를 허용하는 것이 실체적 진실발견에도 도움이 된다. 다만, 피고인 또는 변호인이 무죄를 입증하기 위한 자료로 제출한 증거에 유죄임을 뒷받침하는 내용이 있는 경우에는 법원은 검사의 원용(동의)이 없는 한 해당 서류의 진정성립 여부 등을 조사하고, 아울러 해당 서류에 대한 피고인이나 변호인의 의견과 변명의 기회를 준 나음이 아니면 해당 증거를 유죄인정의 증기로 쓸 수 없다(87도966).

(2) 임의성 없는 자백 및 위법수집증거

임의성 없는 자백(제309조)이나 진술(제317조)은 위법수집증거로서 적정절차의 보장과 사법적 염결성의 요청에 반하므로 탄핵증거로 사용할 수 없다(2013도12507).

(3) 성립의 진정이 인정되지 않는 증거

서명날인이 없거나 성립의 진정이 인정되지 않는 전문서류를 탄핵증거로 사용할 수 있는지에 대하여는 ① 탄핵증거는 전문법칙의 적용이 없는 경우이므로 진술자의 서명날인이 없는 전문서류도 탄핵증거가 될 수 있다는 견해(다수설)가 있다. 그러나 ② 성립의 진정이 인정되지 않는 증거는 증거로서의 진실성을 전혀 담보할 수 없음에도 불구하고 그로 인해 사실인정자의 편견을 유발할 가능성이 매우 높

---

192) 판례는 검사가 체포·구속인접견부 사본을 피고인의 부인진술을 탄핵하기 위해 탄핵증거로 신청한 경우는 결국 검사에게 입증책임이 있는 공소사실 자체를 입증하기 위한 것에 불과하므로 제318조의2 제1항 소정의 피고인의 진술의 증명력을 다투기 위한 탄핵증거로 볼 수 없다고 하였다(2011도5459).

다. 따라서 진술자가 진술내용이 정확하게 기재되어 있는지를 확인하지 아니한 전문서류는 진술내용의 진실성과 정확성에서 이중의 오류가능성이 있으므로 진술자의 서명날인이라는 형식적 진정성립이 인정되는 경우에 한해 탄핵증거로 사용할 수 있다.

판례는 검사가 유죄의 자료로 제출한 증거들이 그 성립의 진정이 인정되지 아니하고 이를 증거로 함에 상대방의 동의가 없더라도, 이는 유죄사실을 인정하는 증거로 사용하는 것이 아닌 이상 공소사실과 양립할 수 없는 사실을 인정하는 자료로 쓸 수 있다고 한다(94도1159).

(4) 공판정에서의 진술 이후에 행하여진 자기모순의 진술

증인이 공판정에서 증언한 후에 그 증언을 탄핵하기 위하여 수사기관에서 그 증인을 참고인으로 소환하여 작성한 진술조서는 공판중심주의의 요청과 공정한 재판의 이념에 반하는 수사방법에 의하여 수집된 증거이므로 원칙적으로 탄핵증거로도 사용할 수 없다. 따라서 수사기관이 종전의 증인의 증언을 탄핵하기 위해서는 증인이 증언 후에 참고인으로서 수사기관에서 작성한 진술조서만으로는 불가하고, 검사로 하여금 공판절차에서 그 증인을 다시 신청하여 증인신문을 통해 종전의 증언의 증명력을 다투어야 한다.

(5) 영상녹화물

제318조의2 제2항에서는 "제1항에도 불구하고 피고인 또는 피고인이 아닌 자의 진술을 내용으로 하는 영상녹화물은 공판준비 또는 공판기일에 피고인 또는 피고인이 아닌 자가 진술함에 있어서 기억이 명백하지 아니한 사항에 관해 기억을 환기시켜야 할 필요가 있다고 인정되는 때에 한하여 피고인 또는 피고인이 아닌 자에게 재생하여 시청하게 할 수 있다"고 규정하고 있다.

이와 관련하여 영상녹화물을 탄핵증거로 사용할 수 있는지에 대하여는 ① 이 조항은 동조 제1항과 달리 영상녹화물을 신문방법으로 사용하는 것 자체에 대한 제한조항이므로 영상녹화물은 탄핵증거로 사용할 수 있다고 하는 견해가 있다. 그러나 ② 이 조항에서 '제1항에도 불구하고'의 의미는 '탄핵증거의 예외적 허용에도 불구하고'라는 의미로 해석하여야 하고, 따라서 영상녹화물은 탄핵증거로는 사용할 수 없고 기억환기용 신문방법으로만 사용할 수 있다(다수설). 이때 영상녹화물의 재생은 검사의 신청이 있는 경우에 한하고, 기억의 환기가 필요한 피고인 또는 피고인 아닌 자에게만 이를 재생하여 시청하게 하고 있는 점(규칙 제134조의5 제12항) 등을 고려하면 이 조항의 입법취지는 법관이 영상녹화물에 의해 심증을 형성하는 것을 차단하려는 데 있다고 할 수 있다. 그러나 탄핵증거의 허용은 전문법관이 사실인정자로서 증거능력이 있는 증거와 탄핵증거를 구분하고, 탄핵증거에 의해서는 부당하게 심증을 형성하지 않는다는 사실을 전제로 하고 있으므로 매우 지능화되고 있는 현재의 범죄양상을 고려할 때 영상녹화물을 탄핵증거로도 사용하지 못하게 하는 것은 입법론상 재고가 요구된다.

Ⅲ. 탄핵의 대상과 범위

1. 대 상

탄핵의 대상은 공판준비 또는 공판기일에서의 피고인 또는 피고인이 아닌 자(공소제기 전에 피고인을 피의자로 조사하였거나 그 조사에 참여하였던 자를 포함한다)의 진술의 증명력이다. 피고인이 아닌 자의 진술의 대표적인 경우가 증인의 증언이며, 공소제기 전에 피고인을 피의자로 조사하였거나 그 조사에 참여하였던 자의 진술도 탄핵대상이 된다.

그러나 공판준비 또는 공판기일에서의 진술뿐만 아니라 공판정 외에서의 진술도 서면의 형식으로 증거가 된 경우에는 탄핵대상이 된다.

(1) 피고인의 진술

형사재판에서 해당 사건의 피고인은 영·미법에서와 같이 증인적격이 인정되지 않는다. 따라서 피고인은 공판정에서 증인으로 증언할 수는 없고 피고인신문과정에서 진술을 할 수 있을 뿐이다. 따라서 피고인의 진술이 탄핵의 대상이 되는지에 대하여는 ① 피고인 보호의 관점에서 동조항을 축소해석하여 피고인의 진술은 탄핵대상이 되지 않는다는 견해가 있다. 그러나 ② 제318조의2 제1항에 따르면 피고인의 진술도 탄핵대상이 된다(다수설). 하지만 피고인의 진술을 탄핵대상으로 보게 되면 증거능력 없는 다양한 전문증거를 통해 피고인의 진술을 탄핵할 수 있게 되므로 피고인의 방어권에 중대한 악영향을 미칠 우려가 있다. 영·미에서 피고인이 보통 증언을 선택하지 않는 이유도 이와 같은 탄핵을 당하지 않기 위해서이다. 따라서 현행법상 피고인의 진술을 탄핵대상으로 명문화하고 있는 것은 입법론상 재고를 요한다.

판례는 "검사가 유죄의 자료로 제출한 사법경찰리 작성의 피고인에 대한 피의자신문조서는 피고인이 그 내용을 부인하는 이상 증거능력이 없으나, 그것이 임의로 작성된 것이 아니라고 의심할 만한 사정이 없는 한 피고인의 법정에서의 진술을 탄핵하기 위한 반대증거로 사용할 수 있다"고 한다(2013도12507).[193]

(2) 자기측 증인의 증언

자기측 증인의 증언은 통상적으로 자신에게 유리한 진실을 내용으로 하고 있으므로 탄핵할 필요성이 없다. 하지만 당사자가 항상 자기에게 유리한 증인만을 소환하는 것은 아니므로 자기측 증인이라도 예상과 달리 신청자에게 적대적이거나 불리한 증언을 하는 경우에는 탄핵을 할 수 있다.

2. 범 위

탄핵증거는 '진술의 증명력을 다투기 위한 것'이고, 이는 진술의 증명력을 감쇄시키는 경우를 말하므로(2011도5459), 대상 증거의 증명력을 지지하거나 보강하는 용도로는 사용할 수 없다.

그러나 탄핵증거에 의해 이미 감쇄된 증명력을 다시 회복시키기 위한 목적으로 탄핵증거를 사용할 수는 있는지에 대하여는 ① 전문진술을 회복증거로 사용한다는 것은 실질적으로 증명력을 보강하는 것이므로 허용할 수 없다는 견해가 있다. 그러나 ② 감쇄된 증명력을 회복하기 위한 것은 처음부터 증거의 증명력을 보강하는 것과 다르므로 일방 당사자가 탄핵증거로 증명력을 감쇄시킨 경우에 상대방 당사자는 감쇄된 증명력을 회복시키기 위하여 탄핵증거를 사용하는 것을 허용하여야 한다(통설). 따라서 자기모순의 진술이 탄핵증거로 이미 사용된 경우에는 종전의 일치된 진술을 감쇄된 증명력을 회복시키기 위한 탄핵증거로 사용할 수 있다.

---

193) 판례는 '피고인의 경찰 피의자신문조서'를 피고인의 진술을 탄핵하는 증거로 기재한 부분은 피고인이 위 피의자신문조서를 증거로 사용함에 동의하였더라도 공판기일에서 그 기재 내용과 실질적으로 다른 사실을 주장하면 증거능력이 인정되지 않고, 규칙 제132조의2 제1항에 따라 이를 탄핵증거로 신청하였다거나 이를 전제로 하여 피고인과 변호인에게 이에 관한 의견진술권 등 방어권이 충분히 보장된 상태로 법정에서 탄핵증거에 대한 증거조사를 거치지 않으면 탄핵증거로 사용할 수 없다고 하였다(2022도9284).

Ⅳ. 탄핵증거의 조사

1. 증거의 신청

통상적으로 검사·피고인 또는 변호인은 특별한 사정이 없는 한 필요한 증거를 일괄하여 신청하여야 한다(규칙 제132조). 그러나 탄핵증거는 증명력을 다툴 진술이 실제 행하여진 후에 사용되는 것이므로 일괄 제출할 수 있는 것은 아니다. 다만, 규칙 제132조의2[194]의 취지에 비추어 보면 탄핵증거의 제출에서도 상대방에게 이에 대한 공격·방어의 수단을 강구할 기회를 사전에 부여하여야 할 것이므로 그 증거와 증명하고자 하는 사실과의 관계 및 입증취지 등을 미리 구체적으로 명시하여야 하며, 증명력을 다투고자 하는 증거의 어느 부분에 의하여 진술의 어느 부분을 다투려고 한다는 것을 사전에 상대방에게 알려야 한다(2005도2617).

2. 조사방법

탄핵증거는 범죄사실의 존·부를 직접 또는 간접으로 증명하기 위한 증거가 아니므로 엄격한 증거조사를 요하지 않는다. 그러나 공판정에서의 증거조사는 필요하다(2005도2617). 따라서 법정에서 증거로 제출된 바가 없어 전혀 증거조사가 이루어지지 아니한 채 수사기록에만 편철되어 있는 서류를 피고인의 진술을 탄핵하는 증거로 사용할 수는 없다(97도1770). 하지만 비록 증거목록에 기재되지 않았고 증거결정이 있지 아니하였다 하더라도 공판과정에서 그 입증취지가 구체적으로 명시되고 제시까지 된 이상 위 각 서증들에 대하여 탄핵증거로서의 증거조사는 이루어졌다고 할 것이나(2005도6271).

---

194) 규칙 제132조의2(증거신청의 방식) ① 검사, 피고인 또는 변호인이 증거신청을 함에 있어서는 그 증거와 증명하고자 하는 사실과의 관계를 구체적으로 명시하여야 한다.

② 피고인의 자백을 보강하는 증거나 정상에 관한 증거는 보강증거 또는 정상에 관한 증거라는 취지를 특히 명시하여 그 조사를 신청하여야 한다.

③ 서류나 물건의 일부에 대한 증거신청을 함에 있어서는 증거로 할 부분을 특정하여 명시하여야 한다.

④ 법원은 필요하다고 인정할 때에는 증거신청을 한 자에게, 신문할 증인, 감정인, 통역인 또는 번역인의 성명, 주소, 서류나 물건의 표목 및 제1항 내지 제3항에 규정된 사항을 기재한 서면의 제출을 명할 수 있다.

⑤ 제1항 내지 제4항의 규정에 위반한 증거신청은 이를 기각할 수 있다.

제9절 공판조서의 증명력

Ⅰ. 공판조서와 그 증명력

1. 공판조서의 의의

공판조서란 공판기일의 소송절차에 관해 작성한 조서를 말한다. 공판조서의 정확성을 담보하기 위하여 공판조서에는 재판장과 공판에 참여한 법원사무관 등이 기명날인이나 서명을 하고(제53조), 변호인과 피고인에게 공판조서를 열람·등사할 수 있도록 하고 있다(제35조, 제55조). 또한 다음 회의 공판기일에 전회(前回)의 공판심리에 관한 주요 사항의 요지를 조서에 의하여 고지하고, 검사 및 피고인 등에게 공판조서에 대한 변경청구 및 이의제기를 할 수 있도록 하고 있다(제54조). 이외에도 법원은 검사, 피고인 또는 변호인의 신청이 있는 때에는 특별한 사정이 없는 한 공판정에서의 심리의 전부 또는 일부를 속기사로 하여금 속기하게 하거나 녹음장치 또는 영상녹화장치를 사용하여 녹음 또는 영상녹화(녹음이 포함된 것을 말한다)하여야 하며, 필요하다고 인정하는 때에는 직권으로 이를 명할 수 있도록 하고 있다(제56조의2).

공판기일에서 소송절차의 경과를 기재한 조서인 공판조서는 전문법칙의 예외로서 당연히 증거능력이 인정된다. 즉, 해당 사건의 공판조서는 제311조에 의해, 다른 피고사건에 대한 공판조서는 제315조 제3호에 의해 증거능력이 인정된다.

2. 공판조서의 배타적 증명력

공판기일의 소송절차로서 공판조서에 기재된 것은 그 조서만으로써 증명한다(제56조). 이는 공판조서의 기재가 명백한 오기인 경우를 제외하고는 공판기일의 소송절차로서 공판조서에 기재된 것의 증명력은 공판조서 이외에 다른 자료를 통한 반증을 허용하지 않는다는 의미이다(2015도3467). 이를 공판조서의 배타적 증명력 또는 절대적 증명력이라고 한다.[195] 공판조서의 배타적 증명력은 자유심증주의

---

195) 헌법재판소는 "공판조서의 절대적 증명력은 공판기일의 소송절차에 한하여 인정되는 점, 형소법은 공판조서 기재의 정확성을 담보하기 위해 작성주체, 방식, 기재요건 등에 관해 엄격히 규정하고 있고, 피고인 등으로 하여금 공판조서에 대한 열람 또는 등사 등을 통하여 기

의 예외가 된다. '공판조서'는 해당 사건의 공판조서를 말한다.

공판조서의 배타적 증명력을 인정하는 것은 상소심에서 원심의 소송절차에 관한 분쟁이 발생한 경우에 이로 인해 상소심의 심리가 지연되거나 심리의 초점이 흐려지는 것을 방지하기 위한 것임은 물론, 상소심에서 소송절차에 대한 법령위반 등을 심판하는 경우에 그때마다 원심의 법관이나 법원사무관을 증인으로 신문하는 것은 적절하지 않기 때문이다. 따라서 형소법에서는 공판조서의 정확성을 담보하기 위한 절차를 마련하는 한편, 상소심의 판단자료를 공판조서에 한정함으로써 상소심의 심리편의와 소송경제를 도모하고 있다.

그러나 피고인이 공판조서의 열람 또는 등사를 청구하였음에도 법원이 불응하여 피고인의 열람 또는 등사청구권이 침해된 경우에는 해당 공판조서를 유죄의 증거로 할 수 없으며, 그 공판조서에 기재된 해당 피고인이나 증인의 진술도 원칙적으로 증거로 할 수 없다. 다만, 이때에도 그러한 증거 이외에 적법하게 재백한 다른 증거들에 의하더라도 범죄사실을 인정하기에 충분하고, 그로 인해 피고인의 방어권이나 변호인의 변호권을 본질적으로 침해하지 않은 이상 그 공판조서 등을 증거로 사용하였더라도 판결에 영향을 미친 위법은 아니다(2011도15869).

Ⅱ. 배타적 증명력의 범위

공판조서의 배타적 증명력은 공판기일의 소송절차로서 공판조서에 기재된 부분에 한한다.

1. 공판기일의 소송절차

(1) 공판기일의 절차

공판조서의 배타적 증명력은 '공판기일'의 소송절차에 대해서만 미친다. 따라서 공판준비절차, 공판기일 전의 증인신문청구나 증거보전절차, 공판기일 외에서

재내용에 대한 이의를 진술할 수 있도록 함으로써 기본권침해를 최소화하고 있으며, 이 사건 법률조항으로 인한 기본권제한이 상소심에서의 심리지연 등으로 인한 피해보다 크다고 볼 수 없으므로, 피해의 최소성과 함께 법익균형성의 요건도 갖추었다 할 것이므로, 이 사건 법률조항이 청구인의 재판을 받을 권리를 침해한다고 볼 수 없다"(2010헌바379)고 하였다.

의 증인신문이나 검증 등의 절차에서 작성된 조서는 배타적 증명력이 인정되지 않는다.

(2) 소송절차

공판조서의 배타적 증명력은 '소송절차', 즉 피고사건의 절차면에 관련된 사항에 대해서만 인정된다. 피고인의 출석 여부(87모19), 변호인의 출석 여부(96도173), 진술거부권의 고지 여부(2002도2134), 증거동의 또는 성립의 진정 여부(2015도3467), 검사의 모두진술, 피고인에게 증거조사결과에 대한 의견을 묻고 증거조사를 신청할 수 있음을 고지하였는지 여부(93도2505), 변호인 및 피고인에 대한 최종의견진술 기회부여 여부(2005도6557), 판결선고의 유·무와 일자(96도1252), 판결서에 의한 판결선고 여부(95도826) 등이 이에 해당한다. 소송절차에 관한 것이면 진행된 소송절차의 적법성뿐만 아니라 소송절차의 존·부에 대하여도 배타적 증명력이 인정된다.

또한 공판조서에 기재된 진술의 존재 자체에 대하여도 배타적 증명력은 미친다. 따라서 공판조서에 기재된 피고인이나 증인의 진술내용의 정확성에 대해서는 검사, 피고인 또는 변호인에 의해 공판조서의 기재에 대한 이의신청(제54조 제3항[196])이 없으면 배타적 증명력이 인정된다. 그러나 피고인의 진술이나 증인의 증언의 내용의 진실성과 같이 피고사건의 실체관련 사항은 그 내용이 공판조서에 기재되어 있다고 하더라도 배타적 증명력의 대상이 되지 않는다.

2. 공판조서에 기재된 소송절차

(1) 기재된 사항의 증명

공판조서에 기재된 것이라면 그것이 필요적 기재사항(제51조)인지 임의적 기재사항인지를 묻지 않는다. 따라서 검사가 제출한 증거에 대한 동의 또는 성립의 진정 여부 등에 관한 피고인의 의견이 증거목록에 기재된 경우 그 증거목록의 기재는 배타적 증명력을 가진다(2015도3467).

196) 제54조(공판조서의 정리 등) ③ 검사, 피고인 또는 변호인은 공판조서의 기재에 대하여 변경을 청구하거나 이의를 제기할 수 있다.

(2) 공판조서에 기재되지 않은 사항

공판조서의 배타적 증명은 공판조서에 기재된 소송절차에 한하므로 공판기일의 소송절차에 관한 것이라도 공판조서에 기재되지 않은 것은 배타적 증명력이 인정되지 않으므로 다른 증거에 의하여 증명하여야 한다. 다만, 소송절차는 소송법적 사실에 속하므로 그에 관한 증명은 자유로운 증명으로 충분하다.

통상적으로 행하여지는 소송절차는 공판조서에 기재가 되어 있지 않더라도 적법하게 절차가 행하여졌다고 추정된다(72도2421). 하지만 검사, 피고인 또는 변호인이 그 절차의 적법성에 대하여 다투는 경우에는 사실상의 추정은 깨어지게 되므로 법원은 다른 증거에 의하여 그 절차의 적법성을 증명하여야 한다.

(3) 기재가 불분명하거나 모순이 있는 사항

공판조서에 기재된 사항이라고 하더라도 기재가 불분명하거나 모순이 있는 경우에는 배타적 증명력이 인정되지 않는다. 공판조서의 기재의 정확성에 대하여 이의신청이 있거나(제54조 제3항) 이의신청이 방해된 경우에도 배타적 증명력이 인정되지 않는다.

또한 공판조서가 명백한 오기인 경우에도 배타적 증명력이 인정되지 않으며(2015도3467), 이때 공판조서는 그 올바른 내용에 따라 배타적 증명력을 가진다(95도110). 다만, 공판조서의 오기 여부를 판단하는 자료범위에 대하여는 ① 공판조서의 배타적 증명력은 기재내용의 진실성 판단에 대하여 까지 미친다고는 할 수 없으므로 공판조서 이외의 자료를 참고할 수 있다는 견해가 있다. 그러나 ② 공판조서의 배타적 증명력을 인정하는 취지가 상소심의 심리지연방지에 있다는 점을 고려하면 명백한 오기인가 여부는 원칙적으로 공판조서의 기재만으로 판단하여야 한다(다수설). 다만, 이 판단을 위하여 공판기록에 편철된 서류뿐만 아니라 공판정에서의 심리에 대한 속기록이나 영상녹화물 등을 보조자료로 이용하는 것은 가능하다. 판례는 공판조서의 기재가 명백한 오기인지 여부는 원칙적으로는 공판조서만으로 판단하여야 할 것이지만, 공판조서가 아니더라도 해당 공판절차에 제출되어 공판기록에 편철되거나 법원이 직무상 용이하게 확인할 수 있는 자료 중에서 신빙성 있는 객관적 자료에 의하여 판단을 할 수 있다고 한다(2007도3514).

Ⅲ. 공판조서의 무효와 멸실

공판조서의 배타적 증명력은 공판조서가 유효하게 존재하는 것을 전제로 한다. 따라서 공판조서가 무효이거나 멸실된 경우에는 배타적 증명력이 인정되지 않는다. 따라서 공판조서의 작성자인 법원사무관 등의 서명이 없거나 재판에 배석하지 않은 법관이 재판장으로 서명한 경우 등, 중대한 하자가 있는 공판조서는 무효이므로 배타적 증명력이 인정되지 않는다.

공판조서가 무효이거나 멸실된 경우에 상급심에서 다른 자료에 의하여 원심의 공판절차의 위법성 여부를 판단할 수 있는지에 대하여는 ① 공판조서가 무효이거나 멸실된 경우에 상소심은 다른 자료를 사용할 수 없고, 따라서 사건을 원심법원으로 파기환송하여야 한다는 견해가 있다. 이 견해는 다른 자료에 의한 증명을 인정하게 되면 공판조서에 판결에 영향을 미칠 절차위반의 기재가 있는 경우 공판조서가 적법하면 판결이 파기됨에 반하여, 무효 또는 멸실된 경우에는 다른 자료에 의해 파기를 면할 수 있는 불합리한 결과가 된다는 것을 이유로 한다. 그러나 ② 공판조서의 증명력은 유효한 공판조서를 전제로 하고 있고, 항소심의 경우는 파기자판을 원칙으로 하고 있으므로(제364조 제6항) 상소심은 공판조서가 아닌 다른 자료에 의해서도 원심 공판절차의 위법성 여부를 판단할 수 있다(통설). 이는 신속한 재판의 원칙에도 합치한다.

제3장 재 판

제1절 재판의 기초

Ⅰ. 재판의 의의와 종류

1. 의 의

재판이란 좁은 의미로는 피고사건의 실체에 관한 유·무죄의 종국판단을 의미하지만, 넓은 의미로는 법원 또는 법관의 의사표시에 의한 모든 법률행위적 소송행위를 말한다. 소송법적 의미의 재반은 넓은 의미의 재판을 의미하므로 판결뿐만 아니라 법원 또는 법관이 행하는 각종 영장의 발부 또는 기각, 보석의 허가와 기각, 증거결정 등은 모두 재판에 해당한다. 그러나 법원의 증거조사나 피고인신문과 같은 사실행위적 소송행위는 법률행위적 소송행위가 아니므로 재판에 해당하지 않는다.

또한 재판은 법원 또는 법관에 의한 소송행위라는 점에서 수사의 종결처분이나 공소제기와 같은 검사 또는 사법경찰관의 행위는 재판에 포함되지 않는다.

2. 종 류

(1) 재판의 기능에 따른 분류

재판이 소송을 해당 심급에서 종결시키는 기능을 하는지 여부에 따라 종국재판과 종국 전의 재판으로 나뉜다. 종국재판은 소송을 통해 해당 심급에서 종결시키는 재판으로서, 유·무죄의 판결, 면소판결, 공소기각의 재판, 관할위반의 판결 등이 이에 해당한다. 또한 상소심의 상소기각, 파기자판, 파기환송, 파기이송의 재판도 이에 해당한다. 종국재판은 법적 안정성이 요구되므로 재판을 한 법원이 취소하거나 변경할 수 없고, 원칙적으로 상소에 의하여 다툴 수 있을 뿐이다.

종국 전의 재판은 종국재판에 이르기까지의 절차에 관한 재판으로서, 보석허가결정, 구속취소결정 등과 같이 종국재판에 이르기까지의 중간절차에 관한 재판을 의미한다. 그 형식은 결정이나 명령에 의한다. 종국 전의 재판은 중간재판이므로 법원 스스로 취소하거나 변경할 수 있고, 원칙적으로 상소가 허용되지 않는다(제403조 제1항).

(2) 재판의 형식에 따른 분류

1) 판 결

판결은 수소법원이 행하는 종국재판의 원칙적 형식으로서, 실체재판인 유·무죄의 판결과 형식재판인 면소판결, 공소기각의 판결, 관할위반의 판결이 있다.

판결은 법률에 다른 규정이 없으면 구두변론을 거쳐서 하여야 하며(제37조 제1항), 이유를 명시하여야 한다(제39조). 판결에 대한 불복방법은 원칙적으로 항소와 상고이고, 특별절차로서 재심과 비상상고가 있다.

2) 결 정

결정은 수소법원이 행하는 종국 전 재판의 원칙적 형식으로서, 소송절차에 관한 재판은 원칙적으로 결정에 의한다. 다만, 공소기각의 결정(제328조)과 상소기각의 결정(제361조의4, 제380조, 제413조)은 종국재판에 해당한다.

결정은 구두변론을 요하지 아니하며(제37조 제2항), 결정을 할 때 필요하면 사실조사를 할 수 있다. 상소를 불허하는 경우를 제외하고는 결정에도 이유를 명시하여야 하되(제39조 단서), 결정서를 작성하지 않고 조서에만 기재할 수 있고 적당한 방법으로 고지하면 된다(제38조 단서). 결정에 대한 불복방법은 항고(제402조)와 재항고(제415조)이다.

3) 명 령

명령은 수소법원이 아니라 그 구성원이 재판장이나 수명법관 또는 수소법원의 촉탁을 받은 수탁판사가 하는 재판으로서, 모두 종국 전 재판에 해당한다. 다만, 수명법관이나 수탁판사가 그의 직무집행에 관하여 법원의 권한을 행사할 수 있는 경우(제136조 제3항, 제145조, 제167조 제3항, 제177조 등)에는 수명법관 또는 수탁판사의 재판도 결정에 해당한다. 또한 약식명령은 약식절차에 따른 독립한 형식의 재판(제448조 이하)이므로 통상의 명령과 다르다.

명령은 구두변론을 요하지 아니하며, 필요하면 사실조사를 할 수 있다(제37조 제2항, 제3항). 상소를 불허하는 경우를 제외하고는 명령에도 이유를 명시하여야 하되(제39조 단서), 명령서를 작성하지 않고 조서에만 기재할 수 있고 적당한 방법으로 고지하면 된다(제38조 단서). 명령에 대한 불복방법은 원칙적으로 없으나 예외적으로 재판장의 처분에 대한 이의신청(제304조) 또는 준항고(제416조)가 허용되는 경우가 있다.

(3) 재판의 내용에 따른 분류

1) 실체재판

실체재판이란 피고사건의 실체, 즉 실체적 법률관계를 판단하는 재판을 말한다. 유·무죄의 실체재판이 이에 해당한다. 실체재판은 모두 종국재판으로 판결의 형식을 취한다.

2) 형식재판

형식재판이란 피고사건의 실체가 아닌 절차적·형식적 법률관계를 판단하는 재판을 말한다. 종국 전의 재판은 모두 형식재판이다. 다만, 면소판결, 공소기각의 판결, 관할위반의 판결은 형식재판이면서도 종국재판이다.

Ⅱ. 재판의 성립과 내용 및 방식

1. 성 립

재판은 법원 또는 법관의 의사표시에 의한 법률행위로서 의사의 내부적 결정과 결정된 의사의 외부적 표시 두 단계를 거치게 된다. 전자를 내부적 성립, 후자를 외부적 성립이라고 한다.

(1) 내부적 성립

재판의 내부적 성립이란 재판에 관한 의사내용이 해당 사건의 심리를 담당한 법원의 내부 구성원 사이에서 결정되는 것을 말한다. 따라서 사건의 심리에 관여하지 않은 법관은 재판의 내부적 성립에 관여할 수 없으며, 만일 관여하게 되면 절대적 항소이유(제361조의5 제8호)와 상대적 상고이유(제383조 제1호)가 된다.

재판이 내부적으로 성립하면 법관의 경질 등 변화가 있는 경우에도 공판절차를 갱신할 필요가 없다(제30조 단서). 내부적 성립의 시기는 합의부와 단독판사의 재판에 따라 다르다.

1) 합의부의 재판

합의부 재판은 구성원인 법관의 합의에 의하여 내부적으로 성립한다. 재판의 합의는 헌법 및 법률에 다른 규정이 없는 한 과반수로 결정된다(법조법 제66조 제1항). 다만, 합의에 관한 의견이 3개 이상의 설(說)로 나뉘어 각각 과반수에 이르지 못할 때에는 과반수에 이르기까지 피고인에게 가장 불리한 의견의 수에 차례로 유리한 의견의 수를 더하여 그 중 가장 유리한 의견에 따른다(동조 제2항 제2호).[197] 대법원 전원합의체의 경우에는 과반수 결정사항에 관하여 의견이 2개의 설로 나뉘어 각 설이 과반수에 이르지 못할 때에는 원심재판을 변경할 수 없다(동조 제3항).

심판의 합의는 공개하지 않는다(동법 제65조). 다만, 대법원의 재판서에는 합의에 관여한 모든 대법관의 의견을 표시하여야 하므로(동법 제15조) 대법원의 재판서에는 소수의견도 표시된다.

2) 단독판사의 재판

단독판사는 법관의 합의단계가 없으므로 법관이 재판서에 서명하여 작성을 마친 때에 내부적 성립이 있다고 본다. 따라서 재판서의 작성 후에 판사가 경질되더라도 공판절차를 갱신할 필요가 없다. 다만, 재판서를 작성하지 않고 재판을 먼저 선고, 고지하는 때에는 외부적 성립과 동시에 내부적 성립이 있게 된다.

(2) 외부적 성립

재판의 외부적 성립은 재판의 선고 또는 고지에 의하여 외부적으로 인식할 수 있는 상태에 이르렀을 때에 성립한다. 판결은 선고에 의해 공표하고, 결정과 명령은 원칙적으로 고지에 의한다.

1) 재판의 선고와 고지

재판의 선고란 공판정에서 재판의 내용을 구술로 선언하는 행위이고, 고지란 선고 이외의 적당한 방법으로 재판의 내용을 소송관계인에게 알려주는 행위이다. 재판의 고지는 공판정에서는 재판서에 의하여야 하고, 기타의 경우에는 재

---

197) 액수의 경우는 과반수에 이르기까지 최다액(最多額)의 의견의 수에 차례로 소액의 의견의 수를 더하여 그 중 최소액의 의견에 따른다(동항 제1호).

판서등본의 송달 또는 다른 적당한 방법으로 하여야 한다. 다만, 법률에 다른 규정이 있는 때에는 예외로 한다(제42조).

재판의 선고 또는 고지는 재판장이 하고, 판결을 선고함에는 주문을 낭독하고 이유의 요지를 설명하여야 한다(제43조).[198] 즉, 재판장은 판결을 선고할 때 피고인에게 이유의 요지를 말이나 판결서등본 또는 판결서초본의 교부 등 적절한 방법으로 설명하고(규칙 제147조 제1항), 판결을 선고하면서 피고인에게 적절한 훈계를 할 수 있다(동조 제2항). 변론을 종결한 기일에 판결을 선고하는 경우에는 선고 후 5일 내에 판결서를 작성하여야 한다(규칙 제146조). 다만, 재판의 선고 또는 고지는 내부적으로 성립한 재판을 대외적으로 공표하는 행위에 불과하므로 재판의 내부적 성립이 있은 후에는 이에 관여하지 않은 판사라도 재판의 선고 또는 고지를 할 수 있다.

한편, 재판의 심리와 판결은 공개한다. 다만, 심리는 국가의 안전보장, 안녕질서 또는 선량한 풍속을 해칠 우려가 있는 경우에는 결정으로 공개하지 아니할 수 있다(법조법 제57조 제1항). 이 단서의 결정은 이유를 밝혀 선고하여야 하며(동조 제2항), 이 단서의 결정을 한 경우에도 재판장은 적당하다고 인정되는 사람에 대해서는 법정 안에 있는 것을 허가할 수 있다(동조 제3항).

2) 외부적 성립의 효력

재판이 외부적으로 성립한 경우 종국재판은 법적 안정성의 요청에 따라 해당 재판을 한 법원도 이에 구속되어 그 내용을 철회하거나 변경할 수 없는데, 이

---

198) 제1심 재판장이 선고기일에 법정에서 '피고인을 징역 1년에 처한다'는 주문을 낭독한 뒤, 상소기간 등에 관한 고지를 하던 중 피고인이 '재판이 개판이야, 재판이 뭐 이 따위야' 등의 말과 욕설을 하면서 난동을 부려 당시 그곳에 있던 교도관이 피고인을 제압하여 구치감으로 이동시키는 등 소란이 발생하였는데, 제1심 재판장이 법정질서가 회복되자 피고인에게 '선고가 아직 끝난 것이 아니고 선고가 최종적으로 마무리되기까지 이 법정에서 나타난 사정 등을 종합하여 선고형을 정정한다'는 취지로 말하고, 피고인에게 '징역 3년'을 선고한 사안에 대하여, "판결선고는 전체적으로 하나의 절차로서 재판장이 판결의 주문을 낭독하고 이유의 요지를 설명한 다음 피고인에게 상소기간 등을 고지하고, 필요한 경우 훈계, 보호관찰 등 관련 서면의 교부까지 마치는 등 선고절차를 마쳤을 때에 비로소 종료된다. 재판장이 주문을 낭독한 이후라도 선고가 종료되기 전까지는 일단 낭독한 주문의 내용을 정정하여 다시 선고할 수 있다. 그러나 판결선고절차가 종료되기 전이라도 변경 선고가 무제한 허용된다고 할 수는 없다. 재판장이 일단 주문을 낭독하여 선고내용이 외부적으로 표시된 이상 재판서에 기재된 주문과 이유를 잘못 낭독하거나 설명하는 등 실수가 있거나 판결내용에 잘못이 있음이 발견된 경우와 같이 특별한 사정이 있는 경우에 변경 선고가 허용된다"(2017도3884)고 하였다.

를 재판의 구속력이라고 한다. 다만, 법원은 판결의 내용에 오류가 있음을 발견한 때에는 직권 또는 검사, 상고인이나 변호인의 신청에 의하여 판결로써 정정할 수 있다(제400조 제1항). 이 신청은 판결의 선고가 있은 날로부터 10일 이내에 하여야 하며(동조 제2항), 신청의 이유를 기재한 서면으로 하여야 한다(동조 제3항). 정정의 판결은 변론없이 할 수 있다(제401조 제1항). 하지만 정정할 필요가 없다고 인정한 때에는 지체 없이 결정으로 신청을 기각하여야 한다(동조 제2항). 그러나 종국 전의 재판은 합목적성의 요청에 의하여 재판의 철회와 변경이 널리 허용된다. 증거결정의 취소, 보석조건의 변경(제102조 제1항), 보석 또는 구속집행정지의 취소(동조 제2항) 등이 이에 해당한다.

재판이 외부적으로 성립하면 그때부터 상소의 제기기간이 진행한다(제343조 제2항 참조). 또한 무죄, 면소, 형의 면제, 형의 선고유예, 형의 집행유예, 공소기각 또는 벌금이나 과료를 과하는 판결이 선고된 때에는 구속영장은 효력을 잃는다(제331조).

2. 내용과 방식

(1) 내 용

재판은 주문과 이유로 구성된다.

1) 주 문

주문이란 재판의 대상이 된 사실에 대한 최종적인 결론을 말한다. 형을 선고하는 판결의 경우에는 구체적인 선고형을 주문에 기재하여야 하며, 그 밖의 형의 집행유예, 노역장유치기간, 재산형의 가납명령 및 소송비용의 부담 등도 주문에 기재된다. 다만, 미결구금일수는 당연히 본형에 산입되므로 미결구금일수의 산입에 관한 사항은 기재할 필요가 없다(2009도11448).[199]

2) 이 유

이유란 주문에 이르게 된 법률적·사실적 근거를 말한다. 재판에는 이유를 명시하여야 한다. 다만, 상소를 불허하는 결정 또는 명령은 예외로 한다(제39조).

---

199) 병과형 또는 수 개의 형으로 선고된 경우 어느 형에 미결구금일수를 산입하여 집행하느냐는 형집행단계에서 형집행기관이 할 일이며, 법원이 주문에서 이에 관하여 선고하였더라도 이는 마찬가지라 할 것이므로 그와 같은 사유만으로 원심판결을 파기할 수는 없다(2010도6924).

특히, 항소심이나 상고심의 재판서에는 항소이유나 상고이유에 대한 판단을 기재하여야 한다(제369조, 제398조).

재판의 이유를 명시하게 하는 것은 법관의 자의적 판단을 방지함과 동시에 재판을 받은 자에게 상소제기 여부를 판단하기 위한 기초를 제공하는 데 있다. '판결에 이유를 붙이지 아니하거나 이유에 모순이 있는 때'에는 절대적 항소이유(제361조의5 제11호) 및 상대적 상고이유가 된다(제383조 제1호).

(2) 방 식

1) 재판서의 작성

(가) 방 법

재판은 법관이 작성한 재판서에 의하여야 한다. 다만, 결정 또는 명령을 고지하는 경우에는 재판서를 작성하지 않고 조서에만 기재할 수 있다(제38조).

재판서 첫머리에는 재판을 한 법원의 명칭을 기재하고, 재판의 종류에 따라 법원 표시 다음 줄에 '판결', '결정', '명령'과 같은 표제를 기재한다. 또한 사건의 접수순서에 따라 사건번호와 사건명을 기재한다. 그리고 재판서에는 법률에 다른 규정이 없으면 재판을 받는 자의 성명, 연령, 직업과 주거를 기재하여야 한다(제40조 제1항). 재판을 받는 자가 법인인 때에는 그 명칭과 사무소를 기재하여야 한다(동조 제2항). 아울러 판결서에는 기소한 검사와 공판에 관여한 검사의 관직, 성명과 변호인의 성명을 기재하여야 한다(동조 제3항). 변호인의 경우 서명 앞에 변호인의 자격을 표시하며, 변호사가 아닌 특별변호인 또는 국선변호인이 변호한 경우에는 그 취지를 기재한다.

또한 재판서에는 작성연월일을 기재하고(제57조 제1항), 재판한 법관이 서명날인하여야 한다(제41조 제1항). 재판장이 서명날인할 수 없는 때에는 다른 법관이 그 사유를 부기하고 서명날인하여야 하며, 다른 법관이 서명날인할 수 없는 때에는 재판장이 그 사유를 부기하고 서명날인하여야 한다(동조 제2항). 재판장의 서명날인이 누락되어 있고 재판장이 서명날인을 할 수 없는 사유의 부기도 없는 재판서에 의한 판결은 '판결에 영향을 미친 법률위반'으로서 파기사유가 된다(2022도5192). 다만, 판결서 기타 대법원규칙이 정하는 재판서[200]를 제외한 재판서

200) 규칙 제25조의2(기명날인할 수 없는 재판서) 법 제41조 제3항에 따라 서명날인에 갈음하여 기명날인할 수 없는 재판서는 판결과 각종 영장(감정유치장 및 감정처분허가장을 포함한다)을 말한다.

에 대하여는 서명날인에 갈음하여 기명날인할 수 있다(동조 제3항).

(나) 시 기

재판서는 원칙적으로 재판의 선고 또는 고지 전에 작성되어야 한다. 다만, 변론종결기일에 판결을 선고하는 즉일선고(제318조의4)가 아닌 경우에 재판서가 작성되지 않은 상태에서 선고 또는 고지된 재판의 효력에 대하여는 ① 재판서의 작성이 없는 재판의 선고 또는 고지는 '판결에 영향을 미친 법령위반'으로 항소이유 또는 상고이유에 해당한다는 견해가 있다. 그러나 ② 재판은 선고 또는 고지된 내용에 의해 효력을 발행하는 것이지 재판서의 기재에 의해 효력을 발생하는 것은 아니므로 재판서가 작성되지 않은 상태에서 재판이 선고 또는 고지된 후에 재판서를 작성하더라도 판결에 영향을 미치는 위법이라고 할 수 없으므로 항소이유 또는 상고이유에 해당하지 않는다.

판례는 처음부터 판결서가 작성되지 않았더라도 판결이 선고되고 확정되어 집행된 사실이 인정되는 이상 판결의 성립을 인정하는 데에는 영향이 없다고 하고(2015모2229), "판결은 그 선고에 의하여 효력을 발생하는 것이고, 판결원본의 기재에 의하여 효력을 발생하는 것이 아니므로 양자의 형이 다른 경우에는 검사는 선고된 형을 집행하여야 한다"(81모8)고 한다.

2) 재판서의 송부 등

재판의 선고 또는 고지가 공판정에서 행하여지는 경우에는 그 재판의 내용이 직접 당사자에게 전달되므로 원칙적으로 재판서의 정본 또는 등본을 송달할 필요가 없다(제42조 참조). 그러나 법원은 피고인에 대하여 판결을 선고한 때에는 선고일부터 7일 이내에 피고인에게 그 판결서등본을 송달하여야 한다. 다만, 피고인이 동의하는 경우에는 그 판결서초본을 송달할 수 있다(규칙 제148조 제1항). 그러나 불구속피고인과 무죄선고 등에 따라 구속영장의 효력이 상실된 구속피고인(제331조)에 대하여는 피고인이 송달을 신청하는 경우에 한하여 판결서등본 또는 판결서초본을 송달한다(동조 제2항).

한편, 검사의 집행지휘를 요하는 재판은 재판서 또는 재판을 기재한 조서의 등본 또는 초본을 재판의 선고 또는 고지한 때로부터 10일 이내에 검사에게 송부하여야 한다. 다만, 법률에 다른 규정이 있는 때에는 예외로 한다(제44조).

3) 재판서의 경정

재판서에 잘못된 계산이나 기재, 그 밖에 이와 비슷한 잘못이 있음이 분명한 때에는 법원은 직권으로 또는 당사자의 신청에 따라 경정결정(更正決定)을 할 수 있다(규칙 제25조 제1항). 경정결정은 재판서의 원본과 등본에 덧붙여 적어야 한다. 다만, 등본에 덧붙여 적을 수 없을 때에는 경정결정의 등본을 작성하여 재판서의 등본을 송달받은 자에게 송달하여야 한다(동조 제2항). 경정결정에 대하여는 즉시항고를 할 수 있다. 다만, 재판에 대하여 적법한 상소가 있는 때에는 그러하지 아니하다(동조 제3항).

경정결정은 이를 주문에 기재하여야 하고, 판결이유에만 기재한 경우 경정결정이 이루어졌다고 할 수 없다(2021도26). 경정은 이유(2010도10960)뿐만 아니라 주문도 가능하다(2004도5035). 다만, 경정은 재판서의 기재에 사소한 오기가 있거나 이와 유사한 오류가 명백한 경우에 이를 시정하는 것이므로 판결의 내용을 실질적으로 변경하는 것은 경정의 범위를 벗어나는 것으로서 허용되지 않는다(2017도18536).

4) 재판서의 교부 등

피고인 기타의 소송관계인은 비용을 납입하고 재판서 또는 재판을 기재한 조서의 등본 또는 초본의 교부를 청구할 수 있다(제45조). 이때 재판서 또는 재판을 기재한 조서의 등본 또는 초본은 원본에 의하여 작성하여야 한다. 다반, 부득이한 경우에는 등본에 의하여 작성할 수 있다(제46조). '기타의 소송관계인'이란 검사, 변호인, 보조인, 법인인 피고인의 대표자, 특별대리인(제28조), 상소권자(제340조 및 제341조 제1항)를 말한다(규칙 제26조 제1항). 또한 고소인, 고발인 또는 피해자는 비용을 납입하고 재판서 또는 재판을 기재한 조서의 등본 또는 초본의 교부를 청구할 수 있다. 다만, 그 청구하는 사유를 소명하여야 한다(동조 제2항).

한편, 피고인과 소송관계인 및 고소인, 고발인 또는 피해자는 소송에 관한 사항의 증명서의 교부를 청구할 수 있다. 다만, 고소인, 고발인 또는 피해자의 청구에 관하여는 그 청구하는 사유를 소명하여야 한다(규칙 제27조).

위의 등본, 초본 또는 증명서를 작성함에 있어서는 담당 법원서기관, 법원사무관, 법원주사, 법원주사보가 등본, 초본 또는 소송에 관한 사항의 증명서라는 취지를 기재하고 기명날인하여야 한다(규칙 제28조).

제2절 종국재판

Ⅰ. 유죄판결

1. 의의와 유형

(1) 의 의

유죄판결이란 피고사건에 대하여 범죄의 증명이 있는 경우에 선고하는 실체적 종국재판을 말한다. 유죄판결에는 형의 면제와 선고유예판결이 포함된다. '피고사건'이란 공소장에 기재한 특정한 범죄사실(공소사실)과 이에 대응하는 적용법조를 말하며, '범죄의 증명이 있는 때'란 공판정에서 조사한 적법한 증거에 의하여 법관이 범죄사실에 대하여 합리적 의심이 없을 정도로 유죄의 확신을 가진 경우를 말한다(제307조 제2항 참조).

(2) 유 형

유죄판결은 주문의 형식에 따라 형선고의 판결(제321조 제1항, 제323조), 형면제의 판결(제322조), 형의 선고유예 판결(제322조)이 있다.

'형선고의 판결'이란 형의 종류(형법 제41조)와 형의 양을 선고하는 판결을 말한다. 피고사건에 대하여 범죄의 증명이 있는 때에는 형의 면제 또는 선고유예의 경우 외에는 판결로써 형을 선고하여야 한다(제321조 제1항). '형면제의 판결'은 형벌법규에서 형을 면제하는 경우에 선고하는 판결을 말한다. 외국에서 형의 집행을 받은 경우(형법 제7조), 과잉방위(형법 제21조 제2항), 과잉피난(형법 제22조 제3항), 과잉자구행위(제23조 제2항), 중지미수(형법 제26조), 불능미수(형법 제27조), 경합범 중 판결을 받지 아니한 죄(형법 제39조 제1항), 자수·자복(형법 제52조), 위증의 자백·자수(형법 제153조), 친족상도례(형법 제328조 제1항 등) 등이 이에 해당한다. '형의 선고유예판결'은 '1년 이하의 징역이나 금고, 자격정지 또는 벌금의 형을 선고할 경우에 「형법」 제51조의 사항을 고려하여 뉘우치는 정상이 뚜렷할 때'에 선고할 수 있다. 다만, 자격정지 이상의 형을 받은 전과가 있는 사람에 대해서는 예외로 한다(형법 제59조).

2. 주 문

(1) 형선고의 판결

형선고판결의 주문에는 형벌의 종류와 그 형벌의 양을 표시하여야 한다. 즉, '피고인은 징역 1년에 처한다'는 형식으로 표시한다.

또한 형의 집행유예, 판결 전 구금의 산입일수, 노역장의 유치기간은 형의 선고와 동시에 판결로써 선고하여야 한다(제321조 제2항). 즉, 집행유예를 선고하는 경우에는 주형에 이어 '다만, 피고인에 대하여는 이 판결확정일로부터 3년간 위 형의 집행을 유예한다. 피고인에게 보호관찰을 받을 것과 60시간의 사회봉사를 명한다'는 형식으로 표시한다. 또한 벌금형을 선고하는 경우는 벌금형 주문과 함께 '피고인이 위 벌금을 납입하지 아니하는 경우 금1,000,000원을 1일로 환산한 기간 노역장에 유치한다'는 형식으로 표시한다.

한편, 몰수와 폐기, 또는 추징을 하는 경우에도 주문에 표시하여야 한다. 즉, '압수된 과도(증 제1호)를 몰수하고, 압수된 약속어음 1장(증 제3호) 중 변조부분을 폐기한다. 피고인으로부터 금1,000,000원을 추징한다'는 형식으로 표시한다. 다만, 몰수형은 원칙적으로 부가형이지만 행위자에게 유죄의 재판을 하지 않을 때에도 몰수의 요건이 있는 때에는 몰수만을 선고할 수 있다(형법 제49조). 따라서 주형의 선고를 유예하는 경우에도 몰수의 요건이 충족되면 몰수만을 선고할 수 있고(73도1133), 몰수에 갈음하여 추징만을 선고할 수도 있다(89도2291). 다만, 몰수나 추징을 선고하기 위해서는 몰수나 추징의 요건이 공소가 제기된 공소사실과 관련성이 있어야 한다(2009도11732).[201]

이 외에 가납명령(제334조)[202], 압수장물의 피해자환부와 교부(제333조)[203], 소

---

201) 판례는 "「형법」 제48조에 근거하여 몰수·추징을 선고하려면 몰수·추징의 요건이 공소가 제기된 공소사실과 관련되어 있어야 하고, 공소가 제기되지 아니한 별개의 범죄사실을 법원이 인정하여 그에 관하여 몰수·추징을 선고하는 것은 불고불리의 원칙에 위배되어 허용되지 않는다"고 하면서, "이러한 법리는 「형법」 제48조의 몰수·추징 규정에 대한 특별규정인 「범죄수익은닉의 규제 및 처벌 등에 관한 법률」 제8조 내지 제10조의 규정에 따른 몰수·추징의 경우에도 마찬가지로 적용된다"(2022도8662)고 하였다.

202) '위 벌금에 상당한 금액의 가납을 명한다'는 형식으로 표시한다.

203) '압수된 컴퓨터 1대(증 제1호)를 피해자 甲에게 환부(또는 교부)한다'는 형식으로 표시한다.

송비용의 부담(제191조)[204], 치료감호의 선고(치료감호법 제2조 제1항, 제12조)[205], 배상명령의 선고(소송촉진법 제31조 제1항)[206] 등도 주문에 표시하여야 한다.

(2) 형의 면제 또는 선고유예의 판결

피고사건에 대하여 형의 면제 또는 선고유예를 하는 때에는 판결로써 선고하여야 한다(제322조). 즉, '피고인에 대하여 형을 면제한다' 또는 '피고인에 대하여 형의 선고를 유예한다'는 형식으로 표시된다.

형의 면제판결의 경우 형의 면제는 형벌 자체가 면제되는 것이므로 면제되는 형의 내용을 주문이나 이유에서 적시할 필요가 없다. 다만, 형의 면제판결도 유죄판결이므로 이유에서는 그 이유되는 사실 및 증거와 근거규정 등을 설시하여야 한다. 형의 선고유예판결의 경우에도 선고를 유예하는 형의 종류와 양, 즉 선고형은 주문에 표시하지 않지만 판결이유에서는 기재하여야 하고, 만일 선고를 유예하는 형이 벌금형일 경우에는 벌금액뿐만 아니라 환형유치처분까지 해두어야 한다(86도2654). 또한 형의 선고유예의 판결에서는 주형과 몰수, 추징을 모두 선고유예할 수도 있고(80도584), 주형을 선고유예하면서 몰수형을 선고하거나 추징을 선고할 수도 있다. 그러나 주형을 선고하면서 그 부가형인 몰수나 추징만을 선고유예할 수는 없다(88도551).

3. 유죄판결에 명시할 이유

형의 선고를 하는 때에는 판결이유에 범죄가 될 사실, 증거의 요지와 법령의 적용을 명시하여야 한다(제323조 제1항). 법률상 범죄의 성립을 조각하는 이유 또는 형의 가중, 감면의 이유되는 사실의 진술이 있은 때에는 이에 대한 판단을 명시하여야 한다(동조 제2항). 다만, 형을 면제하거나 형의 선고를 유예하는 판결을 하는 때에는 형의 면제사유나 선고유예사유를 기재하면 충분한다.

---

204) '소송비용은 피고인의 부담으로 한다'는 형식으로 표시한다.

205) '피치료감호청구인을 치료감호에 처한다'는 형식으로 표시한다. 다만, 형과 치료감호를 함께 선고하는 경우에는 형사사건의 주문을 표시한 후 말미에 치료감호선고를 하고, 형사사건의 주문에서는 '피고인'으로 표시하고, 치료감호청구사건의 주문에서는 '피치료감호청구인'으로 표시한다.

206) '피고인은 배상신청인에게 치료비 금1,000,000원을 지급하라. 이 명령은 가집행할 수 있다'는 형식으로 표시한다.

(1) 범죄가 될 사실

범죄가 될 사실이란 원칙적으로 특정한 구성요건에 해당하는 위법하고 유책한 사실로서 피고인에 대한 형사처벌의 근거가 되는 사실을 말한다. 이는 형벌법규의 적용대상을 명확히 하고, 피고인의 처벌근거를 알게 해줄 뿐만 아니라 상소심에서는 원심판결의 당부를 판단하는 심사의 대상이 됨과 동시에 일사부재리의 효력이 미치는 범위를 확정한다.

1) 구성요건해당사실

구성요건에 해당하는 구체적 사실은 범죄될 사실이다. 객관적 구성요건요소로서 행위주체, 행위객체, 행위의 수단과 방법 및 그 결과, 인과관계 등과 주관적 구성요건요소로서 고의, 과실 외에 동기범죄의 동기나 목적범의 목적, 재산범죄에서의 불법영득의사 등이 이에 포함된다.

객관적 구성요건요소는 구체적이고 정확하게 명시되어야 한다(98도4181).[207] 다만, 범죄의 일시와 장소 및 방법은 범죄사실의 특정을 위해 반드시 기재하여야 하지만 범죄의 구성요건은 아니므로 구체적으로 명확히 인정할 수 없는 경우에는 개괄적으로 기재해도 무방하다(86도1073). 피해자가 특정되는 경우에는 피해자를 명시하여야 하며, 피해물품도 가능한 한 품명, 수량, 가액 등을 정확하게 기재하여야 한다. 또한 구성요건적 고의는 일반적으로 객관적 구성요건요소의 존재에 의하여 인정되므로 명시할 것을 요하지 않지만, 미필적 고의의 경우에는 가급적 이를 명시하여야 한다. 과실범의 경우에는 주의의무발생의 전제가 되는 구체적 상황, 주의의무의 내용, 주의의무위반행위 등을 명시하여야 한다.

한편, 구성요건의 수정형식인 예비, 음모, 미수, 공범 등도 구성요건해당사실에 해당하므로 그 내용을 구체적으로 명확하게 기재하여야 한다. 따라서 미수의 경우는 장애미수, 중지미수, 불능미수의 구별뿐만 아니라 착수미수와 실행미수 여부도 기재하여야 한다. 공범의 경우도 공동정범, 교사범, 종범 여부를 명확히 구별하여야 한다. 다만, 공모공동정범에 있어 그 공모에 관하여는 모의의 구체적인 일시, 장소, 내용 등을 상세하게 설시하여야 할 필요는 없고, 범행에 관하여 의사가 합치되었다는 것만 설시하면 된다(2006도755). 하지만 합동범의 경우에는 주관

---

207) 상해사실의 인정에 있어 상해의 부위와 정도가 증거에 의하여 명백히 확정되어야 하고 상해부위의 판시 없는 상해죄의 인정은 위법하다(2002도5016). 그러나 치료일수까지 명시하여야 하는 것은 아니다(96도2529).

적 요건으로서의 공모와 객관적 요건으로서의 실행행위의 분담이 있어야 하므로 그 실행행위에서 시간적으로나 장소적으로 협동관계에 있었음을 기재하여야 한다(96도313). 교사범이나 방조범의 경우도 정범의 범죄구성요건이 되는 사실을 전부 기재하여야 하고, 정범의 행위에 어떠한 행위로 교사 또는 방조하였는지를 명백히 기재하여야 한다(81도2422).

2) 위법성과 책임

범죄될 사실이 구성요건에 해당하면 위법성과 책임은 사실상 추정되므로 별도의 판단을 요하지 않는다. 그러나 피고인이 위법성조각사유와 책임조각사유를 주장하면 제323조 제2항에 따라 소송관계인의 주장에 대한 판단으로서 이에 대한 판단을 명시하여야 한다.

3) 처벌조건

처벌조건은 범죄가 될 사실은 아니지만 형벌권의 존·부에 관한 사실이므로 범죄사실에 준하여 판결이유에 명시하여야 한다.

4) 형의 가중·감면사유

결과적 가중범과 같이 그 중한 결과가 이미 구성요건요소로 되어 있는 경우에는 그에 해당하는 사실은 당연히 범죄될 사실에 포함된다. 누범전과와 같은 법률상 형의 가중사유나 중지미수와 같은 형의 감면사유는 범죄될 사실은 아니지만 형벌권의 범위와 관련된 중요사실이므로 범죄사실에 준하여 이를 명시하여야 한다.

그러나 단순한 양형사유인 정상에 관한 사실은 이를 명시할 필요가 없다(94도2584). 따라서 양형자료와 그에 관한 판단내용이 모순 없이 설시되어 있는 경우에는 양형의 조건이 되는 사유에 관하여 일일이 명시하지 아니하여도 위법하다고 할 수 없다(2015도3260). 다만, 법원은 약식절차 또는 즉결심판절차에 의하여 심판하는 경우가 아닌 한, 양형기준을 벗어난 판결을 함에 따라 판결서에 양형의 이유를 기재하여야 하는 경우에는 위와 같은 양형기준의 의의, 효력 등을 감안하여 해당 양형을 하게 된 사유를 합리적이고 설득력 있게 표현하는 방식으로 그 이유를 기재하여야 한다(2010도7410).[208]

---

208) 법조법 제81조의7(양형기준의 효력 등) ① 법관은 형의 종류를 선택하고 형량을 정할 때 양형기준을 존중하여야 한다. 다만, 양형기준은 법적 구속력을 갖지 않는다.

5) 죄 수

실체적 경합범은 물론, 상상적 경합의 경우는 사실상 수죄이므로 각각의 범죄사실을 구체적으로 특정하여 명시하여야 한다. 하지만 포괄일죄의 경우에는 소송법상 일죄이므로 전체 범행의 시기와 종기, 범행방법, 범행횟수, 피해액의 합계, 피해자나 상대방 등을 포괄적으로 기재하는 것으로 충분하다(2004도1164).[209)]

또한 공소사실의 내용 자체로 전·후 연속되거나 견련되어 있는 여러 범죄사실에 대하여 그 중 일부는 무죄로 판단하면서도 나머지는 유죄로 인정하려면, 그와 같이 무죄로 본 근거가 되는 사정들이 나머지 부분의 유죄인정에 방해가 되지 않는다는 점이 합리적으로 설명될 수 있어야 한다(2012도3722).

6) 택일적 기재

범죄사실의 택일적 기재란 유죄판결의 이유에 명시하여야 할 범죄사실을 확정할 수 없지만 수개의 범죄사실 중에서 어느 하나에 해당함이 명백하다고 판단되는 경우에 유죄판결의 이유에 수개의 범죄사실을 동시에 기재하여 그 중 하나로 유죄를 인정하는 것을 말한다. 그러나 유죄판결의 이유에 명시하여야 할 범죄사실과 법령의 작용에 관하여 택일적으로 기재하는 것은 '의심스러운 때에는 피고인의 이익으로'의 원칙에 반할 뿐만 아니라 명문의 규정이 없으므로 택일적 기재는 허용되지 않는다(93도558).

(2) 증거의 요지

1) 의 의

증거의 요지란 판결이유에 나타난 범죄사실을 인정하는 자료가 된 증거의 개요를 말한다. 판결요지에 증거의 요지를 기재하도록 한 것은 증거재판주의(제307조 제1항)의 요청에 따른 것으로 법관에게 증거의 가치판단에 대하여 합리적인 판단을 요구하고 소송당사자와 일반인에 대하여 재판의 신뢰성을 담보함과 동시에 상소법원의 심사가 효율적으로 이루어지게 하기 위한 것이다(2008헌바25). 다만, 증거요지만을 기재하도록 한 것은 법원의 부담을 줄이고자 한 것이다.

---

② 법원이 양형기준을 벗어난 판결을 하는 경우에는 판결서에 양형의 이유를 적어야 한다. 다만, 약식절차 또는 즉결심판절차에 따라 심판하는 경우에는 그러하지 아니하다.

209) 다만, 상습범의 경우에 대하여는 판례(90도833)의 태도와 달리 경합범의 경우와 같이 개개의 행위를 구체적으로 기재하여야 한다는 견해가 있다.

2) 적시범위

증거요지의 적시범위는 범죄사실에 제한된다. 따라서 범죄사실을 증명하는 적극적 증거는 적시를 요하지만, 현장부재의 주장과 같은 범죄사실의 인정에 배치되는 소극적 증거까지 적시하여 이를 배척한다는 취지의 판단이나 이유를 설시할 필요는 없다(82도1798). 다만, 자백사건의 경우에는 자백 이외에 보강증거를 적시하여야 한다.

또한 형사법상 동기범죄가 아닌 경우에는 범죄의 원인과 동기는 범죄사실이 아니므로 증거요지를 명시할 필요가 없다. 범죄의 일시와 장소에 관한 증거요지를 설명하여야 하는지에 대하여는 ① 범죄의 일시와 장소는 범죄사실이 아니므로 증거요지의 명시를 요하지 않는다는 견해(다수설)가 있다. 그러나 ② 피고인이 현장부재를 주장할 경우 범죄의 일시와 장소는 범죄사실의 특정에 필수적인 요소이므로 증거요지를 명시하여야 한다. 또한 고의는 범죄사실의 내용을 이루지만 객관적 구성요건요소에 의하여 그 존재가 인정되므로 별도로 증거요지를 명시할 필요가 없지만, 구성요건해당사실만으로 고의가 입증되지 않을 때에는 고의를 인정하는 근거인 간접사실을 명시하여야 하므로 이를 뒷받침할 수 있는 간접증거를 명시하여야 한다. 과실의 경우에는 주의의무의 내용 등과 같은 순수한 법률적인 판단이 범죄사실에 기재된 때에도 법적 판단 자체에 대하여는 증거요지의 명시를 요하지 않는다.

한편, 누범전과는 범죄사실에 준하는 사실이기 때문에 증거를 명시하여야 한다. 또한 유예기간 중에 있는 집행유예 전과나 「형법」 제37조 후단의 경합범전과 등과 같이 범죄사실에 기재된 전과도 증거요지를 명시하여야 한다. 그러나 소송법적 사실인 자백의 임의성이나 신빙성 또는 소송조건의 존·부 등에 관한 사실은 범죄사실에 관한 것이 아니므로 증거요지를 명시할 필요가 없다. 양형에 관한 사실이나 소송비용의 부담도 마찬가지이다.

3) 명시방법

증거의 요지는 어느 증거의 어느 부분에 의하여 범죄사실을 인정하였느냐 하는 이유를 설명할 필요는 없지만 적어도 어떤 증거에 의하여 어떤 범죄사실을 인정하였는지를 알아볼 정도로 증거의 중요부분을 표시하여야 한다(2009도2338). 따라서 단지 '피고인의 법정진술과 적법하게 채택되어 조사된 증거들'로만 증거요지를 기재한 것은 적법하다고 할 수 없다(99도5312). 하지만 각각의 증거로 어떤 범죄사실을 인정하였는지를 일일이 나열할 필요는 없고, 증거의 중요한 부분을 표시하면 족하므로 증거를 일괄하여 적시하는 것도 가능하다(69도1219). 따라서 '증인 甲이 이 법정에서 한 이에 부합하는 진술'이나 '검사가 작성한 甲에 대한 진술조서 중 이에 부합하는 진술기재' 등과 같이 진술이나 서증의 일부분을 적시하는 것은 적법하다.[210)]

또한 수개의 범죄사실을 인정하는 경우에는 개개의 범죄인정사실마다 증거요지를 명시하여야 하지만, 전체적으로 보아 동일 또는 일련의 자연적·사회적 사실로서 밀접불가분의 경우에는 각 사실의 증거가 공통되므로 일괄적으로 명시할 수도 있다. 공범, 상상적 경합범, 포괄일죄, 문서 등의 위조죄와 위조문서행사죄, 위조문서 등의 행사죄와 사기죄, 재산죄와 그 장물죄 등의 경우가 이에 해당한다.

한편, 증거명시의 순서는 실무상 인증, 물증, 서증의 순서로 하고, 인증과 서증의 경우에는 피고인의 진술이나 피고인에 대한 신문조서를 증인의 진술이나 참고인에 대한 진술보다 앞에, 검찰에서 작성된 것은 경찰에서 작성된 것보다 앞에 기재하고 있다. 다만, 공판절차가 갱신된 경우에는 피고인의 진술을 기재한 공판조서는 서증이지만 증인의 진술보다 앞에 기재한다.

(3) 법령의 적용

1) 의 의

법령의 적용이란 범죄사실에 적용된 실체법상 근거법령을 밝히는 것을 말한다. 이는 죄형법정주의의 원칙에 따라 범죄사실이 어느 구성요건에 해당하고 피고인이 어느 법령에 의하여 처벌되는지를 명확히 하기 위한 것이다. 따라서 법령의 적용은 어떤 범죄사실에 대하여 어떤 법령을 적용하였는지 객관적으로 알 수 있도록 분명하게 기재하여야 한다(74도1447).

2) 명시기준

법령은 형사처벌의 직접적 근거가 되는 형법각칙 또는 특별형법의 각 본조를 명시하여야 한다.[211)] 조문이 수개의 항(項)으로 나누어져 있을 때에는 원칙적

---

210) 판례는 "피고인의 범죄사실을 인정한 이상 피고인이 제출한 증거를 배척한 이유를 설시하지 않았다 하여 위법이라 할 수 없다"(84도682)고 하였다.

211) 공소장에 적용법조를 기재하는 이유는 공소사실의 법률적 평가를 명확히 하여 공소의

으로 항을 특정하여 기재하여야 한다. 다만, 형법각칙의 본조만 기재하고 항을 기재하지 않더라도 판결에 영향이 없으면 위법하지 않다(71도1334).

형법총칙규정도 형사책임의 기초를 명백히 하기 위하여 중요한 의미를 가진 규정은 구체적으로 명시하여야 한다. 미수와 공범에 관한 규정, 누범이나 심신미약 또는 정상참작감경과 같은 형의 가중·감면이 되는 사유, 죄수에 관한 규정 등이 이에 해당한다. 다만, 판례는 공동정범으로 단정하고 있으면서도 「형법」 제30조의 적용에 관한 적시를 명시하지 아니한 잘못이 있더라도 실제로 이를 적용한 이상 위법하다고는 할 수 없다고 한다(83도1942).

그러나 고의(형법 제13조), 과실(형법 제14조), 인과관계(형법 제17조) 등과 같은 일반적인 범죄성부에 관한 총칙규정은 범죄사실에 관한 특별구성요건의 내용에 의해 명백해지고, 징역이나 금고의 기간(형법 제42조), 벌금(형법 제45조) 등과 같은 형의 통칙적 규정은 해당 구성요건의 법정형에 의해 명확하게 알 수 있으므로 따로 명시할 필요가 없다.

또한 몰수와 폐기·추징, 형의 집행유예·보호관찰·사회봉사명령 또는 수강명령, 노역장유치, 피해자환부, 가납명령, 치료감호, 배상명령, 소송비용의 부담 등의 부수처분에 대해서도 법령의 규정을 명시하여야 한다. 다만, 구체적인 범죄사실에 적용하여야 할 실체법규 이외의 법규에 관하여는 판결문상 그 규정을 적용한 취지가 인정되면 되고, 특히 그 법규를 법률적용란에 표시하지 아니하였다 하여 위법하다고 할 수는 없다(2003도8153). 따라서 부칙의 경과규정을 적용하면서 이를 명시하지 아니한 경우(2003도8153), 범죄사실 모두에 「형법」 제37조 후단 경합범인 전과사실을 표시하였으나 법률적용에서 이를 명시하지 아니한 경우(96도3247), 소년범에 대하여 부정기형을 선고하면서 적용법조를 표시하지 아니한 경우(90도2869), 주문에서 부가형인 몰수와 부수처분인 압수장물의 환부를 선고하면서도 그 이유에서 그 적용법조를 표시하지 아니한 경우(71도510)도 위법은 아니다.

3) 명시방법

법령을 명시하는 방법으로는 범죄사실과의 관련성을 문장체로 설명하는 문장식과 적용법령을 순차적으로 열거하고, 그 적용이유와 결과를 간략하게 기재

범위를 확정하는 데 보조기능을 하도록 하고, 피고인의 방어권을 보장하고자 함에 있을 뿐이고, 법률의 해석 및 적용 문제는 법원의 전권이므로, 공소사실이 아닌 어느 처벌조항을 준용할지에 관한 해석 및 판단에서는 법원은 검사의 공소장기재 적용법조에 구속되지 않는다(2018도3443).

하는 나열식이 있다. 문장식은 법령적용의 정확성을 기할 수는 있으나 시간과 노력이 많이 요구된다는 점에서 실무에서는 나열식이 선호되고 있다.

(4) 소송관계인의 주장에 대한 판단

1) 의 의

제323조 제2항에서는 "법률상 범죄의 성립을 조각하는 이유 또는 형의 가중, 감면의 이유되는 사실의 진술이 있은 때에는 이에 대한 판단을 명시하여야 한다"고 규정하고 있다. 이는 법원이 소송관계인의 주장을 판단하였음을 명백히 적시함으로써 재판의 객관성과 공정성을 담보하기 위한 취지이다. 특히, 이는 법원이 소송관계인의 주장을 배척하는 경우에 의미를 가진다. 만일 법원이 소송관계인의 주장을 받아들일 경우에는 무죄판결을 하거나 유죄판결의 이유적시에서 이에 대하여 기재할 것이기 때문이다.

소송관계인의 주장에 대한 판단은 주장의 채부에 관한 결론과 이유를 함께 적시하여야 한다(다수설).

2) 주장과 판단의 범위

소송관계인의 주장은 공판절차에서의 진술에 한한다. 진술이 심리의 어느 단계에서 행하여졌는지는 묻지 않으므로 모두진술, 피고인신문, 변론, 최후진술 등 어느 단계에서도 가능하다.

또한 소송관계인에 의한 사실의 진술은 반드시 증거로써 주장할 필요는 없지만, 법적 평가가 아닌 사실을 주장하여야 한다. 소송관계인이 직접 주장하지 않은 사실이라도 변론의 전취지에 비추어 사실을 주장하는 진술이 있었다면 법원은 그 주장 유·무에 대하여 신중하게 검토할 것이 요구되며, 만일 소송관계인의 주장이 명확하지 않은 경우에는 법원은 석명권을 행사하여 이를 명확하게 한 다음 판단할 필요가 있다.

한편, 소송관계인의 주장에 대한 판단을 어느 정도로 구체적으로 기재하여야 하는지에 대하여는 ① 판단의 결론만 명시하면 된다는 견해가 있다. 그러나 ② 제323조의 취지를 고려하면 주장을 배척하는 증거의 제시까지는 필요 없다고 하더라도 그 이유는 명시하여야 한다. 판례는 제39조에서 재판에 이유를 명시하라는 취지는 처단형을 정할 때에 그 양형의 조건이 되는 사유까지를 설시하라는 취지는 아니라고 한다(94도2584).

3) 법률상 범죄의 성립을 조각하는 이유되는 사실의 진술

법률상 범죄의 성립을 조각하는 이유되는 사실에 위법성조각사유와 책임조각사유가 포함된다는 것은 명백하다. 따라서 소송관계인이 위법성조각사유 또는 책임조각사유에 해당한다고 주장하는 경우에는 이에 대한 판단을 명시하여야 한다. 위법성조각사유에 해당하는 진술에는 「형법」상 정당행위(제20조), 정당방위(제21조), 긴급피난(제22조), 자구행위(제23조), 피해자의 승낙에 의한 행위(제24조), 사실적시 명예훼손죄에서의 공익성(제310조)에 해당한다는 주장이 이에 포함된다. 책임조각사유에 해당하는 진술에는 「형법」상 형사미성년자(제9조), 심신상실자(제10조 제1항)[212], 법률의 착오(제16조, 2003도8238), 강요된 행위(제12조, 94도1436)에 해당한다거나 적법행위에 대한 기대가능성이 없다는 주장(63도165)이 포함된다.

한편, 법률상 범죄의 성립을 조각하는 이유되는 사실에 구성요건해당성조각사유가 포함되는지에 대하여는 ① 구성요건해당성조각사유의 진술도 그것이 구성요건해당성을 조각시키는 특수사정을 주장하는 경우에는 이에 포함된다는 견해가 있다. 그러나 ② 구성요건해당성조각사유의 진술은 범죄의 부인에 해당하므로 법률상 범죄의 성립을 조각하는 이유되는 사실에 포함되지 않는다. 판례는 "법률상 범죄의 성립을 조각하는 이유되는 사실의 주장이라 함은 범죄구성요건 이외의 사실로서 법률상의 주장을 말하는 것이므로 범죄사실의 부인은 사실의 주장에 해당하지 않는다"(87도2068)고 하면서, 구성요건해당성조각사유의 주장이 범행의 부인에 지나지 않는 경우에는 유죄판결의 선고에 의해 법원의 판단이 이루어지므로 따로 이 주장에 대하여 판단할 필요는 없다고 한다(97도1180). 공소권소멸의 주장도 범죄성립의 조각사유는 아니므로 동조의 사실의 진술에 해당하지 않는다.

4) 법률상 형의 가중·감면의 이유되는 사실의 진술

법률상 형의 가중·감면의 이유되는 사실의 범위에 대하여는 ① 「형법」상 청각 및 언어장애인(제11조), 중지미수(제26조), 종범(제32조 제2항), 누범(제35조),

---

212) 판례는 술에 만취되어 기억이 없다는 취지로 진술한 경우에, 피고인이 술에 만취되어 사고 사실을 몰랐다고 범의를 부인함과 동시에 그 범행 당시 심신상실 또는 심신미약의 상태에 있었다는 주장으로서 제323조 제2항에 정하여진 법률상 범죄의 성립을 조각하거나 형의 감면의 이유가 되는 사실의 진술에 해당한다고 하였다(2004도2116). 그러나 범행이유에 대한 물음에 대하여 피고인이 "술에 취해서 그랬습니다"라고 답변하고 있는 경우, 이것이 법률상 범죄의 성립을 조각하는 이유 또는 형의 가중, 감면의 이유되는 사실의 진술이라고는 볼 수 없다고 하였다(85도2764).

내란죄의 자수(제90조 제1항), 위증·모해위증의 자백·자수(제153조) 및 무고죄의 자백·자수(제157조), 자백 등의 경우와 같이 필요적 가중·감면사유만을 의미한다는 견해(다수설)가 있다. 그러나 ② 소송의 결과에 대한 공정성의 담보와 피고인의 보호를 고려하면 필요적 가중·감면사유 외에 임의적 감면사유도 그 범위에 포함하여야 한다(다수설). 따라서 「형법」상 심신미약자(제10조 제2항), 과잉방위(제21조 제2항), 과잉피난(제22조 제3항), 과잉자구행위(제23조 제2항), 불능미수(제27조), 자수·자복(제52조), 정상참작감경(제53조) 등과 같은 임의적 감면사유도 법률상 형의 가중·감면의 이유되는 사실의 범위에 포함된다.

판례는 피해회복에 관한 주장이 있더라도 이는 유죄판결에 명시할 사항은 아니라고 한다(2017도14769).[213]

(5) 이유불비의 효과

유죄판결을 선고하면서 판결이유 중 하나를 전부 누락하는 경우(예, 범죄의 사실과 법령의 적용만을 기재하고 증거의 요지를 누락한 경우 등)에는 '판결에 영향을 미친 법령위반'에 해당하므로 절대적 항소이유(제361조의5 제11호) 또는 상대적 상고이유(제383조 제1항)가 되며, 상소심의 파기사유가 된다(2012도4701). 마찬가지로 판결이유에 기재된 증거의 명시가 객관적으로 불합리하면 '판결이유에 모순이 있는 때'(제361조의5 제11호)에 해당하므로 절대적 항소이유가 되며, '판결에 영향을 미친 법령위반'(제383조 제1호)으로서 상대적 상고이유가 된다.

한편, 법률상 범죄의 성립을 조각하는 이유 또는 형의 가중·감면의 이유되는 사실의 진술이 있었음에도 불구하고 이에 대한 판단을 명시하지 않은 경우의 불복사유에 대하여는 ① 제323조 제2항의 위반은 유죄판결의 이유 자체에 대한 판단을 결여한 것이 아니어서 단지 소송절차의 법령위반으로서 '판결에 영향을 미친 헌법·법률·명령 또는 규칙의 위반이 있는 때'(제361조의5 제1호)에 해당하므로 상대적 항소이유가 된다는 견해(다수설)가 있다. 그러나 ② 제323조의 취지를 고려할 때 동조 제1항과 제2항을 구별할 이유가 없고, 범죄의 성립을 조각하는 이유 또는 형의 가중·감면의 이유되는 사실은 피고인의 방어권보장과 밀접한 관련성을 가지므로 이에 대한 판단을 누락한 것은 범죄사실 등의 기재를 결여한 것에 준하

---

213) 판례는 "피고인의 판시소위를 공동정범으로 의율하고 있는 이상 특별한 사정이 없는 한 피고인이 종범에 불과하다는 주장에 대하여는 반드시 그 당부를 판단할 필요는 없다"(81도74)고 하였다.

므로 '판결에 이유를 붙이지 아니한 때'(제361조의5 제11호)에 해당하므로 절대적 항소이유가 되며, '판결에 영향을 미친 법령위반'(제383조 제1호)으로서 상대적 상고이유가 된다.

Ⅱ. 무죄판결

1. 의 의

무죄판결이란 피고사건에 대하여 국가의 형벌권이 존재하지 않음을 확인하는 실체적 종국재판을 말한다. 피고사건이 범죄로 되지 아니하거나 범죄사실의 증명이 없는 때에는 판결로써 무죄를 선고하여야 한다(제325조).

무죄판결은 실체재판이므로 소송조건이 구비될 것을 전제로 한다(2004도4693). 또한 무죄판결은 종국재판이므로 해당 심급에서 종결되고, 해당 법원이 그 판결을 변경할 수 없는 구속력이 생긴다.

2. 사 유

(1) 범죄로 되지 아니한 때

'피고사건이 범죄로 되지 않은 때'란 실체심리를 거친 후에 공소제기사실 자체는 인정되지만 그 사실이 범죄구성요건에 해당하지 않거나 구성요건해당성은 인정되더라도 위법성조각사유 또는 책임조각사유에 해당하여 범죄가 성립하지 않는 경우이다.

그러나 공소장에 기재된 공소사실이 처음부터 범죄가 되지 않음이 명백한 경우에는 '공소장에 기재된 사실이 진실하다 하더라도 범죄가 될 만한 사실이 포함되지 아니하는 때'에 해당하므로 결정으로 공소를 기각하여야 한다(제328조 제1항 제4호).

(2) 범죄사실의 증명이 없는 때

'범죄사실의 증명이 없는 때'란 법원의 심리결과 공소사실의 부존재가 적극적으로 증명되거나 공소사실의 존·부에 대하여 증거가 불충분하여 법관이 유죄의 확신을 갖지 못한 경우를 말한다. 후자는 무죄추정의 원칙의 내용인 '의심스러운 때에는 피고인의 이익으로'의 원칙에 따른 것으로, 피고인이 자백에 의해 유죄의 심증을 얻었지만 보강증거가 없는 경우 등이 이에 해당한다. 다만, 공소기각의 판결 등의 사유에 해당하지만 사건의 실체에 관한 심리가 이미 완료되어 피고인의 이익을 위하여 무죄판결을 선고하더라도 이를 위법이라고 할 수는 없다(2013도10958).

한편, 공소장기재사실을 기준으로 하면 무죄를 선고하여야 하지만 공소사실을 변경하면 유죄가 인정될 수 있는 경우에 법원이 공소장변경을 요구하지 않고 무죄판결을 선고할 수 있는지에 대하여는 ① 검사가 공소장변경신청을 하지 않았음에도 불구하고 법원이 이를 보완하여 유죄판결을 하는 것은 허용되지 않는다고 할 것이지만, 형사사법의 존립자체를 의심하게 할 정도로 현저히 정의에 반하는 때에는 법원이 무죄판결을 선고할 수 없다는 견해, ② 공소장변경요구를 하지 않고 무죄판결을 하는 것이 현저히 정의와 형평에 반하는 결과를 초래하는 경우에 한해 법원이 예외적으로 공소장변경을 요구할 의무가 있고, 이때 검사가 법원의 요구에 따르지 않으면 무죄판결을 선고하여야 한다는 견해, ③ 공소장을 변경하면 유죄가 인정될 수 있다면 법원은 공소장변경을 요구할 의무가 있고, 법원의 공소장변경요구에도 불구하고 검사가 공소장변경을 신청하지 않는다고 하더라도 피고인의 방어권행사에 실질적인 불이익이 초래될 염려가 없으므로 현저히 정의와 형평에 반하는 여부와 관계 없이 원칙적으로 법원은 인정되는 범죄사실에 대하여 직권으로 유죄판결을 선고하여야 한다는 견해가 있다. 그러나 ④ 법원의 공소장변경요구는 권리임과 동시에 의무라고 하더라도 형소법상 공소제기의 권한은 검사에게 있으므로 법원의 공소장변경요구에 대하여 검사가 이에 응하지 않는다면 법원의 심판대상은 공소장에 기재된 공소사실에 국한되고, 설령 그것이 형사소송의 목적에 비추어 현저히 정의와 형평에 반하는 것이라고 하더라도 피고인의 방어권보장의 측면에서 보면 애초에 공소장에 기재된 공소사실에 대하여 무죄판결을 선고하여야 한다. 판례는 "법원은 공소사실의 동일성이 인정되는 범위 내에서 심리의 경과에 비추어 피고인의 방어권행사에 실질적인 불이익을 초래할 염려가 없다고 인정되는 때에는 공소장이 변경되지 않았더라도 직권으로 공소장에 기재된 공소사실과 다른 범죄사실을 인정할 수 있고, 이와 같은 경우 공소가 제기된 범죄사실과 대비하여 볼 때 실제로 인정되는 범죄사실의 사안이 가볍지 아니하여 공소장이 변경되지 않았다는 이유로 이를 처벌하지 않는다면 적정절차에 의한 신속한 실체적 진실의 발견이라는 형사소송의 목적에 비추어 현저히 정의와 형평에 반하는 것으로 인정되는 경우라면 법원으로서는 직권으로 그 범죄사실을 인정하여야 한다”(2007도616)고 한다.

3. 주 문

무죄판결의 주문은 ‘피고인은 무죄’라는 형식으로 표시한다.

(1) 일죄의 경우

일죄에 대해서는 1개의 주문만이 가능하므로 일부유죄 일부무죄라는 2개의 주문은 있을 수 없다. 따라서 상상적 경합의 관계나 포괄일죄에서 일부가 유죄이고 일부가 무죄인 경우에는 주문에서는 유죄판결만 명시하고 무죄부분은 판결이유에서 판단하면 되고(93도1512), 일부가 무죄이고 나머지 부분이 면소나 공소기각에 해당하는 경우에는 피고인에게 유리한 무죄부분을 판결주문에 표기하고 면소나 공소기각 부분은 판결이유에서 명시하면 된다(95도2312).

그리고 수죄로 공소제기되었으나 법원이 일죄로 판단하는 경우로서 일부유죄, 일부무죄인 경우에는 그 죄수는 법원의 판단에 따라 일죄의 경우에 따라 표시하면 된다(80도726 참조).

(2) 수죄의 경우

수죄의 경우에 공소사실의 전부가 무죄이면 일죄의 경우와 마찬가지로 ‘피고인은 무죄’라는 형식을 취한다. 그러나 수개의 공소사실 중 일부가 무죄인 경우에는 유죄판단과 함께 이를 주문에 명시하여야 한다(78도1787). 이때 죄명의 표시로 특정하기 어려우면 다른 공소사실과 구별될 수 있도록 죄명에 범죄일시나 피해자를 추가기재하는 방법 등으로 특정하면 된다.

(3) 예비적·택일적 기재의 경우

공소장에 예비적 기재가 되어 있는 경우나 예비적 공소사실이 추가된 경우는 다음과 같다. 즉, (i) 주위적 공소사실이 유죄로 인정되고 예비적 공소사실이 무죄인 경우에는 주위적 공소사실에 대하여 유죄판결을 선고하면 되고, 예비적 공소사실에 대해서는 판결주문이나 판결이유에서 판단할 필요가 없다. (ii) 주위적 공소사실이 무죄로 인정되고 예비적 공소사실이 유죄인 경우에는 예비적 공소사실에 대하여 판결주문과 판결이유에서 유죄를 명시하고, 주위적 공소사실에 대해서는 판결이유에서 무죄판단을 하면 된다(76도1126). (iii) 주위적 공소사실과 예비적 공소사실이 모두 무죄인 경우에는 판결주문에서 무죄로 표시하고, 판결이유에서 주위적 공소사실과 예비적 공소사실 모두에 대하여 판단하여야 한다.

한편, 공소장에 택일적 기재가 되어 있는 경우나 택일적 공소사실이 추가된 경우는 다음과 같다. 즉, (i) 어느 하나의 공소사실에 대하여 유죄로 인정되면 유죄판결을 선고하면 되고, 나머지 무죄부분에 대해서는 판결주문과 이유에서 판단할 필요가 없다. (ii) 모든 공소사실에 대하여 무죄로 인정되면 판결주문에서 무죄로 표시하고, 판결이유에서 모든 공소사실에 대하여 판단하여야 한다(2004도7232).

4. 이 유

무죄판결에 명시하여야 할 이유에 대하여 형소법에서는 명문의 규정을 두고 있지 않다. 그러나 제39조 본문에서는 "재판에는 이유를 명시하여야 한다"고 규정하고 있으므로 무죄판결의 경우에도 재판의 일반원칙에 따라 이유를 명시하여야 한다.

이때 무죄판결이유의 적시정도에 대하여는 ① 무죄판결은 피고인에게 유리한 판결이므로, 유죄판결의 경우보다 완화하여 검사가 상소세기 여부를 검토할 수 있을 정도로 기재하면 충분하다는 견해가 있다. 그러나 ② 무죄판결의 경우에도 공소사실에 부합하는 증거를 배척하여야 하는 이유까지 명시하여야 하므로 유죄판결의 경우와 같이 그 이유를 상세하게 기재하여야 한다. 판례는 피고인에 대하여 무죄판결을 선고하는 때에도 공소사실에 부합하는 증거를 배척하는 이유까지 일일이 설시할 필요는 없다고 하더라도, 그 증거들을 배척한 취지를 합리적인 범위 내에서 기재하여야 한다고 한다(2014도6341). 따라서 주문에서 무죄를 선고하고도 그 판결이유에는 이에 관한 아무런 판단을 기재하지 아니하였다면 '판결에 이유를 붙이지 아니한 때'(제361조의5 제11호 전단)로서 항소이유가 되거나 '판결에 영향을 미친 법령위반'(제383조 제1항)으로서 상고이유가 된다.

무죄판결의 이유를 설시함에 있어서는 먼저 공소사실의 요지를 기재하고, 다음에 어떠한 이유와 근거에서 무죄로 판단한 것인지를 밝히고, 마지막으로 제325조의 전단과 후단 중 어느 것에 해당하는지를 명시하면 된다. 즉, '제325조 전단 무죄의 경우'에는 공소사실이 해당 법조에 따른 범죄를 구성하지 않는다거나 공소사실에 적용된 법조에 대한 법리해석을 하고 그에 기하여 공소사실이 죄가 되지 않는다는 취지를 밝히는 방법으로 설시하면 된다. '제325조 후단의 무죄의 경우'에는 공소사실에 부합하는 증거를 합리적인 이유를 들어 배척하여야 하므로 증거능력이 없는 증거는 그 이유를 밝혀서 배척하고, 증거능력이 있는 증거에 대하여는 자유심증에 따라 신빙성이 없다는 이유를 밝혀서 배척한다는 사실을 설시하면 된다.

5. 심리상 특칙

무죄판결은 피고인에게 유리한 재판이므로 피고인이 사물의 변별 또는 의사의 결정을 할 능력이 없는 경우나 질병으로 인해 공판절차를 정지하여야 할 경우(제306조 제1항, 제2항)에도 피고사건에 대하여 무죄의 재판을 할 것이 명백한 때에는 피고인의 출정 없이 재판할 수 있다(동조 제4항).

6. 효 력

무죄판결이 선고되면 그 소송은 해당 심급에서 종결되고, 해당 법원은 그 판결을 변경할 수 없는 구속력이 부여된다. 또한 구속피고인에게 무죄판결이 선고되면 판결의 선고와 동시에 구속영장의 효력이 상실되므로(제331조) 검사는 무죄판결 선고 즉시 석방지휘를 하여야 한다.

또한 피고사건에 대하여 무죄의 판결을 선고하는 경우에는 무죄판결공시의 취지를 선고하여야 한다. 다만, 무죄판결을 받은 피고인이 무죄판결공시 취지의 선고에 동의하지 아니하거나 피고인의 동의를 받을 수 없는 경우에는 그러하지 아니하다(형법 제58조 제2항). 재심에서 무죄의 선고를 한 때에는 그 판결을 관보와 그 법원소재지의 신문지에 기재하여 공고하여야 한다. 다만, (i) 검사, 유죄의 선고를 받은 자, 유죄의 선고를 받은 자의 법정대리인(제424조 제1호부터 제3호)에 해당하는 사람이 재심을 청구한 때에는 재심에서 무죄의 선고를 받은 사람(제1호) 또는 (ii) 유죄의 선고를 받은 자가 사망하거나 심신장애가 있는 경우에는 그 배우자, 직계친족 또는 형제자매(제424조 제4호)에 해당하는 사람이 재심을 청구한 때에는 재심을 청구한 그 사람(제2호)이 이를 원하지 아니하는 의사를 표시한 경우에는 그러하지 아니하다(제440조).

한편, 무죄판결에 대하여 검사는 상소할 수 있지만, 피고인은 상소가 허용되지 아니하며, 재판에 대한 불복은 주문에 관한 것이어야 하므로 재판의 이유만을 다투는 상소도 허용되지 않는다(2016도20488). 그리고 무죄판결이 확정되면 일사부재리의 효력이 발생하지만 집행력은 발생하지 않으므로 무죄판결이 확정된 사건에 대하여 다시 공소제기되면 면소판결을 하여야 한다. 또한 무죄판결이 확정되면 형사보상을 청구할 수 있고(형사보상법 제2조), 재판에 소요된 비용보상도 청구할 수 있다(제194조의2 참조).

이 외에도 무죄판결이 확정되면 검사는 압수한 서류 또는 물품을 제출자나 소유자 기타 권리자에게 환부하여야 하며(제332조), 압수물을 대가보관(환가처분)한 경우(제219조, 제132조 제2항)에는 그 매각대금 전액을 압수물의 소유자 등에게 반환하여야 한다(97도58507).

Ⅲ. 면소의 판결

1. 의 의

면소판결이란 피고사건에 대하여 (ⅰ) 확정판결이 있은 때(제1호), (ⅱ) 사면이 있은 때(제2호), (ⅲ) 공소의 시효가 완성되었을 때(제3호), (ⅳ) 범죄 후 법령의 개폐로 형이 폐지되었을 때(제4호)에 선고하는 종국재판을 말한다(제326조). 면소판결에 대해서는 일사부재리의 효력이 인정된다.

2. 성 격

(1) 실체관계적 형식재판설

실체관계적 형식재판설은 면소판결은 실체적 소송조건이 결여된 경우로서 실체관계의 심리를 중간에서 종결시키므로 형식재판에 해당하지만 실체면에 관한 사유를 소송조건으로 하기 때문에 어느 정도 실체심리를 할 수밖에 없으므로 일사부재리의 효력을 인정할 수 있다고 하는 견해이다. 이 견해에서는 법원은 면소판결사유가 있는 경우에도 무죄를 선고할 수 있고, 피고인은 면소판결에 대하여 무죄를 주장하며 상소할 수 있다고 한다.

이 견해에 대하여는 면소판결의 사유를 심리하더라도 실체 자체를 판단하는 것은 아니므로 이것이 일사부재리의 효력을 인정하는 근거가 될 수 없으며, 친고죄 여부와 같이 형식적 소송조건의 존·부를 판단하는 경우에도 실체에 대한 심리를 요하는 경우가 있다는 비판이 있다.

(2) 형식재판설

형식재판설은 면소판결은 피고사건의 실체심리에 들어가지 않고 실체적 소송조건이 결여되어 있음을 이유로 선고하는 형식재판이라는 견해이다(다수설). 이 견해에서는 형식재판에는 일사부재리효력이 인정되지 않지만 면소판결의 사유에 해당하는 경우는 소송추행의 이익(소송추행이익결여설) 내지 실체심리의 필요성(실체심리불요설)이 없으므로 사후보완이 허용되지 않는다는 점에서 형식재판의 경우와 달리 일사부재리의 효력이 인정된다고 한다. 이 견해에서는 법원은 면소판결사유가 있는 경우에 실체심리가 허용되지 않고, 피고인은 면소판결에 대하여 무죄를 주장하며 상소할 수 없다고 한다.

이 견해에 대하여는 친고죄에서 고소권자가 모두 고소권을 상실하거나 피고인의 사망 또는 법인의 소멸 등의 경우는 소송조건의 결여를 보완하는 것이 불가능함에도 공소기각의 사유로 하고 있는 것과 구분되지 않고, 면소판결에 일사부재리의 효력을 인정하는 근거를 제시할 수 없다는 비판이 있다.

(3) 기타의 학설

① 형사정책설은 형소법에서 실체재판과 형식재판 외에 별도로 면소판결을 규정한 것이고, 입법에 의하여 일사부재리의 효력을 인정하고 있다고 한다. 이 견해에 대하여는 이론적 논거라고 하기 보다는 법규정의 취지를 설명한 것에 지나지 않는다는 비판이 있다. ② 실체재판설은 면소판결은 범죄에 의해 일단 발생한 형벌권이 이후에 발생한 일정한 사정에 따라 소멸한 경우에 선고하는 재판이라고 한다. 이 견해에 대하여는 면소판결에 대하여 일사부재리의 효력을 인정하는 이유는 설명이 용이하지만, 무죄의 확정판결이 있는 경우는 처음부터 형벌권이 존재하지 않는다는 점에서 무죄판결을 선고하여야 함에도 면소판결을 하는 이유를 설명하기 어렵다는 비판이 있다. ③ 이분설은 확정판결을 이유로 하는 경우에는 형식재판이고, 그 이외의 사유의 경우는 실체재판이라고 하는 견해이다. 이 견해에 대하여는 면소판결의 성격을 통일적으로 규명하지 못한다는 비판이 있다.

(4) 결 어

면소판결은 실체심리를 하기 전에 재판을 종결하는 것이고, 면소판결사유는 실체법상 형벌권소멸사유에 해당하므로 소송추행의 이익이나 실체심리의 필요성이 없다는 점에서 면소판결은 형식재판이다.

판례는 범죄 후 법령의 개폐로 그 형이 폐지되었을 경우에는 제326조에 의하여 실체적 재판을 하기에 앞서 면소판결을 하여야 할 것이므로 무죄로서의 실체적 재판을 한 것은 위법하다(2007도7523)고 하면서, 면소판결을 한 것이 명백한 경우 피고인이 이에 대하여 실체판결을 구하여 상소를 할 수는 없다(2005도4738)고 한다.[214] 따라서 형식재판설에 따르는 듯하다.

3. 사 유

(1) 확정판결이 있은 때(제1호)

1) 대 상

확정판결이란 공소사실과 동일성이 인정되는 재판이 이미 확정되어 일사부재리의 효력이 미치는 판결을 말한다. 확정판결에는 실체재판인 유·무죄판결과 면소판결이 포함된다. 공소기각의 재판이나 관할위반의 판결은 형식재판으로서 일사부재리의 효력이 인정되지 않으므로 확정판결을 이유로 면소판결을 할 수 없다.

정식재판뿐만 아니라 약식명령[215], 즉결심판(95도1270)이 확정된 경우도 확정판결과 동일한 효력이 인정되므로 이에 포함된다. 「경범죄 처벌법」(제8조 제3항) 및 「도로교통법」(제164조 제3항)에 의한 범칙금납부도 확정판결에 준하는 효력이 인정되므로 동일한 사안에 대하여 일사부재리의 효력이 인정된다(2020도15194[216]). 그러나 과태료부과처분(96도158), 외국에서의 확정판결(83도2366)은 확정판결에 포

214) 다만, 판례는 피고인에게 무죄의 선고를 하여야 함에도 면소를 선고한 판결에 대하여는 상고가 가능하다고 하였다(2010도5986).

215) 포괄일죄의 관계에 있는 범행의 일부에 대하여 약식명령이 확정된 경우에는 그 약식명령의 발령 시를 기준으로 하여 그 이전에 이루어진 범행에 대하여는 면소판결을 선고하여야 한다(2013도4737).

216) 경찰서장이 범칙행위에 대하여 통고처분을 한 이상, 범칙자의 위와 같은 절차적 지위를 보장하기 위하여 통고처분에서 정한 범칙금 납부기간까지는 원칙적으로 경찰서장은 즉결심판을 청구할 수 없고, 검사도 동일한 범칙행위에 대하여 공소를 제기할 수 없다. 또한 범칙자가 범칙금 납부기간이 지나도록 범칙금을 납부하지 아니하였다면 경찰서장이 즉결심판을 청구하여야 하고, 검사는 동일한 범칙행위에 대하여 공소를 제기할 수 없다(2020도15194).

함되지 않는다.

한편, 「소년법」상 보호처분이 확정판결에 해당하는지에 대하여는 ① 「소년법」 제53조는 단순한 소송장애사유를 규정한 것에 지나지 않으므로 「소년법」상 보호처분은 확정판결에 해당되지 않는다는 견해가 있다. 그러나 ② 「소년법」 제53조는 보호처분이 확정된 경우 공소권소멸을 규정한 것이므로 소년에 대한 보호처분은 확정판결에 해당되고, 따라서 면소판결을 선고하여야 한다. 판례는 소년법」 제53조[217]에서 동법 제32조의 보호처분을 받은 소년에 대하여는 그 심리·결정된 사건은 다시 공소를 제기하거나 소년부에 송치할 수 없다고 규정하고 있으므로, 동법 제32조의 보호처분을 받은 사건과 동일(상습죄 등 포괄일죄 포함)한 사건에 관하여 다시 공소제기가 되었다면, 이는 '공소제기의 절차가 법률의 규정을 위반하여 무효일 때'(제327조 제2호)에 해당하기 때문에 공소기각의 판결을 하여야 한다고 한다(96도47). 가정폭력처벌법상 보호처분이 확정된 경우도 마찬가지이다(2016도5423).[218]

2) 범 위

면소판결을 할 수 있는 범위는 확정판결의 일사부재리의 효력이 미치는 범위와 같다. 즉, 주관적으로 면소판결의 대상인 피고인은 검사가 피고인으로 지

---

217) 「소년법」 제53조(보호처분의 효력) 제32조의 보호처분을 받은 소년에 대하여는 그 심리가 결정된 사건은 다시 공소를 제기하거나 소년부에 송치할 수 없다. 다만, 제38조(처분 당시 19세 이상인 자로 밝혀진 경우의 보호처분의 취소) 제1항 제1호(1. 검사·경찰서장의 송치 또는 제4조 제3항의 통고에 의한 사건인 경우에는 관할 지방법원에 대응하는 검찰청검사에게 송치한다)의 경우에는 공소를 제기할 수 있다.

218) 가정폭력처벌법에 따른 보호처분의 결정이 확정된 경우에는 원칙적으로 가정폭력행위자에 대하여 같은 범죄사실로 다시 공소를 제기할 수 없으나(가정폭력처벌법 제16조), 보호처분은 확정판결이 아니고 따라서 기판력도 없으므로, 보호처분을 받은 사건과 동일한 사건에 대하여 다시 공소제기가 되었다면 이에 대해서는 면소판결을 할 것이 아니라 공소제기의 절차가 법률의 규정에 위배하여 무효인 때에 해당한 경우이므로 형소법 제327조 제2호의 규정에 의하여 공소기각의 판결을 하여야 한다. 그러나 가정폭력처벌법은 불처분결정에 대해서는 그와 같은 규정을 두고 있지 않을 뿐만 아니라, 가정폭력범죄에 대한 공소시효에 관하여 불처분결정이 확정된 때에는 그때부터 공소시효가 진행된다고 규정하고 있으므로(가정폭력처벌법 제17조 제1항), 가정폭력처벌법은 불처분결정이 확정된 가정폭력범죄라 하더라도 일정한 경우 공소가 제기될 수 있음을 전제로 하고 있다. 따라서 가정폭력처벌법 제37조 제1항 제1호의 불처분결정이 확정된 후에 검사가 동일한 범죄사실에 대하여 다시 공소를 제기하였다거나 법원이 이에 대하여 유죄판결을 선고하였더라도 이중처벌금지의 원칙 내지 일사부재리의 원칙에 위배된다고 할 수 없다(2016도5423).

정하여 확정판결을 받은 자이어야 하고(제248조 제1항 참조), 객관적으로 면소판결의 대상이 되는 범죄사실은 확정판결이 있었던 범죄사실과 동일성이 인정되는 사실이어야 하며(2020도15194), 시간적으로 사실심 심리의 가능성이 있는 최후의 시점인 사실심 선고 시까지 행하여진 범죄사실이어야 한다(2020도1355).[219] 따라서 포괄일죄의 관계에 있는 범행일부에 대하여 판결이 확정된 경우에는 사실심판결 선고 시를 기준으로 그 이전에 이루어진 범행에 대하여는 확정판결의 기판력이 미치므로 면소판결을 하여야 한다(2020도1355).[220]

그러나 확정판결의 기판력이 미치는 범위는 확정된 사건 자체의 범죄사실과 죄명을 기준으로 하는 것이 원칙이다. 따라서 단일범의 아래 이루어진 조세범 처벌법위반 행위들이 그 합산가액으로 인해 포괄하여 특정범죄가중법위반의 죄가 되는 경우 그 조세범 처벌법위반 행위 중 일부행위에 대하여 이미 조세범 처벌법위반죄로 확정판결이 있었더라도 앞서의 확정판결의 기판력은 사실심판결 선고 전의 특정범죄가중법위반 범죄사실에 미치지 않는다(2015도2207).

---

219) 판례는 "동일 죄명에 해당하는 여러 개의 행위 혹은 연속된 행위를 단일하고 계속된 범의하에 일정 기간 계속하여 행하고 피해법익도 동일한 경우에는 이들 각 행위를 통틀어 포괄일죄로 처단하여야 할 것이나, 범의의 단일성과 계속성이 인정되지 아니하거나 범행방법 및 장소가 동일하지 않은 경우에는 각 범행은 실체적 경합범에 해당한다"(2020도1355)고 하였다.

220) 판례는 "상습범으로서 포괄적 일죄의 관계에 있는 여러 개의 범죄사실 중 일부에 대하여 유죄판결이 확정된 경우에, 그 확정판결의 사실심판결 선고 전에 저질러진 나머지 범죄에 대하여 새로이 공소가 제기되었다면 그 새로운 공소는 확정판결이 있었던 사건과 동일한 사건에 대하여 다시 제기된 데 해당하므로 이에 대하여는 판결로써 면소의 선고를 하여야 한다(제326조 제1호). 다만 이러한 법리가 적용되기 위해서는 전의 확정판결에서 당해 피고인이 상습범으로 기소되어 처단되었을 것을 필요로 한다. 상습범 아닌 기본구성요건의 범죄로 처단되는 데 그친 경우에는, 설령 뒤에 기소된 사건에서 비로소 드러났거나 새로 저질러진 범죄사실과 전의 판결에서 이미 유죄로 확정된 범죄사실 등을 종합하여 비로소 그 모두가 상습범으로서의 포괄적 일죄에 해당하는 것으로 판단된다 하더라도 뒤늦게 앞서의 확정판결을 상습범의 일부에 대한 확정판결이라고 보아 그 기판력이 그 사실심판결 선고 전의 나머지 범죄에 미친다고 보아서는 아니 된다"(2017도16223)고 하였다. 즉, "확정판결의 기판력이 미치는 범위를 정함에 있어서는 그 확정된 사건 자체의 범죄사실과 죄명을 기준으로 하는 것이 원칙이고, 비상습범으로 기소되어 판결이 확정된 이상 그 사건의 범죄사실이 상습범 아닌 기본구성요건의 범죄라는 점에 관하여 이미 기판력이 발생하였다고 보아야 하며, 뒤에 드러난 다른 범죄사실이나 그 밖의 사정을 부가하여 전의 확정판결의 효력을 검사의 기소내용보다 무거운 범죄유형인 상습범에 대한 판결로 바꾸어 적용하는 것은 형사소송의 기본원칙에 비추어 적절하지 않다"(2010도2182)고 하였다.

(2) 사면이 있은 때(제2호)

사면에 의하여 형벌권이 소멸한 경우에는 실체심판의 이익이 없기 때문에 면소사유로 하고 있다. '사면이 있은 때'란 형의 선고가 없는 사건에 대하여 일반사면이 있은 경우를 말한다(2011도1932). 일반사면이 있는 경우에는 특별한 규정이 없는 한 원칙적으로 형선고의 효력이 상실되며, 형을 선고받지 아니한 자에 대하여는 공소권이 상실된다(사면법 제5조 제1항 제1호). 하지만 특별사면의 경우에는 원칙적으로 형의 집행이 면제될 뿐이고, '특별한 사정이 있을 때'에 한하여 형선고의 효력을 상실하게 할 수 있을 뿐이다(동항 제2호). 따라서 재심대상판결 확정 후에 형선고의 효력을 상실하게 하는 특별사면이 있었다고 하더라도 재심개시결정이 확정되어 재심심판절차를 진행하는 법원은 그 심급에 따라 다시 심판하여 실체에 관한 유·무죄 등의 판단을 하여야 하며, 특별사면이 있음을 들어 면소판결을 하여서는 아니 된다(2011도1932).

(3) 공소시효가 완성되었을 때(제3호)

공소시효가 완성되면 국가의 형사소추권과 형벌권이 소멸하므로 면소사유로 하고 있다. 따라서 공소제기 시에 이미 공소시효가 완성된 경우에는 면소판결을 하여야 한다. 소송 중에 공소장이 변경된 경우의 공소시효는 변경된 공소사실에 대한 법정형을 기준으로 하므로 변경된 공소사실에 대하여 공소제기 시에 이미 공소시효가 완성된 경우에는 법원은 면소판결을 하여야 한다(2013도6182).

또한 공소가 제기된 경우에도 판결의 확정이 없이 25년이 지나면 공소시효가 완성된 것으로 간주되므로(제249조 제2항) 이때에도 면소판결을 하여야 한다.

(4) 범죄 후의 법령개폐로 형이 폐지되었을 때(제4호)

1) 범죄 후의 법령개폐

'범죄 후'의 의미에 대하여는 ① 행위시점 이후를 말한다는 견해가 있다. 그러나 ② 대부분의 범죄가 결과범인 점을 고려하면 '범죄 후'란 행위뿐만 아니라 결과까지 포함하는 개념이다(다수설).

또한 '법령개폐'란 법령 자체를 개폐한 경우뿐만 아니라 백지형법에서 보충규범이 변경된 경우도 포함된다(2000도764). 따라서 「형법」 제1조 제2항에 따라 법령이 개폐된 경우에는 그 원인을 묻지 않고 전부 면소판결을 하여야 한다. 판례도 "형벌법규 자체 또는 그로부터 수권 내지 위임을 받은 법령의 변경에 따라 범죄를 구성하지 아니하게 되거나 형이 가벼워진 경우에는 그 사유를 따지지 않고 원칙적으로 「형법」 제1조 제2항과 형소법 제326조 제4호가 적용된다"고 한다.[221) 다만, "해당 형벌법규 자체 또는 그로부터 수권 내지 위임을 받은 법령이 아닌 다른 법령이 변경된 경우에는 해당 형벌법규에 따른 범죄 성립의 요건과 구조, 형벌법규와 변경된 법령과의 관계, 법령 변경의 내용·경위·보호목적·입법취지 등을 종합적으로 고려하여, 법령의 변경이 해당 형벌법규에 따른 범죄의 성립 및 처벌과 직접적으로 관련된 형사법적 관점의 변화를 주된 근거로 한다고 해석할 수 있을 때 「형법」 제1조 제2항과 형소법 제326조 제4호를 적용할 수 있다"(2022도6434)고 한다.

2) 형의 폐지

'형의 폐지'는 법령상 명문으로 벌칙규정이 폐지된 경우뿐만 아니라 법령에 규정된 유효기간이 지나거나 신법우선의 원칙에 의하여 구법의 적용이 배제되는 경우도 포함된다. 다만, 법령이 폐지되면서 새로 제정된 법령에 종전의 규정(구법)에 의하도록 하는 경과규정이 있는 경우에는 그러하지 아니한다.[222)]

4. 주문과 이유

단순일죄에서 면소판결의 주문은 '피고인은 면소'라는 형식으로 표시한다. 또한 무죄판결의 경우와 같이 일죄에 대해서는 1개의 주문이어야 하므로 이를 분리하여 일부유죄와 일부면소라는 2개의 주문은 허용되지 않는다. 따라서 상상적 경합관계나 포괄일죄의 관계로 인해 일부는 유죄 또는 무죄이고 일부는 면소인 경우에는 실체재판인 유·무죄판결을 주문에서 명시하고, 면소부분은 판결이유에서 그 취지를 설시하면 된다(95도2312). 그러나 수죄의 경우에는 공소사실 전부가 면소에 해당하면 일죄의 경우와 같이 '피고인은 면소'라는 형식을 취하고, 일부가 면소인 경우에는 무죄판결의 경우와 같이 이를 특정하여 주문에 기재하면 된다.

---

221) 다만, 판례는 이 법리는 "해당 형법 및 형소법 규정이 다른 법령의 변경으로 인해 가벼워졌거나, 구성하지 않는 경우에만 해당되며, 법령의 유효기간이 경과되어 효력을 상실한 경우에는 해당되지 않는다"(2020도16420)고 하였다.

222) 다만, 판례는 "형벌에 관한 법령이 헌법재판소의 위헌결정으로 인하여 소급하여 그 효력을 상실하였거나 법원에서 위헌·무효로 선언된 경우 그 법령을 적용하여 공소가 제기된 피고사건에 대하여는 제325조에 따라 무죄를 선고하여야 한다"(2018도6185)고 하였다.

면소판결의 경우에 명시하여야 할 이유에 대해서는 명문의 규정이 없으므로 재판의 일반원칙에 따르면 된다. 따라서 먼저 공소사실의 요지를 기재하고, 다음으로 제326조 각 호에 규정된 면소판결사유 중 어느 것에 해당하는지를 간단하게 설시하면 된다. 실무에서는 필요한 때에는 증거를 인용하기도 한다.

5. 심리상 특칙

면소판결은 실체재판이 아니지만 피고인에게 유리한 재판이라는 점에서 다음의 특칙이 인정된다. 즉, 피고인의 공판기일 출석은 공판개정의 요건이지만(제276조), 면소의 재판을 할 것이 명백한 경우에는 피고인의 출석 없이 공판을 개정할 수 있으며, 이때 피고인은 대리인을 출석하게 할 수 있다(제277조 제2호). 또한 피고인이 사물의 변별 또는 의사의 결정을 할 능력이 없는 경우나 질병으로 인해 공판절차를 정지하여야 할 경우(제306조 제1항, 제2항)에도 피고사건에 대하여 면소의 재판을 할 것이 명백한 때에는 피고인의 출정 없이 재판할 수 있다(동조 제4항).

6. 효 력

면소판결이 선고되면 그 소송은 해당 심급에서 종결되고, 구속영장의 효력이 상실되므로(제331조) 검사는 면소판결선고 즉시 구속피고인의 석방을 지휘하여야 한다. 면소판결을 하는 경우에는 면소판결공시의 취지를 선고할 수 있다(형법 제58조 제3항). 또한 면소판결이 확정되면 검사는 압수한 서류 또는 물품을 제출자나 소유자 기타 권리자에게 환부하여야 할 의무가 있다(제332조).[223]

면소판결에 대하여 검사는 상소가 가능하지만 피고인은 무죄를 주장하면서 상소할 수 없다. 또한 면소판결이 확정된 때에는 일사부재리의 효력이 발생하고, 따라서 다른 형식재판의 경우와 달리 공소시효가 다시 진행하지 않는다(제253조 제1항 참조).

한편, 고소 또는 고발에 의하여 공소를 제기한 사건에 관하여 피고인이 면소

---

223) 판례는 "「형법」 제49조 단서는 행위자에게 유죄의 재판을 하지 아니할 때에도 몰수의 요건이 있는 때에는 몰수만을 선고할 수 있다고 규정하고 있으나, 우리 법제상 공소의 제기 없이 별도로 몰수만을 선고할 수 있는 제도가 마련되어 있지 아니하므로 실체판단에 들어가 공소사실을 인정하는 경우가 아닌 면소의 경우에는 원칙적으로 몰수도 할 수 없다"(2007도4556)고 하였다.

의 판결을 받은 경우에 고소인 또는 고발인에게 고의 또는 중대한 과실이 있는 때에는 그 자에게 소송비용의 전부 또는 일부를 부담하게 할 수 있다(제188조). 또한 면소판결이 확정된 피고인이 면소의 재판을 할 만한 사유가 없었더라면 무죄재판을 받을 만한 현저한 사유가 있었을 경우에는 국가에 대하여 구금에 대한 보상을 청구할 수 있다(형사보상법 제26조 제1항).

Ⅳ. 공소기각의 재판

1. 의 의

공소기각의 재판은 관할권 이외의 형식적 소송조건이 결여된 경우에 절차상의 하자를 이유로 실체심리를 하지 않고 소송을 종결하는 형식재판이다. 공소기각의 재판에는 공소기각의 결정(제328조)과 공소기각의 판결(제327조)이 있다. 전자는 소송조건의 흠결이 중대하고 명백하여 구두변론 없이도 소송조건의 부존재를 판단할 수 있는 경우이고, 후자는 소송조건의 흠결이 비교적 중대하지 않고 그 흠결의 발견도 쉽지 않아서 변론이 필요하다고 인정되는 경우이다. 다만, 형소법에서 규정한 공소기각의 재판의 사유는 예시적인 것이 아니라 한정적 열거이다(86도1547).

공소기각의 재판은 일사부재리의 효력이 인정되지 않는다는 점에서 면소판결과 구별되고, 형식재판이지만 관할권 부존재를 이유로 하는 관할위반의 판결과 구별된다.

2. 사 유

(1) 공소기각의 판결

제327조에서는 공소기각의 판결의 사유를 규정하고 있다.

1) 피고인에 대하여 재판권이 없을 때(제1호)

'피고인에 대하여 재판권이 없을 때'의 의미에 대하여는 ① 공소제기 전·후를 불문하고 재판권이 없게 된 경우를 말한다는 견해가 있다. 그러나 ② 법문에서 '재판권이 없을 때'가 아니라 '피고인에 대하여 재판권이 없을 때'라고 구체적으로 규정하고 있다. 따라서 '피고인에 대하여 재판권이 없을 때'란 공소제기 후 재판권이 없게 된 경우를 말하고, 공소제기 전 재판권이 없는 경우에는 '공소제기의 절차가 법률의 규정을 위반하여 무효일 때'(제327조 제2호)에 해당한다. 판례는 전자의 태도를 취하고 있는 듯하다.[224)]

한편, 일반법원에 공소가 제기된 자가 공소제기 후에 군인신분을 취득한 경우에는 군사법원에 재판권이 있고(군사법원법 제2조 제2항 제3호) 일반법원은 재판권이 없으므로 공소기각의 판결을 하여야 한다. 다만, 형소법에서는 예외규정(제16조의2)을 두고 있다. 즉, 법원은 공소가 제기된 사건에 대하여 군사법원이 재판권을 가지게 되었거나 재판권을 가졌음이 판명된 때에는 결정으로 사건을 재판권이 있는 같은 심급의 군사법원으로 이송한다. 이때에 이송 전에 행한 소송행위는 이송 후에도 그 효력에 영향이 없다.

2) 공소제기의 절차가 법률의 규정을 위반하여 무효일 때(제2호)

'공소제기의 절차가 법률의 규정을 위반하여 무효일 때'란 공소제기가 권한 없는 자에 의해 행하여진 경우, 친고죄에서 고소가 없거나 취소되었음에도 공소가 제기된 경우(2010도9524, 2008도7462), 공소사실이 특정되지 않거나(2009도5698) 공소장일본주의에 반하는 경우(2012도2957) 등 공소제기의 방식에 중대한 하자가 있는 경우 또는 가정폭력처벌법이나 「소년법」에 따라 보호처분의 결정이 확정된 후에 다시 공소가 제기된 경우 등을 말한다(96도47, 2016도5423). 이 외에 성명모용의 경우에 검사가 공소장정정절차에 의해 피고인의 성명을 정정하지 않아서 피고인이 불특정되거나(92도2554) 약식명령에서 피모용자가 정식재판을 청구하여 성명모용사실이 밝혀진 경우(97도2215)는 물론, 국회의원의 면책특권의 대상이 되는 직무부수행위에 대하여 공소가 제기된 경우(2009도14442) 등을 들 수 있다.

한편, 동호의 법적 성격에 대하여는 ① 다른 공소기각사유와 마찬가지

---

224) 판례는 캐나다 시민권자인 피고인이 캐나다에서 위조사문서를 행사하였다는 내용으로 기소된 사안에서, "「형법」 제234조의 위조사문서행사죄는 「형법」 제5조 제1호 내지 제7호에 열거된 죄에 해당하지 않고, 위조사문서행사를 「형법」 제6조의 대한민국 또는 대한민국 국민의 법익을 직접적으로 침해하는 행위라고 볼 수도 없으므로 피고인의 행위에 대하여는 우리나라에 재판권이 없는데도, 위 행위가 외국인의 국외범으로서 우리나라에 재판권이 있다고 보아 유죄를 인정한 원심판결에 재판권 인정에 관한 법리오해의 위법이 있다"(2011도6507)고 하였다. 이때 행위지의 법률에 의하여 범죄를 구성하는지 여부에 대해서는 엄격한 증명에 의하여 검사가 증명하여야 한다(2016도17465).

로 한정적 열거로 보는 견해가 있다. 그러나 ② 동호에 의해 위법수사에 기한 공소제기나 공소권남용에 따른 공소제기를 소송조건으로 유형화하여 형사재판에 반영할 수 있다는 점에서 동호는 소송조건 전반에 대한 일반조항으로서의 성격을 가진다(다수설). 판례는 공소제기가 검사의 소추재량권을 현저히 일탈하여 공소권남용으로 인정되는 경우(2018도14295)나 위법한 함정수사를 기초로 한 공소제기(2005도1247)와 같이 일반적인 소송조건을 결한 경우에 동호에 의한 공소기각의 판결사유로 하고 있다.

3) 공소가 제기된 사건에 대하여 다시 공소가 제기되었을 때(제3호)

'공소가 제기된 사건에 대하여 다시 공소가 제기되었을 때'란 동일한 사건이 동일한 법원에 다시 공소가 제기된 경우를 말하며, 이중기소라고도 한다. 동호는 동일사건에 대하여 피고인으로 하여금 이중처벌의 위험을 받지 아니하게 함과 동시에 법원이 2개의 실체판결을 하지 아니하도록 함에 있다(2011도15356).[225] 따라서 1개의 공소장에 동일한 사건이 중복기재된 경우는 이에 포함되지 않고 단순한 공소장기재의 착오에 해당하므로 법원은 석명권을 행사하여 검사로 하여금 이를 정정하게 하든가 그렇지 않은 경우에는 스스로 판결이유에 그 착오사실을 정정 표시하여 줌으로써 족하고 주문에 별도로 공소기각의 판결을 할 필요는 없다(82도1199).

이중기소에 해당하는지 여부의 판단은 공소사실의 동일성을 기준으로 하며(2009도5449 참조), 시간적으로는 사실심리의 가능성이 있는 최종시점인 사실심의 판결선고 시를 기준으로 한다(2004도3331 참조).[226] 다만, 공소제기 당시에는 이중기소의 위법이 있었지만 후에 공소장변경에 의하여 공소사실과 적용법조가 적법하게 변경되어 새로운 범죄사실에 대하여 소송계속의 상태에 있게 된 경우에는 이중기소에 해당하지 않는다(85도1435).

한편, 검사가 일부 범죄사실을 먼저 공소제기한 후에 다시 별개의 범죄

---

225) 동일한 사건이 수개의 다른 법원에 이중으로 공소가 제기된 경우에는 관할의 경합으로 제328조 제1항 제3호(3. 제12조 또는 제13조의 규정에 의하여 재판할 수 없는 때)에 해당하므로 공소기각의 결정을 하여야 한다.

226) 판례는 "법원은 공소장에 기재된 공소사실과 적용법조를 기초로 하여 형식적 또는 실체적 심판을 행하는 것이나 반드시 공소제기 당시의 공소사실과 적용법조에 구속되는 것이 아니라 소송의 진행을 거쳐 사실심리의 가능성 있는 최종시점인 판결선고 시를 기준으로 하여 이때 특정된 공소사실과 적용법조가 현실적인 심판대상이 된다"(85도1435)고 하였다.

사실을 추가로 공소제기하였는데 이를 병합심리하는 과정에서 전·후에 기소된 각각의 범죄사실이 모두 포괄일죄를 구성하는 범죄사실로 밝혀진 경우에는 검사는 먼저 공소제기한 범죄사실에 다시 공소제기한 범죄사실을 추가하여 전체를 상습범행으로 공소장변경을 신청하고, 그 죄명과 적용법조도 변경하여야 한다. 그러나 판례는 이때 검사가 공소장변경을 신청하지 않더라도 법원이 각각의 범행을 포괄하여 하나의 상습범행으로 인정한다고 하여 이중기소를 금하는 법의 취지에 반하는 것이 아닌 점과 법원은 실체적 경합범으로 기소된 범죄사실에 대하여 그 범죄사실을 그대로 인정하면서 다만 죄수에 관한 법률적인 평가만을 달리하여 포괄일죄로 처단하더라도 이는 피고인의 방어에 불이익을 미치는 것이 아니므로 공소장변경 없이도 포괄일죄로 처벌할 수 있는 점에 비추어 보면, 비록 상습범행의 포괄일죄로 공소장을 변경하는 절차가 없었다거나 추가기소의 공소장의 제출이 포괄일죄를 구성하는 행위로서 먼저 기소된 공소장에 누락된 것을 추가·보충하는 취지의 것이라는 석명절차를 거치지 아니하였다 하더라도, 법원은 전·후에 기소된 범죄사실 전부에 대하여 실체판단을 할 수 있고, 추가기소된 부분에 대하여 공소기각의 판결을 할 필요는 없다고 한다(2011도15356).[227] 하지만 검사의 추가기소에는 당연히 전·후에 기소된 범죄사실 전부를 포괄일죄로 처벌할 것을 신청하는 취지가 포함되어 있고, 이것이 피고인에게 불이익한 것이 아니라고 하더라도 공소제기에서는 공소사실의 특정이 요구되고, 검사의 추가기소로 인하여 피고인은 불의의 기습을 당할 수도 있으므로 법원은 검사에게 석명을 하거나 공소장변경을 요구하고, 만일 검사가 이에 불응할 경우에는 추가기소부분에 대하여는 이중기소로서 공소기각의 판결을 하여야 한다.

또한 검사가 상상적 경합관계에 있는 범죄사실 중 일부에 대하여 먼저 공소를 제기한 후에 나머지 범죄사실을 추가로 공소제기한 경우에도 같은 문제가 발생한다. 이에 대하여 판례는 “상상적 경합관계에 있는 공소사실 중 일부가 먼저 기소된 후 나머지 공소사실이 추가기소되고 이들 공소사실이 상상적 경합관계에 있음이 밝혀진 경우라면, 추가기소에 의하여 전·후에 기소된 각 공소사실 전부를 처벌할 것을 신청하는 취지가 포함되었다고 볼 수 있어, 공소사실을 추가하는 등의 공소장변경과는 절차상 차이가 있을 뿐 실질에서 별 차이가 없다. 따라서 법원

227) 종전의 판례는 이때 법원이 석명권을 행사한 후에 판단하여야 한다고 하는 태도를 취하였다(99도3929).

으로서는 석명권을 행사하여 검사로 하여금 추가기소의 진정한 취지를 밝히도록 하여 검사의 석명에 의하여 추가기소가 상상적 경합관계에 있는 행위 중 먼저 기소된 공소장에 누락된 것을 추가 보충하는 취지로서 1개의 죄에 대하여 중복하여 공소를 제기한 것이 아님이 분명해진 경우에는, 추가기소에 의하여 공소장변경이 이루어진 것으로 보아 전·후에 기소된 공소사실 전부에 대하여 실체판단을 하여야 하고 추가기소에 대하여 공소기각의 판결을 할 필요가 없다"(2012도2087)고 함으로써 포괄일죄에 관한 종전 판례의 태도(99도3929)를 따르고 있다.

4) 제329조를 위반하여 공소가 제기되었을 때(제4호)

'제329조를 위반하여 공소가 제기되었을 때'란 공소취소 후 재기소의 제한에 위반하여 공소가 제기된 경우를 말한다. 즉, 공소취소에 의한 공소기각의 결정이 확정된 때에는 공소취소 후 그 범죄사실에 대한 다른 중요한 증거를 발견한 경우에 한하여 다시 공소를 제기할 수 있다(제329조). 따라서 새로운 증거가 발견된 경우가 아님에도 불구하고 공소취소가 되어 공소기각의 결정이 확정된 사건에 관하여 다시 공소제기된 때에는 공소기각의 판결을 하여야 한다.

이는 단순일죄인 범죄사실에 대하여 공소가 제기되었다가 공소취소에 의한 공소기각의 결정이 확정된 후 다시 종전 범죄사실 그대로 재기소하는 경우뿐만 아니라 범죄의 태양, 수단, 피해의 정도, 범죄로 얻은 이익 등 범죄사실의 내용을 추가 변경하여 재기소하는 경우에도 마찬가지로 적용된다(2008도9634).[228]

5) 고소가 있어야 공소를 제기할 수 있는 사건에서 고소가 취소되었을 때 (제5호)

'고소가 있어야 공소를 제기할 수 있는 사건에서 고소가 취소되었을 때'란 친고죄에서 공소제기 후 제1심판결선고 전에 고소가 취소된 경우를 말한다. 다만, 상소심에서 법률위반을 이유로 제1심 공소기각의 판결을 파기하고 사건을 제1심법원에 환송함에 따라 다시 제1심절차가 진행된 경우에는 종전의 제1심판결은 이미 파기되어 효력을 상실하였으므로 환송 후의 제1심판결선고 전에 고소가 취소된 경우에도 공소기각의 판결을 하여야 한다(2009도9112).

---

228) 판례는 "공소장변경에 따라 변경된 공소사실이 최초 공소제기 당시의 공소사실로 다시 변경된 경우에도 공소가 취소된 공소사실에 대하여 다시 공소가 제기된 것이 아닌 이상, 이에 대하여 공소기각의 판결을 선고할 수도 없다"(2002도4372)고 하였다.

6) 피해자의 명시한 의사에 반하여 공소를 제기할 수 없는 사건에서 처벌을 원하지 아니하는 의사표시를 하거나 처벌을 원하는 의사표시를 철회하였을 때(제6호)

'피해자의 명시한 의사에 반하여 공소를 제기할 수 없는 사건에서 처벌을 원하지 아니하는 의사표시를 하거나 처벌을 원하는 의사표시를 철회하였을 때'란 반의사불벌죄에서 공소제기 후 제1심판결선고 전에 처벌을 원하지 아니하는 의사표시나 처벌을 원하는 의사표시의 철회가 행하여진 경우를 말한다.

한편, 부정수표 단속법위반사건에서 수표를 발행하거나 작성한 자가 수표를 발행한 후에 예금부족, 거래정지처분이나 수표계약의 해제 또는 해지로 인하여 제시기일에 지급되지 아니하게 한 경우나 과실로 부정수표 단속법위반죄를 범한 경우(제2조 제2항, 제3항)에 수표를 발행하거나 작성한 자가 그 수표를 회수한 경우 또는 회수하지 못하였더라도 수표소지인의 처벌을 희망하지 아니하는 의사표시가 제1심판결 선고 이전까지 이루어진 경우에는 공소를 제기할 수 없으므로(동조 제4항) 공소기각의 판결을 하여야 하고, 이는 부정수표가 공범에 의하여 회수된 경우도 마찬가지이다(2009도9939).

(2) 공소기각의 결정

제328조 제1항에서는 공소기각의 결정의 사유를 규정하고 있다.

1) 공소가 취소되었을 때(제1호)

'공소가 취소되었을 때'란 검사가 공소를 제기한 후 이를 전부 철회하거나 공소사실의 동일성이 인정되지 않는 수개의 공소사실 중 일부를 철회한 경우를 말한다. 따라서 공소장에 기재된 공소사실을 그와 동일성이 인정되는 한도에서 변경한 경우에는 당초의 공소사실에 대한 공소의 일부 취소가 있는 것으로 보아 그 부분에 관하여 공소기각의 결정을 할 것은 아니다(2002도4372).

2) 피고인이 사망하거나 피고인인 법인이 존속하지 아니하게 되었을 때(제2호)

'피고인이 사망하거나 피고인인 법인이 존속하지 아니하게 되었을 때'란 공소제기 후에 피고인의 사망이나 피고인인 법인의 해산 등으로 인해 피고인의 당사자능력이 상실된 경우를 말한다. 법인이 합병되는 경우에 합병에 의해 존속하는 법인에게 합병된 법인의 형사책임은 승계되지 않는다(2015도13946)[224]. 다만, 법인이 청산등기를 경료하였다고 하더라도 이전에 법인이 공소제기 된 후 아직 그 피고사건이 종결되기 전까지는 법원의 청산사무는 종료되지 않고 당사자능력은 존속된다(2018도14261).

3) 제12조 또는 제13조의 규정에 의하여 재판할 수 없는 때(제3호)

'제12조 또는 제13조의 규정에 의하여 재판할 수 없는 때'란 관할이 경합하는 경우를 말한다. 동일사건이 사물관할을 달리하는 수개의 법원에 계속된 때에는 법원 합의부가 심판한다(제12조). 또한 같은 사건이 사물관할이 같은 여러 개의 법원에 계속된 때에는 먼저 공소를 받은 법원이 심판한다. 다만, 각 법원에 공통되는 바로 위의 상급법원은 검사나 피고인의 신청에 의하여 결정으로 뒤에 공소를 받은 법원으로 하여금 심판하게 할 수 있다(제13조). 이때 재판을 할 수 없게 된 법원은 공소기각의 결정을 하여야 한다.

4) 공소장에 기재된 사실이 진실하다 하더라도 범죄가 될 만한 사실이 포함되지 아니하는 때(제4호)

'공소장에 기재된 사실이 진실하다 하더라도 범죄가 될 만한 사실이 포함되지 아니하는 때'란 공소장기재사실 자체에 대한 판단으로 그 사실 자체가 죄가 되지 아니함이 명백한 경우를 말한다(2013도16368). 사실심리를 한 후 범죄가 되지 않음이 밝혀진 경우에는 무죄의 실체판결을 하여야 한다(2012도11431).

---

229) 판례는 "회사합병이 있는 경우 피합병회사의 권리·의무는 사법상의 관계나 공법상의 관계를 불문하고 모두 합병으로 인하여 존속하는 회사에 승계되는 것이 원칙이지만, 그 성질상 이전을 허용하지 않는 것은 승계의 대상에서 제외되어야 한다. 양벌규정에 의한 법인의 처벌은 어디까지나 형벌의 일종으로서 행정적 제재처분이나 민사상 불법행위책임과는 성격을 달리하는 점, 제328조가 '피고인인 법인이 존속하지 아니하게 되었을 때'를 공소기각결정의 사유로 규정하고 있는 것은 형사책임이 승계되지 않음을 전제로 한 것이라고 볼 수 있는 점 등에 비추어 보면, 법인이 형사처벌을 면탈하기 위한 방편으로 합병제도 등을 남용하는 경우 이를 처벌하거나 형사책임을 승계시킬 수 있는 근거규정을 특별히 두고 있지 않은 현행법하에서는 합병으로 인하여 소멸한 법인이 그 종업원 등의 위법행위에 대하여 양벌규정에 따라 부담하던 형사책임은 그 성질상 이전을 허용하지 않는 것으로서 합병으로 인하여 존속하는 법인에 승계되지 않는다"(2015도13946)고 하였다.

3. 방 식

(1) 주문과 이유

일죄의 경우는 공소기각의 재판의 주문은 '이 사건 공소를 기각한다'는 형식으로 표시한다. 다만, 상상적 경합의 관계나 포괄일죄의 경우에 일부가 유·무죄이고, 나머지부분은 공소기각에 해당하는 경우에는 주문에서 실체재판인 유·무죄판결을 명시하고, 이유에서 공소기각부분의 취지를 설시하면 된다(88도4). 수죄인 경우는 공소사실 전부가 공소기각의 사유에 해당하면 일죄의 경우와 같이 '이 사건 공소를 기각한다'는 형식으로 표시하면 되고, 수개의 공소사실 중 일부가 공소기각의 사유에 해당하는 경우에는 이를 특정하여 주문에 기재한다.

공소기각의 재판의 이유의 명시에 관하여는 명문의 규정이 없으므로 재판의 일반원칙에 따른다(제39조). 따라서 공소기각의 재판의 이유는 먼저 공소사실의 요지를 기재한 후, 제327조 내지 제328조의 각 호의 어느 사유에 해당하는지를 간명하게 설시하면 되고, 필요한 경우에는 증거를 인용하여 사실을 확정하면 된다.

한편, 공소기각의 판결서에는 재판한 법관이 서명날인하여야 하지만(제41조 제1항), 공소기각결정서에는 서명날인에 갈음하여 기명날인할 수 있다(동조 제3항). 또한 공소기각의 판결은 재판장이 공판정에서 재판서에 의하여 구두로 선고하여야 하지만, 공소기각의 결정은 재판장이 구두로 고지할 수 있고, 재판서등본의 송달 또는 다른 적당한 방법으로 할 수 있다(제42조, 제43조).

(2) 재판사유의 경합

공소기각의 사유가 있으면 유·무죄사유와 경합하더라도 소송조건의 흠결을 이유로 공소기각의 재판을 하여야 하고, 유·무죄의 실체재판을 할 수 없다(2004도4693). 형식재판의 사유가 경합하는 경우에는 소송조건의 흠결의 중대성과 실체심리의 가능성을 고려하여 공소기각의 결정의 사유와 공소기각의 판결의 사유가 경합하는 경우에는 공소기각의 결정을, 공소기각의 판결의 사유와 면소판결의 사유가 경합하는 경우에는 공소기각의 판결을 하여야 한다.

4. 심리상 특칙

공소기각의 재판을 할 것이 명백한 사건에 관하여는 면소판결의 경우와 같이 피고인의 출석을 요하지 않는다. 이때 피고인은 대리인을 출석하게 할 수 있다

(제277조 제2호). 또한 피고인이 사물의 변별 또는 의사의 결정을 할 능력이 없는 경우나 질병으로 인해 공판절차를 정하여야 할 경우(제306조 제1항, 제2항)에도 피고사건에 대하여 공소기각의 재판을 할 것이 명백한 때에는 피고인의 출정 없이 재판할 수 있다(동조 제4항).

5. 효 력

공소기각의 판결이 선고되거나 공소기각의 결정이 고지되면 그 소송은 해당 심급에서 종결된다. 또한 공소기각의 판결이 선고되면 구속영장의 효력이 상실되므로(제331조) 검사는 공소기각의 판결선고 즉시 구속피고인의 석방을 지휘하여야 한다. 명문규정은 없지만 공소기각의 결정의 경우도 마찬가지이다.

그러나 공소기각의 재판에 대해서는 일사부재리의 효력은 발생하지 않는다. 따라서 공소기각의 재판이 확정된 후에도 소송조건의 흠결이 보완되면 검사는 다시 공소를 제기할 수 있다. 다만, 공소기각의 재판이 확정된 때로부터 공소제기로 정지되었던 공소시효가 다시 진행한다(제253조 제1항). 또한 공소기각의 재판이 확정된 피고인이 공소기각의 재판을 할 만한 사유가 없었더라면 무죄재판을 받을 만한 현저한 사유가 있었을 경우에는 국가에 대하여 구금에 대한 보상을 청구할 수 있다(형사보상법 제26조 제1항).

한편, 검사는 공소기각의 판결에 대해서는 상소할 수 있고(제357조, 제371조), 공소기각의 결정에 대해서는 즉시항고(제328조 제2항) 및 재항고(제415조)를 할 수 있다. 다만, 공소기각의 재판이 있으면 피고인은 유죄판결의 위험으로부터 벗어나는 것이므로 그 재판은 피고인에게 불이익한 재판이라고 할 수 없기 때문에 피고인에게는 상소권이 인정되지 않는다(2007도6793).

V. 관할위반의 판결

1. 의 의

관할위반의 판결이란 피고사건이 법원의 관할에 속하지 않기 때문에 실체심리를 하지 않고 소송을 종결시키는 형식적 종국재판을 말한다. 피고사건이 법원의 관할에 속하지 아니한 때에는 판결로써 관할위반의 선고를 하여야 한다(제319조).

관할위반의 판결은 관할권이 없는 경우에 선고하는 것으로, 재판권이 없는 경우 등 소송조건의 흠결을 이유로 하는 공소기각의 재판과 구별된다. 또한 관할위반의 판결은 형식재판이므로 일사부재리의 효력이 발생하지 않는다는 점에서 면소판결과 구별된다.

2. 사 유

관할위반의 판결은 피고사건이 법원의 관할에 속하지 아니하는 때에 선고한다. '관할'에는 사물관할, 토지관할, 심급관할[230)]을 포함한다. 관할권의 존재는 재판권을 전제로 하며, 소송조건이므로 법원은 직권으로 관할을 조사하여야 한다(제1조).

사물관할의 유·무 판단은 공소장에 기재된 공소사실을 기준으로 한다. 택일적 기재의 경우에는 형이 가장 중한 죄의 공소사실을 기준으로 정하고, 예비적 기재의 경우에는 원칙적으로 주위적 공소사실을 기준으로 하여야 한다. 다만, 예비적 공소사실이 주위적 공소사실보다 중한 경우에는 이를 기준으로 하여야 한다(이설 있음). 공소장변경의 경우에는 변경된 공소사실을 기준으로 한다(87도2196). 따라서 단독판사의 관할사건이 공소장변경에 의하여 합의부 관할사건으로 변경된 경우에 법원은 결정으로 관할권이 있는 법원에 이송한다(제8조 제2항). 또한 항소심에서 공소장변경에 의하여 단독판사의 관할사건이 합의부 관할사건으로 변경된 경우에도 관할권이 있는 고등법원에 이송하여야 한다(97도2463). 역으로 합의부 관할사건이 공소장변경에 의하여 단독판사의 관할사건이 된 경우에 대하여는 명문의 규정이 없지만 합의부에서 계속 심판하여야 한다(2013도1658).

한편, 토지관할이 존재하지 않는 경우에도 관할위반의 판결을 선고하여야 한다. 하지만 토지관할은 공소제기 시에만 존재하면 되고 공소제기 후에 변경되더라도 관할의 존·부에 아무런 영향을 미치지 않는다. 다만, 법원은 피고인의 신청이 없으면 토지관할에 대하여 관할위반의 판결을 선고할 수 없고(제320조 제1항), 이 피고인의 신청은 피고사건에 대한 진술 전에 하여야 한다(동조 제2항). 따라서 피고인이 모두진술 전에 토지관할위반을 신청하지 않으면 토지관할위반의 하자는 치유되므로 법원은 이를 이유로 관할위반의 판결을 할 수 없다.

---

230) 검사가 심급관할을 위반하여 공소제기하는 경우는 사실상 없다.

3. 주문과 이유

관할위반의 판결의 주문은 '이 사건은 관할위반' 또는 '이 사건은 이 법원의 관할에 속하지 않는다'라는 형식으로 표시한다.

관할위반의 판결에 명시하여야 할 이유에 대하여는 명문의 규정이 없으므로 재판의 일반원칙에 따라 이유를 명시하여야 한다(제39조). 따라서 공소사실의 요지를 기재한 다음, 관할위반의 사유를 간명하게 설시하면 된다.

4. 효 력

관할위반의 판결의 경우에는 그동안의 소송행위의 효력에 영향이 없다(제2조). 따라서 관할위반의 판결을 선고한 법원의 공판절차에서 작성된 공판조서, 증인신문조서, 검증조서 등은 해당 사건에 대하여 다시 공소제기되거나 관할권 있는 법원에 이송된 경우에 이후의 법원의 공판절차에서 증거로 사용할 수 있다. 또한 관할위반의 판결의 경우에는 피고인불출석(제277조 제2호 참조)과 공판절차의 정지(제306조 제4항 참조)에 관한 특칙이 적용되지 아니하며, 공소기각의 재판과 달리 구속영장이 실효되지도 않는다(제331조). 다만, 관할위반의 판결이 확정된 때에 정지되었던 공소시효가 다시 진행되는 점은 공소기각의 재판의 경우와 같다(제253조 제1항). 관할위반의 판결에는 일사부재리의 효력이 인정되지 않으므로 검사는 동일한 사건에 대하여 관할권 있는 법원에 다시 공소제기할 수 있다.

한편, 항소법원이 관할인정이 법률에 위반됨을 이유로 원심판결을 파기하는 때에는 판결로써 사건을 관할법원에 이송하여야 한다. 다만, 항소법원이 그 사건의 제1심관할권이 있는 때에는 제1심으로 심판하여야 한다(제367조). 또한 상고법원이 관할위반의 인정이 법률에 위반됨을 이유로 원심판결 또는 제1심판결을 파기하는 경우에는 판결로써 사건을 원심법원 또는 제1심법원에 환송하여야 한다(제394조).

Ⅵ. 종국재판의 부수적 효과

1. 구속영장의 효력

무죄, 면소, 형의 면제, 형의 선고유예, 형의 집행유예, 공소기각 또는 벌금이나 과료를 과하는 판결이 선고된 때에는 구속영장은 효력을 잃는다(제331조). 판결의 선고와 동시에 구속영장의 효력은 상실되므로 검사는 그 판결의 확정을 기다리지 않고 즉시 석방을 지휘하여야 한다.

2. 압수물의 처분

압수한 서류 또는 물품에 대하여 몰수의 선고가 없는 때에는 압수를 해제한 것으로 간주한다(제332조). 또한 압수한 장물로서 피해자에게 환부할 이유가 명백한 것은 판결로써 피해자에게 환부하는 선고를 하여야 한다(제333조 제1항). 이때 장물을 처분하였을 때에는 판결로써 그 대가로 취득한 것을 피해자에게 교부하는 선고를 하여야 한다(동조 제2항). 가환부한 장물에 대하여 별단의 선고가 없는 때에는 환부의 선고가 있는 것으로 간주한다(동조 제3항). 다만, 이들 규정은 이해관계인이 민사소송절차에 의하여 그 권리를 주장함에 영향을 미치지 않는다(동조 제4항).

환부도 판결의 형태로 이루어지므로 이에 대한 불복방법은 종국판결에 대한 항소 또는 상고의 형태로 행하여진다.

3. 가납의 재판

법원은 벌금, 과료 또는 추징의 선고를 하는 경우에 판결의 확정 후에는 집행할 수 없거나 집행하기 곤란할 염려가 있다고 인정한 때에는 직권 또는 검사의 청구에 의하여 피고인에게 벌금, 과료 또는 추징에 상당한 금액의 가납을 명할 수 있다(제334조 제1항). 이 재판은 형의 선고와 동시에 판결로써 선고하여야 하며(동조 제2항), 이 판결은 즉시로 집행할 수 있다(동조 제3항). 가납의 재판은 상소에 의하여 정지되지 않는다.

한편, 약식명령에 대하여도 가납명령을 할 수 있고(제448조), 즉결심판에서 벌금 또는 과료를 선고하는 경우에도 가납명령을 할 수 있다(즉결심판법 제17조 제3항). 「부정수표 단속법」에 의하여 벌금을 선고하는 경우에는 가납판결을 하여야 하며, 이때 구속된 피고인에 대하여는 벌금을 가납할 때까지 피고인을 구속한다(법 제6조).

Ⅶ. 특수한 종국재판의 변경

1. 형의 집행유예의 취소

(1) 의 의

형의 집행유예의 취소란 집행유예선고 후에 집행유예의 결격사유인 전과가 발각되거나 집행유예 선고 시에 부과된 보호관찰 등에서의 준수사항이나 명령을 위반한 경우에 법원의 재판에 의하여 그 집행유예선고의 효력이 상실되는 경우를 말한다.

집행유예의 취소는 집행유예의 선고를 받은 자가 유예기간 중 고의로 범한 죄로 금고 이상의 실형을 선고받아 그 판결이 확정된 때에 당연히 집행유예선고의 효력을 잃는 집행유예의 실효(형법 제63조)[231]와 구별된다.

(2) 요 건

집행유예의 선고를 받은 후 금고 이상의 형을 선고한 판결이 확정된 때부터 그 집행을 종료하거나 면제된 후 3년까지의 기간에 범한 죄라는 것이 발각된 때에는 집행유예의 선고를 취소한다(형법 제64조 제1항). '집행유예의 선고를 받은 후 발각된 때'란 집행유예선고의 판결이 확정된 후에 비로소 그 사유가 발각된 경우를

---

231) 판례는 "형의 집행유예 선고의 실효에 관한 규정인 「형법」 제63조는 집행유예의 실효사유로서 집행유예기간 중 금고 이상의 형을 선고한 판결이 확정된 것을 요구하고 있을 뿐이고 그와 같이 금고 이상의 형이 확정된 죄가 집행유예기간 중에 범한 것인지 여부를 불문하고 있는바, 위 규정의 입법취지는 재범의 방지뿐만 아니라, 본래 경합범으로서 동시에 재판하여 단일한 형을 선고할 복수의 죄에 대하여 각각 별도로 재판이 진행되어 선고한 수개의 형이 별도로 확정된 경우에 그 복수의 죄에 대하여 동시에 재판하였더라면 한꺼번에 실형이 선고되었을 경우와 불균형이 생기지 않도록 하는 등 범죄자에 대한 적정한 형벌권행사를 도모하고자 함에도 있다"(97모18)고 하면서, "「형법」 제63조의 규정에 의하면 집행유예의 실효사유, 즉 '집행유예의 선고를 받은 자는 유예기간 중 금고 이상의 형의 선고를 받아 그 판결이 확정된 때'에 해당하면 그 집행유예는 당연히 실효되어야 할 것이지, 집행유예의 취소제도와 같이 집행유예 결격사유인 전과의 발각시기에 따라 그 실효 여부가 달라지는 것은 아니라 할 것이다"(96모109)라고 하였다.

말하고(2001모135[232]), '금고 이상의 형을 선고받는다'는 것에는 실형의 선고뿐만 아니라 금고 이상의 형을 선고하는 한 집행유예의 선고도 포함된다(83모1). 다만, 집행유예기간이 경과하여 형의 선고에 대한 효력을 잃은 후에 그 사유가 발견된 때에는 집행유예를 취소할 수 없다(98모151).

또한 보호관찰이나 사회봉사 또는 수강을 명한 집행유예를 받은 자가 준수사항이나 명령을 위반하고 그 정도가 무거운 때에는 집행유예의 선고를 취소할 수 있다(동조 제2항).

(3) 절 차

1) 청 구

형의 집행유예를 취소할 경우에는 검사는 피고인의 현재지 또는 최후의 거주지를 관할하는 법원에 청구하여야 한다(제335조 제1항). 형의 집행유예취소청구는 취소의 사유를 구체적으로 기재한 서면으로 하여야 하며(규칙 제149조), 형의 집행유예취소청구를 한 때에는 취소의 사유가 있다는 것을 인정할 수 있는 자료를 제출하여야 한다(규칙 제149조의2).

또한 집행유예취소청구를 한 때에는 검사는 청구와 동시에 청구서의 부본을 법원에 제출하여야 한다(규칙 제149조의3 제1항). 법원은 이 부본을 받은 때에는 지체 없이 집행유예의 선고를 받은 자에게 송달하여야 한다(동조 제2항).

2) 심리 및 결정

집행유예취소의 청구를 받은 법원은 피고인 또는 그 대리인의 의견을 물은 후에 결정을 하여야 한다(제335조 제2항). 형의 집행유예취소청구를 받은 법원은 이 의견을 묻기 위하여 필요하다고 인정할 경우에는 집행유예의 선고를 받은 자 또는 그 대리인의 출석을 명할 수 있다(규칙 제150조).

법원은 검사가 제출한 자료와 집행유예의 판결기록 등을 검토하고 피

---

232) 판례는 "「형법」 제64조 제1항에 의하면 집행유예의 선고를 받은 후 「형법」 제62조 단행의 사유가 발각된 때에는 집행유예의 선고를 취소한다고 규정되어 있는바, 여기에서 집행유예를 선고받은 후 「형법」 제62조 단행의 사유 즉 금고 이상의 형의 선고를 받아 집행을 종료한 후 또는 집행이 면제된 후로부터 3년을 경과하지 아니한 자인 것이 발각된 때라 함은 집행유예 선고의 판결이 확정된 후에 비로소 위와 같은 사유가 발각된 경우를 말하고 그 판결확정 전에 결격사유가 발각된 경우에는 이를 취소할 수 없으며, 이때 판결확정 전에 발각되었다고 함은 검사가 명확하게 그 결격사유를 안 경우만을 말하는 것이 아니라 당연히 그 결격사유를 알 수 있는 객관적 상황이 존재함에도 부주의로 알지 못한 경우도 포함된다"(2001모135)고 하였다.

고인 등으로부터 의견을 들은 후에 취소사유의 유·무에 따라 결정을 하여야 한다(2010모446 참조). 이 결정에 대하여는 즉시항고를 할 수 있다(제335조 제3항).

2. 선고유예된 형의 선고

(1) 요 건

형의 선고유예를 받은 자가 유예기간 중 자격정지 이상의 형에 처한 판결이 확정되거나 자격정지 이상의 형에 처한 전과가 발견된 때에는 유예한 형을 선고한다(형법 제61조 제1항). 다만, 이러한 사정이 있는 경우에도 형의 선고유예를 받은 날로부터 2년이 경과한 때에는 면소된 것으로 간주되므로(형법 제60조) 실효시킬 선고유예의 판결이 존재하지 않은 것으로 되고, 따라서 이 경우에는 선고유예가 된 형을 선고하는 결정을 할 수 없다(2017모3459[233]).

또한 보호관찰을 명한 선고유예를 받은 자가 보호관찰기간 중에 준수사항을 위반하고 그 정도가 무거운 때에는 유예한 형을 선고할 수 있다(동조 제2항).

(2) 절 차

형의 선고유예를 받은 자에 대하여 유예된 형을 정할 경우에는 검사는 그 범죄사실에 대한 최종판결을 한 법원에 청구하여야 한다(제336조 제1항). 그 절차에 대하여는 집행유예취소청구에 관한 규정이 준용된다(규칙 제150조의2).

유예한 형을 선고할 때에는 판결이유에 범죄될 사실, 증거의 요지와 법령의 적용을 명시하여야 하고, 법률상 범죄의 성립을 조각하는 이유 또는 형의 가중, 감면의 이유되는 사실의 진술이 있은 때에는 이에 대한 판단을 명시하여야 하며(제323조), 선고유예를 해제하는 이유를 명시하여야 한다(제336조 제1항 단서). 이때 법원은 피고인 또는 그 대리인의 의견을 물은 후에 결정을 하여야 하며, 이 결정에 대하여는 즉시항고를 할 수 있다(제335조 제2항-제4항).

3. 판결선고 후 누범발각 등에 의한 재양형

판결선고 후 누범인 것이 발각된 때에는 그 선고한 형을 통산하여 다시 형을

---

233) 판례는 "이는 원결정에 대한 집행정지의 효력이 있는 즉시항고 또는 재항고로 인하여 아직 선고유예 실효 결정의 효력이 발생하기 전 상태에서 상소심절차 진행 중에 선고유예기간이 그대로 경과한 경우에도 마찬가지이다"(2017모3459)라고 하였다.

정할 수 있다. 다만, 선고한 형의 집행을 종료하거나 그 집행이 면제된 후에는 예외로 한다(형법 제36조). 또한 경합범에 의한 판결의 선고를 받은 자가 경합범 중의 어떤 죄에 대하여 사면 또는 형의 집행이 면제된 때에는 다른 죄에 대하여 다시 형을 정한다(형법 제39조 제3항). '다시 형을 정한다'는 그 죄에 대하여 심판을 다시 하는 것이 아니라 형의 집행부분만을 다시 정한다는 의미이다.

형을 다시 정할 경우에는 검사는 그 범죄사실에 대한 최종판결을 한 법원에 청구하여야 한다(제336조 제1항). 이 청구를 함에 있어서는 청구사유를 구체적으로 기재한 서면으로 하여야 하며(규칙 제151조, 제149조), 청구사유가 있다는 것을 인정할 수 있는 자료를 제출하여야 한다(규칙 제151조, 제149조의2). 그리고 이 청구를 받은 법원은 피고인 또는 그 대리인의 의견을 물은 후에 결정을 하여야 한다(동조 제2항, 제335조 제2항). 이 의견을 묻기 위하여 필요하다고 인정할 경우에는 판결의 선고를 받은 자 또는 그 대리인의 출석을 명할 수 있다(규칙 제151조, 제150조). 다만, 이 결정에 대하여는 즉시항고를 할 수 없지만(제336조 제2항 참조), 보통항고는 가능하다.

4. 형의 소멸의 재판

징역 또는 금고의 집행을 종료하거나 집행이 면제된 자가 피해자의 손해를 보상하고 자격정지 이상의 형을 받음이 없이 7년을 경과한 때에는 본인 또는 검사의 신청에 의하여 그 재판의 실효를 선고할 수 있다(형법 제81조). 또한 자격정지의 선고를 받은 자가 피해자의 손해를 보상하고 자격정지 이상의 형을 받음이 없이 정지기간의 2분의 1을 경과한 때에는 본인 또는 검사의 신청에 의하여 자격의 회복을 선고할 수 있다(형법 제82조).

이 선고는 그 사건에 관한 기록이 보관되어 있는 검찰청에 대응하는 법원에 대하여 신청하여야 한다(제337조 제1항). 이 신청에 의한 선고는 결정으로 하며(동조 제2항), 이 신청을 각하하는 결정에 대하여는 즉시항고를 할 수 있다(동조 제3항).

한편, 수형인이 자격정지 이상의 형을 받지 아니하고 형의 집행을 종료하거나 그 집행이 면제된 날부터 (i) 3년을 초과하는 징역·금고는 10년(제1호), (ii) 3년 이하의 징역·금고는 5년(제2호), (iii) 벌금은 2년(제3호)의 기간이 각각 경과한 때에 그 형은 실효된다. 다만, 구류와 과료는 형의 집행을 종료하거나 그 집행이 면제된 때에 그 형이 실효된다(형실효법 제7조 제1항). 이때 하나의 판결로 여러 개의 형이 선고된 경우에는 각 형의 집행을 종료하거나 그 집행이 면제된 날부터 가장 무거운 형에 대한 위의 기간이 경과한 때에 형의 선고는 효력을 잃는다. 다만, 이때 징역과 금고는 같은 종류의 형으로 보고 각 형기를 합산한다(동조 제2항).

제3절 재판의 확정과 효력

Ⅰ. 재판의 확정

1. 의 의

재판의 확정이란 재판이 통상의 불복방법에 의하여 더 이상 다툴 수 없게 되어 그 내용을 변경할 수 없게 된 상태를 말한다. 이러한 상태에 있는 재판을 확정재판이라고 한다. 재판이 확정되면 재판의 본래적 효력이 발생하는데, 이를 재판의 확정력이라고 한다.

2. 확정시기

(1) 불복신청이 허용되지 않는 재판

불복신청이 허용되지 않는 재판은 선고 또는 고지와 동시에 확정된다. 따라서 대법원의 결정에 대해서는 불복이 허용되지 않으므로 그 고지와 동시에 확정된다(87모4). 대법원판결의 확정시기에 대하여는 ① 대법원판결은 원칙적으로 선고와 동시에 확정되지만 판결정정이 허용되므로(제400조, 제401조) 정정신청기간의 경과나 정정판결 또는 정정신청기각의 결정에 의하여 판결이 확정된다는 견해가 있다. 그러나 ② 판결의 정정은 오기·오산과 같이 예외적인 경우에 그 오류를 정정하는데 불과하고 판결의 내용에 대한 심리를 하는 것은 아니므로 대법원판결은 고지와 동시에 확정된다(다수설). 판례는 “제400조에 규정된 판결정정제도는 상고법원의 판결은 최종적 재판으로 선고와 동시에 확정되고 법률이 허용하는 재심, 비상상고의 방법에 의하지 아니하고는 일반적으로 불복을 할 수 없기 때문에 상고법원의 판결내용에 오류가 있는 것을 발견한 때에 직권 또는 신청에 의하여 정정할 수 있도록 한 취지이므로 상고법원의 판결이 아닌 항소심인 원심판결의 정정을 구함은 부적법하여 각하를 면할 수 없다"(79초54)고 한다.[234]

또한 법원의 관할 또는 판결 전의 소송절차에 관한 결정에 대하여는 즉시항고를 할 수 있는 경우 외에는 항고를 할 수 없으므로(제403조 제1항) 그 결정은 고지와 동시에 확정된다. 뿐만 아니라 항고법원 또는 고등법원의 결정에 대하여는 '재판에 영향을 미친 헌법·법률·명령 또는 규칙의 위반이 있음을 이유로 하는 때'에 한하여 대법원에 즉시항고를 할 수 있으므로(제415조), 이 결정은 위의 예외사유가 인정되지 않는 한 고지와 동시에 확정된다.

(2) 불복신청이 허용되는 재판

1) 불복신청기간의 경과

상소기간 기타 불복신청기간이 경과한 때 재판은 확정된다. 즉, 제1심판결과 항소심판결은 판결선고일로부터 상소의 제기기간인 7일(제358조, 제374조)이 지나면 확정되고, 약식명령이나 즉결심판은 고지받은 날로부터 7일의 정식재판청구기간을 경과하면 그 재판이 확정된다(제453조, 즉결심판법 제14조, 제16조).

또한 즉시항고를 할 수 있는 결정은 결정일로부터 즉시항고제기기간인 7일이 경과하면 그 결정이 확정된다(제405조). 다만, 보통항고에는 항고제기기간의 제한이 없으므로 원심결정을 취소하더라도 실익이 없게 된 때에 확정된다(제404조).

2) 불복신청의 포기 또는 취하

불복신청을 포기하거나 취하한 때 재판은 확정된다. 검사나 피고인 또는 기타 항고권자(제339조)는 상소의 포기 또는 취하를 할 수 있고(제349조[235]), 약식명령이나 즉결심판에 대한 정식재판의 청구는 제1심판결선고 전까지 취하할 수 있

---

234) 판례는 "상고심에서 상고이유 주장이 이유 없다고 판단되어 배척된 부분은 그 판결선고와 동시에 확정력이 발생하여 이 부분에 대하여 피고인은 더 이상 다툴 수 없고, 또한 환송받은 법원으로서도 이와 배치되는 판단을 할 수 없다. 따라서 피고인으로서는 더 이상 이 부분에 대한 주장을 상고이유로 삼을 수 없다. 이러한 사정은 확정력이 발생한 부분에 대하여 새로운 주장이 추가된 경우에도 마찬가지이다"(2017도14322)라고 하였다.

235) 피고인 또는 피고인의 배우자, 직계친족, 형제자매 또는 원심의 대리인이나 변호인은 사형 또는 무기징역이나 무기금고가 선고된 판결에 대하여는 상소의 포기를 할 수 없다(제349조 단서).

다(제454조, 즉결심판법 제14조 제4항).

3) 상고기각

대법원의 상고기각의 재판에 의해서 원심재판이 확정된다. 상고인이나 변호인이 적법한 기간 내에 상고이유서를 제출하지 아니한 때(제380조 제1항[236]), 상고장 및 상고이유서에 기재된 상고이유의 주장이 상고이유(제383조) 중 어느 하나의 사유에 해당하지 아니함이 명백한 때(제380조 제2항), 상고의 제기가 법률상의 방식에 위반하거나 상고권소멸 후인 것이 명백한 때(제381조)에는 상고기각의 결정을 하여야 한다.

또한 상고이유가 없다고 인정한 때에는 판결로써 상고를 기각하여야 한다(제399조, 제364조 제4항).

Ⅱ. 재판의 확정력

1. 형식적 확정력

(1) 의 의

재판의 형식적 확정력이란 통상의 불복방법에 의하여 다툴 수 없는 상태인 형식적 확정에 의해 발생하는 효력을 말한다. 이는 소송관계인이 그 사안에 대하여 동일한 절차에서는 더 이상 다툴 수 없음을 의미하므로 불가쟁적 효력(不可爭的 效力)이라고도 한다. 한편, 법원도 재판이 형식적으로 확정되면 이를 철회하거나 변경할 수 없다는 점에 불가변적 효력(不可變的 效力)도 가진다.

재판의 형식적 확정력은 소송의 절차면에서의 효력으로 종국재판과 종국 전의 재판, 실체재판과 형식재판 등 모든 재판에서 발생한다.

(2) 효 과

재판이 형식적으로 확정되면 종국재판의 경우에는 해당 사건에 대한 소송계속이 종결되고, 그 시점이 재판집행의 기준이 된다(제459조). 유죄판결의 경우에는 재판의 형식적 확정은 누범가중(형법 제35조), 선고유예의 실효(형법 제61조), 집행유

---

236) 다만, 상고장에 이유의 기재가 있는 때에는 예외로 한다(제380조 제1항 단서).

예의 실효(형법 제63조), 벌금과 과료의 납입(형법 제69조), 가석방의 실효(형법 제74조), 형의 시효(형법 제78조), 형기의 기산(형법 제84조) 등에 관한 기준시점이 된다. 또한 형식적 확정력은 내용적 확정력의 전제가 된다.

한편, 지방검찰청 및 그 지청과 보통검찰부에서는 자격정지 이상의 형을 선고한 재판이 확정되면 지체 없이 그 형을 선고받은 수형인을 수형인명부에 기재하여야 한다(형실효법 제3조).

2. 내용적 확정력

(1) 의 의

내용적 확정력이란 재판이 형식적으로 확정되면 재판의 내용이 확정되고, 이에 따라 재판의 판단내용인 법률관계를 확정시키는 효력을 말하며, 실질적 확정력이라고도 한다.

내용적 확정력은 실체재판과 형식재판에서 모두 발생한다. 그리고 유·무죄의 실체재판이 확정되면 이에 따라 형벌권의 존·부와 범위가 정해지는데, 이를 실체적 확정력이라고 한다.

(2) 효 과

1) 내부적 효력

재판이 확정되면 집행을 요하는 재판은 집행력이 발생하며(제459조), 특히 유죄판결 중 형을 선고하는 판결의 경우에는 형벌집행력이 발생한다. 재판의 집행력은 해당 사건 자체에 대한 효력이라는 점에서 내용적 확정력의 대내적 효과 또는 내부적 효력이라고 한다.

재판의 집행력은 실체재판인 형선고의 판결에 원칙적으로 발생한다. 다만, 형식재판 중에서도 구속영장의 발부나 구속취소결정, 보석허가결정 등에서는 구속이나 석방이라는 집행을 요하므로 집행력이 발생한다. 하지만 무죄판결은 실체재판이지만 집행력이 발생하지 않는다.

또한 가납명령(제334조)의 경우에는 재판의 확정 전에도 선고에 의해 집행력이 인정된다. 결정과 명령은 항고에 의해 재판의 집행을 정지하는 효력이 없으므로(제409조, 제419조) 즉시항고를 할 수 있는 경우를 제외하고는 고지에 의해 집행력이 발생한다.

2) 외부적 효력

(가) 의 의

재판이 확정되면 그 확정된 판단내용이 다른 법원을 구속하여 후소(後訴) 법원은 동일한 사정하에서 동일한 사항에 대하여 다른 판단을 할 수 없는 불가변적(不可變的) 효력이 발생한다. 이러한 효과를 재판의 내용적 구속력이라고 한다. 내용적 구속력은 확정재판이 다른 법원에 대하여 미치는 효과라는 의미에서 내용적 확정력의 대외적 효과 또는 외부적 효력이라고 한다. 재판의 내용적 구속력은 실체재판과 형식재판에서 모두 발생한다.

(나) 형식재판의 내용적 구속력

형식재판의 경우에도 실체재판의 경우와 마찬가지로 내용적 구속력에 의하여 동일한 사안에 대하여 후소(後訴)법원이 재차 심리·판결하는 것은 허용되지 않는다. 이는 후소법원에 대하여 동일한 판단을 하여야 한다는 의미의 구속효가 아니라 동일한 사항에 대한 판단 자체를 금지하는 차단효를 의미한다. 따라서 형식재판이 확정되었는데도 동일한 사항에 관하여 다시 공소가 제기된 때에는 동일한 형식재판을 선고하여야 하는 것은 아니고 '공소제기의 절차가 법률의 규정을 위반하여 무효일 때'(제327조 제2호)에 해당하므로 공소기각의 판결을 하여야 한다.

가) 내용적 구속력이 미치는 범위

내용적 구속력은 공소가 제기되어 현실적 심판대상이 된 범죄사실에 대해서만 미친다. 따라서 모욕죄로 공소제기한 사건에 대하여 고소가 없음을 이유로 공소기각의 판결이 확정된 후 모욕죄와 상상적 경합의 관계에 있는 폭행죄를 공소사실로 하여 공소제기하는 것은 허용된다. 형식재판에 대해서는 이 인정되지 않기 때문이다. 또한 폭행죄로 공소제기한 사건에 대하여 피해자의 불처벌의사표시에 따라 공소기각의 판결이 확정된 후에 폭행치상죄로 다시 공소제기하는 것도 허용된다.

나) 사정변경이 있는 경우

형식재판의 내용적 구속력은 확정된 재판의 판단의 기초가 되었던 사정에 변경이 있는 경우에는 동일한 사안이 아니므로 내용적 구속력이 인정되지 않는다. '사정에 변경이 있는 경우'란 새로운 증거를 발견한 경우가 아니라 사실 자체에 변화가 있는 경우를 말한다. 즉, 새로운 사실이 있으면 재기소가 허용되지만 새로운 증거의 제출은 허용되지 않는다는 것을 의미한다. 따라서 친고죄에 대하여 고소가 없거나 고소가 무효임을 이유로 공소기각의 판결이 확정된 후에 동일사안에 대하여 고소가 존재한다든가 고소가 유효하다는 주장을 근거로 재기소하는 것은 허용되지 않지만, 고소기간 내에 새로운 유효한 고소가 있는 경우에는 내용적 구속력이 미치지 않으므로 재기소가 허용된다. 친고죄에 대하여 적법한 고소가 없다는 이유로 공소기각의 판결이 확정되었지만 이후 비친고죄의 범죄사실로 밝혀진 경우에도 재기소가 허용된다. 또한 관할위반의 판결이 확정된 경우에 같은 법원에 동일한 사건을 재기소하는 것은 허용되지 않지만 관할권이 있는 다른 법원에 공소제기하는 것은 허용된다.

다) 재판의 오류가 있는 경우

피고인이 사망하였다는 이유로 공소기각의 결정이 확정된 후에 피고인의 생존사실이 밝혀진 경우와 같은 위장사망의 경우에 내용적 구속력이 인정되는지에 대하여는 ① 내용적 구속력은 동일한 사정과 동일한 사항을 전제로 하므로, 재판의 오류가 명백하고 그것이 피고인의 적극적인 기망행위로 인한 경우에는 내용적 구속력이 인정되지 않고 다시 공소제기가 허용된다는 견해, ② 내용적 구속력은 재판의 오류와는 상관없이 인정되므로 확정재판의 효력에 의하여 해당 소송에 관한 한 피고인의 사망이 확정되었다고 할 것이므로 다시 공소제기가 허용되지 않는다는 견해가 있다. 그러나 ③ 위장사망은 피고인이 살아 있다고 하는 새로운 증거가 발견된 것에 불과한 것으로 피고인이 사망했다가 다시 살아난 것처럼 사실변화가 있었던 것은 아니고, 피고인의 귀책사유의 유·무에 따라 내용적 구속력의 발생을 좌우하게 하는 것은 재판의 안정성을 해칠 수 있으며, 피고인의 생존 여부는 소송조건으로서 법원의 직권조사사항이라는 점을 고려하면 법원의 귀책사유를 피고인에게 전가하여 불이익한 재심을 허용하는 것은 바람직하지 않다. 따라서 위장사망의 경우에도 원칙적으로 내용적 구속력을 인정하여야 한다. 다만, 법원의 착오가 피고인의 적극적인 기망에 따른 것이라면 피고인의 보호보다는 실체적 진실발견의 측면에서 예외적으로 내용적 구속력을 부정하고 새로운 공소제기를 허용하여야 한다.

(다) 실체재판의 내용적 구속력

실체재판에서는 확정재판의 효력으로 내용적 구속력이 발생한다. 따라서 법원이 현실적으로 심판한 사실에 대하여 후속법원은 다시 심판할 수 없다. 면소판결의 경우도 마찬가지이다. 다만, 내용적 구속력은 기판력이라고도 하는데, 일사부재리의 효력과 관련하여 의미가 문제된다.

Ⅲ. 기 판 력

일사부재리의 효력이란 유·무죄의 실체판결과 면소판결이 확정된 경우에 법원이 동일한 사안에 대하여 다시 심리·판단하는 것이 허용되지 않는다고 하는 효력을 말한다. 헌법 제13조 제1항에서는 "모든 국민은… 동일한 범죄에 대하여 거듭 처벌받지 않는다"고 규정하여 이중처벌금지의 원칙을 명시하고 있다.

그러나 기판력의 개념에 대해서는 통일적으로 정립되어 있지 않고, 따라서 그 의미와 관련하여 일사부재리의 효력과의 관계가 문제된다.

1. 기판력과 일사부재리의 효력의 관계

(1) 동 일 설

동일설은 기판력과 일사부재리의 효력을 같은 것으로 보고, 양자는 실체적 확정력의 외부적 효력으로 보는 견해이다(실체적 확정력설). 즉, 실체재판이 형식적으로 확정되면 형식적 확정력과 함께 실체적 확정력이 발생하고, 실체적 확정력의 내부적 효력으로서 집행력, 외부적 효력으로서 동일한 사안에 대하여 다시 심리·판결하는 것을 금지하는 일사부재리의 효과가 발생하며, 이를 기판력이라고 한다(내용적 구속력의 외부적 효력=일사부재리의 효력=기판력). 이 견해에 따르면 일사부재리의 효력은 현실적 심판대상이 된 공소사실에 대해서만 미치는 것으로 된다.

(2) 포 함 설

포함설은 기판력은 실체재판의 내용적 확정에 따른 대외적 효과와 동일한 의미로 보고, 내용적 구속력과 일사부재리의 효력을 포함하는 넓은 개념으로 이해하는 견해이다(기판력=일사부재리의 효력+불가변적 효력). 이 견해에서는 일사부재리의 효력의 근거를 헌법 제13조 제1항에서 구하되, 동조항은 일사부재리의 효력 외에 이중위험금지의 원칙을 포함하는 것으로 이해한다.

(3) 구 별 설

구별설은 기판력은 종국재판의 후소에 대한 불가변경적 효력을 의미하고, 일사부재리의 효력은 헌법 제13조 제1항에서 규정하고 있는 피고인에 대한 이중위험금지에 기초하는 것이라고 하여 양자를 별개로 보는 견해이다(내용적 구속력의 외부적 효력=기판력≠일사부재리의 효력). 이 견해에서는 일사부재리의 효력을 기판력과 구분하고, 일사부재리의 효력은 피고인을 보호하기 위한 원칙으로서 공소사실의 동일성이 아닌 검사의 동시소추의 의무관점에서 보게 되므로 그 인정범위가 확장된다.

(4) 검 토

기판력은 실체재판뿐만 아니라 형식재판의 경우에도 인정되는 것으로 종국재판에 따라 발생하는 후소에 대한 내용적 구속력을 의미하는 반면, 일사부재리의 효력은 실체재판에 대한 효력으로서 공소사실의 동일성이 미치는 범위 내에서 재차 심리를 허용하지 않는다는 원칙이라는 점에서 양자는 구별된다. 하지만 기판력이 미치는 내용적 범위가 일사부재리의 원칙의 효력이 미치는 범위와 다르지 않다는 점에서 사실상 이를 구별하는 실익이 없으므로 동일한 개념으로 이해하더라도 무방하다. 판례는 기판력과 일사부재리의 개념을 명확히 구분하지 않고 혼용하여 사용하고 있으며(2016도15526), 대체로 기판력과 일사부재리의 효력을 동일한 것으로 보는 듯하다(2017도5977). 판례는 “원심의 판단에 상고이유 주장과 같이 확정판결의 기판력이나 일사부재리의 원칙에 관한 법리를 오해한 잘못이 없다”(2016도15526)거나 “외국 판결은 우리나라 법원을 기속할 수 없고 우리나라에서는 기판력도 없어 일사부재리의 원칙이 적용되지 않으므로”(2017도5977) 등으로 기술하는 등, 기판력과 일사부재리의 개념을 혼용하여 사용하고 있으며, 대체로 기판력과 일사부재리의 효력을 동일한 것으로 보는 듯하다.

2. 기판력의 본질

(1) 실체법설

실체법설은 기판력을 확정판결에 의해 실체법률관계를 형성·변경하는 효력이라고 하는 견해이다. 이 견해에 따르면 실체적 진실 여부와 관계없이 판결이 확정되면 기판력에 의해 범죄가 성립되고, 국가형벌권이 발생하는 등 실체법률관계가 형성된다.

이 견해에 대하여는 유죄판결이 확정되었다는 이유로 범죄를 범한 것으로 인정하는 것은 논리적이지 않고, 재심이나 비상상고에 의해 기판력이 배제되는 것을 설명할 수 없다는 비판이 있다.

(2) 구체적 규범설

구체적 규범설은 기판력을 일반적이고 추상적인 규범인 실체법을 소송을 통해 개별적이고 구체적인 법률관계로 형성하는 힘이라고 하는 견해이다. 이 견해에 따르면 유죄의 실체판결로 인해 범죄 자체가 성립하는 것은 아니지만 피고인은 유죄판결을 받은 자이므로 집행력이나 구속력이 발생한다.

이 견해에 대하여는 구체적 법률관계라는 개념이 불명확하고, 공소사실과 동일성이 인정되는 사실에 대해서도 기판력이 미치는 이유를 설명하기 어려우며, 일반적인 법체계 외에 재판에 의해 형성되는 구체적 규범체계를 인정하는 것은 법질서의 통일을 해친다는 비판이 있다.

(3) 소송법설

소송법설은 기판력을 실체법률관계에는 영향을 미치지 않고 후소법원의 실체심리만을 차단하는 확정판결의 소송법적 효력이라고 하는 견해이다(다수설). 이 견해에 따르면 기판력은 재판의 법적 안정성과 재판의 신뢰보호를 위한 요청에서 비롯된 제도로서, 유죄의 확정판결이 있는 경우에도 실체법상 효력을 부여하는 것이 아니라 재심 등의 비상구제절차에 의하지 않는 한 확정판결을 파기할 수 없도록 하는 구속력을 인정한 것이라고 한다.

(4) 검 토

법원의 유죄에 대한 확정판결은 실체법적으로 피고인의 범죄사실을 인정하는 것이지만 실체법률관계를 변경하는 효력을 가진다고 할 수는 없다. 즉, 기판력은 확정판결에 대한 내용적 구속력으로서 후소법원의 실체심리를 차단하는 소송법적 효력이다.

3. 기판력이 미치는 범위

(1) 기판력이 인정되는 재판

1) 실체재판

기판력은 유·무죄판결이 확정되면 발생한다. 통상의 형사재판에 의한 처벌 외에 실체재판인 유·무죄의 효력이 발생하는 약식명령(제457조), 즉결심판(즉결심판법 제16조, 95도1270), 「경범죄 처벌법」(제8조 제3항, 2020도15194)이나 「도로

교통법」(제164조 제3항, 2006도4322)에 의한 범칙금 통고처분의 경우는 기판력이 인정된다. 다만, 확정판결의 내용이 그 범죄사실과 공소사실의 동일성이 인정되지 않는 다른 재판의 선결사안이 되는 경우에는 기판력이 미치지 않는다(2009도14263[237]). 마찬가지로 범칙금 통고처분의 기판력도 해당 범칙행위와 동일성이 인정되는 것에 한정되므로 같은 시간과 장소에서 이루어진 행위라고 하더라도 범칙행위의 동일성을 벗어난 형사범죄행위에 대하여는 기판력이 미치지 않는다(2023도751[238]). 또한 통고처분 자체가 효력이 없는 경우에는 그 통고처분을 이행하였더라도 기판력이 발생하지 않는다(2014도10748[239]).

한편, 행정법상 징계처분이나 과태료부과처분(96도158)은 기판력이 인정되지 않는다. 또한 「소년법」상 보호처분(96도47)이나 가정폭력처벌법상 보호처분은 확정판결이 아니므로 그 결정(2016도5423)에 대해서는 기판력이 인정되지 않다.[240] 「소년법」 또는 가정폭력처벌법상 보호처분의 불처분결정에 대해서도 마찬

---

237) 판례는 "과실로 교통사고를 발생시켰다는 각 '교통사고처리특례법위반죄'와 고의로 교통사고를 낸 뒤 보험금을 청구하여 수령하거나 미수에 그쳤다는 '사기 및 사기미수죄'는 서로 행위태양이 전혀 다르고, 각 교통사고처리특례법위반죄의 피해자는 교통사고로 사망한 사람들이나, 사기 및 사기미수죄의 피해자는 피고인과 운전자보험계약을 체결한 보험회사들로서 역시 서로 다르며, 따라서 위 각 교통사고처리특례법위반죄와 사기 및 사기미수죄는 그 기본적 사실관계가 동일하다고 볼 수 없으므로, 위 전자에 관한 확정판결의 기판력이 후자에 미친다고 할 수 없다"(2009도14263)고 하였다.

238) 판례는 피고인이 「경범죄 처벌법」 '음주소란' 범칙행위로 범칙금 통고처분을 받아 이를 납부하였는데, 이와 근접한 일시·장소에서 위험한 물건인 과도를 들고 피해자를 쫓아가며 "죽여 버린다"고 소리쳐 협박하였다는 내용의 폭력행위처벌법위반으로 기소된 사안에서, 범칙행위인 '음주소란'과 공소사실인 '흉기휴대협박행위'는 기본적 사실관계가 동일하다고 볼 수 없다는 이유로 범칙금납부의 효력이 공소사실에 미치지 않는다고 하였다(2012도6612). 마찬가지로 「교통사고처리특례법」 제3조 제2항 단서 각 호의 예외사유에 해당하는 신호위반 등의 범칙행위로 교통사고를 일으킨 사람이 통고처분을 받아 범칙금을 납부하였다고 하더라도, 업무상과실치상죄 또는 중과실치상죄에 대하여 같은 법 제3조 제1항 위반죄로 처벌하는 것이 「도로교통법」 제119조 제3항에서 금지하는 이중처벌에 해당한다고 볼 수 없다고 하였다(2006도4322).

239) 판례는 "지방국세청장 또는 세무서장이 조세범칙행위에 대하여 고발을 한 후에 동일한 조세범칙행위에 대하여 통고처분을 하였더라도, 이는 법적 권한 소멸 후에 이루어진 것으로서 특별한 사정이 없는 한 효력이 없고, 조세범칙행위자가 이러한 통고처분을 이행하였더라도 「조세범 처벌절차법」 제15조 제3항에서 정한 일사부재리의 원칙이 적용될 수 없다"(2014도10748)고 하였다.

240) 판례는 보호처분을 받은 경우에는 법률의 규정(소년법 제53조, 가정폭력처벌법 제16조)에 의하여 보호처분이 취소되지 않는 한 동일한 사안에 대하여 다시 공소제기를 하거나 소년부 또는 가정법원에 송치할 수 없기 때문에 이에 위반한 경우는 '공소제기의 절차가 법률의 규정을

가지이다(2016도5423). 외국법원의 판결도 우리나라 법원을 기속하지 않고 기판력도 인정되지 않는다(2017도5977).

2) 형식재판

면소판결은 형식재판이지만 소송추행의 이익이 없으므로 기판력이 인정된다(통설). 그러나 형식재판 중 공소기각의 재판과 관할위반의 판결에 대하여는 내용적 구속력이 인정되어 사정변경이 없는 동일한 사안에 대하여 불가변경적 효력은 발생하지만 기판력은 인정되지 않는다.

한편, 선고유예의 판결의 효력에 대하여는 ① 형의 선고유예를 받은 날로부터 2년을 경과한 때에는 면소된 것으로 간주하는 규정(형법 제60조)을 이유로 면소판결로서 기판력이 발생한다는 견해가 있다. 그러나 ② 형의 선고유예 판결은 유죄판결이므로 그 자체로서 기판력이 인정된다.

3) 당연무효의 판결

당연무효의 판결이란 판결로서 성립은 하였으나 명백하고 중대한 하자로 인하여 상소 기타 불복신청을 하지 않더라도 판결의 본래적 효력이 발생하지 않는 재판을 말한다. 동일사건에 대한 실체재판이 확정되었음에도 다시 실체판결이 선고된 경우, 사망한 자나 형사미성년자에게 형을 선고한 경우, 법률상 인정되지 않는 형을 선고한 경우, 항소심에서 항소를 취하한 후에 판결을 한 경우 등이 이에 해당한다.

당연무효의 판결도 판결은 일단 성립하였으므로 형식적 확정력은 인정되지만 판결이 당연무효이므로 집행력은 발생하지 않는다. 그러나 당연무효의 판결에 대하여 기판력이 인정되는지에 대하여는 ① 당연무효의 판결임에도 확정판결의 본질적 효력인 기판력이 발생한다고 하는 것은 모순이고, 법률상 인정되지 않는 형벌을 선고한 판결이 확정된 경우에도 다시 재판을 하여야 하는 반면, 사망자나 미성년자에게 형을 선고한 판결이 확정된 경우에는 다시 심판이 행하여지지 않는다는 점에서 기판력이 인정되지 않는다는 견해가 있다. 그러나 ② 당연무효의 판결도 확정되면 그 판결은 법원이 심리를 종결하여 최종적인 판단을 한 결과로 되고, 피고인이 그 절차로 인해 처벌의 위험이 있었으므로 피고인의 보호를 위해

위배하여 무효일 때'(제327조 제2호)에 해당하므로 면소판결이 아니라 공소기각의 판결을 하여야 한다고 하였다(2016도5423).

재소를 금지할 필요가 있고, 따라서 기판력을 인정하여야 한다(다수설).

(2) 기판력의 적용범위

1) 주관적 범위

기판력은 공소가 제기된 피고인에 대해서만 발생한다. 즉, 기판력의 주관적 범위는 공소제기의 주관적 범위(제248조 제1항)와 일치한다. 따라서 공동피고인 중 1인에 대한 판결의 효력은 다른 공동피고인에게는 미치지 않는다. 피고인이 타인의 성명을 모용한 경우에도 소송계속의 효력은 피고인에게만 있으므로 판결의 효력은 피모용자에게 미치지 않는다. 다만, 위장출석의 경우에는 소송계속의 효력이 위장출석자에게 있으므로 판결의 효력도 위장출석자에게 미친다.

2) 객관적 범위

(가) 원 칙

기판력은 공소사실과 동일성이 인정되는 범죄사실 전체에 대하여 발생한다. 즉, 기판력의 객관적 범위는 공소제기의 객관적 범위(제248조 제2항)와 일치한다. 따라서 기판력은 현실적 심판대상뿐만 아니라 그 사실과 단일성, 동일성이 인정되는 사실의 전부에 대하여 미친다(다수설).

기판력이 공소사실과 동일성이 인정되는 범죄사실 전체에 대하여 미치는 근거에 대하여는 ① 공소불가분의 원칙상 공소사실과 동일성이 인정되는 사실 자체가 법원의 현실적 심판대상이 되기 때문이라는 견해(공소불가분원칙설), ② 공소사실과 동일성이 인정되는 범죄사실 전체에 대하여 공소제기의 효력이 미치고 법원의 잠재적 심판대상이 되기 때문이라고 하는 견해(잠재적 심판대상설), ③ 1회의 형벌권이 인정되는 사실은 1회의 절차에서 해결하여야 한다는 견해(형사소추일회성설)가 있다. 그러나 ④ 공소사실과 동일성이 인정되는 범죄사실 전체에 대하여 기판력을 인정하는 것은 공소사실과 동일성이 인정되는 범죄사실은 공소장에 기재되지 않은 경우에도 잠재적 심판대상으로서 피고인이 유죄로 처벌될 위험성이 있었기 때문에 피고인보호를 위해 이중위험을 금지하고자 하는 것이다(이중위험금지설).

(나) 판례의 태도

가) 포괄일죄

포괄일죄는 수개의 행위가 포괄하여 1개의 구성요건에 해당하여 일죄를 구성하는 경우로서 보호법익도 동일하므로 포괄일죄의 일부에 대하여 유죄판결이 확정된 경우에는 그 기판력은 그 확정판결의 사실심판결 선고 전에 범한 죄에도 미친다(2010도2182). 다만, 판례는 확정판결의 기판력이 미치는 범위는 그 확정된 사건 자체의 범죄사실과 죄명을 기준으로 정하는 것이 원칙이라고 하면서, 상습범의 경우에는 포괄일죄의 관계에 있는 수개의 범죄사실 중 일부에 대하여 유죄판결이 확정된 경우에 그 확정판결의 사실심판결 선고 전에 범한 나머지 죄에 대해서는 피고인이 이전의 확정판결에서 기본구성요건의 범죄가 아니라 상습범으로 선고되어 확정판결을 받은 경우에만 기판력이 미친다고 한다(2015도2207).[241]

한편, 상습범으로 유죄의 확정판결을 받은 사람이 그 후 동일한 습벽에 의해 범행을 저질렀는데 유죄의 확정판결에 대하여 재심이 개시된 경우 동일한 습벽에 의한 후행범죄가 재심대상판결에 대한 재심판결선고 전에 저지른 범죄라 하더라도 재심판결의 기판력은 후행범죄에 미치지 않는다. 그리고 선행범죄에 대한 재심판결을 선고하기 전에 후행범죄에 대한 판결이 먼저 선고되어 확정된 경우에도 후행범죄에 대한 판결의 기판력은 선행범죄에 미치지 않는다(2018도20698).

나) 과형상 일죄

과형상 일죄는 본래 수죄이지만 행위가 1개 이므로, 상상적 경합관계에 있는 두 죄 중 1죄에 대한 기판력은 다른 죄에도 미친다(2017도11687).

다) 보충소송

보충소송이란 확정판결이 행위의 불법내용을 모두 판단하지 않은 경우에 그 부분에 대하여 새로운 공소제기를 하는 것을 말하며, 수정소송이라고도 한다. 즉, 피고인이 상해죄로 확정판결을 받았는데 후에 피해자가 사망에 이른 경우에 이 치사(致死)부분에 대하여 재판을 받기 위해 상해치사죄로 다시 공소제기하는 것을 말한다. 그러나 확정판결이 범행의 불법내용을 모두 판단하지 않은 경우라도 동일성이 인정되는 사실이라면 확정판결 후의 변경된 부분에 대해서도 기판력이 미치므로 그 변경된 부분에 대하여 공소제기하는 것은 허용되지 않는다(89도1046).

한편, 공소제기가 되지 않은 여죄에 대하여 실질적 심리가 행하여지고 그 여죄가 양형의 자료로 사용된 경우에 그 여죄에 대하여 기판력이 인정되는

---

241) 판례의 태도에 대해서는 포괄일죄를 구성하는 각 범죄행위는 단일한 범죄로서 공소장변경에 의하여 추가되어 동시심판을 받을 가능성이 존재했을 뿐만 아니라 포괄일죄를 구성하는 범죄사실에 대하여 검사가 포괄일죄로 공소제기한 것인지 단순일죄로 기소한 것인지에 따라 기판력의 효력범위를 달리 해석하게 되면 피고인에게 불리한 결과를 초래하게 된다는 점에서 비판하는 견해가 있다.

지에 대하여는 ① 여죄사실은 공소사실과 동일성이 인정되지 않으므로 기판력이 미치지 않는다는 견해, ② 여죄사실이 공소사실과 동일성이 인정되는지 여부에 따라 기판력의 인정 여부를 결정하여야 한다는 견해가 있다. 그러나 ③ 피고인의 보호라는 측면에서 보면 여죄가 공소사실과 동일성이 인정되지 않더라도 실질적으로 심리가 행하여졌다면 추가기소 등에 의해 심판대상이 될 수 있었으므로 기판력을 인정하여야 한다.

<참고> 기판력의 확장

경합범인 수죄 사이라도 서로 밀접한 관계에서 일반적인 생활경험에 비추어 하나의 사실로 볼 수 있고, 또한 동시수사·동시소추가 통상이라고 할 수 있는 범죄사실의 경우에는 피고인의 보호를 위하여 기판력의 효력범위를 확장하여야 한다는 견해가 있다. 그러나 실체적 경합의 경우에 심판대상의 범위를 벗어나서 공소사실의 동일성이 인정되지 않는 범위까지 기판력의 효력범위를 확장하는 것은 부당하므로 여죄의 경우와 마찬가지로 검사가 동시에 공소제기를 할 수 있었는지, 이전 소송에서 그 부분이 심리대상이 되었는지 여부에 따라 확정판결에 따른 기판력의 인정 여부를 결정하여야 한다.

판례는 범의의 단일성과 계속성이 인정되지 않거나 범행방법이 동일하지 않은 경우에 각 범행은 실체적 경합범에 해당하고(2007도8645), 수개의 행위태양이 서로 필연적인 결과이거나 필연적 수단의 관계로 볼 수 없는 경우(2010도6090)는 포괄일죄에 해당하지 않으므로 그 일부에 대하여 확정판결이 있더라도 기판력은 나머지 부분에 미치지 않는다고 한다.

3) 시간적 범위

기판력은 사실심리가 가능한 최후의 시점까지 미친다. 다만, 영업범, 계속범, 상습범 등과 같은 포괄일죄의 시간적 범위에 대하여는 ① 변론종결 시설, ② 판결확정 시설이 있다. 그러나 ③ 포괄일죄의 시간적 범위는 사실심리가 가능한 최후의 시점인 판결선고 시까지이다(통설). 판례는 판결선고 시설을 취하고 있다(2013도11649). 이에 따르면 포괄일죄라도 사실심판결 후에 범한 범죄는 별도로 기소할 수 있다. 포괄일죄가 상고심의 파기환송에 의하여 항소심에 다시 소송계속이 된다면 그 판결의 기판력의 범위는 사실심리가 가능한 환송 후 항소심의 판결선고 시를 기준으로 하여야 한다.

그러나 포괄일죄의 중간에 동일성이 인정되는 다른 범행에 관해 확정판결이 있는 경우에는 확정시점을 기준으로 포괄일죄의 일련의 범행들이 확정판결에 의해 전·후로 분단되어 서로 동일성이 없는 별개의 범죄가 된다(형법 제37조 후단 참조, 2018도20698[242]). 이때 검사는 공소장변경절차에 의하여 확정판결 후의 범죄사실을 공소사실로 추가할 수는 없고, 별개의 독립된 범죄로 공소를 제기하여야 한다(2016도21342).

한편, 약식명령의 경우에 기판력이 미치는 시간적 범위에 대하여는 ① 약식명령이 피고인에게 고지된 때라는 견해가 있다. 그러나 ② 기판력이 미치는 시간적 범위인 사실심리가 가능한 최후의 시점을 기준으로 하면 약식명령의 기판력은 사실심리가 가능한 최후시점인 약식명령의 발령 시까지 미친다(다수설). 판례는 약식명령의 발령 시를 기준으로 한다(2013도4737).

제4절 소송비용

Ⅰ. 소송비용의 의의와 성격

1. 의 의

소송비용이란 소송절차를 진행하면서 발생한 비용으로서, 형사소송비용법에서 소송비용으로 규정한 것을 말한다. 형사소송에서 발생하는 소송비용은 국가가 부담하는 것이 원칙이지만 형소법에서는 예외적으로 피고인 또는 고소인 등이 부담하는 경우를 규정하고 있다. 형사소송비용법에 의한 '소송비용'이란 증인·감정인·통역인 또는 번역인의 일당, 여비 및 숙박료, 감정인·통역인 또는 번역인의 감정료·통역료·번역료, 그 밖의 비용, 국선변호인의 일당, 여비, 숙박료 및 보수를

242) 판례는 "상습범에서 상습성에 의해 저질러진 일련의 범행 사이에 그것들과 동일한 습벽에 의해 저질러진 또 다른 범죄사실에 대한 유죄의 확정판결이 있는 경우에는 전·후 범죄사실의 일죄성은 그 확정판결에 의해 분단되어 동일성이 없는 별개의 범죄가 된다"(2018도20698)고 하였다. 다만, "포괄일죄로 되는 개개의 범죄행위가 다른 종류인 죄의 확정판결 전·후에 걸쳐 행하여진 때에는 그 죄는 두 죄로 분리되지 않고 확정판결 후인 최종 범죄행위 시점에 완성되는 것이다"(2015도7081)라고 하였다.

말한다(법 제2조). 따라서 법원의 검증비용이나 송달비용 등은 소송비용에 포함되지 않는다.

2. 성 격

소송비용의 부담은 형벌은 아니다. 소송비용의 법적 성격에 대하여는 ① 피고인에 대한 소송비용부담은 재산적 이익의 박탈이라는 점에서 벌금형과 유사한 성격을 가지고, 피고인이 아닌 자에 대한 소송비용부담은 불필요한 소송을 진행하도록 한 점에 대한 제재로서의 성격을 가진다는 견해가 있다. 그러나 ② 소송비용의 부담은 제재라고 하기 보다는 소송비용의 일부보전으로서 행위유발자에 대한 비용징수에 지나지 않는다. 판례는 소송비용의 부담은 형이 아니고 실질적인 의미에서 형에 준하여 평가되어야 할 것도 아니므로 불이익변경금지의 원칙이 적용되지 않는다고 한다(2018도1736). 실무적으로도 형소법에서는 선고 시에 소송비용부담을 의무적으로 선고하도록 하고 있지만 사실상 피고인이 무자력자인 경우가 많아서 소송비용부담이 선고되는 경우는 거의 없다.

Ⅱ. 소송비용의 부담자

1. 피 고 인

형의 선고를 하는 때에는 피고인에게 소송비용의 전부 또는 일부를 부담하게 하여야 한다. 다만, 피고인이 경제적 사정으로 소송비용을 납부할 수 없는 때에는 그러하지 아니하다(제186조 제1항). 이때 '형의 선고'가 있는 경우이므로 형의 집행유예는 해당하지만 형의 면제나 선고유예는 해당하지 않는다. 다만, 피고인에게 책임지울 사유로 발생된 비용은 형의 선고를 하지 아니하는 경우에도 피고인에게 부담하게 할 수 있다(동조 제2항). 피고인이 정당한 이유 없이 출석하지 않아 증인을 재소환하게 된 경우 등이 이에 해당한다.

공범의 소송비용은 공범인에게 연대하여 부담하게 할 수 있다(제187조). '공범'에는 임의적 공범뿐만 아니라 필요적 공범도 포함되지만 공범자가 공동심리를 받은 경우에 한한다.

2. 고소인·고발인

고소 또는 고발에 의하여 공소를 제기한 사건에 관하여 피고인이 무죄 또는 면소의 판결을 받은 경우에 고소인 또는 고발인에게 고의 또는 중대한 과실이 있는 때에는 그 자에게 소송비용의 전부 또는 일부를 부담하게 할 수 있다(제188조). 형의 면제 또는 선고유예, 공소기각의 재판을 받은 경우는 이에 포함되지 않는다.

3. 상소권자 또는 재심청구권자

검사 아닌 자가 상소 또는 재심청구를 한 경우에 상소 또는 재심청구가 기각되거나 취하된 때에는 그 자에게 그 소송비용을 부담하게 할 수 있다(제190조 제1항). '검사 아닌 자'에는 피고인을 포함한다. 피고인 아닌 자가 피고인이 제기한 상소 또는 재심청구를 취하한 경우에도 같다(동조 제2항). 다만, 변호인은 피고인을 대리하여 취하하는 것이므로 변호인에게 소송비용을 부담하게 할 수는 없다.

그러나 검사만이 상소 또는 재심청구를 한 경우에는 상소 또는 재심청구가 기각되거나 취하된 때에도 그 소송비용을 피고인에게 부담하게 하지 못한다(제189조).

Ⅲ. 소송비용의 재판

1. 재판으로 소송절차가 종료되는 경우

재판으로 소송절차가 종료되는 경우에 피고인에게 소송비용을 부담하게 하는 때에는 법원은 직권으로 재판하여야 한다(제191조 제1항). 소송비용의 재판은 본안의 재판에 종속하므로 소송비용부담의 재판에 대하여는 본안의 재판에 관하여 상소하는 경우에 한하여 불복할 수 있다(동조 제2항). 따라서 소송비용부담의 재판에 대한 불복은 본안의 재판에 대한 상소의 전부 또는 일부가 이유 있는 경우에 한하여 받아들여질 수 있다(2016도12437). '본안의 재판'이란 피고사건에 관한 종국재판을 의미하므로 실체재판인지 형식재판인지를 묻지 않는다. 또한 소송비용부담 부분은 본안 부분과 한꺼번에 심판되어야 하고 분리 확정될 수 없는 것이므로, 항소심에서 제1심 본안 부분을 파기하는 경우에는 마땅히 소송비용부담 부분까지 함께 파기하여야 한다(2008도11921).

한편, 재판으로 소송절차가 종료되는 경우에 피고인 아닌 자에게 소송비용을 부담하게 하는 때에는 법원은 직권으로 결정을 하여야 한다(제192조 제1항). 이 결정에 대하여는 즉시항고를 할 수 있다(동조 제2항).

2. 재판에 의하지 아니하고 소송절차가 종료되는 경우

재판에 의하지 아니하고 소송절차가 종료되는 경우에 소송비용을 부담하게 하는 때에는 사건의 최종계속법원이 직권으로 결정을 하여야 한다(제193조 제1항). '재판에 의하지 아니하고 소송절차가 종료되는 경우'란 상소의 취하(제349조), 재심청구의 취하(제429조 제1항), 약식명령에 대한 정식재판청구의 취하(제454조), 즉결심판에 대한 정식재판청구의 취하(즉결심판법 제14조 제4항) 등의 경우를 말한다.

이는 소송비용을 피고인에게 부담시키는 경우와 제3자에게 부담시키는 경우를 포함한다. 이 결정에 대하여는 즉시항고를 할 수 있다(제193조 제2항).

3. 소송비용부담액의 산정

법원은 소송비용부담액을 구체적으로 산정하여 표시하거나 추상적으로 부담자와 부담비율 또는 부담항목만을 정하여 표시할 수 있다. 다만, 법원이 소송비용의 부담을 명하는 재판에 그 금액을 표시하지 아니한 때에는 집행을 지휘하는 검사가 산정한다(제194조).

4. 소송비용부담재판의 집행

(1) 절 차

소송비용의 재판은 검사의 명령에 의하여 집행한다(제477조 제1항). 이 명령은 집행력 있는 채무명의와 동일한 효력이 있다(동조 제2항). 따라서 소송비용의 재판의 집행에는 「민사집행법」의 집행에 관한 규정을 준용한다. 다만, 집행 전에 재판의 송달을 요하지 않는다(동조 제3항). 또한 소송비용의 재판은 「국세징수법」에 따른 국세체납처분의 예에 따라 집행할 수 있다(동조 제4항).[243)]

검사는 소송비용의 재판을 집행하기 위하여 필요한 조사를 할 수 있으며, 이 때 공무소 기타 공사단체에 조회하여 필요한 사항의 보고를 요구할 수 있다(동조

---

243) 소송비용의 분할납부, 납부연기 및 납부대행기관을 통한 납부 등 납부방법에 필요한 사항은 「재산형 등에 관한 검찰 집행사무규칙」 제12조, 제14조-제15조의2 참조.

제5항, 제199조 제2항). 이때 재판집행비용은 집행을 받은 자의 부담으로 하고, 「민사집행법」의 규정에 준하여 집행과 동시에 징수하여야 한다(제493조).

(2) 집행면제신청과 취하

소송비용부담의 재판을 받은 자가 빈곤으로 인하여 이를 완납할 수 없는 때에는 그 재판의 확정 후 10일 이내에 재판을 선고한 법원에 소송비용의 전부 또는 일부에 대한 재판의 집행면제를 신청할 수 있다(제487조). 이 신청은 법원의 결정이 있을 때까지 취하할 수 있다(제490조 제1항). 이 신청과 취하에는 재소자에 대한 특칙(제344조)이 준용되며(동조 제2항), 법원은 이 신청 또는 그 취하의 서면을 제출받은 경우에는 즉시 그 취지를 검사에게 통지하여야 한다(규칙 제175조). 재판비용면제 신청기간 내와 그 신청이 있는 때에는 소송비용부담의 재판의 집행은 그 신청에 대한 재판이 확정될 때까지 정지된다(제472조).

(3) 불 복

소송비용부담재판의 집행을 받은 자 또는 그 법정대리인이나 배우자는 집행에 관한 검사의 처분이 부당함을 이유로 재판을 선고한 법원에 이의신청을 할 수 있다(제489조). 이 신청이 있는 때에는 법원은 결정을 하여야 하며(제491조 제1항), 이 결정에 대하여는 즉시항고를 할 수 있다(동조 제2항).

Ⅳ. 무죄판결에 대한 비용보상

1. 의 의

무죄판결에 대한 비용보상이란 무죄판결이 확정된 경우에 국가가 해당 사건의 피고인이었던 사람에 대하여 그 재판에 소요된 비용을 보상하는 것을 말한다(제194조의2 제1항). 이는 국가의 잘못된 형사사법권 행사로 인하여 피고인이 무죄를 선고받기 위하여 부득이 변호사보수 등을 지출한 경우, 국가로 하여금 피고인에게 그 재판에 소요된 비용을 보상하도록 함으로써 국가의 형사사법작용에 내재한 위험성 때문에 불가피하게 비용을 지출한 비용보상청구권자의 방어권 및 재산권을 보장하려는 데 목적이 있다(2018모906).

무죄판결에 대한 비용보상은 구금 또는 형집행에 대한 보상인 형사보상(형사보상법 제5조)과는 구별되며, 따라서 구속 여부와 관계없이 청구할 수 있다.

2. 요 건

국가는 무죄판결이 확정된 경우에는 해당 사건의 피고인이었던 자에 대하여 그 재판에 소요된 비용을 보상하여야 한다(제194조의2 제1항). 판결주문에서 무죄가 선고된 경우뿐만 아니라 판결이유에서 무죄로 판단된 경우에도 재판에 소용된 비용 가운데 무죄로 판단된 부분의 방어권행사에 필요하였다고 인정되는 부분에 대하여는 비용보상을 청구할 수 있다(2018모906).

그러나 (ⅰ) 피고인이었던 자가 수사 또는 재판을 그르칠 목적으로[244) 거짓 자백을 하거나 다른 유죄의 증거를 만들어 기소된 것으로 인정된 경우(제1호), (ⅱ) 1개의 재판으로써 경합범의 일부에 대하여 무죄판결이 확정되고 다른 부분에 대하여 유죄판결이 확정된 경우(제2호), (ⅲ) 「형법」 제9조(형사미성년자) 및 제10조 제1항(심신상실자)의 사유에 따른 무죄판결이 확정된 경우(제3호), (ⅳ) 그 비용이 피고인이었던 자에게 책임지울 사유로 발생한 경우(제4호)에는 그 비용의 전부 또는 일부를 보상하지 아니할 수 있다(동조 제2항).

3. 보상범위

무죄판결에 따른 비용보상의 범위는 피고인이었던 자 또는 그 변호인이었던 자가 공판준비 및 공판기일에 출석하는 데 소요된 여비·일당·숙박료와 변호인이었던 자에 대한 보수에 한한다. 이때 보상금액에 관하여는 형사소송비용법을 준용하되, 피고인이었던 자에 대하여는 증인에 관한 규정을, 변호인이었던 자에 대하여는 국선변호인에 관한 규정을 준용한다(제194조의4 제1항).

법원은 공판준비 또는 공판기일에 출석한 변호인이 2인 이상이었던 경우에는 사건의 성질, 심리상황, 그 밖의 사정을 고려하여 변호인이었던 자의 여비·일당 및 숙박료를 대표변호인이나 그 밖의 일부 변호인의 비용만으로 한정할 수 있다(동조 제2항).

---

244) '수사 또는 심판을 그르칠 목적'은 헌법 제28조가 보장하는 형사보상청구권을 제한하는 예외적인 사유임을 감안할 때 신중하게 인정하여야 하고, 형사보상청구권을 제한하고자 하는 측에서 이를 입증하여야 한다(2023모1766).

4. 절 차

무죄판결에 대한 비용보상은 피고인이었던 자의 청구에 따라 무죄판결을 선고한 법원의 합의부에서 결정으로 한다(제194조의3).[245] 이 청구는 무죄판결이 확정된 사실을 안 날부터 3년, 무죄판결이 확정된 때부터 5년 이내에 하여야 한다(동조 제2항). 또한 이 결정에 대하여는 즉시항고를 할 수 있다(동조 제3항).

비용보상청구, 비용보상절차, 비용보상과 다른 법률에 따른 손해배상과의 관계, 보상을 받을 권리의 양도·압류 또는 피고인이었던 자의 상속인에 대한 비용보상에 관하여 위에서 규정한 것을 제외하고는 형사보상법에 따른 보상의 예에 따른다(제194조의5).

245) 비용보상청구가 있는 경우 법원은 검사와 청구인의 의견을 들은 후 결정하여야 한다(2023모1766).

제5편

상소, 비상구제절차, 재판의 집행과 형사보상

제1장 상 소

제1절 상소통칙

Ⅰ. 상소의 의의와 종류

1. 의 의

상소란 미확정의 재판에 대하여 상급법원에 구제를 구하는 불복신청제도를 말한다. 따라서 법원의 재판이 아닌 검사의 처분에 대한 불복신청인 검찰항고(검찰청법 제10조) 또는 재정신청(제260조), 확정판결에 대한 재심(제420조) 또는 비상상고(제441조), 재판을 한 해당 법원이나 동급법원에 대하여 구제를 구하는 이의신청(제296조 등)이나 약식명령(제453조) 또는 즉결심판(즉결심판법 제14조)에 대한 정식재판의 청구는 상소가 아니다.

상소제도는 원판결의 잘못을 시정하여 불이익을 당한 당사자를 구제함과 동시에 법령해석의 통일을 기함으로써 법적 안정성을 실현하기 위한 것이다.

2. 종 류

상소에는 항소, 상고, 항고가 있다. 항소는 제1심판결에 대한 상소이다. 제1심법원 단독판사의 판결은 지방법원본원 합의부에, 제1심법원 지방법원 합의부의 판결은 고등법원에 항소할 수 있다(제357조). 상고는 제2심판결에 대한 상소이며, 대법원이 관할법원이다. 다만, 제1심판결에 법령해석에 관한 중요한 사항에 대하여 잘못이 있는 경우에는 항소제기 없이 바로 대법원에 상고할 수 있다. 이를 비상상고(제372조)라고 한다.

항고는 법원의 결정에 대한 상소이다. 항고에는 일반항고와 특별항고(재항고)

가 있으며, 일반항고는 보통항고와 즉시항고로 구분된다. 특별항고는 모두 즉시항고이다(제415조). 제1심법원 단독판사의 결정은 지방법원본원 합의부에, 제1심법원 지방법원 합의부의 결정은 고등법원에 항고할 수 있으며, 이에 불복할 경우에는 대법원에 재항고할 수 있다. 이 외에 항고와 유사한 것으로 준항고가 있다. 재판장 또는 수명법관의 재판에 대한 준항고(제416조)와 수사기관의 구금 등에 관한 처분에 대한 준항고(제417조)가 이에 해당한다.

한편, 상소심은 심리내용에 따라 사실심과 법률심으로 구분되며, 제1심과 항소심은 사실심으로 사실관계와 법률관계를 모두 심리하는 반면, 상고심은 법률심으로 법률관계에 대하여 심리하는 것을 원칙으로 한다.

Ⅱ. 상 소 권

1. 의의 및 상소권자

(1) 의 의

상소권이란 상소할 수 있는 소송법상 권리를 말하며, 헌법상 재판을 받을 권리(제27조 제1항)에 근거한 것으로서 상소권자는 법으로 정해져 있다.

상소권은 재판의 선고 또는 고지에 의해 발생한다. 다만, 불복이 허용되지 않는 재판은 재판의 선고 또는 고지에 의해 확정되므로 상소권이 발생하지 않는다. 또한 상소권은 상소기간 내 상소를 포기하거나 일단 제기한 상소를 취하한 경우에는 소멸된다. 따라서 상소를 취하한 자 또는 상소의 포기나 취하에 동의한 자는 그 사건에 대하여 다시 상소를 하지 못한다(제354조).

(2) 상소권자

1) 고유의 상소권자

검사와 피고인은 소송의 주체로서 상소권을 갖는다(제338조 제1항). 이들을 고유의 상소권자라고 한다. 검사는 피고인의 이익을 위해서도 상소할 수 있다.

또한 검사 또는 피고인이 아닌 자로서 법원의 결정을 받은 자는 항고할 수 있다(제339조). 과태료의 결정을 받은 증인 또는 감정인(제151조, 제161조, 제177조), 소송비용부담의 결정(제190조) 또는 보석보증금이나 담보의 몰취결정(제100조, 제102조)을 받은 피고인 이외의 자, 출석보증서 제출을 조건으로 한 보석허가결정에 따라 석방된 피고인이 정당한 사유 없이 기일에 불출석하여 과태료의 결정을 받은 출석보증인(제100조의2), 재정신청절차에 의해 생긴 비용부담의 결정을 받은 재정신청인(제262조의3) 등이 이에 해당한다.

2) 피고인의 법정대리인

피고인의 법정대리인은 피고인을 위하여 상소할 수 있다(제340조). 법정대리인의 상소권의 법적 성격에 대하여는 ① 법정대리인을 인정하는 이유, 법정대리인이 있는 피고인이 상소의 포기 또는 취하를 함에는 법정대리인의 동의를 요한다(제350조)는 점 등을 고려할 때 고유권이라는 견해가 있다. 그러나 ② 피고인의 상소권이 소멸된 때에도 법정대리인의 상소를 허용하는 것은 부당하다는 점에서 법정대리인의 상소권은 독립대리권이다(다수설).

3) 상소대리권자

피고인의 배우자, 직계친족, 형제자매, 원심의 대리인이나 변호인(이하 '상소대리권자'라 한다)은 피고인을 위하여 상소할 수 있다(제341조 제1항). 원심판결이 선고된 후에 상소심에서의 변호를 위해 새로 선임된 변호인도 상소할 수 있다. 다만, 상소대리권자는 피고인의 명시한 의사에 반하여 상소하지 못한다(동조 제2항). 따라서 상소대리권자의 상소권은 독립대리권이므로 피고인이 상소를 포기하여 상소권이 소멸된 후에는 상소를 제기할 수 없다(98도253). 피고인이 상소를 취하한 경우에도 마찬가지이다.

2. 상소의 제기기간

(1) 기 간

상소는 제기기간 내에 하여야 하며, 그 기간이 경과하면 상소권이 소멸된다. 상소의 제기기간은 항소와 상고(제358조, 제374조) 및 즉시항고와 준항고(제405조, 제416조 제419조)는 7일이다. 보통항고는 항고기간에 제한이 없으므로 언제든지 할 수 있지만, 원심결정을 취소해도 실익이 없게 된 때에는 예외로 한다(제404조).

상소의 제기기간은 재판을 선고 또는 고지한 날로부터 진행한다(제343조 제2항). 피고인이 불출석한 상태에서 재판을 한 경우에도 마찬가지이다(2002모6). 다만, 상소의 제기기간의 기산일은 초일을 산입하지 않으므로(제66조 제1항 참조) 재판을 선고 또는 고지한 다음날이다. 물론, 재판의 선고 또는 고지한 당일에 상소하는 것도 허용된다. 기간의 말일이 공휴일 또는 토요일인 경우에는 그 다음 날이 기간의 종료일이 된다.

(2) 재소자에 대한 특칙

교도소 또는 구치소에 있는 피고인이 상소의 제기기간 내에 상소장을 교도소장 또는 구치소장 또는 그 직무를 대리하는 자에게 제출한 때에는 상소의 제기기간 내에 상소한 것으로 간주한다(제344조 제1항). 교도소장, 구치소장 또는 그 직무를 대리하는 자가 상소장을 제출받은 때에는 그 제출받은 연월일을 상소장에 부기하여 즉시 이를 원심법원에 송부하여야 한다(규칙 제152조 제1항). 이때 피고인이 상소장을 작성할 수 없는 때에는 교도소장 또는 구치소장은 소속공무원으로 하여금 대서하게 하여야 한다(제344조 제2항). 경찰관서 유치장은 교정시설의 미결수용실로 보므로(형집행법 제87조) 이에 수용되어 있는 피고인에 대해서도 이 재소자특칙은 적용된다.

이 재소자특칙은 교도소장, 구치소장 또는 그 직무를 대리하는 자가 정식재판청구나 상소권회복청구 또는 상소의 포기나 취하의 서면(제355조)[1] 및 상소이유서(제361조의3 제1항, 제379조 제1항)를 제출받은 때, 재심청구와 그 취하(제430조), 재판해석에 대한 의의신청(제488조, 제490조), 재판집행에 대한 이의신청(제489조, 제490조), 소송집행면제신청과 그 취하(제487조, 제490조) 및 즉결심판에 대한 정식재판청구 또는 그 포기 및 취하(즉결심판법 제14조 제4항)에도 준용된다(규칙 제152조 제2항 참조). 이 외에 재소자특칙은 국민참여재판 대상사건에서 국민참여재판을 원하는지 여부에 관한 의사확인서의 제출(국민참여재판법 제8조 제2항) 및 약식명령에 대한 정식재판의 청구(2005모552)에도 적용되지만, 재정신청과 재정신청기각결정에 대한 재항고(제262조 제4항)에는 적용되지 않는다(2013모2347).

3. 상소권의 회복

(1) 의 의

상소권의 회복이란 상소권자 또는 그 대리인이 책임질 수 없는 사유로 상소의 제기기간 내에 상소를 하지 못한 경우에 법원의 결정에 의하여 소멸된 상소권을 회복시키는 제도를 말한다.

---

1) 즉시항고도 상소의 일종이므로 재소자특칙은 집행유예취소결정에 대한 즉시항고권회복청구서의 제출에도 마찬가지로 적용된다(2022모1004).

(2) 요 건

1) 청구권자

상소권회복청구권자는 상소권자 또는 그 대리인이다. '상소권자'란 제338조부터 제341조에 규정된 상소권자를 말한다. '대리인'이란 상소대리권자가 아니라 피고인을 대신하여 상소에 필요한 행위를 할 수 있는 지위에 있는 자를 말한다. 따라서 대리인에는 본인의 보조인으로서 본인의 부탁을 받아 상소에 관한 서면을 작성하여 이를 제출하는 등 본인의 상소에 필요한 사실행위를 대행하는 사람을 포함한다(86모46). 그러나 교도소장은 피고인을 대리하여 결정정본을 수령할 수 있을 뿐이고 상소권행사를 돕거나 대신할 수 있는 자가 아니어서 이에 포함되지 않는다(91모32).

2) 상소제기기간의 경과

상소권자 또는 그 대리인이 책임질 수 없는 사유로 인해 상소의 제기기간이 경과한 경우이어야 한다. 상소의 포기로 인하여 상소권이 소멸한 경우는 상소권회복청구가 허용되지 않는다(2002모180). 따라서 상소권을 포기한 후 상소의 제기기간이 도과하기 전에 상소포기의 효력을 다투면서 상소를 제기한 자는 원심 또는 상소심에서 그 상소의 적법 여부에 대한 판단을 받으면 되고, 별도로 상소권회복청구를 할 여지는 없다. 하지만 상소권을 포기한 후 상소의 제기기간이 도과한 다음에 상소포기의 효력을 다투는 한편, 자기 또는 대리인이 책임질 수 없는 사유로 인하여 상소의 제기기간 내에 상소를 하지 못하였다고 주장하는 사람은 상소를 제기함과 동시에 상소권회복청구를 할 수 있다(2003모451).

3) 책임질 수 없는 사유

'책임질 수 없는 사유'란 상소를 하지 못한 사유가 상소권자 본인 또는 대리인의 고의 또는 과실에 기하지 아니함을 말한다(86모46). 판례는 교도소장이 법원의 결정정본 송달을 받고 1주일이 지난 후에 그 사실을 피고인에게 알렸기 때문에 즉시항고장을 제출하지 못한 경우(91모32), 위법한 공시송달로 인해 피고인이 불출석한 상태에서 유죄판결이 선고되어 피고인이 이를 알지 못한 채 상소의 제기기간이 경과한 경우(2005모507), 공시송달의 방법으로 피고인이 불출석한 가운데 공판절차가 진행되고 판결이 선고되었으며, 피고인으로서는 공소장부본 등을 송달받지 못한 관계로 공소가 제기된 사실은 물론이고 판결선고사실에 대하여 알지 못한 나머지 항소의 제기기간 내에 항소를 제기하지 못한 경우(2006모691), 피고인이 소송이 계속 중인 사실을 알면서도 법원에 거주지 변경신고를 하지 않았지만[2] 잘못된 공시송달에 터 잡아 피고인의 진술 없이 공판이 진행되고 피고인이 출석하지 않은 기일에 판결이 선고되어 피고인이 상소의 제기기간 내에 상소를 하지 못한 경우(2014모1557)에는 상소권회복을 인정한다.

그러나 상피고인의 기망에 의해 항소를 포기하고 그 사실을 항소의 제기기간 도과 후에 알게 된 경우(84모40), 상소권자나 대리인이 질병으로 입원하였거나 기거불능으로 인한 경우(86모46), 교도소담당직원이 재항고인에게 상소권회복청구를 할 수 없다고 하면서 규칙 제177조[3]에 따른 편의를 제공해 주지 아니한 경우(86모47), 징역 1년의 실형을 선고받았으나 법정구속을 하지 않으므로 형의 집행유예를 선고받은 것으로 잘못 전해듣고 또한 선고 당시 법정이 소란하여 판결주문을 알아들을 수 없어서 항소의 제기기간 내에 항소를 하지 못한 경우(87모19), 피고인이 주소변경사실을 신고하지 않아 법원에 출석하지 못하여 판결선고 사실을 알지 못한 경우(91모17), 피고인이 이미 확정되어 있던 징역형의 집행유예판결의 선고일을 잘못 안 나머지 상고포기서를 제출한 경우(96모44) 등은 상소권회복이 인정되지 않는다.

(3) 절 차

1) 회복청구

상소권회복의 청구는 그 사유가 해소된 날로부터 상소의 제기기간에 해당하는 기간 내에 서면으로 원심법원에 제출하여야 하고(제346조 제1항), 이때 그 책임질 수 없는 사유를 소명하여야 한다(동조 제2항). 상소권회복청구사유의 발생 전에 상소의 제기기간의 일부가 경과되었더라도 청구기간은 사유가 종료한 날로부

---

2) 판례는 "형사피고사건으로 법원에 재판이 계속 중인 사람은 공소제기 당시의 주소지나 그 후 신고한 주소지를 옮길 때 새로운 주소지를 법원에 신고하거나 기타 소송진행상태를 알 수 있는 방법을 강구하여야 하고, 만일 이러한 조치를 하지 않았다면 특별한 사정이 없는 한 소송서류가 송달되지 않아서 공판기일에 출석하지 못하거나 판결선고사실을 알지 못하여 상소제기기간을 도과하는 등 불이익을 면할 수 없다"(2022모439)고 하였다.

3) 규칙 제177조(재소자의 신청 기타 진술) 교도소장, 구치소장 또는 그 직무를 대리하는 자는 교도소 또는 구치소에 있는 피고인이나 피의자가 법원 또는 판사에 대한 신청 기타 진술에 관한 서면을 작성하고자 할 때에는 그 편의를 도모하여야 하고, 특히 피고인이나 피의자가 그 서면을 작성할 수 없을 때에는 법 제344조 제2항의 규정에 준하는 조치를 취하여야 한다.

터 새롭게 기산된다.

한편, 상소권회복을 청구한 자는 그 청구와 동시에 상소를 제기하여야 한다(동조 제3항). 상소권회복청구가 있는 때에는 법원은 지체 없이 상대방에게 그 사유를 통지하여야 한다(제356조).

2) 법원의 결정

상소권회복청구를 받은 법원은 청구의 허용 여부에 관한 결정을 하여야 한다(제347조 제1항). 이 결정에 대하여는 즉시항고를 할 수 있다(동조 제2항). 다만, 법원은 그 결정을 할 때까지 재판의 집행을 정지하는 결정을 할 수 있다(제348조 제1항). 이때 피고인의 구금을 요하는 때에는 법원은 구속영장을 발부하여야 한다. 다만, 구속의 요건이 구비된 때에 한한다(동조 제2항). 또한 법원은 상소권회복사유의 심리를 위하여 본안기록의 검토가 필요한 경우에 기록이 원심법원이 아닌 상소법원이나 검찰청에 있는 경우에는 기록송부촉탁을 하거나 출장 서증조사를 실시할 필요가 있다.

법원은 청구가 부적법하거나 이유가 없는 때에는 결정으로 그 청구를 기각하여야 한다.[4] 청구가 기각된 경우에는 그 청구와 동시에 한 상소제기에 대하여 별도로 상소기각의 결정을 할 필요가 없다. 그러나 상소권을 포기한 후 상소의 제기기간이 도과한 다음에 상소포기의 효력을 다투는 한편, 자기 또는 대리인이 책임질 수 없는 사유로 인하여 상소의 제기기간 내에 상소를 하지 못하였다고 주장하는 경우 상소포기가 부존재 또는 무효라고 인정되지 아니하거나 자기 또는 대리인이 책임질 수 없는 사유로 인하여 상소의 제기기간을 준수하지 못하였다고 인정되지 않는다면 상소권회복청구를 받은 법원은 상소권회복청구를 기각함과 동시에 상소권소멸 후의 상소제기를 이유로 상소기각의 결정을 하여야 한다(2003모451).

한편, 법원은 청구가 이유가 있는 때에는 인용결정을 하여야 한다. 상소권회복결정이 확정되면 상소권회복청구서와 동시에 한 상소제기는 유효하게 되며, 이미 발생한 재판의 확정력은 무효가 되므로 검사는 형의 집행을 정지하여야 한다.

---

4) 판례는 "항소심판결이 선고되면 제1심판결에 대한 항소권이 소멸되어 제1심판결에 대한 항소권회복청구와 항소는 적법하다고 볼 수 없다... 따라서 제1심판결에 대하여 검사의 항소에 의한 항소심판결이 선고된 후 피고인이 동일한 제1심판결에 대하여 항소권회복청구를 하는 경우 이는 적법하다고 볼 수 없어 제347조 제1항에 따라 결정으로 이를 기각하여야 한다"(2016모2874)고 하였다.

Ⅲ. 상소의 이익

1. 의의와 법적 근거

(1) 의 의

상소의 이익이란 상소에 의해 상소법원이 원심재판의 잘못을 시정함으로써 얻을 수 있는 이익을 말한다. 상소는 원판결의 잘못을 시정하여 이로 인해 불이익을 당한 당사자를 구제하고, 법령해석의 통일을 구하기 위한 제도이므로 상소권자가 상소하기 위해서는 상소의 이익이 있어야 한다. 따라서 상소의 이익은 상소의 적법요건이 된다. 다만, 상소는 재판에 대한 불복신청이므로 자기에게 이익이 될 때에만 허용된다(2007도6793).

상소의 이익은 원판결의 사실인정, 법령적용, 양형 등에서 구체적으로 어떠한 잘못이 있는지를 판단하는 상소이유와는 구별된다. 다만, 상소의 이익이 있음을 전제로 하여 상소이유를 판단하고, 상소의 이유가 상소의 이익을 판단하는 중요한 자료가 된다는 점에서 양자는 밀접한 관계를 가지고 있다.

(2) 법적 근거

상소의 이익을 요하는 법적 근거에 대하여는 ① 불이익변경금지의 원칙(제368조, 제396조 제2항)에 근거가 있다는 견해, ② 불이익변경금지의 원칙과 원심재판에 '불복이 있으면'이라고 하는 상소에 관한 규정(제357조, 제371조, 제402조)에 근거가 있다는 견해가 있다. 그러나 ③ 불이익변경금지의 원칙은 피고인이 상소하거나 피고인의 이익을 위해 상소한 경우에 상소심재판의 한계에 관한 것이므로 상소의 이익은 상소에 관한 규정에 그 근거가 있다.

2. 검사의 상소의 이익

(1) 피고인에게 불이익한 상소

검사는 피고인과 대립하는 소송의 당사자이므로 상소의 이익이 있으면 상소할 수 있다.[5] 따라서 피고인에 대한 무죄판결에 대한 상소는 물론, 유죄판결에 대

5) 검사의 상소가 검사에게 불이익한 경우가 없다는 점과 검사는 피고인의 이익, 불이익을 불문하고 상소할 수 있다는 점 등을 이유로 검사의 상소의 이익을 부정하는 견해가 있다.

하여도 무거운 죄나 무거운 형을 구하는 상소를 제기할 수 있다.[6] 이 점에서 이중위험금지의 법리에 의해 피고인에게 불리한 상소가 금지된 영·미의 경우와 다르다.

검사의 상소의 이익의 근거에 대하여는 ① 피고인과 대립하는 당사자로서의 지위에 있다는 견해, ② 공익의 대표자로서 법령의 정당한 적용을 청구하여야 할 검사의 기본적 직무에 의한 것이라는 견해가 있다. 그러나 ③ 검사는 피고인과 대립당사자일 뿐만 아니라 공익의 대표자의 지위에 근거하여 상소권이 보장된다.

(2) 피고인의 이익을 위한 상소

검사는 공익의 대표자로서 법령의 정당한 적용 및 사실관계의 정확한 규명을 청구할 직무와 권한을 가지므로 원심재판에 오류가 개입하였다고 판단되면 피고인에 유리한 경우에도 상소를 제기할 수 있다(통설, 2011도6705).

이때 검사의 상소의 이익의 법적 성격에 대하여는 ① 검사의 상소의 이익은 국가가 상소제도를 둔 목적이 합치되고 상소이유에 해당할 때 인정된다는 점에서 피고인의 상소의 경우에 요구되는 상소의 적법요건인 상소의 이익과는 구별된다는 견해가 있다. 이 견해에서는 검사가 행하는 피고인의 이익을 위한 상소에는 불이익변경금지의 원칙이 적용되지 않는다고 한다. 그러나 ② 이때 검사의 상소는 피고인의 이익을 위한 것이므로 그 상소의 이익은 피고인의 상소의 이익과 성격이 동일하다(다수설). 따라서 불이익변경금지의 원칙은 검사가 피고인을 위하여 항소한 사건에도 적용된다(제368조). 만일 이때 불이익변경금지의 원칙을 인정하지 않는다면 검사의 상소로 인해 피고인이 상소를 제기하지 않았다면 오히려 피고인에게 불리하게 작용할 수 있기 때문이다(71도574).

3. 피고인의 상소의 이익

(1) 원 칙

피고인의 상소는 피고인이 하급심법원의 재판에 불복하는 것으로서 피고인에게 불리한 재판의 시정을 목적으로 한다. 따라서 하급심법원의 재판이 피고인에게

---

6) 검사는 공소사실의 예비적 기재나 택일적 기재의 경우에 법원이 모든 사실에 대하여 무죄를 선고한 경우에는 적어도 하나의 공소사실은 유죄에 해당한다는 이유로 상소할 수 있다(2004도7232). 또한 예비적 기재의 경우에 주위적 공소사실에 대하여는 무죄, 예비적 공소사실에 대하여 유죄를 선고한 경우에 판결주문과 이유에 비추어 주위적 공소사실을 인정하지 않은 것이 위법하여 객관적으로 잘못이라고 인정되면 상소의 이익이 인정된다.

불리하지 않으면 피고인에게는 상소권이 인정되지 않는다(2018도15109).

피고인의 상소의 이익의 판단기준에 대하여는 ① 상소가 오판을 받은 당사자의 구체적 구제를 목적으로 하므로 피고인의 주관적 측면을 고려해서 판단하여야 한다는 견해(주관설), ② 사회윤리적 입장에서 사회통념을 기준으로 판단하여야 한다는 견해(사회통념설)가 있다. 그러나 주관설은 피고인이 형의 집행을 지연시키기 위한 상소의 경우에도 상소의 이익을 인정하게 되고, 피고인이 상소하면 사실상 그 내용을 불문하고 상소의 이익을 인정할 수밖에 없게 된다. 또한 사회통념설에 따르면 가벼운 법정형에 해당하는 파렴치범죄에 대하여 중한 법정형에 해당하는 비파렴치범죄를 주장하는 상소도 허용되지만, 이때 파렴치범과 비파렴치범의 구별도 명확하지 않을 뿐만 아니라 피고인의 명예회복을 상소이유로 인정하는 것도 타당하지 않다. 따라서 ③ 상소의 이익은 재판에 의한 법익박탈의 대소(大小)라는 객관적 기준에 의해서 판단하여야 한다(객관설, 통설). 이 경우 형의 경·중을 정한 「형법」 제50조와 불이익변경금지의 원칙에서의 이익과 불이익의 판단기준은 상소의 이익판단에 있어서 중요한 기준이 된다.

(2) 구체적 내용

1) 유죄판결에 대한 상소

유죄판결에 대하여 무죄를 주장하거나 경한 형의 선고를 주장하여 상소하는 경우에는 상소의 이익이 인정된다. 형의 면제판결이나 형의 선고유예 판결도 유죄판결이므로 무죄를 주장하여 상소할 수 있다. 또한 유죄판결을 받은 피고인이 소송조건의 결여를 주장하여 상소하는 것도 가능하다.

그러나 유죄판결에 대한 피고인의 상소가 피고인에게 이익이 되지 않거나 불이익한 경우에는 상소가 허용되지 않는다. 따라서 피고인이 벌금형에 대하여 징역형의 집행유예를 구하는 상소(2004헌가27 참조), 원판결이 인정한 죄보다 중한 죄에 해당한다고 하거나(68도1038) 원심재판에서 누범가중을 하지 않은 위법을 주장하는 상소(94도1591), 정상에 관하여 불이익한 주장을 하는 상소 등은 허용되지 않는다. 또한 단순일죄나 과형상 일죄를 실체적 경합범이라고 하는 주장하는 상소도 허용되지 않지만, 예외적으로 포괄일죄로 처벌되는 것보다 경합범으로 처벌되는 것이 피고인에게 유리한 경우에는 상소의 이익이 인정된다. 상습절도에 관한 특정범죄가중법위반죄에 대하여 절도죄의 실체적 경합범을 주장하는 경우 등이 이에 해당한다.

한편, 몰수와 추징에 대하여도 상소의 이익이 인정된다. 따라서 피고사건의 재판 가운데 몰수 또는 추징에 관한 부분만을 불복대상으로 삼아 상소가 제기되었다 하더라도 상소심으로서는 이를 적법한 상소제기로 다루어야 하고, 그 부분에 대한 상소의 효력은 그 부분과 불가분의 관계에 있는 본안에 관한 판단 부분에까지 미쳐 그 전부가 상소심으로 이심된다(2008도5596). 피고인의 소유물에 대한 몰수뿐만 아니라 제3자의 소유물에 대한 몰수가 피고인의 유죄판결에 대한 부가형으로 선고된 경우라면 그 몰수재판에 대하여 피고인에게 상소의 이익이 인정된다. 몰수재판에 의해 피고인이 점유권을 상실하여 사용·수익할 수 없게 되고 제3자로부터 배상청구를 받을 가능성이 있기 때문이다. 그러나 소송비용부담의 재판은 본안재판에 관하여 상소하는 경우에 허용되므로(제191조 제2항) 소송비용부담재판에 대해서만 상소하는 것은 허용되지 않는다.

2) 무죄판결에 대한 상소

무죄판결은 피고인에게 가장 이익이 되는 재판이므로 피고인의 상소는 허용되지 않는다(통설). 따라서 무죄판결에 대하여 피고인이 유죄판결을 구하는 상소는 물론, 면소판결, 공소기각의 재판 또는 관할위반의 판결을 구하는 상소는 허용되지 않는다.

한편, 무죄판결의 이유만을 다투는 상소가 허용되는지에 대하여는 ① 무죄판결의 사유에 따라서는 피고인에게 사실상 불이익이 발생할 수 있다는 이유로 긍정하는 견해, ② 심신상실을 이유로 무죄판결이 선고되면서 동시에 치료감호가 선고된 경우(치료감호법 제12조 제1항)에는 상소의 이익을 인정하고, 단순히 무죄판결을 선고한 경우에는 상소의 이익을 부정하여야 한다는 견해가 있다. 그러나 ③ 상소는 판결주문에 대해서만 허용되고, 무죄판결로 인한 법익박탈이 없기 때문에 판결이유만을 대상으로 한 상소는 허용되지 않는다(다수설). 심신상실을 이유로 무죄판결과 함께 치료감호가 선고된 경우에도 피고인은 피치료감호인의 지위에서 치료감호에 대해서만 상소할 수 있으므로(치료감호법 제14조 제1항) 치료감호의 선고 여부에 따라 이를 구분할 필요는 없다. 판례는 재판에 대한 불복은 재판의 주문에 관한 것이어야 하므로 재판의 이유만을 다투기 위하여 상소하는 것은 허용되지 않는다고 한다(2016도20488).

3) 형식재판에 대한 상소

면소판결, 공소기각의 재판 또는 관할위반의 판결에 대하여 무죄를 주장하여 상소를 할 수 있는지에 대하여는 ① 형식재판보다는 무죄판결을 받는 것이 피고인에게 유리하고, 무죄판결이 확정되면 기판력이 발생하고 형사보상을 받을 수 있는 이익이 있다는 점에서 이를 긍정하는 견해, ② 피고사건에 소송조건이 결여되어 유·무죄의 실체판결을 할 수 없다는 견해(실체판결청구권결여설, 소송조건흠결설), ③ 면소판결에는 무죄판결과 같이 기판력이 발생하므로 피고인에게 유리한 재판이라는 점에서 상소의 이익이 인정되지 않지만 공소기각의 재판에는 기판력이 발생하지 않으므로 상소의 이익이 인정된다는 견해가 있다. 그러나 ④ 형식재판은 무죄판결보다 피고인을 형사절차에서 빨리 해방시키는 것으로 피고인에게 이익이 되고, 형식재판과 무죄판결의 효과에 사실상 차이가 없으므로 상소의 이익을 인정할 수 없으며, 형식재판으로 인한 불이익은 재판에 의한 법익박탈이 아니므로 상소에 의한 구제대상이 될 수 없다. 또한 형사보상법에 따르면 '면소 또는 공소기각의 재판을 받아 확정된 피고인이 면소 또는 공소기각의 재판을 할 만한 사유가 없었더라면 무죄재판을 받을 만한 현저한 사유가 있었을 경우'에는 국가에 대하여 구금에 대한 보상을 청구할 수 있으므로 무죄판결의 경우와 사실상 차이가 없다. 따라서 형식재판은 상소의 이익이 없으므로 상소가 허용되지 않는다(상소의 이익결여설, 다수설).

판례는 면소판결에 대하여는 무죄판결청구권이 없다는 이유로(2005도4738)[7], 공소기각의 판결에 대하여는 상소의 이익이 없다는 이유로(2007도6793 등) 무죄를 이유로 한 상소는 허용되지 않는다고 한다.

4) 항소기각의 판결에 대한 피고인의 상고

피고인이 항소한 사건에 대하여 항소심에서 항소기각의 판결이 선고된 경우에 피고인에게 상고의 이익이 인정된다. 그러나 피고인이 양형부당만을 이유로 항소한 경우에 항소심판결에 대하여 법리오해나 사실오인의 위법이 있다는 이

7) 그러나 판례는 "형벌에 관한 법령이 헌법재판소의 위헌결정으로 인하여 소급하여 그 효력을 상실하였거나 법원에서 위헌·무효로 선언된 경우, 해당 법령을 적용하여 공소가 제기된 피고사건에 대하여 제325조에 따라 무죄를 선고하여야 한다"고 하고, "따라서 면소판결에 대하여 무죄판결인 실체판결이 선고되어야 한다고 주장하면서 상고할 수 없는 것이 원칙이지만, 위와 같은 경우에는 이와 달리 면소를 할 수 없고 피고인에게 무죄의 선고를 하여야 하므로 면소를 선고한 판결에 대하여 상고가 가능하다"(2010도5986)고 하였다.

유로 상고할 수 없다(99도214). 또한 제1심판결에 대하여 검사만이 양형부당을 이유로 항소한 경우에는 피고인이 항소심판결에 대하여 사실오인, 채증법칙 위반, 심리미진 또는 법령위반 등의 사유를 들어 상고이유로 삼을 수 없다(2009도579).

한편, 상고심에서 상고이유의 주장이 이유 없다고 판단되어 배척된 부분은 그 판결선고와 동시에 확정력이 발생하고, 또한 환송받은 법원으로서도 이와 배치되는 판단을 할 수 없으므로 이 부분을 상고이유로 주장하여 재상고하는 것은 허용되지 않는다(2018도8585).

(3) 상소의 이익이 없는 상소제기에 대한 재판

상소의 이익은 상소의 적법요건이므로 상소의 이익이 없는 상소가 제기된 때에는 상소를 기각하여야 한다. 상소기각의 재판은 상소제기의 내용과 주체에 따라 원심법원의 상소기각의 결정, 상소법원의 상소기각의 결정, 상소법원의 상소기각의 판결의 형식으로 나타난다.

1) 무죄판결과 형식재판에 대한 상소

무죄판결과 형식재판에 대한 피고인의 상소와 같이 상소의 이익이 없음이 상소장의 기재에 의하여 명백히 나타난 경우에는 원심법원은 상소기각의 결정을 하여야 한다(제360조 제1항, 제376조 제1항, 제407조 제1항). 이때 원심법원이 상소기각의 결정을 하지 않은 때에는 상소법원이 상소기각의 결정을 하여야 한다(제362조 제1항, 제381조, 제413조).

이때 상소기각의 결정의 사유에 대하여는 ① '상소권이 소멸한 후인 것이 명백한 때'에 해당한다는 견해가 있다. 그러나 ② 무죄판결과 형식재판의 경우에는 상소의 이익이 인정되지 않으므로 처음부터 상소권이 인정되지 않는 경우이므로 '상소제기가 법률상의 방식에 위반한 때'에 해당한다(다수설). 판례는 공소기각의 재판에 대한 항소에 대하여 '법률상의 방식에 위반한 것이 명백한 때'에 해당한다고 한다(2007도6793).

2) 유죄판결에 대한 상소

유죄판결에 대한 상소의 경우에는 상소이유에 대한 심리 후에 비로소 상소의 이익 여부를 알 수 있게 된다. 따라서 유죄판결의 경우에도 상소의 이익이 상소의 적법요건이기 하지만 상소이유에 대한 실질적 검토가 행하여졌기 때문에 '상소이유가 없다고 인정한 때'에 해당하고, 따라서 상소기각의 판결을 하여야 한다(제364조 제4항, 제399조).[8] 다만, 항소심에서 항소이익이 없음이 명백하게 확인된 경우에는 '항소이유 없음이 명백한 때'에 해당하므로 항소장, 항소이유서 기타의 소송기록에 의하여 변론없이 판결로써 항소를 기각할 수 있다.

Ⅳ. 상소의 제기와 포기 및 취하

1. 상소의 제기

(1) 방 식

1) 상소장의 제출

상소를 함에는 상소의 제기기간 내에 상소장을 원심법원에 제출하여야 한다(제359조, 제375조, 제406조). 형을 선고하는 경우에는 재판장은 피고인에게 상소할 기간과 상소할 법원을 고지하여야 한다(제324조). 따라서 상소는 서면으로 하여야 하며, 상소제기의 효력은 상소장이 원심법원에 제출된 때에 발생하므로 상소의 제기기간의 준수 여부는 상소장이 원심법원에 접수된 때를 기준으로 하는 것이 원칙이다. 다만, 교도소 또는 구치소에 있는 피고인이 상소의 제기기간 내에 상소장을 교도소장 또는 구치소장 또는 그 직무를 대리하는 자에게 제출한 때에는 상소의 제기기간 내에 상소한 것으로 간주한다(제344조 제1항). 이때 피고인이 상소장을 작성할 수 없는 때에는 교도소장 또는 구치소장은 소속공무원으로 하여금 대서하게 하여야 한다(동조 제2항). 교도소장, 구치소장 또는 그 직무를 대리하는 자가 상소장을 제출받은 때에는 그 제출받은 연월일을 상소장에 부기하여 즉시 이를 원심법원에 송부하여야 한다(규칙 제152조 제1항[9]).

만일 피고인이 원심법원이 아니라 상소법원에 상소장을 제출하면 상소의 제기가 법률의 방식에 위반한 경우이지만 상소법원은 상소기각의 결정을 할 것이 아니라 상소인의 이익보호를 위하여 상소장을 원심법원에 송부하여야 한다. 다

---

8) 항고를 이유 없다고 인정한 때에는 결정으로 항고를 기각하여야 한다(제414조 제1항).

9) 규칙 제152조(재소자의 상소장 등의 처리) ② 제1항의 규정은 교도소장, 구치소장 또는 그 직무를 대리하는 자가 법 제355조에 따라 정식재판청구나 상소권회복청구 또는 상소의 포기나 취하의 서면 및 상소이유서를 제출받은 때 및 법 제487조부터 법 제489조까지의 신청과 그 취하에 이를 준용한다.

만, 이 경우에도 상소장이 원심법원에 도달한 때에 상소제기의 효력이 발생하며, 이로 인해 상소의 제기기간이 도과하더라도 법원은 아무런 책임이 없다.

상소의 제기가 있는 때에는 법원은 지체 없이 상대방에게 그 사유를 통지하여야 한다(제356조).

2) 상소장의 기재사항

상소장의 기재사항에 대하여는 명문규정이 없다. 그러나 상소제기의 목적을 고려할 때 불복대상판결과 불복취지를 특정할 수 있도록 명시하여야 한다. 따라서 원심법원, 판결주문, 판결이유, 판결선고 연월일, 사건번호 등을 명시하여야 하지만, 그 중 일부를 기재하지 않더라도 불복대상과 불복취지를 특정할 수 있으면 상소제기는 유효하게 된다.

일부상소의 경우에는 일부상소의 취지와 불복대상을 명시하여야 한다. 다만, 상소장에서는 원심재판의 일부에 대해서만 기재하였더라도 상소이유서에 다른 부분에 대한 상소이유가 기재되어 있으면 이에 대해서도 상소의 효력이 인정된다(2004도3515[10]).

3) 방식위반의 상소제기

상소를 제기함에는 법률상 방식을 준수하여야 한다. 상소의 제기가 법률상 방식에 위반한 경우에는 원심법원이 상소기각의 결정을 하거나(제360조 제1항, 제376조 제1항, 제407조 제1항), 상소법원이 상소기각의 결정을 하여야 한다(제362조 제1항, 제381조, 제413조).

(2) 효 력

1) 정지의 효력

상소의 제기에 의하여 재판의 확정과 집행이 정지된다. 그러나 항고는 즉시항고를 제외하고는 집행을 정지하는 효력이 없다. 다만, 원심법원 또는 항고법원은 결정으로 항고에 대한 결정이 있을 때까지 집행을 정지할 수 있다(제409조).

---

10) 판례는 "현행 법규상 항소장에 불복의 범위를 명시하라는 규정이 없고 또 상소는 재판의 전부에 대하여 하는 것을 원칙으로 삼고 다만 재판의 일부에 대하여도 상소할 수 있다고 규정한 제342조의 규정에 비추어 볼 때, 비록 항소장에 이 사건 각 사기죄에 대한 형만을 기재하고 의료법위반죄에 대한 형을 기재하지 아니하였다 하더라도 항소이유서에서 의료법위반죄에 대하여도 항소이유를 개진한 경우에는 판결 전부에 대한 항소로 봄이 상당하다"(2004도3515)고 하였다.

또한 벌금, 과료 또는 추징에 대한 가납명령도 상소 여부와 관계없이 즉시 집행할 수 있다(제334조 제3항). 그리고 무죄선고 등에 따른 구속영장의 실효(제331조), 압수의 해제(제332조), 및 압수장물의 환부(제333조)도 상소제기에 의하여 영향을 받지 않는다.

2) 이심의 효력

상소의 제기에 의하여 소송계속은 원심법원에서 상소심으로 옮겨지게 된다. 상소는 상소법원에 의한 구제를 목적으로 한다는 점에서 이심(移審)의 효력은 상소제기의 본질적 효력이다.

이심의 효력발생시기에 대하여는 ① 상소제기가 법률상 방식에 위반되거나 상소권소멸 후인 것이 명백한 때에는 원심법원이 상소기각의 결정을 하여야 하는 점(제360조 등 참조), 소송기록이 상소법원에 도달하기 전까지는 원심법원이 피고인의 구속, 구속기간갱신, 구속취소, 보석, 보석취소, 구속집행정지와 그 정지의 취소의 결정을 하여야 한다는 점(제105조, 규칙 제57조 제1항), 항고의 경우에는 원심법원이 항고의 이유가 있는 것으로 인정한 때에는 원심법원이 결정하여야 하는 점(제408조 제1항) 등을 근거로 원심법원으로부터 상소법원에 상소장과 소송기록이 송부된 때라고 하는 견해(소송기록송부기준설)가 있다. 그러나 ② 상소장의 제출은 상소제기의 본질적 소송행위이고, 이심 여부가 소송기록의 송부라고 하는 우연한 사정에 따라 판단하는 것보다는 명확한 기준에 의하여야 할 것이므로 상소장이 원심법원에 제출되어 상소제기가 되었을 때에 이심의 효력이 발생한다(상소제기기준설). 제105조는 상소법원의 권한을 대행하여 원심법원에 구속기간의 갱신 등을 인정한 규정이다.[11] 판례는 "형사사건에 있어 항소법원의 소송계속은 제1심판결에 대한 항소에 의하여 사건이 이심된 때로부터 그 법원의 판결에 대하여 상고가 제기되거나 그 판결이 확정되는 때까지 유지된다"고 하면서 제105조는 원심법원이 상소법원의 권한을 대행하는 것으로 이해한다(85모12).

11) 소송기록송부기준설에 따르면 아직 이심의 효력이 발생하지 않았기 때문에 원심법원이 피고인의 구속 등에 관한 결정을 하는 것은 당연하고, 제105조는 주의적 규정에 불과하다고 한다.

2. 상소의 포기와 취하

(1) 의 의

상소의 포기란 상소권자가 상소의 제기기간 내에 원심법원에 대하여 상소권의 행사를 포기한다는 의사표시를 말한다. 이는 상소권을 행사하지 않는 상소권의 불행사와 구별된다. 상소포기를 하면 상소의 제기기간의 경과 전에 재판이 확정된다.

상소의 취하란 일단 제기한 상소를 철회하는 의사표시를 말한다. 상소포기가 상소제기 이전의 소송행위인 반면, 상소취하는 상소제기 이후의 소송행위이다.

(2) 상소의 포기·취하권자

검사나 피고인 또는 항고권자는 상소의 포기 또는 취하를 할 수 있다. 다만, 피고인 또는 상소대리권자는 사형 또는 무기징역이나 무기금고가 선고된 판결에 대하여 상소를 포기할 수 없다(제349조). 또한 법정대리인이 있는 피고인이 상소의 포기 또는 취하를 함에는 법정대리인의 동의를 얻어야 한다(제350조 본문). 따라서 법정대리인의 동의 없이 행한 미성년자의 상소취하는 효력이 인정되지 않는다(83도1774). 다만, 법정대리인의 사망 기타 사유로 인하여 그 동의를 얻을 수 없는 때에는 예외로 한다(동조 단서).

피고인의 법정대리인 또는 상소대리권자(제341조)인 피고인의 배우자, 직계친족, 형제자매 또는 원심의 대리인이나 변호인은 피고인의 동의를 얻어 상소를 취하할 수 있다(제351조). 그러나 이들은 피고인의 동의를 얻더라도 상소를 포기할 수는 없다.

(3) 절 차

상소포기는 상소의 제기기간 내에 언제든지 할 수 있으며, 상소취하는 상소심의 종국재판 전까지 할 수 있다. 상소의 포기 또는 취하는 서면으로 하여야 한다. 다만, 공판정에서는 구술로써 할 수 있다(제352조 제1항). 서면의 형식에는 제한이 없지만 상소권자가 상소를 포기 또는 취하한다는 의사표시가 명시되어야 하며(83도3087), 구술로써 상소의 포기 또는 취하를 한 경우에는 그 사유를 조서에 기재하여야 한다(동조 제2항). 피고인의 법정대리인 또는 상소대리권자가 상소의 취하를 할 때에는 피고인이 이에 동의하는 취지의 서면을 제출하여야 한다(규칙 제153조

제2항). 다만, 법정대리인의 상소취하에 대하여 피고인의 구술동의도 허용되지만, 이 동의는 명시적으로 행하여져야 한다(2015도7821).

상소포기는 원심법원에, 상소취하는 상소법원에 하여야 한다. 다만, 소송기록이 상소법원에 송부되지 아니한 때에는 상소취하를 원심법원에 할 수 있다(제353조). 이때에는 재소자에 관한 특칙(제344조)이 준용되므로 상소포기서 또는 상소취하서를 교도소장 등에게 제출한 때에는 상소를 취하한 것으로 간주한다(제355조).

상소의 포기나 취하의 청구가 있는 때에는 법원은 지체 없이 상대방에게 그 사유를 통지하여야 한다(제356조).

(4) 효 력

1) 재판의 확정

상소의 포기 또는 취하가 있으면 상소권이 소멸하고, 재판이 확정된다.[12] 다만, 검사와 피고인이 모두 상소한 경우에는 일방의 취하만으로 재판이 확정되지는 않는다. 판례는 상소의 취하 또는 포기가 착오에 의한 경우에 대하여 첫째, 통상인의 판단을 기준으로 하여 만일 착오가 없었다면 그러한 소송행위를 하지 않았으리라고 인정되는 중요한 점(동기를 포함)에 관하여 착오가 있고, 둘째, 착오가 행위자 또는 대리인이 책임질 수 없는 사유로 인하여 발생하였으며, 셋째, 그 행위를 유효로 하는 것이 현저히 정의에 반한다고 인정되면 무효가 된다고 한다(92모1).

2) 재상소의 금지

상소를 취하한 자 또는 상소의 포기나 취하에 동의한 자는 그 사건에 대하여 다시 상소를 하지 못한다(제354조). 그러나 상소의 포기 또는 취하에 따른 상소권의 소멸은 해당 심급의 재판에 한정되므로 항소를 포기 또는 취하한 자도 상대방의 항소에 기한 항소심판결에 불복하여 상고할 수 있다. 피고인이 상소를 제기하였다가 그 상소를 취하한 경우 상소제기 후 상소취하한 때까지의 구금일수 전부를 본형에 산입하여야 한다(2010모179).

---

12) 피고사건과 치료감호사건 모두에 대하여 항소하였다가 치료감호사건에 대한 항소만 취하한 경우 치료감호법 제14조 제2항에 의하여 그 항소취하의 효력이 인정되고, 따라서 항소심에서는 피고사건에 대하여 판결을 선고하면 된다(2009도10558).

3) 상소절차의 속행

상소의 포기 또는 취하가 부존재 또는 무효임을 주장하는 자는 그 포기 또는 취하 당시 소송기록이 있었던 법원에 절차속행의 신청을 할 수 있다(규칙 제154조 제1항). 이를 상소절차속행신청이라고 한다.

상소절차속행은 일단 상소가 제기되었다가 상소포기나 상소취하가 있었다는 이유로 재판 없이 상소절차가 종결된 경우에 상소포기 또는 상소취하의 부존재 또는 무효를 주장하여 구제받을 수 있는 제도이다. 즉, 상소의 포기나 취하가 없었음에도 있었던 것으로 오인되거나 상소의 포기나 취하의 효력이 없음에도 효력이 있는 것으로 오인되는 등의 사유로 재판 없이 상소절차가 종결처리된 경우에 다시 상소절차를 속행해 달라고 신청하는 것이다. 이는 상소의 제기기간 내에 상소제기가 없다는 이유로 상소가 제기되지 않은 경우의 구제방법인 상소권회복청구와 구별된다. 따라서 상소절차가 아직 개시되지 않은 상태에서나 원심재판 후에 상소를 포기하였다가 상소를 제기하는 경우는 상소절차속행을 신청할 수 없다(99모40[13]).

상소절차속행신청을 받은 법원은 신청이 이유 있다고 인정하는 때에는 신청을 인용하는 결정을 하고 절차를 속행하여야 하며, 신청이 이유 없다고 인정하는 때에는 결정으로 신청을 기각하여야 한다(동조 제2항). 신청기각결정에 대하여는 즉시항고할 수 있다(동조 제3항).

V. 일부상소

1. 의 의

일부상소란 재판의 일부에 대한 상소를 말한다. 상소는 재판의 일부에 대하여 할 수 있다(제342조 제1항). '재판의 일부'란 재판의 객관적 범위의 일부를 의미하므로 공동피고인의 일부가 상소하는 것은 이에 해당하지 않는다. 일부에 대한 상소는 그 일부와 불가분의 관계에 있는 부분에 대하여도 효력이 미친다(동조 제2항). 이

---

13) 피고인이 상고를 포기한 후 상고를 제기한 경우에는 피고인으로서는 그 상고에 의하여 계속된 상고절차나 원심법원의 상고기각결정에 대한 즉시항고절차 등에서 피고인의 상고포기가 부존재하거나 무효임을 주장하여 구제받을 수 있다(99모40).

를 상소불가분의 원칙이라고 한다. 따라서 단일사건은 한 개의 소송의 객체가 되므로 '재판의 일부'란 하나의 사건의 일부를 말하는 것이 아니라 수개의 사건이 병합심리되고, 그 결과 판결주문이 수개인 경우의 재판의 일부를 말한다.

일부상소는 개별적인 상소이유와 구별된다. '개별적인 상소이유'란 원심법원의 사실오인·법령적용·양형 등의 판단내용 중 일부에 대해서만 상소이유로 다투는 것을 말한다. 즉, 일부상소는 수개의 범죄사실 중 상소심의 심판대상을 객관적으로 축소하는 것인데 반해, 개별적인 상소이유는 상소심의 심리범위를 제한하는 것이다. 따라서 일부상소의 경우에는 상소하지 않은 부분은 상소의 제기기간의 경과 등으로 확정되는 것이 원칙이지만, 개별적인 상소이유에 해당하는 경우에는 상소의 효력은 하나의 사건 전부에 미치게 되므로 상소이유에 기재되지 않은 부분도 상소심에 소송계속이 되어 심판대상이 되고, 이 부분에 대한 재판이 먼저 확정되지는 않는다.

2. 범 위

(1) 허용되는 경우

일부상소가 허용되기 위해서는 재판의 내용이 가분이고, 독립된 판결이 가능하여야 한다. 따라서 원칙적으로 수죄, 즉 경합범의 각 부분에 대하여 수개의 재판이 선고된 때에 일부상소가 허용된다. 다만, 경합범이라고 하더라도 수개의 범죄사실에 대하여 하나의 형이 선고된 때에는 일부상소가 허용되지 않는다(2008도5596). 따라서 일부 상소가 허용되는 경우로는 (i) 경합범 중 일부에 대하여 유죄, 일부에 대하여 무죄(2010도14328), 면소, 공소기각(83도216) 또는 관할위반이 선고되어 재판의 주문이 수개인 경우(형법 제37조 전단), (ii) 경합범 전부에 대하여 유죄가 선고되었지만 일부는 징역형, 다른 일부는 벌금형이나 형의 면제 또는 선고유예의 판결이 선고되어 재판의 주문이 수개인 경우, (iii) 수개의 범죄사실이 확정판결 전·후에 범한 범죄이기 때문에 수개의 형이 선고되어 주문이 수개인 경우(형법 제37조 후단, 2016도18553), (iv) 경합범인 수개의 범죄사실 전부에 대하여 무죄, 면소, 공소기각, 관할위반이 선고되어 재판의 주문이 수개인 경우 등을 들 수 있다.

(2) 허용되지 않는 경우

1) 일죄의 일부에 대한 상소

단순일죄(2000도5000)와 포괄일죄(85도1998)는 물론, 과형상 일죄는 소송법상 일죄이므로 일부상소가 허용되지 않고, 일죄의 일부에 대하여 상소가 제기된 경우에도 상소의 효력은 그 전부에 미친다(제342조 제2항). 일부상소가 피고사건의 주위적 주문과 불가분적 관계에 있는 주문에 대한 것이거나, 경합범에 대하여 1개의 형이 선고된 경우에 경합범의 일부 죄에 대한 것인 경우 등도 마찬가지이다(2008도5596). 따라서 이 경우에는 피고인이 유죄부분만을 상소하더라도 무죄부분까지 상소심의 심판대상이 되고, 검사가 무죄부분만을 상소하더라도 유죄부분까지 상소심의 심판대상이 된다(2005도7523).

하지만 판례는 피고인만이 포괄일죄의 유죄부분에 대하여 상소하고 검사가 나머지 무죄부분(2008도4740)이나 공소기각부분(2009도12934)에 대하여 상소하지 않거나, 검사가 상상적 경합관계 있는 수죄에 대한 무죄부분 전부에 대하여 상소하였으나 그 중 일부에 대하여 상소이유로 하지 않은 경우에 상소불가분의 원칙에 의하여 나머지 부분도 상소심에 이심되기는 하지만 그 부분은 이미 당사자간의 공격·방어의 대상으로부터 벗어나 사실상 심판대상에서부터도 이탈하게 되므로 상소심으로서도 그 부분에까지 판단할 수 없다고 한다.[14] 반면에 검사만이 포괄일죄의 무죄부분에 대하여 상소하고 피고인은 유죄부분에 대하여 상소하지 않거나(85도1998) 검사가 상상적 경합관계에 있는 수죄에 대한 유죄부분 중에서 일부 유죄부분만 상소한 경우(2003도1256)에는 나머지 유죄부분도 상소심에 이심되어 심판대상이 된다고 한다.[15]

이러한 판례의 태도의 당부에 대하여는 ① 포괄일죄와 상상적 경합관계

14) 판례는 포괄일죄 중 일부 범죄사실을 유죄로 인정할 수 없는 경우에는 양형의 조건이 되는 사실이 같지 않게 되므로 포괄일죄는 전부 파기된다고 하였다(2009도12934).

15) 판례는 공소사실 중 일부에 대하여는 유죄를, 실체적 경합관계에 있는 일부에 대하여는 무죄를 각 선고하고, 그 유죄부분과 상상적 경합관계에 있는 다른 일부에 대하여는 무죄임을 판시하면서 주문에 별도의 선고를 하지 않은 항소심판결에 대하여, "검사가 무죄부분 전체에 대하여 상고를 한 경우 그 유죄부분은 형식상 검사 및 피고인 어느 쪽도 상고한 것 같아 보이지 않지만 그 부분과 상상적 경합관계에 있는 무죄부분에 대하여 검사가 상고함으로써 그 유죄부분은 그 무죄부분의 유·무죄 여하에 따라서 처단될 죄목과 양형을 좌우하게 되므로, 결국 그 유죄부분도 함께 상고심의 판단대상이 된다"(2005도7523)고 하였다.

에서 상소불가분의 원칙의 적용범위를 제한하여 사실상 일부상소의 효과를 인정하는 것은 피고인의 실질적 이익을 고려한 것이므로 타당하다는 견해가 있다. 그러나 ② 상소심에의 소송계속은 인정하면서도 심판대상에서 제외하는 것은 모순이며, 검사와 피고인 중 누가 상소하였는지에 따라 상소의 효과가 미치는 범위를 달리 해석할 필요가 없다(다수설). 따라서 포괄일죄나 상상적 경합의 경우에 피고인의 보호를 위하여 일부상소의 예외를 인정한다고 하더라도 상소의 효력이 인정되는 범위 내에서만 심판대상으로 하는 것이 논리적이고, 효율적이다. 실체적 진실발견에도 합치한다.

한편, 주위적·예비적 공소사실의 경우도 일부상소가 허용되지 않는다. 따라서 무죄로 인정된 주위적 공소사실에 대하여 검사만 상소하거나 유죄로 인정된 예비적 공소사실에 대하여 피고인만 상소하더라도 나머지 부분도 상소심의 심판대상이 된다(2006도1146). 이 경우 상고심이 예비적 공소사실에 대한 원심판결의 잘못을 지적하여 원심판결 전부를 파기환송한 경우, 환송 후 원심의 심판대상에는 주위적 공소사실까지 포함된다(2023도10718).

2) 주형과 일체가 된 부수처분에 대한 상소

주형과 불가분의 관계에 있는 부가형·환형처분·집행유예 등은 주형과 분리하여 상소할 수 없다. 따라서 피고사건의 재판 가운데 몰수 또는 추징에 관한 부분만 상소가 제기되더라도 상소의 효력은 그 부분과 불가분의 관계에 있는 본안에 관한 판단 부분에까지 미쳐 그 전부가 상소심으로 이심된다(2008도5596). 또한 소송비용부담의 재판은 본안의 재판에 관하여 상소하는 때에 한하여 불복할 수 있으며(제191조 제2항), 특정범죄자에 대한 위치추적 전자장치 부착명령도 보호관찰부 집행유예와 서로 불가분의 관계에 있는 것으로서 독립하여 상소의 내상이 될 수 없다(2011도14257).

배상명령의 경우는 유죄판결에 대한 상소제기 없이 독립하여 즉시항고할 수 있지만, 즉시항고 제기 후에 상소권자의 적법한 상소가 있는 경우에는 즉시항고는 취하된 것으로 본다(소송촉진법 제33조 제5항).

3. 방 식

일부상소의 경우에는 일부상소를 한다는 취지를 상소장에 명시하고 불복부분을 특정하여야 한다. 일부상소를 한다는 취지를 명시하지 않고, 불복부분을 특정하지 아니한 경우에는 전부상소로 보아야 한다.[16] 다만, 원심법원이 일부는 유죄, 일부는 무죄·면소·공소기각·관할위반의 재판을 선고한 것에 대하여 피고인이 전부 상소한 경우에도 무죄부분은 상소의 이익이 없으므로 유죄부분만 일부상소한 것으로 된다. 역으로, 검사가 일부상소한 때에는 무죄부분에 대한 상소로 보아야 한다.

일부상소인가 전부상소인가 여부의 판단기준에 대하여는 ① 상소이유서제출기간이 경과할 때까지 재판의 확정 여부가 불분명하게 된다는 점에서 상소장을 기준으로 하는 견해가 있다. 그러나 ② 상소장의 기재를 원칙으로 하되, 상소장의 기재내용이 불분명한 경우에는 상소이유서의 내용을 참작하여 결정하는 것이 상소권의 보장에 충실하다. 이는 통상적으로 상소심의 재판이 상소이유서제출 후에 행하여지므로 상소심의 심판에 지장을 초래하지도 않는다. 판례는 상소의 범위는 상소장 외에 상소이유서를 참고하여 판단하여야 한다고 한다(2004도3515).

4. 심판범위

(1) 원 칙

일부상소의 경우에 상소를 제기하지 않은 부분은 상소의 제기기간의 경과로 확정되므로 상소심은 상고제기된 부분에 대하여서만 심판할 수 있다. 따라서 상소법원은 파기하는 경우에도 상소가 제기된 부분에 대해서만 파기할 수 있고(2010도10985), 상소심의 파기환송에 의하여 사건을 환송받은 법원도 일부상소된 사건에 대해서만 심판하여야 하고, 확정된 사건은 심판할 수 없다(90도1033).

(2) 경합범의 일부에 대한 상소

경합범의 관계에 있는 수개의 공소사실에 대하여 원심에서 일부유죄, 일부무

---

16) 「군사법원법」 제399조(일부상소) ③ 부분을 한정하지 아니하고 상소하였을 때에는 재판의 전부에 대하여 한 것으로 본다. 판례는 "「형법」 제37조 전단 경합범관계에 있는 공소사실 중 일부에 대하여 유죄, 나머지 부분에 대하여 무죄를 선고한 제1심판결에 대하여 검사만이 항소하면서 무죄부분에 관하여는 항소이유를 기재하고 유죄부분에 관하여는 이를 기재하지 않았으나 항소범위는 '전부'로 표시하였다면, 이러한 경우 제1심판결 전부가 이심되어 원심의 심판대상이 되므로, 원심이 제1심판결 무죄부분을 유죄로 인정하는 때에는 제1심판결 전부를 파기하고 경합범관계에 있는 공소사실 전부에 대하여 하나의 형을 선고하여야 한다"(2014도342)고 하였다.

죄가 선고된 판결의 경우를 전제로 한다.

1) 피고인만이 유죄부분에 대하여 상소한 경우

피고인만 유죄부분에 대하여 상소한 경우에 무죄부분은 상소심에 이심되지 않으므로 상소심의 심판범위는 유죄부분에 한정되고, 그 파기도 유죄부분에 한정된다.

2) 검사만이 무죄부분에 대하여 상소한 경우

검사만 무죄부분에 대하여 상소한 경우에 상소심에서 원심판결을 파기할 경우의 파기범위에 대하여는 ① 무죄부분만 파기하게 되면 피고인이 이미 확정된 유죄판결과 함께 두 개의 유죄판결을 받게 되어 과형상 불이익을 당할 수 있다는 점에서 유죄부분까지 전부파기하여야 한다는 견해(전부파기설)가 있다. 그러나 ② 상소가 제기되지 않은 부분은 상소의 제기기간의 경과로 확정되므로 상소심은 상소가 제기된 부분만 심판할 수 있고, 따라서 검사가 상소한 무죄부분만 파기하여야 한다(일부파기설, 다수설). 「형법」 제39조 제1항에 따르면 '경합범 중 판결을 받지 아니한 죄가 있는 때에는 동시에 판결할 경우와의 형평을 고려하여' 그 형을 감경 또는 면제할 수 있으므로 일부상소의 경우에는 상소심의 심판범위는 상소가 제기된 부분에 한정할 필요가 있다.

판례는 이 경우 상소심은 피고인과 검사가 상고하지 않은 유죄부분은 상소기간의 경과에 의하여 확정되었으므로 무죄부분만을 파기하여야 한다고 한다(2019도18935).

3) 검사와 피고인이 모두 상소한 경우

검사와 피고인 모두 상소한 경우에는 전부상소가 되므로 원심법원의 재판 전부가 확정되지 않고 상소심으로 이심된다.

그러나 이때 검사의 상소만이 이유가 있는 경우에는 상소심판결 전부의 확정이 차단되어 상소심에 이심되고, 유죄부분과 무죄부분이 「형법」 제37조 전단의 경합범관계에 있다면 유죄부분에 대한 피고인의 상소가 이유 없더라도 피고인에게 하나의 형이 선고되어야 하므로 무죄부분뿐만 아니라 유죄부분도 함께 파기하여야 한다(2017도20247).

(3) 상소심에서 죄수판단이 달라진 경우

원심이 두 개의 공소사실을 경합범으로 판단하여 일부에 대하여 유죄판결, 일부에 대하여 무죄판결을 선고하였고, 이에 대하여 검사 또는 피고인만이 상소를 제기하였으나 상소심의 심리결과 양 사실이 단순일죄 또는 과형상 일죄로 판명된 경우에 상소심의 심판범위에 대하여는 ① 상소가 제기되지 않은 부분은 이미 확정되었으므로 상소심은 상소가 제기된 사실을 포함한 전체에 대하여 면소판결을 하여야 된다는 견해(면소판결설), ② 상소불가분의 원칙에 따라 수개의 범죄사실이 일체를 이루므로 전부가 상소심의 심판범위가 된다는 견해(전부이심설), ③ 피고인이 유죄부분에 대하여 상소한 경우에 무죄부분은 확정되고, 검사가 무죄부분에 상소한 경우에는 유죄부분도 전부 이심되어 상소심의 심판범위에 포함된다는 견해(이원설), ④ 상소되지 않은 부분은 상소제기기간의 경과로 확정되어 유죄부분과 무죄부분이 소송법상 2개의 사실로 분리되므로 상소심에서 죄수가 변경된 경우라고 하더라도 상소된 일부만 심판범위가 된다는 견해(일부이심설, 다수설)가 있다. 그러나 ⑤ 소송의 동적·발전적 성격에 비추어보면 상소가 제기되지 않은 부분은 상소의 제기기간의 경과로 확정되므로 상소가 제기된 부분만 상소심의 심판대상이 되지만, 상소되지 않은 사실과 상소된 사실이 포괄일죄나 상상적 경합의 관계로 판명된 경우에는 예외적으로 상소불가분의 원칙에 의하여 전체 범죄사실이 상소심의 심판대상이 된다. 판례는 원심이 두개의 죄를 경합범으로 보고 한 죄는 유죄, 다른 한 죄는 무죄를 각 선고하자 검사가 무죄부분만에 대하여 불복상고하였다고 하더라도 유죄부분은 무죄부분의 유·무죄 여하에 따라 처단될 죄목과 양형이 달라지게 되므로 위 두 죄가 상상적 경합관계에 있다면 유죄부분도 상고심의 심판대상이 된다고 한다(2005도7523).

한편, 검사와 피고인이 무죄부분과 유죄부분에 대하여 각각 일부 상소한 경우에는 전부 이심의 효력이 생기므로 죄수변경 여부와 관계없이 상소심법원은 그 전부를 심판대상으로 한다.

Ⅵ. 불이익변경금지의 원칙

1. 의 의

불이익변경금지의 원칙이란 피고인이 상소한 사건과 피고인을 위하여 상소한 사건에 대하여는 원심판결의 형보다 무거운 형을 선고하지 못한다는 원칙을 말한다(제368조, 제396조, 군사법원법 제437조). 이 원칙은 선고되는 형에서 불이익이 금지되는 중형(重刑)금지의 원칙을 의미한다(99도3776).

이 원칙의 이론적 근거에 대하여는 ① 피고인이 중형변경의 위험 때문에 상소를 단념하는 것을 방지함으로써 피고인의 상소권을 보장하기 위한 정책적 배려하고 하는 견해(다수설), ② 당사자가 중형변경의 위험이라고 하는 심리적 위축상태로부터 벗어나서 상소권을 충분히 행사하도록 하기 위한 것으로 헌법상 적법절차원칙의 구체적 표현이라고 하는 견해, ③ 피고인만 상소하거나 피고인의 이익을 위하여 상소한 사건은 검사의 상소가 없는 한도 내에서 상대적 확정력이 생긴다는 견해가 있다. 그러나 ④ 이 원칙은 상소권을 충실히 보장하기 위한 정책적 고려와 당사자주의의 요청에 따른 것이다. 판례는 이 원칙은 피고인이 안심하고 상소권을 행사하도록 하려는 정책적 고려에서 나온 제도로 이해하고 있다(2007도3448).

2. 적용범위

(1) 피고인이 상소한 사건

불이익변경금지의 원칙은 피고인이 상소한 사건에 대하여 적용된다. '피고인이 상소한 사건'이란 피고인만이 상소한 사건을 말한다. 이때 상소이유가 양형부당인 경우인지 사실오인이나 법령위반인 경우인지 묻지 않는다.[17] 이 원칙은 피고인만 항소한 항소심판결에 대하여 검사가 상고한 경우에도 적용되므로 상고심이나 파기환송 후의 항소심에서도 제1심판결보다 중한 형을 선고하지 못한다(4290형비상1).

또한 피고인과 검사 쌍방이 상소하였으나 검사의 상소가 이유 없어 기각되거나(98도2111) 검사가 상소이유서를 제출하지 않아서 기각된 경우(2013도9666)에는 실질적으로 피고인만이 상소한 경우와 같으므로 이 원칙이 적용된다. 그러나 검사만 상소한 경우에는 이 원칙이 적용되지 않으므로 상소심에서는 원심판결보다 피고인에게 중한 형을 선고할 수 있으며, 검사의 상소이유에 포함되지 않은 사항에 관하여 직권으로 심판하여 가벼운 형을 선고할 수도 있다(2008도1092).

---

17) 한미행정협정사건에서는 상소심의 경우에 무조건 이 원칙이 적용된다. 다만, 검사는 유죄가 아니거나 무죄석방의 경우에는 상소를 할 수 없고, 피고인이 상소한 경우에 한해 검사의 상소를 허용하고 있다(합의의사록 제22조).

(2) 피고인을 위하여 상소한 사건

'피고인을 위하여 상소한 사건'이란 피고인의 법정대리인(제340조)과 상소대리권자(제341조)가 상소한 사건을 말한다. 검사가 피고인의 이익을 위하여 상소한 경우에 불이익변경금지의 원칙이 적용되는지에 대하여는 ① 검사의 상소는 피고인의 상소권보장과 관계가 없으며, 피고인뿐만 아니라 공익을 위한 것이므로 부정하는 견해가 있다. 그러나 ② 이 경우 검사는 상소대리권자의 경우와 다르지 않으므로 당연히 이 원칙이 적용된다(다수설). 판례는 검사가 공익적 지위나 피고인에 대한 후견적 지위에서 상소한 것이라면 이 원칙이 적용된다고 한다(71도574).

(3) 상소한 사건

불이익변경금지의 원칙은 피고인의 상소권보장을 위한 것이므로 상소사건, 즉, 항소심과 상고심 재판에서 적용된다.

1) 항고사건

피고인만 항고한 경우에 대하여 형소법에서는 불이익변경금지의 원칙의 적용에 관한 규정이 없다. 따라서 법원의 결정에 대하여 피고인만 항고한 경우에 이 원칙이 적용되는지에 대하여는 ① 이 원칙의 존재이유를 고려할 때 항고의 경우에도 적용된다는 견해, 절충설로서 ② 집행유예의 취소결정(제335조 제3항)이나 선고유예의 실효에 따라 다시 형을 선고하는 결정(제336조)과 같이 형의 선고에 준하는 항고의 경우에는 이 원칙을 준용하여야 한다는 견해, ③ 판결선고 후 누범인 것이 발각되거나 경합범에 의한 판결의 선고를 받은 자가 경합범 중의 어떤 죄에 대하여 사면 또는 형의 집행이 면제되어 다시 형을 정한 경우에 대한 항고(제336조)나 「소년법」상 보호처분결정에 대한 항고(제43조)와 같이 형의 선고와 유사한 처분을 하는 경우에는 이 원칙을 준용하여야 한다는 견해가 있다. 그러나 ④ 형소법상 명문의 규정이 없고, 항고심은 새로이 형을 정하는 것이 아니라 하급심결정의 당부를 판단하는 것이므로 원칙적으로 이 원칙이 적용되지 않는다(다수설). 다만, 입법론으로 피고인에 대하여 형벌에 준하는 처분을 내용으로 하는 결정에 대한 항고에서는 피고인의 이익을 위하여 이 원칙을 확대 적용하여야 한다.

2) 파기환송 또는 파기이송된 사건

파기환송 또는 파기이송을 받은 법원은 다시 원심판결을 계속 심리하는 것이므로 상소심이라고 할 수 없다. 그러나 피고인의 상고사건에 대하여 상고심에서 파기자판하는지 또는 파기환송 또는 파기이송하는지에 따라 이 원칙의 적용 여부가 달라지는 것은 부당하다. 따라서 피고인의 상소권을 보장하기 위하여 파기환송 또는 파기이송 받은 원심법원에서도 불이익변경금지의 원칙은 적용된다(2021도1282). 환송 후의 원심에서 적법한 공소장변경이 있어 이에 따라 그 항소심이 새로운 범죄사실을 유죄로 인정하는 경우에도 마찬가지이다(2014도6472).

3) 약식명령 등에 대한 정식재판의 청구

약식명령의 경우에는 피고인이 정식재판을 청구한 사건에 대하여는 약식명령의 형보다 중한 종류의 형을 선고하지 못한다(제457조의2 제1항, 형종상향금지의 원칙). 따라서 약식명령의 형과 같은 종류의 형의 범위에서는 중한 형을 선고할 수 있다.[18] 다만, 피고인이 정식재판을 청구한 사건에 대하여 약식명령의 형보다 무거운 형을 선고하는 경우에는 판결서에 양형의 이유를 적어야 한다(동조 제2항). 즉결심판절차에서는 제457조의2를 준용하여(즉결심판법 제19조) 불이익변경금지의 원칙이 아니라 형종상향금지의 원칙이 적용된다(98도2550).

4) 병합사건

불이익변경금지의 원칙은 상소사건에 대해서만 적용되므로 제1심에서 별개의 사건으로 형을 선고받고 항소심에서 이 사건들이 병합심리되면서 경합범으로 처단하는 경우에는 적용되지 않고, 따라서 항소심은 제1심의 각 형량보다 무거운 형을 선고할 수 있다(2001도3448). 피고인이 정식재판을 청구한 약식명령 사건에 다른 사건이 병합된 경우도 마찬가지이다(2016도2136). 다만, 이때에도 제1심에서 선고된 각 형을 합산한 범위 내에서 「형법」상 경합범의 처벌례에 따라 형량이 정해져야 하고, 만일 2개의 형을 합산한 범위를 초과한 때에는 이 원칙에 반하는 것이 된다.

5) 재심사건

재심사건에서는 불이익변경금지의 원칙이 적용되므로 재심에는 원판결의 형보다 무거운 형을 선고할 수 없다(제439조).

---

18) 피고인뿐만 아니라 검사가 피고인에 대한 약식명령에 불복하여 정식재판을 청구한 사건에서는 형종상향금지의 원칙이 적용되지 않는다(2020도13700).

3. 불이익변경금지의 내용

(1) 대 상

1) 중형선고의 금지

불이익변경금지원칙은 형을 선고하는 경우에 적용되므로 무죄, 면소, 공소기각 등의 재판을 하는 경우에는 적용되지 않는다. 또한 이 원칙은 중한 형을 선고하는 경우에 한한다. 따라서 판결주문에서 선고된 형이 중하게 변경되지 않는 한 원심이 인정한 죄보다 중한 죄를 인정하는 것(89도1123), 원심이 인정한 범죄사실의 일부를 무죄로 인정하는 것(2021도1282), 원심보다 범죄사실을 불리하게 인정하는 것(95도1738), 공소장변경에 의하여 죄명이나 적용법조를 불리하게 변경하는 것(2011도14986), 처단형을 인정하기 위한 형의 가중·감경 과정에서 원심보다 중한 형을 선택하는 것(98도4534), 원심에서 단순일죄의 공소사실의 일부만을 유죄로 인정한 것에 대하여 공소사실의 전부를 유죄로 인정하는 것(2000도5000) 등은 이 원칙에 반하지 않는다.

또한 이 원칙으로 인해 상소심에서는 원심보다 중한 형을 선고할 수 없으므로 상소심에서 원심이 인정한 범죄사실보다 중한 범죄사실을 인정하면서도 그 죄의 법정형보다 더 가벼운 형을 선고하는 경우도 발생하게 된다(2011도14986 참조). 즉, 원심에서 절도죄로 벌금형을 선고한 것을 상소심에서 강도죄를 인정하는 경우에도 이 원칙으로 인해 징역형이 아니라 벌금형을 선고할 수밖에 없다.

한편, 죄수가 변경된 경우도 선고형이 중하게 변경되지 않는 한 이 원칙에 반하지 않는다. 따라서 원심에서 일죄로 인정한 것을 공소장변경에 의하여 경합범으로 변경하는 것(88도1983), 원심에서 경합범으로 인정한 것을 일죄로 인정하는 것(66도567), 원심에서 각 범죄사실을 일괄하여 실체적 경합범으로 본 것을 각 범죄사실이 「형법」 제37조 후단의 경합범이라는 이유로 제1심판결을 파기하고 3개의 주문으로 처단하는 것(88도936) 등도 이 원칙에 반하지 않는다. 마찬가지로 원심에서 유죄로 인정한 범죄사실 중 일부에 대하여 무죄를 인정하거나(2002도5679) 원심의 경합범 인정을 파기하고 일죄로 처단하면서(66도567) 동일한 형을 선고한 경우와 같이 경한 범죄사실을 인정하거나 경한 법령을 적용하면서 동일한 형을 선고하더라도 이 원칙에 반하지 않는다.

2) 형의 의미

'형'은 「형법」 제41조에서 규정하고 있는 형에 한정되지 않는다. 피고인의 상소권보장이라는 불이익변경금지의 원칙의 취지를 고려하면 피고인에게 실질적으로 형벌과 같은 불이익을 주는 모든 처분이 그 적용대상이 된다. 따라서 추징(2006도4888), 미결구금일수의 산입(66도1500), 벌금형에 대한 노역장유치기간은 물론, 형벌과 유사한 성질을 갖고 있는 보안처분에 대하여도 이 원칙이 적용된다. 다만, 치료감호의 경우에는 피고인의 치료에 중점이 있으므로 이 원칙은 적용되지 않는다.

소송비용의 부담에 대하여 이 원칙이 적용되는지에 대하여는 ① 소송비용부담은 사실상 재산형과 같은 불이익이 초래된다는 점에서 긍정하는 견해가 있다. 그러나 ② 소송비용부담은 피고인에게 불이익한 처분이지만 국가가 부담한 소송비용의 보전에 불과하고, 실질적인 의미에서 형에 준하여 평가되어야 할 것도 아니므로 이 원칙의 적용대상이 아니다(다수설). 판례는 소송비용의 부담은 형이 아니고 실질적인 의미에서 형에 준하여 평가되어야 할 것도 아니므로 이 원칙이 적용되지 않는다고 한다(2018도1736).

또한 압수물의 피해자환부를 원판결에서 선고하지 않았는데 피고인만 상소한 사건에서 새로이 환부를 선고한 경우에 이 원칙이 적용되는지에 대하여는 ① 이를 긍정하는 견해가 있다. 그러나 ② 압수물의 피해자환부는 피해자에 대한 신속한 권리구제를 위한 것이지 형이 아니므로 이 원칙이 적용되지 않는다. 판례는 피고인만이 항소한 사건에서 항소심법원이 제1심판결의 주형에서 그 형기를 감축하면서 압수장물의 피해자환부를 추가한 것은 이 원칙에 위배되지 않는다고 한다(90도16).

(2) 판단기준

선고형의 경·중의 판단에서는 원칙적으로 법정형의 경·중을 규정하고 있는 「형법」 제50조가 기준이 된다. 형의 경·중은 「형법」 제41조 각 호의 순서에 따르므로 사형, 징역, 금고, 자격상실, 자격정지, 벌금, 구류, 과료, 몰수의 순이 된다. 다만, 무기금고와 유기징역은 무기금고를 무거운 것으로 하고, 유기금고의 장기가 유기징역의 장기를 초과하는 때에는 유기금고를 무거운 것으로 한다(형법 제50조 제1항). 같은 종류의 형은 장기가 긴 것과 다액이 많은 것을 무거운 것으로 하고, 장기 또는 다액이 같은 경우에는 단기가 긴 것과 소액이 많은 것을 무거운 것으로 한다(동조 제2항).

그 이외에는 죄질과 범정(犯情)을 고려하여 경·중을 정한다(동조 제3항).

그러나 이 기준은 추상적인 법정형 상호간의 경·중을 정하고 있음에 불과하므로 구체적으로 선고된 형이 피고인에게 불이익하게 변경되었는지 여부에 관한 판단은 이를 기준으로 하되, 개별적·형식적으로 고찰할 것이 아니라 주문 전체를 고려하여 피고인에게 실질적으로 불이익한지 아닌지를 보아 판단하여야 한다(2016도15961).

(3) 형의 경·중의 구체적 판단

1) 형의 추가와 종류의 변경

(가) 형의 추가

상소심에서 동종의 형을 과하면서 무거운 형을 선고하거나 원심판결이 선고한 형 이외의 다른 형을 추가하는 것은 불이익에 해당한다. 따라서 상소심에서 유기징역형의 형기를 늘리거나 유기징역을 무기징역으로 변경하는 것, 무기징역형을 유지하면서 징역을 추가하는 것(81도1945[19]), 원심의 징역형을 유지하면서 벌금형을 추가하거나 자격정지형을 병과하는 것은 허용되지 않는다. 다만, 징역형을 줄이면서 벌금형을 추가하는 것은 피고인에게 실질적으로 불이익을 초래하였는지 여부에 따라 형의 경·중을 판단하여야 한다.

(나) 형의 종류의 변경

가) 징역형과 벌금형

징역형을 금고형으로 변경하면서 형기를 높이거나 형기를 그대로 두고 금고형을 징역형으로 변경하는 것은 불이익변경에 해당한다. 하지만 금고형을 징역형으로 변경하거나 금고형을 징역형으로 변경하면서 형기를 단축하는 것은 불이익변경에 해당하지 않는다.

---

19) 판례는 "수죄로 무기징역을 선고받은 피고인만이 항소하였는데 항소심이 유죄확정판결 전의 범행이 있다는 이유로 동 확정판결 전의 범행에 대하여 징역 6월, 그 후의 범행에 대하여 무기징역을 각 선고한 것은 불이익변경금지원칙에 위배되어 위법하다. 왜냐하면 첫째, 제462조에 의하여 중한 형인 무기징역을 집행 중 사면령에 의하여 무기형이 사면 또는 감형되면 사면 또는 감형된 형기 종료 후 위 징역 6월형의 집행가능성이 있고, 둘째로, 징역 6월의 형과 무기징역형은 그 상호간에 「형법」 제37조 후단의 경합관계에 있는 것이 아니므로 「형법」 제39조 제2항, 제38조 제1항 제1호에 의하여 징역 6월의 형은 집행하지 않는다는 이론은 성립할 수 없기 때문이다"(81도1945)라고 하였다.

나) 자유형과 벌금형

징역형이나 금고형을 벌금형으로 변경하는 것은 원칙적으로 불이익변경이 되지 않는다. 다만, 징역형이나 금고형을 벌금형으로 변경하면서 노역장유치기간이 징역형이나 금고형의 형기를 초과하는 경우에 불이익변경에 해당하는지에 대하여는 ① 노역장유치도 구금을 수반하는 점에서 자유형의 실질을 가진 집행방법이므로 불이익변경에 해당한다는 견해가 있다. 그러나 ② 노역장유치는 환형처분으로서 벌금형을 납부하지 않은 경우에 인정되는 벌금형의 집행방법에 지나지 않으므로 벌금형의 환형기간이 징역형이나 금고형의 형기를 초과하더라도 불이익변경이 되지 않는다(다수설).

판례는 "원심이 선고한 벌금형의 환형유치기간이 제1심에서 선고한 징역 1년의 형의 기간을 초과한다고 하더라도 원심에서 선고한 벌금형이 형법상 징역형보다 경한 형이라고 보아야 할 것"(80도765)이라고 한다.[20]

다) 벌금형의 변경

벌금형을 자유형으로 변경하거나 벌금액은 같고 노역장유치기간이 길어진 때에는 불이익변경에 해당한다(76도3161). 벌금형을 구류형으로 변경하는 것이 불이익변경에 해당하는지에 대하여는 ① 구류형은 자유형이라는 점에서 벌금형과 비교하여 피고인에게 실질적으로 불이익한지 여부를 판단하여야 한다는 견해, ② 변경된 구류형이 벌금형의 노역장유치기간보다 긴 경우에는 불이익변경이 된다는 견해가 있다. 그러나 ③ 구류형은 벌금형보다 가벼운 형이므로 불이익변경에 해당하지 않는다. 판례는 즉결심판에 대하여 피고인만이 정식재판을 청구한 사건에서 구류형은 벌금형보다 경한 형이므로, 벌금형을 선고한 즉결심판에 대하여 벌금형의 환형유치기간 보다 더 긴 구류형을 선고하더라도 불이익변경금지 원칙에 위배되지 않는다고 한다(2001도5131).

또한 판례는 "피고인에 대한 벌금형이 제1심보다 감경되었다면 비록 그 벌금형에 대한 노역장유치기간이 제1심보다 더 길어졌다고 하더라도 전체적으로 보아 형이 불이익하게 변경되었다고 할 수는 없다 할 것이고, 피고인에 대한 벌금형이 제1심보다 감경되었을 뿐만 아니라 그 벌금형에 대한 노역장유치기간도 줄어든 경우라면 노역장유치환산의 기준금액이 제1심의 그것보다 낮아졌다 하여

20) 한편, 판례는 "징역형과 벌금형 가운데서 벌금형을 선택하여 선고하면서 그에 대한 노역장유치기간을 환산한 결과 선택형의 하나로 되어 있는 징역형의 장기보다 유치기간이 더 길 수 있게 되었다 하더라도 이를 위법이라고 할 수는 없다"(2000도3945)고 하였다.

도 형이 불이익하게 변경되었다고 할 수는 없다"(2000도3945)고 한다.[21] 징역형과 벌금형이 병과된 경우에 징역형을 단축하고, 벌금형은 액수가 같지만 환형유치기간이 길어진 경우(93도2894)도 마찬가지이다.

라) 부정기형과 정기형

부정기형을 정기형으로 변경하는 경우에 그 경·중의 판단기준에 대하여는 ① 부정기형의 장기로 하여야 한다는 견해, ② 부정기형의 중간의 기간으로 하여야 한다는 견해가 있다. 그러나 ③ 부정기형의 단기가 지나면 석방가능성이 있다는 점에서 단기를 기준으로 하여야 한다(다수설). 판례는 부정기형의 장기와 단기의 정중앙에 해당하는 중간형을 기준으로 하여야 한다고 한다(2020도4140).

2) 형의 집행유예와 선고유예

(가) 형의 집행유예

가) 집행유예의 배제 또는 기간변경

집행유예는 자유형을 선고하면서 그 형의 집행을 유예하는 것이므로 형식적으로 형은 아니지만 그 선고가 실효되거나 취소되는 경우에는 그 형의 선고에 따른 형이 집행되므로 형의 경·중의 비교에서 중요한 요소가 된다.

집행유예가 선고된 자유형판결에 대하여 집행유예를 배제하고 실형을 선고하거나, 그 유예기간을 연장하는 것(83도2034), 자유형의 형기를 줄이면서 집행유예를 없앤 것(2016도1131)은 불이익변경에 해당한다. 다만, 집행유예가 선고된 자유형의 형기를 줄이면서 집행유예의 기간을 늘리는 것이 불이익변경에 해당하는지에 대하여는 ① 집행유예의 실효나 취소의 위험기간이 늘어난다는 점에서 불이익변경이 된다는 견해, ② 원칙적으로는 불이익변경이 아니지만 줄어드는 자유형의 형기는 매우 미미한 반면, 집행유예의 기간이 매우 긴 경우에는 불이익변경에 해당한다는 견해가 있다. 그러나 ③ 집행유예는 취소되거나 실효되는 경우도 있다는 점에서 주형인 자유형을 기준으로 판단하여야 하며, 따라서 이 경우는 선고된 자유형이 가볍게 되었으므로 불이익변경이 아니다(다수설).

나) 집행유예의 선고

자유형의 형기를 그대로 유지하면서 집행유예를 선고하는 것은 불이익변경이 되지 않는다. 다만, 자유형의 형기를 늘이면서 집행유예를 선고하는

---

21) 학설로는 노역장유치가 자유형의 실질을 가진 집행방법이라는 점에서 불이익변경이 된다는 견해가 있다.

것이 불이익변경에 해당하는지에 대하여는 ① 유예기간이 경과하면 형선고의 효력 자체가 상실되므로 피고인에게 실질적으로 이익이 된다는 점에서 불이익변경에 해당하지 않는다는 견해, ② 집행유예에 따른 피고인의 이익이 매우 크므로 늘어나는 자유형의 형기와 집행유예기간 등 판결주문의 내용 전체를 실질적으로 파악하여 피고인에 대한 불이익변경 여부를 판단하여야 한다는 견해가 있다. 그러나 ③ 집행유예는 취소되거나 실효되는 경우도 있으므로 주형을 기준으로 판단하여야 하고, 따라서 이 경우는 자유형의 형기가 늘어났으므로 불이익변경에 해당한다(다수설). 판례는 징역 6월의 제1심판결에 대하여 항소심에서 징역 8월에 집행유예 2년을 선고한 것은 불이익변경에 해당한다고 한다(66도1319).

또한 금고형을 징역형으로 변경하면서 집행유예를 선고하는 것(2013도6608)은 불이익변경에 해당하지 않는다. 그러나 징역형을 선고한 판결에 대하여 징역형에 집행유예를 붙이면서 벌금형을 병과하는 것(70도638), 두 개의 벌금형을 선고한 판결에 대하여 징역형의 집행유예와 사회봉사명령을 선고하는 것(2005도8607)은 불이익변경에 해당한다.

다) 집행유예와 벌금형

자유형에 대한 집행유예판결을 벌금형으로 변경하는 것은 불이익변경에 해당하지 않는다(90도1534).[22)]

그러나 징역형의 실형과 벌금형을 병과한 것에 대하여 징역형에 대하여 집행유예를 선고하면서 벌금액을 2배로 하는 것(80도2977), 징역형의 실형과 추징을 선고한 판결에 대하여 동일한 징역형과 추징을 선고하면서 벌금형을 병과하고, 징역형에 대하여는 집행유예를 선고하는 것(2012도7198)은 불이익변경에 해당한다.

라) 집행유예와 집행면제

형의 집행면제판결을 형의 집행유예의 판결로 변경하는 것은 형의 집행유예의 판결은 그 집행유예기간의 만료로 형이 실효되는데 반해, 형의 집행면제판결은 형의 집행만을 면제하는 것이라는 점에서 불이익변경에 해당하지 않는다(84도2972).

---

22) 판례는 "징역 10월에 집행유예 2년을 선고한 제1심판결을 파기하고 벌금 10,000,000원을 선고한 항소심판결은 불이익변경금지의 원칙에 위반되지 않는다"(90도1534)고 하였다.

(나) 형의 선고유예

제1심의 징역형의 선고유예의 판결에 대하여 항소심에서 벌금형을 선고하는 것은 실질적인 재산박탈을 가져온다는 점에서 불이익변경에 해당한다(99도3776). 그러나 징역 2년 6월 및 벌금 15,000,000원에 대해 선고유예를 선고한 제1심판결에 대하여 징역 2년 6월과 벌금 10,000,000원에 처하고 징역형에 대하여는 4년간 형의 집행을 유예하는 판결선고는 불이익변경에 해당하지 않는다(74도1785).

3) 몰수와 추징

원심의 징역형을 그대로 두면서 몰수(92도2020)나 추징(92도2020)을 추가하는 것, 관세법위반사건에서 추징액수를 늘리는 것(77도541[23])은 불이익변경에 해당한다. 하지만 추징을 몰수로 변경하더라도 그것만으로는 피고인의 이해관계에 실질적 변동이 생겼다고 볼 수는 없으므로 불이익변경에 해당하지 않는다(2005도5822).

그러나 주형을 중하게 변경하면서 부가형을 감경하는 것은 불이익변경에 해당한다. 다만, 주형을 경하게 변경하면서 새로운 몰수나 추징을 선고하는 것이 불이익변경에 해당하는지에 대하여는 ① 주형이 가벼워지더라도 몰수나 추징을 추가하면 불이익변경이 된다는 견해, ② 불이익변경 여부는 주형을 기준으로 판단하여야 하므로 주형을 가볍게 하면서 몰수나 추징을 추가한 때에는 불이익변경이 되지 않는다는 견해, ③ 몰수나 추징은 재산형에 준하는 불이익을 가하는 것이므로 자유형을 줄이면서 몰수나 추징을 추가하는 것은 불이익변경이 되지 않지만, 벌금형의 경우에 벌금액을 줄이면서 추징을 추가한 때에는 벌금액과 추징액을 비교하여 판단하여야 한다는 견해가 있다. 그러나 ④ 주형을 가볍게 하면서 몰수나 추징을 추가하거나 추징액을 증액하더라도 원칙적으로 불이익변경이 되지 않지만, 자유형의 형기나 벌금액이 줄어도 추징액이 현저하게 추가되거나 증가하여 피고인에게 실질적으로 불이익이 된 때에는 불이익변경이 된다. 판례는 징역형의 집행유예를 선고한 판결에 대하여 징역형과 그 집행유예기간을 줄이면서 추징액을 증액한 것(96도2850), 징역형의 선고유예를 벌금형의 선고유예로 변경하고 추징을 추가한 것(97도1716)은 불이익변경이 되지 않는다고 한다.

---

23) 「관세법」상 추징은 관세법위반에 대한 하나의 징벌로서 이득의 박탈만을 목적으로 하는 「형법」상 추징과는 구별되므로 추징액을 증액한 것은 불이익변경에 해당한다(77도541).

한편, 벌금액을 줄이면서 추징을 추가한 때에는 벌금액과 추징액의 합계를 원판결의 벌금액과 비교하여 결정하여야 한다. 그러나 벌금형을 자유형으로 변경하면서 추징액을 줄이는 경우처럼 주형을 중하게 변경하면서 부가형을 감경하는 것은 불이익변경에 해당한다.

4) 보안처분

보안처분에 대하여도 원칙적으로 불이익변경금지의 원칙이 적용된다. 다만, 본형을 감경하거나 집행유예기간을 줄이면서 보호관찰이나 사회봉사명령 등을 부가하거나 그 내용을 변경한 경우에는 피고인에의 불이익 여부를 실질적으로 고려하여 판단하여야 한다. 따라서 취업제한명령은 보안처분의 성격을 가지는 것이지만, 실질적으로 직업선택의 자유를 제한하는 것이므로 제1심판결에서 정한 형과 동일한 형을 선고하면서 제1심에서 정한 취업제한기간보다 더 긴 취업제한명령을 부가하는 것은 불이익한 변경에 해당한다(2019도11540). 또한 원심의 형을 그대로 유지하면서 보호관찰이나 사회봉사명령 또는 수강명령 또는 이수명령을 부가하는 것(2016도15961), 치료감호만을 선고한 제1심판결에 대하여 항소심에서 징역형을 선고하는 것(83도765)도 불이익변경에 해당한다.[24]

그러나 징역형의 형기를 줄이면서 제1심판결이 그대로 확정되었을 경우보다 더 긴 기간 동안 취업제한명령을 부가하는 것(2019도11609)은 물론, 성폭력범죄를 범한 피고인에게 '징역 장기 7년, 단기 5년 및 5년 동안의 위치추적 전자장치 부착명령'을 선고한 제1심판결을 파기한 후에 '징역 장기 5년, 단기 3년 및 20년 동안의 위치추적 전자장치 부착명령'을 선고한 것(2010도7955), 피고인만이 항소한 사건에서 법원이 항소심에서 처음 청구된 검사의 전자장치부착명령청구에 터잡아 부착명령을 선고하는 것(2010도9013), 징역형을 줄이면서 전자장치부착기간을 늘리는 것(2010도16939)은 불이익변경에 해당하지 않는다.

4. 위반의 효과

항소심에서 불이익변경금지의 원칙을 위반한 경우에는 '판결에 영향을 미친 법령위반'으로서 상고이유가 되며(제383조 제1항), 상고심에서 불이익변경금지

24) 이에 대하여는 치료감호청구절차와 형사피고사건절차는 서로 달라서 원심과 상소심의 관계로 볼 수 없으므로 불이익변경에 해당하지 않는다는 견해가 있다.

의 원칙을 위반한 경우에는 확정판결의 법령위반으로서 비상상고의 이유가 된다(제441조).

또한 약식명령이나 즉결심판에 대한 정식재판에서 중한 종류의 형이 선고된 경우에는 '판결에 영향을 미친 법령위반'으로 항소이유가 된다(제361조의5 제1호).

Ⅶ. 파기판결의 기속력

1. 의 의

파기판결의 기속력(羈束力)이란 상소심이 원심판결을 파기하여 사건을 하급심으로 환송 또는 이송하는 경우에 상급심의 판단이 환송 또는 이송을 받은 하급심을 구속하는 효력을 말한다. 이를 파기판결의 구속력이라고도 한다. 법조법 제8조에서는 "상급법원 재판에서의 판단은 해당 사건에 관하여 하급심을 기속한다"고 규정하고 있다. 파기판결의 기속력은 법령의 해석적용의 통일을 기하고 심급제도를 유지하며 당사자의 법률관계의 안정과 소송경제를 도모하고자 하는 것이다(98두15597). 파기판결의 기속력은 파기환송 또는 이송된 판결의 하급심에 대한 효력이라는 점에서, 재판을 한 법원이 재판 후에 스스로 그 재판의 내용을 철회 또는 변경할 수 없다고 하는 재판의 구속력과는 구별된다.

파기판결의 기속력의 법적 성격에 대하여는 ① 환송을 받은 하급심의 심리는 환송판결을 한 상급심절차의 속행이라는 점에서 파기판결을 중간판결로 보고 그 기속력을 중간판결의 구속력으로 이해하는 견해(중간판결설), ② 파기판결의 기속력을 확정판결의 기판력으로 보고 하급심은 물론 파기판결을 한 법원과 그 상급심도 모두 기속된다는 견해(기판력설)가 있다. 그러나 ③ 파기판결은 새로운 심리를 명하는 종국판결로서, 그 기속력은 동일한 소송 내의 심급 간의 효력에 지나지 않고 상고심에 대하여는 미치지 않는 것으로 심급제도의 합리적 유지를 위해 정책적으로 인정한 특수한 제도이다(특수효력설, 통설).

2. 범 위

(1) 기속력이 발생하는 재판

기속력이 발생하는 재판은 상소심의 파기판결이며, 원심법원에의 파기환송인지 원심법원과 동급법원에의 파기이송인지 불문한다. 상고심의 파기판결은 물론이고, 항소심의 파기판결도 기속력이 발생하지만 항소심의 판결은 파기자판이 원칙이므로(제364조 제6항), 기속력은 대부분 상고심인 대법원의 판결에서 발생한다.

또한 재항고심에서도 대법원에 의한 파기환송 또는 파기이송이 가능하므로 파기결정의 경우에도 기속력이 발생한다.

(2) 기속력이 미치는 법원

1) 해당 사건의 하급법원

파기판결은 해당 사건의 하급심을 기속한다. 상고심이든 항소심이든 파기판결을 하게 되면 그 판결은 하급법원을 기속한다. 따라서 상고심에서 제1심판결에 대한 항소를 기각한 원심판결을 파기하고 사건을 제1심법원으로 환송한 후에 선고된 제1심재판에 대하여 다시 항소한 경우에 항소법원도 상고심 판단에 기속된다.

2) 파기판결을 한 상급법원

파기판결은 그 판결을 한 상급법원도 구속한다. 상급심의 판단에 따른 하급심 판단을 위법하다고 할 수 없고, 상급법원의 변경을 허용하게 되면 불필요한 절차가 반복되어 파기판결의 기속력을 인정한 취지가 무의미해지기 때문이다. 다만, 판례는 종전 대법원에서 판시한 법령의 해석적용에 관한 의견을 변경할 수 있으므로 전원합의체 판결로서 자신이 내린 파기환송판결의 법률상 판단을 변경하는 경우에는 종전의 파기판결에 구속되지 않는다고 한다(98두15597).

그러나 항소심의 파기판결의 기속력은 상급법원인 상고심에는 영향을 미치지 않는다.

(3) 기속력이 미치는 판단

1) 법률판단과 사실판단

파기판결의 구속력은 법령해석의 통일을 위한 것이므로 법률판단에는 당연히 미친다. 그러나 파기판결의 기속력이 사실판단에까지 미치는지에 대하여는 ① 사실판단에 기속력이 미친다는 것은 자유심증주의와 실체적 진실발견의 관점에서 의문이 있고, 상고심의 사실판단은 원심법원은 사실인정에 규범적 하자가 있는지를 확인하는 것에 불과하므로 파기판결의 기속력은 사실인정에서 규범적

하자에 대한 판단에 국한하여야 한다는 견해가 있다. 그러나 ② 항소심뿐만 아니라 상고심도 사실오인을 상소이유로 하고 있으므로(제383조 제3호, 제4호) 기속력은 사실판단에도 미친다(다수설).

판례는 형소법에는 명문의 규정이 없지만, 법조법 제8조 및 민소법 제436조 제2항[25]의 취지, 심급제도의 존재이유, 대법원에서 상고이유를 판단하면서 사실인정에 관한 원심판결의 당부에 관하여 개입할 수 있는 점 등에 비추어 형사소송에서도 상고심 판결의 파기이유가 된 사실상의 판단도 기속력을 가진다고 한다(2017도14322[26]).

2) 소극적·부정적 판단과 적극적·긍정적 판단

파기판결의 기속력이 파기판결의 직접적인 이유가 된 소극적·부정적 판단부분에 미친다. 다만, 파기판결의 기속력이 파기의 직접적인 이유가 아닌 그 이면에 있는 적극적·긍정적 판단부분에도 미치는지에 대하여는 ① 사실판단에서 긍정적 판단과 부정적 판단이 일체불가분의 관계에 있음을 이유로 이를 긍정하는 견해가 있다. 그러나 ② 상고심은 원칙적으로 사후심이므로 새로운 증거를 제출하거나 증거조사를 하는 것이 허용되지 않고, 상고심이 파기자판을 하는 경우에도 소송기록과 원심법원 및 제1심법원이 조사한 증거만을 기초로 하며, 적극적·긍정적 판단은 파기이유에 대한 연유에 불과하므로 적극적·긍정적 판단에는 기속력이 미치지 않는다(다수설).

판례는 "환송판결의 하급심에 대한 기속력은 파기의 이유가 된 원심판결의 사실상 판단이나 법률상 판단이 위법하다는 소극적인 면에서만 발생한다"(2017도14322)고 한다.

(4) 기속력의 배제

상소심에서 파기판결을 하면서 판단을 하지 않은 부분은 파기판결의 기속력

---

25) 민소법 제436조(파기환송, 이송) ② 사건을 환송받거나 이송받은 법원은 다시 변론을 거쳐 재판하여야 한다. 이때에는 상고법원이 파기의 이유로 삼은 사실상 및 법률상 판단에 기속된다.

26) 판례는 "상고심으로부터 형사사건을 환송받은 법원은 환송 후의 심리과정에서 새로운 증거가 제시되어 기속력 있는 판단의 기초가 된 증거관계에 변동이 생기지 않는 한 그 사건의 재판에서 상고법원이 파기이유로 제시한 사실상·법률상의 판단에 기속된다"(2017도14322)고 하였다.

이 미치지 않는다. 따라서 상고심이 피고인들의 상고이유를 받아들여 원심판결을 전부 파기·환송하면서 피고인들이 상고이유로 삼지 아니한 부분에 대한 상고가 이유 없다는 판단을 따로 한 바 없다면, 그 환송판결의 선고로 그 부분에 대한 유죄판단이 실체적으로 확정되는 것은 아니므로, 이를 환송받은 원심이 그 부분에 대하여 다시 심리·판단하여 그 중 일부를 무죄로 선고할 수 있다(2007도7042).

또한 파기판결의 기속력은 파기판결의 전제가 된 사실관계의 동일성을 전제로 하므로(2003도4781), 환송 후의 심리과정에서 새로운 증거나 이에 준하는 새로운 간접사실이 제시되는 등의 사유로 그 판단의 기초가 된 증거관계 등에 변동이 있거나 공소장변경이 이루어진 경우에는 기속력이 미치지 않는다(2017도14322).

한편, 파기판결의 기속력은 법령의 동일을 전제로 하므로 파기판결 이후에 법령이 변경된 경우는 물론, 판례가 변경된 경우에도 기속력은 배제된다.

3. 효 과

상소심으로부터 파기판결에 의해 환송 또는 이송받은 하급법원은 사실변동과 같이 기속력이 배제되는 예외적인 경우가 아니라면 파기판결과 다른 판단을 할 수 없다. 만일 환송 또는 이송받은 하급법원이 파기이유로 한 법률상 또는 사실상 판단에 반하는 판단을 한 경우에는 상소심은 법령위반을 이유로 원심판결을 파기하여야 한다(93도2023).

또한 상고심에서 상고이유의 주장이 이유 없다고 판단되어 배척된 부분은 그 판결선고와 동시에 확정력이 발생하여 그 부분에 대하여는 피고인은 더 이상 다툴 수 없고, 또한 환송받은 법원으로서도 그와 배치되는 판단을 할 수 없으므로, 피고인으로서는 더 이상 그 부분에 대한 주장을 상고이유로 삼을 수 없다(2020도2883).

제2절 항 소

Ⅰ. 항소의 의의와 항소심의 구조

1. 항소의 의의

항소란 제1심판결에 불복하여 제2심법원에 제기하는 상소를 말한다. 항소는 제1심판결의 오판, 즉 사실오인, 법리오해, 양형부당 등으로 인해 불이익을 받은 당사자의 권리를 구제하는 것을 주된 목적으로 한다.

항소는 제1심판결에 대한 불복방법이라는 점에서 제2심판결에 대한 불복방법인 상고와 구별되고, 결정이나 명령에 대한 불복방법인 항고 또는 준항고와 구별된다. 또한 항소는 제1심법원의 판결에 대한 제2심법원에의 상소라는 점에서 제1심법원의 판결에 대한 대법원에의 상소인 비약적 상고와 구별된다.

2. 항소심의 구조

(1) 입법주의

1) 복 심

복심이란 항소심이 제1심의 심리와 판결이 없었던 것처럼 피고사건에 대하여 처음부터 다시 심리하는 제도를 말한다. 복심제에서는 항소심의 심판대상은 피고사건 자체로서 항소이유에 제한이 없고, 항소이유서를 제출할 필요도 없으며, 그 심리도 기소요지의 진술부터 다시 시작하는 것으로 사실심리와 증거조사에 제한이 없다. 또한 항소심의 판결주문은 피고사건에 대한 파기자판의 형식을 취하고, 기판력도 항소심판결선고 시에 발생한다.

이 제도는 항소심의 심리를 철저히 함으로써 실체적 진실발견과 당사자의 불이익의 구제에 유리한 반면, 신속한 재판의 원칙과 소송경제에 반하고 제1심에 대한 무시와 상소권남용으로 인한 폐해의 우려가 있다.

2) 속 심

속심이란 항소심이 제1심의 심리절차와 소송자료를 이어받아 피고사건에 대한 심리를 속행하는 제도를 말한다. 속심제에서는 항소심은 제1심의 변론이 재개된 것처럼 원심의 심리절차를 인계하고, 새로운 증거를 보충하여 피고사건의 실체에 대하여 판단을 진행하게 되므로 항소심의 심판대상은 피고사건의 실체이고, 항소이유에 제한이 없으며, 제1심판결 이후에 발생한 사실이나 증거도 판결자료가 된다. 또한 항소심에서도 공소장변경이 허용되고, 판결은 원칙적으로 파기자판의 형식을 취하며, 기판력은 항소심판결선고 시에 발생한다.

이 제도는 항소심이 제1심의 심리를 속행하는 것이라는 점에서 소송경제와 신속한 재판의 이념에는 부합하는 반면, 제1심의 소송자료에 대한 심증을 이어받는다는 점에서 구두변론주의나 직접주의에 반하고, 소송지연과 상소권남용의 우려가 있다.

3) 사 후 심

사후심이란 제1심에 나타난 소송자료만을 토대로 제1심판결 시를 기준으로 하여 제1심판결의 당부를 사후에 심사하는 제도를 말한다. 사후심제에서는 항소심의 심판대상은 원판결의 당부이므로 항소이유가 제한되고, 항소심의 심판범위도 항소이유서에 기재된 내용에 국한되며, 원판결 후에 발생한 자료를 증거로 할 수 없다. 또한 항소심에서는 공소장변경이 허용되지 않고, 판결주문도 항소이유가 없을 때에는 항소를 기각하고 항소이유가 있으면 파기환송하여야 하며, 기판력은 제1심판결선고 시에 발생한다.

이 제도는 신속한 재판의 이념과 소송경제에 가장 부합되는 반면, 제1심의 심리가 충실하지 못할 경우에는 실체적 진실발견과 당사자의 구제에 어려움이 있을 수 있다.

(2) 현행법의 태도

1) 사후심설

사후심설은 현행법상 항소심의 구조를 사후심으로 보거나 사후심을 원칙으로 하고 있다고 하는 견해이다.[27] 이 견해에서는 형소법이 제1심에서 공판중심주의·구두변론주의 및 직접심리주의를 철저히 하고 있으므로 항소심에서의 반복심리는 신속한 재판의 원칙이나 소송경제에 비추어 불필요하다고 한다. 그 실정법적 근거로는 항소이유를 원판결의 법령위반·사실오인 및 양형부당에 제한하고

27) 다만, 항소심에서 사실조사가 시작되거나 파기자판하는 경우에는 속심이 된다는 견해와 파기자판하는 경우에만 속심이 된다는 견해가 있다.

있고(제361조의5), 항소법원은 원칙적으로 항소이유서에 기재된 사유에 관해서만 심판하여야 하며(제364조 제1항), 항소법원은 항소이유가 없음이 명백한 때에는 변론 없이 항소를 기각할 수 있을 뿐만 아니라(동조 제5항) 항소이유가 없다고 인정하는 때에는 판결로서 항소를 기각하고(동조 제4항), 항소이유가 있다고 인정하는 때에는 원심판결을 파기하도록 하고 있는 점(동조 제6항) 등을 들고 있다.

2) 속 심 설

속심설은 현행법상 항소심의 구조를 원칙적으로 속심이라고 해석하는 견해이다(다수설). 그 실정법적 근거로는 항소이유 중에 '판결 후 형의 폐지나 변경 또는 사면이 있는 때'(제361조의5 제2호)와 '재심청구의 사유가 있는 때'(동조 제13호)는 속심적 성격의 항소이유이고, '사실오인'(동조 제14호)과 '양형부당'(동조 제15호)은 순수한 사후심에서는 찾아보기 어려운 항소이유이며, 제1심법원에서 증거로 할 수 있었던 증거는 항소법원에서도 증거로 할 수 있을 뿐만 아니라(제364조 제3항) 제1심판결 선고 후에 나타난 자료에 대하여도 자유롭게 사실심리와 증거조사를 할 수 있고, 판결에 영향을 미친 사유에 관해서는 항소이유에 포함되어 있지 않은 경우에도 항소법원이 직권으로 심판할 수 있으며(동조 제2항), 항소이유가 있다고 인정하는 때에는 파기자판을 원칙으로 하고 있고(동조 제6항), 제1심공판에 관한 규정은 항소심에 준용된다(제370조)는 점 등을 들고 있다.

3) 검 토

항소심에 관한 현행법규정은 속심적 요소와 사후심적 요소를 모두 구비하고 있다. 따라서 항소심의 구조에 관한 논의는 어느 것을 원칙적인 것으로 볼 것인지의 문제에 지나지 않으므로 소송의 목적과 관련하여 고찰하여야 한다. 즉, 항소심은 사실심으로서 실체적 진실발견에 기여하여야 하며, 이를 통해 오판의 방지와 당사자의 구제라고 하는 상소제도의 기능에 충실하여야 한다는 점을 고려하면 속심제를 원칙으로 하고, 사후심적 요소를 속심제에 따른 부작용을 보완하는 요소로 이해하여야 한다.

판례는 형소법상 항소심은 속심을 기반으로 하되 사후심적 요소도 상당 부분 들어 있는 이른바 사후심적 속심의 성격을 가지고 있다고 한다(2016도18031). 따라서 항소심(2017도7843)이나 파기환송 후의 항소심(2003도8153)에서도 공소장 변경이 허용되며, 기판력의 효력발생시기도 항소심판결선고 시가 된다. 이는 항소심에서 파기자판하는 경우뿐만 아니라 항소기각의 재판을 하는 경우(93도836)도 마찬가지이다. 또한 포괄일죄의 일부에 대한 판결의 효력은 항소심판결선고 시까지 범하여진 다른 범죄사실에도 미치며, 제1심판결선고 시에 소년이었기 때문에 부정기형을 선고받은 자가 항소심 계속 중에 성인이 된 경우에는 원판결을 파기하고 정기형을 선고하여야 한다(2009도2682). 그리고 항소이유가 인정되어 제1심판결을 파기하는 경우에도 원칙적으로 파기자판을 하여야 한다(제364조 제6항).

Ⅱ. 항소의 이유

1. 의 의

항소이유란 항소권자가 적법하게 항소를 제기할 수 있는 법률상의 사유를 말한다. 항소이유는 제361조의5에서 제한적으로 열거하고 있다. 항소이유를 제한한 것은 상소권의 남용방지와 소송경제를 위한 것으로 사후심적 요소를 가미한 것으로 이해하고 있다.

형소법상 항소이유는 일정한 사유가 있으면 당연히 항소이유가 인정되는 절대적 항소이유(제361조의5 제2호-제13호, 제15호)와 일정한 사유가 있어도 그 사유가 판결에 영향을 미친 경우에 한해 항소이유가 인정되는 상대적 항소이유(동조 제1호와 제14호)로 구분된다. 상대적 항소이유의 경우에는 항소이유와 원심판결 사이에 인과관계가 존재하여야만 한다. '인과관계'란 법령위반이 판결결과에 영향을 미쳤을 가능성만으로 충분하다(가능성설).[28] '판결에 영향을 미친 경우'란 판결내용에 영향을 미친 경우를 말하며, 판결내용에는 주문뿐만 아니라 이유도 포함된다. 다만, 절차법령의 경우에는 훈시규정을 위반한 때에는 판결결과에 영향을 미친 인과관계가 인정되지 않는 반면, 효력규정에 위반한 때에는 판결결과에 영향을 미친 인과관계가 인정된다.

또한 항소이유는 그 내용에 따라 법령위반에 의한 경우와 그 이외의 사유로 인한 경우로 구분된다. 후자는 항소심의 속심적 성격을 나타내는 근거가 된다. '법령위반'은 일반적으로 상대적 항소이유에 해당하지만(동조 제1호), 판결에 미치는 영향이 중대하거나 그 영향 여부의 입증이 곤란한 경우는 절대적 항소이유로 하고

---

28) 판례는 "사기범행의 공소사실에 대하여 「형법」 제347조 제1항의 죄가 아닌 같은 조 제2항의 죄가 성립한다 하더라도, 위 각 죄는 그 형이 같으므로 위와 같은 사정은 판결결과에 영향을 미치는 사유에 해당하지 않는다"(2017도10601)고 하였다.

있다(동조 제3호-제11호).

2. 절대적 항소이유

(1) 판결 후 형의 폐지나 변경 또는 사면이 있는 때(제2호)

'판결 후 형의 폐지나 변경이 있는 때'란 원심판결 후에 법령의 개폐로 인하여 형의 폐지되거나 변경된 경우를 말한다. 따라서 법령의 개폐 없이 단지 형을 감경하거나 면제할 수 있는 사유가 되는 사실이 발생한 것에 불과한 경우는 이에 포함되지 않는다(2006도5696[29]). 형의 폐지나 사면이 있는 경우는 면소판결사유에 해당하고(제326조 제2호, 제4호), 형이 가볍게 변경된 경우는 피고인에게 가벼워진 형을 부과하여야 한다(형법 제1조 제2항)는 점을 고려한 것이다. '형의 변경'은 가벼운 형으로의 변경을 의미한다.

(2) 관할 또는 관할위반의 인정이 법률에 위반한 때(제3호)

'관할의 인정이 법률에 위반한 때'란 원심법원이 관할권이 없어서 관할위반의 판결을 하여야 함에도 실체에 대하여 심판한 경우를 말하고(99도4398), '관할위반의 인정이 법률에 위반한 때'란 원심법원이 관할권이 있음에도 불구하고 관할위반을 선고한 경우를 말한다. 이때 관할은 토지관할과 사물관할을 말한다.

(3) 판결법원의 구성이 법률에 위반한 때(제4호)

'판결법원의 구성이 법률에 위반한 때'란 합의법원이 그 구성원을 충족하지 못한 경우나 결격사유 있는 법관이 구성원이 된 경우를 말한다. '판결법원'이란 판결 및 그 기초가 되는 심리를 행한 소송법상 법원을 말한다. 법원사무관이나 검사 등의 자격이 법률에 위반한 경우는 이에 해당하지 않는다.

---

29) 판례는 "경합범 중 판결을 받지 아니한 죄가 있는 때에는 그 죄와 판결이 확정된 죄를 동시에 판결할 경우와 형평을 고려하여 그 죄에 대하여 형을 선고하되 그 형을 감경 또는 면제할 수 있도록 「형법」 제39조 제1항이 2005. 7. 29. 법률 제7623호로 개정·시행된 후에 원심판결이 선고되고, 피고인의 별개의 범죄에 대하여 징역형을 선고한 판결이 원심판결 선고 후에 이르러 비로소 확정된 경우에는, 원심판결에 제383조 제1호나 제2호에서 정한 상고이유 중 어느 것도 존재하지 않는다"(2006도5696)고 하였다.

(4) 법률상 그 재판에 관여하지 못할 판사가 그 사건의 심판에 관여한 때(제7호)

'법률상 재판에 관여하지 못할 판사가 그 사건의 심판에 관여한 때'란 제척사유에 해당하거나 기피신청이 이유 있다고 인정된 판사가 재판의 내부적 성립에 관여한 경우를 말한다. 판결의 선고에만 관여한 경우는 이에 해당하지 않는다.

(5) 사건의 심리에 관여하지 아니한 판사가 그 사건의 판결에 관여한 때(제8호)

'사건의 심리에 관여하지 아니한 판사가 그 사건의 판결에 관여한 때'란 공판심리 도중 판사가 경질되었음에도 공판절차를 갱신하지 않고 판결의 내부적 성립에 관여한 경우를 말한다. 판결의 선고에만 관여한 경우는 이에 해당하지 않는다.

(6) 공판의 공개에 관한 규정에 위반한 때(제9호)

'공판의 공개에 관한 규정에 위반한 때'란 재판의 공개에 관한 헌법(제109조)과 법조법(제57조)의 규정에 위반한 경우를 말한다. 판결의 선고를 공개하지 않거나 심리비공개의 결정 없이 심리를 공개하지 않거나 심리비공개의 결정에 이유가 없는 경우 등이 이에 해당한다.

(7) 판결에 이유를 붙이지 아니하거나 이유에 모순이 있는 때(제11호)

'판결에 이유를 붙이지 아니한 때'란 판결이유를 붙이지 않거나 판결이유가 불충분한 때를 말하며, '이유에 모순이 있는 때'란 주문과 이유 또는 이유 상호간에 모순이 있는 때를 말한다.

이유모순이나 이유불비는 법령위반과는 구별된다. '법령적용'도 이유의 일부이므로 법령적용이 전혀 없거나 적용된 법령이 주문과 모순되는 것 등 그 잘못이 명백한 경우는 이유불비나 이유모순에 해당하고, 법령해석의 잘못이나 다른 법령을 적용한 경우에는 상대적 항소이유인 '법령위반'에 해당한다.

(8) 재심청구의 사유가 있는 때(제13호)

'재심청구의 사유가 있는 때'란 판결확정 전에 재심청구사유가 발생한 경우를 말한다. 이는 판결확정 전에 재심청구사유가 있음에도 불구하고 판결확정 후에 재심을 청구하도록 하는 것은 소송경제는 물론, 정의의 관념에 반한다는 점을 고려한 것이다. 따라서 헌법재판소의 위헌결정으로 인하여 형벌에 관한 법률 또는 법률조항이 소급하여 그 효력을 상실한 경우에는 해당 법조를 적용하여 기소한 피고사건은 '범죄로 되지 아니한 때'에 해당하여 재심청구사유가 되므로 항소이유가 된다(헌법재판소법 제47조 제3항, 제4항, 2003도2960).[30)]

한편, 재심청구의 사유가 피고인에게 이익이 되는 경우뿐만 아니라 불리한 경우에도 허용되는지에 대하여는 ① 항소심이 피고인의 이익을 위한 경우뿐만 아니라 실체적 진실발견을 목적으로 한다는 점에서 피고인에게 불리한 재심청구의 사유를 항소이유로 한 검사의 항소가 허용된다는 견해가 있다. 그러나 ② 재심은 피고인의 이익을 위해서만 인정되므로(제420조, 제421조) 재심청구의 사유를 이유로 한 항소는 피고인에게 이익이 되는 경우에 한정된다(다수설). 다만, 재심청구의 사유는 대부분 사실오인이 현저한 경우이므로 부정설에 따르더라도 재심청구의 사유가 피고인에게 불리한 때에는 검사가 '판결에 영향을 미친 사실오인'(제361조의5 제14호)을 이유로 항소할 수 있다.

(9) 형의 양정이 부당하다고 인정할 사유가 있는 때(제15호)

'형의 양정이 부당하다고 인정할 사유가 있는 때'란 원판결의 선고형이 구체적인 사안의 내용에 비추어 지나치게 중하거나 경하여 합리적인 양형의 범위를 넘어선 경우를 말한다.[31)] '형'은 주형뿐만 아니라 부가형·환형유치 또는 집행유예의 여부까지 포함된다. 그러나 법정형, 선택형, 처단형의 범위 자체를 벗어나서 선고하는 것은 양형부당이 아니라 법령위반에 해당한다(제361조의5 제1호).[32)]

양형부당 여부를 판단함에 있어서는 대법원 양형위원회의 양형기준을 참고할 수 있을 것이다(2009도11448). 따라서 법관은 형의 종류를 선택하고 형량을 정함에

30) 판례는 "소송촉진법 제23조에 따라 피고인의 진술 없이 유죄를 선고하여 확정된 제1심판결에 대하여, 피고인이 재심을 청구하지 아니하고 항소권회복을 청구하여 인용되었는데, 사유 중에 피고인이 책임을 질 수 없는 사유로 공판절차에 출석할 수 없었던 사정이 포함되어 있는 경우 제361조의5 제13호에서 정한 '재심청구의 사유가 있는 때'에 해당하는 항소이유를 주장한 것으로 봄이 타당하다. 따라서 위의 경우에 항소심으로서는 이 사건 재심규정에 의한 재심청구의 사유가 있는지를 살펴야 하고 그 사유가 있다고 인정된다면 다시 공소장부본 등을 송달하는 등 새로 소송절차를 진행한 다음 제1심판결을 파기하고 새로운 심리결과에 따라 다시 판결하여야 할 것이다"(2014도17252)라고 하였다.

31) 한편, 양형은 법원의 재량사항이고, 양형판단이 피고인의 인격적 특성에 상응하여 부과되는 주관적 성격이 강하다는 점에서 양형부당은 상대적 항소이유에 해당한다는 견해가 있다.

32) 법정형을 넘거나 미달하는 형을 선고한 경우, 법률상 필요적 가중이나 감경을 하지 않은 경우, 집행유예결격자에게 집행유예를 선고한 경우, 법정형에 없는 형을 선고한 경우 등은 법령위반에 해당한다.

있어서 양형기준을 존중하여야 한다. 이때 양형기준은 법적 구속력을 갖지 않지만(법조법 제81조의7 제1항), 법원이 양형기준을 벗어난 판결을 하는 경우에는 판결서에 양형의 이유를 기재하여야 한다. 다만, 약식절차 또는 즉결심판절차에 의하여 심판하는 경우에는 그러하지 아니하다(동조 제2항). 만일 양형기준을 벗어난 판결을 함에 따라 판결서에 양형의 이유를 기재하여야 하는 경우에는 양형기준의 의의, 효력 등을 감안하여 해당 양형을 하게 된 사유를 합리적이고 설득력 있게 표현하는 방식으로 그 이유를 기재하여야 한다(2010도7410). 판결서에 양형의 이유를 기재하여야 하는 경우에 양형이유를 기재하지 않은 경우는 법령위반에 해당한다.

한편, 피고인이 양형부당만을 이유로 항소한 경우에는 법령적용이나 사실인정에 대해서는 불복하지 않는다는 취지이므로 항소심판결에 대하여 법령위반이나 사실오인을 주장하여 상고할 수 없다. 피고인이 제1심판결에 대하여 양형부당과 함께 다른 항소이유를 내세워 항소하였다가 항소심판결 선고 전에 양형부당 이외의 항소이유를 철회한 경우도 마찬가지이다(2005도9825). 또한 제1심판결에 대하여 검사만이 양형부당을 이유로 항소하였을 뿐 피고인은 항소하지 아니한 경우에 피고인으로서는 항소심판결에 대하여 사실오인, 채증법칙 위반, 심리미진 또는 법령위반 등의 사유를 들어 상고이유로 삼을 수 없다(2009도579).

3. 상대적 항소이유

(1) 판결에 영향을 미친 헌법·법률·명령 또는 규칙의 위반이 있는 때(제1호)

'법령위반'은 절대적 항소이유로 규정한 법령위반(동조 제3호-제11호)을 제외한 법령위반을 의미하며, 소송절차가 법령을 위반하거나 판결의 내용에 있어서 법령의 해석·적용에 잘못이 있는 경우를 말한다. 다만, 이때 법령위반은 효력규정 또는 강행규정의 위반을 의미하며, 훈시규정위반은 이에 해당하지 않는다.

'소송절차에 관한 법령위반'이란 원심의 심리나 판결절차가 소송법규에 위반한 경우를 말한다. 따라서 수사절차에 관한 법령위반은 그 자체로는 항소이유가 되지 않는다. 불고불리의 원칙에 반하는 경우(2001도5304), 필요적 변호사건에서 변호인 없이 개정·심리한 경우(2005도5925), 보강증거 없이 피고인의 자백만으로 유죄판결을 선고한 경우(2007도7835), 피고인이나 검사의 출정 없이 개정한 경우, 증인신문 시 피고인에게 반대신문권을 부여하지 않은 경우, 판결서방식이나 판결

선고의 방식이 법령에 위반한 경우 등이 이에 해당한다. 따라서 판결이유에는 범죄사실, 증거의 요지와 법령의 적용을 명시하여야 함에도, 유죄판결을 선고하면서 판결이유에 그 중 어느 하나를 전부 누락한 경우에는 '판결에 영향을 미친 법률위반'으로서 파기사유가 된다(2013도13673). 또한 원심법원이 실체진실의무를 다하지 않아서 발생하는 심리미진의 위법도 이에 포함된다. 다만, 판결내용 자체가 아니고 피고인의 신병확보를 위한 구속 등 소송절차가 법령에 위반된 경우에는 그로 인하여 피고인의 방어권이나 변호인의 조력을 받을 권리가 본질적으로 침해되고 판결의 정당성마저 인정하기 어렵다고 보이는 정도에 이르지 않는 한, 그것 자체만으로는 판결에 영향을 미친 위법에 해당하지 않는다(2018도19034).

'실체법령위반'이란 원심판결이 인정한 사실관계에는 잘못이 없지만 이를 전제로 한 「형법」 기타 실체법의 해석과 적용에 잘못이 있는 경우를 말한다. 헌법재판소의 위헌결정에 따라 소급적으로 효력을 상실한 법령을 적용한 경우(90도637) 등이 이에 해당한다.

(2) 사실의 오인이 있어 판결에 영향을 미칠 때(제14호)

'사실오인'이란 인정된 사실과 객관적 사실 사이에 차이가 있는 것을 말한다. 원심법원이 인정한 사실인정이 논리법칙과 경험법칙에 비추어 합리성이 결여된 경우이다. '사실'은 재판의 기초되는 모든 사실을 말하는 것은 아니고, 형벌권의 존·부와 범위에 관한 사실, 즉 엄격한 증명을 요하는 사실을 의미한다. 따라서 소송법적 사실이나 정상에 관한 사실은 이에 포함되지 않는다.[33)]

이외에 증거에 의하지 않거나 증거능력이 없는 증거 또는 적법한 증거조사절차를 거치지 않은 증거에 의하여 엄격한 증명을 요하는 사실을 인정하는 것은 소송절차의 법령위반에 해당하며(제1호), 판결이유에 설시된 증거로부터 판결이유에 적시된 사실을 인정하는 것이 불합리한 경우는 절대적 항소이유인 이유모순(제11호)에 해당한다.

---

33) 다만, 정상관계사실은 양형부당(제15호), 소송법적 사실은 법령위반(제1호)의 사유에 해당할 수 있다.

Ⅲ. 항소심의 절차

1. 항소의 제기

(1) 항소제기의 방식

항소를 함에는 항소장을 원심법원에 제출하여야 한다(제359조). 항소의 제기기간은 제1심판결선고일로부터 7일로 한다(제358조). 항소장에는 항소법원을 제출처로 기재하여야 하지만 원심법원인 제1심법원에 소송기록이 있고, 이에 따른 조치도 필요하므로 항소장의 제출은 원심법원에 하여야 한다. 다만, 항소장에는 항소를 한다는 취지와 항소의 대상인 판결을 기재하면 족하고, 항소이유를 기재할 것은 요하지 않는다.

제1심법원의 판결에 대하여 불복이 있으면 지방법원 또는 지원 단독판사가 선고한 것은 지방법원본원 합의부에 항소할 수 있으며, 지방법원 또는 지원의 합의부가 선고한 것은 고등법원에 항소할 수 있다(제357조).

(2) 원심법원의 조치

원심법원은 항소의 제기가 법률상의 방식에 위반하거나 항소권소멸 후인 것이 명백한 때에는 결정으로 항소를 기각하여야 한다(제360조 제1항). 전보에 의한 항소, 항소의 제기기간이 경과한 항소 등이 이에 해당한다. 이 결정에 대하여는 즉시항고를 할 수 있다(동조 제2항).

원심법원은 항소기각의 결정을 하는 경우를 제외하고는 항소장을 받은 날부터 14일 이내에 소송기록과 증거물을 항소법원에 송부하여야 한다(제361조). 항소기간 중 또는 항소 중의 사건에 관한 피고인의 구속, 구속기간 갱신, 구속취소, 보석과 보석취소, 구속집행정지와 그 정지의 취소에 대한 결정은 소송기록이 항소법원에 도달하기까지는 원심법원이 이를 하여야 한다(제105조, 규칙 제57조 제1항).

(3) 항소법원의 조치

항소법원이 기록의 송부를 받은 때에는 즉시 항소인과 상대방에게 그 사유를 통지하여야 한다(제361조의2 제1항).[34] 이 통지 전에 변호인의 선임이 있는 때에

---

34) 판례는 "교도소·구치소 또는 국가경찰관서의 유치장에 체포·구속 또는 유치된 사람에게 할 송달은 교도소·구치소 또는 국가경찰관서의 장에게 하여야 하고(제65조, 민소법 제182

는 변호인에게도 통지를 하여야 한다(동조 제2항). 이 통지는 당사자에 대한 안내와 함께 항소이유서제출기간을 기산시키는 효력이 있다. 그러나 피고인에게 소송기록접수통지를 한 다음에 변호인이 선임된 경우에는 변호인에게 다시 같은 통지를 할 필요가 없다. 이는 필요적 변호사건에서 항소법원이 국선변호인을 선정하고 피고인과 그 변호인에게 소송기록접수통지를 한 다음 피고인이 사선변호인을 선임함에 따라 항소법원이 국선변호인의 선정을 취소한 경우에도 마찬가지이다(2015도10651).

한편, 기록의 송부를 받은 항소법원은 제33조 제1항 제1호부터 제6호까지의 필요적 변호사건에서 변호인이 없는 경우에는 지체 없이 변호인을 선정한 후 그 변호인에게 소송기록접수통지를 하여야 한다. 제33조 제3항에 의하여 법원이 국선변호인을 선정한 경우에도 그러하다(규칙 제156조의2 제1항).[35] 또한 항소법원은 항소이유서제출기간이 도과하기 전에 피고인으로부터 제33조 제2항의 규정에 따른 국선변호인선정청구가 있는 경우에는 지체 없이 그에 관한 결정을 하여야 하고, 이때 국선변호인을 선정한 경우에는 그 변호인에게 소송기록접수통지를 하여야 한다(동조 제2항, 2012도16334).[36] 국선변호인선정결정을 한 후 항소이유서제출기간 내에 피고인이 책임질 수 없는 사유로 그 선정결정을 취소하고 새로운 국선변호인을 선정한 경우에도 그 변호인에게 소송기록접수통지를 하여야 한다(동조 제3항). 그러나 이때 사선변호인을 선정한 경우에는 동조항이 적용되지 않으므로 항소법

조), 재감자에 대한 송달을 교도소 등의 장에게 하지 아니하였다면 그 송달은 부적법하여 무효이다"(2017모1680)라고 하였다.

35) 판례는 필요적 국선사건이 아님에도 제1심이 국선변호인을 선정하여 준 후 피고인에게 징역 1년의 형을 선고하면서 법정구속을 하지 않았는데, 피고인이 항소장만을 제출한 다음 국선변호인선정청구를 하지 않은 채 법정기간 내에 항소이유서를 제출하지 아니하자 원심이 피고인의 항소를 기각한 사안에서, "피고인의 권리보호를 위하여 법원이 재량으로 국선변호인 선정을 해 줄 필요는 없다고 보아 국선변호인 선정 없이 공판심리를 진행한 원심의 판단과 조치 및 절차는 정당하고, 피고인이 피해자들과의 합의를 전제로 감형만을 구하였던 이상 원심이 국선변호인을 선정하여 주지 않은 것이 피고인의 방어권을 침해하여 판결에 영향을 미쳤다고 보기도 어렵다"(2013도1886)고 하였다.

36) 항소법원이 제33조 제2항의 국선변호인선정청구를 기각한 경우에는 피고인이 국선변호인선정청구를 한 날로부터 선정청구기각결정등본을 송달받은 날까지의 기간을 제361조의3 제1항이 정한 항소이유서제출기간에 산입하지 않는다. 다만, 피고인이 최초의 국선변호인 선정청구기각결정을 받은 이후 같은 법원에 다시 선정청구를 한 경우에는 그 국선변호인 선정청구일로부터 선정청구기각결정등본 송달일까지의 기간에 대해서는 그러하지 아니하다(규칙 제156조의2 제4항).

원은 사선변호인에게 다시 소송기록접수통지를 할 의무는 없다(2015도10651).

피고인이 교도소 또는 구치소에 있는 경우에는 원심법원에 대응한 검찰청검사는 위의 통지를 받은 날부터 14일 이내에 피고인을 항소법원 소재지의 교도소 또는 구치소에 이송하여야 한다(동조 제3항).

(4) 항소이유서와 답변서의 제출

1) 항소이유서의 제출

항소인 또는 변호인은 항소법원의 소송기록의 접수통지를 받은 날로부터 20일 이내에 항소이유서를 항소법원에 제출하여야 한다(제361조의3 제1항). 이때 재소자에 대한 특칙(제344조)이 준용되므로 항소이유서제출기간 내에 교도소장 등에게 항소이유서를 제출한 때에는 항소이유서를 제출한 것으로 본다(동조 제1항 단서). 항소심의 구조는 피고인 또는 변호인이 법정기간 내에 제출한 항소이유서에 의하여 심판되는 것이므로 항소이유서 제출기간의 경과를 기다리지 않고는 항소사건을 심판할 수 없다(2023도12199).

항소이유서는 위의 기간 내에 항소법원에 도달하면 되는데, 그 도달은 항소법원의 지배권 안에 들어가 사회통념상 일반적으로 알 수 있는 상태에 있으면 충분하다(96도3325). 항소법원이 피고인에게 소송기록접수통지를 함에 있어 2회에 걸쳐 그 통지서를 송달하였다고 하더라도 항소이유서제출기간의 기산일은 최초 송달의 효력이 발생한 날의 다음날부터이다(2010도3377). 이때에도 법정기간의 연장에 관한 규정(제67조)이 적용된다(2006도3329).

또한 피고인에게 소송기록접수통지를 한 후에 사선변호인이 선임된 경우에는 피고인이 소송기록접수통지를 받은 날이, 피고인에게 소송기록접수통지가 되기 전에 변호인이 선임된 경우에는 변호인이 소송기록접수통지를 받은 날이 항소이유서제출기간의 기산일이 된다(2010모1741). 항소심에서 변호인이 선임된 후 변호인이 없는 다른 사건이 병합된 경우도 변호인이 병합된 사건에 관한 소송기록접수통지를 받은 날부터 계산한다(2019도11622). 다만, 피고인이 항소이유서제출기간이 도과한 후에 국선변호인선정청구를 하여 국선변호인이 선정된 경우에는 그 국선변호인에게 소송기록접수통지를 할 필요가 없고, 설령 국선변호인에게 같은 통지를 하였다고 하더라도 국선변호인의 항소이유서제출기간은 피고인이 소송기록접수통지를 받은 날로부터 계산된다(2013도4114).

한편, 필요적 변호사건에서 피고인과 국선변호인이 모두 법정기간 내에 항소이유서를 제출하지 아니하였더라도, 국선변호인이 항소이유서를 제출하지 아니한 데 대하여 피고인에게 귀책사유가 있음이 특별히 밝혀지지 않는 한, 항소법원은 종전 국선변호인의 선정을 취소하고 새로운 국선변호인을 선정하여 다시 소송기록접수통지를 함으로써 새로운 국선변호인으로 하여금 그 통지를 받은 때로부터 항소이유서제출기간 내에 피고인을 위하여 항소이유서를 제출하도록 하여야 한다(2009모1044). 제33조 제3항에 의하여 법원이 국선변호인을 선정한 경우(2014도4496)는 물론, 국선변호인선정결정을 한 후 항소이유서제출기간 내에 피고인이 책임질 수 없는 사유로 그 선정결정을 취소하고 새로운 국선변호인을 선정한 경우에도 마찬가지이다(2005모304). 이러한 법리는 항소법원이 종전 국선변호인의 선정을 취소하고 새로운 국선변호인을 선정하였으나 소송기록접수통지를 하기 이전에 피고인 스스로 변호인을 선임한 경우 그 사선변호인에 대하여도 마찬가지로 적용된다(2019도4221). 하지만 필요적 변호사건에서 항소법원이 국선변호인을 선정하고 피고인과 그 변호인에게 소송기록접수통지를 한 다음 피고인이 사선변호인을 선임함에 따라 항소법원이 국선변호인의 선정을 취소한 경우에는 항소이유서제출기간은 국선변호인 또는 피고인이 소송기록접수통지를 받은 날부터 계산하여야 한다(2015도10651).[37)]

또한 필요적 변호사건에서 법원이 정당한 이유 없이 국선변호인을 선정하지 않고 있는 사이에 또는 제33조 제2항의 규정에 따른 국선변호인 선정청구를 하였으나 그에 관한 결정을 하지 않고 있는 사이에 피고인 스스로 변호인을 선임하였지만 이미 피고인에 대한 항소이유서제출기간이 도과해버린 경우 법원은 사선변호인에게도 규칙 제156조의2를 유추적용하여 소송기록접수통지를 함으로써 그 사선변호인이 통지를 받은 날로부터 기산하여 소정의 기간 내에 피고인을 위하여 항소이유서를 작성·제출할 수 있는 기회를 주어야 한다(2008도11486).

37) 그러나 항소심에서 국선변호인선정결정을 한 후 국선변호인에게 소송기록접수통지서 등을 송달하고, 제1심에서 송달영수인으로 신고된 제1심 변호인의 사무소로 피고인에 대한 소송기록접수통지서 등을 송달한 후, 피고인이 사선변호인을 선임하여 그 변호인 선임서를 항소심에 제출한 경우, 항소심으로서는 피고인과는 별도로 항소심에서 선임된 변호인에게도 소송기록접수통지를 하여야 하므로 항소심이 피고인에 대한 적법한 소송기록접수통지가 이루어지지 않은 상태에서 국선변호인 선정을 취소하면서 사선변호인에게는 새로이 소송기록접수통지를 하지 않은 것은 소송절차의 법령위반으로 인하여 판결에 영향을 미친 위법에 해당한다(2024도3298).

2) 항소이유의 기재

항소이유서란 제1심판결에 대하여 불복의 이유를 기재한 서면을 말한다. 항소이유서에는 항소이유 또는 답변내용을 구체적으로 간결하게 명시하여야 한다(규칙 제155조). 따라서 검사가 항소하면서 항소장의 항소범위란에 '전부', 항소이유란에 '사실오인 및 심리미진, 양형부당'이라고만 기재하였을 뿐 구체적 항소이유를 기재하지 않은 것은 위법하다(2006도2536). 또한 검사가 일부유죄, 일부무죄가 선고된 제1심판결에 대하여 항소하면서 항소장의 '항소의 범위'란에 '전부(양형부당 및 무죄부분, 사실오인, 법리오해)'라고 기재하였으나 항소이유서에는 제1심판결 중 무죄부분에 대한 항소이유만 기재한 경우 항소장에 기재한 '양형부당'이라는 문구를 적법한 항소이유의 기재라고 볼 수 없고, 유죄부분은 법정기간 내에 항소이유서를 제출하지 아니한 경우에 해당한다(2022도1229). 검사가 항소이유서에서 단지 항소심에서 공소장변경을 한다는 취지와 변경된 공소사실에 대하여 유죄의 증명이 충분하다는 취지의 주장만 한 경우도 적법한 항소이유의 기재로 볼 수 없다(2022도1229).

그러나 피고인이 항소이유를 구체적으로 명시하지 않고, 단지 '위 사건에 대한 원심판결은 도저히 납득할 수 없는 억울한 판결이므로 항소를 한 것입니다'라고 기재한 경우에는 항소심은 이를 제1심판결에 사실의 오인이 있거나 양형부당의 위법이 있다는 항소이유를 기재한 것으로 선해하여 그 항소이유에 대하여 심리를 하여야 한다(2002모265). 하지만 직권조사사유가 아닌 한 피고인이나 변호인이 항소이유서에 포함시키지 않은 사항을 항소심 공판정에서 진술한다고 하더라도 그러한 사정만으로 그 진술에 포함된 주장과 같은 항소이유가 있다고 볼 수 없다(2017도3373).

3) 항소이유서의 부본 등 송달

항소이유서의 제출을 받은 항소법원은 지체 없이 부본 또는 등본을 상대방에게 송달하여야 한다(제361조의3 제2항). 등본은 부본이 제출되지 않았거나 어떤 경위로 분실 또는 멸실된 경우에 법원사무관 등이 항소이유서와 동일하게 작성한 서류이다.

항소이유서에는 상대방의 수에 2를 더한 수의 부본을 첨부하여야 한다(규칙 제156조). 다만, 항소이유서 부본이 상대방에게 송달되지 아니하였더라도 상대방이 항소심 공판기일에 출석하여 이의제기를 하지 않았다면 하자는 치유된다(2001도5820).

4) 답변서의 제출

답변서란 상대방이 항소이유에 대하여 반론을 기재한 서면을 말한다. 항소의 상대방은 전항의 송달을 받은 날로부터 10일 이내에 답변서를 항소법원에 제출하여야 한다(제361조의3 제3항). 답변서에는 답변내용을 구체적으로 간결하게 명시하여야 한다(규칙 제155조). 답변서에는 상대방의 수에 2를 더한 수의 부본을 첨부하여야 한다(규칙 제156조). 답변서의 제출은 의무사항이 아니므로 미제출을 이유로 항소기각(제361조의4)은 할 수 없다.

답변서의 제출을 받은 항소법원은 지체 없이 그 부본 또는 등본을 항소인 또는 변호인에게 송달하여야 한다(제361조의3 제4항).

(5) 효 과

항소이유서와 답변서의 제출 및 부본송달이 끝나면 항소법원은 공판기일의 지정과 통지, 피고인의 소환 등 공판에 필요한 준비절차를 진행하여야 한다. 다만, 항소법원은 항소이유서제출기간 및 답변서제출이 경과한 날을 공판기일로 정하여야 한다.

2. 심 리

(1) 절 차

항소심의 공판절차는 원칙적으로 제1심공판절차에 관한 규정이 준용된다(제370조). 따라서 모두절차를 거쳐 사실심리절차에서 증거조사와 피고인신문이 이루어지고, 최종변론으로 검사의 원심판결의 당부와 항소이유에 대한 의견진술 및 피고인과 변호인의 의견진술이 있게 된다(규칙 제156조의7). 항소심의 심리가 종결되면 항소법원은 선고기일을 지정하게 되고 판결선고절차를 진행하게 된다.

항소법원은 피고인이 공판기일에 출정하지 아니한 때에는 다시 기일을 정하여야 한다(제365조 제1항). 그러나 피고인이 정당한 사유 없이 다시 정한 기일에 출정하지 아니한 때에는 피고인의 진술 없이 판결을 할 수 있다(동조 제2항). 다만, 피고인이 불출석한 상태에서 그 진술 없이 판결할 수 있기 위해서는 피고인이 적법한 공판기일 통지를 받고서도 2회 연속으로 정당한 이유 없이 출정하지 않은 경우이어야 한다(2019도5426). '적법한 공판기일 통지'란 소환장의 송달(제76조) 및 소환장 송달의 의제(제268조)의 경우에 한정되는 것이 아니라 적어도 피고인의 이름·

죄명·출석 일시·출석 장소가 명시된 공판기일 변경명령을 송달받은 경우(제270조)도 포함된다(2022도7940). 따라서 집행관송달이나 소재조사촉탁 등의 절차를 거치지 아니한 채 송달불능과 통화불능의 사유만으로 피고인의 주거를 알 수 없다고 단정하여 곧바로 공판기일소환장 등 소송서류를 공시송달하고 피고인의 진술 없이 판결을 한 것은 위법이다(2014도16822).[38)]

1) 모두절차

모두절차에서는 진술거부권고지와 인정신문을 하고, 항소인은 그 항소이유를 구체적으로 진술하여야 한다(규칙 제156조의3 제1항). 상대방은 항소인의 항소이유진술이 끝난 뒤에 항소이유에 대한 답변을 구체적으로 진술하여야 한다(동조 제2항). 이때 피고인 및 변호인은 이익이 되는 사실 등을 진술할 수 있다(동조 제3항). 법원은 항소이유와 답변에 터잡아 해당 사건의 사실상·법률상 쟁점을 정리하여 밝히고 그 증명되어야 하는 사실을 명확히 하여야 한다(규칙 제156조의4).

항소이유서제출기간이 경과하기 전에는 항소사건을 심판할 수 없다(2019도11622). 이미 항소이유서를 제출하였더라도 항소이유를 추가·변경·철회할 수 있으므로 항소이유서제출기간의 경과를 기다리지 않고는 항소사건을 심판할 수 없다(2017도13748). 항소이유서제출기간 내에 변론이 종결되었는데 그 후 위 제출기간 내에 항소이유서가 제출되었다면 특별한 사정이 없는 한 항소심법원으로서는 변론을 재개하여 항소이유의 주장에 대해서도 심리를 하여야 한다(2018도12896).

한편, 항소이유서를 제출한 자는 항소심의 공판기일에 항소이유서에 기재된 항소이유의 일부를 철회할 수 있다. 다만, 항소이유를 철회하면 이를 다시 상고이유로 삼을 수 없게 되는 제한을 받을 수도 있으므로 항소이유의 철회는 명백히 이루어져야만 그 효력이 있다(2013도1473).

2) 증거조사

제1심법원에서 증거로 할 수 있었던 증거는 항소법원에서도 증거로 할 수 있다(제364조 제3항). 재판장은 증거조사절차에 들어가기에 앞서 제1심의 증거관

---

38) 형사소송절차에 외국에서 하는 공시송달의 효력 발생시기에 관해서도 민소법 제196조 제2항이 준용되므로 베트남으로 출국한 피고인에 대하여 사법공조절차를 통해 피고인의 베트남주소지로 송달한 경우에도 피고인이 공시송달에 의한 소환을 받고서도 2회 연속 불출석하였다고 인정하기 위해서는 첫 공시송달을 한 날부터 2개월의 기간이 지난 이후 진행된 2회의 공판기일에 연속하여 불출석하였을 것을 요한다(2023도3720).

계와 증거조사결과의 요지를 고지하여야 한다(규칙 제156조의5 제1항). 따라서 제1심법원에서 증거능력이 있던 증거는 항소법원에서도 그 증거능력이 유지되어 재판의 기초로 사용될 수 있고, 원심에서의 증거결정의 위법 여부가 항소이유가 아니라면 항소심에서 별도의 증거능력의 유·무를 심사할 필요가 없다(2004도8313). 피고인이 항소심에 출석하여 공소사실을 부인하면서 제1심법원에서 간주된 증거동의를 철회 또는 취소한다는 의사표시를 하더라도 그로 인하여 적법하게 부여된 증거능력이 상실되는 것이 아니다(2007도5776). 그러나 항소심은 속심적 구조를 가지므로 새로운 증거조사를 할 수 있다. 다만, 항소법원은 검사, 피고인 또는 변호인이 고의로 증거를 뒤늦게 신청함으로써 공판의 완결을 지연하는 것으로 인정할 때에는 직권 또는 상대방의 신청에 따라 결정으로 이를 각하할 수 있다(제294조 제2항).

항소심에서 증거조사를 생략할 수 있는지에 대하여는 ① 제364조 제3항은 항소심에서 증거능력의 검토만을 생략할 수 있도록 한 규정에 지나지 않으며, 항소심에서도 공판중심주의 및 구두변론주의를 강화할 필요가 있으므로 증거물의 제시나 증거서류의 낭독은 항소심 공판기일에도 행하여져야 한다는 견해가 있다. 그러나 ② 항소심의 속심적 성격에 비추어볼 때 제1심법원에서 증거로 할 수 있었던 증거는 항소심에서 다시 증거조사를 할 필요가 없고, 재판장이 증거조사절차에 들어가기 전에 제1심의 증거관계와 증거조사결과의 요지를 고지하면 충분하다(다수설). 판례는 "제1심법원에서 이미 증거능력이 있었던 증거는 항소심에서도 증거능력이 그대로 유지되어 심판의 기초가 될 수 있고, 다시 증거조사를 할 필요가 없다. 다만, 항소법원의 재판장은 증거조사절차에 들어가기에 앞서 제1심의 증거관계와 증거조사결과의 요지를 고지하여야 한다"(2018도8651)고 한다.

현행법상 항소법원은 (i) 제1심에서 조사되지 아니한 데에 대하여 고의나 중대한 과실이 없고, 그 신청으로 인하여 소송을 현저하게 지연시키지 아니하는 경우(제1호), (ii) 제1심에서 증인으로 신문하였으나 새로운 중요한 증거의 발견 등으로 항소심에서 다시 신문하는 것이 부득이하다고 인정되는 경우(제2호), (iii) 그 밖에 항소의 당부에 관한 판단을 위하여 반드시 필요하다고 인정되는 경우(제3호)에 한하여 증인을 신문할 수 있다(규칙 제156조의5 제2항).[39] 따라서 항소심에서는

39) 판례는 "제1심의 피해자에 대한 증인신문조서 기재 자체에 의하여 피해자의 진술을 믿기 어려운 사정이 보이는 경우에는 항소심이 그 증인을 다시 신문하여 보지도 아니하고 제1심의 증인신문조서의 기재만에 의하여 직접 증인을 신문한 제1심과 다르게 그 증언을 믿을 수 있다고 판단한 것은 심히 부당하다"(2005도130)고 하였다.

제1심법원이 조사한 증인을 다시 신문하지 않고 조서의 기재만으로 그 증언의 신빙성 유·무를 판단할 수 있다.

한편, 판례는 항소법원은 제1심법원에서 한 증인의 진술의 신빙성을 판단함에 있어서 제1심법원에서의 판단을 존중하여야 한다고 한다. 즉, "제1심 증인이 한 진술에 대한 항소심의 신빙성 유·무 판단은 원칙적으로 증인신문조서를 포함한 기록만을 그 자료로 삼게 되므로, 진술의 신빙성 유·무 판단을 할 때 가장 중요한 요소 중의 하나라 할 수 있는 진술 당시 증인의 모습이나 태도, 진술의 뉘앙스 등을 그 평가에 반영하기가 어렵다. 이러한 사정을 고려하면, 제1심판결내용과 제1심에서 증거조사를 거친 증거들에 비추어 제1심 증인이 한 진술의 신빙성 유·무에 대한 제1심의 판단이 명백하게 잘못되었다고 볼 특별한 사정이 있거나, 제1심의 증거조사결과와 항소심변론종결 시까지 추가로 이루어진 증거조사결과를 종합하면 제1심 증인이 한 진술의 신빙성 유·무에 대한 제1심의 판단을 그대로 유지하는 것이 현저히 부당하다고 인정되는 예외적인 경우가 아니라면, 항소심으로서는 제1심 증인이 한 진술의 신빙성 유·무에 대한 제1심의 판단이 항소심의 판단과 다르다는 이유만으로 이에 대한 제1심의 판단을 함부로 뒤집어서는 안 된다"(2018도17748)고 한다. 특히, 공소사실을 뒷받침하는 증거의 경우에는, 증인신문절차를 진행하면서 진술에 임하는 증인의 모습과 태도를 직접 관찰한 제1심이 증인의 진술에 대하여 그 신빙성을 인정할 수 없다고 판단하였음에도 불구하고 항소심이 이를 뒤집어 그 진술의 신빙성을 인정할 수 있다고 판단할 수 있으려면, 진술의 신빙성을 배척한 제1심의 판단을 수긍할 수 없는 충분하고도 납득할 만한 현저한 사정이 나타나는 경우이어야 한다(2012도2409).

3) 피고인신문

검사 또는 변호인은 항소심의 증거조사가 종료한 후 항소이유의 당부를 판단함에 필요한 사항에 한하여 피고인을 신문할 수 있다(규칙 제156조의6 제1항). 재판장은 피고인신문을 실시하는 경우에도 제1심의 피고인신문과 중복되거나 항소이유의 당부를 판단하는 데 필요 없다고 인정하는 때에는 그 신문의 전부 또는 일부를 제한할 수 있다(동조 제2항). 재판장도 필요하다고 인정하는 때에는 피고인을 신문할 수 있다(동조 제3항). 하지만 항소심에서도 변호인의 본질적 권리를 해할 수는 없으므로 재판장은 변호인이 피고인을 신문하겠다는 의사를 표시한 때에는 피고인을 신문할 수 있도록 조치하여야 한다. 따라서 변호인이 피고인을 신문하겠다는 의사를 표시하였음에도 변호인에게 일체의 피고인신문을 허용하지 않은 것은 변호인의 피고인신문권에 관한 본질적 권리를 해하는 것으로서 '소송절차의 법령위반'에 해당한다(2020도10778).

4) 최후진술

항소심의 증거조사와 피고인신문절차가 종료한 때에는 최후진술의 기회를 주어야 한다. 즉, 검사는 원심판결의 당부와 항소이유에 대한 의견을 구체적으로 진술하여야 한다(규칙 제156조의7 제1항). 재판장은 검사의 의견을 들은 후 피고인과 변호인에게도 의견을 진술할 기회를 주어야 한다(동조 제2항).

(2) 심판범위

항소법원은 항소이유에 포함된 사유에 관하여 심판하여야 한다(제364조 제1항). 따라서 피고인이나 변호인이 항소이유서에 포함시키지 아니한 사항을 항소심 공판정에서 진술한다 하더라도 항소이유가 있다고 볼 수 없다(2017도3373). 따라서 경합범관계에 있는 죄에 대하여 일부유죄, 일부무죄를 선고한 제1심판결에 대하여 검사만이 그 전부에 대하여 항소한 경우에는 제1심판결 전부가 항소심의 심판범위에 포함되므로(2009도9576), 항소법원이 제1심판결 무죄부분을 유죄로 인정하는 때에는 제1심판결 전부를 파기하고 경합범관계에 있는 공소사실 전부에 대하여 하나의 형을 선고하여야 한다(2014도342). 그러나 검사가 일부유죄, 일부무죄가 선고된 제1심판결 전부에 대하여 항소하면서 유죄부분에 대하여는 아무런 항소이유도 주장하지 않은 경우에 검사가 항소심 공판기일에 이르러 양형부당 주장을 하더라도 검사가 제1심판결의 유죄부분에 대하여 적법하게 항소이유를 제출하였다고 할 수 없고, 그 주장과 같은 사유는 직권조사사항이나 직권심판사항(제364조 제2항)에 해당하지 않는다(2014도5503). 검사가 항소장이나 법정기간 내에 제출된 항소이유서에서 유죄부분에 대하여 양형부당 주장을 하였으나, 항소이유 주장이 실질적으로 구두변론을 거쳐 심리되지 아니한 경우에도 마찬가지이다(2015도11696).

또한 확정판결 전의 공소사실과 확정판결 후의 공소사실에 대하여 따로 유죄를 선고하여 두 개의 형을 정한 제1심판결에 대하여 피고인만이 확정판결 전의 유죄판결부분에 대하여 항소한 경우 피고인과 검사가 항소하지 아니한 확정판결 후의 유죄판결부분은 항소기간이 지남으로써 확정되어 항소심에 계속된 사건은 확정판결 전의 유죄판결부분뿐이고, 그에 따라 항소심이 심리·판단하여야 할 범위는 확정판결 전의 유죄판결부분에 한정된다(2016도18553).

그러나 항소법원은 판결에 영향을 미친 사유에 관하여는 항소이유서에 포함되지 아니한 경우에도 직권으로 심판할 수 있다(동조 제2항). '판결에 영향을 미친 사유'란 널리 항소이유가 될 수 있는 사유 중에서 직권조사사유를 제외한 것으로서 판결에 영향을 미친 경우를 포함한다(76도437). 이에는 법령위반[40], 사실오인[41], 양형부당이 모두 포함된다. 따라서 피고인이 사실오인만을 이유로 항소한 경우(90도1021)는 물론, 제1심의 형량이 부당하다는 검사의 항소(2008도1092)에 대하여 그 판단에 앞서 항소법원이 직권으로 조사하여 양형부당을 이유로 제1심판결을 파기하고 제1심의 양형보다 가벼운 형을 정하여 선고할 수 있다. 특히, 반의사불벌죄에서 처벌불원의 의사표시의 부존재는 소극적 소송조건으로서 직권조사사항에 해당하므로 당사자가 항소이유로 주장하지 않았더라도 원심은 이를 직권으로 조사·판단하여야 한다(2019도19168). 또한 항소법원은 항소이유서에 포함되지 않은 '형벌에 관한 법률조항에 대한 헌법재판소의 위헌결정'에 대하여도 직권으로 심판할 수 있으며(2009도9576), 제1심법원이 실체적 경합범관계에 있는 공소사실 중 일부에 대하여 재판을 누락한 경우에는 직권으로 제1심의 누락부분을 파기하고 그 부분에 대하여 재판하여야 한다(2011도7259).

3. 재 판

(1) 공소기각의 결정

항소법원은 공소기각의 결정의 사유(제328조 제1항)가 있는 때에는 결정으로 공소를 기각하여야 한다(제363조 제1항). 이 결정에 대하여는 즉시항고를 할 수 있다

---

40) 판례는 "공시송달 방법에 의한 피고인소환이 부적법하여 피고인이 공판기일에 출석하지 않은 가운데 진행된 제1심의 절차가 위법하고 그에 따른 제1심판결이 파기되어야 한다면, 항소심으로서는 다시 적법한 절차에 의하여 소송행위를 새로이 한 후 항소심에서의 진술과 증거조사 등 심리결과에 기초하여 다시 판결하여야 한다"(2012도986)고 하였고, "필요적 변호사건임에도 제1심공판절차가 변호인 없이 행하여진 경우 항소심으로서는 변호인이 있는 상태에서 소송행위를 새로이 한 후 위법한 제1심판결을 파기하고, 항소심에서의 증거조사 및 진술 등 심리결과에 기하여 다시 판결하여야 한다"(2011도6325)고 하였다.

41) 판례는 "피고인이 항소이유서에 기재하였던 사실오인이나 법률위반 등의 항소이유를 철회하였다 하더라도 항소심으로서 제1심판결에 그러한 위법이 있는 경우에는 그 점을 직권으로 심리하여야 한다"(95도2653)고 하였다.

(동조 제2항).

(2) 항소기각의 재판

1) 항소기각의 결정

항소법원은 항소의 제기가 법률상의 방식에 위반하거나 항소권소멸 후인 것이 명백한 때에도 원심법원이 항소기각의 결정을 하지 아니한 때에는 결정으로 항소를 기각하여야 한다(제362조 제1항). 이 결정에 대하여는 즉시항고를 할 수 있다(동조 제2항).

또한 항소법원은 피고인이나 변호인이 항소이유서제출기간 내에 항소이유서를 제출하지 아니한 때에는 결정으로 항소를 기각하여야 한다. 다만, 직권조사사유가 있거나 항소장에 항소이유의 기재가 있는 때에는 예외로 한다(제361조의4 제1항). '직권조사사유'란 법령적용이나 법령해석의 착오 여부 등, 당사자가 주장하지 아니하는 경우에도 법원이 직권으로 조사하여야 할 사유를 말한다(2005모564). 이 결정에 대하여는 즉시항고를 할 수 있다(동조 제2항). 이 규정은 피고인의 보호를 위한 것이므로 검사만이 항소하였으나 항소이유서제출기간 내에 항소이유서를 제출하지 않은 경우에는 직권조사 없이 항소를 기각하여야 한다(70도2752). 그러나 피고인이 적법하게 소송기록접수통지서를 받지 못하였다면 항소이유서제출기간이 지났다는 이유로 항소기각의 결정을 하는 것은 위법이다(2018모642).

그러나 항소인이나 변호인이 항소이유서에 항소이유를 특정하여 구체적으로 명시하지 아니하였다고 하더라도 항소이유서가 법정의 기간 내에 적법하게 제출된 경우에는 이를 항소이유서가 법정기간 내에 제출되지 아니한 것과 같이 보아 결정으로 항소를 기각할 수는 없다(2005모564).

2) 항소기각의 판결

항소법원은 항소이유 없다고 인정한 때에는 판결로써 항소를 기각하여야 한다(제364조 제4항). '항소이유 없다고 인정한 때'란 항소이유에 포함된 사유가 항소이유로 인정되지 않을 뿐만 아니라 항소법원의 직권조사 결과에 의하여도 판결에 영향을 미친 사유가 있다고 인정되지 않는 경우를 말한다 검사와 피고인 양쪽이 항소를 제기한 경우, 어느 일방의 항소는 이유 없으나 다른 일방의 항소가 이유 있어 원판결을 파기하고 다시 판결하는 때에는 이유 없는 항소에 대해서는 판결이유 중에서 그 이유가 없다는 점을 적으면 충분하고 주문에서 그 항소를 기각하여야 하는 것은 아니다(2019도17995).

또한 항소법원은 항소이유 없음이 명백한 때에는 항소장, 항소이유서 기타의 소송기록에 의하여 변론 없이 판결로써 항소를 기각할 수 있다(동조 제5항). 이를 무변론기각이라고 한다. 제1심에서 최하한의 형을 선고받고도 양형부당을 이유로 항소한 경우, 집행유예기간만을 도과시키기 위해 항소한 것이 명백한 경우, 벌금형의 납부기간만을 유예받기 위해 항소한 것이 명백한 경우 등이 이에 해당한다.

한편, 제1심판결의 재판서에 잘못된 계산이나 기재, 그 밖에 이와 비슷한 잘못이 있음이 분명한 때에는 항소법원은 항소기각의 판결을 하면서 직권으로 또는 당사자의 신청에 따라 경정결정을 할 수 있다(규칙 제25조 제1항). 경정결정은 재판서의 원본과 등본에 덧붙여 적어야 한다. 다만, 등본에 덧붙여 적을 수 없을 때에는 경정결정의 등본을 작성하여 재판서의 등본을 송달받은 자에게 송달하여야 한다(동조 제2항). 이 경정결정에 대하여는 즉시항고를 할 수 있다. 그러나 재판에 대하여 적법한 상소가 있는 때에는 그러하지 아니하다(동조 제3항).

(3) 원심판결의 파기판결

1) 원심판결의 파기

항소법원은 항소이유가 있다고 인정한 때에는 원심판결을 파기하고 다시 판결을 하여야 한다(제364조 제6항). 항소법원은 항소가 적법하다면 항소이유서가 제출되었는지 또는 항소이유서에 포함되었는지를 가릴 필요 없이 직권조사사유에 관하여는 반드시 심판하여야 한다(2006도8488). 또한 항소이유에 포함된 사유에 관하여는 항소이유가 인정되지 않더라도 항소법원의 직권조사결과 판결에 영향을 미친 사유가 있다고 인정할 때에는 원심판결을 파기하여야 한다(2010도11338).[42)]

한편, 항소법원이 피고인을 위하여 원심판결을 파기하는 경우에 파기의 이유가 항소한 공동피고인에게 공통되는 때에는 그 공동피고인에게 대하여도 원심판결을 파기하여야 한다(제364조의2). 이는 항소 중에 있는 공동피고인 상호간의

---

42) 판례는 "항소심이 항소이유에 포함되지 아니한 사유를 직권으로 심리하여 제1심판결을 파기하고 자판할 때에는 피고사건의 유죄 여부에 관한 사실인정 및 법률적용에 관하여 사실심으로서 심리·판단하게 되므로 항소인이 주장하는 항소이유의 당부도 위와 같은 피고사건의 심리·판단 과정에서 판단된 것으로 볼 것이고 별도로 그 항소이유의 당부에 대한 판단을 명시하지 아니하였다고 하여 판단누락이라고 볼 것이 아니다"(2010도11338)라고 하였다.

공평을 도모하기 위한 것이다(2002도6834). '공동피고인'이란 원심에서 피고인과 공동피고인에게 파기의 이유가 공통되는 범죄사실이 동일한 소송절차에서 병합 심리된 경우를 말하며(2018도14303), 항소심에서의 병합심리 여부는 문제되지 않는다. 이는 검사만 피고인을 위하여 항소한 경우에도 적용된다(2021도10579). 이때 항소법원은 동일한 재판부이어야 한다. 동일한 공동피고인의 항소가 적법하게 된 이상 항소이유서를 제출하지 않거나(2013도9605) 항소이유가 부적법한 경우에도 원심판결의 파기가 허용될 수 있다. 그러나 원심의 공동피고인이 항소하지 아니하여 원심판결이 확정된 때에는 이를 파기할 수 없다.

2) 파기자판

파기자판이란 항소법원이 원심법원의 판결을 파기하고 피고사건에 대하여 직접 다시 판결하는 것을 말한다. 항소법원이 원심판결을 파기하면 사건은 원심판결 전의 상태로 항소심에 계속되며, 따라서 항소심은 파기자판을 원칙으로 한다(제364조 제6항). 이는 신속한 재판과 소송경제를 도모하기 위한 것으로 항소심의 구조를 속심으로 파악하는 근거가 된다.

파기자판을 하는 경우에는 구두변론에 의하여야 한다(통설, 94도2078). 자판하는 경우의 판결에는 유·무죄의 실체판결과 면소판결 및 공소기각의 판결이 포함된다. 다만, 항소심이 심리과정에서 심증의 형성에 영향을 미칠 만한 객관적 사유가 새로 드러난 것이 없음에도 제1심의 판단을 재평가하여 사후심적으로 판단하여 뒤집고자 할 때에는, 제1심의 증거가치판단이 명백히 잘못되었다거나 사실인정에 이르는 논증이 논리와 경험법칙에 어긋나는 등으로 그 판단을 그대로 유지하는 것이 현저히 부당하다고 볼 만한 합리적인 사정이 있어야 한다(2016도18031). 또한 양형판단에서 제1심의 양형심리과정에서 나타난 양형의 조건이 되는 사항과 양형기준 등을 종합하여 볼 때에 제1심의 양형판단이 재량의 합리적인 한계를 벗어났다고 평가되거나, 항소심의 양형심리과정에서 새로이 현출된 자료를 종합하면 제1심의 양형판단을 그대로 유지하는 것이 부당하다고 인정되는 등의 사정이 있는 경우에는 항소심은 형의 양정이 부당한 제1심판결을 파기하여야 한다(2015도3260).[43]

---

43) 판례는 "항소심의 사후심적 성격 등에 비추어 보면, 제1심과 비교하여 양형의 조건에 변화가 없고 제1심의 양형이 재량의 합리적인 범위를 벗어나지 아니하는 경우에는 이를 존중함이 타당하며, 제1심의 형량이 재량의 합리적인 범위 내에 속함에도 항소심의 견해와 다소 다르

항소심에서 형을 선고하는 경우에는 불이익변경금지의 원칙이 적용되며(제368조), 무죄, 면소, 형의 면제, 형의 선고유예, 형의 집행유예, 공소기각 또는 벌금이나 과료를 과하는 판결이 선고된 때에는 구속영장은 효력을 잃는다(제370조, 제331조).

3) 파기환송

항소법원이 공소기각 또는 관할위반의 재판이 법률에 위반됨을 이유로 원심판결을 파기하는 때에는 판결로써 사건을 원심법원에 환송하여야 한다(제366조). 이를 파기환송이라고 한다. 따라서 항소심이 제1심의 공소기각의 판결이 잘못이라고 하여 파기하면서도 사건을 제1심법원에 환송하지 아니하고 심리한 후 피고인에게 유죄를 선고한 것은 법률위반이다(2019도15987).

이때 사건을 환송받은 원심법원은 종전의 제1심판결이 파기되어 그 효력을 상실한 상태이므로 제1심공판절차에 따라 처음부터 다시 재판하여야 하며, 환송 후의 제1심판결선고 전까지 친고죄의 고소취소나 반의사불벌죄의 처벌을 원하는 의사표시의 철회가 가능하다(2009도9112).

4) 파기이송

항소법원이 관할인정이 법률에 위반됨을 이유로 원심판결을 파기하는 때에는 판결로써 사건을 관할법원에 이송하여야 한다(제367조 본문). 이를 파기이송이라고 한다. '관할인정이 법률에 위반됨'이란 원심법원이 사건에 관하여 관할권이 없음에도 관할위반판결을 하지 않고 유·무죄의 실체재판 등을 한 경우이다. 다만, 항소법원이 그 사건의 제1심관할권이 있는 때에는 제1심으로 심판하여야 한다(동조 단서). 따라서 합의부 관할사건을 단독판사가 실체재판을 하고 이 판결에 대한 항소가 지방법원본원 합의부에 계속된 경우에 해당 합의부가 해당 사건에 대하여 제1심법원으로서 토지관할권이 있는 경우에는 원심판결을 파기하고 제1심으

다는 이유만으로 제1심판결을 파기하여 제1심과 별로 차이 없는 형을 선고하는 것은 자제함이 바람직하다"고 하면서, "항소심은 제1심에 대한 사후심적 성격이 가미된 속심으로서 제1심과 구분되는 고유의 양형재량을 가지고 있으므로, 항소심이 자신의 양형판단과 일치하지 않는다고 하여 양형부당을 이유로 제1심판결을 파기하는 것이 바람직하지 아니한 점이 있다고 하더라도 이를 두고 양형심리 및 양형판단 방법이 위법하다고까지 할 수는 없다. 그리고 원심의 판단에 근거가 된 양형자료와 그에 관한 판단 내용이 모순 없이 설시되어 있는 경우에는 양형의 조건이 되는 사유에 관하여 일일이 명시하지 아니하여도 위법하다고 할 수 없다"(2015도3260)고 하였다.

로 심판하여야 한다.

4. 재판서의 작성방식

항소법원의 재판서에는 재판서의 일반적인 방식에 따르되(제38조 이하), 항소이유에 대한 판단을 기재하여야 하며, 원심판결에 기재한 사실과 증거를 인용할 수 있다(제369조).

(1) 항소기각의 경우

항소법원이 항소를 기각하는 경우에는 항소이유에 대한 판단으로 족하고, 범죄될 사실과 증거요지 및 법령의 적용을 기재할 것을 요하지 않는다. 따라서 피고인의 항소이유에 대하여 그 이유가 없다고만 판시하여 항소를 기각한 것은 정당하다(2002도2134).

항소이유에 대한 판단은 법원의 의무이므로 항소이유서에 기재된 항소이유를 판단하지 않은 경우에는 심리미진의 위법에 해당하여 상고이유가 된다(제383조 제1항). 따라서 항소이유가 여러 개인 경우에는 항소이유 전부에 대하여 판단하여야 하며, 검사와 피고인 쌍방이 항소한 경우에는 각각의 항소이유를 판단하여야 한다. 다만, 여러 개의 항소이유 중에서 1개의 이유로 원심판결을 파기하는 경우에는 나머지 항소이유를 판단하지 않아도 된다(2011도5690[44]).

(2) 항소인용의 경우

항소법원은 항소를 인용하여 제1심판결을 파기하는 경우에도 항소이유에 대한 판단을 기재하여야 한다. 다만, 검사와 피고인 양쪽이 항소를 제기한 경우, 어느 일방의 항소는 이유 없으나 다른 일방의 항소가 이유 있어 원판결을 파기하고 다시 판결하는 때에는 이유 없는 항소에 대해서는 판결이유 중에서 그 이유가 없다는 점을 적으면 충분하고, 주문에서 그 항소를 기각하여야 하는 것은 아니다(2019도17995). 항소법원이 항소이유에 포함되어 있지 않은 사유를 직권으로 심리

---

44) 판례는 "항소심이 양형부당을 이유로 제1심판결을 파기·자판하면서 피고인에 대한 범죄사실을 모두 유죄로 인정한 경우, 항소심은 피고인의 양형부당의 항소이유가 일부 이유 있다고 인정하고 피고인에 대한 범죄사실을 모두 유죄로 인정하여 처단함으로써 결국 사실오인 등의 항소이유나 그 공판과정에의 주장에 대하여서는 이를 배척한 것으로 볼 수 있다"(2011도5690)고 하였다.

하여 원심판결을 파기하는 경우에도 항소인의 항소이유에 대하여 판단하지 않아도 된다(2007도6721).

항소법원이 원심판결을 파기하고 유죄를 선고하는 경우에는 항소이유에 대한 판단과 함께 판결이유에 유죄판결에 명시될 이유를 모두 기재하여야 한다(제370조, 제323조). 이때 원심판결에 기재한 사실과 증거는 인용할 수 있지만(제369조), 법령의 적용에 대하여는 규정이 없으므로 직접 기재하여야 한다(2000도1660).

제3절 상 고

Ⅰ. 상고의 의의와 상고심의 구조

1. 상고의 의의

상고란 제2심 판결에 불복하여 행하는 대법원에 제기하는 상소를 말한다. 제2심판결에 대하여 불복이 있으면 대법원에 상고할 수 있다(제371조). 다만, 예외적으로 제1심판결에 대하여 상고가 인정되는 경우가 있다. 이를 비상상고라고 한다(제372조). 상고심의 주된 기능은 법령해석의 통일에 있으며, 부수적 기능은 항소심 등의 오판을 시정함으로써 원판결에 의해 침해된 당사자의 권리구제를 도모함에 있다(2017도16593-1).

2. 상고심의 구조

(1) 법 률 심

상고심은 원칙적으로 법률문제를 심리·판단하는 법률심이다(2017도16593-1). 따라서 상고법원은 원심판결의 실체법령적용이나 소송절차에 관한 법령위반 여부에 대하여 판단하며, '판결에 영향을 미친 헌법·법률·명령·규칙의 위반이 있는 때'가 가장 중요한 상고이유가 된다(제383조). 다만, 형소법에서는 피고인구제를 위해 일정한 경우에 한하여 사실오인과 양형부당을 상고이유로 하고 있고(제383조 제4항),

상고심에서 파기자판을 인정하는(제396조) 등, 사실심적 요소도 규정하고 있다.

(2) 사 후 심

상고심은 원칙적으로 사후심이다(2017도16593-1). 즉, 형소법에서는 상고이유를 원칙적으로 법령위반에 엄격하게 제한하고(제383조), 상고심에서는 변론 없이 서면심리에 의하여 판결할 수 있으며(제390조), 파기환송과 파기이송을 원칙으로 하고 있다. 따라서 상고심에서는 증거조사나 공소장변경이 허용되지 않으며, 상고심은 항소심까지의 소송자료만을 기초로 하여 항소심판결 선고 시를 기준으로 그 당부를 판단하여야 하므로 직권조사 기타 법령에 특정한 경우를 제외하고는 새로운 증거조사를 할 수 없을뿐더러 항소심판결 후에 나타난 사실이나 증거의 경우 비록 그것이 상고이유서 등에 첨부되어 있다 하더라도 사용할 수 없다(2017도16593-1). 따라서 항소심판결 당시 미성년자에 대한 부정기형의 선고는 피고인이 그 후 상고심 계속 중에 성년이 되더라도 위법이 되지 않는다(86도2181).

그러나 판결 후 형의 폐지나 변경 또는 사면이 있는 때(제383조 제2호)나 원심판결 후에 재심청구의 사유가 판명된 때(동조 제3호)에는 예외적으로 원심판결 후에 발생한 사실이나 증거가 상고심의 판단대상이 된다는 점에서 상고심은 예외적으로 속심적 성격을 가지고 있다.

Ⅱ. 상고의 이유

1. 의 의

상고이유란 상고권자가 적법하게 상고를 제기할 수 있는 법률상의 이유를 말한다.

형소법은 상고이유를 제한하고 있다. 즉, (ⅰ) 판결에 영향을 미친 헌법·법률·명령 또는 규칙의 위반이 있을 때(제1호)[45], (ⅱ) 판결 후 형의 폐지나 변경 또는

45) 판례는 법관이 서명날인을 하지 않은 재판서에 따른 판결(2021도17427)이나 항소심이 제1심의 양형이 과중하다고 인정하여 피고인의 항소이유를 받아들여 제1심판결을 파기하면서 제1심 그대로의 형을 선고한 경우(2008도11718)는 법령위반에 해당한다고 하였다. 또한 항소심에서 자유심증주의의 한계를 벗어나거나 필요한 심리를 다하지 아니하는 등으로 판결결과에 영향을 미친 때에는, 사실인정을 사실심 법원의 전권으로 인정한 전제가 충족되지 아니하므로 당연히 상고심의 심판대상에 해당한다고 하였다(2015도17869). 하지만 원심의 증거의 증명력에

사면이 있는 때(제2호), (iii) 재심청구의 사유가 있는 때(제3호)[46], (iv) 사형, 무기 또는 10년 이상의 징역이나 금고가 선고된 사건에 있어서 중대한 사실의 오인이 있어 판결에 영향을 미친 때 또는 형의 양정이 심히 부당하다고 인정할 현저한 사유가 있는 때(제4호)[47] 등이다(제383조). 상고이유 중 제2호와 제3호의 사유는 절대적 상고이유이며, 제1호와 제4호의 사유는 판결에 영향을 미친 경우에 한해 인정되는 상대적 상고이유이다. 항소이유에 비해 상고이유를 제한하는 것은 상고심을 사후심제 및 법률심의 방식을 선택한 입법적 결단에 따른 결과이다(2017도16593-1).

상고이유가 있는지 여부는 원심판결 당시를 기준으로 판단하여야 한다(2006도5696). 이하에서는 상고이유 중 제1호에서 제3호까지는 항소이유의 경우와 동일하므로 제4호에 대해서만 검토한다.

2. 중대한 사실오인 또는 현저한 양형부당

'중대한 사실오인 또는 현저한 양형부당'은 피고인의 이익을 위한 것으로, '사형, 무기 또는 10년 이상의 징역이나 금고가 선고된 사건에서' 피고인이 상고하는 경우에만 적용된다. 따라서 검사는 10년 미만의 징역이나 금고 등의 형이 선고된 사건에서 원심의 양형이 가볍다는 이유로 상고할 수 없고, 10년 이상의 징역이나 금고 등의 형이 선고된 사건에서도 피고인에게 불리하게 원심의 양형이 가볍다거나 원심이 양형의 전제사실을 인정하는 데 자유심증주의의 한계를 벗어난 잘못이 있다는 사유를 상고이유로 주장할 수 없다(2021도16719). 다만, 피고인의 각 범행이 경합범에 해당되어 징역 4년, 징역 2년 6월 및 징역 4년의 각 형이 선고된 경우에는 이를 합하면 징역 10년 이상이 되므로 양형부당을 이유로 상고할 수 있다

관한 판단과 증거취사 판단에 그와 달리 볼 여지가 상당히 있는 경우라고 하더라도, 원심의 판단이 논리법칙이나 경험법칙에 따른 자유심증주의의 한계를 벗어나지 아니하는 한 그것만으로 바로 법령위반에 해당한다고 단정할 수 없다고 하였다(2007도1755).

46) 판례는 "소송촉진법 제23조에 따라 피고인이 불출석한 채로 진행된 제1심 재판에 대하여 검사만 항소하고 항소심도 피고인 불출석 재판으로 진행한 후에 검사의 항소를 기각하여 제1심의 유죄판결이 확정된 경우, 피고인이 귀책사유 없이 제1심과 항소심의 공판절차에 출석할 수 없었고 상고권회복에 의한 상고를 제기하였다면, 이는 제383조 제3호에서 상고이유로 정한 '재심청구의 사유가 있는 때'에 해당한다"(2022도3282)고 하였다.

47) 헌법재판소는 동호에 대하여 과잉금지원칙을 위반하여 당사자의 재판받을 권리를 침해하거나 평등원칙을 위반하는 것은 아니라고 하면서 합헌결정을 하였다(2010헌바90, 2011헌바389(병합)).

(2009도13411).

(1) 중대한 사실의 오인이 있어 판결에 영향을 미친 때

'중대한 사실의 오인이 있어 판결에 영향을 미친 때'란 중대한 사실오인이 있어 판결에 영향을 미친 것을 상고법원이 확인한 경우뿐만 아니라 판결에 영향을 미칠 중대한 사실의 오인이 있음을 의심하기에 족한 현저한 사유가 있는 경우를 말한다. 따라서 범행시기에 관한 단순한 착오는 중대한 사실오인에 해당하지 않는다(90도337). 또한 양형에 관한 사실오인도 이에 해당하지 않는다. 따라서 사형·무기 또는 10년 이상의 징역금고가 선고된 사건에서 양형의 당부에 관한 상고이유를 심판하는 경우가 아닌 이상, 사실심법원이 양형의 기초사실에 관하여 사실을 오인하였다거나 양형의 조건이 되는 정상에 관하여 심리를 제대로 하지 않았다는 주장은 적법한 상고이유가 되지 않는다(2020도8358).[48]

(2) 형의 양정이 심히 부당하다고 인정할 현저한 사유가 있는 때

'형의 양정이 심히 부당하다고 인정할 현저한 사유가 있는 때'란 원판결의 형이 합리적인 양형의 범위를 현저히 일탈하여 중하게 선고된 경우를 말한다. 따라서 징역형에 집행유예가 선고된 사건에서 형이 너무 무겁다는 취지의 주장은 적법한 상고이유가 될 수 없다(2009도202). 또한 상고심은 선고유예에 관하여 「형법」 제51조의 사항과 개전의 정상이 현저한지에 대한 원심판단의 당부를 심판할 수 없다(2015도14375).

그러나 사실심법원이 피고인에게 공소가 제기된 범행을 기준으로 「형법」 제51조가 정한 양형조건으로 포섭되지 않는 별도의 범죄사실에 해당하는 사정에 관하여 합리적인 의심을 배제할 정도의 증명력을 갖춘 증거에 따라 증명되지 않았는데도 핵심적인 형벌가중적 양형조건으로 삼아 형의 양정을 함으로써 피고인에 대하여 사실상 공소가 제기되지 않은 범행을 추가로 처벌한 것과 같은 실질에 이른 경우, 그 부당성을 다투는 피고인의 주장은 적법한 상고이유에 해당한다(2020도8358).[49]

---

48) 판례는 제1심이 불고불리 원칙을 위배하지 않았음에도 원심은 제1심이 불고불리의 원칙을 위배하였다고 보아 제1심판결을 파기한 잘못이 있는 사안에서, "제1심과 원심이 판결이유에 설시한 법령의 적용이 동일하여 처단형의 범위에 차이가 없는 경우에는 원심의 위와 같은 잘못이 양형에만 영향을 미칠 뿐이므로 결국 검사의 상고이유 주장은 원심의 양형을 다투는 취지로서 적법한 상고이유가 되지 못한다"(2022도5388)고 하였다.

49) 양형과정에서 죄수에 관한 법리오해로 처단형을 산출하는 기준을 위반한 경우에는 법

Ⅲ. 상고심의 절차

1. 상고의 제기

(1) 상고제기의 방식

상고를 함에는 상고장을 원심법원(항소심법원)에 제출하여야 한다(제375조). 다만, 제출처는 대법원으로 기재하여야 한다. 상고의 제기기간은 항소심판결선고일로부터 7일이다(제374조). 상소장의 제출에는 재소자에 대한 특칙(제344조)이 적용되므로 상고의 제기기간 내에 상고장을 교도소장 등에게 제출한 때에는 상소의 제기기간 내에 상소한 것으로 간주한다(제399조).

상고장의 기재사항은 항소장의 경우와 같다. 따라서 상고장에는 상고이유까지 기재할 것을 요하지 않지만, 상고장에 상고이유까지 기재한 경우에는 별도로 상고이유서를 제출하지 않아도 된다(제380조 단서).

(2) 원심법원과 상고법원의 조치

1) 원심법원의 조치

상고의 제기가 법률상의 방식에 위반하거나 상고권소멸 후인 것이 명백한 때에는 원심법원은 결정으로 상고를 기각하여야 한다(제376조 제1항). 이 결정에 대하여는 즉시항고를 할 수 있다(동조 제2항). 상고를 기각하는 경우를 제외하고는 원심법원은 상고장을 받은 날부터 14일 이내에 소송기록과 증거물을 상고법원에 송부하여야 한다(제377조).

상고기간 중 또는 상고 중의 사건에 관하여 구속기간의 갱신, 구속의 취소, 보석, 구속의 집행정지와 그 정지의 취소에 대한 결정은 소송기록이 원심법원에 있는 때에는 원심법원이 하여야 한다(제105조, 규칙 제57조 제1항).

2) 상고법원의 조치

상고법원이 소송기록의 송부를 받은 때에는 즉시 상고인과 상대방에 대하여 그 사유를 통지하여야 한다(제378조 제1항). 이 통지 전에 변호인의 선임이 있는 때에는 변호인에 대하여도 이 통지를 하여야 한다(동조 제2항). 이 통지는 당사자에 대한 안내의 의미와 함께 상고이유서제출기간을 기산시키는 효력이 있다. 다

령위반으로 상대적 상고이유(제383조 제1호)가 된다(2007도2191).

만, 필요적 변호사건에서 기록의 송부를 받은 상고법원은 변호인이 없는 경우에는 지체 없이 국선변호인을 선정한 후 그 변호인에게 소송기록접수통지를 하여야 한다(규칙 제164조, 제156조의2 제1항).

(3) 상고이유서와 답변서의 제출

1) 상고이유서의 제출

상고인 또는 변호인은 소송기록접수의 통지를 받은 날로부터 20일 이내에 상고이유서를 상고법원에 제출하여야 한다. 이때에는 재소자의 특칙에 관한 규정(제344조)이 준용되므로 위의 기간 내에 상고이유서를 교도소장 등에게 제출한 때에는 상고이유서를 제출한 것으로 간주한다(제379조 제1항). 이때 상고를 제기한 검찰청 소속 검사가 그 이름으로 상고이유서를 제출하여도 유효한 것으로 취급되지만, 이 경우 상고를 제기한 검찰청이 있는 곳을 기준으로 법정기간인 상고이유서제출기간은 제67조에 따라 연장될 수 없다(2003도2008).[50)]

상고이유서에는 소송기록과 원심법원의 증거조사에 표현된 사실을 인용하여 그 이유를 명시하여야 한다(동조 제2항). 상고이유서에는 상고이유를 특정하여 원심판결의 어떤 점이 법령에 어떻게 위반되었는지에 관하여 구체적이고도 명시적인 이유를 설시하여야 한다. 따라서 단순히 원심판결에 사실오인 내지 법리오해의 위배가 있다고만 기재한 경우는 적법한 상고이유가 기재된 것이라고 할 수 없다(2008도5634). 또한 항소이유서에 기재된 항소이유를 그대로 원용하거나(95도2716) 항소심의 변론요지서에 기재된 주장을 그대로 원용하는 경우(2006도1955)에도 적법한 상고이유가 될 수 없다.

상고이유서의 제출을 받은 상고법원은 지체 없이 그 부본 또는 등본을 상대방에 송달하여야 한다(동조 제3항).

2) 답변서의 제출

상대방은 이 송달을 받은 날로부터 10일 이내에 답변서를 상고법원에

---

50) 판례는 이러한 법리는 군검사가 상고한 경우에도 마찬가지로 적용된다고 한다. 따라서 "군검사가 상고를 제기한 경우에도 소송기록접수통지의 상대방은 「검찰청법」에 따라 상고법원인 대법원에 대응하여 설치하도록 규정된 대검찰청 소속 검사이고, 대검찰청 소속 검사가 아닌 군검사가 제출한 상고이유서도 유효한 것으로 취급되나, 상고를 제기한 군검사가 소속된 군검찰단이 있는 곳을 기준으로 법정기간인 상고이유서제출기간이 「군사법원법」 제104조(형소법 제67조)에 의하여 연장될 수 없다"(2022도16568)고 하였다.

제출할 수 있다(동조 제4항). 답변서의 제출을 받은 상고법원은 지체 없이 그 부본 또는 등본을 상고인 또는 변호인에게 송달하여야 한다(동조 제5항).

2. 심 리

항소심에 관한 규정은 특별한 규정이 없으면 상고의 심판에 준용한다(제399조). 다만, 상고심은 법률심이므로 특칙이 인정되고 있다.

(1) 상고심의 변론

상고심에는 변호사 아닌 자를 변호인으로 선임하지 못하며(제386조), 변호인 아니면 피고인을 위하여 변론하지 못한다(제387조). 피고인의 변론도 허용되지 않는다. 따라서 상고심의 공판기일에는 피고인의 소환을 요하지 아니하며(제389조의2), 공판기일을 지정하는 경우에도 피고인의 이감을 요하지 않는다(규칙 제161조 제2항). 다만, 법원사무관 등은 피고인에게 공판기일통지서를 송달하여야 한다(동조 제1항). 상고한 피고인에 대하여 이감이 있는 경우에는 검사는 지체 없이 이를 대법원에 통지하여야 한다(동조 제3항). 피고인이 출석하여 재정하는 경우에도 변론이 허용되지 아니하므로 수동적으로 재판부의 질문에 답변할 수 있을 뿐, 적극적으로 이익되는 사실의 진술이나 최종진술을 할 수 없다.

검사와 변호인은 상고이유서에 의하여 변론하여야 한다(제388조). 변호인의 상고이유서에는 변호인이 직접 작성한 것뿐만 아니라 피고인이 작성한 것도 포함된다. 다만, 변호인의 선임이 없거나 변호인이 공판기일에 출정하지 아니한 때에는 직권으로 변호인을 선정하여야 하는 경우(제283조)를 제외하고는 검사의 진술을 듣고 판결을 할 수 있다(제389조 제1항). 이때 적법한 이유서의 제출이 있는 때에는 그 진술이 있는 것으로 간주한다(동조 제2항).

(2) 심판범위

상고법원은 상고이유서에 포함된 사유에 관하여 심판하여야 한다. 다만, 상고법원은 상고이유서에 포함되지 아니한 때에도 직권으로 심판할 수 있는 사유(제383조 제1호-제3호)에 해당하는 사유가 있는 때에는 상고법원은 판결로 그 사유에 관하여 심판할 수 있다(제384조, 2001도6730).[51]

---

51) 상고법원은 판결에 영향을 미친 법률의 위반이 있는 경우에는 상고이유서에 포함되지

한편, 상고심은 항소법원 판결에 대한 사후심이므로 원칙적으로 항소심에서 심판대상이 되지 않은 사항은 상고심의 심판범위에 해당하지 않기 때문에 피고인이 항소심에서 항소이유로 주장하지 아니하거나 항소심이 직권으로 심판대상으로 삼은 사항 이외의 사유에 대하여는 이를 상고이유로 삼을 수 없다(2018도2624). 이를 '상고이유 제한의 법리'라 한다. 따라서 피고인이 양형부당만을 이유로 항소를 하였고, 이에 대하여 항소심이 제1심판결을 직권으로 파기한 후 제1심과 같은 형을 선고한 사건에서 피고인은 항소심판결에 대하여 법리오해나 사실오인의 점을 상고이유로 삼을 수 없다(2000도3483).[52]

그러나 항소심이 직권심판권을 통하여 제1심판결에 대하여 피고인이 항소이유를 주장하여 적절히 다투지 아니하더라도 사실을 오인하거나 법령을 위반하는 등의 사유로 판결에 영향을 미친 잘못이 있다면 항소심에서 이를 바로잡을 수 있는 것처럼, 상고심은 항소심판결 자체에 여전히 위법이 있는 경우, 즉 항소심이 제1심판결의 위법을 간과하고 항소기각의 판결을 선고하거나 제1심판결을 파기한 후 자판하는 항소심판결에 고유한 법령적용의 위법이 있는 경우 등에는 직권심판권을·폭넓게 활용함으로써 최종적으로 이를 바로잡을 수 있다(2017도16593-1). 마찬가지로 원심판결 후 법률의 개정에 의하여 형의 변경이 있는 경우에 상고법원은 직권으로 원심판결을 파기하여야 한다(80도2836).

(3) 서면심리에 의한 판결

상고법원은 상고장, 상고이유서 기타의 소송기록에 의하여 변론 없이 판결할 수 있다(제390조 제1항). 서면심리는 상고심의 사후심적 성격에 기인한 것으로, 상고기각의 판결을 하는 경우뿐만 아니라 원심판결을 파기하는 경우에도 적용된다. 상고심은 대부분 서면심리에 의한다.

아니한 때에도 직권으로 심판할 수 있는바, 이는 법률의 해석·적용을 그르친 나머지 피고인을 유죄로 잘못 인정한 원심판결에 대하여 피고인은 상고를 제기하지 아니하고 검사만이 다른 사유를 들어 상고를 제기하였고, 검사의 상고가 피고인의 이익을 위하여 제기된 것이 아님이 명백한 경우라 하더라도 마찬가지이다(2001도6730).

52) 판례는 "원심판결에 심리미진, 법리오해의 위법이 있다는 주장은 적법한 상고이유가 아니지만, 상고법원은 원심판결에 제383조 제1호부터 제3호까지의 사유가 있는 경우에는 제384조에 따라 상고이유서에 포함되지 않은 때에도 직권으로 심판할 수 있으므로 이를 주장하는 상고이유는 직권발동을 촉구하는 의미는 있다"(2022도5659)고 하였다.

(4) 참고인의 진술을 위한 변론

상고법원은 필요한 경우에는 특정한 사항에 관하여 변론을 열어 참고인의 진술을 들을 수 있다(동조 제2항). 즉, 대법원은 전문적 식견을 가지고 있거나 공공의 이해관계에 관하여 진술하는 것이 적합하다고 인정되는 사람을 참고인으로 지정하여 그 진술을 들을 수 있고, 참고인을 지정하기에 앞서 그 지정에 관하여 당사자, 이해관계인 또는 관련 학회나 단체의 의견을 들을 수 있다(대법원에서의 변론에 관한 규칙 제4조 제1항). 참고인에게는 참고인지정결정등본과 의견서작성에 관한 안내문, 의견서작성에 필요한 소송서류를 송달하여야 하며(동조 제2항), 참고인은 대법원으로부터 의견요청을 받은 사항에 관하여 대법원이 정한 기한까지 의견서를 제출하여야 한다(동조 제3항). 이 의견서는 제출 즉시 그 사본을 당사자에게 송달하여야 한다(동조 제4항).

또한 재판장 및 관여 대법관은 필요한 경우 언제든지 당사자와 참고인에게 질문할 수 있는데(동규칙 제5조 제2항), 당사자의 변론과 참고인의 진술은 제출된 준비서면과 의견서의 주요한 내용을 강조하고 명확하게 하는 것이어야 한다(동조 제1항). 이때 재판장은 당사자의 변론시간과 참고인의 진술시간을 적절한 범위에서 제한할 수 있다. 다만, 재판장은 필요하다고 인정하는 경우 제한한 변론시간 또는 진술시간을 연장할 수 있다(동조 제3항). 재판장은 쟁점별·사항별로 당사자의 변론과 참고인의 진술을 하게 할 수 있고, 그 순서를 정할 수 있다(동조 제4항). 당사자는 참고인의 진술에 관하여 의견을 진술할 수 있다. 다만, 참고인의 진술이 끝나기 전에는 재판장의 허가를 받아야 한다(동조 제6항). 당사자를 위하여 복수의 대리인이 있는 경우 재판장은 그 중 변론할 수 있는 대리인의 수를 제한할 수 있다(동조 제5항).

3. 재 판

(1) 공소기각의 결정

상고법원은 공소기각의 결정에 해당하는 사유(제328조 제1항)가 있는 때에는 결정으로 공소를 기각하여야 한다(제382조). 원심법원이 공소기각의 결정의 사유를 간과하여 실체판결을 하였거나 원심판결 이후에 공소기각의 결정의 사유가 발생한 경우가 이에 해당한다.

(2) 상고기각의 재판

1) 상고기각의 결정

상고법원은 상고인이나 변호인이 상소이유서제기기간 내에 상고이유서를 제출하지 아니한 때에는 결정으로 상고를 기각하여야 한다. 다만, 상고장에 이유의 기재가 있는 때에는 예외로 한다(제380조 제1항). 상고장 및 상고이유서에 기재된 상고이유의 주장이 상고이유(제383조)에 해당하지 아니함이 명백한 때에도 상고를 기각하여야 한다(제380조 제2항).

또한 상고법원은 상고의 제기가 법률상의 방식에 위반하거나 상고권소멸 후인 것이 명백함에도 불구하고 원심법원이 상고기각의 결정을 하지 아니한 때에는 결정으로 상고를 기각하여야 한다(제381조).

2) 상고기각의 판결

상고법원은 심리결과 상고가 이유 없다고 인정한 때에는 판결로써 상고를 기각하여야 한다(제399조, 제364조 제4항). 제1심판결에 대하여 검사만이 양형부당을 이유로 항소한 경우에는 피고인으로서는 항소심판결에 대하여 사실오인, 채증법칙 위반, 심리미진 또는 법령위반 등의 사유를 들어 상고이유로 삼을 수 없으므로 이때에도 상고법원은 상고기각의 판결을 하여야 한다(2017도16593-1).

(3) 원심판결의 파기판결

상고법원은 상고이유가 있는 때에는 판결로써 원심판결을 파기하여야 하며(제391조), 상고심에서 원심판결을 파기하는 경우에는 파기환송 또는 파기이송이 원칙이지만 예외적으로 파기자판도 한다.

피고인의 이익을 위하여 원심판결을 파기하는 경우에 파기의 이유가 상고한 공동피고인에 공통되는 때에는 그 공동피고인에 대하여도 원심판결을 파기하여야 한다(제392조). 경합범관계에 있는 수개의 범죄사실에 대하여 일부유죄, 일부무죄를 선고한 항소심판결에 대하여 검사와 피고인이 모두 상고를 제기하였으나 무죄부분에 대한 검사의 상고만 이유 있는 경우에는 항소심판결의 유죄부분도 함께 파기되어야 한다(2010도15989).

1) 파기환송

상고법원은 적법한 공소를 기각하였다는 이유로 원심판결 또는 제1심판결을 파기하는 경우에는 판결로써 사건을 원심법원 또는 제1심법원에 환송하여야 한다(제393조). 또한 상고법원은 관할위반의 인정이 법률에 위반됨을 이유로 원심판결 또는 제1심판결을 파기하는 경우에는 판결로써 사건을 원심법원 또는 제1심법원에 환송하여야 한다(제395조). '제1심법원에 환송하는 경우'란 제1심법원이 공소기각이나 관할위반의 판결을 선고하였고, 원심판결이 이에 대한 검사의 항소를 기각하였으나 상고심에서 제1심판결과 원심판결을 모두 파기하는 경우를 말한다.

2) 파기이송

상고법원은 관할의 인정이 법률에 위반됨을 이유로 원심판결 또는 제1심판결을 파기하는 경우에는 판결로써 사건을 관할 있는 법원에 이송하여야 한다(제394조). 관할법원이 어느 심급에 있었는지에 따라 항소법원 또는 제1심법원으로 이송한다. 관할은 직권조사사항이므로 상고이유에 포함되어 있을 것을 요하지 않는다.

3) 파기자판

상고법원은 원심판결을 파기한 경우에 그 소송기록과 원심법원과 제1심법원이 조사한 증거에 의하여 판결하기 충분하다고 인정한 때에는 피고사건에 대하여 직접 판결을 할 수 있다(제396조 제1항). 이때 상고법원이 새로운 증거를 조사하여 그 결과를 자판의 자료로 사용하는 것은 허용되지 않는다.

파기자판의 경우에도 변론 없이 서면심리만으로 가능하다(제390조). 자판의 내용으로는 유·무죄의 실체판결뿐만 아니라 면소판결과 공소기각의 판결이 포함된다. 이때에도 불이익변경금지의 원칙이 적용된다(제396조 제2항, 제368조).

4) 기 타

위에서 기술한 이외의 이유로 상고법원이 원심판결을 파기한 때에는 판결로써 사건을 원심법원에 환송하거나 그와 동등한 다른 법원에 이송하여야 한다(제397조).

(4) 재판서의 기재방식

상고심의 재판서에는 재판서의 일반적 기재사항(제38조 이하) 외에 상고이유에 관한 판단을 기재하여야 한다(제398조). 대법원의 재판서에는 합의에 관여한 모든 대법관의 의견을 표시하여야 한다(법조법 제15조).

Ⅳ. 상고심판결의 정정

1. 의 의

상고심판결의 정정이란 상고심판결에 명백한 오류가 있는 경우에 이를 정정하는 것을 말한다. 판결의 정정은 상고심판결은 최종심이기 때문에 선고와 동시에 확정되고 재심이나 비상상고의 방법에 의하지 않는 한 이를 시정할 수 있는 방법이 없다는 점을 고려하여 판결 자체의 내용에 오류가 있는지를 다시 검토하는 기회를 마련한 것이다(83초17).

판결의 정정은 단순한 오자의 정정인 재판서의 경정(규칙 제25조)과 구별된다. 재판서에 잘못된 계산이나 기재, 그 밖에 이와 비슷한 잘못이 있음이 분명한 때에는 법원은 직권으로 또는 당사자의 신청에 따라 경정결정을 할 수 있다(규칙 제25조 제1항). 따라서 단순한 오류 등은 원칙적으로 재판서의 경정에 의하고, 판결의 정정은 재판서의 경정으로 시정할 수 없는 경우에 행하여진다.

2. 대상과 사유

(1) 대 상

판결의 정정의 대상은 판결뿐만 아니라 결정도 포함된다. 따라서 상고장에 상고이유를 기재하였음에도 불구하고 상고이유서제출이 없고 상고장에 이유의 기재가 없다고 오인하여 상고기각의 결정을 한 경우에 그 결정을 원심파기의 판결로 정정할 수 있고(79도952), 피고인이 상고이유서를 그 제출기간 내에 제출하였음에도 불구하고 우편집배원의 착오에 의해 기재된 송달일자를 진실한 것으로 믿고 그 제출기간 내에 상고이유서를 제출하지 않았다는 이유로 상고기각의 결정을 한 경우(2005도1581)에는 상고기각의 판결로 이를 정정할 수 있다.

판결의 정정은 상고법원의 판결을 대상으로 하므로 항소심인 원심판결의 정정을 구하는 것은 부적법하다(79초54).

(2) 사 유

상고법원은 그 판결의 내용에 오류가 있음을 발견한 때에는 직권 또는 검사, 상고인이나 변호인의 신청에 의하여 판결로써 정정할 수 있다(제400조 제1항). '오류'란 판결의 내용에 위산(違算), 오기(誤記) 기타 이에 유사한 것이 있는 경우를 의미한다. 다만, '오류'는 명백한 것에 한하므로 채증법칙에 위배하여 판단을 잘못한 경우는 이에 해당하지 않는다(82초33).

또한 판결의 정정은 판결내용의 오류를 정정하는 것으로 재판절차를 다시 하여 새로 심리하는 것이 아니므로 유죄확정판결(상고기각판결)을 무죄판결로 정정하여 달라는 주장(81초60)이나 대법원 자판으로 무죄를 선고하거나 사건을 고등법원으로 이송·심리하도록 판결을 정정하여 달라는 주장(83초17)은 판결의 결론이 부당하다는 것이므로 판결정정이 아니라 재심이나 비상상고에 의해 구제할 수 있을 뿐이다.

3. 절 차

판결의 정정은 상고법원이 직권 또는 검사, 상고인이나 변호인의 신청에 의하여 한다(동조 제1항). 판결의 정정의 신청은 판결의 선고가 있은 날로부터 10일 이내에(동조 제2항), 신청의 이유를 기재한 서면으로 하여야 한다(동조 제3항). 다만, 법원의 직권에 의한 경우에는 10일 간의 신청기간의 제한을 받지 않는다(79도952).

정정의 판결은 변론 없이 할 수 있다(제401조 제1항). 정정할 필요가 없다고 인정한 때에는 지체 없이 결정으로 신청을 기각하여야 한다(동조 제2항).

한편, 판결의 정정과 관련하여 상고심 판결의 확정시기에 대하여는 ① 판결의 정정으로 인해 정정기간의 경과, 정정판결 또는 신청기각의 결정을 한 때에 확정된다는 견해가 있다. 그러나 ② 판결의 정정은 그 오류를 정정하는데 불과하고 판결내용을 다시 심리하는 것은 아니므로 상고심판결은 선고와 동시에 확정된다(79초54 참조).

Ⅴ. 비약적 상고

1. 의 의

비약적 상고란 상소권자가 제1심판결에 불복하는 경우에 항소를 거치지 않고 바로 대법원에 상고하는 것을 말하며(제372조), 비약상고라고도 한다. 이는 신속한 법령해석의 통일과 피고인의 이익회복을 위해 항소심을 생략한 제도이다.

2. 대상과 사유

(1) 대 상

비약적 상고는 제1심판결을 대상으로 하므로 제1심법원의 결정에 대해서는 허용되지 않는다(84모18).

(2) 사 유

1) 원심판결이 인정한 사실에 대하여 법령을 적용하지 아니하였거나 법령의 적용에 착오가 있는 때(제1호)

'원심판결이 인정한 사실에 대하여 법령을 적용하지 아니하였거나 법령의 적용에 착오가 있는 때'란 제1심판결이 인정한 사실이 옳다는 것을 전제로 하면 그에 대한 법령을 적용하지 아니하거나 법령의 적용을 잘못한 경우를 말한다(2016도20069). 후자의 경우는 형법각칙의 개별 구성요건을 잘못 적용한 경우뿐만 아니라 형법총칙이나 형벌에 관한 규정을 잘못 적용한 경우를 포함한다.

그러나 사실인정을 잘못하여 「형법」상 위계에 의한 공무집행방해죄가 성립함에도 불구하고 원심이 피고인에게 무죄를 선고한 것(2006도619), 소송절차에 관한 법령위반으로서 채증법칙을 위배하여 증거 없이 준강도죄를 인정한 위법을 주장하는 것(83도2792), 상습성에 관한 판단을 잘못한 것(2006도9338), 재범의 위험성에 관한 법리오해가 있는 것(83도2792), 포괄일죄를 별개의 범죄로 잘못 판단한 것(94도458), 양형부당을 주장하는 것(2016도20069) 등은 이에 포함되지 않는다.

2) 원심판결이 있은 후 형의 폐지나 변경 또는 사면이 있는 때(제2호)

'원심판결이 있은 후 형의 폐지나 변경 또는 사면이 있는 때'란 항소이유의 경우(제361조의5 제2호)와 같다. 이는 항소심절차를 생략하고 상고심절차를 통해 신속하게 확정하기 위한 것이다.

3. 제 한

비약적 상고는 그 사건에 대한 항소가 제기된 때에는 그 효력을 잃는다(제373조 본문). 이는 비약적 상고에 따라 상대방의 심급의 이익이 침해되는 것을 방지하기 위한 것이다. 따라서 비약적 상고를 한 경우에도 상대방은 항소를 제기할 수 있고, 항소제기가 있으면 비약적 상고는 상고로서의 효력뿐 아니라 항소로서의 효력도 유지되지 않는다(71도28). 다만, 상대방이 항소제기 후에 항소의 취하 또는 항소기각의 결정이 있는 때에는 비약적 상고는 그 효력이 인정된다(동조 단서).

그러나 제1심판결에 대하여 피고인은 비약적 상고를, 검사는 항소를 각각 제기하여 이들이 경합한 경우, 피고인의 비약적 상고에 상고의 효력이 인정되지는 않더라도 피고인의 비약적 상고가 항소기간 준수 등 항소로서의 적법요건을 모두 갖추었고, 피고인이 자신의 비약적 상고에 상고의 효력이 인정되지 않는 때에도 항소심에서는 제1심판결을 다툴 의사가 없었다고 볼 만한 특별한 사정이 없다면, 피고인의 비약적 상고에 항소로서의 효력이 인정된다(2021도17131[53]).

제4절 항 고

Ⅰ. 항고의 의의와 종류

1. 의 의

항고란 법원의 결정에 대한 상소를 말한다. '법원'은 수소법원을 말한다. 항고는 결정에 대한 상소라는 점에서 판결에 대한 상소인 항소 또는 상고와 구별된다. 또한 항고는 수소법원의 결정에 대한 상급법원에의 불복방법이라는 점에서 수소법원의 구성원으로서의 재판장 또는 수명법관의 결정이나 명령(제416조) 또는 수사기관의 처분에 대한 법원에의 불복방법인 준항고(제417조)와 구별된다.

결정은 종국재판인 판결과 달리 원칙적으로 판결에 이르는 과정의 절차상 사

53) 판례는 그 이유로 (i) 비약적 상고는 제1심판결에 대하여 곧바로 대법원에 하는 상소절차여서 항소와 함께 '제1심판결'에 대한 상소라는 공통점을 가지고, (ii) 피고인은 비약적 상고를 제기함으로써 제1심판결에 불복하는 상소를 제기할 의사를 명확하게 표시한 것으로 볼 수 있으며, (iii) 피고인의 비약적 상고에 상고의 효력이 상실되는 것을 넘어 항소로서의 효력도 부정된다면 피고인의 헌법상 기본권인 재판청구권이 지나치게 침해될 뿐만 아니라 피고인은 자신이 불복하려고 했던 제1심판결에 대한 항소심판결에 대하여 대부분의 경우 적법한 상고를 제기할 수 없기 때문에 피고인의 상소권이 형식적인 권리에 머물러 실효적인 권리구제 기능을 하지 못하게 되는 결과를 초래하게 되며, (iv) 이때 피고인의 비약적 상고에 항소로서의 효력을 인정하더라도 형사소송절차의 명확성과 안정성을 해치지 않는다는 점 등을 들고 있다.

항에 관한 종국 전의 재판이다. 따라서 결정에 대한 상소는 특히 필요하다고 인정되는 경우에 한해 인정되고 있으며, 절차 또한 간단하다. 그러나 지방법원 판사의 결정에 대해서는 형소법상 불복방법이 규정되어 있지 않으므로 불복이 허용되지 않는다(다수설). 즉, 판례는 지방법원 판사가 체포영장 또는 구속영장청구를 기각한 결정(2006모646), 압수영장을 발부한 결정(97모66), 구속기간연장을 허가하지 않은 결정(97모1) 등에 대해서는 항고나 준항고의 대상이 되지 않는다고 한다.

2. 종 류

넓은 의미에서 항고는 일반항고와 재항고를 포함하는 개념이며, 좁은 의미에서의 항고란 일반항고를 말한다. 일반항고란 결정에 대한 최초의 불복절차를 말하며, 재항고란 2회째의 불복절차를 말한다. 지방법원 항소부나 고등법원의 결정에 대한 항고는 최초의 불복절차이지만, 대법원이 항고법원이고, 그 절차와 효과가 동일하다는 점에서 재항고라고 하며, 특별항고라고도 한다.

일반항고는 보통항고와 즉시항고로 나뉜다. 보통항고는 즉시항고를 제외한 항고를 말하며, 즉시항고는 법률의 규정이 있는 경우에만 허용된다(제402조 참조).

Ⅱ. 일반항고

1. 대 상

(1) 보통항고

보통항고란 법원의 결정에 대한 일반적인 불복방법을 말한다. 법원의 결정에 대하여 불복이 있으면 항고를 할 수 있다. 다만, 형소법에 특별한 규정이 있는 경우에는 예외로 한다(제402조). 보통항고가 허용되지 않는 경우는 다음과 같다.

1) 법원의 관할 또는 판결 전 소송절차 등에 관한 결정

법원의 관할 또는 판결 전의 소송절차에 관한 결정에 대하여는 특히 즉시항고를 할 수 있는 경우 외에는 항고하지 못한다(제403조 제1항). 이때에는 종국재판에 대한 상소에 의해 그 불복의 목적을 달성할 수 있으므로 개개의 결정에 대하여 독립한 상소를 허용하지 않는 것이다.

2) 항고제기의 효과

항고는 재판의 집행을 정지하는 효력이 없다. 따라서 원심법원이 재판을 고지하면 집행기관에 의해 바로 집행이 개시된다. 다만, 원심법원 또는 항고법원은 결정으로 항고에 대한 결정이 있을 때까지 집행을 정지할 수 있다(제409조).

그러나 즉시항고의 제기기간 내와 그 제기가 있는 때에는 재판의 집행은 정지된다(제410조). 다만, 기피신청에 있어서 간이기각결정에 대한 즉시항고(제23조 제2항)와 불출석증인에 대한 소송비용부담·과태료부과 또는 감치의 결정에 대한 즉시항고(제151조 제8항)의 경우에는 재판집행을 정지하는 효력이 인정되지 않는다.

(2) 원심법원의 조치

1) 항고기각결정

항고의 제기가 법률상의 방식에 위반하거나 항고권소멸 후인 것이 명백한 때에는 원심법원은 결정으로 항고를 기각하여야 한다(제407조 제1항). 애초의 항고가 보통항고인지 즉시항고인지를 불문한다. 이 결정에 대하여는 즉시항고를 할 수 있다(동조 제2항).

2) 경정결정

원심법원은 항고가 이유 있다고 인정한 때에는 결정을 경정하여야 한다(제408조 제1항). '결정의 경정'이란 원결정 자체를 취소하거나 변경하는 것을 말한다. 법원의 결정인 이상 공소기각, 항소기각, 상고기각과 같은 종국재판에 대하여도 원심법원은 경정결정을 할 수 있다. 이는 원심법원으로 하여금 원결정을 고칠 수 있도록 한 것으로서 항소 및 상고절차에서 원심법원은 항소기각결정(제360조) 또는 상고기각결정(제376조)만을 할 수 있도록 한 것과 구별된다. 이때 애초의 항고가 보통항고인지 즉시항고인지를 불문한다.

3) 항고장과 소송기록 등의 송부

원심법원은 항고의 전부 또는 일부가 이유 없다고 인정한 때에는 항고장을 받은 날로부터 3일 이내에 의견서를 첨부하여 항고법원에 송부하여야 한다(제408조 제2항). 이때 원심법원이 필요하다고 인정한 때에는 소송기록과 증거물을 항고법원에 송부하여야 하며(제411조 제1항), 항고법원은 소송기록과 증거물의 송부를 요구할 수 있다(동조 제2항).

(3) 항고심의 심판

1) 소송기록의 송부와 접수통지

항고법원은 소송기록과 증거물의 송부를 받은 날로부터 5일 이내에 당사자에게 그 사유를 통지하여야 한다(동조 제3항). 이 통지는 당사자에게 항고에 관하여 그 이유서를 제출하거나 의견을 진술하고 유리한 증거를 제출할 기회를 부여하려는 데 그 취지가 있다. '당사자'란 항고인과 그 상대방을 말한다. 따라서 항고인에게 소송기록과 증거물을 송부받았다는 통지를 하지 않은 채 송부받은 당일에 항고를 기각하거나(2018모1698), 소송기록접수통지가 송달된 날(2007모601) 또는 송달보고서를 통해 피고인이 송달받았는지 여부를 확인하지도 않은 상태에서 통지를 받은 그 다음 날(2006모389) 바로 항고기각결정을 한 것은 위법이다. 다만, 항고심에서 항고인이 항고에 대한 의견진술을 한 경우에는 위와 같은 기회가 있었다고 본다(2018모3621).

2) 항고심의 심리

항고심에서는 항고인이 항고이유로 주장한 사유뿐만 아니라 그 이외의 사유에 대해서도 직권으로 심사할 수 있다. 항고심은 결정을 위한 심리절차가 아니므로 구두변론에 의할 필요가 없으며(제37조 제2항), 결정할 때 필요하면 사실조사를 할 수 있다(동조 제3항). 사실조사를 하는데 필요한 경우에는 증인을 신문하거나 감정을 명할 수 있다(규칙 제24조 제1항).

검사는 항고사건에 대하여 의견을 진술할 수 있다(제412조). 다만, 검사가 항고장에 상세한 항고이유서를 첨부하여 제출함으로써 의견진술을 한 경우에는 별도로 의견을 진술하지 아니한 상태에서 원심이 항고를 기각하였더라도 그 결정에 위법은 없다(2012모459).

3) 항고심의 재판

(가) 항고기각의 결정

항고법원은 항고의 제기가 법률상의 방식에 위반하거나 항고권소멸 후인 것이 명백함에도 원심법원이 항고기각의 결정을 하지 아니한 때에는 결정으로 항고를 기각하여야 한다(제413조). 또한 항고법원은 항고를 이유 없다고 인정한 때에는 결정으로 항고를 기각하여야 한다(제414조 제1항).

항고법원이 항고기각의 결정을 한 때에는 즉시 그 결정의 등본을 원심법원에 송부하여야 한다(규칙 제165조).

(나) 항고인용의 결정

항고법원이 항고를 이유 있다고 인정한 때에는 결정으로 원심결정을 취소하고 필요한 경우에는 항고사건에 대하여 직접 재판을 하여야 한다(제414조 제2항). '필요한 경우'란 원심결정을 취소하는 것만으로는 해당 사건이 완결되지 않는 경우를 말한다.

'원심결정을 취소만 하면 되는 경우'로는 원심이 직권으로 한 보석허가결정, 구속집행정지결정이나 구속취소결정을 취소하는 경우, 불출석증인 등에 대한 소송비용부담·과태료부과 또는 감치의 결정을 취소하는 경우 등이 있다. '원심결정을 취소함과 동시에 직접 재판을 하여야 되는 경우'로는 원심의 보석기각결정을 취소하고 보석허가결정을 하는 경우, 청구에 의한 보석허가결정을 취소하고 보석취소결정을 하는 경우, 원심의 보석허가결정 중 보석보증금부분을 취소하고 보석보증금액을 변경하는 경우 등이 있다.[57)]

항고법원이 항고인용의 결정을 한 때에는 즉시 그 결정의 등본을 원심법원에 송부하여야 한다(규칙 제165조).

(다) 결정에 대한 불복

항고법원의 재판에 영향을 미친 헌법·법률·명령 또는 규칙의 위반이 있음을 이유로 하는 때에는 대법원에 즉시항고를 할 수 있다(제415조).

Ⅲ. 재 항 고

1. 의 의

재항고란 항고법원 또는 고등법원의 결정에 대하여 대법원에 제기하는 항고를 말한다(제415조). 이를 특별항고라고도 한다. 이 외에 재항고의 대상에는 항소법원의 결정(법조법 제14조 제2호)과 준항고법원의 결정(제419조)이 포함된다. 재항고심의 재판에 대하여는 불이익변경금지의 원칙이 적용된다(제396조 제2항).

---

57) 공소기각의 결정이나 정식재판청구기각의 결정을 취소하는 경우 등과 같이 원심의 결정이 취소되면 본안사건에 대한 심급의 이익을 고려하여 원심법원에서 다시 본안사건을 심판하게 할 필요가 있는 경우가 있다.

2. 이 유

항고법원 또는 고등법원의 결정에 대하여는 원칙적으로 항고가 허용되지 않지만, '재판에 영향을 미친 헌법·법률·명령 또는 규칙의 위반이 있음을 이유로 하는 때'에 한하여 대법원에 즉시항고를 할 수 있다(제415조). 따라서 구속사유와 같은 원심의 재량범위에 속하는 사실의 판단을 다투는 재항고는 허용되지 않는다(86모57).

한편, 재정신청에 대한 고등법원의 재정결정 중에서 공소제기의 결정에 대해서는 본안사건에 대한 재판을 통해 그 적부를 판단할 수 있다는 점에서 재항고가 허용되지 않지만(2012모1090), 재정신청기각의 결정에 대해서는 '재판에 영향을 미친 헌법·법률·명령 또는 규칙의 위반이 있음을 이유로 하는 때'에 한하여 재항고를 할 수 있다(제262조 제4항).

3. 절 차

재항고의 제기 및 심판절차에 대하여는 명문의 규정이 없으므로 성질상 상고심심판에 관한 규정이 준용된다(2015모2229).

(1) 재항고의 제기와 심사

재항고를 함에 있어서는 재항고장을 원심법원에 제출하여야 하고, 재항고장 자체에 재항고이유를 기재하거나 별도로 재항고이유서를 제출하여야 한다. 재항고는 즉시항고의 형태로서 허용되므로(제415조), 재항고의 절차는 즉시항고의 절차에 따라 진행된다. 따라서 재항고의 제기기간은 7일이며(제405조), 재항고가 제기되면 재판의 집행이 정지된다(제410조). 하지만 판례는 집행정지의 효력이 즉시항고의 본질적인 속성에서 비롯된 것은 아니므로 제415조가 고등법원의 결정에 대한 재항고를 즉시항고로 규정하고 있다고 하여 당연히 즉시항고가 가지는 집행정지의 효력이 인정된다고 볼 수는 없다고 하면서, 고등법원의 취소결정에 대해 대법원에 즉시항고를 한 경우에 제1심결정에 대한 보통항고의 경우와 같이 집행정지의 효력을 인정하지 않는다(2020모633).[58]

---

58) 판례는 대법원이 고등법원의 결정에 대하여 일률적으로 집행정지의 효력을 인정하면 보석허가, 구속집행정지 등 제1심법원이 결정하였다면 신속한 집행이 이루어질 사안에서 고등법원이 결정하였다는 이유만으로 피고인을 신속히 석방하지 못하게 되는 등 부당한 결과가 발

재항고심은 법률심이면서 사후심으로서의 성격을 가지므로 법원은 원심의 소송자료에 의하여 원결정의 법령위반 여부를 심사하여야 하고, 재항고심에서 새로운 증거를 제출하거나 증거조사를 하는 것은 허용되지 않으며, 원결정 후에 생긴 사유를 원결정의 법령위반 여부를 판단하는 자료로 사용할 수 없다.

(2) 재항고심의 재판

재항고의 제기가 법률상의 방식에 위반하거나 재항고권이 소멸된 후인 것이 명백한 경우에는 원심법원이 재항고기각결정을 하여야 하고(제376조 제1항), 이때 원심법원이 기각결정을 하지 않은 경우에는 대법원이 재항고기각결정을 하여야 한다(제381조). 따라서 재항고의 대상이 아닌 공소제기의 결정에 대하여 재항고가 제기된 경우에는 재항고의 제기가 법률상의 방식에 위반한 것이 명백한 때에 해당하므로 원심법원은 결정으로 이를 기각하여야 한다(2012모1090).

또한 대법원은 재항고가 이유 없다고 인정하는 때에는 결정으로 재항고를 기각하여야 하고(제399조, 제364조 제4항), 재항고가 이유 있다고 인정하는 때에는 결정으로 원심결정을 취소하여야 한다(제391조). 대법원이 원심결정을 취소한 때에는 원칙적으로 재항고사건을 원심법원 또는 제1심법원에 환송하여야 하지만[59], 그 소송기록과 원심법원과 제1심법원이 조사한 증거에 의하여 판결하기 충분하다고 인정한 때에는 재항고사건에 대하여 직접 재판을 할 수 있다(제396조 제1항).

대법원은 최종심이므로 대법원이 한 결정에 대하여는 이유의 여하를 불문하고 불복이 허용되지 않는다(87모4).

Ⅳ. 준 항 고

1. 의 의

준항고란 재판장 또는 수명법관의 재판과 검사 또는 사법경찰관의 처분에 대

생하게 되고, 나아가 항소심 재판절차의 조속한 안정을 보장하고자 한 제415조의 입법목적을 달성할 수 없게 된다는 것을 이유로 하였다(2020모633).

59) 판례는 제1심법원이 공소기각의 결정을 하고, 항고법원이 항고기각의 결정을 한 것에 대하여 대법원이 재항고를 인용하는 경우에는 제1심결정과 원심결정을 모두 취소하고 사건을 제1심법원에 환송하여야 한다고 하였다(94모32).

하여 그 소속법원 또는 관할법원에 취소 또는 변경을 구하는 불복방법을 말한다.

준항고는 상급법원에 구제를 신청하는 것이 아니라는 점에서 상소는 아니지만, 재판 등의 취소와 변경을 청구하는 것일 뿐만 아니라 재판장 또는 수명법관의 재판에 대한 준항고는 합의부에서 결정하게 된다는 점에서 항고에 준하는 성질을 가진다. 따라서 준항고에 대하여는 항고에 관한 규정이 준용된다.

2. 대 상

(1) 재판장 또는 수명법관의 재판

재판장 또는 수명법관의 일정한 재판에 대하여 불복이 있으면 준항고를 할 수 있다. 그러나 수소법원 외의 법관이 행한 재판에 대해서는 준항고를 제기할 수 없다. 따라서 수탁판사의 재판(이설 있음), 증거보전절차(제184조)나 증인신문청구(제221조의2)에서 판사(86모25)의 재판, 수사절차에서 구속영장 등 각종 영장의 발부와 그 기간 연장허가 여부에 대한 지방법원 판사의 재판(2006모646)은 준항고의 대상이 아니다.

형소법상 재판장 또는 수명법관의 재판에 대하여 그 법관소속의 법원에 재판의 취소 또는 변경을 청구할 수 있는 경우는 다음과 같다(제416조 제1항).

1) 기피신청을 기각한 재판(제1호)

소송의 지연을 목적으로 함이 명백하거나 형식적 요건을 구비하지 못하여 부적법한 기피신청에 대하여 기피신청을 당한 수명법관이 하는 간이기각의 결정의 경우(제20조 제2항)가 이에 해당한다. 재판장 등 합의법원의 법관에 대한 기피신청의 재판은 그 법관의 소속법원 합의부에서 하여야 하므로(제19조 제1항) 재판장에 대한 기피신청기각의 결정은 간이기각결정이라도 법원의 결정에 해당하여 즉시항고의 대상이 되고(제23조 제1항), 단독판사에 대한 기피신청기각의 결정 또한 간이기각결정이라도 법원의 결정에 해당하여 즉시항고의 대상이 되기 때문이다.

2) 구금, 보석, 압수 또는 압수물환부에 관한 재판(제2호)

재판장이나 수명법관이 급속을 요하는 경우에 예외적으로 행하는 피고인의 구속에 관한 처분(제80조)이나 수명법관이 행하는 압수(제136조)의 경우가 이에 해당한다.

그러나 보석이나 압수물의 환부에 관한 재판은 재판장이 아니라 수소법원의 권한에 속하므로 법의 규정과 달리 준항고가 아니라 보통항고의 대상이 된다(97모26). 다만, 즉결심판절차에서 행하여지는 유치명령(즉결심판법 제17조[60])은 단독판사의 구금에 관한 처분으로 보통항고의 대상이지만 실무에서는 보통항고에 의해서는 항고에 관한 의견서 작성이나 기록송부 등을 하는 사이에 유치기간이 도과되어 불복의 실익이 없으므로 피고인의 이익을 위해 준항고를 허용하고 있다.

3) 감정하기 위하여 피고인의 유치를 명한 재판(제3호)

재판장이나 수명법관이 피고인에 대하여 감정유치를 명하는 경우(제175조, 제172조 제7항, 제80조)가 이에 해당한다.

4) 증인, 감정인, 통역인 또는 번역인에 대하여 과태료 또는 비용의 배상을 명한 재판(제4호)

재판장 또는 수명법관이 증인, 감정인, 통역인 또는 번역인에 대하여 과태료 또는 비용의 배상을 명한 재판(제151조, 제167조, 제177조, 제183조)이 이에 해당한다.

(2) 수사기관의 처분

검사 또는 사법경찰관의 구금, 압수 또는 압수물의 환부에 관한 처분과 피의자신문 시 변호인의 참여 등에 관한 처분(제243조의2)에 대하여 불복이 있는 경우이다(제417조). 그러나 교도소 또는 구치소의 직원에 의한 처분에 대하여는 준항고가 인정되지 않는다. 또한 준항고는 피고인 또는 피의자를 위한 제도이므로 구속영장을 신청한 사법경찰관이 검사의 구속영장신청기각처분에 대하여 준항고를 제기하는 것도 허용되지 않는다.

1) 구금에 관한 처분

'구금에 관한 처분'이란 피고인 또는 피의자에 대한 체포 내지 구속의 집행과 관련된 처분을 말한다. 구체적으로 보면, 구속영장에 지정된 장소 이외의 장소로 구금장소의 임의적 변경(95모94), 영장에 의하지 않은 구금(2003모402), 변호인 또는 변호인이 되려는 자와의 신체구속 중인 피고인 또는 피의자의 접견교

---

60) 즉결심판법 제17조(유치명령 등) ① 판사는 구류의 선고를 받은 피고인이 일정한 주소가 없거나 또는 도망할 염려가 있을 때에는 5일을 초과하지 아니하는 기간 경찰서유치장(지방해양경찰관서의 유치장을 포함한다. 이하 같다)에 유치할 것을 명령할 수 있다. 다만, 이 기간은 선고기간을 초과할 수 없다.

통권을 제한하는 처분(2006모656), 임의동행이 된 피의자에 대한 접견교통권의 침해(96모18), 구금된 피의자를 신문할 때 피의자 또는 변호인으로부터 보호장비를 해제해 달라는 요구를 받고도 거부한 조치(2015모2357) 등이 이에 해당한다.

수사기관의 처분에는 적극적인 것뿐만 아니라 소극적 처분이나 부작위도 포함된다. 즉, 변호인의 피의자 등에 대한 접견이 그 신청일로부터 상당기간 내에 허용되지 않은 것은 접견불허처분에 해당한다(89모37).

2) 압수 또는 압수물의 환부에 관한 처분

'압수에 관한 처분'이란 수사기관의 영장에 의한 압수(제215조)와 영장에 의하지 않은 긴급압수(제216조-제218조) 및 압수와 관련된 처분을 말한다. 따라서 수사기관이 압수영장의 집행기관으로서 압수처분을 한 경우(97모66)가 이에 해당한다. 하지만 검사가 법원의 재판에 대한 집행지휘자로서 강제처분집행 중에 행한 처분(74모28)은 물론, 검사가 압수·수색영장의 청구 등 강제처분을 위한 조치를 취하지 아니한 것 그 자체는 '압수에 관한 처분'에 해당하지 않는다(2007모82).

'압수물의 환부에 관한 처분'에는 압수물의 가환부에 관한 처분이 포함된다(71모67). 다만, 검사가 압수한 서류 또는 물품에 대하여 몰수의 선고가 없는 때에는 압수가 해제된 것으로 간주되므로(제332조) 검사는 압수물 환부에 관하여 처분을 할 권한이 없고 당연히 환부의무가 발생하므로 검사가 그 압수물의 인도를 거부하는 조치를 하더라도 준항고의 대상이 되지 않는다(84모3).

3) 변호인의 참여 등에 관한 처분

'피의자신문 시 변호인의 참여 등에 관한 처분'(제243조의2)이란 피의자와 변호인 사이의 접견에 관한 처분과 수사기관의 피의자신문 시에 변호인의 참여에 관한 처분을 말한다. 피고인 또는 피의자의 체포 또는 구속 여부를 묻지 않는다. 다만, 체포 또는 구속된 피의자의 변호인접견권이나 변호인의 신문참여의 제한은 '구금에 관한 처분'에도 해당한다.

수사기관이 피의자신문을 하면서 정당한 사유가 없는데도 변호인에 대하여 피의자로부터 떨어진 곳으로 옮겨 앉으라고 지시를 한 다음 이러한 지시에 따르지 않았음을 이유로 변호인의 피의자신문참여권을 제한한 것(2008모793), 단지 변호인이 피의자신문 중에 부당한 신문방법에 대한 이의제기를 하였다는 이유만으로 변호인을 조사실에서 퇴거시키는 조치를 한 것(2015모2357) 등이 이에 해당한다.

3. 절 차

(1) 준항고의 제기

1) 준항고장의 제출

준항고는 서면으로 관할법원에 제출하여야 한다(제418조).[61] 재판장 또는 수명법관에 대한 준항고는 재판의 고지 있는 날로부터 7일 이내에 청구하여야 한다(제416조 제3항). 지방법원이 이 청구를 받은 때에는 합의부에서 결정을 하여야 한다(동조 제2항). 수사기관의 처분에 관한 준항고의 제기기간에 대하여는 ① 이에 대하여 명문의 규정은 없지만 재판장 등에 대한 준항고에 관한 규정에 준한다는 견해가 있다. 그러나 ② 수사기관의 처분에 대한 준항고에 대하여는 명문의 규정이 없으므로 검사 또는 사법경찰관의 처분에 대한 준항고청구기간은 제한이 없다.

준항고의 상대방은 해당 재판을 한 재판장 또는 수명법관이나 처분을 한 검사 또는 사법경찰관이다. 다만, 판례는 준항고절차는 당사자주의에 입각한 소송절차와는 달리 대립되는 양 당사자의 관여를 필요로 하는 것이 아니므로 법원이 준항고에 대한 결정에 있어서 국가안전기획부장을 상대방으로 표시한 잘못이 있다고 하더라도 그것이 재항고이유(제415조)로 되는 위법사유가 되지 않는다고 한다(91모24).

2) 관할법원

재판장 또는 수명법관의 재판에 대한 준항고는 그 법관소속의 법원에서 관할한다(제416조 제1항). 지방법원이 이 청구를 받은 때에는 합의부에서 결정을 하여야 한다(동조 제2항).

검사 또는 사법경찰관의 처분에 대한 준항고는 그 직무집행지의 관할법원 또는 검사의 소속검찰청에 대응한 법원에서 관할한다(제417조). 다만, 합의부에서 관할한다는 명문의 규정이 없으므로 단독판사가 관할한다.

---

61) 판례는 "피압수자는 준항고인의 지위에서 불복의 대상이 되는 압수 등에 관한 처분을 특정하고 준항고취지를 명확히 하여 청구의 내용을 서면으로 기재한 다음 관할법원에 제출하여야 한다. 다만, 준항고인이 불복의 대상이 되는 압수 등에 관한 처분을 구체적으로 특정하기 어려운 사정이 있는 경우에는 법원은 석명권행사 등을 통해 준항고인에게 불복하는 압수 등에 관한 처분을 특정할 수 있는 기회를 부여하여야 한다"(2022모1566)고 하였다.

3) 준항고의 효력

준항고에는 집행정지의 효력은 없다. 그러나 관할법원은 준항고에 대한 결정이 있을 때까지 집행을 정지할 수 있다(제419조, 제409조). 또한 증인, 감정인, 통역인 또는 번역인에 대하여 과태료 또는 비용의 배상을 명한 재판은 준항고청구기간 내와 청구가 있는 때에는 그 재판의 집행은 정지된다(제416조 제4항).

(2) 준항고의 심판

1) 심 리

준항고심에서는 항고심의 경우와 같이 준항고이유로 주장한 사유뿐만 아니라 그 이외의 사유에 대하여도 직권으로 심사할 수 있다. 준항고의 심리는 항고심의 경우와 같이 구두변론을 거치지 않고 서면심리를 할 수 있으며(제37조 제2항), 결정을 할 때 필요하면 사실조사를 할 수 있다(동조 제3항).

2) 재 판

항고기각의 결정(제413조), 항고기각과 항고이유 인정(제414조) 및 재항고(제415조)의 규정은 준항고의 청구에 준용한다(제419조).[62] 따라서 준항고의 제기가 법률상의 방식에 위반하거나 준항고권소멸 후인 것이 명백한 때에는 준항고법원은 결정으로 준항고를 기각하여야 한다. 또한 준항고를 이유 없다고 인정한 때에는 결정으로 준항고를 기각하여야 한다. 준항고는 일종의 항고소송이므로, 통상의 항고소송에서와 마찬가지로 그 이익이 있어야 하고, 따라서 소송계속 중 준항고에 의해 달성하고자 하는 목적이 이미 이루어졌거나 시일의 경과 또는 그 밖의 사정으로 인하여 그 이익이 상실된 경우에는 준항고는 부적법하게 된다(2013모1970). 그러나 준항고를 이유 있다고 인정한 때에는 결정으로 재판장 또는 수명법관의 재판이나 검사 또는 사법경찰관의 처분을 취소하고 필요한 경우에는 항고사건에 대하여 직접 재판을 하여야 한다.

준항고법원의 결정에 대하여는 재판에 영향을 미친 헌법·법률·명령 또는 규칙의 위반이 있는 때에 한하여 대법원에 즉시항고를 할 수 있다(83모12).

62) 다만, 항고심에서의 원심법원의 항고기각의 결정에 관한 규정(제407조)은 준용되지 않는다.

제2장 비상구제절차

제1절 재 심

Ⅰ. 재심의 의의와 구조 및 대상

1. 의 의

재심이란 유죄의 확정판결에 대하여 중대한 사실오인이나 그 오인에 의심이 있는 경우에 판결을 받은 자의 이익을 위하여 판결의 부당함을 시정하는 비상구제절차를 말한다. 따라서 무죄의 선고를 받은 자가 유죄의 선고를 받기 위한 재심은 허용되지 않는다(83모5). 재심은 판결이 확정된 이상 형집행 전·후나 집행 중임을 묻지 않으며, 형집행 후 사망한 자에 대하여도 인정된다. 재심은 확정판결에 대한 비상구제절차라는 점에서 미확정재판에 대한 불복절차인 상소와 구별되며, 사실오인을 시정하기 위한 제도라는 점에서 법령위반을 이유로 하는 비상상고와 구별된다.

재심제도의 근거에 관하여는 ① 형사소송에서의 법적 안정성과 정의의 이념이 충돌하는 경우에 법적 안정성을 위태롭게 하지 않는 범위 내에서 실질적 정의를 구현하는 제도라는 견해(입법정책설, 다수설)가 있다. 그러나 ② 재심제도는 피고인의 공평한 재판을 받을 권리의 보장을 전제로 하여 무고한 자를 구제하기 위한 인권옹호의 최후의 보루이며, 적법절차를 구현한 것으로서 헌법적 요청에 따른 제도이다(헌법적 근거설). 헌법재판소는 "형사소송에 있어서 재심은 유죄의 확정판결에 대하여 중대한 사실오인이나 그 오인의 의심이 있는 경우에 판결을 받은 자의 이익을 위하여 판결의 부당함을 시정하는 비상구제절차로서, 법적 안정성과 정의의 이념이 충돌하는 경우에 정의를 위하여 판결의 확정력을 제거하는 가장 중요한 경우”(2009헌바430)라고 한다.

> **<재심제도의 입법유형>**
>
> 프랑스주의는 피고인의 이익을 위한 재심만을 인정하면서 상고법원에 관할권을 인정한다. 반면, 독일주의는 피고인의 이익 여부를 떠나 일정한 사유가 있으면 피고인에 대한 불이익재심도 전면적으로 인정하고, 원심법원에 관할권을 인정한다. 우리나라는 피고인에 대한 이익재심만을 인정하되, 원판결법원에 관할권을 인정하고 있다는 점에서 절충적 구조를 가지고 있다.

2. 구 조

재심은 유죄의 확정판결에 사실오인이 있다고 판단되는 경우에 이를 공판절차에서 심사하는 것을 내용으로 한다. 따라서 재심은 재심이유의 유·무를 심사하여 다시 심판할 것인지의 여부를 결정하는 재심개시절차와 재심개시결정 이후에 다시 통상의 공판절차에서 심판을 하는 재심심판절차의 2단계 구조를 취하고 있다.

재심심판절차는 그 심급의 공판절차와 동일하므로 재심개시절차가 재심절차의 핵심을 이루게 된다. 다만, 재심개시절차에서는 형소법에서 규정하고 있는 재심이유가 있는지 여부만을 판단하여야 하고, 재심이유가 재심대상판결에 영향을 미칠 가능성이 있는지의 실체적 사유를 고려하여서는 아니 된다(2018도20698).

3. 대 상

형소법상 재심은 이익재심만 인정되므로 재심대상은 원칙적으로 유죄의 확정판결 및 유죄판결에 대한 항소 또는 상고를 기각한 확정판결에 한정된다(제420조).

(1) 유죄의 확정판결

재심대상은 원칙적으로 유죄의 확정판결이다. 따라서 무죄판결(83모5)은 물론이고, 면소판결(2020모2071), 공소기각의 판결, 관할위반의 확정판결은 판결에 중대한 하자가 있더라도 재심대상이 되지 않는다(2015모3243). 또한 재심은 판결에 대해서만 허용되므로 공소기각의 결정(2011도7931), 재항고기각의 결정(91재도2), 재정신청기각의 결정(86모38)과 같은 결정이나 명령은 재심청구의 대상이 되지 않는다.

'유죄의 확정판결'은 형의 선고와 형의 면제의 선고가 확정된 판결이다. 따라서 확정된 약식명령[63]과 즉결심판법에 따른 즉결심판(제16조) 및 「경범죄 처벌법」(제8조 제3항) 및 「도로교통법」(제164조 제3항)에 의한 범칙금납부의 경우는 물론, 특별사면으로 형선고의 효력이 상실된 유죄의 확정판결(2011도1932)도 이에 포함된다. 그러나 항소심에서 파기된 제1심판결(2003모464)이나 파기환송판결(2005재도18) 또는 상고심재판 계속 중 피고인이 사망하여 확정된 공소기각의 결정(2011도7931)에 대하여는 재심을 청구할 수 없다.

유죄의 확정판결 후에 형선고의 효력을 상실하게 하는 특별사면이 있는 경우에 재심대상이 되는지에 대하여는 ① 특별사면이 있었다면 이미 재심청구대상이 존재하지 않으므로 재심대상이 될 수 없다는 견해가 있다. 그러나 ② 특별사면이 있더라도 확정된 유죄판결에서 이루어진 사실인정과 그에 따른 유죄판단까지 없어지는 것은 아니므로 재심대상이 된다. 판례는 특별사면의 경우에도 여전히 남아 있는 불이익을 제거할 필요가 있으므로 특별사면으로 형선고의 효력이 상실된 유죄의 확정판결도 '유죄의 확정판결'에 해당하여 재심청구의 대상이 된다고 한다(2012도2938).

(2) 상소기각의 확정판결

재심대상에는 항소 또는 상고의 기각판결도 포함된다. 이는 재심이유가 상소기각의 판결 자체에 있는 경우에 상소기각의 판결의 확정력을 배제하여 소송을 상소심에 계속된 상태로 되돌림으로써 사건의 실체를 다시 심판할 수 있게 하기 위한 것이다.

'항소 또는 상고의 기각판결'이란 상고기각의 판결에 의하여 확정된 제1심 또는 항소판결을 의미하는 것이 아니고, 항소기각 또는 상고기각의 판결 자체를 의미한다(84모48).[64] 이는 상소기각의 판결은 그 자체가 유죄판결은 아니지만 상소기각의 판결의 확정에 의해 원심의 유죄판결이 확정된다는 점을 고려한 것이다. 따라서 원판결에 사실오인이 있다거나 무죄를 선고할 증거가 새로 발견되었다는 것

---

63) 약식명령에 대한 정식재판절차에서 유죄판결이 선고되어 확정된 경우 재심청구의 대상은 약식명령이 아니라 유죄의 확정판결이다(2011도10626).

64) 판례는 "제1심이 유죄판결을 선고하고, 그에 대하여 불복하였으나, 항소 또는 상고 기각판결이 있었던 경우에 「헌법재판소법」 제47조를 이유로 재심을 청구하려면 재심대상판결은 제1심판결이 되어야 하고, 항소 또는 상고 기각판결을 재심대상으로 삼은 재심청구는 법률상의 방식을 위반한 것으로 부적법하다"(2022모509)고 하였다.

만으로는 이 사유에 의한 재심청구를 할 수 없다(75소4). 다만, 항소기각 또는 상고기각의 판결에 대한 재심은 일정한 사유(제420조 제1호, 제2호, 제7호)가 있는 경우에 한하여 그 선고를 받은 자의 이익을 위한 경우에만 허용된다(제421조 제1항).

Ⅱ. 재심이유

재심이유는 형소법에서 엄격하게 제한하고 있다.[65] 그 유형으로는 원판결의 증거가 허위증거임을 이유로 하는 오류형(falsa형)과 원판결의 사실인정을 변경할 만한 새로운 증거의 발견을 이유로 하는 신규형(nova형)이 있다.

1. 유죄의 확정판결에 대한 재심이유

(1) 허위증거에 의한 재심이유

1) 원판결의 증거된 서류 또는 증거물이 확정판결에 의하여 위조되거나 변조된 것임이 증명된 때(제1호)

'원판결의 증거된 서류 또는 증거물'의 의미에 대하여는 ① 원판결이 범죄사실을 인정하기 위하여 증거요지에 기재한 증거라는 견해가 있다. 그러나 ② 원판결이 범죄사실을 인정하기 위하여 증거요지에 기재한 증거 외에, 원판결의 증거가 진술증거인 경우에는 그 증거능력을 인정하기 위한 증거도 이에 포함된다(다수설).

'확정판결'이란 형사확정판결(제4호와 제5호의 경우는 제외)을 말하며, 반드시 유죄의 확정판결임을 요하지 않고 구성요건사실이 증명된 때에는 위법성 또는 책임이 조각된다는 이유로 무죄판결이 선고된 경우도 포함된다. 약식명령이 확정된 경우도 확정판결에 포함된다(이하 같다. 2008도11481).

또한 법관이 증거서류를 위조·변조한 경우도 이에 해당한다.

---

65) 판례는 재심이유는 "제420조 각 호에 규정된 것에 한하고, 더욱이 상고를 기각한 확정판결에 대한 재심청구는 그 확정판결 자체에 같은 조 제1호, 제2호, 제7호 소정의 각 사유가 있는 경우에 한하여 허용되므로, 그 제도의 목적과 성질을 달리 하는 민소법상의 재심이유를 여기에 준용할 수 없다"(94재도9)고 하였다.

2) 원판결의 증거된 증언, 감정, 통역 또는 번역이 확정판결에 의하여 허위임이 증명된 때(제2호)

'원판결의 증거된 증언'이란 원판결의 이유 중에서 증거로 채택되어 범죄될 사실을 인정하는 데 인용된 증거를 말한다(2011도8529). 이때 증언은 범죄사실과 직·간접으로 관련된 내용이어야 하므로 단순히 증거조사의 대상이 되었을 뿐 범죄사실을 인정하는 증거로 사용되지 않은 증언(2003도1080)이나 재심대상 피고사건과 별개의 사건에서 작성된 증인신문조서나 진술조서가 재심대상 피고사건에서 서증으로 제출되어 채용된 경우(99모93)는 이에 해당하지 않는다. '증언'은 법률에 의하여 선서한 증인의 증언을 말한다. 따라서 공동피고인의 공판정에서의 진술이나(85모10) 다른 사건에서 증언이 이루어지고 그 증언을 기재한 증인신문조서나 그 증언과 유사한 진술이 기재된 진술조서가 서증으로 제출된 경우(99모93)는 이에 해당하지 않는다.

'원판결의 증거된 증언이 확정판결에 의하여 허위인 것이 증명된 때'란 해당 사건의 증인이 위증죄로 처벌되어 그 판결이 확정된 경우를 말한다. 감정, 통역 또는 번역의 경우도 마찬가지이다. 그 증언이 나중에 확정판결에 의하여 허위인 것이 증명된 이상 허위증언 부분을 제외하고도 다른 증거에 의하여 '죄로 되는 사실'이 유죄로 인정될 것인지에 관계없이 이에 해당된다(2011도8529). 그러나 원판결의 증거된 증언을 한 자가 그 재판과정에서 자신의 증언과 반대되는 취지의 증언을 한 다른 증인을 위증죄로 고소하였다가 그 고소가 허위임이 밝혀져 무고죄로 유죄의 확정판결을 받은 경우는 이에 해당하지 않는다(2003도1080).

3) 무고로 인하여 유죄의 선고를 받은 경우에 그 무고의 죄가 확정판결에 의하여 증명된 때(제3호)

'무고로 인하여 유죄의 선고를 받은 경우'란 고소장 또는 고소조서의 기재가 원판결의 증거가 된 경우뿐만 아니라 무고의 진술이 증거로 된 경우를 포함한다(통설). 단순히 무고로 수사가 개시되었다는 것만으로는 재심이유가 되지 않는다.

4) 원판결의 증거된 재판이 확정재판에 의하여 변경된 때(제4호)

'원판결의 증거된 재판'이란 원판결의 이유 중에서 증거로 채택되어 죄로 되는 사실을 인정하는 데 인용된 다른 재판을 뜻한다(2018도17909).

5) 저작권, 특허권, 실용신안권, 디자인권 또는 상표권을 침해한 죄로 유죄의 선고를 받은 사건에 관하여 그 권리에 대한 무효의 심결 또는 무효의 판결이 확정된 때(제6호)

저작권 등의 권리의 경우에는 그 권리에 대한 무효의 심결 또는 판결이 확정되면 그 권리는 처음부터 존재하지 않은 것으로 되고, 따라서 권리를 침해한 죄가 존재할 수가 없게 되기 때문이다.

6) 원판결, 전심판결 또는 그 판결의 기초 된 조사에 관여한 법관, 공소의 제기 또는 그 공소의 기초된 수사에 관여한 검사나 사법경찰관이 그 직무에 관한 죄를 지은 것이 확정판결에 의하여 증명된 때(제7호)

이는 법관이나 수사기관에게 그러한 직무범죄가 확정됨으로써 원판결 등에 사실오인의 잘못이 있다는 점이 현저하게 추측된다는 이유에서 이를 재심사유로 하여 제1심 혹은 상소심의 공판절차에 따라 다시 심리하여 재판을 하도록 한 것이다(2021모2650). 다만, 이는 원판결의 선고 전에 법관, 검사 또는 사법경찰관에 대하여 공소가 제기되었을 경우에는 원판결의 법원이 그 사유를 알지 못한 때로 한정한다(제7호 단서).

'공소의 기초된 수사에 관여한'이란 공소제기가 된 형사사건의 수사과정에서 사법경찰관이 직접 피의자를 조사하는 경우뿐만 아니라 검찰에 사건송치를 하는 과정에서 의견서를 작성하는 경우(2004모16), 사법경찰관이 자신이 근무 중인 경찰서에 첩보보고를 하여 피의자에 대한 수사가 정식으로 개시된 경우(2008모77), 군사법경찰관이 피의자들을 구속영장의 발부 없이 불법체포·감금한 경우(2015모2229) 등이 이에 해당한다.

'직무에 관한 죄'의 범위에 대하여는 ① 「형법」 제2편 제7장에 규정된 공무원의 직무에 관한 죄(제122조-제133조)에 한정된다는 견해(한정설)가 있다. 그러나 ② 형사사법에 종사하는 공무원의 직무라는 점에서 그 성질에 차이가 없으므로 「형법」상 직무범죄뿐만 아니라 특별형법의 직무상 범죄에 관한 죄도 포함된다(비한정설, 다수설). 판례는 긴급조치 제9호와 같이 수사기관이 영장주의를 배제하는 위헌적 법령에 따라 영장 없는 체포·구금을 한 경우에도 불법체포·감금의 직무범죄가 인정되는 경우에 준하여 재심이유가 된다고 한다(2015모3243). 이때 해당 사법경찰관 등이 범한 직무에 관한 죄가 사건의 실체관계에 관계된 것인지, 해당 사법경찰관이 직접 피의자에 대한 조사를 담당하였는지 여부는 묻지 않는다

(2008모77).[66]

그러나 이러한 사유들이 있다고 하여 반드시 원판결에 사실오인이 있는 것으로 인정하여야 한다거나 직무범죄를 한 사법경찰관이 수집한 모든 증거가 위법하게 된다는 취지는 아니다(93도1512). 즉, 이 사유들이 재심이유로 인정되기 위해서는 원판결이 위 공무원의 범죄행위로 얻어진 것이라는 점에 관하여 별도의 확정판결이나 확정판결에 대신하는 소정의 증명이 있어야 한다(96모72).[67]

(2) 새로운 증거에 의한 재심이유

1) 의 의

'유죄의 선고를 받은 자에 대하여 무죄 또는 면소를, 형의 선고를 받은 자에 대하여 형의 면제 또는 원판결이 인정한 죄보다 경한 죄를 인정할 명백한 증거가 새로 발견된 때'(제5호)에는 재심이유가 된다. 다만, 새로운 증거에 의한 재심은 그로 인해 사실인정에 오류가 생긴 경우에 한한다. 따라서 확정판결 후의 법령의 개폐(90모15)나 대법원의 판례변경은 이에 해당하지 않는다.

2) 적용범위

(가) 유죄의 선고를 받은 자에 대하여 무죄 또는 면소를 인정할 명백한 증거가 새로 발견된 때(제5호 전단)

'유죄의 선고'란 형선고의 판결뿐만 아니라 형면제의 판결과 형의 선고유예의 판결도 포함된다(제321조 제1항). '무죄로 인정할 명백한 증거'란 확정판결의 소송절차에서 발견되지 못하였거나 발견되었어도 제출할 수 없었던 증거로서

---

66) 판례는 검사가 피고인에 대한 3회 피의자신문 과정에서 자신의 의도대로 진술을 이끌어내기 위하여 피고인에게 검사의 생각을 주입하며 유도신문을 하는 등 진술의 임의성을 보장하지 못하고 사회통념상 현저히 합리성을 잃은 신문방법을 사용함으로써 위법하게 수사권을 남용한 경우에 재심사유를 인정하였다(2024모179).

67) 판례는 재심청구인이 제420조 제7호에서 규정한 범죄의 피해자로서 하는 진술 그 자체가 재심이유인 '직무에 관한 죄'의 존재를 뒷받침하는 핵심적 증거로 제출되었음에도 그 범죄의 공소시효가 이미 완성하여 확정판결로 증명할 수 없는 경우에 재심청구인의 범죄피해에 관한 진술내용이 논리와 경험칙에 비추어 합리적이고, 진술 자체로 모순되거나 객관적으로 확인된 사실이나 사정과 모순되지 않으며, 재심청구인이 허위로 진술할 뚜렷한 동기나 이유를 찾을 수 없는 등 그 진술에 충분한 신빙성이 있을 뿐만 아니라, 그 진술에 부합하는 직접·간접의 증거들이 상당수 제시된 반면, 그 진술과 모순되거나 진술내용을 탄핵할 수 있는 다른 객관적인 증거가 없어 그 진술만으로 법이 정한 재심사유가 있다고 인정하기에 충분하다는 정도에 이를 경우에는 원칙적으로 재심청구가 이유 있다고 인정하여 재심의 심판을 받을 기회를 보장하여야 한다고 하였다(2021모2650).

증거가치에 있어 다른 증거에 비하여 객관적으로 우위성이 인정되는 증거를 말한다(93도1512). 따라서 확정판결의 소송절차에서 증거로 채택된 공동피고인이 확정판결 후 앞서의 진술내용을 번복하는 것은 이에 해당하지 않는다(93모33). '면소를 인정할 증거'란 면소의 사유(제326조)를 증명할 증거를 말한다.

유죄의 선고를 받은 자에 대하여 공소기각을 인정할 경우도 이에 포함되는지에 대하여는 ① 공소기각도 피고인에게 유리한 재판이므로 제420조 제5호를 유추적용하여 재심이유에 포함시키자는 견해가 있다. 그러나 ② 법문상 재심은 무죄 또는 면소를 인정할 경우로 제한하고 있으므로 공소기각의 경우는 재심이유에 포함되지 않는다(다수설). 판례는 "동일한 죄에 대하여 공소기각을 선고받을 수 있는 경우는 여기에서의 경한 죄에 해당하지 않는다"(96모51)고 한다. 하지만 공소기각도 피고인에게 매우 유리한 판결로서 면소판결과 구별할 이유가 없다는 점에서 입법의 보완이 요구된다.

(나) 형의 선고를 받은 자에 대하여 형의 면제 또는 원판결이 인정한 죄보다 경한 죄를 인정할 명백한 증거가 새로 발견된 때(제5호 후단)

'형의 면제'란 형의 필요적 면제의 경우만을 말하고, 임의적 면제는 이에 해당하지 않는다(84모32). '원판결이 인정한 죄보다 경한 죄'란 원판결이 인정한 죄와는 별개의 죄로서 그 법정형이 가벼운 죄를 말한다(2017도14769). 따라서 필요적이건 임의적이건 형의 감경사유를 주장하거나(2007도3496), 양형상의 자료에 변동을 가져올 사유에 불과한 것(2017도14769)[68]은 이에 해당하지 않는다.

(다) 새로운 증거의 자격

'새로운 증거'의 자격에 대하여는 ① 증거능력 있는 증거만을 의미한다는 견해(한정설), ② 증거능력 있는 증거에 한정할 필요가 없다는 견해(무한정설)가 있다. 그러나 ③ 재심은 확정된 유죄판결을 번복하는 것이므로 공소범죄사실에 관한 증거는 증거능력 있는 증거일 것을 요하지만 소송법적 사실인 경우에는 자유로운 증명으로 충분하므로 증거능력 있는 증거일 것을 요하지 않는다(이원설, 다수설).

'새로운 증거'는 범죄사실에 관한 증거뿐만 아니라 증거의 증거능력이나 증명력의 기초가 되는 사실에 관한 증거가 포함된다. 따라서 자백의 임의성을 의심하게 하는 새로운 증거나 보강증거를 배제하는 새로운 증거가 발견된 경우

---

68) 이에 대하여는 양형자료가 확정판결의 형벌내용에 뚜렷한 변화를 가져올 수 있을 정도로 중요한 자료인 경우에는 재심을 인정하여야 한다는 견해가 있다.

에는 이전의 자백이나 보강증거를 배제하여 무죄판결을 할 수 있다.

3) 증거의 신규성

(가) 의 의

'증거가 새로 발견된 때'란 재심대상이 되는 확정판결의 소송절차에서 발견되지 못하였거나 또는 발견되었다고 하더라도 제출할 수 없었던 증거로서 이를 새로 발견하였거나 비로소 제출할 수 있게 된 때를 말한다(2017도11812). 이를 증거의 신규성이라고 한다. 형벌에 관한 법령이 당초부터 헌법에 위배되어 법원에서 위헌·무효라고 선언한 경우(2010모363)나 조세의 부과처분을 취소하는 행정판결이 확정된 경우(2017도11812)도 이에 해당한다.

(나) 판단기준

증거가 법원의 입장에서 새로 발견된 것일 것을 요한다. 따라서 원판결의 증거로 되었던 피고인의 자백(67모30), 공동피고인의 진술(93모33), 증인의 증언(84모2) 등을 번복한 경우는 이에 해당하지 않는다.

한편, 피고인에게도 증거가 '새로 발견된 때'일 것을 요하는지에 대하여는 ① 동호의 문리해석과 재심의 취지에 비추어 허위진술로 인해 유죄판결을 받은 피고인에게까지 재심을 인정하는 것은 형평과 금반언(禁反言)의 원칙에 반하므로 피고인에게도 신규성이 요구된다는 견해, ② 피고인에 대한 권리구제의 요청과 형평 또는 금반언의 원칙을 고려할 때 피고인에 대하여는 원칙적으로 신규성이 요구되지 않지만 고의나 과실로 제출하지 않은 증거에 대하여는 신규성을 인정할 수 없다는 견해가 있다. 그러나 ③ 재심은 사실오인으로 인하여 처벌받은 무고한 자를 구제하기 위한 절차이고, 검사에게 거증책임이 있음을 고려하면 피고인이 의도적으로 증거를 은닉하거나 고의로 증거를 제출하지 않은 경우라도 이에 대한 법적 책임은 별도로 하고 재심을 허용할 필요가 있고, 따라서 법원에 대해서만 신규성이 있으면 충분하다(다수설). 판례는 피고인이 재심을 청구한 경우 재심대상이 된 확정판결의 소송절차 중에 그러한 증거를 제출하지 못한 데에 과실이 있는 경우에는 제외된다고 한다(2009도4894).[69]

증거의 신규성은 법원에 제출되지 않은 증거뿐만 아니라 당사자의 증거신청에 대하여 법원이 기각한 경우에도 인정된다.

---

69) 판례의 태도에 따르면 위장출석한 피고인에 대하여 유죄판결이 확정된 경우에는 재심은 허용되지 않고 비상상고절차에 의하여야 구제받을 수밖에 없다.

4) 증거의 명백성

(가) 의 의

증거의 명백성의 의미에 대하여는 ① 새로운 증거에 의해 확정판결의 사실인정에 대해서 진지한 의문 내지 중대한 의심이 제기되는 경우라는 견해가 있다. 그러나 ② 재심은 확정판결의 번복을 인정하는 것이므로 새로운 증거가 확정판결을 파기할 고도의 가능성 내지 개연성이 인정되는 경우를 의미한다(다수설). 판례는 단순히 재심대상이 되는 유죄의 확정판결에 대하여 그 정당성이 의심되는 수준을 넘어 그 판결을 그대로 유지할 수 없을 정도로 고도의 개연성이 인정되는 경우라고 한다(2009도4894). 다만, 그 증거가치가 확정판결이 그 사실인정의 자료로 한 증거보다 경험칙이나 논리칙상 객관적으로 우위에 있다고 보여지는 증거를 의미하고, 법관의 자유심증에 의하여 그 증거가치가 좌우되는 증거를 말하는 것은 아니라고 한다(99모93). 따라서 사인의 진술서는 특히 신빙할 수 있는 상태하에서 작성된 것이라고 볼 만한 객관적인 자료의 뒷받침이 없는 한 그 증거가치가 다른 증거들의 그것에 비하여 객관적인 우위성이 인정되지 않는다고 한다(95모67).

(나) 판단기준

증거의 명백성의 판단기준에 대하여는 ① 새로운 증거만으로 평가하여야 한다는 견해(단독평가설), ② 새로 발견된 증거와 유기적으로 밀접하게 관련되고 모순되는 증거들만을 평가대상으로 하여야 한다는 견해(제한적 종합평가설)가 있다. 그러나 ③ 재심대상이 된 판결의 사실인정의 정확성 여부를 판단하기 위해서는 실제 사건에서 증거들 상호간에는 관련성을 가지는 경우가 대부분이므로 피고인의 이익보호와 진실발견을 위해서는 새로 발견된 증거와 확정판결의 기초된 모든 구 증거를 함께 고려하여 종합적으로 명백성 유·무를 판단하여야 한다(종합평가설, 다수설).[70] 다만, 이때 재심법원은 새로이 재판을 하는 것이므로 그 재판에서는 구 증거의 평가에 관한 원판결법원의 심증에 구속될 것이 아니라 신증거와 구증거를 종합적으로 고려하여 독자적으로 평가하여야 한다.

판례는 '무죄 등을 인정할 명백한 증거'에 해당하는지 여부를 판단할 때에는 법원으로서는 새로 발견된 증거만을 독립적·고립적으로 고찰하여 그 증거가치만으로 재심의 개시 여부를 판단할 것이 아니라, 재심대상이 되는 확정판결을

---

70) 증거의 명백성 판단에서 'in dubio pro reo의 원칙'을 적용하여야 한다는 견해가 있다. 이에 따르면 무죄판결을 받을 명백한 증거는 확정판결의 사실인정에 의심을 일으킬 정도의 증거로 충분하게 된다.

선고한 법원이 사실인정의 기초로 삼은 증거들 가운데 새로 발견된 증거와 유기적으로 밀접하게 관련되고 모순되는 것들은 함께 고려하여 평가하여야 한다고 한다(2009도4894).

(다) 공범에 대한 모순된 판결

공범자 사이에 모순된 판결이 있는 경우에 유죄의 확정판결을 받은 공범자가 후에 내려진 다른 공범자에 대한 무죄판결 자체를 무죄를 받을 명백한 증거로 할 수 있는지에 대하여는 ① 형벌법규의 해석의 차이가 아니라 사실인정에 관한 결론을 달리한 때에는 긍정하여야 한다는 견해, ② 무죄판결의 증거자료가 동일한 경우에는 증거의 증명력의 문제에 지나지 않으므로 이를 부정하여야 한다는 견해, ③ 공범에 대한 무죄판결이 법령개폐나 판례변경으로 인한 것이라면 사실인정의 오류에 해당하지 않으므로 재심이유가 될 수 없지만 공범에 대한 무죄판결이 사실문제에 기초한 경우에는 명백한 증거에 해당한다는 견해가 있다. 그러나 ④ 유죄판결은 범죄의 적극적인 증명을 기초로 하는 것임에 반하여, 무죄판결은 무죄의 증명뿐만 아니라 유죄의 증명이 없다는 소극적 판단도 그 기초로 하고 있으므로 무죄판결의 기초가 된 증거가 유죄판결에서 사용하지 못한 새로운 증거로서 유죄판결을 파기할 만한 명백한 경우에 한해 재심이유가 된다(다수설). 따라서 공범에 대한 무죄판결이 법령개폐나 판례변경으로 인한 경우에는 사실인정의 오류에 해당하지 않으므로 재심이유가 되지 않는다.

판례는 무죄확정판결의 증거자료를 자기의 증거자료로 하지 못하였고, 또 새로 발견된 것이 아닌 한 무죄확정판결 자체만으로는 유죄확정판결에 대한 새로운 증거로서의 재심이유에 해당한다고 할 수 없다고 한다(84모14).

2. 상소기각의 확정판결에 대한 재심이유

(1) 의 의

항소 또는 상고의 기각판결에 대하여는 (i) 원판결의 증거가 된 서류 또는 증거물이 확정판결에 의하여 위조되거나 변조된 것임이 증명된 때(제1호), (ii) 원판결의 증거가 된 증언, 감정, 통역 또는 번역이 확정판결에 의하여 허위임이 증명된 때(제2호), (iii) 원판결, 전심판결 또는 그 판결의 기초가 된 조사에 관여한 법관, 공소의 제기 또는 그 공소의 기초가 된 수사에 관여한 검사나 사법경찰관이 그 직무에 관한 죄를 지은 것이 확정판결에 의하여 증명된 때(다만, 원판결의 선고 전에 법관,

검사 또는 사법경찰관에 대하여 공소가 제기되었을 경우에는 원판결의 법원이 그 사유를 알지 못한 때로 한정한다)(제7호)의 사유가 있는 경우에 한하여 그 선고를 받은 자의 이익을 위하여 재심을 청구할 수 있다(제421조 제1항).

따라서 원판결 후 진범인이 검거되어 현재 공판진행 중이라는 사유(제5호에 해당함)를 내세우는 것(86소1)은 물론, 원판결에 사실오인이 있다거나 무죄를 선고할 증거가 새로 발견되었다는 것(75소4), 구체적으로 재심청구이유를 주장함이 없이 막연하게 공소제기가 허위이며 증거서류가 날조되었으니 재판을 잘못하였다고 주장하는 것(85소5) 등은 재심이유가 될 수 없다. 또한 채증법칙위반으로 인한 사실오인이었는데 피고인의 상고를 기각하였으니 부당하다거나(83소2) 증거에 의하여 사실을 인정하지 않고 원심판결에 법령위배가 없음을 이유로 한 상고기각의 판결(90재도1)에 대한 재심청구는 상고기각의 판결 자체에 대한 것이 아니므로 제1호의 재심이유에 해당하지 않는다.

(2) 재심청구의 제한

제1심확정판결에 대한 재심청구사건의 판결이 있은 후에는 항소기각의 판결에 대하여 다시 재심을 청구하지 못한다(제421조 제2항). 제1심 또는 제2심의 확정판결에 대한 재심청구사건의 판결이 있은 후에는 상고기각의 판결에 대하여 다시 재심을 청구하지 못한다(동조 제3항). '재심청구사건의 판결'이란 재심개시결정에 의하여 진행된 재심심판절차에서 내려진 판결을 의미한다. 이는 상소기각판결에 대한 재심청구의 목적이 재심심판절차에 의해 달성될 수 있고, 재심사건의 판결에 대해서도 상소를 제기할 수 있기 때문이다. 그러나 제1심과 제2심의 확정판결에 대하여 재심개시절차에서 재심청구기각의 판결이 내려진 경우에는 상소기각의 확정판결에 대하여 재심을 청구할 수 있다.

3. 확정판결에 대신하는 증명

제420조와 제421조에 의해 확정판결로써 범죄가 증명됨을 재심청구의 이유로 할 경우에 그 확정판결을 얻을 수 없는 때에는 그 사실을 증명하여 재심을 청구할 수 있다. 다만, 증거가 없다는 이유로 확정판결을 얻을 수 없는 때에는 예외로 한다(제422조). 이는 제420조와 제421조의 보충규정이다.

'그 사실을 증명하여'란 확정판결을 얻을 수 없다는 사실과 제420조와 제421조가 재심이유로 규정한 범죄행위 등이 행하여졌다는 사실을 각 증명하여야 한다는 의미이고, 이때의 증명은 '확정판결을 대신하는 증명'이다. '확정판결을 대신하는 증명'이 있는지를 판단할 때는, 재심은 확정판결의 중대한 오류를 시정하고 일반적인 형사재판절차에서 형사소송원칙에 따른 권리를 제대로 보장받지 못한 억울한 피고인을 구제하여 인권을 옹호하기 위한 제도라는 점, 확정판결을 얻을 수 없는 이유가 매우 다양한 점 등을 유념하고 구체적인 사건에서 비상구제절차인 재심제도의 목적과 이념, 제420조 제7호의 취지 등을 두루 고려하여 신중하게 판단하여야 한다(2021모2650). '확정판결을 얻을 수 없는 때'란 유죄판결을 선고할 수 없는 사실상 또는 법률상의 장애가 있는 경우를 말한다. 즉, 범인이 사망한 경우나 행방불명된 경우, 범인이 심신상실상태에 있는 경우, 공소시효가 완성된 경우(2017모560), 사면이 있었던 경우, 범인을 기소유예처분한 경우(96모123) 등이 이에 해당한다. 다만, 현재 확정판결이 없는 경우만으로는 부족하고, 앞으로도 확정판결을 받을 수 없는 명백한 경우이어야 한다. 따라서 범인에 대한 수사가 진행 중이거나 법원의 재판 중에 있는 경우는 이에 해당하지 않는다.

이때 재심을 청구하려면 확정판결을 얻을 수 없다는 사실뿐만 아니라 재심이유로 된 범죄행위 등이 행하여졌다는 사실이 적극적으로 입증되어야 한다(93모66).

Ⅲ. 재심개시절차

1. 관 할

(1) 관할법원

재심청구는 원판결의 법원이 관할한다(제423조). '원판결'이란 재심청구인이 재심이유가 있다고 하여 재심청구의 대상으로 하고 있는 그 판결을 말한다(86모17). 따라서 제1심판결을 재심청구의 대상으로 하는 경우에는 제1심법원이, 대법원이 파기자판한 경우에는 대법원이 관할법원이 되며, 상소기각의 판결을 재심청구대상으로 하는 경우에는 상소법원이 관할법원이 된다. 다만, 군사법원의 판결이 확정된 후 피고인에 대한 재판권이 더 이상 군사법원에 없게 된 경우에 군사법원의 판결에 대한 재심사건의 관할은 원판결을 한 군사법원과 같은 심급의 일반법원에 있고, 여기에서 '군사법원과 같은 심급의 일반법원'은 법조법과 형소법에 규정된 추상적 기준에 따라 획일적으로 결정하여야 한다(2019모3197). 따라서 군사법원이 재판권이 없음에도 재심개시결정을 한 후에 비로소 사건을 일반법원으로 이송하는 것은 위법한 재판권의 행사이다. 그러나 판례는 이때 사건을 이송받은 일반법원으로서는 다시 처음부터 재심개시절차를 진행할 필요는 없고 군사법원의 재심개시결정을 유효한 것으로 보아 후속절차를 진행할 수 있다고 한다(2011도1932).

재심청구가 원판결법원이 아니라 다른 법원에 잘못 제기된 경우에는 해당법원은 재심청구를 기각할 것이 아니라 관할법원에 이송하여야 한다. 따라서 재심청구가 재심관할법원인 항소심법원이 아닌 제1심법원에 잘못 제기된 경우 제1심법원은 재심관할법원인 항소심법원에 이송하여야 한다(2002모344[71]).

(2) 법관의 제척과 기피

재심사건의 법관이 재심청구의 원판결에 관여한 법관인 경우에 형식적으로 보면 재심청구사건의 원판결이 전심에 해당하는 것은 아니므로 법관의 제척사유인 '법관이 전심재판 또는 그 기초되는 조사, 심리에 관여한 때'(제17조 제7호)에 해당하지 않는다. 하지만 법관이 이미 재심사건에 대하여 예단을 가지고 있는 경우라고 할 것이므로 기피 또는 회피하는 것이 공평한 재판의 이념에 합치한다. 판례는 '사건에 관한 전심'이란 불복신청을 한 해당 사건의 전심을 말하는 것으로서 재심청구사건에서 재심대상이 되는 사건은 이에 해당하지 않으므로 원심법관이 재심대상판결의 제1심에 관여했다 하더라도 이 사건 재심청구사건에서 제척 또는 기피의 원인이 되는 것이 아니라고 한다(82모11).

2. 재심청구

(1) 청구권자

재심청구권자는 검사, 유죄의 선고를 받은 자, 유죄의 선고를 받은 자의 법정대리인 및 유죄의 선고를 받은 자가 사망하거나 심신장애가 있는 경우에는 그 배우자, 직계친족 또는 형제자매 등이다(제424조). 다만, 법관, 검사나 사법경찰관의 직무범죄로 인한 재심청구(제7호)는 유죄의 선고를 받은 자가 그 죄를 범하게 한 경

---

71) 판례는 위 사안에서, 제1심법원이 항소심법원으로 이송결정 대신 재심청구기각의 결정을 하고 이에 대하여 재심청구인이 항고를 제기하였는데, 항고를 받은 법원이 재심관할법원인 경우에는 제367조를 유추적용하여 관할권이 없는 제1심결정을 파기하고 재심관할법원으로서 그 절차를 취하여야 한다고 하였다(2002모344).

우에는 검사가 아니면 재심을 청구하지 못한다(제425조). 이때 검사는 공익의 대표자로서 유죄판결을 받은 자의 이익을 위하여 재심청구를 할 수 있고, 따라서 유죄를 받은 자의 의사에 반하여도 재심청구할 수 있다.

검사 이외의 자가 재심을 청구하는 경우에는 변호인을 선임할 수 있다(제426조 제1항). 이때의 변호인의 선임은 재심판결이 있을 때까지 그 효력이 있다(동조 제2항). 재심판결에 대하여 상소하는 경우에는 심급마다 변호인을 선임하여야 한다. 재심개시절차에서는 국선변호인선정에 관한 명문규정이 없으므로 재심대상인 원사건이 필요적 변호사건(제33조, 제282조)이라고 하더라도 국선변호인을 선정하여야 하는 것은 아니지만, (i) 사망자 또는 회복할 수 없는 심신장애인을 위하여 재심의 청구가 있는 때 또는 (ii) 유죄의 선고를 받은 자가 재심의 판결 전에 사망하거나 회복할 수 없는 심신장애인으로 된 때에 재심을 청구한 자가 변호인을 선임하지 아니한 때에는 재판장은 직권으로 변호인을 선임하여야 한다(제438조 제4항).

(2) 기 간

재심청구기간에는 제한이 없다. 재심청구는 형의 집행을 종료하거나 형의 집행을 받지 아니하게 된 때에도 할 수 있다(제427조). 따라서 형의 시효가 완성되거나 형의 집행유예기간이 경과한 후에도 재심청구가 가능하다. 또한 유죄의 선고를 받은 자가 사망한 경우에도 무죄판결공시(제440조)를 통한 명예회복은 물론, 형사보상, 집행된 벌금이나 몰수된 물건 또는 추징금액의 환부와 같은 법률상 이익이 있으므로 재심청구를 할 수 있다.

(3) 방 식

재심청구를 함에는 재심청구의 취지 및 재심청구의 이유를 구체적으로 기재한 재심청구서에 원판결의 등본 및 증거자료를 첨부하여 관할법원에 제출하여야 한다(규칙 제166조). '원판결의 등본'이란 재심대상이 되는 판결등본을 말하고, 상소기각의 확정판결에 대한 재심청구의 경우에는 상소기각의 판결의 등본뿐만 아니라 유죄를 선고한 원심판결의 등본까지 첨부할 필요가 있다. '재심청구서에 첨부할 증거자료'는 확정판결에 의해 재심이유를 증명하여야 할 경우에는 그 확정판결의 등본, 새로운 증거의 발견을 이유로 할 경우에는 그 새로운 증거의 사본이나 요지 등이다.

이때 재소자에 대한 특칙(제344조)이 준용되므로 재소자의 경우에는 재심청구서를 교도소장 등에게 제출한 때에 재심청구를 한 것으로 간주한다(제430조, 제344조). 따라서 교도소장, 구치소장 또는 그 직무를 대리하는 자가 재심청구서를 제출받은 때에는 그 제출받은 연월일을 재심청구서에 부기하여 즉시 이를 원심법원에 송부하여야 한다(규칙 제168조, 제152조 제1항).

(4) 효 과

재심청구는 형의 집행을 정지하는 효력이 없다. 다만, 관할법원에 대응한 검찰청검사는 재심청구에 대한 재판이 있을 때까지 형의 집행을 정지할 수 있다(제428조). 이는 법원이 재심결정을 할 때에 형의 집행을 임의적으로 정지할 수 있는 경우(제435조 제2항)와 구별된다. 사형이 확정된 자에 대하여 재심청구가 있는 경우에는 검사는 가능한 한 재심절차가 종료될 때까지 형의 집행을 정지하여야 한다.[72)]

(5) 취 하

재심청구는 취하할 수 있다(제429조 제1항). 재심청구의 취하는 서면으로 하여야 한다. 다만, 공판정에서는 구술로 할 수 있다(규칙 제167조 제1항). 구술로 재심청구의 취하를 한 경우에는 그 사유를 조서에 기재하여야 한다(동조 제2항). 이때 재소자에 관한 특칙(제344조)이 준용되므로 교도소장 등에게 취하서를 제출한 때에 재심청구를 취하한 것으로 간주한다(제430조, 제344조).

재심청구를 취하할 수 있는 기간은 재심청구의 취하를 공판정에서 구술로 할 수 있고, 재심개시결정 이후에도 취하할 실익이 있음을 고려할 때 재심의 제1심판결선고 시까지이다(통설).

재심청구를 취하한 자는 동일한 이유로써 다시 재심을 청구하지 못한다(제429조 제2항).

3. 심 판

(1) 심 리

1) 절차와 대상

재심청구의 심리절차는 판결절차가 아니고 결정절차이므로 구두변론에

---

72) 증거보전절차(제184조)는 제1심 제1회 공판기일 전에 한하므로 재심청구사건에서는 허용되지 않는다(84모15).

의할 필요가 없고(제37조 제2항), 심리를 공개할 필요도 없다.

재심개시절차에서는 재심청구의 절차와 방법이 적법한지, 재심청구서에 기재된 재심청구의 취지와 이유가 형소법상 재심이유에 해당하고 재심이유가 인정되는지에 대하여 심사하여야 한다. 이때 재심이유가 재심대상판결에 영향을 미칠 가능성이 있는지의 실체적 사유를 고려해서는 아니 된다(2008모77).

2) 사실조사

재심청구를 받은 법원은 필요하다고 인정한 때에는 사실조사를 할 수 있다(제37조 제3항). 법원은 필요하다고 인정한 때에는 합의부원에게 재심청구의 이유에 대한 사실조사를 명하거나 다른 법원판사에게 이를 촉탁할 수 있으며(제431조 제1항), 이때 수명법관 또는 수탁판사는 법원 또는 재판장과 동일한 권한이 있다(동조 제2항). 법원이 사실조사를 하는데 필요한 경우에는 압수·수색·검증·감정·증인신문 등의 방법으로 직권에 의한 증거수집과 조사를 할 수 있다. 이때 사실조사는 공판절차에서 요구되는 엄격한 증거소사방식을 따라야 하는 것은 아니다(2015모2229).[73] 그러나 당사자는 사실조사신청권이 없으므로 법원이 당사자의 사실조사신청에 대해서는 재판을 할 필요가 없으며, 기각결정하더라도 고지할 필요가 없다(2019모3554).

사실조사의 범위는 재심청구인이 재심이유로 주장한 사실의 유·무판단에 제한되며, 재심청구인의 심리에서는 직권조사사항이 인정되지 않는다. 다만, 조사대상이 되는 사실은 재심청구이유와 직접 관련된 사실뿐만 아니라 그 사실에 부수하는 사실이나 그와 밀접한 관련을 가지는 사실도 포함된다.

3) 당사자의 의견청취

재심청구에 대하여 결정을 함에는 청구한 자와 상대방의 의견을 들어야 한다. 다만, 유죄의 선고를 받은 자의 법정대리인이 청구한 경우에는 유죄의 선고를 받은 자의 의견을 들어야 한다(제432조). 이는 최소한 재심을 청구한 자와 상대방

---

73) 판례는 "사실조사가 필요한지 여부의 판단은 법원의 재량이지만, 재심청구인의 진술 그 자체가 재심이유의 존재를 뒷받침하는 핵심적 증거로서 신빙성이 있고 그 진술의 내용 자체나 전체적인 취지에 부합하는 직접·간접의 증거들이 상당수 제시된 경우에는, 그 신빙성을 깨뜨릴 충분하고도 납득할 만한 반대되는 증거나 사정이 존재하는지에 관한 별다른 사실조사도 없이 만연히 '재심청구인의 진술' 외에 다른 객관적 증거가 없다는 이유로 재심청구를 기각하는 것은 타당하지 않다"(2021모2650)고 하였다.

에게 의견을 진술할 기회를 주어야 하는 것을 의미하는 것으로서 재심청구서와 별도로 요구되는 절차이므로 재심청구서에 재심청구의 이유가 기재되어 있다고 하여 위와 같은 절차를 생략할 수는 없다. 따라서 재심청구인에게 의견을 진술할 기회를 주지 아니한 채 재심청구에 대하여 결정을 하면 법령위반으로 즉시항고와(제437조) 재항고(제415조)의 이유가 된다(2004모86). 다만, 재심청구인에게 의견진술의 기회를 주면 족하고, 재심청구인의 진술이 있어야만 하는 것은 아니다(95모38).

당사자의 의견을 듣는 방법이나 시기는 원칙적으로는 법원의 재량으로서 서면에 의하건 구두에 의하건 상관이 없고, 재심청구인과 상대방에게 동시에 의견을 요청할 수도 있고 따로 할 수도 있으며, 사안에 따라서는 먼저 상대방의 의견을 듣고 이에 대한 반론으로서 재심청구인의 의견을 요청하여야 합리적인 경우가 있을 것이고, 재심에서 사실조사 등의 심리를 하는 경우에는 이를 마치고 의견진술의 기회를 주는 것이 필요할 경우도 있을 것이다(93모6).

(2) 재 판

1) 재심청구기각의 결정

(가) 재심청구가 부적법한 경우

재심청구가 법률상의 방식에 위반하거나 청구권의 소멸 후인 것이 명백한 때에는 결정으로 기각하여야 한다(제433조). 재심청구권이 없는 자가 재심청구를 한 경우, 재심청구서에 재심청구의 취지와 이유를 구체적으로 기재하지 않은 경우(94재도9), 재심청구서에 원판결의 등본 및 증거자료를 첨부하지 않은 경우, 재심청구를 취하했거나 재심청구가 이유 없음을 이유로 재심청구기각의 결정이 되었는데 동일한 이유로 다시 재심청구를 한 경우, 제420조 제1호, 제2호, 제7호 이외의 사유를 주장하면서 상소기각의 확정판결에 대하여 재심을 청구한 경우 등이 이에 해당한다. 다만, 형소법에서는 재심청구 제기기간에 제한을 두고 있지 않으므로(제427조 참조), 법률상의 방식을 위반한 재심청구라는 이유로 기각결정이 있더라도, 청구인이 이를 보정한다면 다시 동일한 이유로 재심청구를 할 수 있다(2022모509).

재심청구인이 재심청구를 한 후 이에 대한 결정이 확정되기 전에 사망한 경우에는 재심청구인의 배우자나 친족 등에 의한 재심청구인 지위의 승계를 인정하거나 재심의 심판(제438조)에서와 같이 재심청구인이 사망한 경우에도 절차를 속행할 수 있는 규정이 없으므로, 재심청구절차는 재심청구인의 사망으로 당연히 종료하게 된다(2014모739). 다만, 사망한 재심청구인의 배우자, 직계친족 또는 형제자매는 별도로 사망자를 위한 재심청구를 할 수 있다(제424조 제4호).

(나) 재심청구가 이유 없는 경우

재심청구가 이유 없다고 인정한 때에는 결정으로 기각하여야 한다(제434조 제1항). 이 결정이 있는 때에는 누구든지 동일한 이유로써 다시 재심을 청구하지 못한다(동조 제2항). 재심청구의 이유가 동일한 사실의 주장인 이상 그 법률적 구성을 달리하더라도 재심청구를 할 수 없다.

(다) 청구가 경합된 경우

항소기각의 확정판결과 그 판결에 의하여 확정된 제1심판결에 대하여 재심청구가 있는 경우에 제1심법원이 재심판결을 한 때에는 항소법원은 결정으로 재심청구를 기각하여야 한다(제436조 제1항). 또한 제1심 또는 제2심 판결에 대한 상고기각의 판결과 그 판결에 의하여 확정된 제1심 또는 제2심의 판결에 대하여 재심청구가 있는 경우에 제1심법원 또는 항소법원이 재심판결을 한 때에는 상고법원은 결정으로 재심청구를 기각하여야 한다(동조 제2항).

상소를 기각하는 확정판결과 이에 따라 확정된 하급심의 판결에 대하여 각각 재심청구가 있는 경우에 상소법원은 결정으로 하급심법원의 소송절차가 종료할 때까지 소송절차를 정지하여야 한다(규칙 제169조).

2) 재심개시결정

(가) 재심청구가 이유 있는 경우

재심청구가 이유 있다고 인정한 때에는 재심개시의 결정을 하여야 한다(제435조 제1항). 법원이 재심청구이유를 판단함에 있어서는 재심청구인의 법적 견해에 구속되지 않는다. '재심청구가 이유 있다고 인정한 때'란 재심청구인이 재심이유에 해당한다고 주장한 사실이 제420조 내지 제422조에 있는 재심이유의 요건을 충족하여 해당 사실의 존재가 재심청구인이 제출한 증거 등에 의해 증명된 경우를 말한다.

재심개시의 결정을 할 때에는 결정으로 형의 집행을 정지할 수 있다(동조 제2항).

(나) 재심청구가 경합범의 일부에 대하여 이유 있는 경우

경합범의 관계에 있는 수개의 범죄사실을 유죄로 인정하여 하나의 형을 선고한 확정판결에 대하여 그 중 일부의 범죄사실에 대해서만 재심청구가 이유

있다고 인정되는 경우에 재심개시결정의 범위에 대하여는 ① 재심청구의 이유가 인정되는 범죄사실만이 심판대상이 된다는 견해, ② 양형상 재심청구의 이유가 인정된 부분과 인정되지 않은 부분은 불가분의 관계에 있으므로 경합범 전부에 대하여 재심개시결정을 하여야 하고, 그 전부가 심판대상이 된다는 견해가 있다. 그러나 ③ 재심청구는 형식적으로 1개의 형이 선고된 판결에 대한 것이어서 경합범 전부에 대하여 재심개시의 결정을 하여야 하지만, 재심이유가 없는 범죄사실에 대한 유죄인정을 파기할 수 없으므로 재심청구의 이유가 없는 범죄사실은 형식적으로 심판대상에 포함되는 것에 불과하고 양형을 위해 필요한 경우에만 재심청구의 이유가 된다(다수설).

판례는 "형식적으로는 1개의 형이 선고된 판결에 대한 것이어서 판결 전부에 대하여 재심개시의 결정을 할 수밖에 없지만, 비상구제수단인 재심제도의 본질상 재심이유가 없는 범죄사실에 대하여는 재심개시결정의 효력이 그 부분을 형식적으로 심판대상에 포함시키는데 그치므로 재심법원은 그 부분에 대하여는 이를 다시 심리하여 유죄인정을 파기할 수 없고, 다만 그 부분에 관하여 새로이 양형을 하여야 하므로 양형을 위하여 필요한 범위에 한하여만 심리를 할 수 있을 뿐이다"(2021도2738)라고 한다.

(3) 결정에 대한 불복

재심청구기각의 결정과 재심개시결정에 대하여는 즉시항고를 할 수 있다(제437조). 즉시항고에 의한 불복이 없이 확정된 재심개시결정의 효력에 대하여는 더 이상 다툴 수 없다. 최종심인 대법원의 결정에 대하여는 성질상 즉시항고가 허용되지 않는다.

Ⅳ. 재심심판절차

1. 공판절차

(1) 심급에 따른 재판

재심개시의 결정이 확정된 사건에 대하여는 법원은 그 심급에 따라 다시 심판을 하여야 한다. 다만, 재심청구의 경합, 즉 상소기각의 확정판결과 그 판결에 의하여 확정된 원심판결에 대하여 재심의 청구가 있는 경우에 하급심법원에서 재심판결을 한 때에는 상소기각의 판결을 한 법원은 재심청구기각의 결정을 하여야 하므로(제436조) 이때에는 상급심에서 다시 심리할 필요가 없다(제438조 제1항).

재심개시결정은 7일의 즉시항고제기기간(제405조)을 경과하거나 즉시항고가 기각됨으로써 확정된다. 재심개시결정이 확정되면 그 결정이 부당하더라도 재심이유의 존·부를 살펴볼 필요가 없이 그 심급에 따라 다시 심판해야 한다(2011도14044). '심급에 따라'란 제1심확정판결에 대한 재심은 제1심의 공판절차에, 항소심에서 파기자판된 확정판결에 대한 재심은 항소심의 공판절차에, 항소기각 또는 상고기각의 확정판결에 대한 재심은 항소심 또는 상고심의 공판절차에 따라 각각 심판한다는 것을 의미한다. 따라서 재심심판절차는 각 심급의 공판절차에 관한 규정이 적용된다.

(2) 심판대상과 사실판단

재심은 다시 심판하는 것이다. '다시 심판'한다는 것은 재심대상판결의 당부를 심사하는 것이 아니라 피고사건 자체를 처음부터 새로 심판하는 것을 의미한다(2018도20698). 재심대상판결이 상소심을 거쳐 확정되었더라도 재심사건에서는 재심대상판결의 기초가 된 증거와 재심사건의 심리과정에서 제출된 증거를 모두 종합하여 공소사실이 인정되는지 여부를 새로이 판단하여야 한다(2014도2946). 만일 재심대상사건의 기록이 모두 폐기된 경우에는 원판결의 증거들과 재심공판절차에서 새롭게 제출된 증거들의 증거가치를 종합적으로 평가하여 재심대상판결의 당부를 새로이 판단하여야 한다(2004도2154). 이때 재심사건의 공소사실에 관한 증거취사와 이에 근거한 사실인정도 다른 사건과 마찬가지로 그것이 논리와 경험의 법칙을 위반하거나 자유심증주의의 한계를 벗어나지 아니하는 한 사실심으로서 재심사건을 심리하는 법원의 전권에 속한다(2014도2946).

재심은 다시 심판하는 것이므로 심리결과 원판결과 동일한 결론에 도달하더라도 사건에 대하여 판결하여야 한다. 이때 경합범 관계에 있는 수개의 범죄사실을 유죄로 인정하여 한 개의 형을 선고한 불가분의 확정판결에서 그 중 일부의 범죄사실에 대하여만 재심청구의 이유가 있는 것으로 인정된 경우에 재심이유 있는 사실에 관하여 심리결과 다시 유죄로 인정되는 경우에는 재심이유 없는 범죄사실과 경합범으로 처리하여 한 개의 형을 선고하여야 한다(2016도1131).

재심판결에 대해서는 일반원칙에 따라 상소가 허용된다.

(3) 적용법령

재심이 개시된 사건에서 범죄사실에 대하여 적용하여야 할 법령은 재심판결 당시의 법령이다(2011도6380). 따라서 재심대상판결 당시의 법령이 변경된 경우도 범죄사실에 대한 재심판결 당시의 법령을 적용해야 하며, 법령을 해석함에 있어서도 재심판결 당시를 기준으로 하여야 한다(2011도14044).[74]

한편, 범죄사실에 적용해야 할 법령이 폐지된 경우에는 제326조 제4호를 적용하여 그 범죄사실에 대하여 면소판결을 선고하여야 한다. 다만, 판례는 "재심이 개시된 사건에서 형벌에 관한 법령이 재심판결 당시 폐지되었다 하더라도 그 폐지가 당초부터 헌법에 위배되어 효력이 없는 법령에 대한 것이었다면 제325조 전단에서 규정하는 '범죄로 되지 아니한 때'의 무죄사유에 해당하는 것이지, 제326조 제4호에서 정한 면소사유에 해당한다고 할 수 없다"(2018도6185)고 한다.

2. 특 칙

(1) 심리상 특칙

1) 피고인의 불출석과 필요적 변호

재심의 공판절차에서는 피고인의 공판정출석에 대한 특칙이 인정된다. 즉, 사망자 또는 회복할 수 없는 심신장애인을 위하여 재심청구가 있는 때 또는 유죄의 선고를 받은 자가 재심판결 전에 사망하거나 회복할 수 없는 심신장애인으로 된 때에는 피고인의 출정 없이 심판할 수 있다. 다만, 변호인이 출정하지 아니하면 개정하지 못한다(제438조 제3항). 따라서 재심을 청구한 자가 변호인을 선임하지 아니한 때에는 재판장은 직권으로 변호인을 선임하여야 한다(동조 제4항).

2) 공판절차의 정지

회복할 수 없는 심신장애인을 위하여 재심청구가 있는 때 또는 유죄의

---

74) 판례는 경합범 관계에 있는 수개의 범죄사실 중 일부의 범죄사실에 대하서만 재심청구의 이유가 있는 경우에 재심이유 없는 범죄사실에 관한 법령이 재심대상판결 후 개정·폐지된 경우에는 그 범죄사실에 관하여도 재심판결 당시의 법률을 적용하여야 하고 양형조건에 관하여도 재심대상판결 후 재심판결 시까지의 새로운 정상도 참작하여야 하며(2016도1131), 재심이유가 없지만 재심의 심판대상에 포함되는 재판 계속 중에 있는 보호감호청구사건에 관한 법령이 재심대상판결 후 개정·폐지된 경우도 보호감호청구사건에 적용되어야 할 법령은 재심판결 당시의 법령이라고 하였다(2010도13590).

선고를 받은 자가 회복할 수 없는 심신장애인으로 된 때에는 공판절차정지(제306조 제1항)와 공소기각의 결정(제328조 제1항 2호)에 관한 규정이 적용되지 않는다(제438조 제2항). 따라서 이때 재심재판에서는 공소기각의 결정을 할 수 없으며, 공판절차를 정지할 필요 없이 심리를 계속 진행하여야 한다.

3) 공소취소와 공소장변경

재심절차가 진행 중에는 공소취소를 할 수 없다(76도3203). 공소취소는 제1심판결선고 전까지 가능하므로(제255조 제1항) 제1심확정판결을 전제로 하는 재심의 경우에는 허용되지 않는다(76도3203).

또한 재심심판절차에 대해서는 각 심급의 공판절차에 관한 규정이 적용되므로 재심절차에서도 공소장변경이 허용된다. 이때 공소장변경의 허용범위에 대하여는 ① 재심심판절차는 실체적 진실발견을 위해 판결의 확정력까지 제거하는 비상절차로서 각 심급의 공판절차에 관한 규정이 적용되고, 불이익변경금지의 원칙이 적용되므로 피고인에게 불이익공소장변경이 전면적으로 허용된다는 견해, ② 형소법은 이익재심만을 인정하고 있으므로 원판결의 죄보다 중한 죄를 인정하기 위한 공소사실의 추가·변경은 허용되지 않는다는 견해가 있다(다수설). 그러나 ③ 재심은 실체적 진실발견을 위한 것이라고 하더라도 확정판결의 효력을 부인하는 것이므로 그 대상은 엄격하게 제한되어야 하고, 따라서 재심심판절차에서는 원칙적으로 공소사실의 추가·변경은 허용되지 않는다. 판례는 재심심판절차에서 선행범죄, 즉 재심대상판결의 공소사실에 후행범죄를 추가하는 내용으로 공소장을 변경하거나 추가로 공소를 제기한 후 이를 재심대상사건에 병합하여 심리하는 것이 허용되지 않는다고 한다(2018도20698).

(2) 재판상 특칙

1) 피고인이 사망한 경우

통상의 공판절차에서는 피고인이 사망한 경우에 공소기각의 결정을 하여야 하지만(제328조 제1항 제2호), 사망자를 위하여 재심청구가 있는 때 또는 유죄의 선고를 받은 자가 재심판결 전에 사망한 때에는 공판절차정지(제306조 제1항)와 공소기각의 결정(제328조 제1항 제2호)에 관한 규정이 적용되지 않으므로(제438조 제2항) 유·무죄의 실체재판을 하여야 한다.

2) 불이익변경금지의 원칙

재심에는 원판결의 형보다 무거운 형을 선고하지 못한다(제439조). 이는 단순히 원판결보다 무거운 형을 선고할 수 없다는 원칙만을 의미하는 것이 아니라 실체적 정의를 실현하기 위하여 재심을 허용하지만 피고인의 법적 안정성을 해치지 않는 범위 내에서 재심이 이루어져야 한다는 취지이다(2015도15782). 현행법상 피고인에 대한 이익재심만 허용되므로 검사가 청구한 경우에도 마찬가지이다.

따라서 재심대상사건에서 징역형의 집행유예를 선고하였음에도 재심사건에서 원판결보다 주형을 경하게 하고 집행유예를 없앤 경우는 불이익변경금지의 원칙에 위배된다(2016도1131). 또한 경합범관계에 있는 수 개의 범죄사실을 유죄로 인정하여 한 개의 형을 선고한 불가분의 확정판결에서 그 중 일부의 범죄사실에 대해서만 재심청구의 이유가 있는 것으로 인정되었으나 형식적으로는 1개의 형이 선고된 판결에 대한 것이어서 그 판결 전부에 대하여 재심개시의 결정을 한 경우, 재심법원은 재심이유가 없는 범죄에 대하여는 새로이 양형을 하여야 하지만 이는 헌법상 이중처벌금지의 원칙을 위반한 것이라고 할 수 없고, 다만 불이익변경금지의 원칙이 적용되어 원판결의 형보다 중한 형을 선고하지 못한다(2015도15782). 마찬가지로 특별사면으로 형선고의 효력이 상실된 유죄의 확정판결에 대하여 재심개시결정이 이루어져 재심심판법원이 심급에 따라 다시 심판한 결과 무죄로 인정되는 경우라면 무죄를 선고하여야 하겠지만, 그와 달리 유죄로 인정되는 경우에는 피고인에 대하여 다시 형을 선고하거나 피고인의 항소를 기각하여 제1심판결을 유지시키는 것은 이미 형선고의 효력을 상실하게 하는 특별사면을 받은 피고인의 법적 지위를 해치는 결과가 되어 이익재심과 불이익변경금지의 원칙에 반하게 되므로 재심심판법원으로서는 '피고인에 대하여 형을 선고하지 않는다'는 주문을 선고할 수밖에 없다(2012도2938).

그러나 원판결이 선고한 집행유예가 실효 또는 취소됨이 없이 유예기간이 지난 후에 새로운 형을 정한 재심판결이 선고되는 경우에도, 그 유예기간 경과로 인하여 원판결의 형선고 효력이 상실되는 것은 원판결이 선고한 집행유예 자체의 법률적 효과로서 재심판결이 확정되면 당연히 실효될 원판결 본래의 효력일 뿐이므로 이를 형의 집행과 같이 볼 수는 없고, 재심판결의 확정에 따라 원판결이 효력을 잃게 되는 결과 그 집행유예의 법률적 효과까지 없어진다 하더라도 재심판결의 형이 원판결의 형보다 중하지 않다면 불이익변경금지의 원칙이나 이익재심의 원칙에 반하지 않는다(2015도15782).

3) 무죄판결의 공시

재심에서 무죄의 선고를 한 때에는 그 판결을 관보와 그 법원소재지의 신문지에 기재하여 공고하여야 한다. 다만, (ⅰ) 검사, 유죄의 선고를 받은 자 또는 유죄의 선고를 받은 자의 법정대리인이 재심을 청구한 때에는 재심에서 무죄의 선고를 받은 사람(제1호) 또는 (ⅱ) 유죄의 선고를 받은 자가 사망하거나 심신장애가 있는 경우이어서 그 배우자, 직계친족 또는 형제자매가 재심을 청구한 때에는 재심을 청구한 그 사람(제2호)이 이를 원하지 아니하는 의사를 표시한 경우에는 그러하지 아니하다(제440조).

'무죄를 선고한 때'의 의미에 대하여는 ① 형소법의 문언에 충실하고 조속한 피고인의 명예회복을 고려할 때 무죄판결이 선고된 때라고 하는 견해(다수설)가 있다. 그러나 ② 재심의 무죄판결에 대하여는 상소가 허용되므로 상소심에서 유죄판결로 변경될 가능성이 있고, 통상 무죄판결의 경우에도 재판이 확정된 때 공시하고 있음을 고려하면 '무죄를 선고한 때'란 법문의 표현과 달리 무죄판결이 확정된 때를 말한다. 입법의 보완이 요구된다.

4) 재심대상판결과 재심판결의 효력

(가) 재심대상판결의 무효

재심개시결정은 재심심판절차를 진행시키는 효력이 있을 뿐이고(제438조 제1항), 재심절차에서 재심판결이 확정되면 재심대상판결인 원판결은 효력을 잃는다(2018도20698). 즉, 재심판결이 확정됨에 따라 재심대상판결이나 그 부수처분의 법률적 효과가 상실되고 형선고가 있었다는 기왕의 사실 자체의 효과가 소멸한다(2018도13382). 따라서 재심판결의 확정에 의해 재심대상판결에 따른 형집행의 전력은 누범가중사유(형법 제35조)에 해당하지 않으며(2017도4019), 재심판결에서 집행유예가 확정된 경우 그 집행유예기간의 시기는 재심판결의 확정일이 된다(2018도13382).

그러나 재심판결이 확정된 경우에도 재심대상판결에 의한 형의 집행이 무효로 되는 것은 아니다(2014도10193). 따라서 재심대상판결에 의해 행하여진 자유형의 집행은 재심판결의 자유형에 통산되며(91재감도58), 피고인에 대하여 집행된 재심대상판결의 징역형은 판결선고 전의 구금일수와 마찬가지로 재심판결에서 선고한 벌금형의 노역장유치기간에 산입되어야 한다(2014도10193).

(나) 재심판결의 효력

재심판결의 기판력이 미치는 시간적 범위에 대하여, 판례는 "상습범으로 유죄의 확정판결을 받은 사람이 그 후 동일한 습벽에 의해 범행을 저질렀는데 유죄의 확정판결에 대하여 재심이 개시된 경우(이하 재심대상이 된 범죄를 '선행범죄'라 하고 뒤에 저지른 범죄를 '후행범죄'라 한다), 동일한 습벽에 의한 후행범죄가 선행범죄에 대한 재심판결 선고 전에 저지른 범죄라 하더라도 재심판결의 기판력은 후행범죄에 미치지 않는다. 선행범죄에 대한 재심판결을 선고하기 전에 후행범죄에 대한 판결이 먼저 선고되어 확정된 경우에도 후행범죄에 대한 판결의 기판력은 선행범죄에 미치지 않는다"(2018도6003)고 한다.[75]

Ⅴ. 소송촉진 등에 관한 특례법상 재심절차

1. 청구사유와 청구기간

소송촉진법 제23조[76] 본문에 따라 유죄판결을 받고 그 판결이 확정된 자가 책임을 질 수 없는 사유로 공판절차에 출석할 수 없었던 경우 형소법상 재심청구권자(제424조)는 그 판결이 있었던 사실을 안 날부터 14일 이내(재심청구인이 책임을 질 수 없는 사유로 위 기간에 재심청구를 하지 못한 경우에는 그 사유가 없어진 날부터 14일 이내)에 제1심법원에 재심을 청구할 수 있다(제23조의2 제1항). 마찬가지로 소송촉진법 제23조에 따라 진행된 제1심의 불출석재판에 대하여 검사만 항소하고 항소심도 불출석재판으로 진행한 후에 제1심판결을 파기하고 새로 또는 다시 유죄판결을 선고하여 유죄판결이 확정된 경우에도, 재심규정을 유추적용하여 귀책사유 없이 제1심과 항소심의 공판절차에 출석할 수 없었던 피고인은 재심규정이 정한 기간

---

75) 판례는 "유죄의 확정판결을 받은 사람이 그 후 별개의 후행범죄를 저질렀는데 유죄의 확정판결에 대하여 재심이 개시된 경우, 후행범죄가 재심대상판결에 대한 재심판결 확정 전에 범하여졌다 하더라도 아직 판결을 받지 아니한 후행범죄와 재심판결이 확정된 선행범죄 사이에는 「형법」 제37조 후단에서 정한 경합범관계가 성립하지 않는다"(2016도7281)고 하였다.

76) 소송촉진법 제23조(제1심 공판의 특례) 제1심공판절차에서 피고인에 대한 송달불능보고서가 접수된 때부터 6개월이 지나도록 피고인의 소재를 확인할 수 없는 경우에는 대법원규칙으로 정하는 바에 따라 피고인의 진술 없이 재판할 수 있다. 다만, 사형, 무기 또는 장기 10년이 넘는 징역이나 금고에 해당하는 사건의 경우에는 그러하지 아니하다.

내에 항소심법원에 유죄판결에 대한 재심을 청구할 수 있다(2014도17252).

2. 청구효력

재심청구가 있을 때에는 법원은 재판의 집행을 정지하는 결정을 하여야 한다(동조 제2항). 집행정지 결정을 한 경우에 피고인을 구금할 필요가 있을 때에는 구속영장을 발부하여야 한다. 다만, 형소법상 구속의 요건(제70조)을 갖춘 경우로 한정한다(동조 제3항).

3. 청구절차

재심청구인은 재심청구서에 송달장소를 적고, 이를 변경하는 경우에는 지체없이 그 취지를 법원에 신고하여야 한다(동조 제4항). 그러나 재심청구인이 이 기재 또는 신고를 하지 아니하여 송달을 할 수 없는 경우에는 형소법상 공시송달(제64조)을 할 수 있다.

재심개시결정이 확정된 후 공판기일에 재심청구인이 출석하지 아니한 경우에는 피고인의 출정(제365조)에 관한 규정을 준용한다. 이 외에 재심에 관하여는 형소법 제426조, 제427조, 제429조부터 제434조까지, 제435조 제1항, 제437조부터 제440조까지의 규정을 준용한다.

<참고> 특별법에 의한 재심청구

(ⅰ) 「헌법재판소법」에 따르면 헌법재판소에서 위헌으로 결정된 법률 또는 법률의 조항에 근거한 유죄의 확정판결에 대하여 재심을 청구할 수 있다(법 제47조 제4항).

(ⅱ) 「5·18민주화운동 등에 관한 특별법」에 따르면 5·18민주화운동과 관련된 행위 또는 1979년 12월 12일과 1980년 5월 18일을 전후하여 발생한 「헌정질서 파괴범죄의 공소시효 등에 관한 특례법」제2조의 헌정질서 파괴범죄와 반인도적 범죄의범행을 저지하거나 반대한 행위로 유죄의 확정판결을 선고받은 자는 형소법 제420조 및 「군사법원법」 제469조에도 불구하고 재심을 청구할 수 있다(법 제4조 제1항).[77]

77) 「5·18민주화운동 등에 관한 특별법」 제4조(특별재심) ② 재심청구는 원판결의 법원이 관할한다. 다만, 「군형법」을 적용받지 아니한 자에 대한 원판결의 법원이 군법회의 또는 군사법원인 경우에는 그 심급에 따른 주소지의 법원이 관할한다.

제2절 비상상고

Ⅰ. 의 의

비상상고란 확정판결에 대하여 그 심판의 법령위반을 시정하기 위한 비상구제절차를 말한다. 비상상고는 법령위반을 이유로 한다는 점에서 사실인정의 잘못을 이유로 하는 재심과 구별되며, 확정판결에 대한 구제절차라는 점에서 미확정판결에 대한 시정제도인 상소와 구별된다.

비상상고의 기능에 대하여는 ① 법령해석과 적용의 통일과 피고인에 대한 불이익구제를 목적으로 한다는 견해가 있다. 그러나 ② 비상상고는 프랑스 형소법의 '법률의 이익을 위한 상고'와 '공익을 위한 상고'에서 유래한 제도로서, 비상상고의 신청권자는 검찰총장이고, 유죄를 비롯한 모든 확정판결을 대상으로 하는 것이며, 그 판결의 효력은 원칙적으로 피고인에게 미치지 않고 법령위반의 원판결이 피고인에게 불이익한 경우에 한하여 대법원으로 하여금 피고사건에 대하여 다시 판결하도록 하고 있다(제446조 제1호 단서). 따라서 비상상고는 법령해석과 적용의 통일에 주된 목적이 있고, 피고인에 대한 불이익구제는 부차적인 의미를 가진다. 판례는 비상상고제도는 법령 적용의 오류를 시정함으로써 법령의 해석·적용의 통일을 도모하려는 데에 주된 목적이 있다고 한다(2018오2).

Ⅱ. 비상상고의 대상

비상상고의 대상은 모든 확정판결이다(제441조). 유·무죄의 판결뿐만 아니라 면소판결, 공소기각의 판결, 관할위반의 판결과 같은 형식재판은 물론, 공소기각의 결정이나 상소기각의 결정(62오4)도 해당 사건에 대한 종국재판이므로 비상상고의 대상이 된다. 또한 확정된 약식명령(2006오2)이나 즉결심판(94오1)은 물론, 「경범죄 처벌법」과 「도로교통법」에 의한 범칙금납부도 확정판결과 동일한 효력을 가진다는 점에서 비상상고의 대상이 된다. 당연무효의 판결도 형식적으로 판결이 존재하므로 비상상고의 대상이 된다.

그러나 상급심의 파기판결에 의해 효력을 상실한 재판은 비상상고의 대상이 아니다(2019오1).

Ⅲ. 비상상고의 이유

비상상고는 사건의 심판이 법령에 위반한 때이다(제441조). '심판'은 확정판결에 이르게 된 심리와 판결을 의미하고, '법령에 위반한 때'란 확정판결에서 인정한 사실을 변경하지 아니하고 이를 전제로 한 실체법 적용에 관한 위법 또는 그 사건에서의 절차법상 위배가 있는 경우를 뜻한다(2018오2). 형소법은 비상상고의 파기판결을 원판결이 법령에 위반한 경우와 원심소송절차가 법령에 위반한 때로 구분하고 있다(제446조). 따라서 소송소건이 흠결되었음에도 불구하고 실체판결을 하였거나 공소장변경절차에 위법이 있음에도 이를 간과하여 피고인에게 불리한 형을 선고한 경우 등이 문제된다.

1. 판결의 법령위반과 소송절차의 법령위반

(1) 구별기준

1) 형식적 구별설

형식적 구별설은 판결의 법령위반은 판결내용의 법령위반을 의미하고, 소송절차의 법령위반은 판결 전 소송절차와 판결절차의 법령위반을 의미한다는 견해이나. 이 견해에 따르면 소송조건의 흠결에도 불구하고 유·무죄의 실체판결을 한 경우는 판결의 법령위반에 해당하지만, 소송절차의 법령위반의 경우에는 이것이 판결내용에 직접 영향을 미친 경우에도 소송절차의 법령위반에 해당한다.

2) 실질적 구별설

실질적 구별설은 판결의 법령위반은 판결내용에 영향을 미치는 법령위반을 의미하고, 소송절차의 법령위반은 판결내용에 직접 영향을 미치지 않는 소송절차상 법령위반을 의미한다는 견해이다(다수설). 이 견해에서는 범죄의 성립 여부나 형벌에 관한 법령위반 등 판결의 실체법위반, 소송조건에 관한 법령위반 및 자백의 보강법칙이나 자백배제법칙에 관한 법령위반 등 판결의 소송법위반, 소송절차의 법령위반 중에 판결내용에 직접 영향을 미치는 법령위반은 모두 판결의 법령위반에 해당하게 된다. 따라서 면소판결은 물론, 공소기각의 재판이나 관할위반의 판결을 하여야 함에도 실체판결을 한 때에는 파기자판을 하여야 한다.

3) 검 토

어느 견해에 따르더라도 소송조건의 존·부에 대한 오인은 판결의 법령위반에 해당한다. 다만, 판결의 법령위반과 소송절차의 법령위반의 구별실익이 자판을 요하느냐 여부와 관련이 있으므로 실질적 관점에서 고찰할 필요가 있다. 따라서 제444조 제2항에서 '법원의 관할, 공소의 수리'와 '소송절차'를 구별하고 있으므로 소송절차의 법령위반이라도 판결의 주문이나 이유에 직접 영향을 미치는 법령위반은 판결의 법령위반에 해당하고, 이 외의 법령위반은 소송절차의 법령위반에 해당한다.

(2) 법령위반의 내용

1) 판결의 법령위반

(가) 판결의 실체법위반

판결이 실체법에 위반한 경우로서, 이미 폐지된 법령을 적용하여 유죄판결을 선고한 경우, 형사미성년자에게 유죄판결을 선고한 경우, 법정형이나 처단형을 초과하여 형을 선고한 경우(2014오3), 선고유예나 집행유예를 선고할 수 없는 형을 선택하여 선고유예 또는 집행유예를 선고한 경우(93오1), 형면제를 선고할 근거나 형면제의 사유가 없는데도 형면제의 판결을 선고한 경우(94오1), 장물을 인정하면서도 피해자에게 환부하지 않고 몰수한 경우(4293비상1), 형의 집행을 유예하면서 보호관찰을 명하지 않은 채 위치추적장치의 부착을 명한 경우(2014오1) 등이 이에 해당한다.

실체법령을 위반하여 피고인에게 무죄판결을 선고한 경우도 원판결의 법령위반에 해당하지만 무죄판결은 피고인에게 불이익하지 않으므로 원판결을 파기하는 데 그쳐야 한다.

(나) 판결의 절차법위반

판결이 절차법에 위반한 경우로는 (i) 소송조건의 존·부에 대하여 오인을 한 경우와 (ii) 사실인정에 관한 소송법위반으로서 판결내용에 영향을 미친 경우가 있다.

소송조건의 존·부에 대하여 오인을 한 경우로는 친고죄에서 고소가 없거나 고소가 취소되었음에도 유죄판결을 선고한 경우(99오1), 반의사불벌죄에서 처벌불원의사표시가 있었음에도 유죄판결을 선고한 경우(2009오1), 공소시효가 완성되었지만 공소가 제기되어 유죄판결을 한 경우(2006오2), 사면되었음에도 유죄판결을 선고한 경우(62오4), 군인에 대하여 일반법원에서 유죄판결을 선고한 경우(2006오1) 등을 들 수 있다.

사실인정에 관한 소송법위반으로서 판결내용에 영향을 미친 경우로는 공소사실을 유죄로 인정할 증거가 없음에도 유죄판결을 선고한 경우, 자백에 대한 보강증거가 없음에도 유죄판결을 선고한 경우, 임의성 없는 자백을 기초로 유죄판결을 선고한 경우, 적법한 증거조사를 거치지 않고 증거능력이 없는 증거를 채택하여 유죄판결을 한 경우(64오2), 피해자와 친족관계에서 제척의 원인에 해당하는 법관이 재판에 관여하여 유죄판결을 선고한 경우 등을 들 수 있다.

(다) 직권조사사항에 관해 심판하지 않은 경우

상소법원은 판결에 영향을 미친 사유에 관하여는 상소이유서에 포함되지 아니한 경우에도 직권으로 심판할 수 있다(제364조 제2항, 제384조 후문). 이때 법원의 직권조사사항에 대한 조사는 국가형벌권의 적정한 실현과 피고인의 보호를 위하여 인정되는 것으로서 법원의 의무이다. 따라서 법원이 직권조사사항인 판결에 영향을 미친 사유에 대하여 심리를 하지 않은 것도 판결의 법령위반에 해당한다.

2) 소송절차의 법령위반

소송절차의 법령위반은 절차에 관한 법령위반으로 판결내용에 영향을 주지 않은 경우를 말한다. 형을 선고하면서 상소할 기간과 상소할 법원에 대하여 고지하지 않은 경우, 공판개정요건이나 증인신문방식이 위법한 경우, 적법한 증거조사를 거치지 않고 증거능력이 없는 증거를 유죄의 증거로 채택하였으나 다른 증거로도 충분히 유죄를 인정할 수 있는 경우(64오2) 등이 이에 해당한다.

소송절차의 법령위반은 판결 전 절차에서 발생한 것인지 판결절차에서 발생한 것인지는 묻지 않는다.

2. 사실오인으로 인한 법령위반

비상상고는 심판의 법령위반을 이유로 하므로 사실오인을 이유로는 신청할 수 없다.

한편, 사실오인의 결과 발생한 법령위반이 비상상고의 대상이 될 수 있는지에 대하여는 ① 비상상고가 법령해석의 통일을 목적으로 한다는 점에서 실체법적 사실인가 소송법적 사실인가를 묻지 않고 법령위반이 사실오인으로 인한 때에는 비상상고의 대상이 될 수 없다는 견해, ② 비상상고가 법령해석·적용의 통일뿐만 아니라 피고인의 구제와 하급법원에 대한 경고기능을 한다는 전제에서 법령위반의 전제가 되는 사실오인이 소송법적 사실인 경우뿐만 아니라 실체법적 사실인 때에도 그것이 소송기록을 조사함으로써 용이하게 인정할 수 있는 사항인 경우에는 비상상고의 대상이 된다는 견해가 있다. 그러나 ③ 비상상고는 법령해석과 적용의 통일을 목적으로 한다는 점에서 원칙적으로 사실오인의 경우는 그 대상이 되지 않는다. 하지만 소송법적 사실인정은 판결이유에도 명시되지 않기 때문에 사실오인인지 법령위반인지 구별이 쉽지 않고, 제444조 제2항에서 소송절차의 법령위반에 대하여 사실조사를 허용하는 것은 소송법적 사실오인으로 인한 법령위반이 있는 경우를 전제로 하고 있다고 할 것이므로 법령위반이 소송법적 사실에 대한 오인으로 인한 때에는 비상상고의 대상이 되지만, 실체법적 사실의 오인으로 인한 때[78]에는 비상상고의 대상이 되지 않는다(다수설). 따라서 친고죄의 고소나 고소취소에 관한 사실의 오인, 이중기소사실의 오인, 피고인 사망사실의 오인 등에 의한 법령적용의 오류 등은 비상상고의 대상이 된다.

판례는 "비상상고이유인 '그 사건의 심판이 법령에 위반한 때'란 확정판결에서 인정한 사실을 변경하지 아니하고 이를 전제로 한 실체법의 적용에 관한 위법 또는 그 사건에서의 절차법상 위배가 있는 경우를 뜻한다. 단순히 그 법령을 적용하는 과정에서 전제가 되는 사실을 오인함에 따라 법령위반의 결과를 초래한 것과 같은 경우에는 이를 이유로 비상상고를 허용하는 것이 법령의 해석·적용의 통일을 도모한다는 비상상고제도의 목적에 유용하지 않으므로 '그 사건의 심판이 법령에 위반한 때'에 해당하지 않는다고 해석하여야 한다"(2018오2)고 한다. 따라서 전과가 없음에도 누범가중을 하였다는 이유로 한 비상상고에 대하여 법령위반에 해당하지 않는다고 함으로써 실체법적 사실오인으로 인한 비상상고는 허용되지 않는다고 한다(62오1). 하지만 소년의 연령을 오인하여 정기형을 선고(63오1)하거나 성년에게 부정기형을 선고한 것(63오2)에 대하여는 비상상고를 허용한다.[79] 또한

---

78) 이때 실체법적 사실오인에 의한 법령위반의 경우에는 재심에 의해 구제받을 수 있을 것이다.

79) 이와 관련하여 ① 소년의 연령은 실체법적 사실이 강하지만 그 사실이 기록에 의해 명백하게 인정될 수 있기 때문에 비상상고가 가능하다는 견해가 있다. 그러나 ② 피고인의 성년 여부는 정기형과 부정기형을 선고하는 기준으로서 실체법적 사실임과 동시에 소송법적 사실이므로 비상상고의 대상이 된다.

"단순히 그 법령을 적용하는 과정에서 전제가 되는 사실을 오인함에 따라 법령위반의 결과를 초래한 것과 같은 경우에는 '그 사건의 심판이 법령에 위반한 때'에 해당하지 않는다고 해석하여야 한다"고 하면서, 피고인이 이미 사망한 경우 유죄판결을 한 사건에 대하여 비상상고가 허용되지 않는다고 한다(2018오2).

Ⅳ. 비상상고의 절차

1. 신 청

비상상고의 신청권자는 검찰총장이다. 검찰총장은 판결이 확정된 후 그 사건의 심판이 법령에 위반한 것을 발견한 때에는 대법원에 비상상고를 할 수 있다(제441조). 따라서 확정판결을 받은 자가 검찰총장에게 비상상고의 신청을 요청하는 것은 검찰총장이 직권발동을 촉구하는 의미에 지나지 않는다.

비상상고를 함에는 그 이유를 기재한 신청서를 대법원에 제출하여야 한다(제442조). 비상상고의 신청에는 기간의 제한이 없다. 따라서 형의 시효완성(형법 제77조), 형의 실효(형법 제81조), 복권(형법 제82조), 선고유예기간 또는 집행유예기간의 경과(형법 제60조, 제65조)는 물론, 원판결을 받은 자가 사망한 경우에도 비상상고를 할 수 있다.

비상상고의 취하에 관하여는 명문규정이 없으나 비상상고의 판결이 있기 전까지 취하할 수 있다.

2. 심 리

(1) 공판의 개정

비상상고를 심리하기 위해서는 공판기일을 열어야 한다. 공판기일에는 검사는 신청서에 의하여 진술하여야 한다(제443조). '검사'는 검찰총장에 한하지 않지만 대검찰청검사이어야 한다.

비상상고의 심판절차는 상고심의 절차를 준용하므로 공판기일에는 피고인의 출석을 요하지 않고, 따라서 피고인을 소환할 필요가 없다. 다만, 비상상고절차에서 피고인이 변호인을 선임하여 공판기일에 의견을 진술할 수 있는지에 대하여는 ① 비상상고의 판결결과가 피고인이었던 자의 이해에 직접 영향을 미치므로 법적 의견을 들을 필요가 있다는 점에서 이를 긍정하는 견해(다수설), ② 피고인의 구제는 비상상고의 반사적 효과에 지나지 않으므로 변호인의 출석과 진술권을 인정할 필요가 없다는 견해, ③ 변호인에게 의견진술권이 없지만 대법원이 재량으로 진술기회를 부여할 수 있다는 견해가 있다. 그러나 ④ 보통의 상고심에서도 변호인에게 변론권을 인정하고 있고, 비상상고의 부차적 목적이 피고인의 불이익구제에 있으므로 원판결이 피고인에게 불이익한 경우에 한하여 변호인의 진술권을 보장할 필요가 있다. 입법의 보완이 요구된다.

(2) 사실조사

대법원은 신청서에 포함된 이유에 한하여 조사하여야 한다(제444조 제1항). 비상상고의 경우에는 법원의 직권조사사항이 없으므로 신청서에 포함된 이유 이외의 사항에 관해서는 조사할 권한과 의무가 없다.

또한 대법원은 법원의 관할, 공소의 수리와 소송절차에 관하여는 사실조사를 할 수 있다(동조 제2항). 다만, 대법원은 필요하다고 인정한 때에는 합의부원에게 사실조사를 명하거나 다른 법원 판사에게 이를 촉탁할 수 있으며, 이때 수명법관 또는 수탁판사는 법원 또는 재판장과 동일한 권한이 있다(동조 제3항, 제431조).

3. 판 결

(1) 기각판결

대법원은 비상상고가 이유 없다고 인정한 때에는 판결로써 이를 기각하여야 한다(제445조). 비상상고의 신청이 부적법한 경우도 마찬가지이다. 검찰총장 이외의 자가 비상상고를 신청한 경우, 신청서에 비상상고의 대상인 확정판결이 특정되지 않거나 이유의 기재가 없는 경우 등이 이에 해당한다.

(2) 파기판결

대법원은 비상상고가 이유 있다고 인정한 때에는 다음의 구별에 따라 판결을 하여야 한다(제446조).

1) 판결의 법령위반

(가) 부분파기의 원칙

원판결이 법령에 위반한 때에는 그 위반된 부분을 파기하여야 한다

(제1호 본문). 이때 원판결은 위반된 부분만 파기된다(94오1). 형면제를 선고할 근거나 형면제사유가 없는데도 도로교통법위반죄를 인정하면서 형면제의 판결을 선고한 경우에 형면제부분만을 파기한 경우(94오1), 구류형을 선고하면서 선고유예를 한 경우에 선고유예부분을 파기한 경우(93오1) 등이 이에 해당한다.

(나) 파기자판

가) 사 유

원판결이 피고인에게 불이익한 때에는 원판결을 파기하고 피고사건에 대하여 다시 판결을 한다(제1호 단서). 따라서 파기자판한 때에는 원판결보다 피고인에게 유리할 것을 요한다. '원판결이 피고인에게 불이익한 때'란 원판결의 잘못을 시정하여 다시 선고할 판결이 원판결보다 피고인에게 이익이 될 것이 명백한 경우를 말한다. 친고죄에서 고소가 없었음에도 유죄판결을 한 경우(99오1), 반의사불벌죄에서 처벌불원의사표시가 있었음에도 유죄판결을 한 경우(2009오1), 원판결이 불이익변경금지의 원칙을 위반하여 형을 선고한 경우(4290형비상1), 항소기각의 결정을 하면서 미결구금일수를 본형에 산입하지 않은 경우(98오2), 공소시효가 완성되었지만 공소가 제기되어 유죄판결을 한 경우(2006오2) 등이 이에 해당한다. 이 경우에는 원판결의 전부가 파기된다.

나) 기순법령

파기자판하는 경우의 기준법령에 대하여는 ① 원판결파기에 의하여 사건은 미확정상태로 돌아가므로 자판 시를 기준으로 하여야 한다는 견해(자판 시설)가 있다. 그러나 ② 비상상고는 원판결의 법령위반 여부를 판단하는 것으로 원판결파기에 의하여 판결이 미확정상태로 되는 것은 아니며, 원판결 이후에 우연히 발생한 이익되는 사정을 피고인에게 적용할 이유도 없으므로 원판결 시의 법령이 파기자판의 기준이 된다(원판결 시설, 통설). 따라서 원판결이 확정된 후에 형이 폐지되거나 일반사면으로 인해 피고인에게 이익이 될 것이 명백한 경우에도 파기자판을 할 수 없다.

다) 재판형식

대법원이 자판하는 판결은 유·무죄 판결뿐만 아니라 면소판결, 공소기각의 재판을 포함한다. 다만, 대법원이 파기판결을 하는 경우에 파기환송이나 파기이송이 허용되는지에 대하여는 ① 비상상고심에서는 보통의 상고심과 달리 파기자판만 허용되고, 파기환송이나 파기이송은 허용되지 않는다는 견해가 있다.

그러나 ② 형소법상 '피고사건에 대하여 다시 판결을 한다'는 표현을 자판만을 의미하는 것으로 해석할 필요는 없고, 피고인의 이익을 위해 파기환송 또는 파기이송을 하는 것이 유리한 경우도 있을 수 있으므로 불이익변경금지의 원칙을 적용하는 한도에서 파기환송 또는 파기이송이 허용된다(다수설).

판례는 군인에 대하여 일반법원에서 유죄판결을 선고한 경우에 원판결을 파기하고 관할 군사법원으로 이송하도록 하고 있다(2006오1).

2) 소송절차의 법령위반

원심소송절차가 법령에 위반한 때에는 그 위반된 절차를 파기한다(제2호). 이때 원판결은 파기하지 않는다. '소송절차의 법령위반'은 판결내용에 영향을 미치지 않은 절차상 법령위반만을 의미한다. 판결내용에 영향을 미친 절차상 법령위반은 판결의 법령위반이 된다.

(3) 판결의 효력

비상상고의 판결은 파기자판의 경우 외에는 그 효력이 피고인에게 미치지 않는다(제447조). 따라서 판결의 위법부분을 파기하고 자판하지 않는 경우나 소송절차만이 파기된 경우에는 판결주문은 그대로 효력을 가진다. 그러나 원판결이 피고인에게 불이익을 이유로 원판결을 파기하고 다시 판결하는 경우에는 비상상고에 대한 판결의 효력이 피고인에게 미친다.

제3장 재판의 집행과 형사보상 및 명예회복

제1절 재판의 집행

Ⅰ. 재판의 집행의 의의와 원칙

1. 의 의

재판의 집행이란 재판의 의사표시내용을 국가권력에 의하여 강제적으로 실현하는 것을 말한다. 재판의 집행에는 형의 집행뿐만 아니라 추징·소송비용과 같은 부수처분, 과태료, 보증금의 몰수, 비용배상 등 형 이외의 제재의 집행, 강제처분을 위한 영장집행 등이 포함된다.

이 중에서 가장 중요한 것은 유죄판결의 집행인 형의 집행이다. 이것에 의해 형법의 구체적 실현이라고 하는 형사소송의 최종목표가 달성되기 때문이다. 이 중에서 자유형의 집행을 행형(行刑)이라고 한다. 재판 중 무죄판결, 면소판결, 공소기각의 재판, 관할위반의 판결은 그 의사표시만으로 충분하고 재판의 집행은 문제되지 않는다.

2. 원 칙

(1) 집행시기

1) 즉시집행의 원칙

재판은 형소법에 특별한 규정이 없으면 확정한 후에 집행한다(제459조). 따라서 재판은 확정된 후에 집행하는 것이 원칙이다. 집행유예를 선고한 판결이 확정되면 그 집행유예기간의 시기는 집행유예를 선고한 판결확정일이다(2000도4637).

검사의 집행지휘를 요하는 재판은 재판서 또는 재판을 기재한 조서의 등본 또는 초본을 재판의 선고 또는 고지한 때로부터 10일 이내에 검사에게 송부하여야 한다. 다만, 법률에 다른 규정이 있는 때에는 예외로 한다(제44조). 형선고의 재판에도 불구하고 형집행에 착수하지 않으면 형의 시효가 진행된다.

2) 즉시집행에 대한 예외

(가) 확정 전의 집행

재판이 확정되기 전에도 재판의 집행이 가능한 경우가 있다. 즉, (i) 결정과 명령의 재판은 즉시항고(제410조) 또는 일부 준항고(제416조 제4항, 제419조) 등 집행정지가 허용되는 경우를 제외하고는 즉시 집행할 수 있다. 원칙적으로 항고는 즉시항고를 제외하고 재판의 집행을 정지하는 효력이 없기 때문이다. 다만, 원심법원 또는 항고법원은 결정으로 항고에 대한 결정이 있을 때까지 집행을 정지할 수 있다(제409조). (ii) 벌금·과료 또는 추징의 선고를 하는 경우에 가납(假納)의 재판이 있는 때에는 재판의 확정을 기다리지 않고 즉시 집행할 수 있다(제334조).

(나) 확정 후 일정 기간경과 후의 집행

재판이 확정된 후라도 즉시 재판을 집행할 수 없는 경우가 있다. 즉, (i) 사형은 법무부장관의 명령이 있어야만 집행할 수 있다(제463조). (ii) 사형선고를 받은 사람이 심신의 장애로 의사능력이 없는 상태이거나 임신 중인 여자인 때에는 법무부장관의 명령으로 집행을 정지한다(제469조 제1항). (iii) 징역, 금고 또는 구류의 선고를 받은 자가 심신의 장애로 의사능력이 없는 상태에 있는 때에는 형을 선고한 법원에 대응한 검찰청검사 또는 형의 선고를 받은 자의 현재지를 관할하는 검찰청검사의 지휘에 의하여 심신장애가 회복될 때까지 형의 집행을 정지한다(제470조 제1항). (iv) 노역장유치는 벌금 또는 과료의 재판이 확정된 후 30일 이내에는 집행할 수 없다(형법 제69조 제1항). 벌금 또는 과료는 확정일로부터 30일 이내에 납입하면 충분하기 때문이다. (v) 보석허가결정은 제98조 제1호·제2호·제5호·제7호 및 제8호의 조건은 이를 이행한 후가 아니면 집행하지 못하며, 법원은 필요하다고 인정하는 때에는 다른 조건에 관하여도 그 이행 이후 보석허가결정을 집행하도록 정할 수 있다(제100조 제1항). (vi) 소송비용부담의 재판은 소송비용면제 신청기간 내 또는 그 신청에 대한 재판이 확정된 후에 집행할 수 있다(제472조).

(2) 집행주체

1) 검사주의의 원칙

재판집행의 지휘 · 감독은 공익의 대표자인 검사의 직무에 속한다(검찰청법 제4조 제4호). 따라서 재판의 집행은 그 재판을 한 법원에 대응한 검찰청검사가 지휘한다(제460조 제1항 본문). 공수처법에 의하여 공수처검사가 공소를 제기하는 고위공직자범죄 등 사건에 관한 재판이 확정된 경우 제1심 관할 지방법원에 대응하는 검찰청 소속검사가 그 형을 집행한다(공수처법 제28조 제1항). 이때 공수처장은 원활한 형의 집행을 위하여 해당 사건 및 기록 일체를 관할 검찰청의 장에게 인계한다(동조 제2항).

상소재판 또는 상소취하로 인하여 하급법원의 재판을 집행할 경우에는 상소법원에 대응한 검찰청검사가 지휘한다(제460조 제2항 본문). 소송기록이 대부분 상소법원에 이미 송부되어 있기 때문이다. 따라서 소송기록이 하급법원 또는 그 법원에 대응한 검찰청에 있는 때에는 그 검찰청검사가 지휘한다(동항 단서).

2) 예 외

재판의 집행주체에 관하여 법률로써 예외를 인정하는 경우가 있다. 공판절차에서의 재판장, 수명법관 또는 수탁판사에 의한 구속영장의 집행(제81조 제1항 단서)이나 재판장에 의한 압수 · 수색영장의 집행(제115조 제1항 단서) 등이 이에 해당한다.

또한 재판의 성질상 법원 또는 법관이 지휘하여야 하는 경우가 있다(제460조 제1항 단서). 법원에서 보관하고 있는 압수장물의 환부 · 매각 · 보관 등의 조치(제333조), 법정경찰권에 의한 재판장의 퇴정명령(제281조 제2항, 법조법 제58조 제2항) 등이 이에 해당한다.

(3) 집행지휘의 방식

재판의 집행지휘는 재판서 또는 재판을 기재한 조서의 등본 또는 초본을 첨부한 서면으로 하여야 한다(제461조 본문). 이 서면을 재판집행지휘서라고 한다. 검사의 집행지휘를 요하는 재판은 재판서 또는 재판을 기재한 조서의 등본 또는 초본을 재판의 선고 또는 고지한 때로부터 10일 이내에 검사에게 송부하여야 한다. 다만, 법률에 다른 규정이 있는 때에는 예외로 한다(제44조).

형의 집행을 지휘하는 경우 외에는 재판서의 원본, 등본이나 초본 또는 조서의 등본이나 초본에 인정하는 날인으로 할 수 있다(제461조 단서). 그러나 천재지변 등에 의하여 재판서 원본이 멸실되어 등·초본의 작성이 불가능할 경우에는 형의 종류와 범위를 명확하게 할 수 있는 다른 증명자료를 첨부하여 형의 집행을 지휘할 수 있다(2015모2229).

(4) 형집행을 위한 소환 및 구인

사형, 징역, 금고 또는 구류의 선고를 받은 자가 구금되지 아니한 때에는 검사는 형을 집행하기 위하여 이를 소환하여야 한다(제473조 제1항). 벌금 또는 과료를 완납하지 못한 자에 대한 노역장유치도 실질적으로 자유형과 동일하기 때문에 그 집행에 대하여는 자유형의 집행에 관한 규정이 준용(제492조)되므로 노역장유치대상자도 형집행을 위한 소환대상이 된다.

대상자가 소환에 응하지 아니한 때에는 검사는 형집행장을 발부하여 구인하여야 한다(동조 제2항). 형의 선고를 받은 자가 도망하거나 도망할 염려가 있는 때 또는 현재지를 알 수 없는 때에는 소환함이 없이 형집행장을 발부하여 구인할 수 있다(동조 제3항).

형집행장에는 형의 선고를 받은 자의 성명·주거·연령·형명(刑名)·형기 기타 필요한 사항을 기재하여야 한다(제474조 제1항). 형집행장은 구속영장과 동일한 효력이 있고(동조 제2항), 따라서 형집행장의 집행에는 피고인의 구속에 관한 규정이 준용된다(제475조). '피고인의 구속에 관한 규정'이란 피고인의 구속영장의 집행에 관한 규정을 의미하므로 구속의 사유(제70조)나 구속이유의 고지(제72조)에 관한 규정은 준용되지 않는다. 사법경찰관이 형의 집행을 위하여 구인하려면 검사로부터 발부받은 형집행장을 그 상대방에게 제시하고 그 사본을 교부하여야 하여야 한다(제85조 제1항 참조). 다만, 형집행장을 소지하지 아니한 경우에 급속을 요하는 때에는 그 상대방에 대하여 형집행 사유와 형집행장이 발부되었음을 고하고 집행할 수 있으며(동조 제3항 참조), 집행을 완료한 후에는 신속히 형집행장을 제시하고 그 사본을 교부하여야 한다(동조 제4항 참조). '급속을 요하는 때'라고 함은 애초 사법경찰관리가 적법하게 발부된 형집행장을 소지할 여유가 없이 형집행의 상대방을 만난 경우 등을 가리킨다(2017도9458[80]).

---

80) 다만, 판례는 "사법경찰관리가 벌금미납으로 인한 노역장유치의 집행의 상대방에게 형집행사유와 더불어 벌금미납으로 인한 지명수배사실을 고지하였더라도 특별한 사정이 없는 한 그러한 고지를 형집행장이 발부되어 있는 사실도 고지한 것이라거나 형집행장이 발부되어 있는

Ⅱ. 형의 집행

1. 집행순서

(1) 중형우선의 원칙

2개 이상의 형을 집행하는 경우에 자격상실, 자격정지, 벌금, 과료와 몰수 외에는 무거운 형을 먼저 집행한다(제462조 본문). 벌금과 과료는 재산형이고, 자격상실과 자격정지는 병과형이며, 몰수는 부가형이므로 각각 자유형과 동시집행이 가능하다.

형의 경·중은「형법」제50조와 제41조에 의한다. 따라서 사형, 징역, 금고, 구류의 순서로 집행된다. 무기금고와 유기징역은 무기금고를 무거운 것으로 하고 유기금고의 장기가 유기징역의 장기를 초과하는 때에는 유기금고를 무거운 것으로 한다(형법 제50조 제1항). 같은 종류의 형은 장기가 긴 것과 다액이 많은 것을 무거운 것으로 하고, 장기 또는 다액이 같은 경우에는 단기가 긴 것과 소액이 많은 것을 무거운 것으로 한다(동조 제2항). 이 외에는 죄질과 범정(犯情)에 의하여 경·중을 정한다(동조 제3항).

형집행순서에 관한 규정은 2개 이상의 주형(主刑)의 집행을 동시에 개시한 경우에만 적용된다. 따라서 경한 형의 집행을 개시한 후에 무거운 형을 집행하게 된 때에도 경한 형의 집행을 중단하여야 하는 것은 아니다.

(2) 집행순서의 변경

검사는 소속장관의 허가를 얻어 무거운 형의 집행을 정지하고, 다른 형의 집행을 할 수 있다(제462조 단서). 이 집행순서변경은 가석방의 요건을 빨리 구비할 수 있도록 하기 위한 것이다. 즉, 무거운 형의 가석방에 필요한 기간이 경과한 후에 그 형의 집행을 정지하고 가벼운 형의 집행이 개시되어 가석방에 필요한 기간까지 경과하게 되면 2개의 형에 대하여 동시에 가석방을 할 수 있기 때문이다.

한편, 자유형과 벌금형은 동시에 집행할 수 있다. 그러나 자유형과 노역장유치가 병존하는 경우에 검사는 자유형의 집행을 정지하고, 후자를 먼저 집행할 수 있다. 이는 벌금형의 시효완성을 방지하기 위한 것이다.

사실까지도 포함하여 고지한 것이라고 볼 수 없으므로, 이와 같은 사법경찰관리의 직무집행은 적법한 직무집행에 해당한다고 할 수 없다"(2017도9458)고 하였다.

2. 사형의 집행

(1) 절 차

사형은 법무부장관의 명령에 의하여 집행한다(제463조). 「군형법」 및 「군사법원법」의 적용을 받는 사건의 경우 사형은 국방부장관의 명령에 의하여 집행한다(군사법원법 제506조). 따라서 사형을 선고한 판결이 확정된 때에는 검사는 지체 없이 소송기록을 법무부장관에게 제출하여야 한다(제464조). 사형선고를 받은 자는 교도소 또는 구치소에 수용한다(형집행법 제11조 제1항 제4호).[81)]

사형집행명령은 판결이 확정된 날로부터 6월 이내에 하여야 한다(제465조 제1항). 다만, 상소권회복의 청구, 재심청구 또는 비상상고의 신청이 있는 때에는 그 절차가 종료할 때까지의 기간은 이 기간에 산입하지 않는다(동조 제2항). '6월'의 기간을 둔 것의 취지에 대하여는 ① 사형집행이 지연되는 경우에 사형수에게 장기간에 걸쳐 죽음의 공포를 체험하지 않게 하기 위한 것이라는 견해, ② 사형수의 이익을 위하여 상소권회복청구, 재심청구, 비상상고신청 등을 시도할 수 있도록 배려한 것이라는 견해가 있다. 그러나 ③ 이는 사형집행을 신중하게 하는 한편, 재심·비상상고 또는 사면 등의 구제기회를 제공하기 위한 것이다. 이때 6월의 기간규정의 법적 성격에 대하여는 ① 훈시규정으로 보는 견해가 있다. 그러나 ② 법무부장관은 확정된 재판의 내용을 집행하는 집행기관에 지나지 않으므로 이는 기속규정이다. 따라서 법무부장관은 특별한 사정이 없는 한 이 기간을 준수하여야 하지만, 실무에서는 사실상 사형집행이 이루어지지 않고 있다.

법무부장관이 사형집행을 명한 때에는 5일 이내에 집행하여야 한다.

---

81) 사형확정자는 사형집행시설이 설치되어 있는 교정시설에 수용하되, (i) 교도소는 교도소 수용 중 사형이 확정된 사람, 교도소에서 교육·교화프로그램 또는 신청에 따른 작업을 실시할 필요가 있다고 인정되는 사람, (ii) 구치소는 구치소 수용 중 사형이 확정된 사람, 교도소에서 교육·교화프로그램 또는 신청에 따른 작업을 실시할 필요가 없다고 인정되는 사람을 원칙적으로 각각 수용한다(형집행법 시행규칙 제150조 제1항). 다만, 사형확정자의 심리적 안정 도모 또는 교정시설의 안전과 질서유지를 위하여 특히 필요하다고 인정하는 경우에는 교도소에 수용할 사형확정자를 구치소에 수용할 수 있고, 구치소에 수용할 사형확정자를 교도소에 수용할 수 있다(동조 제2항). 또한 소장은 사형확정자의 자살·도주 등의 사고를 방지하기 위하여 필요한 경우에는 사형확정자와 미결수용자를 혼거수용할 수 있고, 사형확정자의 교육 · 교화프로그램, 작업 등의 적절한 처우를 위하여 필요한 경우에는 사형확정자와 수형자를 혼거수용할 수 있다(동조 제3항).

(2) 방 법

사형은 교도소 또는 구치소 내에서 교수하여 집행한다(형법 제66조). 사형의 집행에는 검사, 검찰청 서기관과 교도소장 또는 구치소장이나 그 대리자가 참여하여야 한다(제467조 제1항). 검사 또는 교도소장 또는 구치소장의 허가가 없으면 누구든지 형의 집행의 장소에 들어가지 못한다(동조 제2항). 사형의 집행에 참여한 검찰청 서기관은 집행조서를 작성하고 검사와 교도소장 또는 구치소장이나 그 대리자와 함께 서명날인하여야 한다(제468조).

「군형법」의 적용을 받는 사형수에 대한 집행은 소속 군참모총장 또는 군사법원의 관할관이 지정한 장소에서 총살에 의한다(군형법 제3조).

(3) 집행정지

사형의 선고를 받은 자가 심신의 장애로 의사능력이 없는 상태이거나 임신 중의 여자인 경우에는 법무부장관의 명령으로 집행을 정지하고(제469조 제1항), 심신장애의 회복 또는 출산 후에 법무부장관의 명령에 의하여 형을 집행한다(동조 제2항).

3. 자유형의 집행

(1) 방 법

자유형은 교도소에 구치하여 집행한다. 즉, 징역은 교정시설에 수용하여 집행하며, 정해진 노역(勞役)에 복무하게 한다(형법 제67조). 금고와 구류는 교정시설에 수용하여 집행한다(형법 제68조).

자유형은 검사가 형집행지휘서에 의하여 지휘한다(제460조, 제461조).[82] 검사는 자유형의 집행을 위하여 형집행장을 발부할 수 있다(제473조). 자유형의 집행에 관하여는 형집행법에서 상세히 규율하고 있다.

(2) 형기의 계산

자유형을 집행할 때에는 형기를 준수하여야 한다. 자유형의 형기는 판결이 확정되는 날로부터 기산한다(형법 제84조 제1항). 다만, 불구속 중인 자에 대하여는 형

---

82) 자유형의 경우 법원으로부터 판결서등본 또는 재판을 기재한 조서의 등본의 송달이 지체되는 경우에는 검사는 형집행지휘서에 재판의 결과통지표 또는 그 내용을 소명할 수 있는 자료를 첨부하여 자유형의 집행을 지휘할 수 있다(자유형 등에 관한 검찰집행사무규칙 제4조 단서).

집행지휘서에 의하여 수감된 날을 기준으로 형기를 기산하여야 한다. 형집행의 초일은 기산을 계산함이 없이 1일로 산정하고(형법 제85조), 석방은 형기종료일에 하여야 한다(형법 제86조).

(3) 미결구금일수의 산입

'미결구금일수'란 구금당한 날로부터 판결확정 전날까지 실제로 구금된 일수를 말한다(2005도6246). 판결선고 전의 구금일수는 그 전부를 유기징역·유기금고, 벌금이나 과료에 관한 유치 또는 구류에 산입한다(형법 제57조 제1항, 2007헌바25). 다만, 확정된 형을 집행함에 있어서 무죄로 확정된 다른 사건에서의 미결구금일수는 형기에 산입되지 않는다(97모112). 또한 「형법」 제7조[83]의 '외국에서 형의 전부 또는 일부가 집행된 사람'이란 외국법원의 유죄판결에 의하여 자유형이나 벌금형 등 형의 전부 또는 일부가 실제로 집행된 사람을 말하므로, 외국에서 무죄판결을 받고 석방되기까지의 미결구금은 「형법」상 미결구금산입의 대상이 아니다(2017도5977). 그러나 법관에 대한 기피신청(제22조), 공소장변경(제298조 제4항), 피고인의 심신상실 또는 질병(제306조) 등의 사유로 공판절차가 정지된 경우 그 정지기간에 피고인이 구금되어 있었다면 그 구금기간도 미결구금일수에 포함된다(2005도4758). 또한 체포·구속적부심절차나 구속전 피의자심문절차에서의 체포·구속된 기간은 구속기간에는 포함되지 않지만 미결구금일수에는 산입된다.

한편, 형소법에서는 상소제기와 관련된 미결구금일수의 법정통산[84]에 대하여 규정하고 있다. 즉, 판결선고 후 판결확정 전 구금일수(판결선고 당일의 구금일수를 포함한다)는 전부를 본형에 산입한다(제482조 제1항). 또한 상소기각의 결정 시에 송달기간이나 즉시항고기간 중의 미결구금일수는 전부를 본형에 산입한다(동조 제2항). 이때 구금일수의 1일을 형기의 1일 또는 벌금이나 과료에 관한 유치기간의 1일로 계산한다(동조 제3항).

---

83) 「형법」 제7조(외국에서 집행된 형의 산입) 죄를 지어 외국에서 형의 전부 또는 일부가 집행된 사람에 대해서는 그 집행된 형의 전부 또는 일부를 선고하는 형에 산입한다.

84) 법정통산이란 미결구금일수가 당연히 본형에 산입되는 것을 말하며, 따라서 법정통산은 판결선고 시에 미결구금일수에 대한 산입의 선고를 요하지 않는다.

(4) 집행정지

1) 필요적 집행정지

징역, 금고 또는 구류의 선고를 받은 자가 심신의 장애로 의사능력이 없는 상태에 있는 때에는 형을 선고한 법원에 대응한 검찰청검사 또는 형의 선고를 받은 자의 현재지를 관할하는 검찰청검사의 지휘에 의하여 심신장애가 회복될 때까지 형의 집행을 정지한다(제470조 제1항). 이때 검사는 형의 선고를 받은 자를 감호의무자 또는 지방공공단체에 인도하여 병원 기타 적당한 장소에 수용하게 할 수 있으며(동조 제2항), 형의 집행이 정지된 자는 이 처분이 있을 때까지 교도소 또는 구치소에 구치하고 그 기간을 형기에 산입한다(동조 제3항).[85]

2) 임의적 집행정지

징역, 금고 또는 구류의 선고를 받은 자에 대하여 (i) 형의 집행으로 인하여 현저히 건강을 해하거나[86] 생명을 보전할 수 없을 염려가 있는 때(제1호), (ii) 연령 70세 이상인 때(제2호), (iii) 잉태 후 6월 이상인 때(제3호), (iv) 출산 후 60일을 경과하지 아니한 때(제4호), (v) 직계존속이 연령 70세 이상 또는 중병이나 장애인으로 보호할 다른 친족이 없는 때(제5호), (vi) 직계비속이 유년으로 보호할 다른 친족이 없는 때(제6호), (vii) 기타 중대한 사유가 있는 때(제7호)에는 형을 선고한 법원에 대응한 검찰청검사 또는 형의 선고를 받은 자의 현재지를 관할하는 검찰청검사의 지휘에 의하여 형의 집행을 정지할 수 있다(제471조 제1항). 검사가 형의 집행정지를 지휘함에는 소속 고등검찰청 검사장 또는 지방검찰청 검사장의 허가를 얻어야 한다(동조 제2항).

형집행정지 및 그 연장에 관한 사항을 심의하기 위하여 각 지방검찰청에 형집행정지 심의위원회를 둔다(제471조의2). 심의위원회는 위원장 1명을 포함한 10명 이내의 위원으로 구성하고, 위원은 학계, 법조계, 의료계, 시민단체 인사 등 학식과 경험이 있는 사람 중에서 각 지방검찰청 검사장이 임명 또는 위촉한다(동조 제2항).[87]

---

85) 형집행정지에 관하여는 「형집행정지자관찰규정」(대통령령 제32737호)이 있다.

86) 판례는 "형집행정지의 요건인 '형의 집행으로 인하여 현저히 건강을 해할 염려가 있는 때'에 해당하는지에 대한 판단은 검사가 직권으로 하는 것이고, 그러한 판단과정에 의사가 진단서 등으로 어떠한 의견을 제시하였더라도 검사는 그 의견에 구애받지 아니하며, 검사의 책임하에 규범적으로 형집행정지 여부의 판단이 이루어진다"(2014도15129)고 하였다.

87) 형집행정지 심의위원회의 구성 및 운영 등 그 밖에 필요한 사항은 「자유형 등에 관한 검찰집행사무규칙」 제29조의2-제29조의6 참조.

4. 자격형의 집행

자격상실 또는 자격정지의 선고를 받은 자에 대하여는 이를 수형자원부에 기재하고 지체 없이 그 등본을 형의 선고를 받은 자의 등록기준지와 주거지의 시(구가 설치되지 아니한 시를 말한다. 이하 같다)·구·읍·면장(도농복합형태의 시에서는 동지역인 경우에는 시·구의 장, 읍·면지역인 경우에는 읍·면의 장으로 한다)에게 송부하여야 한다(제476조). '수형자원부'란 형실효법상 수형인명부를 가리키며, '수형인명부'란 자격정지 이상의 형을 받은 수형인을 기재한 명부로서 검찰청 및 군검찰부에서 관리하는 것을 말한다(법 제2조 제2호).

5. 재산형의 집행

(1) 집행명령과 그 효력

벌금, 과료, 몰수, 추징, 과태료, 소송비용, 비용배상 또는 가납의 재판은 검사의 명령에 의하여 집행한다(제477조 제1항). 이 명령은 집행력 있는 채무명의와 동일한 효력이 있다(동조 제2항). 검사는 이 재판을 집행하기 위하여 필요한 조사를 할 수 있으며, 이때 공무소 기타 공사단체에 조회하여 필요한 사항의 보고를 요구할 수 있다(동조 제5항).[88)]

이 재판의 집행에는 「민사집행법」의 집행에 관한 규정을 준용한다. 다만, 집행 전에 재판의 송달을 요하지 않는다(동조 제3항). 이때 집행비용은 집행을 받은 자의 부담으로 하고, 「민사집행법」의 규정에 준하여 집행과 동시에 징수하여야 한다(제493조). 예외적으로 재산형의 집행은 「국세징수법」에 따른 국세체납처분의 예에 따라 집행할 수 있으며(제477조 제4항), 이 경우에는 집행공무원이 벌금 등을 납부하지 않은 자의 재산에 대하여 직접 압류 또는 공매처분을 할 수 있다.

(2) 방 법

1) 대 상

재산형 및 재산형에 준하는 각종 제재도 그 재산형을 선고받은 본인, 즉 수형자의 재산에 대해서만 집행할 수 있다. 다만, 다음의 특칙이 있다. 즉, (i) 공

88) 벌금, 과료, 추징, 과태료, 소송비용 또는 비용배상의 분할납부, 납부연기 및 납부대행기관을 통한 납부 등 납부방법에 필요한 사항은 「재산형 등에 관한 검찰 집행사무규칙」 제12조-제15조의2 참조.

무원범죄로 인한 불법재산의 몰수가 불가능하거나 몰수하지 아니한 경우에 행하는 추징은 범인 외의 자가 그 정황을 알면서 취득한 불법재산 및 그로부터 유래한 재산에 대하여 그 범인 외의 자를 상대로 집행할 수 있다(공무원범죄에 관한 몰수 특례법 제9조의2). (ii) 몰수 또는 조세, 전매 기타 공과에 관한 법령에 의하여 재판한 벌금 또는 추징은 그 재판을 받은 자가 재판확정 후 사망한 경우에는 그 상속재산에 대하여 집행할 수 있다(제478조). 다만, 재판확정 전에 본인이 사망한 때에는 상속재산에 대하여 집행할 수 없다. (iii) 법인에 대하여 벌금, 과료, 몰수, 추징, 소송비용 또는 비용배상을 명한 경우에 법인이 그 재판확정 후 합병에 의하여 소멸한 때에는 합병 후 존속한 법인 또는 합병에 의하여 설립된 법인에 대하여 집행할 수 있다(제479조). 다만, 재판확정 전에 법인이 합병에 의해 소멸된 때에는 적용되지 않는다.

2) 가납재판의 집행조정

제1심 가납의 재판을 집행한 후에 제2심 가납의 재판이 있는 때에는 제1심재판의 집행은 제2심 가납금액의 한도에서 제2심재판의 집행으로 간주한다(제480조). 가납의 재판을 집행한 후 벌금, 과료 또는 추징의 재판이 확정된 때에는 그 금액의 한도에서 형의 집행이 된 것으로 간주한다(제481조).[89]

가납금액이 확정재판의 금액을 넘을 때에는 초과액을 환부하여야 한다. 또한 원심판결이 상소심에서 파기되어 무죄 또는 자유형이 선고된 경우에는 그 전에 가납재판에 의해 집행된 금액을 전액 환부하여야 한다.

3) 노역장유치의 집행

벌금과 과료는 판결확정일로부터 30일내에 납입하여야 한다. 다만, 벌금을 선고할 때에는 동시에 그 금액을 완납할 때까지 노역장에 유치할 것을 명할 수 있다(형법 제69조 제1항). 벌금을 납입하지 아니한 자는 1일 이상 3년 이하, 과료를 납입하지 아니한 자는 1일 이상 30일 미만의 기간 노역장에 유치하여 작업에 복무하게 한다(동조 제2항). 따라서 벌금이나 과료를 선고할 때에는 이를 납입하지 아니하는 경우의 노역장 유치기간을 정하여 동시에 선고하여야 한다(형법 제70조 제1항). 이때 선고하는 벌금이 1억원 이상 5억원 미만인 경우에는 300일 이상, 5억원 이상 50억원 미만인 경우에는 500일 이상, 50억원 이상인 경우에는 1천일 이상의

---

89) 「부정수표 단속법」에 의하여 벌금을 선고하는 경우에는 가납판결을 하여야 하며, 이때 구속된 피고인에 대하여는 벌금을 가납할 때까지 피고인을 구속한다(법 제6조).

노역장 유치기간을 정하여야 한다(동조 제2항). 벌금이나 과료의 선고를 받은 사람이 그 금액의 일부를 납입한 경우에는 벌금 또는 과료액과 노역장 유치기간의 일수(日數)에 비례하여 납입금액에 해당하는 일수를 뺀다(형법 제71조).

벌금 또는 과료를 완납하지 못한 자에 대한 노역장 유치의 집행에는 형의 집행에 관한 규정을 준용한다(제492조). 즉, 노역장유치는 실질적으로 자유형과 동일하므로 그 집행에 관하여는 형의 집행의 일반원칙(제459조, 제460조)과 자유형의 집행에 관한 규정을 준용한다(2017도9458). 판결선고 전의 구금일수의 1일은 벌금이나 과료에 관한 유치기간의 1일로 계산한다(형법 제57조 제2항).

6. 몰수형의 집행과 압수물의 처분

(1) 몰수형의 집행

몰수의 재판이 확정되면 몰수물의 소유권은 국고에 귀속된다. 재판확정 시에 몰수물이 압수되어 있는 경우에는 검사의 집행지휘만으로 집행이 종료되고, 몰수물이 압수되어 있지 아니한 경우에는 검사가 몰수선고를 받은 자에게 그 제출을 명하고 이에 불응할 경우 몰수집행명령서를 작성하여 집달관에게 강제집행을 명하는 방법으로 집행한다(검찰압수물사무규칙 제28조 내지 제39조).

몰수형의 집행은 검사가 몰수물을 처분하는 방법에 의한다. 즉, 몰수물은 검사가 처분하여야 한다(제483조). 처분방법에는 공매에 의한 국고납입처분, 폐기처분, 인계처분, 특별처분 등이 있다(검찰압수물사무규칙 참조). 특히, 문서, 도화 또는 유가증권의 일부가 몰수에 해당하는 때에는 그 부분을 폐기한다(형법 제48조 제3항).

몰수를 집행한 후 3월 이내에 그 몰수물에 대하여 정당한 권리 있는 자가 몰수물의 교부를 청구한 때에는 검사는 파괴 또는 폐기할 것이 아니면 이를 교부하여야 한다(제484조 제1항). 몰수물을 처분한 후 교부의 청구가 있는 경우에는 검사는 공매에 의하여 취득한 대가를 교부하여야 한다(동조 제2항).

<참고> 특정공무원범죄의 몰수 등 특례

「공무원범죄에 관한 몰수 특례법」에서는 특정공무원범죄를 범한 사람이 그 범죄행위를 통하여 취득한 불법수익 등을 철저히 추적·환수하기 위하여 몰수 등에 관한 특례를 규정하고 있다. 동법에 따르면 특정공무원범죄에 관한 몰수·추징의 시효는 10년이다(법 제9조의4).

(2) 압수물의 처분

1) 압수물의 환부와 위조 등의 표시

압수한 서류나 물품에 대하여 몰수선고가 없으면 그 서류나 물품에 대한 압수가 해제된 것으로 간주한다(제332조). 이때 압수한 서류나 물품을 정당한 권리자에게 환부하여야 하는데, 위조 또는 변조한 물건을 환부하는 경우에는 그 물건의 전부 또는 일부에 위조나 변조인 것을 표시하여야 한다(제485조 제1항).

위조 또는 변조한 물건이 압수되지 아니한 경우에는 그 물건을 제출하게 하여 그 물건의 전부 또는 일부에 위조나 변조인 것을 표시하여야 한다. 다만, 그 물건이 공무소에 속한 것인 때에는 위조나 변조의 사유를 공무소에 통지하여 적당한 처분을 하게 하여야 한다(동조 제2항). 이때 위조의 표시를 하여 환부한 경우에는 이를 적법하게 소지할 수 있을 뿐 아니라 「민법」상 권리행사의 자료로도 사용할 수 있다(84모43).

2) 환부불능과 공고

압수물의 환부를 받을 자의 소재가 불명하거나 기타 사유로 인하여 환부를 할 수 없는 경우에는 검사는 그 사유를 관보에 공고하여야 한다(제486조 제1항). 공고한 후 3월 이내에 환부의 청구가 없는 때에는 그 물건은 국고에 귀속한다(동조 제2항). 이 기간 내에도 가치 없는 물건은 폐기할 수 있고, 보관하기 곤란한 물건은 공매하여 그 대가를 보관할 수 있다(동조 제3항).

3) 압수장물의 환부

압수한 장물로서 피해자에게 환부할 이유가 명백한 것은 법원이 판결로써 피해자에게 환부하는 선고를 하여야 한다(제333조 제1항). 이 경우 장물을 처분하였을 때에는 판결로써 그 대가로 취득한 것을 피해자에게 교부하는 선고를 하여야 한다(동조 제2항). 가환부한 장물에 대하여 별단의 선고가 없는 때에는 환부의 선고가 있는 것으로 간주한다(동조 제3항).

압수물환부의 판결이 확정되면 법원에서 그 목적물을 보관하고 있는 경우에는 법원이 스스로 재판을 집행하고, 검찰청에서 보관하고 있는 경우에는 검사가 이를 집행한다.

<참고> 형의 실효와 복권

형의 실효와 복권에 관하여는 「형법」 제81조와 제82조 및 형실효법 참조 — 형의 실효 또는 복권에 대한 선고는 그 사건에 관한 기록이 보관되어 있는 검찰청에 대응하는 법원에 대하여 신청하여야 한다. 이 신청에 의한 선고는 결정으로 하며, 신청을 각하하는 결정에 대하여는 즉시항고를 할 수 있다(제337조).

Ⅲ. 재판집행에 대한 구제방법

1. 재판해석에 대한 의의신청

(1) 의 의

형의 선고를 받은 자는 집행에 관하여 재판의 해석에 관한 의의(疑義)가 있는 때에는 재판을 선고한 법원에 의의신청을 할 수 있다(제488조). 의의신청은 판결주문의 취지가 불명확하여 주문의 해석에 의문이 있는 경우에 한하며, 판결이유의 모순, 불명확 또는 부당을 주장하는 의의신청은 허용되지 않는다(87초42). '재판을 선고한 법원'이란 형을 선고한 법원을 말한다(67초23). 따라서 원심판결에 대하여 원심법원이 상소기각의 결정을 한 경우에는 원심법원이 관할법원이 된다.

(2) 절차와 결정

의의신청이 있는 때에는 법원은 결정을 하여야 하며(제491조 제1항), 이 결정에 대하여는 즉시항고를 할 수 있다(동조 제2항). 다만, 의의신청은 법원의 결정이 있을 때까지 취하할 수 있다(제490조 제1항). 재판해석의 의의신청과 그 취하에 대하여는 재소자에 대한 특칙이 준용된다(제490조 제2항, 제344조).

2. 재판집행에 대한 이의신청

(1) 의의와 관할

재판의 집행을 받은 자 또는 그 법정대리인이나 배우자는 재판의 집행에 관한 검사의 처분이 부당함을 이유로 재판을 선고한 법원에 이의신청을 할 수 있다(제489조). 이의신청은 검사의 집행처분이 부적법한 경우뿐만 아니라 부당한 경우에 인정된다. 다만, 이의신청은 검사의 처분에 대하여 인정되므로 교도소장의 처분에 대해서는 할 수 없다(83초20).

이의신청은 재판이 확정될 것을 요하지 않는다는 점에서 재판의 확정 후에 하는 의의신청과 구별된다. 다만, 재판이 확정되기 전에 검사가 형의 집행지휘를 하는 경우에는 이의신청이 가능하다(64모14[90]). 그러나 형의 집행이 종료한 후에는 실익이 없으므로 이의신청이 인정되지 않는다(2001모91).

이의신청의 관할법원은 재판을 선고한 법원이다. '재판을 선고한 법원'이란 피고인에게 형을 선고한 법원을 말하므로 형을 선고한 판결에 대한 상소를 기각한 법원은 이에 포함되지 않는다(96초76).

(2) 대상과 절차

이의신청의 대상은 제460조에 규정한 검사의 형의 집행지휘, 제477조에 규정한 검사의 재산형 등의 집행명령 등, 검사가 형소법의 규정에 기하여 한 재판의 집행에 관한 일체의 처분이다. 「김찰징수사무규칙」 제17조에 규정한 '검사의 벌금 등의 징수명령'은 검사의 재산형 등의 집행명령과 같은 것이므로 이의신청의 대상이 된다(2001모91). 따라서 검사의 공소제기 또는 이를 바탕으로 한 재판 그 자체가 부당하다거나(86모32) 재판의 내용 자체가 부당하다(87초42)는 이유로는 이의신청을 할 수 없다.

이의신청의 절차와 결정은 의의신청의 경우와 같다.

3. 소송비용집행면제의 신청

소송비용부담의 재판을 받은 자가 빈곤으로 인하여 이를 완납할 수 없는 경우에는 그 재판의 확정 후 10일 이내에 재판을 선고한 법원에 소송비용의 전부 또는 일부에 대한 재판의 집행면제를 신청할 수 있다(제487조). 소송비용부담의 재판집행은 집행면제신청기간 내와 그 신청이 있는 때에는 그 신청에 대한 재판이 확정될 때까지 정지된다(제472조).

소송비용집행면제신청의 절차와 결정은 의의신청의 경우와 같다.

90) 다만, 이 경우 먼저 판결의 확정 여부에 대하여 심리하여야 한다(64모14).

제2절 형사보상과 명예회복

Ⅰ. 형사보상

1. 의의와 성격

(1) 의 의

형사보상이란 국가의 잘못된 형사사법권의 행사로 인하여 부당하게 미결구금이나 형집행을 받은 사람에 대하여 국가가 그 피해를 보상하여 주는 제도를 말한다. 형사보상제도는 프랑스, 독일 등 유럽대륙의 국가에서 형성된 것으로서, 초기에는 국왕 또는 국가의 은혜로 간주되었던 것이 국민의 기본권으로 되었다. 헌법 제28조에서는 “형사피의자 또는 형사피고인으로서 구금되었던 자가 법률이 정하는 불기소처분을 받거나 무죄판결을 받은 때에는 법률이 정하는 바에 의하여 국가에 상당한 보상을 청구할 수 있다”고 규정함으로써 형사보상청구권을 기본권으로 보장하고 있다. 헌법상 형사보상청구권은 형사보상법에서 구체적으로 구현하고 있다.

형사보상에 관한 형사보상법의 규정은 (i) 군사법원에서 무죄재판을 받아 확정된 자(제1호), (ii) 군사법원에서 형소법에 따라 면소 또는 공소기각의 재판을 받아 확정된 피고인이 면소 또는 공소기각의 재판을 할 만한 사유가 없었더라면 무죄재판을 받을 만한 현저한 사유가 있었을 경우 또는 치료감호법 제7조에 따라 치료감호의 독립청구를 받은 피치료감호청구인의 치료감호사건이 범죄로 되지 아니하거나 범죄사실의 증명이 없는 때에 해당되어 청구기각의 판결을 받아 확정된 경우에 해당하는 자(제2호), (iii) 군검찰부 군검사로부터 공소를 제기하지 아니하는 처분을 받은 자(제3호)에 대하여 준용된다(법[91] 제29조 제2항).

91) 이 절에서 ‘법’은 형사보상법을 말한다.

(2) 성 격

1) 형사보상의 본질

(가) 법률의무설

법률의무설은 형사보상을 국가의 구속 또는 형집행처분이 객관적·사후적으로 위법한 경우 그러한 위법처분으로 인해 피해를 입은 자에 대하여 국가가 손해를 배상하여야 하는 법률적 의무라고 하는 견해이다(다수설). 이 견해에서는 국가의 형사보상을 객관적으로 위법한 공권력의 행사가 있는 경우에 공무원의 고의·과실을 묻지 않고 국가가 배상해 주는 공법상 무과실손해배상이라고 한다. 따라서 형사보상은 공무원의 불법행위의 경우에 부담하는 국가의 배상책임(헌법 제29조)과 구별된다.

(나) 공 평 설

공평설은 형사보상은 국가가 공평의 견지에서 행하는 조절보상(調節補償)이라고 하는 견해이다. 이 견해에서는 국가의 형사사법권 행사는 진실이 왜곡될 우려가 있는데, 이것이 현실화하여 구체적 개인이 억울하게 미결구금이나 형집행을 당하는 것은 다수의 이익을 위해 구체적 개인이 특별한 희생을 입은 것이므로 구체적 개인에 대하여 공평의 견지에서 그 손해를 전보하는 것이 형사보상이라고 한다. 이 견해에 따르면 형사보상은 국가의 과실책임이 인정되지 않더라도 행하여 진다는 점에서 공법상 손실보상에 가깝다.

(다) 검 토

형사보상은 공무원의 고의나 과실을 요하지 아니하고, 형사보상법에서 형사보상을 받을 자가 다른 법률에 따라 손해배상을 청구하는 것을 금지하지 않고 있다는 점에서 손실보상의 성격을 가진다. 다른 한편에서는 형사보상은 기본적으로 국가의 위법행위를 전제로 하고 있으며, 형사보상법상 보상금 산정 시의 고려사항(법 제5조 제2항)을 보면 무과실배상책임을 내용으로 하는 국가의 의무로서의 성격을 갖는다.

헌법재판소는 형사보상을 손해배상이나 손실보상이 아닌 제3의 손해전보제도로 이해한다. 즉, 형사보상은 형사사법절차에 내재하는 불가피한 위험으로 인한 피해에 대한 보상으로서 국가의 위법·부당한 행위를 전제로 하는 국가배상과는 그 취지 자체가 상이하므로 인과관계가 있는 모든 손해를 배상하는 것은 아니라고 한다(2008헌마514).

2) 형사보상과 손해배상의 관계

형사보상법에 의하면 형사보상을 받은 자가 다른 법률의 규정에 의하여 손해배상을 청구하는 것을 금지하지 않는다(법 제6조 제1항). 따라서 형사보상을 청구하는 자가 형사보상법에 의한 청구 외에 「국가배상법」이나 「민법」에 의한 손해배상을 동시에 청구할 수 있다. 그러나 이 법에 따른 보상을 받을 자가 같은 원인에 대하여 다른 법률에 따라 손해배상을 받은 경우에 그 손해배상의 액수가 이 법에 따라 받을 보상금의 액수와 같거나 그보다 많을 때에는 보상하지 않는다. 그 손해배상의 액수가 이 법에 따라 받을 보상금의 액수보다 적을 때에는 그 손해배상 금액을 빼고 보상금의 액수를 정하여야 한다(동조 제2항). 또한 다른 법률의 규정에 의하여 손해배상을 받을 자가 동일한 원인에 대하여 형사보상법에 따른 보상을 받았을 때에는 그 보상금의 액수를 공제하고 손해배상의 액수를 정하여야 한다(동조 제3항).

(3) 종 류

형사보상은 피고인으로서 무죄판결을 받은 자나 그에 준하는 자에게 미결구금 및 형집행으로 인한 피해를 보상하는 경우(피고인보상)와 피의자로서 불기소처분을 받은 자에게 미결구금으로 인한 피해를 보상하는 경우(피의자보상)가 있다. 형사보상법에서는 피의자보상에 대하여 특별한 규정이 있는 경우를 제외하고는 그 성질에 반하지 아니하는 범위에서 무죄재판을 받아 확정된 사건의 피고인에 대한 보상에 관한 규정을 준용한다(법 제29조).

2. 요 건

(1) 피고인보상의 요건

1) 무죄판결 등

(가) 무죄판결

형소법에 따른 일반 절차 또는 재심이나 비상상고절차에서 무죄재판을 받아 확정된 사건의 피고인이 미결구금을 당하였을 때에는 국가에 대하여 그 구금에 대한 보상을 청구할 수 있다(법 제2조 제1항). 또한 상소권회복에 의한 상소, 재심 또는 비상상고의 절차에서 무죄재판을 받아 확정된 사건의 피고인이 원판결에 의하여 구금되거나 형의 집행을 받았을 때에는 구금 또는 형의 집행에 대한 보상을 청구할 수 있다(동조 제2항).

'무죄재판'은 확정된 재판을 의미한다. 판결주문에서 무죄가 선고된 경우뿐만 아니라 판결이유에서 무죄로 판단된 경우에도 미결구금 가운데 무죄로 판단된 부분의 수사와 심리에 필요하였다고 인정된 부분에 관하여는 보상을 청구할 수 있다. 다만, 후자의 경우 형사보상법 제4조 제3호를 유추적용하여 법원의 재량으로 보상청구의 전부 또는 일부를 기각할 수 있다(2014모2521). 또한 판결주문에서 경합범의 일부에 대하여 유죄가 선고되더라도 다른 부분에 대하여 무죄가 선고되었다면 형사보상을 청구할 수 있다. 하지만 이 경우에도 미결구금일수의 전부 또는 일부가 유죄에 대한 본형에 산입되는 것으로 확정되었다면, 그 본형이 실형이든 집행유예가 부가된 형이든 불문하고 그 산입된 미결구금일수는 형사보상의 대상이 되지 않는다(2017모1990).

(나) 면소·공소기각·치료감호청구기각의 재판

형소법에 따라 면소 또는 공소기각의 재판을 받아 확정된 피고인이 면소 또는 공소기각의 재판을 할 만한 사유가 없었더라면 무죄재판을 받을 만한 현저한 사유가 있었을 경우(제1호)와 치료감호의 독립청구(치료감호법 제7조[92])를 받은 피치료감호청구인의 치료감호사건이 범죄로 되지 아니하거나 범죄사실의 증명이 없는 때에 해당되어 청구기각의 판결을 받아 확정된 경우(제2호)에는 국가에 대하여 구금에 대한 보상을 청구할 수 있다(법 제26조 제1항). 이때의 보상에 대하여는 무죄재판을 받아 확정된 사건의 피고인에 대한 보상에 관한 규정을 준용한다. 보상결정의 공시에 대하여도 또한 같다(동조 제2항).

2) 미결구금 또는 형의 집행

형사보상의 대상은 미결구금과 형의 집행이다. 피고인이 무죄판결을 받을 당시에 구금되어 있을 필요는 없다. 형의 집행은 확정판결에 의하여 개시되므로 형의 집행이 문제되는 것은 상소권회복에 의한 상소, 재심 또는 비상상고의 절차에서 무죄판결을 받은 경우에 한한다(제2조 제2항). 판례는 비상상고의 절차에서

92) 치료감호법 제7조(치료감호의 독립청구) 검사는 다음 각 호의 어느 하나에 해당하는 경우에는 공소를 제기하지 아니하고 치료감호만을 청구할 수 있다. 1. 피의자가 「형법」 제10조 제1항에 해당하여 벌할 수 없는 경우, 2. 고소·고발이 있어야 논할 수 있는 죄에서 그 고소·고발이 없거나 취소된 경우 또는 피해자의 명시적인 의사에 반하여 논할 수 없는 죄에서 피해자가 처벌을 원하지 않는다는 의사표시를 하거나 처벌을 원한다는 의사표시를 철회한 경우, 3. 피의자에 대하여 제247조(기소편의주의) 따라 공소를 제기하지 아니하는 결정을 한 경우.

보호감호를 기각하는 재판을 받은 자가 원판결에 의하여 보호감호의 집행을 받았을 때에도 형사보상법 제1조 제2항을 유추적용하여 보호감호의 집행에 대한 보상을 청구할 수 있다고 한다(2004코1).

자유형의 집행이 심신장애의 사유로 정지된 경우에 병원 기타 적당한 장소에 수용할 수 있을 때까지 교도소 또는 구치소에 구치하는 경우(제470조 제3항)는 구금으로 보고, 확정판결 후 검사가 사형이나 자유형을 집행하기 위해 형집행장을 발부하여 형의 선고를 받은 자를 구금하는 경우(제473조-제475조)는 형의 집행으로 본다(법 제2조 제3항).

3) 보상의 제한

피고인이 (ⅰ)「형법」 제9조(형사미성년자) 및 제10조 제1항(심신상실자)의 사유로 무죄재판을 받은 경우(제1호), (ⅱ) 본인이 수사 또는 심판을 그르칠 목적으로 거짓 자백을 하거나 다른 유죄의 증거를 만듦으로써 기소, 미결구금 또는 유죄재판을 받게 된 것으로 인정된 경우(제2호)[93], (ⅲ) 1개의 재판으로 경합범의 일부에 대하여 무죄재판을 받고 다른 부분에 대하여 유죄재판을 받았을 경우(제3호)에 법원은 재량으로 보상청구의 전부 또는 일부를 기각할 수 있다(법 제4조).

(2) 피의자보상의 요건

1) 협의의 불기소처분

피의자로서 구금되었던 자 중 검사로부터 불기소처분을 받거나 사법경찰관으로부터 불송치결정을 받은 자는 국가에 대하여 그 구금에 대한 보상을 청구할 수 있다. 다만, 구금된 이후 불기소처분 또는 불송치결정의 사유가 있는 경우와 해당 불기소처분 또는 불송치결정이 종국적인 것이 아니거나 제247조(기소편의주의)에 따른 것일 경우에는 그러하지 아니하다(법 제27조 제1항).

---

93) 판례는 "형사보상법 제3조 제2호에 의하여 법원이 보상청구의 전부 또는 일부를 기각하기 위해서는 본인이 단순히 허위의 자백을 하거나 또는 다른 유죄의 증거를 만드는 것만으로는 부족하고 본인에게 '수사 또는 심판을 그르칠 목적'이 있어야 한다. 여기서 '수사 또는 심판을 그르칠 목적'은 헌법 제28조가 보장하는 형사보상청구권을 제한하는 예외적인 사유임을 감안할 때 신중하게 인정하여야 하고, 형사보상청구권을 제한하고자 하는 측에서 입증하여야 한다. 수사기관의 추궁과 수사상황 등에 비추어 볼 때 본인이 범행을 부인하여도 형사처벌을 면하기 어려울 것이라는 생각으로 부득이 자백에 이르게 된 것이라면 '수사 또는 심판을 그르칠 목적'이 있었다고 섣불리 단정할 수 없다"(2008모577)고 하였다.

2) 미결구금의 집행

형사보상의 대상은 미결구금의 집행이다. 즉, 기소유예처분 이외의 종국적인 불기소처분을 받은 자가 미결구금되었을 때에 한해 보상청구가 가능하다.

3) 보상의 제한

피의자가 (i) 본인이 수사 또는 재판을 그르칠 목적으로 거짓 자백을 하거나 다른 유죄의 증거를 만듦으로써 구금된 것으로 인정되는 경우(제1호), (ii) 구금기간 중에 다른 사실에 대하여 수사가 이루어지고 그 사실에 관하여 범죄가 성립한 경우(제2호), (iii) 보상을 하는 것이 선량한 풍속이나 그 밖에 사회질서에 위배된다고 인정할 특별한 사정이 있는 경우(제3호)에는 피의자보상의 전부 또는 일부를 지급하지 아니할 수 있다(동조 제2항).

3. 내 용

(1) 구금에 대한 보상

구금에 대한 보상을 할 때에는 그 구금일수에 따라 1일당 보상청구의 원인이 발생한 연도의 「최저임금법」에 따른 일급 최저임금액 이상 대통령령으로 정하는 금액 이하의 비율에 의한 보상금을 지급한다(법 제5조 제1항).[94] '구금'에는 미결구금과 형의 집행에 의한 구금이 포함되며, 이는 노역장유치에 대한 보상에 관하여 준용된다(동조 제5항).

법원이 보상금액을 산정할 때에는 (i) 구금의 종류 및 기간의 장단(제1호), (ii) 구금기간 중에 입은 재산상의 손실과 얻을 수 있었던 이익의 상실 또는 정신적인 고통과 신체손상(제2호), (iii) 경찰·검찰·법원의 각 기관의 고의 또는 과실 유·무(제3호), (iv) 무죄재판의 실질적 이유가 된 사정(제4호), (v) 그 밖에 보상금액 산정과 관련되는 모든 사정(제5호)을 고려하여야 한다(동조 제2항).

(2) 형의 집행에 대한 보상

1) 사형집행

사형집행에 대한 보상을 할 때에는 집행 전 구금에 대한 보상금 외에 3천

---

94) 법 제5조 제1항에 따른 구금에 대한 보상금의 한도는 1일당 보상청구의 원인이 발생한 해의 「최저임금법」에 따른 일급(日給) 최저임금액의 5배로 한다(법 시행령 제3조).

만원 이내에서 모든 사정을 고려하여 법원이 타당하다고 인정하는 금액을 더하여 보상한다. 본인의 사망으로 인하여 발생한 재산상의 손실액이 증명되었을 때에는 그 손실액도 보상한다(동조 제3항).

2) 벌금 또는 과료의 집행

벌금 또는 과료의 집행에 대한 보상을 할 때에는 이미 징수한 벌금 또는 과료의 금액에 징수일의 다음 날부터 보상결정일까지의 일수에 대하여 「민법」 제379조[95]의 법정이율을 적용하여 계산한 금액을 더한 금액을 보상한다(동조 제4항).

3) 몰수집행

몰수집행에 대한 보상을 할 때에는 그 몰수물을 반환하고, 그것이 이미 처분되었을 때에는 보상결정 시의 시가를 보상한다(동조 제6항). 추징금에 대한 보상을 할 때에는 그 액수에 징수일의 다음 날부터 보상결정일까지의 일수에 대하여 「민법」 제379조의 법정이율을 적용하여 계산한 금액을 더한 금액을 보상한다(동조 제7항). 그러나 면소 또는 공소기각의 재판을 받은 자는 구금에 대한 보상만 청구할 수 있으므로 몰수나 추징에 대한 보상은 청구할 수 없다(65다532).

4. 절 차

(1) 보상의 청구

1) 청구권자

형사보상의 청구권자는 무죄, 면소 또는 공소기각의 재판을 받은 본인(법 제2조, 제26조 제1항 제1호), 청구기각의 판결을 받아 확정된 독립된 치료감호사건의 피치료감호청구인(법 제26조 제1항 제2호) 또는 기소유예처분 이외의 불기소처분을 받은 피의자이다(법 제27조 제1항).

형사보상청구권은 물론 보상금지급청구권은 양도 또는 압류할 수 없다(법 제23조). 다만, 보상청구권자가 그 청구를 하지 아니하고 사망하였을 때에는 그 상속인이 이를 청구할 수 있다(법 제3조 제1항). 사망한 자에 대하여 재심 또는 비상상고의 절차에서 무죄재판이 있었을 때에는 보상의 청구에 관하여는 사망한 때에

---

95) 「민법」 제379조(법정이율) 이자있는 채권의 이율은 다른 법률의 규정이나 당사자의 약정이 없으면 연 5푼으로 한다.

무죄재판이 있었던 것으로 본다(동조 제2항). 따라서 사망 시에 본인의 보상청구권이 발생하고, 이 보상청구권이 상속인에게 상속되는 것으로 된다.

2) 청구절차

(가) 관 할

피고인보상의 청구는 무죄재판을 한 법원에 하여야 한다(법 제7조). 다만, 관할권 없는 법원에서 보상결정을 하였다고 하여 당연무효가 되는 것은 아니다.

피의자보상의 청구는 불기소처분을 한 검사가 소속된 지방검찰청(지방검찰청 지청의 검사가 불기소처분을 한 경우에는 그 지청이 소속하는 지방검찰청을 말한다) 또는 불송치결정을 한 사법경찰관이 소속된 경찰관서에 대응하는 지방검찰청의 심의회에 하여야 한다(법 제28조 제1항).

(나) 기 간

피고인보상의 청구는 무죄, 면소 또는 공소기각의 재판·치료감호청구의 기각판결이 확정된 사실을 안 날로부터 3년, 이들 재판이 확정된 때로부터 5년 이내에 하여야 한다(법 제8조, 제26조 제2항).[96)]

피의자보상의 청구는 불기소처분 또는 불송치결정의 고지(告知) 또는 통지를 받은 날부터 날로부터 3년 이내에 하여야 한다(법 제28조 제3항).

(다) 방 식

피고인이 보상청구를 할 때에는 보상청구서에 재판서의 등본과 그 재판의 확정증명서를 첨부하여 법원에 제출하여야 한다(법 제9조 제1항). 보상청구서에는 청구자의 등록기준지, 주소, 성명, 생년월일 및 청구의 원인이 된 사실과 청구액을 적어야 한다(동조 제2항). 피의자보상을 청구하는 자는 보상청구서에 불기소처분 또는 불송치결정을 받은 사실을 증명하는 서류를 첨부하여 제출하여야 한다(법 제28조 제2항).

상속인이 보상을 청구할 때에는 본인과의 관계와 같은 순위의 상속인 유·무를 소명할 수 있는 자료를 제출하여야 한다(법 제10조). 보상청구를 할 수 있는 같은 순위의 상속인이 여러 명인 경우에 그 중 1명이 보상청구를 하였을 때에

---

96) 판례는 "다만, 면소 또는 공소기각의 재판이 확정된 이후에 비로소 해당 형벌법령에 대하여 위헌·무효 판단이 있는 경우 등과 같이 면소 또는 공소기각의 재판이 확정된 이후에 무죄재판을 받을 만한 현저한 사유가 생겼다고 볼 수 있는 경우에는 해당 사유가 발생한 사실을 안 날부터 3년, 해당 사유가 발생한 때부터 5년 이내에 보상청구를 할 수 있다"(2020모627)고 하였다.

는 보상을 청구할 수 있는 모두를 위하여 그 전부에 대하여 보상청구를 한 것으로 본다(법 제11조 제1항). 이때 법원은 보상을 청구할 수 있는 같은 순위의 다른 상속인이 있다는 사실을 알았을 때에는 지체 없이 그 상속인에게 보상청구가 있었음을 통지하여야 한다(동조 제3항). 보상청구를 한 상속인 외의 상속인은 공동청구인으로서 절차에 참가할 수 있다(동조 제2항).

보상청구는 대리인을 통해서도 할 수 있다(법 제13조).

3) 청구취소와 재청구의 금지

피고인보상의 경우 법원의 보상청구에 대한 재판이 있을 때까지 취소할 수 있으며(법 제12조 제1항), 피의자보상의 경우 피의자보상심의회의 보상청구에 대한 결정이 있을 때까지 취소할 수 있다(법 제29조 제1항). 그러나 같은 순위의 상속인이 수인인 경우에는 보상을 청구한 자는 나머지 모두의 동의 없이 청구를 취소할 수 없다(법 제12조 제1항 단서, 제29조 제1항).

보상청구를 취소한 자는 다시 보상을 청구할 수 없다(법 제12조 제2항, 제29조 제1항).

(2) 피고인보상의 청구에 대한 재판

1) 보상청구의 심리

(가) 관할과 조사

무죄의 재판을 받은 자가 한 보상청구는 법원 합의부에서 재판한다(법 제14조 제1항). 이때 법원은 보상청구의 원인된 사실의 구금일수 또는 형집행의 내용에 관하여는 직권으로 조사를 하여야 한다(법 제15조). 이 직권조사는 청구자의 입증부담을 완화하기 위한 것이다.

(나) 보상청구의 중단과 승계

보상청구권자가 청구절차 중 사망하거나 또는 상속인의 신분을 상실한 경우에 다른 청구인이 없을 때에는 청구절차는 중단된다(법 제19조 제1항). 이때 청구한 자의 상속인 또는 보상을 청구한 상속인과 같은 순위의 상속인은 2개월 이내에 청구절차를 승계할 수 있다(동조 제2항). 법원은 절차를 승계할 수 있는 자로서 법원에 알려진 자에 대하여는 지체 없이 위 기간 내에 청구절차를 승계할 것을 통지하여야 한다(동조 제3항).

2) 법원의 결정

보상청구에 대하여 법원은 검사와 청구인의 의견을 들은 후 결정을 하여야 한다(법 제14조 제2항). 이 결정은 6월 이내에 하여야 하며(동조 제3항), 결정의 정본(正本)은 검사와 청구인에게 송달하여야 한다(동조 제4항).

(가) 청구각하의 결정

법원은 (i) 보상청구의 절차가 법령상의 방식에 위반하여 보정할 수 없을 경우(제1호), (ii) 청구인이 법원의 보정명령에 응하지 아니할 경우(제2호), (iii) 보상청구의 기간이 지난 후에 보상을 청구하였을 경우(제3호)에는 보상청구를 각하하는 결정을 하여야 한다(법 제16조).

또한 보상청구권자가 사망하거나 상속인 자격을 상실하여 청구절차가 중단된 후 2개월 이내에 절차를 승계하는 상속인의 신청이 없는 때에는 법원은 각하의 결정을 하여야 한다(법 제19조 제2항·제4항).

(나) 청구기각의 결정

보상청구가 이유 없을 때에는 청구기각의 결정을 하여야 한다(법 제17조 제2항). 보상청구를 할 수 있는 같은 순위의 상속인이 여러 명인 경우에 그 중 1명에 대한 청구기각의 결정은 같은 순위자 모두에 대하여 한 것으로 본다(법 제18조).

보상청구자가 동일한 원인으로 다른 법률에 의하여 충분한 손해배상을 받았다는 이유로 보상청구를 기각하는 결정이 확정되었을 때에는 법원은 2주일 내에 결정의 요지를 관보에 게재하여 공시하여야 한다. 이 경우 결정을 받은 자의 신청이 있을 때에는 그 결정의 요지를 신청인이 선택하는 두 종류 이상의 일간신문에 각각 한 번씩 공시하여야 하며, 그 공시는 신청일부터 30일 이내에 하여야 한다(법 제25조 제2항, 제1항).

(다) 보상결정과 공시

보상청구가 이유 있을 때에는 보상의 결정을 하여야 한다(법 제17조 제1항). 보상청구를 할 수 있는 같은 순위의 상속인이 여러 명인 경우에 그 중 1명에 대한 보상결정은 같은 순위자 모두에 대하여 한 것으로 본다(법 제18조).

법원은 보상결정이 확정되었을 때에는 2주일 내에 보상결정의 요지를 관보에 게재하여 공시하여야 한다. 이때 보상결정을 받은 자의 신청이 있을 때에는 그 결정의 요지를 신청인이 선택하는 두 종류 이상의 일간신문에 각각 한 번씩 공시하여야 하며, 그 공시는 신청일부터 30일 이내에 하여야 한다(법 제25조 제1항).

(라) 불복신청 등

보상결정에 대하여는 1주일 이내에 즉시항고를 할 수 있다(법 제20조 제1항).

보상청구기각의 결정에 대하여도 즉시항고를 할 수 있다(동조 제2항). 이때 즉시항고기간에 대해서는 명문의 규정이 없으나 이 법에 따른 결정과 즉시항고에 관하여는 이 법에 특별한 규정이 있는 것을 제외하고는 형소법의 규정을 준용하며, 기간에 관하여도 또한 같으므로(법 제24조), 보상청구기각의 결정에 대한 즉시항고기간은 7일이다. 보상청구를 각하하는 결정에 대하여는 규정이 없으나 보상청구기각의 결정에 준한다.

(3) 피의자보상의 청구에 대한 결정

피의자보상에 관한 사항은 지방검찰청에 둔 피의자보상심의회에서 심사·결정하며(법 제27조 제3항), 심의회는 법무부장관의 지휘·감독을 받는다(동조 제4항). 피의자보상의 청구에 대한 심의회의 결정에 대하여는 「행정심판법」에 따른 행정심판을 청구하거나 「행정소송법」에 따른 행정소송을 제기할 수 있다(법 제28조 제4항). 기타 결정에 대해서는 피고인보상청구의 재판에 관한 규정을 준용한다(법 제29조 제1항).

5. 보상금지급의 청구

(1) 절 차

보상결정의 확정에 의하여 보상금지급청구권이 발생한다. 보상금지급청구권은 양도 또는 압류할 수 없다(법 제23조).

보상금의 지급을 청구하고자 하는 자는 보상을 결정한 법원에 대응한 검찰청에 보상금지급청구서를 제출하여야 한다(법 제21조 제1항). 이 청구서에는 법원의 보상결정서를 첨부하여야 한다(동조 제2항). 보상결정이 송달된 후 2년 이내에 보상금지급의 청구를 하지 아니할 때에는 권리를 상실한다(동조 제3항). 이 기간은 제척기간이다. 보상금지급을 받을 수 있는 자가 여러 명인 경우에는 그 중 1명이 한 보상금지급청구는 보상결정을 받은 모두를 위하여 그 전부에 대하여 보상금지급청구를 한 것으로 본다(동조 제4항).

(2) 보상금지급과 그 효과

보상금지급청구서를 제출받은 검찰청은 3개월 이내에 보상금을 지급하여야 한다(법 제21조의2 제1항). 이 기한까지 보상금을 지급하지 아니한 경우에는 그 다음 날부터 지급하는 날까지의 지연 일수에 대하여 「민법」 제379조의 법정이율에 따른 지연이자를 지급하여야 한다(동조 제2항). 보상금을 받을 수 있는 자가 여러 명인 경우에는 그 중 1명에 대한 보상금지급은 그 모두에 대하여 효력이 발생한다(법 제22조).

Ⅱ. 명예회복

1. 의 의

형사보상법에서는 피고인 또는 피의자가 무죄판결이나 면소·공소기각 등의 판결을 받은 경우에는 수사 또는 재판과정동안 범죄자로 인식되어 침해받은 명예를 회복할 수 있는 제도를 마련하고 있다. 「형법」 에서는 피고사건에 대하여 무죄판결을 선고하는 경우에는 원칙적으로 무죄판결공시의 취지를 선고하게 하고, 면소의 판결을 선고할 때에는 면소판결공시의 취지를 선고할 수 있도록 하고 있다(제58조 제2항86). 그러나 판결공시의 청구가 있는 경우에도 법원은 대법원 홈페이지에 이 사실을 게시하는 데 그치고 있어서 실효성이 없음에 따라 이를 보완하기 위해 형사보상법에서는 명예회복에 관한 규정을 따로 두고 있다.

명예회복에 관한 형사보상법의 규정은 (ⅰ) 군사법원에서 무죄재판을 받아 확정된 자(제1호)와 (ⅱ) 군사법원에서 형소법에 따라 면소 또는 공소기각의 재판을 받아 확정된 피고인이 면소 또는 공소기각의 재판을 할 만한 사유가 없었더라면 무죄재판을 받을 만한 현저한 사유가 있었을 경우 또는 치료감호법 제7조에 따라 치료감호의 독립청구를 받은 피치료감호청구인의 치료감호사건이 범죄로 되지 아니하거나 범죄사실의 증명이 없는 때에 해당되어 청구기각의 판결을 받아 확정된 경우에 해당하는 자(제2호)에 대하여 준용된다(법 제35조).

2. 절 차

(1) 청구권자

명예회복의 청구권자는 무죄재판을 받아 확정된 사건의 피고인(법 제30조)과 면소 또는 공소기각의 재판을 받아 확정된 피고인 및 치료감호의 독립청구를 받은 피치료감호청구인(법 제34조 제1항, 제26조 제1항)이다. 형소법에서는 피고인의 무죄재판서 게재청구에 관하여 규정을 두고, 이를 후 2자의 경우에 준용하고 있다(법 제34조 제2항). 다만, 형소법에 따라 면소 또는 공소기각의 재판을 받아 확정된 피고인은 면소 또는 공소기각의 재판을 할 만한 사유가 없었더라면 무죄재판을 받을 만한 현저한 사유가 있었을 경우이어야 하고, 치료감호법 제7조에 따라 치료감호의 독립청구를 받은 피치료감호청구인은 치료감호사건이 범죄로 되지 아니하거나 범죄사실의 증명이 없는 때에 해당되어 청구기각의 판결을 받아 확정된 경우이어야 한다.

본인이 명예회복신청을 하지 않고 사망하였을 때에는 상속인이 이를 청구할 수 있다(법 제31조 제2항, 제3조 제1항).

(2) 청구방법

명예회복의 청구는 무죄재판 등을 받아 확정된 사건의 피고인은 무죄재판 등이 확정된 때부터 3년 이내에 확정된 무죄사건의 재판서 또는 확정된 사건의 재판서(이하 '무죄재판서 등'이라 한다)를 법무부 인터넷 홈페이지에 게재하도록 해당 사건을 기소한 검사가 소속된 지방검찰청(지방검찰청 지청을 포함한다)에 청구할 수 있다(법 제30조, 제34조). 게재청구를 할 때에는 게재청구서에 재판서의 등본과 그 재판의 확정증명서를 첨부하여 제출하여야 한다(법 제31조 제1항). 상속인이 게재를 청구할 때에는 본인과의 관계와 같은 순위의 상속인 유·무를 소명할 수 있는 자료를 제출하여야 한다(법 제31조 제2항, 제10조). 게재청구는 대리인을 통하여서도 할 수 있다(법 제31조 제3항, 제13조).

게재청구는 법무부 인터넷 홈페이지에 게재될 때까지 취소할 수 있다. 그러나 같은 순위의 상속인이 여러 명인 경우에 게재를 청구한 자는 나머지 모두의 동의 없이 청구를 취소할 수 없으며, 게재청구를 취소한 경우에 게재청구권자는 다시 게재를 청구할 수 없다(법 제31조 제4항, 제12조).

(3) 청구에 대한 조치

게재청구가 있을 때에는 그 청구를 받은 날부터 1개월 이내에 무죄재판서 등을 법무부 인터넷 홈페이지에 게재하여야 한다. 다만, 청구를 받은 때에 무죄재판사건 등의 확정재판기록이 해당 지방검찰청에 송부되지 아니한 경우에는 무죄재판사건 등의 확정재판기록이 해당 지방검찰청에 송부된 날부터 1개월 이내에 게재하여야 한다(법 제32조 제1항, 제34조).

(i) 청구인이 무죄재판서 등의 일부 내용의 삭제를 원하는 의사를 명시적으로 밝힌 경우(제1호) 또는 (ii) 무죄재판서 등의 공개로 인하여 사건관계인의 명예나 사생활의 비밀 또는 생명·신체의 안전이나 생활의 평온을 현저히 해칠 우려가 있는 경우(제2호)에 해당할 때에는 무죄재판서 등의 일부를 삭제하여 게재할 수 있다(법 제32조 제2항, 제34조). 제1호의 경우에는 청구인의 의사를 서면으로 확인하여야 한다. 소재불명 등으로 청구인의 의사를 확인할 수 없을 때에는 「민법」 제779조[97]에 따른 가족 중 1명의 의사를 서면으로 확인하는 것으로 대신할 수 있다(동조 제3항).

무죄재판서 등의 게재기간은 1년으로 하며(법 제32조 제4항, 제34조), 무죄재판서 등을 법무부 인터넷 홈페이지에 게재한 경우에는 지체 없이 그 사실을 청구인에게 서면으로 통지하여야 한다(법 제33조 제1항, 제34조).

97) 「민법」 제779조(가족의 범위) ① 다음의 자는 가족으로 한다. 1. 배우자, 직계혈족 및 형제자매, 2. 직계혈족의 배우자, 배우자의 직계혈족, 및 배우자의 형제자매
② 제1항 제2호의 경우에는 생계를 같이 하는 경우에 한한다.

제6편

특별절차와 피해자보호제도

제1장 특별절차

제1절 약식절차

Ⅰ. 약식절차의 의의와 기능

1. 의 의

약식절차란 지방법원의 관할사건에 대하여 검사의 청구가 있을 때 공판절차에 의하지 않고 검사가 제출한 자료만을 조사하여(서면심리) 약식명령으로 피고인에게 벌금·과료 또는 몰수의 형을 과하는 간이한 재판절차를 말한다. 약식절차에 의하여 형을 선고하는 재판을 약식명령이라고 한다. 약식절차는 독일의 과형명령절차(Strafbefehlsverfahren)에서 유래한 것으로 의용형사소송법을 거쳐 현행법에서 규정하고 있다.

약식절차는 서면심리를 원칙으로 하는 절차라는 점에서 공판절차에서 피고인의 자백에 따라 간단한 증거조사에 의하고 증거능력제한을 완화하는 간이공판절차(제286조의2)와 구별된다. 또한 약식절차는 검사의 청구에 의해 진행된다는 점에서 경찰서장의 청구에 의하여 진행되는 즉결심판절차와 구별된다.

2. 기 능

약식절차는 경미한 사건을 신속하게 처리함으로써 검찰의 공판유지업무와 법원의 심판업무를 현저히 감소시킨다는 점에서 소송경제의 이념에 충실하다. 또한 약식절차는 공개재판에 대한 피고인의 사회적·심리적 부담을 덜어 주고, 공판정 출석을 위한 시간과 노력을 피할 수 있을 뿐만 아니라 자유형선고의 위험부담도 없다는 점에서 피고인의 이익보호에도 기여한다.

그러나 다른 한편에서는 약식절차는 법관이나 검사가 소송경제에 치중한 나머지 적정한 형벌권실현의 요청이 외면당하거나 약식명령에 대한 불복을 피하기 위하여 법관이 형량을 지나치게 낮게 책정할 우려가 있다. 또한 피고인도 법관의 면전에서 자신에게 이익되는 사실을 주장할 수 없으므로 헌법상 공정한 재판을 받을 권리(제27조 제1항)와 피고인의 신속한 공개재판을 받을 권리(동조 제3항)가 침해될 수 있으며, 자신의 무죄를 알면서도 무지나 불안으로 인하여 쉽게 약식명령에 대하여 불복하지 못하는 폐단이 있다.

이에 형소법에서는 약식재판의 문제점을 줄이기 위하여 피고인에게 정식재판청구권을 보장하면서 이를 포기할 수 없도록 하고(제453조 제1항), 정식재판에서는 약식명령의 형보다 중한 종류의 형을 선고하지 못하도록 하는 한편(제457조의2), 법원이 약식명령의 판단주체로서 약식명령으로 하는 것이 적당하지 않다고 인정하는 경우에는 통상의 공판절차에 회부하여 심판할 수 있도록 하고 있다(제450조). 따라서 약식절차가 헌법에 위반되는 것은 아니다(2015헌바184).

Ⅱ. 약식명령의 절차

1. 청 구

(1) 성 격

약식명령청구의 법적 성격에 대하여는 ① 공소제기의 특수한 방식으로 이해하는 견해가 있다. 그러나 ② 약식명령청구는 공소제기방식이 아니라 약식절차에 의할 것을 청구하는 것에 불과하므로 약식명령청구와 공소제기는 별개의 소송행위이다. 다만, 약식명령의 청구와 공소제기는 동시에 행하여지는 것이므로 약식명령의 청구가 있으면 당연히 공소제기가 있는 것으로 된다.

(2) 대 상

약식명령을 청구할 수 있는 사건은 지방법원의 관할에 속하는 사건으로서 벌금, 과료 또는 몰수에 처할 수 있는 사건에 한한다(제448조 제1항). 따라서 약식명령으로 무죄, 면소, 공소기각 또는 관할위반의 재판을 할 수 없지만, 벌금, 과료 또는 몰수가 법정형으로서 선택적으로 규정되어 있으면 가능하다. 그러나 벌금, 과료 또는 몰수 외의 자유형 등 다른 형을 선고하여야 할 경우나 다른 형과 병과하여야 하는 사건인 경우에는 약식명령의 대상이 되지 않는다.

벌금 또는 과료에 처할 사건인 이상 지방법원 합의부의 관할에 속하는 사건도 약식명령의 청구대상이 된다. 다만, 약식절차는 공판절차와 구별되므로 약식명령이 청구된 사건이 합의부의 관할사건이더라도 약식절차에서는 지방법원 단독판사가 심판한다(법조법 제7조 제4항 참조). 하지만 약식명령에 대하여 정식재판청구가 있거나 약식명령청구사건이 공판절차에 회부된 경우에는 원래의 사물관할에 따라 합의부에서 심판하도록 하여야 한다. 약식명령의 청구를 받은 법원이 그 사건에 대하여 관할권이 없는 경우에는 약식명령을 할 수 없으므로 이때에는 통상의 공판절차로 이행한 후, 관할위반의 판결을 선고하여야 한다(제319조).

약식절차에 회부하기 위하여 피고인이 공소사실에 대하여 자백할 것은 요하지 않는다.

(3) 절 차

1) 청구방식

약식명령은 검사의 청구가 있을 것을 요건으로 한다(제448조 제1항). 약식명령의 청구는 공소제기와 동시에 서면으로 하여야 한다(제449조). 이때 피고인의 동의는 요하지 않는다. 「약식절차에서의 전자문서 이용 등에 관한 법률」에 의해 전자문서의 형태로 청구하는 경우(법 제3조[1])도 검사는 약식명령의 청구 시에 미리 청구하는 벌금 또는 과료의 액수를 기재해야 한다. 약식명령의 청구와 공소제기는 별개의 소송행위이지만 실무에서는 검사가 공소장에 약식명령의 청구취지를 부기

1) 「약식절차에서의 전자문서 이용 등에 관한 법률」 제3조(대상사건) ① 이 법은 검사가 「형사소송법」 제448조에 따라 약식명령을 청구할 수 있는 사건 중 피의자가 전자적 처리절차에 따를 것을 동의한 다음 각 호의 어느 하나에 해당하는 사건에 대하여 적용한다. 1. 「도로교통법」 제148조의2 제3항, 제152조 제1호 및 제154조 제2호에 해당하는 사건, 2. 제1호에 해당하는 사건과 관련되는 「도로교통법」 제159조에 해당하는 사건

② 이 법은 「교통사고처리 특례법」 제3조 제2항 본문에 해당하는 사건 중 같은 항 본문 또는 같은 법 제4조에 따라 공소를 제기할 수 없음이 명백한 사건에 대하여 적용한다.

③ 제1항 및 제2항에도 불구하고 다음 각 호의 어느 하나에 해당하는 사건에 대하여는 전자적 처리절차에 따르지 않는다. 1. 제1항 또는 제2항에 해당하는 사건과 그러하지 아니한 사건을 병합하여 수사하거나 심판하는 경우, 2. 피의자가 제4조 제3항에 따라 제1항의 동의를 철회한 경우, 3. 추가적인 증거조사가 필요한 경우 등 수사의 진행경과에 비추어 전자적 처리절차에 따르는 것이 적절하지 아니한 경우

하고 검사의 구형을 기재한 특수한 양식으로 약식명령청구가 이루어지고 있다.

검사는 약식명령의 청구와 동시에 약식명령을 하는 데 필요한 증거서류 및 증거물을 법원에 제출하여야 한다(규칙 제170조). 따라서 약식절차에는 공소장일본주의가 적용되지 않는다(207도3906). 또한 약식절차에서는 형소법상 공소제기에 대한 규정이 적용되지만, 약식절차는 서면심리에 의하기 때문에 피고인에 대한 약식명령청구서 부본의 송달을 요하지 않으므로 공소장부본을 첨부할 필요가 없다.

검사가 구속 중인 피의자에 관하여 약식명령의 청구를 하는 경우에는 석방지휘서로 피의자를 석방한다(검찰사건사무규칙 제109조 제3항). 벌금이나 과료 등이 선고될 사건에 관하여 피의자를 계속 구금하는 것은 부당하기 때문이다.

2) 청구취소

약식명령은 공소제기와 동시에 행하여지므로 공소취소를 하면 약식명령의 청구도 효력을 잃는다. 다만, 공소취소를 하지 않고 약식명령만을 취소할 수 있는지에 대하여는 ① 약식명령청구와 공소제기는 별도의 소송행위로서 약식명령청구가 공소제기에 부기되는 소송행위에 불과하므로 약식명령청구를 취소하여도 공소제기의 효력에 영향을 미치지 않는다는 견해가 있다. 그러나 ② 약식명령청구의 취소만을 인정하는 명문규정이 없고, 현행법상 약식명령과 공소제기가 동시에 이루어지고 있으며, 공소취소를 하면 약식명령의 청구도 효력을 잃는 것으로 하고 있으므로 약식명령이 취소되면 공소도 취소된다(다수설).

2. 심 리

(1) 서면심리의 원칙

법원은 약식명령의 청구가 있으면 검사가 제출한 서류 및 증거물에 대한 서면심리를 한다. 따라서 약식절차에서는 공개주의가 배제되고, 공판기일의 심판절차에 관한 규정이나 이를 전제로 하는 규정(공소장변경 등)은 적용되지 않는다. 따라서 검사가 약식명령을 청구한 후에 공소장변경을 신청하면 공판절차에 회부하여 심리하여야 한다.

그러나 약식절차의 성질에 반하지 않는 한 관할, 제척·기피·회피, 서류의 송달, 재판 등, 형소법의 총칙에 관한 규정은 그대로 적용된다.

(2) 사실조사와 그 한계

약식명령은 판결도 결정도 아닌 특별한 형식의 재판이다(통설). 다만, 이는 결정에 준하는 성질을 가진 것이므로 법원이 서면심리만으로는 약식명령의 당부를 결정하기 어려운 경우로서 필요한 때에는 사실조사를 할 수 있다(제37조 제3항 참조).

그러나 약식절차는 간이·신속·비공개재판이므로 사실조사가 허용된다고 하더라도 조사에 시일을 요하지 않고, 약식절차의 본질을 해하지 않는 범위에서만 허용된다. 합의서의 내용이나 그 이행 여부를 확인하거나 검증조서나 감정서 등에 기재된 단순한 오류를 확인하는 정도의 간단한 사실조사가 이에 해당한다. 따라서 증인신문, 검증, 감정 등, 통상의 증거조사나 강제처분 등이 필요한 경우에는 통상의 공판절차에서 심리하여야 한다.

약식절차에서 사실조사를 위하여 피고인이 증거를 제출하거나 검사가 보충증거를 제출하는 것이 허용되는지에 대하여는 ① 신속한 재판의 실현이라고 하는 약식절차의 본질에 반하므로 허용되지 않는다는 견해가 있다. 그러나 ② 실체적 진실의 추구라고 하는 형소법의 목적을 고려할 때 약식절차의 본질을 해하지 않는 한 법원이 필요하다고 인정되는 범위 내에서 당사자가 추가증거를 제출하는 것은 허용된다(다수설).

(3) 약식절차와 증거법칙

약식절차에서는 공판절차와 직접 관련이 없는 증거재판주의, 자유심증주의, 위법수집증거배제법칙, 자백배제법칙, 자백의 보강법칙 등은 그대로 적용된다. 하지만 약식절차는 서면심리를 내용으로 하므로 구두변론주의나 직접심리주의가 요구되지 않으며, 전문법칙도 적용되지 않는다.

3. 공판절차에의 회부

(1) 회부사유

법원은 약식명령청구가 있는 경우에 그 사건이 약식명령으로 할 수 없거나 약식명령으로 하는 것이 적당하지 않다고 인정되는 경우에는 공판절차에 의하여 심판하여야 한다(제450조). '약식명령으로 할 수 없는 경우'란 법정형으로 벌금 또는 과료가 규정되어 있지 않거나 벌금·과료가 병과형으로 규정되어 있는 죄에 대하여 약식명령의 청구가 있거나, 사건에 대하여 무죄 또는 형의 면제, 면소, 공소기각 또는 관할위반의 재판을 선고하여야 할 경우 등이 이에 해당한다. '약식명령으로 하는 것이 적당하지 않은 경우'란 벌금·과료 또는 몰수 이외의 형을 선고하는 것이 적당하다고 인정되는 경우, 사건이 복잡하기 때문에 공판절차에 의해 신중히 심판하는 것이 합리적이라고 인정되는 경우 등이 이에 해당한다.

한편, 약식명령을 청구한 후 치료감호청구가 있는 때에는 약식명령청구는 그 치료감호청구가 있는 때로부터 공판절차에 의하여 심판하여야 한다(치료감호법 제10조 제3항).

(2) 회부의 결정

약식명령청구를 정식의 공판절차로 회부하는 데 법원의 결정을 요하는지에 대하여는 ① 명문의 규정이 없으므로 공판기일지정이나 공소장부본의 송달 등과 같이 사실상 공판절차를 진행하면 되고 법원의 형식적인 결정을 요하지 않는다는 견해가 있다. 그러나 ② 통상재판으로의 회부는 당사자에게 미치는 영향이 크고 법원의 업무분담에도 변화가 발생하므로 절차의 명확성 확보를 위해 공판절차회부결정을 요한다(다수설). 실무에서도 공판절차회부서를 작성하여 기록에 철하고, 소송기록을 송부하는 방식을 취하고 있다(대법원 약식명령 및 정식재판 청구사건 등의 처리에 관한 예규 제16조, 제17조 참조).

판례는 법원이 약식명령 청구사건을 공판절차에 의하여 심판하기로 함에 있어서는 사실상 공판절차를 진행하면 되고, 특별한 형식상의 결정을 할 필요는 없다고 한다(2003도2735).

(3) 회부결정 후의 절차

약식명령청구 시에는 공소장부본이 피고인에게 송달되지 않으므로 법원이 약식명령 청구사건을 공판절차에 의하여 심판하기로 결정한 경우에는 즉시 그 취지를 검사에게 통지하여야 한다(규칙 제172조 제1항). 이 통지를 받은 검사는 5일 이내에 피고인 수에 상응하는 공소장부본을 법원에 제출하여야 한다(동조 제2항). 이때 법원은 그 공소장부본을 지체 없이 피고인 또는 변호인에게 송달하여야 한다(동조 제3항).

약식명령청구사건을 공판절차로 회부한 경우에 검사가 제출한 증거서류와 증거물은 다시 검사에게 반환하여야 하는지에 대하여는 ① 약식명령청구와 함께 제기된 공소에 의해 이미 법원에 소송계속이 발생하고 있고, 무용한 절차를 반복할 필요가 없기 때문에 반환할 필요가 없다는 견해가 있다. 그러나 ② 약식절차를 공판절차에 회부하는 것은 새로운 공소제기이므로 공소장일본주의의 취지에 따라 검사에게 반환하여 공판절차에서 증거조사가 다시 이루어지게 하여야 한다(다수설). 판례는 "약식명령에 대한 정식재판청구가 제기되었음에도 법원이 증거서류 및 증거물을 검사에게 반환하지 않고 보관하고 있다고 하여 그 이전에 이미 적법하게 제기된 공소제기의 절차가 위법하게 된다고 할 수도 없다"(2007도3906)고 한다.

한편, 약식명령이 공판절차에 회부된 후에 이를 취소하고, 다시 약식절차에 따라 심리하는 것은 허용되지 않는다.

4. 약식명령의 발령

(1) 방 식

1) 약식명령과 그 고지

법원은 약식명령청구를 심리한 결과 약식명령으로 하는 것이 적당하다고 인정하는 경우에는 약식명령청구가 있은 날로부터 14일 이내에 약식명령을 하여야 한다(소송촉진법 제22조, 소송촉진규칙 제171조). 이 기간은 훈시기간이다. 약식명령에 의하여 과할 수 있는 형은 벌금, 과료, 몰수에 한정된다(제448조 제1항). 다만, 검사의 약식명령청구서에는 벌금과 과료의 액수가 기재되어 있지만, 벌금 또는 과료액의 결정은 법관의 전권에 속하는 양형작용이므로 법관은 검사가 약식명령청구서에 기재한 액수에 기속되지 않는다.

약식명령의 고지는 검사와 피고인에 대한 재판서의 송달에 의한다(제452조). 이때 변호인이 있는 경우라도 반드시 변호인에게 약식명령등본을 송달하여야 하는 것은 아니다(2017모1557).

2) 기재사항

약식명령에는 범죄사실, 적용법령, 주형, 부수처분과 약식명령의 고지를 받은 날로부터 7일 이내에 정식재판을 청구할 수 있음을 명시하여야 한다(제451조). '범죄사실'이란 제323조의 유죄판결의 이유에 명시될 범죄사실을 의미한다(4288형사212). 통상의 유죄판결과 달리 증거의 요지를 기재할 필요는 없다. 주형은 벌금, 과료, 몰수에 한하며, 징역이나 금고와 같은 자유형, 무죄·면소·공소기각·관할위반의 재판 등은 할 수 없다.

약식명령은 판결과 같은 효력을 가지므로 '부수처분'은 압수물의 피해자 환부(제333조 제1항), 몰수가 불가능할 때의 그 가액 추징(형법 제48조 제2항), 벌금, 과료 또는 추징에 대한 가납명령(제334조 제1항)이 포함된다. 가납의 재판은 판결로 하여야 하는 것이지만(제334조 제2항), 약식명령은 판결과 같은 효력을 가질 뿐 아니라 가납명령을 하여야 할 필요성이 적지 않기 때문이다. 미결구금일수가 있으면 그 전부 또는 일부를 환형통산하여야 한다.

약식명령에서 벌금의 선고를 유예할 수 있는지에 대하여는 ① 피고인이 선고유예에 불복하는 경우에는 정식재판청구권이 보장되어 있고, 선고유예가 벌금의 선고보다는 피고인에게 유리하다는 점에서 부정하여야 할 이유는 없다는 견해, ② 형의 선고유예는 피고인의 구체적 정상을 고려하여야 하지만(형법 제59조) 서면심리만으로 이를 파악하기 곤란하므로 선고유예가 블가능하다는 견해(다수설)가 있다. 그러나 ③ 법원이 서면심리만으로도 선고유예의 요건을 충족 여부를 충분히 판단할 수 있는 경우라면 약식명령도 재판이므로 벌금에 대한 선고유예는 가능하다. 벌금에 대한 집행유예(형법 제62조 제1항[2])의 경우도 마찬가지이다.

(2) 효 력

약식명령은 청구기간이 경과하거나 그 청구의 취하 또는 청구기각의 결정이 확정된 때에는 확정판결과 동일한 효력이 있다(제457조). 따라서 약식명령에 대하여도 기판력과 집행력이 발생하며, 재심 또는 비상상고의 대상이 될 수 있다. 약식명령에 대한 기판력의 시간적 범위는 약식명령의 송달 시가 아니라 발령 시를 기준으로 한다(다수설, 84도1129). 따라서 포괄일죄의 일부에 대하여 약식명령이 확정된 때에는 그 명령의 발령 시까지 행하여진 행위에 대해서만 기판력이 미친다(94도1318).

---

2) 「형법」 제62조(집행유예의 요건) ① 3년 이하의 징역이나 금고 또는 500만원 이하의 벌금의 형을 선고할 경우에 제51조의 사항을 참작하여 그 정상에 참작할 만한 사유가 있는 때에는 1년 이상 5년 이하의 기간 형의 집행을 유예할 수 있다. 다만, 금고 이상의 형을 선고한 판결이 확정된 때부터 그 집행을 종료하거나 면제된 후 3년까지의 기간에 범한 죄에 대하여 형을 선고하는 경우에는 그러하지 아니하다.

Ⅲ. 정식재판의 청구

1. 의 의

정식재판의 청구란 약식절차에 의하여 법원이 약식명령을 하는 경우 그 재판에 불복이 있는 자가 정식의 재판절차에 의한 심판을 구하는 소송행위를 말한다.

정식재판의 청구는 동일심급의 법원에 대하여 원재판의 시정을 구하는 제도라는 점에서 원심판결에 대하여 상급법원에 재판의 시정을 구하는 제도인 상소와 구별된다. 다만, 정식재판의 청구는 원재판인 약식명령에 대한 불복방법임을 고려하여 형소법은 약식명령의 성질에 반하지 않는 범위 내에서 상소에 관한 규정의 일부를 정식재판의 청구에 준용하고 있다(제458조).

2. 절 차

(1) 청구권자

정식재판의 청구권자는 검사와 피고인이다(제453조 제1항). 피고인의 법정대리인은 피고인의 의사와 관계없이 정식재판을 청구할 수 있고(제458조 제1항, 제340조), 피고인의 배우자·직계친족·형제자매와 약식명령의 대리인 또는 변호인은 피고인의 명시한 의사에 반하지 않는 한 독립하여 정식재판을 청구할 수 있다(제458조 제1항, 제341조). 변호인의 정식재판청구권은 독립대리권이다.

성명모용의 경우에도 약식명령의 효력은 피모용자가 아닌 모용자에게 발생한다. 따라서 약식명령을 송달받은 피모용자가 정식재판을 청구할 수 없다. 다만, 피모용자가 현실적으로 정식재판을 청구하여 직접 공판절차에 참여하게 되면 형식적으로 피고인의 지위를 가지게 되므로 이 과정에서 성명모용사실이 밝혀지면 법원은 피모용자에게 적법한 공소제기가 없었던 것이 되고, 따라서 '공소제기의 절차가 법률의 규정을 위반하여 무효일 때'(제327조 제2호)에 해당하므로 공소기각의 판결을 하여야 한다. 이때 모용자에 대하여는 다시 공소를 제기할 필요 없이 법원은 공소장보정의 형식, 즉 공소장의 피고인표시를 모용자의 성명으로 정정하고 약식명령정본과 피고인표시 경정결정서를 모용자에게 송달하면 된다(다수설, 97도2215).

(2) 청구기간과 청구방식

1) 청구기간

정식재판의 청구는 검사 또는 피고인이 약식명령의 고지를 받은 날로부터 7일 이내에 약식명령을 한 법원에 서면으로 하여야 한다(제453조 제1항·제2항). 이때 재소자에 대한 특칙(제344조)이 적용된다(2005모552).

정식재판의 청구에는 상소권회복에 관한 규정이 준용된다(제458조 제1항, 제345조-제348조). 따라서 만약 7일 이내에 정식재판을 청구하지 못한 것이 자기 또는 대리인의 책임질 수 없는 사정으로 인한 때에는 상소권회복규정에 의해 정식재판청구권의 회복청구와 동시에 정식재판청구를 하면 된다(제346조 제3항, 84모31). 그러나 변호인이 정식재판청구서를 제출할 것으로 믿고 피고인이 스스로 적법한 정식재판의 청구기간 내에 정식재판청구서를 제출하지 못한 것은 '피고인 또는 대리인이 책임질 수 없는 사유로 인하여 정식재판의 청구기간 내에 정식재판을 청구하지 못한 때'에 해당하지 않는다(2017모1557). 하지만 정식재판의 청구를 접수하는 법원공무원이 청구인의 기명날인이나 서명이 없음에도 불구하고 이에 대한 보정을 구하지 아니하고 적법한 청구가 있는 것으로 오인하여 청구서를 접수함으로써 적법한 정식재판청구가 제기된 것으로 신뢰한 피고인이 그 정식재판청구기간을 넘기게 되었다면, 이때 피고인은 자기가 '책임질 수 없는 사유'로 청구기간 내에 정식재판을 청구하지 못한 때에 해당하여 정식재판청구권의 회복을 구할 수 있다(2022모1872).

정식재판청구기간이 경과한 때에는 정식재판청구의 회복청구 없이 정식재판만을 청구할 수는 없다(85모6).

2) 청구방식

정식재판의 청구는 약식명령을 한 법원에 서면으로 제출하여야 한다(제453조 제2항). 정식재판의 청구는 공소불가분의 원칙에 반하지 않는 한 약식명령의 일부에 대하여도 할 수 있다(제458조 제1항, 제342조). 따라서 경합범 중에서 주형이 2개 이상인 경우에 그 주형의 일부에 대한 정식재판청구가 가능하다. 하지만 주형이 1개인 경우에는 일부에 대한 정식재판의 청구는 그 전부에 대하여 효력이 미치며, 주형이 아닌 부수처분에 대해서만 정식재판을 청구하는 것은 허용되지 않는다.

정식재판청구서에 청구인의 기명날인 또는 서명이 없는 경우에는 법령상의 방식을 위반한 것(제59조 참조)으로서 그 청구를 결정으로 기각하여야 하고, 이는 정식재판의 청구를 접수하는 법원공무원이 청구인의 기명날인이 없는데도 이에 대한 보정을 구하지 아니하고 적법한 청구가 있는 것으로 오인하여 청구서를 접수한 경우에도 마찬가지이다(2008모605).

(3) 당사자에의 통지와 공소장부본의 송달

정식재판의 청구가 있는 때에는 법원은 지체 없이 검사 또는 피고인에게 그 사유를 통지하여야 한다(제453조 제3항). 정식재판청구의 경우에는 이미 피고인에게 공소장부본과 동일한 내용의 약식명령서가 송달되어 있기 때문에 공판절차로의 이행의 경우와 달리 피고인에 대한 공소장부본의 송달을 요하지 않는다.

(4) 포기와 취하

피고인은 정식재판의 청구를 포기할 수 없지만(제453조 제1항 단서), 검사는 정식재판의 청구를 포기할 수 있다(제458조 제1항, 제349조).

한편, 정식재판의 청구권자는 제1심판결의 선고 전 까지는 정식재판청구를 취하할 수 있다(제454조). 정식재판의 취하 방법에 대하여는 상소의 취하에 관한 규정이 준용된다(제458조, 제352조). 따라서 법정대리인이 있는 피고인은 법정대리인의 동의를 얻어야 하며(제458조 제1항, 제350조), 피고인의 법정대리인 또는 피고인의 변호인 등 피고인을 위하여 정식재판청구를 할 수 있는 자는 피고인의 동의를 얻어 정식재판청구를 취하할 수 있다(제458조 제1항, 제351조).

정식재판청구의 취하는 서면으로 하여야 하고, 공판정에서는 구술로 할 수 있다(제458조 제1항, 제324조). 정식재판청구를 취하한 자는 다시 정식재판을 청구하지 못한다(제458조 제1항, 제354조).

3. 재 판

(1) 기각결정

정식재판의 청구가 법령상의 방식에 위반하거나 청구권의 소멸 후인 것이 명백한 때에는 결정으로 기각하여야 한다(제455조 제1항). 정식재판청구서에 청구인의 기명날인 또는 서명이 없는 경우, 정식재판청구기간이 경과한 후의 청구 등이 이에 해당한다. 다만, 정식재판의 청구가 법령상의 방식에 위반한 경우에는 정식재판청구기간 내에는 다시 청구할 수 있다.

이 결정은 약식명령을 한 판사가 할 수도 있고, 공판절차에서 정식재판의 담당재판부가 할 수도 있다. 다만, 이 결정은 청구인 또는 통지를 받은 상대방에게만 고지하면 된다. 이 결정에 대하여는 즉시항고를 할 수 있다(동조 제2항).

(2) 공판절차에 의한 심판

1) 심리방법

정식재판의 청구가 적법한 때에는 공판절차에 의하여 심판하여야 한다(제455조 제3항). 정식재판이 개시되면 심판대상은 피고사건 자체이므로 공소사실에 대하여 사실인정·법령적용과 양형 등 모든 부분에 대하여 법원은 약식명령에 구속되지 않고 자유롭게 판단할 수 있다. 따라서 통상의 공판절차와 마찬가지로 공소장변경(2011도14968)과 공소취소는 물론 추가기소(89도2102)도 가능하다.

약식절차와 정식재판절차는 동일 심급의 소송절차이므로 약식명령을 한 판사가 제1심의 정식재판에 관여하더라도 제척사유에 해당하지 않고 경우에 따라 기피사유가 될 뿐이다(다수설, 2002도944). 하지만 그 판사가 정식재판의 항소심에 관여한 경우에는 제척사유에 해당한다(2011도17). 약식절차에서 선임된 변호인은 정식재판절차에서도 변호인의 지위를 가진다. 만일 정식재판절차에서 피고인에게 사선변호인이 없는 경우에 국선변호인 선정사유에 해당하면 국선변호인을 선정하여야 한다.

또한 정식재판을 청구한 피고인이 정식재판절차의 공판기일에 출석하지 않은 경우에는 다시 기일을 정하여야 하고, 피고인이 정당한 사유 없이 다시 정한 기일에 출정하지 않으면 피고인의 진술 없이 판결할 수 있다(제458조 제2항, 제365조). 다만, 이를 위해서는 피고인이 적법한 공판기일 소환장을 받고서도 2회 연속으로 정당한 이유 없이 출정하지 않은 경우에 해당하여야 한다(2019도5426). 판례는 약식명령에 대한 정식재판청구사건에서 제1심은 소송촉진법 제23조 및 그 시행규칙 제19조가 정하는 '피고인에 대한 송달불능보고서가 접수된 때로부터 6개월이 지나도록 피고인의 소재를 확인할 수 없는 경우'에까지 이르지 아니하더라도 공시송달의 방법에 의하여 피고인의 진술 없이 재판을 할 수 있다고 한다(2012도12843). 이 경우 정식재판에서는 피고인의 출정 없이 증거조사를 할 수 있으므로 피고인의 증거동의가 있는 것으로 간주되고(제318조 제2항), 따라서 피고인이 이 정식재판의 항소심에 출석하여 그 증거동의를 철회 또는 취소한다는 의사표시를 하더라도 제1심에서 이미 증거조사가 완료된 후이므로 그 증거능력이 상실되지 않는다(2007도5776).

한편, 피고인만이 정식재판청구를 하여 판결을 선고하는 사건에서는 피고인의 출석을 요하지 아니하며, 이 경우 피고인은 대리인을 출석하게 할 수 있다(제277조 제4호). 피고인만이 정식재판의 청구를 하여 판결을 선고하는 사건에서는 피고인의 1회 불출석만으로도 판결선고가 가능하므로 법원이 지정한 선고기일에 피고인이 출석하지 않으면 바로 판결을 선고할 수 있다. 그러나 법원이 지정한 선고기일에 피고인 출석 없이 판결을 선고할 수 있었음에도 불구하고 굳이 그 기일을 연기하고 선고기일을 다시 지정한 때에는 피고인에게 적법한 기일통지를 하여야 한다(2011도16166).

2) 형의 선고

피고인이 정식재판을 청구한 사건에 대하여는 약식명령의 형보다 중한 종류의 형을 선고하지 못한다(제457조의2 제1항). 이를 형종상향금지의 원칙이라고 한다. 또한 피고인이 정식재판을 청구한 사건에 대하여 약식명령의 형보다 중한 형을 선고하는 경우에는 판결서에 양형의 이유를 적어야 한다(동조 제2항). 그러나 검사만이 청구하거나(2020도13700) 검사와 피고인이 모두 정식재판을 청구한 경우에는 이 원칙이 적용되지 않는다.

형종상향금지의 원칙은 피고인이 정식재판을 청구한 사건과 다른 사건이 병합·심리된 후 경합범으로 처단되는 경우에도 정식재판을 청구한 사건에 대하여 그대로 적용된다(2020도355). 따라서 피고인이 절도죄 등으로 벌금형의 약식명령을 발령받은 후 정식재판을 청구하였는데, 제1심법원이 위 정식재판청구사건을 통상절차에 의해 공소가 제기된 다른 점유이탈물횡령 등 사건들과 병합한 후 각 죄에 대하여 모두 징역형을 선택한 다음 경합범으로 처단한 징역형을 선고한 것은 위법이다(2019도15700).

(3) 효 력

약식명령은 정식재판의 청구에 의한 판결이 있는 때에는 효력을 잃는다(제456조). '판결'은 종국재판을 의미하며, 따라서 공소기각의 결정도 포함된다. '판결이 있는 때'란 판결이 선고된 때가 아니라 확정된 때를 말한다. 따라서 정식재판에서 검사의 공소취소에 의하여 공소기각의 결정이 확정된 때에도 약식명령은 효력을 잃는다.

정식재판의 청구가 부적합한 경우라도 그 청구에 의하여 확정판결이 있는 때에는 약식명령은 실효된다. 따라서 정식재판청구에 의해 판결이 확정된 경우에는 약식명령이 그 효력을 상실하므로 만일 재심을 청구하려면 약식명령이 아니라 확정판결을 대상으로 하여야 한다(2011도10626). 그러나 정식재판청구기간이 경과한 후에 청구한 정식재판의 확정은 약식명령이 이미 확정되었으므로 약식명령의 효력에 영향을 미치지 않는다.

제2절 즉결심판절차

Ⅰ. 즉결심판의 의의와 성격

1. 의 의

즉결심판절차란 20만원 이하의 벌금, 구류 또는 과료에 처할 경미한 범죄에 대하여 지방법원, 지원 또는 시·군법원의 판사가 공판절차에 의하지 아니하고 신속하게 심판하도록 하는 간편한 재판절차를 말한다. 즉결심판절차에 의한 재판을 즉결심판이라고 하고, 즉결심판은 즉결심판법에 의해 규율된다.

즉결심판절차는 우리나라 특유의 제도로서 경미한 형사사건의 신속·적절한 처리를 통하여 소송경제를 도모하려는 데 주된 목적(법[3] 제1조)이 있으며, 다른 한편에서는 피고인의 시간적·정신적 부담을 덜어 준다는 점에서 피고인의 이익이 됨과 동시에 즉결심판의 경우에는 전과기록이 남지 않으므로 경미한 범죄로 인해 전과자가 양산되는 것을 방지할 수 있다.

3) 이 절에서 '법'은 즉결심판법을 말한다.

<참고> 즉결심판제도의 연혁

즉결심판제도는 프러시아의 「경찰범즉결령」에 기원을 두고 있으며, 이것이 일본에 1885년 「위경죄즉결례(違警罪卽決例)」의 형태로 계수되고, 다시 우리나라에 「범죄즉결례」의 형태로 도입되었다. 하지만 해방 후 미군정하에서는 일제하의 「범죄즉결례」를 폐지하고, 1946년 1월 10일 「군정법령 제41호」에 의해 당시 법률전문가의 부족을 고려하여 미국형 치안판사제도의 도입을 통해 경미사건의 해결을 담당하도록 하였다. 그러다가 1956년 법조법이 개정되면서 이에 근거하여 경미사건의 신속한 처리의 요청에서 1957년 2월 15일 「즉결심판에관한절차법」(법률 제439호, 1957. 2. 15. 시행)을 제정하였으며, 이것이 1989년 6월 16일 즉결심판법(법률 제4131호, 1989. 6. 16. 시행)으로 전면개정된 후 수 차례의 개정을 거쳐 현재에 이르고 있다.

한편, 즉결심판절차는 경미사건을 신속하게 처리하기 위하여 확정판결과 동일한 효력이 부여되며, 간이절차에 의하는 것이 적당하지 않다고 판단되는 경우에는 법관이 사건을 정식재판에 회부할 수 있을 뿐만 아니라 피고인에게 정식재판청구권이 보장되어 있고, 공소장일본주의가 적용되지 않는다는 점에서 약식절차와 동일하다. 하지만 (i) 약식절차는 검사의 청구를 요건으로 함에 반해, 즉결심판절차의 청구권자는 경찰서장이고, (ii) 약식절차는 서면심리의 형태를 취하지만, 즉결심판절차는 판사가 공개된 법정에서 피고인을 직접 신문하며, (iii) 약식명령으로는 재산형의 부과만 가능하지만, 즉결심판절차에 의해서는 구류형의 선고가 가능하다는 점에서 양자는 구별된다.

<약식절차와 즉결심판의 차이점>

	약식절차	즉결심판절차
청구권자	검 사	경찰서장
대 상	벌금, 과료, 몰수	20만원 이하의 벌금, 구류, 과료
청구방법	형종·형량 기재	형종·형량 불기재
심리방법	서면심리(피고인 출석불요)	공개재판(피고인 출석요)

2. 성 격

즉결심판은 경찰서장의 청구에 의해 개시된다는 점에서 기소독점주의 예외에 해당하며, 법관이 공개된 장소에서 피고인을 출석시켜 실시하는 재판절차이다. 그러나 즉결심판절차는 통상의 공판기일에 행하는 절차는 아닐 뿐만 아니라 피고인의 정식재판청구에 의하여 정식재판으로 이행되고, 판사의 기각결정이 있는 때에는 검사에게 송치하면 된다는 점에서 공판절차가 아니라 공판 전의 절차로서 이해되고 있다(다수설). 다만, 제한된 범위이지만 공개된 법정에서 구두주의와 직접주의를 원칙으로 하여 심리가 진행되므로 약식절차보다는 공판절차에 가까운 제도로서 평가되고 있다.

한편, 즉결심판절차는 형법에 따른 형벌을 과하는 절차이며, 즉결심판이 확정된 때에는 확정판결과 동일한 효력을 가진다(법 제16조). 따라서 즉결심판법은 형소법의 특별법이라고 할 수 있다

Ⅱ. 즉결심판의 절차

1. 청 구

(1) 대 상

즉결심판의 청구대상은 20만원 이하의 벌금 또는 구류나 과료에 처할 범죄사건이다(법 제2조). 대상범죄의 형의 기준에 대하여는 ① 법적 안정성의 관점에서 법정형을 기준으로 하여야 한다는 견해가 있다. 그러나 ② 신속한 재판의 요청과 피고인의 이익을 고려할 때 선고형을 기준으로 하여야 한다. 이 점에서 법정형을 기준으로 하는 심급관할과 구별된다. 따라서 즉결심판은 주로 경범죄처벌법위반 및 도로교통법위반의 경우에 적용되며, 벌금, 구류 또는 과료가 유일형 또는 선택형으로 규정되어 있는 경우이면 일반 형사범의 경우에도 적용된다.

(2) 청구권자

즉결심판의 청구권자는 관할경찰서장 또는 관할해양경찰서장(이하 '경찰서장'이라고 한다)이다(법 제3조 제1항). 경찰서장의 즉결심판청구는 그 청구 자체가 통상의 공판절차에서 검사의 공소제기와 성질을 같이 하는 소송행위로서, 검사의 기소독

점주의에 대한 예외가 된다.

(3) 관할법원

즉결심판의 관할법원은 지방법원, 지원 또는 시·군법원이다(법 제2조, 법조법 제34조 제2항). 이때 형소법상 토지관할의 규정이 준용된다. 다만, 지방법원 또는 지원의 판사는 소속지방법원장의 명령을 받아 소속법원의 관할사무와 관계없이 즉결심판청구사건을 심판할 수 있다(법 제3조의2).

즉결심판에서도 법관의 제척·기피·회피에 관한 규정이 준용되며, 법원은 공소가 제기된 사건에 대하여 군사법원이 재판권을 가지게 되었거나 재판권을 가졌음이 판명된 때에는 결정으로 사건을 재판권이 있는 같은 심급의 군사법원으로 이송한다(법 제19조).

(4) 방 식

1) 즉결심판청구서의 제출

즉결심판을 청구함에는 즉결심판청구서를 제출하여야 한다. 즉결심판청구서에는 피고인의 성명 기타 피고인을 특정할 수 있는 사항, 죄명, 범죄사실과 적용법조를 기재하여야 한다(법 제3조 제2항). 이는 공소장의 필요적 기재사항(제254조 제3항)과 같다. 약식절차의 경우와 달리 선고할 형량은 기재하지 않는다. 즉결심판청구가 있는 때에는 원칙적으로 즉시 심판하여야 하므로 즉결심판청구서의 부본을 첨부할 필요가 없다.

즉결심판을 청구할 때에는 사전에 피고인에게 즉결심판의 절차를 이해하는 데 필요한 사항을 서면 또는 구두로 알려주어야 한다(동조 제3항). 그러나 즉결심판청구를 함에는 피의자가 이의 없다는 의사표시를 할 것은 요하지 않는다.

2) 서류와 증거물의 제출

경찰서장은 즉결심판청구와 동시에 즉결심판을 하는 데 필요한 서류와 증거물을 판사에게 제출하여야 한다(법 제4조). 경미사건의 신속한 처리를 위해 공소장일본주의의 예외를 인정한 것이다.

2. 심 리

(1) 판사의 심사와 경찰서장의 송치

1) 판사의 심사와 기각결정

즉결심판의 청구가 있는 경우에 판사는 사건이 즉결심판을 함에 적당한지 여부를 먼저 심사하여야 한다.

심사결과 사건이 즉결심판을 할 수 없거나 즉결심판절차에 의하여 심판함이 적당하지 아니하다고 인정할 때에는 결정으로 즉결심판의 청구를 기각하여야 한다(법 제5조 제1항). '즉결심판을 할 수 없는 경우'란 즉결심판대상으로 청구된 사건이 즉결심판을 하기에 필요한 실체법상 또는 절차법상 요건을 구비하지 않은 경우를 말한다. 즉, 청구된 사건에 대하여 벌금·구류 또는 과료의 형이 규정되어 있지 않거나 이들 형과 다른 형이 병과형으로 규정되어 있는 경우, 청구사건에 대하여 관할위반을 선고하여야 할 경우 등이 이에 해당한다. '즉결심판절차에 의하여 심판함이 적당하지 않은 경우'란 즉결심판을 하는 것이 형식적으로는 가능할지라도 청구된 사건에 대하여 벌금·구류 또는 과료 이외의 형을 선고하는 것이 적당하다고 인정되는 경우나 사건의 성질이나 양형의 특수성을 고려하여 보통의 공판절차에서 신중하게 심판하는 것이 합리적이라고 인정되는 경우를 말한다.

2) 경찰서장의 송치와 검사의 불기소처분

경찰서장은 즉결심판청구가 기각결정된 경우에는 지체 없이 사건을 관할 지방검찰청 또는 지청의 장에게 송치하여야 한다(법 제5조 제2항).[4] 판사의 기각결정에 의하여 경찰서장이 사건을 송치한 경우에 검사는 적법하게 공소를 제기할 수 있다. 이때 검사는 공소장을 법원에 제출하여야 한다.

판사의 기각결정에 의하여 경찰서장이 송치한 경우에 검사가 불기소처분을 할 수 있는지에 대하여는 ① 이를 부정하는 견해가 있다. 그러나 ② 판사가 즉결심판청구를 기각결정한 때에는 즉결심판청구 이전의 상태로 돌아가는 것으로 되고, 따라서 검사는 경찰서장의 즉결심판청구에 구속될 이유가 없으므로 검사는 불기소처분을 할 수 있다(다수설).

---

4) 이는 약식절차에서 약식명령을 할 수 없는 등의 사유로 인해 공판절차로 회부되면 바로 공판절차로 이행되는 점(제455조 제3항)과 구별된다.

(2) 심리상 특칙

즉결심판절차에서는 즉결심판법에 특별한 규정이 없는 한 그 성질에 반하지 아니한 것은 형소법의 규정을 준용한다(법 제19조).

1) 기일의 심리에서의 특칙

(가) 즉시심판

판사는 심사결과 즉결심판이 적법하고 상당하다고 인정할 때에는 즉시 심판을 하여야 한다(법 제6조). 따라서 통상의 공판준비절차는 생략된다. '즉시 심판을 하여야 한다'는 의미는 즉시 기일을 열어 심판을 하여야 한다는 의미이며, 심리 후 선고까지 하여야 한다는 의미는 아니므로 필요한 경우 기일을 속행하거나 변경하는 것은 허용된다.

(나) 개 정

즉결심판절차에 의한 심리와 선고는 공개된 법정에서 행하되, 그 법정은 경찰관서(해양경찰서를 포함한다) 이외의 장소에 설치되어야 한다(법 제7조 제1항). 법정은 판사와 법원서기관, 법원사무관, 법원주사 또는 법원주사보가 열석(列席)하여 개정한다(동조 제2항).

판사가 상당한 이유가 있는 경우에는 피고인의 진술서와 경찰서장이 송부한 서류 또는 증거물에 의하여 개정 없이 심판할 수 있다. 다만, 구류에 처하는 경우에는 그러하지 않는다(동조 제3항). 이를 서면심리 또는 불개정심판(不開廷審判)이라 한다. 서면심리는 주로 무죄·면소 또는 공소기각을 함이 명백한 사건이나 벌금이나 과료에 처할 사건임이 명백하고 피고인이 소재불명인 경우 등에 한하여 행하여지고 있다.

(다) 피고인의 출석

피고인이 기일에 출석하지 아니한 때에는 즉결심판법 또는 다른 법률에 특별한 규정이 있는 경우를 제외하고는 개정할 수 없다(법 제8조). 다만, 벌금 또는 과료를 선고하는 경우에는 피고인의 진술을 듣지 않고 형을 선고할 수 있다(법 제8조의2 제1항). 이는 주로 피고인이 불출석심판을 청구하지도 않고 기일에 출석하지 않을 때에 활용된다.

피고인 또는 즉결심판 출석통지서를 받은 자는 법원에 불출석심판을 청구할 수 있고, 법원이 이를 허가한 경우에는 피고인의 출석 없이 심판할 수 있다(동조 제2항). 경찰서장의 출석은 요하지 않는다. 불출석심판은 개정한 상태에서의 심판이므로 반드시 공개된 법정에서 법원사무관 등의 참여하에 행하여야 한다.

(라) 심리방법

즉결심판절차는 공개된 법정에서 구두주의와 직접주의에 의하여 심리가 진행된다는 점에서 공판절차와 유사하므로 피고인에 대한 인정신문을 하여야 한다. 하지만 경찰서장의 출석은 개정요건이 아니므로 경찰서장의 모두진술은 요하지 않는다.

판사는 심리에서 피고인에게 피고사건의 내용과 피고인에게 진술거부권이 있음을 알리고, 변명할 기회를 주어야 한다(법 제9조 제1항). 피고인신문에서 검사 또는 경찰서장의 출석은 요하지 않으므로 형소법상 피고인신문에 관한 규정(제296조의2)은 준용되지 않고 판사가 적당한 방법으로 피고인신문을 하면 된다. 변호인의 출석은 임의적이며 개정요건은 아니다.

한편, 즉결심판절차는 신속한 재판진행을 위해 기일의 심리에서 직권주의원칙이 지배하므로 공소장부본의 송달(제266조), 제1회 공판기일의 유예(제269조), 검사의 모두진술(제285조), 증거조사와 증거결정의 방법(제290조-제296조) 및 국선변호와 필요적 변호에 관한 규정은 준용되지 않는다.

2) 증거에 대한 특칙

즉결심판절차의 증거조사에서도 형소법의 규정이 준용되지만(제19조) 다음의 예외가 인정된다. 판사는 필요하다고 인정할 때에는 적당한 방법에 의하여 재정하는 증거에 한하여 조사할 수 있다(법 제9조 제2항). 즉, 신속한 재판을 위해 증거조사의 대상을 즉결심판청구 시 경찰서장이 제출한 서류 또는 증거물과 심리기일에 재정하는 증거에 한정한다. 변호인은 기일에 출석하여 이 증거조사에 참여할 수 있으며, 의견을 진술할 수 있다(동조 제3항). 또한 조사대상인 증거를 수사기관이 제출한 증거로 한정하고 있지 않으므로 변호인이나 피고인도 재정하는 증거에 한하여 증거조사를 신청할 수 있다.

또한 즉결심판절차에는 자백의 보강법칙(제310조)과 수사기관이 작성한 피의자신문조서의 증거능력 제한(제312조 제3항) 및 각종 진술서의 증거능력 제한(제313조)에 관한 규정이 적용되지 않는다(법 제10조). 따라서 피고인이 사법경찰관이 작성한 피의자신문조서나 사법경찰관의 조사과정에서 작성한 진술서의 내용을 부인하더라도 그 진술의 임의성과 서류의 진정성립 등이 인정되면 증거능력을 인정할 수 있고, 진술서 등에 대하여 피고인이 증거동의를 하지 않더라도 진술의 임의성이 인정되면 증거능력을 인정할 수 있다.

그러나 즉결심판절차에서도 자백배제법칙과 위법수집증거배제법칙은 물론이고, 제312조 제3항과 제313조를 제외한 전문증거에 관한 규정은 그대로 적용된다. 따라서 피고인의 출석 없이 즉결심판을 할 수 있는 경우(법 제8조의2 제1항)에는 제318조 제2항에 의해 증거동의가 의제된다.

3. 선고와 그 효력

(1) 선 고

1) 방 식

즉결심판의 선고는 피고인이 출석한 경우에는 선고, 피고인 없이 심리한 경우에는 즉결심판서등본의 교부에 의한다.

(가) 고지와 송달

유죄를 선고할 경우에는 형, 범죄사실과 적용법조를 명시하여야 하고, 피고인에게 7일 이내에 정식재판을 청구할 수 있다는 것을 고지하여야 한다(법 제11조 제1항). 참여한 법원사무관 등은 선고의 내용을 기록하여야 한다(동조 제2항). 피고인이 판사에게 정식재판청구의 의사를 표시하였을 때에는 이를 기록에 명시하여야 한다(동조 제3항).

즉결심판의 심리에서 판사가 상당한 이유가 있다고 인정하여 개정 없이 심판한 경우(법 제7조 제3항)와 피고인 출석 없이 심판할 수 있는 경우(법 제8조의2)에는 법원사무관 등은 7일 이내에 정식재판을 청구할 수 있음을 부기한 즉결심판청구서등본을 피고인에게 송달하여 고지한다. 다만, 피고인에 대하여 불출석재판을 허가한 경우에 피고인 등이 미리 즉결심판서의 등본송달을 요하지 않는다는 뜻을 표시한 때에는 그러하지 않는다(법 제11조 제4항).

(나) 즉결심판서의 기재사항

유죄의 즉결심판서에는 피고인의 성명 기타 피고인을 특정할 수 있는 사항, 주문, 범죄사실, 적용법조를 명시하고 판사가 서명날인하여야 한다(법 제12조 제1항). 그러나 피고인이 범죄사실을 자백하고 정식재판의 청구를 포기한 경우에는 기록작성을 생략하고 즉결심판서에 선고한 주문과 적용법조를 명시하고 판사가 기명날인한다(동조 제2항).

2) 선고할 수 있는 형

즉결심판절차에서 선고할 수 있는 형은 20만원 이하의 벌금, 구류 또는 과료이다(법 제2조, 법조법 제34조 제1항 제3호). 즉결심판에서는 약식명령의 경우와 달리 사건이 무죄, 면소 또는 공소기각을 함이 명백하다고 인정할 때에는 이를 선고·고지할 수 있다(법 제11조 제5항).

한편, 벌금형에 대하여는 집행유예(형법 제62조 참조)나 선고유예(형법 제59조 참조)가 가능하지만 과료형이나 구류형의 경우에는 집행유예나 선고유예를 할 수 없다. 형면제는 자수와 자복(형법 제52조) 또는 친족상도례(형법 제328조 제1항) 등에 의해 허용되거나 특별법에 규정이 있는 경우에 선고할 수 있다.

3) 유치명령과 가납명령

(가) 유치명령

판사는 구류선고를 받은 피고인이 일정한 주소가 없거나 도망할 염려가 있을 때에는 5일을 초과하지 않는 범위에서 경찰서유치장(지방해양경찰관서의 유치장을 포함한다)에 유치할 것을 명령할 수 있다. 다만, 유치기간은 선고기간을 초과할 수 없다(법 제17조 제1항). 유치기간이 집행된 경우에 그 기간은 본형의 집행에 산입한다(동조 제2항). 이때 유치명령은 선고와 동시에 효력이 발생하므로 유치명령과 함께 선고된 구류에 대하여는 정식재판을 청구하더라도 그 효력이 유지되어 피고인은 석방되지 않는다. 다만, 유치명령은 구류형이 아닌 벌금이나 과료를 선고할 경우에는 할 수 없다.

유치명령은 재판부의 단독판사의 구금에 관한 재판이므로 보통항고(제430조 제2항)의 대상이 된다. 하지만 유치명령에 대한 불복을 보통항고에 의할 경우 항고법원에의 기록송부 등으로 인한 시일지체로 인해 불복의 실익이 없게 될 염려가 있으므로 실무에서는 준항고로 파악하여 해당 판사의 소속법원에서 심리하게 하고 있다.

(나) 가납명령

판사가 벌금 또는 과료를 선고할 때에는 노역장유치기간을 선고하여야 하고(형법 제70조), 판결의 확정 후에는 집행할 수 없거나 집행하기 곤란할 염려가 있다고 인정한 때에는 직권 또는 검사의 청구에 의하여 피고인에게 벌금 또는 과료에 상당한 금액의 가납을 명할 수 있다(법 제17조 제3항, 제334조 제1항). 따라서 가납의 재판은 벌금 또는 과료의 선고와 동시에 선고하여야 하며, 그 재판은 즉시

집행할 수 있다(법 제17조 제3항, 제334조 제2항, 제3항).

가납명령이 있는 벌금 또는 과료를 납부하지 않을 때에 노역장유치를 명할 수 있는지에 대하여는 ① 재판확정 전에도 노역장유치를 명할 수 있다는 견해가 있다. 그러나 ② 가납명령은 재산형의 보전방법으로 그 집행력은 민소법에서의 가집행선고와 같이 즉결심판의 확정 전에 재산권을 집행할 수 있다는 의미에 불과하므로 가납명령이 있는 벌금 또는 과료도 재판이 확정되어야 비로소 노역장유치를 명할 수 있다.

(2) 효 력

즉결심판이 확정된 때에는 확정판결과 동일한 효력이 생긴다(법 제16조). '즉결심판이 확정된 때'란 정식재판의 청구기간의 경과, 정식재판청구권의 포기 또는 그 청구의 취하가 있는 때 및 정식재판청구를 기각하는 재판이 확정된 때이다. 확정된 즉결심판의 기판력은 동일성이 인정되는 공소범죄사실에 대하여도 미친다(85도1142). 즉, 즉결심판이 확정되면 집행력과 기판력이 생기며(95도1270), 재심이나 비상상고 등의 비상구제절차의 방식에 의해서만 불복이 가능하다.

즉결심판의 판결이 확정된 경우에는 즉결심판서 및 관계서류와 증거는 관할경찰서 또는 지방해양경찰관서가 이를 보존한다(법 제13조).

(3) 형의 집행

즉결심판에 의한 형의 집행은 경찰서장이 하고, 그 집행결과를 지체 없이 검사에게 보고하여야 한다(법 제18조 제1항).

구류는 경찰서유치장, 구치소 또는 교도소에서 집행한다. 다만, 구치소 또는 교도소에서 집행할 경우에는 검사가 이를 지휘한다(동조 제2항). 벌금, 과료와 몰수는 그 집행을 종료하면 지체 없이 관할검사에게 인계하여야 한다. 다만, 상당한 기간 내에 집행할 수 없을 때에는 경찰서장은 검사에게 통지하여야 하며, 통지를 받은 검사는 재산형의 집행방법에 의하여 집행할 수 있다(동조 제3항). 경찰서장이 형의 집행을 정지하고자 할 때에는 사전에 검사의 허가를 얻어야 한다(동조 제4항).

Ⅲ. 정식재판의 청구

1. 절 차

(1) 청구권자

유죄선고를 받은 피고인은 정식재판을 청구할 수 있다. 피고인의 법정대리인은 피고인의 이익을 위하여 정식재판을 청구할 수 있고(법 제14조 제4항, 형소법 제340조), 피고인의 배우자, 직계친족, 형제자매, 즉결심판절차의 대리인 또는 변호인은 피고인의 명시한 의사에 반하지 않는 범위 내에서 정식재판을 청구할 수 있다(법 제14조 제4항, 형소법 제341조). 변호인의 정식재판청구권은 독립대리권이다.

또한 즉결심판에서 무죄, 면소, 또는 공소기각의 선고가 있는 때에는 경찰서장은 정식재판을 청구할 수 있다(법 제14조 제2항). 다만, 검사에게는 정식재판청구권이 인정되지 않는다.[5]

(2) 청구방법

정식재판을 청구하고자 하는 피고인은 즉결심판선고 또는 고지를 받은 날로부터 7일 이내에 정식재판청구서를 경찰서장에게 제출하여야 한다(법 제14조 제1항).[6] 정식재판청구기간은 공개된 법정에서 선고된 경우에는 선고일로부터, 즉결심판서 등본을 피고인에게 송달한 경우에는 송달된 날로부터 기산한다.

또한 즉결심판에서 무죄, 면소, 또는 공소기각의 선고가 있는 때에는 경찰서장은 선고 또는 고지한 날로부터 7일 이내에 정식재판을 청구할 수 있다. 이때 경찰서장은 관할 지방검찰청 또는 지청의 검사의 승인을 얻어 정식재판서를 판사에게 제출하여야 한다(동조 제2항). 이는 기소독점주의의 예외이다.

---

5) 이는 약식절차에서는 검사에게도 정식재판청구권이 있는 것(제453조 제1항 본문)과 구별된다

6) 판례는 "피고인이 즉결심판에 대하여 제출한 정식재판청구서에 피고인의 자필로 보이는 이름이 기재되어 있고 그 옆에 서명이 되어 있어 위 서류가 작성자 본인인 피고인의 진정한 의사에 따라 작성되었다는 것을 명백하게 확인할 수 있으며 형사소송절차의 명확성과 안정성을 저해할 우려가 없으므로, 정식재판청구는 적법하다고 보아야 한다. 피고인의 인장이나 지장이 찍혀 있지 않다고 해서 이와 달리 볼 것이 아니다"(2017모3458)라고 하였다.

(3) 형소법의 준용

정식재판의 청구와 그 포기·취하에는 형소법의 상소에 관한 규정(제340조 내지 제342조, 제344조 내지 제352조, 제354조, 제454조, 제455조)이 준용된다(동조 제4항). 따라서 정식재판청구에서도 일부청구가 가능하고(제342조), 재소자에 대한 특칙(법 제344조)과 정식재판청구의 회복(법 제345-제348조)이 인정된다. 또한 경찰서장뿐만 아니라 피고인도 정식재판청구를 포기할 수 있으며, 제1심판결선고 전까지 취하할 수도 있다(제349조-제352조, 제454조).[7] 다만, 정식재판청구권을 포기하거나 정식재판청구를 취하하면 다시 정식재판을 청구하지 못한다(제354조).

2. 경찰서장과 검사의 조치

정식재판청구서를 받은 경찰서장은 지체 없이 판사에게 이를 송부하여야 한다(법 제14조 제1항). 판사는 정식재판청구서를 받은 날로부터 7일 이내에 경찰서장에게 정식재판청구서를 첨부한 사건기록과 증거물을 송부하고, 경찰서장은 지체 없이 관할 지방검찰청 또는 지청의 장에게 이를 송부하여야 하며, 그 검찰청 또는 지청의 장은 지체 없이 관할법원에 이를 송부하여야 한다(동조 제3항). 경찰서장의 청구에 의해 즉결심판을 받은 피고인으로부터 적법한 정식재판의 청구가 있는 경우 경찰서장의 즉결심판청구는 공소제기와 동일한 소송행위이므로 공판절차에 의하여 심판하여야 한다. 따라서 검사에 의한 별도의 공소제기를 요하지 않는다(2017도10368).

이때 공소장일본주의에 비추어 검사는 정식재판청구서와 즉결심판청구서만을 법원에 송치하여야 하며, 사건기록과 증거물은 공판기일에 제출하여야 한다. 다만, 판례는 "정식재판청구로 제1회 공판기일 전에 사건기록 및 증거물이 경찰서장, 관할 지방검찰청 또는 지청의 장을 거쳐 관할법원에 송부된다고 하여 그 이전에 이미 적법하게 제기된 경찰서장의 즉결심판청구의 절차가 위법하게 된다고 볼 수 없고, 그 과정에서 정식재판이 청구된 이후에 작성된 피해자에 대한 진술조서 등이 사건기록에 편철되어 송부되었더라도 달리 볼 것은 아니"라고 한다(2008도7375).

---

7) 이는 약식절차에서는 피고인이 정식재판의 청구를 포기할 수 없는 것(제453조 제1항 단서)과 구별된다.

3. 재 판

(1) 청구기각결정

정식재판의 청구가 법령상의 방식에 위배하거나 청구권의 소멸 후인 것이 명백한 때에는 청구를 기각하는 결정을 하여야 한다. 이 결정에 대하여는 즉시항고할 수 있다(제455조 제1항·제2항, 법 제14조 제4항).

(2) 공판절차에 의한 심판

정식재판의 청구가 적법한 때에는 공판절차에 의하여 심판하여야 한다(법 제14조 제4항, 형소법 제455조 제3항). 정식재판이 개시되면 심판대상은 피고사건 자체이므로 공판절차에서는 즉결심판의 내용에 기속되지 않고 공소사실에 대하여 새로 심리하여야 한다. 즉결심판에 대한 정식재판절차에는 형소법의 규정이 준용된다(법 제19조). 다만, 즉결심판법 제19조의 규정에 따라 제457조의2가 준용되므로 즉결심판의 경우에도 피고인이 정식재판을 청구한 사건에 대하여는 즉결심판의 형보다 중한 종류의 형을 선고하지 못하고, 만일 피고인이 정식재판을 청구한 사건에 대하여 즉결심판의 형보다 무거운 형을 선고하는 경우에는 판결서에 양형의 이유를 적어야 한다(98도2550).

즉결심판절차와 정식재판절차는 동일심급의 소송절차이므로 즉결심판을 한 판사가 제1심의 정식재판에 관여하더라도 제척사유가 되지 않으며, 기피사유가 될 수 있을 뿐이다. 또한 즉결심판절차에서 선임된 변호인은 정식재판절차에서도 변호인의 지위를 가진다. 만일 정식재판절차에서 피고인에게 사선변호인이 없는 경우에는 국선변호인 선정사유에 해당하면 국선변호인을 선정하여야 한다(96도3059).

(3) 효 력

즉결심판은 정식재판의 청구에 의한 판결이 있는 때에는 그 효력을 상실한다(법 제15조). '판결'은 적법한 정식재판청구에 의해 통상의 공판절차에서 행해진 판결로서 확정판결을 의미한다. 이는 종국재판을 의미하므로 공소기각의 결정도 포함된다.

제3절 국민참여재판

Ⅰ. 국민참여재판의 의의와 특징

1. 의 의

국민참여재판이란 일반국민 중에서 선정된 배심원들이 참여하는 형사재판을 말한다. 국민참여재판에 대해서는 국민참여재판법에서 상세한 규정을 두고 있다. 이 제도는 그 동안 직업법관이 독점해 온 형사사법절차에의 국민참여를 통해 국민의 건전한 상식과 경험을 재판내용에 반영함으로써 재판에 대한 국민의 신뢰를 높이기 위한 것으로서 사법의 민주성과 정당성을 확보하기 위한 목적으로 도입되었다(법[8] 제1조).

그러나 헌법재판소와 대법원은 헌법상 헌법과 법률이 정한 법관에 의한 재판을 받을 권리는 직업법관에 의한 재판을 주된 내용으로 하는 것이므로 국민참여재판을 받을 권리는 헌법 제27조 제1항에서 규정한 재판을 받을 권리의 보호범위에 속하지 않는다고 한다(2008헌바12, 2018모3457).

2. 특 징

(1) 배 심 제

배심제도는 해당 지역에 거주하는 일반 시민들 중 무작위로 선출된 배심원이 형사재판에 참여한 뒤 유·무죄의 평결을 내리는 것이다. 영국, 미국을 비롯한 영·미법계 국가들이 주로 채택하고 있는 제도이다. 이러한 배심제도에서는 배심원이 사실인정자로서 기능하며, 법관은 배심원의 평결에 구속되고, 단지 양형심리절차를 별도로 진행하여 형을 선고한다. 따라서 배심제에서 법관은 증거능력을 판단하고 재판을 관리하는 소극적 역할만을 담당하며, 소송의 주도권은 검사와 피고인이 주도하게 된다. 당사자주의와 결합된 배심제도하에서는 소송당사자가 일반인인 배심원들에게 편견가능성이 높은 증거가 제출되지 못하도록 증거능력을 엄격히

---

8) 이 절에서 '법'은 국민참여재판법을 말한다.

규제할 필요가 있기 때문에 오래 전부터 증거법이 발달하였다.

배심제에서는 배심원이 인정한 사실판단에 대해서는 상소로서 다툴 수 없고, 법령위반 또는 양형부당을 이유로 한 유죄판결에 대한 상소만이 인정되며, 무죄판결에 대하여 원칙적으로 검사의 상소는 허용되지 않는다.

(2) 참 심 제

참심제는 일반시민인 참심원이 일정 기간 선출되어 직업법관과 함께 동등한 권한을 가지고 재판에 관여하는 제도이다. 독일, 프랑스 등 유럽 각국에서 주로 채택하고 있는 제도이다.

참심제에서는 참심원이 직업법관과 함께 재판부를 구성하고, 사실문제와 법률문제를 모두 판단하게 되므로 오판의 위험을 줄일 수 있고, 시간과 비용이 절약될 수 있다. 그러나 참심원은 법률전문가인 법관의 영향을 받을 가능성이 크므로 배심제에 비해 사법적 민수성과 정당성이 약화될 수 있다.

(3) 국민참여재판의 특징

국민참여재판에서 배심원의 선출, 구성, 평의 및 평결절차는 영·미의 배심제의 성격을 갖고 있으나 배심원의 평결이 법관을 구속하지 못하고 권고적 효력만 갖는 것은 우리나라의 독특한 제도적 특성이다. 반면에 배심원이 평의결과 만장일치의 평결에 이르지 못할 경우 심리에 관여한 판사의 의견을 듣도록 한 규정(법 제46조 제2항) 및 양형에 관하여 판사와 토의하도록 한 규정(동조 제4항)은 참심제의 성격을 갖는다.

Ⅱ. 국민참여재판의 개시

1. 대상사건

국민참여재판은 제1심에 한하여 허용되는 것으로, 그 대상사건은 법조법 제32조 제1항(제2호 및 제5호는 제외한다)[9]에 따른 합의부 관할사건과 그 사건의 미수

9) 법조법 제32조(합의부의 심판권) ① 지방법원과 그 지원의 합의부는 다음의 사건을 제1심으로 심판한다. 1. 합의부에서 심판할 것으로 합의부가 결정한 사건, 2. 민사사건에 관하여는 대법원규칙으로 정하는 사건, 3. 사형, 무기 또는 단기 1년 이상의 징역 또는 금고에 해당하는 사

죄·교사죄·방조죄·예비죄·음모죄에 해당하는 사건 및 이들 사건과 형소법상 관련사건(제11조)으로서 병합하여 심리하는 사건이다(법 제5조 제1항).[10] 다만, 피고인이 국민참여재판을 원하지 아니하거나 법 제9조 제1항에 따른 배제결정이 있는 경우는 국민참여재판을 하지 않는다(동조 제2항).

한편, 국민참여재판으로 진행되던 사건이 검사의 공소사실의 철회 또는 변경으로 인해 국민참여재판의 대상사건에 해당하지 않게 된 때에도 법원은 국민참여재판을 계속 진행할 수 있다. 다만, 심리의 상황이나 그 밖의 사정을 고려하여 국민참여재판으로 진행하는 것이 적절하지 않다고 인정하는 때에는 결정으로 해당 사건을 지방법원본원 합의부가 국민참여재판에 의하지 아니하고 심판하게 할 수 있다(법 제6조 제1항). 이 결정에 대하여는 불복할 수 없고(동조 제2항), 이 결정이 있는 경우에는 해당 재판에 참여한 배심원과 예비배심원은 해임된 것으로 본다(동조 제3항). 그러나 이 결정 전에 행한 소송행위는 그 결정 이후에도 그 효력에 영향이 없다(동조 제4항).

2. 개시절차

(1) 피고인의 의사확인

1) 필요적 의사확인

법원은 대상사건의 피고인에 대하여 국민참여재판을 원하는지 여부에

건(다만, 다음 각 목의 사건은 제외한다. 가. 「형법」 제258조의2 제1항, 제331조, 제332조(제331조의 상습범으로 한정한다)와 그 각 미수죄, 제350조의2와 그 미수죄, 제363조에 해당하는 사건, 나. 폭력행위처벌법 제2조 제3항 제2호·제3호, 제6조(제2조 제3항 제2호·제3호의 미수죄로 한정한다) 및 제9조에 해당하는 사건, 다. 「병역법」 위반사건, 라. 특정범죄가중법 제5조의3 제1항, 제5조의4 제5항 제1호·제3호 및 제5조의11에 해당하는 사건, 마. 「보건범죄 단속에 관한 특별조치법」 제5조에 해당하는 사건, 바. 「부정수표 단속법」 제5조에 해당하는 사건, 사. 「도로교통법」 제148조의2 제1항·제2항, 같은 조 제3항 제1호 및 제2호에 해당하는 사건, 아. 「중대재해 처벌 등에 관한 법률」 제6조 제1항·제3항 및 제10조 제1항에 해당하는 사건, 4. 제3호의 사건과 동시에 심판할 공범사건, 5. 지방법원 판사에 대한 제척·기피사건, 6. 다른 법률에 따라 지방법원 합의부의 권한에 속하는 사건.

10) 헌법재판소는 "국민참여재판법 제5조 제1항은 기존의 형사재판과 상이한 국민참여재판을 위한 물적, 인적 여건이 처음부터 구비되기 어렵다는 점을 감안하여 대상사건의 범위를 제한한 것으로서 목적의 정당성이 인정되고, 국민의 관심사가 집중되고 피고인의 선호도가 높은 중죄 사건으로 그 대상사건을 한정한 것은 위와 같은 목적을 위한 합리적인 방법이므로 청구인의 평등권을 침해하지 않는다"(2008헌바12)고 하였다.

관한 의사를 서면 등의 방법으로 반드시 확인하여야 하며, 피고인의 국민참여재판을 받을 권리가 최대한 보장되도록 하여야 한다(법 제8조 제1항). 따라서 법원은 대상사건에 대한 공소의 제기가 있는 때에는 공소장부본과 함께 피고인 또는 변호인에게 국민참여재판의 절차, 법 제8조 제2항에 따른 서면의 제출, 법 제8조 제4항에 따른 의사번복의 제한, 그 밖의 주의사항이 기재된 국민참여재판에 관한 안내서를 송달하여야 한다(국민참여재판규칙(이하 '법 규칙'이라 한다) 제3조 제1항).[11] 한편, 법원은 공소장변경 또는 재정합의결정으로 대상사건이 된 사건에 대하여도 피고인 또는 변호인에게 법 규칙 제3조 제1항에 따른 국민참여재판에 관한 안내서를 지체 없이 송달하여야 한다. 다만, 재정합의결정으로 대상사건이 된 사건에 대하여 법 규칙 제3조의2 제1항에 따라 피고인의 의사를 미리 확인한 경우에는 그러하지 아니하다(법 규칙 제5조 제1항).[12]

판례는 "법원에서 피고인이 국민참여재판을 원하는지에 관한 의사의 확인절차를 거치지 아니한 채 통상의 공판절차로 재판을 진행하였다면, 이는 피고인의 국민참여재판을 받을 권리에 대한 중대한 침해로서 그 절차는 위법하고 이러한 위법한 공판절차에서 이루어진 소송행위도 무효라고 보아야 한다"고 한다. 다만, "국민참여재판은 피고인의 희망의사의 번복에 관한 일정한 제한(법 제8조 제4항)이 있는 외에는 피고인의 의사에 반하여 할 수 없는 것이므로, 제1심법원이 국민참여재판의 대상이 되는 사건임을 간과하여 이에 관한 피고인의 의사를 확인하지 아니한 채 통상의 공판절차로 재판을 진행하였더라도, 피고인이 항소심에서 국민참여재판을 원하지 않는다고 하면서 위와 같은 제1심의 절차적 위법을 문제삼지 아니

11) 법원은 지방법원이나 그 지원의 단독판사 관할사건의 피고인에 대하여도 국민참여재판을 원하는지 여부에 관한 의사를 서면 등의 방법으로 확인할 수 있다(법 규칙 제3조의2 제1항). 이때의 피고인의사의 확인절차에 관하여는 대상사건에 대한 피고인의사의 확인절차에 관한 법 제8조 제2항부터 제4항까지 및 법 규칙 제3조, 제4조를 각각 준용한다. 이 경우 법 제8조 제4항의 '공판준비기일'과 '제1회 공판기일'은 '법조법 제32조 제1항 제1호의 결정(이하 '재정합의결정'이라 한다)으로 대상사건이 된 이후의 '공판준비기일'과 '재정합의결정으로 대상사건이 된 이후의 첫 공판기일'로, 법 규칙 제4조 제1항의 '법 제8조 제1항'은 '이 규칙 제3조의2 제1항'으로 각각 본다(동조 제2항).

12) 이 경우에 법 제8조 제2항의 '공소장부본을 송달받은 날부터 7일 이내'를 '공소장변경허가결정을 고지받은 날부터 7일 이내(공소장변경으로 대상사건이 된 사건의 경우)' 또는 '국민참여재판에 관한 안내서를 송달받은 날부터 7일 이내(재정합의결정으로 대상사건이 된 사건의 경우)'로, 법 제8조 제4항의 '제1회 공판기일'을 '피고인의 의사가 기재된 서면이 제출된 이후의 첫 공판기일'로 각각 본다(법 규칙 제5조 제2항).

할 의사를 명백히 표시하는 경우에는 그 하자가 치유되어 제1심공판절차는 전체로서 적법하게 된다고 봄이 상당"하다고 한다. 그러나 "국민참여재판제도의 취지와 피고인의 국민참여재판을 받을 권리를 실질적으로 보장하고자 하는 관련 규정의 내용에 비추어 위 권리를 침해한 제1심공판절차의 하자가 치유된다고 보기 위해서는 법 제8조 제1항, 법 규칙 제3조 제1항에 준하여 피고인에게 국민참여재판절차 등에 관한 충분한 안내가 이루어지고 그 희망 여부에 관하여 숙고할 수 있는 상당한 시간이 사전에 부여되어야 할 것"(2012도13896)이라고 한다.

2) 서면 또는 심문에 의한 의사확인

피고인은 공소장부본을 송달받은 날부터 7일 이내에 국민참여재판을 원하는지 여부에 관한 의사가 기재된 서면을 제출하여야 한다. 이 경우 피고인이 서면을 우편으로 발송한 때, 교도소 또는 구치소에 있는 피고인이 서면을 교도소장·구치소장 또는 그 직무를 대리하는 자에게 제출한 때에 법원에 제출한 것으로 본다(법 제8조 제2항). 이 서면이 제출된 때에는 법원은 검사에게 그 취지와 서면의 내용을 통지하여야 하며(법 규칙 제3조 제3항), 이 통지는 서면사본의 송달 외에 전화, 모사전송, 전자우편 그 밖에 상당한 방법으로 이를 할 수 있다(동조 제4항). 이 통지의 증명은 그 취지를 기재한 법원서기관·법원사무관·법원주사 또는 법원주사보(이하 '법원사무관 등'이라 한다)의 보고서로써 할 수 있다(동조 제5항). 하지만 피고인이 이 서면을 제출하지 아니한 때에는 국민참여재판을 원하지 아니하는 것으로 본다(법 제8조 제3항). 다만, 7일 이내에 의사확인서를 제출하지 아니한 피고인도 제1회 공판기일이 열리기 전까지는 국민참여재판을 신청할 수 있다(2009모1032).

만일 피고인이 제출한 서면만으로는 피고인의 의사를 확인할 수 없는 경우에는 법원은 심문기일을 정하여 피고인을 심문하거나 서면 기타 상당한 방법으로 피고인의 의사를 확인하여야 한다. 피고인이 위 서면을 제출하지 아니한 경우에도 법원은 위와 같은 방법으로 피고인의 의사를 확인할 수 있다(법 규칙 제4조 제1항). 이때 법원은 피고인의 심문을 합의부원에게 명할 수 있다(동조 제4항). 법원이 심문기일을 정한 때에는 검사, 피고인 또는 변호인, 피고인을 구금하고 있는 관서의 장에게 심문기일과 장소를 통지하여야 하고, 피고인을 구금하고 있는 관서의 장은 위 심문기일에 피고인을 출석시켜야 한다(동조 제2항). 이 통지는 서면사본의 송달 외에 전화, 모사전송, 전자우편 그 밖에 상당한 방법으로 이를 할 수 있으며, 통지의 증명은 그 취지를 심문조서에 기재함으로써 할 수 있다(동조 제3항).

3) 의사번복의 제한

피고인은 국민참여재판 배제결정(법 제9조 제1항) 또는 회부결정(법 제10조 제1항)이 있거나 공판준비기일이 종결되거나 제1회 공판기일이 열린 이후에는 종전의 의사를 바꿀 수 없다(법 제8조 제4항).

(2) 법원의 결정

1) 배제결정

법원은 피고인의 국민참여재판의 신청이 있더라도 공소제기 후부터 공판준비기일이 종결된 다음날까지 다음의 하나에 해당하는 경우에는 국민참여재판을 하지 아니하기로 하는 결정을 할 수 있다. 즉, (i) 배심원·예비배심원·배심원후보자 또는 그 친족의 생명·신체·재산에 대한 침해 또는 침해의 우려가 있어서 출석의 어려움이 있거나 이 법에 따른 직무를 공정하게 수행하지 못할 염려가 있다고 인정되는 경우(제1호), (ii) 공범관계에 있는 피고인들 중 일부가 국민참여재판을 원하지 아니하여 국민참여재판의 진행에 어려움이 있다고 인정되는 경우(제2호), (iii) 성폭력처벌법 제2조의 범죄로 인한 피해자(이하 '성폭력범죄 피해자'라 한다) 또는 법정대리인이 국민참여재판을 원하지 아니하는 경우(제3호), (iv) 그 밖에 국민참여재판으로 진행하는 것이 적절하지 아니하다고 인정되는 경우(제4호)이다(법 제9조 제1항).[13)]

법원이 배제결정을 하는 경우에는 검사·피고인 또는 변호인의 의견을 들어야 한다(동조 제2항). 법원의 배제결정에 대하여는 즉시항고를 할 수 있다(동조 제3항). 피고인이 법원에 국민참여재판신청을 하였음에도 법원이 이에 대한 결정을 하지 않은 채 통상의 공판절차로 진행하는 것은 배제결정에 대한 즉시항고권을 보장한 취지 등으로 보아 위법하므로 그 소송행위는 무효에 해당한다(2011도7106).

---

13) 판례는 "국민참여재판법 제9조 제1항 제3호를 근거로 국민참여재판 배제결정을 하기 위해서는 성폭력범죄 피해자나 법정대리인이 국민참여재판을 원하지 아니하는 구체적인 이유가 무엇인지, 피고인과 피해자의 관계, 피해자의 나이나 정신상태, 국민참여재판을 할 경우 형소법과 성폭력처벌법 및 청소년성보호법 등에서 피해자보호를 위해 마련한 제도를 활용하더라도 피해자에 대한 추가적인 피해를 방지하기에 부족한지 등 여러 사정을 고려하여 신중하게 판단하여야 한다. 따라서 이러한 사정을 고려함이 없이 성폭력범죄 피해자나 법정대리인이 국민참여재판을 원하지 않는다는 이유만으로 국민참여재판 배제결정을 하는 것은 바람직하다고 할 수 없다"(2015모2898)고 하였다.

2) 국민참여재판의 개시

제1심법원이 국민참여재판 대상사건을 피고인의 의사에 따라 국민참여재판으로 진행하는 경우에는 별도의 국민참여재판 개시결정을 요하지 않고 국민참여재판으로 진행하면 된다. 다만, 피고인이 국민참여재판을 원하는 의사를 표시하고 지방법원지원 합의부가 배제결정을 하지 아니하는 경우에는 국민참여재판절차 회부결정을 하여 사건을 지방법원본원 합의부로 이송하여야 한다. 지방법원지원 합의부가 심판권을 가지는 사건 중 지방법원지원 합의부가 국민참여재판의 회부결정을 한 사건에 대하여는 지방법원본원 합의부가 관할권을 가지기 때문이다(법 제10조). 이때 지방법원본원 합의부는 국민참여재판의 대상사건을 피고인의 의사에 따라 국민참여재판으로 진행하면 되고, 별도의 국민참여재판개시결정을 할 필요는 없다.

국민참여재판의 개시에 대한 불복수단은 없다(법 제9조 제3항 참조). 국민참여재판 대상사건을 피고인의 의사에 따라 국민참여재판으로 진행하는 것에 대하여 이의가 있어 제1심법원이 국민참여재판으로 진행하기로 하는 결정에 이른 경우에도 이는 '판결 전의 소송절차에 관한 결정'에 해당하며, 그에 대하여 특별히 즉시항고를 허용하는 규정이 없으므로 위 결정에 대하여는 항고할 수 없다. 따라서 국민참여재판으로 진행하기로 하는 제1심법원의 결정에 대한 항고는 '항고의 제기가 법률상의 방식을 위반한 때'에 해당하여 이 결정을 한 법원이 항고를 기각하여야 하고, 이 결정을 한 법원이 항고기각의 결정을 하지 아니한 때에는 항고법원이 결정으로 항고를 기각하여야 한다(2009모1032).

3) 통상절차 회부결정

법원은 피고인의 질병 등으로 공판절차가 장기간 정지되거나 피고인에 대한 구속기간의 만료, 성폭력범죄피해자의 보호, 그 밖에 심리의 제반사정에 비추어 국민참여재판을 계속 진행하는 것이 부적절하다고 인정하는 경우에는 직권 또는 검사·피고인·변호인이나 성폭력범죄의 피해자 또는 법정대리인의 신청에 따라 결정으로 사건을 지방법원본원 합의부가 국민참여재판에 의하지 아니하고 심판하게 할 수 있다(법 제11조 제1항). 이때 결정 전에 검사·피고인·변호인의 의견을 들어야 한다(동조 제2항). 이 결정에 대하여는 불복할 수 없다(동조 제3항).

이 결정이 있는 경우에는 해당 재판에 참여한 배심원과 예비배심원은 해임된 것으로 보며, 이 결정 전에 행한 소송행위는 그 결정 이후에도 효력에 영향이 없다(동조 제4항).

Ⅲ. 배 심 원

1. 의 의

배심원이란 국민참여재판에서 형사재판에 참여하도록 선정된 사람을 말한다(법 제2조 제1호).

배심원은 국민참여재판을 하는 사건에 관하여 사실의 인정, 법령의 적용 및 형의 양정에 관한 의견을 제시할 권한이 있다(법 제12조 제1항). 다만, 배심원의 평결과 의견은 법원을 기속하지 않는다(법 제46조 제5항). 또한 배심원은 법령을 준수하고 독립하여 성실히 직무를 수행하여야 하며(동조 제2항), 직무상 알게 된 비밀을 누설하거나 재판의 공정을 해하는 행위를 하여서는 아니 된다(동조 제3항).

2. 선 정

(1) 자격 및 인원

배심원은 만 20세 이상의 국민 중에서 무작위로 선정된다(법 제16조). 다만, 결격사유가 있거나(법 제17조[14)]) 특정 직업에 종사하는 사람(법 제18조[15)]) 또는 제척사유가 있는 사람(법 제19조[16)])은 배심원으로 선정될 수 없다. 또한 법원은 소정의

---

14) 1. 피성년후견인 또는 피한정후견인, 2. 파산선고를 받고 복권되지 아니한 사람, 3. 금고 이상의 실형을 선고받고 그 집행이 종료(종료된 것으로 보는 경우를 포함한다)되거나 집행이 면제된 후 5년을 경과하지 아니한 사람, 4. 금고 이상의 형의 집행유예를 선고받고 그 기간이 완료된 날부터 2년을 경과하지 아니한 사람, 5. 금고 이상의 형의 선고유예를 받고 그 선고유예기간 중에 있는 사람, 6. 법원의 판결에 의하여 자격이 상실 또는 정지된 사람.

15) 1. 대통령, 2. 국회의원·지방자치단체의 장 및 지방의회의원, 3. 입법부·사법부·행정부·헌법재판소·중앙선거관리위원회·감사원의 정무직 공무원, 4. 법관·검사, 5. 변호사·법무사, 6. 법원·검찰 공무원, 7. 경찰·교정·보호관찰 공무원, 8. 군인·군무원·소방공무원 또는 「예비군법」에 따라 동원되거나 교육훈련의무를 이행 중인 예비군.

16) 1. 피해자, 2. 피고인 또는 피해자의 친족이나 이러한 관계에 있었던 사람, 3. 피고인 또는 피해자의 법정대리인, 4. 사건에 관한 증인·감정인·피해자의 대리인, 5. 사건에 관한 피고인의 대리인·변호인·보조인, 6. 사건에 관한 검사 또는 사법경찰관의 직무를 행한 사람, 7. 사건에 관하여 전심 재판 또는 그 기초가 되는 조사·심리에 관여한 사람.

사유[17)]가 있는 경우 직권 또는 신청에 따라 배심원 직무의 수행을 면제할 수 있다(법 제20조).

배심원의 수는 법정형이 사형·무기징역 또는 무기금고에 해당하는 대상사건인 경우에는 9인이고, 그 외의 대상사건에 대한 경우에는 7인이다. 다만, 법원은 피고인 또는 변호인이 공판준비절차에서 공소사실의 주요내용을 인정한 때에는 5인의 배심원이 참여하게 할 수 있다(법 제13조 제1항). 다만, 법원은 사건의 내용에 비추어 특별한 사정이 있다고 인정되고 검사·피고인 또는 변호인의 동의가 있는 경우에 한하여 결정으로 배심원의 수를 7인과 9인 중에서 달리 정할 수 있다(동조 제2항).

(2) 절 차[18)]

1) 배심원후보예정자명부작성과 배심원후보자의 결정

지방법원장은 배심원후보예정자명부를 작성하기 위하여 행정안전부장관에게 매년 그 관할구역 내에 거주하는 만 20세 이상 국민의 주민등록정보에서 일정한 수의 배심원후보예정자의 성명·생년월일·주소 및 성별에 관한 주민등록정보를 추출하여 전자파일의 형태로 송부하여 줄 것을 요청할 수 있다(법 제22조 제1항). 이 요청을 받은 행정안전부장관은 30일 이내에 주민등록자료를 지방법원장에게 송부하여야 한다(동조 제2항). 지방법원장은 매년 주민등록자료를 활용하여 배심원후보예정자명부를 작성한다(동조 제3항).

한편, 법원은 배심원후보예정자명부 중에서 필요한 수의 배심원후보자를 무작위 추출방식으로 정하여 배심원과 예비배심원의 선정기일을 통지하여야 한다(법 제23조 제1항). 이 통지를 받은 배심원후보자는 선정기일에 출석하여야 한다(동조 제2항). 그러나 법원은 이 통지 이후 배심원의 직무종사예정기간을 마칠 때까

---

17) 1. 만 70세 이상인 사람, 2. 과거 5년 이내에 배심원후보자로서 선정기일에 출석한 사람, 3. 금고 이상의 형에 해당하는 죄로 기소되어 사건이 종결되지 아니한 사람, 4. 법령에 따라 체포 또는 구금되어 있는 사람, 5. 배심원 직무의 수행이 자신이나 제3자에게 위해를 초래하거나 직업상 회복할 수 없는 손해를 입게 될 우려가 있는 사람, 6. 중병·상해 또는 장애로 인하여 법원에 출석하기 곤란한 사람, 7. 그 밖의 부득이한 사유로 배심원 직무를 수행하기 어려운 사람.

18) 영·미에서는 배심원의 선정절차를 '브와르 디어(Voir Dire)'라 한다. 브와르 디어는 프랑스에서 유래하는 용어로서 '진실을 말하다'(speak the truth) 또는 '그들이 말하는 것을 보다'(to see them say)와 같은 뜻을 가지는 것으로, 배심원선정절차에서 예비배심원들이 가지고 있을 수 있는 편견에 대하여 질문하는 절차를 말한다.

지 배심원부적격사유(법 제17조부터 제20조까지의 사유)가 있다고 인정되는 배심원후보자에 대하여는 즉시 그 출석통지를 취소하고 신속하게 해당 배심원후보자에게 그 내용을 통지하여야 한다(동조 제3항).

법원은 선정기일의 2일 전까지 검사와 변호인에게 배심원후보자의 인적사항이 기재된 명부를 송부하여야 한다(법 제26조 제1항).

2) 선정기일의 진행

법원은 검사·피고인 또는 변호인에게 선정기일을 통지하여야 한다(법 제27조 제1항). 검사와 변호인은 선정기일에 출석하여야 하며, 피고인은 법원의 허가를 받아 출석할 수 있다(동조 제2항). 법원은 변호인이 선정기일에 출석하지 아니한 경우 국선변호인을 선정하여야 한다(동조 제3항).

법원은 합의부원으로 하여금 선정기일의 절차를 진행하게 할 수 있다. 이때 수명법관은 선정기일에 관하여 법원 또는 재판장과 동일한 권한이 있다(법 제24조 제1항). 배심원 선정기일은 공개하지 아니하며(동조 제2항), 선정기일에서는 배심원후보자의 명예가 손상되지 아니하고 사생활이 침해되지 아니하도록 배려하여야 한다(동조 제3항). 법원은 선정기일의 속행을 위하여 새로운 기일을 정할 수 있다. 이때 선정기일에 출석한 배심원후보자에 대하여 새로운 기일을 통지한 때에는 출석통지서의 송달이 있었던 경우와 동일한 효력이 있다(동조 제4항).

3) 배심원후보자에 대한 질문과 질문표 작성

법원은 배심원후보자가 배심원부적격사유에 해당하는지 여부 또는 불공평한 판단을 할 우려가 있는지 여부 등을 판단하기 위하여 배심원후보자에게 질문을 할 수 있다. 검사·피고인 또는 변호인은 법원으로 하여금 필요한 질문을 하도록 요청할 수 있고, 법원은 검사 또는 변호인으로 하여금 직접 질문하게 할 수 있다(법 제28조 제1항). 배심원후보자는 이 질문에 대하여 정당한 사유 없이 진술을 거부하거나 거짓 진술을 하여서는 아니 된다(동조 제2항). 또한 법원은 배심원후보자가 배심원부적격사유에 해당하는지의 여부를 판단하기 위하여 질문표를 사용할 수 있다(법 제25조 제1항). 배심원후보자는 정당한 사유가 없는 한 질문표에 기재된 질문에 답하여 이를 법원에 제출하여야 한다(동조 제2항). 배심원후보자가 배심원 또는 예비배심원 선정을 위한 질문서에 거짓기재를 하여 법원에 제출하거나 선정절차에서의 질문에 대하여 거짓진술을 한 때 법원은 결정으로 200만원 이하의 과태료를 부과한다(제60조 제1항 제3호).

한편, 법원은 선정기일의 2일 전까지 검사와 변호인에게 배심원후보자의 성명·성별·출생연도가 기재된 명부를 송부하여야 한다(법 제26조 제1항). 법원은 선정절차에 질문표를 사용하는 때에는 선정기일을 진행하기 전에 배심원후보자가 제출한 질문표 사본을 검사와 변호인에게 교부하여야 한다(동조 제2항).

4) 배심원 기피

(가) 이유부기피

법원은 배심원후보자에게 결격사유 등이 있거나 불공평한 판단을 할 우려가 있다고 인정되는 때에는 직권, 검사, 피고인 또는 변호인의 기피신청에 의하여 불선정결정을 하여야 한다. 이때 검사, 피고인 또는 변호인은 그 이유를 고지하여야 한다(법 제28조 제3항). 이를 이유부기피(challenge for cause)라고 한다.

기피신청을 기각하는 결정에 대하여는 즉시 이의신청을 할 수 있다(제29조 제1항). 이 이의신청에 대한 결정은 기피신청기각의 결정을 한 법원이 하며(동조 제2항), 이의신청에 대한 결정에 대하여는 불복할 수 없다(동조 제3항).

(나) 무이유부기피

검사와 변호인은 각자 (i) 배심원이 9인인 경우는 5인(제1호), (ii) 배심원이 7인인 경우는 4인(제2호), (iii) 배심원이 5인인 경우는 3인(제3호)의 범위 내에서 배심원후보자에 대하여 이유를 제시하지 아니하는 기피신청을 할 수 있다. 이를 무이유부기피신청[19]이라 한다(법 제30조 제1항). 무이유부기피신청이 있는 때에는 법원은 해당 배심원후보자를 배심원으로 선정할 수 없다(동조 제2항).

법원은 검사·피고인 또는 변호인에게 순서를 바꿔가며 무이유부기피신청을 할 수 있는 기회를 주어야 한다(동조 제3항). 이때 기피를 받은 배심원은 이유 없이 배제된다.

5) 결 정

법원은 출석한 배심원후보자 중에서 해당 재판에서 필요한 배심원과 예비배심원의 수에 해당하는 배심원후보자를 무작위로 뽑고 이들을 대상으로 직권,

---

19) 무이유부기피(peremptory challenge)는 검사와 변호인은 아무런 이유를 제시하지 않고 배심원을 기피하는 것을 말한다. 이는 예비배심원들에게 이유를 고지하고 배제하여야 하는 이유부기피절차의 부작용을 방지하고, 검사와 피고인이 선택한 사람들로부터 재판을 받는다는 점을 피고인과 지역공동체에 알려주는 순기능이 있다는 점에서 영·미에서는 필수적인 절차로 인식되고 있다.

기피신청 또는 무이유부기피신청에 따른 불선정결정을 한다(법 제31조 제1항). 불선정결정이 있는 경우에는 그 수만큼 이 절차를 반복한다(동조 제2항). 이 절차를 거쳐 필요한 수의 배심원과 예비배심원 후보자가 확정되면 법원은 무작위의 방법으로 배심원과 예비배심원을 선정한다. 예비배심원이 2인 이상인 경우에는 그 순번을 정하여야 한다(동조 제3항).

법원은 배심원과 예비배심원에게 누가 배심원으로 선정되었는지 여부를 알리지 아니할 수 있다(동조 제4항).

3. 해임과 사임

(1) 해 임

법원은 배심원 또는 예비배심원이 (i) 선서(법 제42조 제1항)를 하지 아니한 때(제1호), (ii) 의무(제41조 제2항)를 위반하여 그 직무를 담당하게 하는 것이 적당하지 아니하다고 인정되는 때(제2호), (iii) 출석의무에 위반하고 계속하여 그 직무를 행하는 것이 적당하지 아니한 때(제3호), (iv) 배심원부적격사유에 해당하는 사실이 있거나 불공평한 판단을 할 우려가 있는 때(제4호), (v) 질문표에 거짓기재를 하거나 선정절차에서의 질문에 대하여 정당한 사유 없이 진술을 거부하거나 거짓의 진술을 한 것이 밝혀지고 계속하여 그 직무를 행하는 것이 적당하지 아니한 때(제5호), (vi) 법정에서 재판장이 명한 사항을 따르지 아니하거나 폭언 또는 그 밖의 부당한 언행을 하는 등 공판절차의 진행을 방해한 때(제6호)에는 직권 또는 검사·피고인·변호인의 신청에 따라 배심원 또는 예비배심원을 해임하는 결정을 할 수 있다(법 제32조 제1항). 이 결정을 함에 있어서는 검사·피고인 또는 변호인의 의견을 묻고 출석한 해당 배심원 또는 예비배심원에게 진술기회를 부여하여야 한다(동조 제2항). 이 결정에 대하여는 불복할 수 없다(동조 제3항).

(2) 사 임

배심원과 예비배심원은 직무를 계속 수행하기 어려운 사정이 있는 때에는 법원에 사임을 신청할 수 있다(법 제33조 제1항). 법원은 이 신청에 이유가 있다고 인정하는 때에는 해당 배심원 또는 예비배심원을 해임하는 결정을 할 수 있다(동조 제2항). 다만, 이 결정을 함에 있어서는 검사·피고인 또는 변호인의 의견을 들어야 한다(동조 제3항). 이 결정에 대하여는 불복할 수 없다(동조 제4항).

(3) 배심원 추가선정

배심원의 해임과 사임에 따라 배심원이 부족하게 된 경우에 예비배심원은 미리 정한 순서에 따라 배심원이 된다. 이때 배심원이 될 예비배심원이 없는 경우 배심원을 추가로 선정한다(법 제34조 제1항). 그러나 국민참여재판 도중 심리의 진행정도에 비추어 배심원을 추가선정하여 재판에 관여하게 하는 것이 부적절하다고 판단되는 경우 법원은 다음의 구분에 따라 남은 배심원만으로 계속하여 국민참여재판을 진행하는 결정을 할 수 있다. 즉, (i) 1인의 배심원이 부족한 때에는 검사·피고인 또는 변호인의 의견을 들어야 한다(제1호). (ii) 2인 이상의 배심원이 부족한 때에는 검사·피고인 또는 변호인의 동의를 받아야 한다(제2호). 다만, 배심원이 5인 미만이 되는 경우에는 그러하지 아니하다(동조 제2항).

4. 배심원 등의 보호조치

(1) 불이익취급의 금지

누구든지 배심원·예비배심원 또는 배심원후보자인 사실을 이유로 해고하거나 그 밖의 불이익한 처우를 하여서는 아니 된다(법 제50조).

(2) 배심원 등에 대한 접촉의 규제

누구든지 해당 재판에 영향을 미치거나 배심원 또는 예비배심원이 직무상 취득한 비밀을 알아낼 목적으로 배심원 또는 예비배심원과 접촉하여서는 아니 된다(법 제51조 제1항). 또한 누구든지 배심원 또는 예비배심원이 직무상 취득한 비밀을 알아낼 목적으로 배심원 또는 예비배심원의 직무에 종사하였던 사람과 접촉하여서는 아니 된다. 다만, 연구에 필요한 경우는 그러하지 아니하다(동조 제2항).

(3) 배심원 등의 개인정보 공개금지

법령으로 정하는 경우를 제외하고는 누구든지 배심원·예비배심원 또는 배심원후보자의 성명·주소와 그 밖의 개인정보를 공개하여서는 아니 된다(법 제52조 제1항). 다만, 배심원·예비배심원 또는 배심원후보자의 직무를 수행하였던 사람들의 개인정보에 대하여는 본인이 동의하는 경우에 한하여 공개할 수 있다(동조 제2항).

(4) 배심원 등에 대한 신변보호조치

재판장은 배심원 또는 예비배심원이 피고인이나 그 밖의 사람으로부터 위해를 받거나 받을 염려가 있다고 인정하는 때 또는 공정한 심리나 평의에 지장을 초래하거나 초래할 염려가 있다고 인정하는 때에는 배심원 또는 예비배심원의 신변안전을 위하여 보호, 격리, 숙박, 그 밖에 필요한 조치를 취할 수 있다(법 제53조 제1항).

검사, 피고인, 변호인, 배심원 또는 예비배심원은 재판장에게 이 조치를 취하도록 요청할 수 있다(동조 제2항).

5. 벌 칙

(1) 배심원 등에 대한 청탁죄

배심원 또는 예비배심원에게 그 직무에 관하여 청탁을 한 자는 2년 이하의 징역 또는 500만원 이하의 벌금에 처한다(법 제56조 제1항). 배심원후보자에게 그 직무에 관하여 청탁을 한 자도 위와 같다(동조 제2항).

(2) 배심원 등에 대한 위협죄

피고사건에 관하여 해당 피고사건의 배심원·예비배심원 또는 그러한 직에 있었던 자나 그 친족에 대하여 전화·편지·면회, 그 밖의 다른 방법으로 겁을 주거나 불안감을 조성하는 등의 위협행위를 한 자는 2년 이하의 징역 또는 500만원 이하의 벌금에 처한다(법 제57조 제1항). 피고사건에 관하여 해당 피고사건의 배심원후보자 또는 그 친족에 대하여 위의 방법으로 위협행위를 한 자도 위와 같다(동조 제2항).

(3) 배심원 등에 의한 비밀누설죄

배심원 또는 예비배심원이 직무상 알게 된 비밀을 누설한 때에는 6개월 이하의 징역 또는 300만원 이하의 벌금에 처한다(법 제58조 제1항). 배심원 또는 예비배심원이었던 자가 직무상 알게 된 비밀을 누설한 때에도 위와 같다. 다만, 연구에 필요한 협조를 한 경우는 그러하지 아니하다(동조 제2항).

(4) 배심원 등의 금품·수수 등

배심원·예비배심원 또는 배심원후보자가 직무와 관련하여 재물 또는 재산상 이익을 수수·요구·약속한 때에는 3년 이하의 징역 또는 1천만원 이하의 벌금에 처한다(법 제59조 제1항). 배심원·예비배심원 또는 배심원후보자에게 위의 재물 또는 재산상 이익을 약속·공여 또는 공여의 의사를 표시한 자도 위와 같다(동조 제2항).

(5) 배심원후보자의 불출석 등에 대한 과태료부과

법원은 (i) 출석통지를 받은 배심원·예비배심원·배심원후보자가 정당한 사유 없이 지정된 일시에 출석하지 아니한 때(제1호), (ii) 배심원 또는 예비배심원이 정당한 사유 없이 선서(제42조 제1항)를 거부한 때(제2호), (iii) 배심원후보자가 배심원 또는 예비배심원 선정을 위한 질문서에 거짓기재를 하여 법원에 제출하거나 선정절차에서의 질문에 대하여 거짓진술을 한 때(제3호)에는 결정으로 200만원 이하의 과태료를 부과한다(법 제60조 제1항). 이 결정에 대하여는 즉시항고할 수 있다(동조 제2항).

Ⅳ. 국민참여재판의 공판절차

1. 공판준비절차

(1) 필요적 공판준비절차

재판장은 피고인이 국민참여재판을 원하는 의사를 표시한 경우에 사건을 공판준비절차에 부쳐야 한다. 다만, 공판준비절차에 부치기 전에 배제결정이 있는 때에는 그러하지 아니하다(법 제36조 제1항). '공판준비절차'는 좁은 의미의 공판준비절차를 말한다. 공판준비절차를 필수적인 절차로 규정한 것은 사전에 쟁점을 정리하고 증거능력 없는 증거를 미리 배제함으로써 배심원이 부담을 줄이고 사건의 실체에 대한 이해를 쉽게 함으로써 공판단계에서 신속하고 집중적인 심리를 가능하게 하며, 배심원의 편견을 방지하고자 하는 데에 있다.

또한 지방법원본원 합의부가 지방법원지원 합의부로부터 이송(제10조 제1항)받은 사건에 대하여는 이미 공판준비절차를 거친 경우에도 필요한 때에는 공판준비절차에 부칠 수 있다(법 제36조 제3항). 이때 검사·피고인 또는 변호인은 증거를 미리 수집·정리하는 등 공판준비절차가 원활하게 진행되도록 협력하여야 한다(동조 제4항).

법원은 배심원 선정기일 이전에 공판준비절차를 마쳐야 한다. 다만, 제266조의15에 따라 공판기일 사이에 공판준비기일을 진행하는 때에는 그러하지 아니하다(법 규칙 제27조). 그러나 법원은 공판준비절차에 부친 이후 피고인이 국민참여재판을 원하지 아니하는 의사를 표시하거나 배제결정이 있는 때에는 공판준비절차를 종결할 수 있다(법 제36조 제2항).

(2) 공판준비기일의 지정

법원은 주장과 증거를 정리하고 심리계획을 수립하기 위하여 공판준비기일을 지정하여야 한다(법 제37조 제1항). 이때 법원은 합의부원으로 하여금 공판준비기일을 진행하게 할 수 있다. 이때 수명법관은 공판준비기일에 관하여 법원 또는 재판장과 동일한 권한이 있다(동조 제2항).

공판준비기일은 공개한다. 다만, 법원은 공개함으로써 절차의 진행이 방해될 우려가 있는 때에는 공판준비기일을 공개하지 아니할 수 있다(동조 제3항). 또한 공판준비기일에는 배심원이 참여하지 아니하며(동조 제4항), 공판기일 사이에 공판준비기일이 진행되는 경우에도 마찬가지이다.

2. 공판기일에서의 심리

(1) 공판정의 구성

재판장은 특별한 사정이 없는 한 배심원 선정기일이 종료된 후 연속하여 제1회 공판기일이 진행되도록 기일을 지정하여야 한다(법 규칙 제29조). 그리고 법원은 배심원과 예비배심원에게 공판기일을 통지하여야 한다(법 제38조). 일반적으로 배심원후보자에게 배심원과 예비배심원의 선정기일을 통지하면서 공판기일도 함께 통지하게 된다.

공판정은 판사 · 배심원 · 예비배심원 · 검사 · 변호인이 출석하여 개정한다(법 제39조 제1항). 이때 검사와 피고인 및 변호인은 대등하게 마주 보고 위치한다. 다만, 피고인신문을 하는 때에는 피고인은 증인석에 위치한다(동조 제2항). 또한 배심원과 예비배심원은 재판장과 검사 · 피고인 및 변호인의 사이 왼쪽에 위치하며(동조 제3항), 증인석은 재판장과 검사 · 피고인 및 변호인의 사이 오른쪽에 배심원과 예비배심원을 마주 보고 위치한다(동조 제4항).

법원은 배심원과 예비배심원에게 번호를 부여하여 그 순서에 따라 착석하도록 하고, 필요하다고 인정되는 경우에는 변론이 종결될 때까지 배심원과 예비배심원을 따로 구분하지 아니할 수 있다(법 규칙 제30조 제1항). 배심원과 예비배심원은 공판기일에 이 번호로만 호칭되어야 한다(동조 제2항).

(2) 배심원의 선서와 재판장의 설명의무

재판장은 피고인에게 진술거부권을 고지하기 전에 배심원과 예비배심원은 법률에 따라 공정하게 그 직무를 수행할 것을 다짐하는 취지의 선서를 하여야 한다(법 제42조 제1항, 법 규칙 제35조 제1항). 이때 재판장은 배심원과 예비배심원에 대하여 배심원과 예비배심원의 권한·의무·재판절차, 그 밖에 직무수행을 원활히 하는 데 필요한 사항을 설명하여야 한다(법 제42조 제2항). 따라서 이때 배심원과 예비배심원이 (i) 피고인·증인에 대하여 필요한 사항을 신문하여 줄 것을 재판장에게 요청하는 행위(제1호)와 (ii) 필요하다고 인정되는 경우 재판장의 허가를 받아 각자 필기를 하여 이를 평의에 사용하는 행위(제2호)를 할 수 있음을 알려야 한다(법 규칙 제35조 제2항).

재판장의 최초설명은 재판절차에 익숙하지 않은 배심원과 예비배심원을 배려하기 위한 것으로서 피고인에게 진술거부권을 고지하기 이전에 이루어지므로(법 규칙 제35조 제1항) 검사가 아직 공소장에 의하여 낭독하지 않은 사실 등이 포함되어서는 아니 된다(2014도8377).

(3) 배심원의 권리와 의무

1) 권 리

배심원과 예비배심원은 (i) 피고인·증인에 대하여 필요한 사항을 신문하여 줄 것을 재판장에게 요청하는 행위(제1호)와 (ii) 필요하다고 인정되는 경우 재판장의 허가를 받아 각자 필기를 하여 이를 평의에 사용하는 행위(제2호)를 할 수 있다(법 제41조 제1항).

이때 제1호에 따른 신문요청은 피고인 또는 증인에 대한 신문이 종료된 직후 서면에 의하여 하여야 하고(법 규칙 제33조 제1항), 재판장은 공판의 원활한 진행을 위하여 필요한 때에는 배심원 또는 예비배심원에 의하여 요청된 신문사항을 수정하여 신문하거나 신문하지 아니할 수 있다(동조 제2항). 또한 재판장은 공판진행에 지장을 초래하는 등 필요하다고 인정되는 경우에는 제2호에 따라 허용한 필기를 언제든지 다시 금지할 수 있으며(법 규칙 제34조 제1항), 재판장은 필기를 하여 이를 평의에 사용하도록 허용한 경우에는 배심원과 예비배심원에게 평의 도중을 제외한 어떤 경우에도 자신의 필기내용을 다른 사람이 알 수 없도록 할 것을 주지시켜야 한다(동조 제2항).

2) 의 무

배심원과 예비배심원은 (ⅰ) 심리 도중에 법정을 떠나거나 평의·평결 또는 토의가 완결되기 전에 재판장의 허락 없이 평의·평결 또는 토의 장소를 떠나는 행위(제1호), (ⅱ) 평의가 시작되기 전에 해당 사건에 관한 자신의 견해를 밝히거나 의논하는 행위(제2호), (ⅲ) 재판절차 외에서 해당 사건에 관한 정보를 수집하거나 조사하는 행위(제3호), (ⅳ) 이 법에서 정한 평의·평결 또는 토의에 관한 비밀을 누설하는 행위(제4호)를 하여서는 아니 된다(법 제41조 제2항).

재판장은 공판기일을 속행하는 경우에는 배심원과 예비배심원에게 제2호 및 제3호에 규정된 의무를 주지시켜야 한다(법 규칙 제32조).

3. 공판절차에서의 특칙

(1) 필요적 변호

국민참여재판에서는 피고인의 방어권보장을 위하여 변호인이 없는 때에는 법원은 직권으로 변호인을 선정하도록 하고 있다(법 제7조).

(2) 간이공판절차의 배제

국민참여재판에서는 형소법상 간이공판절차의 규정(제286조의2)이 적용되지 않는다(법 제43조). 간이공판절차에 의하여 법원이 상당하다고 인정하는 방법으로 증거조사를 하게 되면 배심원과 예비배심원이 사건의 실체를 충분히 파악하기 어렵다는 것을 고려한 것이다.

(3) 배심원의 증거능력 판단배제

배심원 또는 예비배심원은 법원의 증거능력에 관한 심리에 관여할 수 없다. 배심원 또는 예비배심원이 증거능력 없는 증거에 의하여 편견을 갖게 되는 것을 방지하기 위한 것이다.

(4) 공판절차의 갱신

공판절차가 개시된 후 새로 재판에 참여하는 배심원 또는 예비배심원이 있는 때에는 공판절차를 갱신하여야 한다(법 제45조 제1항). 이 갱신절차는 새로 참여한 배심원 또는 예비배심원이 쟁점 및 조사한 증거를 이해할 수 있도록 하되, 그 부담이 과중하지 아니하도록 하여야 한다(동조 제2항).

4. 배심원의 평의·평결·양형토의 및 판결의 선고

(1) 재판장의 설명

재판장은 변론이 종결된 후 법정에서 배심원에게 공소사실의 요지와 적용법조, 피고인과 변호인 주장의 요지, 증거능력, 그 밖에 유의할 사항에 관하여 설명하여야 한다. 이때 필요한 때에는 증거의 요지에 관하여 설명할 수 있다(법 제46조 제1항). 이때 배심원에게 그 밖에 유의할 사항에 관한 설명을 할 때에는 (i) 제275조의2(피고인의 무죄추정), 제307조(증거재판주의), 제308조(자유심증주의)의 각 원칙(제1호), (ii) 피고인의 증거제출거부나 법정에서의 진술거부가 피고인의 유죄를 뒷받침하는 것으로 해석될 수 없다는 점(제2호), (iii) 형소법 제2편 제3장 제2절의 각 규정에 의하여 증거능력이 배제된 증거를 무시하여야 한다는 점(제3호), (iv) 법 제41조 제2항 제1호 및 제4호의 각 의무(제4호), (v) 평의 및 평결의 방법(제5호), (vi) 배심원대표를 선출하여야 하는 취지 및 그 방법(제6호)의 내용을 포함한다(법 규칙 제37조 제1항). 한편, 검사·피고인 또는 변호인은 재판장에게 해당 사건과 관련하여 설명이 필요한 법률적 사항을 특정하여 위의 설명에 포함하여 줄 것을 서면으로 요청할 수 있다(동조 제2항).

재판장의 최종설명은 배심원이 올바른 평결에 이를 수 있도록 지도하고 조력하는 기능을 담당하는 것으로서 배심원의 평결에 미치는 영향이 크므로, 재판장이 설명의무가 있는 사항을 설명하지 않는 것은 원칙적으로 위법한 조치이다. 다만, 재판장이 최종설명 때 공소사실에 관한 설명을 일부 빠뜨리거나 미흡하게 한 잘못이 배심원의 평결에 직접적인 영향을 미쳐 피고인의 국민참여재판을 받을 권리 등을 본질적으로 침해하고, 판결의 정당성마저 인정받기 어려운 정도에 이른 것인지를 신중하게 판단하여야 한다(2014도8377).

(2) 배심원의 평의 및 평결

심리에 관여한 배심원은 재판장의 설명을 들은 후 유·무죄에 관하여 평의하고, 전원의 의견이 일치하면 그에 따라 평결한다. 다만, 배심원 과반수의 요청이 있으면 심리에 관여한 판사의 의견을 들을 수 있다(법 제46조 제2항). 배심원은 유·

무죄에 관하여 전원의 의견이 일치하지 아니하는 때에는 평결을 하기 전에 심리에 관여한 판사의 의견을 들어야 한다. 이때 유·무죄의 평결은 다수결의 방법으로 한다. 심리에 관여한 판사는 평의에 참석하여 의견을 진술한 경우에도 평결에는 참여할 수 없다(동조 제3항).

한편, 평결이 유죄인 경우 배심원은 심리에 관여한 판사와 함께 양형에 관하여 토의하고 그에 관한 의견을 개진한다. 재판장은 양형에 관한 토의 전에 처벌의 범위와 양형의 조건 등을 설명하여야 한다(동조 제4항). 다만, 배심원의 평결과 의견은 법원을 기속하지 않는다(동조 제5항). 이때 평결결과와 배심원의 의견을 집계한 서면은 소송기록에 편철한다(동조 제6항).

이때 배심원은 평의·평결 및 토의 과정에서 알게 된 판사 및 배심원 각자의 의견과 그 분포 등을 누설하여서는 아니 된다(법 제47조).

(3) 판결의 선고

판결의 선고는 변론을 종결한 기일에 하여야 한다. 다만, 특별한 사정이 있는 때에는 따로 선고기일을 지정할 수 있다(법 제48조 제1항). 이 단서의 선고기일은 변론종결 후 14일 이내로 정하여야 한다(동조 제3항). 재판장은 판결선고 시 피고인에게 배심원의 평결결과를 고지하여야 하며, 배심원의 평결결과와 다른 판결을 선고하는 때에는 피고인에게 그 이유를 설명하여야 한다(동조 제4항).

변론을 종결한 기일에 판결을 선고하는 경우에는 판결서를 선고 후에 작성할 수 있다(동조 제2항). 판결서에는 배심원이 재판에 참여하였다는 취지를 기재하여야 하고, 배심원의 의견을 기재할 수 있으며(법 제49조 제1항), 배심원의 평결결과와 다른 판결을 선고하는 때에는 판결서에 그 이유를 기재하여야 한다(동조 제2항).

Ⅴ. 상 소

국민참여재판법은 상소에 관한 특별한 규정을 두고 있지 않으므로 제1심에서 국민참여재판으로 진행된 사건도 통상의 재판과 같이 항소와 상고절차를 거친다. 따라서 국민참여재판에서 배심원의 평결결과에 따라 제1심판결이 선고된 경우에도 항소심 또는 상고심에서 얼마든지 변경될 수 있다(2018도2614 등 참조).

그러나 판례는 제1심에서 배심원이 만장일치로 무죄평결을 한 사안에 대하여 검사가 항소한 사건에서 유죄를 인정할 만한 명백한 증거가 새로 발견되는 등 특별한 사정변경이 없는 한 항소심에서는 배심원의 판단을 따르도록 하고 있다(2020도7802).

제4절 소년범의 형사절차

Ⅰ. 소년사법의 이념

소년사법에서 근대 형사사법에서는 '미성숙과 고도의 잠재적 성숙가능성'이라고 하는 소년의 특성을 고려하여 범죄소년에 대하여는 '처벌'이 아니라 '처우'를 통한 사회복귀가 강조되고, 따라서 소년사법에서는 소년보호의 법리로서 형사법적인 기원에 따른 특별예방과 형평법(衡平法)적인 기원에 따른 국친(國親)[20]의 두 가지 이념이 형성되었다. 이에 소년사법의 목적은 비행청소년에 대한 처벌이 아니라 청소년이 처한 환경의 개선과 교육을 통해 건강한 인간으로 성장하도록 도우는 것이어야 하고, 이러한 철학과 원칙은 소년사범에 대한 사법처리과정의 전(全)과정에서 보장될 것이 요청되었다. 아울러 소년사범에 대한 제재도 전통적인 형벌과 구별되는 새로운 방법이 개발되었다.

이에 「소년법」에서는 소년범죄자에 대하여는 형벌을 완화하고 보호처분제도를 도입하는 한편, 소년범죄자를 형사사건으로 처리하는 과정에서도 원칙적으로 형소법을 적용하되 반사회성 있는 소년이 건전하게 성장하도록 돕는 것을 목적(법[21] 제1조)으로 하여 여러 가지 특칙을 마련하고 있다.

---

20) 국친사상은 13세기 영국의 형평법 사상에 근거하여 왕권을 정당화하는 개념으로 발전한 것으로써, 국가가 비행소년의 부모로서의 역할을 부모를 대신하여 수행하여야 한다는 사상이다. 이러한 국친사상에 근거하여 소년비행을 질병으로 파악하고, 그 원인을 치료하는 것이 소년사법의 임무이어야 한다는 '의료모델'이 소년사법의 수단으로 등장하였다고 한다.

21) 이 절에서 '법'은 「소년법」을 말한다.

Ⅱ. 소년보호사건

1. 대 상

소년보호사건의 대상은 (ⅰ) 죄를 범한 14세 이상 19세 미만인 소년(범죄소년)(제1호), (ⅱ) 형벌 법령에 저촉되는 행위를 한 10세 이상 14세 미만인 소년(촉법소년)(제2호), (ⅲ) 집단적으로 몰려다니며 주위 사람들에게 불안감을 조성하는 성벽이 있거나, 정당한 이유 없이 가출하거나, 술을 마시고 소란을 피우거나 유해환경에 접하는 성벽이 있는 것에 해당하는 사유가 있고 그의 성격이나 환경에 비추어 앞으로 형벌 법령에 저촉되는 행위를 할 우려가 있는 10세 이상인 소년(우범소년)(제3호)이다(법 제4조 제1항).

2. 처리절차

(1) 소년부 송치와 통고

1) 경찰서장의 송치

촉법소년이나 우범소년이 있을 때에는 경찰서장은 직접 관할 소년부에 송치하여야 한다(법 제4조 제2항). 다만, 범죄소년에 대하여는 경찰서장은 일반 형사사건에서와 같이 검사에게 송치하여야 한다. 소년형사사건을 일단 검사에게 송치하여 검사의 판단을 받도록 하는 것을 검사선의주의(檢事先議主義)라고 한다.

2) 검사의 송치

검사는 소년에 대한 피의사건을 수사한 결과에 따라 일반 형사사건으로 공소제기할 수 있고, 조건부 기소유예 등의 불기소결정을 할 수 있다(법 제49조의3). 그러나 이때 보호처분에 해당하는 사유가 있다고 인정한 경우에는 검사는 사건을 관할 소년부에 송치하여야 한다(법 제49조 제1항). 하지만 소년부는 송치된 사건을 조사 또는 심리한 결과 그 동기와 죄질이 금고 이상의 형사처분을 할 필요가 있다고 인정할 때에는 결정으로써 해당 검찰청검사에게 송치할 수 있다(동조 제2항). 이때 검사는 소년부가 송치한 사건은 다시 소년부에 송치할 수 없다(동조 제3항).

3) 법원의 송치

검사가 범죄소년을 소년형사사건으로 공소를 제기한 경우에 법원은 소년에 대한 피고사건을 심리한 결과 보호처분에 해당할 사유가 있다고 인정하면 결정으로써 사건을 관할 소년부에 송치하여야 한다(법 제50조).

4) 보호자 등에 의한 통고

소년범죄자를 발견한 보호자 또는 학교·사회복리시설·보호관찰소(보호관찰지소를 포함한다. 이하 같다)의 장은 이를 관할 소년부에 통고할 수 있다(법 제4조 제3항). '보호자'란 법률상 감호교육을 할 의무가 있는 자 또는 현재 감호하는 자를 말한다(법 제2조).

5) 절 차

소년보호사건을 송치하는 경우에는 송치서에 사건 본인의 주거·성명·생년월일 및 행위의 개요와 가정 상황을 적고, 그 밖의 참고자료를 첨부하여야 한다(법 제5조).

검사(법 제49조 제1항) 또는 법원(법 제50조)에 의한 소년부 송치결정이 있는 경우에는 소년을 구금하고 있는 시설의 장은 검사의 이송지휘를 받은 때로부터 법원 소년부가 있는 시·군에서는 24시간 이내에, 그 밖의 시·군에서는 48시간 이내에 소년을 소년부에 인도하여야 한다. 이때 구속영장의 효력은 소년부 판사가 소년의 감호에 관한 결정을 한 때에 상실한다(법 제52조 제1항). 이에 따른 인도와 결정은 구속영장의 효력기간 내에 이루어져야 한다(동조 제2항).

(2) 소년부의 심리

1) 이송과 역송치

보호사건을 송치받은 소년부는 보호의 적정을 기하기 위하여 필요하다고 인정하면 결정으로써 사건을 다른 관할 소년부에 이송할 수 있다(법 제6조 제1항). 또한 소년부는 사건이 그 관할에 속하지 않는다고 인정하면 결정으로써 그 사건을 관할 소년부에 이송하여야 한다(동조 제2항). 그러나 소년부는 법원으로부터 송치받은 사건(제50조)을 조사 또는 심리한 결과 사건의 본인이 19세 이상인 것으로 밝혀지면 결정으로써 송치한 법원에 사건을 다시 이송하여야 한다(법 제51조).

한편, 검사로부터 보호사건을 송치받은 소년부는 조사 또는 심리한 결과 금고 이상의 형에 해당하는 범죄사실이 발견된 경우 그 동기와 죄질이 형사처분을 할 필요가 있다고 인정하면 결정으로써 사건을 관할 지방법원에 대응한 검찰청검사에게 송치하여야 한다(법 제7조 제1항). 또한 소년부는 조사 또는 심리한 결과 사건의 본인이 19세 이상인 것으로 밝혀진 경우에는 결정으로써 사건을 관할 지방법원에 대응하는 검찰청검사에게 송치하여야 한다(동조 제2항). 이를 역송치라고 한다.

소년부는 이송 또는 역송치의 결정을 하였을 때에는 지체 없이 그 사유를 사건 본인과 그 보호자에게 알려야 한다(법 제8조).

2) 조사와 심리

(가) 조사방침과 진술거부권 고지

조사는 의학·심리학·교육학·사회학이나 그 밖의 전문적인 지식을 활용하여 소년과 보호자 또는 참고인의 품행, 경력, 가정상황, 그 밖의 환경 등을 밝히도록 노력하여야 한다(법 제9조).

소년부 또는 조사관이 범죄사실에 관하여 소년을 조사할 때에는 미리 소년에게 불리한 진술을 거부할 수 있음을 알려야 한다(법 제10조).

(나) 조사명령과 전문가의 진단

소년부 판사는 조사관에게 사건 본인, 보호자 또는 참고인의 심문이나 그 밖에 필요한 사항을 조사하도록 명할 수 있다(법 제11조 제1항). 또한 소년부는 보호자 등에 의해 통고된 소년(법 제4조 제3항)을 심리할 필요가 있다고 인정하면 그 사건을 조사하여야 한다(법 제11조 제2항).

소년부는 조사 또는 심리를 할 때에 정신건강의학과의사·심리학자·사회사업가·교육자나 그 밖의 전문가의 진단, 소년분류심사원의 분류심사결과와 의견, 보호관찰소의 조사결과와 의견 등을 고려하여야 한다(법 제12조).

(다) 소환 및 동행

소년부 판사는 사건의 조사 또는 심리에 필요하다고 인정하면 기일을 지정하여 사건 본인이나 보호자 또는 참고인을 소환할 수 있다(법 제13조 제1항). 사건 본인이나 보호자가 정당한 이유 없이 소환에 응하지 아니하면 소년부 판사는 동행영장을 발부할 수 있다(동조 제2항). 다만, 소년부 판사는 사건 본인을 보호하기 위하여 긴급조치가 필요하다고 인정하면 소환 없이 동행영장을 발부할 수 있다(법 제14조).

동행영장에는 소년이나 보호자의 성명, 나이, 주거, 행위의 개요, 인치(引致)하거나 수용할 장소, 유효기간 및 그 기간이 지나면 집행에 착수하지 못하며 영장을 반환하여야 한다는 취지, 발부년월일을 적고 소년부 판사가 서명날인하여야 한다(법 제15조).

동행영장은 조사관이 집행한다(제16조 제1항). 소년부 판사는 소년부 법원서기관·법원사무관·법원주사·법원주사보나 보호관찰관 또는 사법경찰관리에게 동행영장을 집행하게 할 수 있다(동조 제2항). 동행영장을 집행하면 지체 없이 보호자나 보조인에게 알려야 한다(동조 제3항).

(라) 보조인선임

사건 본인이나 보호자는 소년부 판사의 허가를 받아 보조인을 선임할 수 있다(법 제17조 제1항). 보호자나 변호사를 보조인으로 선임하는 경우에는 이 허가를 받지 아니하여도 된다(동조 제2항). 보조인을 선임함에 있어서는 보조인과 연명날인한 서면을 제출하여야 한다. 이때 변호사가 아닌 사람을 보조인으로 선임할 경우에는 위 서면에 소년과 보조인과의 관계를 기재하여야 한다(동조 제3항). 다만, 소년부 판사는 보조인이 심리절차를 고의로 지연시키는 등 심리진행을 방해하거나 소년의 이익에 반하는 행위를 할 우려가 있다고 판단하는 경우에는 보조인선임의 허가를 취소할 수 있다(동조 제4항).

보조인의 선임은 심급마다 하여야 한다(동조 제5항). 형소법 중 변호인의 권리의무에 관한 규정은 소년보호사건의 성질에 위배되지 아니하는 한 보조인에 대하여 준용한다(동조 제6항).

한편, 소년이 소년분류심사원에 위탁된 경우 보조인이 없을 때에는 법원은 변호사 등 적정한 자를 보조인으로 선정하여야 한다(법 제17조의2 제1항). 소년이 소년분류심사원에 위탁되지 아니하였을 때에도 (ⅰ) 소년에게 신체적·정신적 장애가 의심되는 경우(제1호), (ⅱ) 빈곤이나 그 밖의 사유로 보조인을 선임할 수 없는 경우(제2호), (ⅲ) 그 밖에 소년부 판사가 보조인이 필요하다고 인정하는 경우(제3호)에 법원은 직권에 의하거나 소년 또는 보호자의 신청에 따라 보조인을 선정할 수 있다(동조 제2항). 선정된 보조인에게 지급하는 비용에 대하여는 형사소송비용법을 준용한다(동조 제3항).

(마) 임시조치

소년부 판사는 사건을 조사 또는 심리하는 데에 필요하다고 인정하면 소년의 감호에 관하여 결정으로써 (ⅰ) 보호자, 소년을 보호할 수 있는 적당한 자 또는 시설에 위탁(제1호), (ⅱ) 병원이나 그 밖의 요양소에 위탁(제2호), (ⅲ) 소년분류심사원에 위탁(제3호)의 조치를 할 수 있다(법 제18조 제1항).

동행된 소년 또는 소년구금시설의 장에 의해 인도된 소년(법 제52조 제1항)에 대하여는 도착한 때로부터 24시간 이내에 위의 조치를 하여야 한다

(법 제18조 제2항). 이때 제1호 및 제2호의 위탁기간은 3개월을, 제3호의 위탁기간은 1개월을 초과하지 못한다. 다만, 특별히 계속 조치할 필요가 있을 때에는 한 번에 한하여 결정으로써 연장할 수 있다(동조 제3항). 제1호 및 제2호의 조치를 할 때에는 보호자 또는 위탁받은 자에게 소년의 감호에 관한 필요사항을 지시할 수 있다(동조 제4항).

소년부 판사는 임시조치 결정을 하였을 때에는 소년부 법원서기관 · 법원사무관 · 법원주사 · 법원주사보, 소년분류심사원 소속공무원, 교도소 또는 구치소 소속공무원, 보호관찰관 또는 사법경찰관리에게 그 결정을 집행하게 할 수 있다(동조 제5항). 임시조치는 언제든지 결정으로써 취소하거나 변경할 수 있다(동조 제6항).

(바) 심 리

가) 심리불개시의 결정

소년부 판사는 송치서와 조사관의 조사보고에 따라 사건의 심리를 개시할 수 없거나 개시할 필요가 없다고 인정하면 심리를 개시하지 않는다는 결정을 하여야 한다. 이 결정은 사건 본인과 보호자에게 알려야 한다(법 제19조 제1항). 심리불개시결정이 있을 때에는 임시조치(법 제18조)는 취소된 것으로 본다(법 제19조 제3항).

사안이 가볍다는 이유로 심리를 개시하지 않는다는 결정을 할 때에는 소년에게 훈계하거나 보호자에게 소년을 엄격히 관리하거나 교육하도록 고지할 수 있다(동조 제2항). 그러나 소년부 판사는 소재가 분명하지 아니하다는 이유로 심리를 개시하지 않는다는 결정을 받은 소년의 소재가 밝혀진 경우에는 그 결정을 취소하여야 한다(동조 제4항).

나) 심리개시의 결정

소년부 판사는 송치서와 조사관의 조사보고에 따라 사건을 심리할 필요가 있다고 인정하면 심리개시결정을 하여야 한다(법 제20조 제1항). 심리개시결정은 사건 본인과 보호자에게 알려야 한다. 이때 심리개시사유의 요지와 보조인을 선임할 수 있다는 취지를 아울러 알려야 한다(동조 제2항).

다) 심리기일의 지정과 변경

소년부 판사는 심리기일을 지정하고 본인과 보호자를 소환하여야 한다. 다만, 필요가 없다고 인정한 경우에는 보호자는 소환하지 아니할 수 있다(법 제21조 제1항). 보조인이 선정된 경우에는 보조인에게 심리기일을 알려야 한다(동조 제2항).

한편, 소년부 판사는 직권에 의하거나 사건 본인, 보호자 또는 보조인의 청구에 의하여 심리기일을 변경할 수 있다. 기일을 변경한 경우에는 이를 사건 본인, 보호자 또는 보조인에게 알려야 한다(법 제22조).

라) 심리의 개시와 방식

심리기일에는 소년부 판사와 서기가 참석하여야 한다(법 제23조 제1항). 조사관, 보호자 및 보조인은 심리기일에 출석할 수 있다(동조 제2항). 조사관, 보호자 및 보조인은 심리에 관하여 의견을 진술할 수 있고(법 제25조 제1항), 이때에 소년부 판사는 필요하다고 인정하면 사건 본인의 퇴장을 명할 수 있다(동조 제2항).

심리는 친절하고 온화하게 하여야 한다(법 제24조 제1항). 또한 심리는 공개하지 않지만 소년부 판사는 적당하다고 인정하는 자에게 참석을 허가할 수 있다(동조 제2항).

소년부 판사는 피해자 또는 그 법정대리인·변호인·배우자·직계친족·형제자매(이하 '대리인 등'이라 한다)가 의견진술을 신청할 때에는 피해자나 그 대리인 등에게 심리기일에 의견을 진술할 기회를 주어야 한다. 다만, (i) 신청인이 이미 심리절차에서 충분히 진술하여 다시 진술할 필요가 없다고 인정되는 경우(제1호) 또는 (ii) 신청인의 진술로 심리절차가 현저하게 지연될 우려가 있는 경우(제2호)에는 그러하지 아니하다(법 제25조의2 제1항).

마) 화해권고

소년부 판사는 소년의 품행을 교정하고 피해자를 보호하기 위하여 필요하다고 인정하면 소년에게 피해변상 등 피해자와의 화해를 권고할 수 있다(법 제25조의3 제1항). 소년부 판사는 화해를 위하여 필요하다고 인정하면 기일을 지정하여 소년, 보호자 또는 참고인을 소환할 수 있다(동조 제2항). 소년부 판사는 소년이 권고에 따라 피해자와 화해하였을 경우에는 보호처분을 결정할 때 이를 고려할 수 있다(동조 제3항).

바) 심리절차

소년부 판사는 증인을 신문하고 감정이나 통역 및 번역을 명할 수 있다(법 제26조 제1항). 이때에는 형소법 중 법원의 증인신문, 감정이나 통역 및 번역에 관한 규정을 보호사건의 성질에 위반되지 아니하는 한도에서 준용한다(동조 제2항).

또한 소년부 판사는 검증, 압수·수색을 할 수 있다(법 제27조 제1항). 이때에는 형소법 중 법원의 검증, 압수 및 수색에 관한 규정은 보호사건의 성질에 위반되지 아니하는 한도에서 준용한다(동조 제2항).

그리고 소년부 판사는 그 직무에 관하여 모든 행정기관, 학교, 병원, 그 밖의 공사단체(公私團體)에 필요한 원조와 협력을 요구할 수 있다(법 제28조 제1항).

이 요구를 거절할 때에는 정당한 이유를 제시하여야 한다(동조 제2항).[22)]

사) 기록의 작성과 열람·등사

소년부 법원서기관·법원사무관·법원주사 또는 법원주사보는 보호사건의 조사 및 심리에 대한 기록을 작성하여 조사 및 심리의 내용과 모든 결정을 명확히 하고 그 밖에 필요한 사항을 적어야 한다(법 제30조 제1항). 이 조사기록에는 조사관 및 소년부 법원서기관·법원사무관·법원주사 또는 법원주사보가, 심리기록에는 소년부 판사 및 법원서기관·법원사무관·법원주사 또는 법원주사보가 서명날인하여야 한다(동조 제2항).

소년보호사건의 기록과 증거물은 소년부 판사의 허가를 받은 경우에만 열람하거나 등사할 수 있다. 다만, 보조인이 심리개시결정 후에 소년보호사건의 기록과 증거물을 열람하는 경우에는 소년부 판사의 허가를 받지 아니하여도 된다(법 제30조의2).

(3) 소년부의 처분

1) 불처분결정

소년부 판사는 심리결과 보호처분을 할 수 없거나 할 필요가 없다고 인정하면 그 취지의 결정을 하고, 이를 사건 본인과 보호자에게 알려야 한다(법 제29조 제1항). 다만, 사안이 가볍다는 이유로 불처분결정을 할 때에는 소년에게 훈계하거나 보호자에게 소년을 엄격히 관리하거나 교육하도록 고지할 수 있으며, 불처분결정이 있을 때에는 임시조치(법 제18조)는 취소된 것으로 본다(동조 제2항, 법 제19조 제2항, 제3항).

2) 보호처분결정

(가) 보호처분과 부가처분

가) 보호처분

소년부 판사는 심리결과 보호처분을 할 필요가 있다고 인정하면 결정으로써 다음 각 호의 어느 하나에 해당하는 처분을 하여야 한다. 즉, 소년범에 대한 보호처분에는 (ⅰ) 보호자 또는 보호자를 대신하여 소년을 보호할 수 있는 자에게 감호위탁(제1호), (ⅱ) 수강명령(제2호), (ⅲ) 사회봉사명령(제3호), (ⅳ) 보호관찰관의 단기보호관찰(제4호), (ⅴ) 보호관찰관의 장기보호관찰(제5호), (ⅵ) 「아동복지

22) 소년보호사건의 심리에 필요한 사항은 「소년심판규칙」 제11조-제28조 참조.

법」에 따른 아동복지시설이나 그 밖의 소년보호시설에 감호위탁(제6호), (vii) 병원, 요양소 또는 보호소년법에 따른 소년의료보호시설에 위탁(제7호), (viii) 1개월 이내의 소년원송치(제8호), (ix) 단기소년원송치(제9호), (x) 장기소년원송치(제10호)가 있다(법 제32조 제1항).

일부 처분 상호간에는 그 전부 또는 일부를 병합할 수 있다(동조 제2항).[23] 다만, 제3호의 처분은 14세 이상의 소년에게만 할 수 있으며(동조 제3항), 제2호 및 제10호의 처분은 12세 이상의 소년에게만 할 수 있다(동조 제4항). 보호처분을 한 경우 소년부는 소년을 인도하면서 소년의 교정에 필요한 참고자료를 위탁받는 자나 처분을 집행하는 자에게 넘겨야 한다(동조 제5항). 다만, 소년의 보호처분은 그 소년의 장래 신상에 어떠한 영향도 미치지 않는다(동조 제6항).

나) 부가처분

보호관찰관에 의한 단기보호관찰(제4호)과 장기보호관찰(제5호) 처분의 경우에는 3개월 이내의 기간을 정하여 보호소년법에 따른 대안교육 또는 소년의 상담·선도·교화와 관련된 단체나 시설에서의 상담·교육을 받을 것을 동시에 명하거나(법 제32조의2 제1항), 1년 이내의 기간을 정하여 야간 등 특정시간대의 외출을 제한하는 명령을 추가적으로 부과할 수 있다(동조 제2항).

또한 소년부 판사는 가정상황 등을 고려하여 필요하다고 판단되면 보호자에게 소년원·소년분류심사원 또는 보호관찰소 등에서 실시하는 소년의 보호를 위한 특별교육을 받을 것을 명할 수 있도록 하고 있다(동조 제3항). 보호자가 특별교육명령에 정당한 이유 없이 응하지 아니한 때에는 300만원 이하의 과태료를 부과할 수 있다(법 제71조 제2호).

(나) 보호처분의 기간

보호처분 중 제1호·제6호·제7호의 위탁기간은 6개월로 하되, 소년부 판사는 결정으로써 6개월의 범위에서 한 번에 한하여 그 기간을 연장할 수 있다. 다만, 소년부 판사는 필요한 경우에는 언제든지 결정으로써 그 위탁을 종료시킬 수 있다(법 제33조 제1항). 또한 제4호의 단기보호관찰기간은 1년으로 한다(동조 제2항). 제5호의 장기보호관찰기간은 2년으로 하되, 소년부 판사는 보호관찰관의 신청에 따라 결정으로써 1년의 범위에서 한 번에 한하여 그 기간을 연장할 수 있

23) 법 제32조 ② 다음 각 호 안의 처분 상호간에는 그 전부 또는 일부를 병합할 수 있다. 1. 제1항 제1호·제2호·제3호·제4호 처분, 2. 제1항 제1호·제2호·제3호·제5호 처분, 3. 제1항 제4호·제6호 처분, 4. 제1항 제5호·제6호 처분, 5. 제1항 제5호·제8호 처분.

다(동조 제3항).

제2호의 수강명령은 100시간을, 제3호의 사회봉사명령은 200시간을 초과할 수 없으며, 보호관찰관이 그 명령을 집행할 때에는 사건 본인의 정상적인 생활을 방해하지 아니하도록 하여야 한다(동조 제4항). 또한 제9호에 따라 단기로 소년원에 송치된 소년의 보호기간은 6개월을 초과하지 못하며(동조 제5항), 제10호에 따라 장기로 소년원에 송치된 소년의 보호기간은 2년을 초과하지 못한다(동조 제6항).

제6호부터 제10호까지의 어느 하나에 해당하는 처분을 받은 소년이 시설위탁이나 수용 이후 그 시설을 이탈하였을 때에는 위 처분기간은 진행이 정지되고, 재위탁 또는 재수용된 때로부터 다시 진행한다(동조 제7항).

(다) 몰 수

소년부 판사는 범죄소년과 촉법소년에 대하여 보호처분을 하는 경우에는 결정으로 (ⅰ) 범죄 또는 형벌법령에 저촉되는 행위에 제공하거나 제공하려 한 물건(제1호), (ⅱ) 범죄 또는 형벌법령에 저촉되는 행위로 인하여 생기거나 이로 인하여 취득한 물건(제2호), (ⅲ) 제1호와 제2호의 대가로 취득한 물건(제3호)을 몰수할 수 있다(법 제34조 제1항).

몰수는 그 물건이 사건 본인 이외의 자의 소유에 속하지 아니하는 경우에만 할 수 있다. 다만, 사건 본인의 행위가 있은 후 그 정을 알고도 취득한 자가 소유한 경우에는 그러하지 아니하다(동조 제2항).

(라) 결정의 집행 등

소년부 판사는 보호처분 또는 부가처분 결정을 하였을 때에는 조사관, 소년부 법원서기관·법원사무관·법원주사·법원주사보, 보호관찰관, 소년원 또는 소년분류심사원 소속공무원, 그 밖에 위탁 또는 송치받을 기관 소속의 직원에게 그 결정을 집행하게 할 수 있다(법 제35조).

소년부 판사는 제1호·제6호·제7호의 처분을 한 경우에는 위탁받은 자에게 소년에 관한 보고서나 의견서를 제출하도록 요구할 수 있고(법 제36조 제1항), 그 처분에 관한 집행상황을 보고하게 할 수 있으며, 필요하다고 인정되면 위탁받은 자에게 그 집행과 관련된 사항을 지시할 수 있다(동조 제2항).

(마) 처분의 변경

소년부 판사는 위탁받은 자나 보호처분을 집행하는 자의 신청에 따라 결정으로써 보호처분과 부가처분을 변경할 수 있다.[24] 다만, 제1호·제6호·제7호

24) 판례는 "「소년법」상 보호처분의 변경은 보호처분결정에 따른 위탁 또는 집행 과정에

의 보호처분과 부가처분은 직권으로 변경할 수 있다(법 제37조 제1항). 이 결정을 집행할 때에는 보호처분의 결정의 집행(제35조)을 준용한다(법 제37조 제2항).

이 결정은 지체 없이 사건 본인과 보호자에게 알리고 그 취지를 위탁받은 자나 보호처분을 집행하는 자에게 알려야 한다(동조 제3항).

(바) 보호처분의 취소 등

보호처분이 계속 중일 때에 사건 본인이 처분 당시 19세 이상인 것으로 밝혀진 경우에는 소년부 판사는 결정으로써 그 보호처분을 취소하고 다음의 구분에 따라 처리하여야 한다(법 제38조 제1항). 즉, (i) 검사·경찰서장의 송치 또는 보호자 등의 통고(법 제4조 제3항)에 의한 사건인 경우에는 관할 지방법원에 대응하는 검찰청검사에게 송치한다(제1호). (ii) 법원이 송치한 사건인 경우(법 제50조)에는 송치한 법원에 이송한다(제2호).

또한 범죄소년과 촉법소년에 대한 보호처분이 계속 중일 때에 사건 본인이 행위 당시 10세 미만으로 밝혀진 경우 또는 우범소년에 대한 보호처분이 계속 중일 때에 사건 본인이 처분 당시 10세 미만으로 밝혀진 경우에는 소년부 판사는 결정으로써 그 보호처분을 취소하여야 한다(법 제38조 제2항).

(사) 보호처분과 유죄판결 등

보호처분이 계속 중일 때에 사건 본인에 대하여 유죄판결이 확정된 경우에 보호처분을 한 소년부 판사는 그 처분을 존속할 필요가 없다고 인정하면 결정으로써 보호처분을 취소할 수 있다(법 제39조).

보호처분이 계속 중일 때에 사건 본인에 대하여 새로운 보호처분이 있었을 때에는 그 처분을 한 소년부 판사는 이전의 보호처분을 한 소년부에 조회하여 어느 하나의 보호처분을 취소하여야 한다(법 제40조).

(아) 비 용

임시조치 중 보호자, 소년을 보호할 수 있는 적당한 자 또는 시설에 위탁 또는 병원이나 그 밖의 요양소에 위탁에 관한 결정이나 보호처분 중 제1호·제6호·제7호(보호소년법에 따른 의료재활소년원 위탁처분은 제외한다)의 처분을 받은 소년의 보호자는 위탁받은 자에게 그 감호에 관한 비용의 전부 또는 일부를 지급하여야 한다.

서 발생한 준수사항위반 등 사정변경을 이유로 종전 보호처분결정을 변경하는 것이다. 즉, 이는 종전 보호처분사건에 관한 재판이다. 따라서 종전 보호처분에서 심리가 결정된 사건이 아닌 사건에 대하여 공소를 제기하거나 소년부에 송치하는 것은 「소년법」 제53조에 위배되지 않는다"(2018도3768)고 하였다.

다만, 보호자가 지급할 능력이 없을 때에는 소년부가 지급할 수 있다(법 제41조).

증인·감정인·통역인·번역인에게 지급하는 비용, 숙박료, 그 밖의 비용 또는 참고인에게 지급하는 비용에 대하여는 형소법 중 비용에 관한 규정을 준용한다(법 제42조).

(자) 보호처분 결정에 대한 불복

가) 항 고

보호처분의 결정 및 부가처분 등의 결정 또는 보호처분·부가처분의 변경 결정이 (i) 해당 결정에 영향을 미칠 법령위반이 있거나 중대한 사실오인이 있는 경우(제1호) 또는 (ii) 처분이 현저히 부당한 경우(제2호)에 해당하면 사건 본인·보호자·보조인 또는 그 법정대리인은 관할 가정법원 또는 지방법원본원 합의부에 항고할 수 있다(법 제43조 제1항). 항고를 제기할 수 있는 기간은 7일로 한다(동조 제2항). 다만, 항고는 결정의 집행을 정지시키는 효력이 없다(제46조).

항고를 할 때에는 항고장을 원심 소년부에 제출하여야 한다(법 제44조 제1항). 소년분류심사원 또는 소년원에 있는 소년이 항고제기기간 내에 항고장을 그 기관의 장 또는 그 직무를 대리하는 사람에게 제출한 때에는 항고제기기간 내에 항고한 것으로 본다(소년심판규칙 제46조). 항고장에는 항고의 이유를 간결하게 명시하여야 한다(동규칙 제44조).[25] 항고장을 받은 소년부는 3일 이내에 의견서를 첨부하여 항고법원에 송부하여야 한다(법 제44조 제2항). 항고법원은 항고이유에 기재된 사항에 관하여 조사하여야 하며(소년심판규칙 제47조 제1항), 필요한 경우에 사실조사를 할 수 있다(동규칙 제48조 제1항).[26]

항고법원은 항고절차가 법률에 위반되거나 항고가 이유 없다고 인정한 경우에는 결정으로써 항고를 기각하여야 한다(법 제45조 제1항). 반면에 항고법원은 항고가 이유가 있다고 인정한 경우에는 원결정을 취소하고 사건을 원소년부에 환송하거나 다른 소년부에 이송하여야 한다. 다만, 환송 또는 이송할 여유가 없이 급하거나 그 밖에 필요하다고 인정한 경우에는 원결정을 파기하고 불처분 또는

---

25) 판례는 "「소년심판규칙」 제44조는 '항고장에는 항고의 이유를 간결하게 명시하여야 한다'고 규정하고 있는바, 따라서 소년보호사건의 경우 제1심의 보호처분에 대하여 항고를 제기함에 있어서는 그 항고장에 항고이유를 기재하거나, 적법한 항고제기기간 내에 항고이유를 기재한 서면을 제출하여야 하고, 이와 별도로 항고법원이 항고인에게 항고이유의 제출기회를 부여하여야 하는 것은 아니다"(2007트13)라고 하였다.

26) 항고법원은 법 제43조 제1항 각 호의 사유에 관하여는 직권으로 조사할 수 있다(소년심판규칙 제47조 제2항).

보호처분의 결정을 할 수 있다(동조 제2항).

나) 재 항 고

항고를 기각하는 결정에 대하여는 그 결정이 법령에 위반되는 경우에만 대법원에 재항고를 할 수 있다(법 제47조 제1항). 재항고의 제기기간은 7일이다(동조 제2항, 법 제43조 제2항).

Ⅲ. 소년형사사건

소년에 대한 형사사건에 관하여는 「소년법」에 특별한 규정이 없으면 일반 형사사건의 예에 따른다(법 제48조). 다만, 「소년법」에서는 소년사법의 이념에 따라 여러 가지 특칙을 두고 있다.

1. 수사절차에서의 특칙

(1) 검사선의주의

범죄사건이 아닌 기타의 소년비행사건은 경찰서장이 직접 관할 소년부에 송치할 수 있지만(법 제4조 제2항), 소년범죄사건은 일단 검사에게 송치되어 검사의 판단을 받게 되어 있다(검사선의주의).

(2) 검사의 결정전 조사

송치를 받은 검사는 소년피의사건에 대하여 소년부송치, 공소제기, 기소유예 등의 처분을 결정하기 위하여 필요하다고 인정하면 피의자의 주거지 또는 검찰청 소재지를 관할하는 보호관찰소의 장, 소년분류심사원장 또는 소년원장(이하 '보호관찰소장 등'이라 한다)에게 피의자의 품행, 경력, 생활환경이나 그 밖에 필요한 사항에 관한 조사를 요구할 수 있다(법 제49조의2 제1항). 이 요구를 받은 보호관찰소장 등은 지체 없이 이를 조사하여 서면으로 해당 검사에게 통보하여야 하며, 조사를 위하여 필요한 경우에는 소속 보호관찰관·분류심사관 등에게 피의자 또는 관계인을 출석하게 하여 진술요구를 하는 등의 방법으로 필요한 사항을 조사하게 할 수 있다(동조 제2항). 검사가 조사를 할 때에는 미리 피의자 또는 관계인에게 조사의 취지를 설명하여야 하고, 피의자 또는 관계인의 인권을 존중하며, 직무상 비밀을 엄수하여야 한다(동조 제3항).

검사는 보호관찰소장 등으로부터 통보받은 조사결과를 참고하여 소년피의자를 교화·개선하는 데에 가장 적합한 처분을 결정하여야 한다(동조 제4항).

(3) 구속의 제한

검사의 소년에 대한 구속영장은 부득이한 경우가 아니면 발부하지 못한다(법 제55조 제1항). 소년을 구속하는 경우에는 특별한 사정이 없으면 다른 피의자나 피고인과 분리하여 수용하여야 한다(동조 제2항).

(4) 선도조건부 기소유예

검사는 소년피의자에 대하여 (i) 범죄예방자원봉사위원의 선도(제1호) 또는 (ii) 소년의 선도·교육과 관련된 단체·시설에서의 상담·교육·활동 등(제2호)을 받게 하고, 피의사건에 대한 공소를 제기하지 아니할 수 있다. 이때 소년과 소년의 친권자·후견인 등 법정대리인의 동의를 받아야 한다(법 제49조의3).

소년부가 소년형사범이라고 판단하여 송치한 사건에 대하여 검사가 기소유예할 수 있는지에 대하여는 ① 소년비행사건의 주도적인 심판기관인 법원 소년부의 판단을 존중하여야 한다는 의미에서 소년부의 조사결과 19세 이상의 성인범으로 밝혀져 이송된 경우가 아니라면 검사의 기소유예가 허용되지 않는다는 견해가 있다. 그러나 ② 검사의 기소독점주의와 기소편의주의를 채택하고 있는 형소법의 태도와 소년의 보호라는 소년사법의 이념에 따라 송치사유에 관계없이 검사는 소년부에서 송치된 사건에 대하여 기소유예를 할 수 있다.

(5) 공소제기의 제한과 공소시효의 정지

보호처분을 받은 소년에 대하여는 그 심리가 결정된 사건은 다시 공소를 제기하거나 소년부에 송치할 수 없다. 다만, 보호처분이 계속 중일 때에 사건 본인이 처분 당시 19세 이상인 것으로 밝혀져서 소년부 판사가 결정으로써 그 보호처분을 취소하고 사건을 관할 지방법원에 대응하는 검찰청검사에게 송치한 경우 검사는 공소를 제기할 수 있다(법 제53조).

한편, 소년부 판사는 송치서와 조사관의 조사보고에 따라 사건을 심리할 필요가 있다고 인정하면 심리개시결정을 하여야 하는데(법 제20조), 이러한 심리개시결정이 있었던 때로부터 그 사건에 대한 보호처분의 결정이 확정될 때까지 공소시효는 그 진행이 정지된다(법 제54조).

2. 공판절차에서의 특칙

(1) 조사의 위촉 및 심리의 분리

법원은 소년에 대한 형사사건에 관하여 필요한 사항을 조사하도록 조사관에게 위촉할 수 있다(법 제56조). 소년에 대한 형사사건의 심리는 다른 피의사건과 관련된 경우에도 심리에 지장이 없으면 그 절차를 분리하여야 한다(법 제57조).

(2) 심리방식

소년에 대한 형사사건의 심리는 친절하고 온화하게 하여야 한다(법 제58조 제1항). 이 심리에는 소년의 심신상태, 품행, 경력, 가정상황, 그 밖의 환경 등에 대하여 정확한 사실을 밝힐 수 있도록 특별히 유의하여야 한다(동조 제2항).

(3) 변호권보장

형소법에 따르면 소년형사사건의 피고인은 미성년자이므로 피고인에게 변호인이 없는 때에는 법원은 직권으로 국선변호인을 선정하여야 한다(제33조 제1항). 따라서 판결만을 선고하는 경우가 아닌 한 변호인 없이 개정하지 못하며(제282조), 변호인이 출석하지 않은 때에는 법원은 직권으로 변호인을 선정하여야 한다(제283조).

3. 양형에서의 특칙

(1) 사형 또는 무기형의 완화

죄를 범할 당시 18세 미만인 소년에 대하여 사형 또는 무기형으로 처할 경우에는 15년의 유기징역으로 한다(법 제59조). 다만, 특정강력범죄법에서 규정한 특정강력범죄를 범한 당시 18세 미만의 소년을 사형 또는 무기형에 처하여야 할 때에는 20년의 유기징역으로 한다(특정강력범죄법 제4조 제1항).

(2) 상대적 부정기형의 선고

소년이 법정형으로 장기 2년 이상의 유기형에 해당하는 죄를 범한 경우에는 그 형의 범위에서 장기와 단기를 정하여 선고한다. 다만, 장기는 10년, 단기는 5년을 초과하지 못한다(법 제60조 제1항). 특정강력범죄를 범한 소년에 대하여 부정기형을 선고할 때에는 장기는 15년, 단기는 7년을 초과하지 못한다(특정강력범죄법 제4조 제2항). 그러나 형의 집행유예나 선고유예를 선고할 때에는 부정기형을 선고할 수 없다(동조 제3항). 다만, 소년에 대한 부정기형을 집행하는 기관의 장은 형의 단기가 지난 소년범의 행형성적이 양호하고 교정의 목적을 달성하였다고 인정되는 경우에는 관할 검찰청검사의 지휘에 따라 그 형의 집행을 종료시킬 수 있다(동조 제4항).

부정기형을 선고함에 있어서 소년의 기준시점은 원칙적으로 사실심의 판결선고 시이다(2009도2682). 따라서 제1심판결의 선고 시나 항소심판결의 선고 시에 성년에 이른 경우에는 부정기형을 선고할 수 없다. 그러나 상고심은 항소심과는 달리 사후심이므로 항소심판결 이후에 발생한 사실은 원칙적으로 고려하지 않는다. 따라서 항소심판결선고 당시 미성년자로서 부정기형을 선고받은 피고인이 상고심 계속 중에 성년이 되었다 하더라도 정기형으로 고칠 수는 없다(90도2225).

한편, 상소심 계속 중에 소년이 성인이 된 경우 불이익변경금지 규정을 적용함에 있어서 부정기형과 정기형 사이의 경·중을 판단하는 기준에 대하여는 ① 단기와 장기의 중간을 기준으로 하여야 한다는 견해가 있다. 그러나 ② 단기가 경과하면 석방될 가능성이 있으므로 단기를 기준으로 하여야 한다(다수설). 판례는 부정기형을 파기하고 정기형을 선고함에 있어 불이익변경금지의 원칙위반 여부를 판단하는 기준은 부정기형의 장기와 단기의 중간형이 되어야 한다고 한다(2020도4140).

(3) 소년감경

소년의 특성에 비추어 상당하다고 인정되는 때에는 그 형을 감경할 수 있다(법 제60조 제2항). 따라서 소년범의 경우에는 「형법」상 정상참작감경(형법 제53조) 외에 소년감경이 가능하다. 이때 소년 여부의 판단시점도 사실심판결선고 시이다(2000도2704).

(4) 환형처분의 금지와 미결구금일수의 산입

18세 미만인 소년에게 벌금 또는 과료를 선고하는 경우에는 벌금액 또는 과료액의 미납에 대비한 노역장유치의 선고를 하지 못한다(법 제62조 본문). 다만, 판결선고 전 구속되었거나 보호사건의 조사·심리를 위하여 소년감별소에 위탁되었던 경우에는 그 구속 또는 위탁의 기간에 해당하는 기간은 노역장에 유치된 것으로 보아 미결구금일수의 통산(형법 제57조)에 산입된다(법 제62조 단서).

또한 항고법원이 항고가 이유가 있다고 인정되어 보호처분의 결정을 다시 하는 경우에는 원결정에 따른 보호처분의 집행기간은 그 전부를 항고에 따른 보호처분의 집행기간에 산입(법 제32조 제1항 제8호·제9호·제10호 처분 상호간에만 해당한다)한다(법 제45조 제3항). 재항고의 경우도 마찬가지이다(법 제47조 제2항, 제45조 제3항).

4. 형의 집행에서의 특칙

(1) 분리수용 및 형의 집행순서

징역 또는 금고를 선고받은 소년에 대하여는 특별히 설치된 교도소 또는 일반교도소 안에 특별히 분리된 장소에서 그 형을 집행한다. 다만, 소년이 형의 집행 중에 23세가 되면 일반교도소에서 집행할 수 있다(법 제63조).

보호처분이 계속 중일 때에는 징역, 금고 또는 구류를 선고받은 소년에 대하여는 먼저 그 형을 집행한다(법 제64조).

(2) 가석방요건의 완화

징역 또는 금고를 선고받은 소년에 대하여는 (i) 무기형의 경우에는 5년(제1호), (ii) 15년 유기형의 경우에는 3년(제2호), (iii) 부정기형의 경우에는 단기의 3분의 1(제3호)이 지나면 가석방을 허가할 수 있다(법 제65조).

징역 또는 금고를 선고받은 소년이 가석방된 후 그 처분이 취소되지 아니하고 가석방 전에 집행을 받은 기간과 같은 기간이 지난 경우에는 형의 집행을 종료한 것으로 한다. 다만, 18세 미만의 소년에 대하여 사형 또는 무기형을 감형하여 15년의 유기징역으로 된 경우(법 제59조)에는 그 형기 또는 부정기형의 경우(법 제60조 제1항)에는 장기의 기간이 먼저 지난 경우 그 때에 형의 집행을 종료한 것으로 한다(법 제66조).

(3) 자격에 관한 법령의 적용

소년이었을 때 범한 죄에 의하여 형의 선고 등을 받은 자에 대하여 형을 선고받은 자가 그 집행을 종료하거나 면제받은 경우(제1호) 또는 형의 선고유예나 집행유예를 선고받은 경우(제2호)에 자격에 관한 법령을 적용할 때에는 장래에 향하여 형의 선고를 받지 아니한 것으로 본다(법 제67조 제1항). 소년의 사회복귀를 용이하게 하기 위한 것이다. 그러나 형의 선고유예가 실효되거나 집행유예가 실효·취소된 때에는 그 때에 형을 선고받은 것으로 본다(동조 제2항).

제2장 피해자보호제도

제1절 배상명령절차와 형사절차상 화해제도

Ⅰ. 배상명령절차

1. 의 의

배상명령절차란 법원이 직권 또는 피해자의 신청에 의하여 피고인에게 피고사건의 범죄행위로 인하여 발생한 손해의 배상을 명하는 절차를 말한다. 이는 이는 1981년1월 29일에 제정된 소송촉진법(법률 제3361호, 1981. 3. 1. 시행)에 의하여 도입된 제도로서 부대소송(附帶訴訟) 또는 부대사소(附帶私訴)라고도 한다.

배상명령절차는 형사절차에 의하여 민사소송에 의한 손해배상판결과 동일한 재판을 할 수 있다는 점에서 특색이 있는 것으로 범죄피해자가 민사소송의 번잡과 위험을 겪지 않고 신속하게 구제받도록 하는데 그 주된 취지가 있다(2018도17762). 또한 배상명령절차는 소송경제를 도모할 수 있고, 형사판결과 민사판결의 모순을 피할 수 있으며, 형사판결과 피고인의 손해배상의무를 동시에 확정함으로써 피고인의 사회복귀와 개선에도 도움이 된다. 뿐만 아니라 피해자를 형사절차에 참여하게 함으로써 진실발견에도 유리하고, 범죄피해에 대한 신속한 구제를 가능하게 함으로써 국가사법조직에 대한 국민의 신뢰를 제고할 수 있다.

2. 요 건

(1) 대 상

배상명령은 제1심 또는 제2심이 형사공판절차에서 소정의 죄에 관한 피고사건에 유죄판결을 선고할 경우에만 가능하다(법[27] 제25조 제1항). 따라서 피고사건에 대하여 무죄, 면소 또는 공소기각의 재판을 할 때에는 배상명령을 할 수 없다.

배상명령을 할 수 있는 피고사건은 (i)「형법」상 상해죄(제257조 제1항), 중상해죄(제258조 제1항 및 제2항), 특수상해죄(제258조의2 제1항(제257조 제1항의 죄로 한정한다)·제2항(제258조 제1항·제2항의 죄로 한정한다)), 상해치사죄(제259조 제1항), 폭행치사상죄(제262조, 존속폭행치사상의 죄는 제외한다), 과실치사상의 죄(제26장), 강간과 추행의 죄(제32장, 제304조 제외), 절도와 강도의 죄(제38장), 사기와 공갈의 죄(제39장), 횡령과 배임의 죄(제40장), 손괴의 죄(제42장)(제1호)와 이들 죄를 가중처벌하는 죄 및 그 죄의 미수범을 처벌하는 경우에 미수의 죄(제3호), (ii) 성폭력처벌법 제10조부터 제14조까지, 제15조(제3조부터 제9조까지의 미수범은 제외한다), 청소년성보호법 제12조 및 제14조에 규정된 죄(제2호)이다(법 제25조 제1항).[28]

그러나 이들 범죄 및 이 외의 범죄에서 피고인과 피해자 사이에 손해배상액에 합의가 이루어진 때에는 합의된 배상액에 관하여 배상명령을 할 수 있다(동조 제2항).[29] 이는 합의내용에 집행력을 부여함으로써 합의된 배상액에 대해 즉시 강제집행을 할 수 있도록 하기 위한 것이다.

(2) 범 위

배상명령은 피고사건의 범죄행위로 인하여 발생한 직접적인 물적 피해와 치료비 손해 및 위자료의 배상에 제한된다(법 제25조 제1항). 즉, 배상명령을 할 수 있는 채권은 금전채권에 제한되며, 따라서 간접적 손해나 생명과 신체를 침해하는 범죄에 의하여 발생한 기대이익상실은 배상명령의 범위에 포함되지 않는다. 그러나 피해자와 피고인 사이에 합의가 있는 경우에는 합의된 손해배상액에 관하여 배상명령이 가능하다(동조 제2항).[30]

---

27) 이 절에서 '법'은 소송촉진법을 말한다.

28) 이외에 가정폭력처벌법에 따른 제1심의 가정보호사건 심리절차에서 법원은 보호처분을 선고할 경우 직권으로 또는 피해자의 신청에 의하여 다음 각 호의 금전 지급이나 배상을 명할 수 있다(가정폭력처벌법 제57조). 1. 피해자 또는 가정구성원의 부양에 필요한 금전의 지급, 2. 가정보호사건으로 인하여 발생한 직접적인 물적 피해 및 치료비 손해의 배상.

29) 판례는 피고인이 제1심재판에서 사기 피해자와 합의하여 합의서가 제출된 후 실제 피해변제를 하지 않은 경우에 항소심법원이 배상명령을 선고한 것은 정당하다고 하였다(2021도4944).

30) 소송촉진법에서 인정하고 있는 형사절차상 화해제도(법 제36조 이하)를 고려할 때 배상신청 후의 심리절차에서 배상명령을 청구한 피해자와 피고인 사이에 청구의 인낙(認諾)이나 화

(3) 제외사유

법원은 (ⅰ) 피해자의 성명·주소가 분명하지 아니한 경우(제1호), (ⅱ) 피해금액이 특정되지 아니한 경우(제2호), (ⅲ) 피고인의 배상책임의 유·무 또는 그 범위가 명백하지 아니한 경우(제3호), (ⅳ) 배상명령으로 인하여 공판절차가 현저히 지연될 우려가 있거나 형사소송절차에서 배상명령을 하는 것이 타당하지 아니하다고 인정되는 경우(제4호)에는 배상명령을 하여서는 아니 된다(법 제25조 제3항).[31]

3. 절 차

(1) 개 시

1) 직권에 의한 배상명령

법원은 직권으로 배상명령을 할 수 있다(법 제25조 제1항). 손해배상청구권은 사법상의 권리임에도 불구하고 이를 인정한 것은 민사소송의 당사자처분주의(민소법 제188조)에 대한 중대한 예외이다.

'법원이 직권으로 배상명령을 할 수 있는 경우'란 피해자가 배상신청을 하지 않은 경우, 심리 중 피고인의 재산이 발견되어 배상명령을 함이 상당하다고 인정되는 경우, 피해자가 악의로 배상금의 수령을 기부하는 경우 등이 이에 해당한다. 이때 법원은 피고인의 재산상태를 고려하여 배상액·배상방법 등을 결정하여야 한다. 다만, 이때에도 신청에 의한 배상명령과 마찬가지로 피고인에게 배상책임의 유·무와 범위를 설명하고 의견을 진술할 기회를 주어야 한다.

2) 신청에 의한 배상명령

(가) 신청권자

배상명령의 신청은 피해자 또는 그 상속인이 할 수 있다(법 제25조 제1항). 피해자는 법원의 허가를 받아 그 배우자, 직계혈족 또는 형제자매에게 배상신청에 관하여 소송행위를 대리하게 할 수 있다(법 제27조 제1항). 피고인의 변호인은 배상

해가 있는 때에는 양자 간에 합의가 있는 것으로 보고, 합의된 손해배상액에 대하여 배상명령을 해야 한다.

31) 판례는 "배상명령제도는 범죄행위로 인하여 재산상 이익을 침해당한 피해자로 하여금 당해 형사소송절차 내에서 신속히 그 피해를 회복하게 하려는데 그 주된 목적이 있으므로 피해자가 이미 그 재산상 피해의 회복에 관한 채무명의를 가지고 있는 경우에는 이와 별도로 배상명령신청을 할 이익이 없다"(82도1217)고 하였다.

신청에 관하여 피고인의 대리인으로서 소송행위를 할 수 있다(동조 제2항).

검사는 배상명령 대상의 죄로 공소를 제기한 경우에는 지체 없이 피해자 또는 그 법정대리인(피해자가 사망한 경우에는 그 배우자·직계친족·형제자매를 포함한다)에게 배상신청을 할 수 있음을 통지하여야 한다(법 제25조의2).

(나) 신청기간과 관할법원

배상신청은 제1심 또는 제2심 공판의 변론이 종결될 때까지 사건이 계속된 법원에 신청할 수 있다. 이때 신청서에 인지를 붙이지 않는다(법 제26조 제1항). 상고심에서는 배상명령이 허용되지 않는다. 다만, 배상명령은 형사사건이 계속된 법원의 전속관할에 속하므로 배상청구액이 합의부의 사물관할에 속하느냐 여부는 문제되지 않는다.

(다) 신청방법

피해자는 배상신청을 할 때에는 신청서와 상대방 피고인 수만큼의 신청서 부본을 제출하여야 한다(법 제26조 제2항). 신청서에는 (i) 피고사건의 번호, 사건명 및 사건이 계속된 법원(제1호), (ii) 신청인의 성명과 주소(제2호), (iii) 대리인이 신청할 때에는 그 대리인의 성명과 주소(제3호), (iv) 상대방 피고인의 성명과 주소(제4호), (v) 배상의 대상과 그 내용(제5호), (vi) 배상청구금액(제6호)을 적고, 신청인 또는 대리인이 서명날인하여야 한다(동조 제3항). 신청서에는 필요한 증거서류를 첨부할 수 있다(동조 제4항). 그러나 피해자가 증인으로 법정에 출석한 경우에는 말로써 배상을 신청할 수 있다. 이때에는 공판조서에 신청의 취지를 적어야 한다(법 제26조 제5항).

법원은 서면에 의한 배상신청이 있을 때에는 지체 없이 그 신청서 부본을 피고인에게 송달하여야 한다. 이때 법원은 직권 또는 신청인의 요청에 따라 신청서 부본 상의 신청인 성명과 주소 등 신청인의 신원을 알 수 있는 사항의 전부 또는 일부를 가리고 송달할 수 있다(법 제28조).

(라) 신청의 효과

피해자의 배상신청은 민사소송에서의 소의 제기와 동일한 효력이 있다(법 제26조 제8항). 따라서 피해자는 피고사건의 범죄행위로 인하여 발생한 피해에 관하여 다른 절차에 따른 손해배상청구가 법원에 계속 중일 때에는 배상신청을 할 수 없다(동조 제7항). '다른 절차에 따른 손해배상청구'는 피고사건의 범죄행위로 인하여 발생한 피해에 관하여 불법행위를 원인으로 손해배상청구를 하는 경우를 가리킨다(2020도12279).

다만, 신청인은 배상명령이 확정되기 전까지는 언제든지 배상신청을 취하할 수 있다(동조 제6항).

(2) 심 리

1) 기일통지와 불출석재판

배상신청이 있는 경우에 법원은 신청인에게 공판기일을 통지하여야 한다(법 제29조 제1항). 그러나 신청인이 공판기일을 통지받고도 출석하지 아니하였을 때에는 신청인의 진술 없이 재판할 수 있다(동조 제2항).

2) 기록열람과 증거조사

신청인 및 그 대리인은 공판절차를 현저히 지연시키지 아니하는 범위에서 재판장의 허가를 받아 소송기록을 열람할 수 있고, 공판기일에 피고인이나 증인을 신문할 수 있으며, 그 밖에 필요한 증거를 제출할 수 있다(법 제30조 제1항). 이때 재판장이 허가를 하지 아니한 재판에 대하여는 불복을 신청하지 못한다(동조 제2항).

3) 증거조사

법원은 필요한 때에는 언제든지 피고인의 배상책임 유·무와 그 범위를 인정함에 필요한 증거를 조사할 수 있다(법 시행규칙 제24조 제1항). 법원은 피고사건의 범죄사실에 관한 증거를 조사할 경우 피고인의 배상책임 유·무와 그 범위에 관련된 사실을 함께 조사할 수 있다(동조 제2항).[32] 이때 피고사건의 범죄사실을 인정할 증거는 피고인의 배상책임 유·무와 그 범위를 인정할 증거로 할 수 있다(동조 제3항). 이 외의 증거를 조사할 경우에 증거조사의 방식 및 증거능력에 관하여는 형소법의 관계규정에 의한다(동조 제4항).

(3) 재 판

1) 배상신청의 각하

법원은 (i) 배상신청이 적법하지 아니한 경우(제1호), (ii) 배상신청이 이

---

32) 판례는 "피고인이 재판과정에서 배상신청인과 민사적으로 합의하였다는 내용의 합의서를 제출하였고, 합의서 기재내용만으로는 배상신청인이 변제를 받았는지 여부 등 피고인의 민사책임에 관한 구체적인 합의내용을 알 수 없다면, 사실심법원으로서는 배상신청인이 처음 신청한 금액을 바로 인용할 것이 아니라 구체적인 합의내용에 관하여 심리하여 피고인의 배상책임의 유무 또는 그 범위에 관하여 살펴보는 것이 합당하다"(2013도9616)고 하였다.

유 없다고 인정되는 경우(제2호), (iii) 배상명령을 하는 것이 타당하지 아니하다고 인정되는 경우(제3호)에는 결정으로 배상신청을 각하하여야 한다(법 제32조 제1항). '배상명령을 하는 것이 타당하지 아니하다고 인정되는 경우'란 피해금액이 특정되지 않거나(2013도9616), 공판절차가 현저히 지연될 우려가 있는 경우 등을 말한다.

유죄판결의 선고와 동시에 각하의 재판을 할 때에는 이를 유죄판결의 주문에 표시할 수 있다(동조 제2항). 이때 법원은 재판서에 신청인 성명과 주소 등 신청인의 신원을 알 수 있는 사항의 기재를 생략할 수 있다(동조 제3항). 배상신청을 각하하거나 그 일부를 인용한 재판에 대하여 신청인은 불복을 신청하지 못하며, 다시 동일한 배상신청을 할 수 없다(동조 제4항).

2) 배상명령의 선고

배상명령은 유죄판결의 선고와 동시에 하여야 한다(법 제31조 제1항). 배상명령은 일정액의 금전지급을 명함으로써 하고 배상의 대상과 금액을 유죄판결의 주문에 표시하여야 한다. 배상명령의 이유는 특히 필요하다고 인정되는 경우가 아니면 적지 않는다(동조 제2항). 배상명령은 가집행할 수 있음을 선고할 수 있다(동조 제3항). 가집행선고에 관하여는 민소법(제213조 제3항, 제215조, 제500조 및 제501조)을 준용한다(동조 제4항).

배상명령을 하였을 때에는 유죄판결서의 정본을 피고인과 피해자에게 지체 없이 송달하여야 한다(동조 제5항). 배상명령의 절차비용은 특별히 그 비용을 부담할 자를 정한 경우를 제외하고는 국고의 부담으로 한다(법 제35조).

3) 배상명령에 대한 불복

(가) 신청인의 불복금지

신청을 각하하거나 그 일부를 인용한 재판에 대하여 신청인에게는 불복방법이 없다. 그러나 신청인은 민사소송 등의 절차에 의하여 별도로 손해배상을 청구할 수 있다.

(나) 피고인의 불복

피고인은 배상명령에 대하여 유죄판결에 대한 상소 또는 배상명령에 대한 즉시항고에 의하여 불복할 수 있다.

가) 유죄판결에 대한 상소

배상명령은 유죄판결을 전제로 하므로 유죄판결에 대한 상소가 제기된 경우에는 배상명령에 대하여 불복하지 않더라도 배상명령은 확정되지 않고 피고사건과 함께 상소심으로 이심된다(법 제33조 제1항). 검사가 상소를 제기한 경우도 마찬가지이다.

상소심에서 원심의 유죄판결을 파기하고 피고사건에 대하여 무죄, 면소 또는 공소기각의 재판을 할 때에는 원심의 배상명령을 취소하여야 한다. 이때 상소심에서 원심의 배상명령을 취소하지 아니한 경우에는 그 배상명령을 취소한 것으로 본다(동조 제2항). 다만, 원심에서 피고인과 피해자 사이에 합의된 배상액에 대하여 배상명령을 하였을 때에는 그러하지 않는다(동조 제3항). 한편, 상소심에서 원심판결을 유지하는 경우에도 원심의 배상명령을 취소하거나 변경할 수 있다(동조 제4항).

나) 즉시항고

피고인은 유죄판결에 대하여 상소를 제기하지 아니하고 배상명령에 대해서만 상소 제기기간에 형소법에 따른 즉시항고를 할 수 있다. 이때 즉시항고는 배상명령에 대한 상소라고 할 것이므로 그 제기기간은 통상의 즉시항고기간이 아니라 상소의 제기기간인 7일이다. 다만, 즉시항고 제기 후 상소권자의 적법한 상소가 있는 경우에는 즉시항고는 취하된 것으로 본다(동항 단서).

검사는 배상명령에 대해서만 상소할 수 없다. 검사는 형사사건에 대해서만 상소할 수 있고, 민사상 손해배상청구권의 존·부와 범위에 관한 배상명령사건의 당사자는 아니기 때문이다. 따라서 피고인이 즉시항고를 한 때에 검사가 상소를 하면 검사의 상소와 피고인의 즉시항고가 병존하게 된다.

4. 효 력

확정된 배상명령 또는 가집행선고가 있는 배상명령이 기재된 유죄판결서의 정본은 「민사집행법」에 따른 강제집행에 관하여는 집행력 있는 민사판결 정본과 동일한 효력이 있다(법 제34조 제1항). 따라서 확정된 배상명령 또는 가집행선고 있는 배상명령에 대하여는 집행력이 인정된다. 그러나 배상명령에 대하여 기판력(일사부재리의 효력)이 인정되는 것은 아니다. 따라서 배상명령이 확정된 경우 피해자는 그 인용된 금액의 범위에서 다른 절차에 따른 손해배상을 청구할 수 없지만(동조 제2항), 인용금액을 넘는 손해에 대하여는 별소를 제기할 수 있다.

지방법원이 민사지방법원과 형사지방법원으로 분리 설치된 경우에 배상명령에 따른 청구에 관한 이의의 소는 형사지방법원의 소재지를 관할하는 민사지방법원을 제1심판결법원으로 한다(동조 제3항). 이 청구에 대한 이의의 주장은 그 원인이 변론종결 전에 생긴 때에도 할 수 있다(동조 제4항).

Ⅱ. 형사절차상 화해제도

1. 의 의

형사절차상 화해제도란 형사피고사건의 피고인과 피해자가 심리 중에 손해배상 등에 관하여 합의한 경우에 이들의 신청에 의하여 합의한 내용을 공판조서에 기재하면 그 공판조서에 대하여 민사재판상 화해와 같은 효력을 인정하는 제도를 말한다. 이 제도는 2005년 12월 14일 개정된 소송촉진법(법률 제7728호, 2006. 6. 15. 시행)에서 도입된 것으로서, 배상명령제도와 함께 별도의 민사소송절차에 의하지 않고도 형사절차에서 피해자가 간편하고 신속하게 범죄행위로 인한 피해를 회복할 수 있도록 하기 위한 것이다.

2. 요 건

형사절차상 화해는 형사피고사건의 피고인과 피해자 사이에 민사상 다툼(해당 피고사건과 관련된 피해에 관한 다툼을 포함하는 경우로 한정한다)에 관하여 합의한 경우에 한한다(법 제36조 제1항).

3. 절 차

(1) 신청권자

피고인과 피해자는 그 피고사건이 계속 중인 제1심 또는 제2심 법원에 합의 사실을 공판조서에 기재하여 줄 것을 공동으로 신청할 수 있다(법 제36조 제1항). 다만, 이 합의가 피고인의 피해자에 대한 금전지불을 내용으로 하는 경우에 피고인 외의 자가 피해자에 대하여 그 지불을 보증하거나 연대하여 의무를 부담하기로 합의하였을 때에는 이 신청과 동시에 그 피고인 외의 자는 피고인 및 피해자와 공동으로 그 취지를 공판조서에 기재하여 줄 것을 신청할 수 있다(동조 제2항).

(2) 신청기간과 관할법원

화해의 신청기간은 제1심 또는 제2심 법원의 변론종결 시까지이고, 피고사건의 수소법원이 화해신청사건의 전속관할이 된다(동조 제3항).

(3) 신청방법 및 화해조서의 작성

화해의 신청은 공판기일에 출석하여 서면으로 해야 한다(동조 제3항). 이 서면에는 (i) 형사피고사건의 번호, 사건명 및 사건이 계속된 법원(제1호), (ii) 신청인의 성명 및 주소(제2호), (iii) 대리인이 신청할 때에는 그 성명 및 주소(제3호), (iv) 신청인이 당해 형사피고사건의 피고인일 때는 그 취지(제4호), (v) 신청인이 법 제36조 제2항에서 규정하는 피고인의 금전지불을 보증하거나 연대하여 의무를 부담하기로 한 사람일 때는 그 취지(제5호), (vi) 당해 신청과 관련된 합의 및 그 합의가 이루어진 민사상 다툼의 목적인 권리를 특정함에 충분한 사실(제6호)을 기재하고 신청인 또는 대리인이 기명날인 또는 서명하여야 한다(소송촉진규칙 제28조). 또한 이 서면에는 해당 신청과 관련된 합의 및 그 합의가 이루어진 민사상 다툼의 목적인 권리를 특정할 수 있는 충분한 사실을 적어야 한다(법 제36조 제4항).

공판기일에 피고인이 출석한 경우에 신청인은 법관의 정면에 위치하고, 재판장은 공판을 개정한 때에는 신청인을 호명하여 출석여부와 신청인의 성명, 연령, 주거 및 직업 등을 확인하여야 한다. 또한 출석한 신청인은 언제든지 재판장의 허가를 받고 퇴석할 수 있고, 공판기일의 심리가 화해와 관계없는 경우에는 출석한 신청인을 퇴석하게 할 수 있다(소송촉진규칙 제29조, 제20조-제22조).

한편, 법원은 화해신청이 있으면 공판조서에는 그 신청사실을 기재하여야 한다(소송촉진규칙 제30조 제1항). 이때 해당 기일조서에는 합의가 있다는 취지만을 기재하고, (i) 사건의 표시(제1호), (ii) 법관과 법원사무관 등의 성명(제2호), (iii) 신청인의 성명 및 주소(제3호), (iv) 출석한 신청인 및 대리인의 성명(제4호), (v) 당해 신청과 관련된 합의 및 그 합의가 이루어진 민사상 다툼의 목적인 권리를 특정함에 충분한 사실(제5호)을 기재한 화해조서를 작성한다(동조 제2항). 화해조서의 말미에는 법원사무관 등과 재판장이 기명날인한다(동조 제3항).

법원사무관 등은 화해조서의 정본을 화해가 있는 날로부터 7일 안에 신청인에게 송달하여야 한다(동조 제4항).[33]

---

33) 민사상 다툼에 관한 형사소송절차에서의 화해절차(법 제36조, 제37조)의 당사자 및 대리인에 관하여는 그 성질에 반하지 아니하면 민소법 제1편 제2장 제1절(선정당사자 및 특별대리인에 관한 규정은 제외한다) 및 제4절을 준용한다(법 제38조). 또한 민사상 다툼에 관한 형사소송절차에서의 화해절차(법 제36조, 제37조)에 있어서는 「민사소송규칙」 제1편 제3장(제13조 제2항 및 제14

4. 효 력

(1) 화해조서의 효력

피고인과 피해자의 합의가 기재된 공판조서의 효력 및 화해비용에 관하여는 민소법(제220조 및 제389조)이 준용된다(법 제36조 제5항). 따라서 합의가 기재된 공판조서는 확정판결과 같은 효력을 가지므로(민소법 제220조) 합의내용이 이행되지 않을 경우 이 공판조서에 기하여 바로 강제집행을 할 수 있게 된다. 화해가 성립한 경우에 화해비용은 특별한 합의가 없으면 당사자들이 각자 부담한다(민소법 제389조).[34)]

(2) 화해기록의 보관

화해기록은 형사피고사건이 종결된 후에는 그 피고사건의 제1심법원에서 보관한다(법 제37조 제4항). 이때 화해기록은 형사피고사건기록과 구별하여 별책으로 편성하며(소송촉진규칙 제31조 제1항), 항소심에서 화해기록을 작성한 경우에는 형사피고사건이 확정되거나 상고장이 접수된 후 14일 이내에 그 화해기록을 당해 피고사건의 제1심법원으로 송부한다(동조 제2항). 제1심법원이 화해기록을 보관할 경우에 그 보존방식과 보존기간 등은 민사소송절차에서의 제소전화해사건기록의 보존에 준한다(동조 제4항).

5. 화해기록의 열람 등의 신청

공판조서에 기재된 합의를 한 자나 이해관계를 소명한 제3자는 대법원규칙(소송촉진규칙 제32조)으로 정하는 바에 따라 법원사무관 등에게 (i) 화해기록의 열람 또는 복사(제1호), (ii) 조서의 정본·등본 또는 초본의 발급(제2호), (iii) 화해에 관한 사항의 증명서의 발급(제3호)을 신청할 수 있다(법 제37조 제1항). '화해기록'이란 i) 해당 공판조서(해당 합의 및 그 합의가 이루어진 민사상 다툼의 목적인 권리를 특정할 수 있는 충분한 사실이 기재된 부분으로 한정한다)(가목), ii) 해당 신청과 관련된 화해신청서면(나목), iii) 그 밖에 해당 합의에 관한 기록(다목)을 말한다(동조 제1항 제1호). 열람 등을 신청하는 자는 대법원규칙(소송촉진규칙 제32조)으로 정하는 바에 따라 수수료를 내야 한

조를 제외한다) 및 제38조의 규정을 준용한다(소송촉진규칙 제32조).

34) 민사상 다툼에 관한 형사소송절차에서의 화해(법 제36조)에 관련된 집행문 부여의 소, 청구에 관한 이의의 소 또는 집행문 부여에 대한 이의의 소는 해당 피고사건의 제1심법원의 관할에 전속한다(법 제39조).

다(동조 제2항).

이 각 호의 신청에 관한 법원사무관 등의 처분에 대한 이의신청은 그 법원사무관 등이 속한 법원이 결정으로 재판하며, 화해기록에 관한 비밀보호를 위한 열람 등의 제한절차는 민소법 제163조[35]의 예에 따른다(동조 제3항).

제2절 범죄피해자구조제도와 형사조정절차

Ⅰ. 범죄피해자구조제도

1. 의의와 성격

(1) 의 의

국가는 범죄로부터 국민을 보호하여야 할 의무가 있으며, 또한 범죄로 인하여 국민이 피해를 받은 경우 이를 구제할 의무가 있다. 특히, 피고인이 무자력이거나 가해자가 불명인 때에는 전술한 배상명령에 의한 범죄피해자구제가 불가능하므로 국가에 의한 범죄피해자구조가 요구된다. 이에 헌법 제30조에서는 "타인의 범

---

35) 민소법 제163조(비밀보호를 위한 열람 등의 제한) ① 다음 각 호 가운데 어느 하나에 해당한다는 소명이 있는 경우에는 법원은 당사자의 신청에 따라 결정으로 소송기록중 비밀이 적혀 있는 부분의 열람 · 복사, 재판서·조서중 비밀이 적혀 있는 부분의 정본·등본·초본의 교부(이하 "비밀 기재부분의 열람 등"이라 한다)를 신청할 수 있는 자를 당사자로 한정할 수 있다. 1. 소송기록 중에 당사자의 사생활에 관한 중대한 비밀이 적혀 있고, 제3자에게 비밀 기재부분의 열람 등을 허용하면 당사자의 사회생활에 지장이 클 우려가 있는 때, 2. 소송기록 중에 당사자가 가지는 영업비밀(부정경쟁방지 및 영업비밀보호에 관한 법률 제2조제2호에 규정된 영업비밀을 말한다)이 적혀 있는 때

② 제1항의 신청이 있는 경우에는 그 신청에 관한 재판이 확정될 때까지 제3자는 비밀 기재부분의 열람 등을 신청할 수 없다.

③ 소송기록을 보관하고 있는 법원은 이해관계를 소명한 제3자의 신청에 따라 제1항 각호의 사유가 존재하지 아니하거나 소멸되었음을 이유로 제1항의 결정을 취소할 수 있다.

④ 제1항의 신청을 기각한 결정 또는 제3항의 신청에 관한 결정에 대하여는 즉시항고를 할 수 있다.

⑤ 제3항의 취소결정은 확정되어야 효력을 가진다.

죄행위로 인하여 생명·신체에 대한 피해를 입은 국민은 법률이 정하는 바에 의하여 국가로부터 구조를 받을 수 있다"고 규정하고 있다. 그리고 이를 구체화하기 위하여 1987년 「범죄피해구조법」이 제정되었고, 동법이 2005년 12월 23일 「범죄피해자 보호법」[36]으로 변경(법률 제7731호, 2006. 3. 24. 시행)된 후 2010년 5월 14일 전면개정(법률 제10283호, 2010. 8. 15. 시행) 되었으며, 이후 수차례의 개정을 거쳐 현재에 이르고 있다.[37]

(2) 성 격

범죄피해자구조의 법적 성격에 대하여는 ① 범죄로부터 국민을 보호하여야 할 국가의 책무에 주목하여 범죄로부터 피해를 받은 국민이 국가에 대하여 가지는 일종의 청구권으로 이해하는 견해(청구권설), ② 국가의 은사적 조치로 이해하는 견해(은사설), ③ 현행법상 그 대상을 제한하고 피해자가 범죄자로부터 제대로 배상을 받지 못하는 것을 요건으로 하고 있다는 이유로 사회부조적 성격을 가진 제도로 이해하는 견해(사회부조설), ④ 헌법상의 기본권을 구체화한 것으로 이해하는 견해(기본권설), ⑤ 범죄에 대한 투쟁과 형사소추권을 독점하고 있는 국가가 범죄로 인하여 야기된 피해를 구조할 책임이 있을 뿐만 아니라 국가가 잠정적으로 피해자구조를 맡아 행위자의 사회복귀를 촉진하는 것이 합리적인 형사정책이 된다는 점에 근거한 것이라는 견해(형사정책설, 다수설)가 있다. 그러나 ⑥ 범죄피해자구조는 국가에 의한 피해자보호와 구제를 위한 것으로 사회부조와 형사정책적 성격을 동시에 가진 것이다.

「범죄피해자 보호법」에서는 범죄피해자가 자신의 권리구제를 충분히 받을 수 있도록 국가로 하여금 수사 및 재판 과정에서 (i) 범죄피해자의 해당 재판절차 참여 진술권 등 형사절차상 범죄피해자의 권리에 관한 정보, (ii) 범죄피해 구조금지급 및 범죄피해자 보호·지원 단체현황 등 범죄피해자의 지원에 관한 정보, (iii) 그 밖에 범죄피해자의 권리보호 및 복지증진을 위하여 필요하다고 인정되는 정보를 범죄피해자에게 제공하도록 하고 있다(법 제8조의2).

---

36) 이 절에서 '법'은 「범죄피해자 보호법」을 말한다. 동법에서는 피해자의 보호와 지원을 국가(제4조)와 지방자치단체(제5조)의 책무로 규정하고, 피해자보호와 이러한 보호와 지원에 대한 국민의 협조의무를 규정하고 있다(제6조).

37) 이 법의 제정과 함께 범죄피해자를 보호·지원하는 데 필요한 자금을 조성하기 위하여 범죄피해자보호기금을 설치하고, 그 관리·운용에 관하여 필요한 사항을 규정한 「범죄피해자보호기금법」을 제정·시행(2010. 5. 14. 제정, 법률 제10284호, 2011. 1. 1. 시행)하고 있다.

2. 범죄피해자구조의 요건

(1) 구조대상

범죄피해자의 구조대상인 '범죄피해'란 대한민국의 영역 안에서 또는 대한민국의 영역 밖에 있는 대한민국의 선박이나 항공기 안에서 행하여진 사람의 생명 또는 신체를 해치는 죄에 해당하는 행위로 인하여 사망하거나 장해 또는 중상해를 입은 것을 말한다. 다만, 이때 「형법」 제9조(형사미성년자), 제10조 제1항(심신상실자), 제12조(강요된 행위), 제22조 제1항(긴급피난)에 따라 처벌되지 아니하는 행위는 포함되지만, 「형법」 제20조(정당행위) 또는 제21조 제1항(정당방위)에 따라 처벌되지 아니하는 행위 및 과실에 의한 행위는 제외된다(법 제3조 제1항 제4호). 범죄피해자구조의 범위를 생명과 신체에 대한 범죄로 제한한 것은 재산범죄나 기타 범죄로 확대할 경우 남용과 사기 등의 위험성을 고려한 것이다. '장해'란 범죄행위로 입은 부상이나 질병이 치료(그 증상이 고정된 때를 포함한다)된 후에 남은 신체의 장해로서 대통령령으로 정하는 경우를 말하며(동조 제1항 제5호), '중상해'란 범죄행위로 인하여 신체나 그 생리적 기능에 손상을 입은 것으로서 대통령령(법 시행령 제3조[38])으로 정하는 경우를 말한다(동조 제1항 제6호).

(2) 구조요건

국가는 (i) 범죄피해를 받은 사람(구조피해자)이 피해의 전부 또는 일부를 배상받지 못하는 경우(제1호) 또는 (ii) 자기 또는 타인의 형사사건의 수사 또는 재판에서 고소·고발 등 수사단서를 제공하거나 진술, 증언 또는 자료제출을 하다가 구조피해자가 된 경우(제2호)에 해당하면 구조피해자 또는 그 유족에게 범죄피해구조금을 지급한다(법 제16조).

'범죄피해자'란 타인의 범죄행위로 피해를 당한 사람과 그 배우자(사실상의 혼인관계를 포함한다), 직계친족 및 형제자매를 말하며(법 제3조 제1항 제1호), 범죄피해방

---

38) 법 시행령 제3조(중상해의 기준) 법 제3조 제1항 제6호에서 "대통령령으로 정하는 경우"란 다음 각 호의 어느 하나에 해당하고, 해당 부상이나 질병을 치료하는 데에 필요한 기간이 2개월 이상인 경우를 말한다. 1. 사람의 생명 및 기능과 관련이 있는 주요 장기에 손상이 발생한 경우, 2. 신체의 일부가 절단 또는 파열되거나 중대하게 변형된 경우, 3. 제1호 및 제2호에서 규정한 사항 외에 신체나 그 생리적 기능이 손상되어 1주 이상 입원치료가 필요한 경우로서 제1호 또는 제2호에 준하는 경우, 4. 범죄피해로 인한 중증의 정신질환으로서 3일 이상 입원치료가 필요한 경우.

지 및 범죄피해자 구조활동으로 피해를 당한 사람도 포함된다(동조 제2항).

(3) 구조의 배제사유

다음의 사유가 있는 경우에는 구조금지급이 배제되거나 일부 제한된다(제19조). 다만, 구조배제사유가 있음에도 불구하고 구조금의 실질적인 수혜자가 가해자로 귀착될 우려가 없는 경우 등 구조금을 지급하지 아니하는 것이 사회통념에 위배된다고 인정할 만한 특별한 사정이 있는 경우에는 구조금의 전부 또는 일부를 지급할 수 있다(법 제19조 제7항).[39]

1) 구조피해자와 가해자 사이에 친족관계가 있는 경우

범죄행위 당시 구조피해자와 가해자 사이에 (i) 부부(사실상의 혼인관계를 포함한다)(제1호), (ii) 직계혈족(제2호), (iii) 4촌 이내의 친족(제3호), (iv) 동거친족에 해당하는 친족관계가 있는 경우(제4호)에는 구조금을 지급하지 않는다(동조 제1항).

또한 범죄행위 당시 구조피해자와 가해자 사이에 위의 관계에 해당하지 아니하는 친족관계가 있는 경우에는 구조금의 일부를 지급하지 않는다(동조 제2항).

2) 구조피해자에게 귀책사유가 있는 경우

구조피해자가 (i) 해당 범죄행위를 교사 또는 방조하는 행위(제1호), (ii) 과도한 폭행·협박 또는 중대한 모욕 등 해당 범죄행위를 유발하는 행위(제2호), (iii) 해당 범죄행위와 관련하여 현저하게 부정한 행위(제3호), (iv) 해당 범죄행위를 용인하는 행위(제4호), (v) 집단적 또는 상습적으로 불법행위를 행할 우려가 있는 조직에 속하는 행위(다만, 그 조직에 속하고 있는 것이 해당 범죄피해를 당한 것과 관련이 없다고 인정되는 경우는 제외한다)(제5호), (vi) 범죄행위에 대한 보복으로 가해자 또는 그 친족이나 그 밖에 가해자와 밀접한 관계가 있는 사람의 생명을 해치거나 신체를 중대하게 침해하는 행위(제6호)를 한 때에는 구조금을 지급하지 않는다(동조 제3항).

또한 구조피해자가 (i) 폭행·협박 또는 모욕 등 해당 범죄행위를 유발하는 행위(제1호) 또는 (ii) 해당 범죄피해의 발생 또는 증대에 가공한 부주의한 행위 또는 부적절한 행위(제2호)를 한 때에는 구조금의 일부를 지급하지 않는다(동조 제4항).

---

39) 유족구조금을 지급할 때에는 제1항부터 제4항까지의 규정을 적용할 때 '구조피해자'는 '구조피해자 또는 맨 앞의 순위인 유족'으로 본다(동조 제5항).

3) 사회통념에 위배되는 경우

구조피해자 또는 그 유족과 가해자 사이의 관계, 그 밖의 사정을 고려하여 구조금의 전부 또는 일부를 지급하는 것이 사회통념에 위배된다고 인정될 때에는 구조금의 전부 또는 일부를 지급하지 아니할 수 있다(동조 제6항).

3. 범죄피해자구조금의 종류

구조금은 유족구조금·장해구조금 및 중상해구조금으로 구분하며, 일시금으로 지급한다(법 제17조 제1항).

(1) 유족구조금

유족구조금은 구조피해자가 사망하였을 때 지급하는 구조금으로 맨 앞의 순위(법 제18조 참조)인 유족에게 지급한다. 다만, 순위가 같은 유족이 2명 이상이면 똑같이 나누어 지급한다(법 제17조 제2항).

유족구조금을 지급받을 수 있는 유족은 (i) 배우자(사실상 혼인관계를 포함한다) 및 구조피해자의 사망 당시 구조피해자의 수입으로 생계를 유지하고 있는 구조피해자의 자녀(제1호), (ii) 구조피해자의 사망 당시 구조피해자의 수입으로 생계를 유지하고 있는 구조피해자의 부모, 손자·손녀, 조부모 및 형제자매(제2호), (iii) 이외의 구조피해자의 자녀, 부모, 손자·손녀, 조부모 및 형제자매(제3호)에 해당하는 사람으로 한다(법 제18조 제1항). 유족의 범위에서 태아는 구조피해자가 사망할 때 이미 출생한 것으로 본다(동조 제2항). 이때 유족구조금을 받을 유족의 순위는 위에서 열거한 순서로 하고, 제2호 및 제3호에 열거한 사람 사이에서는 해당 각 호에 열거한 순서로 하며, 부모의 경우에는 양부모를 선순위로 하고 친부모를 후순위로 한다(동조 제3항).

그러나 유족이 (i) 구조피해자를 고의로 사망하게 한 경우(제1호), (ii) 구조피해자가 사망하기 전에 그가 사망하면 유족구조금을 받을 수 있는 선순위 또는 같은 순위의 유족이 될 사람을 고의로 사망하게 한 경우(제2호), (iii) 구조피해자가 사망한 후 유족구조금을 받을 수 있는 선순위 또는 같은 순위의 유족을 고의로 사망하게 한 경우(제3호)에 해당하면 유족구조금을 받을 수 있는 유족으로 보지 않는다(동조 제4항).

(2) 장해구조금 및 중상해구조금

장해구조금 및 중상해구조금은 해당 구조피해자에게 지급한다(법 제17조 제3항).

4. 범죄피해자구조금의 신청과 지급

(1) 관할기관

구조금지급에 관한 사항을 심의·결정하기 위하여 각 지방검찰청에 범죄피해구조심의회(이하 '지구심의회'라 한다)를 두고, 법무부에 범죄피해구조본부심의회(이하 '본부심의회'라 한다)를 둔다(법 제24조 제1항).

지구심의회는 설치된 지방검찰청 관할구역(지청이 있는 경우에는 지청의 관할구역을 포함한다)의 구조금지급에 관한 사항을 심의·결정한다(동조 제2항). 지구심의회 및 본부심의회는 법무부장관의 지휘·감독을 받으며(동조 제4항), 지구심의회 및 본부심의회 위원 중 공무원이 아닌 위원은 「형법」상 공무상비밀누설죄(제127조) 및 수뢰죄(제129조부터 제132조까지)의 규정을 적용할 때에는 공무원으로 본다(동조 제5항).

(2) 구조금의 신청

구조금을 받으려는 사람은 법무부령(법 시행규칙 제6조-제7조)으로 정하는 바에 따라 그 주소지, 거주지 또는 범죄발생지를 관할하는 지구심의회에 신청하여야 한다(법 제25조 제1항). 이 신청은 해당 구조대상 범죄피해의 발생을 안 날부터 3년이 지나거나 해당 구조대상 범죄피해가 발생한 날부터 10년이 지나면 할 수 없다(동조 제2항).

(3) 심의와 지급

1) 지구심의회의 심의

지구심의회는 구조금지급에 관한 사항을 심의하기 위하여 필요하면 신청인이나 그 밖의 관계인을 조사하거나 의사의 진단을 받게 할 수 있고 행정기관, 공공기관이나 그 밖의 단체에 조회하여 필요한 사항을 보고하게 할 수 있다(법 제29조 제1항).

지구심의회는 신청인이 정당한 이유 없이 이 조사에 따르지 아니하거나 의사의 진단을 거부하면 그 신청을 기각할 수 있다(동조 제2항).

2) 지구심의회의 결정

(가) 구조결정

지구심의회는 구조금신청을 받으면 신속하게 구조금을 지급하거나 지급하지 않는다는 결정(지급한다는 결정을 하는 경우에는 그 금액을 정하는 것을 포함한다)을 하여야 한다(법 제26조).

(나) 긴급구조금지급

지구심의회는 구조금신청을 받았을 때 구조피해자의 장해 또는 중상해 정도가 명확하지 아니하거나 그 밖의 사유로 인하여 신속하게 결정을 할 수 없는 사정이 있으면 신청 또는 직권으로 대통령령으로 정하는 금액의 범위[40]에서 긴급구조금을 지급하는 결정을 할 수 있다(법 제28조 제1항). 긴급구조금지급신청은 법무부령(법 시행규칙 제6조-제7조)으로 정하는 바에 따라 그 주소지, 거주지 또는 범죄발생지를 관할하는 지구심의회에 할 수 있다(동조 제2항).

국가는 지구심의회가 긴급구조금지급결정을 하면 긴급구조금을 지급한다(동조 제3항). 긴급구조금을 받은 사람에 대하여 구조금을 지급하는 결정이 있으면 국가는 긴급구조금으로 지급된 금액 내에서 구조금을 지급할 책임을 면한다(동조 제4항). 긴급구조금을 받은 사람은 지구심의회에서 결정된 구조금의 금액이 긴급구조금으로 받은 금액보다 적을 때에는 그 차액을 국가에 반환하여야 하며, 지구심의회에서 구조금을 지급하지 않는다는 결정을 하면 긴급구조금으로 받은 금액을 모두 반환하여야 한다(동조 제5항).

(다) 재심신청

지구심의회에서 구조금지급신청을 기각(일부기각된 경우를 포함한다) 또는 각하하면 신청인은 결정의 정본이 송달된 날부터 2주일 이내에 그 지구심의회를 거쳐 본부심의회에 재심을 신청할 수 있다(법 제27조 제1항). 재심신청이 있으면 지구심의회는 1주일 이내에 구조금지급신청기록 일체를 본부심의회에 송부하여야 한다(동조 제2항).

본부심의회는 재심신청에 대하여 심의를 거쳐 4주일 이내에 다시 구조결정을 하여야 한다(동조 제3항). 또한 본부심의회는 구조금지급신청을 각하한 지구심의회의 결정이 법령에 위반되면 사건을 그 지구심의회에 환송할 수 있다(동조

---

40) 법 시행령 제22조(유족구조금의 금액), 제23조(장해구조금의 금액), 제24조(중상해구조금의 금액) 등 참조.

제4항). 본부심의회는 구조금지급신청이 각하된 신청인이 잘못된 부분을 보정하여 재심신청을 하면 사건을 해당 지구심의회에 환송할 수 있다(동조 제5항).

(4) 수급권의 행사와 환수

구조금을 받을 권리는 그 구조결정이 해당 신청인에게 송달된 날부터 2년 간 행사하지 아니하면 시효로 인하여 소멸된다(법 제31조). 구조금을 받을 권리는 양도하거나 담보로 제공하거나 압류할 수 없다(법 제32조).

국가는 이 법에 따라 구조금을 받은 사람이 (i) 거짓이나 그 밖의 부정한 방법으로 구조금을 받은 경우(제1호), (ii) 구조금을 받은 후 구조배제사유(법 제19조)가 발견된 경우(제2호), (iii) 구조금이 잘못 지급된 경우(제3호)에 해당하면 지구심의회 또는 본부심의회의 결정을 거쳐 그가 받은 구조금의 전부 또는 일부를 환수할 수 있다(법 제30조 제1항). 국가가 구조금을 환수를 할 때에는 국세징수의 예에 따르고, 그 환수의 우선순위는 국세 및 지방세 다음으로 한다(동조 제2항).

Ⅱ. 형사조정절차

1. 의 의

형사조정절차란 형사사건을 조정에 의뢰하고, 그 결과를 사건처리 또는 판결에 반영하는 일체의 절차를 말한다. '조정'이란 중립적 위치에 있는 제3자가 사건 당사자를 중개하고 쌍방의 주장을 절충하여 화해에 이르도록 도와주는 것이며, 화해는 분쟁의 당사자가 양보하여 분쟁을 종료시키는 것이다. 따라서 조정은 당사자가 직접 분쟁해결에 나서지 않고 제3자에게 맡기는 중재와 구별된다. 또한 수사절차에서 행하여지는 범죄피해자의 피해회복제도라는 점에서 공판절차상 행하여지는 배상명령절차나 형사상 화해절차와 구별된다. 형사조정제도는 재산범죄의 고소사건의 유용한 처리와 검찰업무경감에 큰 효과 있는 것으로 평가되고 있다.

검찰에서는 2005년부터 전국 지방검찰청 또는 지청별로 일부 범위의 형사사건을 범죄피해자지원센터에 의뢰하여 화해중재를 시행하였다. 그러다가 2006년 검찰청 내부지침으로 '형사조정 실무운용'에 관한 표준모델을 만들어 일부 일선검찰청에서 7개월간(2006. 4-2006. 10) 형사조정을 시범운영하였으며, 그 결과를 분석·검토한 후 2007년 1월 8일 「고소사건 형사조정 실무운용지침」을 전면개정하고, 이에 근거하여 고소된 재산범죄사건이나 사적 분쟁에 대한 고소사건을 중심으로 전국 지방검찰청 또는 지청에서 조정제도를 확대·시행하였다. 이후 2010년 5월 14일 전면개정된 「범죄피해자 보호법」에서 형사조정절차를 명문화함으로써 법적 근거를 마련하였다.

2. 대상사건과 당사자

형사조정에 회부할 수 있는 형사사건은 (ⅰ) 차용금, 공사대금, 투자금 등 개인 간 금전거래로 인하여 발생한 분쟁으로서 사기, 횡령, 배임 등으로 고소된 재산범죄사건(제1호), (ⅱ) 개인 간의 명예훼손·모욕, 경계침범, 지식재산권침해, 임금체불 등 사적 분쟁에 대한 고소사건(제2호), (ⅲ) 이 외에 형사조정에 회부하는 것이 분쟁해결에 적합하다고 판단되는 고소사건(제3호), (ⅳ) 고소사건 외에 일반 형사사건 중 위의 각 호에 준하는 사건(제4호)이다(법 시행령 제46조).

형사조정의 당사자는 피의자와 타인의 범죄행위로 피해를 당한 사람이 되는 것을 원칙으로 한다(법 제47조).

3. 형사조정위원회와 형사조정위원

(1) 형사조정위원회

형사조정을 담당하기 위하여 각급 지방검찰청 및 지청에 형사조정위원회를 두며(법 제42조 제1항), 형사조정위원회는 2명 이상의 형사조정위원으로 구성한다(동조 제2항).

형사조정위원회의 위원장은 관할 지방검찰청 또는 지청의 장이 형사조정위원 중에서 위촉하며(법 제42조 제6항), 대외적으로 형사조정위원회를 대표하고 형사조정위원회의 업무를 총괄하며, 형사조정위원 중에서 3명 이내의 형사조정위원을 지정하여 각 형사조정사건에 대한 형사조정위원회(이하 '개별 조정위원회'라 한다)를 구성한다(법 시행령 제48조 제1항). 개별 조정위원회 조정장은 형사조정위원 중에서 호선(互選)하며(동조 제3항), 조정절차를 주재한다(동조 제4항).

또한 형사조정위원회의 사무처리를 위하여 간사 1명을 둘 수 있다. 이 경우 간사는 관할 지방검찰청 또는 지청 소속공무원 중에서 지방검찰청 또는 지청의 장이 지명한다(동조 제2항).

(2) 형사조정위원

형사조정위원은 형사조정에 필요한 법적 지식 등 전문성과 덕망을 갖춘 사람 중에서 관할 지방검찰청 또는 지청의 장이 미리 위촉한다(법 제42조 제3항). 다만, 「국가공무원법」 제33조 각 호의 어느 하나에 해당하는 사람은 형사조정위원으로 위촉될 수 없다(동조 제4항). 형사조정위원의 임기는 2년으로 하며, 연임할 수 있다(동조 제5항). 형사조정위원에게는 예산의 범위에서 법무부령(법 시행규칙 제14조)으로 정하는 바에 따라 수당을 지급할 수 있으며, 필요한 경우에는 여비, 일당 및 숙박료를 지급할 수 있다(동조 제7항).

그러나 관할 지방검찰청 또는 지청의 장은 형사조정위원이 (i) 법 제46조에 따라 준용되는 재판 등에 대한 영향력행사 금지(법 제38조), 비밀누설의 금지(법 제39조), 수수료 등의 금품수수 금지(법 제40조) 중 어느 하나에 위반되는 행위를 한 때(제1호), (ii) 심신상의 장애로 직무수행이 불가능하거나 현저히 곤란하다고 인정될 때(제2호), (iii) 그 밖에 형사조정위원으로서 중립성과 공정성을 잃는 등 부적당한 행위를 하였다고 인정될 때(제3호)에 해당하면 해촉하여야 한다(법 시행령 제49조).

한편, (i) 형사조정위원 또는 그 배우자나 배우자이었던 사람이 당사자인 때(제1호), (ii) 형사조정위원이 당사자와 친족의 관계에 있거나 있었을 때(제2호), (iii) 형사조정위원이 당사자의 대리인으로 되거나 대리인이었을 때(제3호), (iv) 형사조정위원이 해당 사건에 관하여 참고인진술·증언 또는 감정을 하였을 때(제4호)에는 해당 형사조정업무에서 제척된다(법 시행령 제50조 제1항). 또한 당사자는 형사조정위원이 제척사유에 해당하거나 공정하지 아니한 형사조정을 할 염려가 있을 때에는 관할 지방검찰청 또는 지청의 장에게 형사조정위원의 기피를 신청할 수 있으며(동조 제2항), 관할 지방검찰청 또는 지청의 장은 기피신청이 이유 있다고 인정할 때에는 인용결정을 하여야 하며, 해당 위원은 그 형사조정절차에 관여하지 못한다(동조 제3항). 그러나 관할 지방검찰청 또는 지청의 장은 기피신청이 절차에 어긋나거나 형사조정을 지연시킬 목적으로 하는 것이 분명한 경우에는 결정으로 기각한다(동조 제4항). 그리고 형사조정위원은 기피사유가 있는 경우에는 관할 지방검찰청 또는 지청의 장의 허가를 받아 이를 회피할 수 있다(동조 제5항).

4. 절 차

(1) 조정절차에의 회부

검사는 피의자와 범죄피해자 사이에 형사분쟁을 공정하고 원만하게 해결하여 범죄피해자가 입은 피해를 실질적으로 회복하는 데 필요하다고 인정하면 당사자의 신청 또는 직권으로 수사 중인 형사사건을 형사조정에 회부할 수 있다(법 제41조 제1항). 다만, (i) 피의자가 도주하거나 증거를 인멸할 염려가 있는 경우(제1호), (ii) 공소시효의 완성이 임박한 경우(제2호), (iii) 불기소처분의 사유에 해당함이 명백한 경우(다만, 기소유예처분의 사유에 해당하는 경우는 제외한다)(제3호)에는 형사조정에 회부하여서는 아니 된다(동조 제2항).

(2) 조정절차

1) 조정의 개시와 진행

형사조정위원회는 형사조정이 회부되면 지체 없이 형사조정절차를 진행하여야 한다(법 제43조 제2항). 형사조정위원회는 조정에서 당사자 사이의 공정하고 원만한 화해와 범죄피해자가 입은 피해의 실질적인 회복을 위하여 노력하여야 한다(동조 제1항).

형사조정절차를 개시하기 위해서는 당사자의 동의가 있어야 한다(법 시행령 제52조 제1항). 만일 동의권자가 제1회 형사조정절차 개시 이전까지 출석하여 또는 전화, 우편, 모사전송, 그 밖의 방법으로 형사조정절차에 동의하지 않을 뜻을 명확히 한 경우에는 형사조정위원회는 담당검사에게 사건을 회송하여야 한다(동조 제2항).

형사조정위원회는 필요하다고 인정하면 형사조정의 결과에 이해관계가 있는 사람의 신청 또는 직권으로 이해관계인을 형사조정에 참여하게 할 수 있다(법 제43조 제3항). 형사조정기일은 매회 당사자에게 통지하여야 한다(법 시행령 제51조 제1항). 형사조정기일의 통지는 우편, 전화, 모사전송 또는 그 밖의 상당한 방법으로 할 수 있다(동조 제2항).

2) 관련자료의 요청과 제출

형사조정위원회는 형사사건을 형사조정에 회부한 검사에게 해당 형사사건에 관하여 당사자가 제출한 서류, 수사서류 및 증거물 등 관련 자료의 사본을 보내 줄 것을 요청할 수 있다(법 제44조 제1항). 이 요청은 서면에 의하여야 한다(법 시행령 제53조 제1항). 이 요청을 받은 검사는 그 관련자료가 형사조정에 필요하다고 판단하면 형사조정위원회에 보낼 수 있다. 다만, 당사자 또는 제3자의 사생활의 비밀이나 명예를 침해할 우려가 있거나 수사상 비밀을 유지할 필요가 있다고 인정하는 부분은 제외할 수 있다(법 제44조 제2항). 따라서 이 요청을 받은 검사는 요청받은 날부터 7일 이내에 직접 배달하거나 우편, 모사전송 또는 그 밖의 방법으로 자료를 제출하여야 한다. 다만, 자료가 당사자 또는 제3자의 사생활의 비밀이나 명예를 침해할 우려가 있거나 수사상 비밀을 유지할 필요가 있다고 인정하는 부분(법 제44조 제2항 단서 참조)에 해당하는 경우에는 그 사유를 형사조정위원회에 통지하고 해당 자료를 제출하지 않을 수 있다(법 시행령 제53조 제2항).

한편, 당사자는 해당 형사사건에 관한 사실의 주장과 관련된 자료를 형사조정위원회에 제출할 수 있다(동조 제3항). 당사자는 조정기일 전날까지 이 자료를 형사조정위원회에 직접 배달하거나 우편, 모사전송 또는 그 밖의 방법으로 제출할 수 있다(법 시행령 제53조 제3항). 형사조정위원회는 위의 자료의 제출자 또는 진술자의 동의를 받아 그 자료를 상대방 당사자에게 열람하게 하거나 사본을 교부 또는 송부할 수 있다(법 제44조 제4항). 이 동의는 서면에 의하여야 한다(법 시행령 제53조 제4항).

(3) 조정절차의 종료

형사조정위원회는 조정기일마다 형사조정의 과정을 서면으로 작성하고, 형사조정이 성립되면 그 결과를 서면으로 작성하여야 한다(법 제45조 제1항). 형사조정위원회는 조정과정에서 증거위조나 거짓 진술 등의 사유로 명백히 혐의가 없는 것으로 인정하는 경우에는 조정을 중단하고 담당검사에게 회송하여야 한다(동조 제2항). 또한 형사조정위원회는 당사자 사이에 합의가 성립되지 아니하는 경우 또는 성립된 합의내용이 위법하거나 선량한 풍속, 그 밖의 사회질서에 위반된다고 인정되는 경우에는 조정불성립결정을 하고, 담당검사에게 사건을 회송하여야 한다(법 시행령 제54조).

그리고 형사조정위원회는 형사조정절차가 끝나면 이 서면을 붙여 해당 형사사건을 형사조정에 회부한 검사에게 보내야 한다(법 제45조 제3항). 검사는 형사사건을 수사하고 처리할 때 형사조정결과를 고려할 수 있다. 다만, 형사조정이 성립되지 아니하였다는 사정을 피의자에게 불리하게 고려하여서는 아니 된다(동조 제4항).

[찾아보기]

저자약력

강동욱

한양대학교 법과대학 졸업, 동 대학원 졸업(법학박사)

일본 明治大學 수학, 미국 UC, Irvine 방문교수

(전) 관동대학교 교수, 동국대학교 법과대학장 겸 법무대학원장, (사)한국법정책학회 회장, (사)한양법학회 회장, 한국법학교수회 부회장, 국립경찰대학 강사, 중앙경찰학교 외래강사, 서울중앙지방검찰청 형사상고심의위원회 위원, 대검찰청 검찰수사심의위원회 위원, 서울고등검찰청 영장심의위원회 위원, 대한행정사회 교육위원회 위원장, 사법시험, 행정고시, 입법고시 및 일반행정공무원, 경찰공무원, 군무원 등 각종 공무원의 임용 및 승진 시험 위원

(현) 동국대학교 법과대학 교수, 민주화운동관련자 명예회복 및 보상심의위원회 위원, 법무부 여성·아동정책심의회 위원장, 고위공직자범죄수사처 감찰위원회 위원, 서울동부지방검찰청 형사조정위원, 법무부 보호위원, 해양경찰청 양성평등정책위원, 서울시 동부노인보호전문기관 사례판정위원회 위원장, 서울시 중구 공직자윤리위원회 위원장, 한국피해자정책연구원 위원, 한국사회복지공제회 대외협력심의위원회 위원, 국가연구개발과제 범부처 평가위원회 위원, 한국법정책학회 고문, 한양법학회 고문, 한국탐정학회 회장, 한국아동학대예방협회 부회장 등

〈지서〉 형사절차와 헌법소송, 불심검문, 아동학대(공저), 소년법(공저), 법정책학이란 무엇인가(공저), 아동학대범죄의 처벌 등에 관한 법률 매뉴얼, 강의형법총론, 법학개론, 탐정학개론(공저), 탐정과 부동산거래(공저), 탐정과 산업보안(공저), 형사증거법, 형사절차와 헌법소송(II), 탐정과 법의 이해, 탐정과 형법(I), 탐정관련법률(공저) 등 다수

〈주요논문〉 국민참여 형사재판의 대상사건에 관한 비판적 고찰과 대안, 피해자국선변호사제도의 발전적 확대방안, 여성·아동 폭력보도와 관련한 언론의 2차 피해방지를 위한 제도적 연구, 노인학대에 관한 법률의 입법방향에 대한 비판적 고찰, 범죄피의자의 신상공개에 대한 비판적 검토, 디엔에이신원확인정보의 채취와 관리 및 이용 등에 관한 비판적 고찰, 경찰의 아동학대 대응체계에 관한 제언, 아동에 대한 정서적 학대행위의 형사처벌에 관한 소고-보호자 및 교원의 훈육행위와 관련하여- 등 다수

형사소송법

초　판 인쇄 | 2023년 3월 10일
전정판 인쇄 | 2025년 2월　5일
전정판 발행 | 2025년 2월 14일

지은이 | 강동욱
펴낸이 | 황인욱
펴낸곳 | 도서출판 오래
04091　서울시 마포구 토정로 222, 406호(신수동, 한국출판콘텐츠센터)
전화　02-797-8786, 8787
팩스　02-797-9911
이메일　orebook@naver.com
홈페이지　www.orebook.com
출판신고번호　제2016-000355호

ISBN 979-11-5829-223-2　93360

값 60,000원